菲利普·津巴多

- ✦ 斯坦福大学教授，教授普通心理学已经近 50 年。
- ✦ 在过去 35 年中，他一直为这门课程编写基础教材、教师指南和学生练习册。
- ✦ 津巴多教授还协助美国公共电视网（PBS-TV）开发了《探索心理学》（*Discovering Psychology*）系列节目，这些节目被美国及全世界许多高中和大学使用。因为这套热门节目和其他的媒体报道，他被称为"当代心理学的形象与声音"。
- ✦ 津巴多教授热衷于教学和社会服务活动，对各种主题进行研究并且发表文章。他已经发表各类专业论文及文章 400 余篇，出版著作 50 余种。
- ✦ 他出版了一本关于邪恶心理学的商业图书《路西法效应》（*The Lucifer Effect*），这本书将他设计的经典的斯坦福监狱实验与美军在伊拉克的阿布格莱布监狱的暴行联系了起来。他的新作是《时间悖论》（*The Time Paradox*）和《时间疗法》（*The Time Cure*）。
- ✦ 最近令津巴多教授着迷的事情是如何激励出更多智慧而高效的平民英雄，这是他的英雄想象项目（Heroic Imagination Project）的目标之一。

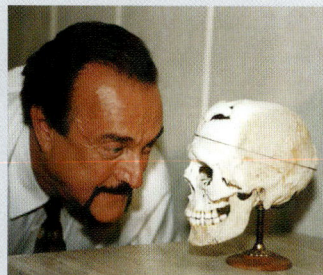

罗伯特·约翰逊

- ✦ 美国乌姆普夸社区学院（Umpqua Community College）教授，教授了 28 年的普通心理学。
- ✦ 在作为学者访问泰国期间，他对跨文化心理学产生了兴趣，随后他又去了日本、韩国、英国等许多国家和地区，最近去了印度尼西亚。
- ✦ 目前他正在写一本有关莎士比亚的心理学的书。
- ✦ 他对将心理学原理应用于教学，促进心理学与其他学科的联系特别感兴趣。基于这些兴趣，他成立了西北太平洋地区名师研讨会（Pacific Northwest Great Teachers Seminar），并担任主席职务长达 20 年之久。
- ✦ 他还是社区学院心理学教师组织（Psychology Teachers at Community College）的创始人之一，并在 2004 年担任执行委员会主席。同年他获得了心理学教学协会（Society for the Teaching of Psychology）颁发的两年一次的大学教育奖。
- ✦ 他还一直活跃于美国心理学会（APA）、美国心理协会（APS）、西部心理学会（Western Psychological Association）和本科心理学教学委员会（Council of Teachers of Undergraduate Psychology）中。

薇薇安·麦卡恩

- ✦ 俄勒冈波特兰市波特兰社区学院（Portland Community College）心理学系资深教师，教授各种课程，包括普通心理学、人际关系、亲密关系和社会心理学。
- ✦ 薇薇安在加利福尼亚州的沙漠地带出生并长大，那里距离墨西哥边境仅 10 千米，因此她很早就知道了文化背景的重要性以及它在有效沟通与教学中的价值。这奠定了她目前从多元文化视角来教授和学习心理学的基础。
- ✦ 她喜欢旅行，喜欢了解人与文化，喜欢培养学生们同样的爱好。她曾经带领学生四次出国旅行，她自己游历过 35 个国家。她最近一次的冒险之旅是在非洲待了四个月，她在那里与坦桑尼亚女性一起做志愿者，保护津巴布韦的大象和濒危的犀牛，并深入卢旺达的山脉观察野生猩猩。
- ✦ 薇薇安对教育工作具有强烈的责任感，她在那个地区开办过许多工作坊。她曾在美国心理学会的社区大学心理学教师委员会（Committee for Psychology Teachers at Community Colleges）中担任职务，她也是西部心理学会和美国心理协会的活跃成员。
- ✦ 她还著有《人际关系：建立有效关系的艺术与科学》（*Human Relations: The Art and Science of Building Effective Relationships*）。
- ✦ 最近，她积极与英雄想象项目合作，这是一个非营利组织，致力于教导所有人站起来、说出来、做自己内心的英雄，追求更富有同情心的世界。

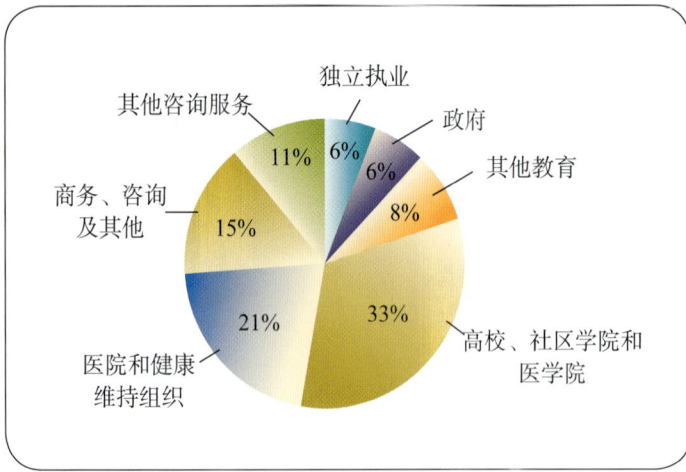

图 1-1

心理学家的工作环境

注：心理学家从事着各式各样的工作，在多样化的场所工作。

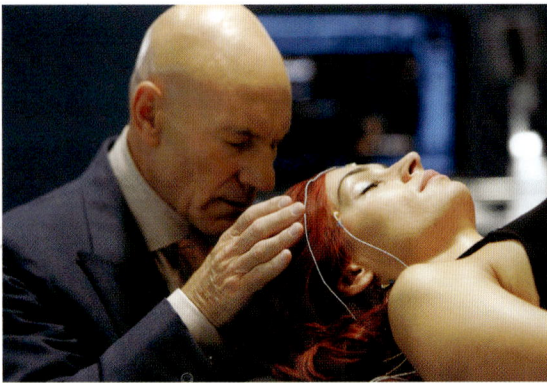

由帕特里克·斯图尔特（Patrick Stewart）扮演的《X战警》中的X教授拥有超能力，这想象起来可能很有趣——但没有科学依据。

（见正文 006 页）

"恐吓从善"项目可能会吸引绝望的父母，但研究表明这类项目并不有效——实际上，它们反而会提高青少年犯罪率。如果你将我们的6种批判性思维技能应用于这一观点以及其他流行的观点，将有助于你成为更明智的信息消费者。

（见正文 007 页）

这幅漫画展示了弗洛伊德口误，说明我们试图隐藏的想法或感受有时会不小心脱口而出。这样，我们的潜意识就暴露了。

（见正文 018 页）

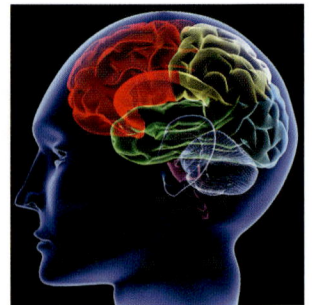

心理学中的生物视角试图从我们的大脑和神经系统中寻找人类行为的起因。神经科学和进化心理学都是生物视角的分支。

（见正文 012 页）

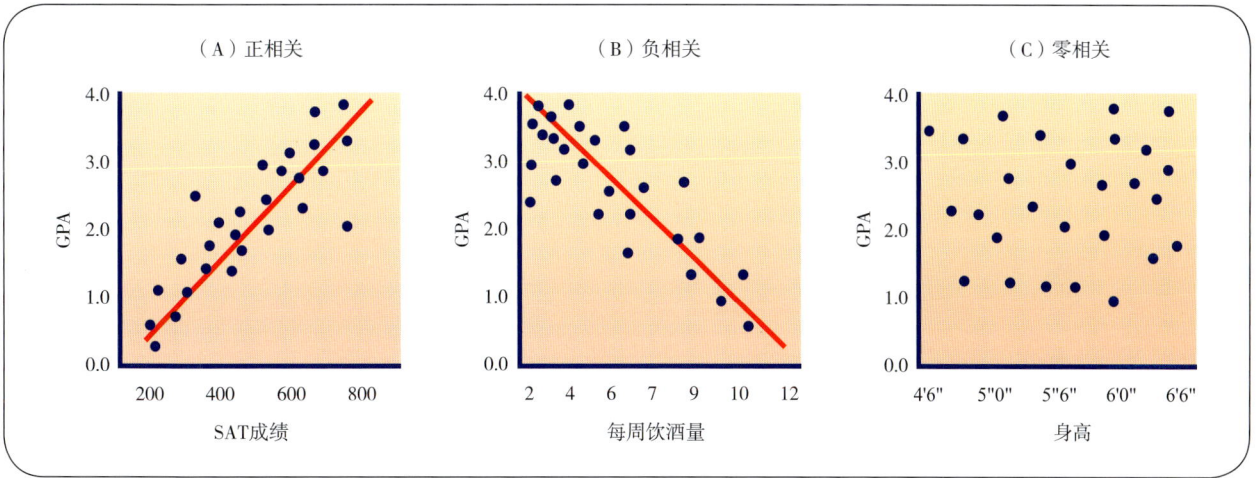

图 1-6

三种类型的相关关系

注：图 1-6 展示了三种主要的相关类型，包括 27 个人的数据点。（A）SAT 成绩与 GPA 呈正相关；（B）每周饮酒量与 GPA 呈负相关；（C）身高与 GPA 没有相关性。

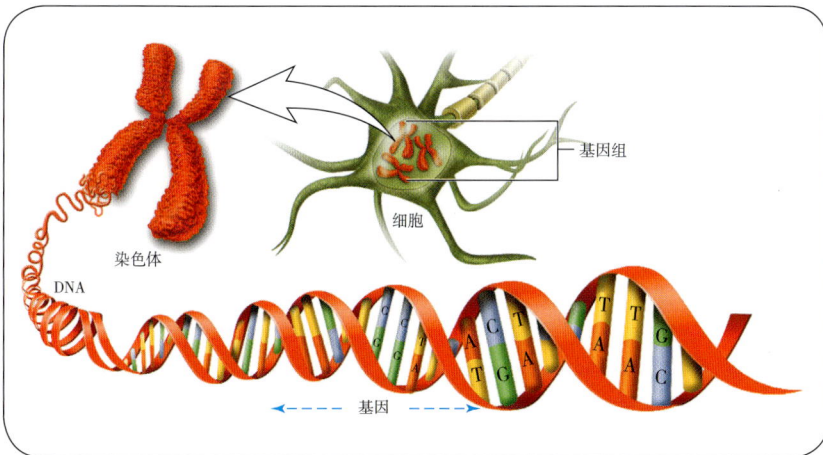

图 2-2

DNA、基因和染色体

注：DNA 片段编码就是基因，你可以将之视为有机体结构手册中的"单词"。

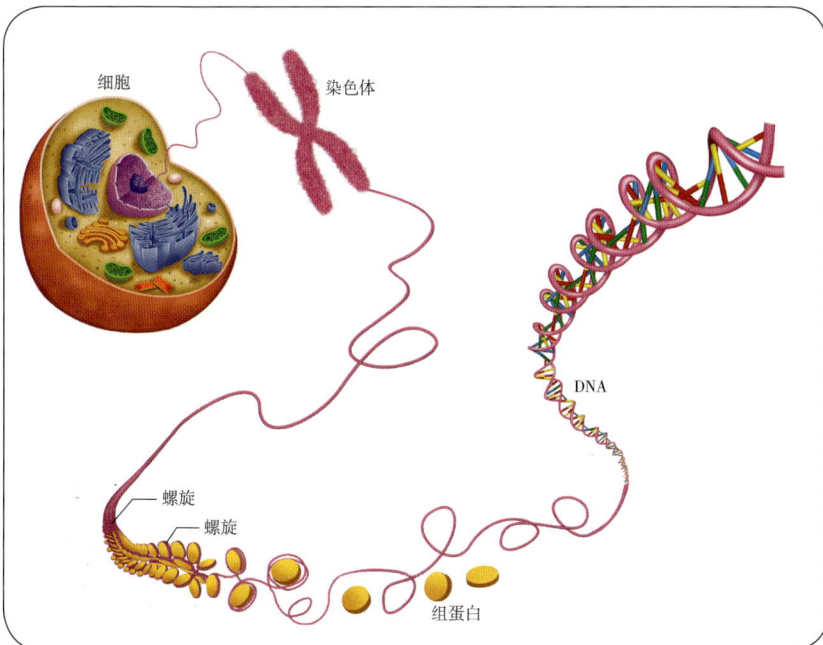

图 2-3

我们的经历和环境如何影响我们的 DNA

注：DNA 将自身缠绕在组蛋白上。随着内部或外部的信号引导某些基因关闭或打开，DNA 上会留下某些化学标记，从而改变基因组的物理结构。这些化学标记造就了表观基因组。

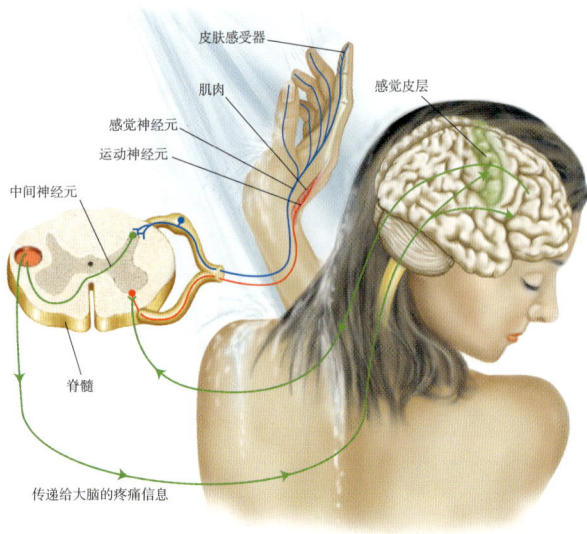

图 2-4

感觉神经元、运动神经元和中间神经元

注：浴室中的水温信息由千万个感觉神经元（传入神经元）从感觉器官传递到中枢神经系统。信息进入脊髓并由中间神经元传递给大脑。大脑会对信息进行评估并生成一个反应（"水温调低一点"）。这些指令通过运动神经元（传出神经元）传递给肌肉。从这些神经元发出的、用于传递信息的大束纤维被称为神经（nerves）。

我们的基因有超过 98% 的部分在黑猩猩的基因中也能找到（Pennisi，2007）。这就支持了达尔文的观点：人和猿有共同的祖先。（见正文 046 页）

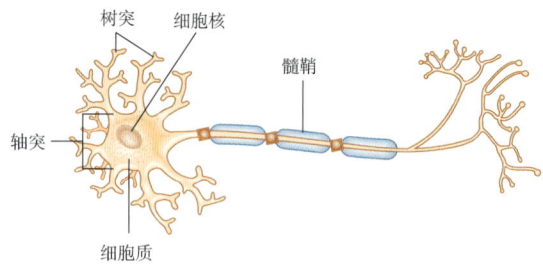

一个典型的神经元同时凭借树突和胞体（细胞体）接收成千上万的信息。

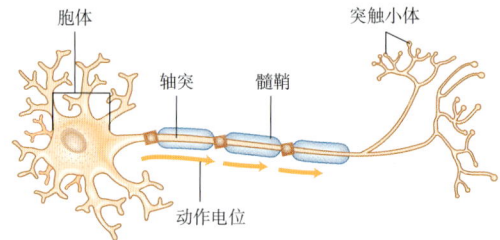

当胞体被充分唤醒时，它的信息就会传递到**轴突**，轴突通过**动作电位**把信息传递到细胞的**突触小体**（terminal button）。

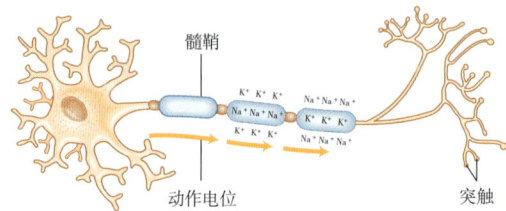

含有神经递质（neurotransmitter）的微小囊泡破裂，然后把它的内容物释放到**突触**（synapse，或者说突触间隙，synaptic cleft）。

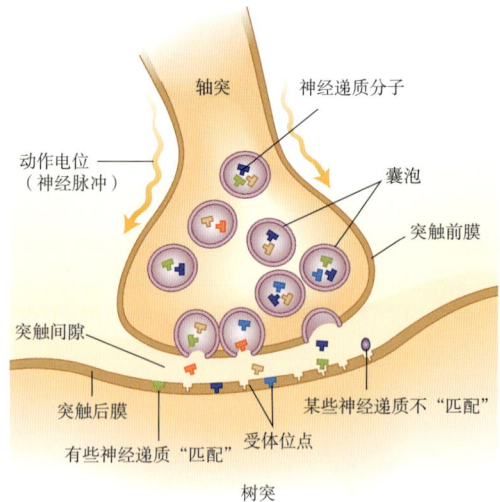

到达突触后膜后，形状合适的神经递质分子会停靠在受体处，并刺激接收细胞。多余的神经递质可以通过再摄取的方式将其拉回到"发送"神经元。

图 2-5

神经元的结构和功能

EEG 可记录脑电波活动。它可以被用来检查异常的脑电波模式，这些模式可以用于检测癫痫、中风或脑损伤、痴呆或睡眠障碍。

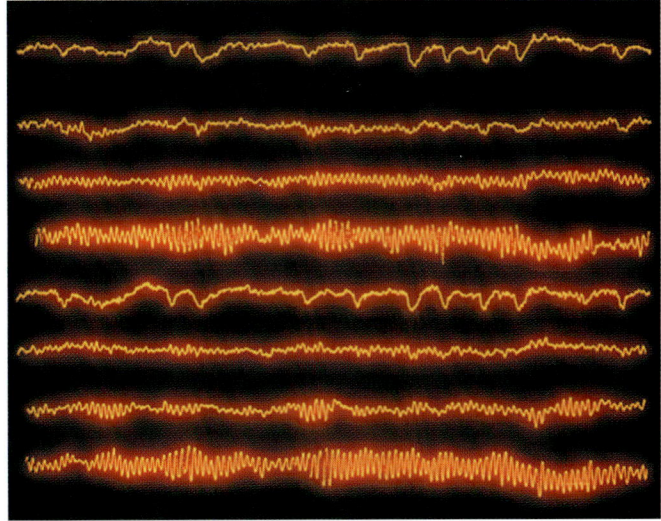

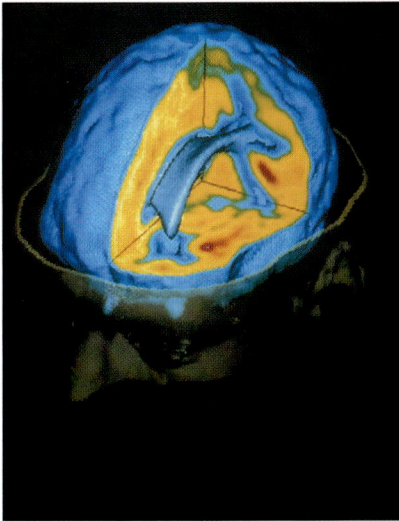

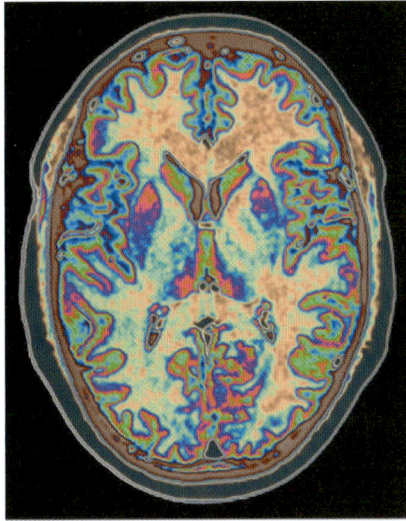

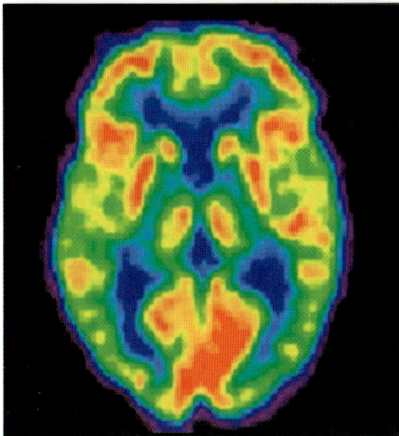

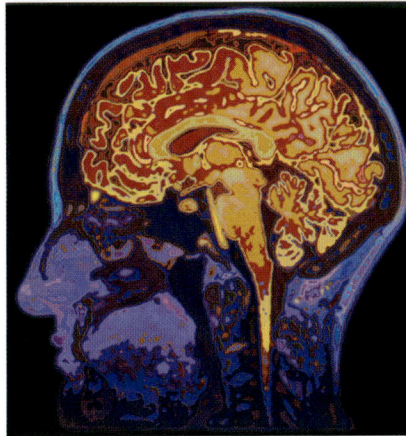

（见正文 065 页）

图 2-9

常见的脑部扫描方法

注：多种脑部扫描技术可用于测量和研究脑部活动。每一种方法都采用一种特定的技术手段，因此也具有与这种方法相关的独特优势。

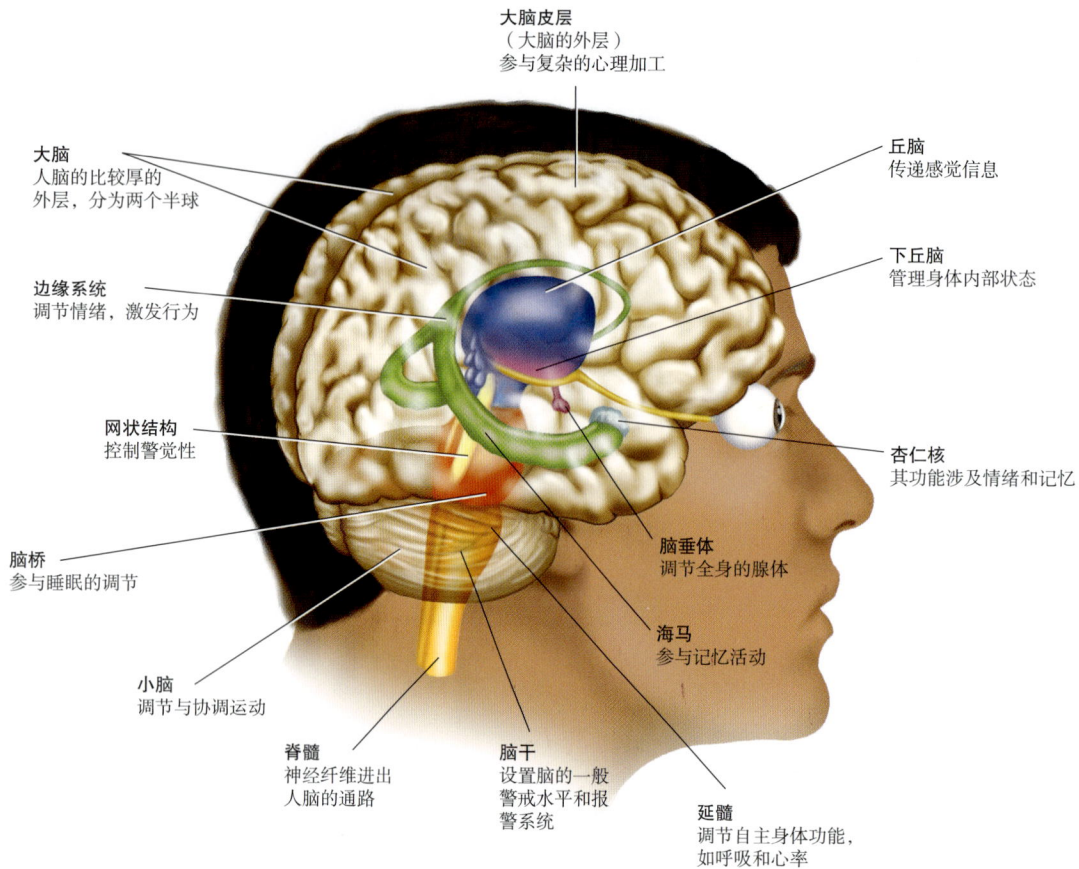

大脑皮层
（大脑的外层）
参与复杂的心理加工

大脑
人脑的比较厚的
外层，分为两个半球

丘脑
传递感觉信息

下丘脑
管理身体内部状态

边缘系统
调节情绪，激发行为

网状结构
控制警觉性

杏仁核
其功能涉及情绪和记忆

脑桥
参与睡眠的调节

脑垂体
调节全身的腺体

海马
参与记忆活动

小脑
调节与协调运动

脊髓
神经纤维进出
人脑的通路

脑干
设置脑的一般
警戒水平和报
警系统

延髓
调节自主身体功能，
如呼吸和心率

图 2-12

脑干和它周围神经组织的结构和功能

注：回顾你学过的脑的结构，并且总结其关键功能。

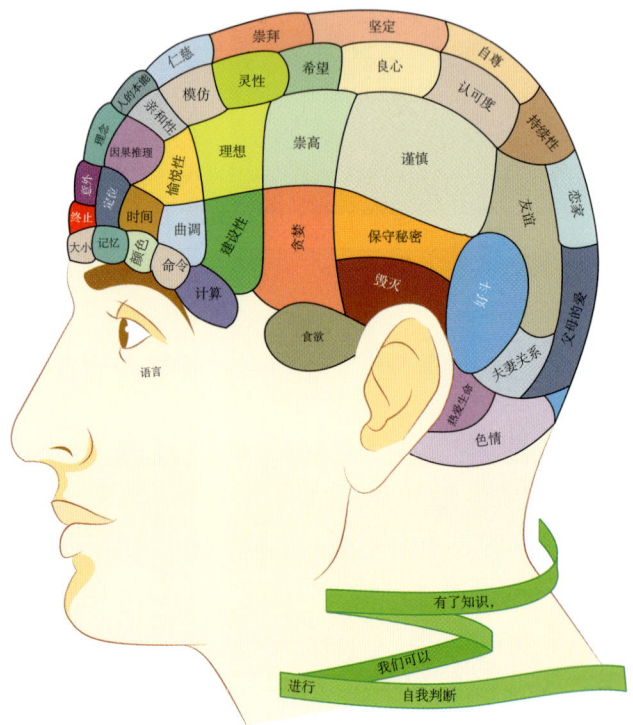

图 2-14

颅相学的人脑

注：虽然颅相学被证实是伪科学，但是大脑的不同区域具有不同的功能这种观点是正确的。

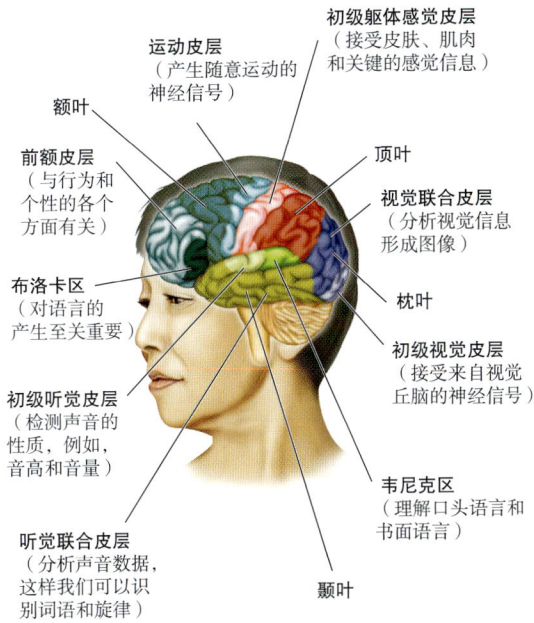

运动皮层
（产生随意运动的
神经信号）

初级躯体感觉皮层
（接受皮肤、肌肉
和关键的感觉信息）

额叶

前额皮层
（与行为和
个性的各个
方面有关）

顶叶

视觉联合皮层
（分析视觉信息
形成图像）

布洛卡区
（对语言的
产生至关重要）

枕叶

初级视觉皮层
（接受来自视觉
丘脑的神经信号）

初级听觉皮层
（检测声音的
性质，例如，
音高和音量）

韦尼克区
（理解口头语言和
书面语言）

听觉联合皮层
（分析声音数据，
这样我们可以识
别词语和旋律）

颞叶

图 2-15

大脑皮层的 4 个脑叶

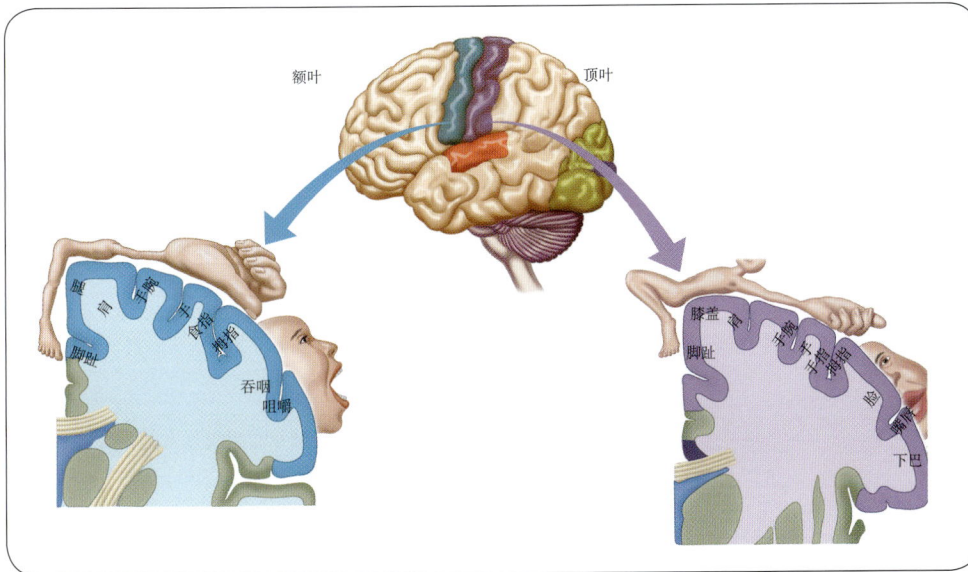

额叶

顶叶

图 2-16

运动皮层和
躯体感觉皮层

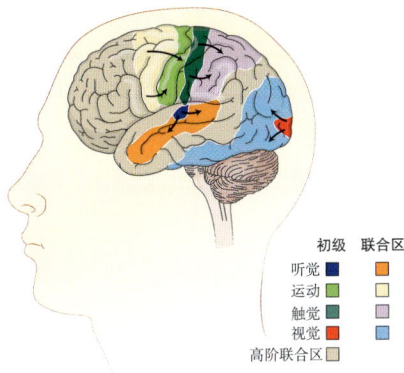

初级　联合区
听觉
运动
触觉
视觉
高阶联合区

图 2-17

脑区的合作

注：皮层的联合区在理解和综合来自初级脑区的
输入信息上起关键作用。

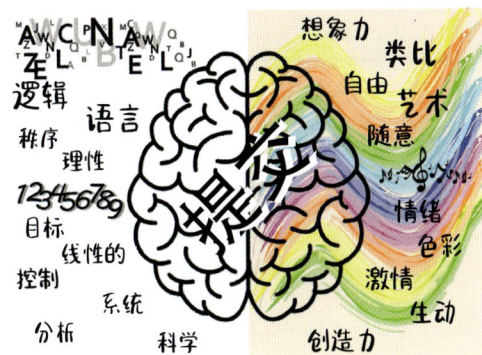

大部分人真具有左脑优势或右脑优势吗？还
是真相其实没有那么简单？（见正文 082 页）

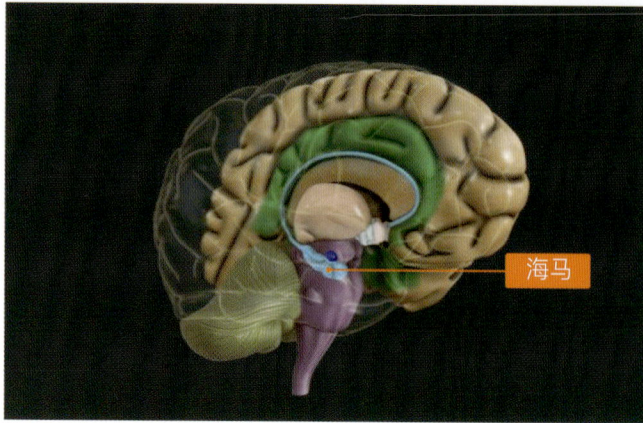

海马（左右半球各有一个）对于创建新的记忆至关重要，在空间记忆方面也起关键作用。

（见正文 069 页）

海马

杏仁核（和大多数脑结构一样，我们实际上有两个杏仁核，每个半球一个）在恐惧和其他与生存相关的情绪中起关键作用。它位于海马前面。它的两个部分互相调节，使用记忆来校准情绪反应。

（见正文 069 页）

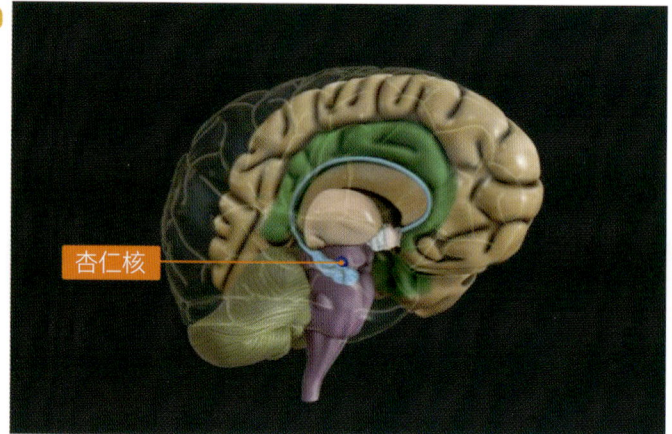

杏仁核

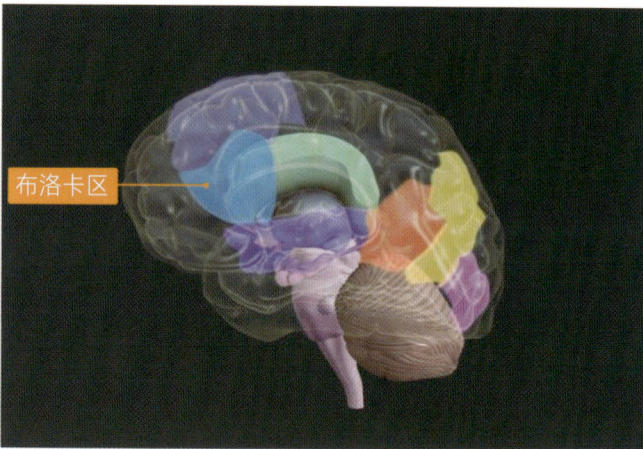

布洛卡区

布洛卡区位于额叶左侧，它对于语言的产生至关重要，但是它与口语或手势（如美国手语）等语言表达无关。

（见正文 073 页）

顶叶位于额叶后面，专门处理感觉。左顶叶对于数学推理很重要，右顶叶参与空间意识。

（见正文 074 页）

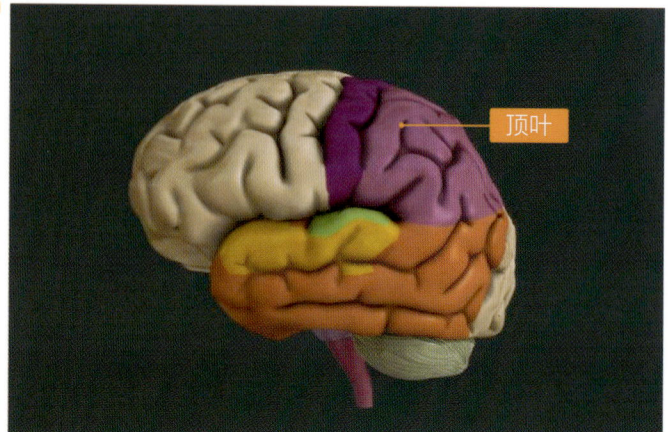

顶叶

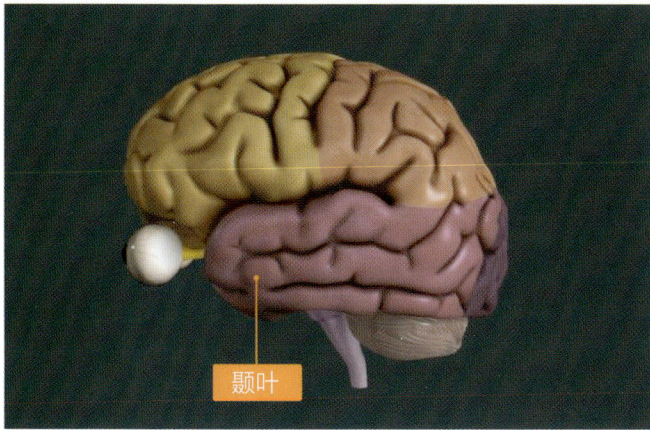

颞叶包含了加工声音的听觉皮层。颞叶也参与记忆：左颞叶损伤会破坏语言记忆，而右颞叶损伤会影响艺术和音乐的记忆。

（见正文 074 页）

颞叶

威尔尼克区在左颞叶，对于理解语言至关重要。

（见正文 074 页）

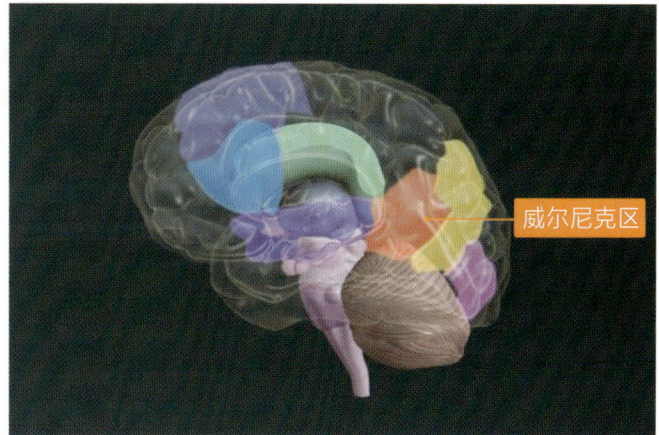

威尔尼克区

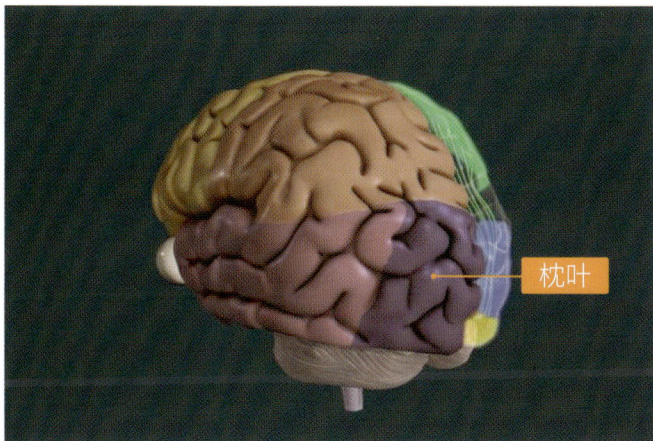

枕叶包含了视觉皮层，负责加工视觉刺激。

（见正文 075 页）

枕叶

胼胝体沟通左右两个半球，使左右半球可以协调我们的大多数思维、感受和行为。

（见正文 076 页）

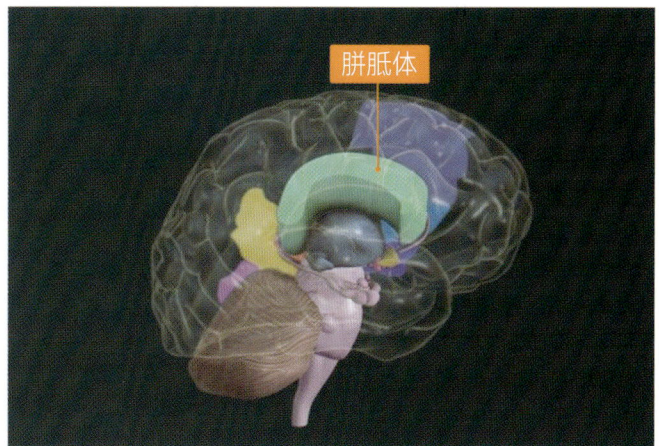

胼胝体

图 3-2

如何产生光幻视

对于克劳德·莫奈的《罂粟花田》，观看者报告说感受到闪烁或运动。神经科学家解释说，花的颜色与周围区域的颜色具有相同的亮度，因此无法分辨颜色的"在哪里"通路，很难在空间中精确定位这些花（Dingfelder, 2010）。（见正文 116 页）

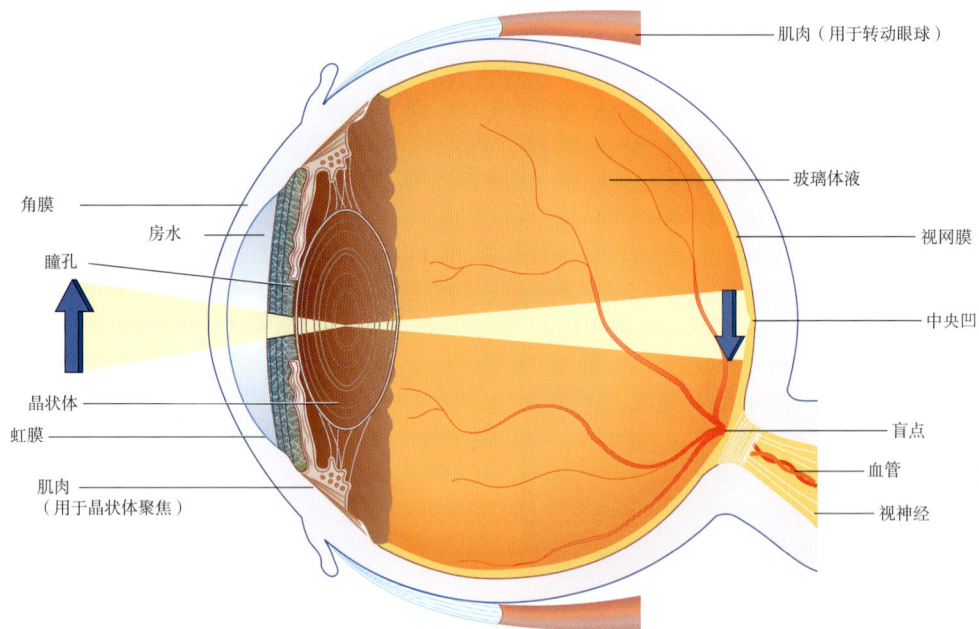

肌肉（用于转动眼球）

玻璃体液

视网膜

中央凹

盲点

血管

视神经

角膜

房水

瞳孔

晶状体

虹膜

肌肉（用于晶状体聚焦）

图 3-3

人眼的结构

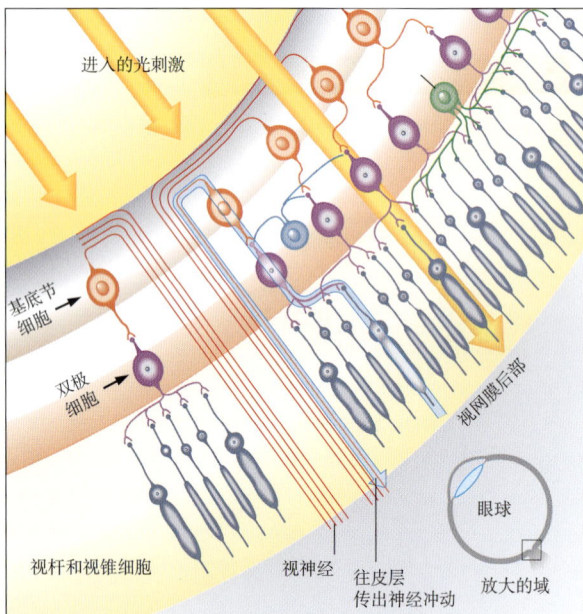

进入的光刺激

基底节细胞

双极细胞

视网膜后部

眼球

放大的域

视杆和视锥细胞

视神经

往皮层传出神经冲动

图 3-4

视网膜上光的转导

图 3-5

运动错觉

注：这幅由伊西娅·莱万特（Isia Leviant）创作的艺术作品《谜》（*The Enigma*），展示了所谓的"微眼跳"（持续的微小眼球运动）是如何让我们在静止的图像中产生运动错觉的。静止图像中根本没有真正的运动。

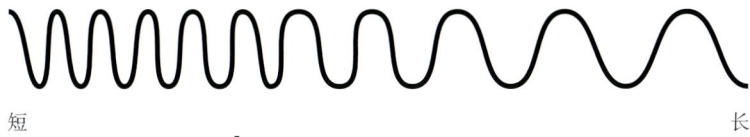

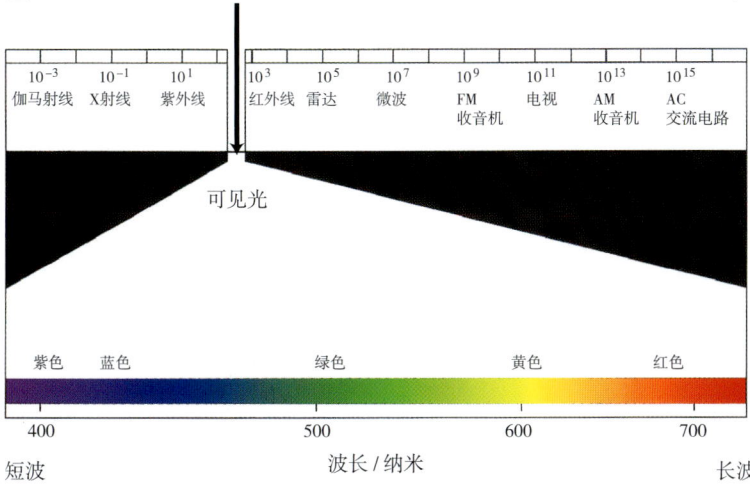

图 3-9

电磁波谱

注：可见光和其他形式的电磁波之间的唯一区别是波长。我们眼睛中的感受器只对电磁波谱的一小部分敏感（Sekuler & Blake, 1994）。

图 3-10

石原色盲测试

注：不能区分红色和绿色的人将无法识别隐藏在图形中的数字。你看到了什么？如果你在图案中看到数字29，你的色觉很可能就是正常的。

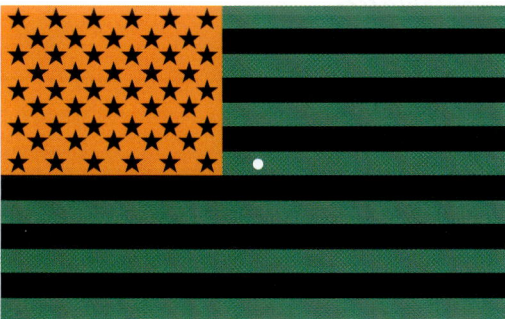

图 3-11

补色旗

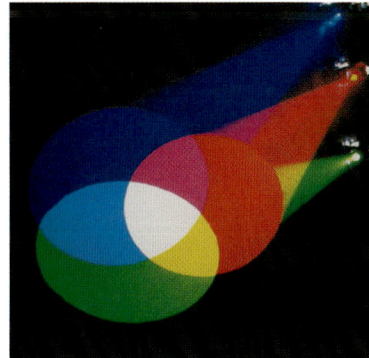

任何两种原色光的组合产生第三种原色光的补色光。所有三种波长的组合产生白光（印刷用的颜料的混合的原理与此不同，颜料会吸收落在它们上面的某些波长的光）。

（见正文 101 页）

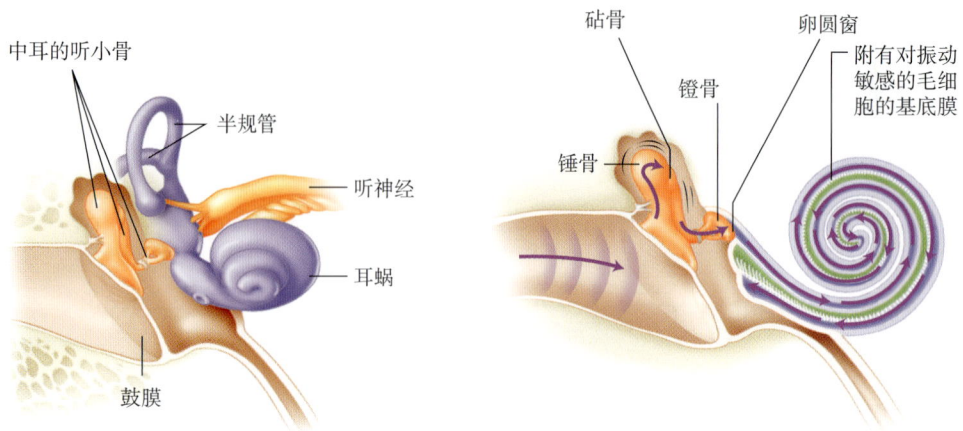

中耳的听小骨
半规管
听神经
耳蜗
鼓膜

砧骨
卵圆窗
镫骨
附有对振动敏感的毛细胞的基底膜
锤骨

图 3-13

人耳的结构

注：耳部传导的声波振动鼓膜，鼓膜将振动传递给中耳的锤骨、砧骨、镫骨，并传递给卵圆窗和耳蜗中的液体。在那里，基底膜上的毛细胞通过向大脑发送听觉信息做出反应。

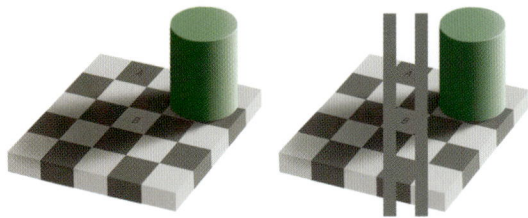

图 3-26

棋盘错觉

注：外表是骗人的：格子 A 和格子 B 的灰度实际上相同，你可以看图的右边，把两个格子与竖条相比（Adelson，2010）。正文解释了为什么会发生这种情况。

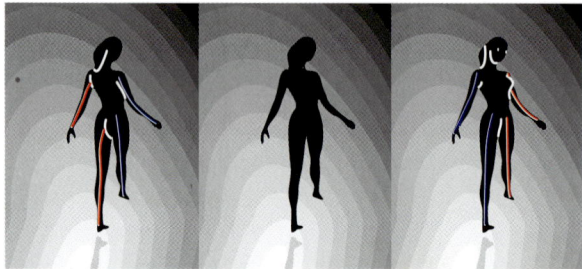

B

图 3-27（B）

戏弄你的大脑的错觉

（B）旋转舞者错觉依赖于知觉的模糊性。也就是说，可以看到中间面板中的舞者向任何一个方向旋转。右边和左边的图片可以帮助你看到她在双向旋转。

图 3-33

两个视角的碧昂丝

注：虽然其中一张照片明显被修改过，但倒着看的时候，它们看起来还是很相似。

相对大小的单眼线索使物体在广角后视镜中看起来似乎很远。

（见正文 127 页）

这张照片里隐藏有阈下信息，在正文里我们有解释。

（见正文 130 页）

每 12 个美国人中就有 1 个害怕小丑（小丑恐惧症），觉得小丑比鬼魂更令人恐惧。你是否因经典条件反射而形成了某些恐惧？

（见正文 144 页）

看看这幅老虎的图片。你看到图片的哪些部分？观看图片时，你的视线会移动到哪里？尼斯贝特的团队发现，美国人会花更多的时间观察老虎和其他突出目标（例如，树和老虎的周围环境），而亚洲人则会花更多时间查看情境和背景的细节。（见正文 174 页）

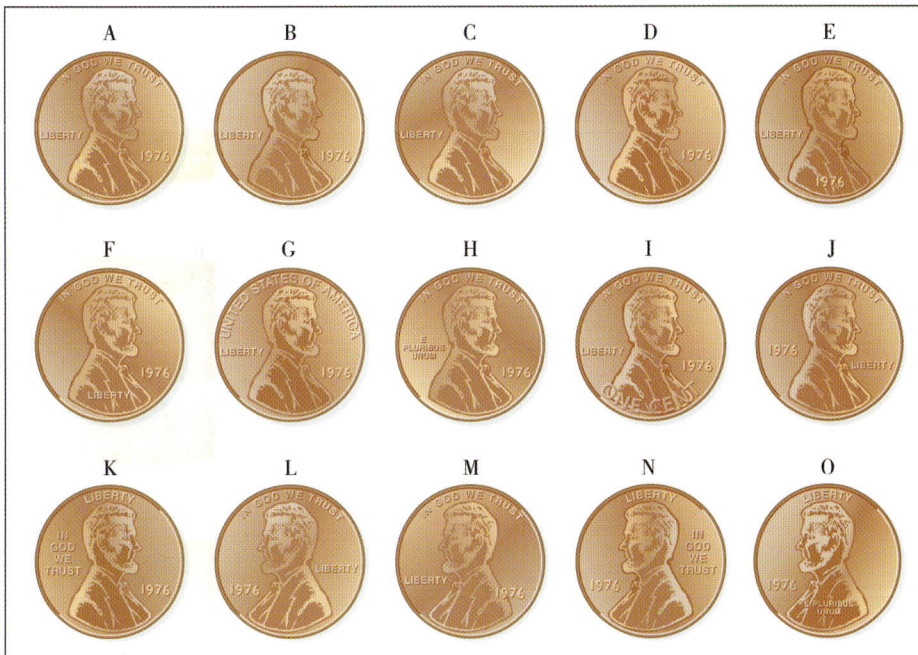

图 5-1

硬币测验

注：哪张图片准确地描绘了 1 美分硬币？

想一想，除非你是一名硬币收藏家，否则你可能很难注意到这类熟悉的物品的细节。因此，在提取一美分硬币的图像时，你会在脑海中自动填充空白及缺少的细节，而不会意识到自己实际上创造了多少记忆图像。正确答案是 A。

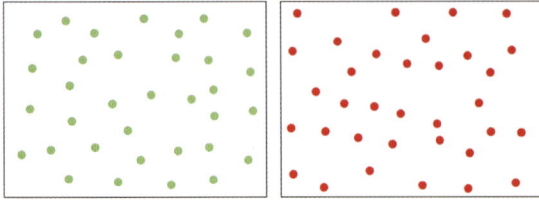

图 5-2

遗觉象测验

注：具有良好遗觉象的人能够在心里将这两幅图像组合起来，然后看到任何单一图像上并不会出现的东西。

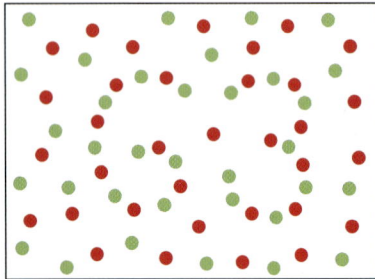

图 5-3

图 5-2 中的图形组合形成了数字的形状

就像这些烟花留下的轨迹一样，感觉记忆只能将传入的感觉信息保持一小会儿。

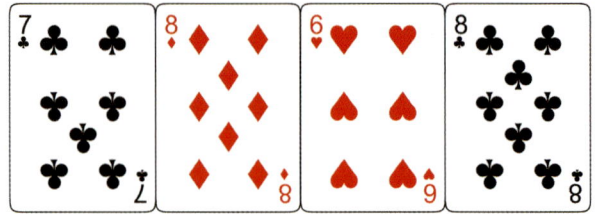

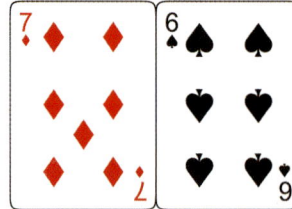

（见正文 188 页）

（A）请在上面的牌中选一张牌，盯着你选择的牌 15 秒以上，注意不要把视线转移到其他牌上。

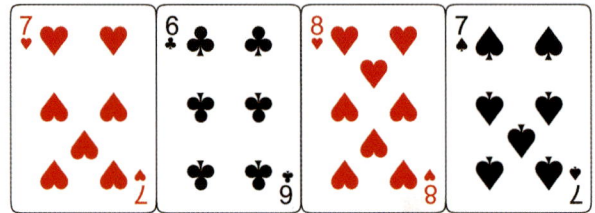

（B）你选择的卡牌不见了！我们是怎么做到的？我们并没有读心术，这是你自己的重构记忆和心不在焉"罪"对你玩的纸牌把戏。如果你不能马上看出这个把戏的原理，你可以换另一张牌再试一次。

图 5-13

"记忆魔术"

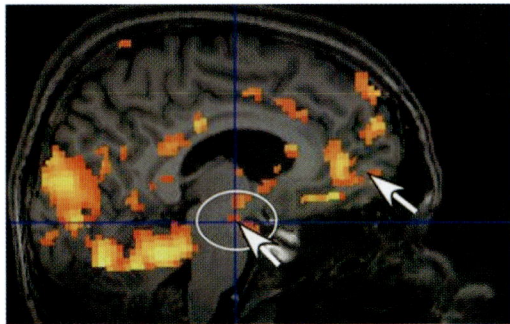

这个 fMRI 扫描图显示的是那些处于热恋中的人们的大脑活动。边缘系统中与奖赏系统相关联的区域高度活跃，这与大脑对可卡因的反应相似。与思考、推理和计划有关的前额皮层也很活跃。
（见正文 232 页）

这是科雷尔在研究图式如何影响我们做决策时所使用的图片例子。研究结果有力地证明了无意识图式如何造成了偏见和歧视。
（见正文 234 页）

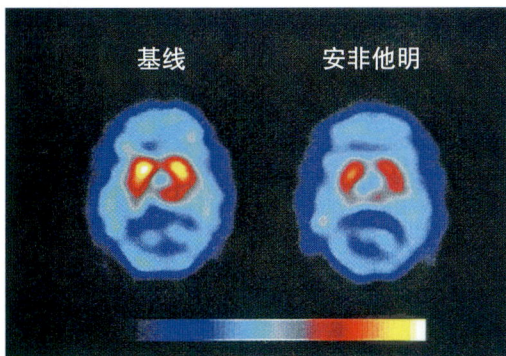

基线　　　安非他明

使用药物时，可以在 PET 扫描图像上看到大脑的变化。由于安非他明的影响，在大脑边缘系统的活动少了很多。（见正文 379 页）

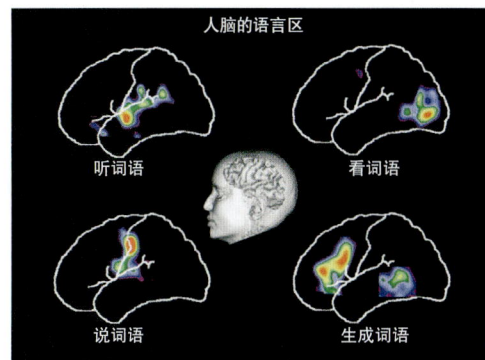

人脑的语言区

听词语　　看词语

说词语　　生成词语

图 8-2

对工作中大脑的 PET 扫描

注：这些 PET 扫描显示了大脑的不同区域如何在不同的有意识任务中变得活跃起来。

梦的显性内容和隐性内容之间的关系于对艺术的诠释，例如，萨尔瓦多·达利（Salvador Dali）的《记忆的永恒》（*Persistence of Memory*）。在这里，柔软变形的时钟和其他超现实的图像代表了显性内容，而你对达利的画的意义的解释则是其隐性内容。

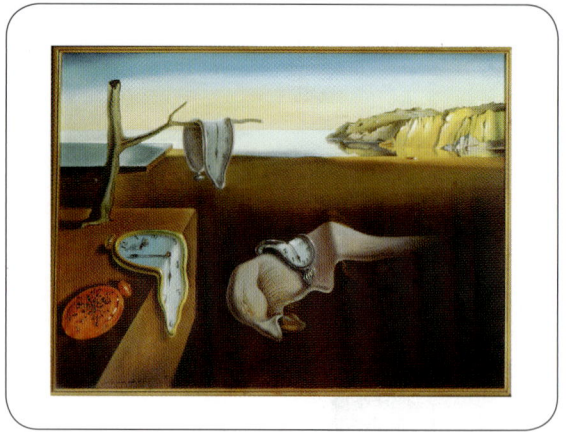

（见正文 365 页）

图 9-7

情绪环

注：罗伯特·普拉特奇克在他的"情绪环"内环上排列了八种主要的情绪。相邻的成对情绪可以结合起来形成更复杂的情绪，如外环所示，爱被描绘成快乐和接纳的结合。

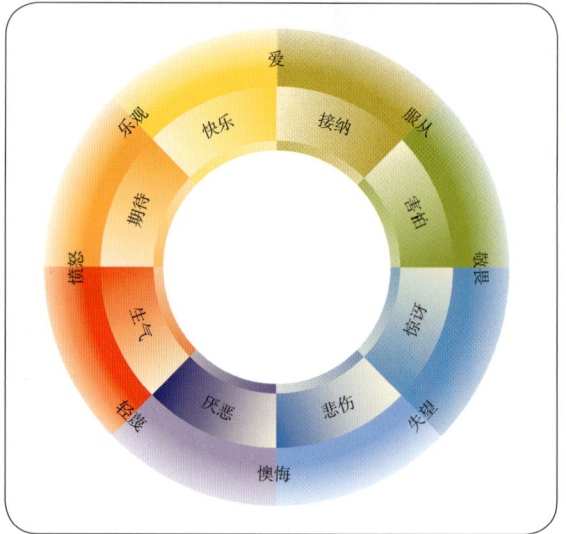

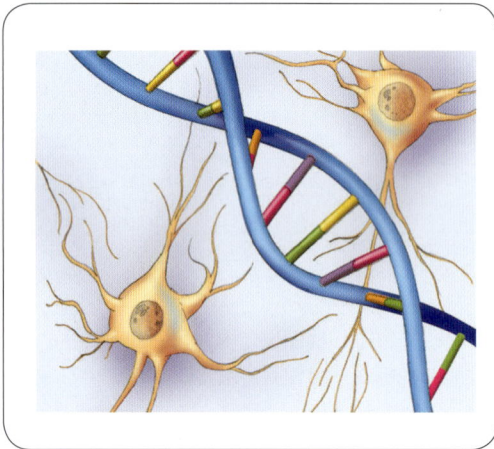

图 12-1　**生物学视角**

注：生物学视角是医学模型的几种替代取向之一。其他视角包括行为主义视角、认知视角、社会文化视角和发展视角。

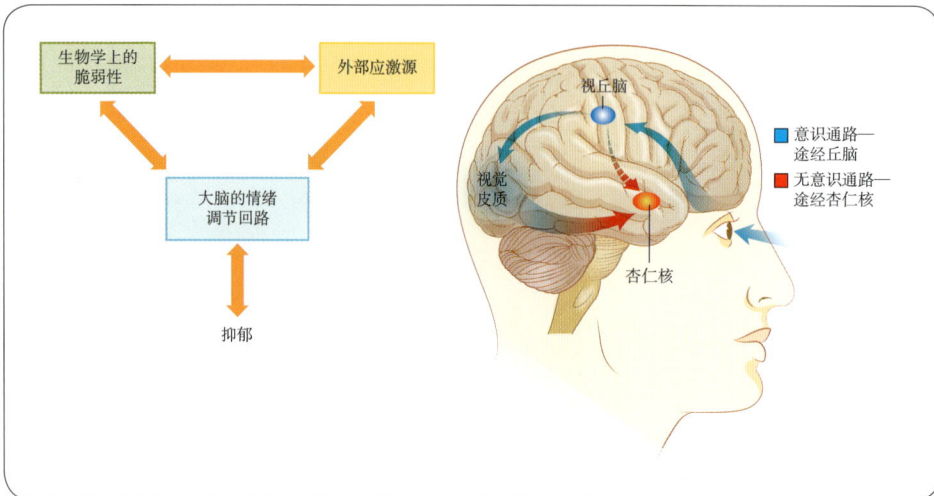

图 12-4

梅伯格的抑郁症模型

注：这种观点认为，抑郁症是由三个主要因素相互作用的结果：（1）大脑的情绪调节回路，（2）外部应激源，（3）生物学上的脆弱性。

PSYCHOLOGY : CORE CONCEPTS (8th EDITION)

津巴多
普通心理学

菲利普·津巴多（Philip Zimbardo）

［美］罗伯特·约翰逊（Robert Johnson） 著

薇薇安·麦卡恩（Vivian McCann）

傅小兰 等译

第 8 版

人民邮电出版社
北 京

图书在版编目（ＣＩＰ）数据

津巴多普通心理学：第8版 / （美）菲利普·津巴多，
（美）罗伯特·约翰逊，（美）薇薇安·麦卡恩著；傅小
兰等　译. -- 北京：人民邮电出版社，2022.8
ISBN 978-7-115-58149-5

Ⅰ. ①津… Ⅱ. ①菲… ②罗… ③薇… ④傅… Ⅲ.
①普通心理学 Ⅳ. ①B84

中国版本图书馆CIP数据核字(2021)第246753号

内 容 提 要

这本书是"当代心理学的形象与声音"、著名心理学家菲利普·津巴多代表作的最新版，作为经典的心理学教材，本书包含了14个心理学入门需要学习的主题，包括心智、生物心理学、感觉与知觉、学习、记忆、思维与智力、毕生发展、意识状态、动机与情绪、人格、社会心理学、心理障碍、心理障碍的治疗，以及从应激到健康和幸福等内容。

本书每章内容均由一个生活中常见的问题引出，并围绕该问题提出相关心理学领域中的核心概念，在回答问题的过程中帮助学习者建立起对该领域的认知。同时，本书还通过"心理学很有用""试一试""写一写""批判性思维的应用"等版块加强了学习者在日常生活中对心理学知识的应用与深度思考。另外，与之前的版本相比，本书对各个心理学细分领域的新研究都做了大量更新，便于学习者和研究者对自身知识体系更新换代。

本书适合高校与相关研究机构的心理学学习者与研究者使用，也适合所有心理学爱好者阅读、参考。

◆ 著　　　　［美］菲利普·津巴多（Philip Zimbardo）
　　　　　　　［美］罗伯特·约翰逊（Robert Johnson）
　　　　　　　［美］薇薇安·麦卡恩（Vivian McCann）
　　译　　　　傅小兰　等
　　责任编辑　姜　珊　黄海娜
　　责任印制　彭志环

◆ 人民邮电出版社出版发行　　北京市丰台区成寿寺路 11 号
　　邮编 100164　　电子邮件 315@ptpress.com.cn
　　网址 https://www.ptpress.com.cn
　　三河市中晟雅豪印务有限公司印刷

◆ 开本：889×1194　1/16　　　　　彩插：8
　　印张：46　　　　　　　　　　　2022 年 8 月第 1 版
　　字数：800 千字　　　　　　　　2025 年 8 月河北第 33 次印刷
　　著作权合同登记号　图字：01-2021-0802 号

定　价：198.00 元
读者服务热线：（010）81055656　印装质量热线：（010）81055316
反盗版热线：（010）81055315

我很高兴也很兴奋通过这本修订的《津巴多普通心理学》（第 8 版）中文简体版与中国的心理学同行和同学们分享许多新思想和已被更新的熟悉内容。我知道我早期撰写的《心理学与生活》一书在中国全日制学生和非全日制学生中都很受欢迎。

在说明目前修订版的独特内容之前，我想强调我对来自中国科学院心理研究所以及各大学教授和专科医院医生组成的顶级翻译团队，特别是对心理研究所所长傅小兰博士的敬意。

那么，人民邮电出版社 2022 年出版的这本中文修订版有何独特之处呢?

首先，这本书每一章都有重大更新，包括目前心理学领域的最新研究，甚至具有挑战性的争议。本书中的每一章都始于一个有待解决的问题，将读者的注意力聚焦于特定的问题；然后是几个需要回答的关键问题；最后是批判性思维的应用。

每一章都有 5~12 个新版块和更新的特点。例如，电子游戏中的暴力对青少年的影响，贫困对神经发育的影响，霸凌和网络霸凌的持续影响，青少年和成年人中药物使用的趋势，作为一种人格风格的时间视角，关于米尔格拉姆实验和津巴多斯坦福监狱实验研究的好莱坞电影。

这一版还强化了对恐怖主义的处理，文化对个体幻觉的影响，被其他同学孤立的负面影响，关于工作倦怠的最新研究，体育锻炼对身心健康的重要性，以及新近的有关幸福研究的个人应用。总之，这部修订和更新后的著作的独特之处在于，它将最好和最新的科学研究和理论与当前的社会和政治事务以及对现在的学生（无论是中国的学生还是美国的学生）具有个人价值的问题紧密结合。

当今世界仍在应对新冠肺炎疫情所引发的生理和心理问题，对世界各地的新一代学生而言，心理学知识和见解比以往任何时候都更重要，但对中国学生更特别，我希望你们能成为人类心理智慧的新一代守护者。

菲利普·津巴多

2021 年 11 月 17 日

　　菲利普·津巴多博士是美国著名心理学家，曾任美国心理学会主席，自 1968 年以来担任斯坦福大学的心理学系教授，现为斯坦福大学心理学系荣誉退休教授。他以斯坦福监狱实验和编写大学心理学教材而著称，被誉为"心理学的形象和声音"。《津巴多普通心理学》自出版以来始终是一本标志性的著作，第 8 版是其最新版本。较上一版，第 8 版绝不是简单的常规修正或快速更新，而是非常重要的一次更新，内容修订与增加近半，介绍了心理学领域诸多令人兴奋的新发展。例如，飞速发展的表观遗传学及其对发育、健康和精神障碍的意义；开发基于大脑的 DSM-5 替代品的倡议；班杜拉用于解释不道德行为的"道德推脱"理论；以及卡罗尔·德韦克发现的思维模式的惊人力量。所有的新材料都与心理学的核心概念紧密相连。

　　毋庸置疑，《津巴多普通心理学》（第 8 版）不仅是最理想的普通心理学教科书之一，也是大众学习和掌握心理学核心概念的最佳入门读物，但我接受其中文版翻译任务却有些勉强且十分仓促。

　　之所以勉强，是因为 2016 年 6 月华东师范大学出版社已出版了我组织翻译的哈佛大学版《心理学》（第三版，上下册），而且市面上有诸多国外大学普通心理学教科书的中译本，包括《津巴多普通心理学》数个早先版本的中文版，以及十分畅销的《心理学与生活》。

　　为何仓促，则是因为留给翻译工作的时间只有短短数月。人民邮电出版社普华公司心理学图书策划编辑姜珊给我发来电子邮件，说拿到了《津巴多普通心理学》（第 8 版）的简体中文版出版权，想请我翻译或者组织翻译，并约时间要来心理所面谈。虽说之前我与姜女士素不相识，但在征询研究团队成员的意见后，我决定还是见面谈一谈。随后，普华公司管理层和姜女士来到心理所，与我及研究团队的其他四位老师进行面谈。经过两个小时的深入沟通和交流，最终我们决定翻译这本书。分手告别时，他们表示其实来之前就已商定，谈不妥就不走！

　　时间不等人，为了赶在 2022 年 1 月推出本书中文版，我们团队与出版社约定 2021 年 9 月 30 日前将经过校订并达到齐、清、定要求的翻译稿交齐。鉴于时间紧、任务重、要求高，我决定邀请 13 位有翻译经验且专业方向对口的年轻心理学博士加盟，其中禤宇明副研究员、周国梅教授、孙宇浩教授、刘烨副研究员、陈功香教授、刘超教授、付秋芳研究员、张航研究员、赵科副研究员都曾是我的学生，范伟教授曾是我指导的博士后，陈文锋教授曾是我组里的同事，骆宏教授和王哲副教授也与我有过合作。经过商议，该翻译团队被命名为"中国科学院心理研究所傅小兰及朋友们"。

全书共14章，每位老师负责翻译书中一章，他们有亲历亲为的，也有邀请学生共同参与的。具体分工如下：

第一章　心智、行为和心理科学 刘明童、傅小兰（中国科学院心理研究所）

第二章　生物心理学、神经科学与人类天性 孙宇浩（浙江理工大学）

第三章　感觉与知觉 禤宇明（中国科学院心理研究所）

第四章　学习与人类后天发展 张航（北京大学）

第五章　记忆 刘烨、毕一凡（中国科学院心理研究所）

第六章　思维与智力 周国梅、赵欣仪（中山大学）

第七章　毕生发展 王哲（浙江理工大学）

第八章　意识状态 付秋芳、姚连升、王一帆（中国科学院心理研究所）

第九章　动机与情绪 赵科（中国科学院心理研究所）

第十章　人格 陈文锋（中国人民大学）

第十一章　社会心理学 范伟、王笑雨（湖南师范大学）

第十二章　心理障碍 陈功香（济南大学）

第十三章　心理障碍的治疗 骆宏（杭州师范大学）

第十四章　从应激到健康和幸福 刘超（北京师范大学）

在历时几个月的翻译过程中，大家在努力完成各自紧张繁重的科研和教学任务的同时，有条不紊地推进着翻译工作，反复沟通，字斟句酌，力求译文准确。2021 年 7 月 31 日，我将完成了译者间第一轮互校（每章译者审校其后一章译稿）及修改后的全书 14 章译稿提交出版社进行审核、中耕。8 月 6 日在线上召开了人民邮电出版社与中国科学院心理研究所傅小兰及朋友们《津巴多普通心理学》（第 8 版）中文简体版审稿会，译者与出版方共同讨论译稿与出版事宜。9 月 9 日，我将完成了译者间第二轮互校（每章译者审校其前一章译稿）及修改后的译稿新版本提交出版社进行初排与校对。9 月 22 日，各章译者将"导读"提交出版社。由刘烨负责的"术语表"和由陈功香负责的"致学生"版块，经过大家反复修改后，也在 9 月提交给了出版社。

在此，我代表全体译者，感谢人民邮电出版社对翻译和出版《津巴多普通心理学》（第 8 版）中文简体版的高度重视和大力支持，感谢人民邮电出版社普华公司的盛情邀请和倾心相助。我也要感谢全体译者加班加点，克服种种困难，按时提交译稿，认真进行互校，反复修改完善，齐心协力奉献给读者一本高质量的佳作！

我相信读者会喜欢这本书，也由衷地期待这本书给所有对心理学有兴趣的初学者带来喜悦和欢乐。读这本书，大家一定会发现，心理学很有用！

傅小兰

中国科学院心理研究所 所长

中国科学院大学心理学系 主任

中国心理学会 原理事长 原秘书长

脑与认知科学国家重点实验室 原副主任

2021 年 10 月 7 日

关于记忆有一个简单的公式，我们可以用下面的例子来阐释。请花几秒的时间学习这组字母：

IBMUFOFBILOL

不要偷看下面的解释，请按呈现顺序尽可能多地写出你记住的字母。

大多数人能准确记住 5 到 7 个字母。少数人能记住全部字母，他们是如何做到的呢？他们找到了一个规律（你可能注意到了上面的字母中有一些熟悉的缩写：IBM, UFO, FBI, LOL）。找到规律就会大大简化记忆任务，因为你可以利用已存储在记忆中的材料。在这种情况下，你所需要记住的是四个"组块"信息，而不是12 个不相关的字母。

这个方法也适用于心理学课程的学习材料。如果你试图把每条信息都作为单独的项目来记忆，会觉得比较困难，但是如果你找到规律，你会发现其实学习并不难，而且更加有趣。

运用心理学来学习心理学

那么如何来识别这些规律呢？为此我们开发了一些独具特色的学习版块，帮助读者快速掌握相关知识。

核心概念　我们围绕着一个被称为核心概念的重要理念来组织每一章的主要内容。例如，

第五章有四个核心概念，其中记忆的核心概念如下：

> **核心概念**
> 人类的记忆是一种信息加工系统，它会对信息进行建设性的编码、存储和提取。

因此，我们将核心概念作为中心主题，围绕它组织了大约 10 页材料（包括几个新术语）。当你阅读每一章的内容时，记住核心概念将帮助你编码与该概念相关的新术语和思想，并将它们存储在你的记忆中，然后在你接受测试时提取它们。正如一句老话所说，核心概念就是"森林"，而章节中的细节就是"树木"。

关键问题　每个核心概念都有一个关键问题作为本章的主要标题。例如，下面是记忆一章的关键问题：

> 为什么记忆有时会出错，对此我们能做些什么？

这样一些关键问题将帮助你提前了解本部分中最重要的观点或核心概念。事实上，核心概念总是为关键问题提供一个简短的答案。"关

键问题"如同汽车上的远光灯，可以帮助你聚焦前方。我们的"关键问题"也可以作为你对阅读内容提出问题的指南。

另外，核心概念和关键问题随后会作为章节小结的组织特征再次呈现。

心理学很有用　心理学与新闻事件和日常生活有着许多让人着迷的联系，我们在每一章的各个主要部分的结尾都探索了其中的一种联系。为了说明这一点，下面举几个来自"记忆"一章的例子。

- 你想拥有"摄影式记忆"吗？
- 闪光灯记忆：当……的时候，你在哪儿？
- 舌尖现象。

这种联系非常实用、接地气、引人入胜，它们将帮助你将心理学研究与你的实际生活经验联系起来。它们还将帮助你批判性地评估你在媒体上看到的许多心理学观点，例如，当你看到以"心理学研究表明……"开头的新闻报道时。到本课程结束时，你将成为一个更加理性的信息消费者。其中一些专题特别注重将心理学应用到学习和研究中，因此学生可以获得很多"运用心理学来学习心理学"的实用技巧。

试一试　在整本书中，我们安排了很多主动学习的演示，例如，要求你记住字母IBMUFOFBILOL。除了有趣之外，这些活动还有一个严肃的目的，即阐明文中讨论的重要原则。例如，在第五章中，"试一试"版块可以帮助你发现你的工作记忆容量；另一版块则可以测试你"摄影式记忆"的能力。

关键术语　书中最重要的术语均以粗体显示。在本书最后的术语表中，我们将各章的关键术语和定义进一步集中汇总。

本章小结　这部分概述了每一章的主要观点，以帮助你预览和复习该章。但我们要提出一个警告：阅读"本章小结"并不能代替阅读整章！这里还要给出一个有用的提示：我们建议你在阅读本章的其余部分之前先阅读小结，以便对接下来的内容有所了解，然后在读完本章之后再重新阅读小结。先阅读小结可以

为你的阅读材料提供一个框架，这样你的阅读材料就可以更容易地编码和存储在你的记忆中。当然，在阅读完一章之后进行复习和总结会巩固你刚刚学到的知识，使你在需要的时候（如考试）能想起它。

像心理学家一样思考

只学习心理学的事实和定义不会让你成为心理学家。除了这些事实之外，如果你想像心理学家一样思考，还需要学习一些解决问题和批判性思维的技巧，这是任何一个优秀的心理学家都应该掌握的。考虑到这个目标，我们为本书添加了两个独特的部分。

本章思考题　本书每章都以一个重要的问题开始，并且告诉读者，通过阅读你将获得相关的工具来解决这个问题。这些问题大多非常有趣，如测试糖果会不会让孩子"糖亢奋"、如何评估"恢复的记忆"、如何区分"天才"与普通人。

批判性思维的应用　在每章章末，我们会要求你认真思考心理学家之间争论的问题和媒体上提出的问题，如潜意识的本质和潜意识说服的效果。解决每一个问题都需要你具有怀疑的态度和一套特殊的批判性思维技巧，我们将在第一章中进行介绍。

最后，我们还有一个帮助你在心理学上取得成功的建议：本书用很多例子来说明最重要的观点，但如果你在学习的时候能够自己生成例子，那么你会把这些观点记得更牢。这个习惯将会使各种信息内化成你自己的知识。因此，我们祝愿大家在我们共同热爱的领域中拥有一次难忘的旅程。

菲利普·津巴多

罗伯特·约翰逊

薇薇安·麦卡恩

本版更新的内容

你熟悉和喜爱的前七版的一些特点都得以保留：关键问题、核心概念、本章思考题、批判性思维的应用，以及多样性分析与跨文化心理学，这些模块的写作引人入胜，每一个概念都有清晰的例子佐证。

当然，新版本还介绍了心理学领域许多令人兴奋的新发展。例如，飞速发展的表观遗传学及其对发育、健康和精神障碍的意义；开发基于大脑的DSM-5替代品的倡议；班杜拉用于解释不道德行为的"道德推脱"理论；卡罗尔·德韦克关于思维定势的惊人力量的发现。所有这些新材料都与心理学的某一核心概念相联系。

《津巴多普通心理学》（第8版）的核心概念绝不是简单的常规修正或快速更新，而是非常重要的一版更新。下面我们逐章介绍第8版新增的内容。

第一章 心智、行为和心理科学

- 新增了利用社交媒体网站（SMWs）进行研究的机会以及相关伦理问题
- 加入了应用批判性思维探讨儿童接种疫苗是否会增加其患孤独症的风险
- 新增了有关心理学职业的介绍，包括环境心理学和老年心理学的职业前景

第二章 生物心理学、神经科学与人类天性

- 新增了表观遗传学及经验如何改变基因表达，包括触摸、运动、营养和毒素对压力、健康、发育的影响
- 扩展了关于可塑性的新发现，包括色情对大脑的影响
- 新增了创伤性脑损伤和可塑性的内容
- 新增了关于小脑对大脑功能重要作用的研究，包括改善情绪、感觉和认知功能，以及可能涉及的精神分裂症
- 加入了有关大脑植入的新进展
- 新增了对镜像神经元的批判性思考

第三章 感觉与知觉

- 新增了米勒（Müller）细胞如何引导光线穿过视网膜层的内容
- 加入了关于疼痛的新的研究发现
- 加入了听力损失心理学的最新进展
- 更新了大脑中的"是什么"和"在哪里"通路方面的内容
- 新增了许多新的插图和错觉图

第四章 学习与人类后天发展

- 扩展了经典条件反射应用于广告的方式，包括幽默、产品植入、明星代言和评估性条件反射
- 加入了经典条件反射技术在野生动物管理和保护中的应用
- 拓展了代币经济的应用范围，不仅包括家庭和临床应用，还包括从幼儿园到大学的各阶段的教育
- 更新了与媒体和视频游戏中的暴力有关的内容
- 加入了动物世界中社会学习的新内容和实例
- 加入了社会学习理论在解决社会问题（计划生育、普及艾滋病知识、成人教育等）上的应用
- 加入了关于社会互动如何推动政治行动的新的研究发现

第五章 记忆

- 重新组织了本章内容以突显学习策略以及学生在生活中的应用实例
- 加入了短暂性的生物学基础——记忆到底是如何导致遗忘的
- 加入了证明前瞻性记忆占记忆丧失的一半的新研究，以及克服这个问题的策略
- 加入了关于PTSD（创伤后应激障碍）和记忆的神经科学研究

第六章 思维与智力

- 拓展了类比法在工程和市场营销中的使用
- 加入了功能固着、心理定势、后见偏差和锚定的新例子
- 新增了诺贝尔获奖者丹尼尔·卡尼曼的两阶段思维理论
- 扩大了创造力的篇幅，包括雪莉·卡尔森对高创造力人群的思维的研究
- 扩展了关于智力的新发现，包括弗林效应的变化
- 更新了《精神障碍诊断和统计手册》（第5版）

和智力障碍方面的内容

- 加入了动物的心理理论
- 加入了贫穷和营养对神经发育的影响
- 新增了卡罗尔·德韦克对固定型思维和成长型思维的研究
- 加入了关于刻板印象威胁和表现的最新发现及干预
- 加入了 Lumosity 这样的大脑训练项目真的有效吗？研究揭示了什么？

第七章　毕生发展

- 新增了关于早期神经发展的最新研究，包括神经可塑性、突触修剪及其与孤独症和敏感期的可能联系
- 加入了催产素在婴儿抚触和最优发展中的作用
- 加入了贫穷和营养对发展的影响
- 加入了有关注意缺陷／多动障碍的最新研究和拓展知识，包括对注意缺陷／多动障碍的一种积极看法
- 加入了青少年身体意象与性活动的最新研究
- 扩展了班杜拉的"道德推脱"理论及其在理解不道德行为方面（包括欺凌和网络暴力）的应用
- 加入了津巴多的演讲"男孩的没落"——21 世纪年轻男性面临的挑战
- 新增了与女孩的性感化相关的内容

第八章　意识状态

- 加入了有关病人在昏迷和植物人状态下的意识，以及家人和医护人员为帮助其恢复可以做什么的最新研究
- 更新了有关白日梦时大脑默认网络的部分
- 重新编写和更新了有关梦的部分，包括对梦和记忆的最新研究以及有关梦的文化视角
- 更新了青少年和成年人药物使用趋势的最新数据

第九章　动机与情绪

- 扩展了社会学习和情感学习是如何提升学习成

绩的相关内容

- 加入了关于"自豪"的心理学新理论
- 加入了记忆的情绪性影响
- 加入了关于体重控制和性行为的生物心理学和进化心理学的最新研究进展
- 更新了情绪的面部表达的内容
- 加入了沃尔特·米歇尔和他的"棉花糖测试"的最新研究进展

第十章　人格

- 本版所有主要的人格理论都围绕先驱女性心理学家玛丽·卡尔金斯的个案研究进行组织
- 新增了人格障碍的简介（在第十二章心理障碍中会再被提及）
- 加入了如何理解人的异常行为，如大屠杀
- 加入了大五人格与《美国地理》、Facebook 用户类型的关系
- 加入了积极性是人格和幸福的核心的相关内容
- 更新了对迈尔斯－布里格斯类型指标 MBTI 的介绍
- 加入了理解人格和意义治疗的存在主义方法
- 更新了对坚韧性和坚毅性的研究
- 加入了作为一种人格风格的时间观
- 扩展了不利的经济情况（如失业）如何影响人格功能的内容
- 加入了情境在理解文化塑造人格中的作用
- 加入了个人人格独特性的内容

第十一章　社会心理学

- 新增了关于米尔格拉姆研究的电影《实验者》（2015）和津巴多监狱实验的电影《斯坦福监狱实验》（2015）
- 加入了邪恶局势下的英雄主义以及强有力的例证
- 更新了米尔格拉姆服从实验中权威影响的例子和最近现实中的例子
- 扩展了关于非人化及其在最近种族灭绝事件中的作用的内容
- 加入了刑事判决中隐含的种族偏见

- 增加了对系统权力的处理
- 扩大和更新了对欺凌的处理方法
- 扩大和更新了对恐怖主义的处理方法
- 新增了来自各个方面的社会痛苦堪比身体上的疼痛的内容

第十二章　心理障碍

- 在新的 DSM-5 问世之际，美国精神卫生中心和其他强大的组织正在按照大脑研究的建议重新定义精神障碍的概念
- 加入了表观遗传学在精神障碍中发挥的作用
- 扩展了幻觉受文化影响的内容，指出幻听对一些人来说是一种安慰
- 讨论了我们是否最终找到了精神分裂的生物标记物
- 新增了孤独症可能反应的是早期突触修剪失败的观点

第十三章　心理障碍的治疗

- 加入了新的非传统疗法：远程治疗、运动和文化适应疗法
- 加入了生物医学疗法广泛使用的原因
- 新增了伦理争议：对创伤后应激障碍患者和经历战争的士兵使用麻痹记忆药物进行了讨论
- 更新了循证实践的内容
- 更新了电休克疗法的内容

第十四章　从应激到健康和幸福

- 新增了津巴多先生有关社会排斥——也被称为无声霸凌——的个人经历描述
- 加入了创伤后应激障碍、冲击暴露的神经生物学效应的新研究，以及时间透视疗法的有效治疗
- 加入了在贫困环境中长大对大脑功能的负面影响的研究
- 扩展和更新了职业懈怠和职业应激的研究
- 加入了弗兰克尔对存在意义的追问
- 扩展了体育锻炼对身心健康的作用
- 加入了全民健康促进运动的失败
- 扩展了幸福研究和个人应用的内容

目录
contents

03
**第三章
感觉与知觉
/087**

04 第四章 学习与人类后天发展 /137

10   第十章
人格
/435

11 第十一章 社会心理学 / 487

12 第十二章 心理障碍 /547

13 第十三章
心理障碍的
治疗
/ 587

14 第十四章 从应激到健康和幸福 /631

本章视频导读，请扫描二维码观看。

好奇之火不曾熄，人类从未停止过探索自己。《易经》有言："形而上者谓之道，形而下者谓之器。"人之道——精神、思想、意识，随着时间的洪流发展成现代的一门学科——心理学。那么，心理学究竟是怎样的一门学科呢？本书第一章将向你解答这个问题。

通过阅读第一章，你将了解心理学是一门研究行为和心理过程的科学，而批判性思维是区分心理学和伪心理学的重要技能；你也会学到心理学的 6 个主要视角——生物视角、认知视角、行为视角、全人视角、发展视角和社会文化视角，以及这些视角是如何建立并发展起来的。

除了为你展示心理学的定义和主要视角外，本章还包含心理学研究方法的介绍。在本章中，你将学习如何采用科学的方法研究心理学，并学到五种常用的研究方法，它们分别是实验、相关研究、问卷调查、自然观察和个案研究，而随着对这五种方法的理解逐渐加深，你将知道如何选择最恰当的方法解决不同的心理学问题；你还会得知心理学研究需要规避的偏差——情感偏差、期望偏差和证实性偏差，它们会成为批判性思考之路上的绊脚石，甚至会对研究结果产生不利影响。本章也会为你展示心理学研究中可能涉及的严肃伦理问题，以及相应的伦理规则，比如，需要获取被试的知情同意，如果对被试使用了任何欺骗手段就必须尽快提供事后解释等。

心理学正处于快速发展期，其突出特点表现为：

1. 心理学与神经生物学、医学、信息科学、工程学等学科高度交叉融合，采用基因分析、现代神经影像等技术，从基因—脑—行为—认知的角度，分层次研究人脑认知功能、情绪情感过程及其神经机制，不断深化对心理活动物质基础的认识，同时也在促进人工智能发展；

2. 心理学积极应对网络化、信息化和全球化带来的新问题和新挑战，开展基于新媒体、大数据分析的宏观社会心理规律研究，注重阐明人类个体与社会行为的心理机制，以理解、调节并提高人的社会行为效率，促进社会和谐发展；

3. 心理学努力为解决各种心理和行为问题以及认知和情绪障碍提供理论基础、方法和技术，对心理疾患进行早期识别和干预，"生理—心理—社会—工程"的新医学模式和人类身心健康促进模式日益被理解和接受。

希望在阅读完本章后，你对心理学这门学科的认识和理解能更加深入，知其可为与不可为，更好地运用心理学知识丰富你的生活；希望现在或未来的心理学从业者能够掌握且熟练运用心理学的科学研究方法，严谨治学，勇于创新，科学地开展心理学研究，为心理学学科建设添砖加瓦。

那么现在，让我们一起来领略心理学的魅力吧！

刘明童

中国科学院大学心理学系博士研究生

傅小兰

中国科学院心理研究所所长、研究员

中国科学院大学心理学系主任、教授

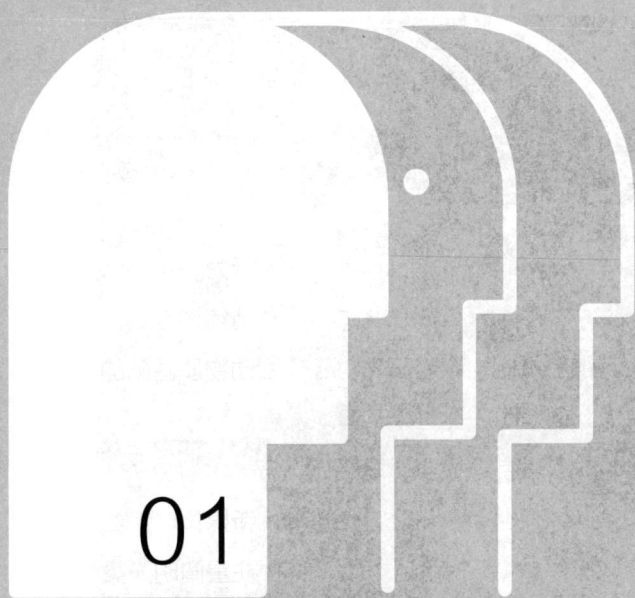

01

第一章

心智、行为和心理科学

本章译者：刘明童　傅小兰

糖真的能使孩子们亢奋吗？让我们运用心理学来找到这一问题的答案吧。

核心概念

1.1 心理学是一个广阔的领域，包括许多专业方向，但从根本上说，心理学是一门研究行为和心理过程的科学。

1.2 现代心理学由 6 个主要视角构成，它们是生物视角、认知视角、行为视角、全人视角、发展视角和社会文化视角，每个视角都发展出了有关心智和行为的全新概念。

1.3 心理学家和其他学科的科学家一样，使用科学方法来实证性地检验他们的观点。

"孩子们吃掉了各种各样的甜食——蛋糕、冰淇淋和糖果——之后，他们又蹦又跳，亢奋得像要疯掉了！"一位朋友在描述她8岁女儿的生日聚会时这样说道。

当时我的脸上一定写满了怀疑，因为她突然停下来问："你不信吗？"她又接着补充，"你们心理学家就是不相信常识，是吧？"

于是我回应她，人们认为的"常识"可能是错的，我举了人们曾以为"地球是平的"这件事为例。我还暗示她："或许可能又错了——这次是人们只愿意相信他们看到的所谓的'糖会让孩子们亢奋'。"

"可能只是聚会让孩子们亢奋。"我补充道。

"只愿意相信他们看到的？"我的朋友几乎喊叫起来，"你能证明糖不会让孩子变得亢奋吗？"

"不能，科学不是那样运作的。"我谨慎地说，"但我能做的，就是做个实验来检验糖能让孩子'亢奋'的说法，然后我们就能知道你的断言是否成立。"

显然，当时不是和她探讨科学实验的最好时机，所以，让我把这个问题交给你吧。

> **本章思考题：**
>
> 心理学家会如何检验糖使儿童亢奋的说法？

我们邀请你思考一下该如何设计这个实验。比如，我们可以给孩子们一杯高糖饮料，看看会发生什么。但由于人们通常只会看到他们期望看到的事情，我们对糖和亢奋的预期很容易影响我们的观察。那么，我们如何设计一个关于糖和亢奋的实验，同时又不让它受到我们预期的影响呢？这不是一个容易解决的问题，但我们会一起思考，到本章结束时，你会得到解决这一问题的各种方法。

本书的每一章都将以类似的问题开篇——希望它能让你积极地投入对心理学的学习，并且批判性地思考该章中的一些重要概念。通过和我们一起解决问题，而不仅仅是被动地阅读，这样才能让这些概念对你而言更有意义，也更容易记住（感谢记忆心理学，让我们知道的确如此）。

"糖与亢奋"问题所阐述的重要概念是心理学最基本的概念之一：运用科学方法来探索心智和行为。但在我们深入探讨科学方法的细节之前，让我们先阐明心理学这个术语本身的含义。

> **关键问题：**
> ## 什么是心理学，什么不是心理学
> 核心概念 1.1
>
> 心理学是一个广阔的领域，包括许多专业方向，但从根本上说，心理学是一门研究行为和心理过程的科学。

"请你不要对我进行精神分析。"办公室门口的一个学生说道。这是心理学教授经常要面对的抗拒和职业性风险。但是，学生并不需要担心被精神分析，原因有二。其一，并不是所有的心理学家都能诊断和处理心理问题，事实上，在心理学教授中能这样做的只占少数；其二，只有少数心理学家是**精神分析学家**。**精神分析**（psychoanalysis）一词指的是一种高度专业化且相对少见的治疗形式。在第一章后面的内容中，你会进一步了解心理学家和精神分析学家之间的区别，但与此同时，不用担心你的教授会试图发现你有什么不对的地方。事实上，你的教授对如何帮助你学习更感兴趣，而不是寻找心理障碍的征兆。

所以，你可能会想，如果心理学不仅仅是关于精神障碍和治疗的，那么它究竟是关于什么的呢？

心理学（psychology）一词来源于古希腊语"psyche"，意为"心灵"，其后缀"ology"的意思是"一个研究领域"。所以，从字面上看，心理学即为"对心灵的研究"。然而，大多数心理学家采用的是本节核心概念中给出的这个更为宽泛的定义：

> 心理学是一个广阔的领域，包括许多专业方向，但从根本上说，心理学是一门研究行为和心理过程的科学。

对于这个定义，我们需要注意的第一个重点是：

心理学不仅包括心理过程，也包括行为。换言之，心理学领域涵盖了我们无法直接观察到的内部心理过程（如思考、感觉和愿望），以及能够直接观察到的外在行为（如说话、微笑和跑步）。定义中的第二个重点与心理学的科学要素有关。简而言之，心理学的科学性建立在客观、可验证的证据之上，不像在非科学领域中，仅有专家和权威人士的意见。我们会在本章结尾处为心理科学给出更完整的释义。而现在，让我们更近距离地了解一下心理学家实际的工作内容吧。

> **本部分导读：**
> 1.1 描述构成心理学的不同专业方向。
> 1.2 区分心理学与伪心理学。

1.1 心理学：超乎你的想象

学习目标：

描述构成心理学的不同专业方向。

心理学涵盖的领域比大多数人认为的更广泛。正如前文所述，并不是所有的心理学家都是治疗师。许多心理学家从事教育、工业、体育工作，就职于监狱、政府、教堂、寺庙、私人诊所以及高校和社区学院的心理学系等。

也有心理学家在工程公司、咨询公司以及法院工作（包括司法机构和 NBA 机构）（见图 1-1）。

在各种各样的环境中，心理学家从事着各式各样

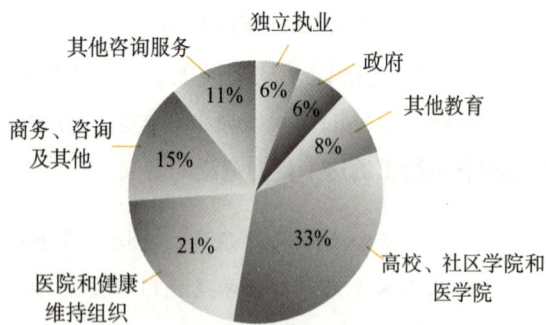

图 1-1 心理学家的工作环境

注：心理学家从事着各式各样的工作，在多样化的场所工作。

的工作，包括教学、研究、测试、设备设计以及心理治疗。实际上，心理学的专业方向多到无法枚举，但我们可以先把心理学分为三大类，带你从中领略这一领域的多样性。

1.1.1 从事心理学工作的三条途径

广而言之，心理学家可以分为三个主要类别：
1. 实验心理学家（experimental psychologists）；
2. 心理学教师（teachers of psychology）；
3. 应用心理学家（applied psychologists）。

不过，这三个群体存在一些重叠，因为很多心理学家在他们的工作中扮演着多重角色。

实验心理学家（有时被称为研究型心理学家）是三个群体中规模最小的。然而，是他们开展了大部分科研工作，创造了新的心理学知识（Frincke & Pate，2004）[①]。比如，一位实验心理学家完全有能力研究糖对儿童亢奋的影响。虽然在一些工业领域或私营研究机构也能看到一些实验心理学家的身影，但大多数实验心理学家在高校或社区学院开展科学研究并从事教学工作。

心理学教师通常在高校、2 年制或 4 年制社区学院以及高中里工作。传统上，高校和社区学院的教师也肩负着做研究、发表论文、出版专著的工作，因此他们在同时扮演着心理学教师和实验心理学家的双重角色。在社区学院，心理学教师更专注于教学，当然也有人在教学的同时为科研做出了少许贡献（通常是次要追求）。高中教师很少有科研的任务（American Psychological Association，2007；Johnson & Rudmann，2004）。

应用心理学家运用实验心理学家研究所得的知识来解决人们遇到的各种问题，如玩具或设备设计、犯罪分析和心理治疗。他们的工作场所多种多样，从学

---

① 在本书中，你会看到括号中的引文，提醒你注意本书参考文献部分提供了完整的参考文献信息。这些简短的引文交代了作者的姓氏和出版日期。只要你手头有完整的参考文献信息，图书馆就可以帮助你找到原始资料。

校、诊所、社会服务机构到工厂、机场、医院和赌场。总的看来，美国大约有三分之二的博士水平的心理学家从事应用心理学领域的工作（Wicherski et al.，2009）。

1.1.2　应用心理学专业

一些最受欢迎的应用心理学专业如下。

- **工业组织心理学家**（通常称为 I/O 心理学家）专门从事人员筛选、人才管理以及改善工作环境的工作，以将生产力和雇员士气最大化。作为心理学中发展最快的领域之一，工业组织心理学家就业的大大小小的公司遍布世界各地。例如，他们可以设计一些项目来激励员工或者提高管理者的领导能力。工业组织心理学家的工作也包括市场调研，给员工和管理层提供指导，调查员工满意度，以及帮助员工更好地平衡工作和个人生活（Novotney，2011；Shrader，2001）。
- **运动心理学家**通过规划有效的训练方案，提高运动员的积极性，以及指导运动员如何在压力下控制情绪，从而改善他们的表现。有些运动心理学家只为职业运动员提供服务，有些则与体育爱好者共事。还有一些从业者与以体力活动为主要工作内容的个体一起工作，比如，消防员或某些军事人员。在所有这些情况下，心理学家的目标是帮助他们的客户通过克服任何可能存在的心理障碍，最大限度地提高他们的表现。运动心理学家也可以开展研究，以更好地理解心理和表现之间的关系，例如，研究各种人格类型为何有可能会增加对高风险运动（如救火、跳伞或潜水）的兴趣。
- **学校心理学家**是教学与学习领域的专家。他们处理影响学业、家庭的问题，或是影响在校表现的个人危机问题，或是如拉帮结派、青少年怀孕或药物滥用等社会问题。有时他们还会对学习或行为问题做出诊断，与教师、学生和家长合作，帮助学生顺利完成学业。许多学校心理学家为学区工作，他们的工作包括实施心理测验、评分并且解读测验结果。
- **临床与咨询心理学家**帮助人们在人际关系、职业或教育上做出艰难的选择，帮他们更好地适应社会、调整情绪。约有半数的博士水平的心理学家将临床与咨询作为他们的职业（Wicherski et al.，2009）。
- **司法心理学家**为法律和司法系统提供心理学专业知识。作为近年被认可的心理学专业之一，法律心理学的迅速走红一定程度上归功于《犯罪心理》（*Criminal Minds*）、《犯罪现场调查》（*CSI*）这类电视剧的播出。尽管现实中的司法心理学家不像电视里的同行那样耀眼夺目或行事爽利，但这个领域的发展生机勃勃，充满了各种各样的机会。司法心理学家会对监狱里的犯人或司法医院中的病人实施测验，以确认这些人是否可以被释放或者是否可以接受审判；他们还会在强奸或虐童案件中评估证词，或者帮助法院挑选陪审团成员（Clay，2009b；Huss，2001）。
- **环境心理学家**的目标是改善人类与环境的关系。比如，他们会研究城市内的园林对儿童学习成绩的影响，或者确定鼓励环保行为的方法，如回收再利用。环境心理学家有时会帮助客户遵守他们对可持续性发展的承诺，或者开办工作坊来告诉人们与自然互动对心理健康的益处（Novotney，2009）。
- **老年心理学家**是心理学大家庭中的最新成员之一。随着美国 65 岁以上老年人口的快速增长，美国心理学会建立了专业老年心理学，帮助老年人保持健康喜乐，以及有效应对与年龄相关的挑战。老年心理学家实施评估，提供干预，并与家人、护理人员和医疗专业人员协商，来帮助老年人在他们生命的后期最大限度地发挥潜力。

想要了解更多有关心理学职业的信息，读者可以查阅美国心理学会出版的《心理学职业》（*Careers in Psychology*）（2011a）等出版物。

1.1.3 心理学并非精神病学

如同心理学的初学者会认为心理学家都是临床心理学家一样，可能他们也不清楚心理学与精神病学的区别。你或许也会在测试时遇到这道题，就让我们来消除这种混淆吧。

几乎所有的精神科医生都治疗心理障碍，但只有一部分心理学家可以治疗精神障碍，它们之间的相似点也仅限于此。**精神病学**（psychiatry）属于医学专业，而不是心理学的一部分。精神科医生取得的是医学博士学位，接受过心理及行为问题治疗特别是药物治疗的专门训练。因此，精神科医生有行医和处方权，他们倾向于治疗患有较严重精神障碍的病人（如精神分裂症），并会从医学的角度来看待病人，把他们看作患有精神"疾病"的人。

与精神病学相比，心理学涵盖的范围更广，它包括人类的所有行为与心理过程，从大脑功能到社会互动，从心理健康到精神障碍。大多数心理学家在研究生期间的训练重点是研究方法，以及对心理学特定领域的深入研究。另外，虽然心理学家通常都拥有博士学位，但他们接受的并非医学训练，因此他们一般没有处方权。但是近年来，美国的一些州通过了立法，允许合格的心理学家开某些处方药，但必须完成一些高级培训和认证（APA，2014）。总之，心理学家从事的领域非常广泛，并且都是从心理学的角度来看待人。临床与咨询心理学家会把人们看作需要帮助的来访者，而非病人。

现在你知道精神病学不是心理学了。接下来，我们将探讨另一个经常与心理学混淆的领域：**伪心理学**（pseudo-psychology）。

1.2 对心理学与伪心理学的批判性思考

学习目标：

区分心理学与伪心理学。

像《露西》（*Lucy*）和《X 战警》（*X-Men*）这样的热门电影延续了一个悠久的娱乐传统，它们使观众着迷于精神层面的神秘力量及其影响人类行为的超自然作用。

你每天查看的星座运程，以及已被彻底揭穿是骗局的占星术均在此列（Schick & Vaughn，2001）。笔迹学（一种进行笔迹分析的伪科学）、算命或者能让人花钱购物的潜意识信息这些也没有任何事实依据。所有这些都属于**伪心理学**的范畴：伪装成科学真理但实际都是毫无依据的心理学信念。

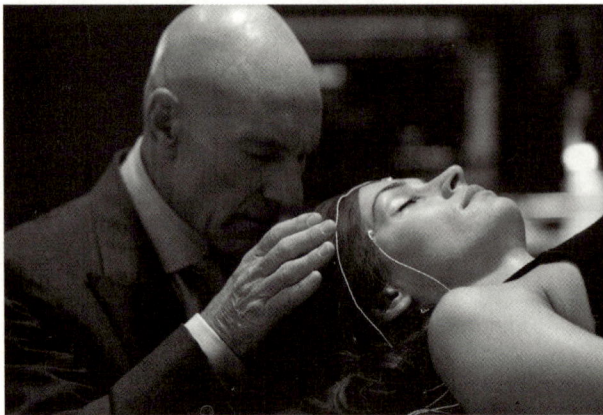

由帕特里克·斯图尔特（Patrick Stewart）扮演的《X 战警》中的 X 教授拥有超能力，这想象起来可能很有趣——但没有科学依据。

当然，要是将星座和特异功能的题材视为纯粹的娱乐，那确实很有趣，但我们必须认识到，一旦真相不复存在，幻想就会滋生。毕竟，你不会想将涉及健康或福利的重要决定建立在虚假的信息上，不是吗？因此，本书的目标之一就是帮助你批判性地思考那些关于行为与心理过程的不寻常的说法。而且，为了避免你误认为"批判性思维"只是让你设法批评，让我们澄清一下这个重要术语在本书中的真实含义。

1.2.1 批判性思维是什么

那些谈论批判性思维（critical thinking）的人经常发现自己像是美国最高法院的大法官波特·斯图尔特（Potter Stewart），他有一句名言，"我不能给色情下定义，但我一看就知道它是不是。"就像斯图尔特法官一样，本书的作者们也无法提出一个无可争议的对批判性思维的定义。不过，我们愿意转而探讨将在本书中强调的 6 种批判性思维技能（critical thinking skills）。每一种技能都基于一个我们认为在面对新想法时应该提出的具体问题。

1. 观点的来源是哪里？
2. 观点是合理的还是极端的？
3. 证据是什么？
4. 相关结论是否存在被偏差污染的可能？
5. 推理过程是否避免了常见谬误？
6. 是否需要多元化视角？

观点的来源是哪里 提出某个观点的人是否具有相关领域的实际专业知识？比如，假设你听到一则新闻，一名政客或权威人士宣称未成年的违法者被恐吓后会改过自新。新闻解释说，在该项目中，初犯者会受到如重罪犯一样近乎非人般的虐待，试图用可怕的监狱生活故事吓唬初犯者，使其远离犯罪。事实上，美国的很多州以及其他一些国家都曾经尝试过这种项目（Petrosino et al.，2013）。但是，主张这一观点的人确实具备这方面的知识吗？他们具有合法的资质吗？还是他们只是自称"专家"？找出答案的方法之一是上网检查这些人的证明文件及其在相关领域内的地位。而且，还要查出发表观点的人是否因此获得实质性利益。比如，如果这是一项医学突破，发表观点的人是否能从新药或医疗设备中获取利益？在"恐吓从善"的项目中，发表观点的人是否在试图搞政绩、拉选票，或者在为电视节目做宣传？

"恐吓从善"项目可能会吸引绝望的父母，但研究表明这类项目并不有效——实际上，它们反而会提高青少年犯罪率。如果你将我们的 6 种批判性思维技能应用于这一观点以及其他流行的观点，将有助于你成为更明智的信息消费者。

观点是合理的还是极端的 人生苦短，当然不能对一切都持批判性态度，所以关键是要有所选择。怎么选择？正如著名天文学家卡尔·萨根（Carl Sagan）在谈到外星人绑架的报告时曾说："不寻常的观点需要不寻常的证据。"（Nova Online，1996）因此，批判性思考者会对那些被吹捧为"突破"或"革命"的说法持怀疑态度。当然，偶尔确实会有突破或革命性的新疗法奏效——但它们相对少见。大多数新的科学发展是在现有知识上的延伸。因此，那些与公认的知识有冲突的说法应当引起你的警惕。比如，你要提防那些宣称不需要付出太多努力就能帮人们戒烟或减肥的广告。对于"恐吓从善"或其他快速解决难题的方法，你要谨记：用简单方法就能解决复杂问题实属罕见。

证据是什么 这是进行批判性思维的最重要的指导方针之一。你将在本章的其他地方了解到更多关于科学证据是由什么构成的知识。不过，现在，我们要提防**轶事证据**（anecdotal evidence）或声称新计划有惊人效果的证词。这些第一手的叙述听起来很有说服力，常常诱使我们相信它们。然而，这种轶事和证词无论听起来多有说服力，它们都不是科学证据。它们仅代表了少数被精心挑选出的个体经历。将适合少数人的事物推断为一定适合所有人，这是有风险的，甚至是危险的。

"恐吓从善"项目的证据是什么？毫无疑问，它们不起作用。事实上，大量科学证据表明，平均而言，接受"恐吓从善"疗法的青少年比没有接受的青少年随后陷入更多的麻烦（Petrosino et al.，2012）。不仅如此，美国司法部还强烈指责这些项目，批评它们造成的伤害（Robinson & Slowikowski，2011）。

相关结论是否存在会被偏差污染的可能 批判性思考者知道在什么情况下有可能出现偏差，并且可以辨认出常见的偏差类型，其中的大部分我们会在本书中探讨。但是现在，让我们先看其中一些偏差类型。

与"恐吓从善"案例最为契合的偏差形式是**情感偏差**（emotional bias）：许多忧心忡忡的父母不停地联系执法部门，要求他们的孩子参加这类项目，称他们束手无策，不知道还能向谁求助。他们不顾一切地寻求帮助，依赖大众媒体和他们在电视上看到的东西，并将其作为指导，而不是清醒地思考，寻找有成功证据的替代项目（Yu，2014）。此外，人们对犯罪行为和罪犯的恐惧可能会促使人们支持对犯罪行为实施严惩，颁布的一连串"三振出局"法律（规定在三次重罪定罪后判处终身监禁）就是证明。

证实性偏差（confirmation bias）是另一种常见的偏差类型，即人类倾向于记住证实自己信念的事件，忽略或忘记矛盾的证据（Halpern，2002；Nickerson，1998）。比如，证实性偏差解释了为什么人们坚持相信占星术有效：他们只记住了看起来准确的预测，忘掉了那些错误的预测。证实性偏差也解释了为什么赌徒更容易回忆起自己赢钱的那一刻，而不是输钱的情景，或者为什么我们坚持认为某个物品是我们的幸运物。令人惊讶的是，最近的研究表明，这种偏见可能部分是生物学性质的。在一项于总统大选前完成的研究中，人们听到他们最喜欢的政客发表的自相矛盾的言论时，其大脑中与推理有关的回路会突然关闭，而与情绪相关的脑区仍然活跃（Shermer，2006；Westen et al.，2006）。此刻大脑在说，"我不想听到任何与我的信念冲突的东西。"因此，为了避免这种偏差，我们可能不得不付出额外的努力。

推理过程是否避免了常见谬误　在本书中我们会探讨几种常见谬误，例如"恐吓从善"这一观点的谬误就是用常识替代科学证据。事实上，在很多情况下，一个问题的两个方面都拥有支持它们的常识。比如，我们都知道"物以类聚，人以群分"，但也知道"异性相吸"的说法。同样，我们常被提醒"早起的鸟儿有虫吃"，但不也常被告诫"欲速则不达"吗？那么，哪种说法才是正确的呢？只有对证据进行检验才能得到可信的答案。

再举一个关于逻辑谬误的例子——当两个事物存在关联时，其中一方的发生一定会导致另一方的发生。这被称为**相关 - 因果谬误**（correlation-causation fallacy）。例如，你知道当人们吃掉更多的冰淇淋时，谋杀率会上升吗？这是真实的——有明确的数据支持它们之间的关联。然而，吃冰淇淋会导致人们互相残杀的假设听上去就很愚蠢。（想知道什么才是这一相关性的真正成因吗？你可以想想可能同时影响冰淇淋消费和攻击性的因素。）然而，当人类被要求解释事物时，我们通常会得出错误的结论，比如，随着越来越多的儿童接种疫苗，孤独症发病率也上升了。事实上，我们必须思考对这种关联的其他解释，并且要寻找额外的证据。

是否需要多元化视角　大部分关乎人类的行为问题和社会问题都是复杂的，需要从多个角度看待才能完全理解。因此，批判性思考者知道不应接受只关注一个角度的观点。比如，"恐吓从善"的观点简单地假定对惩罚的恐惧就是对犯罪的最好威慑。一个更完备的观点会意识到还有其他因素导致了犯罪。比如，心理学家可能会将犯罪视为习得行为、社会影响或人格特质的产物；经济学家会对犯罪行为的经济诱因感兴趣；社会学家则会关注帮派、贫穷和社区结构等问题。当然，这样一个多元化的问题需要一个比惩罚威胁更复杂的解决办法。

对本章问题的批判性思考

在向下推进之前，问问你自己：

对于开篇的"糖是否会让孩子亢奋"的问题，你会如何进行这些批判性思考？

1. 思考来源

这个 8 岁小孩的母亲是研究糖的生物学影响的专家吗？假设她不是，那么你必须思考她的观点来源是否可信，或她是否只是在复述她经常听到的"常识"，并且从未质疑。

2. 检验证据

做过糖对儿童行为影响的科学实验吗？如果做过，实验结果反映了什么？

3. 是否存在偏差

比如，**证实性偏差**会让我们倾向于记住孩子们在吃糖后变得亢奋的情景，忘记或忽视他们吃糖后没有受到影响的情景。此外，**期望偏差**（expectancy bias）会让我们预期孩子在吃糖后会变得亢奋，于是这就成了我们看到的情况。

4. 提出这个观点的人是否避开了推理中的常见谬误

在这个例子中，即使我们能证明摄入更多糖的孩子更亢奋，我们也无法确定糖是导致亢奋的原因，因为它们之间的关系是有相关性的（没有显示出因果关系）。或者，也有可能是本就亢奋的孩子吃了更多的糖来维持他们高运动量的需求。又或许，是聚会的兴奋引发了亢奋，但被归因到了糖上。认识到这些可能性有助于我们克服相关 - 因果谬误。

5. 还有哪些视角应被考量

最后，认识多元化视角的需求让我们承认，可能还有其他原因致使孩子们在聚会上变得亢奋。比如，家长可能允许孩子在聚会上有更活泼的行为举止，同时儿童聚会的一般特点和社会规范实际上也需要充满活力的游戏。

"

试一试 ➡➡➡ **心理科学还是臆想**

现在让我们对你的心理信念进行一次抽样检验。以下陈述有些是正确的，有些是错误的。如果你没能答对其中一些题目，哪怕全部题目，也不必担心；因为很多人会和你一样。重点在于，所谓的关于我们心理过程的常识可能经不起科学测试的检验。请判断下列陈述的正误。

1. _____ 大多数人只用到了自身大脑的 10% 的说法纯属无稽之谈。

2. _____ 当梦中的场景特别真实时，你的身体处于麻痹状态。

3. _____ 心理压力会导致身体疾病。

4. _____ 红色只是大脑的一种感觉，大脑以外的世界没有红色。

5. _____ 双相障碍（躁狂－抑郁）是由无意识的冲突造成的。

6. _____ 新生儿的大脑是一块白板，他们知道的任何事情都是由经历"写"（经由学习）上去的。

7. _____ 发生在我们身上的所有事情会永远保存在我们的记忆中。

8. _____ 出生时你便拥有了一生中几乎全部的脑细胞。

9. _____ 智力几乎完全取决于遗传，在人的一生中基本保持稳定不变。

10. _____ 测谎仪可以准确探测人的身体反应，受过训练的检测者可以据此判断被测者何时在说谎。

前 4 条是正确的，其余都是错误的。
以下是对每一条的简要解释。
随着你对心理学的学习进度的推进，你会了

解到更多关于这些错误陈述的细节。

1. 正确：这纯属无稽之谈。我们每天都会用到大脑的所有脑区。

2. 正确：真实的梦境一般发生在快速眼动睡眠（REM）期间，人体除了控制眼睛的肌肉，其他随意肌都处于麻痹状态。

3. 正确：心理和身体的联系会使你在长期压力下患病。

4. 正确：尽管这看似奇怪，但人的所有色彩感觉都是大脑本身产生的。光波确实具有不同的频率，却没有色彩。大脑把光的不同频率解读成不同的颜色。

5. 错误：没有证据能证明无意识的冲突会导致双相障碍。相反，证据表明双相障碍有很强的生物化学因素。某些药物对这一疾病很有效，这暗示了双相障碍涉及大脑中化学物质的缺陷。研究还表明，这种缺陷可能有遗传基础。

6. 错误：新生儿并非一块"白板"，而是有诸多先天能力和防御反射。"白板"谣言还忽略了儿童通过遗传而获得的潜力。

7. 错误：尽管我们能够记住很多生活细节，但没有证据证明我们能够记住人生中的所有细节。事实上，我们完全有理由相信，我们身边的大多数信息永远不会进入记忆，而那些进入记忆的信息也往往会变得失真。

8. 错误：与科学家几年前所持的观点相悖，大脑的某些脑区在一生中都会持续产生新细胞。

9. 错误：智力受遗传和环境的共同影响。由于智力的一部分受环境影响，人的智力水平（通过智商测验来衡量）在一生中是会发生变化的。

10. 错误：最专业的测谎专家也有可能将说真话的人误判为说谎者，或者无法辨别出真正说谎的人。支持测谎仪准确性的客观证据很少。

心理学很有用 ● ● ●

心理学专业

现在，你可能会想，心理学听起来很有趣。我应该考虑主修心理学吗？一个心理学的学位在很多方面都有用，不论你是否想成为心理学家。心理学的主要目标是更好地理解人类行为产生的原因，所以哪怕只上几堂心理学的课也会帮你更深入地理解生活中的自己和他人。获得心理学的学士学位可以为你胜任机构、医院、疗养院和康复中心的心理助理或技术员做准备。一个心理学学士学位，加上商业、政府、新闻或教育方面的职业训练，也足以作为进入这些职业领域的良好准备。

然而，要成为一名成熟的心理学家，除了学士学位之外，还需要大量的培训。在研究生院，心理学系的学生需要修习一个或多个专业领域中的高级课程，同时需要发展学者和研究人员所需的通用技能。为了获得硕士学位，通常要求你在学士学位的基础上再学习两年，可以使你有资格在高中或社区学院担任心理学讲师，或成为某些行业（如咨询行业）的应用心理学家。硕士水平的心理学家在公共服务机构和私人诊所中很常见（尽管美国的许多州不允许他们自称为"心理学家"）。

拥有博士学位（如哲学博士学位、心理学博士或教育学博士）的人有最广泛的职业选择

（Smith，2002b）。在美国大多数州，心理学从业执照要求博士学位和督导实践经历。博士学位也能为你提供很多职业的从业资格，如在社区学院和大学执教，从事研究以及成为司法心理学专家等。你甚至可以做一名电子游戏研究人员，让电子游戏变得更人性化、更有趣！

> **关键问题：**
> ## 心理学的 6 个主要视角是什么
> 核心概念 1.2
> 　　现代心理学由 6 个主要视角构成，它们是生物视角、认知视角、行为视角、全人视角、发展视角和社会文化视角，每个视角都发展出了有关心智和行为的全新概念。

改变这种在人们头脑中根深蒂固的观点殊为不易。之后的几百年中，历经了一系列激进的新观点的冲击，中世纪的思维定式才被打破，并且奠定了现代心理学的知识基础——为我们带来了这一部分的核心概念：

> 现代心理学由 6 个主要视角构成，它们是生物视角、认知视角、行为视角、全人视角、发展视角和社会文化视角，每个视角都发展出了有关心智和行为的全新概念。

　　心理学的历史可以追溯到古希腊的哲学家苏格拉底、柏拉图和亚里士多德，是这些历史人物塑造了现代心理学的雏形。他们不仅对意识和疯狂行为做出了思考，而且还发现情绪能够扭曲思维，认为人们的感知只是对外部世界的解读。即使在今天，人们可能依然认同许多这些古老的猜测，而现代心理学也是如此。

　　但古希腊人在奠定心理学基础方面只占得一席之地。差不多在同一时期，亚洲和非洲社会也在发展自己的心理学思想。在亚洲，瑜伽的追随者和佛教信徒在探索意识的奥妙，他们试图通过冥想来控制意识。与此同时，在非洲，人们用精神信仰对人格和精神障碍提出了其他解释（Berry et al.，1992）。然而，西方心理学作为一门科学，有着曲折的发展道路，对它的发展影响最大的还是古希腊的传统，以及后来的天主教会。

　　教会在影响心理学研究方面发挥了哪些作用呢？比如，在中世纪，教会极力压制人们对人类本性的探索，在一定程度上压抑了人类对"欲望世界"的兴趣。中世纪的基督徒认为，人类的心理和灵魂是不可分割的——就像上帝的心理一样——是凡人永远无法解开的谜。

当我们探讨这些视角时，你会看到每个视角都为人类行为提供了自己独特的解释。综合起来，它们构成了心理学的多元视角，每一个视角都成了我们理解人类行为的"心理学工具箱"中的重要工具。为了帮助你了解这些视角是多么有用，我们将把每一个视角运用到一个令许多学生苦恼的问题上：拖延症。让我们先从生物视角开始吧。

> **本部分导读：**
> 1.3　解释生物视角。
> 1.4　描述科学心理学和现代认知视角的发展史。
> 1.5　总结在 20 世纪出现的心理学视角。
> 1.6　将心理学视角应用于自己的行为。

1.3　心理与身体的分离

学习目标：

解释生物视角。

17 世纪的法国哲学家笛卡儿（René Descartes）

提出了第一个激进新概念，即身心二元论，这一概念首次且最终引出了现代心理学。笛卡儿提出这一观点的天才之处在于，它使教会不再限制科学家对心理的科学研究，同时也允许其对人类的感觉和行为进行研究，因为它们都建立在神经系统的物理活动的基础之上。他的观点与当时生物学界一些令人振奋的新发现非常吻合，科学家刚刚研究出动物的感觉器官如何将刺激转化为神经冲动和肌肉反应。这类发现和笛卡儿的身心分离的观点结合在一起，让科学家得以证明，引发感觉和简单反射行为的是生物过程，而非神秘的精神力量。

1.3.1　现代生物视角

在 400 年后，笛卡儿的革命性视角为**现代生物视角**（biological perspective）奠定了基础。不过，现代生物心理学家不再受中世纪教会的限制，他们重新把心理和身体联系起来（尽管他们把灵魂的问题留给了宗教），现在他们把心理看作大脑的产物。

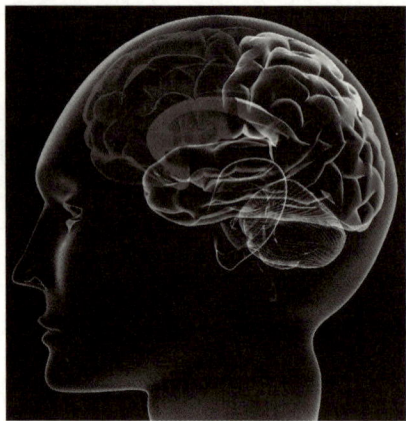

心理学中的生物视角试图从我们的大脑和神经系统中寻找人类行为的起因。神经科学和进化心理学都是生物视角的分支。

按照目前的这种观点，我们的人格、偏好、行为模式和能力都源于我们的身体结构。因此，生物心理学家往往从大脑、神经系统、内分泌系统和基因中寻找我们行为产生的原因。从这个角度来看，拖延问题可能是源于某种大脑化学物质的作用（Liu et al.，2004），可能具有遗传性。虽然生物心理学家并不否认关于心理和行为的其他视角的价值，但他们却旨在

尽可能多地了解心理过程的身体基础。

1.3.2　生物视角的两个变体

和你想象的一样，生物视角在医学和生物科学中有着牢固的根基。新兴的**神经科学**（neuroscience）综合了生物心理学、生物学、神经学和其他对大脑运作机制感兴趣的学科。感谢计算机及脑成像技术的惊人发展，神经科学已经成了一个热门的研究领域。在该领域的成果中，神经科学家已经知晓特定部位的损伤会如何破坏特定的能力，比如，语言能力、社交技能或记忆力。神经科学和脑影像还揭示了隐秘的睡眠与梦境世界、药物对大脑的影响，以及其他的意识状态。

生物心理学的另一个重要变体萌芽于大约 150 年前查尔斯·达尔文（Charles Darwin）所提出的观点。**进化心理学**（evolutionary psychology）认为，人类的许多行为都源于遗传倾向，近年遗传学研究成果的激增也极大地促进了这一领域的发展。从进化的观点来看，在我们最根深蒂固的行为下的基因结构，是由几千年前我们祖先所面临的生存条件造就的。

根据进化心理学的观点，环境的力量像剪刀一样修剪了人类的谱系，让那些具有最适应环境的心理和身体特质的个体生存并繁衍。达尔文将这一过程称为**自然选择**（natural selection）。通过这一过程，物种的生理特征会向那些提供了竞争优势的生理特征进化。我们人类先进的语言系统，一想到配偶的不忠就会感到的嫉妒，以及在发生冲突时倾向于和家人结盟，都提高了我们生存、繁衍和延续血统的能力，而这些只不过是进化心理学视角的几个例子。

然而，进化心理学的一些拥护者提出了一些极具争议性的说法。在他们看来，即使是最恶劣的人类行为，如战争、强奸和杀婴，也可能是从曾经帮助人类适应和生存的生物倾向中生长出来的（Buss，2008）。进化心理学也对某些性别差异提出了生物学解释，比如，为什么男性通常比女性拥有更多的性伴侣。

进化心理学的目的是通过弄清楚早期人类的行为是如何具备适应性（有利于生存）来解释行为。知道

了这一点，你能想出一个对于拖延问题的进化心理学角度的解释吗？换句话说，拖延有没有可能通过某种方式帮助早期人类生存和／或繁衍？

1.4　科学心理学的创立

学习目标：
描述科学心理学和现代认知视角的发展史。

另一个影响早期心理科学的激进观点来自化学领域，化学家们在发现化学元素的性质模式后提出了著名的元素周期表。元素周期表的提出立刻使得元素之间的关系清晰明了。

德国科学家威廉·冯特（Wilhelm Wundt，顺带一提，他是第一个自称为"心理学家"的人）想知道，能否像元素周期表简化化学一样来简化人的心理。或许他能发现意识体验"元素"！尽管冯特没有实现构建心理元素周期表的梦想，但他提出了一个突破性的观点：

> 科学当中用来客观地测量和研究自然界的方法，比如，化学方法或物理方法，也可以用来研究心理与身体。

1.4.1　冯特对意识元素的寻找

"当你一看到光，请立刻按下按钮。"当冯特教授准备记录光刺激和学生反应之间的反应时间的时候，他可能这样说过。1879 年，在位于莱比锡大学（University of Leipzig）的全世界第一个心理学实验室中，这样简单而具体的实验极为常见。在那里，冯特和他的学生还进行了其他一些研究，他们运用一种叫作内省（introspection）的技术，让受过训练的志愿者描述他们对各种刺激的感觉和情绪反应。这是历史上最早的心理学实验：研究冯特和他的学生们提出的意识的基本"元素"，包括感觉、知觉、记忆、注意、情绪、思维、学习和语言（见图 1-2）。他们断言，所有的心理活动都是由这些基本过程的不同组合构成的。

1.4.2　冯特的结构主义

冯特的学生爱德华·布拉德福德·铁钦纳（Edward Bradford Titchener）把对意识元素的探索带到了美国，铁钦纳开始把它称为**结构主义**（structuralism）。铁钦纳创造的术语非常恰当，因为像冯特一样，他的目标也是要揭示出最基本的心理"结构"或成分（Fancher，1979）。因此，尽管冯特从未使用过这个术语，但他被认为是结构主义之父。

从一开始，冯特和铁钦纳就成了众矢之的。反对意见的矛头直指内省法，认为它过于主观。批评者们问，我们到底如何判断人对其思想与感情的描述的准确性呢？

不过冯特和铁钦纳还是笑到了最后。即使心理学家有时认为他们两个人的观点很古怪，如今相关研究却依然离不开旧的结构主义方法的更新版本。此外，我们想，如果冯特和铁钦纳今天还活着，他们还会有另一个值得开心的理由：如今每一本心理学导论的章节标题里都有这个他们首次确定并探索的主题——也包括本书。在这个"试一试"的环节里亲身体验一下内省吧。

意识体验元素表			
注意	知觉	记忆	学习
情绪	感觉	思维	语言

图 1-2　威廉·冯特建立了世界上第一个心理实验室

注：元素周期表启发了威廉·冯特，促使他思考如何将人类心理分解成类似的基本元素框架。

试一试 ⟩⟩⟩ 内省地观看内克尔立方体

图 1-3A 中的立方体会捉弄你的眼睛，或者更准确地说，它会捉弄你的大脑。盯着这个立方体看一会儿，你看它的视角会突然改变。有时你好像是从右上角看它（见图 1-3B），但过一会儿又好像你从左下角看它（见图 1-3C）。

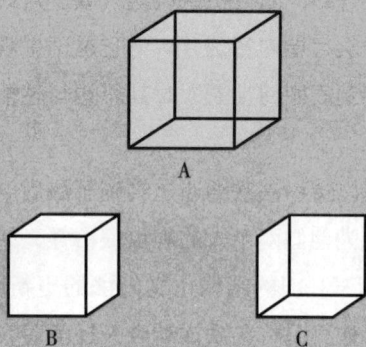

图1-3 内克尔立方体的不同视角

注：持续注视图 1-3A，过了一会儿，它似乎改变了我们的视角？心理学如何帮助我们理解这一现象呢？

第一次你可能需要一点时间才能看出立方体的变化。但是一旦你发现视角可以变化，你就会情不自禁地变换视角，变换成哪种视角似乎是随机的。试着把这个立方体给几个朋友看看，问问他们看到了什么，他们是否和你一样也看到了变换的视角？

这一现象并不是由心理学家发现的。这是一位瑞士地理学家路易·内克尔（Louis Necker）在约 200 年前在显微镜下观察立方体水晶时首次发现的。尽管起源于此，神奇的内克尔立方体仍阐明了与心理学学习相关的两个重点。

1. 内克尔立方体很好地阐释了冯特和他的学生最早创造的内省法。你会发现，我们唯一能够证明内克尔立方体在我们的大脑中改变了角度的方法就是：让人们看着立方体，报告他们看到了什么。那么为什么这对心理学很重要呢？只有最顽固的行为主义者才会否认看着立方体的人在精神层面发生了什么。事实上，内克尔立方体证明了我们会给感觉添加意义，这一过程被称为知觉。

2. 内克尔立方体可以用来隐喻心理学的多元视角。就像观察立方体的正确方法不止一个，心理学中也不存在能给我们关于行为和心理过程的全部"真相"的单一视角。换句话说，如果我们想充分理解心理学，我们必须在多个视角之间来回变换。

1.4.3 格式塔的反应："整体，而非局部"

在 20 世纪早期，德国是孕育心理学兴趣和研究的温床。一个著名的理论家团体反对结构主义者强调意识元素的看法，这群人认为意识远远超出了简单的感官体验，并认为我们的体验不能被简化为一组离散的元素。这些后来以**格式塔心理学家**（gestalt psychologists）闻名的人，当时专注于意识经验的整体，而不是各部分的总和，并且试图理解我们是如何构造"知觉整体"的（见图1-4，顺便一提，格式塔

图1-4 格式塔心理学：整体多于部分之和

注：你看到了什么？尽管这些线条没有完全相连，但我们的大脑在不知不觉间填补了空白，所以大多数人都能看到一只熊。这说明了格式塔封闭原则，以及格式塔理论家的信念，即意识经验的整体不仅仅是各部分的简单相加。

在德语中是"整体"或"结构"的意思）。比如，我们如何从线条、形状、颜色和纹理中形成对一张脸的感知？

1.4.4　詹姆斯与机能主义者的反抗

冯特的另一个最激烈的批评者是美国心理学家威廉·詹姆斯（William James），他认为结构主义的方法过于狭隘（詹姆斯还说它很无聊——这让他和冯特之间原本就很紧张的关系雪上加霜）。詹姆斯认为，心理学应该包括意识的功能，而不仅仅是它的结构。詹姆斯的心理学派①因此被称为**机能主义**（functionalism）（Fancher，1979）。

詹姆斯和他的追随者发现查尔斯·达尔文的想法远比冯特的思想有趣。和达尔文一样，詹姆斯也对情绪以及情绪与身体和行为的关系有很浓厚的兴趣（不像冯特的理论体系那样只把情绪视作意识的一个元素）。他也喜欢达尔文对于生物体适应环境的强调。詹姆斯因此提出，心理学应该解释人们如何适应或无法适应实验室之外的现实世界的情况。

后来，机能主义者成为第一批**应用心理学家**（applied psychologists）——研究如何运用心理学来改善人类生活。詹姆斯本人在学习"习惯"的养成、宗教心理学和教学方面著有大量作品。他也是第一位要求学生评价自己的美国教授（Fancher，1979）。他的追随者约翰·杜威（John Dewey）发起了"进步主义教育"运动，强调从做中学，而不是仅仅听课和死记硬背。

内省法是结构主义与机能主义的共识。但讽刺的是，它们的一致观点也是它们最大的弱点：内省法是主观的，导致他们的心理学派很容易被批评为不是真正的科学。解决这个问题花了半个多世纪的时间，通过不同学科的专家合作，最终形成了现代认知视角。

1.4.5　现代认知视角

计算机成了心智的新隐喻，其发展势不可当地将心理学推向了新的综合：**现代认知视角**（cognitive perspective）。基于结构主义、机能主义和格式塔心理学的传统，这一视角也强调认知和心理活动，如知觉、理解、预期、信念和记忆。从这个角度来看，一个人的思想和行为都是对个人经历的知觉和理解的独特的认知模式的结果。

与前人相比，今日的认知视角拥有更客观的观察方法。这要感谢脑成像技术的惊人进步，使科学家能够观测各种心理过程中的大脑活动。例如，对记忆的运作方式感兴趣的认知心理学家已经确定了某些与常见记忆障碍相关的大脑模式——并且发现了增强记忆力的方法。认知心理学这个领域也能帮助我们理解很多经常干扰理性思维的思维偏差。

认知心理学家会如何解释拖延？你是怎么想的？

首先，他们认为，拖延者通常会低估项目完成所需的时间——这说明了预期在我们行为模式中的作用。此外，如果拖延者只记得他们曾经拖延过却依然按时完成了项目的经历，却忘记了错过截止期限的经历，他们可能是证实性偏差的受害者。最后，把事情拖延到最后一分钟的人可能不会把自己的行为解读为问题——也许他们相信在压力下才能把工作做得最好。通过这些途径，认知心理学解释了影响拖延和其他人类行为的内在思维过程。

1.5　20 世纪激增的心理学视角

学习目标：

总结在 20 世纪出现的心理学视角。

到了 20 世纪，心理学领域才开始真正成长。早期的认知理论家，如冯特和詹姆斯，为新的观点铺平了道路，如行为视角，新的观点旨在利用科学原理研究心理学。不要忘记，格式塔学派同样打开了从更整体的视角（如发展视角、全人视角）进一步研究人类行为的大门。20 世纪中叶，心理学家开始认识到文化和我们的情境环境在影响我们行为方面的重要性。下面让我们更详细地考察这 4 个视角。

---

① "学派"一词是指一群具有相同核心信仰的思想家。

1.5.1 行为视角关注可观察的和可测量的行为

20世纪初，一个特别激进和活跃的群体出现了，他们被称为行为主义者，这些人因几乎与所有人的意见相左而声名鹊起。他们最著名的观点是，心智根本不应该是心理学的一部分！行为主义运动的早期领导人约翰·华生（John Watson）认为，真正的客观的心理学只应该研究可观察到的事件：来自环境的物理刺激和生物体的外显反应。华生说，行为主义（behaviorism）是研究行为和影响行为的可测量的环境条件的科学。

行为主义者为什么反对将心理过程——比如内省——作为科学研究的一个可行领域？另一位有影响力的行为主义心理学家 B. F. 斯金纳（B.F. Skinner）提出，具有诱惑性的概念"心智"把心理学引入了死循环，这可能是对行为主义观点的最好说明了。他认为，心智是一个非常主观，甚至无法被证明存在的东西（Skinner，1990）（想一想，你能证明自己有心智吗）。斯金纳还挪揄道："一个由来已久的关键错误是相信我们做出行为时的感受是我们行为的原因。"（Skinner，1989）因此，对于行为主义者来说，一个人的思想或情绪是无关紧要的——只有行为才能被可靠地观察和测量。因此，行为学家们会将无害的白色老鼠和突然发出的巨大声响匹配在一起，观察小孩是否会开始躲避白鼠，而不是研究"恐惧"这一情绪。重要的是，行为主义者反对对外在行为（如躲避）的内在表征（如恐惧）做出任何主观推测。

我们可以这样总结行为主义激进派的新观点：

> 心理学的研究对象应该仅限于可观察的行为和影响行为的环境刺激。

行为视角（behavioral perspective）关注我们的行为是如何被其结果所改变的，比如，当一个孩子因为说"谢谢"而受到表扬，或者一个成年人因良好的工作表现而获得加薪。行为主义者为我们深入理解影响人类学习的各种环境力量做出了巨大贡献，他们

还为我们提供了通过改变环境来改变行为的有效策略（Alferink，2005；Roediger，2004）。

你认为关注奖励与惩罚的行为主义者会怎样解释拖延？

思考一下，推迟一些你不想做的事情能带来什么好处：你可以花时间做一些你喜欢的事情，而不是做那些可怕的工作，你可以立即得到满足。然后，当你在最后一刻解决问题时，若你在这种紧要关头成功搞定了它，胜利的喜悦会是你的奖励！拖延这种行为很难改变也就不足为奇了。幸运的是，行为主义者也提供了一些克服这种令人烦恼的行为模式的有效策略。

写一写

运用奖励来做出一些积极的改变

描述一个令你烦恼的行为得到奖励的场景。列出一个可作为替代的、更理想的行为，以及一个你为了改善行为而给自己的奖励。

1.5.2 发展视角强调我们如何改变

在我们的人生经历中，唯一不变的就是改变。从**发展视角**（developmental perspective）来看，心理变化是遗传基因与环境影响相互作用的结果。但先天（遗传）和后天（环境）哪个更重要呢？正如我们所看到的，生物心理学家强调先天遗传，而行为主义者则强调后天教养。发展心理学是两股力量交互的地方。

定义发展视角的重要思想如下：

> 随着时间的推移，在遗传和环境的共同影响下，人会以可预测的方式变化。

换句话说，人在一生中的不同时期，思想和行为会有所不同。生理层面，我们可以直观地看到人的发展，比如，成长期、青春期以及更年期。心理层面，发展包括语言的习得、逻辑思维以及在人生的不同时期承担不同的角色。发展心理学家可能不会为一个拖

延的青少年感到惊讶。相反，他们可能会把拖延看作那个年龄的正常行为，因为青少年还在学习如何兼顾多种责任，如何准确估计完成这些事情需要多长时间，同时还要应对自己身体和社交世界的变化。

过去，发展心理学的大部分研究都聚焦于儿童——一部分原因是他们变化得很快且可以预测。然而，当我们发现发展过程贯穿我们人生始终时，发展心理学家就开始增加了对青少年和成年人的研究。

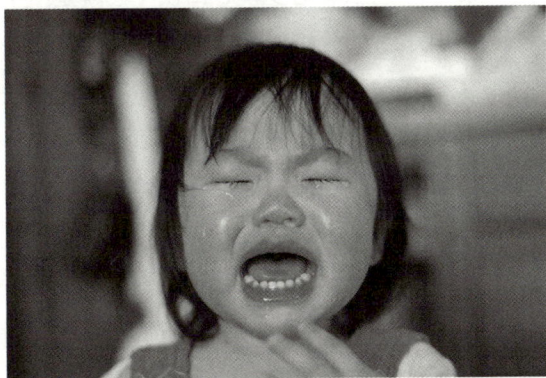

为人父母者都知道"可怕的两岁"，这是一个情绪爆发更频繁的年龄。发展心理学家解释说，孩子在这个年龄时，其独立的意愿增强，但其大脑有效处理挫折的能力却有限，二者叠加就自然形成了这样的结果。

这个少年正在做对他的年龄而言正常的冒险行为。发展心理学家指出，在我们的青少年时期，我们大脑的理性部分还没发展出控制冲动的能力，这解释了为什么青少年经常冒险。

1.5.3 社会文化视角将我们和他人联结起来

谁能否认人们彼此间有着巨大的影响呢？社会文化视角（sociocultural perspective）将社会影响的观点安置在了舞台中央。从这个角度来看，社会心理学家探索了喜欢、爱、偏见、攻击、服从和从众的心理之

谜。此外，许多人对这些社会过程在不同文化中的差异感兴趣。

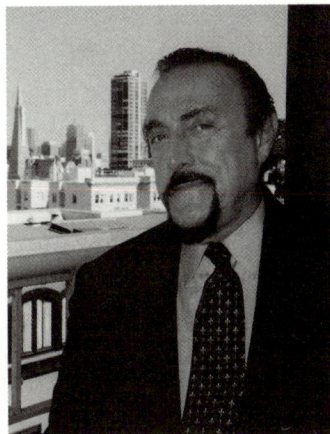

本书作者之一，菲利普·津巴多博士是一位研究"情境的力量"在控制人类行为中的作用的社会心理学家。

文化（culture）是人类语言、信仰、习俗、价值观和传统的复杂融合体，对我们每个人都有着深远的影响。我们不仅可以在比较不同大洲的人时看到文化的作用，也可以在比较诸如美国圣地亚哥的加利福尼亚 – 墨西哥文化和明尼苏达州的斯堪的纳维亚文化中的人时看到文化的作用。早期心理学对文化的忽视，部分是由于科学心理学源自欧洲和北美洲，那里的大多数心理学家都生活和工作在相似的文化条件下（Lonner & Malpass，1994；Segall et al.，1998）。今天，这一视角已被拓宽：在全世界 50 万名心理学家中，只有不到一半的人在美国生活和工作，而在非欧洲和北美洲的国家中，人们对心理学的兴趣与日俱增（Pawlik & d'Ydewalle，1996；Rosenzweig，1992，1999）。尽管如此，我们的许多心理学知识依然带有欧美特色。跨文化心理学家（cross-cultural psychologists）承认存在这一偏差，开始执行一项艰巨的任务，即重新审视跨越文化和种族界线的心理学"定理"（Cole，2006）。

当然，社会文化观点的支持者并不否认遗传、学习甚至无意识过程的作用。反倒是他们给心理学带来了一个强大的附加概念：情境的力量。从这个角度看，人所处的社会和文化环境有时会胜过所有其他影响行为的因素。比如，某些文化非常强调按时完成任务，

这反过来会影响该文化中个体的行为（如拖延）。

写一写

应用社会文化视角

　　写出一个最近发生的、情境或文化因素干扰你及时关注项目的例子。

1.5.4　全人视角重新强调整体

　　20世纪初，维也纳的医生西格蒙德·弗洛伊德（Sigmund Freud）和他的追随者对冯特和结构主义提出了新的挑战，他们发展出一种治疗精神障碍的方法，这种方法基于另一个激进的观点：

> 人格和精神障碍主要源于意识之外的无意识的心理过程。

　　虽然弗洛伊德并不是第一个提出我们无法察觉到某些心理过程的人，但结构主义和机能主义都没有考虑过无意识过程支配人格且导致精神障碍的可能。此外，弗洛伊德的精神分析理论旨在解释完整的人，而不像其他心理学流派那样，仅解释某些组成部分（如注意、知觉、记忆、行为或情绪）。他的目标是用一个宏大的理论来解释思想和行为的各个方面。

　　心理动力学（psychodynamic psychology）　弗洛伊德可能是一位难以相处的导师，这使他的许多追随者与他分道扬镳，去发展他们各自的理论。我们使用的精神动力这个术语既包括弗洛伊德的观点，也包括基于他的观点诞生的其他新弗洛伊德学派的观点。弗洛伊德的观点是，心理（psyche），尤其是无意识心理，是人格能量（dynamics）的蓄水池。根据心理动力学的观点，这种能量是我们的动力。

　　心理动力学方法的首个也是最著名的代表人物当然是西格蒙德·弗洛伊德，他的体系被称为**精神分析**（psychoanalysis）。这一体系最初被设想为治疗精神障碍的医疗技术，它强调对梦境、口误（也就是所谓的"弗洛伊德口误"）的分析，强调一种被称为自由联想的技术，以收集被意识压抑的无意识冲突和"不被认可的"欲望的线索。比如，精神分析师可能会把一个人自暴自弃的行为——比如拖延——解释为对失败的无意识恐惧。

　　和弗洛伊德一样，大多数精神分析师都是精神病学专业的，并且是接受过弗洛伊德方法高级培训的医生。但是，有志于对完整的人进行解释的不止精神分析从业者，还有两个学派也对全面了解人格感兴趣，它们是**人本主义心理学**和**特质与气质心理学**。这里，我们把这三个心理学派均归类于**全人视角**（whole-person perspectives）

　　人本主义心理学（humanistic psychology）　精神分析强调无意识中"恶"的力量，而人本主义心理学却选了一条不同的道路。

> 他们的全新观点强调人类天性中积极的一面，包括人类能力、成长和潜能。

这幅漫画展示了弗洛伊德口误，说明我们试图隐藏的想法或感受有时会不小心脱口而出。这样，我们的潜意识就暴露了。

在亚伯拉罕·马斯洛（Abraham Maslow）和卡尔·罗杰斯（Carl Rogers）等人本主义者的领导下，他们提出了一个人性模型，认为人类具有成长和向善的先天需求，并强调人们可以自由行使意志，做出影响他们生活和成长的选择（Kendler，2005）。

人本主义者认为，自我概念和自尊对人的思想、情绪和行为有非常大的影响，而思想、情绪和行为最终会影响你的潜能的发展。因此，从这个角度来看，拖延可能是由低自尊驱动的——或者相反，如果拖延者相信他可以比实际完成工作的速度更快，那就是由过高的自尊驱动的。无论是哪种驱动方式，行为都可以追溯到人对自己的信念。与心理动力学一样，人本主义心理学也对咨询和心理治疗实践产生了重大影响。

特质与气质心理学（trait and temperament psychology）古希腊人预言了许多现代思想，他们提出人格由4种体液支配：多血质、黏液质、抑郁质和胆汁质。根据占主导地位的体液的不同，人的性格可能是乐观的（多血质主导），迟缓谨慎的（黏液质主导），忧郁的（抑郁质主导），或易怒且有攻击性的（胆汁质主导）。

当然，我们现在不再买古希腊人的类型学的账。但他们的人格特质理念在今天的特质与气质心理学中仍然具有活力。这个学派的基本观点是：

> 人与人之间的差异源自个人持久的特征和内在的倾向性，也就是特质和气质。

你可能听说过内向和外向这样的特质，它们似乎成了人性的基本特征。其他特质心理学家在世界各地的人们身上发现的其他特征，包括焦虑感或幸福感、对新体验的开放性、宜人性和尽责性。一些心理学家还提出，我们在一个更基础的层面上存在差异，这个层面叫作气质，它被认为可以用来解释新生儿（包括成年人）的不同性情。

特质与气质心理学家可能会从一个人尽责性的程度来解释拖延症。举例来说，一个尽责性高的人——换句话说，对待承诺非常认真的人——就不太可能拖延。而习惯拖延的人，即使没有按时完成任务，他们也不会有特别大的压力，也不会担心被贴上尽责性低、性格懒散的标签（这也就解释了为什么他们不会有特别大的压力）。应当说，这些性格特点至少有一部分是天生的，它们在不同时间、情境下具有相对稳定性。

1.6 心理学视角：你工具箱中的6种工具

学习目标：
将心理学视角应用于自己的行为。

综合起来，这6个视角对于我们全面理解人类行为都起着重要作用。正如我们在拖延的例子中看到的，多个视角都可以被合理地应用于任一行为——很少出现单一视角就能充分解释行为的情况。（然而，我们必须补充一点，解释某种行为不代表为它的正当性辩护。反之，这可以为克服有问题的行为提供线索，或者有助于我们理解他人的行为。）在几乎所有情况下，我们都需要运用多个视角来全面理解人类行为的原因。综合起来，它们构成了心理学的多元视角，每一个视角都将成为你理解人类行为的"心理学工具箱"中的重要工具。就像木匠工具箱中的各种工具是建造房屋所必需的一样，当你解读人类行为时，这里的每一个视角都是一种独特且不可或缺的工具。

试一试 ➡ 心理学视角的应用

通过将6个心理学视角应用于生活中令你感兴趣的行为，你会在解读人的行为起因方面变得更有经验、更准确。

- 为什么有些人会有恐怖或暴力行为？
- 是什么导致了恋情中的不忠？
- 当众发言时，是什么原因让人感到紧张？

- 人为什么会吸烟？

请思考其中的某个问题，或者你自己提出新的问题。你能用4个以上的心理学视角来解释这种行为吗？如果可以，说明你已经开始理解心理学多元视角的重要性了。

写一写
心理学视角的应用

指出一个令你困惑的行为，可以是你自己的，也可以是别人的。请用两个以上的心理学视角来解释这一行为。

心理学很有用 • • •

心理学的变迁

现代心理学是一个不断变化的领域。近几十年来，生物、认知和发展视角在心理学中占据了主导地位。曾经彼此冲突的视角越来越多地开始建立联系且形成合力：我们现在可以看到"认知行为主义者"或"进化发展心理学家"等新的、奇怪的混合心理学家。与此同时，几乎所有心理学流派都渴望与神经科学建立联系，神经科学正快速成为心理学领域的支柱之一。

我们还希望你能注意到女性心理学家和少数族裔心理学家占比的明显变化。少数族裔——尤其是亚裔、非裔和拉丁裔——心理学家的人数正在增加，在新增的心理学博士中，他们的占比为25%左右（APA Center for Workforce Studies，2010）。更为惊人的事实是女性成了心理学界的多数群体。《美国科学家名人录》（*American Men of Science*）（这个名字没有讽刺的意思）上的数据显示，1906年，美国心理学家中的女性占比只有12%。1921年，这一比例上升到20%。今天，在每年新增的心理学博士中，女性的比例超

跨文化心理学家，如在肯尼亚的这位研究人员，为检验心理学知识的效度提供了重要数据。

过2/3（Cynkar，2007b；Kohout，2001）。尽管心理学领域的女性比例一直比其他科学领域中高，但性别偏见还是会阻碍其职业发展（Furumoto & Scarborough，1986）。例如，美国心理学的先驱之一G. 斯坦利·霍尔（G. Stanley Hall）就曾断言，学术工作会损害女性的健康，甚至会使她们的生殖器官衰退。事实上，早在1905年，美国心理学会就选出了其史上第一位女性主席玛丽·惠顿·卡尔金斯（Mary Whiton Calkins）。表1-1列出了在心理学领域做出了重要贡献的女性。

表1-1　女性对心理学的贡献举例

	研究领域	隶属机构
玛丽·安斯沃思（Mary Ainsworth）	婴儿依恋	多伦多大学（University of Toronto）
玛丽·卡尔金斯（Mary Calkins）	记忆、自我心理学	韦尔斯利女子学院（Wellesley College）
克丽丝汀·富兰克林（Christine Ladd Franklin）	逻辑与色觉	约翰斯·霍普金斯大学（Johns Hopkins University）

（续表）

	研究领域	隶属机构
卡萝尔·吉利根（Carol Gilligan）	性别研究、道德发展	哈佛大学（Harvard University）
茱莉亚·格列佛（Julia Gulliver）	梦和潜意识自我	罗克福德大学（Rockford University）
戴安·哈尔彭（Diane Halpern）	批判性思维、性别差异	辛辛那提大学（University of Cincinnati）
伊丽莎白·洛夫特斯（Elizabeth Loftus）	虚假记忆	斯坦福大学（Stanford University）
埃莉诺·麦考比（Eleanor Maccoby）	发展心理学、离婚对孩子的影响	密歇根大学（University of Michigan）
莉莲·马丁（Lillien Martin）	心理物理学	韦尔斯利女子学院（Wellesley College）
克里斯蒂娜·马丝拉奇（Christina Maslach）	倦怠与工作压力	斯坦福大学
安娜·麦基格（Anna McKeag）	痛觉	巴德威尔学校（Bardwell School）
桑德拉·斯卡尔（Sandra Scarr）	智力	哈佛大学
玛格丽特·沃什博恩（Margaret Washburn）	知觉	瓦萨学院（Vassar College）

关键问题：
心理学家如何拓展新知识
核心概念 1.3

心理学家和其他学科的科学家一样，使用科学方法来实证性地检验他们的观点。

是什么使得心理学区别于对人类行为的"常识"解释，或其他用于理解人类的伪心理学呢？只有心理学经得起科学方法（scientific method）的检验，科学方法通过观察来检验观点的正确性。相反，伪心理学建立在希望、证实性偏差、奇闻轶事和人类的轻信上。

你可能会认为这是心理学家傲慢的观点。为什么我们容不下其他理解人类的不同方法呢？事实上，我们容得下。心理学家很乐意与社会学家、人类学家、精神病学家以及其他科学家成为理解人类这一事业上的同伴。我们只是反对那些声称拥有"证据"，实际上只有轶事或口头证词的误导人的方法。

那么，让心理学成为真正的科学的，是方法。正如我们的核心概念所言：

心理学家和其他学科的科学家一样，使用科学方法来实证性地检验他们的观点。

这个神奇的方法究竟是什么？简而言之，科学方法就是对观点进行客观的正误检验的方法。这种检验的本质特征是**实证研究**（empirical investigation），即在直接经验（而不仅仅是观点）的基础上通过严谨实测收集客观信息。心理科学旨在通过实证研究寻求对行为和心理过程的全面解释。在科学领域，我们把这些解释称为理论，这是一个通常被误解的词。

"这只是一个理论。"人们可能会说。但对于科学家而言，**理论**（theory）具有特殊含义。简而言之，科学理论是对一系列广泛事实或观察结果做出的可检验的解释（Allen，1995；Kukla，1989）。显而易见，这个定义与人们惯常使用这个名词的方式不同。在日常用语中，理论可以意为胡思乱想或者仅是一种预感，即没有证据支持的想法。但对科学家来说，一个好的理论往往具备两个吸引人的属性：（a）解释事实的能力；（b）经得起检验的能力。得到充分支持的理论包括爱因斯坦的相对论、疾病的微生物理论和达尔文的自然选择学说。那么，检验一个理论包括哪些基本步骤呢？

本部分导读：

1.7　解读对一个想法进行科学检验所需的 4 个基本步骤。

1.8　分析实施心理学研究的 5 种方法。

1.9　描述心理学研究中的偏差和伦理问题。

1.7　科学方法的 4 个步骤

学习目标：

解读对一个想法进行科学检验所需的 4 个基本步骤。

对任何想法进行科学检验都需要遵循 4 个基本步骤。我们可以将这 4 个步骤应用于探究糖使儿童亢奋的问题（见图 1-5）。基本上所有的科学家都遵循相同的步骤，无论他们从事的是心理学、生物学、化学、天文学，还是其他任何科学研究工作。因此，让这些领域具有科学性的是**方法**，而非它们的主题。

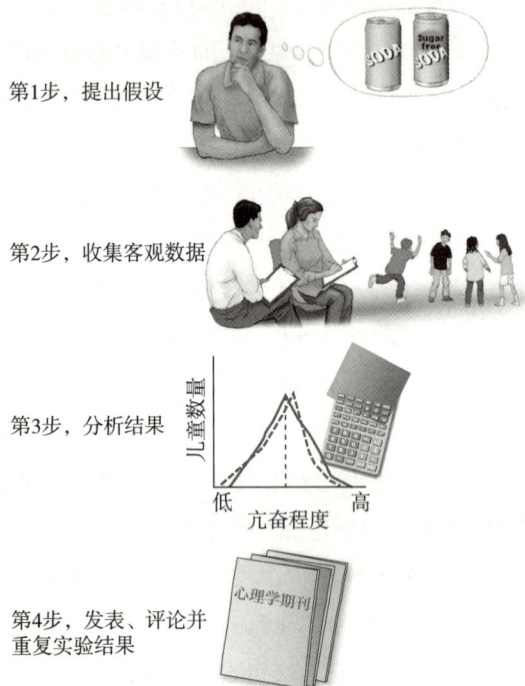

第 1 步，提出假设

第 2 步，收集客观数据

第 3 步，分析结果

第 4 步，发表、评论并重复实验结果

图 1-5　科学方法的 4 个步骤

1.7.1　提出假设

首先需要一个具体的可检验的想法或预测，它们也被称为**假设**（hypothesis）。这个术语的字面意思是"小理论"，因为它通常只代表一个更宏大的理论解释中的一部分。比如，某个假设预测内向的人容易被外向的人吸引，这个假设可能是整合所有浪漫吸引构成要素理论的一部分。假设还可能只是激发我们好奇心的一个有趣的观点，就像我们研究糖对儿童的影响一样。

为了可检验，假设必须具有潜在的可证伪性，也就是说，必须用一种可证明其正确或错误的方式来表述。让我们用下述假设来说明如何进行检验：**糖让孩子变得亢奋**。我们可以通过让孩子吃糖，然后观察他们的活跃水平来检验这一假设。如果我们发现孩子的活跃水平没有增加，那么这个假设就被证伪了。如果我们仅陈述一个价值判断，比如，糖对孩子"有害"，这条假设就无法被证伪。科学不以做出价值判断为目的，也无法回答不能进行实证检验的问题。表 1-2 列出了一些科学方法无法解答的问题。

表 1-2　科学方法无法解答的问题

主题	问题
伦理	科学家应该用动物做研究吗？
价值观	哪种文化对工作和休闲的态度最友好？
道德	从道德上看，堕胎是对的还是错的？
偏好	说唱音乐是否比蓝调音乐更好听？
美学	相较于梵高，毕加索更有创造力吗？
存在问题	生命的意义是什么？
宗教	上帝是否存在？
法律	汽车行驶在高速公路上时，其限速应该是多少？

注：科学方法不适用于回答这些不能实施客观、实证检验的问题。

虽然科学有助于我们理解这些问题，但问题的答案最终要通过逻辑、信仰、立法、共识或其他科学方法以外的方式来寻找。

之后，科学家必须清晰地思考如何检验所提出的假设。他们需要用具体的术语定义研究的每个方面，这些术语被称为**操作性定义**（operational definitions）。以下就是我们这项研究的操作性定义。

- **"孩子"的操作性定义。** 我们无法对世界上所有的孩子进行检验。因此，我们对"孩子"的操作性定义可能是附近小学三年级某个班的所有学生。

- **"糖"的操作性定义。** 类似地，我们可以将我们所说的"糖"定义为软饮料中的含糖量。例如，如果我们决定使用七喜作为糖的来源，那么"糖"的操作性定义就是一罐七喜中的 38克糖。（我们需要使用不含咖啡因的饮料，如七喜，以避免咖啡因对儿童行为可能产生的混淆影响。）

- **亢奋的操作性定义。** 这就比较复杂了。假设我们专门训练了一批观察者，他们会在下面这个5 点量表上对每个孩子的行为进行评分。

不活跃		中等活跃		非常活跃
1	2	3	4	5

那么，如果我们在研究中给一些孩子喝含糖饮料，给其他孩子喝含人造甜味剂的同种饮料，我们可以将"亢奋"操作性地定义为，含糖饮料组的平均活跃程度的评分显著更高。

掌握了假设和操作性定义，我们就已经向科学研究迈出第一步了。接下来，让我们来检验我们的假设。（像占星术或算命这样的伪科学的最大失败之处就在于，它们无法真正采取这一步骤来检验自身的主张。）

> **写一写**
>
> 提出假设
>
> 思考一个你想得到回答的心理学问题。
>
> 提出一个可证伪的假设。列出每个变量的操作性定义（比如，假设的元素）。

1.7.2 收集客观数据

我们的实证研究从这里开始。从字面上看，**实证**意味着"基于经验的"——与完全基于希望、权威、信念或者"常识"的推测形成鲜明对比。然而，如果我们错误地将某个人的经验归类为"实证的"，那么这个术语的字面定义可能就是有误导性的。无论一个人的经验多有说服力，它仍然只是轶事或口头证词，需要在科学研究的受控条件下接受检验。正如我们在本章前面部分的"批判性思维"一节中所探讨的那样，假设一个人的经验也适用于其他人是危险的。

实证地研究问题意味着仔细地、系统地收集证据，我们需要采用几种被证明可行的方法中的某一种，在下一节我们将深入探讨这些方法。设计这类方法是为了避免我们的预期、偏见和歧视所导致的错误结论。实证研究的优点在于我们可以更有信心地将获取的**数据**（data）应用或推广到更多人身上。

1.7.3 分析结果

在收集完数据之后，我们会用一些数学或统计公式来分析数据。如果你讨厌数学，也不用担心：对统计过程的详细解释已经超出了本书的范畴——事实上，接受高等心理学教育的学生会修习关于统计方法的全部课程！然而，在我们的实验中，统计分析相对简单且直接，因为我们只想知道摄入含糖饮料的孩子的评分是否高于摄入无糖饮料的孩子。如果"是"，我们就可以宣布我们的假设得到了支持。如果"不是"，我们就否定这一假设。无论是哪种结果，我们都会获得一些知识。

1.7.4 发表、评论并重复实验结果

科学方法的最后一步，是把完成的研究结果公布出来，接受科学界的审查和评论，你可以通过在专业期刊上发表论文、在专业会议上做报告，或者把研究内容写成一本书来完成这最后一步。之后研究人员需要等待评论者的回应。

如果同行认为这项研究有趣且很重要——尤其是当它挑战了其他研究或一个被广泛认可的理论——那么评论者可能会寻找你研究设计中的缺陷：主试是否恰当地选取了被试？统计分析是否正确？是否有

其他因素也能导致这一结果？或者，他们可能会重复这项研究来对它进行检验。为了对实验进行**重复检验**（replicate），他们会自己重新做一遍，看看是否能得到相同结果。

事实上，我们所进行的糖对孩子影响的研究是马克·沃尔雷奇和他的同事们（Mark Wolraich et al., 1995）之前所做研究的简化复制。他们的研究持续了3周，比较了一组高糖饮食的孩子和另一组低糖饮食（含人造甜味剂）的孩子。与坊间流传的智慧相反，研究人员发现两组孩子在行为和认知（心理）功能上**没有差异**。因此，如果我们的研究发现了"高糖"效应，那么它就与沃尔雷奇的发现相矛盾，最后它会受到仔细的审查和批评。

论文在正式发表前还要进行专家评审，以毙掉那些在设计或实施上有缺陷的研究。期刊编辑和图书出版商（包括本书的出版商）通常会征求专业审稿人的意见。一般情况下，作者会收到有益的、即使有时是令人痛苦的修改建议。只有当一个假设扫清了这些障碍，编辑们才会予以出版付印，学者们才会将它暂定为科学的"真理"。

但我们要强调的是，科学发现永远是暂定的。只要它们还没被推翻，它们就永远要面对来自新研究的威胁，或是需要一个新的解释，或是把以前的研究成果送到学术垃圾里。因此，沃尔雷奇关于糖的研究结果最终也可能会被更好、更权威的知识所取代（尽管在本书撰写时还没被推翻）。显然，科学方法并不是一个完美的系统，但它却是迄今为止检验关于自然界的各种观点的最好方法。因此，它是人类最伟大的智力成果之一。

1.8 心理学研究的5种类型

学习目标：

分析实施心理学研究的5种方法。

比起轶事或者伪科学，科学方法让观点有了更大的可信度。在科学方法中，研究人员可以通过几种具体的方法收集客观数据。每一种方法都有其独特的优点，也有其局限性。开展好的研究的一个关键步骤就是选择到最适合这些特定假设及资源的方法。

1.8.1 实验

像理论这个词一样，**实验**（experiment）一词在科学领域中也有非常具体的含义。在日常用法中，实验可以指任何类型的正式或非正式检验；与之相反，在科学领域，该词仅指在严格控制的条件下收集信息的一套特定程序。由于实验是经过精心设计的，它是我们将在这里讨论的研究方法中唯一能够可靠地确定因果关系的方法。因此，如果一个假设的表述中出现了因果关系——就像我们提出的糖会导致孩子亢奋——那么实验就是最好的选择。让我们一起看看我们关于糖的研究是如何确定原因和结果的。

在最基本的实验设计中，研究人员只改变一个因素（被称为变量），并保持实验的所有其他条件恒定——对所有被试都一样。

科学家称这个变量为**自变量**（independent variable），因为它独立于研究中的其他变量。在我们关于糖的研究中，我们假设糖导致亢奋，所以糖／无糖是我们的自变量。通过让一些孩子摄入糖，让另一些孩子摄入糖的替代品，且保持所有其他条件不变，我们就是在操纵自变量了。因为实验中其他各个方面都保持恒定，所以我们可以说，自变量就是我们观察到的任何实验效应的原因。

因变量（dependent variable）则是结果变量，或者说是我们假设的实验效应。换句话说，我们观察到的任何实验效应都取决于我们引入的自变量。在我们关于糖的实验中，因变量是孩子的活跃水平。如果我们后来观察到摄入糖的那组孩子更活跃，我们便可以确定是糖导致了亢奋，因为这是两组之间唯一的区别。

在进一步讨论之前，我们应该澄清用于区分被试的另外两个重要术语。

- 接受研究人员感兴趣的处理（在我们的研究中，是高糖饮料）被称为处于实验条件下。接受实验条件处理的个体组成了**实验组**

（experimental group）。

- 同时，处于对照条件下的个体组成了**控制组**（control group），他们不会接受特殊处理。（在我们的研究中，控制组将获得含有人造甜味剂的饮料。）因此，控制组的作用是作为和实验组比较的标准。

随机分配让各组均等

让孩子（或他们的父母）根据自己的喜好来决定分组，这是划分被试的一个简单方法。可问题是，允许孩子喝含糖饮料的父母和不允许孩子喝含糖饮料的父母之间可能会有一些差别。比如，允许孩子喝含糖饮料的父母在规则方面可能更宽松，这可能导致他们的孩子在玩耍时更吵闹——我们的实验结果会被混淆。类似地，我们也不能把所有女孩放在一组，而把所有男孩放在另一组。为什么不能？因为对糖的生理反应可能存在性别差异。此外，某一种性别可能比另一种性别更擅长控制自己的反应。这些事先存在的分歧可能会影响我们的实验结果。

最好的解决办法是随机分配（random assignment），将被试完全随机地分配到各组。一种方法是按字母顺序列出孩子们的名字，然后交替分配到实验组和控制组中去。通过随机分配，两组之间事先存在的差异达到了最小。这就确保了任何活跃水平的差异都可以归因于糖，而不是其他因素（比如，性别或父母教养方式）。

实验确定因果关系

实验方法是确定因果关系的黄金标准。它通过分离出研究人员感兴趣的变量（自变量），同时保持所有其他实验条件不变来确定因果关系。通过随机分配来最小化实验组和控制组先前存在的差异，因此我们可以更确信地将结果（因变量）的差异归因于自变量的影响，而非其他因素。

既然实验是找出因果关系的有力方法，我们为什么还需要其他方法呢？一方面，并不是所有的假设都旨在寻找因果关系——有些只是想描述特定的群体，比如，确定哪些性格特质在心理学系学生中是常见的。

另一方面，伦理方面的考虑也会阻止我们进行某些类型的实验研究，特别是那些可能对被试造成潜在伤害的实验研究。那么，在这种情况下，下列其中一种研究方法就是一个更好的或更实际的选择。

1.8.2 相关研究

除了上述考虑因素之外，还有另一个因素影响着研究人员对方法的选择：出于现实或伦理上的考虑，有时科学家无法充分地控制情境，他们不能实施真正的实验。比如，你想测试这样一个假设，儿童摄入含铅油漆会增加其出现学习障碍的风险。（含铅油漆在老房子里很常见，特别是在城市低收入家庭的住房中。）但你不能开展实验，因为实验需要你操纵自变量——在这个例子里意味着把有毒物质（铅）暴露给一群孩子。显然，这一做法是有害的和不道德的。

幸运的是，你可以找到绕开这一问题的方法——但代价是放弃对一些研究条件的控制。解决方案是采取**相关研究**（correlational study）。在相关研究中，你实际上是在寻找一个在现实世界中已经偶然发生了的“自然实验”。因此，在关于含铅油漆的影响的相关研究中，你可以寻找一组已经接触过含铅油漆的儿童。然后，将他们与另一组没有接触过含铅油漆的儿童进行比较。作为进一步的控制，你应该试着将两组儿童进行匹配，使他们在每一个可以想到的方面（如年龄、家庭收入和性别）都保持一致——除了他们是否接触过含铅油漆。

相关研究的一大缺陷是，你永远无法确定每组之间是否完全具有可比性，因为你没有随机地将人们分配到实验组，也没有操纵自变量。事实上，每个组都可能在一些重要的变量上存在差异（如获得的医疗保健或营养状况），而这些变量可能会被你忽略。因此，即使你发现接触含铅油漆的儿童中有更多的人存在学习障碍，你也不能肯定地得出结论：接触含铅油漆会导致儿童出现学习障碍。你最多只能说接触含铅油漆与学习障碍之间存在相关性。不过，这一结果依然有用，因为它缩小了对学习障碍的关联因素的搜索范围。此外，一系列可靠的相关性发现有时能为实验研究铺平道路。媒体报道的很多研究发现很可能来自相关研究，而不是实验研究，所以让我们近距离看看这些发现意味着什么，以及我们应如何准确地解读它们。

三种相关关系（见图 1-6）

1. 如果两个变量呈现出向同一方向变化的模式（随着一个变量的增大，另一个变量也增大），我们称之为**正相关**。例如，在我们的假设中，我们预测了一种正相关关系，即接触含铅油漆的儿童有更高的学习障碍风险。

2. 但当一个变量减小，而另一个变量增大时，这叫作**负相关**。你可能会发现大学生的饮酒量与他们的平均绩点（GPA）之间存在负相关关系（随着大学生饮酒量的增加，他们的平均绩点下降）。

3. 最后，如果变量之间完全没有关系，这就是**零相关**。例如，身高和 GPA 之间就是这种关系。

研究人员通常将相关程度表示为一个数字，低至 -1.0（表示强负相关），高至正数 +1.0（表示强正相关）。重要的是，我们要注意，相关性即使是负的，也可以表示强烈的相关关系。（请注意，教授们经常会出关于这个知识点的考题！）假设我们发现焦虑和学习时间之间的相关性为 -0.7。也就是说，这是一个负相关，表明更强的焦虑与更少的学习时间相关。尽

管这是一个负相关，但显示了比美国高考（SAT）成绩与 GPA 之间 +0.4 的正相关**更强**的关系。

思考两个你认为在你的生活中相关的变量。描述你认为它们是怎样相关的，并说出你预测的相关性是正相关还是负相关。

解释相关性发现

批判性思维中最常见的错误之一是，将相关性发现曲解为因果性发现。例如，几年前，研究发现儿童的自尊与他们的学业表现之间存在正相关关系。这是否意味着高自尊会使孩子们在学校表现得更好？这可不一定——得出上述结论就是因为犯了批判性思维的错误！虽然这一观念与我们关于自尊益处的"常识"相符，但如果我们没有进行实验研究、没有操纵自变量（自尊）、没有把学生随机分配到实验组和控制组，我们就不能确定它们的因果关系。科学家们通常这样描述这条一般原理：**相关关系不一定意味着因果关系**。

所以，为了避免这个重要的批判性思维错误，对于任何相关性发现，你一定要想到如下三种可能的解释（见图 1-7）。

- **A 导致 B**。如果"A"指的是前面提到的第一个变量（自尊），"B"指的是第二个变量（成绩），那么这一解释承认自尊可能确实影响了学生的学习成绩。但这只是其中一种可能性。

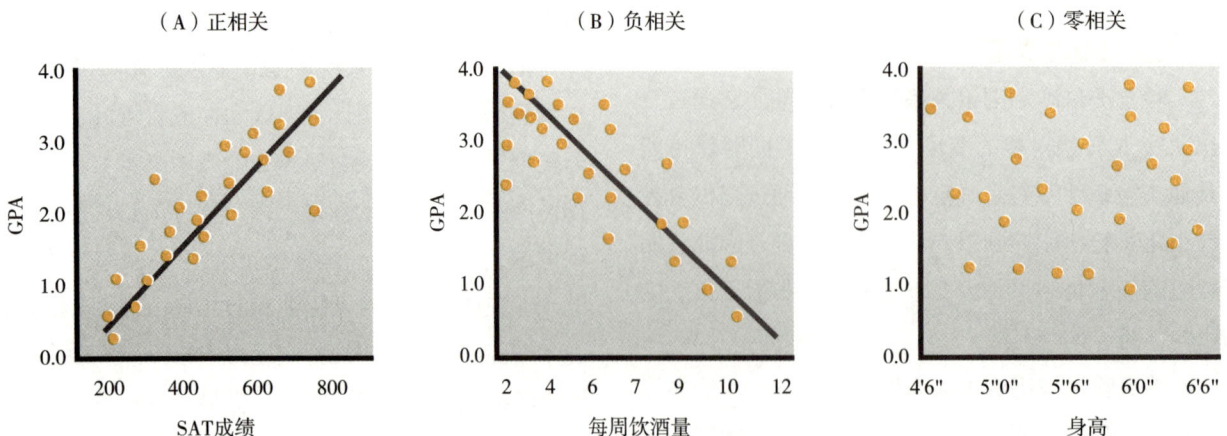

图 1-6　三种类型的相关关系

注：图 1-6 展示了三种主要的相关类型，包括 27 个人的数据点。（A）SAT 成绩与 GPA 呈正相关；（B）每周饮酒量与 GPA 呈负相关；（C）身高与 GPA 没有相关性。

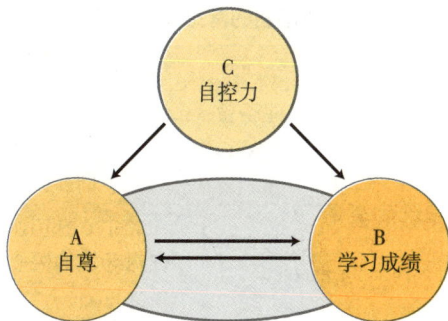

图 1-7　解释相关性结果的三种方式

注：（1）变量 A（自尊）与变量 B（学习成绩）呈正相关（相关）。自尊水平越高的学生学习成绩也越好。

（2）这一相关性的一个可能的解释是 A 导致 B——在这种情况下，高自尊帮助学生在学校取得更好的成绩。

（3）这一相关性的第二个可能的解释是 B 导致 A——在这种情况下，在学校取得更好的成绩会提高学生的自尊水平。

（4）第三种可能的解释是，第三个变量（我们称之为 C 变量）——在研究中未被测量的变量——可能是 A 和 B 之间的关系的真正原因。在这种情况下，自控力是一个可能的 C 变量。换句话说，自控力可能既会帮助孩子提高学习成绩，也会提高孩子的自尊水平。

因此，在相关性研究中必须将这三种解释考虑齐全，因为在没有实验研究的情况下是无法确定因果关系的。

- **B 导致 A。**第二种可能性是学习成绩影响了自尊——换句话说，我们最初关于因果关系的假设顺序反了。你想一想，有没有可能是在学校表现好的学生由此有了更高的自尊？如果真是这样，那么学习成绩（而不是自尊）就是这种相关性的驱动力。

- **C 导致 A 和 B。**在考虑相关性发现时，我们还必须认识到这里存在第三种可能性：如果另一个变量（C）——在研究中没有测量的变量——实际上是所观察到的关系背后的驱动力，那会怎样？在这个例子中，什么可能会影响一个学生的学习成绩和自尊？也许更多的亲子时光能帮助孩子提高学习成绩，也能提高孩子的自尊心。在此种情况下，我们会错误地假定成绩和自尊是有因果关系的——事实上，这只是表象，因为我们没注意到二者的真实原因。

重要的是要记住，假若我们没有真正实施一个实验，对原因的猜测就仅仅只是猜测——而且具有潜在的危害。我们在此探讨的例子有力地说明了这种危害：在相关研究展现了自尊与成绩之间的关系后，人们错误地认为高自尊能提高学生的成绩，美国向提高学生自尊的教师培训项目投入了数百万美元。起作用了吗？没有。相反，后续的实验研究却发现，成绩好是高自尊的原因之一，这一结果为前文中 B 导致 A 的解释提供了支持。而且，事实证明，自控力（在本案例中，是变量 C 的一个例子）既能提高自尊，也能提高学习成绩（Baumeister et al.，2003）。即使是训练有素的研究人员和立法者，在被"常识"干扰时，他们对研究的解释也会犯错误。

> **写一写**
>
> **解释相关性**
>
> 　　思考以下场景：一篇新闻报道写道，睡眠时间越长的人越有创造力。
>
> 　　用学到的三种方法解释这一相关性的发现，写出解释这一发现的所有方式（用 A、B、C 的格式）。

1.8.3　问卷调查

学生更喜欢哪种学习方式：听讲、自行阅读材料，还是参与亲自动手的实践活动？如果你想知道这个问题的答案，你不需要做实验或开展相关研究。你可以简单地通过**问卷调查**（survey）来询问学生们喜欢什么，问卷调查是确定人们的态度、偏好或其他特征的一种受欢迎且有效的方法。

问卷调查的方法被民意调查专家和营销顾问（以及许多心理学和社会学的研究人员）广泛使用，他们通常会让人们回答一组事先准备好的问题。问卷调查法的最大优点在于能够相对快速和廉价地收集大量被调查者的数据，例如，进行网上问卷调查。不过这种容易获得很多人数据的方式，也成了问卷调查的最大缺点：它容易受到各种偏见的影响。

在开展一项问卷调查或解释其结果时，有哪些常见的偏见呢？社会期望偏差是指被调查者以符合社会期望或政治正确的方式回答问题的倾向（Schwarz，1999）。其他偏差（见表1-3）可能来自如下三个方面。

- 问题的措辞（是否清晰？它们是否使用了带有情绪色彩的词汇来引出某种特定类型的回答？）
- 样本（被调查者在多大程度上代表了一般人群？）
- 调查条件（调查是匿名的吗？被调查者接受调查的环境是否会给他们的回答带来偏差？）

避免这些偏差后，问卷调查将会非常有用——但这也只适用于可以通过调查对假设进行合理研究的情况。例如，通过询问家长是否注意到他们的孩子在吃糖后变亢奋，来研究糖对孩子活跃程度的影响，这一方法可以揭示家长对糖和亢奋的看法——但这些看法并没有通过实证检验我们感兴趣的关系。因此，它不是解决我们本章思考题的合适选择。

1.8.4　自然观察

珍妮·古道尔（Jane Goodall）的经典研究表明，黑猩猩具有复杂的、制造工具的文化，她的研究基于在自然丛林里对黑猩猩的观察。同样，当心理学研究人员想知道人在自然环境中的行为时（相比于实验室的人为条件），他们会采用同样的方法——**自然观察**（naturalistic observation）。这一方法适合研究育儿实践、购物习惯或人们在公共场合里如何调情。所以我们也就可以在诸如家、购物中心、餐厅，或者荒郊野

珍妮·古道尔在她对野外黑猩猩行为的开创性研究中使用了自然观察法。

表1-3　调查偏差的常见类型及校正方法

偏差类型	偏差举例	偏差校正
社会期望偏差	询问司机是否曾经违反过交通法规	• 询问他们多久违反一次交通法规，给出选项："极少""有时""很频繁"
避免引导问题	你认为拯救环境是重要的吗	• 在1到10的范围里评分，你对环境的关心程度是多少
双重问题	你对你的手机运营商收取的费用以及消费者服务的满意程度是多少	• 你对你的手机运营商收取的费用的满意和不满意程度是多少 • 你对你的手机运营商的消费者服务的满意和不满意程度是多少
代表性抽样	询问健身房的人们，健康对他们有多重要	• 在几个不同的地点收集数据，这些地点都与健康无关
调查条件	请一对夫妇共同完成一份关于他们夫妻关系满意程度的问卷	• 给夫妇二人每人一份单独的问卷，并且确保他们在不同的房间里完成问卷，不能和对方交谈

外等各种地方进行自然观察。

你可能猜到了，自然观察不像实验那样在控制条件下执行，因为研究人员仅观察和记录行为，而不是操纵环境。然而，最好的自然观察会遵循一个经过深思熟虑的计划。因此，通过使用系统的观察和数据收集流程，以及通过对观察者进行悉心培训，我们可以最大限度地减少预期偏差等问题。

自然观察的优点在于，你看到的行为都是自然发生的，这就能揭示出实验环境中无法发现的真相。在某些情况下，利用自然环境也比试图在实验室中重建环境的性价比更高。自然观察的缺点包括两方面，一是缺乏对环境的控制，从而无法得到因果关系的结论；二是一个设计良好的自然观察研究既费时又费钱。

1.8.5　个案研究

如果让你研究是什么塑造了喜剧演员斯蒂芬·科尔伯特（Stephen Colbert）的幽默感，你会用什么方法？你无法实施任何类型的**实证研究**（empirical research），因为（无论好坏）你只有一个斯蒂芬·科

尔伯特。在这种情况下，研究人员必须依靠**个案研究**（case study），这是一种独特的研究方法，它只深入关注一个或几个人，这些人通常都存在着某些罕见的问题或非凡的才能。例如，霍华德·加德纳（Howard Gardner，1993）在他的《大师的创造力》（Creating Minds）一书中，运用个案研究的方法探究了几位创造力非凡的人的思维过程，这几个人包括爱因斯坦、毕加索和弗洛伊德。为发展精神障碍相关理论而进行个案研究的治疗师有时称这种方法为临床方法。不管怎么命名，它的缺点就在于它的主观性、小样本量以及缺乏对可能影响被研究个体的变量的控制。这些局限性严重制约了研究人员得出可以推广或自信地应用于其他人的结论的能力。当然，个案研究有时会为我们提供用其他方法无法获得的有价值的信息。

1.9　心理学研究中的偏差和伦理问题

学习目标：
描述心理学研究中的偏差和伦理问题。

1.9.1　控制偏差

协助自杀、堕胎、死刑，你对这些问题是否有强烈的情绪体验并持有鲜明的观点？

如我们所见，容易引发情绪的话题会导致偏差，让我们很难进行批判性思考。对于那些有兴趣研究诸如虐童、性别差异或种族歧视的影响等问题的心理学家而言，出现偏差的可能性给他们带来了问题——可能正是因为他们对这些主题的鲜明主张使他们对这些主题感兴趣。如果不加以控制，研究人员的偏见就会影响他们的研究设计、数据收集以及对结果的解释。让我们来看看在研究中需要特别警惕的两种偏差。

1. **情感偏差**包括个人珍视的信念、强烈的偏好、确信无疑的假设或个人偏见。对持有这些偏差的人来说，这些偏差往往是不明显的（认识到我们都有情感偏差也非常重要——它们只是我们人性的一个功能）。例如，心理学家罗伯

特·格思里（Robert Guthrie，1998）在他的《连老鼠都是白色的》（Even the Rat Was White）一书中指出，长期以来以大学生为被试的心理学传统研究中存在偏差——这些大学生通常是白人——研究人员却没有意识到他们在抽样过程中引入了偏差。这一做法影响了研究结果对有色人种的适用性。幸运的是，科学方法对同行评议和重复检验持开放态度，为研究人员的情感偏差提供了有力的平衡。尽管如此，科学家们还是更希望在潜在的错误结论发表之前找到并控制他们在研究中的偏差。

2. 如果科学家只关注他们**期望**看到的结果，那么**期望偏差**也会影响他们的结论。（你可以看到它和**证实性偏差**属于近亲。）例如，在一项著名的研究中，心理学系的学生们训练大鼠做出诸如按压杠杆获取食物的行为（Rosenthal & Lawson，1964）。主试告诉一些学生，他们的老鼠特别聪明；其他学生则被告知他们的老鼠的学习速度较慢。（事实上，主试只是从同一窝老鼠中随机挑选出两组。）果不其然，学生们给出的数据显示，被认为聪明的老鼠的表现优于被认为比较迟钝的老鼠——这与学生们的预期一致。怎么会这样？显然，老鼠在热情的观众面前表现得更好！后续的调查问卷显示，拥有"聪明"老鼠的学生表现得更热情、更兴奋、更欢欣鼓舞，对老鼠的表现也更感兴趣。

这些偏差的来源不仅会导向错误的结论，还会产生代价高昂甚至危险的后果。想象一下，如果你是一个为制药公司工作的心理学家，这家公司希望你检测一种新药。尽管你付出了最真诚的努力，但有数百万美元押在检测结果上，你可能就无法完全客观地思考。那么，那些将会给你研究中的病人开这种药的医生会怎样呢？当然，他们和他们的病人都会对这种药寄予厚望。因此，这便为期望偏差搭建了偷偷潜入研究的舞台。

幸运的是，科学家已经开发出一种控制期望偏差

的策略，让被试在实验中变"盲"或不知情，不知道他们接受的是真正的治疗还是**安慰剂**（placebo，一种虚假的"药物"或没有医学价值的虚假治疗）。

一种更好的方法是**双盲研究**（double-blind study），它让被试和主试都不知道哪一组正在接受哪一种处理。在一项双盲药物研究中，研究人员和被试（直到研究结束）都不知道谁在服用新药，谁在服用安慰剂。通过确保实验人员不会在无意中将实验组与控制组区别对待，这种科学把戏控制了实验人员的期望。它也控制了那些接受实验研究的人的期望，因为他们对于自己被分配到哪一组也是"盲的"。

可想而知，在我们关于糖的研究中，期望偏差可能会影响孩子们的反应。同样，观察者的期望也会影响他们的判断。为了防止这种情况，我们应该确保儿童、观察者和老师都不知道哪些儿童接受了何种条件的处理。

1.9.2 心理学研究中的伦理问题

心理学研究也会涉及严肃的伦理问题，例如，存在被试受到伤害或感到过度痛苦的可能性。没有研究人员会希望这种情况发生，但这些问题并不总是清晰的。例如，在一个关于攻击性的实验中，故意通过侮辱来激怒被试是否道德呢？为了从实验中获得知识，承受多大程度的压力算是得不偿失呢？这样的伦理议题提出了棘手但重要的问题，而且，不是所有的心理学家都会以完全相同的方式回答这些问题。

为了给研究人员提供相应的指导原则，美国心理学会出版了《心理学家的伦理原则和道德准则》（*Ethical Principles of Psychologists and Code of Conduct*）（2010a）。这份文件不仅涉及保护研究被试免受潜在有害程序的影响的伦理义务，而且还警告研究人员必须对研究过程中获取的个人信息保密（Knapp & VandeCreek，2003；Smith，2003a，2003b）

知情同意　获取**知情同意**（informed consent）是一条重要的伦理准则，它能够确保被试是自愿参与研究的。例如，在我们关于糖的研究中，我们可以像下面所写的这样向家长和老师解释实验的大致情况：

我们计划研究糖对孩子活跃程度的影响。在得到孩子父母允许的前提下，我们为你的孩子所在的三年级班级中的学生设计了一个简单的研究项目。这一研究要求将孩子分为两组：午餐时，一组孩子将被提供含糖的软饮料（七喜），另一组将被提供添加人造甜味剂的相同饮料（无糖七喜）。孩子们不会被告知他们被分到了哪一组。在随后的在校时间里，受过专门训练的观察者会给孩子们的活跃程度打分。我们将分数平均后，得出的结果会显示得到含糖饮料的那一组孩子是否比另一组孩子更活跃。我们会在研究结束后与你们分享研究结果。

欺骗　对心理学研究人员来说，使用欺骗手段是一个特别棘手的问题。正如我们在前文中讨论的，《心理学家的伦理原则和道德准则》提出，在大多数情况下，研究中的被试应当是自愿的且知情的，被试在参与研究前应当知晓他们将面临什么样的挑战，并且可以选择退出研究。但这个问题可能比表面上看起来复杂得多。如果你对"好撒马利亚人"的问题感兴趣：人在什么情况下会帮助一个陷入困境的陌生人？如果你告诉别人你捏造了一个虚假的紧急情况，并且问他们是否愿意帮忙，那么这就会破坏你想要研究的效应。《心理学家的伦理原则和道德准则》允许在某些情况下使用欺骗手段，前提是这不会给被试带来重大风险。

也许你会问："谁来评判风险？"现在大多数研究机构都拥有监督委员会，也被称为机构审查委员会（IRBs），这个委员会负责审查该机构（如社区学院、大学或诊所）内进行的所有研究。此外，若研究人员使用了欺骗手段，美国心理学会指导准则要求其在研究结束后必须尽快提供**事后解释**（debriefing），以确保被试不会持续遭受被欺骗的不良影响。届时，被试将被告知他们被欺骗的事实、在研究中使用欺骗手段的理由以及他们对研究结果的贡献，因此他们可以提出任何问题，同时理解这一过程。尽管可以采取这些预防措施，一些心理学家仍然反对在任何形式的心理学研究中使用欺骗手段（Baumrind，1985；Ortmann & Hertwig，1997）。

这些就是心理学家为确保他们的研究合乎道德且不会对任何被试造成伤害所必须遵循的一些程序。你觉得自己掌握了吗？请在试一试这一版块测试一下你对这些知识点的理解，看看你是否能发现潜在的道德违规行为。

试一试　➡➡➡　这个研究合乎道德规范吗

利维博士是一位教育心理学家，他对影响大学生学习成绩的因素很好奇。一天下午，当他坐在办公室里时，他开始思考课堂上分心会在多大程度上影响学生的考试成绩。他很快在脑海中勾勒出一个实验的想法，以检查分心对考试成绩的影响。他认为现在正是完美的时机，因为他的两节心理学导论课程将在明天迎来本学期的第一次考试！

第二天，利维博士去了第一个班级，并分发了试卷。在没有人知道这门课的这个环节的情况下，利维博士计划在整节课中每隔 15 分钟按以下顺序分散学生的注意力。

在教室外面的走廊上，一对夫妻假装争执——他们向对方大喊大叫了两分钟

在教室外面的草坪上，一名草坪保养技术员正在割草。由于窗户是开着的，所以割草机的声音特别大

最后，当考试接近尾声的时候，利维博士"不小心"打开了一个配有音频的幻灯片。利维博士"假装"他不知道如何关闭程序。

在这门课的另一个班级，利维博士在正常情况下进行测试——教室是安静的，没有干扰或使人分心的事。

当利维博士分析他的研究数据时，他发现分心确实影响了学生在考试中的表现——平均而言，经历了三次分心的班级比没有经历任何分心的班级的得分低了整整一个等级。尽管利维博士计划把他的研究写下来投稿，但他没有向他班上的学生告知任何关于他的研究的信息。

写一写
应用道德指导准则

尽管利维博士对他的研究结果很满意，但你会怀疑他违反了一些开展心理学研究的道德准则。

列出他违反了哪些准则，举例支持你的答案。

研究中的社交媒体　你对研究人员从你的 Facebook、Twitter 或某些论坛中收集你的信息有什么看法？不论喜欢与否，这件事情都正在发生，正如通常新技术出现的那样，在对其好处和潜在缺点进行讨论且做出深思熟虑的决策之前，在采取预防措施以保护用户免受可能的伤害之前，我们往往已经开始使用它了。这一问题在 2014 年时登上过头条，当时 Facebook 的研究人员报告说，他们通过平衡用户在订阅的新闻中看到的正面和负面新闻，成功地操纵了用户的情绪（Kramer et al.，2014）。科学家和 Facebook 用户都对此感到震惊，因为这项实验是在没有得到用户明确同意的情况下开展的。然而，该实验的发起者反驳道，在 Facebook 用户第一次加入 Facebook 并接受"使用条款"时，他们就同意了这种个人信息被用于实验的可能性。在那次事件之后，心理学家们开始研究社交媒体网络如何既为研究提供了机会（见图

1-8），也带来了挑战（Moreno et al.，2013）。

- 怎样将 APA 指导准则应用于涉及社交媒体网络的研究？

  显然，社交媒体网络为研究人员提供了一个独特且令人激动的机会。它们提供了大量容易获取的信息，并且能让研究人员在自己舒适的办公室里检验人的自然行为和人际互动（从而创造了一种新的自然观察研究形式）。

- 社交媒体网络是否给用户带来了风险，以及把用户纳入实验这个做法是否侵犯了用户的隐私和保密权？

  知情同意和隐私是两个最明显的问题。联邦指导准则规定，如果研究人员通过与被试接

触获取信息，或者获取隐私和身份的相关信息，那么必须获取被试的知情同意。例如，如果心理学家通过测算消费者在每家商店的购物时间和他们去过的商店数量来观察人们在公共购物中心的消费习惯，他们没有接触消费者，也没有收集任何可以识别消费者身份或关于隐私的数据——所以，这项研究没有要求获取知情同意。

类似地，如果公共卫生研究人员为了更好地预测流感并做好准备，在 Twitter 上寻找有多少人出现了类似流感的症状，这一过程中既没有收集个人数据，也没有接触用户的需求或要求，所以根据目前的标准，这项研究不需要

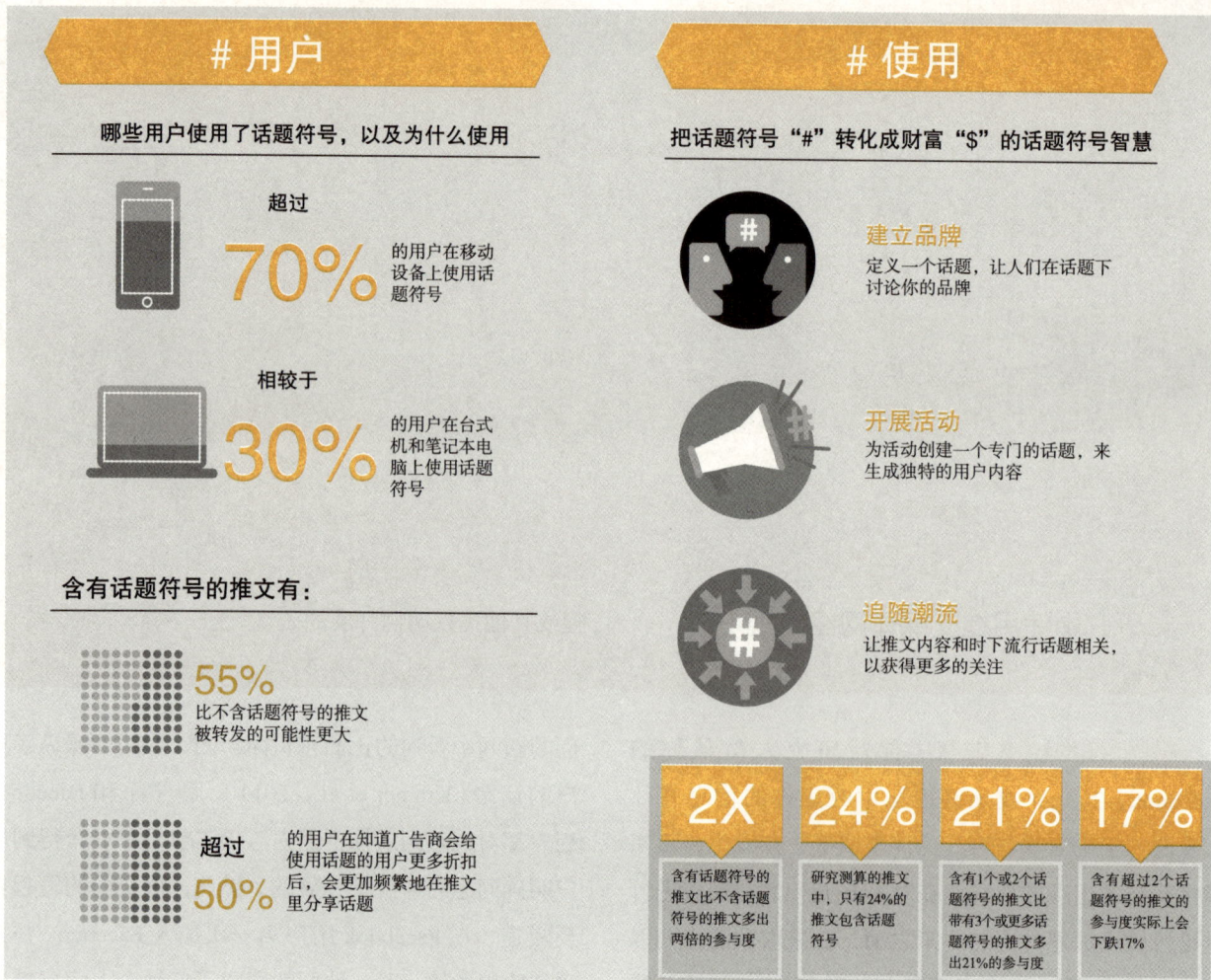

 # 用户

哪些用户使用了话题符号，以及为什么使用

超过 **70%** 的用户在移动设备上使用话题符号

相较于 **30%** 的用户在台式机和笔记本电脑上使用话题符号

含有话题符号的推文有：

55% 比不含话题符号的推文被转发的可能性更大

超过 **50%** 的用户在知道广告商会给使用话题的用户更多折扣后，会更加频繁地在推文里分享话题

 # 使用

把话题符号"#"转化成财富"$"的话题符号智慧

建立品牌 定义一个话题，让人们在话题下讨论你的品牌

开展活动 为活动创建一个专门的话题，来生成独特的用户内容

追随潮流 让推文内容和时下流行话题相关，以获得更多的关注

2X 含有话题符号的推文比不含话题符号的推文多出两倍的参与度

24% 研究测算的推文中，只有24%的推文包含话题符号

21% 含有1个或2个话题符号的推文比带有3个或更多话题符号的推文多出21%的参与度

17% 含有超过2个话题符号的推文的参与度实际上会下跌17%

图 1-8　在不侵犯伦理边界的情况下用社交媒体网络进行被动数据收集

注：这里报道的一个发现是，在所有带话题符号（#）的推文中，70% 来自移动设备，30% 来自台式机或笔记本电脑。收集这些数据不会违反任何对隐私保护的期望，保密性也不会成为问题，因为不会有用户被识别出身份——这些数据是匿名的。

获取知情同意（Paul et al., 2014）。就像在公共购物中心里不期望有隐私一样，在 Twitter 上也不期望有隐私。所以，在公共论坛上开展非侵入性的、简单的观察研究没有侵犯伦理边界。

- 但那些超出简单观察范畴的研究，比如，2014 年发表的那个备受争议的 Facebook 研究，又如何呢？

  在那个案例中，研究人员在用户不知情的情况下接触了将近 700 000 名 Facebook 用户。这是一个真正的实验性质的设计：操纵一个条件。

在这个案例中，指的是用户订阅的新闻中的正负情绪基调，同时保持其他条件不变。所以，如果在操纵之后，用户自己的推文变得更消极或积极，研究人员就能确定这种变化是由操纵导致的。但是我们已经学过，参加实验的被试必须提供他们对实验过程的知情同意——在本案例中，他们没有。他们甚至对这个实验一无所知。

机构审查委员会——大学和其他真正的研究机构的"监督委员会"——现在正在针对社交媒体网络研究增添新的指导准则来解决这一问题，以确保未来的研究不会跨越伦理边界。

> **写一写**
> ### 你对研究中使用社交媒体网络的观点
> 列出这个问题的利弊。选择一个立场并且做出解释。

对于这个复杂的问题，你的立场是什么？你是否认同 Facebook 研究人员的说法，他们声称用户在加入 Facebook 这样的论坛时就同意了使用条款，从而构成对被纳入研究的知情同意？或者，是否应该给被试一个选择退出任何有计划的研究的机会，以及，如果这么做的话，会给研究结果带来偏差吗？在权衡研究结果的收益和可能给被试造成的伤害时，你的底线定在什么地方？

动物研究 另一个长期存在的伦理问题是关于实验动物的使用，例如，大鼠、鸽子和猴子。动物之所以是理想的研究对象，是因为它们的神经系统相对简单，并且在受控条件下容易维持大量的个体数量。当实验程序被认为有风险或完全有害时，例如，在大脑中植入电极以研究各个脑区，动物也可以用作人类的替代品。

大约 100 年前，美国心理学会的管理者们考虑到动物保护的问题，成立了动物实验预防措施委员会，该委员会编写了动物研究的指导原则（Dewsbury，1990）。最近，美国心理学会在《心理学家的伦理原则和道德准则》中重申，实验人员有义务为实验动物提供良好的生活条件，并且应当权衡给动物造成的不适与研究寻求的信息的价值。1985 年美国联邦法律在对动物研究的规定中做出了更多的保护措施。

近年来，对于把动物作为研究被试的担忧开始复苏。当研究涉及造成痛苦或伤害的程序，例如，脑手术、电极植入或疼痛研究时，人们变得特别不安。一些人认为应该采取更严格的限制，尤其是对于用黑猩猩或其他类人动物开展的研究。另一些人认为，应该对所有动物研究采取更严格的限制，包括对于简单动物如海蛞蝓（常用于神经学研究）的研究。虽然许多心理学家支持美国心理学会的指导原则下的动物研究，但这仍然是一个有争议的问题（Bird, 2005; Plous, 1996）。

心理学很有用 • • •

伪心理学的危害

既然我们理解了科学方法在确定新闻中说法的可信度方面的重要性，下面让我们来看几个因未能严格遵循这一可靠的体系而导致的严重问题。

1949 年，诺贝尔医学奖授给了"额叶切除术"的发明者，这是当时的一种粗暴的脑手术，这种手术将额叶与大脑其他部分的连接切断。手术的初衷是治疗严重的精神障碍，但却导致了数千人的永久性脑损伤。这种手术缺乏严谨的科学基础，它之所以能够流行，是因为希望它起作用的人没有提出批判性质疑。情感偏差（在这个案例中，是治愈患有严重心理障碍的人的愿望）推动了盲目的信任，代替了清醒的审视。因此，人们没能客观地检查手术可行的证据。

我们再举一个伪心理学造成有害影响的现代例子。人们普遍相信，积极的想法能够治愈可怕的疾病，例如，癌症。这个想法可能错在哪里呢？一方面，证据并不支持这个观点，即一个人的心理状态会显著影响他从严重身体疾病中康复的可能性（Cassileth et al.，1985；Coyne et al.，2007）。另一方面，态度能让人好转的想法会导致"指责受害者"的情况出现，或者认为患者没有好转是因为他或她的态度不够乐观（Angell，1985）。最后，对于患有严重疾病的患者来说，相较于手术、化疗或其他治疗程序，积极思维提供了一种痛苦和创伤更小的解决方案。因此，他们出于对得到证实的疗法所带来的痛苦和折磨的恐惧，可能会使他们偏向于相信积极思维，而不是更科学有效的疗法。

批判性思维的应用：儿童疫苗注射会增加孤独症的患病风险吗

孤独症谱系障碍——通常被称为孤独症——是一种发育障碍，会导致严重的社会功能和沟通受损。这种神经疾病通常在人生的最初几年被诊断出来，大约 1% 的人患有这种疾病——而且这个数字可能还在增长。随着对这一疾病的性质和症状的认识的不断提高，家长和研究人员越来越关注这种使人衰弱的疾病的起因，以及它是否可以预防。最近，审查瞄准了儿童疫苗接种这一可能的原因，结果，超过十分之一的家长拒绝或推迟了美国疾病控制中心（CDC）和美国医学协会建议的疫苗接种计划（DeStefano et al.，2013）。但是，这些家长的决定是理性的还是出于恐惧？关于疫苗接种对孤独症患病风险的影响，科学研究揭示了什么？

关键问题是什么？

诚然，所有家长都希望他们的孩子健康，过上富有成效的、充实的生活。所以，一想到他们的孩子可能会患上一种严重限制他们以传统方式建立及维持亲密关系能力的疾病，家长就会恐惧。但是拒绝为孩子接种疫苗真的是规避孤独症风险的方法吗？要回答这个重要的问题，我们需要提出哪些批判性思维问题呢？

观点的来源是哪里？

在过去的 10 年里，很多热门的媒体都报道了儿童疫苗和孤独症之间的假定联系。但是如你所知，热门媒体并不总是一个可靠的来源。例如，他们经常引用一位医生的话，这位医生出版了一本书，在其中推荐了自制的疫苗接种时间表，用以作为疾病预防控制中心版本的替代版。另一个宣传疫苗接种风险的主要发言人是女演员詹尼·麦卡锡（Jenny McCarthy）。因此，观点的来源缺乏广泛的医学可信度。

证据是什么？

1998 年，发表在《柳叶刀》（*Lancet*）期刊上的一项研究报告了麻疹 – 腮腺炎 – 风疹（MMR）疫苗和孤独症之间的联系（Wakefield et al., 1998）。新闻机构对此进行了报道，之后医生们说高达 50% 的患者重新考虑是否要给孩子接种疫苗。然而，1998 年的研究结果被证明是假的：该研究的作者安德鲁·韦克菲尔德（Andrew Wakefield）接受了律师团给的数十万美元，后者希望证明疫苗是不安全的——更重要的是，《英国医学杂志》（*British Medical Journal*）后来发现，韦克菲尔德实际上伪造了他的数据（Offit & Moser, 2009）！韦克菲尔德曾是一名外科医生，由于那篇文章以及其他各种违反道德的行为，他被吊销了行医执照，最初那篇文章也被《柳叶刀》撤回。从那时起，大量大规模的研究广泛探索了儿童疫苗接种和孤独症之间的联系，但都无济于事——一次又一次地，合法的研究再未能发现两者之间的任何关系（Taylor et al., 2014；Maglione et al., 2014）。国际医学界对儿童疫苗接种不会使其面临孤独症风险这一结果感到满意。这也说明了重复实验，也就是科学方法的第 4 步的重要性。

相关结论是否存在被偏差污染的可能？

当然如此。孤独症 / 疫苗谣言中至少存在三种不同类型的偏差。第一，情感偏差解释了一项有问题的研究是如何延续非理性恐惧的，即使在今天，这份恐惧仍然致使一些父母拒绝或推迟为孩子接种疫苗。对于不受控制的疾病的恐惧，加以一个简单的解决方案——不接种疫苗——是一个对许多人来说无法抗拒的强大组合。

第二，证实性偏差也起了作用。1998 年的初始期刊文章（后来被撤稿）一发表，媒体就受到了大量孤独症儿童的父母声称孩子确实接种了疫苗的故事的轰炸。一旦家长们在脑海中确定了两者之间的关系（由情感偏差促成），他们就非常容易记住那些故事，但却不会注意或记得还有许多接种过疫苗但没患上孤独症的健康儿童。

第三，相关 – 因果偏差也在其中添了把火。疫苗抵制者指出，孤独症发病率的上升与儿童疫苗接种率的增加是一致的——因此，他们说，二者之间一定存在相关性。优秀的批判性思考者会指出，相关性并不意味着因果关系：在这种情况下，医疗服务的普及能够解释为什么更多儿童接受早期疫苗接种，以及为什么孤独症的诊断变得更频繁、更可信。

是否需要多元化的视角？

对于任何疾病或障碍，我们必须从先天和后天——生物和环境——两方面去辨别潜在的原因。几乎没有哪个生理或心理障碍是仅由这两种当中的某一种因素造成的，仅由单一的环境因素（比如疫苗）导致一个复杂疾病（例如，孤独症）的情况就更罕见了。事实上，从孤独症患者身上收集的数据反映了好几种基因和遗传风险因素（Jiang et al., 2013）。

我们能够得出什么结论？

这个例子有力地说明了批判性思维的重要性。更糟糕的是，公众对所谓的疫苗 – 孤独症关系产生不必要且不理性的恐慌，这对公共健康造成了新的威胁。随着拒绝为孩子接种疫苗的家长的增多，那些可通过接种疫苗来预防的疾病的发病率增加了。十几年前，麻疹曾被美国和英国正式归类为"消灭"了的疾病，但它卷土重来，让人担心它可能重新成为流行病：2014 年和 2015 年，美国发现了数百名新病例，而英国发现了数千例。这一疾病具有很强的传染性，在非洲、亚洲、欧洲的许多国家里仍然很常见，每年都有超过 15 万例儿童死于麻疹。受到感染的旅客会携带病毒进入新的国家，如果没有强有力的疫苗接种史，疾病就会蔓延。卫生部门的官员担心，如果目前抵制疫苗的趋势不尽快逆转，将会抹除数十年来在减少甚至消除的诸如百日咳、白喉甚至脊髓灰质炎等疾病方面获得的成绩。

本章小结：心智、行为和心理科学

本章思考题

心理学家会如何检验糖使儿童亢奋的说法？

- 心理学家会采用**科学方法**检验这个假设。
- 在**对照实验**中——为证明因果关系而设计——孩子会被随机分配到**实验组**或**控制组**，前者饮用含糖饮料，后者饮用含人造甜味剂的无糖饮料。
- 采用**双盲方法**控制实验人员的**偏差**和**安慰剂效应**，观察者对每一个孩子的活跃程度评分。
- 通过分析结果**数据**，我们可以知道假设是否成立。如果喝含糖饮料的那组孩子更活跃，我们便可以得出结论：糖确实导致孩子亢奋。

什么是心理学，什么不是心理学
核心概念 1.1

心理学是一个广阔的领域，包括许多专业方向，但从根本上说，心理学是一门研究行为和心理过程的科学。

- 所有的心理学家都会关心行为和心理过程的某些方面。不同于伪科学，**科学心理学**要求用坚实的证据来支持其主张。心理学有许多专业方向，但可以被归为 3 大类。**实验心理学家**主要从事研究，不过也常常开展教学工作。主要从事教学工作的**心理学教师**会在各种环境中工作，包括社区学院、大学和高中。**应用心理学家**会涉足很多领域，例如，工业组织、体育运动、学校、康复、临床与咨询、司法，以及环境心理学。与心理学不同，**精神病学**是一门专门研究精神障碍的医学专业。

在媒体上发布的一些内容，很多看起来像是心理学的东西，但实际上是伪心理学。想发现它们之间的差异需要我们培养批判性思维能力——本书归纳了 6 个问题，当你面对声称有科学依据的新观点时，你应该提出下面这 6 个问题。

- 观点的来源是哪里？
- 观点是合理的还是极端的？
- 证据是什么？
- 相关结论是否存在被偏差污染的可能？
- 推理过程是否避免了常见谬误？
- 是否需要多元化视角？

心理学的 6 个主要视角是什么
核心概念 1.2

现代心理学由 6 个主要视角构成，它们是生物视角、认知视角、行为视角、全人视角、发展视角和社会文化视角，每个视角都发展出了有关心智和行为的全新概念。

心理学的历史可以追根溯源到古希腊。

几百年前，笛卡儿指出感觉和行为都和神经系统中的某些活动有关，基于这一主张，他使心智研究变得科学化，最终走向了现代**生物视角**，这一视角从身体过程如大脑功能和遗传学中寻找行为的原因。生物心理学发展出了两个方向：**神经科学**和**进化心理学**。

然而，心理学被作为一门科学，应该追溯到 1879 年冯特建立的第一个心理实验室。

冯特的心理学，后来被美国心理学家演变为**结构主义**，主张通过研究诸如意识等心理过程的内容和结构来理解它们。被称为**机能主义**的另一个早期心理学派认为，最好从心理过程的适应性目的和功能角度理解它们。这两个学派都因为使用了**内省法**而受到批评，一些心理学家认为这种方法太主观。不过，从现代认知视角中也能发现这些学派的一些要素。**认知视角**的心理学家对学习、记忆、感觉、知觉、语言和思维感兴趣，并且强调信息加工。

行为视角出现于 1900 年前后，它拒绝使用内省法和心理解释，而是选择通过可观察的刺激和反应来分析行为。**行为主义**的倡导者，如约翰·华生和斯金纳，以其对客观方法的主张、对学习本质的洞见，和管理不良行为的有效技术，对现代心理学产生了重大影响。

三种截然不同的观点组成了**全人视角**，它主张从全局的视角看待个体。西格蒙德·弗洛伊德的精神分析方法，以其对精神障碍和无意识过程的关注，开创了**精神分析和现代心理动力学**。相比之下，亚伯拉罕·马斯洛和卡尔·罗杰斯引领的**人本主义心理学**则强调人类天性中积极的一面。同时，**性格和特质心理学**则从人的持久的特征和性格的视角观察人。

发展视角提醒我们注意个体在整个生命周期中发生的可预测的心理和行为变化。这种变化是遗传和环境相互作用的结果。而**社会文化视角**认为，每个人都受到其他人和他们所处的文化的影响。

近几十年来，现代心理学不断发生着改变，生物、认知和发展视角逐渐占据了主导地位。与此同时，不同视角的支持者开始联合起来。另一个重要变化就是越来越多的女性心理学家和少数族裔心理学家正在进入这一领域。

心理学家如何拓展新知识
核心概念 1.3

心理学家和其他学科的科学家一样，使用科学方法来实证性地检验他们的观点。

是否使用科学方法来实证性地检验观点，这是心理学和伪科学的不同之处。**科学方法**依赖的是可检验的理论和可证伪的假设。使用科学方法的研究可以运用**实验**、**相关研究**、**问卷调查**、**自然观察**和**个案研究**。方法之间的差异在于研究人员对研究条件的控制程度。研究人员可能会成为**期望偏差**的受害者。科学家控制研究中偏差的一个方法是双盲法。通过在大规模和受到良好控制的双盲研究中开展实验，研究人员未能找到糖和儿童亢奋之间存在联系的证据。

心理学家应当遵循美国心理学会制定的伦理准则，人道地对待被试。然而，在某些领域仍然存在争议。这些争议主要涉及使用欺骗以及用动物作为实验被试。最近，利用社交媒体网站 (social media websites，SMWs) 收集数据及实施实验这一做法受到了审查，因为它们挑战了传统的确保道德标准的方法。

尽管科学方法得到了人们的广泛认可，伪心理学仍然比比皆是。正如使用额叶切除术那样，未经检验的伪科学通常会带来有害影响。

批判性思维的应用：儿童疫苗注射会增加孤独症的患病风险吗

疫苗接种是现代最伟大的医学成就之一，它使儿童和成年人的死亡率飞速下降。然而，近年来，因为担心疫苗会导致孤独症，为孩子接种疫苗的父母变少了。科学检验显示没有证据支持父母们的担忧，并且指出了疫苗抵制者所犯的几个批判性思维错误。疫苗抵制运动已经导致了从前在美国已被消灭的疾病卷土重来，如麻疹。

本章视频导读，
请扫描二维码观看。

人类天性指"天生的性质"。"天生"是指遗传。遗传学的英文是 genetics，因此承载遗传内容的生物分子被称作 gene，就是基因。基因是人"天性"的载体，那么，是不是人性、心理与行为都决定于基因（遗传）呢？如果是，那么我们自己的一切优点与成功都要归功于父母、祖先，而一切缺点与失败也要归咎于他们，但事实并非如此。例如，即使是同卵双生子（遗传信息完全相同），如果在不同的环境中长大，其个性也会有一定的差别。如果脑遭遇某种损伤或接受过某些塑造，即使基因不变，人的心理与行为肯定会发生巨大变化。现在心理学已经积累起足够多的科学知识可以告诉我们，基因、神经与环境在复杂互动中塑造了每一个人。打一个简化的比方，基因与脑的关系类似于一辆车与司机的关系（如果精确一点，基因则更像是车的设计图）。车是预先设计好、在工厂的大机器上制造出来的，有发动机、有刹车，还有方向盘。但是，车在现实中上路后，何时加速、何时减速，走什么路线、开向哪里，是否遵守交通规则？这些都不取决于车，而是取决于司机。好司机懂交通规则、懂路线，还懂修车。司机和车走合适的道路，遵守交通规则，才能很好地行驶，到达想去的地方。回到这一章的主题，我们可以这样理解，基因密码确定了"天生"的内容，人的内部心理与外部行为需要基因与环境的交互，而神经系统起到调控的作用。那么，基因、脑与我们所处的环境具体是怎样交互作用而造就了多姿多彩的我们的呢？这一章里有具体、清晰、易懂的回答。享受它吧！

孙宇浩

浙江理工大学心理学系教授

02

第二章

生物心理学、
神经科学与人类天性

本章译者：孙宇浩

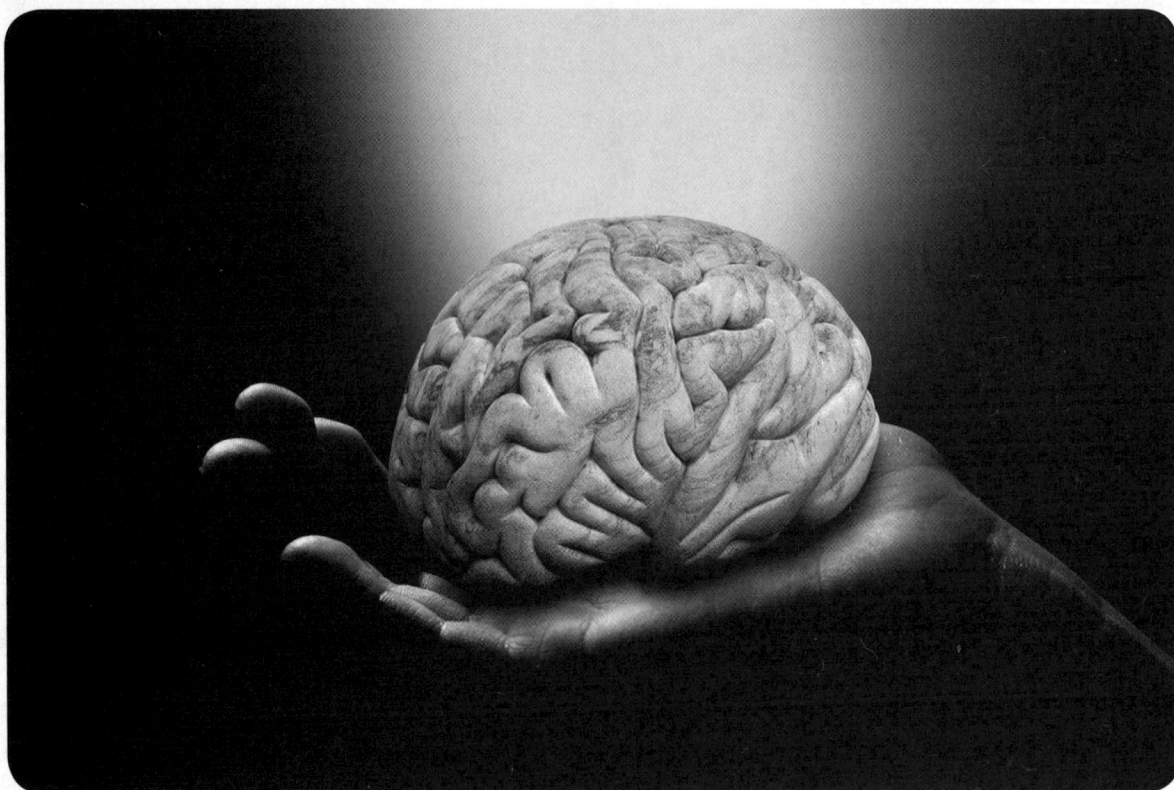

脑本质上是人类思考、情绪、行为和理解的基础。

核心概念

2.1
塑造心理过程的根本是进化，因为它选择了那些产生适应行为的遗传变异。

2.2
身体的两大通信系统——神经系统和内分泌系统受脑调节，它们通过相似的化学过程与遍布身体的各个目标进行交流。

2.3
脑由许多专门化的模块构成，它们一起工作创造出了心理和行为。

"我过去干得不错"，被称为会唱歌的科学家的吉尔·波特·泰勒（Jiu Bolte Taylor）博士说道（Taylor，2009，p. xiv）。这位哈佛医学院的脑解剖学家在 37 岁时就已经赢得了无数的奖项，并因为她在脑与精神障碍关系的开创性研究而在全国范围内获得了认可。然而 1996 年，在 12 月的一个寒冷的早晨，她的生活突然被改变了。

在改变命运的那一天，当吉尔刚一醒来的时候，她注意到好像有一个重锤在她脑袋里面敲，让她感觉难以忍耐。当她尽力去做早晨的例行程序时，她注意到她的身体和心理发生了奇怪的变化。走进淋浴房都变成了一件需要努力协调身体才能完成的事。她的身体感觉很陌生，水声听起来震耳欲聋，而头顶的灯光刺痛了她的眼睛。当她试图理性思考以搞清楚到底发生了什么时，她不能保持专注。相反，她发现她自己无法集中思想，她着迷于身体各部分的运动。

> "当我把我的手举到我面前，活动我的手指时，我感到既困惑又好奇。哇呜，我真是一个又陌生又神奇的东西……我的小细胞每时每刻都在努力工作，我对此感到又神奇又谦卑……我感到自己像空气一样，虚无缥缈。"

接着，她的右手麻痹了，她突然明白过来：

"哦，天哪，我中风了！"

——紧随其后的是一个也许只有脑科学家才会在那种时刻产生的想法：

"哇呜，这太酷了！"

在接下来的几个小时里，吉尔努力想办法寻求帮助。她已经忘了可以通过拨打 911 来获得急救，她甚至不能认出电话上的数字。在她花了整整一小时来寻找求助方法后，她终于联系上了一位同事。这时她发现，不仅她听不懂他的话，他也听不懂她的：她失去了说话和理解语言的能力。幸运的是，她的同事听出了她的声音，她终于进了医院，但是数小时的延误已经给她的脑造成了严重的伤害。这次大面积中风使得血液充满了她的左侧颅骨，给数以百万计的脑细胞制

造了一个有毒的环境。在没有帮助的情况下，她不能坐起来也不能走动。她可以听见，但是声音对她来说只是噪声，她不能理解它们。她可以看见，但是不能区分颜色，也无法判断人行道上的裂缝是否有危险。她不能与他人交流。她甚至不能认出自己的母亲。

不过，令人欣喜的是，吉尔逐渐康复了。尽管她的脑受到了严重的损伤，她还是回到了自己神经解剖学家的工作岗位，在印第安纳大学的医学院教书，作为哈佛脑库的全国发言人进行全国巡回演讲。吉尔还抽出时间去做那些以前从没有做过的事：她去滑水，弹吉他；她还创作了象征她独一无二经历的艺术品：解剖学上与她自己的脑一样的玻璃脑。旁观者从外观上完全看不出她是一位严重脑损伤的幸存者。然而，在内里，吉尔已经不是原来那个人了。她的损伤和康复重建了她的脑，她的人生观和人格特质也随之改变。

> 她优雅而坚定地说："我可能看起来还是我，听起来还是我，但是我其实已经不同了，并且我不得不接受这一切。""我相信爱因斯坦说得对，他说'为了成为我想成为的样子，我必须放弃现在的我。'"

从某种重要意义上来说，我们脑的"连线"决定了我们是什么样的人。

1.4 千克重的奇妙器官：它使我们成为人类

本章思考题：

通过吉尔的经历，我们了解到了关于我们脑的组织方式和它惊人的适应能力的哪些内容？

我们对脑有哪些了解？简单来说，它的大小与花椰菜差不多，重量大约是 1.4 千克，表面呈灰粉色并有褶皱。除了这些简单的事实之外，脑还具有复杂的

结构和惊人的能力。脑有 1 000 亿个神经元（神经细胞），每个神经元又与 10 000 多个神经元连接，这使得人类的脑成为已知的最复杂的结构。与它相比，现有的最大型的计算机看起来也是相当原始的。

你出生时的神经元数量远多于你现在的神经元数量。有些神经元自出生后就没有被使用过，可能是由于这个原因，这些神经元就被修剪掉了（别担心，这件事情会发生在每一个人身上）。到青春期，神经元的数量就稳定下来了；在整个成年期，这个数字基本保持不变，因为每天都有神经元凋亡，也会有新的神经元生成（Gage，2003）。

至于它的能力，人类的脑利用它庞大的神经回路来调节我们所有的身体功能，控制我们的行为，生成我们的情绪和欲望，并且处理我们一生的体验。这些活动大部分都是在无意识下进行的——就像你手机的内部操作系统一样。然而，当疾病、药物或事故破坏了脑细胞时，人类心理的生物基础就变得非常明显了。这时，我们才意识到在人类感知觉、学习和记忆、热情和痛苦、推理，甚至是疯狂等心理过程中生物学的关键作用。

也许最令人惊讶的是，人类的脑拥有思考自己的能力。这个事实令生物心理学家着迷。生物心理学是一个快速发展的研究领域，属于生物学、行为科学和心理学的交叉学科。生物心理学家经常与认知心理学家、生物学家、计算机科学家、化学家、神经学家、语言学家以及其他对脑和心理的联系感兴趣的人合作。他们的合作产生了一个充满活力的跨学科领域：神经科学（Kandel & Squire，2000）。

从生物学的视角来理解心理与行为，这类研究已经产生了许多实际的应用。例如，我们现在已经知道脑的某些部分控制睡眠模式，因此，我们现在对许多以前无法治疗的睡眠障碍有了有效的治疗方法。与之相似，我们现在已经了解到一些精神类药物如何与脑内产生的化学物质交互作用，这样我们就了解了这些精神类药物的作用机制。并且，正如我们了解的，近期的一些关于镜像神经元、脑内植入物、人类生命的遗传编码，以及记忆的生物基础等发现为患有脑疾病的人们带来了福祉。

我们对生物心理学和神经科学的探索将从最基本的层面开始，然后进入更加具体的重点领域。

1. 我们将考察遗传和进化这两个孪生领域，遗传和进化塑造了我们的身体和心理。
2. 我们还会探索内分泌系统和神经系统，这两个通信系统负责在整个身体传递信息。
3. 最后我们将关注脑本身。

通过本章内容，你将了解到吉尔·波特·泰勒是如何从脑的严重损伤中恢复过来的，并且变成了一个完全不同的人——从某种意义上说，还是一个比她中风之前更人性化的人。通过本章内容，你还将学到生物过程如何塑造你的每一个想法、感受和动作。

> **关键问题：**
> ## 基因和行为如何关联
> 核心概念 2.1
> 　　塑造心理过程的根本是进化，因为它选择了那些产生适应行为的遗传变异。

正如鱼天生能游泳，大多数鸟生来就会飞，我们人类也有天生的能力。在出生时，人类的脑就已经为语言、社会交往、自我保护和许多其他功能编好了"程序"。我们可以从婴儿和他们的照料者之间的互动中观察到这些功能。例如，婴儿"知道"如何找到乳房，如何用咕咕声和哭声来进行有效沟通，以及令人惊讶的是婴儿也"知道"如何模仿他人吐舌头。

这些潜能如何成为脑结构的一部分？

答案就在进化（evolution）的概念里。进化是生物体的后代为适应不断变化的环境而发生变化的过程。我们甚至可以在微观层面上观察到进化的发生过程，当细菌不断进化，进化出耐药性时，抗生素就对它无效了。当涉及更大、更复杂的有机体时，有机体为了适应气候、捕食者、疾病以及食物供应等的变化所发生的改变常常需要更长的时间跨度。例如，我们这个物种所发生的变化之一是产生了一种擅长语言表达、解决复杂问题和进行社交互动的脑。

> 进化成为遗传和行为之间的纽带。
> 塑造心理过程的根本是进化，因为它选择了那些产生适应行为的遗传变异。

在本小节中，我们对进化的解释始于查尔斯·达尔文（Charles Darwin）的故事，他是将进化这个概念带到这个世界的人。接下来，我们将以达尔文的视角来解释遗传学（genetics），这会涉及进化的分子机制。最后，我们将探讨一门非常有趣的新学科，表观遗传学（epigenetics），它解释了我们的环境会如何影响我们的遗传框架，从而塑造了我们在各个不同领域的表现：从智力到健康和疾病，以及最终影响我们的寿命。

本部分导读：

2.1 描述达尔文关于进化和自然选择的理论。

2.2 说明基因型和表现型在使每个人成为独特个体中的作用。

2.3 掌握表观遗传学对环境力量如何改变基因表达的解释。

2.1 进化和自然选择

学习目标：

描述达尔文关于进化和自然选择的理论。

虽然达尔文接受的职业训练是医生和牧师，但他最爱大自然。1831 年，达尔文在他的植物学教授的帮助之下，达尔文获得了在小猎犬号（Beagle）上做"私人陪伴"的工作（Phelan，2009）。小猎犬号是一艘在南美洲进行海岸线勘探的英国科考船，这次工作机会自然令达尔文非常高兴。然而，达尔文上船后不久就晕船了，这令他很难忍受在船上的生活，因此他尽可能地待在陆地上。他满怀热情地开始研究当地的物种，收集了大量的标本并详细记录他找到的各种罕见的生物形式。达尔文非常惊讶地发现不同的动物和植物之间有很多相似性，他想知道这些动植物之间是

否存在联系，并进一步地猜测，是否所有的物种（包括人类）有可能共有同一个祖先。

他知道这个想法与学术界公认的观点以及神创论的宗教教义背道而驰。因此，在他的名著《物种起源》（On the Origin of Species）中，达尔文仔细论证了生命的进化。这一观点饱受争议。然而，他的论点的基本内容经受住了猛烈的抨击，最终进化论在根本上改变了人们对自己和其他生物体之间的关系的看法（Keynes，2002；Mayr，2000）。

2.1.1 说服达尔文的证据

哪些证据让达尔文得出了物种进化这一激进结论？在旅程中，他一次又一次地观察到生物体巧妙地适应当地环境：那些吸引昆虫的花，那些长了一个非常适合敲碎某类种子的喙的鸟。但他也观察到同一物种的不同个体间的变异——就像某些人比其他人更高、视力更好一样（Weiner，1994）。这使达尔文想到这些变异可以使个体在生存和繁衍的斗争中比其他个体更具优势。然后，他提出了一种进化机制：他称之为自然选择（natural selection）的一个"淘汰"过程。经过自然选择，那些最适应环境的个体最有可能繁衍后代，而适应能力很差的个体的后代就很少，甚至他们的血统就没有传递下去［你可能听说过这叫作适者生存（survival of the fittest），但达尔文并不喜欢这个术语］。经过自然选择，一个物种会根据它所在环境的要求逐渐发生变化（见图 2-1）。

当然，进化是一个情绪化的术语，因此很多人曲解了它的真正含义。例如，一些人相信达尔文的理论认为人类"起源于猴子"。但是不管是达尔文还是其他进化科学家都没有说过类似的话。相反，他们说猴子和人类在几百万年之前有一个共同的祖先——这两种说法差异是很大的。进化论认为，随着时间的推移，两个物种已经分化，每一个都发展出了不同的适应性特征。人类发展出了一个专门适应语言的脑（Buss et al.，1998）。

我们应该很清楚，尽管在某些方面仍有争议，但是一个多世纪前几乎所有科学家都接受了进化的基本

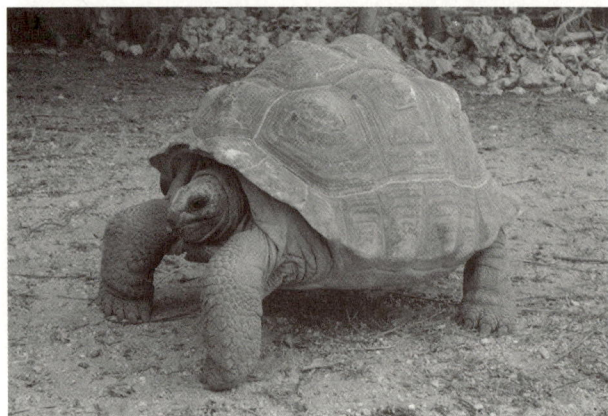

图 2-1 加拉帕戈斯群岛（Galapagos）海龟的自然选择

原则。话虽如此，我们也应该注意到进化论对于心理学来说还是一个时有争议的新东西。这并不意味着心理学家反对达尔文——事实上大部分心理学家并不反对。进化心理学为先天－后天的争议提供了一个非常优雅的解决方案——行为是从遗传和环境需求的交互过程中演变而来的（Yee，1995）。然而，有些人担心承认遗传在行为中的重要作用会引发一个问题，人们是否会把类似攻击性或成瘾等问题行为的责任推到遗传上去，对此进化心理学家响亮地回答："不会！"（Hagen，2004）。因为，某个行为具有生物学基础并不意味着这个行为不能被改变。在本章的后面部分，我们将会探讨一些行之有效的改变行为的技术——不管这些行为源自哪里。

在本章的后面部分，我们还将讨论一些特定的进化理论，它们可以解释攻击性、嫉妒、性取向、身体吸引力和配偶选择、教养方式、合作、气质、道德和性别差异（心理学中永恒的烫手山芋型主题）。现在，

我们邀请你将自己从本小节学到的关于自然选择和适应的知识应用到一个情境中。

我们的基因有超过 98% 的部分在黑猩猩的基因中也能找到（Pennisi，2007）。这就支持了达尔文的观点：人和猿有共同的祖先。

写一写

进化心理学的应用

选择下列的一个行为，并讨论这一行为可能具有哪些适应性，从而使人能在特定环境中更好地生存和发展。

1. 嫉妒
2. 攻击性
3. 助人行为
4. 诚实
5. 不诚实
6. 性别差异（选择一个例子就好）
7. 妄想
8. 焦虑

2.2　基因和遗传

学习目标:

说明基因型和表现型在使每个人成为独特个体中的作用。

从原理上讲,基因编码非常简单。就像 CD 中的微小凹坑可以编码图片或者音乐信息一样,你的基因也可以编码构成遗传特质的分子信息。想一下你个人独一无二的身体特征组合,例如,你的身高、五官特征和头发颜色等。所有这些都源自你父母亲的遗传编码"蓝图",并被刻进你身体中几乎每一个细胞里。与之类似,基因也会影响心理特质,包括你的基本气质、恐惧倾向以及某些行为模式(Pinker,2002)。

然而,即使在遗传的影响下,你依然是不同于你父母的独一无二的个体。你的独特性的来源之一是你的经历:你成长的环境,包括时间和空间都与你的父母不同。你和父母之间差异的另一个来源是特质组合的随机性,包括身体的和心理的。父母双方把他们从祖先那里遗传的特质传给了你。(请注意,你不可能复制你的父亲或者母亲的全部基因,你只能从每一个人那里随机抽取一半。)这种混合遗传产生了属于你的独一无二的**基因型**(Genotype),它使你成为与地球上的任何一个其他人不同的个体。虽然每个人看起来都是不同的,但是人类基因材料的 99.9% 是相同的(Marks,2004)。

如果说基因型是"蓝图",那么按这份"蓝图"输出的结果就是**表现型**(phenotype)。你的表现型包括了你所有可观测的身体和心理特征,例如,你的身高、头发颜色、运动天赋和个性(仅举几例)。虽然表现型是基于生物基础的,但它并不完全由遗传决定。遗传总是和环境协同工作的。例如,营养、疾病、应激和其他生活经历等因素和我们的生物特质一起对人的身心特征产生影响。甚至在我们出生之前,环境就会对我们产生影响,例如,毒素或者病毒可能会导致出生缺陷。所有这些环境的影响让我们理解了为什么同卵双胞胎的基因型是相同的,但是表现型却是不同的。在本节的后面部分,我们将会探讨一

门新兴的学科——表观遗传学,该学科揭示了基因和环境交互作用的机制。

但是,在此之前我们先详细了解一下构成我们基因基础的各个成分。

2.2.1　染色体、基因和 DNA

《侏罗纪公园》(*Jurassic Park*)和它的续集情节设计非常巧妙,它讲述了科学家利用基因序列创造出了恐龙,使得一个小岛上充满了古老的爬行动物。当然,这些故事本身是科学幻想,但是它们基于一个重要的科学事实,可以帮助我们理解我们这个物种的基因基础。这个事实就是我们体内几乎每一个细胞都携带着一整套可以构建有机体的生物指令。请花几分钟研究图 2-2,它概述了这个重要的结构并详细解释了这个过程,可以帮助你理解接下来的内容。

就像段落中的单词串一样,基因在染色体中也是以序列的形式存在的。但是染色体并不只有一串串基因。就像段落一样,染色体也有"标点符号",它标记了每一个基因的开始和结束,以及特定基因的表达方式和激活时间的指令(Gibbs,2003)。然而,有时候这些指令是错误的或者基因本身有缺陷。由此产生的基因表达错误就会导致身体或发展的问题,例如,脑瘫、唐氏综合征或色盲。

每个基因都通过单个蛋白质来控制有机体的运作。反过来,千万个蛋白质构成了有机体的身体特征(表现型的部分形式)和调控身体内部操作的基础。不同个体的基因存在细微的差别,这就是达尔文注意到的个体差异的生物学基础。

在更小的尺度上,基因是由微小的分子单元组成的。这个分子单元被称为**核苷酸**(nucleotides),它类似于基因"单词"中的字母。不过,遗传密码没有 26 个字母,只有 4 种核苷酸。因此,一个特定的基因需要千百个核苷酸组成特定模式来确定一个特定的蛋白质。现在你可以明白为什么人类基因组解码计划对科学家来说如此令人兴奋:它绘制了人类有机体中全部大约 25 000 个基因的完整核苷酸模式,包括每个基因的不同变式(这可以解释我们的个体差异)!这些结

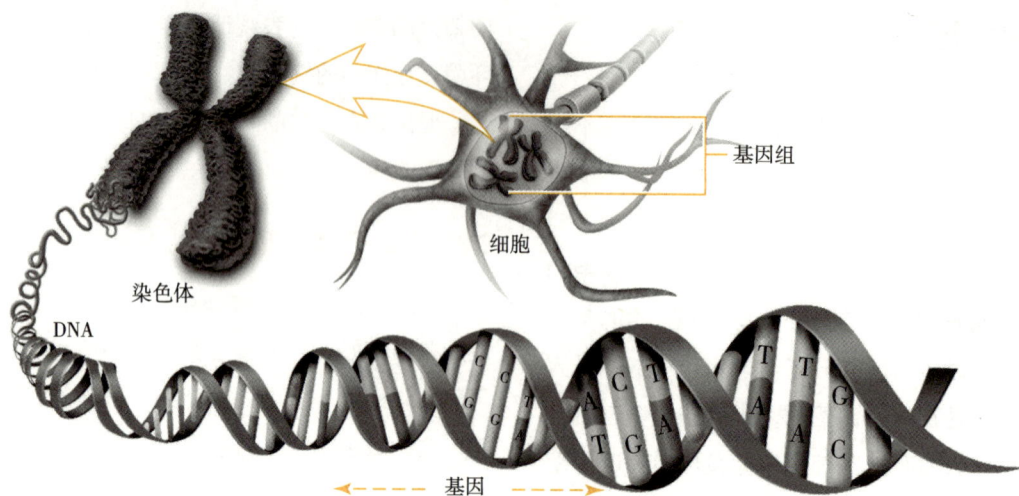

图 2-2　DNA、基因和染色体

注：DNA 片段编码就是基因，你可以将之视为有机体结构手册中的"单词"。

果有望帮助我们更好地理解和治疗身体和心理障碍。

在 46 条（23 对）染色体中，有两条染色体特别值得注意：性染色体。根据形状的不同，它们被命名为 X 和 Y，这两条染色体携带了男性和女性的表现型的遗传代码。我们都从生母那里获得一条 X 染色体。同时，我们从生父那里得到一条 X 或 Y 染色体。当它们配成一对的时候，两条 X 染色体（XX）编码了女性，XY 的组合编码了男性。从这个意义上说，我们从父亲那里得到的染色体 X 或 Y 决定了我们的生物性别。

2.2.2　心理过程的基因解释

我们对基因和遗传的大部分讨论同样也适用于果蝇和蝴蝶，蜀葵和人。所有生物都遵循同样的基本遗传规则。物种间的差异来自于遗传"单词"——基因本身的差异，基因是生命单词表中的 4 个字母（核苷酸）的不同"拼写"组合。换句话说，我们这个星球上的所有生物的遗传代码都是由这 4 种核苷酸组合起来的，只是组合的模式和顺序不同。

这一切与心理学有什么关系呢？简而言之，基因会影响我们的心理特征，就像它们会影响我们的身体特征一样。基因可以影响多种人类特性，例如，智力、个性、心理障碍、阅读障碍、语言障碍和（也许）性取向。甚至，我们的恐惧也可能有一些遗传基础（Hariri et al.，2002）。但是，因为遗传心理学仍然处于起步阶段，我们才刚刚开始了解特定基因如何以及在多大程度上参与心理过程（Rutter，2006）。虽然某些疾病（例如，囊性纤维化）可以追溯到单个基因突变，但是大多数疾病都涉及多个基因，这使得识别基因和行为之间的联系变得非常困难（National Human Genome Research Institute，2012）。

那么，这是否意味着遗传决定了我们的心理？你长大了之后会像你的叔叔吗？别担心。虽然你和你叔叔的一些基因是相同的，但是遗传从不会单独起作用。遗传和环境一直都是协同工作来影响我们的行为和心理过程的（Pinker，2002）。例如，吉尔·波特·泰勒的智力几乎可以肯定是有遗传基础的（她的母亲来自哈佛，她的父亲有博士学位），但是同时她的童年环境和受到的教育进一步培养了她。她克服了中风的困难，重建新生活，并当选《时代周刊》（Time）评选的"100 位世界上最具影响力人物"（2008），她将这种创造力归功于她的父亲——但是她作为科学家受到的训练毫无疑问会增强她的这种能力。

2.3　表观遗传学的美丽新世界

学习目标：
掌握表观遗传学对环境力量如何改变基因表达的解释。

现在，你已经了解你是你的基因和你所处的环境共同作用的独特产物。"先天或后天？"这个历史悠久的问题已经过时了，现在取而代之的是"先天和后天"这一说法。更进一步的是，21 世纪的科学对此提出了新的见解，认为环境不仅塑造了我们的表现（换句话说，我们的表现型），而且很明显它也能在分子水平上影响我们。确实如此，应激和营养等环境因素可以决定我们的基因如何运作。因此，仅仅说"先天和后天"是不够的，我们必须说"先天和后天，以及后天对先天的影响"。是不是被绕糊涂了？不用担心，让我们来给你解释一下这一非常复杂却非常有趣的新学科，表观遗传学，它研究环境如何改变基因表达。

2.3.1　基因组基础

首先，让我们简要回顾一下我们对基因组的了解。你的基因组是你自己的遗传编码，它来自于你亲生父母的基因的随机组合。这个基因组或"蓝图"被编进了你身体中的每一个细胞里，被写进了 DNA 分子中。我们每个人的基因组都有超过 25 000 个基因，分布在每个细胞中大约 30 亿对 DNA 中。

2.3.2　基因组的其他信息

现在，让我们在基本框架中添加几个新概念。首先，我们来看一下 DNA 的一个令人惊讶的特点：单个 DNA 分子的长度和成年人的平均身高差不多。那么，数以十亿计的 DNA 对是如何挤进我们身体的每一个小小细胞中的呢？答案在于 DNA 的双螺旋结构：DNA 分子扭成一个紧密的线圈，这样 1.5~1.8 米的 DNA 链实际上就只占据很小的一个空间。（想象一下有一根很长的线，然后开始一圈一圈地转，这样它就以螺旋的方式开始从下往上盘起来了。这根线最终所占据的物理空间就远小于它拉直了的时候所占的

空间。）DNA 压缩和缠绕的时候，它会把自己绕在一种特殊的蛋白质上，就像线绕在线轴上一样（见图 2-3）。这种蛋白质被称为组蛋白（histone）。

一个有趣的事实是，如果把你所有的 DNA 分子首尾相连，其尺度可以从地球往返太阳两趟！

接下来，让我们问另一个问题：如果我们所有的细胞都包含相同的基因序列（它们确实是这样），那么它们是怎么发展成不同的样子的呢？例如，为什么有些细胞会变成皮肤细胞，而另一些则会变成肌肉，还有一些会变成脑中的神经元？答案既有先天的，也有后天的：来自身体内部和外部环境中的信号会在特定的细胞中"打开"某些基因，"关闭"另一些基因。例如，随着胚胎的发育，胎儿体内的信号会激活某些特定的基因并且失活另一些基因，通过这样的方式，这些信号就可以引导某些细胞变成皮肤、肌肉，等等。然后，婴儿出生之后，在整个生命周期之中，体内的生物信号会持续引导生长发育，使得婴儿变成儿童，儿童变成青少年，青少年变成成年人。除了这些内部信号之外，细胞还会接收环境中的信号，因此，生活中的各种经验也会传递给基因组，使得不同的基因激活或失活。

在我们的一生中，这些内部和外部的信号一直在控制基因的打开关闭。每出现一次这种情况就会留下一个化学标记以记录发生了什么事情，这种记录本质上相当于是对特定细胞的所有影响的一个日志。某些标记会留在 DNA 上，而另一些标记会留在组蛋白上。这些残留的化学标记构成了**表观遗传组**（epigenome）——"epi"的意思是"在表面"——因此本质上表观遗传组是在原始蓝图上的一组"注释"。虽然原始蓝图，也就是我们的 DNA，在我们的一生中保持不变，但是表观遗传组是灵活的，它会适应环境的变化，根据生物体的经历来关闭或打开基因。

2.3.3　生活经历如何改变表观遗传组

教养方式在儿童的发展和行为表现中扮演重要作用可能已经不足为奇了，但是近期表观遗传学的研究为这一现象提供了新的科学解释。该领域的早期研究

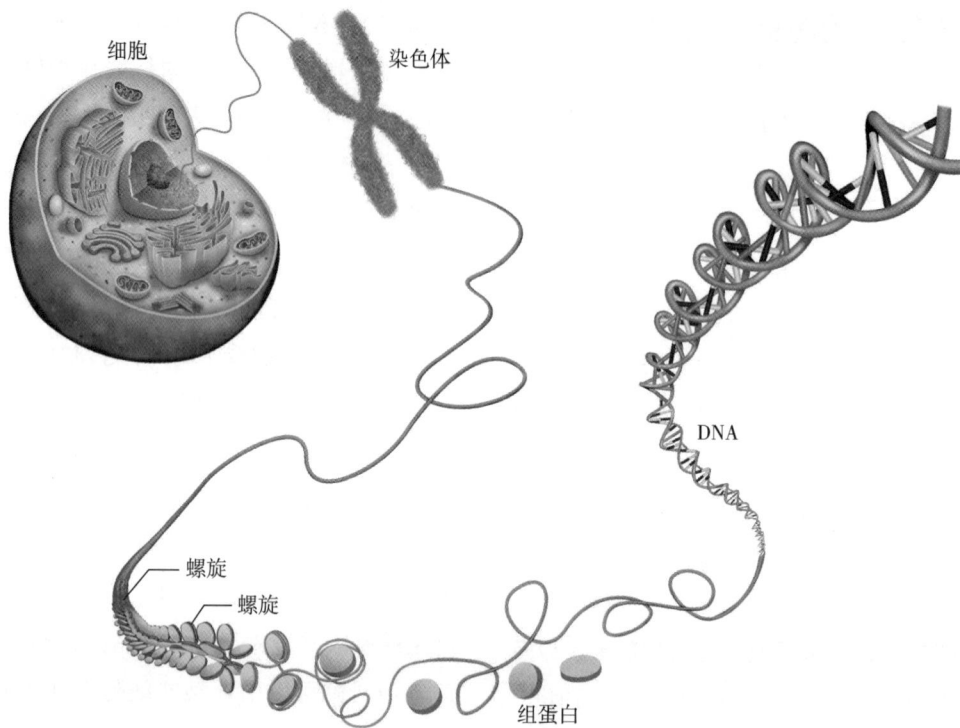

图 2-3　我们的经历和环境如何影响我们的 DNA

注：DNA 将自身缠绕在组蛋白上。随着内部或外部的信号引导某些基因关闭或打开，DNA 上会留下某些化学标记，从而改变基因组的物理结构。这些化学标记造就了表观基因组。

关注大鼠对新生幼鼠的母性行为。一些母鼠会很积极地舔舐它们的幼鼠，而另一些母鼠则很少这样做（这是养育行为中的常见变异）。那些经常被母鼠梳理毛发或舔舐的幼鼠成长为轻松随和的成年鼠，而那些很少被舔舐的幼鼠则更加焦虑、容易紧张，甚至更有攻击性。对这些大鼠的表观遗传序列的进一步检查发现早期的毛发梳理和舔舐会使得某些基因有更多的表达，这些基因有助于关闭应激反应。因此，当被细心母鼠养大的大鼠遭遇正常的应激事件时，它们的身体能更有效地处理这些应激，更快地恢复正常状态，而那些由不那么细心的母鼠养大的大鼠的表现就没有那么好（Francis et al.，1999，Weaver et al.，2004）。

为什么我们要研究大鼠如何应对应激？

大鼠的生理机制与人类的非常相似。不管是大鼠还是人类，应激反应持续的时间越长，心血管系统遭受的潜在损伤就越大。因此，应激和心脏疾病之间就有明确的联系。对于人类，早在 20 年前我们就知道抚触婴儿可以减少健康婴儿和高危婴儿的焦虑和应激激素的生成（Field，1995）。这两个例子中的表观遗传机制可能是相同的：大鼠的舔舐和梳理行为这类生理刺激可能和抚触婴儿类似，都可以促进更有效的应激反应系统的发展。

这些发现也展示了父母对婴儿（啮齿动物或人类）的早期养育具有适应性。由细心的母亲在富足的环境（充足的食物、危险很少）中抚养长大的婴儿能够发展出适应良好的应激反应系统来应对一个安全的抚养环境：这就好像如果妈妈说环境是安全的，那么婴儿也没有什么需要焦虑不安的。其背后的实质就是——母亲的行为影响了幼崽的表观遗传组，增加了幼崽的生存机会。然而，焦虑可能有助于个体在更具威胁性的环境（例如，缺乏食物的环境）中生存，因此由粗心母亲养大的容易焦虑的大鼠可能更适应高挑战的环境。高焦虑使我们保持了对潜在危险和捕食者的警觉。

当然，焦虑并不总是一种优势，人类的养育行为也并不总是对婴儿和儿童有利的。对儿童的虐待和疏于照顾就是令人担忧的例证。对大鼠的研究是否表明虐待和忽视可能会提升儿童罹患焦虑和应激相关疾病的风险？最近对人类的研究表明：那些童年期受到虐待的自杀个体的脑部尸检报告发现他们的大脑发生了一些与长期应激相关的改变。而童年期没有受虐待的自杀个体的脑显示出正常的应激反应模式（McGowan et al.，2009）。童年经历确实会造成某些表观遗传修饰，它们会影响脑的发育。

运动、营养和毒素也能影响基因表达（打开或关闭）的过程。一项研究发现每周两小时的有氧运动持续 6 个月之后可以让与肥胖和二型糖尿病有关的基因不再表达（Ronn and others，2013）。定期锻炼有助于限制与慢性炎症相关的基因表达，慢性炎症与多种疾病存在联系，包括哮喘、心脏病、自身免疫性疾病、牙周疾病、慢性疼痛、关节炎、痴呆和多种癌症（Ntanasis-Stathopoulos and others，2013）。

饮食对表观遗传组的影响还处于起步阶段，但是科学家发现食物会影响蜜蜂幼虫的发育，蜜蜂幼虫在基因上是相同的，而食物可以决定它们发育成不育的工蜂还是具有生育能力的蜂王（Kucharski and others，2008）。要成为蜂王的幼虫被喂食了大量的蜂王浆，这有助于它们发育出成熟的卵巢，而其他幼虫则只获得了少量蜂王浆，因此成为不育的工蜂。同样，西蓝花、抱子甘蓝和大蒜中的某些食物成分可以通过改变表观遗传组来抑制癌细胞的生长（Do and others，2010）。"暴露于空气污染物中"已被证实也会影响表观遗传组，目前研究正在考察其对肺部和呼吸系统疾病、癌症到精神分裂症等疾病的影响（Silveyra and others，2012）。

总而言之，这项表观遗传研究为我们长辈长期以来的告诫"人如其食"提供了科学证据。它也揭示了很多我们已知多年的发现（例如，抚触对婴儿的影响，运动对健康和衰老的作用）其背后的机制。一些研究表明，表观遗传的变化甚至能传递给我们的后代，因此父母所接触到的环境条件（例如，饥饿、应激和毒素）会给子辈甚至孙辈的基因组留下持久的印记。这一热门领域正在不断拓展，请关注其持续发展。

心理学很有用 ● ● ●

选择孩子的基因

科学家已经有能力控制和改变动物的基因，就像已经去世的著名绵羊多莉（Dolly），它没有父亲，1996 年科学家用它母亲的一个细胞克隆了它。从那之后，虽然成功率只有 1% 到 2%，但各种不同的克隆动物仍诞生了，从猫到牛都有（American Medical Association，2010）。不过，操控人类基因的前景如何？这有可能实现吗？现存哪些挑战？

随着对基因组了解的加深，研究人员开始探讨人类在能力、情绪和抗压能力存在个体差异的基因基础（Kosslyn et al.，2002）。那些影响数百万人的疾病引发的关注更多，如癌症、心脏病、孤独症和抑郁症。现在我们已经可以从胚胎细胞中进行取样并查看是否存在某种基因缺陷，例如，唐氏综合征、肌营养不良症和镰刀型细胞贫血症。虽然很多人支持基因检测，但是另一些人担心技术进步的速度过快会导致我们没有能力解决某些伦理问题。如何使用技术来进行某种基因选择？

胚胎植入前遗传诊断（preimplantation genetic diagnosis，PGD）这种技术可以帮助夫妇降低生出患有严重基因疾病孩子的风险。通过在早期阶段进行胎儿或胚胎测试，生殖科学家可以确保胎儿的基因健康。自 1990 年 PGD 诞生以来，其应用范围不断扩大。目前，美国和其他一些国家允许使用 PGD 进行性别选择：有一半的 PGD 诊所也给父母提供了性别选择的服务（Adams，

2010）。此外，"救星宝宝"的这种业务也得以开展，那些孩子生了重病（例如，白血病）的父母可以再生一个拥有合适骨髓的孩子来拯救那个患病的孩子（Marcotty，2010）。几年前，洛杉矶的一家生育诊所宣布他们计划为客户提供包括身高、发色和皮肤颜色在内的身体特征的基因选择服务（Naik，2009）。[有趣的是，这家诊所在收到梵蒂冈（Vatican，天主教教廷所在地）的反对信后取消了该服务]。

无疑，在这个新的基因世界中，许多父母希望他们的孩子长得聪明又好看——但是智力和长相的评判标准是什么？是每一个人都可以定制自己孩子的基因，还是只有富豪才可以？可以肯定的是，我们面临的问题将同时涉及生物学、心理学、政治学和伦理学（Patenaude et al.，2002）。

心理学家已经为如何更好地应用基因知识提供了指导（Bronheim，2000），特别是帮助人们就家庭生育计划进行基因风险评估。我们请你来回答下述问题。当然，这些问题没有"正确"答案；然而，你的回答将有助于你确定自己在这些重要议题上的立场，这些议题都是你在 21 世纪将会面对的。

写一写

选择你孩子的基因

如果你可以为你的孩子选择 3 个基因特质，你会做什么选择？如果许多人都选择了相同的特质，你觉得这会对世界产生什么样的影响？

关键问题：
身体如何进行内部通信

核心概念 2.2

身体的两大通信系统——神经系统和内分泌系统受脑调节，它们通过相似的化学过程与遍布身体的各个目标进行交流。

想象一下：你正在崎岖的山路上行驶，突然有一辆车冲向了你。在最后一刻，你和另一个司机都向相反的方向急转弯。你的心脏狂跳，并且在危险过后的几分钟里还在怦怦跳。从外部看，你躲过了一场致命的事故。从内部看，你的身体对两大通信系统提供的信息进行了响应。

一个通信系统是反应迅速的神经系统，其由神经细胞组成的扩展网络将信息以电脉冲或化学能的形式传递到身体的各处。这个快速响应网络会在紧急情况下为你提供快速救援，发出命令要求心脏加速、肌肉收紧，准备行动。另一个通信系统是反应较慢的内分泌系统，这个系统会跟进发出信息，来支持和维持神经系统启动的反应。为此，包括垂体、甲状腺、肾上腺和性腺等内分泌腺使用我们称为激素（hormones）的化学信使。这两大内部信息系统不仅仅在应激情境下协同工作，在具有高兴奋度的快乐环境中也会一起响应，例如，你在考试中出人意料地得到一个"A"，或者你遇到了一个特别心仪的人。内分泌系统和神经系统在低唤醒状态下也会协同工作，以确保身体内至关重要的功能运转良好。身体的首席执行官——脑——管理内分泌系统和神经系统之间的合作。本小节的核心概念就与此有关。

身体的两大通信系统——神经系统和内分泌系统受脑调节，它们通过相似的化学过程与遍布身体的各个目标进行交流。

为什么这个概念对你理解心理学来说非常重要？

一是这两大通信系统是我们思考、感受和做任何事情的生理基石。研究身体内部通信背后的生物学机制的另一大原因是为了更好地理解咖啡因、酒精，以及各种药物等是如何改变脑中的化学性质的。最后，它有助于你理解许多常见的脑部疾病，例如，中风、多发性硬化症和抑郁症。

我们对身体两大通信系统的回顾将从构成神经系统的基本单元神经元开始。接着，我们将了解神经元网络如何协同工作构成更大的遍布全身的神经系统网络。最后，我们将关注内分泌系统，这是一组平行于神经系统的腺体，它们也遍布整个身体。

> **本部分导读：**
> 2.4　描述神经元的通信方式和发育过程。
> 2.5　区分中枢神经系统和外周神经系统。
> 2.6　考察激素作为内分泌系统腺体间的沟通渠道是如何运作的。

2.4　神经元：神经系统的基本单元

学习目标：
描述神经元的通信方式和发育过程。

就像计算机芯片上的晶体管一样，神经元或神经细胞是脑的基本加工单元。简单来说，**神经元**（neuron）就是接受和处理信息并把它传递给其他细胞的细胞。神经元的处理方法非常高效：一个典型的神经元可以从上千个其他神经元那里接受信息，并在几分之一秒内确定"激发"，把这个信息以每秒约90米的速度传递给另外1000个神经元，有时候多达10 000个神经元（Pinel，2005）。

2.4.1　神经元的类型

虽然神经元细胞在形状和大小上各不相同，但是它们本质上有相同的结构，并且以相同的方式发送信息。根据它们的位置和功能，科学家将其分为三类：**感觉神经元**（sensory neurons）、**运动神经元**（motor neurons）和**中间神经元**（interneurons）（见图2-4）。感觉神经元，又叫**传入神经元**（afferent neurons），就像单行道，它将信息从感觉器官传递到大脑。因此，

传入神经元把你所有的感觉体验送到大脑，包括视觉、听觉、味觉、触觉、嗅觉、痛觉和平衡感。例如，当你在浴室伸出手来试水温时，传入神经元就把这个信息传递给了脑。

与此相反，运动神经元，又称**传出神经元**（efferent neurons），则是将信息从脑或脊髓传递到肌肉、器官或腺体的单向通路。因此，运动神经元携带着我们所有动作的指令。在上述浴室的例子中，运动神经元把信息传递给你的手，告诉它如何转动浴室控制旋钮。

除了最简单的反射回路外，感觉和运动神经元很少直接通信。相反，它们通常依赖中间神经元（见图2-4）进行通信，脑和脊髓中数十亿的神经元里面绝大部分是中间神经元。中间神经元将感觉神经元的信息传递给其他中间神经元或运动神经元，有时其传递路线非常复杂。事实上，脑本身就是一个由中间神经元错综复杂地连接起来的超级网络。

2.4.2　神经元是如何工作的

在开始了解神经元的工作方式之前，你可以先在网上看一些介绍神经元工作过程的短视频。如果叙述者使用你没有学过的术语，请不要担心，我们将会在后面解释这些术语。

神经元的结构是从**树突**（dendrites）开始的（见图2-5），树突作为接收者可以接收大部分的输入信息。就像一棵树的树枝向外伸展来获取阳光，这些树突纤维从细胞体向外伸展，它们像一张网一样收集信息，这些信息来自其他神经元或者受到刺激的感觉器官（例如，眼睛、耳朵或皮肤）。

树突将信息传递给神经元的中间部分，这个部分被称为**细胞体**（cell body）或**胞体**（soma），它是神经元的指令中心。除了容纳细胞的染色体外，胞体还会对细胞接收到的成百上千（有时，成千上万）的信息进行实时评估。这些评估非常复杂，因为神经元收到的信息有些是**兴奋**的（excitatory）（如"放电"），有些是**抑制**的（inhibitory）（如"不要放电"）。胞体做出的这个决定取决于它的总体唤醒水平，激活水平取

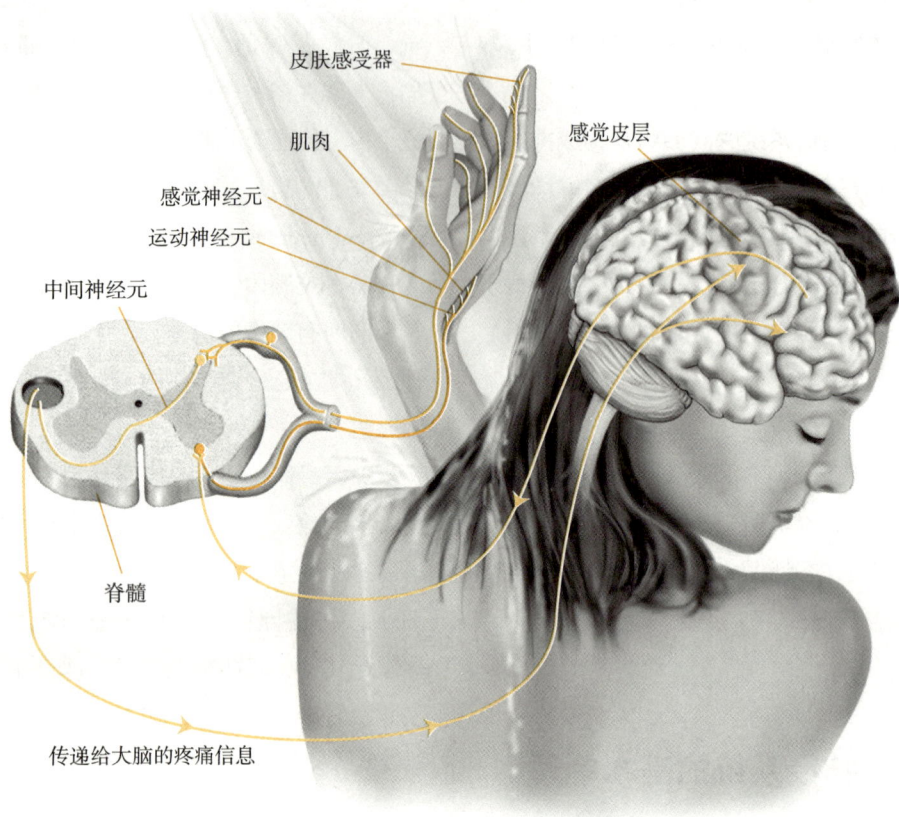

图 2-4　感觉神经元、运动神经元和中间神经元

注：浴室中的水温信息由千万个感觉神经元（传入神经元）从感觉器官传递到中枢神经系统。信息进入脊髓并由中间神经元传递给大脑。大脑会对信息进行评估并生成一个反应（"水温调低一点"）。这些指令通过运动神经元（传出神经元）传递给肌肉。从这些神经元发出的、用于传递信息的大束纤维被称为**神经**（nerves）。

决于输入信息的总和。

当兴奋压倒抑制时，神经元发出信息，信息沿着单一的"发射器"纤维**轴突**（axon）传递出去。轴突就像是一棵树的树干。就像树木的高度各不相同一样，这些轴突的长度差异也很大。大学的篮球运动员身上从脊髓到脚趾的轴突长度可能会超过 91 厘米，而大脑内的中间神经元的轴突可能只有几分之一厘米。当信息到达轴突末端时，它会传递到另一个神经元。在我们给你详细展示这个过程之前，请先了解一下轴突中发生的事情。

动作电位（the action potential）

当细胞体内的唤醒程度达到临界水平时，它会在轴突内触发一个电子脉冲——类似于相机的闪光灯开启——我们称之为神经元"激发"。这是什么意思

呢？就像电池，轴突从化学物质中获得电能。这种化学物质就是**离子**（ions）。在它正常的静息状态——也就是**静息电位**（resting potential）——轴突内的离子带有负电荷。但是这个负电荷状态很容易打破。当细胞体开始兴奋时，它会触发一系列事件，即**动作电位**（action potential）。这会暂时性反转电位，并使得电信号沿着轴突向前（见图 2-5），从而让神经元放电。

电荷如何从负转为正？

在动作电位期间，与胞体相邻的小块轴突膜中的小孔打开，正离子快速流入。轴突那块区域内的内部电位即刻从负转为正（这发生在千分之一秒的时间内）。然后，就像一排多米诺骨牌倒下一样，细胞膜内的这些电荷沿着轴突前进。最终，电信号从胞体到达轴突末梢。动作电位没有半途而废的：轴突要

么"激发"，要么"不激发"。神经科学家把这称之为"全或无定律"（all-or-none principle）。顺便提一下，当这个过程失去控制，大量神经元变得高度敏感，过于容易放电时，就可能导致癫痫发作。

在放电后，细胞的"离子泵"即刻放出正电位离子并将神经元恢复至静息电位，准备下次放电。令人难以置信的是，整个复杂的过程持续时间可能不到百分之一秒。这是多么惊人的表现！一旦完成，动作电位所携带的信号就预备传递到下一个神经元。下面，让我们来了解一下接下来的过程。

突触传递（Synaptic Transmission）

那么，当电脉冲到达轴突时会发生什么呢？它会自动传递给下一个神经元吗？很不幸，它不会。它还有一个挑战需要完成！原因如下：尽管神经细胞彼此靠近，但是它们实际上并没有接触。它们之间有一个微小的间隙，被称为**突触**（synapse）（见图2-5）。这个间隙作用相当于一个电绝缘体。这个**突触**间隙阻止了电荷直接从轴突跳入下一个细胞的树突中（Dermietzel，2006）。相反，它必须将自己从电信号转化为化学信号才能跨越这个间隙。这就是**神经递质**（neurotransmitters，一种你可能听说过的物质）发挥作用的地方。

神经递质

当电脉冲到达轴突末梢（或末梢分支）时，**突触小体**（terminal button）中的微小气泡状囊泡爆裂，将其中的化学物质释放到突触中。这种化学物质就是**神经递质**。然后，这些神经递质尝试带着神经信号跨过间隙进入下一个神经元（见图2-5）。

这里的"尝试"是什么意思呢？

这个过程的复杂之处在于：存在数十种不同的神经递质，它们的结构各不相同；并且每个爆裂的囊泡都会释放出大约5000个神经递质分子进入突触（Kandel & Squire，2000）！因此，为了完成神经信息的传递，邻近神经元上必须有一个受体位点，其形状要与一种神经递质相符合。（还记得你在科学课上学到的不同分子的样子吗？）当两者相匹配时，神经

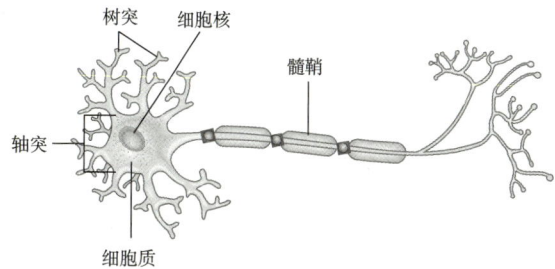

一个典型的神经元同时凭借树突和胞体（细胞体）接收成千上万的信息。

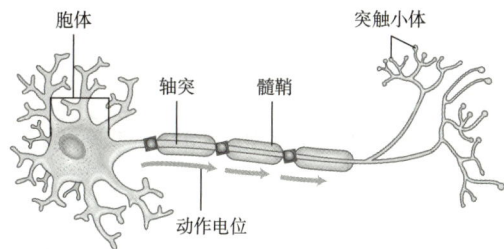

当胞体被充分唤醒时，它的信息就会传递到轴突，轴突通过动作电位把信息传递到细胞的突触小体（terminal button）。

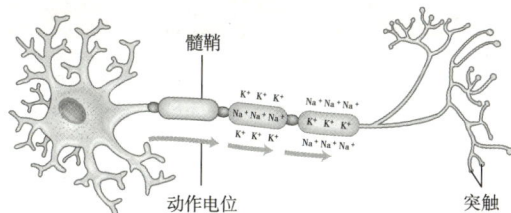

含有神经递质（neurotransmitter）的微小囊泡破裂，然后把它的内容物释放到**突触**（synapse 或者说突触间隙，synaptic cleft）。

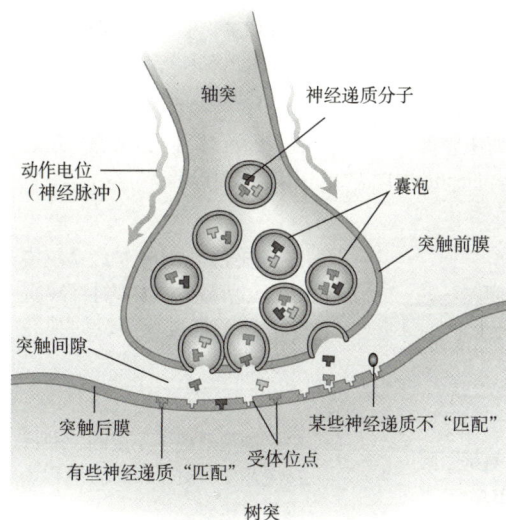

到达突触后膜后，形状合适的神经递质分子会停靠在受体处，并刺激接收细胞。多余的神经递质可以通过再摄取的方式将其拉回到"发送"神经元。

图2-5　神经元的结构和功能

递质就会进入这个受体位点，就像一把钥匙插入一把锁。这个钥匙插入的过程会刺激接收神经元，然后，接收神经元把信息传递下去。请回顾一下图2-4，看看神经通信包含了哪些结构。

找不到匹配受体位点的神经递质会怎样？

通过一个叫作**再摄取**（reuptake）的过程，一些神经递质会被收回到囊泡中去，其他神经递质则会被相应的酶所分解，就像化学清洁剂去除衣服或者地毯上的污渍一样。了解这两个过程对于研发某些疾病的治疗方式是非常有用的。

例如，某些药物（比如，知名的百忧解和许多类似的药物）会干扰血清素这种神经递质的再摄取过程。你可能听说过血清素，它与抑郁有关。通过抑制血清素的再摄取过程，这种化学物质在突触中存在的时间会变长，这增加了它被匹配的受体位点接收和利用的概率。用于治疗阿尔茨海默病的药物安理申（aricept）会干扰乙酰胆碱（acetylcholine）（另一种神经递质）净化酶的工作，其产生的效果与抑制再摄取过程类似。它们最终都会使突触中保留更多可以利用的神经递质（National Institute on Aging，2010）。表2-1列出了与心理功能密切相关的几种神经递质。

2.4.3　神经胶质细胞：神经元的支持组

交织在脑的庞大神经元网络之间的是数量更多的神经胶质细胞，它们一度被认为是将神经细胞粘合在一起的"胶水"（事实上，它的名字就来源于希腊语

表2-1　7种重要的神经递质

神经递质	正常功能	不平衡会引发的问题	影响神经递质工作的物质
多巴胺（Dopamine）	• 与脑内的奖赏回路有关，在激活奖赏行为和愉悦感中有重要作用 • 中枢神经系统中涉及随意运动的神经元也会使用到这种递质	精神分裂症 帕金森病	可卡因（Cocaine） 安非他明（Amphetamine） 哌甲酯［Methylphenidate，（Ritalin）］ 酒精
血清素（Serotonin）	• 调节多种动机和情绪，包括睡眠和做梦、情绪、痛苦、攻击性、食欲和性行为	抑郁 某些焦虑障碍 强迫症	氟西汀［Fluoxetine，百忧解（Prozac）］ 致幻剂（Hallucinogenic，例如，LSD）
去甲肾上腺素（Norepinephrine）	• 在应激应对和"战或逃"反应中起关键作用	高血压抑郁	三环类抗抑郁药（Tricyclic antidepressants） β-受体阻滞剂（Beta-blockers）
乙酰胆碱（Acetylcholine）	• 传出神经元从中枢神经系统传递信息所需要的主要神经递质 • 学习和记忆过程涉及的神经递质	相关肌肉障碍 阿尔茨海默病	尼古丁（Nicotine） 黑寡妇蜘蛛毒液 肉毒杆菌（Botulism）毒素 箭毒（Curare） 阿托品（Atropine） 巴比妥酸盐（Barbiturates）
伽马氨基丁酸（GABA）	• 中枢神经系统中主要的抑制性神经递质，对于平息恐惧和焦虑非常重要。	焦虑 癫痫 失眠	弱镇静剂［例如，安定（Valium），氯氮（Librium）］ 酒精
谷氨酸盐（Glutamate）	• 中枢神经系统中的主要兴奋性神经递质 • 涉及学习和记忆过程	中风后的脑损伤是由过量的谷氨酸盐释放造成的	五氯苯酚（"天使之尘"）
内啡肽（Endorphins）	• 在疼痛控制中起关键作用，有助于控制情绪	鸦片成瘾会导致内啡肽水平降低	鸦片剂（Opiates）：鸦片，海洛因，吗啡，美沙酮

"胶水")。然而，我们现在已经知道神经胶质细胞为神经元提供结构性支持还帮助神经元在学习期间生成新的突触（Fields，2004；Gallo & Chittajallu，2001）。例如，神经胶质细胞会形成髓鞘（myelin sheath），这是一种覆盖在脑和脊髓的许多轴突外面的脂肪绝缘体。就像电缆上的外壳一样，神经元上的髓鞘可以为细胞提供绝缘和保护。它也有助于提高脉冲沿着轴突的传导速度（见图2-5）。某些疾病，例如，多发性硬化症（multiple sclerosis，MS），会攻击髓鞘，导致神经脉冲传导不良。这一缺陷可以解释MS患者面临的一系列症状：从运动障碍到感觉障碍再到认知功能损伤（National Institutes of Health，2010）。顺便提一下，髓鞘还是脑在学习期间生长的物质之一，它会增强神经间的连接。它也是神经心理学家有时候说的"灰质"。

现在你已经了解了神经系统有两大组成部分：神经元（具有惊人的可塑性）和支持性神经胶质细胞（保护神经元和协助神经信号传导）。但是，尽管这些单独的组成部分非常奇妙，然而在行为和心理加工中，单个细胞的作用非常小。要产生思维、感觉和情感，需要数百万个神经元在脑极其复杂的神经网络中以同步波的形式，反复发出电化学信号。与之相似，你所有的动作也是神经脉冲波经由神经系统传递到你的肌肉、腺体和组织才得以实现的。现在让我们将注意力放在神经系统上。

2.4.4　神经可塑性

脑最神奇的能力之一是它能够根据经验来调整自己——这个过程被称为可塑性（plasticity）（Holloway，2003；Kandel & Squire，2000）。例如，当我们学习新事物时，树突会生长并形成新的突触，从而与不同的神经元建立新的连接。随着时间的推移，对神经连接的重复刺激会生成更强大、更密集的神经通路。正如神经学家所说："一起放电的神经元连接在一起。"

因此，当我们频繁地进行某项活动（例如，弹吉他、踢球、玩电子游戏）时，我们的脑会增强涉及这些活动的神经连接。反过来，因为脑的这些区域

得到了发展，所以我们的这些能力提升了（Wang et al.，2011）。例如，因为小提琴乐手得到了专业的训练，他的脑中与左手手指相联系的运动脑区变得更大了（Juliano，1998）。与之相似，盲人阅读盲文使用的手指动作在脑中也分配到更多的脑区（Elbert et al.，1995；LeDoux，1996）。由于可塑性的作用，许多从前认为随年龄增长而衰退的能力（例如，学习新技术和新信息的能力，身体的灵活性和视力）可以通过更频繁的使用而保持下来，因为频繁使用会维持和增强相应的神经网络（Chapman et al.，2015；DeLoss and others，2015）。我们的行为和经历确实会影响我们的脑的发展。

可塑性和创伤后应激障碍

创伤后应激障碍（post traumatic stress disorder，PTSD）提供了一个清晰的证据，显示悲惨经历会改变脑的情绪反应，这表明我们的经验可以通过可塑性影响我们的脑（Arnsten，1998）。例如，经历过战争的士兵和暴力袭击的受害者的神经通路已经被重新塑造，使得脑对某些线索更加敏感，在类似的情境下这种敏感性会帮助他们免受伤害。在正常的情况下，神经系统的这种重新连接具有很好的适应性，可以帮助我们在特定情境中更好地生存下去。然而，对于PTSD患者，他们非常敏感的反应性可以在危险的情境中救命，但是这种一触即发的反应性在没有威胁的情境中就是对轻微的每天都会遇到的应激源，甚至是意料之外的小惊讶的过度反应。事实上，这种过度反应就是PTSD的症状之一。幸运的是，越来越多的关注促使人们研究更新、更有效的治疗方法来帮助患者康复。早期干预和治疗非常重要：症状持续的时间越久，与症状相联系的神经连接就会越强，大脑恢复到正常状态所需要的时间也会越久。

色情内容对脑的影响

任何频繁的经历都会通过可塑性影响我们的大脑通路。最近，科学家开始研究媒体经验对脑的影响，其中最具争议性的是考察色情内容的过度使用对脑的影响。拜现代技术所赐，在美国我们现在可以通过手机和其他设备访问色情内容。虽然偶尔使用色情内容

可能有益于夫妻的性生活或为单身人士提供刺激，但是频繁使用是否有害呢？

你可能已经注意到，一旦你点击了某一张图片或一个在线视频，就会有越来越多的内容弹出来，不知不觉中，几小时过去了。同样的事情也会发生在视频游戏、短信和其他可以提供持续刺激的科技内容上。这类活动的成瘾机制是什么？某种程度上，这是一种叫作多巴胺的神经递质在起作用。多巴胺是一种天然的让人快乐的化学物质，当我们期待某事会得到奖励时，我们的脑就会释放这种化学物质（Wise，2004）。多巴胺会让我们为了奖励而不停地投入、持续努力。因此，我们每次点击一个新视频或者视频游戏达到一个新的水平时，我们的脑就会获得多巴胺奖励，刺激我们重复这个奖赏事件（Wise，2008）。当我们这样做的时候，这些神经网络就会得到增强，同时削弱脑的其他区域，尤其是那些专门进行冲动控制和决策的脑区（Prasad and others，1999；Volkow et al.，2010）。

服务于色情内容的这个超强的神经网络如何影响我们在真实生活中的关系？

最近有研究使用磁共振（MRI）进行脑部扫描，发现那些每周观看 4 小时色情内容的被试（相比于没有观看的被试）的脑中的奖赏和激励回路的激活较弱，灰质较少。这项研究的领导者西蒙娜·库恩（Simone Kühn，）认为频繁观看色情内容造成的过度刺激会耗尽我们的脑的奖赏系统（Kühn & Gallinat，2014）。这项研究中的男性被试对性图片的神经反应较少。这些脑部扫描的结果与习惯性色情内容浏览者的报告是一致的，他们抱怨说与他们固定伴侣的性行为不再能够满足他们（Arkowitz & Lilienfeld，2010；Doidge，2007；Wilson，2015）。面对一个真实的伴侣勃起困难或者持续时间较短已经成为一个日益严重的问题，特别是对年轻男性，他们的脑已经习惯于色情内容，而不能从"正常的"性活动中获得足够的刺激了。

这种神经连接的重新建立也影响人们了对性的期待，特别是青少年和青年人。心理学家凯瑟琳·施泰纳–阿代尔（Catherine Steiner-Adair）对 1000 多名年轻男性和女性进行了访谈，发现年轻男性常常会对年轻女性有攻击性性行为，年轻女性并不喜欢这种攻击性，并会因此拒绝男性的求爱（Steiner-Adair & Barker，2014）。施泰纳–阿代尔提到，男孩们很困惑，因为他们的性教育是来自于各种色情材料，他们不能理解为什么女孩没有回应。女孩则对此表示，如果她们不喜欢色情视频中女性看起来很享受的内容，她们会觉得自己有问题。这种现象并不仅仅出现在青少年和 20 多岁的年轻人中：不同年龄段的成年人都发现网络的色情内容与现实生活的真实的性行为之间的相似性越来越少——当人们对色情设置了期望值的时候，真实世界中的关系就会受到影响。

有哪些解决之道？

因为可塑性，色情内容重新设置了大脑的神经连接。我们同样也可以利用脑的可塑性使用不同的经历来重新建立脑的神经连接。《色情内容对脑的影响》（*Your Brain on Porn*）一书的作者加里·威尔逊（Gary Wilson）认为有很多男性使用了一种叫作"重启"的方法，帮助其克服了勃起功能障碍以及和其他色情内容相关的性问题，这种方法通常要求他们在几个月内避免边看互联网色情内容边手淫的行为。这样做之后，男性就可以解决他们的性功能障碍，重新与伴侣享受性生活。另外一些脑的可塑性的研究则建议你也可以通过观看更真实的性行为视频来改变你的期望，重塑你的脑。

可塑性可以解释很多人类所具有的对经验（美好体验或糟糕体验）的适应能力。为那些最具冲击力的或最频繁出现的经验创建最强大的神经连接，我们会变得更加适应那些经验（无论我们是否想变成这样）。可塑性提升了脑对损伤进行代偿的能力。例如，吉尔·波特·泰勒的中风破坏了她的一侧脑的很大一部分脑区，这些脑区涉及并影响了她的语言、数学推理和分析能力。通过她的母亲和康复团队的帮助，泰勒慢慢地重新学会了这些技能——好在她的脑可以为这些能力建立新的连接。通过这种方式，可塑性使得脑可以根据经验在功能和生理结构上不断重组和"重新编辑功能程序"（LeDoux，2002）。

请列出你最近做得最多的一件事和你忽略掉的一件事。描述你的注意力水平是如何增强或者限制你的大脑活动的。

2.4.5 脑植入

大范围的脑损伤当然不能通过可塑性来补偿。为了解决这个问题，神经科学家正在尝试将计算机芯片植入脑，希望这可以帮助瘫痪病人恢复一些运动控制能力。在早期的一个案例中，一名 26 岁的瘫痪男性的运动皮层被植入了一块芯片。他学会了只要思考一下某种运动，就可以从脑给计算机发送信号，通过思维来控制光标，就像他通过手操纵鼠标来控制光标一样。这种巧妙的方法使得他可以玩视频游戏，画圆圈，操纵电视遥控器，甚至可以移动一个机械手臂。在没有被植入芯片之前，所有这些事情他都难以做到（Dunn，2006；Hochberg et al.，2006）。

在过去的几年中，关于通过脑植入来控制义肢的研究大量增加。2012 年，一名病人接受了一个运动皮层植入物，第二天他就学会了成功地使用这个植入物来控制假肢（手臂）运动（Collinger et al.，2013）。埃里克·索托（Eric Sorto）是一名颈部以下瘫痪超过 10 年的病人，他非常渴望不需要别人帮助就能够独立做一些"小事"，例如，自己喝啤酒。现在他的脑植入物可以帮助他控制一只机械手臂来玩经典的"剪刀、石头、布"游戏，也可以让他优雅地控制手臂来喝饮料（Thomson，2015）。

2.5 神经系统

如果我们能直接观察从刺激到反应的一个神经信号，你可以看到它顺畅地在神经系统的不同部分间移动。例如，这个信号可能起始于眼睛，然后进入大脑做大量的加工处理，最后在脑中再次形成一个信号，指导肌肉做出反应。实际上，体内所有的神经元构成的神经系统是一个单一的、复杂的、相互连接的功能单元。尽管如此，根据神经系统的位置和加工类型，我们可以很容易地把神经系统分成几个部分。最简单的分法是分成两大部分：中枢神经系统和外周神经系统（见图 2-6）。

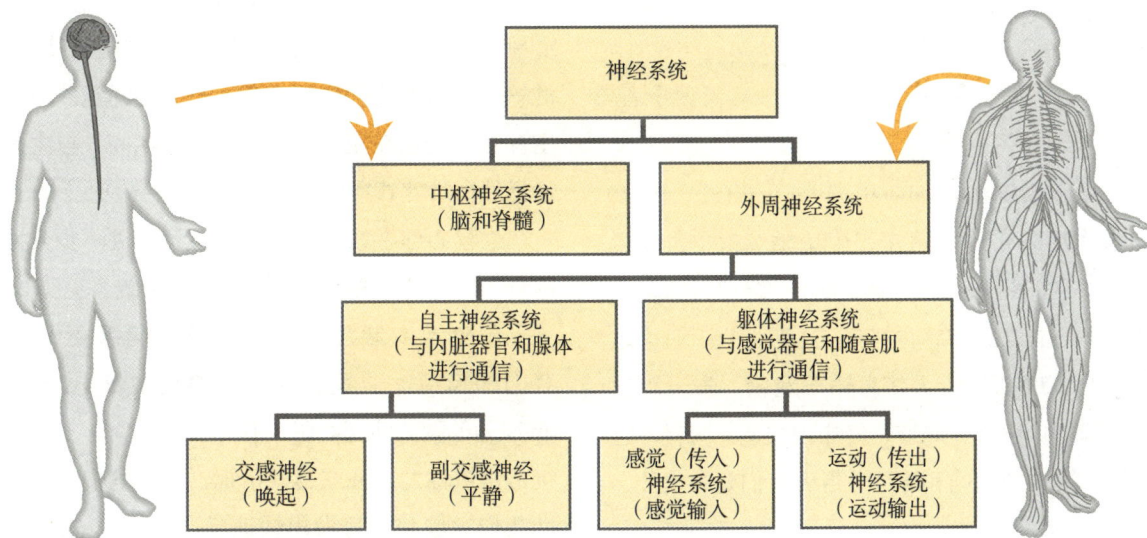

图 2-6 神经系统的组织构成

注：本图展示了神经系统的主要组成部分，左侧是中枢神经系统，右侧是外周神经系统。

2.5.1　中枢神经系统

中枢神经系统（central nervous system，CNS）由脑和脊髓组成，是身体的"指挥中心"。脑占据了颅骨内空间的三分之一，它负责做出复杂决策，协调身体的功能并启动我们绝大多数的行为。脊髓发挥支持作用，如同神经电缆将脑和外周的感觉和运动系统连接起来。

反射（Reflexes）

反射是脊髓的另一项工作。脊髓负责简单、快速的反射——这些反应不需要脑参与，例如，体检时医生敲击你的膝盖所引发的反射。我们知道脑不会参与这些简单的反射，因为一个脊髓严重损伤的人即使不会感到疼痛，却仍然会因为一个疼痛刺激而反射性地收回四肢。不过，自主运动需要脑的参与。这就是为什么脊髓神经受损会引起四肢或躯干瘫痪的原因。瘫痪的程度取决于损伤的位置：损伤的位置越高，瘫痪的程度越严重。

对侧通路

连接脑和身体其他部分的大部分感觉和运动通路都是对侧通路，也就是说，它们会从脊髓或脑干中穿越到对侧去。这导致了一个很重要的结果：脑的每一个半球都主要与另一侧的身体或环境进行通信。这一点对于我们理解为什么脑一侧损伤会导致对侧身体残疾至关重要。例如，吉尔·波特·泰勒的中风发生在脑的左侧，但是在中风期间，她的右手臂瘫痪了。

2.5.2　外周神经系统

外周神经系统（peripheral nervous system，PNS）起着支持作用，它通过感觉和运动轴突束（也就是神经）将中枢神经系统和身体的其他部分联结起来。PNS 的许多分支在脑与感觉器官、内脏器官、肌肉之间传递信息。PNS 将传入信息输送到脑，告诉脑这个世界的景象、声音、味道、气味和纹理。同样，它将传出信息输送到肌肉和腺体，告诉它们要做出什么反应。

你可能会觉得 PNS 在为 CNS 提供快递服务。例如，一只好斗的狗接近你时，你的 PNS 会将声音信息（咆哮）和视觉信息（露出的牙齿、竖起的颈部毛发）通过感觉神经元传递给脑。很快，你脑中的知觉和情绪回路会对这种情况做出评估（面临危险时），并与其他回路进行通信，发出快点逃跑的命令。接着，PNS 通过运动神经元将这些命令传递给你的心脏、肺、腿和其他需要对这种紧急状况做出反应的身体部位。PNS 通过两个主要部分实现这一功能：躯体神经系统和自主神经系统。一个主要负责处理外部世界的事物，另一个主要负责内部世界的反应。（花点时间学习一下图 2-6 将有助于你理解这些子系统。）

PNS 的躯体神经系统

我们可以将躯体神经系统视为脑和外部世界沟通的桥梁。它的感觉部分将感觉器官和脑连接起来，它的运动部分连接 CNS 和进行随意运动的骨骼肌。例如，当你看见一块比萨时，视觉图像是通过躯体神经系统的传入（感觉）系统传到脑的。然后，如果一切运行良好的话，传出（运动）系统会将指令传递给肌肉，然后肌肉将比萨准确地送入你张开的嘴巴。

PNS 的自主神经系统

一旦比萨进入了你的喉咙，PNS 的另一个部分就接管了后续工作，这个部分就是**自主神经系统**（自主的意思是自我调节或独立）。这个网络携带着调节我们内部器官的信号，这些内部器官执行消化、呼吸、心跳和唤醒等工作。自主神经系统的运行是无意识的——不需要我们注意到它。当我们睡觉的时候，自主神经系统也在工作。甚至在麻醉期间，自主神经活动仍然在维持着我们身体最基本的生命功能。

生物心理学家将自主神经系统又进一步分为两个部分：交感神经系统和副交感神经系统（见图 2-7）。

在应激或紧急状况下，当我们需要做出快速有力的反应时，我们的**交感神经系统**（sympathetic division）就会唤起心脏、肺和其他器官。交感神经系统常常被称为"战或逃"系统，它所携带的信息能帮助我们对威胁信号做出快速反应（攻击或逃跑）。交感神经系统也会让你在观看激动人心的电影或第一次

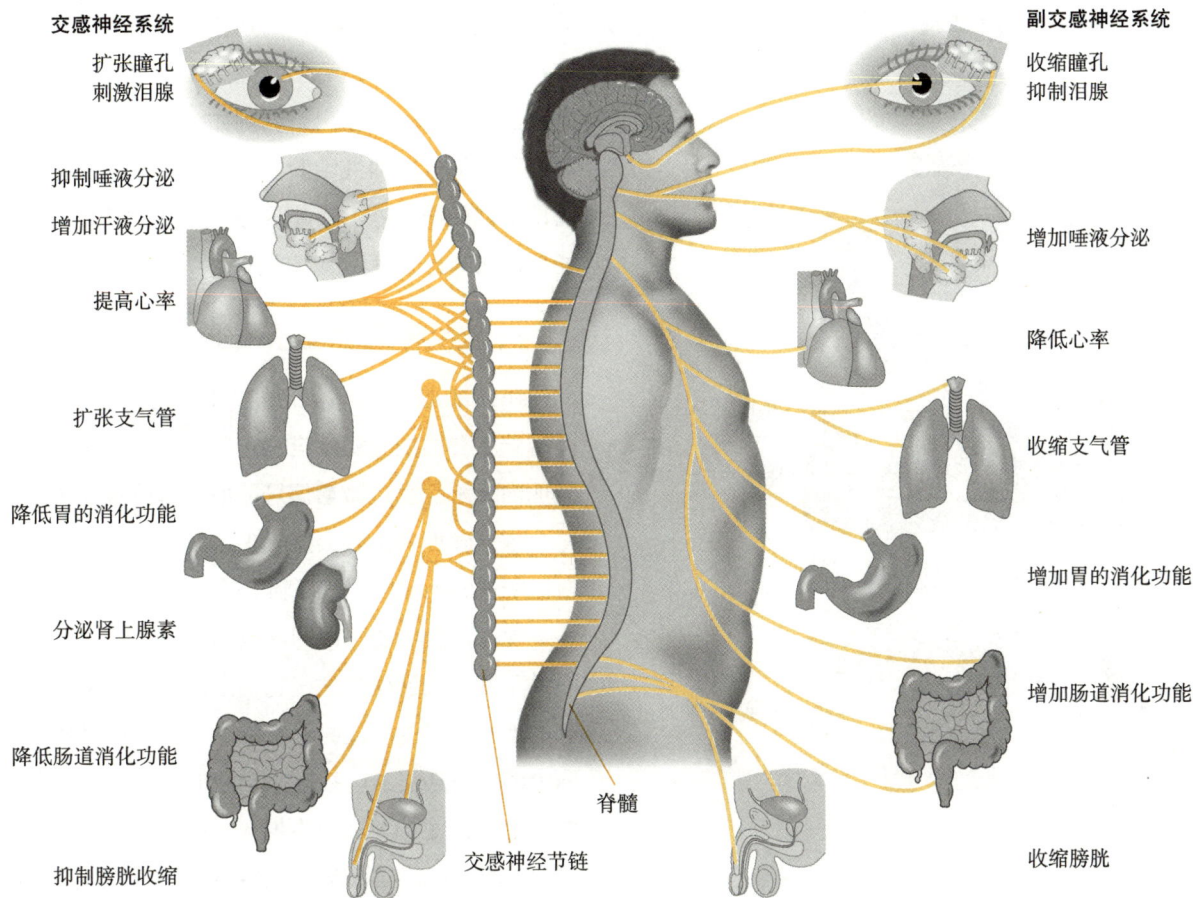

图 2-7 自主神经系统的组成

注：交感神经系统（左侧）调节应激状态下的内部过程和行为。副交感神经系统（右侧）调节日常的内部过程和行为，也负责帮助身体从应激状态恢复到正常功能状态。

约会时感到紧张和兴奋。你也许还记得上次做报告时自主神经系统的交感神经带给你的感受。你感到呼吸困难了吗？你的手掌心出汗了吗？你有没有觉得胃不舒服？所有这些感受都是因为交感神经在工作。

副交感神经系统（parasympathetic division）则刚好相反：它类似于神经系统的刹车装置，在情绪激动之后让身体恢复平静和镇定的状态。不过，虽然副交感神经的功能和交感神经相反，但是二者必须协同工作，就像两个孩子坐在一个跷跷板的两边一样。

我们对神经系统进行了大概的了解之后，把注意力转回到神经系统进行内部通信的搭档上——内分泌系统。

2.6 内分泌系统

学习目标：

考察激素作为内分泌系统腺体间的沟通渠道是如何运作的。

也许你从未想过血液不只是氧气、营养物质和废物的运输工具，它还是信息的载体。血源性信息以激素的形式在内分泌系统的不同腺体间起着通信渠道的作用，见图 2-8（内分泌这个词就来自于希腊语中"内部"加"分泌"的组合）。

激素和神经系统中的神经递质起着大致相同的作用，它们携带的信息不仅影响身体的功能还影响行为和情绪（Damasio，2003；LeDoux，2002）。例如，肾上腺分泌的激素会产生与恐惧有关的唤起。来自脑垂

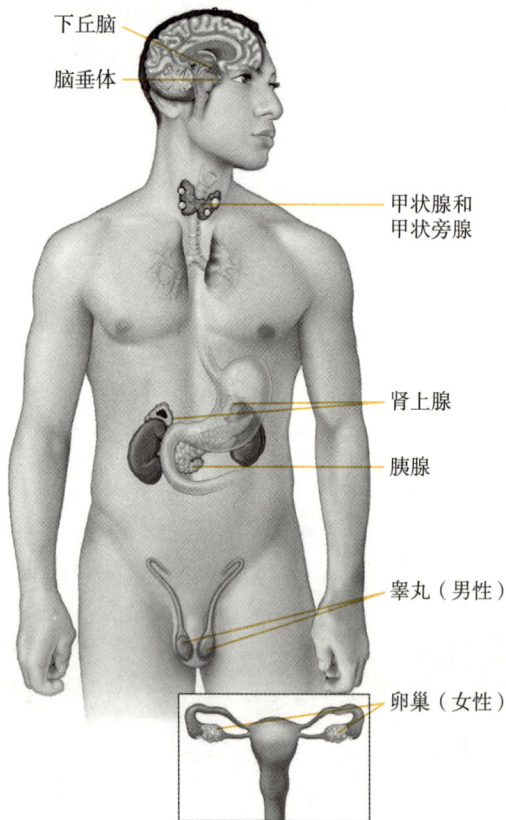

下丘脑
脑垂体
甲状腺和
甲状旁腺
肾上腺
胰腺
睾丸（男性）
卵巢（女性）

图 2-8　内分泌腺

注：脑垂体是内分泌腺的"主腺"，其具体位置见上图。脑垂体本身受下丘脑的控制，下丘脑是调节身体多种基本功能的重要的脑结构。

体的激素会促进生长。卵巢和睾丸分泌的激素会影响性发育和性反应。甲状腺激素控制着新陈代谢（能量的利用率）。一旦激素从内分泌腺体进入血液，它就会随血液传遍整个身体，直到输送到它的目的地，这个目的地可能是其他内分泌腺，也可能是肌肉和器官。表 2-2 列出了几个主要内分泌腺体和它们调节的身体系统。

2.6.1　内分泌系统在危机中如何反应

　　在正常（未唤起）情况下，内分泌系统和副交感神经系统并行工作以维持我们的基本生理过程。但是在危机情况下，它会换一种模式，转而去支持交感神经系统。这样，当你遇到应激事件或紧急事件（例如，一辆飞驰的汽车向你驶来）时，肾上腺素就会分泌到血液中，让身体做出"战或逃"的反应。通过这种方式，内分泌系统完成了你的交感神经系统的启

动工作——保持心跳和肌肉紧张，准备行动。这个系统在紧急状况下非常有用，但是如果紧急状况持续时间过长，它可能就会出错。例如，工作压力大或人际关系紧张的人的血液中的应激激素水平可能会长期升高，使他们一直处于唤起状态。这种长时间的唤起可能会让人的身心付出很高的代价。

2.6.2　谁控制着内分泌系统

　　在人的脑的底部，有一个叫作**垂体**的"主腺"，控制着所有的内分泌反应。它通过血液向遍布全身的其他内分泌腺发送激素信号。但是垂体本身实际上只是个中层管理者。它会接收来自脑的命令，特别是它自己所在的小区域（下丘脑）的命令。

　　现在，我们要强调的观点是：PNS 和内分泌系统提供了并行的通信方式，它们之间的协调是通过与大脑的连接完成的。最终，由脑决定哪些信息将通过这两个网络发送出去。接下来，我们将会把注意力转向做出这些决定的"神经中枢"——脑。不过，让我们先尝试用刚刚学过的概念来解释精神药物的作用。

表 2-2　几个主要内分泌腺的激素的功能

内分泌腺	激素的调节功能
垂体前叶	调节卵巢和睾丸 母乳分泌 新陈代谢 应激下的反应
垂体后叶	保持体内的水分 母乳分泌 子宫收缩
甲状腺	新陈代谢 身体生长和发育
甲状旁腺	体内的钙含量
胰腺	葡萄糖（糖）代谢
肾上腺	"战或逃"反应 新陈代谢 性欲（特别是女性）
卵巢	女性性征的发育 产生卵子
睾丸	男性性征的发育 产生精子 性欲（男性）

心理学很有用 ● ● ●

精神药物如何影响神经系统

大麻、LSD、可卡因、甲基苯丙胺和镇静剂都能改变人的精神状态，它们吸引了数百万用户。早晨，有数百万人被咖啡、茶或功能饮料中的咖啡因或者香烟中的尼古丁唤醒；晚上，他们又利用酒精或者安眠药的抑制作用来帮助自己入睡。这些物质是怎么发挥它们的功效的？答案就是精神药物能够增强或抑制我们脑中的化学过程。

精神类药物带来的狂喜和痛苦主要来自于它们与神经递质的交互作用。有些药物通过模拟神经递质在脑中的作用来冒充神经递质。另一些药物并不起直接的作用，它们有增强或减弱神经递质的作用。还有一些会阻断再摄取过程，从而延长神经递质的使用时间。

通过与脑内神经递质的不同交互作用，精神类药物会对我们的思维、感受和行为产生影响。

为什么会产生副作用

你可能会想知道为什么药物会产生一些不良的副作用。这个问题的答案与脑结构的一条重要规律有关。脑有很多神经束（神经通路），这些通路连接脑的不同部分，就好像铁路线连接各大城市一样。并且，每一种神经通路只采用某种神经递质——就像铁路线只允许某些公司使用他们的轨道一样。这使得影响某一个特定的神经递质起效过程的药物会作用于脑的某一个特定脑区。但是这里有一个问题：就像特定的铁路公司的火车可能会开往不同的城市一样，同一种神经递质也可能连接不同的脑结构。例如，脑内存在多条血清素通路与脑的不同结构相连，不仅会影响情绪，还会影响睡眠、食欲和认知能力。由于存在多条血清素通路，因此，服用百忧解（或其他公司的类似化学药物）可以治疗抑郁症，但同时也会影响睡眠、食欲和思考能力。到目前为止，没有一种精神药物可以像"魔术子弹"一样，精准作用于脑内的特定目标，而不产生任何副作用。

关键问题：
脑如何产生行为和心理过程

核心概念 2.3

脑由许多专门化的模块构成，它们一起工作创造出了心理和行为。

1848 年 9 月，一名 25 岁的美国铁路工人菲尼亚斯·盖奇（Phineas Gage）的头部受了很严重的伤。当时炸药爆炸使得一根铁棒从他的面部插入，穿过他的脑前部，最后从他的头顶穿出（见右图）。

令人惊讶的是，盖奇竟然从这次重伤中恢复了，并且又活了 12 年，但他却变成了一个心理上不同的人（Fleischman，2002；Macmillan，2000）。认识他的人都说，盖奇曾经是一个可靠的、讨人喜欢的工头，但是后来他成了一个不负责任的、粗鲁的痞子。

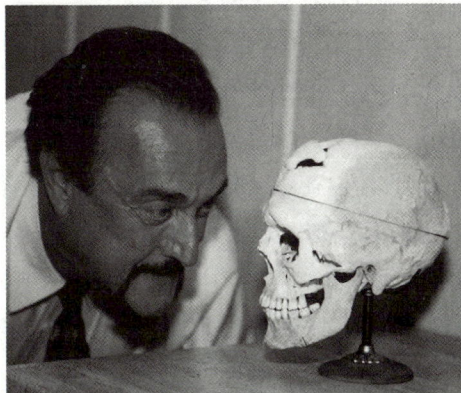

本书作者菲利普·津巴多和菲尼亚斯·盖奇的头骨。

他从前的同事说："这个盖奇不再是那个盖奇了。"（Damasio，1994）我们不禁想知道：他受伤的位置，也就是脑前部，是否是曾经的那个"盖奇"的家？盖奇转变的故事听起来和吉尔·波特·泰勒的经历非常相似，她说，自她中风之后，她变成了"另一个人"。我们怎么解释这些变化？

这些故事也引出了一个更大的问题：心理和身体之间的联系是什么？当然，长久以来人类就知道两者之间是有联系的，虽然他们并不确定脑是心理的器官。即使到今天，我们还会像莎士比亚的时代一样，用"把我的心给你"来形容爱上某个人，或者说某样东西"令人反胃"来表达厌恶。不过我们都已经知道爱并不是来自于心脏，厌恶也不是来自于消化系统，相反，所有的情绪、欲望和思想都源于脑。（显然，作曲家还不知道这个事实，他们写抒情歌曲的时候可不会写"我用我全部的脑来爱你"。）

最终，神经科学家揭开了这个复杂的心理器官的深层秘密。我们现在知道脑是一组不同模块的组合，它们像计算机的组块一样协同工作。对脑的这种看法构成了本节的核心概念。

> 脑由许多专门化的模块构成，它们一起工作创造出了心理和行为。

当你研究脑时，你会发现脑的每一个模块都有自己的职责功能（Cohen & Tong，2001）。某些模块负责加工感觉，例如，视觉和听觉；某些模块负责调节我们的情绪；某些模块负责记忆；还有一些模块负责生成语言和其他行为。其中的要点在于，脑的各个专门模块就像一支冠军团队的成员一样：每个人只负责一项特定的工作，但是全员配合良好。令人高兴的是，许多模块可以自动完成它们的任务，不需要意识的参与。例如，你可以在走路的同时，消化你的早餐，保持呼吸，还可以和他人交谈。但是，当脑的一个或多个模块出现问题（例如，中风或像菲尼亚斯·盖奇一样受伤）时，思想和行为的生物学基础就会浮出水面。

让我们追随神经科学家探索脑内部工作的脚步来开始讲述大脑的故事吧。

2.7　窥视脑的窗口

学习目标：
对检查脑的多种扫描技术进行比较。

脑被颅骨保护着，与外界隔绝，它并没有真的触摸天鹅绒、品尝巧克力、发生性行为或看见蓝色的天空。它只能通过外周神经系统（充当脑和外部世界的连接）中的电化学活动变化模式来间接地了解外部世界。为了与身体的不同部位沟通，脑必须依赖神经和内分泌系统与遍布全身的肌肉、器官和腺体进行信息传递。

但是，如果你可以从颅骨之下窥视脑，你会看见什么？它遍布皱纹的表面使它看起来像一颗巨大的核桃，这并不能告诉我们脑的内部结构和功能。脑电图、电刺激和不同类型的脑部扫描技术为我们了解脑开启了新的窗口。

2.7.1　用脑电图感应脑电波

大约 100 年前，神经科学家开始将电极贴在头皮上，使用脑电图（electro-encephalograph，EEG）来记录微弱的电压变化模式，这种电压变化被称为脑电波。就像城市的灯光可以提示夜晚哪里最热闹一样，EEG 可以感知脑的哪个部分最活跃。例如，EEG 可以确定哪些脑区参与了手的移动，哪些脑区加工了视觉图像。它也可以揭示由脑功能障碍引起的异常波，例如，癫痫（epilepsy，一种脑中的电"风暴"引起的痉挛性疾病）。你可以在下图中看到 EEG 所得到的数据信息。

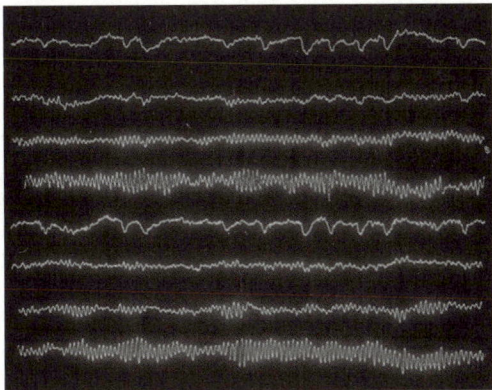

EEG 可记录脑电波活动。它可以被用来检查异常的脑电波模式，这些模式可以用于检测癫痫、中风或脑损伤、痴呆或睡眠障碍。

然而，EEG 虽然很有用，但不是很精确，它只能粗略地记录电极附近大范围内的脑电波活动。由于使用的电极可能少于 12 个，EEG 不能绘制出详细的脑电波地形图。相反，它只是对数百万个神经元产生的电波活动进行粗略的、瞬时的汇总。令人惊讶的是，我们有时竟然可以从 EEG 的数据中获取心理活动的痕迹。

2.7.2　用电探针绘制脑地形图

半个世纪之前，人们对脑的理解又往前迈了一步。伟大的加拿大神经学家怀尔德·彭菲尔德（Wilder Penfield）绘制了脑粉灰色表面的地形图，这为我们了解脑提供了一条新的途径。在脑手术期间，彭菲尔德使用一支笔形电探针，用微弱的电流刺激病人暴露出来的脑，然后记录病人的反应（他的病人也是保持清醒状态，不过由于局部麻醉的作用，他们并没有感到疼痛）。

这不只是一个满足好奇心的实验。作为一个外科医生，彭菲尔德需要确定脑病变区域的边界以避免切除健康的组织。在探测过程中，他发现大脑表面不同的区域有不同的功能——在几十年前，这是一个多么激动人心的发现！刺激某一个点可能会让人的左手动一下；另一个点可能会让人产生一个感觉，例如，闪光；刺激有些点偶尔还会让人回忆起童年的事情（Penfield，1959；Penfield & Baldwin，1952）。后来，另一些科学家紧随其后，开始探索脑的更深层次

的结构。研究人员们发现，电刺激可以引发一系列复杂的行为或情绪。这一系列研究工作的结论是非常明确的：每一个脑区都有自己特定的功能。

2.7.3　计算机化的脑部扫描

在过去的几十年中，统称为脑部扫描的精密技术使得我们对脑的了解越来越详细。有些扫描技术使用 X 射线成像，另一些使用放射性示踪剂，还有一些利用了磁场。现在，科学家可以在不打开颅骨的情况下拍摄到生动的、功能正常的脑结构图。

在医学上，脑部扫描可以帮助神经外科医生定位脑部出现异常的位置，例如，肿瘤或中风。在心理学中，通过脑部扫描获得的图片可以揭示我们加工思想和感受的位置。那么如何做呢？根据所使用的扫描方法，当一个人阅读、说话、解决问题或体会到某种情绪时特定的脑区就会被"点亮"（Raichle，1994）。

目前最常见的脑部扫描方法有 CT、PET、MRI 和 fMRI（见图 2-9）。

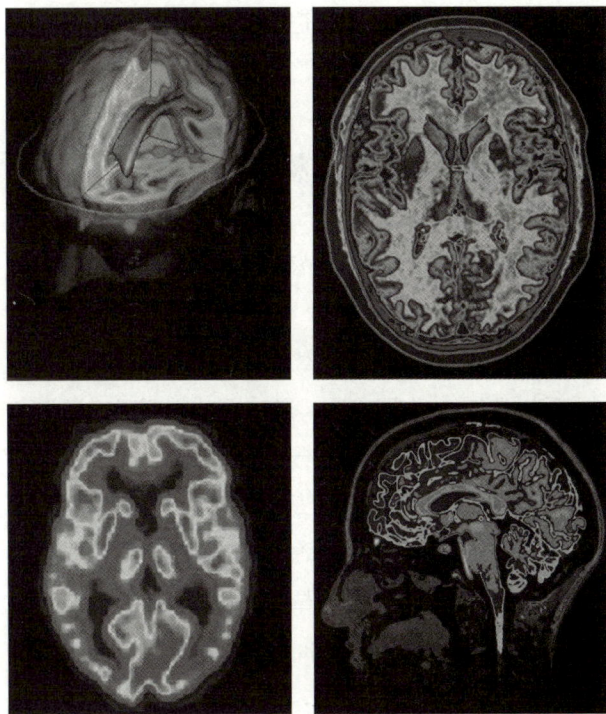

图 2-9　常见的脑部扫描方法

注：多种脑部扫描技术可用于测量和研究脑部活动。每一种方法都采用一种特定的技术手段，因此也具有与这种方法相关的独特优势。

2.7.4　哪种扫描方法最好

每种脑部扫描方法都有其优缺点。CT 扫描成像质量好，相对成本较低，经常是评估内伤，特别是脑损伤的首选扫描方法。PET 扫描现在被用来识别人们脑中的斑块（一种互相交织的"死"细胞簇，它可能是阿尔茨海默病的症状）。这为这种疾病的早期诊断提供了新的机会。fMRI 可以揭示在某项特定的任务（例如，说话、看图或解决问题）中脑活动的具体脑区，这种方法在定位特定认知功能的研究中的优势非常明显。就其本身而言，标准的 MRI 擅长区分脑结构的精细细节，因此它可以帮助神经科医生寻找功能障碍的证据。

然而，需要注意的是，脑部扫描并不能百分之百准确地出具身体和心理状况的诊断。多数时候，它们可以排除某些疾病，或提供一些有助于诊断的证据。因此，它们应该被看成是医生和神经科学家工具箱中非常有用的工具，它们是必要的，但是对更深入的研究来说还不够充分。

随着神经成像技术的不断进步，大家可以持续关注它们的进展。

2.8　人脑的三层结构

学习目标：
解释脑干、边缘系统和大脑皮层的作用。

当然，不同的脑各有差异。但是大象的脑、蜜蜂的脑和人脑有什么区别呢？脑的尺寸重要吗？鸟类和爬行动物的生存依靠的是一个比根茎还小的脑，它们的脑会调节最基本的生命过程和本能反应。我们更加复杂的脑也源自于相似的茎，被称为脑干。从进化的角度来看，这是人脑中最古老的祖先，它们负责最基本的功能。在那根茎的上面，我们和我们的表亲哺乳动物进化出了两层脑结构，被称为**边缘系统**（limbic system）和**大脑**（cerebrum），这极大地增加了我们的脑的能力（见图 2-10）。

这两层脑结构在调节我们的功能方面发挥了哪些

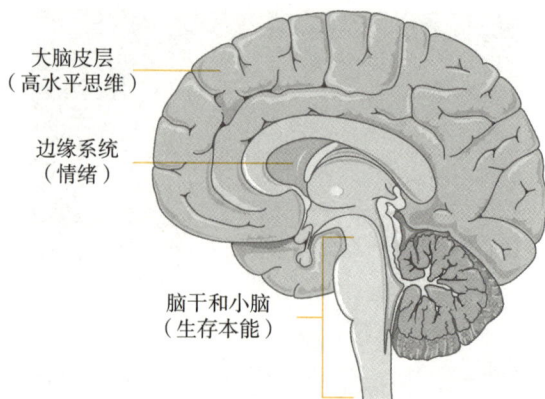

图 2-10　脑的主要结构

注：从进化的角度看，脑干和小脑是人脑最古老的部分，然后是边缘系统，大脑皮层是最后进化获得的。

作用？每一层脑组织各具有哪些特殊结构可以帮助我们完成哪些任务？

2.8.1　脑干和它的邻居

如果你曾在无聊的课堂上（或者通宵工作了一个晚上后）努力保持清醒，那么你肯定在跟你的脑干较劲。不过，在多数情况下，脑干在默不作声地执行维持生命的工作，并不令人讨厌。我们可以从脑干的位置推断出它的一项功能：连接脊髓和脑。作为神经通路的管道，它通过身体和脑之间的脊髓长廊上下传递信息。它也是感觉和运动通路，连接脑和对侧的感觉器官与骨骼肌，也就是说，脑的每一个半球和对侧身体相连（对侧通路）。

然而，脑干不仅仅是一个管道，它也将几个重要的信息处理区域连接起来，其中三个区域（延髓、脑桥和网状结构）包含在脑干之中，另外两个紧邻脑干（丘脑和小脑）（Pinel，2005）。从进化的角度来看，这些组织结构非常古老，各种不同动物的脑中都有，包括企鹅、熊猫、蟒蛇、豪猪和人类。你可以从图 2-11 中看到它们的位置结构。

延髓（medulla）是脑干上面的一个凸起，它负责调节基本的身体功能，包括呼吸、血压和心率。它的工作模式是"自动驾驶"——不需要意识的参与就可以维持我们内部器官的运转。

延髓的上方有一个更大的凸起，那是**脑桥**

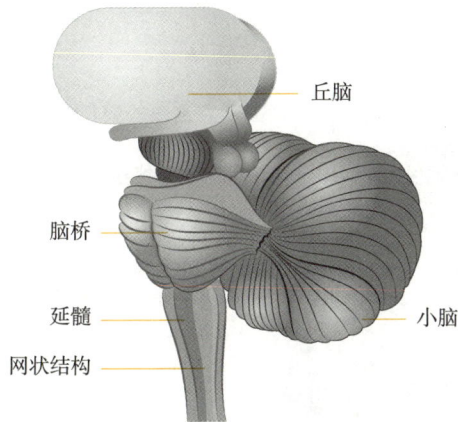

图 2-11　脑干和它周围的神经组织

注：从图中，你可以看到脑干，网状结构垂直穿过它，延髓和脑桥位于中上部。小脑在脑干后面，丘脑在上面。

（pons），它内部的神经回路可以调节睡眠和做梦周期。顾名思义，脑桥也充当脑干和小脑（参与协调运动）的"桥梁"。

贯穿整个脑干中心的是**网状结构**（reticular formation），它是铅笔形状的神经细胞束，构成了整个脑干的核心。网状结构的功能之一是保持大脑的清醒和警觉。其他功能包括监控输入的感觉信息流并将注意指向新信息或重要信息。因此，不要责怪你的教授讲课讲得不好，让你在课堂上昏昏欲睡的是你的网状结构。

丘脑（thalamus）是位于脑干上部的一对橄榄球状的神经组织，它接收来自于网状结构的神经纤维。从功能上看，丘脑更像是大脑半球的一部分而不是脑干的附属组织，它像一台计算机的中央处理器，指挥人脑中的输入感觉信息流和输出运动信息流的方向。因此，它接收（除了嗅觉之外的）所有的感觉信息并将它们分发到脑中适宜的加工回路。

最后一个组织是**小脑**（cerebellum），它藏在大脑半球的下面，脑干的后面。它的形状看起来非常像一个小号的大脑——事实上，它的名字来自于拉丁语"小的脑"。小脑的体积大约是整个人脑的 10%。小脑密集地布满了神经元——事实上，它包含了整个脑的 50% 的神经元。这个丰富的神经网络可能可以解释关于小脑功能的一些惊人的发现。虽然长期以

来，人们认为它只负责运动协调和平衡（Spencer et al.，2003；Wickelgren，1998），现在神经学家发现小脑在感觉、空间、情绪和认知功能中也有作用。因此，小脑不仅可以在你骑车、打棒球或跑下楼梯时帮助你无意识地、精确地移动你的脚，它也能帮你阅读 GPS 扫描结果、提前规划、记忆和进行有技巧的谈话（Schmahmann，2010；Schmahmann & Caplan，2006）。小脑通过与大脑其他区域的广泛连接网络，促进了与大脑其他部分相关的各种任务。

小脑功能的主要研究人员神经学家杰里米·施马曼（Jeremy Schmahmann）认为，小脑本质上是所有这些活动的"精细调节器"。我们早已知道，当小脑功能失常时，一个人可能还可以走路，但是他的动作不连贯，非常笨拙，而且难以保持平衡。我们现在知道小脑在我们的思维和情绪中起着相似的作用，帮助我们的思维保持流畅和有条理，使我们能及时做出反应，并且使我们的情绪适宜我们的社会情境。这种联系的证据来自于小脑损伤的个体——包括精神分裂症患者，他们经常在这些功能上存在缺陷。因此，研究人员正在考察小脑损伤是否是精神分裂症背后的原因（Okugawa，2013）。这个脑结构也会帮助我们了解环境刺激和反射行为之间的联系，例如，你在诊所看到针头时就会害怕（Hazeltine & Ivry，2002；Thompson & Steinmetz，2009）。

总之，脑干和它的邻居控制着运动和生命的最基本的大多数功能。再次提醒一下，它们的大多数功能都是自动化的，不需要意识的参与。然而，人脑的另外两层会更明显地出现在意识中（见图 2-12）。

2.8.2　边缘系统：情绪、记忆及其他

我们很遗憾地告诉你，你的宠物金丝雀或漂亮的金鱼并没有与我们哺乳动物类似的情绪"装置"。你看，只有哺乳动物才有一个发育完全的边缘系统，它是围绕着丘脑的一些结构的集合，它位于大脑半球的深处，脑干的顶部（见图 2-13）。

这些羊角状的结构大大增强了我们的情绪和记忆能力，使我们拥有了心理灵活性这一巨大优势。因为

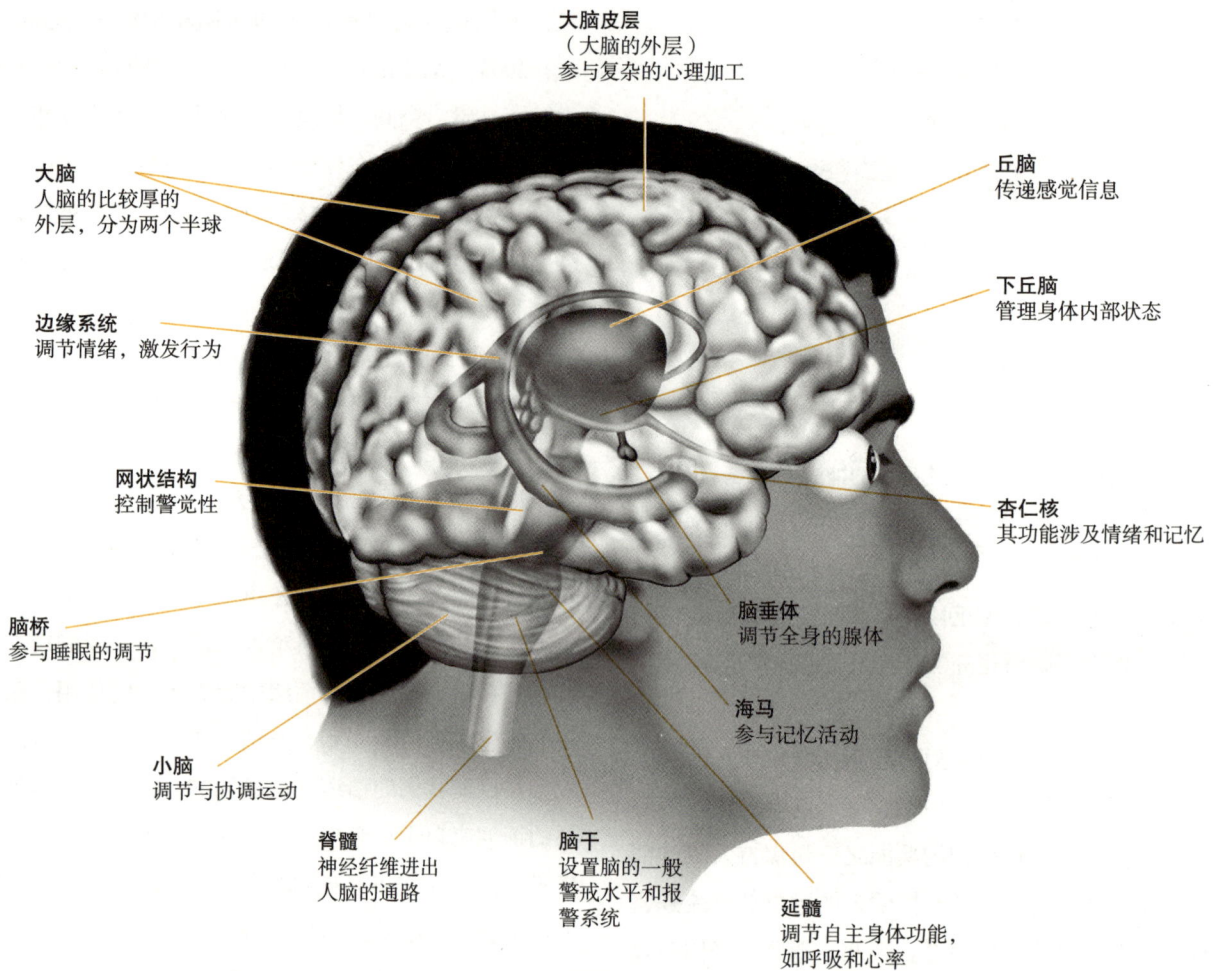

大脑皮层
（大脑的外层）
参与复杂的心理加工

大脑
人脑的比较厚的
外层，分为两个半球

丘脑
传递感觉信息

边缘系统
调节情绪，激发行为

下丘脑
管理身体内部状态

网状结构
控制警觉性

杏仁核
其功能涉及情绪和记忆

脑桥
参与睡眠的调节

脑垂体
调节全身的腺体

海马
参与记忆活动

小脑
调节与协调运动

脊髓
神经纤维进出
人脑的通路

脑干
设置脑的一般
警戒水平和报
警系统

延髓
调节自主身体功能，
如呼吸和心率

图 2-12　脑干和它周围神经组织的结构和功能

注：回顾你学过的脑的结构，并且总结其关键功能。

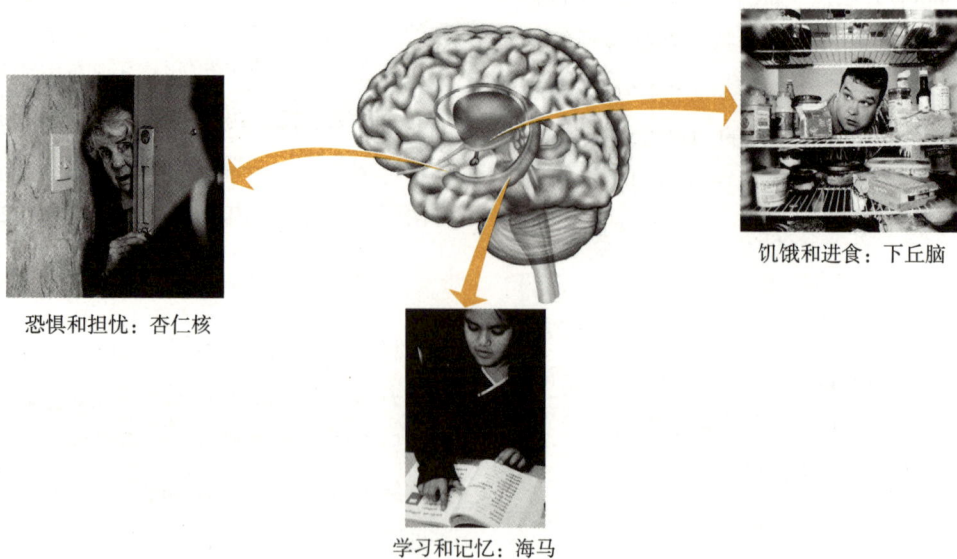

恐惧和担忧：杏仁核

饥饿和进食：下丘脑

学习和记忆：海马

图 2-13　边缘系统

注：边缘系统参与动机、情绪和某些记忆的加工。

有边缘系统，我们不需要像低级动物一样，行为完全依赖本能和反射。

边缘系统也包含了其他一些模块，例如，调节饥饿、口渴和体温等过程。总体来说，边缘系统是人脑控制情绪、动机、记忆和保持身体平衡的"指挥所"。下面让我们仔细了解它的每一个模块及其相应的功能。

海马和记忆

海马（hippocampus）是我们的记忆系统，它在500年前因为形状像海洋动物海马而得名。脑的每一侧都有一个海马，一共有两个海马（见图 2-12）。海马的一个任务是帮助我们记住物体的位置，例如，你把车子停在了一个大停车场的哪个位置（Squire, 2007）。海马似乎会随经验的增加而长大。一项针对伦敦出租车司机的研究发现，出租车司机的海马比不开出租车的普通人更大，而且司机的经验越多，他的海马就越大（Maguire et al., 2003）。

除了空间记忆外，海马对记忆存储也起到关键作用。例如，亨利·莫莱森（Henry Molaison）的悲惨故事证明了这一点。亨利·莫莱森更广为人知的名字是 H. M.（为了保护他的隐私，在他生前，别人都用首字母来称呼他）。1953 年，当时 H. M. 二十刚出头，为了治疗已经威胁到他生命的频繁发作的癫痫，他接受了一项激进的、实验性的脑手术（Hilts, 1995）。这

项手术切除了他的脑两侧的大部分海马，成功减少了癫痫发作的次数。不幸的是，这项手术也产生了一个不可预测的、灾难性的副作用：手术之后，新的经历在事情发生之后就会立即从他的记忆中消失，但他对手术之前的事情的记忆完好无损。在他的余生中，当他试图回忆 1953 年之后的事情时，得到的是一片空白。他甚至不能记住每天照顾他的人。直到 2008 年去世之前，他还相信自己活在 1953 年。这个故事以及其他确凿证据表明，虽然海马不是记忆存储的地方，但是它对于创造新的记忆至关重要。

杏仁核和情绪

另一个边缘系统的组成部分是杏仁核（amygdala），它的名字也来自于它的形状，在希腊语中的意思是"杏仁"。和其他脑结构一样，杏仁核也有两个，位于双侧海马的前面（见图 2-12）。

为了了解杏仁核的功能，海因里希·克鲁弗（Heinrich Klüver）和保罗·布西（Paul Bucy）（1939）设计了一项经典的实验，采用外科手术切断了脾气暴躁的恒河猴的双侧杏仁核之间的连接。术后，这些动物变得非常温顺，连克鲁弗和布西都感到非常吃惊。他们的发现首次清晰地证明了杏仁核在恐惧和攻击性中的作用。当我们感到威胁时，这个脑结构会变得特别活跃，它在我们应对恐惧时起着关键作用。

近期的研究拓展了我们对杏仁核的认识。例如，

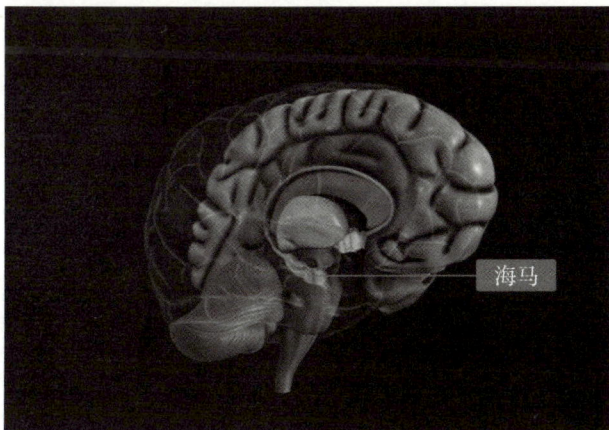

海马（左右半球各有一个）对于创建新的记忆至关重要，在空间记忆方面也起关键作用。

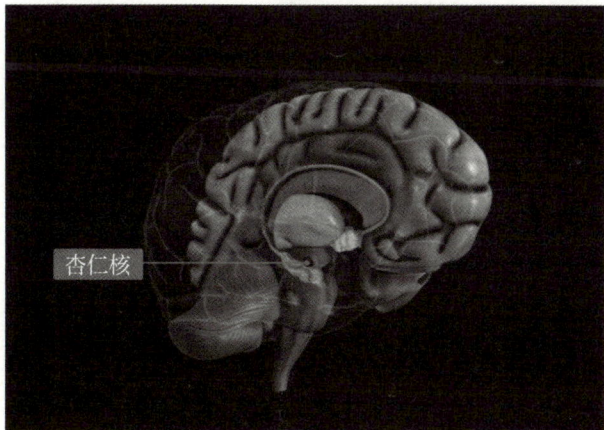

杏仁核（和大多数脑结构一样，我们实际上有两个杏仁核，每个半球一个）在恐惧和其他与生存相关的情绪中起关键作用。它位于海马前面。它的两个部分互相调节，使用记忆来校准情绪反应。

杏仁核会和海马协同工作，这样对先前经验的记忆就会帮助我们矫正当前的情绪反应（Roozendaal et al.，2009）。例如，一个曾在车祸中受伤的人可能会对其他司机做出的一个小小的威胁（例如，尾随）表现得反应过度。这可以解释创伤后应激障碍（PTSD）的一些负向触发反应。当男性和女性观看性唤起图片时，杏仁核也会活跃起来（男性的活跃程度更高）（Hamann，2005），这表明杏仁核不仅参与了消极情绪反应，也参与了积极情绪加工。杏仁核还被认为是在**孤独症谱系障碍**（autism spectrum disorders）中起作用的几个脑结构之一，例如，孤独症个体的杏仁核通常较大（Baron-Cohen et al.，2000）。

下丘脑和动机控制

我们曾在前面谈到过**下丘脑**（hypothalamus）（*hypo* 在希腊语中是下面的意思，所以这个名字告诉我们它的位置在丘脑的下面）。它是边缘系统中保持身体处于稳定、平衡状态的结构。这一功能部分是通过启动内分泌系统信息实现的。你可能记得在健康或生物课上学过这一过程，它叫作**内稳态**（homeostasis）。下丘脑富含血液和神经元，因此它的功能之一是充当脑血液分析实验室。通过对血液的持续监测，它可以探测体温、血流水平和营养物质的微小变化。当它发现某种不平衡（例如，水太多或者水太少）时，下丘脑会立刻发出命令来设法恢复平衡。

下丘脑还是脑的快乐中枢或奖赏回路，它会产生由饮食、性或其他药物引起的积极情绪（Olds & Fobes，1981；Pinel，2005）。另一些活动也能刺激边缘系统的快乐回路，包括幽默、坐过山车之类的刺激活动，甚至品尝味道浓郁的巧克力（Small et al.，2001；Watson et al.，2007）。

多巴胺是在这些快乐回路中起关键作用的几种神经递质之一。每一次我们投入一项愉快的活动中去时，多巴胺就会被释放出来，使我们感觉良好，这样我们就会渴望再尝试一次（无论对象是食物、性、药物或其他任何东西），以获得同样的"快感"。这些进化而来的奖赏中枢激励我们做出有利于生存的行为。然而，滥用药物也会以相同的方式刺激我们的奖赏中枢，并且它们会更加有效。因此，滥用药物可能会劫持具有成瘾倾向的个体的奖赏回路，刺激他们去寻求更多的药物，同时忽略竞争性的生物需求（Volkow et al.，2010）。

下丘脑也会以其他方式产生影响。虽然它的很多工作都是在无意识状态下进行的，下丘脑也将神经信息发送到"更高级"的加工脑区，使我们意识到它的需求（例如，感到饥饿）。它也会通过对垂体的影响来控制我们的内部器官，垂体位于脑底部下丘脑的下方。因此，下丘脑充当着神经系统和内分泌系统的纽带来调节情绪唤起和应激。

2.8.3　大脑皮层：人脑的思考帽

当你观察整个人脑的时候，你看到的大部分是凸起的**大脑半球**——它比你握紧贴在一起的两个拳头大一点。你可能会注意到它们被一条称为"**胼胝体**"（corpus callosum）的纤维束连接在一起，两个半球通过胼胝体进行沟通。近乎对称的两个半球包括厚厚的一层（被称为**大脑**，这部分的质量约为人脑的三分之二），以及大部分边缘系统。大脑最外面薄薄的一层是**大脑皮层**（cerebral cortex），它是人脑的思考帽：它独特的褶皱表面使得超过 100 亿的神经元可以聚集在几毫米的厚度中。如果把褶皱摊平，皮层表面大约有一张打开的报纸那么大。但是由于其表面卷曲盘绕，我们只能看到大约三分之一的皮层。

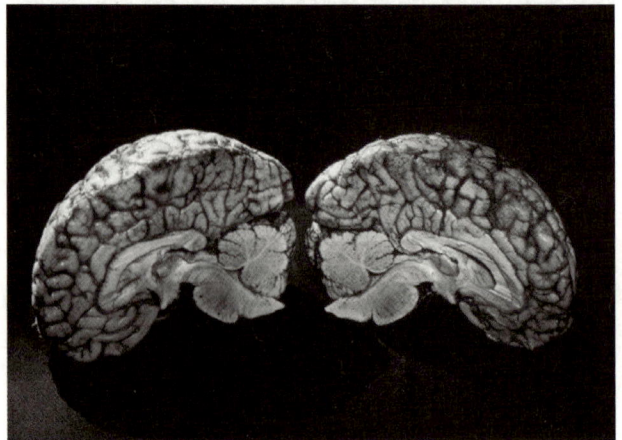

一个健康的人脑分成两半，这样就露出了脑表面的回（凸起）和沟（凹陷）。这些沟回形成的褶皱可以使数十亿的脑细胞挤进很小的一个区域。

大脑皮层有什么功能呢？它就是内在的你！它是我们最强大的心理力量所在的地方，它加工我们所有的感觉，存储记忆，并且做出决策。它还有很多其他功能，我们在后续小节中讨论大脑各个脑区时会介绍这些功能。

虽然我们人类为我们的"大"脑感到自豪，但是实际上，我们的脑并不是这个星球上最大的脑。所有大型动物的脑都很大——事实上相比于智力，脑的大小与体型的关系更密切。有褶皱的皮层也不是人类特有的。所有大型动物的皮层都是卷曲盘绕的。也许这伤害了你的自尊，但请放轻松一点，相对于我们的体重来说，我们的大脑皮层要比其他拥有脑的生物大得多。虽然没有人知道为什么人类的脑会如此大，以及它是怎么变得这么大的（Buss，2008；Pennisi，2006），但相比于其他动物，人类的独特性在于我们的脑的运作方式而不是大小。值得一提的是，女性的脑比男性拥有更多的褶皱，而男性的脑平均而言比女性更大（Luders et al.，2004）。

2.9 大脑皮层的脑叶

学习目标：

区分大脑皮层的每一个脑叶的独特功能。

18 世纪 90 年代后期，著名的奥地利医生弗朗茨·约瑟夫·加尔（Franz Joseph Gall）将自己的科研重心放在一个理论上，该理论提出大脑的特定脑区控制特定的心理功能，例如，听、说、运动、视觉和记忆。但是，他把这个很明智的理论推向了极端：在他的**颅相学**（*phrenology*）中，加尔声称脑也有专门用于灵性、希望、仁慈、友谊、毁灭和谨慎等特质的区域。并且，他声称这些特质可以通过颅骨上的凸起检测出来，于是催生了一个"读取"这些特质的小型诈骗行业。在 19 世纪 30 年代，包括哈佛教授在内的成千上万的人涌进颅相学讲座，很多人付费来"看"自己的颅像，他们会把这些结果用于做出人际关系、职业，甚至招聘等方面的决定。

加尔的观点引起了公众的关注，并且非常受欢迎，即使这个理论大部分都是错误的。然而，在一个重要的观点上，他是绝对正确的：**功能定位学说**，即**大脑不同的部分执行不同的任务**。现代神经科学的发现证实了这一观点，并帮助我们修正了加尔关于大脑皮层错误的看法。我们现在对大脑皮层的主要功能有了更准确的理解（见图 2-14）。

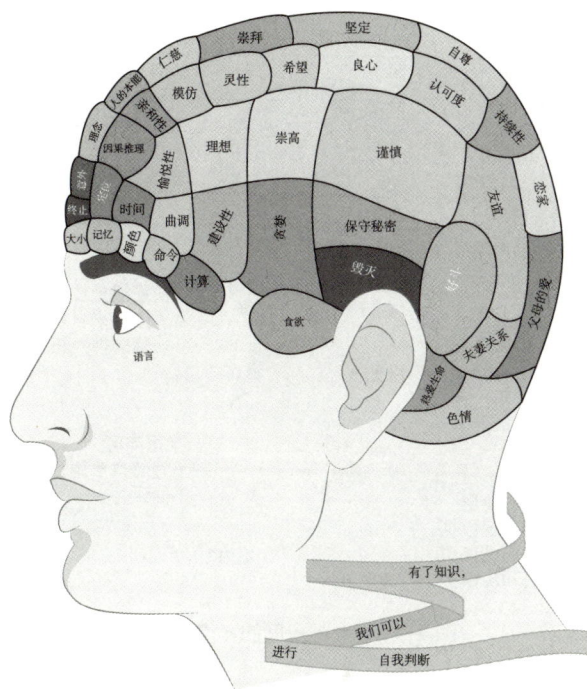

图 2-14　颅相学的人脑

注：虽然颅相学被证实是伪科学，但是脑的不同区域具有不同的功能这种观点是正确的。

2.9.1 额叶

你选择的专业，你的暑期计划和你处理课程的能力，你的工作和你的个人生活在很大部分上依赖于脑前面的皮层区域，它被命名为额叶（frontal lobes，每个半球都有一个，见图 2-15）。

最前面的区域被称为前额皮层（prefrontal cortex）。前额皮层的神经回路承担着我们最高级的心理功能——执行功能（executive functions），例如，决策、目标设定和跟进、未来预测等（Miller，2006）。正如菲尼亚斯·盖奇的案例所展示的那样，人格、气质和"自我"意识等心理特质的生物学基础也在这里（Bower，2006）。前额皮层对于"人之所以为人"有着重要的作用。

前额皮层的后面有一块条状的特殊皮层，它能将我们的思想转化为行动。这就是运动皮层（motor cortex），这块脑区的名字来自于它的主要功能：通过给运动神经和随意肌发送信号来控制躯体运动。正如你在图2-16所看到的，运动皮层包含了一个上下颠倒的身体映射，我们用一个小矮人来表示（见图中扭曲的"小人"）。

仔细观察这个运动小矮人，你会发现，其身体的某些部分被放大了，这表明脑将更大的皮层区域分配给了这些需要精细运动控制的身体部件，例如，嘴唇、舌头和手。最夸张的区域表征的是手指（特别是拇指），这可能反映了操控物体的重要性。另一个大区域和面部肌肉相联系，被用于表达情绪。不过，还记得对侧加工吗？因此，你的左眼眨一下源于右侧运动皮层，而你的左侧运动皮层则可以让你眨右眼。

左前额皮层在语言中的作用

对大多数人而言，左前额皮层的另一个重要功能是产生语言（见图2-15）。这个特异性区域是由19世纪中叶的法国神经学家保罗·布洛卡（Paul Broca）首次发现的。因此，这个区域被命名为"布洛卡区"。一个人的布洛卡区受损会使他失去说话的能力。你可能已经猜到了，吉尔·波特·泰勒的中风导致她的布洛卡区受损，这就是她失去了说话能力的原因。但是，理解语言的能力却源于人脑的其他地方。

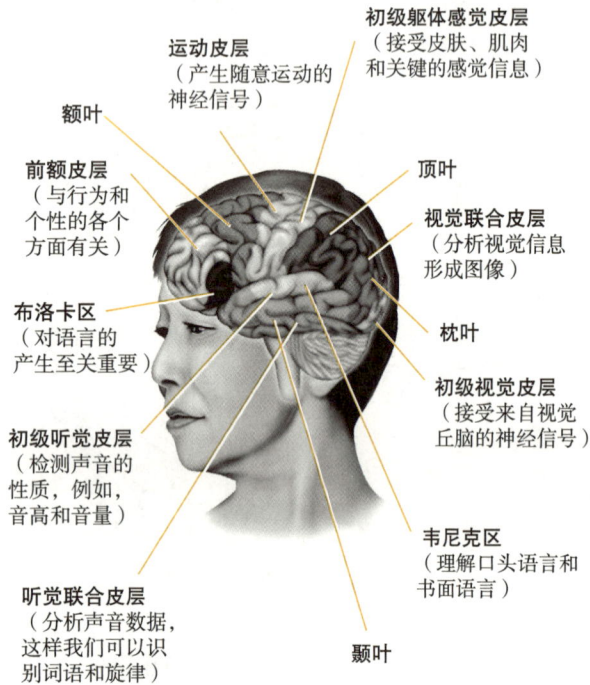

图2-15　大脑皮层的4个脑叶

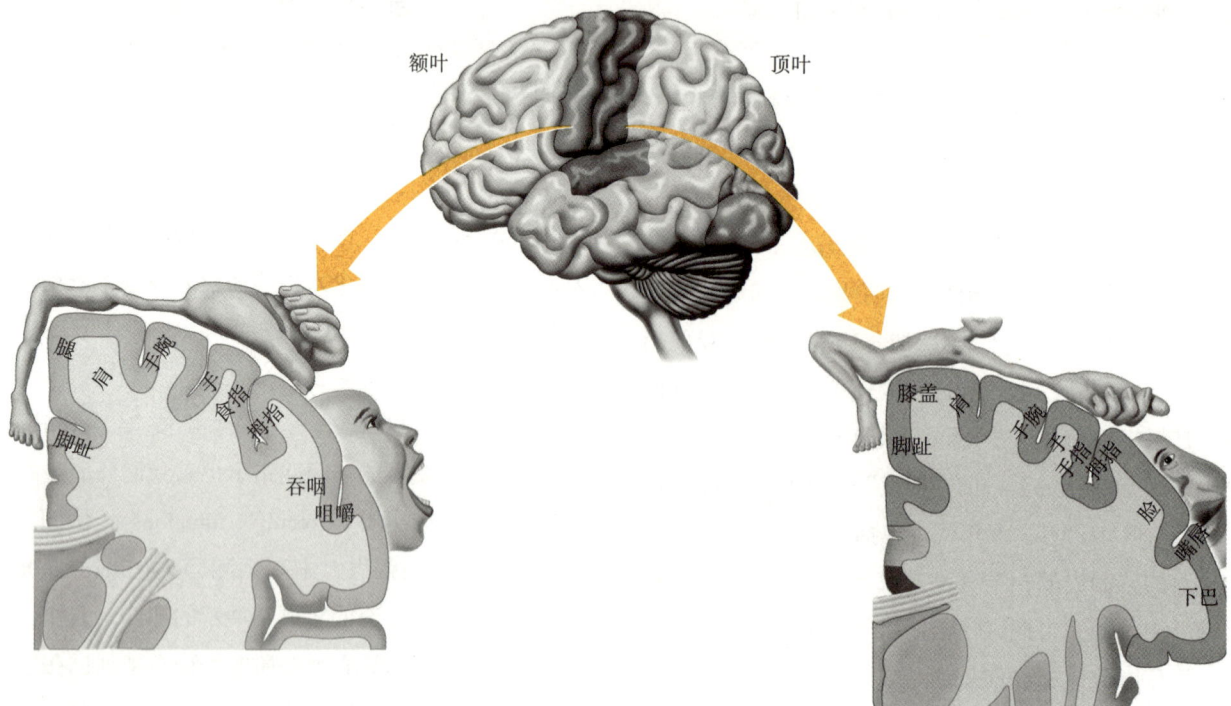

图2-16　运动皮层和躯体感觉皮层

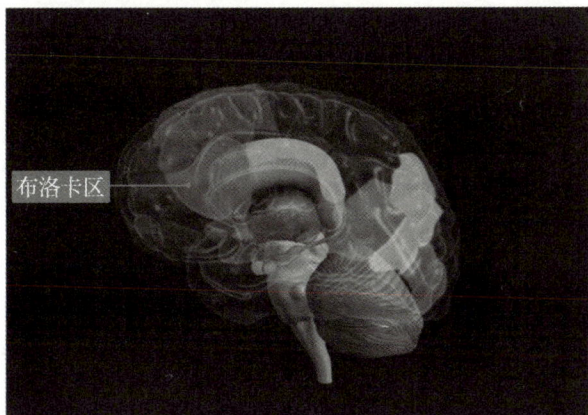

布洛卡区位于额叶左侧，它对于语言的产生至关重要，但是它与口语或手势（如美国手语）等语言表达无关。

前额皮层中的镜像神经元

在 20 世纪 90 年代后期，神经科学家研究恒河猴的脑时，发现了一类新的神经元，被称为**镜像神经元**（mirror neurons），位于恒河猴的脑的运动区。当一只猴子观察到另一只猴子在进行目标导向的行为（例如，从盒子里拿出一个苹果或用杯子喝水）时，它的镜像神经元会放电，就好像观察者自己也完成了这个动作一样。实际上，观察猴的脑正在"镜像"它观察到的这个动作。由于灵长类动物的脑与人类的大脑在很多方面非常相似，这项发现引导科学家对人类镜像神经元的作用进行了大量的预测。一位著名的科学家甚至预测镜像神经元对于心理学的意义就像 DNA 的发现对于生物学的意义一样（Ramachandran，2000）！但是，我们有多少证据支持这些想法呢？

镜像神经元的发现者之一贾科莫·里佐拉蒂（Giacomo Rizzolatti）认为这些特异性神经元的放电伴随着对他人意图的理解（Rizzolatti et al.，2006）。例如，当你看见一个人在微笑时，你的镜像神经元放电了，这可能是你感受到了与微笑相联系的感觉。这些反过来促进了你与他人交流的能力，甚至促进了同理心的发展。里佐拉蒂和他的合作者甚至把这一观点往前推进了一步，提出镜像神经元的功能障碍可能是孤独症谱系障碍中社交能力受损的背后机制（Dapretto et al.，2006）。

然而，批评者指出镜像神经元追捧者的某些极端观点中存在几个问题（Kilner & Lemon，2013）。一个问题是相关 – 因果谬误（correlation-causation fallacy）。例如，仅仅因为当我们观察到另一个人进行某项运动时我们自己的运动皮层也会被激活，我们不能得出神经元的放电使得我们能理解那个动作这一结论。它的原因可能是相反的：我们对这个行为的识别（基于我们自己过去完成这个动作的记忆）可以激发这些神经元放电（Hickok，2009）。因此，现阶段提出孤独症患者缺乏模仿能力是因为镜像神经元受损这一观点还为时尚早。如果研究人员忽视了孤独症研究中其他有前途的方向而偏好这一观点，这种做法可能就是危险的（Hickok，2014）。仅仅因为两件事情之间存在相关联系并不意味着我们可以假设其中一件事是另一件事的原因。

第二个问题，也可能是更重要的一点是镜像神经元的活动意味着观察者理解动作的含义或意图（而不是简单的识别）的这种看法。例如，如果你看见玛丽拿起一个杯子，你可能就会从她拿杯子的方式推测出她想要喝水（而不是想要把杯子给别人）。镜像神经元追捧者认为镜像神经元这一概念包含了对动作的理解，换句话说，镜像神经元的活动促使人们对他人的动机和行为有更深的理解，并由此得出一个更普遍的结论：镜像神经元是共情和社会理解的神经基础。但是镜像神经元之外的其他领域的研究清楚地显示理解他人的动机可以不需要镜像神经系统的参与，它可以部分通过分析思维技能获得（Hickok，2010；Keysers，2010）。因此，镜像神经元是人类共情反应的根源这一假设并没有得到研究支持，并且这一假设忽略了对共情原因的其他研究发现。

总而言之，虽然镜像神经元回路的发现确实令人兴奋，并且它可能确实是理解人类思维、情绪和行为的一大重要进展，但是我们必须提醒自己非凡的主张需要强有力的证据，而在此之前，我们需要克制一下自己的热情。

2.9.2 顶叶

双侧额叶的后面有两大块皮层，专门负责感觉（见图 2-15）。顶叶（parietal lobes）使我们可以感受热水澡的温暖、丝绸的光滑、肘击的粗暴和抚摸的温柔。**躯体感觉皮层**（somatosensory cortex）是顶叶上的一条特殊地带，它对临近的运动皮层带（位于额叶）进行镜像。躯体感觉皮层有两个主要功能：第一，它是全身触觉、温度觉、痛觉和应激觉的主要加工区（Graziano et al.，2000；Helmuth，2000）；第二，它将这些信息与身体的心理地图（图2-16中的小矮人）关联起来，帮助我们定位这些信息的来源。

顶叶中的其他区域会追踪身体各个部位的位置，使你不会咬到自己的舌头或踩到自己的脚趾。当你的腿麻了的时候，除了刺痛感你不会有其他任何感觉，这是因为你暂时性地切断了神经细胞的信号，这些神经细胞本来要将感觉信息传送到顶叶的身体地图。

两个半球的顶叶各有所长。除了感觉加工和身体部位追踪之外，右顶叶还帮助我们在三维空间中定位我们感觉到的物体的位置。它为我们的日常生活提供导航，从起床到走向浴室，穿上衣服，再到上学或上班，等等。左顶叶也有自己的特殊能力。它专门从事数学推理和语音来源的定位（例如，有人叫你的名字时）。它也和颞叶合作来提取言语和文字中的意义。

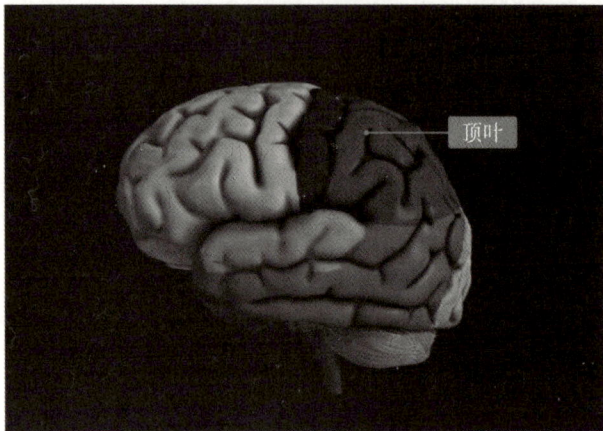

顶叶位于额叶后面，专门处理感觉。左顶叶对于数学推理很重要，右顶叶参与空间意识。

2.9.3 颞叶

当电话铃响或喇叭声响时，声音会到达你的**颞叶**（temporal lobes），它位于你耳朵的上方，在大脑半球的最边上（见图2-15）。在那里，听觉皮层可以帮助你理解声音。

但是，颞叶并非仅仅负责听觉。大多数人左侧听觉皮层中都有一个特殊的区域（与顶叶的下方相连），被称为威尔尼克区（Wernick's area），它帮助我们加工语言的含义。当吉尔·波特·泰勒在中风期间给同事打电话求助时，她可以听见同事说话，但是听起来像是胡言乱语。她当时想着："哦，天哪，他听起来像是在学狗叫！"（Taylor，2009）这是因为当时她的大脑的威尔尼克区受损，抑制了她的语言理解能力。语言的表达方式（口头语言和手语）似乎并不重要：对听障人士的研究发现他们理解符号语言也是通过相同的脑区（Neville et al.，1998）。

不过，这还不是颞叶的全部功能。部分颞叶从视觉皮层中"承包"了面孔识别的工作。另一些颞叶区

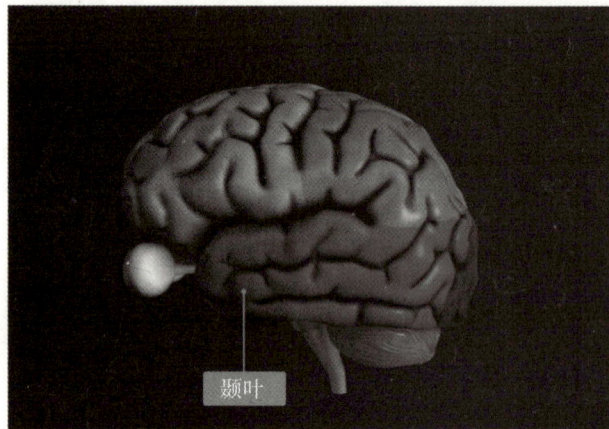

颞叶包含了加工声音的听觉皮层。颞叶也参与记忆：左颞叶损伤会破坏语言记忆，而右颞叶损伤会影响艺术和音乐的记忆。

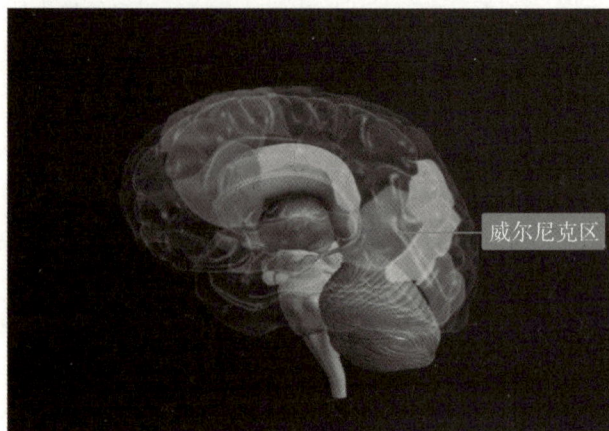

威尔尼克区在左颞叶，对于理解语言至关重要。

域与海马一起完成了长时记忆存储这项重要的任务。甚至颞叶皮层还有一块特殊的区域专门负责感知人的身体（Kanwisher，2006；Tsao，2006）。最后，右颞叶在理解语言中的情绪方面起着重要作用，这可以解释为什么吉尔同事声音中的温和语气让她感到安心（她的大脑右半球完好无损），相信他会帮助她，尽管她听不懂他的话（Taylor，2009）。

2.9.4　枕叶

你有没有撞到头后感到"眼冒金星"的经历？如果有，这种感觉可能是因为你的脑后侧的**枕叶**（occipital lobes）受到刺激（见图 2-15）。正常情况下，枕叶接收来自眼睛的信息。那里的视觉皮层整合了多种感觉信息，并将它们转化为我们周围世界的可识别的连续的图像。

为了构建外部世界的图像，脑将输入的视觉信息分开，并将它们发送到不同的皮层区域来进行颜色、运动、形状和阴影的加工。但是，枕叶并不能单独完成全部工作。正如我们在前面提到的，它们与相邻的顶叶脑区协同工作来确定物体在空间中的位置。它们也会与颞叶一起工作来生成视觉记忆（Ishai & Sagi，1995；Miyashita，1995）。我们也应该注意到先天性盲人会使用视觉皮层来帮助他们阅读盲文（Amedi et al.，2005；Barach，2003）。

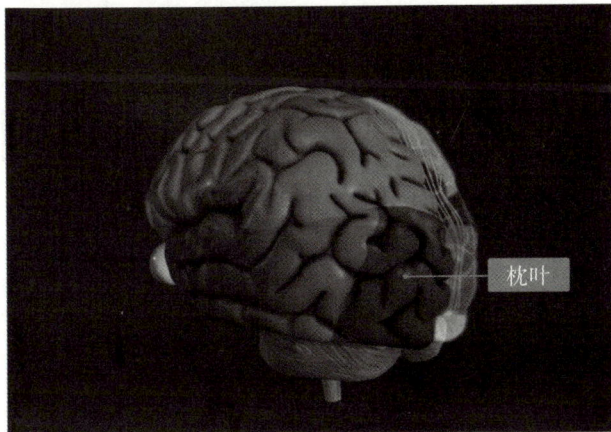

枕叶包含了视觉皮层，负责加工视觉刺激。

2.9.5　联合皮层

在完成多任务的艰巨工作时，我们的脑不仅要依赖皮层的"初级加工区域"（我们前面提到的运动、感觉、视觉和听觉皮层），也要依赖皮层的"联合区域"（见图 2-17）。

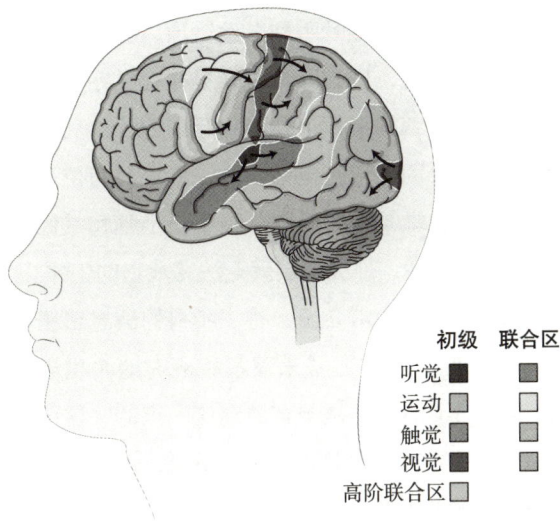

初级　联合区

听觉
运动
触觉
视觉
高阶联合区

图 2-17　脑区的合作

注：皮层的联合区在理解和综合来自初级脑区的输入信息上起关键作用。

联合皮层（association cortex）的名字来自于人们相信复杂的思想源自于观点间的相互联合这一观念。联合皮层占据整个大脑皮层的一半以上。但是，在去往联合皮层之前，来自感觉器官的原始数据必须在皮层的专门区域进行加工。

例如，初级视觉皮层加工原始视觉刺激，像单词中有哪些字母和是否有大小写之类的。然后，视觉联合皮层解释这条信息的含义，例如，感知整个单词或句子。听觉联合皮层也对来自初级听觉皮层的数据进行类似的操作。其他的初级皮层和相联系的联合皮层也是类似的关系。因此，联合皮层对原始数据进行解释，并将它置于合适的情境中，使我们能够理解和使用数据所提供的信息。通过这种方式，遍布脑叶的不同的联合皮层解释感觉、制订计划、做出决策和为行动做准备，所有这些正是我们人类所擅长的、区别于其他动物的心理力量。

然而，没有哪个单一脑区独立负责情绪、记忆、人格或其他复杂的心理特质，不存在任何一项主要的技能是由单一"脑中心"完成的。相反，每一项心理或行为过程都包含了许多脑网络的协同工作，每一个脑网络都是某一项特定任务的专家（Damasio，2003；LeDoux，2002）。例如，当你在做接听电话这样简单的事时，你用你的颞叶听到电话铃声，在额叶的帮助下理解它的含义，用枕叶和顶叶进行视觉定位，在额叶、顶叶和小脑的指挥下开始拿起听筒，然后再次使用额叶和颞叶回路进行电话交谈。如果没有位于脑深处的回路（边缘系统、丘脑、脑干、小脑和其他组织结构）进行沟通，那么皮层就无法完成它的工作。

很明显，脑通常会设法将"所有的信息聚集在一起"，以协调一致的方式来理解和应对这个世界。神经科学家尚不清楚它是如何做到这一点的，这已经成为现代心理学最大的谜题之一。不过，近期的研究工作提供了一些线索。我们的脑一直保持活跃状态，即使当我们睡着的时候，脑也会发出协调的脑波传遍整个皮层网络。研究人员认为这些来自间隔很远的脑区的皮层以某种方式协同活动（Buzsáki，2006）。从受孕到死亡，不管我们是在工作、玩耍、走路还是睡觉，所有这些繁忙的神经网络都在彼此协调地工作，并且在多数情况下我们对此毫无觉察。

2.10　大脑半球优势

学习目标：

分析脑两个半球的相似性和不同之处。

在我们对脑的多种结构及其功能的讨论中，我们对左右半球的功能进行了一些区分。例如，我们知道右半球受损的人不会出现言语困难，但是可能会在空间定位方面遇到一些麻烦，例如，在熟悉的地方迷路或者不能完成一副简单的拼图。这种每一个半球分管不同任务的倾向被称为**大脑半球优势**（cerebral dominance），这是一个经常被夸大的概念。虽然确实有些过程更多地受左半球控制，而另一些是右半球主要负责的任务，但是两个半球始终协同工作才能生成

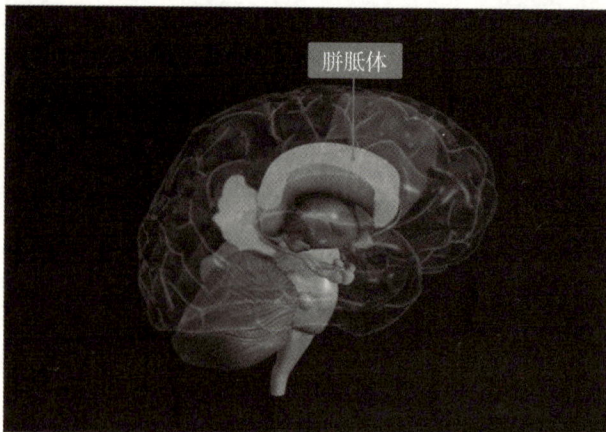

胼胝体沟通左右两个半球，使左右半球可以协调我们的大多数思维、感受和行为。

我们的思维、感受和行动。得益于胼胝体在半球间所进行的沟通工作，脑才能实现这一点。那么，左右半球有哪些不同之处呢？

2.10.1　语言和沟通

正如我们所了解的，虽然双侧脑都有一定程度的参与，但是语言功能通常是由左半球负责的。通常，左侧脑在生成和加工说话的内容上更加活跃。相比之下，右脑负责理解说话的情绪基调（Vingerhoets et al.，2003），就像我们在吉尔中风的故事中曾提到的。右脑也负责解释他人的情绪反应和他们沟通中的非言语信号。对于我们自己的情绪，负面情绪（例如，害怕和恐惧）的控制通常由右额叶负责，而左额叶通常负责调节积极情绪（例如，快乐）（Davidson，2000b）。

2.10.2　不同的加工风格

因此，脑的两个半球通常不会彼此竞争。相反，它们在同一个任务中起着不同的作用。用神经科学家的术语来说，两个半球有着不同却互补的加工风格。例如，左半球通过分析和语言对物体进行归类——比如，功能的相似性（小刀和勺子）；而右半球可能会根据形状和视觉模式匹配物体——比如，将硬币和闹钟配在一起，因为它们都是圆形的（Gazzaniga，1970；Sperry，1968，1982）。总之，我们可以将左半球的认知风格描述为：分析式的、线性的和序列的，

而右半球则是更加整体的、情绪化的和基于空间的（Reuter-Lorenz & Miller，1998）。在功能正常的脑中，这两种风格相辅相成，生成了对世界的多重视角。

然而，一旦脑受损，就像吉尔的中风，不同的加工风格就会变得非常明显。在吉尔的故事中，她的前半生更多地依赖线性思维："我花了 37 年时间热衷于以非常快的速度完成一件又一件的事情。"（Taylor，2009）她的脑左半球的损伤使她的知觉发生了根本性的转变，当她努力计划如何去求助时，她发现自己无法集中思考。这种转变立刻引起了她的注意。她曾认为理所当然的一步一步按时间进行的思维方式消失了，取而代之的是一种对自己和世界完全不同的视角。她惊叹道："我不急于做任何事情"。她记得自己的那种快乐，感受自己与周围一切事物的联系，敏锐地捕捉他人的情绪，花时间去思考，沉浸于新视角带来的内心深处的平静。

这听起来很像一个人在描述一种宗教的或灵性的体验，宾夕法尼亚大学的神经学研究可以告诉我们原因。研究人员对正在冥想的人进行了复杂的脑部扫描，他们发现在冥想的巅峰时期，左半球联合皮层（这个脑区使我们注意到自己身体的物理边界）的活动急剧下降。因此，冥想专家报告的自我超越和吉尔·泰勒"天人合一"的感受似乎有了生物学基础：当左半球的血流变慢时，我们关于自己是一个独立又特别的有机体的意识逐渐消失了（Newberg et al.，2001）。此外，对冥想者的研究也发现左顶叶的活动减弱与个体对身体与空间之间联系的意识有关（Newberg et al.，2001b）。

2.10.3 有些人与众不同，但这很正常

让大脑半球优势变得更复杂的是，有时候，不同人的优势模式是不一样的。发现这一现象的研究采用了**经颅磁刺激**（transcranial magnetic stimulation，TMS）技术，该技术将强大的（但是无害的）磁脉冲穿过颅骨传送到脑。磁场会干扰脑的电活动，从而暂时性地使目标脑区失去功能。令人惊讶的是，当左侧语言区接受 TMS 时，有些人（通常是左撇子）的

语言功能并没有受到影响。总体来说，这些研究发现大约十分之一的人主要用右脑进行语言加工。另外十分之一的人（再次强调，通常是左撇子）的语言功能由双侧脑共同承担（Knecht et al.，2002）。这表明了一个很重要的观点，尽管我们了解脑的形态，但是实际上它的精确边界在某种程度上是可变的，而且因人而异。

2.10.4 男性和女性的脑

在一个认为"越大越好"的文化中，男性的大脑比女性的更大这一不容辩驳的事实引起了巨大的争议。当然，真正的问题是：对脑而言，尺寸真的很重要吗？大部分神经科学家认为这只是因为男性的体型更大，其实并没有什么其他的重要意义（Brannon，2008）。

在脑中，某些结构也有性别差异。下丘脑中的某一部分被认为与性行为有关，也许还和性别认同有关。男性的这个部位比女性更大。有些研究认为男性的脑更具偏侧化，而女性倾向于将能力（例如，语言）分布在双侧脑；然而，这些领域的研究并没有得出一致的结论（Sommer et al.，2004）。如果偏侧化的差异确实存在，那么它也许可以解释为什么在中风之后女性比男性更容易恢复说话能力。除此之外，这种差异还有什么优势目前尚不清楚。

时至今日，还没有人确定过任何一种由男性和女性的脑的生理差异所造成的心理差异。这类研究仍在继续，但是我们建议带着批判性的眼光来看待新的观点，特别要警惕那些会影响结果解释的偏见。事实上，本章的结尾部分（"批判性思维的应用"）会帮助你做到这一点。

2.10.5 奇怪而引人入胜的案例：裂脑人

想象一下，如果你的脑的两个半球不能沟通（你的脑"分裂"成两半），你的世界会变成什么样子？你会有两个"心理"吗？（见图 2-18）

这不是一个随便聊聊的话题，因为有些人确实有"分裂的脑"。这些人往往是为了治疗持续发作的癫痫

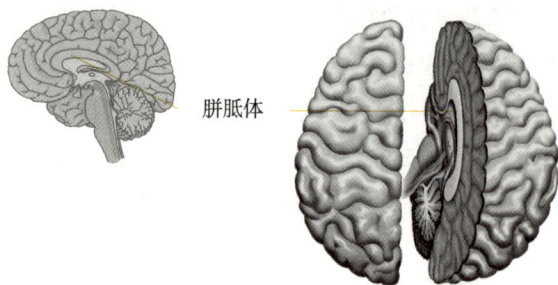

胖胝体

图 2-18　胖胝体

注：当脑"分裂"成两半时，实际上只有胖胝体被切断了。这种手术会阻断两个半球沟通。令人惊讶的是，在大多数情况下，裂脑人的行为表现和正常人一样。然而，特定的实验室实验显示分裂脑会产生双重意识。

而接受了外科手术。在手术之前，这些人的脑会有不正常的放电活动，并且会在两个半球之间来回震荡，从而快速导致癫痫发作——就好像麦克风的回声突然产生很大的噪声一样。因此，医生设法切断胖胝体（连接两个半球的组织）来防止癫痫发作。但是，这需要付出心理上的代价吗？令人奇怪的是，除了极端情况外，裂脑人在心理和行为上似乎不受任何影响。

诺贝尔奖获得者罗杰·斯佩里（Roger Sperry）（1968）和他的同事迈克尔·加扎尼加（Michael Gazzaniga）（2005）设计非常巧妙的测试就是这些特殊情况之一。例如，如图 2-19 所示，裂脑人的左手握住一个球（看不见球）时，他不能通过触觉来识别这个球，但是当他用右手握住这个球时他就可以识别它。

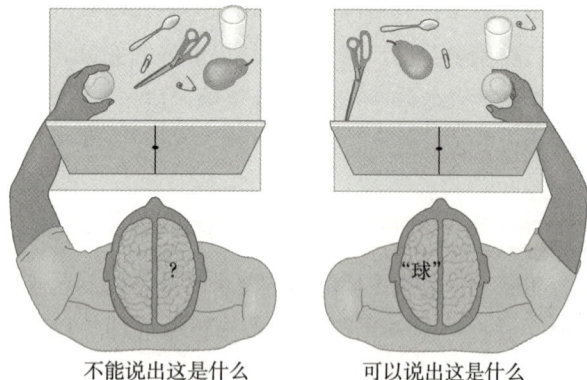

不能说出这是什么　　　可以说出这是什么

图 2-19　裂脑人测试

注：裂脑人可以准确地说出位于右手的看不见的物体是什么。但是当物体位于左手时，他不能地识别这个物体。为什么呢？

我们应当如何解释这些奇怪的发现呢？让我们来看看是否能用本章的知识来解开这个奇特的难题。

- 首先，请记住胖胝体能够实现两个半球之间的通信——因此，当它被切断时，每个半球都必须自行加工信息。这也就解释了为什么裂脑人可以同时一手画圆一手画方。（对于拥有正常脑的人而言，这几乎是一个不可能完成的任务。试试吧！）

- 因为感觉通路对应着对侧皮层，每一侧身体都是与对侧脑半球通信，所以每一侧脑半球都能够感知来自对侧的手的触觉。

- 语言通常是左半球的功能。当这一点结合对侧感觉通路时，我们就很容易解释为什么裂脑人的左半球加工物体时可以说出物体是什么。当信息从右视野或右手（比如，右手握球）传进来时，它就被传到左半球，由于左半球的语言功能，所以裂脑人就可以说出物体是什么。相反，当物体呈现在左视野或被握在左手时，它被传到右半球进行加工，由于右半球不能说话，所以裂脑人就不能说出物体是什么。但是，他们可以通过触摸找出这个物体。

双重意识

大脑的这种古怪表现引出了斯佩里和加扎尼加工作中最有趣的发现：裂脑人存在**双重意识**。当两个半球接收到不同的信息时，患者的表现就好像内心存在两个独立的个体一样。一个病人报告，他的左手经常会不合时宜地拉开裤子拉链或解开衬衫扣子，特别是当他感到压力的时候。另一个病人说，他的左手经常会不听话，会在他看电视节目的途中把电视关掉（Joseph，1988）。为什么呢？斯佩里认为右半球控制着左手，但是它几乎没有语言能力，所以它只能通过吸引注意力的某种方式来试图找到一条沟通的途径（Sperry，1964）。

但是，我们不能随便将裂脑人的这些发现推广到脑正常的个体中，我们必须非常谨慎。加扎尼加（1998a，1998b）建议我们将人类的心理看作一个思想联盟（confederation of minds），它既不是单一的实体也不是双重实体，每个半球都会处理特定类型的信息。因此，对于大多数人来说，胼胝体是帮助我们的思想联盟进行信息共享的连接通道。最后，让我们再回到本节开始的核心概念 2.3：脑由许多专门化的模块构成，这些模块一起工作，创造出了心理和行为（Baynes et al., 1998; Strauss, 1998）。

2.10.6　脑损伤

几乎每个人都认识某个因为事故、中风或肿瘤而导致脑损伤的人。你新学到的关于脑和行为的知识将会帮助你理解这些人面临的困难和问题。

如果你知道他的哪些能力丧失了或改变了，那么你通常就可以判断出他的脑的哪些部位受损，特别是当你记住下面三条简单的原则时：

1. 因为对侧加工，每一侧脑都会与对侧身体进行通信。因此，如果症状都出现在身体一侧，那么这很可能是因为对侧脑受损（见图 2-20）。

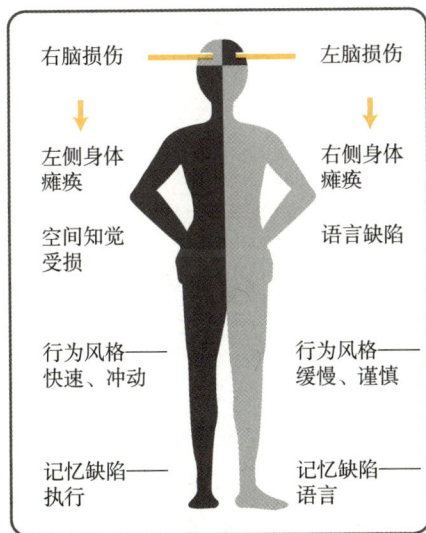

图 2-20　脑半球损伤对对侧身体的影响

2. 对大部分人来说，语言通常是左脑的功能。

3. 每个脑叶都有特定的功能：

（1）枕叶负责视觉；

（2）颞叶负责听觉、记忆和面孔识别；

（3）顶叶负责定位感觉的空间位置（包括体表）；

（4）额叶负责运动、言语和情绪的产生以及某些我们称之为"思维"或"智力"的高级心理功能。

以下是本书作者之一鲍勃（Bob，罗伯特的昵称）对脑知识的运用：

> 我没有注意到我爸爸走路的时候右脚脚趾轻轻地拖着地。但是晚上在家附近散步，爸爸跟不上妈妈轻快的脚步，这时候我妈妈注意到了爸爸的异样。我只是觉得他年纪大了，走路有点慢。
>
> 爸爸也对他的症状漫不经心，但是妈妈坚持让他去看看医生。她预约了一个医生。医生安排了一次脑部扫描，结果显示在爸爸的脑左侧有一个很大的肿块，一个肿瘤。
>
> 你可以在图 2-21 中看到，图 2-21 是穿过双耳的头部扫描图。

基于本章中你学到的关于脑的知识，你能说出扫描图中的哪些内容可以解释病人的症状吗？

看到这幅图片的时候，我立刻就明白出了什么问题。肿瘤所在的位置会影响脑对脚的追踪定位。每一侧脑都会和对侧身体进行通信，这就很容易理解为什么出现在爸爸的脑的左侧（图的右边）的肿瘤会影响左半球与右脚之间的交流。

神经学家还告诉我们病变组织不在脑里面。相反，它位于脑和脊髓周围的囊状层。在这份糟心的报告中，这是一个好消息。尽管如此，肿瘤正在长大并给脑造成压力。医生的建议是几周后进行手术治疗。

在这段困难时期，我为我的专业训练感到欣慰。作为一名心理学家，我对脑、脑疾病和治疗有所了解。这使我可以在儿子和心理学家之间来回切换视角。当我想到我父亲的脑正在疾病中挣扎，这种切换可以帮助我处理我自己的情绪。

令人难过的是，手术并没有出现我们希望的奇迹。虽然每年都有成千上万的人接受了脑部手术，很

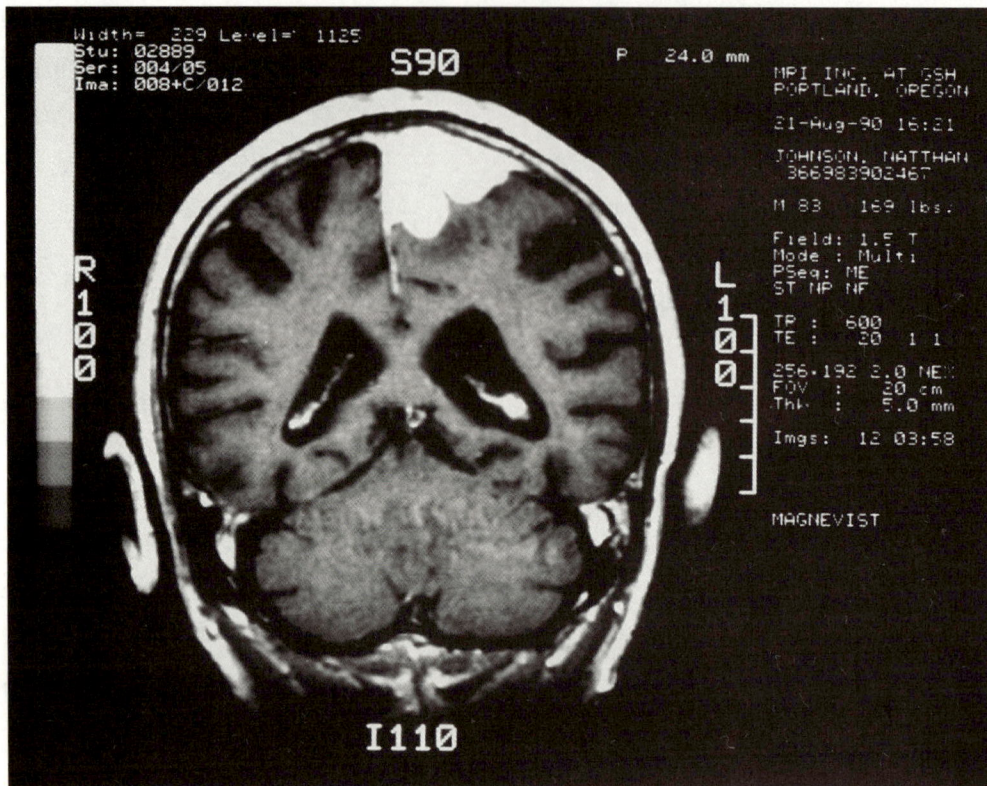

图 2-21　脑肿瘤的 MRI 图

注：这是一张头部的冠状切面图，图中显示脑左侧与右脚相关的脑区有一个很大的肿块。在图的底部，我们可以看到小脑的横切面。从图中我们同样可以看到大脑皮层的褶皱。在图的中央，你可以看到两个脑室（充满脑脊液的空腔），阿尔茨海默病的病人的脑室经常会增大，这里的脑室也有点增大。这张扫描图来自本书作者之一鲍勃·约翰逊的父亲。

多人的生活质量得到了提升，寿命延长了，但是要记得这是在给重症患者进行手术。事实上，手术确实让爸爸有了更多的时间可以陪伴我们。

心理学很有用　• • •

接触式运动和创伤性脑损伤

　　尽管我们的脑具有惊人的能力和可塑性，可以从受伤和疾病中完全或部分康复，但是我们的脑仍然是一个脆弱的器官。它并不总是能够从创伤中恢复过来。近年来，随着接触式运动造成的创伤性脑损伤（traumatic brain injury，TBI）的例子越来越多，公众对脑需要保护的认识也日益增强。

　　一个知名的案例是 2012 年传奇橄榄球巨星朱尼·西沃（Junior Seau）的自杀悲剧。西沃的故事很励志，他是一位坚强又勇猛的球员、一个聪明的商人和一个深受人们爱戴的圣迭戈市民，他致力于帮助高危青年，多年来他付出了沉重的代价来为大家敲响警钟：他的尸检报告显示他患有与脑震荡史有关的慢性脑部疾病。他的前队友纳特罗内·米恩斯（Natrone Means）说："我们是'闻一下嗅盐，醒过来就回到场上去'的一代。"尽管他性格开朗，但是认识他的人都认为，在他的最后几年里，朱尼已经不再是他自己了。他的行为变得越发古怪，失眠困扰着他，并且他做了一系列越来越糟糕的决定。最终，他结束了自己的生命。

令人难过的是，西沃的故事并非单一个案。最近的一项研究查看了美国职业橄榄球联盟运动员的医疗记录，发现大约有 30% 的人曾经历过认知障碍——这个比例明显高于普通人（O'Brien，2014）。不仅仅是橄榄球，从足球到滑雪等运动引起的脑震荡都会造成创伤性脑损伤，而拳击和综合格斗尤为严重。也许最令人不安的是，它也会影响参加接触式运动的儿童和青少年：急诊室每年都要治疗 25 万名参加运动受了脑外伤的年轻人（White House Fact Sheet，2014）。根据美国疾病控制与预防中心的数据，年轻运动员反复脑震荡会导致永久性的脑损伤（CDC's Heads Up Program，Concussion Fact Sheet，2013）。

在布防期间和布防之后，战斗人员也经常会出现创伤性脑损伤。简易爆炸装置的爆炸也会引起脑震荡或 TBI。由于 TBI 是内伤，所以经常被

美国职业橄榄球联盟的超级巨星西沃的自杀悲剧引起了人们对接触式运动造成的创伤性脑损伤的关注。

忽略，退伍军人回家之后却因失眠、头疼、头晕、平衡和注意力问题而苦苦挣扎。然而，这些 TBI 的典型症状是可以被治愈的，只要它们被诊断出来。

幸运的是，专业机构和青年组织开始认真对待 TBI，对脑震荡进行更常规的筛查，努力开发保护性更好的头盔，并对脑震荡给予更严格和更早的治疗。在军队中，大量资源被投入脑损伤的检测和治疗中，以期实现更早和更有效的检测与治疗。这对我们所有人来说都是一个好消息：虽然 TBI 因受伤的士兵和运动员的故事而获得关注，但有更多的人因跌倒或车祸等常见情况而使脑部受伤。加利福尼亚大学神经外科医生格里·曼利（Gerry Manley）指出，许多有 TBI 的人从来没有接受过诊断，因此他们终其一生从感觉到说话，从语言再到认知加工，甚至情绪修复等方面存在长期问题。事实上，每 50 个美国人中就有一个存在 TBI 引起的残疾，每年会花费 770 亿美元的国家医疗保健费用（Norris，2013）。如果你希望获取更多信息，请读者查看脑创伤基金会（Brain Trauma Foundation）的网站和美国疾病控制与预防中心的 HEADS UP 计划。

写一写
提高 TBI 意识

通过他从事的运动或工作和爱好，确定你认识的某个人可能会有 TBI 的风险。使用你学到的知识，写一个简短的说明让他了解 TBI 的症状，你可以用便条或者对话的形式。

批判性思维的应用：左脑与右脑

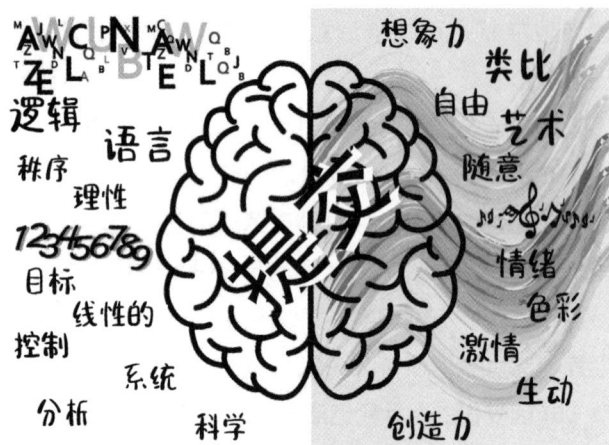

大部分人真具有左脑优势或右脑优势吗？还是真相其实没有那么简单？

你更愿意解一道数学题还是创作一幅画？写一篇学术文章还是编一个故事？根据流行科学的说法，你对这类问题的回答揭示了你是一个"左脑人"还是一个"右脑人"。并且，他们还会鼓励你根据这个信息进行职业选择。这些说法科学吗？

裂脑人研究和脑双侧加工信息的差异已经引起了公众的兴趣。媒体声称左脑是逻辑脑，右脑是情绪脑。这很容易使人得出错误的结论：你的朋友贾马尔偏好分析，他的生活主要依靠左脑；而贾马尔的妻子巴布对别人的情绪更加敏感，她主要依靠右脑来处理生活经历。

伪科学家对此一见钟情，知道这一定会成为一种时尚，他们开设了很多工作坊来帮助那些分析型的人开发他们的"右脑"。在你加入这个特殊潮流之前，让我们深入了解一下这个问题。人们完全属于这一类或那一类这种想法很符合大众的口味，但是事实果真如此吗？神经科学的近期发现能够告诉我们左右脑是如何互动的，以及人们是否具有左脑优势或右脑优势。那么，为了获得这个流行观念的真相，我们需要提出和回答哪些问题？

这个观点是合理的还是极端的？

正如我们本章所了解的，我们依赖单侧脑，而几乎不用另一侧脑的这种说法是一种夸大之词。相反，我们同时使用双侧脑，它们彼此协作。正如我们经常在极端观点中看到的，"左脑还是右脑"的议题过度简化了左右脑差异的科学发现：人们很少能被完全归为二分法中的一类。这个例子很好地说明了诚实的科学发现（例如，本章节提到的左右半球差异的工作）进入流行新闻媒体后往往会被盲目夸大。我们应该始终以合理的、怀疑的态度来理解这些报道，并仔细查看它们的证据。

证据是什么？

正如我们所了解的，两个脑半球的工作风格有所不同，但是两个工作半球的实际差异并没有比它们的相似之处多很多（Banich，1998；Trope et al.，1992）。最重要的，也是那些左右脑追捧者所忽略的，是完整的脑的两个半球始终彼此合作，互为补充，为我们的心理生活做出贡献。

相关结论是否存在被偏差污染的可能？

当我们考虑这个问题时，很容易想到两种偏差。第一个是我们曾提到过的，某些企业通过"贩卖"这种观点赚到了钱，如果这家企业试图让你相信这个观点是真实可靠的，那么这肯定会产生一种明显的偏差。还可能出现情感偏差（emotional bias）。毕竟我们人类喜欢把人和事物归类：它迎合了我们对秩序感的需要，并带给我们解决了复杂问题的满足感。不足为奇的是，我们经常使用类型学来解释人性、特征和行为，具体做法就是把它们归入过度简化的类别中。

我们能够得出什么结论？

除非你有一个分裂脑，否则你左右两侧的脑的能力都会影响你做的任何事情。那么，为什么人们在进行相同任务时有着明显的差异呢？一些人似乎以更加经过分析的、更具逻辑的方式来做事情；另一些人则会采用更直觉的、更情绪化的方式。现在你已经对脑的工作方式有所了解，你明白我们不能简单地用人们使用左脑或右脑来解释这些差异。甚至裂脑人也在使用双侧脑。对此更好的解释是个体经历和脑的生理基础之间的不同搭配。人们之所以存在差异是因为先天和后天的不同组合，而不是因为他们使用了不同的半球。

写一写

使用双侧脑

想想你喜欢做的事情：参加某项运动或者演奏音乐，烹饪或和朋友一起吃饭，学习或购物。现在想象一下花几小时来做这件事，以及在此期间发生的每一个细节。请记下其中的某些事情，并尝试确认这项活动的哪些部分是由你的左脑主导的，哪些部分是由右脑调节的。

本章小结：生物心理学、神经科学和人类天性

本章思考题

通过吉尔的经历，我们了解到了关于我们脑的组织方式和它惊人的适应能力的哪些内容？

- 我们的脑是通过**对侧通路**进行通信的，因此，一侧身体的信息会被对侧的大脑半球加工。
- 脑**可塑性**使我们可以恢复或重塑因疾病损伤或创伤而失去的功能。
- 我们的脑由一组专门的组织结构构成，每一个组织结构都执行某一种任务，但是它们共同合作使我们产生了思想、行为和情感。

基因和行为如何关联
核心概念 2.1

塑造心理过程的根本是进化，因为它选择了那些产生适应行为的遗传变异。

查尔斯·达尔文的进化论将行为解释为**自然选择**的结果。个体间的差异和对自然资源的竞争使最具适应性的行为和最适宜的身体特征得以保存下来。这一原则是人类行为和其他动物行为的基础。

遗传学阐明了自然选择和遗传的生物学基础。我们的**染色体**包含了成千上万个基因，携带着从我们父母那里遗传来的特质。每一个基因都由编码蛋白质的 DNA 片段组成。反过来，蛋白质又充当了有机体的结构

和功能（包括脑功能）的基石。尽管 DNA 在人的一生中保持稳定，但是我们的经历会影响我们的**表观遗传组**，从而对我们的外在表现产生影响。基因研究能够让我们改变自己的基因组成或为我们的孩子选择某一个基因特质。这些新知识使人类面临前所未有的伦理选择。

身体如何进行内部通信
核心概念 2.2

身体的两大通信系统——神经系统和内分泌系统受脑调节，它们通过相似的化学过程与遍布身体的各个目标进行交流。

人体有两大通信系统：**神经系统**和**内分泌系统**。神经元通过对**树突**和**胞体**的刺激接收信息。当充分激发时，神经元沿着**轴突**产生一个**动作电位**。**神经递质**通过**突触**将信息传递给细胞上的受体。**可塑性**使我们的大脑能够依据我们的环境和经历发展出优势能力。

神经系统有两个主要部分：**中枢神经系统**和**外周神经系统**。外周神经系统又包含了**躯体神经系统**（进一步分为感觉通路和运动通路）和**自主神经系统**（与内部器官和腺体进行通信）。自主神经系统的**交感神经**在应激下最为活跃，而**副交感神经**试图将身体维持在一个平静的状态。较慢的内分泌系统的腺体将激素分泌到血液中，与遍布身体的

细胞进行通信。内分泌系统的活动由**垂体**控制，垂体位于脑的底部，它接收来自下丘脑的指令。作为**兴奋剂**或**拮抗剂**，精神类药物通过影响神经递质的作用来影响神经系统。对服用精神药物的人来说，不幸的是，许多脑内的神经通路使用相同的神经递质，从而导致了不良的副作用。

脑如何产生行为和心理过程
核心概念 2.3

脑由许多专门化的模块构成，它们一起工作创造出了心理和行为。

现代社会，研究人员使用 EEG 来感知脑的电活动，从而揭开了脑的神秘面纱。近年来，计算机技术又催生了多种脑部扫描技术，例如，CT、PET、MRI 和 fMRI，每种技术都有其优缺点。我们可以将人脑看成具有三层组织结构的器官。**脑干**和相关组织结构（包括**延髓**、**网状结构**、**脑桥**、**丘脑**和**小脑**）控制许多基本身体功能，同时影响警觉性和运动。**边缘系统**（包括**海马**、**杏仁核**和**下丘脑**）在动机、情绪和记忆等方面起关键作用。**大脑皮层**包含高度专门化的模块。**额叶**控制包含言语在内的运动功能和高级心理功能。**顶叶**负责感觉（特别是触觉和身体位置的感觉），以及对言语的理解。**枕叶**专门负责处理视觉，而**颞叶**有多种作用，包括面孔识别、听觉和嗅觉。虽然脑的各种功能是分别位于专门模块之中的，但是它们通常可以无缝合作：每一个心理和行为过程都需要多个脑网络的协调和合作。**联合皮层**将大量原始数据整合成连贯的知觉。

虽然脑的两半球相似多过差别，但二者仍各有特长。语言、分析思维和积极情绪主要由左半球的神经回路负责。右半球专门负责空间理解、视觉记忆和音乐记忆，以及消极情绪。两个半球的沟通通过**胼胝体**完成。如果一个人的两个脑半球通过手术被分开了，就像裂脑人的胼胝体被切开那样，那么这个人就会出现双重意识。因为单侧身体的感觉和运动都与对侧脑相联系，因此一侧脑"看见"物体的裂脑人只有用联结着同侧脑半球的手去触摸，才能定位这个物体。

批判性思维的应用：左脑与右脑

流行科学根据人们是偏好分析还是偏好直觉将他们分为左脑人和右脑人。然而，仔细分析**半球专门化**（hemispheric specialization）的证据之后，我们会发现这种二分法过于简单了。

本章视频导读，
请扫描二维码观看。

感觉与知觉是我们与外部物质世界联系的大门。

感觉系统让我们可以感受物体的单一属性，通过看、听、嗅、吃、摸等与外界交互，并在交互中感知世界，形成我们的视觉、听觉、嗅觉、味觉、触觉等感受。感觉有多重要呢？我们可以反过来想一下，如果完全看不到（听不到、闻不到……）会怎么样？这样大家就彻底理解了。即使是大家避之唯恐不及的痛觉，也有它的用处，它至少可以让我们远离危险。

但话说回来，感觉的结果并不是那么泾渭分明的。"江流天地外，山色有无中"这样的感受是完全正常的。本章的感觉阈限和信号检测论等内容会帮助我们理解那些"依稀仿佛"的感觉。

知觉则侧重于理解物体的整体属性，还受我们的知识和经验的影响。即使我们想保持冷静，尽量客观地观察这个世界，但最终的观察结果仍会不可避免地被打上我们个人的烙印。从出生开始，我们就逐渐戴上了个性化的有色眼镜（助听器……），而且一旦戴上就几乎终生无法取下来。

那么，问题就来了。我们每个人看到的、听到的都一样吗？值得庆幸的是，大多数人的感觉都是相似的，因此我们可以彼此交流我们在这个五光十色的世界的体验。但是个体差异总是存在的。所以同一种味道，有人说是酸的，有人说是甜的。同一种颜色，有人说是蓝的，有人说是绿的。

也许有人已经发现，如果说知识和经验影响知觉，那么假设能影响和操纵其他人的知识和经验，这不就意味着能影响和操纵别人的知觉吗？本章的阈下知觉部分将讨论这方面的有趣内容。

在这一章里，我们还能学到很多有关感知觉的心理学知识，包括各个感觉系统的工作机理，影响感知觉的各种因素。大家如果想尽快了解，可以先浏览本章最后的小结部分，在这里就不一一赘述了。

最后，感恩我们的感官系统和我们的大脑，让我们的生活有声有色，多姿多彩！

禤宇明
中国科学院心理研究所副研究员

03

第三章

感觉与知觉

本章译者：禤宇明

克劳德·莫奈（Claude Monet）的《罂粟花田》（*Coquelicots*）的闪烁效果源于视觉系统的一个奇妙特性，这一章将对此做出解释。

核心概念

3.1 大脑以间接的方式感觉世界，因为感觉器官将刺激转化为神经系统的语言：神经信息。

3.2 不同感觉的工作方式基本相同，但每一种感觉会各自提取不同的信息，并将其发送到大脑中各自的专门加工区域。

3.3 知觉赋予感觉以意义，因此知觉产生的是对世界的解释，而不是对世界的完美表征。

你能想象如果你再也看不到色彩斑斓，只看到黑色、白色和灰色，你的世界会是什么样子吗？65岁的纽约人乔纳森·I.（Jonathan I.）就经历了这么离奇的感觉丧失。由于车祸，乔纳森大脑中负责颜色信息加工的区域受到了损伤。神经学家奥利弗·萨克斯在1995年出版的《火星上的人类学家》（*An Anthropologist on Mars*）一书中详细描述了乔纳森这个病例的细节。

起初，乔纳森连字母都忘记了，这些字母看起来就像是一堆毫无意义的符号。但是，5天后，他的阅读障碍消失了。不过，他永久丧失了色觉，这种疾病被称为脑色盲（cerebral achromatopsia）。奇怪的是，乔纳森也失去了对颜色的记忆，例如，他再也想不起来"红色"曾经的样子。

正如你所料，生命中的这个转折让乔纳森变得沮丧起来。他的职业让这个问题更加严重。乔纳森是一位画家，他的谋生手段就是以生动的色彩来表现他对世界的视觉形象。现在整个色彩世界都消失了，一切都那么单调，像是"铅铸的"一样。他看自己的画作时，以前会觉得那些画充满了特殊意义和情感联想，但他现在能看到的只是画布上陌生的、毫无意义的物体。

尽管如此，乔纳森的故事还是有一个算得上幸运的结局，这揭示了人类精神的韧性。乔纳森后来成了一名"夜行侠"，他在夜间旅行和工作，并与其他夜行人士交往。（在本章中，我们将会看到，良好的色觉取决于明亮的照明，如日光；大多数人的色觉在黑夜里没有那么敏锐。）他也开始意识到，他现在的视力其实非常好，能够在夜间看清四个街区以外的车牌。乔纳森开始把自己对色觉的"丧失"重新理解为一种"礼物"，因为他不再为颜色而分心，所以可以更加专注于形状、形式和内容。最后，他转为只画黑白画。评论家们称赞他的事业成功地进入了"新的阶段"。他还成了一个熟练的雕塑家，尽管他出事前从未尝试过做雕塑。因此，随着乔纳森的色彩世界的消失，在他对环境中的人、物体和事件的知觉中诞生了一个"纯粹形式"的新世界。

我们能从乔纳森的经历中学习到什么呢？他不寻常的感觉丧失告诉我们，我们对周围世界的看法依赖于一个加工传入信息的复杂感觉系统。换句话说，我们不是直接体验世界，而是通过一系列我们称之为感觉的"过滤器"来体验世界。通过研究这种感觉丧失的案例，心理学家们已经了解到很多感觉加工系统的工作机制。而且，在更个人化的层面上，像乔纳森这样的案例研究让我们可以暂时脱离自己的经验，更清楚地看到人类在面对灾难性损失时的韧性。

乔纳森的案例也引发了一些更深层的问题。许多情况都会对视力，特别是对颜色知觉的能力造成干扰，例如，导致眼睛、视神经或大脑的异常。但乔纳森的色觉丧失也迫使我们问这样的一个问题：颜色是否存在于我们之外的世界，或者说颜色是否可能只是我们大脑的产物？

这样的问题乍一看似乎荒谬至极。但如果我们再深入思考，就会觉得颜色，甚至所有的感觉都是大脑的产物。然而，更深刻的问题可能是：

> **本章思考题：**
> 有没有办法判断我们头脑中"看到"的世界是否与外部世界相同？我们所看到的世界是否和其他人一样？

本章将向你展示心理学家是如何解决这些问题的。本章还将在大脑结构的基础上，引领我们在逻辑上往前迈一步，即说明外部世界的信息是如何进入大脑的，以及大脑是如何理解这些信息的。

感觉与知觉

虽然将我们与外界联系起来的信息加工过程非常私密，而且延伸到大脑深处，但我们将从最外面开始，即从感觉器官开始我们的这一章。这是**感觉心理学**（sensory psychology）的领域。我们把**感觉**（sensations）简单定义为一个加工过程，通过这个过程，受刺激的感受器（如眼睛或耳朵）在大脑中产生一种神经信息模式来代表刺激，从而使我们产生对刺激的最初体验。需要记住的一个要点是，感觉涉及将刺激（如针刺、声音或闪光）转换成大脑可以理解的形式（神经信号），就像手机将电子信号转换成你能听到的声波一样。

心理学家主要从**生物学的视角**（biological perspective）研究感觉。我们将看到，在一些非常基础的方面，心理学家发现我们所有的感觉器官都非常相似。所有的感觉器官都把物理刺激（如光波或声波）转化为神经信号，从而产生感觉，例如，对光或声音的体验。在本章中，你将学习我们如何感觉颜色、气味、声音、质地和味道。在本章的最后，你会知道为什么西红柿和酸橙有不同的颜色，为什么被针刺的感觉不同于抚摸，为什么眼见不一定为实。

幸运的是，在大多数情况下我们的感觉体验是非常可靠的。因此，你看到朋友的感觉通常会立即被清晰、准确地记录下来。然而，和其他生物一样，我们人类也有感觉局限性。事实上，我们缺乏许多其他物种具备的出色的敏锐感觉：鹰的视觉、蝙蝠的听觉、啮齿动物的嗅觉，或者候鸟对磁场的敏感。

那么，我们人类有什么长项吗？有。我们人类所进化出的感觉器官让我们能够加工的感觉输入比其他任何生物都更复杂多样。

但感觉只是故事的一半。我们这一章的最终目的地，不是感觉，而是令人惊奇的**知觉**（perceptions）

这些北极燕鸥利用地球磁场来绘制它们的迁徙图，它们每年迁徙 70 811 千米，从格陵兰岛飞至南极洲！

领域。我们将在知觉领域揭示将意义和个人意义附加到进入我们大脑的感觉信息的心理过程。**知觉心理学**（perceptual psychology）将帮助你理解我们是如何把一系列的音调组合成熟悉的旋律，或者把形状和阴影拼成熟悉的面孔的。更概括地说，我们把知觉定义为一种对传入的感觉模式进行阐释和赋予意义的心理过程。因此，知觉产生了对感觉的解释。

知觉回答了这样一些问题，例如，我看到了什么，是西红柿吗？我听到的声音是教堂的钟声还是门铃声？这张面孔是我认识的人吗？直到最近，心理学家主要还是从认知的视角来进行知觉研究。现在，大脑扫描为大脑的知觉过程打开了新的"窗口"，而神经科学家们也加入进来寻找知觉的生物学解释。

你会看到，感觉的边界会模糊成为知觉的边界。知觉本质上是对感觉的解释和阐述。从这些术语来看，感觉只是指加工刺激的最初步骤。现在需要我们注意的，正是这些最初的感觉步骤。

关键问题：
刺激如何变成感觉

核心概念 3.1

大脑以间接的方式感觉世界，因为感觉器官将刺激转化为神经系统的语言：神经信息。

一场雷雨即将来临，你感到空气中的电荷让你毛发竖立。你先看到了闪电，一瞬间，你又听到了雷声。闪电就在附近，当它在空气中滋滋作响的时候，你闻到了闪电后留下的臭氧的味道。你的感觉在警告你：危险！

我们的感觉还有其他适应功能。它们通过引导我们接受特定刺激物（例如，提供营养美味的食物）来帮助我们生存。我们的感觉也会帮助我们找到伴侣，寻求庇护，认识朋友。而且，我们的感觉也为我们提供了在音乐、艺术、体育、食物和性之中找到乐趣的途径。

感觉是如何做到这一切的？完整的答案相当复

杂，但这里面涉及一个适用于整个感觉领域的优雅而简单的观点：我们对世界的感觉印象涉及刺激的神经表征（neural representations），而不是实际刺激本身。核心概念是：

> 大脑以间接的方式感觉世界，因为感觉器官将刺激转化为神经系统的语言：神经信息。

大脑从不直接接受外界的刺激。它对西红柿的体验与西红柿本身不同，尽管我们通常认为两者是相同的。大脑也不能接受日落的光线、不能"伸手"触摸天鹅绒、不能吸入玫瑰的芬芳气味。相反，它必须依赖于作为中介的感觉系统的二手信息，而该系统只传递编码过的神经信息。大脑必须从这个二手信息中产生自己的体验（见图 3-1）。正如只有手机把电子能量转化为声音，你才能听到电话信息一样，你的大脑需要它的感觉系统将外界的刺激转化为它能加工和理解的神经信号。

为了更深入地理解外界刺激如何变成大脑的感觉，我们需要思考所有感觉的三个共同属性：转导、感觉适应和阈限。这些属性决定了哪些刺激会真正成为感觉，这种感觉的质量和影响如何，以及这种感觉是否会引起我们的兴趣。例如，这些属性决定了一个在感觉系统登录的西红柿是否足够引人注意并能进入我们的意识，它的颜色和形状是什么，以及它吸引我们注意的程度。

3.1 转导：把刺激变成感觉

学习目标：
解释转导的概念。

令人难以置信的是，基本的感觉，例如，西红柿的红色和味道，还有乔纳森在事故发生前所能看到的颜色，完全是感觉器官和大脑的产物。但请记住，所有与大脑的感觉交流都是以神经信号的形式通过神经元进行的：神经元不能传递光、声波或任何其他外部

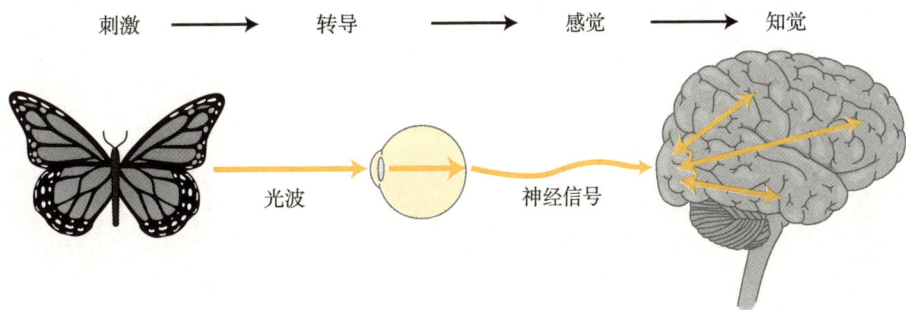

刺激 → 转导 → 感觉 → 知觉

光波　　神经信号

图 3-1 刺激变成知觉

刺激。因此，从西红柿上反射出来的光从来没有真正到达大脑。事实上，入射光只能传播到眼睛后部。在那里，它所包含的信息被转换成神经信息。同样，表示味觉的化学物质也只能到达舌头，而非一直到达大脑。

在所有的感觉器官中，感觉感受器（如眼睛和耳朵）的工作就是将传入的刺激信息转化为电化学信号，即神经活动，这是大脑唯一能理解的语言。正如乔纳森的案例所表明的，只有在神经信号到达大脑皮层时，才会产生诸如"红""甜""冷"等感觉。整个感觉过程看起来如此直接，以至于我们可能会愚蠢地

认为红是西红柿的特征，或者冷的感觉是冰淇淋的特征。但它们不是！（你可以通过"试一试"栏目"光幻视表明你的大脑产生了感觉"中的演示来发现不需要光就可以产生光的感觉。）

心理学家使用术语"转导"（transduction）来描述将物理刺激（如光波或声波）携带的信息转化为神经信息的感觉加工过程。当感觉神经元检测到物理刺激（如吉他弦振动产生的声波）时，转导就开始了。当适当的刺激到达某个感觉器官时，它会激活被称为**感受器**（receptors）的特殊神经元，而感受器则将它们的兴奋转化为神经信号并做出反应。这一工作方式，大致类似于条形码阅读器（实际上它只是一个电子接收器）将糖果条上的一系列线条转换成计算机可识别的与价格匹配的电子信号。

在我们自己的感觉系统中，神经脉冲携带的感觉事件的代码形式可以让大脑做进一步的加工。这种携带信息的信号从感受器细胞沿感觉通路（sensory pathway）开始传播，通常会通过丘脑（thalamus）到达大脑中加工特异感觉的区域。然后，从来自这些通路的编码神经脉冲中，大脑提取有关刺激基本性质的信息，如强度、颜色和运动。不过，请记住，刺激本身终止于感受器，唯一流入神经系统的是神经冲动携带的信息。

现在让我们回到本章开头提出的问题：如何判断我们在头脑中"看到"的世界是否与外部世界相同，以及我们所看到的世界是否和其他人一样？转导的概念给了我们部分答案。因为我们并不直接看见（听见、闻到……）外部世界，我们感觉到的是由感觉感受器和大脑创造的外部世界的电化学再现。打个比方，就像数码摄影把某个场景先变成电子信号，再变成纸上的墨滴一样，感觉过程把外部世界变成了大脑中的神经冲动模式。

试一试 ⟹ 光幻视表明你的大脑产生了感觉

知觉心理学中最简单的概念之一（也是大多数人最难掌握的）：大脑及其感觉系统创造了你所感觉到的颜色、声音、味道、气味、质地和疼痛。你可以通过以下方式向自己演示这一点（见图3-2）。

闭上眼睛，用手指轻轻按压一只眼睛的内眼角。在你视野的另一边，你会"看到"一个由手指的压力（而不是光）引起的图案。这种光感是光幻视，是压力愚弄你的视觉系统而产生的视觉图像，而压力刺激视神经的方式与光的刺激方式大致相同。有时在脑部手术中进行对枕叶的直接电刺激，也可以达到同样的效果。这表明光波对光的感觉不是绝对必要的。因此，对光的感觉体验必然是大脑的产物，而不是外部世界物体的特性。

光幻视也可能有一些实用价值。几个实验室正在研究，如何利用由摄像机产生的被发送至枕叶皮层的刺激而造成的光幻视为失明的人创造视觉感觉（Wickelgren，2006）。另一个正在开发的有前景的方法是用电子芯片替换视网膜的一部分（Boahen，2005；Liu et al.，2000）。不过，需要说明的是，这项技术还处于起步阶段（Cohen，2002；U.S. Department of Energy，2013）。

光感

图 3-2　如何产生光幻视

3.2 阈限：感觉的边界

学习目标：

解释阈限的概念以及阈限如何影响感觉。

- 生物体能检测到的最弱的刺激是什么？
- 灯光可以有多昏暗却仍然可见？
- 音乐可以有多轻柔却依然可闻？

这些问题涉及不同类型刺激的**绝对阈限**（absolute threshold），也就是产生感觉体验所需的最小物理能量。在实验室里，心理学家给出了阈限的一个操作性的定义，指出在许多试次中，有一半试次可以准确检测到刺激的强度。阈限因人而异。因此，如果你把一颗微弱的恒星指给朋友看，他说他看不见，那么这颗恒星的亮度就高于你的绝对阈限（你能看到），但低于你朋友的阈限（他看不见）。

随着强度的增加，微弱的刺激不会突然变得可以被检测出来。由于检测到和没有检测到之间的界限模糊，一个人的绝对阈限其实不是绝对的！事实上，它会随着我们的精神警觉性和身体状况而不断变化。旨在确定各种刺激阈限的实验是心理学家们最早进行的研究之一，他们把这个研究领域称为心理物理学。表3-1列举了大家熟悉的一些自然刺激的典型绝对阈值。

我们可以通过下面的想象实验来说明另一种阈限。假设某天晚上你不在学习，在看电视放松，而你的室友正忙着准备明天的考试。你的室友让你"小声点"以避免分心。你觉得你应该降低音量，但其实又真心希望音量可以保持不变。在保持声音清晰可闻的同时，你能降低多少音量来证明你的善意？你做出这种判断的能力取决于你的**差别阈限**（difference threshold，也称为**最小可觉差**，just-noticeable difference，

表 3-1　五种感觉的大致感觉阈限

感觉	检测阈限
视觉	在晴朗、漆黑的夜晚，48 千米外的烛光
听觉	在 6 米外安静的房间里的人的呼吸
嗅觉	弥漫在一间三居室的公寓里的一滴香水
味觉	在 7.6 升水里放的一茶匙糖
触觉	蜜蜂的翅膀从 10 毫米的高处落到你的脸颊上

或 JND），这是一个人可以在 50% 的试次里能可靠检测到的两个刺激之间最小的物理差异。

尽管你把音量调小了一点，你的室友可能还是会抱怨："我听不出任何差别。"你的室友之所以这样说，是因为音量的变化与他或她的差别阈限不匹配。通过逐渐降低音量，直到你的室友说"可以了"，你就算找到了能够维持你们和平相处的差别阈限了。

关于人类刺激检测的机制，对不同感觉的不同阈限的研究已经得到了一些有趣的见解。结果表明，当刺激强度较高时，差别阈限总是较大；当刺激强度较低时，差别阈限总是较小。心理学家将差别阈限的大小与刺激强度成正比的现象称为**韦伯定律**（Weber's law）。上述调节电视音量的案例，韦伯定律能告诉我们什么呢？一方面，如果你已经把音量调得很高，你就得把音量调低不少，这样差别才明显。另一方面，如果你已经把音量设得很低了，那么对你的室友来说一个微小的调整就足够明显了。同样的原则适用于我们的所有感觉。知道了这一点，你可能会想到，举重运动员能注意到在轻的重量上添加小的重量的差异，但对于重的重量，就需要增加更重的重量才能让运动员觉察出来。

这一切对于我们理解人类的感觉意味着什么？一般的看法是：我们天生就能够检测刺激的变化和刺激之间的关系。你可以在"试一试"版块中看到这一点。

试一试 ➠➠➠ 感觉关系的一个启发性演示

在这个简单的演示中，你将看到亮度变化的检测是相对的，而不是绝对的。请先找一个装有

等瓦数增量灯泡的三向灯，例如，50、100、150瓦的白炽灯泡（瓦数与亮度密切相关），之后，在

一间黑暗的屋子里，打开 50 瓦的灯，相对于黑暗，你的感觉一般是，亮度像是大幅增加。下一步，将开关从 50 瓦改为 100 瓦：亮度像是也有很大的增加，却不会像当初在黑暗中开灯时增加的那样多。最后，从 100 瓦切换到 150 瓦。为什么最后从 100 瓦增加到 150 瓦的这 50 瓦的功率，看起来只是稍微亮了一点？

你的视觉系统不会给你一种绝对的亮度感觉；相反，它提供了有关相对变化的信息。也就是说，它将刺激的变化与背景的变化进行比较，将从 100 瓦到 150 瓦的变化解释为只是 50% 的增加（在 100 瓦上增加 50 瓦），而之前则是 100% 的增加（在 50 瓦上增加 50 瓦）。这说明了你的视觉系统是相对地而不是绝对地计算感觉关系，你的其他感觉本质上也是如此。

3.3　信号检测论

学习目标：

解释信号检测论如何增进我们对感觉的理解。

信号检测论（signal detection theory）能使我们对绝对阈限和差别阈限有更深入的理解（Green & Swets，1966）。信号检测论最初是针对工程电子传感器发展出来的，它使用相同的概念来解释设备（如电视机）和人类感觉（如视觉和听觉）对刺激的电子感应。

根据信号检测论，感觉取决于刺激、背景刺激和检测器的特性。因此，你接收到的刺激（例如，教授的讲座）的质量，取决于背景中是否存在竞争刺激，例如，附近笔记本电脑的键盘敲击声，或者你是不是在对某位同学想入非非。它还取决于你的"探测器"，即你的大脑的状况——它是因为一杯浓咖啡而变得兴奋，还是因为药物或睡眠不足而变得迟钝。

信号检测论也能帮助我们理解为什么阈限会变化，例如，为什么在某个试次你可能会注意到某个声音，而在下一试次则不会。经典的阈限理论忽略了接收者的身体状况、判断或偏见的影响。因此，在经典的**心理物理学**（psychophysics）中（在信号检测论出现之前，刺激、阈限和感觉经验的研究被这样称呼），如果信号的强度超过一个人的绝对阈限，它就会被感觉到；如果低于绝对阈限，它就会被错过。在现代信号检测论看来，感觉不是简单的"有或无"的经验，而是信号被准确检测和加工的概率。

那么，信号检测论为心理学提供了哪些经典心理物理学中缺失的东西呢？其一为人类判断的可变性；其二涉及信号发生的条件。信号检测论认为，观察者的生理和心理状态总是在不断变化，必须将感觉体验与不断变化的期望及生物条件进行比较。当某样东西在你睡着后"在夜里突然出现"时，你必须判断它是你的猫，还是一个侵入者，或者只是你的幻想。但你的判断取决于一些因素，例如，你的听力的敏锐度、你期望听到的声音，以及背景中的其他噪声。通过考虑影响刺激检测的不同条件，信号检测论提供了比经典心理物理学更准确的感觉描述。

在战斗环境中，信号探测得到加强，因为士兵们能预料到自己会遇上危险，所以有很强的动机去注意危险，并且他们对危险迹象的感觉会随着经验的积累变得更加敏锐。

心理学很有用 ● ● ●

感觉适应

如果你曾经在大热天跳进一个凉爽的泳池，你就能知道感觉会受到变化的影响。事实上，我们的刺激探测器的一个主要作用是觉察外部世界的变化——一道闪光、一片溅起的水花、一声雷鸣、一头逼近的狮子、一根针的刺痛，或者一块调味酱的浓香。因此，我们的感觉器官就是变化探测器。它们的感受器专门收集新的和不断变化的事件的信息。

如果不是因为我们的感觉系统的适应能力，传入的大量感觉信息很快就会淹没我们。**感觉适**应（sensory adaptation）是指感觉系统对持续刺激的反应不断减弱，就像你适应了在冷水中游泳的感觉一样。事实上，一方面，任何不变的刺激通常都会转移到我们意识的背景中，除非是非常强烈或痛苦的刺激。另一方面，刺激的任何变化（如门铃响）也都会立即引起你的注意。

顺便说一句，感觉适应解释了经常在商店里播放的背景音乐为什么如此容易被人遗忘：这些背景音乐都是被精心选择和筛选过的，避免在音量或音高上出现任何大的变化，以免分散人们对商品的注意。另外，你明白为什么在学习的时候听你最喜欢的音乐不是个好主意了吗？

写一写

为什么需要转导

解释为什么转导是刺激转化为感觉所必需的。

> **关键问题：**
> **不同感觉有什么相同之处和不同之处**
>
> 核心概念 3.2
>
> 不同感觉的工作方式基本相同，但每一种感觉会各自提取不同的信息，并将其发送到大脑中各自的专门加工区域。

视觉、听觉、嗅觉、味觉、触觉、痛觉、本体觉：在某些方面，所有这些感觉都是相同的。我们已经知道它们都能将刺激能量转化为神经脉冲。它们对变化刺激比对恒定刺激更敏感。它们都为我们提供了关于世界的信息，这些信息具有生存价值。**但是它们有什么不同呢？**

除了痛觉，每种感觉都会产生不同形式的刺激能量，并将其提取的信息发送到大脑的不同部分。不同感觉的这些对比引导我们找到这一学习阶段的核心概念：

> 不同感觉的工作方式基本相同，但每一种感觉会各自提取不同的信息，并将其发送到大脑中各自的专门加工区域。

这样的结果是，**不同感觉的产生是因为大脑的不同区域接收了信息。**你是听到钟声还是看到钟最终取决于大脑的哪个部分加工了输入。我们将通过依次观察每种感觉来探索这一切是如何运作的。首先，我们将聚焦于视觉系统，看看它是如何将光波转化为颜色和亮度的视觉感觉的。视觉是我们最了解的感觉。

本部分导读：

3.4 解释视觉系统如何对光进行加工，并形成视觉感受。

3.5 解释听觉系统是如何产生声音的。

3.6 解释本体觉、运动觉、嗅觉、味觉、皮肤感觉和痛觉等感觉是如何工作的。描述视觉和听觉的相似性。

3.7　关于大脑的感觉加工机制，解释联觉教给我们什么。

3.4　视觉

学习目标：

解释视觉系统如何对光进行加工，并形成视觉感受。

拥有良好视力的动物具有巨大的生物学优势。这一事实成为进化的动力，使视觉成为人类和大多数其他频繁活动的生物最复杂、最发达、最重要的感觉。良好的视觉帮助我们发现所期望的目标、威胁和物理环境的变化，并有助于我们对行为做出相应调整。那么，视觉系统是如何做到这一点的呢？

3.4.1　视觉解剖：神经系统如何对光进行加工

你可能认为眼睛类似于"摄像机"，大脑用它来拍摄世界的动态图像（见图 3-3）。

就像照相机一样，眼睛通过晶状体聚集光线，将其聚焦，然后在眼睛后部的视网膜（retina）上形成图像。顺便说一下，晶状体会将图像左右翻转且上下颠倒。（因为视觉非常重要，这种视觉翻转可能影响了大脑的结构，所以大脑的感觉加工区域往往保持了这种翻转。因此，大部分来自感觉器官的信息会传递到大脑的对侧。同样，身体在大脑感觉区的"地图"通常是翻转和颠倒的。）

但是，数码相机只是简单地形成一个电子图像，而眼睛形成的图像会在大脑中得到进一步的加工。眼睛的独有性使眼睛不同于其他感觉器官的地方在于它能从光波中提取信息（光波是一种电磁能量）。然后，眼睛将光的特性转化为大脑可以加工的神经信号。这种信号转导发生在视网膜上，视网膜是眼睛后部的感光细胞层，其作用很像数码相机中的感光芯片。

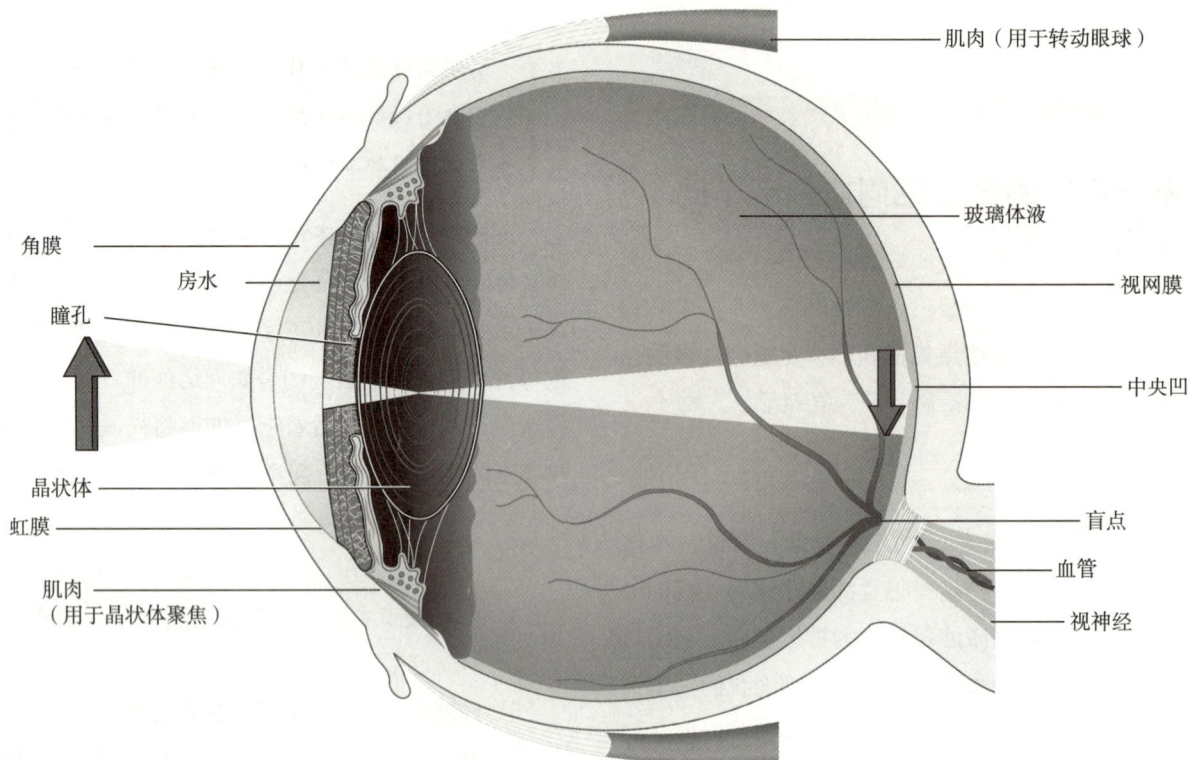

图 3-3　人眼的结构

而且，和照相机一样，眼睛也会出错。例如，"近视"者的晶状体把图像聚焦在视网膜的前方；而"远视"者的焦点延伸到视网膜的后面。如果没有矫正镜片，两种情况下的图像都不清晰。

视网膜的真正工作由称为光感受器（photoreceptors）的感光细胞完成，其工作原理与数码相机中的微小像素感受器非常相似。这些光感受器由两种不同类型的特殊神经元组成，即视杆细胞（rods）和视锥细胞（cones），它们吸收光能并通过产生神经信息做出反应（见图3-4）。但是为什么有两种感光细胞呢？

因为我们有时在接近黑暗的环境下工作，有时在明亮的光线下工作，所以我们进化出两种处理器类型——两种以形状命名的不同的感受器细胞类型。有1.25亿个微小的视杆细胞，它们负责"暗视觉"，即它们能在夜间探测到低强度的光，但它们无法做出细微的区别，所以无法引起我们对颜色的感觉。视杆细胞能让你在黑暗的电影院里找到座位。

在更明亮的光线下，700万个视锥细胞的工作就是对色觉进行必要的精related区分。视锥细胞专门用来探测我们感觉到的蓝色、红色或绿色光波。在良好的光线下，我们可以用这些视锥细胞来区分成熟的西红柿（感觉为红色）和未成熟的西红柿（感觉为绿色）。视锥细胞集中在视网膜中心一个叫作中央凹（fovea）的小区域，该区域赋予了我们最敏锐的视觉。随着眼球的运动，我们用中央凹来扫描我们视觉上感兴趣的任何东西，例如，一张面孔或者一朵花的特征。

视网膜也含有对物体边缘和边界敏感的感受器细胞；其他细胞对光、影和运动做出反应（Werblin & Roska，2007）。然而，视网膜中还有两种重要的细胞对光没有直接反应。最近发现的米勒细胞（Müller cells）是一种漏斗状的胶质细胞（glial cells），它将光线通过视网膜层传导到眼睛后部感光的视杆和视锥细胞（Franze et al.，2007）。需要注意的是，光到达光感受器后，它在视觉系统里的旅程就到此为止了。在那

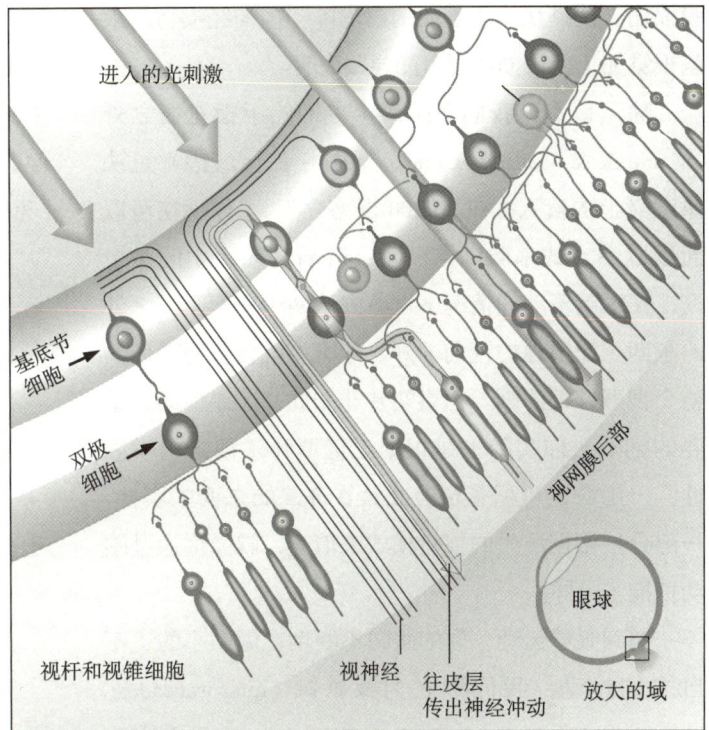

图3-4 视网膜上光的转导

里，视杆和视锥将光转化为电化学信息，通过视神经传递到大脑。

把视觉信息传递给大脑

双极细胞（bipolar cells）从视网膜的数百万光感受器（视杆细胞和视锥细胞）收集信息，并将其传送给视网膜神经节细胞（retinal ganglion cells），就像航空枢纽从许多地区机场汇集乘客并将其运送到其他目的地一样。神经节细胞的轴突捆绑在一起构成视神经（optic nerve），将视觉信息从眼睛传输到大脑（见图3-3和图3-4）。

奇怪的是，每只眼睛的视网膜上都有一小块区域，是每个人都有的盲区，因为那部分视网膜没有感光细胞。这个盲点（blind spot）位于每只眼睛的视神经出口处，结果在视野中形成一个小孔。你不会因为有盲点而失明，因为一只眼睛错过的东西会被另一只眼睛记录下来，大脑会用与背景匹配的信息"填补"这个点。你可以按照"试一试"栏目中的说明找到自己的盲点。

应该澄清的是，我们称之为失明的视力障碍可能有许多原因，这些原因通常与盲点无关。例如，视网

膜损伤、使晶状体不透明的白内障、视神经损伤或大脑视觉加工区域损伤都可能导致失明。

除了盲点，我们在距离中央凹的手指宽度之外（Macknik & Martinez-Conde，2014）的区域内都是法律意义上的盲人（在 20/200 视力之下）。你现在可以通过以下方式来验证这一点：盯着这句话中的某个词，在眼睛不动的情况下试着去读两边一两个词之外的东西。如果你的视力很好，你可能就会觉得我们的整个视野都很清晰。但事实并非如此。这是你的大脑耍的把戏！你实际上是根据记忆填补了视野的模糊性，一部分是根据你认为应该在那里的东西来填补，一部分是根据场景的视觉模式来填充，就像你通过眼动扫描了一样。

说到眼球运动，你的眼睛不断地在做微小的、不自主的运动，我们称之为 微眼跳（microsaccades）（Martinez-Conde & Macknik，2011）。为了弄清这些微小运动对我们的影响，科学家们在 20 世纪 50 年代进行了一项实验，他们成功地将图像完全静止在视网膜上。（他们使用了隐形眼镜，并配上一个非常小的投影仪。）结果发现，以这种方式保持稳定的图像似乎时隐时现。最近的实验还表明，当观看某些视觉图像时，微眼跳会让我们在没有运动的时候感知到运动（见图 3-5）。

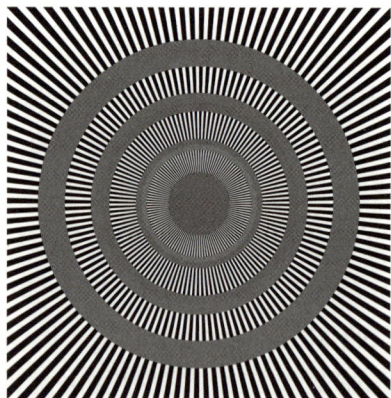

图 3-5　运动错觉

注：这幅由伊西娅·莱万特（Isia Leviant）创作的艺术作品《谜》（*The Enigma*），展示了所谓的"微眼跳"（持续的微小眼球运动）是如何让我们在静止的图像中产生运动错觉的。静止图像中根本没有真正的运动。

试一试　➡➡➡　找到自己的盲点

"盲点"指视网膜上的某个地方，在该处视网膜上的神经元聚集在一起，从眼球中穿出来形成视神经。此处的视网膜上没有感光细胞。因此，你在视野的这个小区域是"盲"的。下面的演示将帮助你确定这个盲点在你的视野中出现的位置（见图 3-6）。

$

银行

图 3-6　"丢钱"

演示 1

与图像保持一臂的距离（或者，如果你在大屏幕上观看的话，把你的眼睛移近一点）。然后闭上你的右眼，把左眼固定在"银行"的图形上。保持右眼闭上，慢慢靠近图像。当它在 15~30 厘米处（取决于屏幕上图像的大小），并且美元符号处于你的盲点上时，美元符号会消失。但你不会在视野中看到一个"洞"。相反，你的视觉系统会用背景中的信息来填充缺少的区域。你把钱"丢"了！

演示 2

大脑会用适当的背景填充视野中缺失的部分。为了让你自己相信这一点，再次闭上右眼，将注意力集中在图中十字架上（见图 3-7）。再次，保持右眼闭上，当左眼将注意力集中在十字架上时，向图像靠近。这一次，线中的空隙将消失，并用两边的线的延续来填补。这表明你在盲点看到的东西可能并不存在!

图 3-7　填补空白

3.4.2　大脑中的视觉感觉加工

我们用眼睛看,但看见东西的是大脑。换句话说,一个叫作**视觉皮层**(visual cortex)的特殊大脑区域通过视神经从眼睛输入的信息产生视觉图像(见图 3-8)。正如我们所看到的(可以这么说),视野中物体发出的光将图像投射到眼睛的视网膜上。现在请注意两件重要的事情:第一,眼睛的晶状体反转了视网膜上的图像,所以左边的所有东西都落在视网膜的右边,右边的所有东西则都落在了视网膜的左边(图 3-8 将帮助你直观地看到这一点);第二,视觉系统分离来自每只眼睛的视网膜图像,使来自每只眼睛的部分图像传到大脑的另一侧(注意视觉通路的分支如何在**视交叉**处交叉)。

因此,出现在**双眼视野左侧**的物体(图 3-8 中的男子)被发送到**右**半球的视皮层进行加工,而**双眼视野右侧**的物体(图 3-8 中的妇女)被发送到**左**视皮层。一般来说,右半球"看到"左视野,而左半球"看到"右视野。

在视觉皮层,大脑开始发挥它的魔力,将传入的神经信息转化为颜色、形状、边界和运动的视觉感觉。令人惊讶的是,视觉皮层也设法根据两只眼睛提取的二维图案建立我们的三维深度世界(Barinaga,1998;Dobbins et al.,1998)。经过进一步的加工,大脑皮层最终将这些视觉感受与记忆、动机、情绪以及身体位置和触觉的感觉结合起来,从而创造出符合我们当前关注和感兴趣的视觉世界的表征(de Gelder,2000;Vuilleumier & Huang,2009)。这些联系解释了

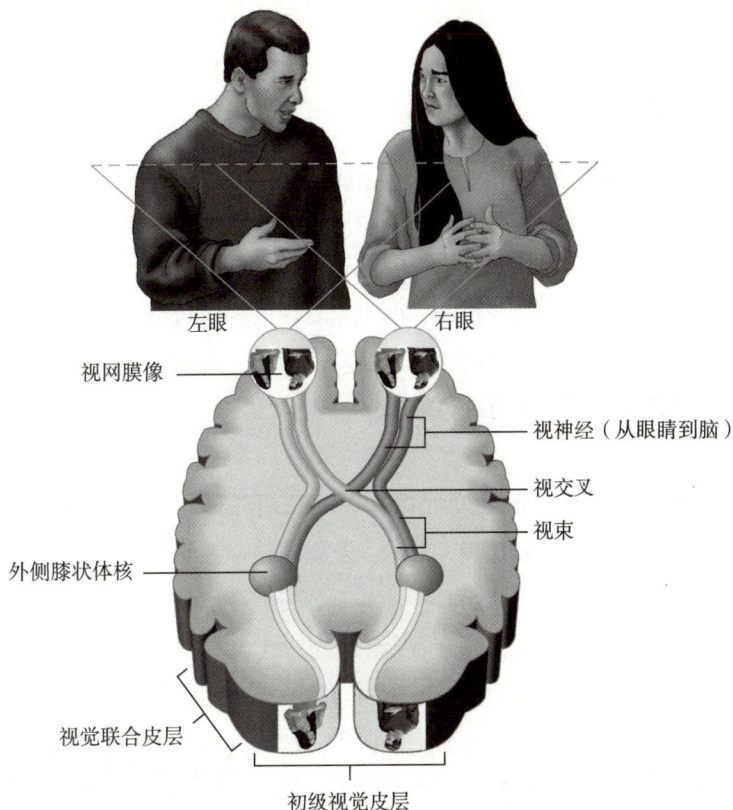

左眼　　　右眼

视网膜像

视神经(从眼睛到脑)

视交叉

视束

外侧膝状体核

视觉联合皮层

初级视觉皮层

图 3-8　视觉刺激是如何从眼睛传到大脑的

注:大脑中的视野是反转的,因为晶状体会反转视网膜上的图像(此外,视觉通路的构造使右视皮层"看到"左视野,左视皮层"看到"右视野)。(Frisby,1980)

为什么当你去超市购物时,如果你饥肠辘辘,你就会强烈地被开胃食品所吸引。

让我们回到本章的思考题,"我们所看到的世界是否和其他人一样?"就感觉而言,我们发现答案应该是"是"。也就是说,不同的人基本上有相同的感觉器官(除了少数人,如乔纳森等不能分辨颜色或有其他感觉缺陷的人)。因此,我们可以合理地假设,大多数人对颜色、声音、质地、气味和味道的感觉方式大致相同,不过我们将看到,他们**知觉**的方式并不一定相同。为了理解其中的意思,让我们从**亮度**的视

觉感觉开始。

视觉系统如何产生亮度

亮度（brightness）的感觉来自光的强度或振幅，取决于到达视网膜的光的强弱（见表 3-2）。

表 3-2　视觉刺激变成感觉

物理刺激	心理感觉
波长	颜色
强度（振幅）	亮度

注：颜色和亮度是光波波长和强度的心理对应物。波长和强度是光波的物理特征，而颜色和亮度是只存在于大脑中的心理特征。

来自太阳的强光会产生更强烈的光波，从而在视网膜中产生更多的神经活动，而来自月球的相对较暗的光则会产生相对较少的视网膜活动。最终，大脑通过从眼睛接收到的神经活动量来感觉亮度。

视觉系统如何产生色彩

你可能已经惊讶地发现花或成熟的西红柿本身没有颜色（color）或色调（hue）。矛盾的是，在明亮的光线下看到的物体似乎有一种神奇的特性，那就是充满了色彩；但正如我们所注意到的，红色的西红柿、黄色的花、绿色的树、蓝色的海洋和多色的彩虹实际上是无色的。我们感觉它们有不同的颜色，其实是因为它们反射不同波长的光，但光本身没有颜色，只有波长。尽管世界在我们看来是这样，但是颜色在大脑之外并不存在，因为颜色是大脑根据进入我们眼睛的光的波长产生的感觉。因此，色彩只存在于观察者的头脑之中——这是我们感觉体验的心理特性。为了更全面地理解这是如何发生的，你必须先了解光的本质。

眼睛只能探测到我们称之为可见光的一小部分能量。物理学家告诉我们，这种光与无线电波、微波、红外光、紫外线、X 射线和宇宙射线基本相同。所有这些都是电磁能的某种形式。当这些波在空间中振动时，它们的波长不同（它们在一个波周期中传播的距离），就像池塘上的涟漪（见图 3-9）。我们看到的光只占据了巨大**电磁波谱**（electromagnetic spectrum）中央附近的一小部分。我们只有通过一个叫作可见光谱（visible spectrum）的小视窗才能直接接触到这个电磁波谱。因为我们没有对电磁波谱的其他部分敏感的生物感受器，所以我们必须通过无线电和电视等设备来探测这些波，这些设备将能量转换成我们可以感觉的信号。

在狭窄的可见光谱中，不同波长的光波使我们产生不同颜色的感觉。西红柿反射的较长的光使我们看到红色，中等长度的光波使我们看到柠檬和酸橙的黄色和绿色。晴空中的短波刺激出蓝色的感觉。眼睛从光的波长中提取信息，大脑利用这些信息构建出我们看见的颜色的感觉（见表 3-2）。

值得注意的是，我们对颜色、形状、位置和深度的视觉体验的基础是大脑皮层的不同区域对视觉感觉信息流的加工。大脑在一个特殊的区域进行颜色加工，人类能够区分大约 500 万种不同的颜色。正是大脑皮层这一部分的损伤使乔纳森看不见颜色。附近的其他皮层区域则负责加工有关边界、形状和运动的信息。

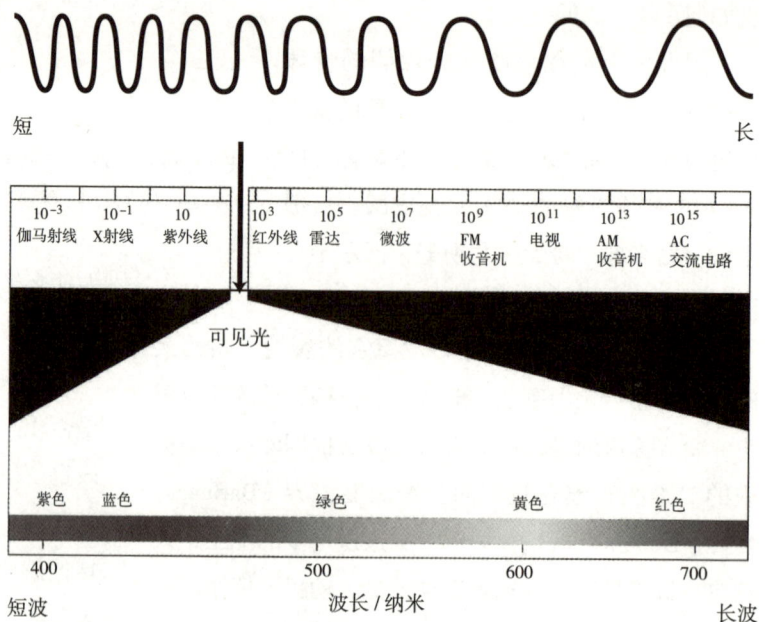

图 3-9　电磁波谱

注：可见光和其他形式的电磁波之间的唯一区别是波长。我们眼睛中的感受器只对电磁波谱的一小部分敏感（Sekuler & Blake, 1994）。

两种颜色感觉的理论

尽管颜色是在大脑皮层中实现的，颜色加工却是从视网膜开始。在那里，三种不同类型的视锥细胞感觉可见光谱光波的不同部分，即我们感觉到红色、绿色和蓝色的光波。这种根据三类光感受器对色觉进行解释的理论被称为**三原色理论**（trichromatic theory），有一段时间它被认为可以完全解释色觉。我们现在知道，三原色理论能最好地解释视锥细胞的色觉的初始阶段。

另一种解释，被称为**拮抗加工理论**（opponent-process theory），它可以更好地解释负后像（afterimage）（见"试一试"版块），负后像是一种涉及拮抗或互补颜色的现象。根据拮抗加工理论，视觉系统从双极细胞开始，就以互补成对的方式（红－绿或黄－蓝）加工颜色。因此，某种颜色（如红色）的感觉会抑制或干扰其补色（绿色）的感觉。综上所述，这两种理论解释了涉及视网膜和视觉通路的色觉的两个不同方面。虽然这听起来很复杂，但这里重要的信息是：

> 三原色理论解释了视网膜视锥细胞的颜色加工过程，而拮抗加工理论解释了双极细胞和其他细胞的颜色加工过程。

色盲

不过，并不是每个人看见的颜色都一样。有些人天生就缺乏辨别颜色的能力，这通常是由于视网膜上感应颜色的视锥细胞的遗传缺陷造成的（但是，请注意，乔纳森的色盲是由于大脑中的颜色加工区域受损造成的）。色盲发病率因种族而异（白人最高，黑人最低）。总体来说，美国大约有 8% 的男性受色盲影响，女性中则很少有色盲。

在极端情况下会出现**全色盲**（color blindness），即彻底不能辨别颜色。常见的情况则是，人们只是在某种颜色上有色弱，导致识别颜色时存在小小的问题（特别是在弱光条件下）。有一种色弱的人不能分辨淡色，如粉红色或棕黄色。然而，大多数色弱或色盲是

在区分红色和绿色时有问题，尤其是在弱饱和度时。那些混淆黄色和蓝色的人很少见，大约每千人中只有一到两个人。最罕见的是那些根本看不到颜色却只能看到亮度变化的人。事实上，只有大约 500 例这种完全色盲的病例被报道过，包括我们在本章开头介绍过的乔纳森。要检查你是否有色觉缺陷，请看图 3-10。如果你在图案中看出数字 29，你的色觉可能就是正常的。如果你看到别的东西，你可能就有色弱或色盲。

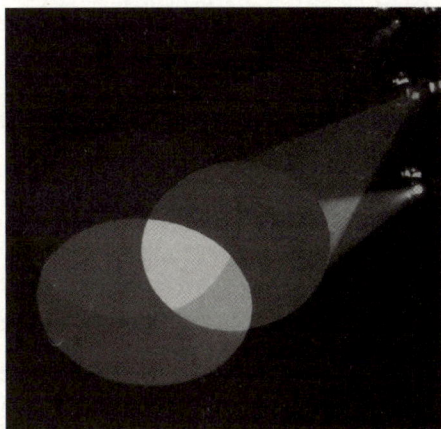

任何两种原色光的组合产生第三种原色光的补色光。所有三种波长的组合产生白光（印刷用的颜料的混合的原理与此不同，颜料会吸收落在它们上面的某些波长的光）。

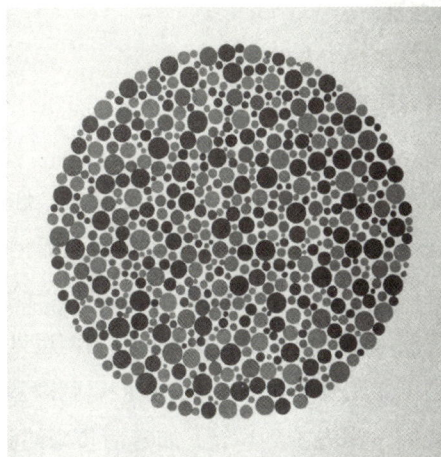

图 3-10　石原色盲测试

注：不能区分红色和绿色的人将无法识别隐藏在图形中的数字。你看到了什么？如果你在图案中看到数字 29，你的色觉很可能就是正常的。

试一试 ━━▶ 令人惊奇的后像

当你盯着一个有颜色的物体一段时间后，你的视网膜上的神经节细胞就会变得疲劳，从而产生一种有趣的视觉效果。当你把视线移到一个空白的白色表面时，你可以看到一个互补色的物体，这就是视觉后像。"补色旗"演示将向你展示它是如何发生的。盯着绿色、黑色和橙色旗帜中心的圆点至少30秒。注意保持眼睛稳定，不要让他们在这段时间扫描图像。然后迅速将目光转移到一张白纸的中心或一堵浅色的空白墙上。你看到了什么？可以让你的朋友们也试试，他们能看到相同的后像吗？（对于色盲的人来说，效果可能不一样。）

后像可以是负的，也可以是正的。正后像是由受到刺激后的感受器和神经过程的延续引起的。正后像很短暂。例如，当你在7月4日看到狂欢者旋转的闪烁烟花棒的轨迹时，可能就会产生正后像。负后像与最初的体验相反，如下面的"补色旗"（见图3-11）。负后像的持续时间更长。根据颜色视觉的拮抗加工理论，负后像的产生涉及视网膜和视神经的神经节细胞。当暴露在白光之下时，这些疲劳的细胞就产生了负后像中补色的感觉。

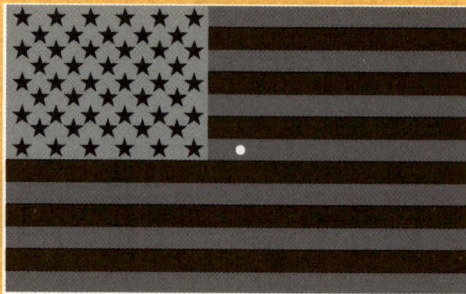

图 3-11　补色旗

3.5　听觉

学习目标：
解释听觉系统是如何产生声音的。

想象一下，如果你的听力突然减弱，你的世界会发生怎样的变化。你很快就会发现，听觉和视觉一样，能让你定位空间中的物体，例如，一个叫你名字的声音的来源。事实上，在将我们引向远处的事件时，听觉可能比视觉更重要。在我们看到声音的来源之前，我们常常先听到声音，如身后传来的脚步声。听觉也可以告诉我们一些我们看不见的事件，包括语音、音乐或一辆驶来的汽车。

然而，听觉不仅仅局限于它的功能。因此，我们应当更深入地了解我们是如何听到的。在接下来的部分，我们将回顾感觉心理学家们发现的关于声波是如何产生的，它们是如何被感觉的，以及这些声音的感觉是如何被解释的。

3.5.1　声音的物理学：声波是如何产生的

如果好莱坞电影播放一艘宇宙飞船或一颗行星爆炸的真实录像，那么应该完全没有声音！在太空中，没有空气或其他介质来传递声波，所以，若你是一颗恒星爆炸的目击者，你会经历令人毛骨悚然的沉默。在地球上，爆竹等爆炸物体的能量通常以声波的形式传递到周围的空气中。从本质上讲，快速振动的物体，如吉他弦、铃铛和声带，也会因为振动而来回推动空气分子。由此产生的压力变化以声波的形式向外传播，声波每秒可以传播344米。

音叉可以发出最纯的音调（见图3-12）。当用木槌敲击音叉时，音叉产生的声波非常干净，只有频率（frequency）和振幅（amplitude）两个特性。任何声波都有这两个物理特性，它们决定了声波如何被大脑感知。

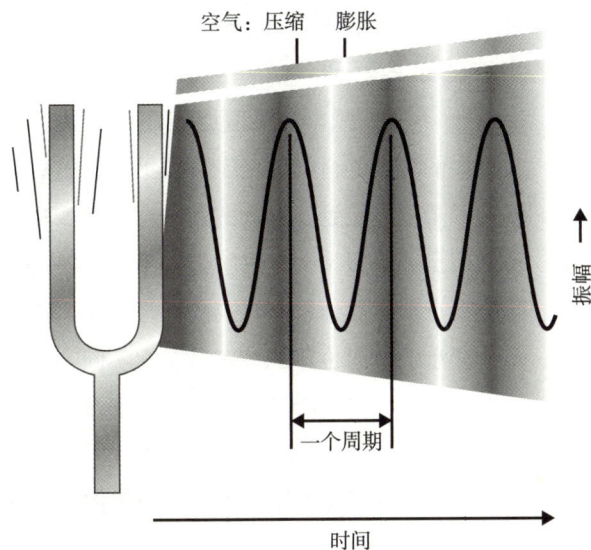

图 3-12 声波

注：音叉振动产生的声波会产生压缩和膨胀的空气波。

频率指的是波在给定时间内完成的振动或循环次数，这反过来又决定了声音的高低（音高/pitch）。频率通常以周期/秒（cps）或赫兹（Hz）表示。振幅表示声波的物理强度；它以声压或能量为单位来定义。当你调低音乐系统的音量时，你就是在降低扬声器或耳塞发出的声波的振幅。

3.5.2 感觉声音：我们如何听到声波

就像视觉一样，声音的心理感觉需要将声波转导为神经脉冲并发送到大脑。这分为以下四个步骤。

1. **空气传播的声波被传送到内耳。**在这个最初的转变过程中，空气的振动波进入外耳（也称为**耳郭**）并通过耳道进入**鼓膜**（tympanic membrane）（见图 3-13）。这张绷得很紧的片状组织将振动传递到中耳的三块以它们的形状命名的听小骨：**锤骨、砧骨、镫骨**。这些骨骼将振动传递给位于内耳的主要听觉器官——**耳蜗**（cochlea）。

2. **耳蜗将振动集中在基底膜上。**在耳蜗中，原来空气传播的声波变成"水上传播"，因为耳蜗的螺旋管充满了液体。当镫骨在耳蜗底部的**卵圆窗**（oval window）口上振动时，振动使液体产生波动，就像潜艇在水中发出声呐进行探测一样。当流体波通过耳蜗传播时，它会引起**基底膜**（basilar membrane）的振动，基底膜是一条细细的穿过耳蜗的毛茸茸的组织。

3. **基底膜将振动转为神经信息。**振动的基底膜上的微小毛细胞的摆动会刺激与毛细胞相连的感觉神经末梢。然后，兴奋的神经元将基底膜的机械振动转为神经活动。

4. **神经信息被传递到大脑的听觉皮层。**神经信号通过一束称为听神经的神经元离开耳蜗。两只耳朵的听神经在脑干相遇，脑干将听觉信息传递给大脑两侧。最终，信号会到达大脑颞叶的**听觉皮层**，并且被进行更高级的加工。

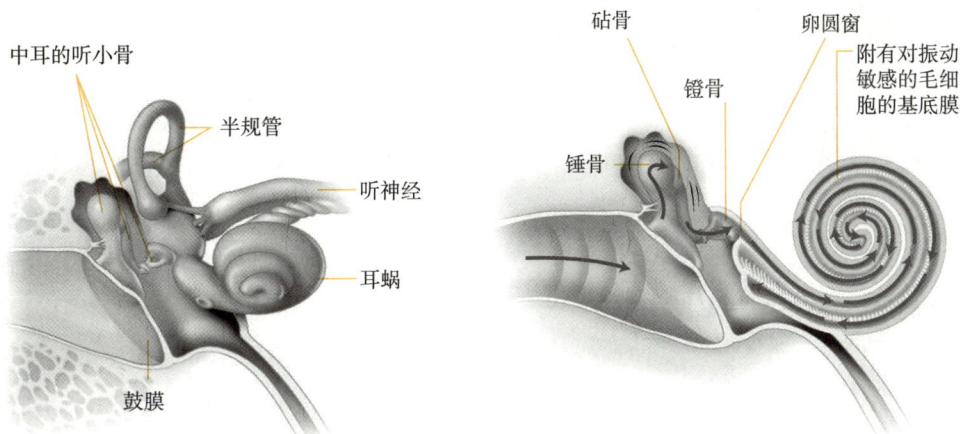

图 3-13 人耳的结构

注：耳部传导的声波振动鼓膜，鼓膜将振动传递给中耳的锤骨、砧骨、镫骨，并传递给卵圆窗和耳蜗中的液体。在那里，基底膜上的毛细胞通过向大脑发送听觉信息做出反应。

如果你觉得听觉系统很复杂，你可以把它看作是一个感觉"接力队"。声波先由外耳传入，然后从耳膜传递到中耳的听小骨。之后，这些骨骼将机械振动传递到内耳的耳蜗和基底膜，在那里它们最终转变为神经信号，这些信号又被传递到大脑。这一系列的步骤将普通的振动转化为像音乐、门铃、耳语、喊叫和心理学讲座那样精彩纷呈的体验。

3.5.3 声音的心理特性：我们如何识别音高、响度和音色

不管它们来自哪里，像光波一样的声波只有两个物理特性：频率和振幅。在下面的部分，我们将向你展示大脑如何将这两个特征转化为三种心理感受：音高、响度和音色。

音高的感觉

声波的频率决定了声音的高低——一种被称为**音高（pitch）**的特性。高频产生高音，低频产生低音，如表 3-3 所示。和光一样，我们对声音的敏感度只涵盖自然界中声波的有限范围。人类听觉灵敏度的范围从低约 20 赫兹（良好音响系统中超低音扬声器的最低范围）到高达 20 000 赫兹（由高质量音频系统中的高频高音扬声器产生）的频率。其他生物可以听到更高（狗）和更低（大象）的声音。

表 3-3 听觉刺激变成感觉

物理刺激	波形	心理感觉
波幅（强度）		响度
频率（波长）		音高
复杂性		音色

注：音高和响度是频率和振幅（声波的物理特征）的心理等价物。音高和响度的感觉只存在于大脑中。声波也可以是简单波的复杂组合。我们将这种复杂性称为音色。

听觉器官如何产生音高的感觉？

两个不同的听觉加工过程共同承担这项任务，它们一起提供的感觉精确度比单独任何一种加工能提供

的都要高。下面是具体的加工过程。

- 声波通过内耳时，基底膜就会振动（见图 3-12）。不同的频率激活膜上的不同位置。因此，人们听到的音高在一定程度上取决于基底膜的哪个区域受到了最大的刺激。**位置理论**对音高知觉的解释是，基底膜上的不同位置向大脑的听觉皮层发送不同音高的神经代码，就像钢琴键盘上不同位置的键可以发出不同的音符一样。位置理论解释了我们能听到高音（高于 1000 赫兹，即 1000 周期/秒）的能力。

- 基底膜上的神经元以不同的频率对不同的声波频率做出反应，就像吉他弦在不同频率下振动产生不同的音符一样。因此，放电率为大脑中的音高知觉提供了另一种编码。这个**频率理论**解释了基底膜如何加工低于 5000 赫兹的频率。

- 在 1000 到 5000 赫兹之间，听觉同时取决于位置和频率。

1000 到 5000 赫兹的频率范围有什么特别之处？这个区间涵盖了人类语言的高频范围，这对于区分高音的辅音（如 p、s 和 t）至关重要。这些微妙的声音使我们能够区分许多常见的词，如 pie（馅饼）、sigh（叹息）、tie（领带）。巧合的是，耳道的特殊形态可以放大这个语音范围内的声音。

响度的感觉

正如光的强度决定了亮度一样，声波的物理强度或振幅决定了响度，如表 3-3 所示。更强烈的声波（叫喊声）会产生更大的声音，而小振幅的声波（耳语声）让我们感觉很柔和。因此，**振幅**是声波的**物理特性**，而**响度**是一种**心理感觉**。

因为我们可以听到很大强度范围内的声波，所以声音的响度通常用比率而不是绝对量来表示。更具体地说，声强以分贝（dB）为单位表示。图 3-14 以分贝为单位显示了一些有代表性的自然声音的音量。

音色的感觉

狗吠、火车鸣笛的嘟嘟声、双簧管的呜咽声、勺子在杯子里的叮当声都有明显不同，不仅因为它们的

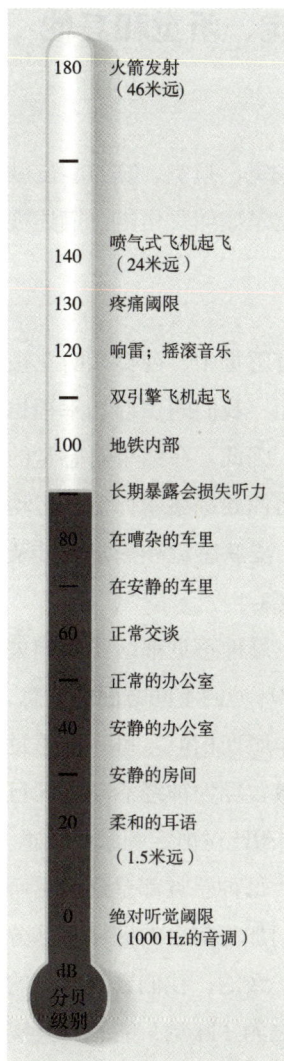

图 3-14　某些熟悉声音的强度

长笛声

单簧管声

人声

爆炸声

钢琴上的中音C

图 3-15　某些熟悉声音的波形

注：每个声音都是几种纯音的独特组合（Miller，1916/1922）。

音高或响度不同，而且因为它们是不同的特定音调的混合体。事实上，大多数自然声波是混音而不是纯音，如图 3-15 所示。声波的这种复杂性被称为音色（timbre）。音色这种属性，可以让你在电话中识别朋友的声音，或者区分出不同艺术家演唱的同一首歌。

3.5.4　为什么喜欢音乐

你的喜欢和熟悉度有关。一项新的大脑成像研究表明，当你听到听起来像另一首你喜欢的曲子的即兴演奏时，位于你大脑中心附近的伏隔核（nucleus accumbens）会向产生奖赏感觉的大脑区域输送一点多巴胺（Salimpoor et al.，2013）。但事实比这要复杂一点，其中还涉及听觉皮层，它分析音乐模式和熟悉程度，以及边缘系统（limbic system）中的情绪加工区域，它们负责判断你对音乐的情绪反应。

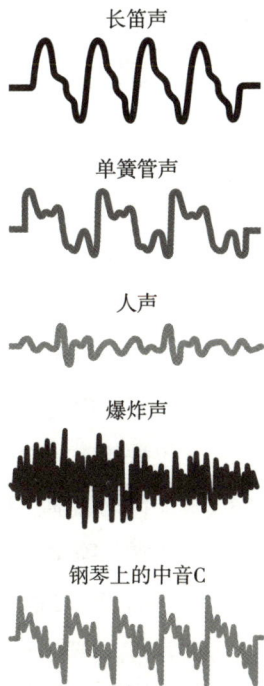

瓦莱丽·萨琳普（Valorie Salimpoor）说，不管一首新作品是摇滚乐、布鲁斯乐、古典乐还是嘻哈乐，大脑都会根据你已经熟悉的音乐来理解它。也就是说，大脑试图找到一种模式，并预测音乐将如何播放。如果你以前没听过类似的东西，你的大脑可能就无法预测这种模式，你可能也就无法获得多巴胺的奖赏——这与音乐没什么关系。

3.5.5　听力受损

年老化和暴露在强噪声中通常会导致听力受损，尤其是对于理解语言至关重要的高频声音。如果你想一想声音 b 和 p 之间的细微差别，你就会明白为什么言语知觉如此依赖于高频声音。但听力受损并不全是由于年老化，也可能是因为疾病，如腮腺炎，这种疾病可能会攻击听觉神经。听力受损还可能是由于暴露在强噪声中（见图 3-15），例如，枪声、喷气发动机或巨大的音乐声，都有可能损伤耳蜗的毛细胞。

现在，听力部分受损的人可以使用高科技助听设备。助听器越来越小，也越来越复杂。一种非常有用的技术是把一个线圈内置到礼堂、出租车或几乎任何其他地点，这样声音可以直接播放到配备了"T线圈"接收器的助听器上。这种配置在欧洲很常见，之后才在美国出现（Munsey，2011）。

有一种被称为耳蜗植入术的手术，可以为听力严重受损但听神经功能正常的人恢复部分听力。人工耳蜗本身就是一根穿过耳蜗的电线，通过电脉冲直接刺激听神经（见图 3-16）。接受过植入手术的人报告说声音和正常听力不一样。然而，在通常情况下，这种手术能够让他们听懂言语，甚至欣赏音乐，这在手术前是不可能的（National Institutes of Health，2014）。

3.5.6　听觉和视觉感觉的相似性

之前，我们讨论了视觉信息如何通过视神经以神经脉冲的形式传递到大脑。现在我们发现，听觉信息也以类似的方式作为神经信号传递给大脑，只是传输途径不同，到达大脑的位置也不同。请注意视觉和听觉利用光波和声波中的频率和振幅信息的方式有其相

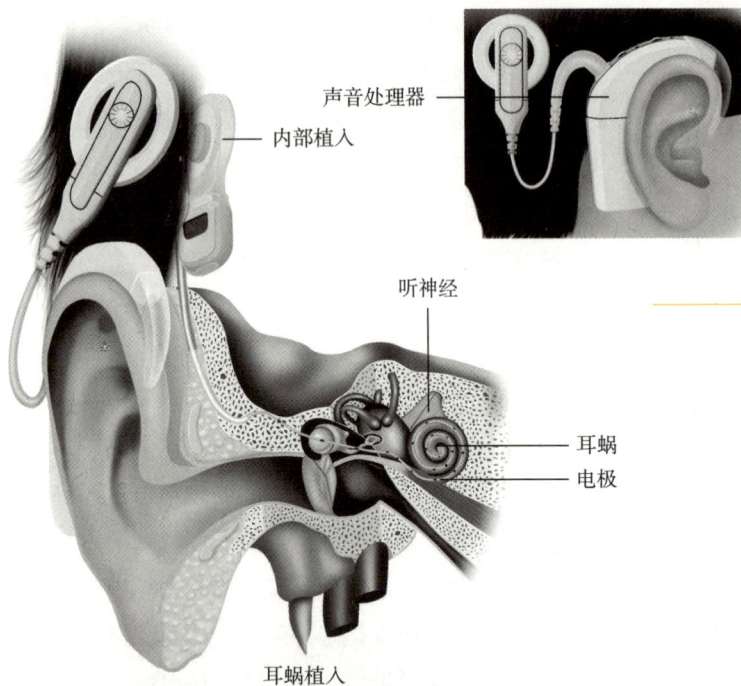

图 3-16 耳蜗植入

注：一根电线将来自外部接收器的声音信息通过头骨直接传送到耳蜗，让一些听力严重受损的人再次听到声音。

似性。

但为什么我们是"看到"视觉信息，而"听到"听觉信息？正如我们在核心概念 3.2 所指出的，答案在于接收神经信息的皮层区域不同，而不是信息本身的某种独特性质。总之，大脑不同区域在被激活时会产生不同的感觉。

3.6 对比视觉、听觉和其他感觉

学习目标：

解释本体觉、运动觉、嗅觉、味觉、皮肤感觉和痛觉等感觉是如何工作的。描述视觉和听觉的相似性。

在我们的所有感觉中，视觉和听觉被研究得最多。然而，我们的生存和幸福也依赖于其他感觉。因此，在结束对感觉的讨论之前，我们将简要综述本体觉、运动觉、嗅觉、味觉、皮肤感觉和痛觉所涉及的加工过程（见表 3-4）。

你会注意到，每种感觉都给了我们关于我们内部或外部环境的不同方面的信息。然而，它们的运作原理相似。每一种感觉系统都将物理刺激转导为神经活动，而且每种感觉对变化刺激比对恒定刺激更敏感。另外，就像视觉和听觉一样，每种感觉都是通过它所提取的信息类型和大脑中专门加工信息的区域来区分的。最后，感觉往往是协调一致的，我们看到闪电的时候会听到雷声，而我们称之为"味觉"的感觉其实是食物的色、香、味和质地的组合体。尝尝发出滋滋

表 3-4 人类感觉的基础特征

感觉	刺激	感觉器官	感受器	具体感觉
视觉	光波	眼睛	视网膜上的视杆和视锥细胞	颜色、亮度、形状、动作、质地
听觉	声波	耳朵	基底膜上的毛细胞	音高、响度、音色
皮肤感觉	外部接触	皮肤	皮肤神经末梢	触摸、温暖、寒冷
嗅觉	挥发性物质	鼻子	嗅上皮毛细胞	气味
味觉	可溶性物质	舌头	舌味蕾	味道
痛觉	许多强烈或极端的刺激：温度、化学物质、机械刺激等。	遍布全身的痛觉纤维网	痛觉感受器	急性疼痛、慢性疼痛
运动觉和前庭感觉	身体位置、运动和平衡	半规管、骨骼肌、关节、肌腱	半规管毛细胞；与骨骼肌、关节和肌腱相连的神经元	身体部位在空间中的位置

声响的铁板牛排、冒着气泡的可乐或脆米花，你很容易发现其中的感觉组合。

3.6.1 位置感和运动觉

我们的行动是有目的的，还要不失优雅，因此我们需要不断更新我们的四肢和身体其他部位相对于彼此和环境中物体的位置。没有这些信息，即使是最简单的行动也不可能协调起来（你可能有过试图在一条腿麻木时走路的经历）。跟踪身体位置、运动和平衡的物理机制实际上涉及两个不同的系统：**前庭觉**（vestibular sense）和**运动觉**（kinesthetic sense）。

前庭觉是一种身体位置的感觉，帮助我们相对于重力来定向。它告诉我们身体的姿势，无论是直的、前俯的、后仰的，还是倒置的。前庭感觉也告诉我们什么时候在运动或者我们的运动是如何变化的。这些信息的感受器是内耳半规管中的细毛（很像我们在基底膜中发现的那些，参见图3-13）。这些毛发通过检测半规管中液体的运动来对身体的运动做出反应。这种感觉出现障碍会导致极度眩晕和迷失方向。

运动觉是身体位置和运动的另一种感觉，它跟踪身体各部位之间的相对关系。例如，你的运动觉会让你意识到你在双腿交叉，并在手机响的时候告诉你哪只手离手机更近。运动觉提供持续的感觉反馈，告诉你在运动和活动过程中身体的肌肉在做什么，例如，你是要继续伸手拿咖啡杯，还是要在你把咖啡杯打翻之前停止动作（Turvey，1996）。

体操运动员和舞蹈演员依靠他们的前庭觉和运动觉来获得有关身体位置和运动的信息。

运动觉感受器位于关节、肌肉和肌腱中。这些感受器，以及前庭觉的感受器，连接着大脑顶叶（parietal lobes）的加工区域——该脑区帮助我们制作物体和事件之间空间关系的感觉"地图"。这一类加工通常会下意识地、自动地、毫不费力地进行，除非我们在学习一项新的身体技能，在有意地练习动作，例如，挥舞高尔夫球杆或演奏乐器。

3.6.2 嗅觉

嗅觉（olfaction）具有保护性的功能，因为嗅觉可以感知可能有害的食物的气味，某些动物还可以感知捕食者的气味。我们人类似乎主要利用嗅觉和味觉来定位和识别高热量食物，避免食用受污染的食物，而且似乎还能识别潜在的伴侣——香水行业很好地利用了这一点（Benson，2002；Martins et al.，2005；Miller & Maner，2010）。

许多动物对嗅觉的利用更进一步，它们用嗅觉来进行交流。例如，昆虫（如蚂蚁和白蚁）和脊椎动物（如狗和猫）通过分泌和检测气味信号［称为**信息素**（pheromones）］来相互交流，特别是发出性接受信号，以及危险、领地边界、食物来源和家庭成员的信号。在更有限的范围内，人类也能这样交流，尽管事实证明我们很难确定其中所涉及的确切化学物质（Blum，2011）。玛莎·麦克林托克（Martha McClintock，1971）在一篇著名的论文中首次提出了这种效应，该论文表明，女性在一起生活（就像在大学宿舍里一样）几个月后，其月经周期会趋于同步，尽管作者无法确定引起同步的化学物质。随后的研究表明，婴儿更习惯母亲穿过的衣服的气味。其他研究发现，人们可以区分观看恐怖电影的志愿者和观看喜剧电影志愿者的汗液样本（Zhou & Chen，2009）。而那些嗅到女性泪滴的男性，睾丸激素水平会突然下降，同时性兴趣也会减弱（Gelstein et al.，2011）。从逻辑上讲，这些研究中的信号一定是信息素化学物质，但所涉及哪些物质仍然是个谜。

嗅觉生物学

从生物学上讲，嗅觉是从鼻子里的化学活动开始的。在那里，气味（以空气中化学分子的形式）与特定神经细胞相关的感受器蛋白相互作用（Axel, 1995；Turin, 2006）。顺便说一句，这些细胞是人体唯一与外界环境直接接触的神经细胞。

气味分子复杂多样。例如，新煮的咖啡的香气包含多达 600 种挥发性化合物（Wilson & Stevenson, 2006）。目前为止，科学家们已经区分了至少 1500 种不同的可以产生气味的分子（Zimmer, 2010）。现在还不完全清楚鼻子究竟是如何处理这些纷杂的气味的，但我们确实知道，鼻腔感受器能感觉气味分子的形状（Foley & Matlin, 2010）。

我们还知道，鼻子的感受器细胞会转导有关刺激的信息，并将其传递给大脑的嗅球。嗅球位于大脑下部，在额叶的正下方（见图 3-17）。我们的嗅觉最初在嗅球进行加工，然后传递到大脑的许多其他部分（Mori et al., 1999）。与所有其他感官不同，嗅觉信号不通过丘脑传递，这表明嗅觉有着非常古老的进化根源。

嗅觉心理学

嗅觉与情绪及记忆有着密切的联系。这也许可以解释为什么嗅球非常靠近边缘系统和颞叶中与情绪、记忆相关的结构，并与之直接交流。因此，我们也就不会奇怪于心理学家和作家所注意到的，某些气味能唤起充满情感的记忆，有时则会使人想起被遗忘的事件（Dingfelder, 2004）。想一想，说不定你的脑中就会浮现出某种香味的生动形象的记忆，来自你童年时最喜欢的食物，例如新鲜的面包或辛辣的菜肴。

> **写一写**
>
> **嗅觉记忆**
>
> 你能想到一种可以唤起你记忆的气味吗？描述你与那种气味联系在一起的记忆，并探究为什么你认为这种记忆非常强大。

3.6.3 味觉

如同嗅觉，味觉也是一种基于化学反应的感觉。但两者的相似性不止于此，味觉和嗅觉之间有着密切合作的伙伴关系——许多你可能认为是味道的细微差别其实都来自于气味。（洋葱的"味道"大部分是气味，而不是味道。当你感冒时，你会发现食物索然无味，那是因为你的鼻腔阻塞了。）

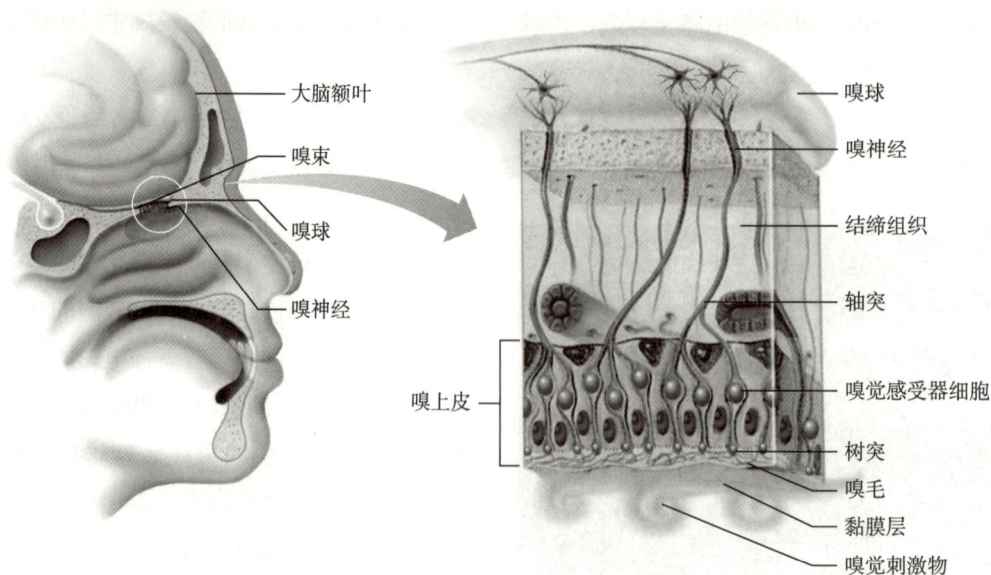

A.头部切片，显示了鼻腔和嗅觉感受器的位置

B.嗅觉感受器的放大图

图 3-17 嗅觉感受器（Zimbardo & Gerrig, 1999）

大多数人都知道，我们主要有四种味觉（gustation）：甜、酸、苦、咸。然而，还有鲜为人知的第五种味道叫鲜味（Chaudhari et al., 2000）。鲜味是在诸如肉、海鲜和奶酪等富含蛋白质的食物中发现的一种风味。鲜味还与味精有关，味精常用于亚洲菜肴。

味觉的感受器细胞位于舌头上面和侧面的味蕾中，在食物和饮料进入胃的过程中对它们进行取样。如图 3-18 所示，这些味觉感受器聚集在称为舌乳头的小黏膜突起里，每个都对特定形状的分子特别敏感。

除了舌头上的感受器之外，一条专门的神经"热线"把味觉信息传送到大脑皮层的专门区域。味觉是在顶叶的躯体感觉区实现的。顺带说一下，这一区域位于接受面部触觉刺激的皮层附近（Gadsby, 2000）。

味觉的发展变化

婴儿的味觉敏感度较高，所以婴儿普遍不喜欢柠檬的苦味。然而，这种超敏感性随着年龄的增长而降低。因此，许多老年人抱怨食物没有味道，这实际上是因为他们感觉能力下降，而无法察觉食物的味道和气味的差异。此外，味觉感受器很容易被酒精、烟、酸或热的食物破坏。幸运的是，我们经常更新味觉感受器，就像更新嗅觉感受器一样。由于不断更新，味觉系统是我们所有感觉中最能抵抗永久性损伤的，完全丧失味觉的情况极为罕见（Bartoshuk, 1990）。

超级味觉者的"霓虹"世界

不同年龄的个体对味觉的敏感程度不同，这跟舌乳头的密度有关（Bartoshuk, 2000, 2009；Bartoshuk et al., 1994）。那些拥有最多味蕾的人是超级味觉者，他们生活在相对于我们其他人来说的一个"霓虹"味觉世界中，这也解释了为什么他们讨厌某些食物，如西兰花或"健康"饮料，这些食物中的苦味令他们不爽（Duenwald, 2005）。做一个超级味觉者有什么好处吗？味觉专家琳达·巴托舒克（Linda Bartoshuk, 1993）认为，由于大多数有毒物质都是苦的，所以超级味觉者更具有生存优势。

这种差异也说明了我们在本章伊始特别提到的问题，即不同的人是否会以同样的方式来感觉世界。巴托舒克的研究表明，在某种程度上，感觉感受器在不同的人之间表现出某种差异，我们对世界的感觉体验也是如此。有这种差异并不奇怪，这使得某个人的甜的感觉和另一个人的酸的感觉是一样的。不过，主要的差异表现在味觉的强度上，例如，超级味觉者觉察到的苦味。根据巴托舒克的说法，一个未知的问题是人们对不同味觉的敏感度是否不同，例如，一个人是否可以在品尝苦味时是超级味觉者，而对甜味或咸味只有正常的感觉（personal communication, January 4, 2011）。

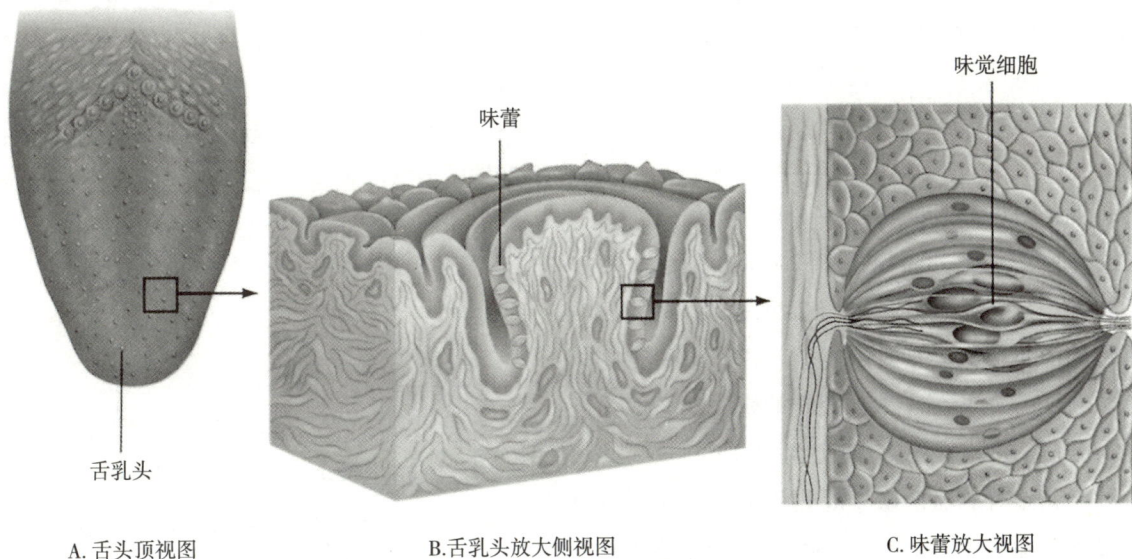

味觉细胞

味蕾

舌乳头

A. 舌头顶视图　　　B. 舌乳头放大侧视图　　　C. 味蕾放大视图

图 3-18 味觉感受器

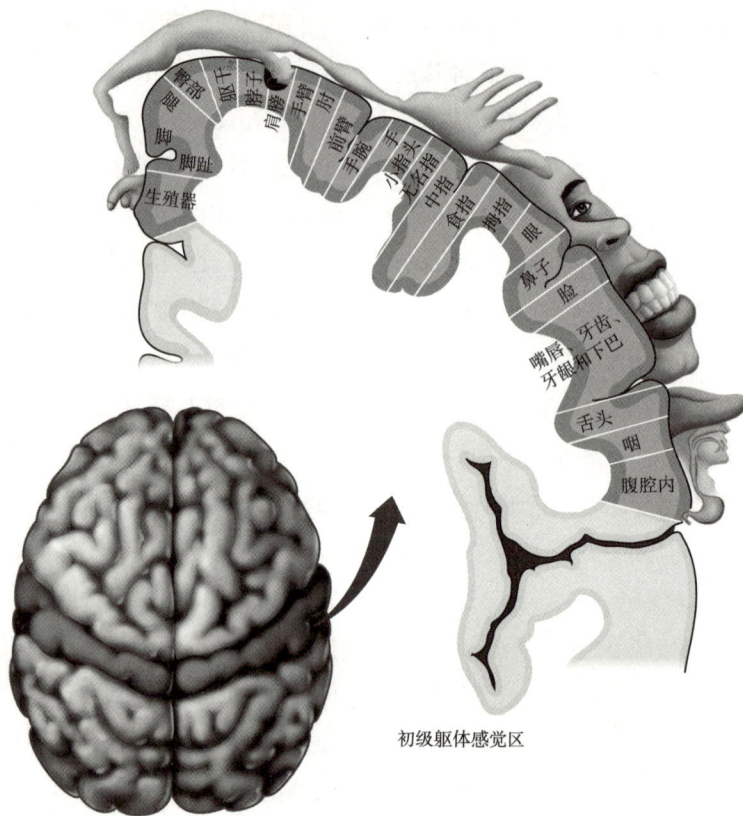

图 3-19　初级感觉皮层

注：图中身体部位的相对大小对应于身体各部位专用于触觉的皮层数量。

另一方面，味觉研究人员发现，超级味觉者和正常味觉者的味觉偏好存在差异。特别是，超级味觉者更经常报告不喜欢的食物，他们会觉得太甜或有太多脂肪。尽管这一点仍有待确定，但研究人员观察到，平均而言，超级味觉者的体重比非超级味觉者要轻（Bartoshuk，2000）。

3.6.4　皮肤感觉

皮肤具有多种非凡的功能，它能保护我们免受表面伤害，保留体液，并有助于调节体温。皮肤还含有神经末梢，当受到刺激时，会产生触觉、痛觉、温暖和寒冷的感觉。像其他几种感觉一样，这些**皮肤感觉**（skin senses）与位于大脑顶叶的**躯体感觉皮层**（somatosensory cortex）相连（见图 3-19）。

我们的躯体对刺激的敏感度变化很大，这部分取决于每个区域的感受器数量。例如，我们在感觉指尖的刺激时比感觉背部的刺激敏锐 10 倍。总体来说，

我们的敏感度在最需要的地方是最高的，即脸、舌头和手上。对躯体这些部位的精确感觉反馈让我们能有效地进食、说话和抓握。

触觉在人际关系中起着核心作用，这体现了皮肤敏感的重要性。通过触觉，我们传达了给予或接受安慰、支持和爱的愿望（Fisher，1992；Harlow，1965）。触觉也是人类性唤起的主要刺激。抚触对身心健康发展至关重要；缺乏触觉刺激会阻碍儿童的智力和运动发展（Anand & Scalzo，2000）。

写一写
感觉对比

我们会暴露在许多我们的感觉无法察觉的刺激之下。说出其中一种，并解释为什么我们检测不到它。（提示：想想我们用来检测感觉"窗口"之外的信息的电子或机械设备。）

3.7 联觉：跨越感官的感觉

学习目标：

关于大脑的感觉加工机制，解释联觉能教给我们什么。

少数"正常"的人有一种被称为**联觉**（synesthesia）的情况，这种情况允许他们跨感觉领域感觉自己的世界。实际上，有些人尝出了形状的感觉，例如，梨尝起来是"圆"的，西柚是"尖"的（Cytowic，1993）。有些联觉者（包括本书作者之一）则会把一周中的星期几和颜色联系起来，所以星期三可能是"绿色"，星期四可能是"红色"。联觉的定义性特征就是将一种感觉与另一种感觉结合起来的感觉体验。

通过巧妙的实验，V. S. 拉马钱德兰（V. S. Ramachandran）和他的同事已经证明，联觉中的交叉感觉是真实的，而不仅仅是隐喻（Ramachandran & Hubbard，2001）。你可以在随后的"试一试"版块中参加他们的一个测试。研究还表明，这种能力出现在多个家庭成员身上，因此联觉可能有遗传成分。

联觉是什么导致的？显然，这可能涉及加工不同感觉的不同脑区之间的交流，这些区域通常在大脑皮层中彼此相邻。脑成像研究表明，在颞叶、顶叶和枕叶的交界处有一个被称为 TPO 的皮层区域（Ramachandran & Hubbard，2003）。这个区域同时加工来自许多通路的信息。拉马钱德兰认为，我们每个人的这些区域之间都有一些神经联系，但联觉者似乎比大多数人有更多的联系。

拉马钱德兰断言，这种情况在创造力强的人身上发生得稍微多一些。这也许可以解释一些神秘主义者在人们周围看到的"光环"（Holden，2004）。但也许我们都有一些跨感觉的能力，这也许就是为什么我们会对莎士比亚在《罗密欧与朱丽叶》中的著名比喻产生共鸣："那是东方，而朱丽叶就是太阳。"当然，我们知道他说的不是字面意思。相反，我们明白，对罗密欧和我们来说，朱丽叶是与光、温暖和愉悦感联系在一起的（Ramachandran & Hirstein，1999）。

你可以通过麦格（McGurk）错觉来体验不同感觉之间的相互影响。这种错觉说明了大脑是如何将来自不同感觉的信息组合成一个连贯的整体的。正如你看到（和听到）的，即使在视觉和听觉信息冲突时，大脑仍然完成了一个了不起的整合。

试一试 ➤➤➤ **联觉测试**

大多数人在盯着十字架的时候可以毫无困难地看到数字 5（见图 3-20 中的左图），但当 5 被其他数字包围时会变得模糊（见图 3-20 中的右图）。但是，如果你是一个将颜色与数字联系起来的联觉者，你通常就能识别右图中的 5，因为它看起来是与该数字相联系的色块（Ramachandran & Hubbard，2003）。

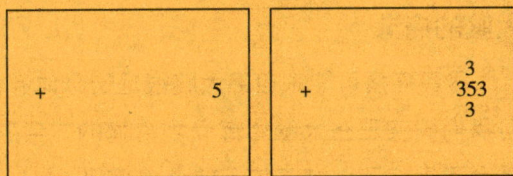

图 3-20 你有联觉吗

注：当你凝视十字架时，你能看到"5"吗？两个图里都能看到吗？

心理学很有用 • • •

疼痛的感觉和体验

如果你在承受剧痛，那么其他什么都不重要。伤口或牙痛会压倒所有其他感觉。有三分之一的美国人遭受过持续或反复疼痛的折磨，这种经历会使人虚弱不堪，有时甚至会导致自杀。然而，疼痛也是身体适应机制的一部分，它使人们对威胁身体健康的情况做出反应。

与其他感觉不同，疼痛可以由各种强烈的刺激引起，如非常响亮的声音、沉重的压力、针刺或非常明亮的光线。但是疼痛不仅仅是刺激的结果。它也受到我们的情绪和期望的影响，如果你害怕看牙医，那么你就会知道这一点（Koyama et al., 2005）。

痛觉感受器

在皮肤中，有几种被称为**痛觉感受器**（nociceptor）的特殊神经细胞，能感觉到疼痛的刺激，并将其不愉快的信息传送到中枢神经系统。一些痛觉感受器对热最敏感，而另一些则主要对压力、化学创伤或其他组织损伤做出反应（Foley & Matlin, 2010）。甚至还有专门感受瘙痒的痛觉感受器，瘙痒本身也是一种疼痛（Gieler & Walter, 2008）。

大脑的痛觉

尽管疼痛可能来自离大脑很远的身体部位，但我们确实是在大脑中感受到疼痛的。至少有两个不同的区域加工传入的疼痛信息（Foley & Matlin, 2010；Porreca & Price, 2009）。其中一个区域涉及一条终止于顶叶的通路，该区域记录疼痛的位置、强度和剧烈程度。另一个区域是位于**额叶皮层**（frontal cortex）、丘脑和**边缘系统**深处的一组结构，该区域记录疼痛的感觉有多么不愉快。第二个区域受损的人可能会感受到疼痛刺激，但会报告说没有感到不愉快。

幻肢

关于痛觉的一个谜团涉及失去手臂或腿的人经常经历的神秘感觉，这种情况被称为**幻肢**。在这种情况下，截肢者有时会感觉相当痛苦，而疼痛似乎来自身体缺失的部位（Ramachandran & Blakeslee, 1998）。神经学研究表明，幻肢的感觉并非源于感觉通路中的神经受损。它们也不是纯粹的想象。相反，幻肢的感觉源于大脑本身，是大脑产生感觉的结果，因为感觉不可能来自缺失的肢体（Dingfelder, 2007）。幻肢的奇怪现象告诉我们，理解疼痛不仅需要理解疼痛的感觉，还需要理解大脑中加工和抑制疼痛的机制。

闸门控制理论

我们早就知道，人们对事件的解释会影响刺激是否被认为是疼痛刺激（Turk, 1994）。因此，运动员遭受严重的伤害后，却觉得不是很疼，直到比赛的兴奋结束才会有较强的感觉。另外，当人们认为**安慰剂**（placebos）（"糖丸"）或其他假治疗是真的时，慢性疼痛可能会得到缓解。

疼痛的**闸门控制理论**（gate-control theory）是我们对这些"心重于身"的现象的最好解释（Melzack & Wall, 1965，1983）。要理解其原理，不要忘了痛觉是从对强烈刺激或伤害敏感的、被称为痛觉感受器的特殊神经元涌向大脑的。大多数疼痛信号是从痛觉感受器通过脊髓的一条优先通路传递到大脑的。可以通过打开或关闭疼痛的脊髓通路中的神经"门"来阻断或促进疼痛。这可以通过大脑发出的"自上而下"的信息来实现，该信息可以源于一个人的情绪状态或其他精神干扰（Strobel et al., 2014），想一下某个在激烈的战斗中没有注意到伤口的士兵。同样，催眠可以打开和关闭脊髓门，催眠的效果让大脑向下发出指令，关闭脊髓门（Fields, 2009）。在催眠状态下，关闭闸门以阻断疼痛被认为涉及特殊的中间神经元，这些中间神经元将信息从大脑"自上而下"传递到脊髓中的疼痛通道。"关门"意味着大脑发出信号抑制脊髓通路中传入的疼痛信息。

还有什么可以关闭脊髓门？阿片类镇痛药，如吗啡，也可以通过从大脑中的特殊内啡肽受体引发一连串抑制信息，从而"自上而下"地发挥作用。这些抑制性信息向下传递以"关闭闸门"而阻止疼痛信息上传。

至少有一种方法可以"自下而上"地关闭疼痛之门，并且不涉及大脑。在疼痛信息通过脊髓的平行路径上传时，来自非痛觉感受器（例如，那些与触觉有关的感受器）的强烈刺激被认为可以抑制或压制疼痛信息。这就解释了为什么当你被锤子敲到手指后用力握手会让疼痛得以缓解（Carlson，2007）。针灸的作用方式大致相同，它向脊髓发送相互竞争的"自下而上"的信号。

对付疼痛

把疼痛的体验一扫而光不是很好吗？

尽管这个想法可能很诱人，但事实上这并不好，还有可能是致命的。先天性痛觉不敏感的人感觉不到有什么在伤害他们，他们的身体经常会伤痕累累，他们的四肢会因受伤而变形，如果大脑能够向他们警告危险，这些伤害本可以避免。由于他们没有注意到伤害身体的刺激并做出反应，这些人往往早夭（Manfredi et al.，1981）。一般来说，疼痛是一种重要的防御信号，它警告我们潜在的伤害，帮助我们在恶劣的环境中生存，并提醒我们对疾病和伤害进行治疗。然而，有时慢性疼痛本身似乎是一种疾病，在这种情况下痛觉通路中的神经元变得非常敏感，将正常的感觉刺激放大为疼痛信息（Watkins & Maier，2003）。研究还表明，慢性疼痛可能（至少有时）是由神经损伤组织中的基因通过表观遗传变化"启动"而产生的（Buchheit et al.，2012；Marx，2004）。为了解决这些问题，新的"人工表观遗传"药物正在研发中，这些药物通过模仿人体自身的表观遗传过程来关闭痛觉通路，从而控制慢性疼痛（Chiechio et al.，2010）。

镇痛药

如果你感到疼痛，你能做什么？

从阿司匹林、布洛芬等非处方药到吗啡等处方麻醉药，镇痛药的应用广泛，疗效显著。它们的作用方式多种多样。正如我们所知道的，吗啡通过关闭脊髓门来抑制疼痛信息。阿司匹林则不同，它通过干扰受损组织产生的化学信号来发挥作用（Basbaum & Julius，2006；Carlson，2007）。使用镇痛药的患者应该注意那些副作用，如消化道或肝脏损伤，甚至成瘾。但是研究表明，如果你必须使用麻醉剂来控制剧烈疼痛，那么你上瘾的可能性会远远小于你娱乐性地使用麻醉剂的情况（Melzack，1990）。其原因尚不完全清楚。但对于那些因剧烈疼痛而服用阿片类药物的人来说，阿片类药物可能既不会阻止身体自身产生阿片类物质，也不会产生上瘾者所寻求的快感。

一个多世纪前，人们开始使用局部麻醉剂。最近（在过去的20年里），对痛觉感受器神经元的研究发现了这些局部麻醉剂中的化学物质是如何发挥其魔力的，科学家们还发现了越来越有前景的镇痛药。我们现在知道，痛觉感受器神经元的"放电"需要钠离子通过细胞膜的通道涌入神经元。局部麻醉剂会阻断这些离子通道，从而抑制疼痛信号，就像堵住地铁车门会阻止乘客进入，最终阻止其到达目的地一样。

控制疼痛的心理技术

人们还可以通过学习心理技巧来控制疼痛，如催眠、放松和分散注意力等程序（Brown，1998）。这些技术如何有效果？它们真的有用吗？

例如，一个在医生办公室接受注射的孩子可能会被要求做一系列深呼吸并把目光移开。你也可能是那些可以用安慰剂来缓解疼痛的人之一，安慰剂是一种假药，但看起来像是真药。例如，安慰剂可以是一种温和的盐水溶液（生理盐水）针剂或糖丸。这类假药通常会在新的镇痛药测试中给对照组使用。当然，它们的有效性与人们相信他们得到了真正的药物有关（Niemi，2009；Wager，2005；Wager et al.，2004）。值得注意的是，大脑对安慰剂和对镇痛药有同样的反应：关闭脊髓门。因为这种**安慰剂效应**（placebos effect）很常见，任何被认为有效的药物都必须证明自己比安慰剂更强。

安慰剂究竟是如何起作用的？显然，对疼痛缓解的期望足以使大脑释放天然"阿片"——止痛内啡肽。我们之所以这样认为，是因为大脑扫描显示，当患者服用安慰剂或镇痛药时，就会激活相同的抑制疼痛的区域（Petrovic et al.，2002）。此外，我们发现对安慰剂有反应的人报告说，当他们服用内啡肽阻断药纳曲酮时，他们的疼痛会加剧（Fields，1978；Fields & Levine，1984）。

令人惊奇的是，安慰剂效应并不一定需要安慰剂！在一项对照实验中，法布里奇奥·贝内德蒂（Fabrizio Benedetti）博士和他的同事（Benedetti et al.，2005）发现，即使没有止痛药，医生的临床表现也能抑制疼痛。对心理学家来说，这是一个重要的发现，它表明心理社会环境本身可以产生治疗效果（Guterman，2005）。

用镇痛药控制心理疼痛

我们都感受过身体上的痛苦，也感受过情感上的痛苦。然而，我们会更认真地对待身体上的痛苦，有时人们会认为自己更容易"克服"情绪上的痛苦。然而，新的研究显示，身体上的痛苦和情感上的痛苦之间有着惊人的联系。在我们的大脑中，这两种体验真的相似吗？

事实证明，被拒绝的"痛苦"真的很痛苦！心理学家 C. 内森·德沃尔（C. Nathan DeWall）和他的同事（DeWall et al.，2010）发现对乙酰氨基酚（泰诺中的镇痛成分）可以减轻遭受社会排斥的心理痛苦。与服用安慰剂的志愿者相比，服用对乙酰氨基酚的志愿者在日常生活中的社交排斥感要少得多。在一项后续的实验研究中，首先利用电脑游戏来让玩家感觉到社会排斥，随后的功能磁共振扫描显示，对乙酰氨基酚减少了与社会排斥和身体疼痛相关的大脑区域的活动。除了这些出乎意料的发现之外，这项研究的有趣之处在于发现了生理和心理伤害都涉及大脑中一些相同的疼痛机制。

疼痛耐受性

疼痛阈限因人而异。有些人总是向牙医要求注射局部麻醉药，而另一些人可能更愿意让牙医不注射麻药就做手术。在实验室里的一项研究发现，与最敏感的被试相比，最不敏感的被试要产生疼痛感需要八倍强度的电击（Rollman & Harris，1987）。另一项实验对疼痛高度敏感的人进行了大脑扫描，结果显示其丘脑和前扣带回皮层的激活程度高于对疼痛耐受性较强的人（Coghill et al.，2003）。这种差异至少有一部分是有遗传基础的（Couzin，2006）。

我们应该明确这一点：没有证据表明不同种族对疼痛的敏感性存在基因差异，尽管许多报告表明，文化确实影响人们对疼痛的解释和对疼痛刺激的反应。例如，西方妇女经常抱怨分娩是一种极度痛苦的经历，而在某些文化中，妇女在正常分娩时通常几乎没有痛苦的反馈。严重受伤的士兵通常也比受伤的平民需要更少的镇痛药，这可能是因为士兵崇尚"勇敢文化"，或者是因为士兵知道受伤意味着可以离开战区。

不过，读者应该注意的是，许多关于疼痛的文化差异的文献更多地依赖于轶事，而不是对照研究。此外，这一领域的科学工作经常会得出相互矛盾的结论（Foster，2006）。也许这项工作产生的最重要的影响之一，就是发现贫困、疼痛和获得医疗保健的机会之间的关系：穷人直至疼痛变得非常严重才会寻求医疗救助。

写一写

不愉快的感觉

疼痛通常预示着在我们身上正在发生一些不愉快和有害的事情。其他哪种感觉也预示着可能的伤害？举一个例子，说明你的另一种感觉是如何发出可能的伤害信号的。

关键问题：
感觉和知觉之间是什么关系

核心概念 3.3

知觉赋予感觉以意义，因此知觉产生的是对世界的解释，而不是对世界的完美表征。

感觉信号先由感觉器官转导，然后传输到大脑的特定区域，作为视觉图像、疼痛、气味和其他感觉进行进一步加工。然后呢？你的大脑利用它的知觉机制将意义附加到传入的感觉信息上。那么，苦味意味着有毒吗？微笑意味着友好吗？我们的核心概念强调感觉信息的知觉诠释。

> 知觉赋予感觉以意义，因此知觉产生的是对世界的解释，而不是对世界的完美表征。

简而言之，我们可以说知觉的任务是把感觉组织成稳定的、有意义的**知觉物**（percepts）。因此，知觉不仅是感觉，而且是与之相关的意义。当我们描述这个复杂的知觉过程时，我们要先考虑我们的知觉系统通常会如何设法给我们一个相当准确和有用的世界形象。然后，我们来看看一些错觉和其他一些知觉明显失败的例子。最后，我们将介绍两种理论，以捕捉这些成功和失败的知觉背后的最基本的工作原则。

本部分导读：

3.8 描述在感觉中发现意义的大脑机制。

3.9 列出各种类型的错觉，并说明这对理解知觉有什么启示。

3.8 知觉加工：在感觉中寻找意义

学习目标：

描述在感觉中发现意义的大脑机制。

一个人的感觉形象如何形成你"认出这个人"的**知觉物**？也就是说，纯粹的感觉如何成为精致而有意义的知觉？让我们从两条视觉通路开始，它们可以帮助我们识别物体，并且在空间中定位它们：

1. "是什么"通路；

2. "在哪里"通路。

3.8.1 大脑中的"是什么"和"在哪里"通路

位于大脑后部的初级视觉皮层将视觉信息分成两个相互关联的信息流（Fariva，2009；Goodale & Milner，1992，见图3-21）。

1. 一条信息流主要从视觉皮层流向颞叶，该通路识别物体是什么以及处于**什么环境**（是厨房里的椅子还是浴室里的马桶），神经科学家巧妙地称其为**"是什么"**通路。

2. 另一条信息流，即**"在哪里"**通路（where pathway），投射到顶叶，该通路决定物体相对于你身体的位置。（它在你面前吗？你要踩着它了吗？）

有证据表明，其他感觉，如触觉和听觉，也有"是什么"和"在哪里"信息流，并与视觉系统的信息流相互作用（Rauschecker & Tian，2000）。

奇怪的是，我们可以意识到"是什么"通路上的信息，但不一定会意识到"在哪里"通路上的信息。这一事实解释了一种被称为"盲视"（blindsight）的奇怪现象，这种情况发生在一些人身上，这些人

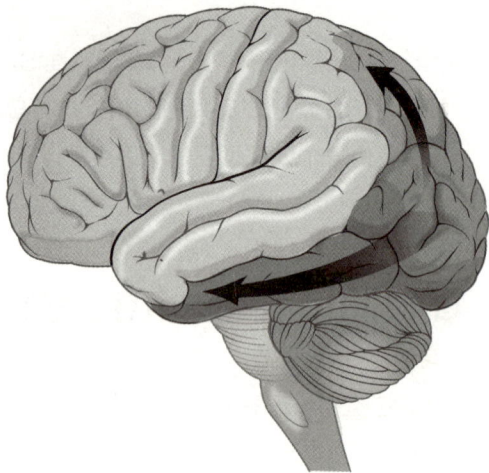

图 3-21　"是什么"和"在哪里"通路

注："是什么"通路将视觉信息传送到颞叶；"在哪里"通路从枕叶皮层投射到顶叶。

的"是什么"通路损伤，使他们在视觉上无法觉察周围的物体。然而，如果"在哪里"通路是完整的，盲视患者就有可能跨过他们途经的物体，或者伸手触摸物体，尽管他们声称看不见物体（de Gelder，2010；Ramachandran & Rogers-Ramachandran，2008）。这样，盲视患者就像一个复杂的机器人，能够感知周围的物体并做出反应，但它缺乏在意识中表征物体的能力。

3.8.2　大脑看到的物体和场景

那是什么？是在厨房还是在浴室？识别一个物体或该物体所在的场景似乎没多少区别。但是大脑是怎么做到的呢？最近的一些创造性的功能磁共振成像研究让我们可以更深入地理解大脑是如何识别物体和场景的（Epstein，2014；Epstein & MacEvoy，2011）。大脑扫描显示，我们有时会把注意力集中在我们看到的物体上（火炉、冰箱）上，然后使用这些物体来识别场景（我们在厨房）。但在其他时候，我们会先对场景进行更全面的解释（这是一张浴室的照片），然后使用场景来识别物体（一个外表奇怪的马桶）。

原来"是什么"通路有两个分支。一个分支负责提取特定对象的信息（是椅子还是马桶），另一个分支则负责识别场景（这是浴室还是厨房）。因此，"是什么"通路允许我们确定对象是什么以及它们存在的场景。同样，我们怀疑大脑通过嗅觉、触觉和听觉识

别物体和场景时也有类似的双重通路。

3.8.3　特征检测器

信息沿着"是什么"和"在哪里"通路进入大脑，越深入，大脑对信息的加工就越专业化。最终，视觉通路中的特殊细胞群会提取出非常特异的刺激特征，如物体的长度、倾斜度、颜色、边界、位置和运动（Kandel & Squire，2000）。知觉心理学家称这些细胞为特征检测器（feature detectors）。

我们从动物实验和像乔纳森这样的案例中了解到特征检测器，在这些案例中，大脑损伤或疾病选择性地剥夺了个体检测某些特征的能力，例如，颜色或形状。在靠近枕叶皮层的颞叶的那一块区域中，甚至具有对人脸特征特别敏感的特征检测器（Carpenter，1999）。

尽管我们对特征检测器有了不少的了解，但我们仍然不知道大脑是如何将检测到的多个特征组合（或"捆绑"）成一个单一的知觉物的，例如，一张脸。心理学家称之为捆绑问题（binding problem），这可能是知觉心理学最深奥的谜团（Kandel & Squire，2000）。

在这个知觉拼图中，我们确实已经拼出了令人着迷的一块：神经科学家发现，当不同的神经元群检测到同一物体的不同特征时，大脑会同步这些神经元群

对于克劳德·莫奈的《罂粟花田》，观看者报告说感受到闪烁或运动。神经科学家解释说，花的颜色与周围区域的颜色具有相同的亮度，因此无法分辨颜色的"在哪里"通路，很难在空间中精确定位这些花（Dingfelder，2010）。

的放电模式，就像管弦乐队指挥同步演奏一首乐曲的所有合奏者的节奏一样（Buzsáki，2006）。但是，这种同步是如何将这些特征"捆绑"在一起的仍然没有确切解释。

3.8.4　自上向下和自下而上的加工

为了形成知觉物似乎还需要对感觉施加某种模式的加工。这涉及两种相互补充的加工过程，心理学家称之为：

- 自上而下的加工；
- 自下而上的加工。

在自上而下的加工（top-down processing）中，我们的目标、过去的经验、知识、期望、记忆、动机或文化背景指导着我们对事物或事件的知觉（Nelson，1993）。在一个杂乱的房间里寻找你的车钥匙需要自上而下的加工。在流行的儿童系列读物《沃尔多在哪里》中寻找沃尔多也是如此。如果你没吃午饭就去超市购物，那么自上而下的饥饿信号可能会让你注意到店里所有的零食。

在自下而上的加工（bottom-up processing）中，刺激的特征（而不是我们头脑中的概念）会强烈影响我们的知觉。自下而上的加工在很大程度上依赖于大脑的特征检测器来感觉这些刺激特征：它在运动吗？它是什么颜色的？它是响亮的、甜蜜的、痛苦的、好闻的、潮湿的、热的？当你在水族馆里看到一条游动的鱼，在炒菜中吃到很辣的辣椒，或者在午夜时分听到一阵巨大的响声时，你都在做自下而上的加工。

自下而上的加工包括通过感受器将感觉数据发送到（知觉）系统中，并将其"向上"发送到大脑皮层，在那里先执行关于特征检测器的基本分析，以确定刺激的特征。心理学家们也将这称为*刺激驱动的加工*（stimulus-driven processing），因为形成的知觉物是由刺激特征决定的，或者说是"驱动的"。相比之下，自上而下的加工是相反的方向，知觉是由大脑"顶端"皮层中的一些概念驱动的。因为这种思维在很大程度上依赖于感知者自己头脑中的概念，所以它也被称为*概念驱动的加工*（conceptually driven processing）。

3.8.5　知觉恒常性

我们可以用另一个自上而下加工的例子来说明知觉的另一个方面。假设你正在看一扇门，如图 3-22A 所示。即使你没有直视它，你对它的感觉图像是扭曲的，但你也"知道"门是长方形的。你的大脑会自动纠正这种感觉扭曲，这样你就能知觉到门是长方形的，如图 3-22B 所示。

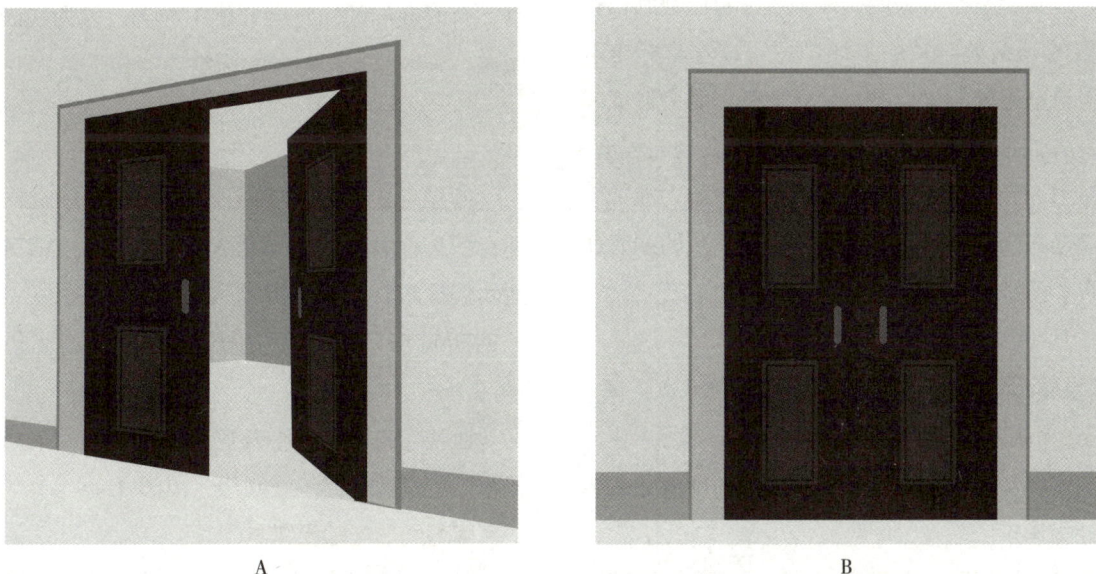

A　　　　　　　　　　　　B

图 3-22　任何其他形状的门仍然是门

注：从某个角度看 A，眼睛看到的门是一个扭曲的感觉图像。尽管如此，大脑仍然认为它是长方形的，就像 B。

这种从不同角度或距离将物体视为同一形状的能力只是知觉恒常性（perceptual constancy）的一个例子。事实上，知觉恒常性有很多种。其中包括颜色恒常性（color constancy），它使我们能够在日落的红光中与正午的白光中看到的同一朵花具有相同的颜色。大小恒常性（size constancy）使我们能够在不同的距离将一个人视为相同的大小，同时也为深度知觉提供有力的线索。而正是形状恒常性（shape constancy）让我们从不同的角度看到的门都是长方形的。这些恒常性共同帮助我们识别和跟踪变化世界中的物体。

3.8.6 非注意盲视和变化盲视

有时我们不会注意到发生在我们眼前的事情，特别是当它们出乎意料，并且我们没有把注意力集中在它们身上的时候。例如，当你开车时，你可能不会注意到一辆意外变道的汽车。心理学家称之为非注意盲视（inattentional blindness）（Beck et al.，2004；Greer，2004a）。魔术师的许多魔术都依赖它（Sanders，2009）。魔术师还依赖变化盲视（change blindness），在这种相关的现象中，我们没有注意到现在的情况与以前不同，例如，朋友把头发染成了另一种颜色或刮了胡子（Martinez-Conde & Macknik，2008）。

我们确实能注意到我们预期的变化，例如，红灯变绿灯。但实验室研究表明，许多人没有注意到，在同一场景的一系列照片中，红灯何时被停车标志取代。在实验室之外的世界中，变化盲视可能会造成一些麻烦，人们往往低估自己受变化盲视影响的程度。这可能是因为我们的知觉系统和我们的注意力能加工的信息量是有限的，所以我们"自上而下"的期望使我们忽略了预料之外的事情。

3.9 模棱两可和扭曲的知觉

学习目标：

列出各种类型的错觉，并说明这对理解知觉有什么启示。

知觉的一个主要目标是准确地"认识"世界，以

识别朋友、敌人、机会和危险。生存有时依赖于个体对环境的准确感知，但环境并不总是那么容易被"看清楚"的。我们可以用图3-23中的黑白斑点图来说明这一困难。请问这是什么？

图3-23 一副模棱两可的画面

注：这里描绘了什么？这个轮廓之所以难以识别在于它与背景的相似性。

当你最终从背景中提取出刺激图形时，你会看到一只达尔马提亚狗，头朝下正往左上角走去。这条狗很难被分辨出来，因为它与背景融为一体。当你试图在嘈杂的聚会背景下挑出某个声音时，也会遇到同样的问题。

但是，不仅仅是找不到某个图像会引起知觉问题。有时我们的知觉会非常不准确，因为我们会曲解图像，导致感觉和知觉的错觉。

3.9.1 错觉对理解感觉和知觉的启示

如果你的大脑对刺激模式的理解有误并欺骗了你，那么你就体验到了错觉（illusion）。错觉可以帮助我们理解感觉和知觉的一些基本特性——尤其是我们的知觉与外部现实之间的差异（Cohen & Girgus，1973）。

让我们先来看一个在感觉水平起作用的自下而上的明显的错觉：赫尔曼网格（见图3-24）。

两可图形与知觉错觉

赫尔曼网格错觉来自于你视觉通路中的感受器细胞相互作用的方式。某些对光–暗边界敏感的细胞

图 3-24　赫尔曼网格

注：当你盯着网格的中心看的时候，你会注意到在白色条交叉的位置上有模糊的暗点。但是当你把注意力集中在某个交叉位置时，这个点就消失了（Levine & Shefner，2000）。为什么会这样？正文解释了这个感觉水平上的错觉。

的放电抑制了相邻细胞的活动，否则这些细胞将检测到白色网格线。这个抑制过程让你能感觉到较暗的区域，所以在焦点外白色交叉处看到了灰点。即使你知道（自上而下）赫尔曼网格中的方块是黑色的，线条是白色的，这种认知也无法克服错觉，因为这是在基本的感觉水平上的错觉。

为了研究知觉水平上的错觉，心理学家经常使用**两可图**（ambiguous figures），这种刺激模式可以用两种或两种以上不同的方式来解释（自上而下），如图3-25 所示。

在图 3-25 中，你看到的花瓶／人脸图和内克尔立方体都是被设计出来混淆你的解释，而不仅仅是你的感觉。每幅图都包括了两种不同的含义，一旦你看出了这两种含义，你的知觉就会在两种含义之间来回循环。研究表明，这些交替的解释可能涉及大脑左右半球之间知觉控制的转移（Gibbs，2001）。

图 3-26 是最近发现的另一个戏剧性的错觉。尽管很难相信，标有 A 和 B 的两个格子的灰度是一样的。右边的竖条证明了这一点。

知觉心理学家说，这种效应源于颜色和亮度的**恒常性**（color and brightness constancy）：我们具有在不同照明条件下（从明亮的正午阳光到近乎全黑的环境）看到不变的物体的能力（Gilchrist，2006）。在正

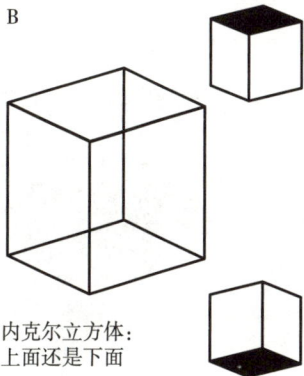

花瓶还是人脸

内克尔立方体：
上面还是下面

图 3-25　知觉错觉

注：这些两可图反映了想象出的知觉解释。

图 3-26　棋盘错觉

注：外表是骗人的：格子 A 和格子 B 的灰度实际上相同，你可以看图的右边，把两个格子与竖条相比（Adelson，2010）。正文解释了为什么会发生这种情况。

常情况下，这使我们不至于被阴影所误导。

其他错觉

图 3-27 显示了其他几种在知觉解释水平上的错觉。所有这些错觉都令人难以置信，都颇有争议。图3-28A 中的缪勒－莱依尔错觉，已经引起心理学家的兴趣超过 100 年。忽略箭头，图中的两条垂直线哪一条更长？如果你测量它们，你会发现两条垂直线的长度是完全相同的。这怎么解释？这一问题的答案已经

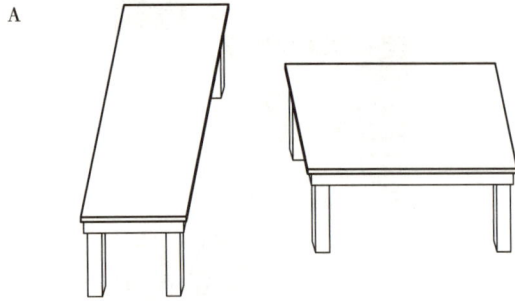

（A）桌子错觉，它是由认知科学家／艺术家罗杰·谢泼德提出的，它基于大小恒常性的假设。你认为桌面的边缘线一样长吗？

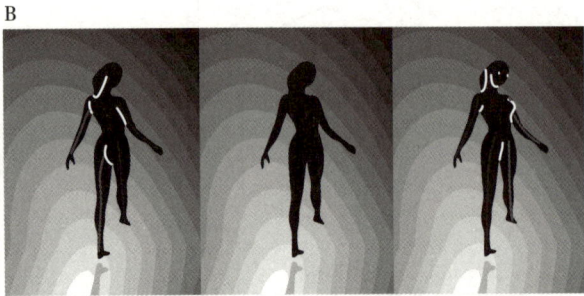

（B）旋转舞者错觉依赖于知觉的模糊性。也就是说，你可以看到中间面板中的舞者向任何一个方向旋转。右边和左边的图片可以帮助你看到她在双向旋转。

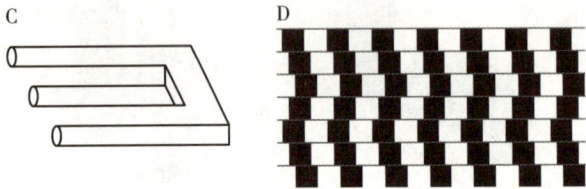

（C）魔鬼的叉子是一个不可能的物体，你可以看到两个不同的物体，这取决于你看的是哪一端。这种错觉之所以有效，是因为我们假设它代表了一个三维物体，但实际上，它只能存在于二维。

（D）咖啡馆墙壁错觉使我们认为水平线在交替的方向上倾斜。但你沿最上面一行的底部放一把直尺，就可以看出它们是平行的。这种错觉还没有完全得到解释，但被稍微错位摆放的"瓷砖"似乎是关键所在。

图 3-27　戏弄你的大脑的错觉

注：图 3-27 中的每个错觉都会让你的大脑押下一个糟糕的"赌注"。对每个错觉所产生的对现实的扭曲，你能给出什么解释？它们是天生的还是后天的？桌子错觉最初由罗杰·N. 谢泼德（Roger N. Shepard）在 1990 年出版的《心灵景观》（*Mind Sights*）（Freeman）一书中做了介绍。

在一千多份已发表的研究中给出，但心理学家仍然不能确定。

对缪勒－莱依尔错觉（图 3-28B）的一种解释是，你的大脑认为它看到了一个建筑物的内部和外部角落的透视。内角边似乎在远处后退，而外角边似乎在向我们延伸。因此，我们判断外角边更近，所以也更短。为什么？如何两个物体在视网膜上形成相同大小的图像，而且我们判断其中一个物体比另一个物体更远时，我们会假设距离更远的物体更大。

一个结合了自上而下和自下而上因素的流行理论也得到了一些支持。这种理论认为我们不自觉地把图 3-28B 里的缪勒－莱依尔图形视为三维物体。因此，我们将这些端点线视为朝向或远离我们的角度，而不是箭头，就像建筑物或房间的内外角，如图 3-28B 所示。

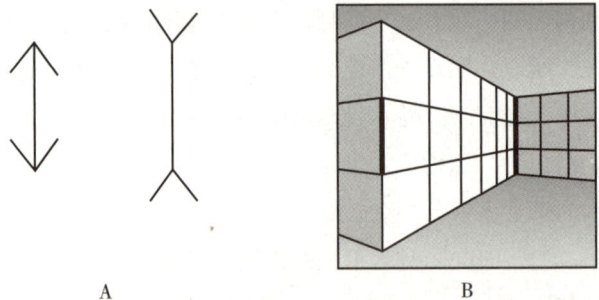

图 3-28　缪勒－莱依尔错觉

注：忽略箭头，图中两条垂直线段中哪一条更长？对于这种错觉的解释，心理学家已经争论了一个多世纪。

3.9.2　文化背景下的错觉

但是，如果你是在一个没有方角建筑的文化中长大，你还会认为缪勒－莱依尔错觉中的一条线段比另一条更长吗？换言之，你是经过学习后才能看到错觉，还是说你的大脑天生就是这样？回答这些问题的一种方法是跨文化研究。考虑到这一点，理查德·格雷高利（Richard Gregory，1977）去南非研究了一群祖鲁人，他们生活在他所说的"圆形文化"中。在美学上，祖鲁人更喜欢曲线而不是直线和正方形的角：他们的圆形小屋有圆形的门窗；他们用弯曲的犁，沿着弯弯曲曲的路线耕地；孩子们的玩具也没几条直线。

当格雷高利给他们看缪勒－莱依尔错觉时发生了什么？大多数人认为这些线的长度几乎相同。这表明缪勒－莱依尔错觉是后天习得的。其他一些研究也支持了格雷高利的结论，生活在"木匠"环境中的人，比那些生活在"非木匠"环境中的人（像祖鲁人）更容易产生错觉（Segall et al., 1999）。在"木匠"环境中，很多建筑物是按照直边和90度的角度来建造的。

3.9.3　错觉的应用

几位著名的现代艺术家，由于着迷于两可性所创造的视觉体验，把知觉错觉作为他们作品的核心艺术特征。看一看图3-29中的示例。这些绘画的作用在于强调了人类知觉对世界的理解以及聚焦于我们对此能做出的最佳解释。

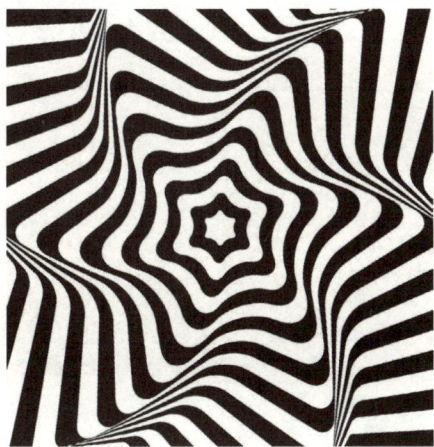

图3-29　艺术中的视觉错觉

要解释这样的错觉，我们就要利用我们的个人经历、学习和动机。知道了这一点，那些懂得知觉原理的人往往可以控制自己的作品，达到远远超出传统绘画的预期效果。例如，建筑师和室内设计师创造的错觉可以使空间看起来比实际更大或更小。例如，他们会把一个小公寓漆成浅色，配上少量的家具，这样就会显得更宽敞。同样，电影和戏剧作品中的布景和灯光设计师会有目的地在电影和舞台上创造视觉错觉。因此，我们中的许多人在选择化妆品和服装时也会利用错觉原理（Dackman, 1986）。浅色的衣服和水平的条纹可以让我们的身形看起来更丰腴，而深色的衣服和垂直的条纹可以让我们的身形看起来更苗条。通过

这种方式，我们可以利用错觉来扭曲"现实"，使我们的生活更加愉快。

> **写一写**
>
> **你的错觉**
>
> 描述一个你经历过的错觉，并指出产生错觉的一个可能的知觉原理。

3.10　知觉的理论解释

学习目标：

比较格式塔理论与赫尔姆霍兹知觉理论。

事实上，大多数人对错觉和两可图的知觉方式基本相同，这表明有一些基本的知觉原则。但这些原则是什么？为了找到答案，我们将讨论两个有影响力的理论：**格式塔理论**（Gestalt theory）和**基于学习的推理理论**（learning-based inference），它们都试图解释我们的知觉是如何形成的。

虽然这两种理论起初看起来似乎是矛盾的，但它们实际上强调了两种互补的对知觉的影响因素。格式塔理论强调我们如何将传入的刺激信号组织成有意义的知觉模式，这是我们的大脑与生俱来的能力。基于学习的推理强调学习对知觉的影响，包括期望、情境和文化的力量。换言之，格式塔理论强调**先天**（nature），而基于学习的推理强调**后天**（nurture）。

3.10.1　知觉组织的格式塔理论

你可能已经注意到，剧院的天棚上一串串的闪烁的灯光会让你产生运动的错觉，但实际上它们并没有动。同样，在随后的"试一试"版块中似乎出现了一个白色三角形，但实际上它并不存在。而且，正如我们所看到的，内克尔立方体似乎在两种不同的视角之间来回切换，当然这完全只是发生在你的脑海中。

大约100年前，这种知觉技巧引起了一组德国心理学家的兴趣，他们认为大脑天生就有知觉刺激的能力，而且知觉的是刺激的模式（patterns，

Sharps & Wertheimer，2000）。他们称这种模式为**格式塔**（gestalt），在德语中这表示"知觉模式"或"构型"。因此，大脑用来自刺激的原始材料，形成了一个知觉整体，而不仅仅是其感觉到的各个部分的总和（Prinzmetal，1995；Rock & Palmer，1990）。这种观点被称为**格式塔心理学**（gestalt psychology）。

格式塔心理学家指出，我们会把正方形看作是一个完整的图形，而不仅仅是四条单独的线。同样，当你在听一首熟悉的歌时，你也不会专注于单个音符。你的大脑会提取旋律，这是你对音符整体模式的知觉。格式塔心理学家认为，这样的例子表明，我们总是试图将感觉信息组织成有意义的模式，其中最基本的元素在出生时就已经内嵌在我们的大脑中了。因为这种理论取向非常有影响力，下面我们将更详细地研究一些格式塔心理学的发现。

图形和背景

格式塔心理学确定的最基本的知觉过程之一，就是我们将知觉经验分为图形（figure）和背景（ground）。图形指一个图案或图像中吸引我们注意力的部分，心理学家有时将其称之为格式塔。图形之外其他的一切都是背景，是我们感知图形的陪衬。图形可以是在复杂的和声背景下听到的旋律，也可以是以奶酪、酱料和面饼制成的比萨为背景的一大块辣味意大利香肠。

视觉上的图形可以是一个闪亮的标志，也可以是页面背景上的一个单词。在图 3-25A 所示的模棱两可的人脸／花瓶中，当人脸和花瓶交替"弹出"成为图形时，图形和背景就将反转。

试一试 ➡➡➡ 遮掩背景的图形

我们会强烈倾向于把图形看成是在背景前面。事实上，这种倾向非常强大，以至于即使在知觉到的图形实际上并不存在的时候，也有这种效果！你可以通过查看图 3-30 来证明这一点（Ramachandran & Rogers Ramachandran，2010）。图中，你可能会看到一棵冷杉的形状，而背景是白色表面上的黑色圆圈。但是，书页上当然没有印有冷杉的图案；这个图形只有三个实心的黑色形状和一个黑色线条的底座。你能看到前面那个虚幻的白色三角形，是因为黑色圆圈中的楔形切口似乎是实心白色三角形的角。要看到一个虚幻的六角星，请看图 3-30B。在这里，不存在的"最上面"的三角形似乎遮住了部分黑圈和黑线三角形，而事实上这些都不是完整的图形。这再一次表明，我们更喜欢将这个图形视为一个遮掩了其背后背景的物体［这也是为什么我们经常称 ground（背景）为 "background"（背景）的原因］。

图 3-30　主观轮廓
（A）一棵主观的冷杉　　（B）一颗主观的六角星

封闭性：填补空白

正如你在前面的盲点演示中看到的那样，我们的头脑似乎天生就讨厌间隙。在图 3-30 中特别要注意的是叠加在黑色圆圈和黑色线条上的虚幻的白色三角形。此外，你会注意到你已经把白色区域分为两部分，即白色三角形和背景。在这种区分发生的时候，你知觉到了**主观轮廓**（subjective contours），这些轮廓并不存在于刺激中而只存在于你头脑的主观体验中。

你知觉到的这些虚幻的三角形展示了格式塔心理学家所确定的第二种强大的组织加工过程——**封闭性**（closure），它通过提供缺失的部分、填补空白和推断潜在的隐藏物体，使你将不完整的图形视为一个整体。因此，当你看到一张面孔在角落里偷看时，你的大脑会自动填补你的"心灵之眼"看到的面孔和身体的隐藏的部分。一般来说，人类有一种天生的倾向，认为刺激是完整而平衡的，即使某些部分缺失了。（这是否让你觉得似曾相____？）

顺便说一句，当你无法实现封闭性时，这可能是相当烦人的，在下面这个我们都经历过的情况下尤为如此：你无意中听到某个人的手机对话，特别是在公共场所，而且还有许多其他分心的事情。问题是，我们总是试图理解我们环境中的事件，但当我们只能听到对话的一方（对话格式塔的一半）时——即使我们试图不去听，我们也无法实现封闭性，因为我们无法填补对话中根本没听到过的另一半。研究表明，听这种"半对话"比听两个人之间的对话要烦人得多（Emberson et al.，2010）。

在前面的演示中，我们已经看到，大脑从不完全的刺激中产生知觉物的能力如何让我们产生主观轮廓和封闭的知觉。现在让我们转向其他知觉原则，解释我们如何将格式塔中实际存在的刺激元素分组。

3.10.2 知觉组织的格式塔原则

我们经常把鱼群看作一个完形的整体。这是为什么呢？我们会将数百个音符组合在一起，并把它们视为一段单一的旋律；我们还将颜色、阴影、形状、纹理和边界等元素组合成朋友的面孔，这些都是怎样做到的呢？为什么成千上万的人报告说看到了"飞碟"，或者从玉米饼烧焦的痕迹上看到了耶稣的脸？也就是说，在我们的头脑中，是如何把那些似乎"属于"同一类型但又分离的刺激因素集中在一起的呢？这里涉及捆绑问题：心理学中最基本的问题之一。正如我们将看到的，格式塔心理学家在这一领域取得了长足的

进展，尽管关于知觉组织加工机制至今仍存在争议（Palmer，2002）。

当然，在格式塔心理学发展的全盛时期，那时没有磁共振成像（MRIs）或 PET 扫描。现代神经科学也还没有诞生。因此，格式塔心理学家如马克斯·韦特海默（Max Wertheimer，1923）只能用其他方法研究简单图形排列的知觉组织问题，如图 3-31 所示。通过改变单个因素并观察其如何影响人们对排列结构的知觉方式，韦特海默总结出一系列知觉组织的原则（laws of perceptual grouping），他认为这些原则天生内嵌在大脑的神经结构之中。

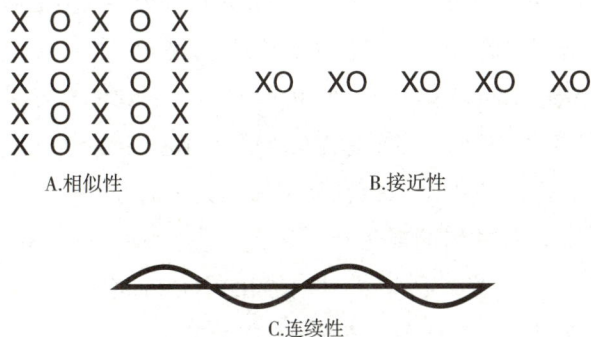

图 3-31 知觉组织的格式塔原则

根据韦特海默的相似性原则（law of similarity），我们将具有相似外观（或声音，或感觉，等等）的事物组合在一起。所以在图 3-31A 中，你可以看到，由于相似性，X 和 O 形成了不同的列而非行。同样，当你看足球比赛时，即使球员在比赛中混在一起，你也会根据制服的颜色把球员分成两个队，因为他们很相似。你还可能听过"物以类聚，人以群分"，这句谚语呼应了相似性原则，这恰好是格式塔理论对我们进行知觉组织所做的假设。任何把具有共同特点的事物归在一起的倾向都反映了相似性原则。

现在，假设在一个昏昏欲睡的早晨，你错误地穿上了两只不同颜色的袜子，因为它们在抽屉里挨在一起，你以为它们是一双。你的错误正是由于韦特海默的**接近性原则**（law of proximity）在起作用。接近性原则指我们倾向于将彼此相邻的事物组合在一起，如图 3-31B 中的 X 与 O 的配对所示。在社会认知的层面上，你的父母提醒你，"通过你的同伴就可以知道

你的为人"，这时他们也援引了接近性原则。

我们可以在图 3-31C 中看到格式塔连续性原则（law of continuity），其中直线看起来是一条单一的连续线，即使曲线反复穿过它。总体来说，连续性原则是指我们喜欢的是平滑连接的连续图形，而不是支离破碎的图形。连续性原则也适用于社会认知领域，我们通常会假设一个我们已经有一段时间没有见过的人的人格是连续的。所以，尽管我们和那个人的接触中断多时，我们还是希望能找到连续性，即发现他或她本质上还是我们之前认识的那个人。

还有另一种形式的知觉组织，我们在这里比较难以说明，因为它涉及运动。但是你可以很容易地把这些形象想象出来，并且证明共同命运的原则（law of common fate）：想象一群鱼、一群鹅，或者一支穿着制服的军乐队。当视觉元素（单个的鱼、鹅或乐队成员）一起移动时，你会把它们知觉为一个格式塔。

从格式塔的视角看，每个知觉组织的例子都说明了一个深刻的观点，即我们的知觉反映了大脑的固有模式。这些与生俱来的心理加工，以自上而下的方式，决定了知觉物的各个部分的组织，就像山脉和山谷决定河流的走向一样。此外，格式塔心理学家认为，知觉组织的原则体现了一个更一般的定律，即**完形律**（law of Prägnanz）。这一定律认为，我们知觉到的是尽可能的极简模式，即知觉该知觉物只需要最少的脑力劳动。这条定律也被称为**最小知觉原则**（minimum principle of perception）。完形律给校对工作增加了难度，你检查图 3-32 时就会发现这一点。

图 3-32　一只鸟在手中

注：我们通常看到的是我们期望看到的东西，而不是真正存在的东西。再看看。

3.10.3　赫尔姆霍兹关于经验如何影响知觉的理论

1866 年，赫尔曼·冯·赫尔姆霍兹（Hermann von Helmholtz）指出了学习（或后天）在知觉中的重要影响。他的基于**学习**的推理理论重点关注人们如何利用先前的学习来解释新的感觉信息。观察者根据经验对这些感觉的含义进行推理、猜测或预测。例如，这个理论解释了为什么当你看到蛋糕上插着点燃的蜡烛时，你会假设正在举行生日派对：你已经学会了将蛋糕、蜡烛和生日联系起来。

通常，这种知觉推断是相当准确的。但另一方面，我们已经看到，感觉混乱和布局模糊会导致知觉错觉和错误结论。我们的知觉解释实际上是关于我们的感觉的假设。例如，即使是婴儿也会期望人脸的某些特征有固定的排列（一双眼睛在鼻子上方，嘴巴在鼻子下方，等等）。事实上，我们对人脸的预期是如此根深蒂固，以至于我们无法"看到"不符合我们期望的面部特征，特别是当它们以我们不熟悉的方向出现时。你看一下图 3-33 碧昂丝的那两幅倒立的照片，你是否能发现两者之间有什么重要的差异？

图 3-33　两个视角的碧昂丝

注：虽然其中一张照片明显被修改过，但倒着看的时候，它们看起来还是很相似。

到底是什么因素决定了形成准确知觉的成功程度？最重要的因素包括环境、我们的期望和我们的知觉定势。我们将看到，每种因素的作用都涉及一种可以缩小我们对长期记忆中海量概念的搜索范围的方法。

情境和期望

正如我们前面所看到的，在你确定情境之后，你就可以通过"是什么"通路对你可能经历的人、物体和事件形成预期（Biederman，1989）。下面是另一个情境影响知觉的示例（见图3-34）：

THE CAT

图3-34　情境影响知觉的例子

上面写的是"THE CAT"，对吧？现在再看每个单词的中间字母。实际上，这两个字母长得完全一样，但是你会认为第一个字母是H，第二个字母是A。为什么？很明显，你的知觉受到了你对英语单词的理解的影响。T_E的情境使得缺失的字母非常可能是H，而不太可能是A，而C_T的情境正好相反（Selfridge，1955）。

这里有一个更真实的例子：在你没有预期会见到认识的人的情况下，例如，在一个不同的城市或在一个新的社交群体中，你可能很难认出你认识的人。当然，问题不在于他们看起来不一样，而在于他们所在的情境不同寻常：你没想到他们会出现在那里。因此，除了物体的物理特性，知觉识别还依赖于情境和期望。

知觉定势

情境和期望对知觉产生影响的另一种方式涉及知觉定势（perceptual set），这也与期望密切相关。在知觉定势的影响下，我们对某些刺激线索有一种注意和反应的准备，就像短跑运动员预期发令者的手枪会响一样。一般来说，知觉定势包括在给定的环境中对特定刺激的集中警觉。例如，一位新妈妈会对孩子的哭声非常敏感。同样，如果你开的是一辆运动型红色跑车，你很快就会知道高速公路巡警的知觉定势就是他

们会特别关注超速行驶的运动型红色跑车。

通常，知觉定势会使你把一个模棱两可的刺激转化成你所期望的刺激。请快速阅读下面的两行单词，你可以亲身体验这一点：

FOX；OWL；SNAKE；TURKEY；SWAN；D?CK
BOB；RAY；DAVE；BILL；TOM；D?CK

请注意这两行单词是如何让你在每一行中以不同的方式阅读D?CK的。在模棱两可的刺激之前你读到的单词的意义形成了知觉定势。涉及动物的词所产生的知觉定势会让你把D?CK读作"DUCK"；而名字所产生的知觉定势则会让你把D?CK读作"DICK"。

文化对知觉的影响

在鸡、牛和草这三样东西中，哪两样应当搭配在一起？如果你是美国人，你可能会把鸡和牛分成一组，因为它们都是动物。但如果你是东亚人，你更可能把后两者放在一起，因为牛吃草。跨文化心理学家理查德·尼斯贝特（Richard Nisbett）说，美国人一般倾向于按抽象类型而非按关系或功能来分类（Winerman，2006d）。

尼斯贝特和他的同事还发现，东亚人通常比美国人更能整体地看待问题（Nisbett，2003；Nisbett & Norenzayan，2002）。也就是说，与美国人相比，亚洲各国的人更关注也更能回忆起情境的细节。（顺便说一句，这是真的，即使是有东亚血统的美国人。）举例来说，在看一个场景时，在美国长大的人往往会花更多的时间浏览人物，而在东亚长大的人通常会更关注背景的细节（Chua et al.，2005）。神经科学家丹尼斯·帕克（Denise Park）说："美国人看近景，东亚人看全景。"（Goldberg，2008）。对比亚洲人和美国人在简单知觉判断任务中其大脑活动扫描的细微差异，甚至也会看到这种区别（Hedden et al.，2008）。

跨文化心理学家指出了知觉的其他文化差异（Segall et al.，1999）。下面以基于线性透视深度线索的著名的庞佐错觉为例（见图3-35）。

实际上，图3-35中两个横条的长度是一样的。因为A看起来比B更远，所以我们认为它更长。

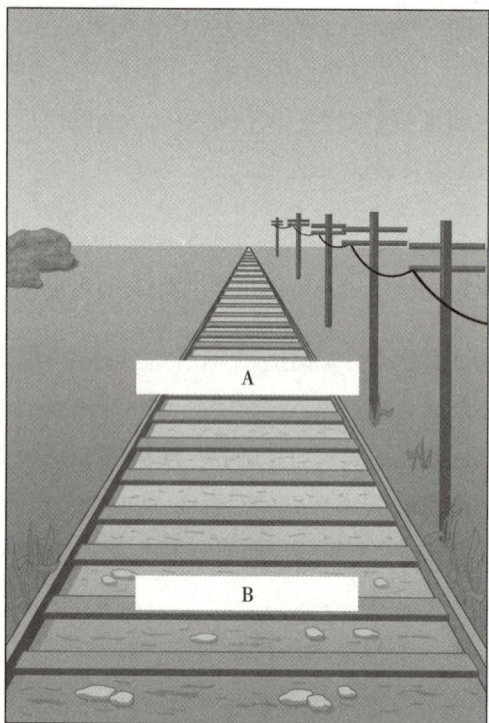

图 3-35　庞佐错觉

注：你认为哪个横条更长：上面的（标记 A）还是下面的（标记为 B）？

研究表明，对这个图形的反应在很大程度上取决于与文化相关的经历。这本书的大多数读者都会说，上面的横条看起来比下面的横条要长，然而，具有某些文化背景的人却不那么容易上当受骗。

为什么你会觉得两个横条的长度不同？你成长的世界里可能包括许多以平行线为特征的建筑，这些平行线似乎在远处交汇，例如，铁路、很长的建筑物、高速公路和隧道。这样的经历让你很容易受到诸如庞佐错觉等图像的影响，而在庞佐错觉中，大小和距离的线索是不可靠的。

但是，对于那些来自某些文化背景的人来说，如果他们对这种距离线索的体验很少，那么结果又会怎么样呢？在太平洋关岛上，没有类似庞佐错觉里的铁路轨道，并且道路蜿蜒曲折，以至于人们几乎没有机会看到道路"汇聚"在远处。因此，那些在关岛度过一生的人，很少有机会学习这条强烈的知觉线索，即汇聚的线条表示那是在远处。研究人员对这一问题进行了研究（Brislim，1974，1993）。

结果正如研究人员预测的那样，一辈子生活在关岛的人比来自美国大陆的受测者受庞佐错觉的影响要小。也就是说，他们不太可能报告上面的横条更长。这些结果有力地支持了以下论点，即人们的经验（学习）会影响他们的知觉，正如赫尔姆霍兹所说的那样。

3.10.4　深度知觉：先天还是后天

我们已经学习了两种截然不同的知觉理论取向，格式塔理论强调先天，而基于学习的推理理论强调后天，现在让我们看看这两种取向是如何解释心理学中深度知觉这个经典问题的。我们是天生就有深度知觉的能力，还是必须学习这种能力？让我们先来看看以往的研究。

鲍尔（Bower，1971）发现了仅 2 周大的婴儿就具备深度知觉能力的证据。通过给被试戴上 3D 护目镜，他向婴儿展示了一个球在空间中移动的虚拟现实场景。当球的图像突然直接向他们的面部移动时，婴儿的心率加快并表现出明显的焦虑反应。这表明，某些深度知觉能力可能是先天的，或者受到了早期发育过程中遗传编码的较大影响。

虽然人类在发展的早期就具备了深度知觉的能力，但似乎在婴儿较晚时期才发展出了警惕坠落的危险的想法。在一个著名的研究中，心理学家埃莉诺·吉布森（Eleanor Gibson）和理查德·沃克（Richard Walk）将婴儿放在一张有着树脂玻璃桌面的桌子上，桌子的一端看起来像是断崖（请参阅本书随附的照片）。

对视崖（visual cliff）出现反应主要发生在 6 个月以上的婴儿身上。他们会轻易爬过桌子的"浅"侧区，但他们不愿意越过视崖的"边缘"，这表明他们不仅可以深度知觉，而且还将坠落与危险联系起来（Gibson & Walk，1960）。发展心理学家认为，爬行和深度知觉有联系，因为爬行有助于婴儿发展对三维世界的理解。

对"视崖"的顾虑表明婴儿利用了距离线索。这种能力的发展几乎与婴儿学习爬行的时间相同。

深入研究深度知觉的问题，我们会发现深度或距离感依赖于多种线索。我们可以将这些深度线索分为两类，一类是**双眼线索**（binocular cues），另一类是**单眼线索**（monocular cues）。

双眼线索

某些深度线索需要使用两只眼睛，这就是为什么它们被称为双眼线索。你可以向自己演示双眼线索：把一根手指放在离眼睛 15 厘米的地方，然后看着它。现在把它移到 30 厘米远。当你在不同的距离聚焦时，你是否能感觉到眼睛周围的肌肉的变化？这种感觉是观察相对较近的物体时，深度知觉的主要线索之一。术语"**双眼会聚**"指的是每只眼睛的视线如何以不同的角度会聚在不同距离的物体上（见图 3-36）。

另一个相关的双眼深度线索是双眼视差，这是两眼视角产生的差异。为了理解其工作原理，请你再次把一根手指放在离眼睛 30 厘米的地方，然后用一只眼睛和另一只眼睛交替地看它。请注意，你每只眼睛看手指的视角是不一样的。因为我们在观察近处物体时看到的视差比观察远处物体时看到的视差大，所以来自两只眼睛的这些图像差异为我们提供了深度信息。

我们无法确定双眼线索是先天形成的还是后天习得的。我们能确定的是，它们在很大程度上依赖于我们的生物学基础：对眼部肌肉运动的感觉和两个视网膜物理上不同的成像。但是，单眼线索呈现了一个完全不同的画面。

单眼线索

并非所有深度知觉线索都需要双眼。我们认识一个单眼飞行员，他有很好的深度知觉能力，从而能在飞机起飞和降落时安全地操纵飞机，这证明了单眼视觉传达了大量的深度信息。以下是单眼（或双眼）飞行员在飞行时可以学会利用的一些单眼线索：

- 如果假设两个物体大小相同，而在视网膜上投射出的图像大小不同，那么观察者通常会判断它们的距离不同。因此，低空飞行的飞行员可以学习利用地面上熟悉物体的相对大小作为深度和距离的线索。正因为这样的线索，安装广角后视镜的汽车制造商总会在后视镜上刻上这样的警告："镜子里的物体比看上去的更近。"

相对大小的单眼线索使物体在广角后视镜中看起来似乎很远。

- 如果你曾经俯视过一条又长又直的铁路轨道，你就会知道平行的铁轨似乎在远处交汇在一

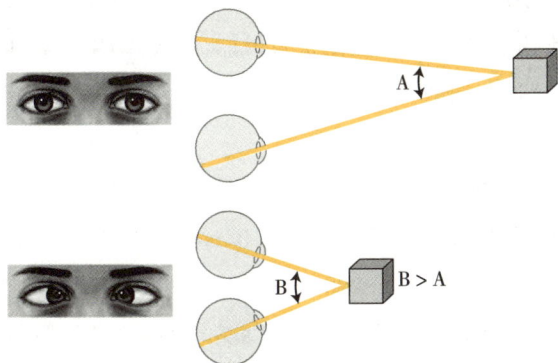

图 3-36　双眼会聚

注：眼睛周围的肌肉控制着每只眼睛的视线在不同距离的物体上会聚的角度。来自这些肌肉的反馈是一种反映距离的双眼线索。

起，就像我们在庞佐错觉中看到的那样。同样，接近跑道准备着陆的飞行员会认为跑道近端比远端宽得多。这两个例子都说明了**线性透视**（linear perspective）现象，平行线的汇聚可以作为一种深度线索。

- 浅色物体似乎离我们更近，深色物体似乎离我们更远。因此，将光影（light and shadow）结合在一起也可以作为一种距离线索。下次你开着大灯在夜间开车时，请你注意这一点：远处反射光线最多的物体似乎比光线较暗的物体更近。

- 我们假设较近的物体会阻碍我们看它们后面较远物体的视线，这种距离线索被称为**插入**（interposition）或遮挡。所以我们知道被部分遮挡的物体比遮挡它们的物体要远。你现在就可以在你面前看到这种效果，因为你的屏幕部分遮住了背景，所以你认为背景离你更远。

- 当你移动时，不同距离的物体在你的视野中以不同的速度移动，或者说在做不同的**相对运动**。往车窗外看一看就能知道这一点。请注意路边的电线杆或栅栏柱似乎正以很快的速度移动，而距离较远的物体在视野中停留的时间较长，移动速度似乎较慢。利用这个线索，飞行员可以学会在下降过程中通过不断调整速度，使跑道末端在人的视野中似乎停留在挡风玻璃的一个固定点上，而比跑道末端更远的点似乎在向上移动，更近的物体似乎在向下移动。

- 雾霾会使远处的物体看起来模糊、不那么清晰或看不见，从而产生另一种被称为**大气透视**的可以习得的距离线索。在下面的照片中，透过洛杉矶的雾霾你可以发现较远处的建筑物变得不那么清晰。在熟悉的机场，大多数飞行员都会去确认约 4.8 千米外的地标。如果他们看不到地标，他们就知道必须依靠仪器飞行。

雾霾、雾或空气污染会使远处的物体变得不那么清晰，从而产生大气透视的距离提示。即使是空气本身也可以提供距离线索，因为空气似乎会让远处的物体发蓝光。

那么对于我们所讨论的关于知觉的两个理论，即赫尔姆霍兹的学习理论和格式塔心理学家的先天理论，哪一个理论能更好地解释深度知觉呢？它们俩共同起作用！也就是说，对于深度知觉和距离知觉，我们所有的知觉加工都同时受到先天和后天的影响。

3.11　眼见为实

学习目标：

解释为什么我们知道我们的知觉并不总是能给我们一个外部世界的准确表征。

如果你像大多数人一样，以为你的感觉给你描绘了一个准确而不失真的外部世界，那么你就错了（Segall et al.，1990）。我们希望本章中描述的错觉有助于阐明这一点。我们也希望这一章能使你认识到，人们是通过自己的知觉来看世界，而营销和政治则依赖于对人们的知觉的操纵（想想苹果和安卓系统的手机）。

魔术师也是操纵知觉的专家，因此知觉科学家让他们成为知觉研究的伙伴（Hyman，1989；Martinez-Conde & Macknik，2008；Sanders，2009）。研究结果包括关于变化盲视、非注意盲视，还有涉及注意与知觉的大脑模块的发现。然而，与魔术师不同的是，知觉科学家更愿意揭示感觉和知觉是如何欺骗我们的。（顺便说一句，我们的一位魔术师朋友警告说，最容易被愚弄的人往往是聪明人，所以你要小心！）

我们希望这一章能稍稍动摇一点你对感觉和知觉的信心。如果你还那么自信，请读出下面这句话（不幸的是，它是反着印的）：

.rat eht saw tac ehT

请你在脑海里把它转过来，这句话在说什么？起初，大多数人都会看到一句很合理的话，那就是"The cat saw the rat"，但请再看一眼。这里的困难在于期望的力量影响了你对刺激的理解。

这个例子再次说明，我们不是感觉外部世界的本来面目；而是知觉它。在这个加工过程中，刺激先变成感觉，最后知觉加工的目标是在我们的体验中找到意义。但我们应该记住，是我们把自己的意义施加在了感觉体验上。

我们对自己体验的不同理解解释了为什么两个人对同一个日落、同一个总统候选人，或者同一个宗教的看法会如此不同。知觉上的差异使我们成为独一无二的个体。一句古老的西班牙谚语优雅地说明了这一点：

> 在这个变幻莫测的世界里
> 没有真理也没有谎言；
> 一切都取决于
> 我们观察世界的滤镜的颜色。

记住这句谚语，让我们再一次回到我们本章伊始的问题——对不同的人来说，这个世界是否看起来（摸起来、尝起来、闻起来……）都是一样的。这是我们的答案：我们有充分的理由猜测，我们所有人对世界的感觉都大致相同（尽管有一些差异）。但因为我们赋予感觉以不同的意义，所以很明显，人们以许多不同的方式来知觉世界——也许每个人的方式都不一样。

心理学很有用 ● ● ●

运用心理学来学习心理学

关于学习的一个最错误的观点是，学生应该每天留出一定的时间来学习。这并不是说你不应该有规律地学习，而是说你不应该把重点放在时间上。那么你应该把重点放在哪里呢？（这和知觉心理学有什么关系？）

回顾本章早些时候讨论的格式塔的概念，即完形的概念。格式塔心理学家说，我们天生就倾向于用有意义的模式来理解我们的世界。把这一观点应用在你的学习上，意味着你的重点应该是在你的课程作业中找到有意义的格式塔模式。

例如，在本章中，你会发现作者通过将材料分为三个主要部分来帮助你。你可以把每一节都看作是围绕一个核心概念构建的理论上的格式塔，这个核心概念将格式塔的内容联系在一起并赋予它意义。我们建议你围绕包含丰富意义材料的某个单元组织你的心理学学习。也就是说，确定书中的某个主要部分，研究它，直到它变得有意义。

更具体地说，你可以花一两个小时学习本章的第一节，你不仅要阅读材料，而且要记住，你要把每个粗体的关键术语与核心概念相联系。例如，**差别阈限**与"大脑通过神经信息感觉世界"的观点有什么关系？（一个简短的回答可能是这样：大脑被用来检测以神经冲动的形式传递给它的变化或差异的信息。）我们建议你对本章中其他粗体的关键术语做同样的操作。这样做的结果将加深你对材料的理解。用知觉的术语来说，你将围绕核心概念构建出一个有意义的格式塔模式。

只有当你关注材料中有意义的单元，而非关注花了多少时间，你才能做到这一点。

批判性思维的应用：阈下知觉与阈下说服

极弱的刺激，甚至你没有注意到的刺激，会影响你的态度、观点或行为吗？我们知道大脑在意识水平以下也做了很多信息加工。因此，你的感觉系统可以在意识水平以下工作的概念是销售"阈下录音"这个行业的基础，这些录音被吹捧为治疗肥胖，以及防止商店行窃、吸烟和低自尊的良方。但同样的想法也助长了人们的担忧，例如，某些音乐组合在他们的唱片中嵌入了隐藏的信息，或者广告商可能使用阈下信息来影响我们的购买习惯，或许还有我们的投票（Vokey，2002）。

这张照片里隐藏有阈下信息，在正文里我们有解释。

关键问题是什么

人们总是希望有点魔力。但在你把钱投进信封购买那张阈下减肥 CD 之前，让我们先明确一下我们到底在说什么，不在说什么。如果阈下说服能像人们所说的那样起作用，那么它就必须作用于群体——大众受众，而不仅仅是个人。这也意味着一条有说服力的信息可以改变很多人的行为，即使没有人意识到这条信息的存在。问题不在于感觉和知觉加工是否可以发生在阈限之下，而在于阈下信息的影响是否能对人们

的态度、观点和行为造成实质性的改变。

名誉、财富、欺诈和阈下知觉

当涉及财富或名望时，就可能涉及欺诈，当声称效果惊人的时候更是这样，而阈下说服就声称其效果惊人。这就引导我们去问：潜意识说服技巧有效的说法的来源是什么？这个问题把我们引向一位广告主管，他叫詹姆斯·维卡里（James Vicary）。他几年前夸张地向媒体宣布，他发现了一种让人难以抗拒的销售技巧，现在被称为"阈下广告"。维卡里说，他的方法是在电影院的屏幕上投射时间非常简短的信息，促使观众"喝可乐""买爆米花"。他说，投射广告的时间如此短暂，以至于人们的意识还无法察觉，但这些信息仍会侵入无意识的大脑中，然后在未被注意的情况下影响观众的欲望。维卡里还炫耀说，他在美国新泽西州的一家剧院测试了这项技术，结果可口可乐和爆米花的销量暴涨。

公众既着迷又愤怒。阈下广告成为激烈辩论的主题。人们担心自己在未经同意的情况下被强大的心理力量操纵。因此，有人建议制定法律来废除这种做法。但除了愤怒之外，还有什么真正值得担心的呢？要回答这个问题，我们必须问：证据是什么？

证据是什么

让我们先看看心理学的知觉阈限能告诉我们什么。你应该还记得，阈限是指触发反应所需的最小刺激量。阈下（subliminal）这个词的意思是"低于阈限"。在知觉心理学的语言中，阈下更具体地说是指接近绝对阈限的刺激。事实上，这样的刺激强度足以影响感觉器官并进入感觉系统，但还没有引起对刺激的有意识的觉知。这里真正的问题是：这个范围内的阈下刺激能影响我们的思想和行为吗？

几项研究发现，在屏幕上短暂闪现（不到 1/100 秒）的阈下词汇可以"启动"一个人后来的反应（Merikle & Reingold，1990）。例如，请你填空造字：

S N _ _ _ E L

如果你已经下意识地被短暂呈现的一些适当的单词或图片所启动，那么你就更有可能找到正确的答

案，即使你没有意识到这种启动刺激。那么，阈下刺激能影响我们对这些任务的反应，这是否意味着阈下说服真的有效呢？

当然，启动并不总是有效的：它只会增加得到"正确"答案的机会。顺便说一下，这个问题的答案是 SNORKEL（潜泳）。你知道我们给你准备了一张潜泳者的照片吗？如果是，这就证明了有时候人们确实能意识到他们正在被启动。

我们能够得出什么结论？

很明显，如同之前的演示（Greenwald et al., 1996；Reber，1993），人们确实能知觉到低于绝对阈限的刺激。在非常小心控制的条件下，阈下知觉是一个事实。但对于那些试图在实验室之外的不受控制的世界里影响我们的潜意识的广告商来说，问题在于：不同的人有不同程度的阈限。对我们来说可能是阈下的，对你来说可能是阈上的。因此，潜在的阈下广告商将冒着一些观众会注意到阈下广告的风险，这些观众也许会为此感到愤怒。事实上，没有一项对照研究表明，传达给大众的阈下信息会影响人们的购买习惯或投票模式。

那么一些商店播放的那些阈下录音是如何防止店内行窃的呢？同样，没有一项值得信赖的研究能证明它们的有效性。对于这些信息导致的店内行窃减少，一个更合理的解释是，知道店主担心店内行窃的员工提高了警惕。同样的道理也适用于那些声称能帮助你戒烟、减肥、变得极富创造力，或者实现许许多多其他难以企及的梦想的磁带。在对阈下自助技术的全面研究中，美国军方发现一切都毫无根据（Druckman & Bjork，1991）。对于那些成功的报道，最简单的解释在于购买者的期望，以及购买者需要证明自己没有花冤枉钱。最后，为了消除你对阈下说服的其他顾虑，你应该多知道一点证据。詹姆斯·维卡里最终承认，他声称的阈下广告就是一个恶作剧（Druckman & Bjork，1991）。

本章小结：感觉与知觉

本章思考题

有没有办法判断我们头脑中"看到"的世界是否与外部世界相同？我们所看到的世界是否和其他人一样？

感觉和**知觉**之间没有明显的分界线。然而，研究**感觉**的心理学家主要从**生物学的视角**来研究；那些研究**知觉**的心理学家主要从**认知的视角**来研究。

不同的人对刺激的**感觉**可能相似，因为他们的感觉器官和大脑中用于感觉加工的区域是相似的。然而，人们的**知觉**并不一样，因为他们会利用不同的经验来解释他们的感受。

大脑不能直接感觉外部世界。感觉器官**转导**刺激并以神经信息的形式向大脑传递刺激信息。因此，我们的感觉体验是大脑从这些神经冲动传递的信息中创造出来的。

刺激如何变成感觉
核心概念 3.1

> 大脑以间接的方式感觉世界，因为感觉器官将刺激转化为神经系统的语言：神经信息。

感觉中最基本的步骤是由感觉器官将物理刺激转化为神经信息，这些信息从感觉通路传送到大脑的适当区域以做进一步加工。并不是所有的刺激都会变成感觉，因为有些刺激低于**绝对阈限**。此外，也只有超过**差别阈限**时，刺激的变化才会被注意到。经典的心理物理学专注于识别感觉的阈限和最小可觉差，但是一种被称为**信号检测论**的新方法，将感觉解释为一个涉及情境、生理敏感性和判断的过程。我们应该把我们的感觉看作是**变化探测器**：通过**感觉适应**过程，我们的感觉会适应不变的刺激，因此我们越来越意识不到恒定的刺激。

不同感觉有什么相同之处和不同之处
核心概念 3.2

> 不同感觉的工作方式基本相同，但每一种感觉会各自提取不同的信息，并将其发送到大脑中各自的专门加工区域。

所有的感觉都涉及将物理刺激转导为神经信息。因此，我们的感觉不是原始刺激的特性，而是大脑的产物。在视觉上，我们只利用**电磁波谱**中一个小"窗口"的光波。这些光波由**穆勒细胞**传导到视网膜后部的**光感受器**，后者将光波转化为保留了**频率**和**振幅**信息的神经代码。这种视觉信息随后由**双极细胞**和视神经传递到大脑的枕叶，枕叶将神经信号转化为**颜色**和**亮度**的感觉。**色盲**通常是由**视锥细胞**的遗传缺陷引起的。解释颜色视觉感觉的形成需要用到**三原色理论**和**拮抗加工理论**。后者可以更好地解释负**后像**。

在耳朵中，空气中的声波使中耳的鼓膜和其他结构振动。这些振动在**耳蜗**中被转导成神经能量，然后通过听神经被传送到大脑的颞叶，在那里频率和振幅信息被转换成**音高、响度**和**音色**的感觉。

其他感觉包括位置和运动的感觉（**前庭觉**和**运动觉**）、嗅觉、味觉、**皮肤感觉**（触觉、压力和温度）和疼痛。像视觉和听觉一样，这些其他感觉也有特殊的感受器，对刺激的变化特别敏感。此外，所有的感觉都是以神经信息的形式传递到大脑的，但是来自不同感觉的信息由大脑的不同感觉区域进行加工，因而我们体验到了不同的感觉。但是，当感觉信号传播到不同的感觉区域，尤其那些在大脑中相邻的感觉区域时，有些人就会出现**联觉**。

疼痛体验可以是强烈刺激作用于任何一个感觉通路的结果。虽然我们不能完全理解疼痛，但**闸门控制理论**解释了疼痛是如何被竞争性感觉或其他心理加工所抑制的。同样，无不必要副作用的理想**镇痛药**还没有被发现，虽然对一些人来说**安慰剂的效应**特别好。

感觉和知觉之间是什么关系
核心概念 3.3

知觉赋予感觉以意义，因此知觉产生的是对世界的解释，而不是对世界的完美表征。

心理学家将知觉定义为赋予感觉以意义的阶段。物体的视觉识别涉及投射到颞叶的"**是什么**"通路（what pathway）中的**特征检测器**（feature detector）。投射到顶叶的"**在哪里**"通路（where pathway）加工物体的空间位置。之所以会出现所谓**盲视**（blindsight）的能力，是因为"在哪里"通路可以在意识之外运行。我们还从**自下而上的加工**（bottom-up processing）以及**自上而下的加工**（top-down processing）中获得知觉意义；自下而上加工的是从特征检测器提取的刺激线索，而自上而下的加工主要涉及记忆和期望。尚不清楚的是大脑如何设法将许多感觉回路的输出组合成一个单一的**知觉物**（percept），这被称为**捆绑问题**（binding problem）。通过研究**错觉**（illusion）、**知觉恒常性**（perceptual constancies）、**变化盲视**（change blindness）、**非注意盲视**（inattentional blindness）等知觉现象，研究人员可以了解影响和扭曲知觉构建的因素。错觉表明，知觉不一定能准确地表征外部世界。

对于知觉的解释，不同的理论分别强调了先天的大脑加工机制与后天学习的作用。格式塔心理学强调帮助我们将刺激组织成有意义的模式的先天因素。特别是，格式塔学家描述了帮助我们区分了**图形**和**背景**、识别轮廓和应用**封闭性**的加工过程，以及根据**相似性、接近性、连续性**和**共同命运**的原则来组织刺激的过程。*深度知觉*的某些方面，如*双眼视差*和*双眼会聚*，也可能是先天的。**基于学习的推理**理论也正确地指出，知觉受经验的影响，如情境、**知觉定势**和文化。深度知觉的许多方面，如相对运动、线性透视和*大气透视*，似乎都是习得的。有些依赖于**双眼线索**，有些依赖于**单眼线索**。

尽管我们对感觉和知觉有了上述理解，但许多人还是不加批判地接受他们感觉的（和知觉的）表面证据。这让魔术师、政客和营销人员有机会操纵我们的知觉，最终操　　纵我们的行为。

批判性思维的应用：阈下知觉与阈下说服

　　通过**启动**，阈下信息已经被证明会影响个体在精心控制的条件下对简单任务的反应。尽管有许多公开报道的相反说法，但没有证据表明**阈下**说服技术能有效地说服大众改变他们的态度或执行复杂的行为。

说到学习，你会想到什么？读书、上课、做作业？甚至，头悬梁、锥刺股？心理学里所说的学习其实是一个更宽泛的概念，每当我们的行为受后天经历的影响而发生持久的改变时，学习就发生了。可以说，我们的大脑无时无刻不在学习。本章将介绍学习的一些最基本的概念和规律，适用于动物，也适用于人。

这些学习规律的发现过程极富戏剧性，伴随着一种被称为"行为主义"的心理学流派的兴衰，贯穿了心理学百年来的发展。心理学里的几大"神兽"——巴甫洛夫的狗、桑代克的猫、斯金纳的鸽子，都会在本章隆重登场。条件反射（conditioning）作为学习的一种形式（确切地说，分为经典条件反射和操作性条件反射），将是本章中最频繁出现的一个词。

由于条件反射的许多现象最初是在动物实验中被发现的，加之这个词本身让人产生的联想，你可能会认为条件反射只是大脑对于刺激的初级、自动的反应，而与人类所特有的一些复杂、高级的认知功能（例如，语言）的学习无关。几十年前，心理学家们也是这样认为的。然而，近年来，与条件反射有着相似内核的人工智能算法（强化学习）已经被广泛用于包括自然语言处理在内的各种认知任务，不断地刷新着我们对于这种基本的学习方式所能解决的认知问题的预期。

是的，这些学习规律是如此有用，可以用于我们生活的方方面面。书中列举的许多创新的应用方式，让作为心理学研究人员的译者本人也深受启发，惊叹不已。例如，运用学习规律可以减少癌症化疗带来的副作用，可以帮助人类与野生动物和谐共处。当然，如果你刚刚来到心理学的世界，你可能会惊喜地发现，学习规律可以用于帮助人们消除不适宜的恐惧（例如，恐高、创伤后应激障碍），帮助孩子养成良好的行为习惯，甚至帮助你自己成为你希望成为的样子。读完本章之后，发挥你的创造力来运用这些规律吧！

张航

北京大学心理与认知科学学院、
麦戈文脑科学研究所、
生命科学联合中心研究员

04

第四章

学习与人类
后天发展

本章译者：张航

行为心理学考察经历如何塑造我们的行为，包括我们习得的联结、习惯和恐惧等。

核心概念

4.1 经典条件反射为联结式学习提供了解释，即一个能够引发内在反射的刺激如何与另一个先天中性的刺激建立联结，使得后者能引发与前者相同的反应。

4.3 在认知心理学看来，某些形式的学习只能解释为心理过程的改变，而不仅仅是行为本身的改变。

4.2 在操作性条件反射中，某一行为引发的奖赏和惩罚等后果影响着该行为再次出现的概率。

约翰·华生（John Watson）曾在1924年夸口道："给我12个健康的婴儿，让我一手打造一个世界将他们抚养成人，我敢保证，从中随机抽取任何一个人，不论其天赋、爱好、意愿、能力、天职、祖先的种族，我都能将他训练成为我所指定的专业人士——医生、律师、艺术家或商界领袖，没错，甚至是乞丐和小偷。"数十载后，华生的高调论断背后的假定成为构建"瓦尔登湖第二"（Walden Two）社区的基石：养育胜过天性。换言之，在决定我们的行为的因素中，环境占据的权重比遗传更大。

在"瓦尔登湖第二"社区，居民们能够从事他们感兴趣的任何职业。在闲暇时间里，他们能够做喜欢做的事：听音乐会，躺在草地上，阅读，或者与朋友一起喝咖啡。这里没有犯罪和毒品问题，也没有贪婪的政客。为了获得这样的幸福生活，社区成员必须每天完成4个"工分"的社区工作。（大约4小时的工作，类似于清洁下水道这类令人不愉悦的工作的时间可以短一些，而修剪玫瑰之类的轻松工作的时间会长一些。）追随华生的愿景，"瓦尔登湖第二"社区的缔造者相信，在一个依据心理学原则打造的、为有益社会的行为提供奖赏的环境中，人们可以拥有幸福而充实的人生。为了获得这些益处，社区要做的是改变其分配奖赏的方式。

此社区建于何方？仅存于行为主义者B.F.斯金纳（B.F. Skinner）的头脑中。没错，《瓦尔登湖第二》（Walden Two）是斯金纳在1948年所写的一部小说，目的是推销他的理念——行为心理学能够改善人类生活。不过，他所描述的这个神秘微缩社会的图景如此有诱惑力，以至于催生了许多以"瓦尔登湖第二"为蓝本的真实世界社区。

没有任何一个基于"瓦尔登湖第二"的真实社区运行得像斯金纳头脑中的那个社区一样好。然而，现实中至少有一个这样的群体——坐落美国在弗吉尼亚州（Virginia）的双子橡树（Twin Oaks）社区——在40多年之后仍然欣欣向荣，不过其大幅修改了斯金纳的愿景（Kincade，1973）。事实上，你可以从这个群体的网站上了解更多信息（Twin Oaks Intentional Community Homepage，2016）。

行为主义的命运也不尽如斯金纳所料。尽管行为主义在20世纪的大部分时间里主导着心理学，但是它最终随着认知心理学的兴起而衰落。不过，行为主义仍然留下了相当多的遗产，包括令人印象深刻的行为学习理论和用于治疗恐惧和恐怖症等习得性障碍的一系列有价值的疗法。我们将以萨布拉所面临的问题为例来说明行为主义留给了我们什么遗产。

刚毕业的大学生萨布拉（Sabra）在旧金山（San Francisco）的一家广告公司找到了一份朝思暮想的工作。这份工作既有趣，又有挑战性。萨布拉也与新同事相处甚欢。唯一的问题是，她的上司让她参加即将在夏威夷（Hawaii）召开的会议，她还可以在那儿多度几天假，费用由公司承担。为什么这会是个问题？因为萨布拉害怕飞行。

> **本章思考题：**
> 假定萨布拉害怕飞行是习得的反应，那么她可以通过学习来解决这个问题吗？如果能，怎样治疗？

心理治疗中的一种常见程式是"重新体验"那些引发恐惧或其他一些症状的创伤经历。而行为学习疗法不一样，它关注此刻和当下而非过去：治疗师就像是一个教练，教导来访者如何用新的反应去置换那些旧的问题行为。因而，当你考虑如何治疗萨布拉的恐惧时，你也许可以思考如下问题。

- 对于像萨布拉一样恐惧飞行的人，我们期待看到哪些问题行为？
- 萨布拉可以学会用哪些行为来替换她的恐惧行为？
- 新的行为如何传授？

尽管解决萨布拉的问题要靠学习，但是这里的学习并不是指一般概念上的用功读书。心理学家所定义的**学习**（learning）概念更为宽泛，指的是个体经历对其行为或心理过程产生持久改变的过程。依据这个定义，萨布拉的飞行训练将会是一种学习，就如同上高尔夫课或阅读本书一样是一种学习体验。

为了避免混淆，定义中有两点需要细化。

1. 我们要强调的是，学习涉及**持久的变化**。设想你在医生的诊所里经历了一次特别疼痛的注射，在此过程中，你将针头和疼痛联系起来。结果是，下一次当你需要打针的时候，以及从此以后每次你一看到针头时就会皱眉。这种持久的反应变化涉及学习。相反，当你突然间听到一声巨响会跳起来，类似这样简单的反射性的反应就不属于学习，因为它产生的不是持久的变化，即便其中包含了行为的变化也只是转瞬即逝的反应。

2. 学习影响着行为（behavior）或心理过程（mental processses）。在上述注射的例子中，我们很容易发现学习怎样影响行为，而对于学习如何影响心理过程则很难察觉。例如，你将如何分辨实验室中的一只大鼠仅仅是记住了穿越迷宫所需的行为（向右，然后向左，再向右……），还是循着迷宫的某种心理意象，就像你循着地图一样？（不过，即便大鼠确实在头脑中进行过思考，我们为什么要关心它在想什么？）让我们通过思考关于心理过程的那些争议，更深入地探索学习的定义。

行为学习与认知学习

无论是在大鼠中还是在人类中，观察心理过程的问题都涉及行为主义者和认知心理学家之间一场旷日持久的论战。一方面，在超过 100 年的时间里，行为主义者都坚持认为，心理学只有摒弃主观的心理过程，仅仅聚焦于可观察的刺激和反应，才能成为一门真正的科学。另一方面，认知心理学家则认为，行为主义的观念狭隘，理解学习需要我们去推理不可见的心理过程。接下来，我们将看到这场论战的双方都为增进我们的知识做出了重要贡献。

学习与本能

不管是行为学习还是认知学习，学习为我们带来了什么？基本上所有的人类活动，从工作、玩耍到与亲友互动都包含着某种形式的学习。没有学习，我们将没有语言，我们将不知道我们的亲友是谁，我们也将对过去没有记忆，对未来没有目标。没有学习，我们只能依赖于简单的反射和有限的固有行为，这些行为有时被称作本能（instinct）。

这只巨型棱皮龟每年都会"本能地"回到它的出生地去筑巢。虽然这种行为在很大程度上受基因的影响，但类似于潮汐模式的环境线索也发挥了作用。因而，科学家们通常会避免使用术语"本能"，而倾向于使用术语"物种典型行为"。

与学习相反，本能行为严重受到基因编码的影响，就像我们所看到的鸟类的迁徙或动物的交配仪式。然而，人类的行为更多受到学习，而非本能的影响。学习使得我们更为灵活快速地适应不断变化的情境和新环境。从这种意义上来说，学习代表着超越本能的进化优势。

简单和复杂的学习形式

某些形式的学习非常简单。例如，如果你的住地毗邻一条繁忙的街道，你会学会忽略交通噪声。这种学习被称为**习惯化**（habituation），也就是学习**不对刺激做出反应**。习惯化发生于所有拥有神经系统的动物之中，下至蠕虫和昆虫，上至人类。它有助于让你集中精力在重要的刺激上，而忽略那些无须注意的刺激，像你坐在椅子上的触感或是空调发出的噪声。

另一种相对简单的学习形式是，相对于新的刺激，我们通常更偏好熟悉的刺激。这种简单暴露效应（mere exposure effect）的发生不需要刺激与愉悦的事物相伴，甚至不需要我们意识到刺激的存在。简单暴露效应可以解释许多广告效应（Zajonc，1968，2001）。它也能解释为什么在工作场所或学校经常见到的人或者至少听过几次的歌曲会吸引我们。

其他类型的学习更加复杂。一种类型是学习两个刺激之间的关联，就像你会将一种特定的香味与用了这种香水的人联系在一起。另一种类型的学习发生在我们将行动与奖赏或惩罚的后果联系在一起，例如，老板的训斥或教授给的成绩 A。这两个例子分属两种极为重要的**行为学习**（behavioral learning）形式，我们分别称之为**经典条件反射**（classical conditioning）和**操作性条件反射**（operant conditioning）。

更为复杂的是内在心理过程的研究。**认知学习**（cognitive learning）关注突然的"灵光闪现"和模仿行为，这需要超越行为学习的理论去解释我们如何解决问题或是儿童在看到他人获得奖赏时为何会去模仿其行为。认知学习致力于解释概念的习得，这是最为复杂的学习形式，也是你读大学期间的学习方式。

无论简单还是复杂，所有这些类型的学习都能用于帮助萨布拉克服她对飞行的恐惧。并且，它们提供了众多的小诀窍，可以帮助你更高效地学习并享受学习的乐趣。

那么让我们开始吧，就从一种能够解释你的许多个人好恶的行为学习形式开始：一个被称作**经典条件反射**的概念。

关键问题：

经典条件反射解释了哪种学习

核心概念 4.1

经典条件反射为联结式学习提供了解释，即一个能够引发内在反射的刺激如何与另一个先天中性的刺激建立联结，使得后者能引发与前者相同的反应。

如果被称作心理学家，伊万·巴甫洛夫（Ivan Pavlov，1849—1936）会觉得这是一种侮辱。事实上，这位俄国生理学家极为鄙视他那个时代的结构主义和功能主义心理学，认为这些研究已无可救药地陷入推测主观心理生活的泥淖（Todes，1997）。巴甫洛夫和数以百计的出自他的研究"工厂"的研究人员因消化系统方面的工作而闻名，巴甫洛夫也因此而斩获了诺贝尔奖（Fancher，1979；Kimble，1991）。

为了研究经典条件反射，巴甫洛夫将他的狗放在一个限制活动的装置中。随后给这些狗呈现一个中性刺激，例如，一个音调。通过与食物建立联结，这个中性刺激成为能够引发唾液分泌的条件刺激。

然而，意料之外的是，他们关于唾液分泌（消化的第一步）的实验出了岔子，使得巴甫洛夫和他的团队成员绕道进入了心理学领域，并且对心理学的研究从此占据了巴甫洛夫的余生。他们遇到的问题是，他们的实验动物甚至在食物入口之前就开始分泌唾液（Dewsbury，1997）。这难以从生物学的角度解释，因为正常来说唾液应该在食物入口之后才出现。然而，仅仅是看到食物或是听到带来食物的实验助手的脚步声，巴甫洛夫的实验动物就会开始流口水。

这种反应是个谜。在获得食物之前就分泌唾液的生物学功能是什么？在巴甫洛夫和他的助手们将注意力转向理解这些"超自然分泌"后，他们就有了一系列永久改变心理学发展进程的发现（Pavlov，1928；Todes，1997）。他们误打误撞地发现了一个客观的学习模型，可以用于在实验室中解开刺激与反应之间的关联。这个如今被称为经典条件反射的发现构成了本节的核心概念。

> 经典条件反射为联结式学习提供了解释，即一个能够引发内在反射的刺激如何与另一个先天中性的刺激建立联结，使得后者能引发与前者相同的反应。

接下来，我们会看到，经典条件反射不仅能够解释动物，也能够解释人类的一些重要的行为模式。通过经典条件反射，生物体记住了帮助它们预测和规避风险的线索，也记住了提示食物、交配机会和促进生存的其他条件的线索。首先，我们来看看巴甫洛夫为经典条件反射界定的一些基本特征。

本部分导读：

4.1 描述经典条件反射中所涉及的过程。

4.2 综述真实生活中可以应用巴甫洛夫经典条件反射技术的一些领域。

4.1 经典条件反射的要素

学习目标：

描述经典条件反射中所涉及的过程。

巴甫洛夫对学习的研究聚焦于操纵被称为反射（reflexes）的简单的、自动的反应（Windholz，1997）。唾液分泌和眨眼是这类反射的例子，这类反射通常来自具有重要生物意义的刺激，例如，眨眼反射保护眼睛；唾液分泌反射辅助消化。

巴甫洛夫的伟大发现是，他的狗能将这些反射性反应与新刺激——之前不能诱发反应的中性刺激（实验助手的脚步声）——联系在一起，即它们能够学会反射与新刺激之间的关联。例如，巴甫洛夫发现，他能够教会一条狗在听到一个特定的声音（击打音叉或铃铛所发出的音调）时分泌唾液。如果你在翻阅餐厅的菜单或闻到开胃的气味时流下口水，这意味着你经历过同样类型的学习。

为了理解这些"条件反射"如何工作，巴甫洛夫的团队采用了一种简单的实验策略。他们先将一只未经训练的狗固定住，用一个瓶子收集它的唾液。每隔一段时间，他们播放一种声音，随即给狗一点食物。最初，狗只有在获得食物后才分泌唾液，表现出正常的生物反应。但是在经历了某种声音与食物相匹配的若干试次之后，慢慢地狗在只听到某种声音时也开始分泌唾液。巴甫洛夫和他的学生发现，一个中性刺激（不能诱发反射的刺激，如声音或灯光）在与一个能自然诱发反射的刺激（如食物）匹配之后，其自身开始引发类似于原始反射的习得反应（唾液分泌）。对于人类而言，正是经典条件反射这个学习过程让我们将浪漫与花或巧克力联系在了一起。

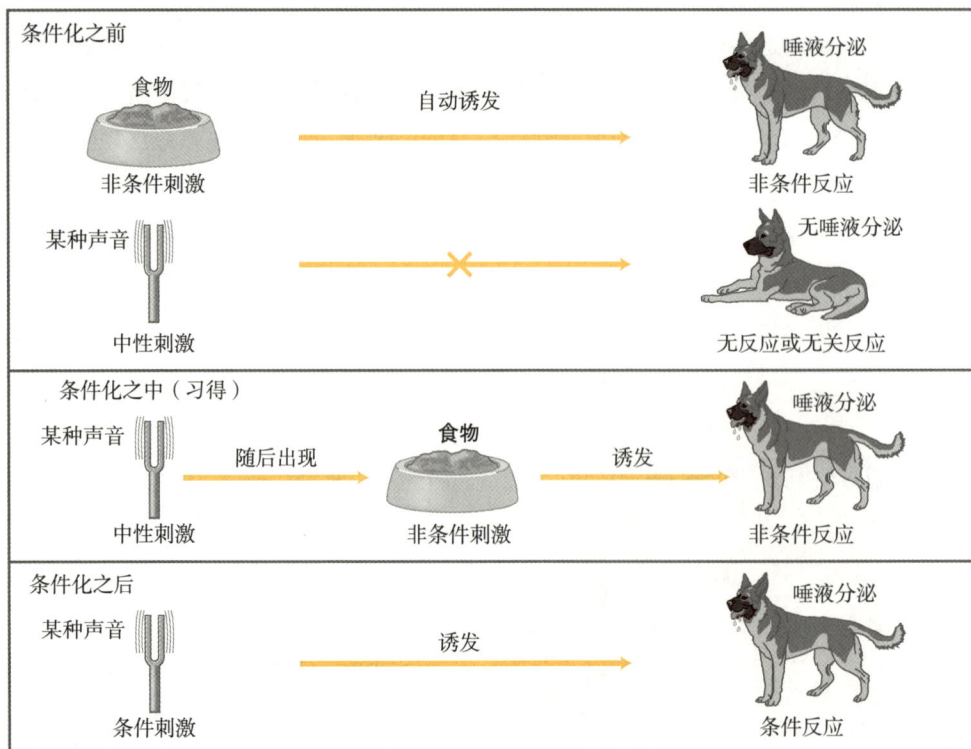

图 4-1　经典条件反射的基本特征

图 4-1 举例说明了巴甫洛夫的经典条件反射实验流程的主要特征。乍看之下，这些术语有点让人眼花缭乱。不过，我们会发现，现在仔细研究这些术语将极为有用，当我们再分析真实生活中复杂的学习情境的时候（如害怕、恐惧和食物厌恶的习得和治疗），会自然而然地想起它们。

4.1.1　习得

经典条件反射总会涉及一个**非条件刺激**（Unconditioned Stimulus，简称 UCS），即一个自动的、不需要条件化就能触发反射性反应的刺激。巴甫洛夫使用食物作为非条件刺激，因为食物能够可靠地带来唾液分泌反射。在经典条件反射的语言体系里，这被称为非条件反射，或更多地被称为**非条件反应**（Unconditioned Response，简称 UCR）。需要注意的是，非条件刺激与非条件反应之间的连接是"内嵌的"，不涉及学习。巴甫洛夫的狗不用在获得食物时学习如何分泌唾液，就像你不用在感到疼痛时学习如何哭泣，二者皆为非条件反应。

习得（acquisition）是经典条件反射的最初学习阶段，指的是将一个新刺激与非条件刺激相匹配。这个新刺激没有"内嵌的"意义，因而被称作**中性刺激**（Neutral Stimulus，简称 NS）。通常在经过了几个试次之后，这个中性刺激（例如，音叉所产生的声音）将触发与非条件刺激几乎相同的反应。也就是说，在巴甫洛夫的实验中，当这个声音本身开始带来唾液分泌时，这个原本中性的刺激就演变为一个条件刺激。尽管针对条件刺激的反应与最初由非条件刺激带来的反应几乎完全相同，我们现在称之为**条件反应**，因为它的出现是条件化的结果，或者说是学习的结果。同样的事也可能发生在你身上，比如，你上小学时每次一听到午餐铃响（条件刺激）就开始流口水（条件反应）。

条件化与讲笑话类似，时机很关键。在大多数情况下，中性刺激与非条件刺激必须相继出现（时间紧挨着），这样生物体才能在两个刺激之间建立联结。中性刺激与非条件刺激之间的理想时间间隔取决于被

条件化的反应的类型。类似于眨眼这样的运动反应，1 秒或更短的时间间隔最为理想。对于心跳和唾液分泌这样的内脏反应，理想的时间间隔要略长一些，为 5~15 秒。条件性恐惧产生的理想时间间隔甚至更长，需要在条件刺激和非条件刺激之间间隔几十秒到几分钟。我们也将看到，味觉厌恶甚至可能在间隔数小时之后建立起来。（这些时间差异很可能具有生存价值。例如，就味觉厌恶而言，大鼠的基因编码似乎就决定了它们会对不熟悉的食物浅尝辄止，如果此后它们没有生病，则会在数小时后再次光顾这种食物。）

经典条件反射的组成模块就是这些：非条件刺激、非条件反应、中性刺激（变为条件刺激）和条件反应。为什么巴甫洛夫花了 30 年用 532 个实验来研究这样一种简单的现象？因为经典条件反射远比巴甫洛夫最初看到的要复杂。除了习得，巴甫洛夫还发现了消退、自发恢复、泛化和辨别。下面我们将逐一介绍。

> **写一写**
> **你与经典条件反射**
> 　　解释你自己的某种行为是怎样随着经典条件反射建立起来的。

4.1.2　消退和自发恢复

你在小学期间有过午餐铃的经历，这是否会让你现在还是一听到家附近学校的响铃声就流口水呢？换句话说，条件反应会永久保留在你的行为库中吗？好消息是"不会"，巴甫洛夫团队的实验结果证实了这一点。一旦有几个试次里条件刺激（某种声音）单独出现、而非条件刺激（食物）不出现，巴甫洛夫的狗所表现出的条件性的唾液分泌反应就消失了。在经典条件反射的语言体系里，我们称之为（**经典条件反射中的**）**消退**（extinction）。消退是指重复地在没有非条件刺激时展示条件刺激之后条件反应消失。图 4-2 展示了条件反应（唾液分泌）如何在消退试次中越变越弱。所以，如果你已有数年之久在听到铃声后没有

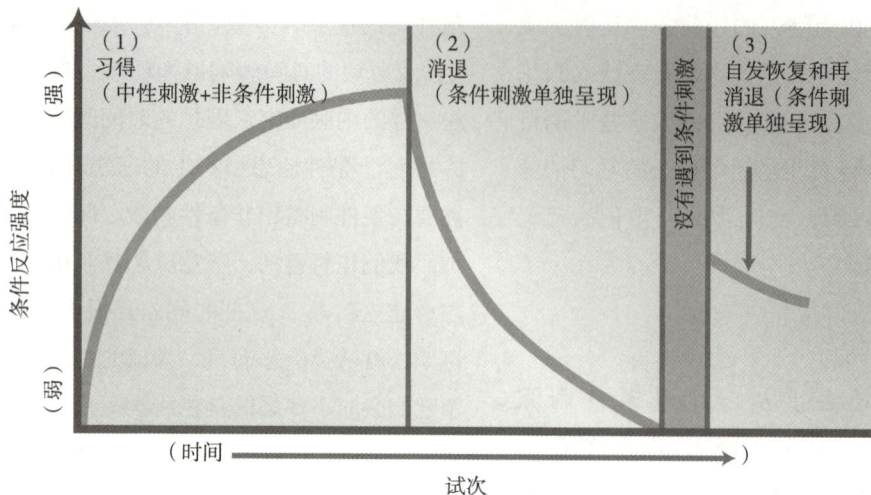

图 4-2　习得、消退和自发恢复

即刻获得食物，那么你今天听到铃声可能就不会有流口水的反应。消退对于消除恐惧和恐怖症（例如，萨布拉对飞行的恐惧）的行为疗法具有重要意义。

至于坏消息，想象你在多年之后造访儿时的学校，给一年级学生做一个报告。造访期间，午餐铃响了，让你感到惊讶的是你开始流口水。为什么？这是条件反应发生了自发恢复。巴甫洛夫的狗也一样。在经历了消退训练之后，它们偶尔也会在听到铃声时再次分泌唾液。换作专业术语，**自发恢复**（spontaneous recovery）是指在经历了消退并且在一段时间里没有遇到条件刺激之后，条件反应再次出现。好在，自发恢复所带来的条件反应几乎总是强度较低，就像你在图 4-2 中看到的那样。现实中，条件反应可以逐渐被消除，尽管这可能会需要几期的消退训练。

种类型的蜘蛛；你可能会对各种不同大小和斑纹的蜘蛛做出同样的反应。我们称之为**刺激泛化**（stimulus generalization），指的是将条件反应扩展到与条件刺激相似的刺激。巴甫洛夫在实验室中证实了刺激泛化的存在，他发现训练有素的狗在听到与条件化期间的某个声音略有不同的音调时也会分泌唾液。正如所料，新的声音越接近原始声音，泛化反应就越强。

在现实生活中，当人们因创伤性事件而产生恐惧时，我们会看到刺激泛化。因此，一个小时候受过马戏团小丑惊吓的人可能会害怕所有的小丑甚至马戏团，而不是仅仅害怕带来惊吓的那个小丑。同样，刺激泛化解释了花粉过敏的人在看到纸花时为什么会打喷嚏。简而言之，通过刺激泛化，我们学会了在新情境下做出旧反应。

写一写

习得、消退和自发恢复

描述你所经历过的消退及（可能的）自发恢复。

4.1.3　泛化

现在让我们把关注点切换到视觉条件刺激，设想你被蜘蛛咬伤，伤口让你痛苦不堪，结果你对蜘蛛产生了恐惧。你的恐惧很可能不仅仅限于咬你的那

每 12 个美国人中就有 1 个害怕小丑（小丑恐惧症），觉得小丑比鬼魂更令人恐惧。你是否因经典条件反射而形成了某些恐惧？

4.1.4　辨别学习

儿时你可能学会了一听到午餐铃声就流口水，但是——多亏了刺激辨别——你大约不会在门铃响起时也流口水。与刺激泛化相反，**刺激辨别**（stimulus discrimination）指的是生物体学会了区分两种相似的刺激，并且只对其中一种刺激做出反应。巴甫洛夫和他的学生在教狗区分两种不同频率的声音时证明了刺激辨别的存在。他们的实验程序还是很简单：一种声音之后随即出现食物，而另一种声音之后没有食物。在一系列训练之后，狗逐渐学会了区分两种声音，只在听到其中一种声音时分泌唾液。在实验室之外，刺激辨别是广告大战所要达到的目的，旨在通过条件反射让我们区分特定品牌，就像百事可乐和可口可乐之间长期的宣传战那样。

4.1.5　高阶条件反射

通过经典条件反射学习到的反应可能会产生一种多米诺骨牌的传递效应，一个传给一个，使得已经条件化的刺激的性质能够传给新刺激，从而为新刺激构建诱发反应的"阶梯"。例如，假使你的猫通过经典条件反射，学会了在听到你使用猫粮开罐器的声音时就会跑过来。食物当然是最初的非条件刺激，开罐器是中性刺激，但是当猫学会将二者联系起来时，开罐器就变成了条件刺激。现在，想象你把开罐器放在一个铰链吱吱作响的橱柜里，每次你打开那个橱柜，吱吱作响的声音都表明开罐器可能要被拿出来了。所以，吱吱作响的橱柜门是新的中性刺激，当与开罐器匹配时，它会变成一个新的条件刺激。因此，在反复听到使用开罐器的声音之前橱柜门会吱吱作响，猫就会在听见橱柜门吱吱作响时，随着声音跑过来（见图4-3）。

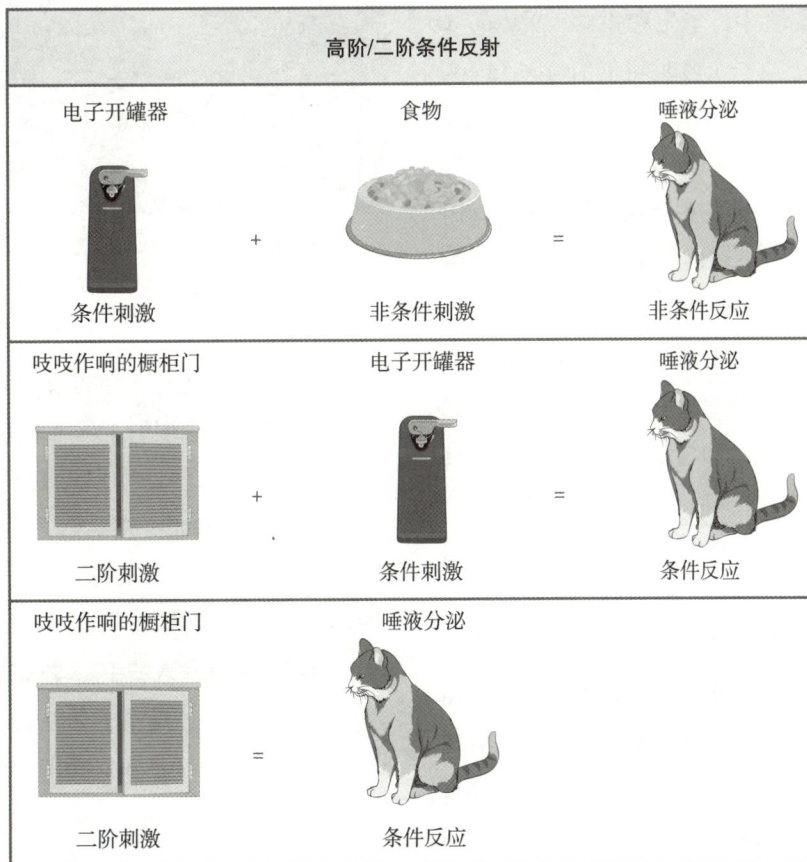

图4-3　高阶条件反射

注：在高阶条件反射中，条件刺激为关联新的中性刺激提供了基础，使与二阶或更高阶刺激相关联的条件反应得以发生。

4.2　经典条件反射的应用

学习目标：
综述真实生活中可以应用巴甫洛夫经典条件反射技术的一些领域。

经典条件反射的最有价值的地方就在于，它为从渴望到厌恶乃至习得的偏好和态度在内的许多反应提供了一个简单的解释。此外，它为我们提供了一些工具来消除不良的人类行为，虽然巴甫洛夫本人从未尝试过将它应用于治疗。最先将经典条件反射技术应用于人类问题的是美国行为学家约翰·华生。

4.2.1　条件性恐惧：声名狼藉的小阿尔伯特案例

20 世纪 20 年代，约翰·华生和罗莎莉·雷纳（Rosalie Rayner）首次证明了人类的条件性恐惧（Brewer，1991；Fancher，1979）。在一个今天会被认为是违反伦理的实验中，华生和雷纳（Watson & Rayner，1920，2000）让一个名叫阿尔伯特（Albert）的婴儿对一只白色的实验室大鼠产生了条件性恐惧反应。他们通过反复让大鼠（一种中性刺激）与用木槌敲击钢筋发出的巨响（一种厌恶性非条件刺激）同时出现来制造恐惧反应。"小阿尔伯特"只用了 7 个试次就对大鼠（现在是条件刺激）的出现做出了痛苦的反应。五天后，华生和雷纳再次测试小阿尔伯特，发现他对大鼠仍然会表现出恐惧反应，而且这种反应已经从大鼠泛化到其他毛茸茸的物体，例如，兔子、狗和海豹皮大衣（Harris，1979）。

这个实验很有可能只给小阿尔伯特造成了暂时的痛苦（Harris，2011），因为他的恐惧反应随着时间的推移较快地减弱了，促使华生和雷纳周期性地重新进行恐惧的条件化。事实上，重新条件化阿尔伯特这件事几乎导致整个实验的终结：当华生再次敲击钢条来"刷新对大鼠的反应"时，噪声吓着了实验室里的狗，于是狗开始吠叫，这不仅吓坏了小阿尔伯特，还吓坏了华生和雷纳（Harris，1979）。

与小阿尔伯特对毛茸茸物体的短暂厌恶不同，

在高度应激的条件下习得的一些恐惧可能持续多年（LeDoux，1996）。第二次世界大战期间，美国海军使用每分钟响 100 次的锣声作为进入战斗状态的呼叫。对于船上的战斗人员来说，这种声音与危险产生了强关联，变成了一种情绪唤起的条件刺激。这种关联的持续影响在战后 15 年的一项研究中仍然可见，那时已退伍军人仍然会对从前的"战斗状态呼叫"做出强烈的自主神经反应（Edwards & Acker，1962）。就像那些退伍军人一样，我们中的任何人都可能随时准备着对从前的情绪线索做出反应。事实上，经典条件性恐惧反应常常是创伤后应激障碍（post-traumatic stress disorder，简称 PTSD）的基础。

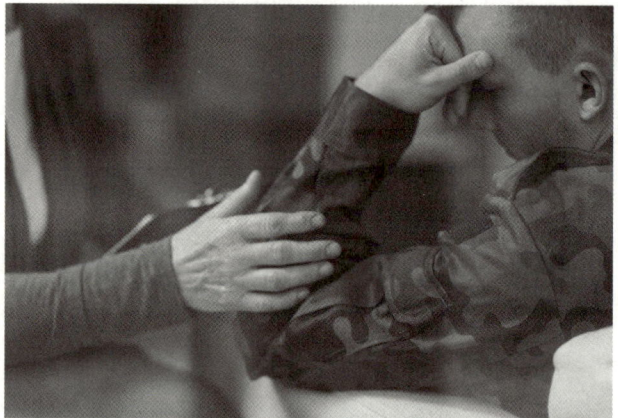

战场上的士兵患 PTSD 的风险极高，因为他们比常人更多地接触了与特定刺激相关联的创伤情境。幸运的是，现在有了有效的治疗方法——通常基于经典条件反射的原理。

然而，幸运的是，经典条件反射也提供了消除令人烦恼的条件性恐惧的工具（Wolpe & Plaud，1997）。一种策略是将条件性恐惧反应的消退与**逆条件作用**（counterconditioning）相结合，后者是一种教导对条件刺激进行放松反应的疗法。逆条件作用疗法将条件刺激（恐惧的对象）与令人放松的积极刺激进行配对，例如，牵着爱人的手、令人愉快的图像或舒缓的音乐，使得人们在暴露于条件刺激时不再生出焦虑。这种方法对于治疗恐怖症特别有效。你可能想到了，我们可以考虑将逆条件作用作为治疗计划的一部分，以帮助萨布拉克服对飞行的恐惧。

4.2.2 条件性食物厌恶

几乎所有人，包括本书的三位作者，都对某些食物有过糟糕的经历。例如，菲利普曾在小学午餐室吃了猪肉和豆子后感到不适，罗伯特因过量食用橄榄而生病了，薇薇安有次午餐吃了鸡肉沙拉呕吐了（以前这是她最喜欢的一种餐食）。在这三个案例中，我们将我们的痛苦与食物独特的色香味联系了起来，后者在多年之后仍足以引起我们的恶心感。

学会避免与疾病相关的食物（或饮料）虽然令人不快，但具有生存价值。这就是为什么人类和其他动物很容易在疾病和食物之间建立关联，这比在疾病和非食物刺激（如光或音调）之间建立关联要容易得多。例如，在本书作者们的不良食物体验期间，他们没有将所处环境中的任何其他东西与恶心不适建立关联。菲利普不会警惕学校午餐的托盘；罗伯特没有对高脚椅产生反应，虽然他是坐在高脚椅上对橄榄产生了厌恶感；薇薇安也没有躲避和她一起吃鸡肉沙拉的朋友。只有食物成了有效的**条件刺激**。

4.2.3 生物倾向：对巴甫洛夫的挑战

条件刺激与非条件刺激似乎是有选择地建立联结，当存在生存线索时，这种联结更容易形成。科学家约翰·加西亚（John Garcia）和罗伯特·科林（Robert Koelling）首次发现了巴甫洛夫条件反射概念的这种新变体，当时他们注意到因为暴露于辐射下而感到恶心的大鼠不会从接受辐射的房间中的水瓶里喝水（Garcia & Koelling，1966）。大鼠会不会把那些瓶子里的水的味道与生病联系起来？随后的实验证实了他们的怀疑，并带来了另一个重要发现。大鼠很容易习得不同味道的水与疾病之间的关联，但大鼠无法将不同味道的水与通过测试室地板上的网格施加的电击所带来的疼痛建立关联。这是有进化意义的，因为喝（或吃）有毒物质很容易致病，而脚部剧痛很少会引发恶心。同样，大鼠很快就学会了害怕电击之前的强光和噪声——但无法学会将这些声光线索与随后的疾病联系起来。观察到的这些现象表明，生物体天生就会将特定刺激与特定后果联系（例如，在它们自然而然地共同发生的情况下），而很难学会将其他条件刺激与非条件刺激进行组合。

因此，条件性厌恶既来自先天也来自后天，这是加西亚和科林的实验带给我们的一个重要启示；换句话说，产生味觉厌恶的倾向似乎是我们生物天性"内嵌"的一部分，而非纯粹习得。正是味觉厌恶的这种生物学基础，促使心理学家在某种程度上质疑巴甫洛夫最初的经典条件反射理论——如你所知，那是一个纯粹基于学习和环境刺激的理论（Rescorla & Wagner，1972）。

生物倾向也可能影响获得条件性厌恶的时间。例如，即使进食和生病之间的时间间隔超过几个小时（远远长于巴甫洛夫实验中的几秒），食物厌恶也会发生。这再次表明，我们在食物厌恶中面对的不是巴甫洛夫所理解的简单经典条件反应，而是既基于后天（学习）也基于先天（生物）的反应。

这种生物倾向远远超出了对味道和食物的厌恶。心理学家如今相信，许多常见的恐惧和恐怖症都包含**遗传因素**，与我们的祖先一脉相承，使得我们学会害怕有害的事物，例如，蛇、蜘蛛、血液、闪电、高度和密闭空间。同样，对肢体损伤或其他身体伤害的焦虑也会导致人们害怕一些看似现代的事物或情境，例如，注射、牙科或飞行。

4.2.4 野生动物管理的新前沿

美国蒙大拿州（Montana）牧场主与天生会捕食牲畜（因而威胁到牧场主生计）的狼和郊狼之间的冲突由来已久。一个研究创新团队想知道，能否应用经典条件反射来帮助解决这个长期的冲突。近几十年来，这个问题不断升级，因为环保主义者主张将本土狼重新引入北美的几个地区，而牧场主的回应是射杀或诱捕这些捕食者以保护他们的牛群。心理学家能否应用**条件性味觉厌恶**（conditioned taste aversion）来提供更好的解决方案？

约翰·加西亚（正是他发现大鼠会避开与辐射造成的恶心相关的水瓶）和他的一个学生在羊肉中加入氯化锂（一种会引起暂时恶心的咸味物质），然后用羊皮包裹起来藏在绵羊牧场。当到处游荡的郊狼吃下这些肉食时，它们会不舒服，并且对羊肉产生了厌恶感，正如研究人员所料。碰过氯化锂的郊狼对牧场主的羊的攻击频率减少了30%~50%！这种厌恶是如此有效，以至于即便在被捕获后与羊关在一个笼子里时，这些郊狼也不会靠近羊。有些郊狼甚至一看到羊就会呕吐（Garcia，1990）。在加拿大进行的一项为期3年的类似的更大型的研究发现，平均成功率有惊人的85%~90%！

不幸的是，当政府官员们试图实施这一策略时，他们犯下了使用过多氯化锂的错误，以至于羊肉太咸，使得郊狼避开的是咸味而不是羊肉。结果，官员们停止使用这一策略，却没有意识到失败来自他们的实施不当而非策略本身。不过，这项有希望的技术最近获得了第二次机会：野生动物研究人员比尔·吉文（Bill Given）成功地在博茨瓦纳对非洲狮进行了条件化，使其避开牛肉（Platt，2011）。在这次成功以及美国和澳大利亚开展的证实研究的基础上，美国鱼类和野生动物管理局正在考虑在他们的墨西哥狼恢复计划中采用条件性味觉厌恶，使用一种驱虫药物来给墨西哥狼带来强烈的、暂时的恶心感（U.S. Fish and Wildlife Service，2013）。如果这一措施奏效，科学家们可能会对条件性味觉厌恶的应用持乐观的态度，有望将其作为一种更人道的野生动物和捕食者管理措施（O'Donnell et al.，2010）。

研究人员希望能够通过条件性味觉厌恶等人道策略而非杀死捕食者的传统方法来管理众多种类的捕食者，非洲狮是其中之一。

4.2.5 广告中的经典条件反射

谁不喜欢GEICO保险公司的壁虎、百威啤酒（Budweiser）的克莱兹代尔马（一种起源于苏格兰的马）、可口可乐（Coca-Cola）的北极熊呢？这些广告活动以及许多类似的活动都巧妙地使用了巴甫洛夫的条件化原理，让我们将积极的感受与他们的产品联系起来。**评价性条件反射**（evaluative conditioning）是一种特殊类型的经典条件反射，会影响我们的许多偏好——我们喜欢什么，不喜欢什么（De Houwer et al.，2001）。它怎样起作用？它首先通过一个吸引人的非条件刺激——例如，带有澳大利亚口音的迷人的壁虎——制造了积极情绪和喜欢。将非条件刺激与中性刺激配对（在本例中为GEICO）意味着在多次看到保险公司伴随着可爱的壁虎出现之后，你对壁虎的积极情绪会迁移到保险公司。

早在1954年，一项如今被称为"午餐技巧"的研究首次记录了广告对我们的态度和选择的这种影响力。该研究的参与者首先接触到各种名人名言、绘画、音乐和政治口号，并被要求根据他们喜欢或不喜欢的程度对每一项进行评分。后来，他们又一次接触到政治口号，这一次要么是享受着免费的午餐，要么是闻着一股难闻的气味。不出所料，当政治标语与免费午餐搭配时，人们对政治标语的喜爱程度会增加，而当标语与恶臭搭配时，其评分会相应降低（Razran，1954）。自第一次实验以来，人们发现评价性条件反射会影响我们对品牌、饮料、艺术品和众多家居产品的偏好（Sweldens et al.，2010）。

名人代言、产品投放和广告中的幽默 名人代言也能产生积极的联想，正如我们在体育赛事及各种消费品和服务的营销中经常看到的那样。名人代言在代言人与产品相得益彰时（例如，篮球明星推销篮球鞋）具有更大的影响力，但无论人与产品的匹配度如何，名人代言赋予条件化的态度和偏好都往往比典型的条件反应更难消退（Chen et al.，2012；Till et al.，2008）。这种模式有助于解释为什么很多人难以相信比尔·考斯比（Bill Cosby）面临的性侵犯指控：公众一直认为他是让人开心的果冻布丁的代言人，因而对他产生了积极的联想。

与利用名人为产品营造积极情绪有点接近的是"植入式广告"的概念——在电影或电视节目中展示特定产品或品牌，旨在使其更受欢迎。有研究检验了这种策略的有效性，发现它确实有效，只要观众喜欢相应的电影或电视节目。如果他们不喜欢，那么他们会将负面情绪迁移到被植入的产品上。即使产品只是简短地或在背景中展示，这种效应依然存在（Redker et al.，2013）。

你能在这张截自《美国好声音》①的图像中发现植入式广告的产品吗？现在你已经了解了这一点，看看下次打开电视时你可以找到多少例子。

幽默的效果又如何呢？大约三分之一的广告采用幽默作为条件反射策略，但研究发现幽默的效果取决于多种因素。

1. 幽默更能吸引年轻观众和男性观众，因此适用于要吸引这些人群的产品。

2. 广告中的幽默只对某些产品有效。幽默会给依靠信誉来维持声誉的奢侈品或名牌产品带来反效果。因此，幽默不大能用于这些产品的广告。（你最后一次看到关于钻石或保时捷的搞笑广告是什么时候？）相反，幽默广告的明智选择是零食和酒精饮料（De Pelsmacker & Geuens，

2014）（有人记得多力多滋的广告吗？）②

3. 幽默的类型因观众的民族文化而异。例如，英国的观众更喜欢讽刺和含蓄的幽默；美国和德国观众反响热烈的是基于反差的幽默（想想那个坐在高脚椅上谈论股票交易的婴儿）；西班牙观众则喜欢令人感伤的幽默（Hoffman et al.，2014；Leiss et al.，2005；Toncar，2001）。

总体来说，如果广告商仔细地将幽默类型与产品类型和目标受众相匹配，幽默可以成为有效的非条件刺激，让人们对产品产生积极的情绪（Strick et al.，2009）。

我们可以看到广告对我们的态度和偏好的影响有多大，这通常会在我们没有意识到的情况下发生。具有讽刺意味的是，正是由于我们缺乏有意识的关注——没有注意到广告商在努力操纵我们的情绪，我们往往会产生并维持基于评价性条件反射而形成的强烈的条件反应。毕竟，当你在一则广告里看到漂亮、肤色健康而强壮的人们在沙滩上玩耍、喝啤酒时，你真的会停下来思考你喝了很多啤酒后是否会变得像广告中的那些人吗？才不会。与其他人一样，你可能会畅想温暖的阳光、欢笑和好看的人，而当你下次去杂货店时，你会选择他们在广告中喝的啤酒。多亏有你，巴甫洛夫博士！

4.2.6 驾驭经典条件反射的威力

需要帮助才能入睡、学习或去健身房？只要你能找到一些能与这些活动相关联的正性刺激，经典条件反射就能帮你。例如，专家建议在白天和黑夜的任何时候都保持你的睡眠区域安静祥和，以便你学会将睡眠与放松联系起来。同样，为自己创造一个特定的学习空间，提供舒适的椅子、沁人心脾的香气或其他积极的感官刺激，将帮助你把这些正性刺激与学习联系起来，特别是如果你只允许自己在学习时才接触这些特定的刺激。同样的原则也适用于帮助你加强锻炼：如果你只在锻炼时才能听你最喜欢的音乐，那么一听

---

① 美国的一个选秀综艺节目。——译者注

② 多力多滋（Doritos）是美国零食品牌。——译者注

到它，你可能就会觉得"锻炼的感觉真好"，这样你就可以用它来刺激自己去健身房！

所有这些与经典条件反射相关的研究工作给了我们哪些重要启示？首先，**条件反射既涉及先天也涉及后天**；也就是说，条件反射不仅取决于刺激和反应之间的习得关系，还取决于生物体对其环境中某些刺激的先天反应方式（Barker et al.，1978；Dickinson，2001）。一个生物体在特定环境中能学会什么、不能学会什么，在某种程度上是其进化历史的产物（Garcia，1993）。其次，条件反射对我们的态度、偏好和行为有着巨大的影响，尤其是当我们没有注意到它发生的过程时。因此，如果你想更好地抵御经典和评价性条件反射，请随时保持警惕！研究表明，意识确实会降低其影响。最后，你可以使用许多不同的方式来使用经典条件反射帮助激励自己接近（或远离）特定的情境、物体、药物甚至人。想一想你想改变的那些行为，考虑自己可以如何使用正性联想来激励与培养一种新的（更好的）行为，或使用负性联想来帮助你摆脱不想要的行为。如果巴甫洛夫的狗都能做到，你当然也能！

心理学很有用 ● ● ●

条件性味觉厌恶和化疗

假如你的朋友耶娜即将接受她的第一轮化疗，以摧毁在她乳房里发现的所有癌细胞。令她惊讶的是，护士走进来时，不是如她所料地带来了注射器，而是一盘甘草味冰淇淋。"这是一种新疗法吗？"耶娜问道。护士回答说确实是，并且解释说大多数接受化疗的患者都会在治疗后感到恶心，并且因此"不思饮食"，停止进食，而此时他们的身体正需要营养来对抗疾病。"但是，"护士说，"我们已经找到了解决这个问题的方法。如果我们在患者接受化疗前提供一种特殊的食物，患者通常只会对这种食物产生厌恶感，"她接着说，"你听说过巴甫洛夫的狗吗？"

正如我们已经了解到的，条件性食物厌恶具有进化意义，因为它们帮助我们的祖先避免了有毒的食物。就像我们其他的一些沉重的进化包袱一样，这种古老的厌恶感会带来现代问题。接受化疗的人通常会厌恶饮食中的正常食物，以至于营养不良。这种厌恶只不过是食物（条件刺激）与恶心相关联产生的条件反应。接受过经典条件反射训练的化疗人员利用相关知识，通过安排患者在化疗前停止正常进餐来预防其对营养食品的厌恶。而且，就像耶娜所遇到的那样，他们也会给患者提供"替罪羊"刺激。通过在治疗前食用特殊味道的糖果或冰淇淋，患者只会对这些特殊味道产生味觉厌恶。对于某些患者而言，这种针对化疗问题的实用解决方案可能会关乎生死（Bernstein，1988，1991）。

关键问题：
我们如何通过操作性条件反射学习新行为

核心概念 4.2

在操作性条件反射中，某一行为引发的奖赏和惩罚等后果影响着该行为再次出现的概率。

通过经典条件反射，你可以教会一条狗分泌唾液，但不能教会它坐下或待着不动。为什么？因为唾液分泌是一种被动的、非自主的反射，而坐下和待着不动是更复杂的反应，通常是自主的。行为心理学家认为这种自主行为是由奖惩来控制的。因为奖惩在经典条件反射中不起作用，所以必由另一种重要的学习形式主导，心理学家称之为操作性条件反射。（顺便说一句，**操作**是生物体用来"操控"或影响环境的可观察行为。因此，如果你正在阅读本书以便在下一次考试中取得好成绩，那么阅读就是一种操作性行为。）你也可以将操作性条件反射（operant conditioning）视为一种学习形式，其中行为的后果激励行为改变。本部分的核心概念如下：

> 在操作性条件反射中，某一行为引发的奖赏和惩罚等后果影响着该行为再次出现的概率。

奖赏通常包括金钱、赞誉、食物或高分，所有这些结果都能够激励产生如上结果的相应行为。相反，痛苦、丧失特权或低分等惩罚也能够阻止导致此类结果的相应行为。

正如你将看到的，至少有两个原因使得操作性条件反射理论非常重要。其一，操作性条件反射比经典条件反射能够解释的行为范围更广。其二，它不仅解释了反射性行为，还解释了新的和自愿的行为。

本部分导读：

4.3 解释斯金纳对学习的看法。

4.4 审视强化塑造我们行为的方式。

4.5 评估使用惩罚塑造行为的相关争议。

4.6 将操作性条件反射应用于现实生活中的问题。

4.7 区分操作性条件反射和经典条件反射的过程。

4.3 斯金纳与激进行为主义

学习目标：

解释斯金纳对学习的看法。

操作性条件反射的创始人、美国心理学家 B. F. 斯金纳（1904—1990）的整个职业生涯都基于这样一个观点：对行为最强有力的影响是其后果，即行为之后立即发生的事情。实际上，这个观点最初并不是斯金纳提出的，他从另一位美国心理学家爱德华·桑代克那里借用了行为由奖赏和惩罚所控制的概念，后

者用实验展示了如果提供食物作为奖赏，饥饿的动物会通过反复试错来努力解决问题。与巴甫洛夫的狗不同，桑代克的猫面临着一个需要自主行动的问题：如何打开"迷箱"的门来获得箱外的食物。猫的尝试起初似乎是随机的，但通过反复试错，失败的尝试逐渐消失，成功的行为被"留下"。桑代克称之为**效果律**（law of effect）（见图4-4）。即动物的行为带来想要或不想要的结果，从而影响动物是否会再次尝试这些行为。当你培养一项新技能如打篮球或玩新的电子游戏时，类似类型的试错学习也会发生。

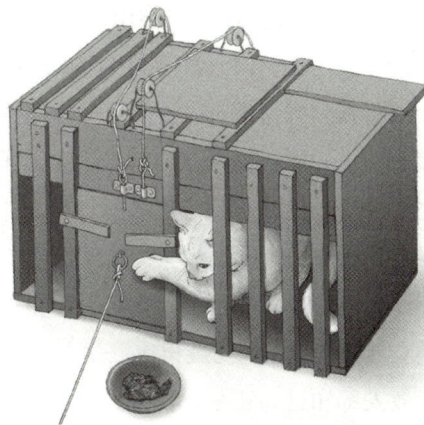

图4-4　桑代克迷箱

注：迷箱测试了动物通过自主行动解决问题的能力。当某个行为取得成功时（当门打开、动物获得食物时），它们在随后的试次中会使用这种策略。这种建立在先前试次结果基础上的行为变化被称为效果律。

然而，斯金纳对桑代克的心理学所做的第一件事是摆脱对生物体感受、意图或目标的主观和不科学的推测。动物"想要"什么或它感受到的"快乐"对于客观理解动物的行为并不重要。作为一个激进的行为主义者，斯金纳拒绝考虑生物体大脑中发生的事情，因为这种推测无法通过观察来验证，而研究任何无法直接观察到的东西都会威胁到这个新兴心理学领域的科学可信度。例如，我们能够观察到进食，但无法观察到饥饿、渴求食物或进食时的愉悦等内在体验。因此，根据斯金纳的说法，我们可以观察到有人在吃东西，但我们不能仅凭观察就对他们是饿了还是享受进食做出任何假定。

4.4　强化的威力

审视强化塑造我们行为的方式。

斯金纳热切地想将行为主义确立为一门合法科学，这种热情渗透在他的工作之中。例如，虽然我们经常在日常对话中提到"奖赏"这个词，但斯金纳偏好使用更客观的术语"强化物"。为什么对术语的使用耿耿于怀？斯金纳反对使用"奖赏"这个词，理由是奖赏意味着接受者感到愉悦，而愉悦假定了我们了解生物体的内在体验，这对于斯金纳来说是绝不会考虑的。再者，强化物作用于可直接观察到的行为（而不是生物体的思想）（Winn，2001）。因此，斯金纳将强化物（reinforcer）定义为任何跟随在某个反应之后，并加强该反应的刺激。对于多数人来说，食物、金钱和性都起到了这样的作用。关注、赞美或微笑也是如此。所有这些都是**正强化**（positive reinforcement）的例子，通过在反应后添加正性刺激来加强反应，使行为更有可能再次发生。

大多数人都知道与正强化相关的方法，但很少有人了解加强操作性反应的另一种主要方法：通过消除令人不快或厌恶的刺激来强化行为。心理学家称之为**负强化**（negative reinforcement）。（这里的负是数学意义上的减或消除，而正指的是加或施加。请不要像常见错误一样混淆负强化与惩罚；记住强化总是会**增强**行为，而惩罚——我们稍后讨论——会削弱它。）因

此，在倾盆大雨中使用雨伞避免被淋湿是一种通过负强化来学习和维持的行为；也就是说，你使用雨伞来避免或消除令人不快的刺激（被淋湿）。同样，当你扣上安全带以阻止车内的安全带蜂鸣器发出恼人的声音时，你正是在接受负强化。现在花几分钟在你的笔记中标出负强化与惩罚之间的区别，将帮助你避免在考试中无法回答相应问题的不愉快，这个例子再次证明负强化具有加强行为的威力！

4.4.1　经典技术："斯金纳箱"

B. F. 斯金纳（1956）的创新之一是发明了一种专用于研究强化物如何影响实验动物的简单装置：一个带有杠杆的盒子，动物可以通过按下杠杆来获得食物。他称这个装置为**操作室**（operant chamber）。（几乎所有人都称之为"斯金纳箱"，但斯金纳讨厌这个词。）通过设定一个封闭空间在某个杠杆被按下或某个灯被啄（对于斯金纳最喜欢的实验动物鸽子而言）的时候分发食物，动物很快就学会了获取食物所需的行为。自其发明以来，数以千计的心理学家和心理学专业的学生使用该仪器来研究操作性条件反射。斯金纳也使用这种封闭空间的变体来训练动物做出其他行为。其中一个著名的实验显示，一些聪明的鸽子也能玩人类喜欢的游戏。

如果鸽子能学会打乒乓球，我们打赌你也可以教会你的宠物一些有用的行为。为了帮助你更多地了解你的宠物、孩子、室友或你自己的条件反射行为，让

漫画中的这个孩子因为哭泣而被允许与爸爸妈妈一起睡，这构成了孩子的正强化。具有讽刺意味的是，当父母让孩子睡在他们的床上以避免被哭泣的婴儿打扰时，这对于父母来说是一种负强化。

我们来了解操作性条件反射的一些细节。

4.4.2 强化的因果相倚

在强化对行为的影响中，时间和频率起着关键作用。因此，虽然每年提供两三次成绩报告可能会适度强化大学生去学习，但这种不频繁的强化程序对日常学习习惯几乎没有影响（正如你所看到的）。许多教授当然意识到了这一点，于是在整个课程期间安排考试和作业并定期给出成绩。通过这种方式，他们鼓励学生连续学习，而不希望学生只在学期末临时抱佛脚。这是朝着正确方向迈出的一步，但还不够好。

无论我们是在谈论大学生、《财富》杂志评出的500强企业的首席执行官（CEO）还是实验室大鼠，任何影响操作性学习的计划都需要仔细关注奖赏的时间和频率。

- 接受强化的对象要多久接受一次强化？
- 接受强化的对象必须做多少工作才能获得强化？
- 接受强化的对象会在每次反应后都得到强化还是仅在一定数量的反应后才得到强化？

正如你将看到的，这些决定将产生重大影响。

4.4.3 连续与间歇强化

假设你想教你的狗一项技能，例如，听从指挥。根据行为原则，你应该在开始训练计划时就对每一个正确的反应给予奖赏。心理学家称之为**连续强化**（continuous reinforcement）。这在学习过程的早期是一种有用的策略，因为奖赏每一个正确的反应、同时忽略不正确的反应，这为反应是否合乎期许提供了快速而清晰的反馈。

此外，连续强化有助于塑造复杂的新行为。**塑造**（shaping）常用于动物训练，包括有意使用奖赏（有时是惩罚）来鼓励越来越接近期望的行为。例如，在教狗坐下时，你可能会先说："坐！"并同时帮助狗摆出坐姿，继而提供强化。不久，狗会在没有帮助的情况下独自坐下以获得强化。你一定在学校里经历过塑造，就像老师通过逐渐设定更高的标准来教你阅读、写作或演奏乐器。通过塑造，老师可以不断"提高标准"或提高获得奖赏所需的表现水平。总体来说，我们可以说连续强化是发展和塑造新行为的好策略。

专注和持之以恒是成功的关键，即你必须在目标行为完成后立即进行强化。未能为正确反应提供奖赏很容易被学习者误解为其反应不正确。另一个关键点是强化物本身，如果过度使用，它会因学习者获得了过分满足而失去激励的效力。在这种情况下，训练员可能会等到接近喂食时间才塑造行为，以确保狗保持饥饿的状态并为了食物而工作。解决这个问题的一个好方法是只提供少量的强化物（刚好足以使它有意义），或者使用多种特定强化物并每次都换着使用它们。

一旦期望的行为形成（例如，当你的狗学会坐下时），情况就变了。学习者不再需要奖赏来区分正确和错误的反应。这时候，该转向**间歇强化**（intermittent reinforcement，也称为部分强化）了，即奖赏某些（而不是全部）正确反应。这种不那么频繁的强化程序——也许是每三次正确反应得到一次奖赏——仍然可以激励你的狗听从指挥，同时避免其获得过分满足。一般而言，无论我们是与人打交道还是与动物打交道，**间歇强化都是维持已经学会的行为的最有效的方式**（Robbins，1971；Terry，2000）。在实践中，将社会强化（"狗狗真棒！"）与更有形的奖赏（食物）相结合能有助于向间歇强化的过渡。

间歇强化的一大优势是它能抵抗消退，这意味着在间歇强化的帮助下发展起来的行为可能会持续更长时间。（操作性条件反射中的）消退会在强化停止时发生，就像赌徒放弃一直没有回报的老虎机一样。是什么让间歇强化如此抗消退？想象两个赌徒和两台老虎机。一台机器每次都会莫名其妙地吐钱出来，而另一台更正常的机器则以不可预测的间歇程序吐钱。现在，假设两台设备都突然停止吐钱。哪个赌徒会先发现？每次按下按钮都有收获（连续强化）的赌徒会很快注意到变化并停止赌博，而偶尔获胜（间歇强化）的赌徒可能会在没有奖赏的情况下继续赌很长时间，并寄希望于下一局能有所收获。

4.4.4 强化程序

既然我们已经让你相信了间歇强化的威力，你应该知道它有两种主要形式，即两种**强化程序**（schedules of reinforcement）。

1. 其中一种是**比率强化程序**（ratio schedule），在一定次数的反应后提供奖赏。

2. 另一种被称为**间隔强化程序**（interval schedule），在一定时间间隔后提供加强。

让我们看看每种强化程序的优缺点。

比率强化程序　假设你拥有一家企业，并根据员工完成的工作量（例如，他们销售的每件商品）支付工资。在这种情况下你使用的就是比率强化程序。比率强化程序是指奖赏取决于正确反应的数量。心理学家进一步将比率强化程序区分为两种子类型，即固定比率和可变比率强化程序。当你在以下段落中读到它们时，请经常参考图 4-5，它为每种强化类型都提供了一个直观摘要。

固定比率强化程序（fixed ratio schedules）在固定数量的反应后提供强化，无论多少，奖赏都是可以

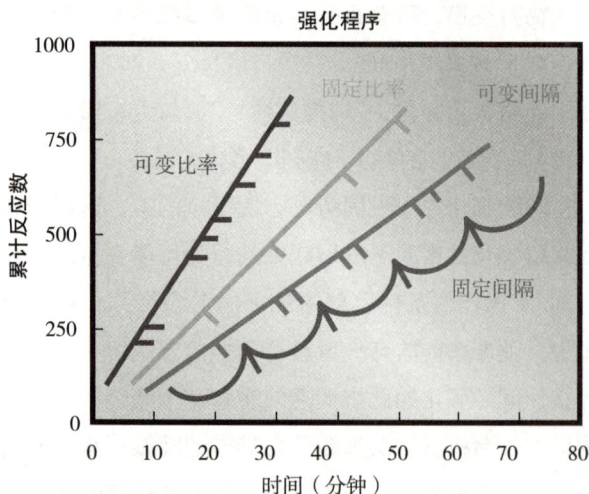

强化程序

图 4-5　强化程序

注：该图显示了由四种不同的强化程序产生的典型反应模式。（每条线上的短杠表示何时提供强化。）左上角那条线的陡峭角度显示了比率强化程序通常在一个时间段内如何比间隔强化程序带来更多的反应。

预测的。这种强化程序常常用于工业生产，例如，当工人按计件获得报酬时，即一定数量的生产对应一定数量的工资。因此，如果你拥有一家轮胎工厂，每生产 5 个轮胎就支付工人 1 美元，那么你使用的就是固定比率强化程序。在这种强化程序下，奖赏所需的工作量（反应数量）保持不变，但人们工作得越快，他们得到的钱就越多。也无怪乎管理层喜欢固定比率强化程序，因为反应率通常很高（Terry，2000；Whyte，1972）。换句话说，它可以让人们快速工作。零售店也使用固定比例的强化程序，例如，当你从当地某咖啡店购买 10 杯咖啡后获得一杯免费咖啡时，这会让你下一次回到同一家咖啡店喝咖啡。

可变比率强化程序（variable ratio schedules）不太可预测，强化似乎是随机的。电话推销员的工作依据的是可变比率强化程序，因为他们永远不知道在达成下一笔买卖之前必须拨打多少次电话。视频扑克游戏中的玩家面对的也是可变比率强化程序，他们永远不知道机器何时会给出回报。在这两种情况下，强化对反应的要求不断变化，使得反应速率很高，以至于可变比率强化程序通常比任何其他强化程序都能带来更多的反应。在演示可变比率强化程序的强大威力时，斯金纳展示了一只饥饿的鸽子每小时会啄一个圆盘 12 000 次，以获得平均每啄 110 次才获得一次的奖赏（Skinner，1953）！因为鸽子永远不知道下一次啄食是否会带来食物，所以它不停地快速啄食来追逐奖赏。

间隔强化程序　时间是间隔强化程序的关键。换句话说，对于间隔强化程序，强化取决于特定时间段内的反应（而非反应次数，见图 4-5）。与比率强化程序类似，心理学家也将间隔强化程序区分为两类：固定间隔和可变间隔强化程序。

固定间隔强化程序（fixed interval schedules）在工作环境中常常出现，表现为定期薪水或上司在每月员工会议上的表扬。为每周测验而学习的学生也是根据固定时间间隔进行强化的。在所有这些情况下，时间间隔不会改变，因此奖赏之间的时间长度保持不变。你可能已发现，固定间隔强化一般会导致相对较低的

反应率。具有讽刺意味的是，这是企业最广泛采用的强化程序。即使是在斯金纳箱中的大鼠，也很快就发现它只需要在一定间隔期间做有限的工作就能获得食物。比获得食物奖赏所需的次数更多地按下杠杆只是浪费能量。因此，固定间隔强化程序下的大鼠和人类可能一般只会显示微乎其微的产能，直到间隔接近结束时才快速增加反应率。（想想大学生们所面临的学期论文的截止日期，或者在考试前的死记硬背。）在图 4-5 中，你可以看到"扇形"的行为模式，这种行为模式是由每个间隔快结束时的一连串活动造成的。

可变间隔强化程序（variable interval schedules）可能是所有强化程序中最不可预测的。在可变间隔强化程序中，奖赏（或惩罚）之间的时间间隔并不是固定的。由此产生的反应率可能很高，但通常不如可变比率强化程序那么高。（你可以这样思考这个问题：你能在比率强化程序中控制奖赏的频率，因为你工作得越快，你就能越快达到奖赏所需的"魔法数"。但是，在间隔强化程序中，无论你工作快慢，你都不能让时间过得更快，因为你在指定的时间过去之前是不会收到奖赏的。）对于斯金纳箱中的一只鸽子或一只大鼠来说，可变间隔强化程序可能是这次等待 30 秒间隔，下次等待 3 分钟，再下次等待 1 分钟。课堂上的突击测验、老板的随机到访或工作中的药物测试都是可变间隔强化程序的例子。我们在等待电梯时可以观察到可变间隔强化程序的典型反应：因为每次按下呼叫按钮和电梯到达之间的延迟都不同，你的一些同伴就像斯金纳箱中的鸽子一样，会多次按下按钮，仿佛在不可预测的时间间隔内有更多的反应就能够控制电梯更快到达。

4.4.5　生物基础在操作性条件反射中的作用

食物可以强化饥饿的动物，水可以强化口渴的动物，我们从中容易看出，满足基本生物需求或欲望的刺激如何为生物体提供强化。类似地，对性唤起的生物体而言，发生性的机会成了强化物。心理学家将这些刺激称作初级强化物（primary reinforcer）。

但是金钱或成绩提供的强化则不同：它们既不能吃，也不能喝，也不能直接满足任何生理需要。那么为什么这些东西会如此有力地强化行为？中性刺激，如金钱或等级，通过与初级强化物的关联而产生强化效果，因此其被称为操作性反应的**条件强化物**（conditioned reinforcer），又被称为**次级强化物**（secondary reinforcer）。赞美、认可的微笑、金色小星星、商人使用的"奖赏卡"以及各种身份象征也是如此。事实上，几乎任何刺激都可以通过与初级强化物建立关联而成为次级或条件性强化物。条件化足够强的时候，诸如金钱、地位或奖章等次级强化物本身甚至就可以成为终极目的。

初级和次级强化物之间的区别提示我们一个更微妙之处：像经典条件反射一样，操作性条件反射不仅仅是学习，而是存在相应的生物学根源——因而我们对某些强化物有着"内嵌"偏好（"垃圾"食品的制造商用高糖高脂食品投我们所好）。

这里有另一个例子，显示了操作性条件反射中生物基础的威力。我们来讲讲凯勒·布雷兰兹（Keller Breland）和马利安·布雷兰兹（Marian Breland）的故事，他们是斯金纳的两名学生，从事动物训练业务，但在训练猪时他们曾遇到一些出乎意料的麻烦。你或许了解，猪是一种聪明的动物。因此，布雷兰兹夫妇可以毫不费力地教导它们捡起圆形的木制代币并将之存入"存钱罐"。问题是，在几周内，这些猪恢复了猪的行为：它们会反复丢下代币，用嘴拱，铲向空中，然后再用嘴拱。这发生在经过训练的猪身上。为什么如此？因为用嘴拱是猪的本能行为。布雷兰兹夫妇（Breland & Breland，1961）在浣熊、鸡、鲸鱼和奶牛等多种生物中发现了类似的模式，并创造了**本能漂移**（instinct drift）一词来描述这种先天反应倾向对学习行为的干扰。因此，无怪乎人们无法让他们的猫停止抓挠家具，或者无法完全避免垃圾食品对自身的诱惑。

4.4.6　代币经济

令人欣慰的是，相比猪，心理学家更成功地将代币用于人类。代币经济系统是一种为所需行为提供代币的强化类型；当赢取的代币足够多时，人们可以用其兑换各种奖赏或特权。代币可以是筹码、弹珠、贴纸、邮票、假的钱、积分、复选标记或任何其他易于实施和跟踪的事物。

教师已经成功地将代币经济用于从学龄前到大学阶段的学生身上。在幼儿中，基于标记的策略，如贴纸图表和笑脸贴纸能够促使学生快速完成任务，即当老师发现学生做得好时，学生会得到一颗星星或笑脸贴纸。学生可以在之后将他们的贴纸（或任何代币）换成零食或其他想要的物品（Doll et al., 2013）。在小学，代币的使用提高了作业的完成率——每次学生完成一项作业，他们都会获得一个代币，几个代币就可以交换自由时间（Ruesch & McLaughlin, 1981）。如果与不当行为的"成本"（失去已获得的代币）相结合，结果甚至更好。一项针对很少完成作业的中学生的研究发现，采用为工作表上的每个答案记 1 ~ 2 分的代币系统（获得足够的分数后可以换取课堂上使

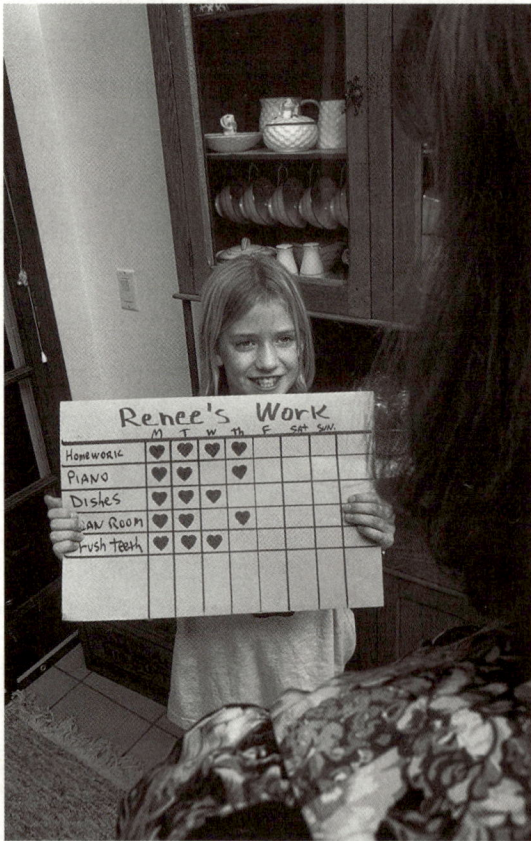

代币经济适用于所有年龄段。想想你可以如何将这个概念应用于你自己的目标。

用计算机的时间），作业的完成率可以从 34% 提高到 79%（Flaman & McLaughlin, 1986）！而在大学生中，学生由于提出好问题而获得的代金券（可在课堂上兑换额外分数）显著提高了课堂讨论的参与度（Nelson, 2010）。

代币经济在家庭和社区环境中也很有效。在家里，父母可以使用代币经济系统来激励他们的孩子完成家庭作业、做家务和进行社会期许的行为（Doll et al., 2013）。精神卫生机构和康复之家已经在利用条件强化物的力量来激励患者做出适宜的、有益健康的行为（Ayllon & Azrin, 1965；Holden, 1978）。与其他形式的治疗相结合，代币经济可以帮助患者学习如何在真实的世界中有效行事的策略（Kazdin, 1994）。最近，代币经济在治疗孤独症方面也很有成效（Matson & Boisjoli, 2009）。

代币经济的一个主要优势是它们能够兼顾即时奖赏和长期奖赏。因此，它们在促进长期行为改变方面特别有效。要用操作性条件化来改变某些行为（例如，吃更健康的饮食），挑战之一是我们必须首先抵制即时满足的诱惑（例如，多汁的汉堡），而即时的诱惑的力量远超获得遥不可及的未来奖赏（例如，减肥或皮肤更清爽）的吸引力。代币经济有助于弥合这一差距。例如，如果你想吃得更健康，请尝试在每次成功地克服吃不健康食物的冲动时给自己一些代币，在你赚取了一些代币后，你可以将它们换成你想要的东西（也许是和朋友喝咖啡或看电影、你一直想买的新东西或任何可能激励你的东西）。为自己提供多样化的奖赏也是有帮助的，这样你就不会因为对某一种奖赏感到过分满足而失去动力。根据这些原则，你可以如何使用代币经济来帮助自己实现某种行为目标呢，例如，让学习更持之以恒或定期锻炼？

4.4.7　借助喜好的活动作为强化物：普雷马克原则

另一种强化行为的方法是利用个体喜欢做的活动（即对个体来说有趣的活动）作为其完成不太想做的任务的奖赏。例如，经常锻炼的人可能会使用每天的

跑步或健身课作为完成其他不太愉快的任务的奖赏。同样，教师们发现，如果用稍后跑动和制造噪声的机会作为强化（Homme et al., 1963），可以让幼儿学会静坐不动（Homme et al., 1963）。心理学家以其发现者命名，称之为**普雷马克原则**（Premack principle）。戴维·普雷马克（Premack, 1965）最先在口渴的大鼠身上展示了这个概念，如果在锻炼之后获得喝水的机会，那么这些大鼠就会花更多的时间在锻炼轮上跑动。相反，另一组被剥夺运动但不口渴的大鼠，如果在喝水之后可以获得在锻炼轮上跑动的机会，那么它们就会学会喝更多的水。父母可以用完全相同的方式使用普雷马克原则让孩子整理床铺或洗碗，即在孩子完成任务之后给予其与朋友一起玩的机会。

4.4.8　跨文化的强化

操作性学习法则适用于所有拥有大脑的生物。强化背后的生物学机制在不同物种之间似乎是相同的。究竟什么可以作为强化物，在不同物种之间差别很大。我们对于初级强化物的了解是，食物可以强化饥饿生物的行为，水可以强化口渴生物的行为，因为二者满足了与生存相关的基本需求。但是，某个特定的个体满足基本需求的方式可能既取决于生存本能，也可能取决于学习，尤其是对于人类而言，次级强化是

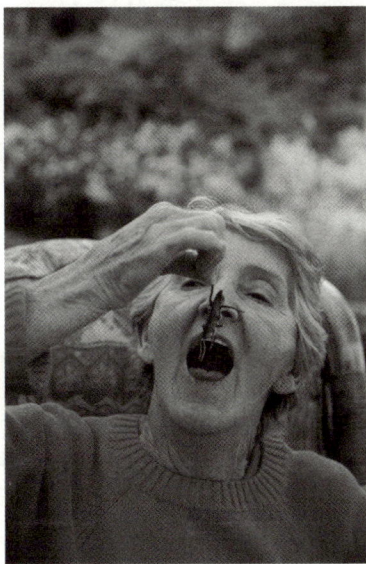

某些文化的人群嗜好把昆虫作为一种食物，对于这些人来说，吃昆虫是一种强化。

非常重要的。在决定什么将成为我们的强化物方面，文化发挥着尤为强大的作用。因此，虽然某些文化中的人会觉得吃蟋蟀是一种强化，但欧美地区的大多数人却不会。同样，某些教会的教徒会觉得清除吵闹的蟋蟀既明智又有益，但佛教徒却厌恶这种做法。类似地，请注意，观看一场板球比赛可能对英国板球迷是一种奖赏，但是对大多数美国人来说却乏味至极。

因此，文化塑造了人们对强化物的不同偏好，而强化物也塑造了文化。当你第一次走在陌生城市的街道上时，所有吸引你眼球的差异都只是人们找到的获得强化或逃避惩罚的不同方式。寺庙容纳了从神那里寻求奖赏的文化尝试。衣着或许反映了寻求好伴侣或舒适感的一些尝试。一种文化下的饮食习惯是从学习依靠本地植物和动物资源生存的过程中演变而来的。从这个意义上说，文化是最初由操作性条件反射而被习得，并且在一群人之中共有的一组行为。

4.5　惩罚之谜

学习目标：

评估使用惩罚塑造行为的相关争议。

正如学校教师和监狱看守所证明的那样，将惩罚作为影响行为的手段会造成一些困难。在理想情况下，我们可能会认为惩罚是强化的对立面，是一种用于削弱令人厌恶的后果的行为。与强化类似，惩罚有两种主要形式。

1. **正惩罚**需要施加厌恶刺激，就像当你触碰一个滚烫的碟子之后，痛苦的后果会降低你重复这种行为的可能。

2. 另一种主要的惩罚形式——**负惩罚**，则是去除强化物，就像父母拿走行为不端的青少年的车钥匙一样。

（你会发现，当应用于惩罚时，正惩罚和负惩罚发挥作用的方式与被应用于强化时相同：正惩罚添加一些东西，而负惩罚移除一些东西。）然而，从技术上讲，这是惩罚所存在的问题之一，即厌恶刺激只有

在实际上削弱了造成它出现的行为时才起到了惩罚的作用。从这个意义上说，打屁股或超速罚单是不是惩罚，要取决于结果。

4.5.1　惩罚与负强化

你可能已经注意到，惩罚和负强化都涉及令人不快的刺激。你如何区分这两者？让我们从以下示例来看看惩罚与负强化有何不同（见图4-6）。

惩罚会减少行为或降低其再次发生的可能性。相比之下，负强化就像正强化一样，总是增加反应再次发生的可能性。同时，不要忘记正和负这两个修饰语意味着"添加"和"移除"；作为操作性条件反射中的修饰语，它们与"好"和"坏"无关。因此，正强化和正惩罚都涉及给予或"添加"刺激。另外，负强化和负惩罚总是涉及抑制或消除刺激。

还有最后一点需要记住：我们经常可以预测特定的后果会对未来的行为产生什么样的影响，但确定它是强化物还是惩罚物的唯一方法是观察它对行为的影响。例如，虽然我们可能会猜测打屁股对孩子是一种惩罚，但与之相伴的对孩子的关注却可能恰恰强化了我们不希望孩子做出的行为。

对正负强化与正负惩罚之间区别的简要总结参见表4-1。

> **写一写**
>
> ## 区分惩罚与负强化
>
> 举一个你自己生活中的负强化影响行为的例子并解释你的回答。

4.5.2　惩罚的使用和滥用

许多社会制度严重依赖惩罚，威胁人们要实施惩

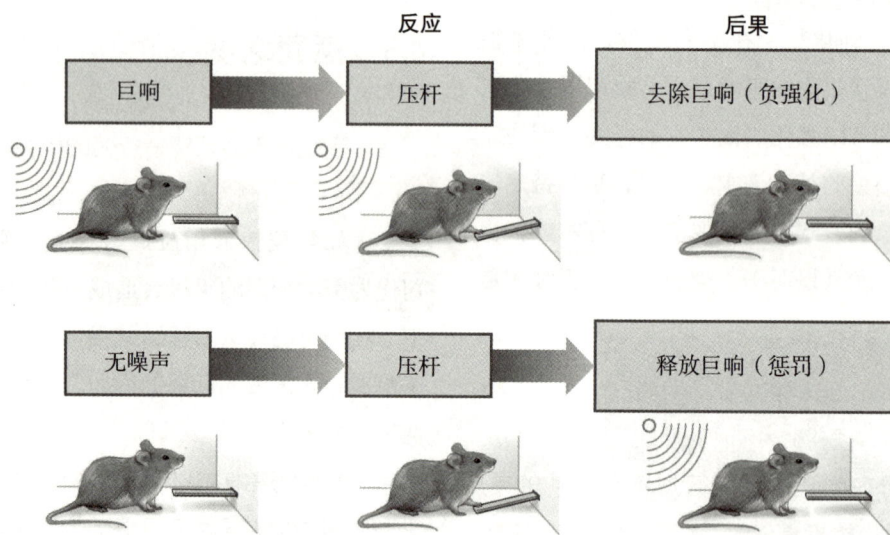

图4-6　负强化与惩罚对比

表4-1　四种后果

刺激（后果）对行为的影响是什么		应用（添加）刺激（正）	移除（减去）刺激（负）
	行为发生的概率增加	正强化 例子：员工因工作出色而获得奖金（然后继续努力工作）	负强化 例子：你服用阿司匹林治疗头痛，头痛消失（因此你下次头痛时服用阿司匹林）
	行为发生的概率降低	正惩罚 例子：超速驾驶者得到一张交通罚单（然后更慢地开车离开）	负惩罚 例子：迟到的孩子错过了晚餐（然后下次早点回家）

罚来使其"循规蹈矩"。例如，对人们罚款，打小孩屁股，给学生差的成绩，开停车罚单，以及露出不赞成的表情。在世界各地和整个历史上，各种文化都惯常采用社交隔离、石刑（用乱石砸死）、鞭打、监禁以及各种堪称创造性的惩罚方法，以试图阻止不可接受的行为。目前，美国拘留所和监狱约有 150 万人，而美国目前每 35 名公民中就有一人在拘留所或监狱，或是处于缓刑或假释中（Glaze & Kaeble，2014）。（信不信由你，这些数字近年来已有所下降。）

为什么我们如此频繁地使用惩罚？一方面，它有时会促使行为立即发生变化。另一方面，惩罚者可能会通过实施惩罚而感到满足，他们会感觉自己"算了账"，他们会"扯平了"，或让对方"付出了代价"。这就是为什么我们有时会用"甜蜜的"来描述复仇，这种感情潜藏于公众对惩罚违法者的态度之中（Carlsmith，2006）。

但惩罚——尤其是那种涉及痛苦、羞辱或监禁的惩罚——从长远来看通常效果不佳（American Psychological Association，2002）。受惩罚的儿童可能会继续行为不端，受训斥的员工可能会蓄意破坏生产目标的实现。尽管各种严厉的惩罚手段，世界各地仍有人在犯罪。那么，为什么惩罚如此难以奏效呢？有几个原因。

惩罚的问题

1. **惩罚与强化不同，必须持续执行。**当知道高速公路巡逻队在监视时，司机会遵守限速规则；当父母在附近时，安德烈不会打他的弟弟；当劫匪用枪指着你时，你可能会交出你的钱包。但是当惩罚的威胁被移除时，惩罚抑制行为的力量通常就会消失（Skinner，1953）。如果惩罚不太可能发生，它就起不到威慑作用；而在大多数情况下，惩罚不可能得到持续执行。间歇性惩罚远不如每次都在不良行为出现后就实施惩罚有效。事实上，**不惩罚不良行为会起到奖赏的效果**，比如，主管忽视员工迟到这件事。一般而言，只有当你始终可以控制

环境（从而管理惩罚）时，你才能通过惩罚或威胁来控制某人的行为，但是完全控制几乎不可行。

2. **即使可能会有惩罚，但奖赏的诱惑仍会让人为此付出代价。**这可能是影响毒品交易的一个因素，即赚大钱的可能性超过坐牢的可能性（Levitt & Dubner，2005）。惩罚和奖赏也会以一种稍有不同的方式共同影响节食者：食物所带来的即时满足感可能会压倒吃了之后体重增加造成的不良后果。因此，当你试图通过惩罚来控制某人的行为时，如果你没有消除奖赏，你可能就会失败。

3. **惩罚引发逃避或攻击。**当受到惩罚时，生物体的生存本能会使它逃避惩罚，或以其他方式避免进一步的惩罚。如果逃跑被阻止，会导致生物体的攻击行为。将受伤的动物逼到角落，它可能会野蛮地攻击你。把两只大鼠放在一个地板网格带电的斯金纳箱里，大鼠会互相攻击（Ulrich & Azrin，1962）。将人类置于严酷的监狱环境中，他们可能会制造骚乱或做出其他攻击行为；狱警则可能虐待囚犯（Zimbardo，2004b，2007）。

4. 在认同惩罚的环境中，无论是监狱、学校、工作场所还是家庭，**人们会学会将惩罚和攻击作为影响他人的合理手段。**惩罚与攻击性的联系也解释了为什么虐待孩子的父母通常在儿时遭受过虐待，以及为什么攻击性犯罪者一般来自对攻击性行为司空见惯的家庭（Golden，2000）。不幸的是，公众对惩罚与攻击性之间的这种证据确凿的关系仍然知之甚少。

5. 惩罚常常无效的第五个原因是，**惩罚会使学习者感觉恐惧或忧虑，从而阻碍了对新的和更理想的反应的学习。**由于无法逃脱惩罚，生物体最终可能会放弃逃跑或战斗的尝试，而屈从于压倒性的绝望感。这种对被惩罚的宿命的被动接受带来了一种被称为**习得性无助**的行为模式（Overmier & Seligman，1967）。对于人类

而言，这种反应会导致被称为抑郁症的精神障碍（Terry，2000）。如果你想建设性地改变态度和行为，习得性无助和抑郁绝不是你希望得到的，攻击和逃避也绝不是。相比之下，没有受到惩罚的个体更愿意尝试新的行为。

6. 然而，惩罚措施可能失败的第六个原因是，**惩罚在实施时自带不公平性**，经常违反我们的公平和平等的标准。例如，父母和老师惩罚男孩的次数多于女孩（Lytton & Romney，1991）。儿童（尤其是小学生）受到的体罚也比成年人多。再举一个例子，我们的学校乃至整个社会惩罚少数群体成员的次数比惩罚多数群体成员的频率更高（Hyman，1996）。

7. 也许最重要的是，**惩罚没有教会学习者应该做什么**，因为它把注意力集中在了**不做什么**上。它顶多能做到制止不可取的行为，却没有提示什么是替代的、更可取的行为。

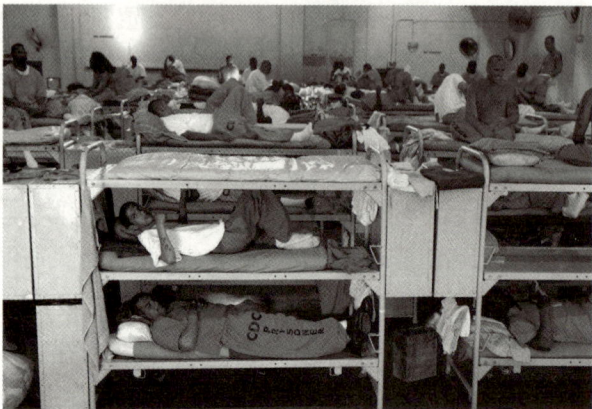

高度惩罚性的环境可能会导致监狱骚乱和其他的攻击行为。

4.5.3　惩罚有用吗

在某些限定的情况下，惩罚的效果非常好。例如，有的孤独症儿童可能会通过撞击头部或咬掉手指上的肉来严重伤害自己，此时惩罚可以阻止他们这种自我毁灭的行为。轻微的电击或往脸上泼冰水可以迅速阻止这些不良行为，尽管效果可能是暂时的（Holmes，2001）。惩罚也可以与强化有效地结合起来——就像学生因（努力）学习而获得了好成绩，

不学习则不及格一样。如果你的小狗在咬你最喜欢的鞋子，你可以将惩罚与强化结合起来，拿走鞋子并说"不"，同时立即用可接受的咀嚼玩具替代鞋子，并在小狗咬玩具时表扬它。

如果惩罚的后果合乎逻辑，那么它也更有可能成功。合乎逻辑的后果指的是与不良行为密切相关的后果，而不是与不良行为无关的惩罚，像打屁股或禁足。因此，如果孩子将玩具卡车留在了楼梯上，合乎逻辑的后果可能是丢失玩具一周。再举一个例子，晚回家吃晚饭的合乎逻辑的后果是吃冷饭。

研究支持将逻辑后果、消退和对理想替代反应的奖赏相结合，而不是单纯对不良行为进行惩罚。使用惩罚的前提应该是满足以下条件。

- 惩罚应该一以贯之，每当不受欢迎的行为发生时都要进行惩罚。当不良行为未被惩罚时，实际相当于实施不良行为者获得了奖赏，从而使其行为更难改变。

- 惩罚应该迅速，即立即进行。任何拖延都会削弱其有效性，因而"等你爸爸回家打你屁股"是一种糟糕的惩罚策略。

- 惩罚的持续时间和强度应该是有限的，足以阻止相应行为即可，以"使惩罚力度与犯罪程度相称"。

- 惩罚应明确针对相应行为，并且是行为的逻辑后果，而不是人身攻击（羞辱、讽刺或辱骂）或身体疼痛。

- 惩罚应仅限于相应的行为反应已经发生的情况下。

- 惩罚不应向被惩罚者传达混杂的信息（例如，"你不能打别人，但我可以打你"）。

- 最有效的惩罚通常是负惩罚，例如，丧失特权；而不是施加令人不快的刺激，例如，打屁股。

4.6 改变操作性行为的检查清单

学习目标：

将操作性条件反射应用于现实生活中的问题。

想一想你希望改变其行为的人。举例而言，让我们假设你的侄女玛蒂似乎越来越暴躁，甚至当你带她去公共场合时也是如此。操作性条件反射提供了一系列可以提供帮助的工具：各种程序的正强化，加上负强化、消退和惩罚。

- 既然**正强化**一直是不错的选择，请确定并鼓励可取的行为来代替不受欢迎的行为。最高效的父母和老师通常会将孩子的注意力转移到其他一些强化活动上来做到这一点。例如，当你带她去百货店时，你可以让她在绿苹果或红苹果之间做出简单的选择，这会让她对逛百货店本身保持兴趣，有助于防止她发脾气，也让你有机会为她的帮助提供积极的强化。（"好主意，玛蒂——我也喜欢红色的！"）并且，不要忽视普雷马克原则，如果玛蒂在一段时间内表现得很好，就让她做一些她喜欢做的事。（顺便说一句，这就是**塑造**发挥作用的地方：若要行之有效，你必须为玛蒂设定她能达到的目标，这样她才能实现这些目标并从正强化中获益。所以，你最初的目标可能是 20 分钟的良好行为，然后在她实现目标得到奖赏后，逐渐设定越来越长的时间。）首先使用**连续强化**，然后伴以**间歇强化**程序，以保证她不发脾气。

- **负强化**也有用。例如，如果玛蒂的一项家务是倒垃圾，你可以告诉她，如果她那天下午与她妹妹玩耍时能和谐相处（没有发脾气），你就会帮她倒垃圾。这样，通过让她避免一些她不愿做的事情（倒垃圾），我们强化了她的良好行为。你自己可能也享受过负强化，例如，某位教授允许你在平日考试成绩足够高时不用参加期末考试；或者允许你在课堂上实现了其他一些重要目标时不用做家庭作业。然而，负强化的应用效果较差。例如，父母通常会用唠叨

来试图让他们的孩子打扫房间。在这种情况下，孩子会为了避免被唠叨而被迫打扫房间。虽然这可能会有效果，但是通常并不令人愉快。相反，行为主义者会建议父母创造积极的强化物来激励孩子打扫房间。通过提供有意义的奖赏、使用代币经济或使用普雷马克原则来鼓励期望的行为，你同样可以改变行为，而不会遭受伴随唠叨或其他厌恶刺激而带来的紧张气氛。

- **消退**可以确保解决问题，但前提是控制了所有强化物。在玛蒂的案例中，消退来自你在她发脾气时不退让，不给她想要的东西。你让她的怒火自己燃烧殆尽。这可能是个挑战，因为这意味着你必须忍受她发脾气。如果她在公共场合发脾气，你可能会尴尬。（你有没有想过为什么孩子们似乎凭直觉就知道要选择在公共场合发脾气？也许是因为他们很快就学到，他们会从恼怒的父母那里得到糖果或关注作为"奖赏"，而父母只是想让孩子停下来，这是另一个滥用负强化的例子！）消退的另一个问题是它可能需要一段时间，所以当消退的应用对象从事着危险的行为——例如，在繁华的路段玩耍时，消退就不是个好选择。

- **惩罚**可能很诱人，但我们已经了解到，它通常会产生我们不想要的效果，例如，攻击或逃避。此外，惩罚往往会破坏惩罚者与被惩罚者之间的关系，并且难以一以贯之地运用。如果你决定因为玛蒂发脾气而惩罚她，那么就让惩罚成为一个合乎逻辑的结果，例如，如果她在家里发脾气，那么就让她"超时"地待在她的房间里，并且惩罚要迅速，却不要过度严厉。

你可以做的是结合多种策略。在玛蒂的案例中，这既包括（通过正负强化）强化她的可取行为，也包括对她的不可取行为使用消退或合乎逻辑的后果的策略。我们鼓励你在下次与行为不良的人打交道时自己试试这些策略。请记住，需要改变的可能是你自己的行为！

4.7　操作性条件反射和经典条件反射的比较

学习目标：

区分操作性条件反射和经典条件反射的过程。

我们已经研究了操作性条件反射和经典条件反射的主要特征，现在让我们来并列比较它们。一般而言，行为的后果——尤其是奖赏和惩罚——将操作性条件反射与经典条件反射区分开来。更具体而言，我们可以关注两种学习类型之间的三个显著差异。

4.7.1　行为反应是在新刺激之前还是之后

在经典条件反射中，新刺激是中性刺激，当它与非条件刺激配对时，会引发行为反应。因此，新刺激出现在行为反应之前。然而，在操作性条件反射中，我们在行为反应之后以奖赏或惩罚的形式提供新刺激。因此，区分经典条件反射和操作性条件反射的一种方式是确定行为发生在刺激之前还是之后：如果行为发生在这个过程结束时，我们面临的是经典条件反射；而如果它启动了这个过程，那么这就是操作性条件反射在起作用。

但请注意，这里有一个潜在混淆点：相同的刺激可以在不同类型的条件反射中发挥不同的作用。所以不要让刺激的性质欺骗了你。如图 4-7 所示，食物在操作性条件反射中充当奖赏，但在经典条件反射中，食物是一种非条件刺激。需要注意的重要一点是，在经典条件反射中，食物先于行为反应发生，因此不能作为奖赏。然而，在操作性条件反射中，它发生于行为反应之后，因此可以成为奖赏。

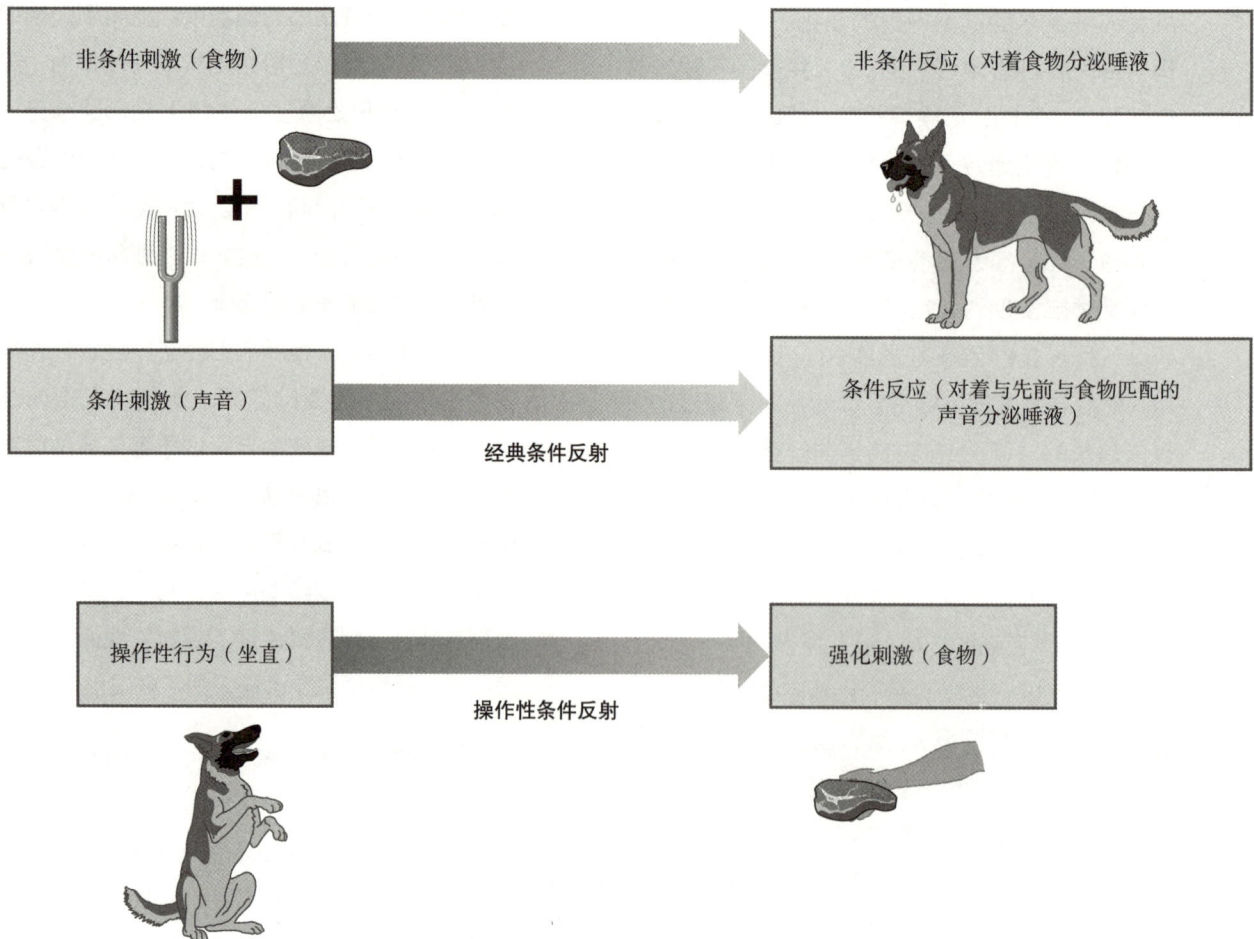

图 4-7　相同的刺激在经典条件反射和操作性条件反射中扮演不同的角色

写一写

举出食物作为刺激的例子

举一个你自己生活中的例子，说明某种食物被用来塑造行为。明确你的例子说明的是经典条件反射还是操作性条件反射。

4.7.2 行为是自主的还是反射性的

区分经典条件反射和操作性条件反射的另一种方式是考虑行为本身。它是一种反射性行为吗，例如，分泌唾液、感觉不舒服或与某些其他"内嵌"生物模式相关？如果是，你正在跟经典条件反射打交道，它通常以生物的刺激和反应模式开始（例如，生理情感引发快乐，或巨响引发畏缩或恐惧）。当我们让未能使"内嵌"到生物刺激中的新刺激与生物刺激相伴出现时，学习就会发生，针对新刺激产生同样的旧反应。

相比之下，操作性行为不是基于类似狗的唾液分泌或小阿尔伯特的哭泣一样的自动反射行为。相反，它是一种通过主动选择对奖赏或惩罚做出反应而自主发展出的行为。听命而坐是狗为了获得食物奖赏而做出的选择。为了取得好成绩而学习是你为了获得学业奖赏而做出的选择。因此，经典条件反映通常是非自主和无意识的，而操作性行为是自主和有意识的。套用一句谚语：你可以让狗分泌唾液（一种反射），但你无法强迫它进食（一种操作性行为）。

4.7.3 新行为还是现有行为

这两种条件反射的另一个区别是它们所针对的行为类型（见表4-2）。操作性条件反射鼓励新行为——铺床、上班、养成健康的饮食习惯或学习备考。再者，经典条件反射强调引发对新刺激的旧反应，例如，听到铃声时分泌唾液或听到牙医使用钻头的声音时退缩。因此，在经典条件反射中，行为并无新意，只是将现有行为与新刺激联系起来。

你可能还注意到，消退在两种学习形式中的作用也略有不同。在经典条件反射中，消退需要让非条件刺激不出现，这样就切断了两种刺激之间的联系。而在操作性条件反射中，消退是由让强化物不出现而导致的，因为没有奖赏或惩罚，就没有理由执行该行为。

4.7.4 它们如何共同起作用

但是，不要错误地认为经典条件反射和操作性条件反射对学习的解释是相互对立的，它们可以互补。事实上，最初由经典条件反射学到的反应通常会随着时间的推移通过操作性条件反射得到维持。这是如何发生的呢？以蛇恐怖症为例，假设对蛇的恐惧最初是通过经典条件反射习得的，当时蛇（条件刺激）与令人惊恐的非条件刺激配对（有人大喊"小心"）。一旦建立了恐惧反应，它就可以通过操作性条件反射来维持和加强。每当你回避恐惧对象时，你焦虑的减少都会成为回避行为的负强化物（即正性结果），从而进一步强化了恐怖症。你还可能从附近的朋友或家人那里获得安慰或关注的正强化（见图4-8）。

表 4-2 经典条件反射和操作性条件反射的对比

经典条件反射	操作性条件反射
行为受反应前的刺激（由条件刺激和非条件刺激）控制	行为受反应后的后果（奖赏、惩罚之类）控制
不涉及奖赏或惩罚（尽管可能用到令人愉快或厌恶的刺激）	通常涉及奖赏（强化）或惩罚
通过条件反射，新的刺激（条件刺激）开始产生"旧的"（反射性）行为	通过条件反射，新刺激（强化物）带来新行为
消退是通过不让非条件刺激出现而产生的	消退是通过不让强化出现而产生的
学习者是被动的（反射性反应）：反应是非自主的，即行为是由刺激引起的	学习者是主动的（操作性行为）：反应是自主的，即行为是由生物体发出的

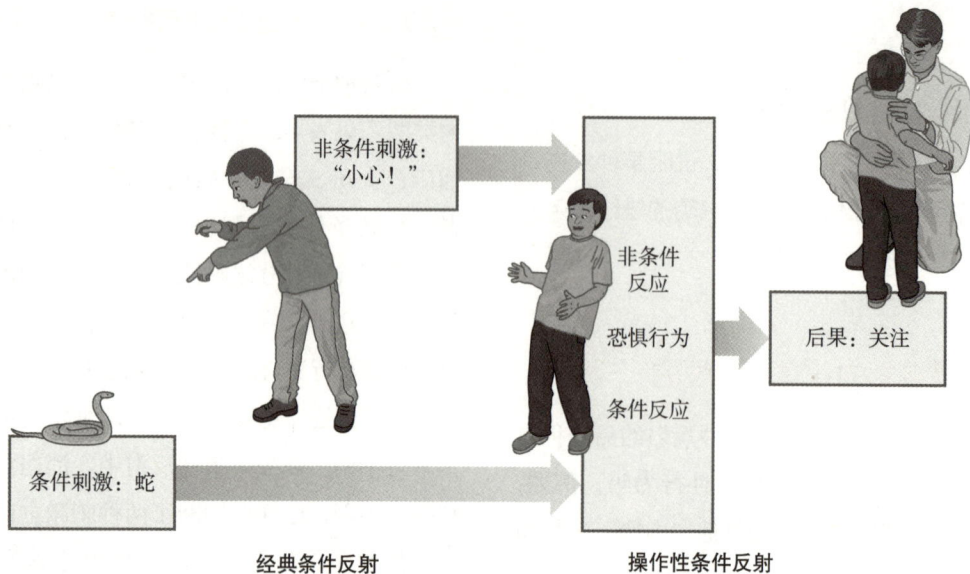

图 4-8　经典条件反射和操作性条件反射可以共同起作用

注：最初通过经典条件反射习得的反应可以通过操作性强化来维持和加强。

心理学很有用 • • •

运用心理学来学习心理学

你可能已经尝试过，用普雷马克原则来鼓励自己多学习，例如，在完成家庭作业之前不看电视，不去冰箱里拿东西。它适用于某些人，但如果它不适合你，请尝试让学习本身更有趣，更有回报。

对于我们大多数人来说，无论做什么，与我们喜欢的人聚在一起都是一种强化。所以，可以尝试让你的某些（而不是全部）学习成为一项社交活动。例如，安排一个时间，让你可以与一两个同学聚在一起确认和讨论重要的概念，并尝试预测下一次测试的内容。

并且不要只关注专业词汇。相反，尝试发现全景——探寻本章每一节的整体含义。核心概念是一个很好的起点。然后，你可以和你的朋友们讨论细节。你很可能会发现，即将到来的学习小组带给你的社会压力（作为**间歇强化物**）将有助于激励你完成阅读并找出模糊不懂的地方。当你们聚在一起参加小组学习时，你会发现解释你所学的知识可以加强你自己的理解。通过这种方式，你可以从一系列强化措施中受益：与朋友共度时光、学得更好以及在考试中取得更好的成绩。

关键问题：
认知心理学如何解释学习

核心概念 4.3

在认知心理学看来，某些形式的学习只能解释为心理过程的改变，而不仅仅是行为本身的改变。

生物学家 J. D. 沃森（Watson，1968）在《**双螺旋**》（*The Double Helix*）中这样描述，他和弗朗西斯·克里克（Francis Crick）在几个月的反复试错后，他们在某天的灵机一动中破解了遗传密码。在解决自己的问题时，你可能也有类似的突然的（虽说可能不那么出名的）灵机一动，也许那时你对这个问题已经研究了一段时间，然后突然之间，解决方案就清晰起来。这样的事件让严格的行为主义者难以自圆其说，因为它们显然涉及学习，却很难用巴甫洛夫或斯金纳的条件反射来解释。

许多心理学家认为，一个被称为认知学习的完全不同的过程是产生这种灵机一动的原因。从认知的角度来看，学习并不总是立即表现在行为中。相反，学习可以仅仅反映在心理活动中，正如本节的核心概念：

> 在认知心理学看来，某些形式的学习只能解释为心理过程的改变，而不仅仅是行为本身的改变。

让我们看看认知心理学家如何探查学习背后的内隐的心理过程。为此，我们先带你前往北非海岸附近的加那利群岛。

本部分导读：

4.8 描述科勒如何发现顿悟学习。

4.9 审视爱德华·托尔曼关于认知地图和潜在学习的实验如何挑战已有的行为理论。

4.10 描述班杜拉对我们理解学习的贡献。

4.11 审视参与学习的大脑过程。

4.8 顿悟学习：科勒在加那利群岛上研究黑猩猩

学习目标：

描述科勒如何发现顿悟学习。

格式塔心理学家沃尔夫冈·科勒（Wolfgang Köhler）在第一次世界大战期间被困在特内里费岛上，花了很多时间苦思冥想学习的机制。科勒对于行为主义者对学习的解释不再抱有幻想，试图发展出自己的理论。在他看来，心理学必须承认心理过程是学习的重要组成部分，即使心理事件早已被行为主义者视为主观推测而被唾弃。为了证明他的观点，科勒利用德国政府在特内里费岛建造的灵长类动物研究的相关设施。在那里，他基于可观察的行为设计了实验，旨在揭示认知学习的可测量要素（Sharps & Wertheimer, 2000；Sherrill, 1991）。

在一系列著名的研究中，科勒发现黑猩猩可以去学习解决复杂的问题，不仅仅是通过反复试错（行为主义者喜欢的一种解释），而是通过"灵机一动"将先前学过的一些更简单的反应组合起来。在其中一个实验中，黑猩猩"苏丹"已经学会了把箱子堆叠起来、爬上去拿悬挂在高处的水果，也学会了用棍子去拿够不着的水果。科勒向苏丹展示一个结合了这两种问题的新情境，即水果悬挂在更高的空中。这时，黑猩猩首先以试错的方式来尝试，用棍子来够它，但没有成功。然后，苏丹似乎很沮丧，扔掉了木棍，踢了踢墙，坐了下来。据科勒报告，这只动物随后挠了挠头，开始盯着它附近的一些箱子。似乎是经过一段时间的"思考"，它突然跳起来，将一只箱子和一根棍子拖到水果下面，爬上箱子，用棍子敲下了他的奖品（见图4-9）。

不同寻常的是，苏丹以前从未见过或使用过这样的反应组合。科勒认为，这种行为证明动物不仅会无意识地使用条件反应，而且会通过顿悟来学习，即重新组织它们对问题的感知。他大胆提议，这种行为表明猿类可以像人类一样通过突然感知到新形式或关系中熟悉的物体来学习解决问题，这明显属于心理过程，而不仅是行为过程。他称之为顿悟学习（Köhler, 1925）。科勒说，**顿悟学习**（insight learning）源于对情境感知方式的突然重组。

行为主义无法令人信服地解释科勒的示例。无论是经典条件反射还是操作性条件反射都无法用刺激和反应来解释苏丹的行为。因此，科勒的黑猩猩的这些壮举需要通过知觉重组来进行认知解释。

图 4-9　顿悟学习

注：科勒的黑猩猩所表现出的那种学习行为，与行为主义者的经典条件反射和操作性条件反射的解释相悖。在本图中，你会看到科勒最聪明的黑猩猩苏丹通过堆叠箱子并爬到箱子上来解决够不着香蕉的问题。科勒声称苏丹的行为证明了顿悟学习。

4.9　认知地图：托尔曼发现大鼠在想什么

学习目标：

审视爱德华·托尔曼关于认知地图和潜在学习的实验如何挑战已有的行为理论。

在科勒用黑猩猩进行实验后不久，加州大学伯克利分校的爱德华·托尔曼（Edward Tolman）实验室中的大鼠也开始表现出与公认的行为学说背道而驰的行为。它们会穿过实验室迷宫，就像它们头脑中存在一幅迷宫"地图"一样，而不是无脑地执行一系列习得的行为。让我们看看托尔曼如何设法展示这些"有脑"反应。

4.9.1　非行为的心理意象

只要你曾经在黑暗的家中走动过，就会知道托尔曼所说的"认知地图"是什么意思。确切而言，认知地图（cognitive map）是生物体用来在熟悉的环境中导航的心理意象。但是，像大鼠这样头脑简单的生物也会有如此复杂的心理意象吗？如果是，如何证明这些认知地图的存在？托尔曼认为，大鼠在通往目标的首选路径被阻塞时能够在迷宫中快速选择替代路线，

如果要解释这种现象，认知地图是唯一的方式。事实上，大鼠经常会选择绕过障碍物的最短绕行路线，即使这条特定路线以前从未被强化过。托尔曼的大鼠不是（像行为理论所预测的那样）通过反复试错盲目地探索迷宫的不同部分，而是表现得他们好像对迷宫有一个心理表征（图 4-10 显示了这样一个迷宫的布局）。

托尔曼提出学习不仅是行为上的，也是心理上的，为了进一步支持这个论断，他做了另一个实验：在大鼠学会跑迷宫后，他在迷宫中放水，结果表明大鼠完全有能力游过迷宫。这再次证明了动物学到的是一个概念，而不仅仅是行为。托尔曼认为，大鼠不仅学会了一系列的左转右转，还形成了对迷宫空间布局更抽象的心理表征（Tolman & Honzik，1930；Tolman et al.，1946）。

4.9.2　无强化的学习

在抨击行为主义基础的另一项研究中，托尔曼（1948）允许他的大鼠在迷宫中自由游荡数小时。在此期间，大鼠只是探索迷宫，而没有得到任何奖赏。然而，尽管缺乏行为学家认为迷宫学习所不可或缺的强化，但是这些大鼠也比其他从未见过这个迷宫的大鼠更快地学会了跑迷宫以获得食物奖赏。很明显，它

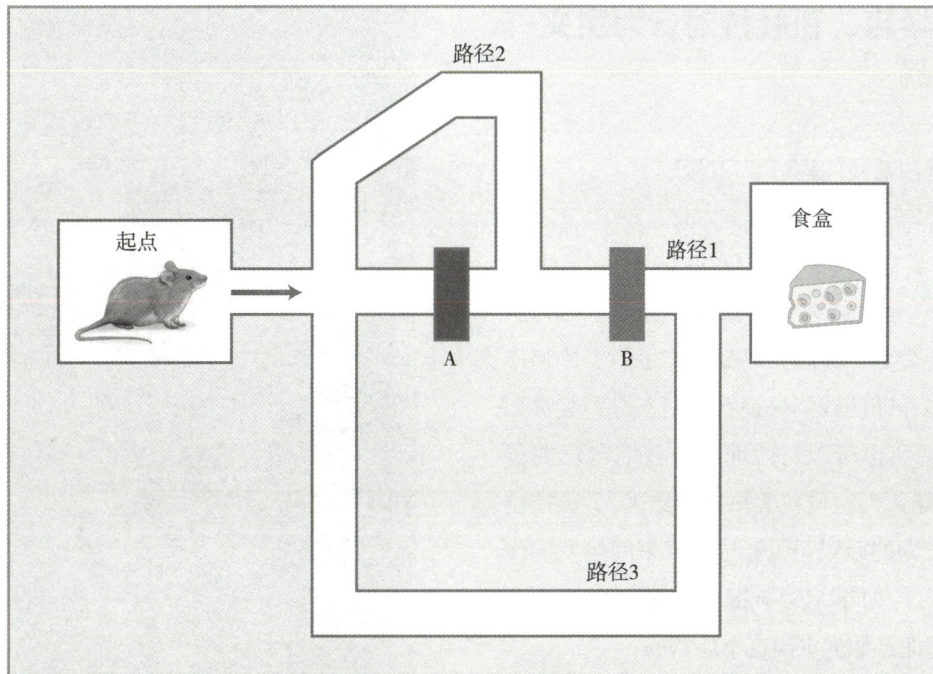

图 4-10 在迷宫学习中使用认知地图

注：本实验中使用的大鼠在直线路径开放时更喜欢直线路径（路径 1）。当路径 1 在 A 处被阻塞时，大鼠更喜欢路径 2。当路径 2 在 B 处被阻塞时，大鼠通常选择路径 3。大鼠的行为表明它们有一张指示了通往食盒的最佳路线的认知地图。

们在探索时期就学习了迷宫的布局，尽管它们当时的行为看不出任何学习的迹象。托尔曼称之为**潜在学习**。

4.9.3 托尔曼研究工作的重要意义

与科勒的实验一样，托尔曼的工作之所以重要且具有颠覆性，是因为它挑战了巴甫洛夫、华生和其他行为主义者的主流观点。虽然托尔曼接受心理学必须研究可观察行为的观点，但他证明了刺激和反应之间的简单关联并不能解释他在实验中观察到的行为。因此，托尔曼的**认知**解释严重挑战了行为主义（Gleitman，1991）。

随后对大鼠、黑猩猩和人类的认知地图进行的实验广泛地支持了托尔曼的工作（Olton，1992）。最近的脑成像研究指出，海马是大脑中参与"绘制"认知地图的结构（Jacobs & Schenk，2003）。因此，托尔曼的论断似乎是正确的：生物体通过探索来学习其环境的空间布局，即使没有因探索而得到强化，它们也会这样做。从进化角度看，生成认知地图的能力对于必须觅食的动物来说具有高度的适应性（Kamil et al.，1987）。也许这就是为什么我们会如此迅速地发展出绘制认知地图的能力。

图中的鸟叫作"克拉克的胡桃夹子"，这种鸟是认知地图的惊人示例。每年夏天，它们都会在大峡谷的地下埋藏多达 30 000 个松子和种子。在接下来的冬天，它们可以找到其中的 90%，尽管白雪覆盖的冬季景观有所不同。

4.10 观察学习：班杜拉对行为主义的挑战

学习目标：

描述班杜拉对我们理解学习的贡献。

另一位著名的心理学家阿尔伯特·班杜拉（Albert Bandura）追随托尔曼的脚步，推翻了行为主义的另一个重要观点：奖惩只对受到奖惩的个体起作用。班杜拉指出，即便我们只是看到别人得到奖赏和惩罚，奖赏和惩罚也可以有效地改变我们自己的行为。（这就是赌场大力宣传头奖得主的原因。）班杜拉的工作表明，行为的后果可以通过观察来间接发挥作用。他的主张为行为学习领域提供了另一个认知成分。让我们看看他是如何证明这个想法的。

1961 年，电视的迅速兴起促使阿尔伯特·班杜拉开始研究他的一个猜测：观察暴力行为是否会使观众更有可能变得有暴力倾向？当时流行的观点是，通过观看暴力可以消除观众对攻击性的需求，实际上减少了其攻击性倾向。然而，班杜拉质疑这种想法，他邀请儿童和成年人到他在斯坦福大学的实验室进行一个简单的实验。成年人被带入一个房间里，里面有各种各样的玩具，包括一个波波娃娃（一个底部有重量的充气塑料小丑）。一些成年人（在进入房间之前）被指示通过击打、踢打和拳打来攻击娃娃。其他成年人被指示在房间里温和安静地玩耍。每个孩子都会接触一个成年人，之后在房间里单独玩耍。孩子们做了什么？你猜对了——他们会模仿他们看到的成年人所做的事情，无论是攻击性行为，还是温和行为（Bandura et al., 1963）。随后的研究显示了类似的结果：儿童会模仿他们在电视或电子游戏中看到的攻击性行为，相比处于控制状态的儿童，他们表现出七倍的攻击性行为——即使榜样只是卡通人物（Anderson et al., 2007；Boyatzis et al., 1995）。

4.10.1 观察学习和模仿

因此，学习不仅可以通过直接经验进行，还可以通过观察另一个人或榜样的行为来进行。如果榜

这个男孩模仿了他所见过的一个成年人的攻击行为。

样的行为看起来很成功，或者说，如果榜样似乎得到了奖赏，那么我们可能就会以同样的方式行事。如此一来，通过观察和模仿来学习其实是操作性条件反射的延伸：我们观察到其他人获得奖赏会影响我们的行为，就好像我们自己也获得了奖赏。

心理学家将此称为社会学习或观察学习（observational learning）。它解释了儿童会模仿看起来成功的、令人钦佩的或似乎自得其乐的攻击性行为的榜样，通过模仿来学习攻击性行为。观察学习也解释了许多其他行为：我们如何学习运动技能、如何驾驶汽车、如何与朋友相处，以及在工作面试中又要有哪些不同的表现。它还影响着我们所遵循的时尚，以及俚语表达的迅速传播。我们模仿我们钦佩的人，希望获得我们认为他们所获得的"奖赏"，无论是地位、认同、钦佩还是其他东西。

观察学习也发生在非人类物种中，就像母猫教她的小猫如何捕猎一样。事实上，动物为生存而必须做出的许多重要决定——例如，吃什么食物、要避免什

么天敌以及如何找到水——都依赖于观察学习。这种类型的学习可以让幼小的动物不需要潜在致命的试错期就能发展出有效的行为。黑猩猩和乌鸦都会学习使用树叶和树枝来制作便于挖掘幼虫和蚂蚁的工具。事实上，无论是人类还是非人类，许多动物的行为都是观察学习的结果。

一组巧妙的研究证明了恒河猴可以观察学习。在野外，恒河猴对蛇的反应是警觉和回避，但在实验室出生和长大的恒河猴并不害怕蛇，不过这只发生在研究人员向它们展示了一段野生恒河猴明显害怕蛇的视频之前。看完视频后，这些在实验室里长大的灵长类动物在好几个月内都会避开蛇（Galef & Laland，2005）。有趣的是，一项后续研究向实验室里的猴子展示了一段野生恒河猴似乎害怕花而不是蛇的视频，但在该研究中，实验室里的猴子并没有模仿害怕花的行为，这再次证明了我们的遗传倾向是对天然的生物威胁和捕食者做出快速反应。因此，观察学习具有适应环境的益处，换言之，它帮助我们生存。

4.10.2　媒体暴力的影响

正如你可能已经猜到的那样，许多关于观察学习的研究都会关注电影和视频中的暴力对于人的影响（Huesmann et al.，2003）。可想而知，这个问题会有争议，因为许多证据都只是相关性（correlational）的证据（Anderson & Bushman，2001）。尽管超过 50 项研究都表明观察暴力与暴力行为存在相关性，这是相当可靠的证据。但是，观察暴力会导致暴力行为吗？或者，也许因果是反过来的：是因为暴力的人会被暴力电影和视频所吸引吗？

通过 100 多项实验研究，专家们现在知道，观察暴力确实会增加暴力行为的可能性（Huesmann & Moise，1996；Primavera & Herron，1996）。事实上，观看媒体暴力与随后的攻击行为之间的联系比含铅涂料与儿童智商之间的联系更强，几乎与吸烟和癌症之间的联系一样强（Bushman & Anderson，2001）。媒体暴力的观看者在随后观察到暴力行为时也表现出较少的情绪唤起和痛苦——这种类似于习惯化的状态被称

为心理麻木（Murray & Kippax，1979）。心理学家艾略特·阿伦森（Elliot Aronson）认为，广泛的媒体暴力是导致暴力悲剧——例如，在学校和其他公共场所泛滥的枪击事件——的因素之一（Aronson，2000）。

这种影响也延伸到暴力视频游戏上。一项研究将大学生随机分配到 15 分钟的真人快打（Mortal Kombat）游戏或非暴力电子游戏中，随后测量了这些玩电子游戏的学生的攻击性行为，测量方式是，他们是否会向不喜欢辛辣食物的同学分发辣酱（获得辣酱的人一定要吞下）。果然，玩真人快打的学生比对照组更有可能分发辣酱，而且让接受者吞下了更多的辣酱（Barlett et al.，2009）。这项研究的相关研究发现，视频游戏中的暴力越逼真，攻击性情绪和唤醒的程度就越高（Barlett & Rodeheffer，2009）。当然，并非所有模仿都是糟糕的。多亏了模仿，我们还学会了慈善行为、安慰处于困境中的其他人，以及在道路合法的一侧上行驶。一般来说，人们通过观察他人会学到很多东西，既包括亲社会（帮助）行为，也包括反社会（伤害）行为。这种从观察中学习的能力使我们能够有效地习得行为，而无须经过烦琐的反复试错。因此，虽然观察学习是导致暴力行为的一个因素，但它也使我们能够通过从他人的错误和成功中获益，习得有用的社会行为。

4.10.3　观察学习在全球社会问题中的应用

电视是观察学习最重要的来源之一，其作用方式不只是带来我们刚刚提到的那种不可取的行为。在美国家庭里，通过观察学习，长期播放的儿童节目芝麻街（Sesame Street）使用大鸟（Big Bird）和饼干怪（Cookie Monster）等深受喜爱的角色教给儿童语言、算术和礼仪。在墨西哥，电视主管米格尔·萨比多（Miguel Sabido）特意借鉴了班杜拉的研究，创作了广受欢迎的肥皂剧《跟我来》（Ven Conmigo），该剧聚焦于通过扫盲班联系在一起的一群人。在第一季播出之后，播出区域的成年人扫盲班的入学人数猛增至上一年的九倍（Smith，2002b）。

这个思路被一个非营利组织——国际人口沟通组

织（Populations Communications International）——所采纳，并在全球范围内推广。因此，电视剧现在的目标不仅在于扫盲，还在于促进妇女权利、安全性行为以及预防艾滋病毒和意外怀孕。此类节目广受欢迎，在拉丁美洲、非洲、南亚和东亚、中东、加勒比地区等地区拥有大量的粉丝（见图 4-11）。在坦桑尼亚，他们了解到艾滋病是通过人而非蚊子传播的；在印度，这些节目质疑童婚的做法。在加勒比地区，肥皂剧倡导人类要对环境负责任。

图 4-11　观察学习帮助解决现实世界的问题

注：广告牌、电视节目和其他媒体活动可以成为促进社会变革的有效工具。当时，东非坦桑尼亚的这块广告牌，以及一部内容涉及对艾滋病的认识的流行广播剧，宣传了安全性行为和计划生育。

这当真有效。一个在印度播出的肥皂剧使得全村人都签署了一封承诺书，承诺停止童婚。类似，坦桑尼亚人现在越来越赞成计划生育。在印度农村，女孩入学率上升了 10%~38%。其他项目已经成功地提高了儿童免疫接种率、降低了艾滋病毒传播、增进了营养意识并敦促了戒烟。总体而言，电视似乎可以成为产生积极社会变革的一种手段，将心理学研究的成果辐射出去，对人们的生活产生重要影响（Naugle & Hornik，2014；Singhal & Rogers，2002）。

观察学习不仅是通过电视　不仅仅是电视可以促进社会变革并影响我们的行为。与他人讨论话题和行动也可以促使我们采取政治或社会行动，无论是传统的还是激进的。

一项研究首先向参与者提供了一些在小笼子里饲养产蛋鸡的阅读材料（这是动物权利活动家长期以来一直抗议的一个问题），然后告诉他们，尽管存在动物福利问题，许多人仍会购买以这种方式养鸡的农场的鸡蛋。接下来，参与者阅读了一段文字内容，要么是提倡采取合法政治行动来制止这种做法，要么是提倡非法的、更激进的行动，如闯入农场释放鸡群。最后，参与者完成了问卷调查，调查询问了他们对该问题的关注程度，他们认为是否要让其他人意识到该问题的重要性，以及他们有多大可能为此参与政治或激进行动。不过，在完成调查问卷之前，一半的参与者有机会与一小群其他人就这些问题进行一些讨论。讨论是否会带来差别？

讨论的确会带来差别。研究人员发现，与在完成问卷之前未与他人讨论该主题的参与者相比，讨论组中的参与者对这些鸡表达了更大的关注，并且更愿意让其他人意识到这个问题。这种影响既适用于合法的政治行动，也适用于非法的激进行动；换言之，人们可能会同意并承诺执行该团体正在讨论的任何类型的行动，无论其是否合法。调查人员断言，结果支持这样一种观点：激进主义不是来自人格类型，而是更多地因为与志同道合的人接触而导致的（Thomas et al.，2014）。这项研究和其他类似的研究作为大量相关科学证据的一部分，证明了社会学习在人类行为中的重要性。

4.11　大脑机制、学习和"高级"认知学习

学习目标：
审视参与学习的大脑过程。

现在我们很清楚，大学课堂所需的许多复杂和抽象的学习都与巴甫洛夫、华生和斯金纳所研究的学习有着根本的不同。例如，习得心理学领域的知识包括建立心理意象、吸收概念和思考它们之间的联系。并不是说行为的条件反射不参与人类学习，毕竟，学生们确实会为了成绩而努力，看到比萨时也会流口水；但行为学习的原理并不能解释整个"高级"认知学习。

接下来的章节将带我们更深入地了解认知学习这个领域，我们将讨论记忆、思维、概念形成、问题解决和智力。在那里，你将了解更多作为认知基础的心理结构。我们将面临的挑战正是行为主义者希望避免的挑战：在研究认知时，我们必须对无法直接测量的过程进行推断。然而，我们会发现，认知心理学家已经开发出非常巧妙的方法来获取客观数据，以此作为推理的基础。其中最新的是脑成像，它在过去十年左右全面上线；正如我们将看到的，它让心理学家近乎客观地窥见了私密的心理过程。

迄今为止，我们对学习相关的生物学了解多少？在神经元层面上，学习涉及增强神经细胞群突触的物理变化，这一过程被称为**长时程增强**（long-term potentiation）（Antonova et al.，2001；Kandel，2000）。最初，参与学习任务的各个脑区的神经元都会非常努力地工作，例如，当一个人学习各种物体的位置时，**视觉皮层**（visual cortex）和**顶叶皮层**（parietal cortex）中的细胞可能会迅速放电。随着学习的进展，随着神经连接强度的增强，发放模式变得不那么强烈（Buchel et al.，1999）。神经通路用得越多，就会变得越强大、越密集。正如我们锻炼的肌肉群会变大一样，我们锻炼的神经通路也是如此；在某种程度上，学习对大脑的作用就像力量训练对身体的作用一样（Buchel et al.，1999）。

我们还知道**小脑**（cerebellum）和**边缘系统**（limbic system）在习得性恐惧和条件性味觉厌恶等经典条件反应中至关重要（Miller，2004；Taub & Mintz，2010）。在操作性条件反射中，大脑的奖赏回路开始发挥作用，尤其是在**额叶皮层**（frontal cortex）

和边缘系统富含多巴胺（dopamine）受体的部分区域（O'Doherty et al.，2004；Roesch & Olson，2004）。许多专家现在都相信大脑会使用这个回路来识别奖赏，即正强化的本质（Fiorillo et al.，2003；Kim et al.，2012；Shizgal & Arvanitogiannis，2003）。

4.11.1 消退时的大脑

虽然记住习得的联结和我们行为的后果对于我们的生存非常重要，但是遗忘那些不相干的联结也很重要。正如野生动物需要忘记干涸的水坑一样，你必须学会应对学校时间表或交通法规的变化。这些例子涉及先前习得的反应的消退。神经科学家发现，当某些**神经递质**（neurotransmitters）（包括谷氨酸盐和去甲肾上腺素）阻断记忆时，消退就会发生（Miller，2004；Travis，2004）。

诸如此类的发现激发了人们对药物的研究，以达成从前只见于未来电影中的功效：阻断与某些特定事件相关的情绪创伤，这些事件包括战斗经历、暴力犯罪和可怕的事故等。最近的研究取得了初步成果（Kindt et al.，2009；Soeter & Kindt，2010）。实验者已经成功地消除了动物与人类被试对此类创伤事件的典型记忆的情绪唤醒。尽管这一非凡的发现对于治疗暴力犯罪、战争、事故和自然灾害的幸存者具有巨大的潜力，但这个快速发展的领域的未来方向仍然存在着伦理问题。

4.11.2 重温"飞行恐惧"

在继续之前，让我们回到本章开头的问题：萨布拉对飞行的恐惧。

心理学很有用 • • •

重温飞行恐惧

你认为萨布拉对飞行的厌恶背后是哪种学习，操作性条件反射还是经典条件反射？

虽然我们可能永远无法知道一开始是什么导

致了她的恐惧，但是我们猜测这两种形式的条件反射都牵涉其中。恐惧通常是来自涉及经典条件反射的亲身经历。或者，恐惧也可能来自观察学习，也许来自惊恐的父母或同伴。一旦恐惧被习得，操作性条件反射就可以维持它，因为人们在避开他们害怕的对象时获得了奖赏。

这些假定促使一些航空公司尝试一种被称为认知行为疗法的混合疗法，旨在帮助人们克服对飞行的恐惧。令人欣慰的是，萨布拉在会议开始前几周参加了其中一个治疗课程。她联系了航空公司，报名参加机场附近三个周末的课程学习。

她如期而至，满怀期待和忐忑。

- 治疗师会探究她的童年经历和幻想吗？
- 她需要镇静剂吗？
- 或者，她是否必须经历某种吓人的治疗，例如，在小型飞机上倒挂飞行？

事实证明，她最糟糕的担忧是毫无根据的。一位行为心理学家组织了治疗课程，将九名参与者汇聚在一个小会议室中。他先解释说，这种恐惧是习得的，就像你在医生那里看到针头时可能学会了畏缩一样。不过，因为恐惧的起源并不重要，这个飞行恐惧课程将关注现在，而不是过去。萨布拉开始觉得轻松多了。

基于条件反射的治疗课程结合了多种学习策略。采用经典条件反射，通过逐渐增加她的飞行经历来消除她的恐惧。运用操作性条件反射使治疗师和小组其他成员的正强化发挥作用。此外，

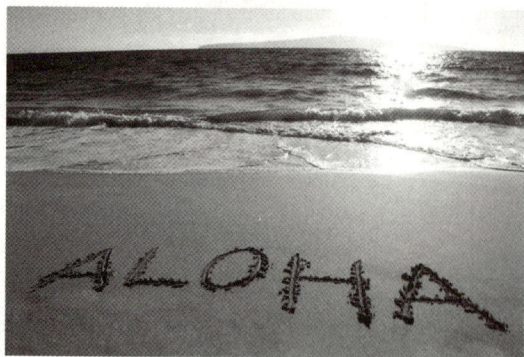

通过认知行为疗法，萨布拉学会了用新的方式看待飞行体验。逐渐接触飞行也有助于消除她的恐惧反应，这被称为**脱敏**（消退的一种形式）。

认知学习部分将帮助她更多地去了解飞机的工作原理。

在简要概述了他们的课程之后，该小组参观了机场，包括停在停机坪上的一架客机的机舱。然后他们回到会议室，了解飞行员如何控制飞机，学习在物理学上飞机如何保持空中飞行的物理原理。该小组还观看了一些商业喷气式飞机的日常飞行视频。总而言之，第一堂课进行得很顺利，大家都显得比刚开始的时候轻松了许多。

第二个周末以更多的课堂讨论开始。然后，全班同学回到飞机上，在那里坐下并进行了一系列放松练习，旨在消除参与者的恐惧，并学习对坐飞机产生一种新的更放松的反应。这种训练包括深呼吸和全身特定肌肉群的渐进放松。当小组中的每个人都报告感到放松时，他们再次在飞机的电视显示屏上观看飞行视频。随后是更多的放松练习。第二个周末的最后一项活动是启动引擎和经历正式飞行前的流程，以及更多的放松练习。

最后一个周末的课程与上一次几乎相同。唯一的区别是这次课程包含一次实际的飞行，这是一次20分钟的短途旅行，经过当地乡村然后返回机场。这当然是自愿的，但班上九个人中只有一个选择不去。萨布拉去了，虽然仍有一丝焦虑。不过，治疗师鼓励小组成员专注于他们学到的放松练习，而不是他们的恐惧感。令所有参与者惊讶的是，这些技术帮助他们完成了飞行练习而不至于情绪失控。虽然大家的恐惧没有完全消失，但飞机上的每个人都能够控制住恐惧。

最令人高兴的是，萨布拉能够参加夏威夷的会议了。顺便一提，她的会开得富有成效，她在夏威夷也度过了一段美好的时光。我们还注意到，她从那时到现在已经飞行了好几次。她说，每次旅行都会变得更容易一些，正如有关学习的心理学所预测的那样。

批判性思维的应用：不同的人有不同的"学习风格"吗

人们的学习方式无疑有所不同。正如通过观察你的同学你所能看到的，每个人都会带着不同的兴趣、能力、气质因素、发展水平、社会经验和情绪来承担学习任务。但我们能说这些差异形成了不同的"学习风格"吗？例如，是否有些人是"视觉学习者"，需要看到学习资料而不是听到学习资料，而"听觉学习者"也许必须听到学习资料？

教育工作者被学习风格的概念所吸引，希望通过因材施教来鼓励学习。对学习风格的热切关注又进而导致学习风格量表激增，每个量表都旨在诊断某个学生如何学习最好，从而告诉我们如何订制适合每个学习者的教学环境。也许你参加过这样的测试。但这些传言是基于事实还是基于幻想？

关键问题是什么？

从批判的角度来看，关键问题在于"学习风格"的含义。这个词似乎不言自明，但每个人理解的意思是否一致？学习风格到底是要求还仅仅是偏好某种学习方式？换言之，如果你是一个"视觉学习者"，当视觉不可用时，这在多大程度上真正影响了你的学习能力？学习风格是否一成不变（如同眼睛的颜色），还是人们可以调整他们的学习方法，以适应不同的主题（例如，文学、心理学、牙科或音乐）的需要？

观点的来源是什么？

不幸的是，大多数关于学习风格的出版物的作者都没有进行支持其主张所需的对照研究（Rohrer & Pashler，2012；Stahl，1999）。相反，他们所说的支持他们主张的"研究"多未发表，因此我们无法让教学和学习的专家进行评判或审查。发表和评论研究及其结果是科学方法的一个关键步骤。避开这一要求可能是一种警示，表明提出主张的人已屈从于一种或多种偏见，因而缺乏可信度。

证据是什么？

我们在审视学习风格的证据时遇到的一个问题是，即使在学习风格的狂热者中，我们也没有找到其一致认同的不同学习风格的列表。尽管教育工作者经常谈论"语言学习者""视觉学习者"和"动觉（运动）学习者"，但一些量表还提出了以下风格的某种组合：触觉（触碰）、逻辑、社交、孤独、主动／反思、感知／直觉、思考／感觉、判断／知觉、序列／全局。这种关于"学习风格"基本类别的广泛分歧应该引起批判性思考者的注意，这表明关于学习风格的主张可能仅基于推测和常识，而不是真正的科学发现。

当我们审视证据时，我们看到的第二个也是更麻烦的危险信号是，没有什么发现支持个体的学习风格与其实际学习（绩效）之间存在关系。事实上，大多数学习风格的倡导者几乎都没有数据来支持他们的主张——不同分数的人以不同的方式学习相同的资料。事实上，已有的研究表明，将教学环境与一个人声称的学习方式相匹配几乎不会影响其成绩。因此，对学习风格的更准确解释可能是，它们反映了偏好而非必须采用某种学习方式（Krätzig & Arbuthnott，2006）。

是否需要从多元化的视角

如果学习风格确实存在，跨文化视角能否帮助我们理解它们（Winerman，2006b）？尼斯贝特（Nisbett，2003）和其他研究人员的研究表明，亚洲人与美国人对世界的看法往往截然不同，美国人专注于最重要的物体，而亚洲人则更加关注全局。（是文化上的而不是生理上的差异：亚裔美国人的感知方式与其他美国人基本相同。）为了说明这两种"观看"风格的差异，请看下页图中以丛林为背景的老虎。尼斯贝特的研究组发现，典型的美国人会花费更多的精力将场景的突出元素——老虎——归入逻辑类别，而亚洲人通常更关注情境和背景——丛林。

文化也会影响人们进行课堂学习的方式。例如，美国人普遍认为学业成功来自先天智力，而东亚的文化则强调纪律和勤奋（Li，2005）。你认为哪种信仰体系可能会鼓励大多数孩子在学校表现出色？

出生于韩国的心理学家金希荣（Heejung Kim）表示，其他文化差异也会影响学业成绩。在她的韩国教育经历中，需要小组讨论的课程很少见。在她经历过对小组讨论课程的苦苦挣扎后，金希荣（Kim，2002）决定寻找亚洲人和美国人在处理学术任务方式之间的差异。正如她所预测的那样，当亚洲的大学生和美国大学生需要解决问题时，美国人通常会从讨论问题的过程中受益，而这种讨论往往会抑制亚洲学生解决问题的能力。

然而，我们发现，这些文化差异不是当前关于"学习风格"的辩论的一部分，因而没有包含在各种机构推销的任何一种学习风格量表中。但是我们在这里提到了它们，想说明的是，当前基于流行观点的想法（诸如学习风格对绩效的影响）可以通过接受科学界的批评并利用批评来改进理论以获得可信度。在这种情况下，学习风格的倡导者最好进行对照测试，以研究其中一些文化差异是否会带来实际绩效的差异。如果是，则可以创建真正反映实证（empirical）差异的学习风格类别。

我们能够得出什么结论？

总体来说，虽然我们应该谨慎地看待大多数关于学习风格的主张，但是我们应该对新的进展保持开放的态度，包括那些可能来自跨文化研究的进展。除此之外，我们应该承认，对学习风格的兴趣促使教师和教授们在课堂上通过多媒体教学和各种"主动学习"技术来进行课堂教学。此外，现有研究表明，每个人都会学得更好，如果他们可以通过多种方式——既有视觉也有语言，还有动手学习——获得同样的资源的话（McKeachie，1990，1997，1999）。

再回到我们的要点：我们建议谨慎解释旨在确定你的学习风格的测试结果。当心那些跟你说你是视觉型学习者、反思型学习者或其他类型学习者的人。

例如，仅仅因为你更喜欢图像而不是文字，并不

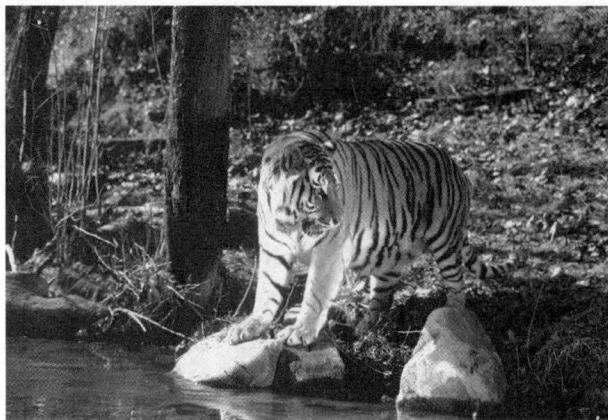

看看这幅老虎的图片。你看到图片的哪些部分？观看图片时，你的视线会移动到哪里？尼斯贝特的团队发现，美国人会花更多的时间观察老虎和其他突出目标（例如，树和老虎的周围环境），而亚洲人则会花更多时间查看情境和背景的细节。

意味着你应该避免阅读而只看图片。这种想法错误地认为每个人只能以一种方式学习。不过，你可以尝试其他学习策略。例如，如果视觉图像有助于你学习，则创建概念图；或者，如果反复听课有助于你学习，则录制讲座，但你仍然需要阅读指定的材料。

关于学习风格的另一个问题是，它错误地认为我们的学习方式是固定不变的。然而，事实上，我们需要学习如何使我们的学习方式适合要学习的资源类型：你总不会以学习数学的方式来学习音乐。举例而言，学习涉及许多因素的相互作用：学习者、资源、展示资源的媒介、展示的组织、教师和学习者的个性以及学习的环境。到目前为止，你在心理学方面的学习已经向你展示了我们的大脑是多么具有适应性，通过改变连接来吸纳新的体验。因此，我们鼓励你尝试尽可能多的学习方式，毕竟，这是大学经历所提供的绝佳机会之一。

试一试 ⫸ 调整自己以更好地学习

大多数学生都希望提高他们在某一门或多门课程中的表现。与其在学习风格的伪科学（pseudoscience）上浪费时间，不如尝试将经典条件反射和操作性条件反射的原则应用于帮助你设计能实现目标的计划。请使用本章迄今为止学过的各种原则，设计你自己的改变行为计划。

首先，确定某个特定的行为。不要设定类似获得更好的成绩这样的宽泛目标，而是让你的目标具体化，如每天阅读八页教科书或者每天复习课堂笔记。然后，根据经典条件反射和操作性条件反射的原则，确定至少五种可以促进新行为的方法。你可以从确定一种你想要与理想行为相关联的感觉或生物刺激开始，并找出一种通过经典条件反射来实现这一目标的方法。稍后，试图找出一两个你可以使用的强化物，最初连续使用。接下来，决定在你成功地开始塑造行为之后你将实施什么样的强化程序，并在此基础上写下你接受强化物的频率和类型。为了获得最佳效果，请将各种强化物用于多种强化程序，以保持自己的良好反应。那么开始吧！跟踪你的进度，并根据需要进行调整。

本章小结：学习与人类后天发展

假定萨布拉害怕飞行是习得的反应，那么她可以通过学习来解决这个问题吗？如果能，怎样治疗？

- **经典条件反射**在萨布拉克服对飞行的恐惧时发挥了作用。通过与飞行体验建立正联结，萨布拉经历了消退和逆条件化的结合。

- **操作性条件反射**通过行为塑造——为飞行的每一个连续步骤提供正强化——帮助萨布拉克服了她对飞行的恐惧。治疗的成功消除了她之前与飞行相关的焦虑和恐惧，从而提供了负强化。

- **认知学习**环节讲解了关于飞行的一些航空学知识，从而帮助萨布拉建立起飞机如何工作的心理认知；也讲解了观察学习，让萨布拉观察到其他乘客如何平静地乘坐飞机。

经典条件反射解释了哪种学习

核心概念 4.1

经典条件反射为联结式学习提供了解释，即一个能够引发内在反射的刺激如何与另一个先天中性的刺激建立联结，使得后者能引发与前者相同的反应。

学习会在行为或心理过程中产生持久的变化，使我们比更依赖**反射**和**本能**的生物体更具优势。某些学习形式如**习惯化**非常简单，而其他形式如经典条件反射、操作性条件反射和认知学习，则更为复杂。

最早的学习研究集中于**经典条件反射**，起始于伊万·巴甫洛夫发现**条件刺激**（与**非条件刺激**配对后）可以引发反射反应。他研究狗的实验表明了条件反应是如何在实验室动物身上**习得**、**消退**和**自发恢复**的。他还展示了**刺激泛化**和辨别学习。约翰·华生将巴甫洛夫的研究工作扩展到人类，包括他著名的小阿尔伯特恐惧条件反射实验。然而，更近期的工作，尤其是对味觉厌恶的研究表明，经典条件反射不仅是一个简单的刺激与反应的学习过程，而且具有生物基础。经典条件反射可以用于广告、野生动物管理以及解释人类对各种经历的不同情绪反应。一般来说，经典条件反射建立在基本的、以生存为导向的反应之上，并将它们扩展到新的刺激之中。人们将巴甫洛夫学习应用于预防化疗患者对食物的厌恶。

我们如何通过操作性条件反射学习新行为

核心概念 4.2

在操作性条件反射中，某一行为引发的奖赏和惩罚等后果影响着该行为再次出现的概率。

爱德华·桑代克首先探索了一种更主动的学习形式，他根据对试错学习的研究确立了**效果律**。B. F. 斯金纳扩展了桑代克的工作以解释反应如何受到环境结果的影响，如今这被称为**操作性条件反射**。斯金纳的工作确定并评估了各种后果，包括**正强化**和**负强化**、惩罚和一种操作性的**消退**。操作性条件反射的力量在于它能够创造新的、自主的行为。为了解其工作原理，斯金纳和其他研究人员研究了**连续强化**以及包括**固定比率**、**可变比率**、**固定间隔**和**可变间隔**等强化程序在内的几种**间歇强化**的因果相倚。至于惩罚，研究表明它比强化更难使用，因为它有几个不受欢迎的副作用。不过，还存在其他选择，包括操作性消退和奖赏替代反应、应用**普雷马克原则**，以及促进和塑造新行为。这些技术已在学校和其他机构中被应用在控制行为上，也在行为疗法中被应用于控制恐惧和恐怖症上。

认知心理学如何解释学习
核心概念 4.3

在认知心理学看来，某些形式的学习只能解释为心理过程的改变，而不仅仅是行为本身的改变。

如今，许多研究都表明，学习不仅仅是一个将刺激和反应联系起来的过程，学习也是认知过程。这见于科勒关于黑猩猩顿悟学习的研究，托尔曼关于大鼠认知地图的研究，以及班杜拉关于人类观察学习和模仿的研究，特别是观察攻击行为范例的效应。后者催生了许多关于媒体暴力的研究，最近也被应用于处理社会问题，如控制艾滋病的传播。所有这些有关认知的研究都表明，学习不一定涉及行为改变，也不一定需要强化。在过去的 30 多年里，认知科学家用认知术语重新解释了行为学习，尤其是经典条件反射和操作性条件反射，同时也在寻找学习的神经基础。

批判性思维的应用：不同的人有不同的"学习风格"吗

媒体对所谓学习风格的关注鼓励学习者专注于用符合他们学习风格的方式学习。然而，支持这一观点的实证证据很少，也没有哪个学习风格的分类取得了普遍共识。应用批判性思维，我们会发现人们有不同的学习**偏好**，但他们能够根据不同种类的学习内容来调整他们的学习方法。

本章视频导读，
请扫描二维码观看。

我们常说一个人的记忆代表了他的人生，因为有记忆，我们才能成为独特的个体。但究竟什么是记忆？记忆的生物基础是什么？我们如何形成和提取记忆？我们的记忆总是准确的吗？我们要如何提高自己的记忆力？本章内容从四个核心概念向外延伸，为你讲解研究人员都发现了哪些有关记忆的知识。

在阅读本章内容后，你会知道人们的记忆主要包括编码、存储和提取三项基本任务，它是由感觉记忆、工作记忆和长时记忆三个阶段构成，人们对记忆的提取包括回忆和再认两种方式，成功的记忆提取受到记忆编码和线索提示的影响，而精细复述和记忆加工深度在这一过程中起着重要的作用。这些知识有助于你在脑海中建立有关记忆的认知模型。

可能你在生活中也会感受到，我们的记忆总是会出现错误，这些记忆问题都是由记忆的"七宗罪"所导致的。不过不用担心，这些问题都能够通过使用记忆策略来解决，这些策略在本章中都有详细的介绍。希望你在阅读后，能够了解记忆的"七宗罪"，并能灵活运用记忆策略来减少记忆问题。

本章内容还向你展示了那些我们确信自己记得的记忆有时候并不像我们想象的那样可靠。其实，记忆很容易受到暗示的影响被修改甚至被歪曲。对于那些被遗忘许久之后突然"被恢复"的记忆来说，这种暗示会更加常见。你可以回顾自己的经历，看看是否存在这种现象。

目前国内外大量研究都采用认知神经科学技术进一步探索记忆的神经机制，包括在细胞水平上对记忆的分子过程进行探究，采用电生理、脑成像等技术研究记忆的神经环路，以及情绪与记忆间的相互作用，或是观察直流电刺激对人们记忆力的影响等。相信在未来我们会发现更多有关记忆的知识。

总体来说，对记忆的深入了解会有益于我们生活的方方面面，这些知识不仅促进了教育、司法、医学等多个领域的完善与发展，而且还能帮助我们快速记住陌生人的姓名、合理准备考试等。希望通过阅读本章内容能够让你认识到记忆的神奇与局限。期待你在了解记忆的同时，也能学会那些提高记忆能力的小技巧，并将其应用于对本书内容的学习记忆中。

刘烨
中国科学院心理研究院副研究员

毕一凡
中国科学院大学心理学系硕士研究生

05

第五章

记忆

本章译者：刘烨　毕一凡

记忆，就像沙滩上的脚印一样，极少不被磨灭。

核心概念

5.1 人类的记忆是一种信息加工系统，它会对信息进行建设性的编码、存储和提取。

5.2 记忆有三个阶段。尽管每个阶段的编码和存储记忆的方式各不相同，但它们共同合作将感觉经验转化为具有某种模式或意义的持久性记录。

5.3 无论是内隐记忆还是外显记忆，能否成功地将其提取都取决于它们如何被编码和被提示。

5.4 大部分记忆问题都源于记忆的"七宗罪"，这"七宗罪"实际上是人类记忆的其他适应性特征的副产品。

记忆是否能准确且永久地记录我们的过去？还是像沙滩上的脚印一样，随着时间和环境而变化？事实上，关于记忆的真相包含了上述两种极端情况。记忆极易受到各种因素的影响——尽管我们的许多记忆仍然很准确。我们面临的挑战在于需要知道什么时候可以依赖记忆，什么时候则应质疑记忆，下面的案例将详细说明这一点。

案例 1

唐娜 12 岁时患上严重的偏头痛，这使她经常失眠并感到情绪低落。出于担心，她的父母丹和朱迪为她寻求帮助。在接下来的一年中，唐娜换了很多治疗师，最后找到了一名专门治疗受虐待儿童的精神病学社会工作者。唐娜第一次向这名治疗师倾诉了她在 3 岁时曾被邻居性骚扰的经历。治疗师推断，遭受性骚扰的记忆长期埋藏在唐娜的脑海中，这可能是导致唐娜出现偏头痛等问题的原因。因此，她继续探查发生在唐娜身上的性骚扰细节以及其他可能发生过的性虐待事件。

最后，治疗师让唐娜拿来了一本全家福相册，其中包含了一张唐娜两三岁时只穿内裤的照片。治疗师认为这张照片可能是唐娜的父亲对她有性欲，甚至可能对她进行过性骚扰的证据。随后，治疗师便联系了相关机构对此事展开调查（ABC News，1995）。

那两年，唐娜一直感受到一股巨大的压力迫使她将此事归罪于父亲，但她始终坚持父亲未曾猥亵过她。然后，随着她对童年的记忆越来越模糊，她开始相信自己患有"压抑记忆综合征"，并认为父亲曾在她童年时多次虐待她。最终，唐娜被送往医院接受治疗。在医院里，她接受了药物治疗和多次催眠，并被诊断为多重人格障碍（现被称为**分离性身份障碍**，dissociative identity disorder）。

至于她的父亲丹则以虐待罪被逮捕和审判，而这项罪名的指控仅仅是基于他女儿被恢复的记忆。长达两周的审判在陪审团无法定罪的情况下结束，丹被无罪释放。审判结束后不久，唐娜就被另一个家庭收养，搬到了美国的另一个州生活。在新环境中，在她远离了支持她上述故事的那个社会体系后，她判断自己恢复的所谓的记忆是虚假的。最终，她的医生建议把她送回亲生父母身边，他们一家开始慢慢地重建已支离破碎的亲密关系与信任。

案例 2

罗斯是一位大学教授，他因为对自己的生活感到不如意而接受心理治疗。在描述自己的状况时，他说："我感觉自己好像飘忽不定，就好像我生命中的某个锚被拉了起来。我怀疑过我的婚姻、我的工作以及我的一切。"（Schacter，1996，p. 249）在进行治疗的几个月后，他做了梦。在这个梦里，他对一个他年少时认识的营地辅导员产生了强烈的不安。在接下来的几小时里，这种不安的感觉逐渐变成了这名辅导员曾经性骚扰过他的清晰记忆。从那时起，罗斯便被这段记忆困扰。最终，他聘请了一名私家侦探帮助他在俄勒冈州的一个小镇上找到了这名辅导员。在多次尝试电话联络之后，罗斯最终联系上了这名辅导员，并录下了他们谈话的内容。那名辅导员承认自己曾骚扰过罗斯以及营地里的其他几个男孩。令人感到奇怪的是，罗斯声称他在接受治疗之前，从未曾想起过这段被虐待的经历。

> **本章思考题：**
> 我们有关记忆的知识如何帮助我们评估那些宣称恢复记忆的说辞？

请记住，没有明确的方法可以"证明某事不存在"。也就是说，没有人能够在缺乏独立的证据时证实虐待或其他一些似乎被遗忘已久的事件的确没有发生过。取而代之的是，我们必须权衡与我们有关的记忆及其工作方式的知识相反的观点。这一做法对许多令人不安的情况都适用，上述涉及可能存在性虐待的故事，以及更多的日常案例，例如，当你和朋友或家人对某个特定事件或谈话有着不同的记忆时。面对这种情况时，我们需要回答以下问题：

- 记忆能准确地记录我们所经历的一切吗？
- 是否像西格蒙德·弗洛伊德教给我们的那样，诸如性虐待之类的创伤性经历很可能会受到压抑（屏蔽在意识之外）？或者我们更有可能记住最为情绪化的经历，无论这段经历是好是坏？
- 我们对于童年早期经历的记忆有多可靠？
- 当治疗师或警察暗示我们曾经遭遇过性虐待事件时，记忆有多容易受到暗示的影响而发生改变？
- 生动的记忆会比普通且不独特的记忆更准确吗？
- 我们对记忆的信心是否等同于它的准确性？

你将在本章中找到这些问题的答案，并从中收获更多的知识。让我们从最基本的问题开始探索。

> **关键问题：**
> ## 什么是记忆
> 核心概念 5.1
>
> 人类的记忆是一种信息加工系统，它会对信息进行建设性的编码、存储和提取。

毋庸置疑，记忆确实会对我们要花招。我们防御这些花招的最好方法就是理解记忆是如何工作的。因此，让我们从记忆的定义开始建立对它的理解：认知心理学家把记忆（memory）视为一个编码、存储和提取信息的系统。顺便说一下，这个定义同样适用于有生命的生物体及计算机。然而，与计算机的记忆不同的是，人类的认知记忆系统选择性地，有时是带有偏见地，从感官中获取信息，并将其转换成有意义的模式加以存储，之后根据需要对这些模式进行提取。这样，这些记忆模式就成了人们思维和行为的原料，进而使你能够认出朋友的脸、会骑自行车、回忆起去迪士尼乐园的旅行，以及（如果一切顺利的话）在考试中回忆起你需要用到的概念。更普遍而言，这一学习阶段的核心概念可以采用以下语言来定义记忆：

> 人类的记忆是一种信息加工系统，它会对信息进行建设性的编码、存储和提取。

首先，请大家注意核心概念中的"建设性"一词。虽然我们经常用这个词来暗示某些事情是有益的（如"建设性的批评意见"），但我们在此处提到的记忆的建设性却有不同的含义。从这个意义上说，我们是用建设性来指代我们记忆系统的真实的建构过程。也就是说，我们不会以一种静态的、可预测的方式接收和存储信息。正如你所看到的，当我们学习记忆的基础知识时，我们对信息和事件的独特的、个人化的解释改变了我们编码和记住它们的方式，这解释了身处同一情境中的人们如何以不同的方式记住这一情境。让我们通过观察人们通常（但错误地）用来描述记忆的隐喻来更详细地审视这个观点。

> **本部分导读：**
> 5.1 认识到记忆代表我们对事件的独特感知，它既不准确也不客观。

5.1 记忆是被建构和重构的

学习目标：

认识到记忆代表我们对事件的独特感知，它既不准确也不客观。

我们经常借用隐喻来理解复杂的观点。有一种隐喻是将人类的记忆类比为图书馆或仓库，这种隐喻强调记忆具有存储大量信息的能力（Haberlandt, 1999）。另一种隐喻则把记忆类比为计算机。但是，一些关于记忆的隐喻是有误导性的。例如，将记忆类比为"录像机"的隐喻就存在误导性，这个隐喻意味着人类的记忆能够完整而准确地记录一切经历。

实验结果清楚地表明了这种"录像机"隐喻是错误的。尤其是在一些"恢复记忆"的案例中，相信记忆具有永久的准确性是危险的。事实上，人类的记忆是一个解释系统，它像艺术家一样，在接收信息时会抛弃某些细节部分，然后将剩余的信息组织成有意义的模式。因此，我们的记忆代表了我们对事件的独特**知觉**（perception），而不是对事件本身准确或客观的表征。

简单来说，我们并未在严格意义上提取记忆，事实上我们重构了它们。我们首先搜寻记忆的碎片，这些碎片类似于拼图游戏中的碎片。然后，从这些碎片中，我们根据我们**记忆中的样子**，而不是根据实际情况，填充其中的空白部分以重构事件（或想法、情感和图像）。在大多数情况下，这种方法很有效，以至于你根本没有意识到你的记忆有多少实际上是猜测的！

看看图 5-1 的内容应该会让你相信记忆存在这种重构过程。

相较于其他记忆，有些记忆更粗糙。心理学家发现，我们一般对下列信息的记忆是最完整和最准确的：

- 我们**集中注意**在自己予以关注的信息上，例如，在其他谈话背景下关注某个朋友的话语；
- 我们**感兴趣**的信息，如最喜欢的电影里的情节；
- 能够使我们的**情绪唤起**的信息，如特别愉快或痛苦的经历（但是如果这些信息也同时附带着偏见，就像当我们与所爱之人进行激烈争论时那样，那么这种使我们情绪唤起的信息便无法被完整和准确地记住）；
- **与以前的经历有关**的信息，如与你上周参加的音乐会中做表演的那名音乐家有关的一条新闻；
- 我们**复述**过的信息，如考试前复习的材料。

本章的后续部分将展开介绍这种记忆的认知取向，即**信息加工模型**（information-processing model）。该模型强调信息在成为永久性记忆的过程中所经历的系统性变化——与简单的录像机模型截然不同。信息

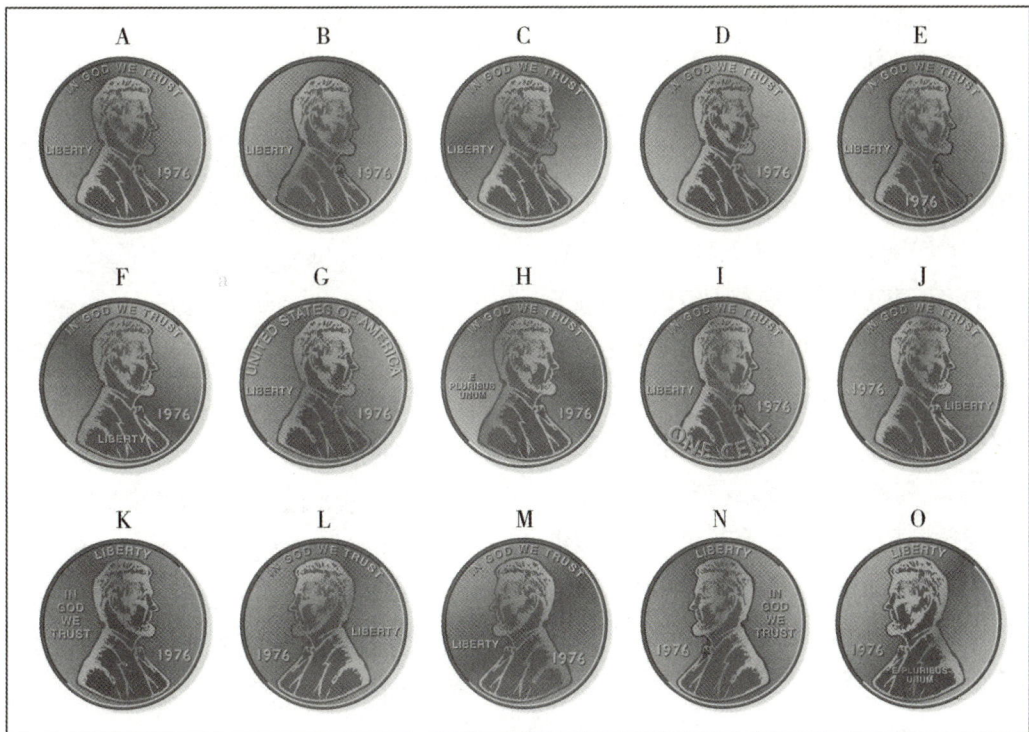

图 5-1　硬币测验

注：哪张图片准确地描绘了 1 美分硬币？

想一想，除非你是一名硬币收藏家，否则你可能很难注意到这类熟悉的物品的细节。因此，在提取一美分硬币的图像时，你会在脑海中自动填充空白及缺少的细节，而不会意识到自己实际上创造了多少记忆图像。正确答案是 A。

加工模型也强调记忆的**功能性**，也就是说，它为我们行使有用的功能。我们稍后会了解到，记忆最基本的功能就是信息的编码、存储和提取。

5.1.1　记忆的三项基本任务

简单来说，人类的记忆将本质上无意义的感觉信息（如老师的声音）转化为有意义的模式（词汇、句子和概念），并且之后你可以对其进行存储和使用。要做到这一点，记忆必须先将传入的感觉信息编码成一种有效的格式。

1. **编码**（encoding）首先需要你从大量的感觉输入中选择某一刺激事件，并对这个刺激进行初步分类。它是声音、图像、气味、味道或者疼痛？接下来，你需要识别这个输入刺激的独特特征。如果它是一种声音，那它是响亮的、轻柔的，还是刺耳的？它是否符合某种模式，如汽车喇叭、一段旋律或是人的嗓音？它是你以前听过的声音吗？最后，你会在心里给这个声音贴上标签，使之变得有意义。（"这个声音是约翰逊博士的，他是我的心理学教授！"）

　　一方面，编码是如此自动和快速，以至于我们无法意识到这一过程。例如，尽管你没有刻意地将吃早餐的经历牢牢地"印"在你的脑海中，你也可能会回忆起今天早上吃了什么。情绪化的经历更可能在没有努力编码的情况下留在记忆中（Dolan，2002），如与同事之间的一次愤怒的争吵。

　　另一方面，对于概念的记忆（如心理学的基本原理），你通常需要经过深思熟虑的努力编码才能建立可用的记忆。在一个所谓**精细化**的过程中，你会试图将新概念与记忆中已有的信息联系起来。一种方式是将新的概念与个人化的具体例子相联系。例如，当你在记忆**负强化**（negative reinforcement）这一概念时将之与服用阿司匹林消除疼痛的经历联系起来。（为

了便于你进行精细化加工，本文特意提供了许多这样的例子，我们希望这些例子能够帮助你将新的概念与自己的经历相联系。）事实上，没有成功进行精细化是导致记忆出现错误的一种常见原因：例如，如果你不知道 1 美分硬币测试的答案，可能是因为你从来没有密切关注过硬币的外形，所以你从一开始就没有对它进行真正的编码。

2. **存储**（storage）是记忆的第二项基本任务，它是指将已编码的信息进行长期保存的过程。但这个过程并不简单。随着对记忆工作机制的深入了解，你会发现记忆由三个部分或阶段组成，每个阶段都以不同的时长和不同的形式存储记忆。长期存储难以记忆的材料的诀窍就是及时按照长时记忆"喜欢"的方式重新对信息进行编码。例如，在听讲座时，在新信息出现与旧信息遗失之前，你可能只有几秒钟的时间对教授声音中蕴含的模式或意义进行编码（如察觉她使用了"编码"这个术语）。

3. **提取**（retrieval）是记忆的第三项基本任务，它是对你前期努力编码和存储信息的回报。当你拥有正确编码的记忆时，在一个有利线索的提示下，你只需要一瞬间就可以获得相关信息并使其进入意识层面；或者在特定情况下，这些信息会无意识地影响你的行为。（让我们来测试一下你的有意识提取能力：你能想起三项基本记忆任务中哪一个发生在"**存储**"之前吗？）

　　唉，记忆的提取并不总是准确的，虽然人类的记忆系统确实不一般，但它有时会出错，会扭曲信息，甚至会让我们感到失望。好消息是你可以通过一些简单的技巧来克服我们记忆中的许多常见错误，我们将在本章的后续内容中讨论这些技巧。

心理学很有用 ●●●

你想拥有"摄影式记忆"吗

假设你的记忆十分生动和准确，使得你可以在下次考试时从记忆中"读取"这本书的某一个段落。查尔斯·斯特罗迈耶（Charles Stromeyer）和约瑟夫·普索特卡（Joseph Psotka）测试的一位 23 岁的女性便具备这项能力（Stromeyer & Psotka，1970）。她能做到的最不可思议的事就是能够观察图 5-2 中左边图案中毫无意义的点阵布局，并在心里把它与右边的图像结合起来。最终形成如图 5-3 所示的组合模式。拥有这样的摄影式记忆不是一件好事吗？事实证明，结果并非完全如此。

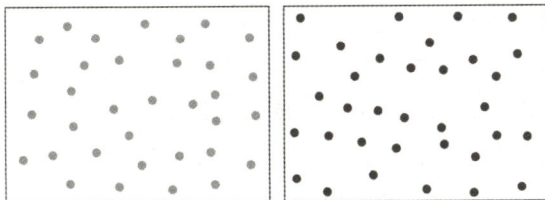

图 5-2 遗觉象测验

注：具有良好遗觉象的人能够在心里将这两幅图像组合起来，然后看到任何单一图像上并不会出现的东西。

请在短时间内观察图 5-2 左图中的点阵模式，并尝试记住它。你将左图记在脑海中后，再将目光移至右侧图片。当你看着第二个点阵时，通过回忆第一个点阵，试着将两组点阵组合在一起。如果你是极少数能在脑海中将这两种点阵模式结合起来的人，你就会看到一些在任何单一图像中都没有出现的东西。你觉得这么做有困难吗？

如果你有遗觉象这项能力，这对你来说就没有问题，但对大多数人来说，这是不可能的。如果你无法在记忆中组合这两张图片的内容，但是想要看到组合后的图形，请参见图 5-3。

如何形成遗觉象记忆

"摄影式记忆"的专业术语是**遗觉象**（eidetic imagery）。心理学家更喜欢使用这个术语来指代

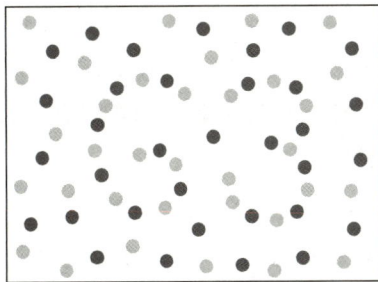

图 5-3 图 5-2 中的图形组合形成了数字的形状

这种现象，因为遗觉象在许多重要方面不同于摄影图像（Haber，1969，1980；Searleman，2007）。例如，一幅摄影图像能记录所有微小的细节，而一幅遗觉象则能最准确地描绘出场景中最有趣和最有意义的部分，而且遗觉象也会像"正常"记忆那样存在记忆扭曲。

遗觉记忆也在以下几个方面不同于典型的人类记忆图像。一方面，拥有遗觉象的人描述他们的记忆图像具有原始经验的生动性（Neisser，1967）。另一方面，遗觉象被想象成位于"大脑之外"而非脑海之内，它不是通过"心灵的眼睛"看到的。（然而，与产生幻觉的人不同，拥有遗觉象的人会将这些图像看作心理表象。）此外，在某些情况下，遗觉象可以持续几分钟甚至几天之久。例如，对于斯特罗迈耶和普索特卡测试的那名女性而言，即使她看到两个图像的时间相隔 24 小时，她仍能将其中的点进行组合并通过测试。但值得注意的是，持续存在的遗觉象可能是一种坏事。拥有遗觉象的人们报告说，这种生动的图像有时会扰乱他们的思维，干扰他们对其他事情的思考（Hunter，1964）。

遗觉象在儿童中最为常见，而极少发生在成年人身上。一项研究估计，多达 5% 的儿童表现出一些遗觉象能力，尽管在大多数情况下，这种能力还不足以帮助他们通过"点阵组合测试"（Gray & Gummerman，1975）。而且，遗觉象记忆不存在性别差异：男孩和女孩拥有这种能力的可

能性相近（Searleman，2007）。虽然没有人知道为什么遗觉象的能力会在成年期消失，但它可能遵循着某种发展序列，就像儿童的乳牙在成长中会脱落一样。遗觉象能力的消失可能与人们开始强调逻辑思维有关，一般伴随着正规教育的开始，并跟随儿童思维方式的变化而变化。

个案研究还表明，遗觉象的消退与语言技能的发展之间存在联系：拥有遗觉象的人报告说，当他们仅仅关注图像时，遗觉象是最强的；当用词语描述遗觉象时，会使其从记忆中消退，而拥有遗觉象的人可以学会利用这个事实来控制遗觉象对他们的干扰（Haber，1969，1970）。司法心理学的研究表明，对于普通人（非拥有遗觉象的人）来说，用语言描述嫌疑人的面孔也会干扰他们随后对这些面孔的记忆。同样，试图用语言描述其他难以口头表达的知觉刺激，如某种声音或葡萄酒的味道，也会削弱大多数人描述后再去回忆这些知觉刺激的能力（Bower，2003；Dodson et al.，1997）。

尼日利亚的一项研究进一步支持了上述观点，语言技能和视觉表象之间的冲突可能导致遗觉象能力的丧失：遗觉象不仅在伊博族儿童中很常见，而且在乡村的文盲中也很常见。尽管这些部落里的许多成年人都能够正确地绘制出先前看到的图像的细节，但同一部落里搬到城市并学会了阅读的成员就几乎没有遗觉象能力（Doob，1964）。

不管遗觉象记忆是什么，它显然都是非常罕见的能力。事实上，遗觉象罕见到一些心理学家都在质疑它的存在（Crowder，1992）。正如我们所看到的，现有的几项关于"摄像式记忆"的研究都把它描绘成不同于日常记忆的能力。然而，事实是我们对这种现象仍知之甚少，目前也少有心理学家对其进行研究。

遗觉象不仅对那些拥有它的个体来说是一个现实问题，而且对认知心理学家来说也是一个理论问题。一方面，如果遗觉象真的存在，那么它是否是我们已知的记忆成分在其中发挥作用的结果？另一方面，如果它被证明是一种独特的记忆形式，那么我们又如何用被普遍接受的记忆三阶段模型解释它呢？

关键问题：
我们如何形成记忆

核心概念 5.2

记忆有三个阶段。尽管每个阶段的编码和存储记忆的方式各不相同，但它们共同合作将感觉经验转化为具有某种模式或意义的持久性记录。

如果你想让一次讲座中的信息成为你永久性记忆的一部分，那么它就必须经过三个连续阶段的加工：首先是感觉记忆阶段，然后是工作记忆阶段，最后是长时记忆阶段。这三个阶段的工作就像一条流水线，将接连不断输入的刺激转换成人们可以存储和随后可以重构的有意义的模式（Atkinson & Schiffrin，1968）。

这个三阶段模型最初由理查德·阿特金森（Richard Atkinson）和理查德·谢夫林（Richard Schiffrin）提出，在经过一些细化和修改后，现在已被广泛接受。图 5-4 展示了信息如何在这三个阶段流动（请注意：不要把这三个阶段与我们前面提到的记忆的三项基本任务混淆。）

感觉记忆（sensory memory）是这三个加工阶段中最短暂的，它通常只能将视像、声音、气味、质地

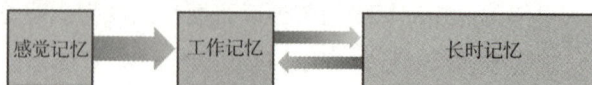

图 5-4　记忆的三个阶段

注：记忆通常被分为三个加工阶段。所有最终进入长时记忆的信息都必须先经过感觉记忆和工作记忆的加工。

和其他感官印象保存几秒的时间。虽然感觉记忆一般只在无意识层面上运作，但你可以在移动的手电筒或7月4日①旋转的烟火所留下逐渐消退的光痕中看到它的效果。当听一段旋律时，你也可以在一个音符融入另一个音符的过程中听到感觉记忆消退的效果。总体来说，这些短暂的图像所维持的时长仅够我们的工作记忆从接收到的感觉信息中筛选出重要的信息。

工作记忆（working memory）是信息加工的第二阶段，它能选择性地从感觉登记中获取信息，并将之与已经存储在长时记忆中的信息建立起联系。（当我们说"这听起来很耳熟"时所表达的就是这种联系。）工作记忆保存信息的时间一般为20~30秒（Nairne，2003），这使得它可以作为一个有效的缓冲器，暂时保存你刚刚听到的名字或者遵循别人刚刚给你的指示。最开始的时候，心理学家将这个阶段称为**短时记忆**（short-term memory，STM），这个命名反映了当时的心理学家认为这一阶段仅仅是一个短期的、被动的存储箱的观念。然而，许多研究发现，在这个阶段有多个主动的心理过程飞速地加工着信息，因此就产生了形容该阶段的新术语——**工作记忆**。

长时记忆（long-term memory，LTM）是信息加工的最后一个阶段，它从工作记忆中接收信息，并能长时间地存储信息——有时能存储一生的时间。长时记忆中存储的信息包括我们有关这个世界的所有知识，从母亲的面孔到你最喜欢的歌曲的歌词，再到心理学家和精神病医生之间的区别都囊括其中。这一学习阶段的核心概念简要概括了这三个阶段：

> 记忆有三个阶段。尽管每个阶段编码和存储记忆的方式各不相同，但它们共同合作将感觉经验转化为具有某种模式或意义的持久性记录。

这一学习阶段将重点阐述每个阶段对最终记忆产物的独特贡献（见表5-1）。更具体地说，我们在之后的内容中将从存储容量、持续时间（保持信息的时长）、结构和功能以及生物基础等方面来介绍每个阶段。

本部分导读：
5.2　解释感觉记忆的作用和局限性。
5.3　评述工作记忆的加工过程、功能和局限性。
5.4　描述长时记忆的结构、功能和生物基础。

表 5-1　记忆三阶段的对照表

	感觉记忆	工作记忆	长时记忆
功能	短暂保存那些等待进入工作记忆的信息	参与注意控制 赋予刺激以意义 使想法和事件之间建立联系	长期存储信息
编码	感觉图像：无意义编码	对信息进行编码（尤指对信息意义的编码），使其可用于长期存储	将信息存储在有意义的心理类别中
存储容量	12~16 个项目	7 ± 2 个组块	无限
持续时间	从 1/4 秒到几秒	在没有复述的情况下能保持 20 秒左右	无限
结构	分别对每种感觉进行感觉登记	中央执行器 语音环路 视空间模板 情景缓冲器	程序性记忆和陈述性记忆（后者可被进一步分为语义记忆和情景记忆）
生物基础	感觉通路	包括海马和额叶	包括大脑皮层的多个区域

---

① 美国国庆日。——译者注

5.2　第一阶段：感觉记忆

学习目标：

解释感觉记忆的作用和局限性。

你的感觉器官收集的信息远比你所能用到的要多。当你在读这本书的时候，你其实在接收许多信息，包括纸张上的所有文字、房间里的声音、皮肤上衣物的触感、空气的温度、胃里有点饥饿的感觉等。大脑如何处理如此众多的感觉输入呢？

感觉记忆的作用就是将传入的感觉信息保持一定的时间，仅仅够你的大脑快速扫描并决定需要注意哪些信息流。但是感觉记忆到底能存储多少信息呢？认知心理学家乔治·斯珀林（George Sperling）设计了一个非常简单却十分巧妙的心理学实验来回答这个问题。

就像这些烟花留下的轨迹一样，感觉记忆只能将传入的感觉信息保持一小会儿。

5.2.1　感觉记忆的容量和持续时间

斯珀林证明了感觉记忆可以容纳比意识所能觉察到的多得多的刺激信息。他首先要求人们尽可能地记住在屏幕上闪现不到 1 秒的一组字母。

D J B W

X H G N

C L Y K

不出所料，呈现不到 1 秒的话，大多数人只能记住 3 或 4 个字母。

但是，斯珀林想知道，有没有可能有远比这 3 个或 4 个字母更多的信息进入临时记忆缓冲器，却在能够被报告之前就消退了？为了检验这个猜想，他修改了实验任务，流程如下。字母阵列在屏幕上闪现后，一个声音会马上出现以提示被试要报告哪一行字母：高音表示报告最上面一行，中音表示报告中间一行，低音则表示报告最下面一行。因此，在看到短暂呈现的字母序列并听到哔声后，被试无须再报告所有字母，而是只需立即报告其中一行字母即可。

在这种部分报告的条件下，无论提示报告哪一行，大多数人都能达到近乎完美的准确率。也就是说，斯珀林实验中的被试可以准确地报告，但不能报告出全部的三行字母。这一结果表明，感觉记忆的实际存储容量可以达到 12 个或以上，即使现实中被试表现为除了 3~4 个字母外，其他字母通常都在进入意识之前就从感觉记忆中消失了（Sperling, 1960, 1963）。

如果我们的感觉记忆持续的时间能更长，从而让我们有更多时间来扫描感觉信息，这样会不会更好呢？答案可能是不会。随着新信息不断进入，旧信息需要迅速消失，以免记忆系统过载。我们的记忆系统生来就保证感觉记忆能持续足够长的时间，可以让不同的信息相互融合，使我们体验到流畅感和连续性。幸运的是，感觉记忆通常又不会持续过久，不至于干扰新的感觉印象。

5.2.2　感觉记忆的结构和功能

你可能觉得感觉记忆就像大脑中的电影屏幕，图像被快速地投射到上面，然后消失。事实上，正是感觉记忆中图像的融合给了我们"电影"（motion picture）中人物与画面在运动的感觉，但电影实际上只是一系列快速呈现的静止图像。

但并非所有的感觉记忆都由视觉图像组成。我们对每种感觉都有一种独特的**感觉登记**（sensory register），每种感觉登记都如图 5-5 所示的那样记录着不同种类的感觉信息。

值得注意的是，就像数字图像对相机来说没有意义一样，感觉记忆中的图像并没有被赋予任何意义。

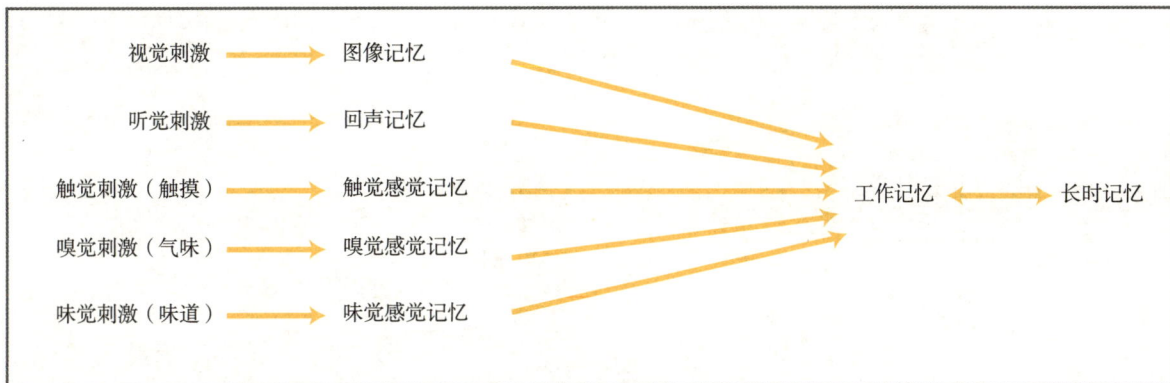

视觉刺激 → 图像记忆

听觉刺激 → 回声记忆

触觉刺激（触摸）→ 触觉感觉记忆

嗅觉刺激（气味）→ 嗅觉感觉记忆

味觉刺激（味道）→ 味觉感觉记忆

工作记忆 ↔ 长时记忆

图 5-5　感觉记忆转化为工作记忆的过程

注：只有一小部分被感觉记忆捕获的信息转移到了工作记忆中，并在工作记忆阶段被赋予意义。

感觉记忆的工作就是简单地存储图像。将感觉赋予意义是下个阶段工作记忆的任务。

5.2.3　感觉记忆的生物基础

感觉记忆的生物基础似乎很简单。在这一记忆加工的开始阶段中，记忆图像的表现形式是感觉器官和它们通往大脑的神经通路中的神经活动。因此，感觉记忆是由我们感觉系统中那些快速消退的刺激痕迹组成的（Bower，2000b；Glanz，1998）。然后，工作记忆会"读取"这些逐渐消失的感觉痕迹，并决定哪些会被注意，哪些会被忽略和消失。

5.3　第二阶段：工作记忆

学习目标：
评述工作记忆的加工过程、功能和局限性。

在记忆加工的第二阶段，工作记忆充当一个临时的存储场所，存储你刚听到的一个新名字，或者当你在阅读一句话的后半部分时，临时存储这句话的前半部分。更广泛地说，工作记忆是意识经验的处理器，加工来自感觉记忆的信息，以及从长时记忆中提取的信息（Jonides et al.，2005）。所有事物都通过工作记忆进入意识。

此外，工作记忆提供了一个存在于脑海中的"工作空间"，在将信息进行更持久的存储之前，我们在这里对它们进行分类和编码（Shiffrin，1993）。在此过程中，我们将长时记忆中的信息与感知经验相结合，从而赋予其意义。例如，工作记忆是一个存在于头脑中的文件夹，当你为明天的考试复习时可以从中提取昨天课堂上所学的内容。

你可以把工作记忆看作整个记忆系统中的"中央处理芯片"。在这一角色中，工作记忆通常会将信息保存 20~30 秒，这远比感觉记忆持续的时间要长。如果你格外努力地复述信息，那么它保持的时间会更久。例如，在你将一个新电话号码存入你的通讯录之前，不断地重复这个号码。工作记忆也是头脑中的工作空间，我们会在其中有意识地琢磨从长时记忆中提取的想法和图像，这一过程被称为思维。因此，在所有这些角色中，工作记忆不仅是心理活动的中心，还起着保持其他记忆成分之间联系的作用。

5.3.1　工作记忆的容量和持续时间

心理学家乔治·米勒（Miller，1956）曾提出一个著名的观点，记忆第二阶段的容量是"神奇数字" 7±2 个。他想表达的意思是，工作记忆大约能存储 7 个项目。最新的研究表明，我们的工作记忆容量甚至更低，仅能存储 3 到 5 个项目（Cowan，2010）。不管具体的数字是多少，工作记忆的存储容量的确因人而异，所以如果你想知道自己的记忆容量，那么你可以做一下"试一试"版块中的测试。

当我们的工作记忆过载时，原先存储的旧项目通常会不断地减少以容纳新项目进入。然而，当工

试一试　　⟫⟫⟫　测量你的工作记忆容量

请看下面的数字列表，首先浏览第一行的四个数字，不要尝试去记住它，只是快速阅读；然后把视线从书上移开，并试着回忆刚才阅读的数字。如果你记对了，就继续看下一行更长的数字，直到你开始出错为止。

你的工作记忆能记住的最长数字串是哪个？其中包含几个数字？

7485

36218

479103

2384971

36891756

747210324

8230138476

结果展示

测试的结果就是你的数字记忆广度，或者你对数字信息的工作（短时）记忆容量。研究表明，在理想的测试条件下，大多数人都可以记住 5 到 9 个数字。如果你能记得更多，那么你可能使用了"组块"这一特殊技巧。

作记忆中都是需要关注的信息时，我们就无法注意到进入感觉的新信息。许多专家认为，这就是为什么有限的工作记忆容量会导致我们在开车时使用手机很危险（Wickelgren，2001）。事实上，研究发现，当我们驾驶汽车并在此期间用手机通话时——即使在免提模式下——我们也只能加工大约 50% 的感觉输入的信息。超过四分之一的（累计超过 130 多万起）交通事故是由司机边开车边使用手机造成的，并且开车时发信息会使你撞车的概率增大约 26 倍（National Safety Council，2013）。

需要注意的是，就存储容量来看，工作记忆明显小于感觉记忆。事实上，工作记忆的容量在这三个记忆阶段中是最小的。这种容量的限制，再加上有限的保存信息的时间，使工作记忆成为记忆系统的信息"瓶颈"（见图 5-6）。工作记忆所存储的容量有限和持续时间短的双重问题使得学生加工和记忆讲座或教科书中的大量信息变得尤为困难。幸运的是，我们在接下来的内容中将会看到解决这些困难的办法。

组块和组块法　在记忆中，组块指的是任何信息模式或有意义的信息单元。它可以是一个字母或数字，一个名字，甚至是一个概念。例如，字母 P-H-I-L 本可以构成四个组块，但是你可能会将其识别为一个

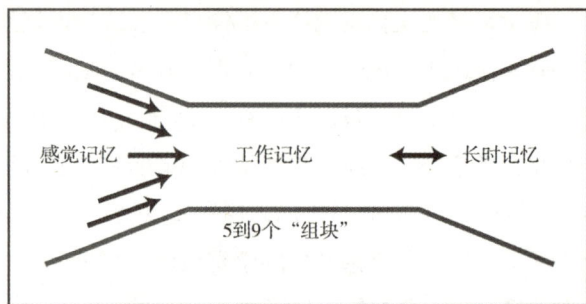

图 5-6　工作记忆瓶颈

注：工作记忆位于感觉记忆与长时记忆这两个阶段之间，其容量比感觉记忆和长时记忆要小得多，这使得工作记忆成为记忆系统中的信息瓶颈。最终，很多来自感觉记忆的信息输入都在工作记忆阶段消失了。

名字，所以你可以将这 4 个字母组合成一个组块。因此，**组块法**（chunking）可以帮助你将更多信息放入工作记忆的 7 个槽道。

电话公司多年前就开始利用组块法。当它们最初将一个电话号码的 7 个数字（例如，8675309）组合成两个较短的数字串（867-5309）时，它们就是在帮助我们将 7 个单独的项目存储为 2 个组块——现在，我们只需要多记一个组块就能记住电话号码中新加入的区号。美国政府使用同样的组块原理来帮助人们记住 9 位数的社会保险号码。同样地，如果你去超市时没有列清单，你可以将你需要购买的物品进行分类，

如蔬菜类、奶制品类和罐头食品类。

复述的作用 想象你在点比萨时，询问你的室友们想要什么样的配料。当你给比萨店打电话时，为了让室友选择的配料留在你的工作记忆中，你可能会一遍又一遍地重复这个清单。这种方法被称为**保持性复述**（maintenance rehearsal），它通过防止其他竞争信息的输入帮助我们暂时将信息保持在意识中。尽管人们经常会尝试这样做，但是重复并不是将信息转化为长时记忆的有效方法。因此，使用这种策略来为考试做准备是行不通的。

更好的策略是使用**精细复述**（elaborative rehearsal）。通过这种方法，信息不仅被重复，而且能主动地与已经存储的知识联系起来。其中一种方法是把一个新想法与一些你在逻辑性基础上能想到的东西相联系。当你读到回声记忆是听觉感觉记忆的一个术语时，你是否认为"这很有道理，因为回声就是与声音有关"？另一种方法是思考与概念有关的个人化的例子。例如，当你在上一部分学习"组块"这一概念时，试着回想一下你使用该策略帮助自己记住一长串

项目的经历，这种精细复述在提高记忆力方面非常有效。这里有一个关于精细复述的警告：在你为一些事实建立关系网之前，请先确保你已经清楚地了解了这些事实！举例来说，如果你错误地认为记忆就像一台摄像机，并思考如何让它合理，那么你就是在强化错误的记忆。同样，如果（在本章开头提到的案例中）唐娜的治疗师让她想象她的父亲可能有机会猥亵她的情景，那么仅仅想象那些事情就可能会让唐娜创造出错误的记忆（Loftus，1997；Zaragoza et al.，2011）。

5.3.2 工作记忆的结构和功能

我们在这一学习阶段的开始向你介绍工作记忆的概念时就已经提及，它的名字反映了这一阶段记忆加工的主动性。那么工作记忆参与了哪些活动呢？目前，研究人员艾伦·巴德利（Allen Baddeley）及其同事（Baddeley，2007；Baddeley & Hitch，1974）认为，工作记忆主要参与四种活动：中央执行器、语音环路、视空间模板和情景缓冲器。接下来，我们将仔细探讨每一种活动（见图5-7）。

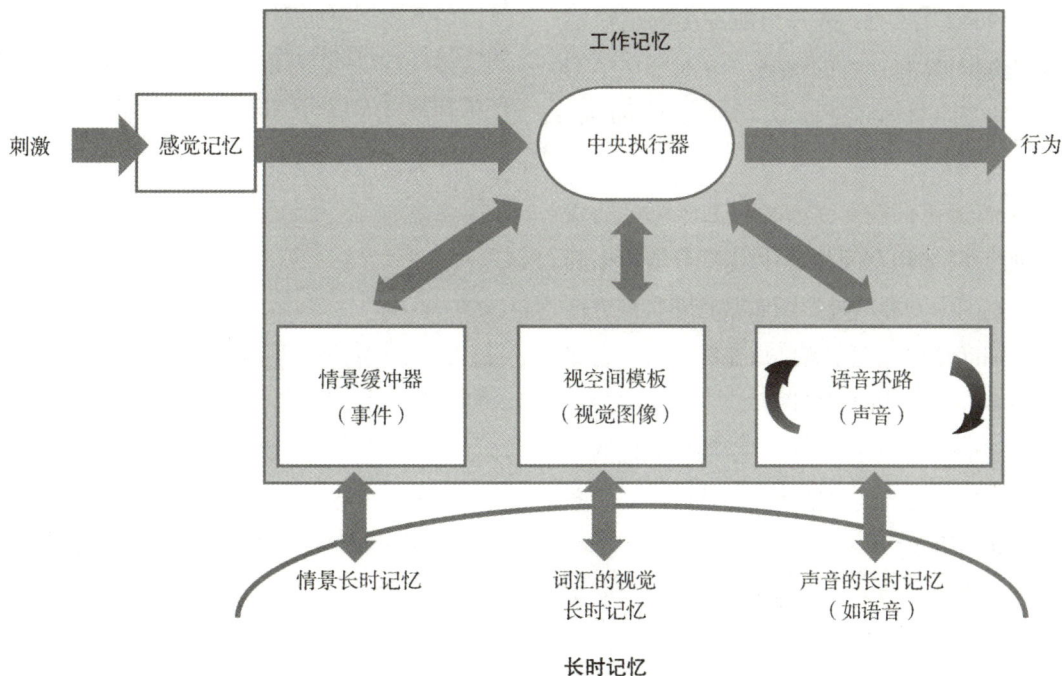

图 5-7 工作记忆模型

注：巴德利（2003）的工作记忆模型更新版，包括分配注意的中央执行器，加工视觉和空间信息的视空间模板，加工声音的语音环路，以及可以将多种信息组合成记忆事件的情景缓冲器。

中央执行器 中央执行器是工作记忆的信息交换中心，将你的注意导向到从感觉记忆和长时记忆输入的重要信息上，并与大脑的自主（有意识）反应系统相连接。即使是现在，当你坐着阅读这一学习阶段的内容时，工作记忆中的中央执行器也在帮助你决定是注意书中的词汇，还是注意从其他感觉传入的其他刺激，抑或是注意从长时记忆中提取的想法。

听觉编码：语音环路 当你读到像"呼呼""砰砰""布谷"和"哗哗"这样的词时，你能在脑海中听到它们所描述的声音。这种听觉编码（acoustic encoding）也会出现在那些非拟声词上。也就是说，不管是我们是在阅读时看到这些词汇，还是在听演讲时通过耳朵听到这些词汇，工作记忆会将我们接触到的所有词汇都转换成口语的发音，并将它们纳入语音环路（Baddeley，2001）。在语音环路中，工作记忆在加工这些词汇时会保持这些言语模式的听觉（声音）形式。

听觉编码会产生独特的记忆错误。当人们回忆他们刚刚看到的字母表时，他们往往会将发音相似（如 D 和 T）而不是外观相似（如 E 和 F）的字母相互混淆（Conrad，1964）。然而，撇开可能产生的记忆错误不谈，听觉编码具有独特的优势，特别是在学习和使用语言方面（Baddeley et al.，1998；Schacter，1999）。

视觉和空间编码：视空间模板 工作记忆的视空间模板在加工视觉和空间信息中发挥着基本相同的功能，它对空间中物体的视觉图像和心理表征进行编码。当你试图回忆自己把车钥匙放在哪里时，它保持着你在脑海中到处翻找的视觉图像；它还保持着你从家到学校所用的心理地图。神经科学的相关证据表明，视空间模板的运行需要包括额叶和枕叶在内的多个大脑系统之间的协作。

信息捆绑：情景缓冲器 巴德利工作记忆模型中新增了情景缓冲器，它的作用是将工作记忆中的单个信息碎片（如声音、视觉信息和其他感觉输入信息）捆绑成一个连贯自洽的情景。通过这一过程，情景缓冲器充当一个当前信息的临时存储设施，与此同时我们将其与长时记忆中的信息进行比较，这有助于加深我们对当前信息的理解。情景记忆使我们能够记住电影和其他事件的故事情节，因为它提供了一个将视觉、空间、语音和时间顺序等方面的信息组织成一个可记忆情景的场所（Baddeley，2003）。

5.3.3 工作记忆的加工水平

有一个重要的技巧：在工作记忆阶段，你在新信息和已有知识之间建立的联系越多，你就越有可能在以后回忆起这个信息。很明显，这需要工作记忆与长时记忆之间的相互作用。根据弗格斯·克雷克（Fergus Craik）和罗伯特·洛克哈特（Robert Lockhart）提出的加工水平理论（levels-of-processing theory），"深度"加工使新信息与长时记忆建立起更多的联系，使新信息变得更富有意义且更容易记忆（Craik & Lockhart，1972）。下面用一个著名的实验（见图 5-8）来说明这一点。

深度加工是最好的记忆技巧，你可以将其应用到自己的学习中！你可以将概念用自己的语言表达出来，就像你要把这个概念教给那些不了解它的人一样，从而实现对你想要学习的信息进行深度加工的目的。从你自己的生活中寻找例子来解释这个概念，这种精细复述的方式，也可以帮助你对概念进行更深度的加工。

写一写

将加工水平理论应用到你的学习过程中

根据你在克雷克和塔尔文（Tulving）的实验中所学到的，考虑一下对你自己学习实践的启示。比较学生常用的在材料上标记重点与在材料上做笔记这两种策略。从加工水平的角度来看，你预测哪种策略能更好地记忆材料的内容？为什么？如果你在做笔记，你应该照抄教材中的要点，还是把它们翻译成你自己的话？请解释你的选择。

克雷克及其同事让志愿者观看屏幕上逐个呈现的60个常用词汇（Craik & Tulving，1975）。当每个词出现时，实验人员都会问一些提前设计好的问题，以影响被试对每个词的加工深度。

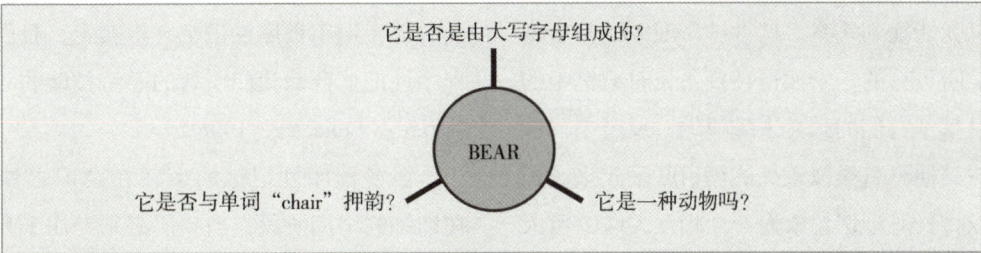

它是否是由大写字母组成的？

BEAR

它是否与单词"chair"押韵？　　　它是一种动物吗？

克雷克和塔尔文认为，仅仅思考单词是否是由大写字母组成的，并不需要像比较该词和其他词的发音是否押韵那样对词汇进行深度加工。但他们预测，最深度的加工会发生在对单词的语义进行分析的条件下，如当他们问"BEAR"是不是一种动物时。因此，他们预测被深度加工的项目在记忆中留下的痕迹越深。

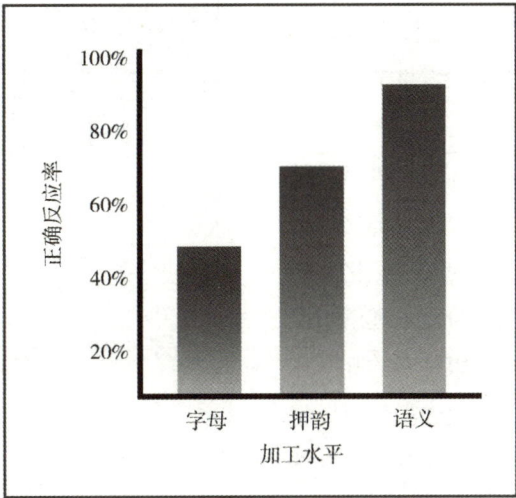

图 5-8　加工水平影响记忆效果

5.3.4　工作记忆的生物基础

尽管有些细节尚不清楚，但工作记忆可能是在神经回路中以反复闪现信息的形式来存储信息。脑成像结果显示，额叶皮层的脑区参与工作记忆的加工过程（Beardsley，1997；Smith，2000），进而将工作记忆中的信息投射到大脑的所有感觉区域，以及那些参与长期存储的脑区。脑成像结果还表明，额叶有一些解剖学上独特的"执行加工"，这些执行加工将注意集中在短期存储的信息上（Smith & Jonides，1999）。这些脑区共同分配注意，设定信息加工的优先级，制订计划，更新工作记忆中的内容，并且监控事件发生的顺序。

5.4　第三阶段：长时记忆

学习目标：

描述长时记忆的结构、功能和生物基础。

你还记得是谁发现了经典条件反射吗？你会骑自行车吗？你过了多少次生日？这些信息和你所知道的其他知识，都存储在你的长时记忆中，长时记忆是记忆三阶段模型中的最后一个阶段。

考虑到存储在长时记忆中的海量数据，我们能够如此轻松地提取其中的大部分数据简直就是奇迹。很明显，如果有人问你的名字，你不必仔细检索整个人生的记忆信息就能找到答案。这种神奇现象的产生得益于长时记忆所具有的一个独特特征：长时记忆中的词汇和概念是基于它们的意义来编码的。反过来，这又能使它们与其他具有类似意义的项目联系起来。相应地，你可以将长时记忆想象为一个相互关联的巨大网络。因此，良好的提取线索（促进长时记忆激活的刺激）可以在记忆网络中进行导航，帮助你在所有的存储数据中快速地找到所需的项目。

5.4.1 长时记忆的容量和持续时间

有多少信息可以被存储在长时记忆中？目前来看，长时记忆拥有无限的存储容量。（还没有人达到存储极限，所以你不必通过减少学习内容来节约长时记忆的容量。）长时记忆可以存储毕生的信息：从工作记忆中输入的所有经验、事件、信息、情绪、技能、词汇、类别、规则和判断。因此，长时记忆中包括了你对世界和自我的全部知识。这使长时记忆在持续时间和存储容量上成为记忆的三个阶段中理所当然的冠军。但是长时记忆是如何拥有无限容量的呢？这是记忆研究领域的另一个未解之谜。也许我们可以把长时记忆看作一种心理"脚手架"，所以当你建立的联系越多时，它能容纳的信息也就越多。

5.4.2 长时记忆的结构和功能

在全面地了解了长时记忆后，我们来看看长时记忆的两个主要组成部分。

1. 其中一个组成部分是**程序性记忆**（procedural memory），它存储着我们知道事情应该如何做的信息。

2. 另一个组成部分是**陈述性记忆**（declarative memory），它存储着我们能够进行描述的信息，即我们知道的事实或记得的经历。

因为一些脑损伤患者可能只会失去长时记忆中的一种记忆而保留另一种记忆（正如我们之后将提到的），所以我们知道程序性记忆和陈述性记忆是两种不同的记忆。

程序性记忆　当我们骑自行车、系鞋带或演奏乐器时都会调用**程序性记忆**。事实上，我们一直在使用程序性记忆存储我们所有的熟练技能的心理指南或者"程序"（Schacter，1996）。

很多程序性记忆的运转在意识之外进行：只有在训练的早期阶段，当我们必须专注于我们所做的每一步时，才会有意识地思考自己行为表现的细节。随后，在我们彻底习得这项技能后，它的运转基本上是在意识之外，就像音乐会上的钢琴家在演奏乐曲时，并不需要有意识地回忆每个音符（图5-9应该能帮助你厘清长时记忆的两个主要组成部分之间的关系）。

程序性记忆，类似于一些人所说的"肌肉记忆"，它是根深蒂固、不易遗忘的。即使你已经很多年没骑自行车了，如果你过去知道怎么骑车，大概率你现在仍然会骑。

陈述性记忆　我们用陈述性记忆来存储事实、对事物的印象和经历过的事件。当你回忆心理学中的主要观点或你最难忘的假期时，就需要依赖陈述性记忆。与程序性记忆相比，使用陈述性记忆通常需要付出有意识的心理努力，正如你所看到的那样，人们在试图回忆事实或自己的经历时会转动眼球或做出某种面部表情。

更复杂的是，陈述性记忆本身有两个主要的组成部分，即情景记忆（episodic memory）和语义记忆（semantic memory）。情景记忆负责处理个人经历中那些丰富的细节（如初吻），而语义记忆只存储不包含"我还记得那时……"这种上下文的信息，如乘法口诀表或国家首都的名称等。

1. **情景记忆**存储你对自己生活中的事件或"情景"的记忆。它还存储对事件的时间编码（或时间标记）和环境编码，以确定事件发生的时间和地点。例如，当你把最近度假的经历或者一段不愉快的恋情存入情景记忆时，你也会将这些事件发生的时间和地点的编码一并存储到记忆中。就这样，情景记忆充当了你内心的日记或自传体记忆。当有人问你"元旦前夕你在哪里"或者"上周二你上课时做了什么"时，你可以查阅情景记忆来回答这些问题。

2. **语义记忆**是陈述性记忆的另一个组成部分（如果你对此感到困惑，请参见图 5-9），它存储着词汇和概念的基本含义。通常，语义记忆不会保留获取相应记忆内容时的时间和地点信息。因此，你会将"猫"的概念保存在语义记忆中，但你可能记不起你第一次学会"猫"这一词义时的情景。在这方面，语义记忆更像一部百科全书或一个数据库，而非一部自传。它存储了大量关于姓名、面孔、语法、历史、音乐、礼仪、科学原理和宗教信仰的事实信息。你知道的所有事实和概念都存储在语义记忆中，当有人问你"美国第三任总统是谁"或"陈述性记忆的两个主要部分是什么"的时候，你可以通过查阅语义记忆获得答案。

图式　当你去上课、在餐厅吃饭、打电话或参加生日聚会时，你知道接下来可能会发生什么，因为所有这些事件都发生在你熟悉的场景。认知心理学家将其称为**图式**（schema）：一种存储于语义记忆中的知识集，它为我们提供理解事件的背景信息（Squire，2007）。当然，虽然图式包含的确切内容与文化背景和个人经历有关，但这里强调的是我们可以通过调用图式来让新的经历变得有意义。

图式能帮助我们快速获取信息。因此，当有人说起"生日聚会"时，你可以立即利用图式中的信息告诉自己，你所期望的生日聚会与吃蛋糕和冰淇淋、唱

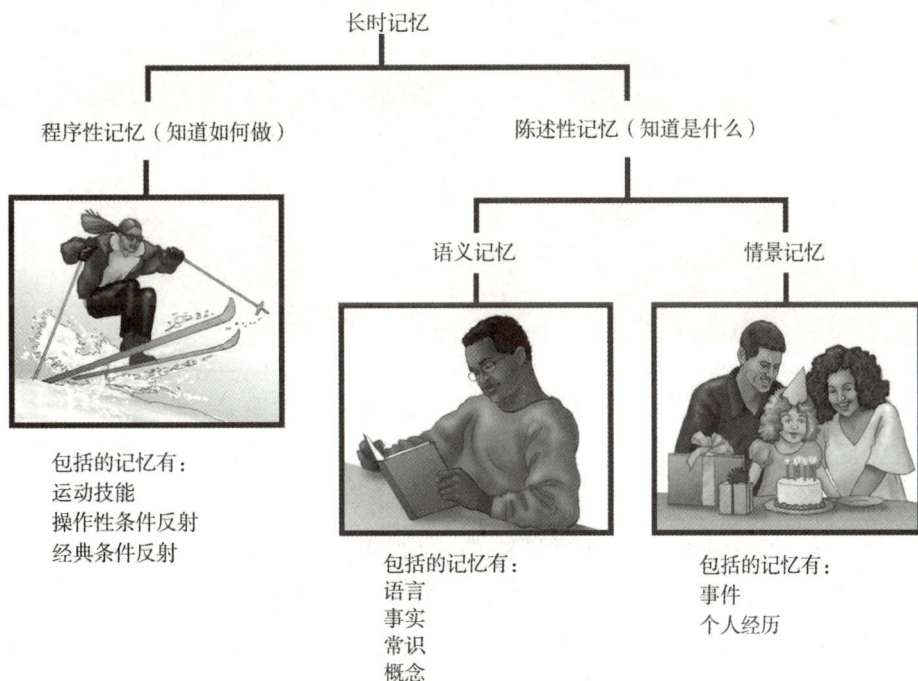

图 5-9　长时记忆的组成部分

注：**陈述性记忆**包含你知道的特定信息，即知道"是什么"。它存储事实、个人经历、语言、概念等一切我们可能会说"我记得"的信息。
程序性记忆包含你知道"如何做"的记忆，尤其是运动技能和行为学习的记忆。

《生日快乐》歌、拆礼物等内容有关。同样重要的是，当你调用自己的"生日聚会"图式时，你并不需要对记忆中与之不相关的知识进行筛选。例如，在"上课"图式或"在餐馆吃饭"图式中所包含的信息。你可以通过完成"试一试"版块中的内容，感受图式是多么有用。

试一试 ➡➡➡ 图式如何影响记忆

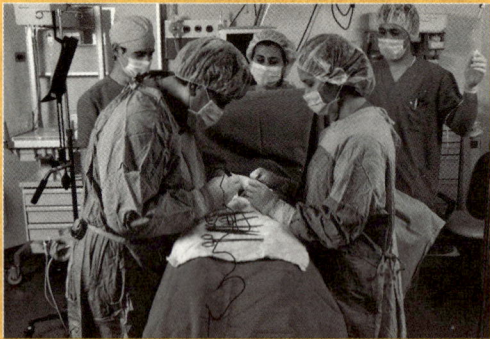
行为实例中的图式

请仔细阅读下面这个段落：

住院部主任琼斯一边调整他的面罩，一边焦急地查看着被固定在他面前的那张长桌上的苍白身躯。他用那又小又尖的器械迅速地划了一下，一道细细的红线就出现了。接着，那个急切的年轻助手小心地将开口扩大，另一个助手推开表面泛着白光的脂肪，使重要的部位能够显露出来。每个人都惊恐地盯着这个因长得太大而无法切除的丑陋的东西。琼斯现在知道继续下去是没有意义的。

现在，请在保证不看旁边段落的前提下完成下面的练习。

请回忆段落中是否出现过下列词汇：

病人　手术刀　血液　肿瘤
癌症　护士　疾病　手术

在最初的研究中，大多数阅读了这个段落的被试都标记了"病人""手术刀"和"肿瘤"这几个词汇。你是否也标记了这些词汇？然而，这些词汇都没有在段落中出现过！

虽然将上述故事解读为一个医学故事会使它更容易被理解，但这也会导致被试对内容不准确的记忆（Lachman et al.，1979）。一旦被试将这个故事与他们存储在记忆中的医院手术图式联系起来，他们就会觉得自己"记得"图式中的标签，而这些在所读内容中并没有出现过。因此，在图式帮助我们组织信息的同时，它们也增加了编码和提取中出现错误的可能性——这可能会使人产生错误记忆，因为我们会无意识地修改记忆信息，使其更符合我们基于图式而形成的预期。

从上述内容中你可以看到，图式如何在错误记忆中发挥关键作用：当回忆一个情境或事件时，我们会根据自己的预期来填补记忆的空白，但我们往往意识不到这种现象的存在。从好的一面看，图式通常是长时记忆的重要辅助工具，它给我们一个现成的框架来帮助我们理解新信息。但问题是，我们通常不知道对一件事的记忆是基于准确的信息，还是会包含我们基于图式和假设无意识地填补的信息。

早期记忆　大多数人都很难记住自己在 3 岁之前发生过的事情，这种现象被称为**童年期遗忘**（childhood amnesia）。这一现象表明年幼儿的情景记忆能力有限。然而，早在 3 岁之前，或许从出生的那一刻起，儿童就已经开始学习了。我们根据婴儿能够学习辨认父母的面孔或幼儿能进行语言学习的现象就能证明这一点。因此我们知道，年幼的儿童至少可以进行**语义记忆和程序性记忆**。

直到不久前，心理学家都还认为发生童年期遗忘是因为年幼儿童的大脑还未形成构建情景记忆所需的神经联结。然而，从现有的研究中我们知道，大脑在生命开始的第一个年末就已经开始建立必要的神经回路了。例如，认知科学家发现，9 个月大的幼儿已经表现出了具有情景记忆的一些迹象，他们能够模仿一段时间之前观察到的行为（Bauer et al., 2003）。既然如此，你为什么不记得为你举办的第一个生日聚会呢？造成这一结果的部分原因可能是婴儿缺乏基本的语言技能（用于记忆的言语编码）和自我意识（自我意识作为自我参考点对个体发展而言非常必要，但一般到 2 岁左右才会形成），以及缺乏较年长的儿童和成年人所用的复杂图式来帮助自己进行记忆。

文化背景也会影响人们的早期记忆。例如，新西兰的毛利人最早能回忆起 2.5 岁时的记忆，而韩国的成年人很少能记起 4 岁之前的事情。这种差异似乎取决于文化环境在多大程度上鼓励孩子们详细地讲述自己的生活。对孩子的养育"精雕细琢"的父母会花很多时间鼓励孩子谈论他们的日常经历，这似乎帮助儿童巩固了他们的早期记忆，使他们能够将这些记忆保持到成年阶段（Leichtman, 2006; Winerman, 2005a）。你可以利用上述信息来改善自己的学习和记忆。例如，通过谈论你正在学习的东西来为它创造更深刻的记忆！

5.4.3　长时记忆的生物基础

一个多世纪以来，科学家们一直在寻找人们的记忆痕迹（engram），即长时记忆的生物基础。他们采用的一种策略是寻找大脑用来形成记忆的神经回路。另一种策略是在突触水平上寻找可能代表神经细胞内部生理记忆痕迹的生物化学变化。对一位名为 H.M. 的悲剧人物进行的研究使用了第一种策略。

个案 H.M. 的启示　1953 年，年轻的亨利·莫莱森（Henry Molaison）失去了形成新记忆的大部分能力，这是因治疗他频繁发作的癫痫疾病而不得不进行的一次实验性大脑手术所导致的后果（Corkin, 2002; Hilts, 1995）。从那以后，亨利（为了保护他的隐私，在他余生中，科学界只知道他的名字是 H.M.）几乎完全无法对他生活中发生的事形成新的记忆。这种记忆障碍严重到他无法辨认在术后的几十年里是谁在照顾他。

值得注意的是，H.M. 能回忆起手术前发生的事件，但新的经历在他将其存储到长时记忆之前就会消失。所以他对"9·11"事件、月球登陆事件和计算机革命一无所知。他不记得他早餐吃了什么，也不记得 2 分钟前离开的访客的名字。讽刺的是，他为数不多能记住的事情之一就是他有记忆问题。即使如此，当他从镜子中看到一张衰老的脸时还是会感到有点惊讶，他仍以为自己是 1953 年的那个年轻人（Milner et al., 1968; Rosenzweig, 1992）。然而，在他经历的漫长磨难中，他始终能保持良好的精神状态，并愿意配合心理学家布伦达·米尔纳（Brenda Milner）开展工作，不过即使在与她共事多年后，他仍不认得她。

H.M. 的医疗记录中显示他的记忆障碍是**顺行性遗忘症**（anterograde amnesia）。从认知功能的角度来看，H.M. 将新的概念和经历从工作记忆中输入长时记忆中的能力受到了严重的损害（Scoville & Milner, 1957）。从生理学角度来看，他的双侧大脑的海马和杏仁核被移除是导致这个病症形成的原因。

我们从 H.M. 的案例中可以得到什么启发？从生物基础的角度来讲，这个案例告诉我们，海马和杏仁核对于形成新的陈述性记忆至关重要，尽管它们似乎在提取旧的（已记住的）记忆的过程中没有发挥作用（Bechara et al., 1995; Wirth et al., 2003）。而且，我

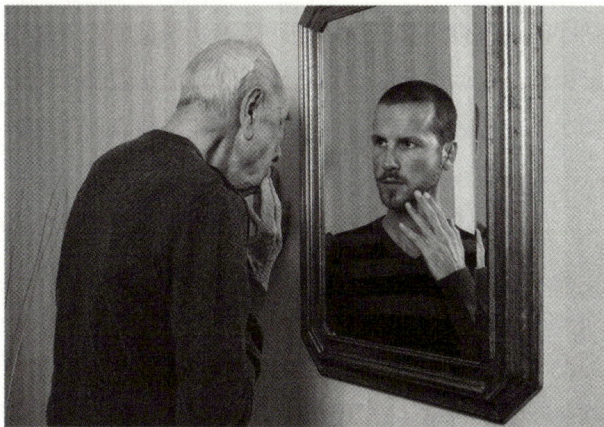

当 H. M. 照镜子时，他的年龄让自己感到吃惊，因为自从他年轻时做过脑部手术，他对之后的数年岁月都没有任何记忆。

们稍后会看到，H.M. 的案例帮助我们理解了**程序性记忆与陈述性记忆**之间的区别。值得注意的是，H.M. 对自己的病情仍能保持乐观的态度，甚至还会拿自己的记忆障碍来开玩笑。但具有讽刺意味的是，这种积极的性格可能部分源自杏仁核的移除（Corkin，2002）。

与长时记忆相关的大脑区域　在过去的20年里，神经科学家们已经在 H.M. 案例给我们提供的人类记忆信息的图景上增加了很多内容。我们现在知道海马与阿尔茨海默病有关，阿尔茨海默病也包括丧失了形成新的陈述性记忆的能力。神经科学家还发现，邻近海马的杏仁核会加工具有强烈情感联系的记忆（Bechara et al.，1995）。这些情感联系似乎有助于人们快速通达并提取记忆（Dolan，2002）。因此，对于那些经历过暴力袭击事件的士兵和人们所报告的持续令人不安的记忆，杏仁核在其中起着一定作用。在某些案例中，这些记忆令人感到十分烦扰，以至于构成了所谓的**创伤后应激障碍**（posttraumatic stress disorder，PTSD）。重要的是，这种情感记忆的生物基础会导致大多数创伤记忆长期保存在大脑中。

那么，记忆是存储在海马和杏仁核里吗？并不是。对事件和信息的记忆（陈述性记忆）实际上是存储在整个大脑皮层中，不同的记忆片段分别存储在最初加工某一特定感觉信号的大脑皮层中。因此，就拿你去年夏天在海滩度过的美好假期的记忆来说，其中的视觉记忆存储在你的视觉皮层中，而声音则存储在听觉皮层中，对气味的记忆则存储在嗅球中，对事件顺序的记忆则存储在额叶中，等等。并且，如果你在度假的过程中学会了冲浪，那么这段记忆就会与小脑和运动皮层联系在一起——就像其他包括身体运动和肌肉记忆的程序性记忆一样。

你可能会想，这些记忆碎片是如何正确地整合起来的？（换句话说，冲浪的记忆是如何与其他在海滩度假的记忆相结合，而不是与你上次看牙医的记忆相结合呢？）虽然这一神奇本领的技术细节对神经科学家来说仍然是个谜，但我们的确知道有部分脑区会在其中发挥重要作用。在被称为**记忆巩固**（consolidation）的过程中，记忆能够在海马的帮助下

逐渐变得更加持久。本质上讲，每次当我们提取一段新的陈述性记忆时，存储在各个脑区中的有关这段记忆的片段就会在海马中汇集起来，海马以某种方式对它们进行整理，并将相关的片段重新组合成连贯的记忆。每次提取都会使特定记忆的神经通路得到加强。最终，某一段记忆不需要依靠海马就能自动整合在一起。到那时，这段记忆中的任何一个片段（如海洋的气味）都足以激活完整的记忆。

在对记忆存储和巩固有了更多了解后，我们就能知道为什么 H.M. 不能形成新的陈述性记忆了，在切除了海马后，他的大脑就缺少执行这些加工所需的硬件。由于旧的记忆已经被多次巩固，因此不需要依靠海马就能对完整的记忆进行提取，所以他仍可以回忆起这些旧的记忆。这也解释了为什么他具备形成新的程序性记忆的能力，因为这些记忆的形成不需要海马的参与。而且，研究报告称，对于我们这些拥有完整海马的人来说，如果能将新的经历与现有的记忆图式关联，那么我们对这些记忆的巩固速度就会更快（Squire，2007；Tse et al.，2007），这也从生物基础的角度解释了为什么**精细复述**和**加工深度**能够帮助我们创造更持久的记忆。

记忆、神经元和突触　在电视连续剧和电影中经常会出现一个人在遭受打击或头部受伤后患上失忆症（失去记忆）的情节，但研究结果是否支持这种好莱坞式的神经科学呢？在单个神经元水平上，记忆最初只是在突触上形成的脆弱的化学痕迹，随着时间的推移，经过反复提取和细化的记忆会被巩固为更持久的突触变化。在巩固的过程中，记忆非常容易受到新的经历、特定的药物或头部撞击的干扰（Doyère et al.，2007）。如果一个人出现严重的失忆现象，则会被诊断为**逆行性遗忘症**（retrograde amnesia）。（请注意，逆行性遗忘症与 H.M. 患有的顺行性遗忘症正好相反。）

因此，在巩固过程中，记忆可能会被增强或减弱。此外，人的情绪状态可以影响这一巩固过程，尽管积极与消极这两种不同的情绪对注意和记忆的影响有很大的不同。如果你感到愉快，那么你就会倾向于

广泛地注意当前的情况并记住"全局"。但是如果你遭到抢劫并被枪指着时，你很可能只会注意到枪，而不太会关注抢劫者的外貌细节。总体来说，我们可以认为情绪唤醒能让我们形成最生动但不是最准确的记忆：愉快记忆的范围往往更大，因为消极情绪往往会限制我们在记忆时的关注点（Dingfelder，2005；Levine & Bluck，2004）。

在结束这一学习阶段的内容之前，我们应该注意到，从进化的视角来看，情绪在记忆中起着高度适应性的作用（见图 5-10）。例如，如果你在野外遇到一头熊之后还能活下来，那么这段让你感到恐惧的经历很可能会使你记得以后要避开熊。在这一点上，我们应该感谢杏仁核，以及与情绪相关的化学物质，如肾上腺素和某些应激激素。在它们的共同作用下，通过建立"超强"的情绪联结，增强对那些带有强烈情绪唤醒经历的记忆（McGaugh，2000）。

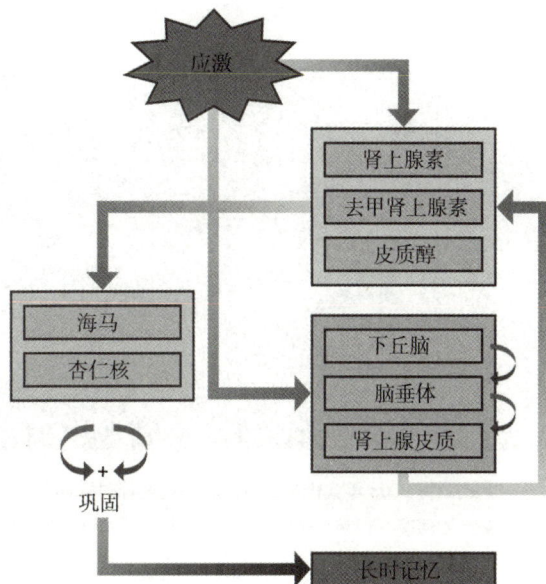

图 5-10　应激时的大脑

注：应激事件会触发大脑释放应激激素，这些激素作用于杏仁核与海马，从而加强对该事件的情绪记忆。因此，与那些认为我们会忘记或压抑有关应激事件记忆的流行观点相反，我们更有可能会记住它们。

心理学很有用 ● ● ●

闪光灯记忆：当……的时候，你在哪儿

对大多数人来说，拥有最接近"摄影式记忆"的能力就是闪光灯记忆（flashbulb memory），即对一件重要且充满情绪的事件拥有非常清晰的记忆（Brown & Kulik，1977）。你可能会有这样几次回忆：一次毕业典礼、一场悲惨的事故、一次死亡事件或一场大胜利。闪光灯记忆就好像你能在脑海里瞬间画出那些引人注目的场景一样。（"闪光灯记忆"是在拍摄每张照片都需要一个闪光灯的时期被创造出来的一个词。）闪光灯记忆最典型的特征就是记忆的来源（Davidson et al.，2005）：这些生动的记忆画面描绘了人们在接受这些消息时所处的场景，他们当时在做什么，以及他们所感受到的情绪状态。

许多人都会对新闻中充满情绪性的事件形成闪光灯记忆，例如，波士顿马拉松爆炸案、"9·11"事件，或者巴拉克·奥巴马（Barack Obama）当选美国总统（Pillemer，1984；Schmolck et al.，2000）。认知心理学家对这些现实中自然发生的事件进行研究，以寻找下面这个重要问题的答案：闪光灯记忆的情绪性是否会影响记忆的准确性？

杜克大学（Duke University）的一项研究收集了学生对"9·11"事件发生后第二天的记忆（Talarico & Rubin，2003）。研究人员还从同一批被试那里收集了他们关于日常事件的记忆。32 周后，研究人员对被试的记忆准确性进行了测试。结果如何呢？平均而言，闪光灯记忆并不比日常记忆更准确，这两种记忆的准确性都会随着时间的推移而下降。然而，重要的是，被试对闪光灯记忆的准确性非常有信心：相比于日常记忆，这些学生对他们闪光灯记忆的准确性更有信心，但这是错误的！值得注意的是，人们对闪光灯记忆

你还记得 2008 年奥巴马赢得美国总统大选时，你在哪里，当时感觉如何吗？很有可能，你的闪光灯记忆并不像你想象的那么准确。

的信心水平与最初经历闪光灯事件时的情绪唤醒水平相关。其他研究也证明了这一观点，即情绪唤醒虽然会增加记忆的生动性，但并不一定会增加记忆的准确性。

鉴于已经有强有力的证据支持个人对情绪事件的回想会被增强，那么我们如何理解情绪唤醒在闪光灯记忆中的独特作用呢？首先，我们必须注意到，闪光灯记忆不同于与个人有关的创伤性事件的记忆。闪光灯记忆的内容通常是公众熟知的、广泛传播的事件，而对于个体而言，我们可

能并没有亲身参与到这种情境中。公共事件很可能会有铺天盖地的新闻报道，被广泛讨论并频繁转述。在这些频繁的讲述中，事件的细节可能会被扭曲。

俗话说，细节决定成败。有关闪光灯记忆的研究表明，人们往往会对某些生动的细节记得非常准确，但是随着时间的推移，其他同样生动的细节就记得没那么准确了。对以色列学生进行的一项研究发现，在以色列总理伊扎克·拉宾（Itzhak Rabin）被暗杀后，被生动报告的记忆中只有大约三分之二在 11 个月后仍然准确（Nachson & Zelig，2003）——尽管人们对错误记忆的信心仍然很高。正如前所述，创伤性事件会使我们的注意范围变得狭窄；因此，我们只会对特定的细节进行编码，然后完全无意识地用我们从他人那里听到的细节，或者我们认为符合该事件图式的一些细节来填充我们的记忆框架。

尽管这样可能会导致记忆错误，但错误地相信记忆的准确性可能具有适应性意义。进化心理学家认为，当人们面对压力时，能否迅速而自信地做出选择可能会决定生死（Poldrack et al.，2008）。从这个角度来说，细节可能决定成败。

关键问题：
我们如何提取记忆
核心概念 5.3
无论是内隐记忆还是外显记忆，能否成功地将其提取都取决于它们如何被编码和被提示。

在提取记忆的过程中，记忆会耍一些出人意料的花招。其中一个就是你可能会提取出一些你不知道自己拥有的记忆，这告诉我们一些记忆可以在完全没有

意识参与的情况下被成功编码和存储。另一个奇事是我们会对自己的回忆过于自信，就像我们在"闪光灯记忆"部分看到的那样。这一学习阶段的核心概念总结记忆提取的过程如下：

无论是内隐记忆还是外显记忆，能否成功地将其提取都取决于它们如何被编码和被提示。

本部分导读：
5.5 评估提取线索是否有助于记忆。

5.5　内隐记忆和外显记忆

学习目标：

评估提取线索是否有助于记忆。

我们从一个奇怪的问题开始这一学习阶段的内容：你总能意识到自己的记忆吗？对于 H.M. 来说，答案是否定的：尽管他对动作任务有正常的**程序性记忆**，但他不记得自己学习过这些技能，甚至不知道自己会这些技能。但是，即使不像 H.M. 那样有脑损伤，你依然无法察觉到自己的一些记忆。正常人的记忆也存在失联的信息孤岛。一百多年来，心理学家已经意识到那些没有记忆缺陷的人也可以在不知道自己知道的情况下知道一些事情。心理学家丹尼尔·沙克特（Daniel Schacter）把这种记忆称为内隐记忆（implicit memory）：那些在你没有完全意识到的情况下可以影响你的行为的记忆（1992，1996）。相比之下，**外显记忆**（explicit memory）则需要意识参与。

通常，程序性记忆都是内隐记忆，例如，高尔夫球手无须考虑身体如何移动也记得如何挥杆。但是内隐记忆并不局限于程序性记忆，外显记忆也不等同于**陈述性记忆**。你的**语义记忆**中存储的信息既可以是外显的（如记住你为准备考试而复习的材料），也可以是内隐的（如知道你上心理学课的那栋建筑的颜色）。判断记忆是内隐还是外显的一般规律是这样的：如果一段记忆能够在无意识的情况下影响人的行为或心理过程，那么它就是内隐的。另外，在存储和提取过程中，外显记忆总有意识参与。

在一系列引人注目的研究中，斯科特克和他的同事们（Skotko et al.，2004）发现，H.M. 可以通过内隐通路习得一些新的语义材料，即使他不知道自己已经学习过这些材料。为了做到这一点，斯科特克的团队使用 H.M. 最喜欢的消遣方式——填字游戏。他们设计了能够帮助 H.M. 将新信息与他在做手术之前已经掌握的知识联系起来的填字游戏。例如，H.M. 的确知道小儿麻痹症是一种可怕的疾病，但由于小儿麻痹症疫苗是在他手术后才被发明出来的，所以他对此一无所知。然而，通过在 5 天的时间里完成一种经特殊设计的填字游戏，H.M. 学会了对"Salk 疫苗能成功治疗儿童期疾病"这个题目做出正确的反应。同样，他还知道了被暗杀的约翰·肯尼迪总统（President John Kennedy）的妻子杰奎琳·肯尼迪（Jacqueline Kennedy）后来成了杰奎琳·奥纳西斯（Jacqueline Onassis）。这种技术表明，H.M. 的记忆问题主要存在于外显记忆，而不是语义记忆中。

5.5.1　提取线索

内隐记忆和外显记忆都需要良好的线索以准确地提取信息。如果你曾经用过谷歌浏览器或者其他的搜索引擎，那么你肯定对这类线索有一定的了解：当你输入一个糟糕的搜索词时，你可能会一无所获，或者得到一些网络垃圾。长时记忆的工作原理与搜索引擎大致相同，成功的搜索需要依赖于良好的心理**提取线索**（retrieval cue）。有时，重新激活一段长期深埋在记忆中的经历，所需的唯一提取线索可能是某种气味。例如，新鲜出炉的饼干的香气会让你联想到去奶奶家的经历。在其他时候，提取线索也可能是一种情绪。例如，一个与抑郁症抗争的人会陷入抑郁记忆的旋涡中。在本章开头提到的罗斯的故事中，他梦到的某些东西可能成了提取他早已遗忘的那段记忆的线索。

一些记忆——尤其是语义记忆——不是很容易被线索提示。例如，在考试中，如果一个问题的说法与你学习时在脑海中所构建的信息不匹配，那么当你看到这个问题时，你的脑海里可能就会一片空白。换句话说，如果这个问题不是一个很好的提取线索，你可能就无法成功地提取相关记忆。一般来说，提取线索是否有效，取决于所寻找的记忆类型以及包含该记忆的联结网络。从中我们能获得什么启示呢？你建立的联结网络越广泛，成功提取信息的机会就越大。让我们看看如何利用这些信息来提高你的记忆提取能力。

有意义组织的重要性　确保记忆能够准确提取的最好方法，就是在编码过程中为信息赋予意义。这意味着在第一次遇到某个新信息时，你必须将其与你已经知道的知识联系起来。有时候准确地记住所有细节很重要（如记住一个数学公式），而在其他一些时候，重要的是记住信息的要点。当你试图记住这些信息的要点时，为这些概念和观点想出个人化的例子就十分重要。我们将这一过程称为**精细复述**。通过精细复述来编码许多这样的连接会给你提供更多的通达这些信息的方式，就像人们可以从多条道路到达一个城镇一样。（你是否养成了在看到章节概念时就与自身的例子建立联系的习惯呢？）

通过启动提取内隐记忆　披头士（Beatle）乐队前成员乔治·哈里森（George Harrison）因一段有关内隐记忆的巧合而被送上法庭（Schacter，1996）。雪纺（Cliffons）乐队的律师称，哈里森的歌曲《我亲爱的上帝》（*My Sweet Lord*）中使用的旋律与雪纺乐队的经典歌曲《他很好》（*He's So Fine*）中的旋律几乎完全一样。哈里森否认自己故意剽窃这首歌曲的旋律，但他承认在创作自己的曲子之前听过雪纺乐队的歌曲。法庭对此表示认同，他们认为哈里森的借用是"潜意识记忆"的产物。在最近的另一个案件中，法瑞尔·威廉姆斯（Pharrell Williams）承认马文·盖伊（Marvin Gaye）对其音乐创作有一定的影响，但断然否认在参与创作歌曲《模糊界限》（*Blurred Lines*）时剽窃了盖伊的《必须放弃》（*Got To Give It Up*）中的音乐元素。在2015年的这个案件中，法院并没有因威廉姆斯的陈述而动摇，而是判威廉姆斯向盖伊的后人支付数百万美元的赔偿金。两起案件非常相似，但最终判决结果却不同，这表明内隐记忆的界限是模糊的。日常生活中充满了与之相似的经历。你可能向朋友提出了一个想法，但被他拒绝了。几周后，你的朋友会激动地向你提出同样的想法，好像这是一个全新的想法一样。

在现实生活中，我们很难说出是什么因素促使内隐记忆浮出水面。然而，心理学家已经在实验室中开发出了"启动"内隐记忆的方法（Schacter，1996）。例如，想象你自愿参加了一个记忆实验。首先，你有几秒的时间浏览如下的单词列表：

assassin，octopus，avocado，mystery，sheriff，climate

然后，一小时后，实验人员会让你看另一个单词列表：twilight，assassin，dinosaur，mystery。并且要求你指出其中是否有你在之前的列表中看到的词汇。这个任务对你来说很容易。但是在这之后，实验人员会给你看一些缺少字母的单词并让你填空：

c h _ _ _ _ n k, o _ t _ _ u s, _ o g _ y _ _ _ , _ l _ m _ t e

当你填空时，"octopus"（章鱼）和"climate"（气候）两个答案可能很快就浮现在了你的脑海中。但是，你在填写另两个词"chipmunk"（花栗鼠）和"bogeyman"（妖怪）时可能就没那么容易了。这种差异是由启动（priming）造成的，启动是在无意识的情况下提供线索激发记忆的过程。因为你已经被下面两个词启动了："octopus"和"climate"。所以，与没有被启动的词相比，它们会更容易在你的意识中"冒出来"。

通过回忆和再认提取外显记忆　你可以通过两种主要线索提示外显记忆。一种是论述题测验中用到的提取线索；另一种是选择题测验中用到的线索。

1. 论述题测验要求回答者用最少的线索**回忆**（recall）或提取一段记忆。也就是说，在论述题测验中，你必须在问题给出较少线索的情况下几乎完全凭借自己的记忆写出答案。例如，回答"外显记忆的两种提示方式是什么"这一问题。

2. **再认**（recognition）是人们完成选择题时所需要用到的记忆提取方法。在一个再认任务中，你只需要判断之前是否见过与题目中线索类似的刺激。通常，再认任务比回忆任务的要求更低，因为再认任务提供的线索更完整。

当警察要求目击者从一排人中指认嫌疑人时，他们使用的就是再认的方法。目击者只需要将记忆中的图像（罪犯的长相）与当前的刺激（队列中的嫌疑人）进行匹配即可。那么与之对应的回忆任务是怎样的呢？目击者完全回忆起嫌疑人的面部特征，并与警察画师一起画出嫌疑人的外貌。

当然，把一个刺激再认出来并不是只需找出与当前环境相匹配的刺激即可。当我们在做选择题时常会遇到这样的问题，即题目中提供的几个选项都是我们学过的概念，但只有一个概念适用于当前特定的问题。类似地，如果警方向目击者出示了一个或多个嫌疑人被逮捕时的面部照片，目击者也可能会误将其中的一名嫌疑人指认为罪犯。在这种情况下，因为目击者只是基于疑犯被逮捕时的照片而不是在真实犯罪情境中辨认罪犯，他们可能会将嫌疑人误认为是罪犯（Weiner et al.，2003）。因此，尽管再认通常能激活比回忆更多的记忆，但它也更可能产生误报的现象，或者如在本例中产生的错误记忆。通过使用本章提到的一些技巧，你可以帮助自己在考试中避免这类错误，从而更有效地记住你想要学习的内容。

5.5.2　其他影响记忆提取的因素

我们已经知道，从外显的陈述性记忆中提取信息的能力取决于信息是否经过编码和精细加工而获得了意义。警觉、应激水平、药物和一般知识也会影响记忆的提取，当你了解了这个知识点时可能并不会感到惊讶。然而，接下来的内容则鲜为人知，它们与你编码和记忆时所处的背景（context）有关。

编码特异性　提取线索与信息被编码的形式越匹配，就越能通过线索提取适当的记忆。例如，也许你在超市见到了你的心理学教授，但是你需要一点时间来认出她或他是谁，因为你所处的背景并没有提示你想到"心理学教授"的相关信息。另外，和儿时的朋友聊天可能会让你想起许多你多年没有回忆起的往事。这两种经历都说明了**编码特异性原则**（encoding specificity principle），即成功的回忆取决于你的提取线索与记忆编码时存在的线索的匹配程度。

所以，在备考的过程中，你能做的一件重要的事情就是预测考试中可能出现的提取线索，并围绕这些可能出现的线索组织你的复习内容。那些仅仅阅读复习材料，并希望能以此取得好成绩的学生往往无法获得预期的结果。事实上，这是一个很普遍的问题，心理学家罗伯特·比约克（Bjork，2000）建议教师在课程中引入"适当的困难"（desirable difficulties），从而鼓励学生以多种方式对材料进行编码。什么是适当的

困难？比约克认为，通过给学生分配任务，要求他们以多种不同的方式与学习材料进行交互，如做项目、写论文、解决问题和进行课堂演示等。教授帮助学生建立一个记忆内容嵌入其中的更大的联结网络，联结越多，越容易成为线索帮助回忆。如果你的教授没有这样做，你能做些什么来为你正在学习的概念建立更多联结呢？

心境和记忆　信息加工不仅涉及事实和事件，也涉及情绪和心境。我们用"感觉整个世界很灰暗"[①]和"透过玫瑰色眼镜看世界"[②]这种说法来说明心境会影响我们对世界的感知。同样，我们的心境也会影响我们的记忆，这种现象被称为**心境一致性记忆**（mood-congruent memory）。如果你曾有过无法抑制自己大笑的经历，你就会知道欣快的心境是如何引发一个又一个搞笑的想法的。而在心境维度的另一个极端，抑郁的人经常报告他们所有的想法都有忧郁的一面。通过这种方式，抑郁的心境可以通过提取抑郁的记忆而持续存在（Sakaki，2007）。

心境一致性记忆的研究并不只是出于实验室的好奇，这个现象对个人健康也有重要的影响。记忆研究人员戈登·鲍尔（Gordon Bower）曾说："医生会根据你抱怨的内容和抱怨的多少来评估如何治疗你。"（McCarthy，1991）因为抑郁症患者很可能会强调他们的医学症状，所以他们接受的治疗可能与那些患有相同疾病但更乐观的人不同。鲍尔说，这意味着医生在决定诊断和疗程时，必须学会将患者的心理状态考虑在内。

前瞻性记忆　记住在将来的某一时刻要做什么是最常见的记忆任务——例如，预约医生，和朋友共进午餐，或者在指定的日子倒垃圾等。心理学家将这些称为**前瞻性记忆**（prospective memory）。前瞻性记忆的问题——往往占日常生活中记忆问题的一多半（Crovitz & Daniel，1984）——轻则会造成轻度的不方

---

① 原文为"feeling blue"，意为"感到心情沮丧"。——译者注

② 原文为"looking at the world through rose-colored glasses"，为英国谚语，意为"对万事要乐观"。——译者注

便和尴尬，重则会导致恐怖的后果：

> 一名男性在有了孩子后，他的日常安排发生了改变。一天，他忘记了要拐弯把孩子送到日托中心，而是按照以前的常规路线开车去大学上班。几小时后，在汽车后座上静静睡着的孩子不幸去世了（Einstein & McDaniel，2005）。

如此可怕的事情是怎么发生的呢？这名父亲可能在完成他预定的任务时分了心，从而陷入习惯性的常规日程中，就像每年都有父母会出现类似的情况一样。为了避免这种类型的记忆错误，专家建议人们创建一个提示线索，并把它放在某个你肯定会看到的地方。对于上述例子中的父亲来说，这可能意味着他应该把他的公文包放在后座上孩子的旁边，这样取公文包时他就能想起送孩子去日托中心。

多任务处理是前瞻性记忆失败的主要原因（Dismukes，2012）。当我们同时处理多项任务时，如果这些任务不需要太多意识注意，我们似乎就能够处理好这些任务。然而，当需要把注意力集中在其中一项任务上时，我们的注意就会完全转离，甚至完全忘记其他任务。你是否经历过这种情况？

前瞻性记忆影响我们生活的方方面面，从航空安全到个人健康。事实上，有五分之一的航空事故都可以归咎于前瞻性记忆的遗忘（Berman & Dismukes，2006）。例如，飞行员必须在起飞和降落前完成一套精心设计的操作程序，如果在这一过程中飞行员分心做其他事情，那么他可能就会忘记自己在这个过程中做到哪一步，从而遗漏一个重要的操作步骤。每天都需要服用药物的人被其他事情打断了早晨（或晚上）的例行服药程序，也会遇到同样的问题，他们可能不记得自己是否服用了药物，这增加了他们心脏病发作或死亡的风险（Nelson et al.，2006）。

鉴于前瞻性记忆失败的频率如此之高，我们是否能做些什么来预防它们呢？你觉得呢？

专家建议遵循以下步骤来预防前瞻性记忆的遗忘。

- 为自己列一个"要做的事情"清单，并使用其他具体的记忆辅助工具，如手机上的日历或提醒功能。
- 在进行重要工作时（如学习），不要同时进行多项工作。
- 当一项任务很重要时，不要拖延，应当马上去做以免忘记该任务。
- 使用提醒线索，就像上面例子中的父亲本应做的那样，从而避免忘记一些偏离日常惯例的事情。
- 最后，避免频繁中断。研究还表明，频繁中断或切换任务会增加遗忘当前任务的概率（Finstad et al.，2006）。所以，不要在学习的时候查看手机和社交软件！

心理学很有用 ● ● ●

舌尖现象

请尽可能多地回答以下问题。

- 在北欧驯鹿被叫作"reindeer"，在北美驯鹿被叫作什么？
- 艺术家们把他们用来混合颜料的板子称作什么？
- 有尖顶的高大的四面石碑叫什么？

- 领航员通过观察星星来确定纬度的仪器是什么？
- 用来装剑或匕首的套子叫什么？
- 通常用单桨或单杆就能划动的中式小船叫什么名字？

如果结果如我们所预期的那样，你可能不记得所有的答案，但是你会有一种强烈的感觉，认为自己知道这些问题的答案。你可能会说这些答案"就在嘴边"。心理学家形象地将这种功亏一篑的记忆现象称为**舌尖现象**（TOT phenomenon）（Brown，1991）。调查显示，大多数人每周都至少有一次"舌尖"（tip-of-the-tongue，TOT）体验。在看《**危险边缘**》（*Jeopardy*）知识竞赛的人当中，这种情况可能会发生得更频繁。最近的一项研究还表明，使用手语的聋哑人有时也会有"指尖"（tip-of-the-fingers，TOF）体验，他们确信自己知道一个词，但无法完全提取准确的手语来表达它（Thompson et al.，2005）。显然，在舌尖和指尖现象的背后共同存在着一些基础的记忆加工过程。

最常见的舌尖体验集中在对熟人的名字、名人的名字和熟悉的物品的回忆过程中（Brown，

华盛顿纪念碑是一个顶部呈金字塔尖形状的锥形石碑。你能回忆起我们是如何称呼这种物体的吗？还是会产生舌尖现象呢？

1991）。大约在一半情况下，目标词汇最终会在折磨个体一分钟左右后闪现于脑海中（Brown & McNeill，1966）。

是什么导致了舌尖现象呢？

- 实验室研究中经常采用的一种可能的解释是背景线索不足。这可能是导致你对上述一些问题感到困惑的原因：我们没有给你足够的背景信息来激活与正确答案相关联的图式。

- 另一种可能的解释涉及对记忆的**干扰**：另一个记忆阻碍了当前记忆的通达或提取，就像当你正在想简时意外地遇到了吉尔一样（Schacter，1999）。而且，即使你在上述舌尖现象的演示中无法回忆起某些正确的词汇（北美驯鹿、调色板、方尖碑、六分仪、剑鞘、舯板），你还可以通过再认的方式找到正确答案。尽管你仍不知道要回忆的词本身到底是什么，你也可能会突然想到这些词的一些特征（如"我知道它是以 s 开头的"）。因此，当提取线索与长时记忆中单词的编码不匹配时，就会出现舌尖现象。

最后，我们敢打赌你说不出七个小矮人的名字。

关键问题：
为什么记忆有时会出错，对此我们能做些什么

核心概念 5.4

大部分记忆问题都源于记忆的"七宗罪"，这"七宗罪"实际上是人类记忆的其他适应性特征的副产品。

我们会忘记约会和纪念日。在考试中，你也会记不起前一晚复习的术语。或者一个熟悉的名字似乎在你的思维所及之外。然而，讽刺的是，我们有时却无法摆脱对不愉快事件的记忆。为什么记忆对我们开这种玩笑，让我们记住宁愿忘记的，忘记想要记住的？

根据记忆专家丹尼尔·沙克特的说法，造成这种现象的罪魁祸首就是他所说的记忆的"七宗罪"：

1. 短暂性；

2. 心不在焉；

3. 阻断；

4. 错误归因；

5. 易受暗示性；

6. 偏差；

7. 纠缠（Schacter，1999，2001）。

此外，他还声称这七个问题实际上是人类记忆中一些非常有用的特征的产物。从进化的角度来看，这些特征有利于我们祖先的生存，所以它们被保存在我们的记忆系统中。本部分的核心概念以更加简洁的表述解释了这一见解：

> 大部分记忆问题都源于记忆的"七宗罪"，这"七宗罪"实际上是人类记忆的其他适应性特征的副产品。

在研究"七宗罪"时，我们会考虑一些日常存在的记忆问题，如忘记钥匙放在了哪里，或者无法忘记不愉快的经历等。我们还将探讨通过克服沙克特提出的"七宗罪"来提高记忆能力的策略，并强调如何使用某些记忆技巧来提升你的学习能力。事实上，你可以把这七宗罪分成两类来学习。

1. 我们将要讨论的前三宗"罪"是**遗漏之罪**（sins of omission），它们涉及对记忆的遗忘。

2. 剩下的几宗"罪"是**过度作为之罪**（sins of commission），它们不会导致记忆遗忘，主要涉及对记忆的扭曲。

我们接下来将从记忆消退导致的挫败开始讲起。

本部分导读：

5.6　总结三宗遗漏之罪。

5.7　解释过度作为之罪。

5.8　描述记忆术如何帮助我们提高记忆力。

5.6　遗漏之罪

学习目标：

总结三宗遗漏之罪。

如果对你一年前学习的课程进行一次严格的考试，你的成绩会如何？可能不会很好，对吧？让我们来看看三宗遗漏之罪如何解释你的记忆消退，以及对此你能做些什么。

5.6.1　短暂性：记忆消退导致遗忘

在一项关于**短暂性**（transience）的经典研究中，心理学的先驱赫尔曼·艾宾浩斯（Ebbinghaus，1908，1973）第一次尝试学习一系列无意义的音节（如 POV、KEB、FIC 和 RUZ），并在不同的时间间隔内对它们进行回忆。在短时间以至几天的间隔内，记忆效果还不错。但是在长达数周或数月的间隔后再测量记忆效果，艾宾浩斯已完全无法回忆起学习过的内容，他不得不发明另一个办法：通过记录自己重新学习原始列表所需的复述次数来测量自己的记忆水平。因为重新学习一个列表通常比最初学习该列表时所需的复述次数更少，所以这两种条件之间的差异意味着"节省量（或记忆存量）"，可以作为衡量记忆效果的指标。（如果最初学习需要 10 次，而重新学习需要 7 次，那么省量是 30%。）通过使用这种重学法（节省法），艾宾浩斯可以追踪到长时间间隔后的记忆。结合多次实验的数据艾宾浩斯得到了图 5-11 中的曲线，即艾宾浩斯遗忘曲线。它代表了艾宾浩斯最重要的发现：对于相对无意义的材料，我们在最初的遗忘速度会很快，但随后遗忘速度会逐渐减慢。随后的研究表明，这条遗忘曲线（forgetting curve）反映了我们的记忆存在短暂性模式，因此我们遗忘了所学的大量语言材料。

现代心理学家以艾宾浩斯的研究为基础进行探究，但他们更关注我们如何记住**有意义**的材料。例如，你如何记住在本书中读到的信息。有意义的记忆不会像艾宾浩斯的无意义音节那样迅速消退，这也是当你在学习概念时，应该用**精细复述**的方法来为概念赋予意义的另一个原因。你也可以在学习时运用艾宾

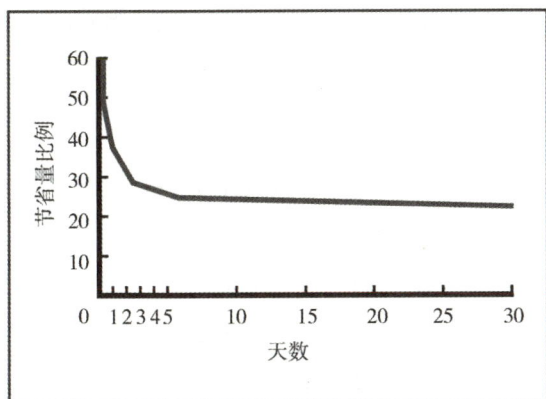

图 5-11　艾宾浩斯遗忘曲线

注：艾宾浩斯遗忘曲线表明，通过重新学习所反映的节省量会迅速下降到一个稳定水平，当节省量低于这个水平时，人们随时间流逝而遗忘的内容就不多了。

浩斯的研究成果，即反复学习（或重新学习）可以帮助人们巩固记忆，防止记忆消退。

然而，并非所有的记忆都遵循经典的遗忘曲线。例如，我们一般会一直保持已熟练掌握的运动技能，即使不练习，也可以在程序性记忆中基本上完好地保持多年，"就像骑自行车一样"。我们对那些学过但很长时间没使用的外语的记忆似乎都能相对保持完好，甚至长达 50 年（比艾宾浩斯预测的遗忘水平要低）（Bahrick，1984）。类似地，即使长达 45 年以上，人们对高中同学的名字和面孔的再认准确率仍能保持在 90% 左右（尽管基于回忆的记忆任务显示人们保持的正确率要比这低得多）（Bahrick et al.，1975）。是什么使得人们对这些记忆的短暂性有所改善呢？我们将在这一学习阶段的最后对学习技巧的讨论中揭晓这个问题的答案。

遗忘的生物基础　脑科学家最近发现了人们记忆消退的一个主要原因，并且这个原因可能会让你大吃一惊：记忆行为本身也会导致遗忘！是的，你没有看错，英国的记忆研究人员能够通过磁共振扫描真实地观察到这一过程。方法是这样的：他们首先教被试将一组词汇与图像进行配对，然后用这些词汇作为线索，让被试提取与每个词相关联的图像。每提取一次图像，被试对该图像的记忆就会变得更生动。这个模式可以通过与该记忆相关的神经放电体现出来。然

而，与此同时，被试学过的其他图像会变得不那么生动，这表明当我们每次提取一个特定的记忆时，这一过程会主动抑制我们对其他竞争信息的记忆（Wimber et al.，2015）。

这些发现在很多情况下都具有重要的意义。在警方调查和庭审的目击者证词中，目击者经常被反复询问事件的细节。我们现在知道，这个过程虽然会强化他们被问到的记忆，但同时也会抑制他们对事件中其他可能同样重要的细节的记忆。因此，随着时间的推移，他们的记忆可能会因为反复提取某些细节而变得扭曲，最终这可能会导致错误的判决。这项新研究还能帮助我们理解选择性记忆，甚至自我欺骗。

美国全国广播公司新闻主播布莱恩·威廉姆斯（Brian Williams）对他在伊拉克时乘坐的一架被击落的直升机上所面临的危险进行了不准确的描述（事实上，他当时乘坐的是被击落的直升机后面的那架直升机）。温伯（Wimber et al.，2015）的研究也许能够帮助我们理解这个令人遗憾且臭名昭著的案例。

你有没有见过有人在第一次讲一个故事时稍微夸张了一点儿，并在反复讲述之后真的相信了这个夸大的故事？也许你已经这样做了——在自己没有意识到的情况下。请仔细思考一下你对这个事件的记忆。

干扰　造成记忆短暂性的另一个原因是**干扰**（interference），即一个事物不利于我们对另一个事物形成牢固的记忆。这种干扰经常发生在你尝试连续学习两个相互冲突的事物时。例如，你先上法语课，然后上西班牙语课。

是什么导致了干扰呢？排在最前面的三个主要因素如下。

1. **要学习的两套材料越相似，二者相互干扰的可能性就越大。**因此，法语与西班牙语课程内容相互干扰的可能性比心理学与会计学课程相互干扰的可能性更大。

2. **无意义材料比有意义材料更容易受到干扰。**因为长时记忆是基于意义进行组织的，所以记住两个不同的密码比记住两个新闻故事更困难。不过你也可以利用这一点，通过让密码变得更

有意义来更好地记住它们。

3. 情绪性材料可能是引发干扰的特别强有力的来源。 所以，如果你昨晚和你的真爱分手了，那么你可能就会忘记你的文学教授今天在课堂上说过的话。

对记忆的干扰有两种类型。

1. 当原有的记忆扰乱了对新信息的学习和记忆时，就出现**前摄抑制**（proactive interference）。例如，每年的一月份我们都会受到前摄抑制的干扰，以至于无法写下正确的年份。当我们从一个计算机程序或应用软件切换到一个类似的新软件时，却一直试图用"旧的方式"做事；或者当新学期开始时，你发现自己正走向上学期上课的教室，这些情况的发生也是因为前摄抑制的影响。它也可能会导致你不小心用前任的名字称呼你现在的另一半！"**前摄**"意味着"向前"，所以在前摄抑制中，原有记忆会及时向前阻止你学习新的知识。

2. 当相反的情况发生时，即当新信息阻止了你对原有信息的记忆时，我们可以将这种遗忘归咎于**倒摄抑制**（retroactive interference）。"**倒摄**"的意思是"向后"，所以新的信息在进入你的记忆时，会向后将原有的信息挤出记忆（见图 5-12）。

在计算机中，当你用新文档代替原有的文档时，就会发生倒摄抑制。同样的事情也会发生在你自己的记忆中。例如，当你在本章学到的新信息阻碍了你记起前几章的内容时，或者当你连续见到两个陌生人，第二个人的名字会导致你忘记了第一个人的名字时。

写一写

前摄抑制与倒摄抑制

　　请举例说明你最近一次受到前摄抑制或倒摄抑制干扰而导致的记忆错误。它属于哪种干扰类型？它是如何发生的？

系列位置效应　你是否注意到一首诗或词语表的第一部分和最后一部分通常比中间部分更容易学习和记忆？通常，**首因效应**（primacy effect）是指对一系列项目中的第一个项目相对容易记忆的现象，而**近因效应**（recency effect）则是指对最近记忆的项目有记得更牢的现象。这两个效应加上对中间项目的记

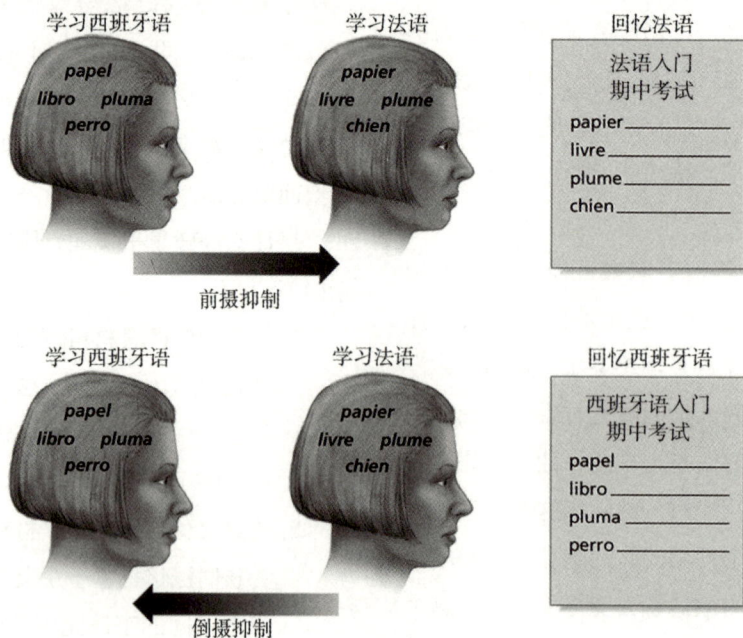

图 5-12　记忆的两种干扰类型

学习西班牙语　　学习法语　　回忆法语

papel
libro　pluma
perro

papier
livre　plume
chien

法语入门
期中考试

papier＿＿＿＿＿
livre＿＿＿＿＿
plume＿＿＿＿＿
chien＿＿＿＿＿

前摄抑制

学习西班牙语　　学习法语　　回忆西班牙语

papel
libro　pluma
perro

papier
livre　plume
chien

西班牙语入门
期中考试

papel＿＿＿＿＿
libro＿＿＿＿＿
pluma＿＿＿＿＿
perro＿＿＿＿＿

倒摄抑制

忆容易消退的现象，被统称为**系列位置效应**（serial position effect）。所以，当你被连续介绍和认识几个人的时候，你更可能记住最初和最后认识的人的名字，而不是在他们之间的其他人的名字。（这是假设其他因素相同的情况下，如名字的普遍性、外貌的独特性以及他们的性格。）

如何用干扰理论解释记忆的系列位置效应呢？与记忆诗歌或词语表末尾的材料不同，对中间部分的记忆会受到双重干扰，既受到前摄抑制的影响，又受到倒摄抑制的影响。也就是说，中间的材料会受到两个方向的干扰，而两端的材料只会受到一个方向的干扰。因此，考虑到系列位置效应的特点，也许特别关注本章中间部分的内容会对你的学习有所帮助。

5.6.2　心不在焉：因注意不集中导致的遗忘

当你找不到车钥匙或忘记了一个周年纪念日时，证明你曾经有过一段**心不在焉**（absent-mindedness）的时期，这是记忆的第二宗"罪"。这并不是说记忆已经从你的大脑回路中消失了。更确切地说，这是由于你将注意转移到其他地方导致的记忆提取失败。对于忘记周年纪念日这种情况来说，注意问题通常发生在提取阶段。当你把注意从即将到来的周年纪念日转移到其他事情上时，你就会忘记周年纪念日。至于找不到车钥匙，你的注意转移可能发生在最初的编码阶段，当时你并没有注意自己把钥匙放在了哪里。这种心不在焉的情况通常发生在边学习边听音乐、看电视或浏览社交媒体的时候。你可以通过图 5-13 中的实验来感受这种心不在焉的状态。

这种类型的编码错误也同样发生在**加工深度**实验中：对信息进行浅层编码的人（"该词是否包含字母 e ？"）比对信息进行深层编码的人（"它是动物吗？"）回忆目标词汇的能力更低。而另一个例子则是对于**变化盲**（change blindness）的研究：在一项研究中，被试观看了一段电影，其中一名演员正在问路，此时会有两名抬着门板的男性路过，他们的门板会暂时将问路的演员挡起来，在这个过程中，问路的演员会被另一名演员取代。令人惊讶的是，只有不

到一半的被试注意到了这个变化（Simons & Levin, 1998）。

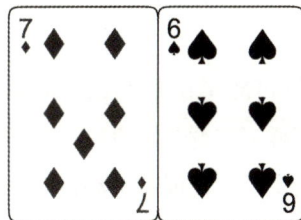

（A）请在上面的牌中选一张牌，盯着你选择的牌 15 秒以上，注意不要把视线转移到其他牌上。

（B）你选择的卡牌不见了！我们是怎么做到的？我们并没有读心术，这是你自己的重构记忆和心不在焉"罪"对你玩的纸牌把戏。如果你不能马上看出这个把戏的原理，你可以换另一张牌再试一次。

图 5-13　"记忆魔术"

> **写一写**
>
> **你在何时会心不在焉**
>
> 在上面的实验中，你是否成了心不在焉"罪"的受害者？在什么情况下你最容易因为心不在焉而忘记某事？你能做些什么来克服它？

5.6.3 阻断：通达问题

阻断（blocking）是记忆的第三宗"罪"，当我们失去对信息的通达时，就会发生这种情况。例如，当你在新环境中看见熟悉的人，却记不起他们的名字时。然而，被研究得最彻底的阻断形式是令人抓狂的舌尖现象：你知道自己知道某个物品的名字，但却无法说出来。正如我们之前提到的，舌尖现象往往是由于个体缺乏背景线索（context cues）来激活必要的记忆图式而产生的。

应激也会导致阻断，这可能是由于人在应激情境下无法保持注意焦点。同样，注意分散也会导致前瞻性记忆任务（如记住在特定时刻完成特定动作）受阻。年龄也在其中起到一定作用，随着年龄的增长，记忆阻断的频率也会增加。

5.7 过度作为之罪

学习目标：

解释过度作为之罪。

之前讨论的三种"罪"都是遗漏之罪，即以这样或那样的方式使记忆难以被提取。现在让我们把注意力转到过度作为之罪上，这是一种更主动的导致记忆提取失败的形式。

5.7.1 错误归因：错误背景下的记忆

我们在提取记忆时可能会把它们与错误的时间、地点或人物联系在一起。沙克特（Schacter，1999）将此现象称为错误归因（misattribution），认为是长时记忆所具有的重构性质导致出现这一错误。这里有一个能很好地体现错误归因的例子：心理学家唐纳德·汤姆森（Donald Thomson）被指控强奸，依据是受害者对攻击者所做的详细描述（PsychBlog，2008）。然而，汤姆森有一个无可争辩的不在场证明：当犯罪发生时，他正在接受电视直播采访，而且采访内容正是关于记忆扭曲的知识！后来经调查表明，受害人在强奸发生前刚刚看了这期采访，并在应激经历下回忆

起了汤姆森而不是袭击者的脸。这是一个典型的错误归因案例。

并非所有错误归因的案例都如此戏剧化，事实上，大多数人几乎每天都可能犯这种记忆错误。例如，我们将自己在网上读到的一些内容认为是自己在课堂上学到的，或者我们以为自己从一个人那里听到了一些事情，实际上却是另一个人告诉我们的。错误归因还会促使人们误以为别人的想法就是自己的，从而导致无意识的剽窃行为。事实上，研究表明，这种情况发生的概率高达9%，即我们会无意识地把别人的想法当成自己的想法（Preston & Wegner，2007）。

然而，另一种错误归因会导致人们记住根本没有经历过的事情。研究人员让志愿者记住一组与特定主题相关的词汇：门、玻璃、窗格、阴影、壁架、窗台、房子、打开、窗帘、框架、风景、微风、窗框、屏风、百叶窗。在这种情况下，许多人后来记住了窗户这个词，尽管这个词并不在列表里（Roediger & McDermott，1995，2000）。这一结果再次表明了背景线索和图式在决定记忆内容方面的力量。它再次证明了人们会如何根据意义来形成和提取记忆。

5.7.2 易受暗示性：外部线索会扭曲或创造记忆

记忆也可以在暗示的力量下被扭曲乃至被创造，这是令庭审人员感到十分担忧的一项发现。律师或执法人员在询问目击者时可能就案件事实做出有意或无意的暗示，这可能会改变目击者的记忆。请思考下面的例子。

当詹妮弗·汤普森（Jennifer Thompson）被强奸时，她镇定地将注意力集中在袭击她的人的身体特征上，这样如果她能幸存下来，她就可以对袭击者的样貌提供详细而准确的描述。

詹妮弗·汤普森的记忆是正确的吗？在告诉你更多这个故事的内容之前，让我们来看看什么样的外部线索会影响记忆。记忆研究人员伊丽莎白·洛夫特斯（Elizabeth Loftus）和约翰·帕尔默（John Palmer）进行了一系列的研究，他们想检验目击者的记忆是否会

因易受暗示性（suggestibility）而被扭曲。

记忆扭曲 在洛夫特斯和帕尔默的经典研究中，被试首先观看了一部关于两辆车相撞的电影，然后，实验人员要求他们估计汽车行驶的速度（Loftus，1979，1984；Loftus & Palmer，1973）。其中一半目击者被问的问题是"两车相互撞击时的车速有多快？"而另外一半人则被问的问题是"两车相互碰撞时的车速有多快？"结果发现，由于受"撞击"这个词的微妙影响，第一组估计汽车的行驶速度比第二组快了25%（见图5-14）。这种由错误信息引起的记忆扭曲被称为**错误信息效应**（misinformation effect）。对记忆的扭曲也可能受到另一种暗示的影响。在一个与之相关的实验中，一些目击者被问及一辆汽车经过谷仓时的速度有多快，而另一些人则被问道是否在视频中看到了谷仓。之后，被问及电影中是否有谷仓时，第一组被试更有可能会记得看到过谷仓（但实际上并没有谷仓）。这种类型的记忆扭曲，以及导致它形成的过程，显然对调查人员了解案件的真实过程造成了巨大的障碍。这些早期研究引领了更多研究来探讨记忆是如何通过类似的方法创造出来的。

编造的记忆 著名的发展心理学家让·皮亚杰（Piaget，1962）曾描述过他在童年早期经历的一个创伤性事件的生动记忆：

> 如果我没有记错的话，我最早的记忆是在我2岁的时候，而且在15岁之前，我都相信自己清楚地记得下面所述的场景。我正坐在婴儿车里，保姆正推着它在巴黎的香榭丽舍大街上漫步，一名男子试图绑架我。我被带子固定在婴儿车上，而我的保姆则勇敢地挡在了我与绑匪之间。她的

> 身上被绑匪划出许多伤痕，我现在还能隐约地看到她脸上的伤痕……

皮亚杰的保姆向其父母生动而详细地描述了这起所谓的袭击事件，并从他们那里得到了一块昂贵的手表作为对她英勇表现的感谢。然而多年以后，这个保姆给皮亚杰的家人写了一封信，承认自己编造了这个故事，并归还了那块手表。由此，皮亚杰（1962）总结道：

> 因此，当我还是个孩子时，我一定听过这个让我父母深信不疑的故事，并以视觉记忆的形式投射到对过去的记忆中。

我们是否都很容易产生像皮亚杰故事中所描述的那种虚假的记忆呢？你觉得呢？

为了找到答案，伊丽莎白·洛夫特斯和她的同事进行了一组新的实验。他们先联系了一些大学生的父母，并记录了这些学生童年曾经历过的事件。接下来，他们把事件列表给这些学生看，并询问他们是否记得这些事件。然而，学生们不知道的是，研究人员在那些事件列表中嵌入了一些看似合理，但从未发生过的事件。例如，在购物中心走丢了，在婚礼上打翻了酒杯，在迪士尼乐园遇到了兔八哥（这是不可能的事情，因为兔八哥不是迪士尼的角色），或者生日聚会上有小丑来访等（Loftus，2003a）。经过几天的反复回忆，大约有四分之一的学生都声称自己记得这些虚假的事件。而产生这一结果所需的只是一些可靠的暗示。（这个实验可能会让你想起本章开头提到的唐娜的案例：治疗师的反复暗示导致唐娜产生了虚假

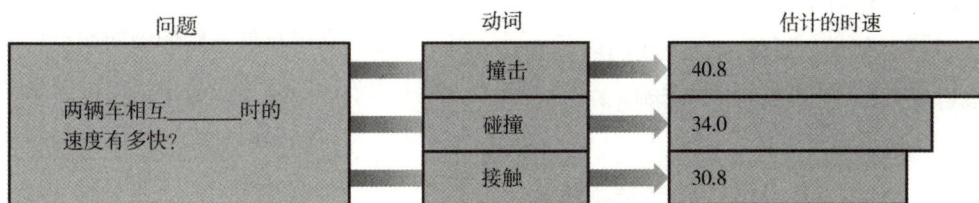

问题	动词	估计的时速
两辆车相互_____时的速度有多快？	撞击	40.8
	碰撞	34.0
	接触	30.8

图 5-14　暗示对记忆的影响

注：在一项有关目击者记忆的研究中，研究人员通过改变询问被试的措辞来"暗示"不同的车速。那些暗示速度更快的词语会让被试对车速的估计更快。

记忆。）

　　新的研究表明，伪造过的照片也会导致人们产生虚假记忆，而其效果可能比洛夫特斯和她的同事在实验中使用的虚假故事更甚。例如，在"购物中心走失法"的一个研究变式中，给成年人看一些伪造的照片，显示他们正在乘坐热气球。他们会在两周的时间里多次看这些照片，之后有一半被试会"记起"虚构的气球旅行的相关细节（Wade et al.，2002）。即使在这个数码相机和修图软件盛行的时代，人们也并不总是会停下来质疑一张照片是否是伪造的（Garry & Gerrie，2005）。

　　影响目击者证词准确性的因素　那么，我们能在多大程度上依赖目击者的证词呢？显然，在实验室进行的实验有可能将虚假记忆从真实记忆中区别出来。但是在现实生活中呢？例如，我们在上文中简要提过的詹妮弗·汤普森，她是否能正确地辨认出袭击她的人？

　　詹妮弗·汤普森的案件，就像其他数百个案件一样，是由于错误但极其自信的目击者的证词导致的错误定罪。事实上，目击者的误认是错误定罪的主要原因，后来因 DNA 证据而被翻案的错误定罪案件中有超过 75% 是因此导致的。

　　如果有人宣称自己恢复了被长期遗忘事件的记忆，情况又会如何呢？正如我们在本章开头的第二个案例中提到的，罗斯的回忆在夏令营辅导员的忏悔中被证实，但人们并不一定能获得这种客观的证据。在没有客观证据支持的情况下，我们所能做的就是寻找可能会使人产生虚假记忆的暗示的证据，就像我们在错误记忆实验中看到的那种暗示一样。如果存在暗示，除非我们获得了客观的证据，否则对相关记忆进行适当的怀疑是必要的。具体而言，我们应该警惕目击者的报告受到以下几项因素的影响（Kassin，2001）：

- **诱导性问题**（如"两辆车相互撞击时车速有多快？"）会影响目击者的记忆。但是，如果预先提醒目击者，询问会造成记忆偏差，那么诱导性问题的影响就会小一些。

- **大量时间的流逝**会导致原始记忆逐渐消退，使人们更有可能记错信息。

- **重复提取**：记忆每被提取一次，都会重构并被重新存储（就像提取、修改并保存计算机文档一样），这增加了记忆出错的可能。

- **目击者的年龄**：幼儿和老年人尤其容易受到错误信息的影响。

- **盲目自信**：对记忆的信心并不能代表记忆的准确性。事实上，被误导的人的确会因为对方的自信而相信错误信息。

　　基于对上述因素的担忧，美国司法部（U.S. Department of Justice）发布了收集目击者证词的国家指导原则。

5.7.3　偏差：信念、态度和观点会扭曲记忆

　　沙克特将记忆的第六宗"罪"称为偏差（bias），指的是个人信念、态度和经历对记忆的影响。许多家庭对于"做什么"和"不做什么"的各种激烈争吵都可以归因于偏差。虽然看到别人的偏差比看到自己的更容易，但你也应该特别注意预防以下两种常见的偏差。

　　期望偏差　期望偏差（expectancy bias）是一种无意识的倾向，即我们会更容易记住与自己的期望相一致的事件。例如，假设你是一名参加实验的志愿者。在实验中，你读到了一篇关于鲍勃和玛吉计划结婚的故事。故事中有一部分内容表明鲍勃不想要孩子，他很担心玛吉对此事的反应。当他把这个想法告诉玛吉的时候，她很震惊，因为她非常想要孩子。让人感到惊讶的是，在读了故事后你了解到鲍勃和玛吉最后结婚了，这一结果显然与你的预期相反。与此同时，另一组志愿者读了同样的故事，但被告知这对情侣最后分手了。除了结局以外，这两组人对鲍勃和玛吉故事的记忆会有所不同吗？

　　在这个实验中，那些听到意外结局（即鲍勃和玛吉决定结婚）的人给出的错误报告最多。为什么

会这样？因为他们的期望偏差，导致他们回忆出了被扭曲的信息，这些信息使结果符合他们最初的预期（Schacter，1999；Spiro，1980）。例如，有一个人"记得"鲍勃和玛吉已经分手，但后来他认为爱可以帮助他们克服彼此间的分歧，所以还是决定结婚。另一个人则记得，这对夫妇最终决定收养一个孩子以达成妥协。当某些事情与我们的期望不符时，我们可能会无意识中扭曲一些信息，使其更符合我们先前秉承的观念。

自我一致性偏差　人们讨厌前后矛盾的想法，尽管研究表明他们这是在自欺欺人。沙克特将其称为**自我一致性偏差**（self-consistency bias）。例如，研究发现人们对政治候选人的支持，以及对女性平权、帮助弱势群体等政治问题的支持，远没有他们意识到的那么前后一致（Levine，1997；Marcus，1986）。

记忆研究对自我一致性偏差可以影响我们的记忆内容这一现象十分感兴趣（Levine & Safer，2002）。其中一项研究对情侣进行了相隔两个月的两次访谈，发现关于这段恋情的记忆会根据这两个月内恋情的进展情况而发生变化。然而，重要的是，被试通常没有意识到他们前后不一致。情侣关系改善了的那些被试所记得的自己对伴侣的最初评价比他们当初的实际评价要更积极，而关系恶化了的那些人则会有相反的反应（Scharfe & Bartholomew，1998）。通过这项研究以及其他许多涉及态度、信仰、观点或情绪的研究，我们可以看到偏差就像一面扭曲的镜子，我们的记忆通过这面镜子被反映出来，但我们并没有意识到我们的

记忆已经被改变了。

5.7.4　纠缠：当我们无法遗忘

纠缠（persistence）是记忆的第七宗"罪"（见表5-2），它提醒我们，记忆有时过于有效。我们偶尔都会经历这种情况，一个持久的想法、一个图像或一段旋律会在我们的脑海中反复循环。值得庆幸的是，对大多数人来说，这种侵入性的记忆通常只是短暂的。然而，当这些记忆伴随着强烈的负面情绪时，它们就会成为问题。在极端情况下，对不愉快事件的记忆纠缠会导致情绪螺旋式下降，这也会使得抑郁症患者无法停止对生活中经历的不愉快事件或创伤事件的反刍思维。与抑郁症患者相似，恐怖症患者也可能会陷入对蛇、狗、人群、蜘蛛或闪电的可怕记忆中。创伤后应激障碍患者也可能无法抑制他们对创伤性经历的反复回忆。

研究人员认为，一个被称为抑制控制的重要生理过程能够解释记忆纠缠形成的原因。就像当我们注意到一个正在掉下来的物体是一把锋利的小刀时，我们会抑制自己去抓住它一样，在正常情况下，当令人不安的记忆危害到我们的身心健康时，我们也会抑制这些记忆。然而，对于PTSD患者来说，这种类型的抑制控制受到了损害，从而导致他们的创伤性记忆会持续侵入。神经科学家认为前额皮层与海马之间存在的某种类型的沟通错误或功能缺陷是导致这种损害的生物基础。你可能还记得，前额皮层是我们大脑的执行器，它帮助我们制订计划、理性思考和解决问题。脑成像研究表明，PTSD患者的前额皮层的执行能力较

表 5-2　记忆的"七宗罪"

罪名	描述	举例
短暂性	随着时间的推移，记忆的可提取性下降	单纯地忘记了很久以前经历的事情
心不在焉	因注意不集中而导致遗忘	忘记把车钥匙放在了哪里
阻断	信息会存在于脑海中，但我们只能短暂地获取它	舌尖现象
错误归因	将记忆归因于不正确的来源	将梦里经历的事情与现实记忆相混淆
易受暗示性	将从未发生过的事情植入记忆	诱导性问题会导致虚假记忆
偏差	当前的知识和信念扭曲了我们对过去的记忆	基于当前对事物的态度来回忆过去的态度
纠缠	我们永远不会忘记那些我们不想记起的记忆	创伤性战争记忆

弱，无法阻止海马提取创伤性记忆（Catarino et al., 2015）。

5.7.5　记忆"七宗罪"的优点

丹尼尔·沙克特（1999）认为，尽管这"七宗罪"给我们带来了许多伤痛，但它们都源于记忆的适应性特征。

1. 因此，**短暂性**虽然使参加考试的学生感到恼火，但实际上它可以防止记忆系统被不再需要的信息所淹没。

2. 同样，当**阻断**只允许最相关的信息——与当前线索关系最密切的信息——出现在脑海中时，记忆的阻断就是有用的。这一过程可以保护我们免受那些我们不需要的和会分散我们注意的记忆的侵袭。

3. **心不在焉**也是我们转移注意这一非常有用的能力的副产品。

4. 同样，**错误归因、偏差和易受暗示性**也是由于我们的记忆系统只关注**意义**而忽略细节所导致的：否则就只能以牺牲意义为代价，让记忆系统像计算机那样存满信息。

5. 最后，我们可以发现，**纠缠**这宗"罪"实际上是记忆系统对情绪性经历（尤其是对那些涉及危险情况的经历）的一种反应性特征。因此，总体来说，记忆"失败"反映的是记忆系统为了更好地适应人们数千年来面临的各种情况采取的行动。

5.8　运用记忆术来提高你的记忆能力

学习目标：

描述记忆术如何帮助我们提高记忆力。

提高记忆力的一种方法是自己在脑海中开发一套被称为记忆术（mnemonics，发音为 *niMON-ix*，源自希腊语，意思是"记住"）的心理策略工具包。记忆策略（mnemonic strategy）通过将新信息与长时记忆中的信息联系起来，从而帮助你对新信息进行编码。为了进一步说明，我们将详细介绍两种记忆策略，即位置记忆法和自然语言中介，这两种方法对记忆各种清单特别有用。然后，我们会提供一些记忆技巧来帮助你解决如记名字等常见的问题。

5.8.1　位置记忆法

位置记忆法（method of loci，发音为 *LOW-sye*，源自"轨迹"或"地点"）的起源可以追溯到古希腊时期，是本书提到的最古老的记忆方法。希腊的演讲家们最初发明位置记忆法来帮助他们记住演讲中的要点。

例如，想象一系列熟悉的地方，如你从家到学校的路上会经过的一些主要地标，然后使用位置记忆法在脑海中想象自己按照路线从一个地方移动到另一个地方，在移动的过程中把清单上的一个事物与其中一个地方对应。当你要从记忆中提取清单上的这些事物时，你只需再进行一次心理旅行，并检查你之前使用过的那些位置。在每个位置上，你都会"看到"你之前放在那里的事物。例如，如果你要记住购物清单，你可能会想象在你的房子上有一罐金枪鱼罐头，一瓶洗发水洒在了你上学时路过的溜冰场上，快餐店里放着一个碎鸡蛋等。奇异的或非常规的图像组合通常更容易被人记住。因此一罐金枪鱼罐头出现在你的房子上，会比它出现在超市里更让人印象深刻（Bower, 1972）。显然，这种方法在很大程度上依赖于生动的表象，你的想象力越丰富，你就越能记住清单中的内容。你还需要对想象的路线和清单反复练习才能更好地掌握它——所以，对于购物清单来说，最好的方法还是把它写下来。然而，记忆比赛中的世界纪录保持者通常会使用这个策略，并能够很好地记住一长串名字、数字和卡片。从本质上讲，位置记忆法是一种赋予原本毫无意义的事物意义，从而提高记住它的能力的方法。

5.8.2　自然语言中介

所谓自然语言中介（natural language mediator，NLM）

的记忆术，是通过将新信息与有意义的词汇模式（如一个故事、一个首字母缩略词、一个韵脚或一首歌）建立联系来帮助我们记忆的。

- 如果用这种方法来记住购物清单，那么你可以编一个故事。

- 还是使用与之前相同的购物清单（金枪鱼、洗发水和鸡蛋），为了将这些物品联系在一起，故事可以这样展开："这只猫发现金枪鱼吃完了，所以它就在我用洗发水洗头的时候打断我，并喵喵叫着催（egg me on）我买鱼。"（好吧，虽然我们知道这个故事是假的，但它的确能帮助我们记住这个清单！）

- 同样，广告商也知道，使用押韵的口号和有节奏的音乐能让消费者更容易记住他们的产品和品牌名称。（现在你的脑海里可能就会浮现出一个广告的画面！）

- 你以前的老师很有可能使用过简单押韵来帮助你记住拼写规则（"I 在 E 之前，在 C 之后"）或每个月的天数（"九月有三十天"）。

- 在物理课上，你也可能用过以**首字母缩略词**的形式（用首字母组成的单词）出现的自然语言中介，来学习可见光颜色的正确顺序：如 "Roy G. Biv" 代表红色（Red）、橙色（Orange）、黄色（Yellow）、绿色（Green）、蓝色（Blue）、靛蓝色（Indigo）、紫色（Violet）。

5.8.3　记忆名字

人们最常抱怨的记忆问题就是记不住别人的名字。那么，你要如何利用联想的力量来记住人名呢？首先你要知道，记住别人名字的过程不会自动发生。那些很快能记住他人名字的人通常会有意地把一个名字和这个人的某些特征联系起来，这种联系越不寻常，记忆就越深刻。

例如，假设你刚刚在一个心理学大会上遇到了本书的作者。如果你想要记住我们的名字，你可以想象鲍勃（Bob）的脸被框在一个从他的名字中选取的大 "O" 里。要记住薇薇安（Vivian）的名字，你可以把她想成 "活泼的薇薇安"（Vivacious Vivian），即大会上最活泼的人。至于菲尔（Phil），你可以想象把一根水管放进菲尔的嘴里并给他 "灌"（fill）一点水。（尽管不寻常的联想可能比寻常的联想更容易记住一个人的名字，但最好不要告诉别人你想出了怎样的记忆术来记住他们的名字。）

总之，记忆术的使用让我们认识到记忆是灵活的、个人化的和富有创造性的。它还告诉我们，记忆始终会通过有意义的联想起作用。有了这些知识并亲自进行一些实验，你可以基于自己的个人联想，或许还有你的幽默感，设计出适合你的编码和提取技巧。

心理学很有用　●●●

运用心理学来学习心理学

那些为了记住名字或清单中一大堆无关项目而设计的记忆策略并不能帮助你在心理学课堂上学习。在心理学课堂上，重要的知识一般由概念组成，这些概念经常是抽象的，如 "**操作性条件反射**" 或 "**倒摄抑制**"。你需要**理解**这些概念的含义，而不仅仅是记住它们。对这种材料的学习需要应用一些策略，这些策略既适合概念学习，又能避免大学生犯他们最怕的两宗记忆之 "罪"：短暂性和阻断。让我们看看认知心理学家对那些想要避免自己犯这两宗 "罪" 的学生有什么建议。

学习避免记忆的短暂性

- 为需要学习的材料赋予个人化的意义。许多研究都揭示了**精细复述**的作用，当记忆是有意义的而不只是事实和定义的集合时，我们的记忆会更牢固（Baddeley，1998；

Haberlandt，1999）。所以，如果你能主动为一个新概念想出个人化的案例，或者在概念之间建立联系，你就会为这些材料建立一个更强的提取线索。你也可以使用**整体记忆法**（whole method）来加强记忆，需要在短时间内记住剧本内容的演员经常使用这个方法。在使用这种方法时，你要对所有的材料进行概述，从而形成"全局"，并能将细节融入其中。假如你们下周要考这一章的内容，当你使用整体记忆法时，你首先要通读本章的大纲和摘要，以及所有的标题和副标题，然后再开始阅读本章的细节内容。你也可以经常查看章节目录，用来提醒自己思考如何将正在学习的概念融入本章的大背景中。这种方法帮助你建立了一个心理框架，你可以在这个框架上填入编码、干扰、提取和其他记忆主题的细节。

- **将学习内容分散到不同时间学习。** 接下来，你可以使用**分散学习**（distributed learning）的方法来抵抗记忆的短暂性。换句话说，你应该反复、频繁地间隔学习心理学知识，而不是期望通过一次性的"填鸭"来记住相关内容［这种方法被称为**集中学习**（massed learning）］。分散学习不仅避免了因集中学习的疲劳导致的学习效率低下的问题，而且还能在巩固过程中强化对知识的记忆。并且，每次你在学习时，都会复习已经学过的内容，并利用**重复曝光**（repeated exposure）的力量来帮助你巩固自己的记忆。一项研究发现，相比那些只用一个时段学习的学生，将知识分两个独立时段学习的学生，在同样的时间长度内，不仅能够记住两倍的知识，而且还能更好地理解学习的内容（Bahrick et al.，

1993）。分散学习也会使学习材料保持得更久（Schmidt & Bjork，1992）。这种方法还有助于理解为什么几十年后我们仍能很好地记住读高中时朋友的名字和面孔：这很可能是因为我们在高中时频繁地提取这些信息，这相当于进行了分散学习。

- **采取积极措施尽量减少干扰。** 虽然你不能完全避开对记忆的干扰因素，但你可以避免在为明天的心理考试复习完后再学习另一门课的知识。你还可以找出那些你容易混淆、彼此相似的概念或术语，并额外花时间区分它们的差异。

学习避免在考试时出现记忆阻断

上面提到的策略能帮助你在考试前对需要掌握的知识形成牢固的记忆。不过，要想在考试中取得好成绩，你还必须避免记忆阻断，即无法提取记忆中的内容的现象。为了帮助你做到这一点，我们建议你应用一些技巧，这些技巧会用到你在本章中学到的两个概念，即**精细复述**和**编码特异性**。

- **复习需要记忆的材料。** 学生们通常认为他们只需要读一遍材料并理解它们，这样就能够记住它们。然而，对于那些复杂的概念和观点，你要经过多次的复习才能记住它们。并且你在复习时不应该是盲目和被动的，如仅仅看看书中的内容。相反，你需要主动地进行复习，你可以用标题、副标题和关键词来测验自己，确定你准确记住了多少内容。考试能否获得成功的一部分原因在于，你能以多快的速度提取所需的知识。所以，你要记住，每次你在学习时提取了相关内容的记忆，你回忆它们的速度就能得到提高。而且，每次你都可以

从不同的地方开始复习，这样你就可以利用**系列位置效应**加强自己的记忆。

- 用你认为在考试中会出现的提取线索来测试自己。通过编码特异性原则，你就能以考试中最有可能出现的提问方式来复习。与一个在准备相同考试的朋友一起做这件事通常会更容易，最佳时机是在考试的前几天，在你已经完成复习、感觉自己已经准备好了的时候。此时你的目标不是学习新的材料，而是练习你已经学过的且你预测最可能出现在考试中的知识。这门课的教授喜欢出论述题、简答题或是选择题？试着思考并回答考试中最有可能出现的问题。

所有这些学习策略都是建立在已经确立的学习和记忆原则的基础上。以这种方式进行学习看起来可能需要完成很多工作，虽然事实的确是这样，但最终收获的成果却值得我们为之努力。

批判性思维的应用：对"恢复的记忆"的争论

现在让我们将注意转回到本章开始时提到的两个案例。这两个案例都涉及当事人宣称其恢复了一段记忆：罗斯对自己被营地辅导员骚扰的记忆是准确的，而唐娜对父亲虐待自己的记忆则最终被判断是错误的。那么，当我们听到其他类似恢复记忆的说法时，我们该怎么办呢？

关键问题是什么？

争论的焦点是恢复的记忆的准确性，而不是性虐待之类事件的真实性。恢复的记忆是否是虚假的？如果有可能，那么我们就必须去判断它们的准确性，尤其是关于创伤性事件的记忆。

恢复记忆的观点是合理的还是极端的？

让我们从这个问题开始讨论：有关性虐待的记忆恢复这件事是合理的还是离谱的？也就是说，它是否符合我们对记忆和性虐待所知的事实？让我们看看下面的证据能告诉我们什么。

需要强调的是，**确实存在儿童遭到性虐待的事件**，这也构成了严重的社会问题。这有多普遍呢？虽然不同的估计之间相差很大，但在美国大约有 4% 到 20% 的儿童至少经历过一次性虐待（McAnulty & Burnette，2004；Terry & Tallon，2004）。当然，我们很难获得准确的数据，因为人们可能不愿意说起这些经历。而且，如果性虐待的记忆真的可以长时间被屏蔽在意识之外，那么实际的数字可能就会更高。

我们还应该注意到，大多数声称遭到性虐待的人并不存在"恢复的"记忆。总之，我们没有理由去怀疑那些说自己被性骚扰过并一直铭记在心的人。争论的焦点在于一小部分记忆被遗忘数月甚至数年之后突然"被恢复"。

证据是什么？

公众怀有一种强烈但毫无根据的信念，即认为人们对创伤事件最常见的反应是压抑，正如西格蒙德·弗洛伊德最早提出的那样。但是，事实上，大多数有创伤性经历的人并不会忘记这段记忆，而是对它们历历在目（McNally et al.，2003）。对那些令人不安的经历的不愉快回忆正是创伤后应激障碍的问题所在。那么，我们如何解释以下事实，即在这一领域的几乎每一项研究中都有一部分案例会报告其存在压抑的现象（Greenhoot et al.，2008）？

直到最近，心理学家们还无法回答这个问题。但现在，加利福尼亚州立大学的心理学家盖尔·古德曼及其同事（Goodman et al.，2010）可能已经找到了答案。他们的一系列研究表明，**回避型依恋**（avoidant attachment style）的儿童——或者那些对环境及其中主要人物缺乏信任的儿童在虐待事件发生时不太可能对该事件进行心理加工，这使得记忆被编码并被存储在长时记忆中的可能性降低。对这些个体来说，面对创伤事件的最终结果可能确实会形成被称为"压抑"的反应。

相关结论是否存在被偏差污染的可能？

我们已经知道，记忆并不能完整地记录我们的经历。我们对经历的记录也并不总是准确的。与恢复记忆之争尤为相关的是一项我们在本章中讨论过的研究，它揭示了记忆很容易因暗示被修改甚至捏造。结果显示，被试不仅会报告虚假记忆，而且会相信它们是真实发生的（Bruck & Ceci，2004）。这类实验应该会让我们怀疑在治疗或审讯过程中使用暗示性技术所恢复的记忆。记忆专家伊丽莎白·洛夫特斯认为，那些假定大多数心理问题都源于儿童期性虐待经历的治疗师的确会使用暗示性技术，尽管她没有说明这个问题可能有多普遍（Loftus，2003a，2003b）。在《制造怪物》（*Making Monsters*）一书中，社会心理学家理查德·奥夫舍（Richard Ofshe）和他的合著者描述了来访者如何在不知情的情况下调整他们的回忆以符合治疗师的期望。他还补充说："治疗师经常会鼓励来访者基于新的虚假记忆重新定义他们的生活历史，以及他们对家庭和自己最基本的认识。"（Ofshe & Watters，1994，p.6）

我们并不是说所有或者大多数治疗师都会使用暗示性的技术来探寻来访者遭受性虐待的记忆，尽管有一些确实如此（Poole et al.，1995）。然而，对于那些使用催眠、梦境分析和暗示性提问等技术来"钓"被压抑的早期性经历记忆的治疗师，来访者还是应该提高警惕。目前没有证据表明这些方法能够帮助我们恢复准确的记忆。

另一个暗示性来源是《治愈的勇气》（*The Courage to Heal*）一书，该书导致了大量令人震惊的恢复记忆案例的出现。这本书认为，被遗忘的乱伦和虐待记忆可能是人们感到无力、缺乏自信、脆弱和其他一系列不愉快的想法和情绪背后的原因（Bass & Davis，1988）。作者在书中写道："如果你……觉得自己曾经遭受过虐待，那么它很可能发生过。"但是，这些断言只不过是推测。因此，记忆专家伊丽莎白·洛夫特斯和凯瑟琳·凯查姆（Katherine Ketcham）表示（1994），《治愈的勇气》可能导致了许多关于性虐待的虚假记忆的产生。

我们还应该注意到，恢复的记忆这个问题既复杂又充满了情绪因素，在这种情况下很容易产生情绪偏差。性虐待问题不仅会破坏许多人与家庭的关系，而且我们也不会对那些认为自己是性虐待受害者的人置之不理。然而，我们对记忆的认识告诉我们，在没有确凿证据的情况下，我们不应该认为那遗忘已久的创伤性记忆真实发生过。

理性是否避免了常见谬误？

当观察事物之间的联系时，我们有一种自然的倾向，即猜想其中一个可能会导致另一个。例如，我们会把暴饮暴食与体重增加联系在一起，或者把长时间暴露在太阳下与晒伤联系在一起。在大多数时候，这种逻辑对我们很有帮助，但它偶尔也会导致我们得出错误的结论。例如，我们认为打冷战会导致感冒，或吃甜食会导致"糖兴奋效应"。专家们将这种现象称为事后归因谬误：事后的字面意思是"在事实发生之后"，事后归因谬误是指当我们回顾连续发生的事件（如吃糖之后兴奋）时，我们可能会错误地认为第一件事是第二件事的原因。

事后归因谬误对"恢复的记忆"的争论有何贡献？当人们"回顾"他们的记忆，并发现自己被虐待的记忆（不知准确与否）似乎与他们当前的不快乐有关时，他们会假定虐待事件（再次重申，无论是否真实地记得）是导致他们当前心理状态的原因。但是，正如我们所看到的，这个结论可能是错误的。讽刺的是，通过证实性偏差，这个结论会强化一个人对此记忆的信念。

我们能够得出什么结论？

那么，上述内容给了我们什么启示？请你使用具体问题具体分析的方式来衡量上述证据，并注意情绪偏差可能会对你的思维产生的影响。同时，也要记住以下几点。

- 一方面，**确实**存在儿童性虐待事件，而且这种事件的发生会比上一代大多数专家所推测的更为普遍（McAnulty & Burnette，2004）。

- 另一方面，那些由治疗师或警察的暗示引导回想起来的记忆特别容易被扭曲和捏造（Loftus，2003a）。因此，在没有独立证据的情况下，我们没有办法判断一个被恢复的记忆是真实的还是虚假的。

- 请牢记，人们对虚假记忆的确定程度与他们对真实记忆的确定程度相同。

- 尽管创伤性事件可以被遗忘，并在之后可以被回忆起来。但它们更有可能形成人们无法忘记的持久和侵入性的记忆。不过，像罗斯这样的案例告诉我们，关于被虐待的记忆的恢复可能是准确的。

- 早期记忆，尤其是那些可能发生在婴儿期的事件，很可能只是人们的幻想或错误归因。正如我们所看到的，人们在 3 岁之前极少会形成对事件的情景记忆（Schacter，1996）。

- 比起那些声称一直在意识中存在的记忆，人们更应该对那些声称被"压抑"并在数年后"恢复"的记忆表示怀疑。

本章小结：记忆

本章思考题

我们关于记忆的知识如何帮助我们评估那些宣称恢复记忆的说辞？

- 有证据清楚地显示，大多数人都会对经历的创伤性事件形成强烈的记忆，而不是将它们压制。
- 研究表明，约有三分之一的人容易形成虚假的记忆。因此，治疗师或其他权威人士使用的暗示性提问方法可能会在无意中导致一个人产生与治疗师的暗示相一致的虚假记忆。
- 研究人员发现，回避型依恋的人比其他依恋类型的人更有可能压抑创伤性记忆。

什么是记忆
核心概念 5.1

人类的记忆是一种信息加工系统，它会对信息进行建设性的编码、存储和提取。

像其他记忆系统一样，人类的**记忆**包括三项重要的任务：**编码**、**存储**和**提取**。尽管许多人都认为记忆能够完整且准确地记录信息，但认知心理学家认为人类的记忆是一个对信息进行解释、扭曲和重构的信息加工系统。但是，"**遗觉象**"是一种罕见且难以解释的记忆形式，它会让个体产生非常生动和持久的记忆，但可能会干扰人的思维。目前我们尚不清楚如何基于被广泛接受的记忆三阶段模型来解释遗觉象。

我们如何形成记忆
核心概念 5.2

记忆有三个阶段。尽管每个阶段的编码和存储记忆的方式各不相同，但它们共同合作将感觉经验转化为具有某种模式或意义的持久性记录。

记忆系统由三个不同的阶段组成：**感觉记忆**、**工作记忆**和**长时记忆**。这三个阶段通过合作有序地将传入的感觉信息转换成有用的模式或概念进行存储，以便在需要时对信息进行提取。

通过感觉通路，感觉记忆可以将 12~16 个视觉项目保持最多 1~2 秒。每种感觉都会通过独立的感觉登记保存足够长的时间，以便工作记忆从中选择重要的信息，并且对其进行进一步的加工。

在这三个阶段中，存储容量最小的是工作记忆，持续时间一般为 20~30 秒。工作记忆负责从感觉记忆和长时记忆中提取信息，并进行有意识的加工。心理家认为，工作记忆至少由**中央执行器**、**语音环路**、**视空间模板**和**情景缓冲器**四个部分组成。我们可以使用**组块**和**保持性复述**的方法来应对工作记忆的容量有限和持续时长短。工作记忆的生物基础目前尚不清楚，但是它被认为可能与额叶皮层上活跃的神经回路有关。

长时记忆显然具有无限的存储容量和

持续时长。它由**陈述性记忆**（关于事实和事件的记忆）和**程序性记忆**（关于感知觉和运动技能的记忆）这两个主要部分组成。陈述性记忆还可以进一步分为**情景记忆**和**语义记忆**。人们根据材料的含义和背景信息对语义信息进行编码、存储和提取。**H.M.** 的案例表明，在将信息转化为长时记忆时有海马的参与。另外，有些研究发现，长时记忆与突触水平上相对永久性的变化有关。

闪光灯记忆在高度情绪化的体验中很常见。虽然大多数人都会对这种生动的记忆非常有信心，但研究表明，相较于日常生活的记忆，这些记忆并不会更准确。

我们如何提取记忆

核心概念 5.3

无论是内隐记忆还是外显记忆，能否成功地将其提取都取决于它们如何被编码和被提示。

信息可以被存储为**外显记忆**或**内隐记忆**。**精细复述**和**加工深度**在成功提取记忆的过程中起着最为重要的作用。记忆搜索能否成功也部分取决于**提取线索**的优劣。内隐记忆可以通过**启动**得到提示。外显记忆可以通过各种**回忆**或**再认**任务来获得提示，尽管有些任务只需要记住**要点**，而不用记住确切的细节。记忆提取的准确性还取决于**编码特异性**和**心境**。目前我们对成功提取**前瞻性记忆**所需要的条件知之甚少。当提取线索与记忆

编码不匹配时，我们可能会遭遇**舌尖现象**。

为什么记忆有时会出错，对此我们能做些什么

核心概念 5.4

大部分记忆问题都源于记忆的"七宗罪"，这"七宗罪"实际上是人类记忆的其他适应性特征的副产品。

记忆失败涉及记忆的"七宗罪"。这七宗罪包括由弱化记忆痕迹（**短暂性**）、注意力缺失（**心不在焉**）和无法提取记忆（**阻断**）而导致的遗忘。有些遗忘可以归因于**干扰**的影响，这是导致记忆短暂性的一个原因。当记忆因**错误归因**、**易受暗示性**和**偏差**的影响而发生改变时，也会出现回忆失败的情况。目击者的记忆就是一个重要的例子，这种记忆很容易被扭曲。易受暗示性也能使人产生虚假记忆，并对这些记忆信以为真。记忆的最后一宗"罪"是**纠缠**，是指即使我们想要忘记那些我们不想要的回忆，它仍会在记忆中挥之不去。

但是，记忆的"七宗罪"是记忆系统为了适应日常生活中出现的问题而产生的记忆特征的副产品。其中一些问题可以通过使用**记忆策略**来解决，如**位置记忆法**、**自然语言中介**和其他联想方法。但是，对概念的学习则需要使用专门的策略，即通过学习材料的**要点**从而避免短暂性和阻断这两宗记忆之"罪"。

批判性思维的应用：对"恢复记忆"的争论

　　大多数人都错误地认为创伤性记忆会被人们压抑，并且可以在之后通过催眠或其他技术被准确地恢复。但有研究证据表明，大多数人并不会压抑创伤性记忆，而且暗示性技巧可能会诱导人们产生虚假记忆。

爱因斯坦是公认的物理学天才。如果他当初选择的是绘画、文学或医学，他还会成为天才吗？什么是天才？天才和普通人有什么不同？我可以成为天才吗？这些问题涉及的核心概念就是本章的主题"思维与智力"。翻开本章，你将找到这些问题的答案。

大多数人对"思维"或"思考"这两个词并不陌生。法国哲学家笛卡儿说过："我思故我在。"《论语》中有："学而不思则罔，思而不学则殆。"《礼记·中庸》中则有："博学之，审问之，慎思之，明辨之，笃行之。"但是，对于"思维"的含义，我们可能从未深入思考过。本章一开始就向我们介绍了思维的定义及其组成成分。

如果你想成为一个善于思考的人，了解自己是否有成为天才的潜力，那么你一定不要错过接下来的内容。你将学到有效的思维策略，如何避开常见的思维陷阱，以及如何成为一名专家。

天才通常指智力超群的人。智力就是思维能力。如何测量智力？智力的组成成分是什么？遗传和环境因素如何影响智力？对于这些问题，心理学家提出了各种不同的理论。研究人员对智力概念本身的理解不断深入，测量智力的方法也随之发展。在阅读完本章后，你将了解智力的概念和智力测验的发展历史，并且了解智力测验的题目，了解如何对待不同智力水平的人，学会从文化的角度思考人与人之间的差异。

请带着以上这些问题翻开本章，愿你结合本章理论与自身实践，享受思考"思考"本身的乐趣。

周国梅

中山大学心理学系教授

06

第六章

思维与智力

本章译者：周国梅　赵欣仪

谷歌的两位创立者是天才吗？本章将探讨思维与智力，以及"天才"的真正内涵。

核心概念

6.1 思维是一种认知过程。在此过程中，大脑运用来自感觉、情绪和记忆的信息去创造并操控诸如概念、图像、图式和脚本等心理表征。

6.2 善于思考的人不仅拥有一套被称为算法和启发式的有效策略，而且他们也知道如何避开问题解决和决策中常见的障碍。

6.3 智力测验在历史上备受争议，现在大多数心理学家都将智力看作一种呈正态分布的特质，并且可以通过各种认知任务的绩效来测量。

6.4 一些心理学家认为智力包含一个一般因素——g；而另一些心理学家则认为智力是多种不同能力的集合。

6.5 尽管大多数心理学家认同遗传和环境都会影响智力，但是对于种族间和社会群体间的智商差异的来源，他们仍存在分歧。

追随你的热爱，你也能成为超级富豪！ 至少这就是发生在谢尔盖·布林（Sergey Brin）和拉里·佩奇（Larry Page）身上的事。布林和佩奇是斯坦福大学（Stanford University）计算机科学专业的研究生，他们都着迷于寻找一种更快的互联网搜索方法，以便从海量信息中提取特定的信息。

1996 年 1 月，布林和佩奇对于怎样才能比现有搜索引擎更有效地搜索网络信息有一些创新想法。整合各自的资源后，这对搭档做的第一件事就是在佩奇的宿舍组装了一台计算机，并为它配置了他们能负担得起的尽可能多的内存。

他们将两人合作开发的第一代搜索引擎称为"反向追踪"（Backrub）。之所以这样命名，是因为它可以通过识别并跟踪"反向链接"（back links）来找出哪些网站正在显示某个特定网页。这给他们提供了一个指标来衡量用户理想中的网站的价值。虽然布林和佩奇的搜索引擎表现良好，但他们却没能说服任何一家计算机大公司或一位互联网投资者购买他们的设计。因此，在家人和朋友提供的少量经济支持下，他们开始自己创业。斯坦福大学一位教员的朋友看到了他们事业的光明前景，于是给他们开了一张 10 万美元的支票。这张支票在佩奇的办公桌抽屉里躺了两周，因为那时他们还未成立能兑现这张支票的公司。

布林和佩奇的搜索引擎的工作原理大体上和其他网络搜索软件一样。它派出电子"蜘蛛"在网页中爬行，寻找重要的词条，并将这些词条及它们的网址一起列入索引。它还跟踪它所扫描的网页上的链接（包括正向的和反向的），并列入更多的词条。但是他们成功的秘诀，就像可口可乐的配方一样，是保密的。这包括呈现给用户的搜索结果的排列方式。大多数时候，它都能从数百万个可能有关的网站中找到用户最想要的一些网站，并把它们置顶。因此，这个搜索引擎的设计初衷就是将用户头脑中的概念和数以亿计的网络词汇做连接。换句话说，布林和佩奇必须使他们的搜索引擎尽可能像人一样"思考"——这正是本章所要讲述的内容。

公众喜欢他们的搜索引擎。实际上，公众对它的喜爱远超那些将它拒之门外的大公司对它的喜爱。在随后的 10 年里，他们的搜索引擎成了"能干的小火车头"（the little engine that could）[①]。最初，它在佩奇的宿舍发展壮大，接着它延续了美国发明家和摇滚乐队发展的伟大传统，被搬到了车库。如今，它拥有超过 50 000 名员工，办公室遍及全美及其他 39 个国家。它还被誉为最详尽的搜索引擎，能够提取几十亿个网页中的关键词。每天，它都会处理数以亿计的搜索请求。工作变得如此繁重，以至于布林与佩奇不得不向研究生院请假来管理他们的公司。他们以数学家对数字 1 之后跟着 100 个 0 的术语[②]重新命名了公司，名为谷歌（Google）。

什么是天才？任何人都可以成为天才吗

布林与佩奇，在某些方面，很像计算机领域中的其他传奇先驱者：两个史蒂夫，史蒂夫·乔布斯（Steve Jobs）与史蒂夫·沃兹尼亚克（Steve Wozniak），他们在车库中创立了苹果公司；以及比尔·盖茨（Bill Gates），他与朋友保罗·艾伦（Paul Allen）以小额成本创立了微软。这些人都可以被称为"天才"。这个术语是本章的第一个问题的主题。

> **本章思考题：**
>
> 　　是什么造就了"天才"，这些被我们称为"天才"的人在多大程度上不同于其他人？

在思考这个问题时，我们还需要深思其他一些问题。

- 托马斯·爱迪生（Thomas Edison）曾经说过，

---

① 一本美国绘本，也常被译为《小火车头做到了》，寓意为相信自己可以做到某事，并为之坚持不懈，最终取得了成功。——译者注

② Googol，古戈尔，现存最大的数字单位，到目前为止我们还没有发现任何比古戈尔还大的量。——译者注

天才是 1% 的灵感加 99% 的汗水。如果是这样，那么这是否意味着天才主要关乎高动机，而非天分或天赋？

- 天才主要是先天的产物还是后天的产物？

- 天才的思考方式与其他人存在差异吗？还是说他们只不过能更有效地运用与其他人相同的思维过程？

- 例如，物理学天才爱因斯坦（Einstein），如果选择的是绘画、文学或医学，他还会成为天才吗？也就是说，有不同种类的天才吗？成为天才的潜能只限于某个特定的领域吗？

下面，我们将回答以上这些问题。但在开始对思维与智力进行探索之前，让我们先回到谷歌和有关人类心智的计算机隐喻上。

尽管谷歌取得了非凡的成就，但它只是对人类心智的苍白模仿。当然，它可以在大约半秒内对多达 1 万亿个网页存储的内容进行扫描，并反馈针对"搜索引擎"这一词条超过 10 亿个的相关链接。但当你问它可以在生日聚会上筹备什么食物时，它仅会提供（截至写本书时）40 600 000 个关于"生日""聚会"和"食物"这些词条的链接。与大多数人类思维不同，谷歌与它的支持性硬件网络对此毫无头绪——就像你桌子上的计算机一样。计算机并不会通过意义来检索信息。

尽管如此，在认知科学家手上，计算机却可以成为研究我们如何思考的强大工具，原因如下。

1. 这些科学家们使用计算机进行脑成像研究。这些研究表明，大脑就像我们所看到的那样，是一个由相互关联的加工模块所组成的系统。

2. 研究人员使用计算机模拟的方法试图对人类的思维过程建模。

3. 虽然认知科学家们还没有造出能够完全像大脑一样运行的计算机，但他们用计算机来比喻大脑，把大脑比作一个信息处理器。

这个计算机隐喻（computer metaphor）表明，思维无非就是信息加工过程。我们在思维过程中所使用的信息可以是感官接收的原始数据，也可以是长时记忆中有意义的概念。因此，正如你所见，思维心理学所涉及的加工，与我们先前讨论的学习和记忆的加工是一样的。

可以肯定的是，这个计算机隐喻并不完美。计算机不仅不能理解含义，而且正如我们将要看到的，它们不具备抽象思考或幽默的能力（尽管它们非常善于每天在电子邮箱和 Facebook 中传输信息及分享数以百万计的笑话）。因此，一些心理学家建议不要再囿于计算机隐喻，而是要讨论模块化的并行信息加工。我们现在知道大脑在思考时确实会进行模块化的并行信息加工。例如，进化心理学家认为大脑更像一把瑞士军刀——一种多用途的万能工具，有用于实现特定功能的各种专用组件。不管怎样，这个计算机隐喻是我们对思维进行思考的良好开端。

关键问题：
思维的组成成分是什么

核心概念 6.1

思维是一种认知过程。在此过程中，大脑运用来自感觉、情绪和记忆的信息去创造并操控诸如概念、图像、图式和脚本等心理表征。

解决一个数学问题，决定周五晚上要做什么，以及沉浸在自己的白日梦中，这些都需要思维。我们可以将思维看作一种复杂的认知行为——大脑中的信息加工——我们通过它来处理我们的思想、图像、情感、欲望和经验所构成的世界。正如核心概念 6.1 所指出的，这种信息可以来自内部，也可以来自外部，但它总是涉及某种形式的心理表征。

> 思维是一种认知过程。在此过程中，大脑运用来自感觉、情绪和记忆的信息去创造并操控诸如概念、图像、图式和脚本等心理表征。

这些心理表征便充当了认知的组成成分，而思维则以有意义的方式将它们组织起来。最终的结果就是一些更高级的思维过程，我们称之为推理、想象、判断、决策、问题解决、专业知识、创造力，以及天赋。

本部分导读：

6.1 解释概念的心理类别。

6.2 解释为什么人们的认知地图可能有很大不同。

6.3 描述 PET 扫描、MRI 与 fMRI 在揭示思维和大脑的作用中扮演了什么角色。

6.4 将直觉视为思维的情绪性成分。

6.1 概念

学习目标：

解释概念的心理类别。

你是否曾有过去一个新地方，却感觉自己以前到过这里的经历？或者与某人交谈，然后感觉这段经历似曾相识？如果你有过这样的经历，就体验过一种被称作既视感（déjà vu，来自法语，意思是"以前见过"）的现象。这个术语指的是这样一种奇怪的感觉：觉得自己当前的经历是以前经历过的，尽管自己并不能提取出那段外显记忆。这种感觉反映了大脑具有将新刺激作为熟悉类别的样例来处理的能力，即使这个刺激与在此之前遇到的任何刺激都略有不同。为什么这很重要呢？例如，想象一下，如果每次在学校开始一堂新课，我们都无法想起任何先前的学校经历，因而我们必须从头开始弄清楚我们应该做什么、如何学习，甚至是学校的意义所在，那么生活将会是什么样子的。这种将经历、物体或观点同化为熟悉的心理类别——对它们采取相同措施或给它们贴上相同标签——的能力是能够思考的生物体最基本的属性之一（Mervis & Rosch，1981）。

我们以这种方式所形成的心理类别被称为概念（concept）。我们将概念当作思维的组成成分，因为它们帮助我们对知识进行组织（Goldman-Rakic，1992）。

概念可以表征：

- 物体的类别（class of objects），如"椅子"或"食物"；
- 生物体（living organism），如"鸟"或"水牛"；
- 事件（event），如"生日聚会"；
- 属性（property），如"红色"或"大"；
- 抽象（abstraction），如"真理"或"爱"；
- 关系（relation），如"比……聪明"；
- 流程（procedure），如怎样系鞋带；
- 意图（intention），如打断谈话的意图（Smith & Medin，1981）。

但由于概念是心理结构，因此我们不能直接观察它们。对认知科学家而言，这意味着要从概念对行为或脑活动的影响中来推断概念。例如，你无法确定另一个人对"有趣"这个概念的定义是否和你的一样，但是你可以观察这个人对你认为"有趣"的刺激做出的反应是否和你的反应一样，来做出判断。

6.1.1 两种概念

每个人都在运用独特的方式对世界进行概念化，所以我们的概念定义了我们是谁。但是，在这种个体独特性的背后，也存在着所有人形成概念的方式的相似性。尤为特别的是，我们都对自然概念（natural concept）和人工概念（artificial concept）进行了区分（Medin et al.，2000）。

1. 自然概念是不精确的心理类别，是从我们有关这个世界的日常经验中发展出来的。基于你与鸟的经验，你拥有了关于"鸟"的自然概念。这反过来又形成了一个心理原型（prototype），一个来自你的经验的代表典型鸟类的一般图像（Hunt，1989）。要判断一个物体是不是鸟，你会在头脑中将它与你的鸟的原型进行对比——它与原型越匹配，你就能越快地做出判断。例如，大多数人将鹰识别为鸟的速度要快于将企鹅识别为鸟的速度（Rips，1997）。我们的个人原型包含了各种各样的自然概念，包括友谊、亲密感和性，而且对于所有这些自然概

你对"鸟"的自然概念所涉及的原型可能更像鹰而非企鹅。因此，你把老鹰识别为鸟的速度可能会比识别企鹅更快。然而，动物学专业的学生，可能也有一个"鸟"的人工概念，其对老鹰和企鹅同等适用。

念，一个人的原型可能不同于其他人的，这就为我们关系中误解的产生创造了基础。由于自然概念的不精确性，它们有时被称为"模糊概念"（Kosko & Isaka，1993）。

2. 相比之下，**人工概念**由一组规则或特征定义，如字典定义或数学公式。对"矩形"的定义就是一个例子。人工概念代表了被精确定义的观点或抽象概念，而非实际物体。所以，如果你学的是动物学专业，那么你可能也有一个关于"鸟"的人工概念，将鸟定义为一种"有羽毛的两足动物"。事实上，你在学校里学习的大部分概念都是人工概念。例如，"认知心理学"，甚至是"概念"本身！

6.1.2 概念层级

我们将我们大部分的陈述性记忆组织为**概念层级**（concept hierarchy），它按照从一般到具体的层级进行排列，如图 6-1 所示。对大多数人来说，"动物"的广义概念有几个子类别。例如，"鸟"和"鱼"，这些子类别又相应地被分为几个具体的形式——"金丝雀""鸵鸟""鲨鱼"和"鲑鱼"。"动物"这个类别本

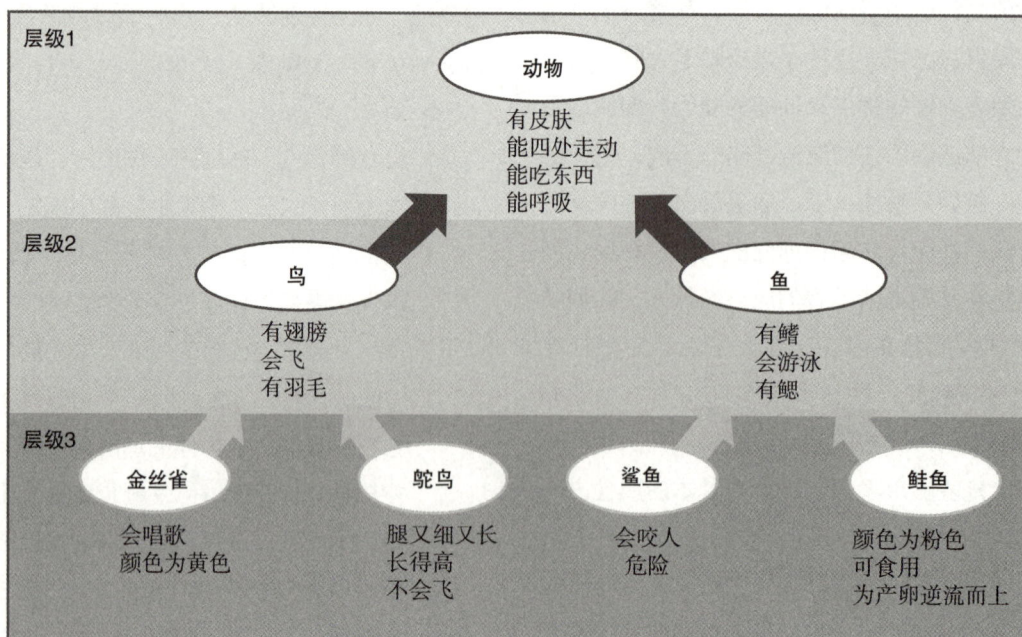

图 6-1 概念的层级组织结构

身可能就是"生物"这个更大类别的一个子类别。此外，我们常常会把每个类别与各种其他概念联系在一起。例如，有些鸟是可以被食用的，有一些是濒危的，还有一些则被作为国家的象征。由此一来，我们的概念层级就是概念及与其相关联的错综复杂的网络。

> **写一写**
>
> **构建你自己的层级**
>
> 在看过图 6-1 之后，选择一个你自己的广义概念，如学校、运动、娱乐、环境、艺术等。然后为你所选的概念确定 3 个子类别（层级 2）及每个子类别的两个种类（层级 3）。

6.1.3 文化、概念与思维

同一概念在不同文化中蕴含的意义大不相同。

一方面，在处理冲突观点和矛盾的方式上，西方人与许多东方人不同（Peng & Nisbett，1999）。

另一方面，还有一个很大的文化差异涉及对逻辑的运用。许多文化并不像西方文化那样重视逻辑推理的运用（Bower，2000a；Nisbett et al.，2001）。一些文化会通过将新观点与一些宗教著作中的智慧进行比较来寻求"真理"。即使在美国，许多人也更看重所谓的"常识"。它指的是基于经验而非逻辑的思考。

我们从这些文化差异中可以学到什么呢？虽然存在一些跨文化的普遍的思维原则，但它们涉及的只是十分基本的过程。例如，每个人都会形成概念这样的事实。然而，对于人们如何形成概念或概念被赋予什么含义，对假定别人想的和我们一样这件事，我们应更加慎重。

6.2 表象与认知地图

学习目标：

解释为什么人们的认知地图可能有很大不同。

我们用语言进行思考，但也会用图片、空间关系以及其他感觉图像进行思考。如果你花点时间想一想一个朋友的脸、你最喜欢的歌或热曲奇的气味，你就能轻而易举地感受到这一点。视觉表象为我们的思维增添了复杂性和丰富性，涉及其他感觉（听、味、嗅、触）的表象亦是如此。对于有些问题，用图像比用语言能更清楚地厘清关系，解决这类问题时，使用感觉表象进行思考将非常有帮助。这就是为什么像本书这样的图书作品常常要用图片、图解和图表来鼓励人们运用视觉思维。

视觉概念的一种特殊形式是对物理空间的认知表征，其被称作认知地图。认知地图可以帮助你去你的心理学教室，还能让你指引朋友去附近的剧院或熟食店。通过使用认知地图，人们可以闭着眼睛在自己家中穿梭或去熟悉的目的地，甚至在他们的惯常路线被阻断时也能做到。

不过，不同的人的认知地图可能会有很大不同。就像思维的其他元素一样，认知地图建立在我们独特的知觉基础上。我们的心理地图反映了我们从自身文化视角发展出来的世界观。

我们都会使用认知地图为自己探索世界提供导航。你是不是好奇，想看看自己的认知地图工作得怎样？

6.3 思维与大脑

学习目标：

描述 PET 扫描、MRI 与 fMRI 在揭示思维和大脑的作用中扮演了什么角色。

脑成像的发展使认知研究人员能够开始绘制思维自身的图谱（Ashby & Waldron，2000）。科学家现在能够将大脑中想的事物，如"狗"或"铅笔"，与特定的脑电波模式对应起来（Garnsey，1993；Osterhout & Holcomb，1992）。他们给志愿者的头"连"上电极以记录其脑电反应，然后给其反复呈现一个刺激（如在屏幕上闪现"狗"这个单词），以此来找到二者的对应。虽然仅一个试次的脑电波可能无法显示出清晰的模式，但计算机可以对单一、重复刺激（如一个声音信号或视觉图像）的许多脑电波反应进行处理，消除大脑的随机背景中的"噪声"，并分离出由某个刺激引发的独特的脑电波模式（Kotchoubey，2002）。

其他研究方法则可以告诉我们，当我们进行思考时，大脑的哪些部分被激活，哪些部分被抑制。通过使用 PET 扫描、MRI 和 fMRI，神经科学家们已经确定了在各种心理任务中会变得活跃的大脑区域。这类工作得出了两项主要结论。

1. 思考是一种涉及大脑中广泛分布的各个区域的共同活动，而不是仅取决于一个"思维中心"。
2. 神经科学家现在将大脑看作一个由各种高度专业化模块所组成的共同体，其中各个模块会处理思维的不同成分（Cree & McRae，2003）。

此外，大脑生成图像的思维回路与它在感觉和知觉图像时使用的回路是一样的。因此，从记忆中提取的视觉表象激活了视觉皮层，而听觉记忆则激活了听觉皮层（Behrmann，2000）。用语言进行思考则可能会根据话题的不同而涉及不同的区域。一项脑成像研究表明，大多数笑话主要通过皮层中的语言加工区域让我们感到开心，而"谐音梗"则激活大脑中的声音加工回路（Goel & Dolan，2001）。总体来说，这项工作显示，思考是一个由许多模块协同运作的过程。

大脑额叶（frontal lobe）在协调我们决策和解决问题时的心理活动方面发挥着尤为重要的作用（Helmuth，2003a；Koechlin et al.，2003）。为了做到这一点，前额皮层（位于额叶，就在你眼睛的上方）要执行三项不同的任务：

1. 跟踪情境（episode，我们所处的情境）；
2. 理解背景（context，情境的含义）；
3. 对情境中的特定刺激（stimulus）做出反应。

以下是它的工作原理。假定你正开车去学校，你看到路边有一只受伤的狗（情境），它显然还活着，但是似乎无法行走（刺激）。你会怎么做？如果这是在你家附近，并且你认出了这只狗，你很有可能会停下来予以帮助，你也许会帮忙找到狗的主人或带它去看兽医。但是如果你不住在附近，而且你也不认识这

只狗呢？或者如果你正赶赴一场考试，而停下来帮忙可能会导致你迟到，甚至错过考试呢？如果你害怕狗呢？这些不同的背景会影响你的决定，而所有这些仅在几秒内就能完成。从神经科学的角度来看，有趣的是所有这些任务都是由大脑模块以不同组合的形式、以无缝同步的方式来共同完成的。这是一个令人印象深刻的复杂系统。

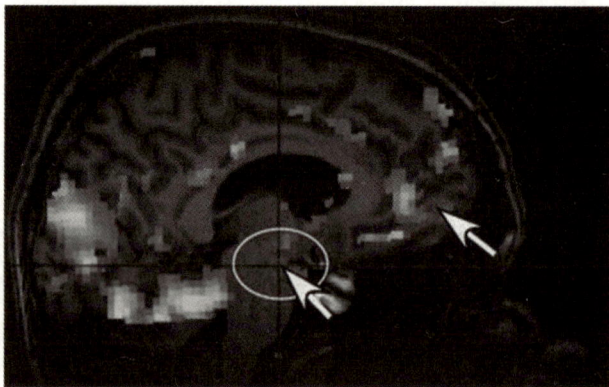

这个 fMRI 扫描图显示的是那些处于热恋中的人们的人脑活动。边缘系统中与奖赏系统相关联的区域高度活跃，这与大脑对可卡因的反应相似。与思考、推理和计划有关的前额皮层也很活跃。

6.4 直觉

学习目标：

将直觉视为思维的情绪性成分。

心理学家早就知道，人们做决策时——甚至是进行重要决策（如买房或选择配偶）时——既会根据感受，又会根据理性做出快速判断（Gladwell，2005；Myers，2002）。当我们思考我们所处世界中的物体和事件时，我们会以被称为情绪的积极感受或消极感受来赋予它们"价值"。相应地，当我们从备选行动方案中做决策时，我们会根据赋予每种选择的情绪来给它们权重。当然，我们有能力更有条理和更有逻辑地去权衡这些选项，但情绪总是混入我们的决策中，特别是混入我们称为直觉（intuition）的快速思考过程中。

思维的这种情绪性成分——与许多其他复杂认知任务一样——会用到前额皮层。前额皮层让我们在做

决策时无意识地考虑情绪性"预感"这个因素，包括让我们考虑关于过去经验的信息，以及我们的需求、欲望和情绪。前额皮层严重受损的个体可能无法表现情绪或存在直觉缺陷。因此，在面临决策时，他们常常会做出不明智的选择（Damasio，1994）。

我们的直觉有多准确？你怎么看？

有时，我们直觉性的快速判断仅仅是我们的偏见和偏向，虽然它们可能看似正确（Myers，2002）。在管理者身上这一点已被证实：他们常常高估自己的直觉的力量，相信自己特别善于判断别人的能力和性格。因此，即使研究表明将教育水平和测验分数等客观数据纳入考虑通常能帮助人们做出更好的判断，但管理者在招聘员工时还是常常仅依赖于面试（Dawes，2001）。

然而，快速的直觉性判断有时会出乎意料地准确。纳里尼·安巴迪（Nalini Ambady）博士发现，人们在看过一个时长仅为 6 秒的视频片段后就能对一个人的人格特质做出极为准确的判断。同样，学生对一位教授的教学效果的快速判断与课程结束时的成绩高度相关（Ambady & Rosenthal，1993；Greer，2005）。普林斯顿大学（Princeton University）的心理学家丹尼尔·卡尼曼（Daniel Kahneman）认为，直觉是进化的产物，它帮助我们的祖先在困难和危险的情境中做出快速判断（Kahneman，2003）。

6.4.1　什么时候可以依靠直觉

那么，直觉的这些看似矛盾的发现让我们何去何从呢？直觉的准确性可能在某一方面依赖于我们使用它的背景。一般来说，我们对人格的"本能判断"通常都是准确的，但心理学家弗兰克·贝尔涅里（Frank Bernieri）指出一个案例，连环杀手泰德·邦迪（Ted Bundy）曾给人留下了很好的第一印象，这表明我们偶尔也会犯错（Winerman，2005c）。卡尼曼则表示，对于统计或数值判断，我们的直觉更有可能出错。（有多少英文单词以 r 结尾？我会被恐怖分子杀死的概率有多大？）我们将在接下来的内容中探讨这些特定错误的原因。

除了背景因素，我们的直觉在时间受限的复杂情境中也可能更为可靠：在这些情境中，由于我们的工作记忆有限，依赖工作记忆的意识加工技能可能根本无法应对这种复杂性或大量的需要快速权衡的因素。举一个例子：某实验要求被试阅读一份介绍 4 间公寓的资料，其中每间公寓都有 12 个方面的介绍，他们需要从中选一间最佳公寓。这些介绍繁多且复杂，同时包括优点（"它所在的地区很好"）和缺点（"房东令人讨厌"）。该实验有 3 种实验条件：

1. 一些被试必须立即进行选择；
2. 一些被试有几分钟的仔细思考时间，然后再做选择；
3. 一些被试在阅读资料后，被一项乏味的任务分散了几分钟的注意力，然后才做选择。

在这些条件中，哪个条件测的是纯直觉？哪一组被试选择了最好的公寓？你怎么看？

第三个条件测的是纯直觉，因为虽然被试在接收信息与做出决定之间有几分钟时间，但是由于注意力被分散，他们没有机会进行认知分析。因此，他们必须凭直觉做出决定。实验结果令人振奋。注意分散（直觉）组的被试选出的最想要的公寓远好于其他组（Dijksterhuis，2004）。因此，在涉及时间有限或注意分散的复杂情境中，我们的直觉可能要比不完备的逻辑分析更具有指导意义。

然而，当选择与判断的时间较长时，专业知识就会发挥作用。一项研究（Pretz，2008）的结果表明了这一点，该研究比较了有经验的大学生与新手如何处理学校中的常见问题。对于耶鲁大学（Yale University）毕业班的学生来说，相较于简单跟随直觉，仔细思考能更有效地解决问题。相反，大一新生跟随直觉则会更成功。研究人员推测，当一个人拥有分析情境所需的专业知识时，直觉可能不利于其清晰地思考；而当一个人缺乏经验时，直觉胜过笨拙的分析。

总而言之，重要的是认识到我们何时在进行直觉性判断，并思考当下的背景、可用时间，以及我们拥有的那个领域的专业知识。我们还须注意，直觉有可能不对，就像我们在讨论记忆时所看到的那样，信心并不是正确率的可靠指标。对心理学家而言，首要任务可能是帮助人们学会更精确地使用直觉（Haslam，2007）。就像一位研究人员所建议的那样，在许多情境中，对事实进行评估可能是最好的解决方案，之后再把处理权交给我们的无意识。通过这种方式，我们可能会学会在分析和直觉之间取得平衡（Dijksterhuis，2004）。

心理学很有用 •••

图式与脚本帮助你知道要预期什么

你的很多知识都是以**图式**的形式存储在你的大脑中的（Oden，1987）。图式是为个体思考物体、事件、观点或者情绪提供框架的相关概念的集群。因而你可能有表征"学校""互联网""假期""音乐"和"恐惧"的不同图式。让我们来看看运用这些图式的一些重要方式。

预期

谷歌及其他搜索引擎所缺少的属性之一就是图式，因此，这些搜索引擎难以真正理解"生日""心理学"或"脱脂摩卡"。然而对我们来说，当遇到熟悉的人、情境、图像及观点时，我们的有关图式为我们有可能发现它们有哪些特征这件事提供了背景和预期（Baldwin，1992）。例如，对于一位航空旅客来说，terminal（航站楼）这个词可能使他联想到包含人群、长走廊和飞机等场景的图式。然而，对于一位患有心脏病的人来说，他对 terminal（患绝症的）的图式可能包含焦虑感和对死亡的思考。而对于一位汽车修理工而言，terminal（端子）则可能指的是一个电池电缆的接头。在所有这些例子中，我们的不同图式为同一个词的解释提供了不同的背景。

图式有助于我们快速做出决策，但图式驱动的决策并非总是明智的。芝加哥大学（The University of Chicago）的一名研究人员用电子游戏测试了人们的图式和预期对他们决策的影响。在游戏中，被试有不到1秒的时间判断图中人物携带的是手枪、钱包还是手机，之后他们必须选择按下射击或不射击的按钮。图式如何影响被试的判断？约书亚·科雷尔和他的同事们（Correll et al.，2007）发现被试的失误遵循了一个清晰的模式：手无寸铁的黑人比手无寸铁的白人更有可能被射击。这证明了图式与预期在我们思维过程中的力量。后续的研究表明，警察比平民更少犯错；而且对于所有被试来说，对游戏进行练习会提高正确率，这表明图式可以通过有意识的努力而被修正。

推断

新信息常常是不完整的或模棱两可的。当你能够将新信息与自己的图式中已有的知识相联系时，新信息才会变得更有意义。因此，图式可以帮助你推断出缺失的信息。思考下列语句：

这是科雷尔在研究图式如何影响我们做决策时所使用的图片例子。研究结果有力地证明了无意识图式如何造成了偏见和歧视。

打开篮子的那一刻，坦尼娅沮丧地发现，她忘了带盐。

在没有更多信息的情况下，你对上述情境会做出怎样的推断？盐这个词暗示了这个篮子是一个装有食物的野餐篮。坦尼娅对没有带盐感到沮丧这个事实表明，篮子中的食物通常是需要放盐的食物，如煮熟的鸡蛋。你会自然地判断出篮子里可能还会有什么食物，与此同时，哪些东西绝对不会出现在篮子里：世界上任何比野餐篮大的以及任何不适合带去野餐的东西——从巨蟒到镀铜的婴儿鞋。这样，你现在拥有的主要信息就都是围绕着"野餐篮"这个图式而组织的。因此，通过将有关坦尼娅的陈述与你的图式相关联，这个陈述便拥有了意义。

下面是图式理论的一个实际应用的例子。研究人员训练数学成绩偏低的学生将数学应用题分为几种不同的类型。例如，一种类型包含一个"变化"图式。学生们学习到，所有的"变化"问题都涉及一个故事，如"鲁迪（Rudy）有 3 便士，他的妈妈又给了他 4 便士，他现在有多少便士"。他们还学习了解决"变化"问题的常见策略。在几个月的基于图式的训练后，测验结果表明，这些学生的数学成绩提高得很快——足以进入"高于平均水平"的排名（Jitendra et al.，2007）。按图式对问题进行分类，帮助他们获得了解决问题的有效策略。

图式与幽默

日常生活中的许多幽默都以图式为基础（Dingfelder，2006）。当事情同时唤醒两个或更多不一致或不相容的图式时，我们常会觉得它很有趣。请思考这个笑话：

> 一匹马走进一家酒吧，调酒师说："为什么你拉着一张长脸？"

这个简短的笑话（也可能是冷笑话）含有多个不一致的图式，包括：

（1）我们知道马不常去酒吧；

（2）马的长鼻子和用来比喻悲伤的"长脸"（long face）产生的混淆。

然而，并非所有我们认为不一致的事情都是好笑的。一个人在人行道上被车撞了，这个就不好笑。一般而言，如果相互冲突的图式包含着威胁，或者如果情境使我们珍视的信念受到了嘲笑，我们就不会觉得好笑。然而，如果一个笑话唤醒的图式贬低了我们认为有威胁性的某个人，我们很可能会觉得它幽默。这也是我们认为许多种族主义、性别歧视或政治性的笑话有幽默感的原因。

作为事件图式的脚本

我们不仅有关于物体和事件的图式，还有关于人、角色，以及我们自己的图式。这些图式帮助我们判断在特定情境中应该对什么产生预期或者人们该如何表现。一个事件图式或**脚本**（script）由预期在特定环境以某种方式发生的相互关联的具体事件和行动顺序的相关知识所组成（Baldwin，1992）。我们有关于去餐厅、度假、听讲座、第一次约会的脚本。然而，当你的脚本与你周围其他人的脚本不同时，冲突就会出现。

文化对脚本的影响

不同文化的脚本间存在差异。例如，住在保守的阿拉伯国家的美国女性经常反映，许多在美国被认为是理所当然的行为——如在无人陪同的情况下于公共场合行走、穿露出脸和腿的衣服或者开车——被当地人认为是可耻的不恰当行为。为了维持良好的关系，许多（美国的）女性改变了自身行为来适应当地的风俗。同样，美国人也期望来自其他国家的访客能够遵循美国的做法。例如，在美国餐厅就餐时，食客需给服务员 15%～20% 的小费——这远高于许多其他国家的惯例。

世界各地脚本的文化多样性来源于每种文化

看待世界的独特图式。这些图式包含着当地文化的价值观。我们往往会感觉与那些和我们有相同脚本的人相处时更舒服，因为我们看待事情的方式相同，也知道应该期待什么（Abelson，1981；Schank & Abelson，1977）。不幸的是，我们对不熟悉脚本的不适感有时会引发分歧，如人们说

"我尝试过互动，但实在太尴尬了，我不想再试了"（Brislin，1993）。在这个文化日益多元的世界，了解脚本和图式的力量能够帮助我们更加开放地接受他人的脚本，并且更有弹性地尝试弥合差异的新方法。毕竟人们常说，多样性是生活的调味品。

关键问题：
善于思考的人具备哪些能力
核心概念 6.2

善于思考的人不仅拥有一套被称为算法和启发式的有效策略，而且他们也知道如何避开问题解决和决策中常见的障碍。

本部分导读：

6.5　评估问题解决的有效策略与障碍。

6.6　描述判断和决策中的常见偏差。

6.7　记住造就创新天才的一些心理品质。

彩票和赌场游戏获胜机会很小却很流行。这表明，人类思维并不总是符合逻辑的。相反，我们可能会说思维是心理的，这个观点有一些益处。远离逻辑使我们能够幻想、做白日梦、创造性地做事、无意识地做出反应、情绪性地回应，并产生新想法。

当然，我们也有能力进行细致推理。毕竟，作为人类，我们确实发明了最合乎逻辑的设备——计算机。然而，思维心理学教导我们，我们不应该总是期望人们以严格的逻辑方式行事。这种心理的思考能力有时会提高我们解决问题的能力。善于思考的人知道如何使用有效的思考策略，也知道如何避开无效的或误导性的策略。我们还认为，心理的思维要比单纯的逻辑更有用，因为前者会帮助我们在这个常给我们提供不完整信息且变化的世界中快速做出决策。请思考如下这个核心概念。

善于思考的人不仅拥有一套被称为算法和启发式的有效策略，而且他们也知道如何避开问题解决和决策中常见的障碍。

6.5　问题解决
学习目标：
评估问题解决的有效策略与障碍。

谢尔盖·布林和拉里·佩奇当然可以被称为有效的问题解决者。同样，艺术家、发明家、诺贝尔奖获得者、伟大的总统、成功的企业管理者、世界一流的运动员，以及成绩优异的大学生也一定是有效的问题解决者。他们运用的是什么策略？无论在哪个领域，大多数成功的问题解决者都有某些共同点。当然，首先他们拥有解决当前问题所需的知识。此外，他们还善于：

（1）明确问题；

（2）选择一种策略来处理这个问题。

接下来，我们将借助一些例子来考查这两种技能。

6.5.1　明确问题

一个好的问题解决者会考虑所有相关的可能性，不会过早地下结论。假定你正在高速公路上开着车，突然车开始发出噼啪声，然后熄火了。在你靠惯性把车移向路肩的过程中，你注意到汽油表显示为"空"。此时你会怎样做？你在这个窘境中的行动取决于你认

为自己正在解决什么问题。如果你认为车没有燃料了，你可能会徒步到最近的服务区买 3.8 升汽油。但你可能会失望地发现这解决不了问题。因为若将问题表述为"没汽油了"，你可能就不会注意到真正的问题是，一根松了的电池电线破坏了对火花塞和汽油表的电力供应。好的问题解决者在决定采取某个解决方案之前，会尽量考虑所有的可能性。

6.5.2　选择一种策略

成功解决问题的第二要素是选择一种适合手头问题的策略（Wickelgren，1974）。如果是简单问题，试错法是适合的——如黑暗中在口袋里摸索着寻找前门的钥匙。更困难的问题则需要更高效的方法。专业领域（如工程学或医学）内的问题，可能不仅需要专业知识，还需要被称为**算法**（algorithm）的特殊程序或公式。另外，专家级的问题解决者拥有一套更直观但不那么精确的、被称为**启发式**（heuristic）策略。让我们来细看一下这两种方法。

算法：不论你是心理学专业的学生还是火箭科学家，选择恰当的算法能确保你的许多问题得到正解。这些从不失败的策略是什么？算法无非就是公式或程序，就像你在科学和数学课上学的那些一样。它们能够帮你解决所有必需信息已齐备的那类特定问题。例如，你可以使用算法来平衡你的支出、计算你的汽油可行驶里程、计算你的平均绩点、用你的手机拨打电话。如果应用得当，算法会一直有效，因为你只是遵循着一个直接从问题一步步引向答案的程序。

然而，尽管算法有用，它们也不能解决你所面临的每一个问题。涉及主观价值或有太多未知因素的问题（拥有一辆红色汽车或白色汽车，哪个选项让你更开心；飞往丹佛选哪家航空公司最好），以及复杂到无法用公式计算的问题（你怎样才能获得晋升，今天这里的鱼会咬哪种饵）都不适合使用算法。这就是为什么我们还需要被称为启发式的更直观和灵活的策略。

启发式：每个人在一生中都会不断地收集启发式。例如，"不要把香蕉存放在冰箱里""如果它不工

作了，看看它是否插上了电源""感冒时进食，发烧时禁食"（或者反过来）。**启发式**是简单、基本的规则，是所谓的经验法则，能够帮助我们消除复杂情境中的困惑。启发式不能确保问题得到正解，在这一点上它们与算法不同，但它们会帮助我们从正确的方向入手。有些启发式需要特殊的知识，如在医学、物理学或心理学方面的训练。其他启发式（如你会在下面几段中了解到）的适用范围更广，很值得牢记。

6.5.3　一些有用的启发式策略

在这里我们提供 3 种重要的启发式策略，每个问题解决者都应该人手一套。它们不需要个体拥有专业知识，却能在各种困境中提供帮助。这 3 种启发式策略的共同点在于从不同角度处理问题。

逆向作业　有些问题（如图 6-2 所示的迷宫问题）让我们困惑不已，因为它们呈现出如此多的可能性，让我们不知道该从哪里开始。

攻克这类难题的一个好方法是，从终点开始，逆

图 6-2　逆向作业

注：迷宫和数学问题常可用逆向作业这种启发式策略。要像这只小鼠一样试着解开这个迷宫，可以从通常来说是终点（在中心）的地方开始，然后逆向作业回到起点。

向作业。（谁说我们必须总是从头开始？）这种策略可以消除使用试错法遇到的一些死胡同。

总体来说，逆向作业为那些目标明确的问题，如迷宫或某些数学问题，提供了一个极好的策略。在真实世界中，警察与调查人员就经常用逆向作业来解决犯罪问题。以犯罪现场——事件"结束"的地方——为起点，根据证据和目击证人的陈述来收集信息，潜在的犯罪嫌疑人的范围就会被大大缩小。掌握了袭击

者的指纹与画像，调查人员就可以集中精力，跟着线索逆向作业并找到源头（Lesgold，1988）。

寻找类比　如果一个新问题类似你之前遇到的某个问题，你可能就会运用先前学到的某种策略。诀窍在于识别新问题和老问题的相似性或者进行类比（analogy）（Medin & Ross，1992）。例如，如果你有在寒冷天气开车的经验，你会使用这个策略决定是否在某个雪天安装雪链："这次的积雪和我上次需要安装雪链时的一样深吗？"商业世界也经常用到类比：超市这个概念——始于 20 世纪 30 年代，取代了仅提供单一商品如肉类、烘焙食品、农产品或干货的小型专卖店——推动了 20 世纪 50 年代玩具反斗城（Toys' R Us）的发展，也推动了随后用于满足家装需求、提供办公用品等其他类型的"超市"的发展——所有这些都基于一个有创新思想的人看到了超市和他们自己想法之间的潜在相似性（Gavetti & Rivkin，2005）。

复杂的科学问题也可以采用这个策略：将 DNA 分子的形状类比为螺旋式楼梯帮助破解了遗传密码，贝尔（Bell）仿照人类的耳朵创造了他的新式电话。还有各种各样的发明都来源于类比。例如，Velcro①的创立就源于瑞士工程师乔治·德·迈斯托尔（George de Mestral）发现他养的狗的毛发上会黏上带刺的种子，然后研究其原因而发明的。你在哪些方面使用过类比来解决问题？

写一写
类比有助于解决问题
描述一次你使用类比来解决问题的经历。

将一个大问题分解为多个小问题　你是否正面临一个巨大问题，如一篇学期论文或一间乱糟糟的房子？最好的策略可能是将大问题分解为多个更小、更易处理的通常被称为子目标的小问题。例如，在写一篇论文时，你可能会将问题分解为选题、进行图书馆和网络搜索、列出论文大纲、撰写初稿和修改论文。

这样，你就可以开始安排工作，并给每一个小问题制订计划。按部就班地解决问题会使大问题看起来更易处理。事实上，莱特兄弟（the Wright brothers）正是特意使用这种启发式策略将人类动力飞行问题分解成若干部分。通过使用一系列的风筝、滑翔机和模型，他们研究了升力、稳定性、动力和方向控制等各部分的问题。之后，他们将这些发现聚到一起，来解决人类动力飞行这个更大的问题（Bradshaw，1992）。

6.5.4　解决问题时的障碍

拥有一套好的策略对于成功解决问题很重要，但是当人们锁定了一个无效策略且不肯放手时，他们常常会陷入困境。因此，问题解决者必须学会识别那些需要新方法才能克服的障碍。以下是问题解决者面临的一些最麻烦的障碍。

心理定势　你是否有过这样的经历，学习一门课程的方式很有效，然后你用它来学习另一门新课程——但在新课程中，你过去的学习方法根本不起作用，结果你考得很差？如果是这样，心理学家就会说你有一个不恰当的**心理定势**（mental set）。你将思维"固定"在了一种策略上，选择了错误的类比、图式或算法。内科医生总是要提防根据常见疾病草率地得出诊断性结论——以免错过一种有着相似症状的、致命而不常见的疾病。为了发明一架能飞的飞机，莱特兄弟必须要摆脱他们对翅膀的心理定势（翅膀必须扇动，就像鸟的翅膀一样）。

当然，心理定势在问题解决中可能有很大帮助，因为我们会通过经验来学习成功的策略，但是问题在于，我们并非总能在第一次就选出正确的策略。要想看到具体实例中的心理定势，请尝试"试一试"版块中的演示。

---

① 尼龙搭扣的一个品牌。——译者注

试一试 ➡➡➡ 克服心理定势

以下各列中的每组字母组成的单词都是常见的，但这些单词的字母顺序被打乱了。看看你能否将它们还原。

nelin	frsca	raspe	tnsai
ensce	peshe	klsta	epslo
sdlen	nitra	nolem	naoce
lecam	macre	dlsco	tesle
slfal	elwha	hsfle	maste
dlchi	ytpar	naorg	egran
neque	htmou	egsta	eltab

大多数人，不管他们是否意识到，都会采用一种将所有单词中的字母按相同顺序重新排列的算法，3-4-5-2-1 的公式，从而最终解决这个乱序词的问题。因此，

| n e l i n | 变成了 | l i n e n |
| 1 2 3 4 5 | | 3 4 5 2 1 |

然而请注意，如果采用这个算法，那么最后两列你给出的答案将与"正确"答案不一致。你在还原前两列的过程中所形成的心理定势会妨碍

你看到最后 14 个项目有不止一种答案。这个例子告诉我们，心理定势能够使你在不知不觉中限制自己的选择。虽然心理定势可能会让你找到答案，但你也应该不时停下来问问自己，你是否已陷入了困境，妨碍你看到其他答案（现在，你能找到最后两列乱序词的其他可能答案吗？）

linen	scarf	pears	stain
scene	sheep	talks	poles
lends	train	melon	canoe
camel	cream	colds	steel
falls	whale	shelf	meats
child	party	groan	anger
queen	mouth	gates	bleat

还原后的单词：你为解决乱序词问题找到的单词与上述所列的可能不一致——尤其是对第 3 列和第 4 列而言。大多数人，不管他们是否意识到，在还原前两列的过程中都会形成一种算法。虽然这个算法对于所有单词都行得通，但它也成了一种心理定势，妨碍了问题解决者看到最后两列单词还有其他解法。

功能固着 当你认为你需要螺丝刀，而没有意识到你可以用一个 1 角硬币来拧紧螺栓时，一种特殊形式的心理定势便出现了。心理学家称其为**功能固着**（functional fixedness）。在这种情况下，熟悉物体的功能在你的大脑中变得如此固定或固着，以至于你看不到它的新功能。例如，你可以使用你的咖啡壶来煮拉面，用马克笔涂抹鞋上的刮痕，或者用吹风机吹干一双湿袜子。某著名心理学家指出，你甚至可以使用室内风扇来吹走院子里的落叶。为了说明这一点，请思考下面这个经典问题。

你的心理学教授说，如果你能将吊在天花板

上的两根绳子系到一起而不把它们拉下来，他就愿意给你 5 美元（见图 6-3）。但是当你站到它们中间并抓住一根绳子的末端时，你发现自己无法完全够到另一根绳子。房间中唯一可供你使用的物体被放在地板的角落里：1 个乒乓球、5 个螺丝钉、1 把螺丝刀、1 杯水和 1 个纸袋。你怎样才能同时够到两根绳子并将它们系到一起？

你可以将螺丝刀作为一个摆锤来将一根绳子摆向自己。你想到了吗？还是说你被与螺丝刀有关的功能固着困住了呢？

自我强加的限制 当我们给自己设定不必要的限

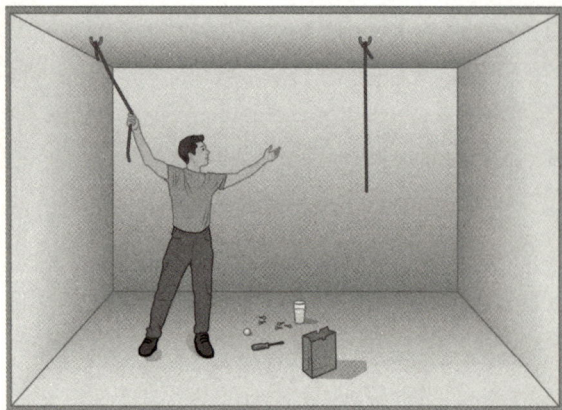

图 6-3　两绳问题

注：只能使用房间内的物体，你怎样将两根绳子系到一起？

制时，我们可能就成了自己最可怕的敌人。图 6-4 中经典的九点问题（nine-dot problem）很好地说明了这一点。这个问题要求你最多用连在一起的 4 条直线来连接这 9 个点，而且笔不能离开纸。这个是指允许线条交叉，但不允许线条重复。在你阅读提示前，先试

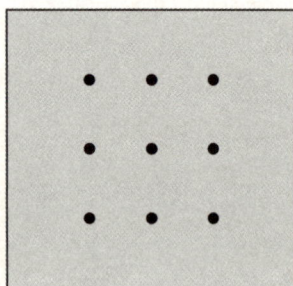

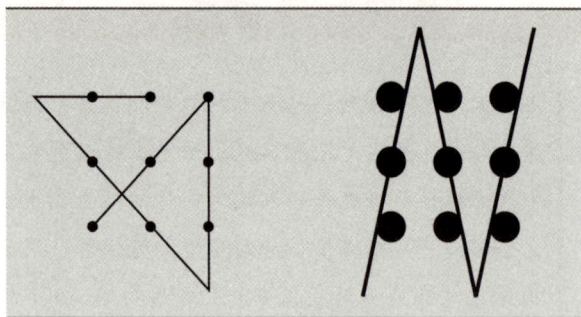

图 6-4　九点问题

注：你能在笔不离开纸的情况下用连在一起的 4 条直线连接所有的 9 个点吗？

资料来源：引自 Wickelgren, W. A.（1974）. *Can you solve it? How to solve mathematical problems: elements of a theory of problems and problem solving*. San Francisco, CA: W. H. Freeman. Copyright © 1974 by W. H. Freeman and Company. Reprinted by permission of Dover Publications.

着做几次。

　　就我们自身而言，我们也可以找到许多给自己强加不必要限制的例子。学生可能认定他们没有数学或科学天赋，从而排除了从事技术职业的可能性；由于性别刻板印象，一名男性可能从来不会考虑成为护士或管家（housekeeper），一名女性则可能认定她必须成为一名空乘人员而不是飞行员。你正在哪些现实生活的问题上给自己施加不必要的限制？

写一写

自我强加的限制

　　花点时间想一想你曾有过的目标或梦想。你认为自己是否曾因自我强加的限制而限制了自己的某些可能性？讨论一下你的想法。

其他障碍　在解决问题的过程中还有很多其他障碍，下面我们将简单罗列这些障碍而不做详细讨论。这些障碍包括缺乏问题所需的特定知识、缺乏兴趣、低自尊、疲倦和服用药物（甚至是合法的药物，如感冒药或安眠药）。唤醒及其伴随的应激为问题解决者们制造了又一个绊脚石。情绪领域的研究表明，任何任务，无论是篮球运动、脑外科手术，还是酒吧招待，都有一个最佳唤醒水平。中等唤醒水平实际上有利于日常的问题解决，而高应激水平可能会使复杂问题难以得到解决。

　　然而，最麻烦的障碍是，人类是很容易下结论的思考者，这些结论基于我们的知识，但也受到我们的知识、动机、情绪和知觉的影响。鉴于此，我们的思维竟然还能很好地服务于我们的日常生活，这一点着实令人惊讶。但是，从另一个角度看，这又是完全说得通的：我们为解决问题所做的大部分努力都是在借用过去的经验对未来的奖赏或惩罚进行预测。当然，这正是操作性条件反射（operant conditioning）的全部内容——它表明这种思维方式是我们天性的基础。因此，我们推理能力中的许多"缺陷"，如心理定势，实际上都是具有适应性的（但必然是不完美的）策略，它们帮助我们运用先前的经验来解决新问题。

6.6 判断和决策

学习目标：

描述判断和决策中的常见偏差。

无论你是公司总裁、学生，还是教授，你每天都会进行决策。"我需要投资多少钱？""今晚我需要学习多长时间？""给这篇论文打多少分？"每一次决策都在对某个问题提出解决方案——这个问题可能没有明确的解决方案，但这反而更需要判断。不幸的是，干扰批判性思维的那些偏差可能会模糊我们的判断，对那些没有学过决策心理学的人来说尤为如此。

诺贝尔奖获得者丹尼尔·卡尼曼（Kahneman，2011）在他的《思考，快与慢》（*Thinking, Fast and Slow*）一书中表示，错误决策常常来源于两种思维方式，这两种方式同时工作，但使用的是大脑中的不同路径。

1. 一种思维方式涉及直觉思维过程，卡尼曼称之为**系统 1**（system 1）。系统 1 用于快速决策，对我们的祖先来说，它可能决定着生死。这也是大部分人在提到"常识"时所表达的意思。但也正是这个急于做出判断的系统 1 最依赖于偏差、偏见和错误的启发式。

2. 更为慢速和理性的**系统 2**（system 2）将人类与其他动物区分开来。它负责对更为自动化的系统 1 进行意识控制，特别是在涉及复杂问题的情形中。卡尼曼说："系统 2 在某种程度上是一种事后猜测或控制自己的机制。"（Winerman，2012）顺便说一句，教育主要是影响系统 2。让我们来看看系统 1 容易犯的一些错误，特别是在面对复杂问题时所犯的错误。

6.6.1 证实性偏差

假定托尼对养育孩子的感受颇深，他说："不打不成器。"当他的心理学教授说惩罚实际上可能会助长攻击行为时，你认为他会做何反应？很有可能是，**证实性偏差**（confirmation bias）会使他忽视这条信息

或挑它的毛病，同时寻找并记住他所赞同的信息。他可能会与你讲那些没有因其过错而受到惩罚最终导致孩子被宠坏的故事，或者那些认为严酷的纪律塑造了自己的良好品质的正直成年人（如他自己）的故事。大量证据表明，证实性偏差具有很大的影响力，并且是人之常情（Aronson，2004；Nickerson，1998）。实际上，我们都有过表现得像托尼的时候，特别是当我们持有强烈的意见时。

6.6.2 后见偏差

假设一位政客说："我的对手本该预见经济衰退的到来。"假设你告诉一位朋友，她本该知道她约会的那个人是个混蛋。此时你和那位政客一样，都犯了**后见偏差**（hindsight bias）的错误。后见偏差有时被称为"我早知道效应"（I-knew-it-all-along effect）（Fischhoff，1975；Hawkins & Hastie，1990）。犯后见偏差错误的还有那些政治专家，总是在事后谈论为什么每个人都应该知道谁会当选、谁不会当选。这种形式的歪曲思维出现在事件发生之后，人们总是高估自己预测事件的能力。在"9·11"事件及地方社区的暴力事件之后，新闻中都会涌现大量这样的例子。

后见偏差的问题在于，它妨碍了我们从自身失误中学习的能力：毕竟，无论何时，当我们确信自己"早知道"时，我们就错过了一次通过认识到本次错误来提高下次判断能力的机会。最近的一项关于国际投资银行家的研究发现，后见偏差影响了银行家对自身预测股票价格的准确性的回忆，而且，受这个偏差影响最大的银行家得到的绩效奖金最少，这表明后见偏差与绩效不佳之间存在关联（Biais & Weber，2009）。换句话说，被后见偏差所左右可能会增加我们犯相同错误的概率。

6.6.3 锚定偏差

请你的几位朋友（每次邀请一位）快速随口猜测下面这个简单数学题的答案：

$$1 \times 2 \times 3 \times 4 \times 5 \times 6 \times 7 \times 8 = ?$$

让他们进行估算，而不是进行实际运算；仅给他

们5秒的思考时间。之后，将这个问题反过来呈现给另一些朋友：

$$8 \times 7 \times 6 \times 5 \times 4 \times 3 \times 2 \times 1 = ?$$

两组的结果是不同的吗？你的看法呢？

当然，很少有人会精确地给出正确答案，但你朋友给出的答案可能会像丹尼尔·卡尼曼与阿莫斯·特沃斯基（Kahneman & Tversky，2000）的实验中的被试给出的那样。结果显示，对于人们通常不知道"大概"答案的这类问题，其答案取决于问题始于大的数字还是小的数字。看到第一个问题的人（第一组）比看到第二个问题的人（第二组）给出了更低的估值。在卡尼曼和特沃斯基的研究中，第一组的答案的平均值是512，而第二组的答案的平均值是2 250。显然，他们的"第一印象"——问题始于更大还是更小的数字——使他们的回答产生了偏向。顺便说一句，这两个问题的正确答案（40 320）比任何一组的估值都要大。

卡尼曼和特沃斯基根据锚定偏差（anchoring bias）对这两组的差异进行了解释。也就是说，人们显然使用了这种有缺陷的启发式将思维"锚定"在问题一开始的较高或较低的数字上。锚定偏差可以影响我们在现实世界中的决定。手机销售人员与房地产销售人员十分清楚这一点：我们最终决定为一辆车或一栋房子所支付的金额取决于呈现给我们的第一个商品的价格和状况。如果销售人员给我们呈现了一个超出我们接受范围的昂贵的价格标签，这个价格标签就会继续作为我们了解其他选项的"锚"——因此，任何低于这个价格的选项都像便宜货。此外，锚定偏差不仅仅局限于数字或金钱数额：一个决定的任何特征或元素都可能成为你对选项进行判断的"锚"。如果某人的与之同性别的父母从来不做家务，那么这个人每周吸尘一次（但是不干其他家务），他（或她）都可能会觉得自己做了很多；而这个人的室友则可能对家务分工有着更高的期望。

6.6.4　代表性偏差

如果你假定高个子的男性会打篮球，或者牧师是迂腐守旧的，再或者艺术家一定会有些心理困扰，那么你的判断就受到了**代表性偏差**（representativeness bias）的影响。人们为什么会屈从于这类偏见呢？答案异常简单，仅仅是因为方便。换句话说，代表性偏差简化了社会判断任务。某个对象一旦被"归类"，它就会享有那个类别中其他成员的所有特征。虽然我们发现给人、事、物贴标签便于思考，但是这并不会简单地使其"属于"该标签的类别，这就是这种启发式之所以错误的根源。当依赖于类别成员身份来组织经验时，我们就可能会忽视或低估个案的巨大多样性和人的复杂性。

当我们估计特定个体属于某个类别——如"素食主义者"——的可能性时，我们会去看这个人是否具有典型类别成员的特征。例如，你新认识的朋友霍莉是素食主义者吗？她类似于你的"典型"素食主义者的原型吗？或许你认为，大多数素食主义者都穿沙滩鞋、骑自行车，并支持自由主义的社会事业。如果是这样，你可能会判定霍莉属于"素食主义者"，因为她表现出了"素食主义者"这个概念足够多的特征。

但是这样的分析并非完全合理。虽然有些（也许有很多）素食主义者穿沙滩鞋、骑自行车，并持有自由主义观点，但反过来却未必正确。因为素食主义者只是总体人群中的一个少数群体，不可能任何支持自由主义的社会事业、穿沙滩鞋、骑自行车的人都是素食主义者。换句话说，由于忽视了**基础比率信息**（base rate information），你得出了一个错误的结论。虽然你的代表性偏差——用似乎是霍莉"类型"的特征来对她进行判断——可能不会产生什么可怕的后果；但是，当人们仅根据种族、性取向、民族或性别群体的成员身份来对他人进行分类时，这种代表性偏差同样可能会导致更严重的刻板印象和偏见。

6.6.5　易得性偏差

乘汽车旅行或乘飞机旅行，哪个风险更大？从统计数字来看，你在汽车事故中死亡的可能性要远大于飞机坠毁。大多数人运用理性思维就能知道这一点。但是，为什么比起开车我们更害怕坐飞机呢？**易得性偏差**（availability bias）反映的是我们倾向于通过想起事件实例的容易程度来判断该事件发生的可能性。媒体对飞机坠毁的报道以其生动的画面成了被关注的焦点——即使你在过马路时死亡的可能性远大于飞机坠毁（Bailey，2006）。这个偏差同样使得一些人更害怕被鲨鱼咬而不是被狗咬，更害怕被恐怖分子袭击而不是犯心脏病。同样，与很少看电视的人相比，那些在电视上看过大量暴力罪行的人判断自己被谋杀或抢劫的概率要高得多（Singer et al.，1984）。只要某事物的生动画面容易被想起来，我们就有可能高估其出现的频率。

6.6.6 选择的暴政

并不是所有决策中的问题都源于错误的启发式，它们也有可能源于外部因素。举例来说，你是否曾经难以从很多选项中做出选择（也许是在买车、买电脑，甚至是买牙膏时）？选项过多可能会干扰有效决策，有时甚至会达到让我们无法行动的程度。例如，希娜·塞提–艾扬格和她的同事们（Sethi-Iyengar et al.，2004）研究了员工在退休基金配套缴款上的选择。他们发现，太多的选择实际上会使人们丢掉一些意外之财。当雇主提出与员工的缴款数额相匹配，并仅提供给他们两个选择时，75% 的员工选择了参与；但是，当可选项为 59 个时，员工的参与率下降到了60%。

显然，有些人就这样放弃了。心理学家施瓦茨

当购物者必须从相似的产品中做出选择时，他们其实就在面临选择的暴政。心理学家巴里·施瓦茨建议人们迅速地选定一个"足够好"的产品，而不是将时间浪费在无关紧要的选择上。

（Schwartz）和沃德（Ward，2004）称之为选择的暴政（tyranny of choice）。施瓦茨说，选择的暴政可能会造成压力，尤其是对那些感觉必须要做出"正确"决策或买到"最划算商品"的人来说。他说，对此的解药是采用"满足"原则，而不是"最大化"原则。他说，满足者们在找到一个仅仅是"足够好"的选项时便会停止浏览选项；而最大化者则试图确保自己做出最好的选择，来给自己施加压力——这也许会使其陷入"分析瘫痪"，根本无法做决定。

6.6.7 决策与批判性思维

前面所述的许多讨论应该听起来都很耳熟，因为它们涉及批判性思维。相应地，在先前章节中讨论过的批判性思维能力列表中，我们现在可以增添更多项内容了。批判性思考者应该知道如何确认问题、如何选择策略，以及如何运用那些最常见的算法和启发式策略。批判性思考者也知道判断和决策中的各种常见偏差，并努力克服它们。所有这些技能都可以帮你将思维提升到更高水平：成为一名专家，甚至是一个创新天才。

6.7 成为一个创新天才

学习目标：

记住造就创新天才的一些心理品质。

每个人都会同意，爱因斯坦是一个创新天才，亚里士多德（Aristotle）与巴赫（Bach）也是。我们还可以给出另一个案例，谷歌的创始人布林和佩奇也是天才。但你那个会画漂亮水彩画的姨妈艾丽萨呢？她是天才吗？这些问题表明了创造力研究中的一个大问题：专家们无法就创造力的确切定义达成一致。然而，大多数专家都认同这个略显模糊的概念：**创造力**是一个对问题解决方案产生新颖反应的过程。大多数专家也会同意，"天才"是洞察力和创造力优于普通人的人。与创造力的概念一样，天才与常人之间的界限也没有很清晰。

让我们来看看心理学家罗伯特·韦斯伯格

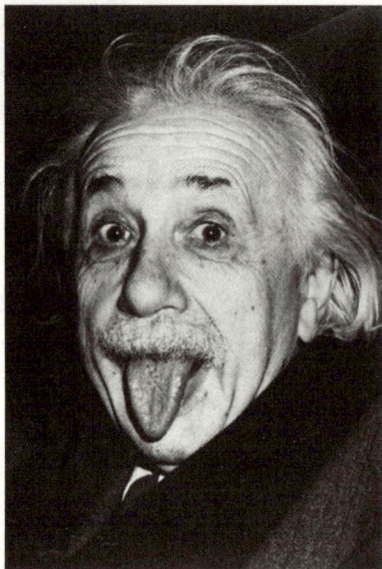

阿尔伯特·爱因斯坦非常聪明。他特立独行，有幽默感，对某些复杂问题（引力）十分感兴趣，愿意重构问题，还会寻求来自其他物理学家的启发。但是，爱因斯坦的思维过程很可能与其他人的没什么不同。

（Robert Weisberg）的观点。通常大家都会假定天才与其他人完全不同，但是他的"天才观"与此不同。简言之，他认为天才只是善于解决问题，他们也具有某些有益的——但完全是属于人类的——特征。

6.7.1　天才不是超人

以下是韦斯伯格（Weisberg，1986）描绘的大多数人对"天赋"的设想。

> 我们的社会对创造性成就的起源持有一种非常浪漫的看法……这就是天赋观，其核心是相信创造性的成就产生于想象力的巨大飞跃，而后者之所以会发生，是因为有创造力的个体有能力进行不同寻常的思维加工。除了智力上的能力之外，有创造力的个体也被认为具备卓越的人格特征，这些人格特征也在实现创造性飞跃中发挥着作用。这些智力特征和人格特征就是所谓的"天赋"，就是伟大的创造性成就的起源。

但是，据韦斯伯格和该领域的其他一些学者所说（Bink & Marsh，2000），支持以上观点的证据太少了。事实上，如果认为创新天才是不同寻常的人，那么这

一观念可能会让人们觉得真实的创造力遥不可及，从而抑制创造力。韦斯伯格表示，一种更有成效的观点是将被称为天才之人的思维描述为"普通个体的普通思维过程"。他说，造就非凡创造力的是广博的知识、高动机和某些人格特征，而不是超人的天赋。

6.7.2　知识与理解

每个人都会在这一点上赞同韦斯伯格：最具创造力的个体拥有其所在领域的专业知识（expertise）或先进知识（Ericsson et al.，2006）。事实上，如果不先在你将做出创新贡献的领域成为一名专家（expert），拥有广泛的、有条理的知识，你就无法成为具有创造力的人。但是，要做到这种精通并不容易，因为它需要一个强大而持久的动机水平来维持数年的密集训练和实践。研究表明，几乎在任何领域，无论是滑雪、雕塑、唱歌还是心理学，一个人都需要约 10 年或 10 000 小时的工作时间才能做到炉火纯青（Ericsson et al.，1993；Gladwell，2008）。哦，对了，这个规则也适用于信息处理领域，如谷歌创立者布林和佩奇的案例。同时，诸如时间压力或过分挑剔的上司、老师、家长等因素，则会压制创造性思路（Amabile et al.，2002）。

6.7.3　天分、人格特征与创造力

与韦斯伯格相反，心理学家霍华德·加德纳（Gardner，1993）认为，我们在弗洛伊德、爱因斯坦、毕加索，以及其他人的作品中所看到的非凡创造力，不仅源于专业知识和动机，而且源于某些能力和人格特征模式。他表示，极具创造力的个体拥有某个特定领域的天分（aptitudes）。（当然，人们必须通过深入的学习和实践来开发这些潜能。）例如，弗洛伊德拥有一种用文字进行创造和理解别人的特殊能力；爱因斯坦极为擅长逻辑和空间关系；而毕加索的创造力则来源于他具有空间关系和人际知觉的天分。

除了特殊天分外，具有创造力的人通常还具备一些共同的人格特质，它们包括表 6-1 中的几点（Barron & Harrington，1981；Csikszentmihalyi，1998）。

写一写

认真思考创造力

当你思考这里所学的有关创造力的内容时，你对哪些内容感到惊讶？为什么？

你收获了什么信息？那些仔细研究过创造力的人都赞同以下两个要点。

1. 创造力需要个体掌握在将做出创新贡献的领域

表 6-1 具有创造力的人的特征

独立性
极具创造力的人能够抵制服从于传统思考方式的社会压力，至少是在他们具有创新兴趣的领域（Amabile，1983，1987；Sternberg，2001）。换句话说，他们有自谋出路的信心。也许正因如此，一些有创造力的人会形容自己为独行侠。
对某个问题的浓厚兴趣
极具创造力的人也必须对他们的创新主题十分感兴趣（Amabile，2001），总是"捣鼓"——常常在脑海中——那些令他们着迷的问题（Weisberg，1986）。外部的动力源（如金钱或诺贝尔奖）可能会有吸引力，但他们的主要动力源来自内部。否则，他们无法维持完成高度原创贡献所需的长期兴趣。
重构问题的意愿
具有创造力的人不仅会努力地解决问题，而且常会质疑问题的表述方式（Sternberg，2001）。（回忆我们早些时候对"明确问题"的讨论。）例如，芝加哥艺术学院那些后来成为班里最成功的艺术家的学生都具有一个显著的共同特征：他们总是在改变和重新定义导师布置给他们的任务（Getzels & Csikszentmihalyi，1976）。
对复杂性的偏爱
具有创造力的人似乎为复杂性所吸引，而复杂性在他人看来可能是混乱的或无序的。此外，他们还陶醉于从复杂性中寻求简单性这样的挑战。因此，极具创造力的人可能会被他们领域中最庞大繁杂、最晦涩难懂的问题所吸引（Sternberg & Lubart，1991）。
对刺激性互动的需求
最高级别的创造力几乎总是来源于极具创造力个体间的互动。在事业初期，具有创造力的人通常会找到一位导师——一位可以使他们熟悉所在领域情况的老师。极具创造力的人可能会超越他们的导师，然后从像他们一样的人那里寻求额外的启发。通常，这意味着离开家人和以前的朋友（Gardner，1993）。

的先进知识——它们往往是在个体天分的基础上逐渐获得。

2. 高水平的创造力需要某些人格特征，如独立性、对复杂性的偏好，以及在很长一段时间内维持兴趣的动机。

因此，这些品质的组合，可能就是你成为创新天才的公式。

具有创造力的人是不是有些古怪？ 阿尔伯特·爱因斯坦会捡起街上的烟头，并剥下烟草放进自己的烟斗；航空业先驱霍华德·修斯（Howard Hughes）因害怕细菌而变得无法动弹；作曲家罗伯特·舒曼（Robert Schumann）则相信贝多芬（Beethoven）在坟墓中向他口述作品（Carson，2011）。创造力和古怪相伴而生这一观点已经存在很长时间了。事实上，研究已经证实，心理障碍，特别是如抑郁这样的情绪障碍，在极具创造力的人群中更为常见（Andreasen，2008；Kaufman & Sternberg，2010）。

我们该如何看待创造力与古怪之间这种明显的关联呢？哈佛大学（Harvard University）心理学家雪莱·卡森（Shelley Carson，2011）指出，具有创造力的人在分裂型人格（schizotypal personality）测量中可能会得到较高的分数。她很快补充道，具有分裂型人格的人没有心理障碍，但他们是怪异的。许多人有"神奇的想法"，如对超自然现象的信仰；他们可能不按常规穿衣或讲话；他们可能很难与他人交朋友；而且，人们可能会形容他们是怪人。但是，卡森的研究表明，分裂型特质并不会使人们具有创造力（具有创造力的人也并非都是分裂型的）。相反，她认为在分裂型人格与创造力这两种特质的背后有一个共同的因素。她推断，这个共同因素是**认知去抑制**（cognitive disinhibition）。换句话说，这些人的思考不受条条框框的束缚，任由自己的思绪去考虑可能出现的任何奇怪的可能性，而不是立即拒绝那些传统上不合适的可能性。虽然这似乎会招致"信息过载"，但这对那些工作记忆容量高于平均水平的高智力人群来说，可能不是什么大问题。事实上，这正是卡森所发现的情况（Carson，2011）。

不过，我们不想让这成为你的自我实现预言（self-fulfilling prophecy）——特别是如果你担心自己没有足够古怪到具有创造力。请放心，不是所有具有创造力的人都被认为是古怪或怪异的。不幸的是，反过来也不一定正确："古怪"的人，还有那些有心理障碍的人，并非总是具有创造力（Kaufman & Sternberg，2010）。这是你应该收获的信息：要成为一个有创造力的人，有多种截然不同的——但未必是"不正常的"——途径。

6.7.4　智力在创造力中的作用

高智商对于创造力或天才是必要的吗？这个问题的答案有些复杂。低智商会阻碍创造力——尽管我们将看到有一些特殊案例，被称为**独通一窍之人**（savants）虽然有智力障碍，但他们可能拥有一项高度精通的技能。在智商谱系的另一端，我们发现拥有高智商未必会激发创造力：有很多非常聪明的人从未创造过任何可以被称为突破性或高度原创且有见地的东西。因此，智力和创造力是两种（略微）不同的能力。我们在所有智商水平中都可以找到慎重呆板、缺乏想象力之人，我们也可以找到极具创造力但仅有平均智商的人。

罗伯特·斯滕伯格（Sternberg，2001）认为，创造力比智商更胜一筹。在他看来，创造力需要人们做出违背大众意愿的决定。这就使得几乎所有选择采取创造性态度的人都有可能实现创造力。他说，由于各种原因，大多数人不会这么做，其中包括不愿意承担必要的风险。

心理学很有用 • • •

运用心理学来学习心理学

很显然，专家是对某个特定主题十分了解的人。不同于新手，专家在面对问题时不必从头开始。他们往往很快就能想到一个解决方案，因为他们已经见过很多类似的问题；也就是说，他们特别擅长类比。

他们的秘诀在于对知识的组织方式（Ericsson et al.，2006；Ross，2006）。特点是，新手拥有的知识是有限的、无序的；而专家拥有的知识是广博的，而且被组织成精心设计的"组块"和图式。我们可以在一个对世界级象棋棋手的著名研究中清楚地发现这一点。

对象棋专家的研究

荷兰心理学家阿德里安·德·格鲁特（Adriaan de Groot）比较了一组大师级别的棋手与一组仅仅是"优秀"的棋手对国际象棋问题的记忆，发现他们之间有一些惊人的差异。给他们 5 秒的时间观看一个可能出现在比赛棋盘上的棋局，大师级别的棋手比那些精通程度较低的棋手能更准确地再现这个棋局（de Groot，1965）。这是否意味着大师具有更好的视觉记忆？答案是否定的。当在棋盘上遇到一个随机的棋子模式时——一种在比赛中从未出现的模式——大师并不比其他人表现得更好。这表明，专家能更好地利用记忆中的熟悉模式（实际上是图式），而不是试图回忆单个棋子所处的位置（见图 6-5）。

图 6-5　图式与记忆

专业知识：有组织的知识

专家如何组织他们的知识？这没有简单的公式。通过学习和实践，他们既积累了应用于问题的基础知识，又熟悉了领域中的常见问题和解决方案。换句话说，他们不仅知道事实，而且知道如何关联这些事实以及如何运用它们（Bédard & Chi，1992）。除了必须学习的事实和特定技能之外，想要成为专家的人还必须掌握一套其所在领域独有的启发式或"行业诀窍"。这些启发式帮助他们更快地找到解决方案，而不必去追踪如此多的盲目线索（Gentner & Stevens，1983；Simon，1992）。专家的知识整合得如此之好，以至于它变成了直觉的一部分——卡尼曼系统1的一部分（Kahneman & Klein，2009）。

练习与天赋

专家是天生的还是后天的？在要求运动速度和准确性的技能领域（如田径或音乐），要达到最高水平的技能表现，似乎部分取决于先天能力（Ackerman，2007；Simonton，2001）。相比之下，在那些要求掌握大量知识的领域（如心理学、医学或中世纪文学），要想获得专业知识，则需要后天的大量的学科研究。有证据表明，不同人的天赋是不同的，我们不可能预测谁具备从事某一特定工作所需的能力。因此，重要的似乎就是动机和练习了——就像我们在创造力中看到的一样（Ericsson & Charness，1994）。

目前看来，特别是如果你正处于大学生涯的开始阶段，我们建议你最好去探索尽可能多的领域，以找出你的热情所在。找到你有天赋并真正喜欢的领域，你就更有可能长期地努力工作，并最终在你所热爱的事情上掌握真正的专业技能。

那么，如何成为一名专家

有一个支持性的环境（其中有好老师和好导师）有助于个体成为一名专家（Barab & Plucker，2002）。除此之外，就是学习和实践！但不要只关注细节，也要学习你所选领域中的重要图式和问题解决策略。

这对你学习心理学和其他学科有什么启示？要想成为某学科的专家，你需要迈出的第一步就是，留意你的教授和你的课本如何组织要呈现的信息，学习其组织信息的原则（Gonzalvo et al.，1994）。思考以下问题。

- 哪些术语是你的心理学教授反复提到的？它们可能是"认知科学""行为主义""发展"或"理论观点"等概念。这些概念对你来说可能是不熟悉的、抽象的；但对教授来说，它们可能代表了课程的核心。确保你知道它们的含义并明白它们为何重要。

- 课程大纲强调哪些概念？哪些术语与主题有关？

- 课本是围绕哪些概念组织的？通过查看目录，你可能会很快找到它们。或者，作者可能在序言中列出了组织要点。（在本书中，我们试图以核心概念的形式来帮你确定每章的组织原则。）

找出课程的组织原则将会使你的学习变得简单。长时记忆中存储的知识是组织在一起的有意义的联结。因此，当你用一种简单有效的方式组织材料时，你就搭建了一个框架，来帮助你将材料存储并保留在长时记忆中。

关键问题：

如何测量智力

核心概念 6.3

智力测验在历史上备受争议，现在大多数心理学家都将智力看作一种呈正态分布的特质，并且可以通过各种认知任务的绩效来测量。

心理学家一直都执着于研究人们在推理、问题解决和创新思维等能力上的个体差异。然而，对个体差异的评估并不是从现代心理学才开始的。历史记载显示，中国古代就曾使用过成熟的心理测验方法。中国古人使用一种文官考核程序，要求政府官员每三年参加一场口试来证明自己的能力。后来，申请人要参加文官考核笔试，以评估其在法律、军事、农业和地理方面的知识。19 世纪初被派往中国的英国外交官和传教士均赞叹这个选拔程序，以至于英国人和后来的美国人在选拔公务员时都采用了这个中国选拔系统的改编版本（Wiggins，1973）。

然而，与历史上的中国人不同，现代美国人更感兴趣的似乎是人们的"聪明"程度，而不是他们学到了多少东西。正是这种对"先天能力"的兴趣推动了我们今天所知的智力测验的发展。不过，尽管智力测验有着悠久历史，而且在当今社会已被广泛使用，智力（intelligence）这个术语的确切含义仍存在争议（Neisser et al.，1996）。尽管如此，大多数心理学家可能会同意这个笼统的定义——智力是获取知识、推理和有效解决问题的心理能力。他们也会同意，必须通过对个体完成各种不同任务进行测量来全面了解其智力。但是，对于到底哪些心理能力构成了智力，以及这些能力的数量与占比多少，他们还存在分歧。

每个人都认同，智力是相对而言的。也就是说，一个人的智力水平必须是相对于一个（通常是相同年龄段的）参照群体在相同维度上的能力而言的。每个人也都会同意，智力是一种假设构念（hypothetical construct）：一种不能直接观察而必须从行为中进行推断的特征。在实践中，这意味着智力是根据个体在智力测验中的反应来测量的。之后，把个体分数与参照群体的分数进行比较。这些测验究竟应该测量什么是许多争议的根源。思考这个核心概念：

智力测验在历史上备受争议，现在大多数心理学家都将智力看作一种呈正态分布的特质，并且可以通过各种认知任务的绩效来测量。

我们将先向你介绍智力测验的创始人，以此来开始对智力和智力测验的探讨。

本部分导读：
6.8 找出比奈 – 西蒙测验的 4 个重要特点。
6.9 讨论智商的现代概念和测量的发展。

6.8 比奈和西蒙发明了学校能力测验

学习目标：

找出比奈 – 西蒙测验的 4 个重要特点。

阿尔弗雷德·比奈（Alfred Binet）及其同事西奥多·西蒙（Théodore Simon）于 1904 年进入大众的视野。当时，一项新法律要求所有法国儿童都要上学，而政府希望有一种方法可以识别那些需要特殊补习帮助的儿童。比奈和西蒙应邀为此设计一个测验。他们设计了 30 个问题，测试了上学所需的各种能力（见表 6-2）。这个新方法是成功的：它确实预测了哪些儿童能应对正常的学校学习，而哪些儿童不能。

表 6-2 首版比奈 – 西蒙测验的题目举例

在最初的比奈–西蒙测验中，儿童被要求完成以下任务。
- 说出图片中各种常见物体（如钟表或猫）的名称。
- 复述测试者给出的 15 个词的句子。
- 给出 1 个与测试者提供的单词押韵的单词。
- 模仿手势（如指向一个物体）。
- 遵从简单指令（如将积木从一处移到另一处）。
- 解释两种常见物体的差异。
- 在 1 个句子中使用 3 个（由测试者给出的）单词。
- 给抽象术语（如"友谊"）下定义。

比奈 – 西蒙测验具有 4 个重要特点（Binet，1911）。

1. 他们将测验分数解释为对当前表现的估计，而不是对先天智力的测量。
2. 他们希望使用测验分数来找出需要特殊帮助的儿童，而不仅仅是将儿童归类或标记为聪明或迟钝。
3. 他们强调，训练和机遇都可能会影响智力，而且他们想要通过这个测验找出特殊教育可以在哪些领域帮助某些儿童提高成绩。
4. 他们凭经验建构测验——根据观察到的儿童表现——而不是将测验与某个特定的智力理论挂钩。

比奈和西蒙用这个测验测量了不同年龄的法国儿童，并首次计算了每个年龄的平均分数。之后，他们将每个儿童的表现与不同年龄段儿童的平均表现进行了比较，得出一个分数，并用**心理年龄**（mental age，MA）这个术语来表示。举例来说，当一个儿童的分数与一组 5 岁儿童的平均分数相同时，不管他或她的**生理年龄**（chronological age，CA）是多少，我们都会说这个儿童的心理年龄是 5 岁。比奈和西蒙揭示了最需要补习帮助的是那些心理年龄落后于生理年龄两岁的学生。

6.9　美国心理学家借用比奈和西蒙的观点

学习目标：
讨论智商的现代概念和测量的发展。

在法国人开始对学校儿童施测后不到十年，美国心理学家引进了比奈 – 西蒙的学校能力测验，并将其改进为我们现在所说的**智商测验**（IQ test）。为此，他们修订了计分程序，增加了测验内容，获得了一个庞大的标准组（包括成年人）的分数来为分数创建比较了水平。美国人普遍接受过智力测验，他们把它当作一种技术，并用"智力测验"分数来描述自己和他人。

6.9.1　智力测验在美国的吸引力

为什么智力测验在美国如此流行？20 世纪初，有三股力量改变了美国的面貌，它们合到一起，使得智力测验看起来像一种摆脱动荡和不确定性的有序方式。

1. 美国正经历着一场由全球性经济、社会和政治危机所引发的前所未有的移民潮。
2. 新法律要求普及教育——所有儿童都要上学，使得学生大量涌入学校。
3. 第一次世界大战开始时，军方需要一种对新兵进行评估和分类的方法。

这些事件加起来促使对大量人群进行评估的需求大增（Chapman，1988）。智力不仅被看作一种为社会剧变的动荡带来秩序的手段；而且还被看作一种低廉、民主的方式，来区分谁能或谁不能从教育或军事领导力培训中获益。

美国的大规模团体测验计划造成了两个后果。一个是公众开始认同智力测验能准确地根据心理能力来对人们进行区分。这很快导致学校和工厂广泛使用测验。另一个更不幸的后果是，测验强化了主流偏见。具体来说，军队报告表明，测验分数的差异与种族和原国籍有关（Yerkes，1921）。当然，这样的统计数据也可以被用于证明劣势环境限制了人们智力能力的全面发展。然而，这个测验导致的结果却是那些很少接触英语（测试使用的唯一语言）或对如何参加此类测验知之甚少的移民被贴上了"白痴""笨蛋"和"低能儿"（当时用来说明不同程度智力障碍的术语）的标签。

虽然对现在的我们来说，这些问题显而易见（有**后见偏差**的帮助），但在当时，这些问题被掩盖了，因为智力测验满足了当时大多数人的需求：它们施测方便，并提供了一种根据分数来对人们进行评估和分类的方式。因此，公众普遍认为这些测验是客观和公正的。

6.9.2 斯坦福 – 比奈智力量表

美国最受推崇的新智力测验，出自斯坦福大学路易斯·推孟（Lewis Terman）教授实验室。为了美国在校儿童，他对比奈 – 西蒙测验进行了改编，标准化了施测程序和年龄段规范。结果便形成了斯坦福 – 比奈智力量表（Stanford-Binet Intelligence Scale，Terman，1916）。这个测验很快成了评判其他智力测量的标准。但由于必须单独施测，推孟的测验不如团体测验那般经济划算。尽管如此，它更能发现学习问题。更重要的是，斯坦福 – 比奈智力测验设计有儿童版和成人版。

在新测验中，推孟引入了**智力商数**（intelligence quotient，IQ，简称智商）。这个概念最初由德国心理学家威廉姆·斯特恩（William Stern）于 1914 年提出。智商等于心理年龄与生理年龄的比值乘以 100（以消除小数）：

$$IQ = \frac{心理年龄}{生理年龄} \times 100$$

请通过以下例子来了解智商公式：假定一个儿童的生理年龄是 8 岁，其测验分数表明其心理年龄是 10 岁。将心理年龄除以生理年龄（MA/CA = 10/8）得到 1.25，再乘以 100，得到智商为 125。相比之下，另一个生理年龄为 8 岁的儿童，在测验中表现出 6 岁的平均水平，根据推孟的公式，其智商为 6/8 × 100 = 75。那些心理年龄与生理年龄相同的人，智商分数为 100，这被认为是平均或"正常"智商。

不久后，这个新的斯坦福 – 比奈测验便成了临床心理学、精神病学和教育咨询领域的流行工具。随着测验的发表，推孟还宣传了自己的理念，即智力在很大程度上是与生俱来的，是可以测量的。这里面传达的信息是，智商分数反映了人的一些基本的、不变的东西。

尽管斯坦福 – 比奈测验成了智力测验的"黄金标准"，但它也受到了批评。最大的反对意见是，它采用了不一致的智力定义，因为它在不同年龄段测量的是不同的心理能力。例如，它对 2~4 岁儿童测量的是操纵物体的能力，而对成年人测量的几乎都是语言项目。测验编制人员注意到了这些批评，而且随着对智力的科学理解的增强，心理学家认识到，在所有年龄段都测量多种智力能力这一点越来越重要。斯坦福 – 比奈测验的一个现代修订版，现在能给出各种心理能力各自的分数。

6.9.3 智商公式的问题

心理学家开始将智商公式用于成年人后，智商公式的一个内在问题便立马凸显出来。情况是这样的：到了青少年中晚期，随着人们的心理在许多不同方面都得到了发展，心理年龄分数通常会趋于稳定。因此，测验所测量的心理成长，似乎有所放缓（例如，15 岁时的心理年龄和 30 岁时的心理年龄可能差不多）计算智商的推孟公式会导致一个奇怪的结果，正常儿童长大后会成为一个有智力缺陷的成年人——至少就他们的测验分数而言！如果测验测得到一个 30 岁人的心理年龄停留在他 15 岁时的水平，请注意他的智商分数会是这样：

$$IQ = \frac{心理年龄}{生理年龄} = \frac{15}{30} \times 100 = 50$$

心理学家很快就意识到，这种对成年人心理能力的描绘是错误的。人们成人后，头脑并不会逐渐笨拙（尽管他们的孩子有时会这样认为）。谨慎起见，心理学家决定放弃原来的智商公式，并且开始寻求另一种计算智商的方法。他们的解决方案类似于常见的"按曲线计分"的做法。我们需要对这条著名的曲线做一些解释。

6.9.4 "按曲线"计算智商

计算智商的新方法背后的假定是，智力是呈正态分布的。换句话说，假定人群的智力呈现出不同程度的分布，因此只有少数人位于高分段或低分段，大多数人聚集在中心平均值附近。在这一点上，智力就像许多身体特质（包括身高、体重和鞋码）一样（见图 6-6）。如果你要针对其中某一维度对一大群人施测，那么你可能就会得到一组遵循"曲线"的分数，

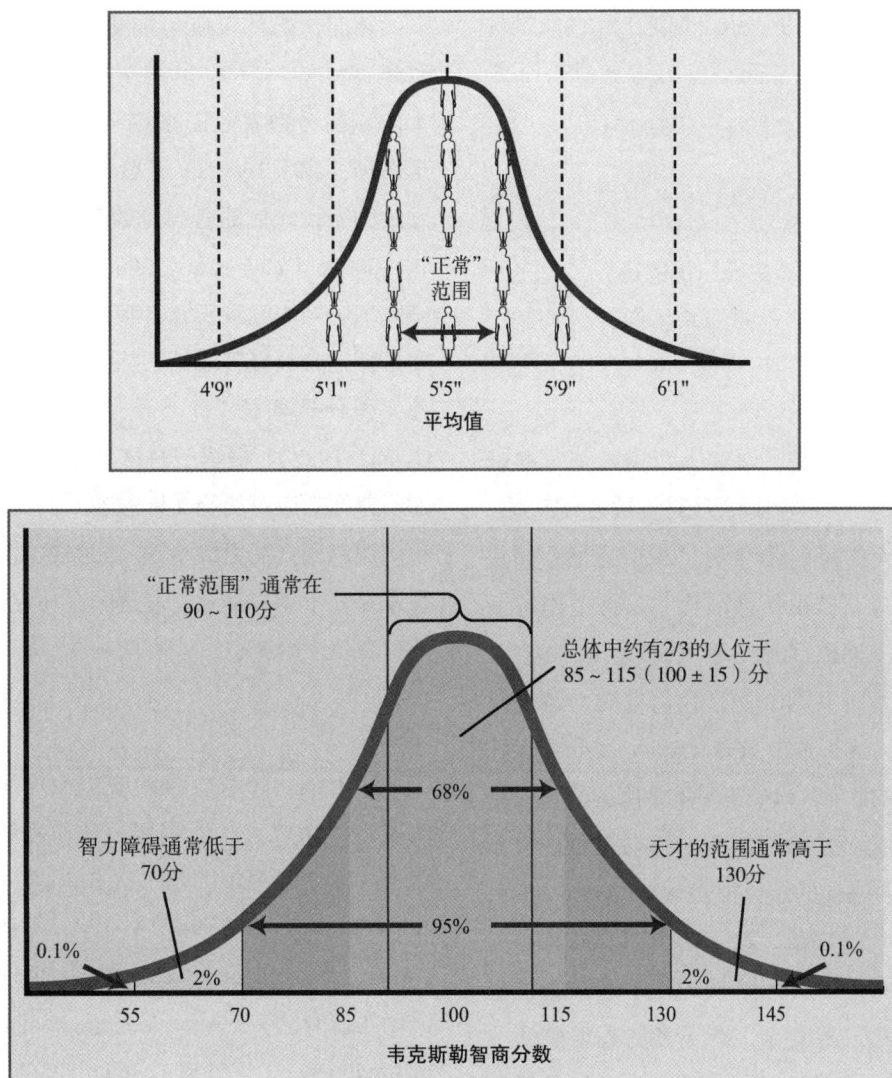

图 6-6 理解正态分布的概念

该曲线与老师用于"按曲线"评分的曲线相同。

更确切地说,在对大量个体进行智力测验时,每个年龄段的分数都呈正态分布。(所有年龄的成年人都被分到一组,他们的分数分布也符合这种钟形曲线。)可以画表格来显示测验分数落在这个正态曲线上的什么位置,现在可以用这个表格的数据来确定智商,而不使用旧智商公式来计算智商。这些分数经过了统计校正,因此每个年龄组的平均数都设在 100。接近于分布中央的分数(通常位于 90~110)属于正常范围(normal range,见图 6-6);位于分布一端低于 70 的分数属于智力障碍(intellectual disability)的范围;而位于分布另一端高于 130 的分数有时表明被试

是天才(giftedness)。请花些时间研究一下图 6-6,以便更好地理解这一概念。

因此,现在我们已不再通过心理年龄除以生理年龄来计算智商分数了。尽管现在的智商分数是"按曲线"计算的,但后来沿用了乘以 100(能生成一个类似百分比的数字,易于理解)来表示比率的概念。这种计算方法只需在成年人之间进行比较,从而解决了成年人智商虚假下降的问题。

另一个需要认识到的重要事情是,专家们不认为一个单一的智商分数,就像不同认知能力的综合测量那样,能准确地代表一个人的智力(Nisbett et al., 2012)。因此,大多数现代智力测验给出的分数至少

反映了两个维度——通常是言语（词汇）和抽象推理方面的水平。

弗林效应　几十年前，研究人员詹姆斯·弗林（James Flynn）注意到，自从智力测验被发明以来，平均智商分数以大约每10年3分的速度递增；而每隔几年就对测验进行"重新标准化"以将平均智商维持在100的做法掩盖了这一事实（Flynn，1987）。这是否表明，随着时间的推移，我们会变得越来越聪明？表面上看，这种弗林效应（flynn effect）意味着，在你曾祖父母那个时代处于平均范围的人，放到今天可能会被认为有智力障碍！和大多数其他研究人员一样，弗林认为这样的结论很荒谬（Flynn，2003；Neisser et al.，1996）。那么，如何解释弗林效应呢？

这种递增可能是多种因素共同作用的结果，包括更好的应试技巧、更复杂、有更多的心理刺激的社会环境（从电影到游戏，到计算机，再到手机等所有事物），更多的学校教育，以及更好的营养。弗林（Flynn，2007）本人指出，智力的不同成分的增长速率是不同的（如词汇量几乎没有任何变化），因此智商提高的部分原因是，社会开始重视和鼓励那些对智力有贡献的因素。例如，智力测验中有一个问题："狗和兔子有什么相似之处？"①弗林说，一个世纪以前，这个问题的答案具有文化特异性："你用狗来猎兔。"而现在，他说："它们都是哺乳动物。"这两个不同的答案反映了不同的思考方式。弗林相信，智商测验分数的提高是20世纪教育体系的产物。这种教育体系教会儿童更有逻辑、更科学地思考——之后，再用智商分数作为对他们的奖励（Shea，2012）！

---

① 原文为："How are a dog and a rabbit alike?"

然而，弗林效应可能正在放缓，至少在发达国家是这样的。自20世纪90年代中期以来，欧洲样本的测验分数就趋于稳定了，而且在某些情况下甚至有所下降（Teasdale & Owen，2008）。然而，在欠发达国家，人们的智商分数则会持续提高（Colom et al.，2007；Daley et al.，2003）。同时，自发现弗林效应以来对其的细致研究表明，智商分数的平均增长主要是低端分数显著增长的结果；在高端分数范围，则几乎没什么增长（Dutton & Lynn，2013；Teasdale & Owen，1987）。根据所有这些发现，一些理论学家认为，弗林效应可能确实标志着人们在获得教育、营养和认知刺激方面更加平等。如果这是真的，我们有望在未来几十年内看到，发达国家与发展中国家人们间的智商差距的缩小。

6.9.5　如今的智商测验

斯坦福-比奈测验的成功激励了其他智商测验的发展。因此，心理学家现在有各种智力测量工具可选。其中最突出的是韦氏成人智力量表（Wechsler Adult Intelligence Scale，WAIS）、韦氏儿童智力量表（Wechsler Intelligence Scale for Children，WISC）和韦氏幼儿智力量表（Wechsler Preschool and Primary Scale of Intelligence，WPPSI）。借助这些工具，心理学家大卫·韦克斯勒（David Wechsler）提供了一个测验工具箱，测量许多被认为是智力组成成分的技能，包括词汇、言语理解、算术能力、相似性（说出两个事物如何相似的能力）、数字广度（跟着测试者复述一系列数字）和积木设计（将带彩边的积木拼接起来以重现设计的能力）。正如本学习阶段的核心概念所指出的，这些测验通过评估各种任务表现来测量智力。

与斯坦福-比奈测验类似，韦氏测验也是个体测验。也就是说，它们每次只能测一个人。也有一些可用的**团体智力测验**，可以同时对大量学生施测。与斯坦福-比奈测验和韦氏测验不同的是，团体测验由纸笔测试组成，包括问题小册子和可用机器评分的答题卡。团体测验——尽管不如个体测验精准——的便利性使得智商测验及其他形式的学术评估广为普及。你很有可能在从 1 年级到 12 年级的学习过程中，已参加过多次这类测验，而没有意识到它们是什么。"试一试"版块中的这些题目，很像许多心理能力团体测验中的常用题目。

试一试 ➡ IQ 测验题目样本

试着做做下面这些以智力团体测验为基础改编的题目。有些题目会比其他题目更具挑战性。题目最后有正确答案。

词汇：选出每个单词的最佳定义。

1. viable
   a. traveled
   b. capable of living
   c. V-shaped
   d. can be bent

2. imminent
   a. defenseless
   b. expensive
   c. impending
   d. notorious

类比：考查前两个单词之间的关系。然后，选出一个与粗体单词有相同关系的答案。

3. Washington: Lincoln
   July:
   a. January
   b. April
   c. May
   d. October

4. ocean: canoe
   verse:
   a. poem
   b. pen
   c. water
   d. serve

相似性：右侧的哪个字母与最左边的字母属于同一类别？

5. J A M S Z T
6. A S D U V X

序列：选择最适合完成这个序列的答案。

7. a z b y c x d ____?
   e s u w f

8. 1 3 6 10 15 ____?
   16 18 21 27 128

数学推理

9. 波特兰和西雅图实际相隔 241 千米，但在地图上，它们只有 5 厘米远。如果芝加哥和诺福克在同一张地图上相隔 13 厘米，那么两个城市的实际距离是多少呢？
   a. 201.2 千米
   b. 402.3 千米
   c. 626.6 千米
   d. 844.9 千米

答案：1. b 2. c 3. d（10 月是 7 月之后，7 月之后，7 月是... ） 4. d（verse 与 serve 拼字母相同）5. S（唯一一个有曲线的）6. U（唯一的元音）7. W 8. 21 9. C

智商分数的确能够在一定程度上预测学业和某些其他方面的成功。除此之外，智商分数在确定儿童是否有"智力障碍"或"天赋"（我们将在下一个"心理学很有用"版块中更细致地考查这些概念）方面发挥着最重要的作用。除了以上这些用途之外，智商测验在诊断学习障碍方面的作用最为突出。杰克·纳格利里（Jack Naglieri）博士说，智力测验的问题是，智商分数并没有告诉我们对某特定儿童来说哪些干预策略可能有效（Benson，2003）。为了解决这个问题，纳格利里和其他人正在开发一些测验，它们不那么强调单一分数（如智商），更强调对人们分类以提供不同的帮助建议（如识别阅读问题、知觉问题或注意障碍）。

心理学很有用 • • •

你能为特殊儿童做些什么

正如我们所指出的，智力障碍和天才位于智力谱系的两个极端。按照传统的设想，**智力障碍**的智商低于 70 分——约占人口的 2%。**天才**的智商是人为划分为高于均值 30 分以上，即高于 130 分——约占人口的另外 2%。在记住我们学到的智商测验的局限性的基础上，让我们简单看看这两个类别。

智力障碍

智力障碍的最新定义不再强调智商分数，而是关注人们与世界相处的实际能力（Robinson et al.，2000）。美国智力与发展障碍协会（American Association on Intellectual and Developmental Disabilities）将智力障碍定义为：在 18 岁之前就表现出来，在智力功能和适应行为方面有很大局限。智力功能上的局限可以通过 70～75 分的智商分数来测得；而适应行为包括社交技能、实践技能（如沟通、自理和职业技能）和概念技能（如理解金钱、语言和时间）。

智力障碍的起因

智力障碍有很多起因（Daily et al.，2000；Scott & Carran，1987）。有些智力障碍，如唐氏综合征（Down Syndrome），是因为遗传，因为我们已能确认是特定基因控制了这一缺陷。有些起因纯粹是环境，例如，胎儿酒精综合征的起因就包括母亲孕期酒精滥用导致的出生前脑部受损。其他的环境原因包括产后事故（造成大脑认知区域受损）、剥夺或忽视的环境条件（不能给发展中儿童提供智力增长所需的经验）。有些病例则原因不明。

智力障碍的应对

虽然研究已经找到了针对某些类型智力障碍的预防性措施，但是我们无法治愈它们。例如，对刚出生的婴儿进行一项常规简单检查就能识别出一种被称为苯丙酮尿症的隐性遗传疾病。在被及时发现的前提下，那些通常与苯丙酮尿症有关的疾病就可以通过一种特殊饮食来预防。一般来说，其他预防策略还有遗传咨询、孕期护理服务，以及新父母的教育（Scott & Carran，1987）。

除了预防外，特殊教育课程还能帮助那些智力障碍患者学习职业技能和独立生活技能。与此同时，生物学家希望有朝一日能够用目前正在构思的疗法来治疗基于遗传的智力障碍。例如，基因治疗可能涉及将健康基因拼接到一种良性病毒中，以"感染"某些类型的智力障碍患者的所有细胞，并置换缺陷基因。目前，智力障碍的基因治疗至少还需要几年时间。

现在，如果你有一个身患智力障碍的孩子，你可以做些什么？由于出生时婴儿的神经系统还没有发育成熟，而且许多身心发展都发生在生命的前几年，因此，早期干预的效果可能最好。感觉刺激和社会互动这样的心理学干预方法十分重要。加上适宜的教育课程带来的效果，有智力障碍的孩子的智商有望提高 15 分（Robinson et al.，2000）。

事实上，丰富的环境对智力障碍儿童的帮助可能和对天才儿童的帮助一样。由特殊教育教师、言语治疗师、教育心理学家、医生和其他专家组成的团队可以设计课程来教会学生充分利用他们拥有的能力，而不是被他们的障碍所束缚（Schroeder et al.，1987）。行为矫正课程成效显著，

特殊奥林匹克运动会（the Special Olympics）为智力障碍儿童（和其他残障儿童）提供了一个充分利用自身能力和建立自尊的机会。

使得许多智力障碍公民学会了照顾自己，并获得了能使他们独立生活的职业技能（Landesman & Butterfield，1987）。

天才

智力谱系的另一端是"天才"，他们智商极高，通常被定义为位于人口前 1% 或 2% 的人（Robinson et al.，2000）。但是，高智商会给其拥有者的生活带来优势吗？对天才个体的长期观察表明，这个问题的答案是肯定的。

推孟对天才的研究

对天才个体进行的最广泛的研究始于 1921 年，它是在路易斯·推孟——就是将比奈和西蒙智商测验引入美国的那个人——的指导下展开的（Leslie，2000）。推孟从在加利福尼亚的学校接受测验的大量儿童中选出了 1 528 名得分接近智商范围顶端的儿童。他的纵向研究项目对这些儿童进行了从入学到成年的追踪。在他们的一生中，推孟定期对他们进行重测，收集有关他们成就和适应模式的信息。由此产生的数十年的数据揭示了有关天才本质的许多信息。推孟的天才儿童几乎在学校中都表现出色，正如人们从智商和学业成就间的强相关中所预期的那样。推孟还提到样本中的儿童拥有健康和幸福，虽然更新的证据表明，极端天才儿童对某些身体和心理障碍具有易感性（Winner，2000）。

随着他们成年，这个天才群体继续沿着成功的道路发展。他们中出现了异常多的科学家、作家和专业人士。他们总共发表了 2 000 余篇科研论文，申请了 235 项发明专利，并撰写了 92 本书。到中年时，他们之中超过 86% 的男性从事着高社会地位的职业（Terman & Oden，1959）。

然而，尽管这些高智商样本取得了上述这些成就，却没有人达到阿尔伯特·爱因斯坦、玛丽·居里（Marie Curie）、列昂纳多·达·芬奇（Leonardo da Vinci）或传奇的英国首相玛格丽特·撒切尔（Margaret Thatcher）的水平（他们的智商分数是 180）。高智商也不能确保健康或地位。事实上，推孟样本中的许多人过着普通的、与常人无异的生活。最明显的成功者除了拥有高智商外，似乎还有着超强的动机，以及在家里或学校有特别激励他们的人（Goleman，1980；Oden，1968）——这些特征与"天才"的标志性特征相同。

如何对待天才

想象你是一个智商分数很高（如 145 分）的天才儿童的父母。以下哪个是最好的行动方案？

- 给孩子报名参加特殊的课外课程；
- 聘请家教辅导孩子完成家庭作业；
- 将孩子送到私立学校；
- 什么也不做，正常生活。

专家怎么说？不要因为孩子的智商分数而急于给孩子报特殊课程或提供其他"帮助"（Csikszentmihalyi et al., 1993；Wong & Csikszentmihalyi, 1991）。将孩子推向一个不符合他们兴趣的目标，可能会消灭他们的好奇心。很有可能，你已经在给孩子提供一个供其先天能力蓬勃发展的环境了。所以，不要做任何轻率和激进的改变。

最重要的是，避免让孩子因其不同寻常的能力和高智商而感到与众不同。部分原因是因为，天才儿童身上的某些人格特质——特别是花时间独处、研究自己兴趣的倾向——已经比其他孩子更可能遭受社交和情绪障碍的困扰了（Winner, 2000）。你也不应该为你对孩子智力做出的遗传贡献而感到沾沾自喜。

请记住，智力涉及先天与后天的交互作用；

此外，智商测验测试的仅是人类能力的一小部分。其他的孩子可能在未被测试的智力区域具有同样惊人的能力。事实上，许多天才个体都没有被学校发现，是因为他们的卓越才能主要表现在美术或音乐领域——正式的能力测验几乎不会测试这些领域。

还要记住，高智商并不能保证高动机、高创造力或人生成功。它所保证的只是一个智力上的机遇。

那么，该如何对待一个聪明的孩子？你不需要做什么特别的事情，就与你知道孩子的智商分数之前一样，一切如常即可。

关键问题：

智力是一种能力还是多种能力

核心概念 6.4

一些心理学家认为智力包含一个一般因素——g；而另一些心理学家则认为智力是多种不同能力的集合。

判断存在的严重问题。显然，对于一种智力还是多种智力的问题，没有简单的答案。然而，正如核心概念所表明的，不同心理学家以不同的方式探讨了这个问题：

> 一些心理学家认为智力包含一个一般因素——g；而另一些心理学家则认为智力是多种不同能力的集合。

我们将先从心理测量领域的心理学家——那些感兴趣于开发测验来测量心理能力的人——的视角来考查这个问题。之后，我们将从认知心理学家的角度——他们为这个问题带来全新视角——来看智力。

在某一领域（如语言）展现出天分的人常常也会在其他领域（如数学或空间关系）的测验中得到高分。这一事实支持了单一、一般智力能力的说法。但也有一些明显的例外，如患有学者综合征（savant syndrome）的人。这些罕见个体拥有非凡但有限的才能，如在头脑中快速做乘法的能力，或者确定任何给定日期是星期几的能力，但他们在其他方面的心智发展迟缓（Treffert & Wallace, 2002）。通常情况下，他们还会表现出孤独症谱系障碍（autism spectrum disorder）的症状（Winner, 2000）——你可能已在电影《雨人》（Rain Man）中达斯汀·霍夫曼（Dustin Hoffman）塑造的这类人物的经典形象中见过这种症状。这样的个案引出了用单一的、一般的智力因素做

本部分导读：

6.10　解释智力的心理测量理论。

6.11　描述智力的认知观点。

6.12　记住不同文化尝试理解智力的方式。

6.13　说出表明动物拥有智力行为和认知能力的一些研究。

6.10　智力的心理测量理论

学习目标：

解释智力的心理测量理论。

心理测量学（psychometrics）是"对心理进行测量"的领域。正是心理学专业为我们提供了大部分的智商测验、成就测验、人格测验、SAT测验和各种其他评估工具。许多心理学先驱，包括阿尔弗雷德·比奈和路易斯·推孟，在为心理测量学做贡献的过程中开辟了自己的专业领域。该领域的另一个著名人物是心理学家查尔斯·斯皮尔曼（Charles Spearman），他因提出智力是单因素的理论而闻名。

6.10.1　斯皮尔曼的 g 因子

截至20世纪20年代，许多可用的智力测验都已被设计出来。英国心理学家查尔斯·斯皮尔曼（Spearman，1927）发现，个体在不同测验上的分数往往高度相关；换句话说，那些在一项测验上得高分的人通常也会在其他测验上得高分。他说，这种相关性说明，贯穿所有智力领域成绩的是一个单一、共同的一般智力因素。斯皮尔曼没有否认有些人在某些领域具有突出的才能或缺陷这件事。但是他说，这些个体差异不应该妨碍我们看到，在我们所有心理活动的背后，有一个单一的一般智力因素在起作用。斯皮尔曼称这种一般智力能力为 g 因子。他假定这个一般因素是与生俱来的，当时大多数心理学家也都赞同他的观点（Tyler，1988）。目前更多的研究也为 g 因子提供了有力的支持（Johnson et al.，2008），还找到了其重要遗传基础的证据（Haworth et al.，2010）。

神经科学家也为斯皮尔曼的理论找到了一些支持证据。对 g 因子的各种测验都指向脑部的某些区域——特别是额叶（Duncan et al.，2000；Haier et al.，2004）。这些区域是 g 因子所在的区域吗？虽然有些神经科学家是这样认为的，但是其他人则认为这种解释过于简化了智力和脑的本质（McArdle et al.，2002；Sternberg，1999，2000）。总体来说，心理学家接受 g 因子的存在，但对它实际测量的参数和含义还有争论。

6.10.2　卡特尔的流体智力与晶体智力

雷蒙德·卡特尔（Cattell，1963）使用复杂的数学技术确定了一般智力（general intelligence）可以被分为两种相对独立的成分，卡特尔分别称它们为**晶体智力**（crystalized intelligence）和**流体智力**（fluid intelligence）。

- 卡特尔说，晶体智力包括一个人获得的知识以及获取这些知识的能力。因此，晶体智力与一个人从**语义记忆**中存储及提取信息的能力相关。它由词汇、算术和一般信息的测验来测量。

- 相比之下，卡特尔认为流体智力是理解复杂关系和解决问题的能力——这些能力涉及**算法**、**启发式**和一般思维技能。流体智力常常由积木设计和空间可视化测验所测量，在这些测验中个体不需要通过加工某些"晶体化的"背景信息来解决问题。

卡特尔表示，这两种智力对个体适应生活都很重要。

6.11　智力的认知理论

学习目标：

描述智力的认知观点。

20世纪后期，当认知观点作为心理学界的一支主要力量出现时，它引发了关于智力的一些激进的新观点。简言之，智力的认知观点不再只是强调用词汇、逻辑、问题解决和其他先前用于预测学业成功所测量的技能（见表6-3）。

认知心理学家说，智力是在生活中许多方面——不只是在学校（Sternberg，2000）——取得成功背后的认知过程；因此，智力的实际范围比智力在心理测量上的概念要广泛得多。认知理论不是问"你有多聪明"，而是问"你怎么会这么聪明"。我们将主要讨论其中两个最突出的认知理论。

表 6-3　智力理论比较

斯皮尔曼	卡特尔	斯滕伯格	加德纳
	晶体智力	—	—
	流体智力	分析性智力	自然智力
g 因子		创造性智力	逻辑 – 数学智力 语言智力 空间智力 音乐智力 肢体动觉智力
	—	实践智力	人际智力 自省智力

注：不同的理论家认为智力包含不同的成分，如表中各列所示。同一行显示的是不同理论中大致相当的智力成分（不过读者应该会意识到这些对应并不准确）。例如，斯滕伯格的实践智力类似于加德纳的两种成分，即人际智力和自省智力；而斯皮尔曼的 g 因子则忽略了这些能力。

6.11.1　斯滕伯格的智力三元理论

1. 你可能会认识这样的人：这些人似乎有很多的"书本智慧"，但他们的人生并不是很成功，也许是因为他们与其他人相处得不好，也许是因为他们没有有效地处理突发事件。心理学家罗伯特·斯滕伯格说，这些人缺乏**实践智力**（practical intelligence）。实践智力有时被称作"街头智慧"，尽管它同样适用于家庭、工作或学校。其核心是适应所处环境和改变环境以适合自身需要，或者找到能让自己茁壮成长的环境的能力。自我意识或对自己优势和局限的认识，是实践智力的重要组成部分。

2. 与实践智力相比，斯滕伯格将大多数智商测验测量的能力称为**分析性智力**（analytical intelligence），它依赖于问题解决、理性判断，以及对观点进行比较和对比的能力。你大学时的成绩与这种逻辑推理能力的关系可能很密切。

3. 斯滕伯格的第三种智力是**创造性智力**（creative intelligence），它帮助人们产生新观点并看出概念间的新关系。创造性智力正是毕加索创造立体主义绘画形式、爱因斯坦形式化相对论时所使用的智力。它也是斯滕伯格产生他的新智力

理论时所使用的智力形式。

以上斯滕伯格的三部分表述通常被称作**智力三元理论**（triarchic theory），因为它联合了三种（tri=3）不同类型的智力。对斯滕伯格来说，每种能力——实践智力、分析性智力和创造性智力——都相对独立。换句话说，一个人在某一方面的智力并不一定代表着我们能预测出其在另外两个方面的智力。每种智力都代表着描述和评估人类表现的一个不同维度。该理论表明，把单一的智商分数看作是所有对人类心理能力重要或有价值的东西的汇总，是不正确的（Sternberg，1999；Sternberg et al.，1995）。请看表 6-4，以了解斯滕伯格智力成分的一些例子。

表 6-4　斯滕伯格的智力成分的例子

分析性智力	创造性智力	实践智力
分析	创造	应用
评判	发明	使用
判断	发现	实践
比较 / 对比	想象	实施
评价	假设	运用
评估	预测	使其实用

在这里你可以看到斯滕伯格三种智力成分包含的能力类型的一些例子。例子来源于斯滕伯格。

最近，斯滕伯格（Sternberg，2003）提出了另外一个智力元素——**智慧**（wisdom）。对斯滕伯格来说，智慧涉及运用智力（不论是分析性智力、实践智力或创造性智力）来实现一个共同利益而不是自私目标。例如，汽车销售员说服买家购买一辆有缺陷的汽车，可能展现出了其实践智力，而不是智慧。斯滕伯格说，只有提倡智慧，我们才能实现大多数人所渴望的社会目标。研究表明，斯滕伯格至少在一个方面可能是正确的：研究显示，智慧是晚年幸福的一个预测指标（Bianchi，1994；Hartman，2000）。

6.11.2　加德纳的多元智力

和斯滕伯格一样，哈佛大学心理学家霍华德·加

德纳也认为传统智力测验对人类心理能力的测量是有限的。但是加德纳认为，我们至少有8种独立的心理能力，他称之为**多元智力**（multiple intelligence）（Ellison，1984；Gardner，1983，1999a，1999b）。表6-5对加德纳的每种智力都进行了描述。现在，请花几分钟时间看看这个表。

加德纳声称，每种智力都产生于大脑中的一个单独模块。最后两种智力——人际智力（interpersonal intelligence）和自省智力（intrapersonal intelligence）类似于一些心理学家所说的**情绪智力**（emotional intelligence，有时被称为"EQ"）。情绪智力高的人善于"读懂"他人的情绪状态，也特别能觉察自己的情绪反应。

6.11.3 评估智力的认知理论

认知理论对智力研究的主要贡献或许在于其提出的文化包容的价值体系：认知理论家认为，在理解智力方面，有许多出类拔萃的方式，而且一种方式未必会优于其他方式。这种观念广受欢迎。然而，这些理论的挑战在于如何评估智力：我们如何可靠地测量创造性智力、实践智力或人际智力？这些智力又能预测什么？

在一个令人印象深刻的项目中（其本身就具有创造性和实践性），斯滕伯格与他的同事们为SAT测验开发了补充题目，用于测量创造性智力和实践智力（Sternberg，2007）。例如，为了测量创造性智力，学生要给《章鱼的运动鞋》这个题目编一个故事，或者为一个无标题连环漫画添加说明文字。还有各种旨在评估实践智力的言语和非言语问题，例如，如果你向一位教授索要推荐信，但是这个教授似乎并不认识你，你会如何回应？表6-6列出了新题目的几个例子。斯滕伯格的团队使用原创性、与背景的适配性、参与度对题目进行计分来评估创造性智力，使用可行性、适当性来评估实践智力。结果如何？新测验不仅被证明是测量创造性智力和实践智力的有效方式，它们也大大提高了学校对大一新生能否在未来取得成功的预测能力。它们也缩小了大学录取中的种族群体差异，因为测试问题的多样性能够更好地测量智力展示出的文化差异（Sternberg et al.，2006）——这也正是我们接下来要对智力进行探讨的角度。

表6-5 加德纳的多元智力

语言与逻辑–数学智力	空间与音乐智力
1. **语言智力**：通常通过传统智商测验中的词汇测验和阅读理解测验来测得 2. **逻辑–数学智力**：通过大部分智商测验的类比问题、数学问题和逻辑问题来测得	3. **空间智力**：形成和操控物体的心理映像的能力，思考它们的空间关系的能力 4. **音乐智力**：演绎、创作和欣赏音乐模式（musical patterns）——包括节奏和音高模式——的能力
肢体动觉与自然智力	**人际与自省智力**
5. **肢体动觉智力**：控制运动和协调的能力（如运动员或外科医生所需的能力） 6. **自然智力**：将生物分类为不同群体（如狗、矮牵牛、细菌）的能力，识别环境中细微变化的能力	7. **人际智力**：理解他人意图、情绪、动机和行为，以及与他人有效合作的能力 8. **自省智力**：认识自己、形成身份满意感，以及管理自己生活的能力

表6-6 测量创造性智力和实践智力

想象一下，你刚刚在一家餐馆吃过午餐，当你拿到账单时，你意识到你没有足够的钱来结账。 实践智力问题的一个例子 你会如何处理这种情况？	想象一下，你正要去见你的另一半，这是你们分开许久后的第一次见面。这时，一位密友请求你立刻去帮忙处理一件私事。 实践智力问题的一个例子 你会如何处理这种情况？

6.12　智力的文化定义

斯滕伯格和加德纳都认为智力的所有组成成分都具有相同的重要性。然而，每种成分的价值都是由文化所决定的，即取决于什么是一个特定社会所需要的、所奖励的，以及对其有用的。在中国，智力包括广博的知识、决心、社会责任和模仿能力等。如果你生活在太平洋岛文化中，以下哪个更重要：你的 SAT 分数，还是在开阔的海洋航行的能力？跨文化心理学家用这些例子让我们注意到这样的观点："智力"在不同文化中可能有截然不同的含义（Sternberg，2000，2004）。事实上，许多语言中根本就没有我们所设想的智力——与逻辑、词汇、数学能力、抽象思维和学业成功相关的心理过程——这个词（Matsumoto，1996）。

6.12.1　非洲的智力概念

斯滕伯格发现，在肯尼亚的乡村地区，实践智力最高的儿童在测量学业成功的传统智商测验中得分较低。斯滕伯格说："在肯尼亚，高分数不会给你任何帮助。你最好去做学徒或者学习采矿、捕鱼——这些能让你养活一个家庭。"（Winerman，2005b）因此，最聪明的孩子不会去学习学业技能，而是专注于能让他们在生活中领先的实践技能。

西方人假设智力与学校成功、快速解决问题有关，该假设并不具有普遍性。例如，乌干达的布干达人将智力与缓慢、深思熟虑的回应联系到一起；而研究人员在尼日尔（西非）的哲尔马人（Djerma-Sonhai）身上则发现了另一种观点：他们将智力视为社交技能和良好记忆的结合。

6.12.2　美洲原住民的智力概念

对美洲原住民所认为的有价值的心理能力，约翰·贝利（Berry，1992）进行了广泛研究。他起先让安大略省北部克里族的成年人志愿者提供给他描述

智力在不同文化中意味着不同的东西。

思维方面的克里语词汇，从"聪明"或"聪慧"这样的例子开始。最高频率的回答大致可以被翻译为"明智""认真思考"和"仔细思考"。

尽管克里族儿童上的学校是由主流盎格鲁－撒克逊文化引入的，但克里人自己对"学校"智力和克里文化中所珍视的"良好思维"进行了区分，后者似乎以尊重为中心。正如一位受访者所解释的，智力"在印第安人的理解里就是尊重。你需要真正地了解他人并尊重他们本来的样子。"（Berry，1992，p.79）这种尊重他人的态度在美洲原住民文化中非常普遍。

贝利的受访者提供了一个术语，作为智力的反义的一个例子，翻译过来就是"像白人一样生活"。这个术语是贬义的，指的是克里人在一些盎格鲁－撒克逊人身上所观察到的行为。克里人将"像白人一样生活"定义为"愚蠢"和拥有"落后知识"的结合。一个"愚蠢"的人不了解生存的必要技能，也不会通过尊重长辈、聆听长辈教诲来学习。拥有"落后知识"的人会破坏人际关系、制造不和谐，而不在意与他人进行顺畅的互动，即使这种不和谐不一定是有意的或恶意的制造。例如，一位英语教师可能要求克里族学生写一篇论文来说服他人改变某些行为。然而，"说服"这个概念违背了克里文化中"接受他人本来

面貌"的传统价值观。这位英语教师鼓励学生质疑长辈和传统——盎格鲁－撒克逊教育中的一种常见做法——是在鼓励学生破坏人际关系。这种做法在盎格鲁－撒克逊文化中可能是通往"智慧"之路，但在克里人的智力观中却意味着"倒退"。

从这些例子中可以看出，不同文化对智力有不同的理解。为了理解具有不同文化传统的人并与他们合作，最"有智力"的行为或许是克制将我们自己对"智力"的定义强加于他人的冲动。

6.13　动物智力的问题

学习目标：
说出表明动物拥有智力行为和认知能力的一些研究。

任何去过马戏团的人都可以证明，经过训练，动物能表演惊人的马戏。野生世界的狼群、狮群和虎鲸群常常会合作进行捕食和哺育幼崽。甚至你的猫也可能会使用技巧和诡计将你引向厨房，显然它是希望被投喂。但这些表现展示的是真正的思维和智慧，还是只是**操作性条件反射**——从先前结果中学习的能力呢？

历史上，科学家一直认为动物的认知表现只是经过训练而习得的被伪装成智慧的简单把戏，直到珍·古道尔（Jane Goodall）等科学家陆续发布新的惊人的报告。古道尔在工作和生命方面冒着双重风险，花了 30 年时间在坦桑尼亚的丛林中观察和记录野生黑猩猩的行为（Goodall，1986）。她的冒险得到了丰厚的回报，她获得了大量发现，这里仅举其中一例。古道尔报告说黑猩猩会从树枝上剥下树叶，然后用树枝从白蚁巢穴中获取可口的食物。为什么这很了不起呢？她发现黑猩猩可以制造和使用工具；这是一种需要预判和计划的能力，在此之前，这一直被认为是人类区别于其他动物的能力。因此，古道尔的工作提出了人类是否具有独特性这一挑战性问题。

6.13.1　哪些能力使人类独特

如果不算制造工具，人类可能拥有哪些独特的认知能力？一种可能是**心理理论**（theory of mind）。例如，扑克玩家在虚张声势时就是在使用心理理论。对偷吃饼干盒中饼干一事撒谎的小孩也使用了心理理论。但最近的动物研究表明，低级的西丛鸦（乌鸦的亲戚）可能也会用心理理论：当一只西丛鸦为下一餐藏匿蚱蜢时，如果它看到另一只鸟正在观察，那么它会稍后返回并换一个地点重新把蚱蜢藏起来（Dally et al.，2005）。心理理论在黑猩猩、海豚和乌鸦身上也都得到了证实。只有人类才会运用心理理论的猜想就被推翻！

那么，也许是语言将人类与动物区分开来。但是，真为人类的骄傲感到遗憾！动物行为学家卡尔·冯·弗里希（Von Fritsch，1974）观察到，发现新花蜜来源的蜜蜂，会使用一种"摇摆舞"语言——它是沿着蜂巢内壁来表演的——来传达食物方向和距离的信息。其他科学家指出，许多动物都会使用不同的声音来传达不同的"想法"，如捕食者正在靠近。但这种动物间的交流技能有限：它们是否有资格被当作真正的语言？

6.13.2　猿类的语言

研究人员艾伦（Allen）和比阿特丽克斯·加德纳（Beatrix Gardner，1969）朝上面这个问题的答案迈进了一步。他们教一只名叫瓦苏（Washoe）的黑猩猩学习人类的语言技能，人类语言技能在以前被认为是不可能为非人类动物所掌握的。艾伦和比阿特丽克斯在瓦苏刚 10 个月大时收养了它，并在类似于抚养人类儿童的环境中养育它，他们教会了瓦苏使用美国手语（American Sign Language，ASL）来进行交流（Dewsbury，1996）。到 5 岁时，瓦苏能够做出大约 160 个单词的手势，而且还能将它们组成"句子"，例如，她会表示"我是瓦苏"（Me Washoe），或者请求"请再挠痒痒"（Please tickle more）。她甚至能够在陌生情境中创造新手势，例如，她第一次看到天鹅时做出了"水鸟"（water bird）的手势。而且不可思议的是，她也表现出了情绪智力：她的一位看护人在流产后请了一段时间假，当她对瓦苏打手语"我的孩子死了"来解释为什么这段时间自己没来时，报告里说瓦苏深深地望着她的眼睛，然后缓慢、小心地打出了"哭"的手语，并抚摸她的脸。当天晚些时候，到了看护人该离开的时间，瓦苏拒绝让她离开并打手语说："请抱抱。"（Please person hug）（Fouts，1997）

许多其他灵长类动物也追随了瓦苏的脚步，使用手语、各种形状的塑料代币，甚至计算机来交流。他们中的一些超越了瓦苏，拥有多达 500 个词汇量（Savage-Rumbaugh，1990），除了手语，他们还会对人类的声音语言做出反应（Rumbaugh & Savage-Rumbaugh，1994）。一只名叫坎兹（Kanzi）的倭黑猩猩拥有令人印象深刻的语言库，包含"明天"和"来自"（from）这样的概念词，还包含一些语法元素，如恰当地使用 -ing 和 -ed 来表示时态。一位访客答应与坎兹玩，他终于出现后，问坎兹："你准备好开始玩了吗？"坎兹回答说："老早准备好了！"（Past ready）（Kluger，2010）——除了语言造诣外，这也许还表现出了一种揶揄的幽默感。还有一只名叫可可（Koko）的大猩猩曾被发现用手语撒谎——这也很偶然地体现了心理理论（Patterson & Linden，1981）——甚至用美国手语来"咒骂"它的驯养员、打"脏厕所"的手语。在这一点上，大多数心理学家都相信，灵长类动物至少能够学习人类语言的基本知识，也许能达到 2.5 岁幼儿的水平。

其他物种也能习得各种交流技能。海豚已经被教会能理解一系列的复杂手势和声音并对它们做出回应。一只非洲灰鹦鹉，能对"亚历克斯"（Alex）这个名字做出回应，它不仅会说话，还能数出最多 6 个物体，并且理解大小等概念，对诸如"哪个更大"这样的问题给出正确答案。一只名叫追逐者（Chaser）的边境牧羊犬也不甘落后，知道 1 000 多个玩具名，还能根据功能和形状给它们分类（Viegas，2011）。

6.13.3 对动物语言和智力的研究对我们有什么借鉴意义

毋庸置疑，动物有能力做出智能行为。除了最严格的行为学家外，所有人也都会承认，许多动物都具有认知能力。这些能力对它们很有帮助：大多数动物能够很好地适应某种特定的生物生态位，这使得它们具有足够的智慧来帮助其生存。当语言被视为一个物种的适应性功能时，动物会在语言方面表现出色——以利于它们自身物种的方式而非我们人类的方式。草原犬鼠和海猫会根据捕食者的不同给同伴发送不同的信号；海豚和鲸鱼能使用声音和肢体语言来交流玩耍、捕猎和交配的欲望；甚至是低级的乌贼也会通过颜色和形状的变换来向彼此发送信息。在所有的这些方式中，动物都进行了有效的交流——这展示了物种特异的智力。

对非人类动物的语言和问题解决的研究证明，其他生物也有能力使用我们人类所定义的语言，其复杂程度令人惊讶，足以把我们拉下我们自己建构的宝座。然而，那些担心是否还能保持我们的物种优越感的人，可以从这点中得到安慰：人类语言较于其他动物语言展现出了更多的语法结构和生产力。但在某种程度上，这一发现也可能反映出我们对动物语言进行准确测量的能力是有限的。随着研究方法的进步，我们的理解也发生着演变：研究人员最近发现，有一种野生猴子能使用句法。句法是语言的一种高阶标志，被定义为按不同方式来组合语言单位（如声音或单词）以表达不同含义的能力——就像人类可以区分出"杰西给狗梳洗"和"狗给杰西梳洗"（Ouattara et al.，2009）。而且根据报告，那只叫"追逐者"的边境牧羊犬能理解名词和动词的区别。尽管人类语言能力无疑使我们比其他动物能更好地处理抽象问题，但我们必须承认我们思维视角的本质是以人类为中心的，我们也要注意自身观点和方法的局限性。

心理学很有用 • • •

测验分数与自我实现预言

如果你曾被认为"迟钝""害羞""相貌平平""专横"或"不协调"，那么你就亲身体会过标签和预期可能具有的强大影响了。这些标签不仅能影响人们的信念，而且能影响他们的行为结果。心理学研究揭示了这个有趣的过程。

期望影响学生表现

你可能会回想起这个研究：那些被告知他们有"聪明"老鼠的学生比那些被告知他们的老鼠是"迟钝学习者"的学生会用更大的热情和鼓励来对待他们的老鼠，而这种差异实际上影响了老鼠在走迷宫等任务中的表现。罗伯特·罗森塔尔（Robert Rosenthal）与丽诺尔·杰柯布逊（Lenore Jacobson）是这项研究的领导者，他们还想知道，老师的期望是否也会对学生的成绩产生类似的影响。

为了找到答案，他们给小学老师提供了关于部分学生（约占他们学生数量的 20%，每个教室大约有 5 人）学业潜能的错误信息。具体而言，老师们被告知，一些学生已被标准测验识别为"绽放者"，在未来一年，他们会在学业上绽放光彩。事实上，测验什么也没有发现，这些"绽放者"是由实验者随机选择的。

知道了老鼠身上发生了什么，你可能也能猜到教室中发生了什么。那些被老师预期能绽放光彩的儿童确实达到了老师的预期。进一步的研究找出了造成差异的 4 个因素（Harris & Rosenthal，1986）：老师不知不觉地为那些他们预期能够"绽放"的学生创造了更具鼓励性的氛围；给了他们更多的差异化反馈；给了他们更多的展示自己知识的机会，也给了他们更困难的工作去挑战自己。老师们认为这些儿童比其他儿童更具好奇心，也更有潜力实现人生目标。他们还认为这些儿童更快乐、更有趣、适应能力更强、更有感情、需要

更少的社会认可。值得注意的是，到了年末，这些"绽放者"（实际上仅是随机选择的儿童）比那些没有得到特殊对待的学生在智商分数上获得了更大的提升。这种提升在一二年级学生中尤为明显。罗森塔尔和杰柯布逊将这种效应称为**自我实现预言**（self-fulfilling prophecy）。在人们达到他人或自己的期望的时候，都有这个效应的影子。

在同一间教室的其他儿童身上发生了什么——他们之中是否也有人在智商分数上获得了提升？你怎么看？

测验表明，其他儿童的智商分数也获得了提升，尽管不如"绽放者"多。然而，出现了一个出乎意料、令人不安的负相关：对于那些未被预期成才的学生来说，智商分数增长越多，老师对其有趣性和适应性的评价越低。基于此，罗森塔尔（Rosenthal，2002）警告说，预期之外的智力增长可能会引起环境中其他人的消极反应。他认为这种可能性值得进一步研究。

来自课堂之外的自我实现预言

社会心理学家延续了罗伯特·罗森塔尔的开创性工作，将研究扩展到了课堂之外，去寻找其他环境中的自我实现预言。他们发现，在工作场所，对员工的积极期望显著提高了生产力；在军队中，积极期望甚至将绩效提高到高于私营单位的绩效水平（Kierein & Gold，2000）。在陪审团审判中，法官认为嫌疑人有罪，相较于认为其无罪，可能会向陪审团做出特定的指示——这种差异使被告被判定为有罪的可能性增加了 30% 以上（Rosenthal，2002）。另外，在一家小型私立疗养院开展的一项随机双盲研究发现，当护理人员对病人怀着较高期望时，病人患抑郁症的概率会大大减少（Learman et al.，1990）。显然，来自他人的预期会对我们的信念甚至行为结果产生强大的心理影响。

关键问题：

心理学家如何解释群体间的智商差异

核心概念 6.5

> 尽管大多数心理学家认同遗传和环境都会影响智力，但是对于种族间和社会群体间的智商差异的来源，他们仍存在分歧。

虽然我们发现在每个种族群体中，人们的智商分数都分布于整个分数范围，但我们也发现，不同群体间存在着智商差异（Rushton & Jensen，2005）。在美国，亚裔美国人的智商分数，平均来说，要高于欧裔美国人；而西班牙裔美国人、非裔美国人和美国原住民——也是平均来说——得分更低。我们还发现了基于社会阶层的群体差异：来自中等收入家庭的儿童比那些来自低收入家庭的儿童在智商测验中的得分更高（Jensen & Figueroa，1975；Oakland & Glutting，1990）。没有人否认这些差异的存在。让专家们产生分歧的是造成这些差异的原因。正如我们将看到的，这种分歧是先天－后天之争的又一个例子。思考核心概念所描述的问题：

> 尽管大多数心理学家认同遗传和环境都会影响智力，但是对于种族间和社会群体间的智商差异的来源，他们仍存在分歧。

智力的起源之争对人们的生活可能具有重要意义。它也是政治上的一个热点问题。而当涉及种族问题时，这类问题就变得更加热门。虽然说人类不同"种族"的概念没有确切的生物学意义，但它确实具有社会意义（Cooper，2005；Sternberg et al.，2005）。

如果我们假设智力主要由先天（遗传）因素所决定，我们将很有可能得出它是固定不变的这一结论。一方面，对有些人来说，这很容易让他们得出这样的结论：智商分数较低的群体（通常是指种族群体）一定是天生低人一等，或许他们应该被视为二等公民。另一方面，如果我们得出智力主要由经验（环境）所

塑造这一结论，我们更有可能为每个人都提供一系列的教育机会，也更有可能平等地看待所有种族、文化和经济群体的人。无论怎样，我们的结论都可能成为自我实现预言。

20世纪初，亨利·戈达德（Henry Goddard），一位十分有影响力的心理学家，认为智力是一种遗传特质，提议让所有移民都接受测验，以驱逐那些被测出有"智力缺陷"的人（Strickland，2000）。1924年，国会通过立法，限制那些来自被"证明"为智力低下——主要基于戈达德的数据——的群体和民族的移民。这些被限制的群体包括犹太人、意大利人和俄罗斯人。被戈达德和美国国会忽视的是，这些测验都是用英文施测，而施测对象常常是那些对英语以及对测验题目所涉及的文化不怎么熟悉的人。难怪这些移民中的许多人都得到很低的分数！

如今，我们对智力测验的缺点有了更多的了解。我们也知道，不仅遗传会对个体的智力产生影响，经验也会产生影响。我们还知道，戈达德在得出遗传能够解释群体间智力差异这一结论时，使用了错误的推理。

实际上，遗传论者的观点或环境论者的观点都不完全正确。本书已反复谈到，心理学家现在认识到遗传和环境都会在我们所有的行为和心理过程中发挥作用。但群体差异的问题远不止于此。在这一学习阶段中，我们将讨论遗传－环境交互作用的一种重要的复杂情形：虽然每个个体的智力一部分由遗传决定，但这并不意味着群体间的智商差异存在某些生物基础。相反，许多心理学家都认为，群体差异完全是环境造成的——尽管如核心概念所说，这种观点也存在争议。历史上，先天主义者对于智商问题的立场受到了最多的关注——但研究结果表明了什么？为了理解遗传如何影响个体差异而对群体差异没有影响，让我们先来看看支持遗传论者和环境论者观点的证据。

本部分导读：

6.14 解释遗传对智力的平均贡献程度。

6.15 考查环境在塑造智力中的作用。

6.16　描述表明社会和环境对智力的贡献的研究
　　结果。

6.14　哪些证据表明智力受到遗传影响

学习目标：

解释遗传对智力的平均贡献程度。

许多研究都表明智力受遗传影响。对同卵双生子与异卵双生子及一般兄弟姐妹的智商分数进行比较的研究显示出很强的遗传相关。区分遗传影响和环境影响的黄金标准，是观察由养父母抚养的孩子，在极少数情况下，需要观察在出生时就被分开的双胞胎。这样的研究表明，儿童与其亲生父母的智商关联要比与其养父母的智商关联更为密切（Plomin & DeFries，1998）。人类基因组计划的工作也支持智力具有遗传成分，很可能涉及许多基因的交互作用这一观点（Chorney et al.，1998）。趋势很明显：基因关系越密切——从堂表兄弟姐妹到兄弟姐妹再到双胞胎——智

表 6-7　智商分数与遗传关系的相关性

遗传关系	智商分数间的相关性
同卵双生子 一起抚养 分开抚养	0.86 0.72
异卵双生子 一起抚养	0.60
兄弟姐妹 一起抚养 分开抚养	0.47 0.24
亲生父母／孩子	0.40
养父母／孩子	0.31
堂表兄弟姐妹	0.15

资料来源：Bouchard, T. J., & McGue, M.（2003）. Familial studies of intelligence: A review. *Science, 212*, 1055-1059. Adapted with permission from AAAS.

注：在这里，你可以看到成对个体智商分数的相关性（越接近 1.0，相关越强）。一起抚养的同卵双生子的相关（0.86）要比一起抚养的其他兄弟姐妹的相关（0.47）更为密切，这明显表明了智力具有遗传成分。

商分数间的关联就越密切，如表 6-7 所示。

事实上，对双生子和收养儿童的研究揭示了遗传对各种属性的影响，如心脏功能（Brown，1990）、人格特质（Tellegen et al.，1988）、催眠易感性（hypnotiza-bility，Morgan et al.，1970）和智力（Sternberg et al.，2005）等。

虽然心理学家赞同遗传在决定个人智商分数中发挥着重要作用，但他们也赞同，要估计遗传和环境的相对权重仍然很困难（Sternberg et al.，2005）。一个原因是，生活在相同家庭环境中的孩子不一定会拥有完全相同的心理环境。例如，第一个孩子和最小的孩子会受到不同的对待（你能想出其中一些原因吗）。

6.15　哪些证据表明智力受到环境影响

学习目标：

考查环境在塑造智力中的作用。

环境影响智力发展的证据也十分有说服力。例如，在一项对 110 名贫困家庭儿童的纵向研究中（Farah et al.，2008），研究人员评估了儿童的语言能力和记忆力（智力的两个重要方面）。他们还就这两个因素评估了儿童的家庭环境。

（1）它们的刺激丰富性（stimulating）如何？（通过儿童对书本、乐器这些东西的接触情况来进行判断。）

（2）它们的氛围滋养性（nurturing）如何？（根据对积极情绪氛围的观察，以及父母对儿童的关注和赞美来评级。）

这项研究既证明了我们的预期，也揭示了我们未预料到的结果。

- 刺激丰富的环境与语言能力密切相关，与记忆力无关。
- 氛围滋养的环境与记忆力有关，而与语言能力无关。

我们如何解释这些结果？父母养育和记忆力之间的关系与动物研究中的父母的陪伴养育会减少应激的结果相一致——既然应激激素的产生会干扰记忆，那

么父母养育也许可以通过减少应激激素来提高儿童的记忆力，这完全说得通。环境刺激的丰富性与语言能力有关联，印证了许多发现丰富环境对认知发展有积极影响的研究结果。

即使我们正在探讨遗传的影响，环境的影响也会在此时显露出来：我们发现，被一起抚养的人的智商相似性高于被分开抚养的人的智商相似性。而且，对于实验室动物，生命早期居住在刺激丰富的环境，会使它们的脑细胞和皮层区域发育得更为复杂和完全。这些动物在一系列任务中的优异表现会持续一生。在其他实验中，我们发现，那些被训练去解决问题并且有其他猴子陪伴的幼猴，比那些没有这种环境刺激的幼猴表现出更活跃的好奇心和更高的智力。

这些发现提示，我们可以通过丰富人类婴儿的环境来提高他们的智力。的确，我们可以看到，早期干预计划能够提高儿童的智商分数（Barlow，2008）。此外，儿童的受教育程度与他们的智商分数高度相关（Ceci & Williams，1997）。即使对于一个成年人，环境因素，如工作的认知复杂性和智力需要，也能对其一生的心理能力产生影响（Dixon et al.，1985）。

然而，现在有越来越多的证据表明，欧裔美国人和非裔美国人的智商差距正在缩小（Dickens & Flynn，2006）——进一步支持了群体智商差异的起因是环境而不是遗传的观点。研究人员分析了过去30年内4个不同智商测验的大数据后发现差距的缩小量高达50%——接近于8分（Krakovsky，2007）。在智力的先天-后天之争中，支持环境（后天）立场的证据还有很多，但想要理解它们，我们必须先停下来去探讨一个重要但常被误解的概念：遗传力。

6.16 遗传力（不是遗传）与群体差异

学习目标：

描述表明社会和环境对智力的贡献的研究结果。

总之，我们都认同智力有遗传成分（Dickens & Flynn，2001；Neisser et al.，1996）。但是遗传对个体智力的影响并不意味着遗传能够解释我们在群体间观察到的差异。要理解为什么会这样，我们需要区分遗传（heredity）和另一个重要术语——遗传力（heritability）。具体来说，遗传力是指群体内可归因于遗传差异的特质的变异量（见图6-7）。

注：这里，孩子们正在一个刺激丰富的环境中学习。因此，由于环境最大化地激发了他们的潜能，我们可以将他们智商上的个体差异归因于遗传。

注：这里，对于阿尔巴尼亚的一个贫困孤儿院的孩子们来说，缺乏智力刺激会导致所有孩子的智商较低。因此，由于他们的遗传潜能受到了贫困环境的限制，我们可以说他们的智商具有低遗传力。

图6-7　遗传力变异性的例子

由于人们接触的文化传统不同，财富水平和受歧视情况也不同，因而我们没有办法评估群体间的差异有多少比例由遗传来解释，又有多少比例由环境来解释。重申一遍：遗传力的概念指的是群体内差异，而不是群体间差异。因此，认识到我们只能在处于基本相同环境的一个群体内来讨论遗传差异，是很重要的

（Sternberg et al.，2005）。

还有一点也值得重申，因为它常混杂在对遗传力的讨论中：生物学家（包括那些致力于人类基因组计划的人）已经确定，"种族"（race）不是一个有效的生物学概念（Cooper，2005；Sternberg et al.，2005）。并没有一个用于定义不同种族的生物界线。即使我们使用的是人们用以界定自己种族群体的社会性定义，不同种族群体的基因库之间的差异，与同一群体内个体间的基因差异相比，也微乎其微（Bamshad & Olson，2003）。由于以上这些原因，证据并不支持遗传差异导致了"种族"群体间的智商差异。

6.16.1　詹森之争

尽管存在刚才提及的这些问题，一些心理学家仍不相信环境能解释智商的群体差异（Nisbett，2005；Rushton & Jensen，2005）。例如，20 世纪 60 年代，哈佛大学心理学家阿瑟·詹森（Jensen，1969）就声称，智商的种族差异有很强的遗传基础。詹森说，通过帮助穷人和弱势群体，我们能够在一定程度上提高他们的智商分数，但这也受遗传限制。

为了支持自己的论点，詹森引用了一些表明遗传对智商有很显著影响的研究。他还给出了一个复杂的统计论证，表明环境对智商和成就的影响很弱。之后，詹森将关注点转向那些试图为生活条件差的黑人儿童提供额外帮助的政府计划。他说，虽然大多数计划都显示出了一些积极的效果，但它们都没有消除成绩上的种族差异。他坚持认为，没有被消除掉的一定就是能力的遗传差异。

在接下来的 5 年里，有 100 多篇发表的文章回应了詹森的挑战。在一场激烈的辩论中，批评家指出了詹森轻视或忽略的几个因素，包括种族主义的影响、教师对黑人儿童的较低期望、机会的缺乏、低自尊，以及在智商测验和成就测验中存在的白人中产阶级偏向（Neisser，1997；Neisser et al.，1996）。虽然詹森在 2012 年去世前一直坚持他原来的主张（Jensen，1998，2000），但现在许多心理学家都认同，一些环境因素组合起来能够解释詹森赖以立论的种族差异。

现在，让我们看看詹森之后的一些发现，我们将从一项儿童研究开始，这些儿童所处的环境因收养而发生了改变。

6.16.2　斯卡尔与温伯格的收养研究

由桑德拉·斯卡尔（Sandra Scarr）与理查德·温伯格（Richard Weinberg，1976，1978）开展的一项意义深远的研究探讨了这个问题。该研究比较了被明尼苏达相似家庭环境所收养的 115 名黑人和白人儿童。该研究使用了亲生家庭和收养家庭的教育背景数据和智商测验分数数据。两组儿童亲生父母的智商分数皆为均值（接近 100 分），而养父母的智商都稍微高一些，平均在 115 分以上。

当斯卡尔与温伯格重新测量了这些儿童青春期后期的智商分数时，他们发现了什么？两组没有差异！黑人组和白人组的平均智商都在 110 分左右——尽管不像他们养父母的智商那样高，但均明显高于他们亲生父母的智商。这些结果证实了环境对智商的强大影响。研究结果也与詹森的群体差异是遗传的主张相矛盾。

6.16.3　社会阶层与智商

类似的环境效应出现在有关社会阶层和智商之间关系的研究中。社会经济阶层（反映在一个人的经济状况与生活方式上）与智商显著相关：富裕与较高智商分数相联系，而智商分数最低的群体经历着最高程度的贫困、文盲（illiteracy）和绝望。环境主张的支持者声称，种族主义与歧视最初使许多少数种族落户于贫困社区，甚至直至今日这些因素仍迫使他们继续留在那里。

社会阶层如何影响智商？它们的关系并不简单：在贫困家庭中长大所带来的消极影响，要远大于在富裕家庭中长大所带来的优势（Turkheimer et al.，2003）。事实上，贫困环境在许多方面都限制着个人的潜能，特别是在营养、卫生保健和教育方面（Brown & Pollitt，1996；Neisser et al.，1996）。贫困也意味着卫生保健的不足，因此，研究人员将儿童在胎儿期的身体欠佳、低出生体重与低心理能力联系起来也就不足为奇了。研究还表明，有相当比例的低智商儿童受到了"环境污染"的不利影响。例如，住在有铅基漆屑从墙上剥落的家里，导致儿童接触了毒铅（Needleman et al.，1990）。贫困也意味着与促进智力发展的其他因素接触更少，如良好的营养与接触书本和计算机的机会。繁重的工作安排让父母没有时间去激发儿童的智力，这也与贫困相关，而且可能不利于在诸如智商测验要求的任务（如词汇或句子理解）上的表现。事实上，2015 年的一项新研究对 1 000 多名青少年和年轻人做了脑扫描，结果表明那些在贫穷条件下长大的人比那些在优越条件下长大的人，脑质量要少 6%（Noble et al.，2015）。

贫穷还会带来其他破坏性影响。在美国的大部分地区，公立学校由当地的财产税收所资助。因此，富裕社区能够提供更大、更好的学校设施和便利设施；而较贫穷社区则可能受到拥挤、设施老化、人身安全威胁、教师资源不足和无法使用计算机的困扰。在这样的环境中，即使是那些有学习能力的儿童也会觉得很难摆脱自己的处境。支持环境对智力有很大影响的人们，通常会支持机会均等的立法、更好的学校，以及支持那些帮助弱势儿童建立自信、学习能够帮助其取得学业成功所需技能的干预计划（Tirozzi & Uro，1997）。

让我们将关注点转回遗传力上，来看看那些注重比较同一家庭中儿童的智商差异与不同家庭中儿童的智商差异的研究。在母亲受教育程度低的家庭中，来自家庭内共享环境的环境因素能解释的智商变异，要大于家庭间遗传差异能解释的智商变异。而母亲受过良好教育的儿童则正好相反，对他们来说，遗传的影响更大。这再次说明，在丰富的环境中，遗传的影响更大；而在贫困的环境中，环境的影响更大（Nisbett et al.，2012）。

6.16.4　开端计划：一个成功的干预计划

开端计划（Head Start）最初实施于 20 世纪 60 年代，旨在给那些弱势儿童提供丰富的教育资源。这项计划来源于这样的假设：许多来自贫困家庭的儿童的智力需要获得增长来为入学做好准备。这项计划旨在通过营养和医疗支持，以及一两年的学前教育，来满足儿童的身心需要，从而从多方面解决问题。明智的是，开端计划还让父母参与制定政策、规划项目、参与到课堂中，以及学习有关为人父母和儿童发展的知识。目前，全美各地的开端计划中心每年都为大约900 000 名儿童提供服务（U.S. Department of Health and Human Services，2011——估计占到需要该服务的儿童的 40%，Ripple et al.，1999）。

它是否有效？尽管存在一些争议（Jensen，1969；Kantrowitz，1992），但有大量研究表明，开端计划确实会帮助弱势儿童做好入学准备（Garces et al.，2002；Ripple & Zigler，2003）。与未接受这种干预的完全匹配的控制组相比，参与该计划的低年级儿童在智商测试中得分更高，有更高的学业成就（Zigler & Styfco，1994）。更重要的是，他们的领先优势会一直持续下去。虽然开端计划的儿童与控制组儿童之间的差异会随着时间的推移而缩小，但这种影响会一直持续到青春期。此外，参与开端计划的儿童被安排到特殊教育班级及挂科的可能性更小，他们更有可能从高中毕业，触犯法律的可能性也更小。

虽然开端计划有积极作用，但较新的研究表明，这类计划可能开始得还不够早。大多参与开端计划的儿童都是学龄前儿童，但与控制组相比，出生后头几个月开始的教育干预就能将婴儿的智力测验分数提高30%（Ramey & Ramey，1998a，1998b；Wickelgren，1999）。虽然这种提高可能会随着时间的推移而减少，特别是在支持性计划被撤销的情况下，但如果干预始于婴儿期，那么显著的差异会继续存在。显然，儿童越早浸入丰富环境，效果越强。

6.16.5　测验偏向与文化公平测验

还有其他因素会影响智商分数并导致群体差异，其中包括智商测验本身的问题。许多心理学家认为，智商测验题存在内在的偏向，偏向于中产或上层阶级——也就是偏向于白人儿童（Helms，1992）。然而，一种相反观点则认为，测验偏向不会造成智商分数的群体差异，这可以参见詹森（Jensen，2000）和雷诺兹（Reynolds，2000）的研究。

偏向的一个可能来源是，大多数智商测验都十分依赖于词汇水平。这就给那些曾经听过别人阅读、被鼓励阅读的儿童带来了很大优势。我们能从某著名智商测验中看到这样的偏向。该测验要求对"opulent"（富有）下定义，而这个词在贫困家庭中被使用的可能性要小得多。不过，值得称赞的是，测验编制者正在努力去除那些歧视少数文化的测验题目（Benson，2003）。

著名心理学家珍妮特·赫尔姆斯（Helms，1992）指出了当前智商测验中另一个可能潜在的缺陷：它"假定了美国白人文化塑造了最能帮助智力充分发展的环境"。我们很少询问白人儿童对其他文化规范有何了解——这是一个具有挑衅性的、相当合理的问题。根据赫尔姆斯的说法，为什么美国白种人的规范应该成为评判其他人的标准？

心理学家认识到，能力测验或成就测验不可能不涉及文化。不过，大多数心理学家都同意，我们应该为那些尽量最小化文化偏向的文化公平（culture-fair）测验而努力。例如，心理学家正尝试开发包含迷宫和形状操纵的非言语智力测验，以克服由非母语建构测验所带来的偏向。

尽管考虑到了减少歧视的重要性，但是以文化公平为目标的测验可能又会受到哪些批评呢？

1. 并非所有少数群体都在传统智力测验中表现不佳。例如，我们已经看到，亚裔美国人经常比欧裔美国人表现得更好（Sue & Okazaki，1990）。

2. 文化公平测验比传统的智商测验在预测学业成功上的效果更差：由于不强调言语技能，它们也就不能评估学业成绩中一个非常重要的组成部分（Aiken，1987；Humphreys，1988）。

6.16.6 钟形曲线：遗传论者的又一次进攻

关于智商种族差异的起因的争论于 1994 年再次爆发。争论的焦点是理查德·赫恩斯坦（Richard Herrnstein）与查尔斯·默里（Charles Murray）写的一本书，《钟形曲线：美国生活中的智力和阶层结构》（*The Bell Curve: Intelligence and Class Structure in American Life*，以下简称为《钟形曲线》）。它的名字与智商分数的钟形"正态分布"相呼应。赫恩斯坦与默里认为，智商的种族差异有很强的基因基础。他们说，如果接受这些先天差异，国家就可以为此制定更开明、更人道的社会政策。批评者立即指出其中存在种族偏见，并指出作为这本书核心的科学论证存在问题。

《钟形曲线》中的论证有何问题？你现在应该已经很熟悉答案了：虽然遗传毫无疑问会影响个体智力，但赫恩斯坦和默里，像他们之前的遗传论者一样，并没有提供证据证明，接触不同环境的不同群体之间的差异具有遗传基础（Coughlin，1994；Fraser，1995）。此外，他们提供的许多"证据"都是可疑的（Kamin，1994）。赫恩斯坦与默里引用过的一项研究声称其记录了非洲黑人的低智商，但这是用英语测验做出来的，而研究中的祖鲁被试的英语并不流利（Kamin，1995）。该研究使用的测验还假定被试熟悉城市中产阶级家庭（而不是祖鲁村庄）里的电器，以及如显微镜这类在祖鲁学校中不常见到的设备。

赫恩斯坦与默里犯了另一个我们在本书中已反复强调过的批判性思维的错误：他们混淆了相关与因果。这使得他们在分析证据时的问题更为复杂。事实上，赫恩斯坦与默里的观点反过来似乎也合理：贫穷以及与之相伴的所有社会与经济劣势也可能是低智商分数的重要原因，而非结果。

虽然《钟形曲线》一书存在问题，但它还是引起了许多美国人的共鸣。该书观点与美国人偏好对行为进行简单遗传"归因"而非进行更复杂的解释的观点相一致。但并非所有文化都如此重视遗传原因。在一项要求美国人和亚洲人对儿童学业成功进行归因的研究中，我们可以看到不同的观点：美国受访者强调"先天能力"，而亚洲受访者则强调"努力学习"的重要性（Stevenson et al.，1993）。因此，个体间和群体间的成绩差异具有先天基础这个想法，是美国文化中的一种普遍信念。然而有趣的是，斯坦福大学教授卡罗尔·德韦克（Dweck，2007，2008）的研究表明，当父母和老师采用类似于亚洲文化倡导的方法时，他们的孩子对上学更感兴趣、学得更多，也取得了更优秀的成绩。

6.16.7　思维模式与刻板印象威胁

卡罗尔·德韦克对智力的兴趣始于六年级，当时她的老师威尔逊夫人（Mrs. Wilson）根据学生的智商分数来分配教室座位，高智商学生还可以享受某些特权，如做旗手；而低智商学生则不能。德韦克回忆道："她让大家知道，智商对她来说是衡量智力和性格的最终标准。因此，坐在最好位置的学生总是害怕参加下一次测验，因为他们担心自己不再名列前茅。"（Trei，2007）

许多年后，德韦克教授认识到，大多数人持有下列两种智力观中的一种，她称之为思维模式（mindsets）。

- 一种思维模式认为智力是固定的或相对不变的。
- 另一种思维模式认为智力是流动的或可变的，既取决于先天能力，也取决于动机和经验。

她的研究不仅支持了这种二分法，而且表明你的智商分数依赖于你相信哪个"理论"。

在一项干预研究中，她的团队指导一组初中生掌握学习技能，并且告诉他们，大脑就像肌肉一样越用越强。她将这个观点称作"成长型思维模式"。控制组被试接受了相同的学习技能训练，但没被告知他们的心理能力可以得到发展。如果你猜到第一组——具有成长型思维模式的组——的成绩显著提高，而控制组没有，那么你就猜对了（Blackwell et al.，2007）。你可以在网络上搜索观看德韦克教授关于思维模式力

量的 TED 演讲。

不幸的是，许多人相信他们的"聪明"水平是既定的。而且，如德韦克的工作所表明的那样，他们常常会抵达（或不辜负）自己的期望。这当然是**期望偏差**（expectancy bias）和**自我实现预言**在起作用。但还有一种关联的思维模式可能更为狡猾，因为它可以在我们意识的边缘起作用。心理学家克劳德·斯蒂尔（Claude Steele）称之为**刻板印象威胁**（stereotype threat）。

以下是刻板印象威胁的作用原理：当来自某些群体（即那些被普遍认为不太聪明、技术水平低的群体）的成员被提醒有关自身群体的刻板印象时，结果可能是毁灭性的，尤其是在课堂上（Schwartz，1997；Steele，1997；Steele et al.，2002）。一项研究发现，仅仅是被要求确认他们的种族，就会导致少数族群的学生在学业能力测验中的分数更低（Steele，1997）。在另一项研究中，一组接受智商测验的黑人女性被告知，白人女性通常会在这个测验中表现得更好。这种刻板印象威胁的结果是，与被告知黑人女性通常会得高分的对照组相比，这组黑人女性的平均分低了整整10分（Thomas，1991）。

刻板印象威胁不只是种族或民族问题。我们发现，它还存在于性别领域：女孩可能会在科学和数学方面感到自卑；而男孩则可能被告知他们的言语能力较差。刻板印象威胁也会使那些担心记忆衰退或那些担心自己学不会新东西的老年人感到焦虑。任何相信自己属于低等群体的人都容易受到焦虑感、恐吓感和自卑感的影响。

有方法对抗刻板印象威胁吗？社会心理学家约书亚·阿伦森和他的同事们（Aronson et al.，2001）发现，鼓励大学生将智力看作受经验和预期影响而一种非固定特质时，他们的成绩就会有所提高。实际上，非裔美国学生的成绩比白人学生和控制组学生提高得更多。显然，那些有可能认为自己是刻板印象威胁目标的人从该项目中获益最多。关于刻板印象威胁的新研究还表明，当刻板印象被消除或被抵制时，女性和男性在非传统领域中的较差表现，以及少数族群在非

传统领域中的较差表现，都可能被扭转。

心理学很有用 • • •

大脑训练计划：它们是否有效

除非你在过去几年与世隔绝，否则你肯定看到过这样的广告：神经科学家已经开发出能够增强注意力，提高记忆力，使你成为更好的问题解决者，以及总体上提高你的认知能力的"大脑训练"计划——当然是要付费的。其中一个名为Lumosity的计划声称，它有超过7 000万名用户。还有其他的包括名为BrainHQ和名为Cogmed的计划。但它们是否如其所宣传得那般好呢？

浏览一下它们的网站，你会在各个计划的员工栏中都看到一些年轻神经科学家的照片，还会看到声称验证其方法的研究列表。这些网站强烈暗示（但未明说），大脑训练可能可以预防或治疗智力衰退和痴呆症（dementia，Koenig，2014），这迎合了老年人内心的恐惧。其中的研究似乎表明，大脑训练在学校中得到了广泛应用。

然而，更仔细地审视这些研究，你就会发现一些重大问题。事实上，这些问题如此重大，以

至于一个由69位权威神经科学家和认知心理学家组成的团队最近发表了一项声明，声称没有确凿的证据支持大脑训练倡导者的主张（Max Planck Institute for Human Development and Stanford Center on Longevity，2014）。著名期刊《科学》（*Science*）响应了这一报告，它嘲笑道："对于正在老化的婴儿潮一代和老年人来说，最好的训练是去远足，而非坐在为助力大脑而设计的视频游戏前。"（Underwood，2014）

事实上，这些公司所吹捧的"研究"通常只是表明，玩电脑游戏的人会将这类游戏玩得更好。这离表明此类游戏能总体上促进认知或预防痴呆症，还差得很远。可以肯定的是，研究确实表明教育（但不一定是商业性的大脑训练产品）能够提高工作记忆和智商分数，但提高幅度不大：2~4分（Bryck & Fisher，2012；Hambrick，2014）。这并不是说我们永远不会看到有效的大脑训练程序出现——但到目前为止，专家们还是持反对态度。

批判性思维的应用：性别差异问题

2006年6月，哈佛大学校长拉里·萨摩斯（Larry Summers）博士丢了工作。原因之一是，他认为社会化以外的因素——其中最显著的是先天智力差异——可以解释在大多数科学领域男性人数多于女性（顺便说一句，心理学是个例外）这一不争事实。那么，到底发生了什么？需要你用你的批判性思维技能对证据进行诠释。

关键问题是什么？

关键问题是先天–后天之争：我们所看到的性别差异，是男性和女性不同的社会化方式导致的吗？是进入科学领域的女性受到偏见、歧视，以及缺乏机会导致的吗？还是由男女大脑不同的信息加工方式导致的？

相关结论是否存在被偏见污染的可能

当然，我们首先想到的就是争论双方都可能存在偏见。除了潜在的"政治正确"问题之外，男女双方都有一个相关利益，就是确保自己的性别不会显得不如另一个性别聪明。

除却偏见，我们应该愿意根据证据的优劣来判断，也许也愿意从多个角度来看待这个问题。毕竟，双方可能都持有部分真理。

"后天"一方的证据是什么？

珍妮特·希伯莱·海德（Hyde，2007）对有关性别的文献进行了详尽评述。她指出，在几乎所有已研究的维度上，男性和女性的相似性要远大于差异性——她将这种观点称为性别相似性假说（gender similarities hypothesis）。相似之处包括诸如数学能力、问题解决、阅读理解、领导效能和道德推理等多元特征。但也有少数例外，其中大多数你不会感到惊讶。这些包括男性具有更强的攻击性、对随意性行为的接受度，以及投掷速度——她承认这些差异可能会有生物根源。然而总体来说，海德偏向于强调男性和女性具有不同的社会化方式的解释。其中一个因素可能是社会在女孩成长中给她的整套期望（和限制）。海德说，男性和女性间存在的少量身体差异"之所以重要，主要是因为它们被文化信念和角色放大了"。

海德进一步警告说，许多人都倾向于认为我们在男性和女性大脑中发现的任何男－女差异都是"固有的"、不可改变的。相反，她敦促我们将这些差异看作大脑可塑性的产物，这种可塑性使大脑的结构可被经验改变。事实上，大脑似乎一直在变化：过去十年进入科学领域的女性的人数急剧增加。例如，在现在美国医学院的毕业班学生中，女性占了一半（Halpern，2008）。

"先天"一方的证据是什么？

罗伊·鲍迈斯特（Baumeister，2007）采用了一种截然不同的方法让我们注意到另外一些事实。他指出，作为一个群体，男性要比女性更加多变（variable）和极端（extreme）——在几乎所有心理和行为维度上，都有更多的男性位于极端。因此我们发现，在监狱、流浪者收容所中，在有智力障碍的人群中，男性多于女性；在爵士音乐家、科学家（除了心理学领域）、国会议员和我们称为"天才"的人中，亦是如此。鲍迈斯特说，如果男性比女性更易走极端，那么我们就会找到这些性别差异，但是**男女的平均值可能是一样的**。

鲍迈斯特也很快指出，他不认为一种性别优于另一种性别，只是因为进化为男性和女性选择了不同的特质。他说，一般来说，文化会给那些勇于冒险、拥有最极端技能的男性最高的回报。这些极端主义者、冒险者的孩子往往也是最多的，他们延续了这一趋势。鲍迈斯特认为，情况对女性来说则截然不同。女性的进化压力强调，女性比男性更注重安全——当你留下后代的机会在生理方面比男性更有限时，这确实是明智之举。

我们能够得出什么结论？

我们应该相信哪一方？正如我们早先提到的，双方都可能持有部分真理。双方都同意，能力中的性别差异很小。鲍迈斯特认为，性别差异更多与动机（特别是男性冒险的意愿）而非能力有关；而海德则认为这些差异主要是文化上的，因而可以对它们进行塑造。你必须自己找到这个问题的答案，但我们提醒你，你是一个批判性思考者，你要注意自己的偏见。最后，可能需要从多个角度来看待这个问题——就像内克尔立方体（necker cube）[①]不断变化的角度一样。

[①] 瑞士博物学家内克尔在 1832 年设计的，意在说明视觉对透明立方体的透视关系可以做不同的理解。——译者注

本章小结：思维与智力

本章思考题

是什么造就了"天才"，这些被我们称作"天才"的人在多大程度上不同于其他人？

- 尽管大多数人认为天才异于常人，但几乎没有证据支持这种观点。
- 研究表明，"天才"是有着普通思维过程的人，他们拥有高动机，拥有所在领域的广博知识，还拥有某些人格特征。
- 除了前面列出的那些特征之外，天才公式中的关键成分还包括找到一个你有很高天分和很强烈兴趣的领域，并且之后要在那个领域花费至少 10 000 小时来积累和发展专业知识。

思维的组成成分是什么
核心概念 6.1

思维是一种认知过程。在此过程中，大脑运用来自感觉、情绪和记忆的信息去创造并操控诸如概念、图像、图式和脚本等心理表征。

认知科学家经常使用**计算机隐喻**，将脑比作一个信息加工器官。思维是一种心理过程，它通过对各种来源——包括感觉、情绪和记忆——的可用信息进行转化来形成新的心理表征。**自然概念**和**人工概念**是思维的组成单位，它们是通过识别出一类物体或观点的共同属性形成的。概念通常按层级排列，从一般到具体；但组织概念的方式因文化而异。

其他引导思维的心理结构包括**图式**、**脚本、视觉表象和认知地图**。神经科学家使用脑成像技术来研究思维过程和脑（尤其是额叶）之间的联系。与此同时，其他科学家强调情绪在思维中——尤其是在直觉中的作用。图式和脚本对于理解思维特别重要，因为它们是组织概念的心理结构，能帮助我们理解新信息和新事件并构成幽默感的基础。文化会影响我们的图式和脚本。

善于思考的人具备哪些能力
核心概念 6.2

善于思考的人不仅拥有一套被称为算法和启发式的有效策略，而且他们也知道如何避开问题解决和决策中常见的障碍。

两个最关键的思维技巧是**明确问题和选择一种问题解决策略**。有用的策略包括算法（产生唯一正确答案）和启发式（"经验法则"）。最有用的启发式包括逆向作业、寻找类比、将一个大问题分解为多个小问题。问题解决的常见障碍包括**心理定势**、**功能固着**和自我强加的限制。

偏见和错误的启发式可能导致判断和决策失误。这些偏见和错误的启发式包括**证实性偏差**、**后见偏差**、**锚定偏差**、**代表性偏差**和**易得性偏差**。判断也可能被个人之外的因素影响，如**选择的暴政**。一般来说，优秀的决策者是那些能运用好批判性思维技巧的人。

那些常被称为"创新天才"的人是高动

机的**专家**，常拥有某些特质的组合，如独立性和对刺激性互动的需求。然而，他们似乎也只是在使用普通的思维过程，尽管天赋的作用是一个具有争议性的话题。

如何测量智力
核心概念 6.3

智力测验在历史上备受争议，现在大多数心理学家都将智力看作一种呈正态分布的特质，并且可以通过各种认知任务的绩效来测量。

智力测量非常普遍，也备受争议。心理能力评估有着古老的历史，但直到 20 世纪才有了科学的实践基础。1904 年，比奈和西蒙以教育可以改变智力表现这一假设为依据，研发了第一个可行的智力测验。

在美国，智商测验开始广泛用于评估陆军新兵、移民和学校儿童。最初的智商计算方法被放弃了，取而代之的是基于**正态分布**的标准分数。如今，智商测验有个体和团体两种形式。它们通常被用于诊断学习障碍，以及评估儿童是否有资格参加特殊教育课程。尤为特别的是，智商分数是识别智力障碍和天才的一个关键因素，这两者常被视为占据了智商分布的两个极端。

智力是一种能力还是多种能力
核心概念 6.4

一些心理学家认为智力包含一个一般因素——g；而另一些心理学家则认为智力是多种不同能力的集合。

在最早的智力**心理测量理论**中，斯皮尔曼的分析强调一个单一的共同因素——g **因子**。后来，卡特尔将 g 分为两种成分：**流体智力**和**晶体智力**。现代认知心理学家将智力看作多种能力的组合。

尤为特别的是，加德纳和斯滕伯格率先将智力的定义扩展到了与学业相关的任务之外。斯滕伯格的**智力三元理论**提出了**分析性智力**、**创造性智力**和**实践智力**；而加德纳的**多元智力理论**则声称智力有 8 种成分。与此同时，跨文化心理学家已经证明，"智力"在不同的文化中具有不同的含义。一个世纪的研究表明，动物有能力做出智力行为，如黑猩猩能够制造工具和使用语言。最近的研究工作还表明，有些动物可能会运用**心理理论**。

在美国，人们非常重视心理测验。然而，在这样的氛围中，一个很大的危险在于，测验分数成了单纯的标签，通过自我实现预言来影响人们的行为。

心理学家如何解释群体间的智商差异
核心概念 6.5

尽管大多数心理学家认同遗传和环境都会影响智力，但是对于种族间和社会群体间的智商差异的来源，他们仍存在分歧。

遗传论者认为，智力在很大程度上受到遗传的影响。这种观点曾一度得到美国政府的认可，在 20 世纪早期，他们使用智商测验来限制移民。环境取向者认为，诸如健康、经济和教育等影响因素能够使智力发生巨大改变。虽然现在大多数心理学家都同意智力是遗传的，但他们也知道**遗传力**指的是群体内的变异，不能以此表明群体间的差异是遗传因素的结果。

1969 年，关于智力群体差异的先天和后天之争再次爆发，当时詹森争辩说，证据支持智力强烈的遗传影响。1994 年出版的《钟形曲线》一书对这一论点表示赞同。批评者指出，那些采取极端遗传主义立场的人所引用的许多研究都是错误的。此外，智商测验本身可能就偏向于那些说着特定语言、有着特定文化经历的人。不过，遗传主义的主张引发了大量研究，如斯卡尔和温伯格对收养儿童的研究和开端计划的后续研究。这些研究表明，智商分数的种族和阶层差异可以归因于环境差异，以及低期望和消极刻板印象的影响，正如在**刻板印象威胁**中所发现的那样。

批判性思维的应用：性别差异问题

尽管关于性别差异话题的争论仍然很激烈，但争论双方的支持者都同意：性别双方的差异性——与相似性相比——非常小，而且差异可能同时受到先天和后天的影响。

其他视频资源

这里有一些其他资源，我们认为它们既具趣味性，又对你理解思维与智力的概念很有意义。

斯坦福大学心理学家卡罗尔·德韦克解释了具有成长型思维模式的人与具有固定型思维模式的人之间的巨大差异，并提出了帮助儿童发展出成长型思维模式的方法。你可以观看相关 TED 视频以了解更多。

杜克大学（Duke University）教授丹·艾瑞里（Dan Ariely）是《可预测的非理性》（*Predictably Irrational*）一书的作者。他在书中对一些挑战性的发现进行了解释。这些发现告诉我们，为什么我们的决定并不总是我们自己的真正决定。你可以观看相关 TED 视频以了解更多。

从受精卵一直走到生命的终点，我们会经历婴儿期、儿童期、青春期和成年期。遗传和环境在这个过程中是如何持续地对我们产生影响的？在出生时，我们具有哪些能力？婴儿期的哪些影响因素会对我们产生长期的作用？在不同时期，我们会面临哪些发展任务？青春期是一个混乱的阶段吗？中年之后，我们就开始走下坡路，直到面临死亡这一终点吗？本章将从 4 个核心概念出发，为你讲解心理学研究人员发现的那些关于人的发展的知识。

阅读完本章后，你将会了解遗传为人类的发展做了哪些准备，又设置了哪些遗传约束。先天和后天因素如何共同作用以帮助儿童习得语言、获得必要的认知能力和社会交往能力。虽然青少年会因为身体变化、认知变化和社会情绪压力等面临各种发展挑战，但是总体而言青春期并不是一个动荡的阶段。成年也并不意味着进入了一个稳定的平台期，随着生活发生变化人们将面临一系列转变。中年是一个人一生中很多方面发展的高峰期，甚至某些能力到晚年还可以持续发展。除此之外，在本章中，你还将了解一些较为前沿的心理学研究，如注意缺陷／多动障碍（ADHD）的最新研究及其积极的一面、科学家如何看待当代社会中"男孩日渐没落，女孩愈加性感化"这一现象以及相应的应对策略。你甚至还可以获取一些有趣的知识，如玩到底有什么作用、莫扎特效应的真实性等。

作者把埃里克森的社会心理发展的 8 个阶段贯穿整章，使我们不仅可以了解每一个年龄阶段的发展任务，也可以了解不同阶段之间的联系。本章还将遗传和环境的作用贯穿于每一个阶段，使我们了解人生发展的两股最强大力量是如何相互作用推动人们一路向前的。

个体发展不只是从婴儿到成年人的短短 20 年，它是贯穿一生的一个过程。通过阅读本章你将会获得一份独一无二的人生说明书。不论你现在处于人生的哪一个阶段，相信本章的内容都将为你的生活提供一些有益的帮助。

王哲

浙江理工大学心理学系副教授

07

第七章

毕生发展

本章译者：王哲

生理（遗传）和环境（养育）是如何共同作用从而塑造每一个个体的？即使是同卵双胞胎也不是真的完全相同。

核心概念

7.1 新生儿具有某些先天的能力，这些能力可以帮助他们找到营养物质、回避危险情境，以及与他人互动——所有这些能力都有助于他们生存下去。

7.2 先天和后天因素的共同作用帮助儿童掌握重要的发展任务，特别是在语言习得、认知发展和社会关系发展等领域。

7.3 个体在青春期会因生理变化、认知变化和社会情绪压力等面临新的发展挑战。

7.4 在成年期，人们将完成一系列的转变。在此过程中，先天和后天因素继续相互作用，不同年龄的文化规范和最新技术相结合，以此提升成年人的生活质量并延长其寿命。

一对双胞胎在出生时就被分开了，直到长大成人才再次重逢。没有什么比这样的故事更能吸引媒体的关注了。美国明尼苏达大学（University of Minnesota）的心理学家托马斯·布沙尔（Thomas Bouchard）主持的著名的双生子研究项目提供了大量的这类故事。记者们争相报道的是那些失散多年的同卵双胞胎之间不可思议的相似性。要知道，他们是由不同的父母养大成人，并接受了不同老师的教育，受到不同的同伴和兄弟姐妹的影响，甚至有时成长于不同的文化背景中。

以"吉姆（Jim）双胞胎"为例，同卵双胞胎吉姆·斯普林格（Jim Springer）和吉姆·刘易斯（Jim Lewis）出生几周后就由不同的人收养，并且在不同的地方长大。虽然在 39 岁之前他们的人生之路再无交集，但是仿佛有什么东西驱使他们走在相似的道路上。当他们再次相逢时，这对"吉姆双胞胎"发现他们的习惯、偏好和经历有很多相似之处，这令人非常惊讶。

- 他们在性格、智力、态度和兴趣方面的测试得分几乎相同。
- 健康方面，两个人的血压都有点高，并且在一段时间内都被误以为患有心脏病。两个人都做过输精管结扎手术，并且都有偏头痛。
- 两个人都是"老烟枪"，都抽沙龙（Salem）香烟。两个人都喝米勒（Miller）淡啤。
- 上学期间，两个人都是不爱学习的学生：吉姆·刘易斯在 10 年级时退学，而吉姆·斯普林格挣扎到高中毕业。
- 两个人都结过两次婚，并且第一任妻子的名字都叫琳达（Linda）。两个人的第二任妻子都叫贝蒂（Betty）。两个人都喜欢在家里到处留便条来表达爱意。
- 刘易斯有 3 个儿子，其中一个儿子的名字是詹姆斯·艾伦（James Alan）。斯普林格有 3 个女儿和 1 个儿子，他儿子的名字也是詹姆斯·艾伦。
- 两个人都养了一条叫托伊的狗。

- 两个人都开雪佛兰汽车，喜欢咬指甲，喜欢改装车比赛，不喜欢棒球。
- 两个人都曾做过副警长。
- 两个人都有做木工的爱好。刘易斯喜欢做小的野餐桌，斯普林格喜欢做小摇椅。两个人都曾制作过白色长凳，并且将其安置在院子里的树下。

当布沙尔从报纸上第一次读到吉姆兄弟的故事时，他意识到他们的故事是一次难得的机会。他可以通过这类案例来研究遗传和环境的相对作用，以及在个体成长的过程中，它们的作用是如何随时间逐渐展开的（Holden，1980a，1980b；Lykken et al.，1992）。吉姆兄弟同意参加这个研究项目，并且成为 115 对参与研究的被分开抚养的双胞胎中的第一对（加上 4 组分开抚养的三胞胎），他们在明尼苏达大学接受了 20 多年的研究。

另一对引人注目的双胞胎是奥斯卡·斯托（Oskar Stör）和杰克·尤菲（Jack Yufe）。他们也是从出生起就被分开了，并且自那以后，他们的人生走向了几乎完全不同的方向。斯托由他在捷克斯洛伐克的外婆养大，并且在第二次世界大战期间进入了纳粹办的学校；而尤菲被他的生父带到了特立尼达，并成为一名犹太教徒。斯托已经结婚了，是一名坚定的工会参与者，并且热衷于滑雪；而尤菲正在分居中，是一名商人，并且自认为是一个工作狂。除了这些明显的差异，研究人员发现两个人在某些微小的行为模式上具有惊人的相似性。两个人都留着修剪整齐的胡子，都从后往前看杂志，都习惯在手腕上戴橡皮筋，都会先冲马桶再上厕所，都喜欢在咖啡中加入黄油吐司，都觉得在公众场合大声打喷嚏很有趣。

本章思考题：

分开抚养的双胞胎之间惊人的相似性是否表明我们首先是基因的产物？还是基因和环境的共同作用影响了我们的毕生发展？

这些故事非常引人入胜，但是我们必须谨慎地解释它们（Phelps et al., 1997）。让我们戴上批判性思维的眼镜来审视这些解释，并提出以下几个重要的问题：

- 这些双胞胎的故事可以代表所有被分开抚养的双胞胎吗？还是他们只是一些特例？
- 当我们留意到血缘亲属（双胞胎、兄弟姐妹、父母与子女）的惊人相似性的时候，是否发现其他不同于基因的因素可以解释这些相似性？
- 是否有一些方法帮助我们理清基因和环境二者贡献之间的差异，并且为二者的相对贡献量做一个精确的判断？

先天还是后天：我们如何判断

这些有趣的问题只是人类毕生发展研究要探讨的部分问题。广义上说，**发展心理学**（developmental psychology）是研究从受孕到死亡整个过程中的成长、变化和稳定性的领域。它试图回答从婴儿期、儿童期、青春期到成年期人们的思维、感受以及行为是如何发生变化的。它从躯体、情绪、认知和社会文化多个视角来考察这些变化。因此，对于发展心理学家来说，他们要探索的主要问题有两个。在整个生命周期，个体的那些可以预测的变化是如何发生的，遗传和环境在这些变化中起什么作用？

遗传和环境这个议题很重要，所以我们需要更加仔细地了解它。心理学家把它称为**先天－后天问题**（nature–nurture issue）：先天指的是遗传因素，而后天指的是环境因素。早期研究中，先天－后天是一个二选一的问题，但是现代研究人员对这个复杂问题有了更成熟的理解（Bronfenbrenner & Ceci, 1994；Dannefer & Perlmutter, 1990）。如今，研究人员认为，先天和后天在人类行为的几乎每一个方面都起着一定的作用，当前这个领域的问题包括：（1）每一个因素对人类不同行为的影响有多大；（2）两个因素如何互相作用，最终形成了某个特定的特征。

那什么是相互作用呢？简单地说，**先天－后天相互作用**指我们生下来都具有某种潜能（先天），如果我们出生后处于合适的环境（后天）中，那么我们的潜能就会得到充分发展。例如，如果你擅长数学或音乐，你的这一能力很可能开始于某些基因的潜力，然后又得益于你的教育经历才获得发展。遗传确立了你的潜力，但是经历决定了你的潜力是否能得到发展，以及得到何种程度的发展。

J.K. 罗琳（J.K. Rowling）的"哈利·波特系列"的粉丝可能会发现，在哈利·波特身上也体现出先天－后天的相互作用。虽然哈利具有魔法师的纯血统（他的父母都具有魔法力），但是他是由麻瓜（不具有魔法力的人）养大的，所以一开始哈利的魔法力并没有得到充分的发挥，直到他进入霍格沃茨学校这个适宜的环境。

不过，我们可能还会问："我们的哪些特质受遗传因素影响最大？哪些受学习或者其他环境因素（如疾病或营养）的影响更多？"已经有越来越多的信息可以帮助我们回答这些问题，我们将在这一章探讨这一难题。然而，我们必须谨慎地解释这些发现。例如，我们都知道在类似唐氏综合征的基因疾病中，生物因素起重要作用。在这种情况下，异常染色体导致了智力缺陷，并且这种缺陷是无法治愈的。但是，如果具有这种缺陷的小孩的父母或者老师错误地认为，他们对于生物因素导致的缺陷无能为力，那么这种生物归因就可能是有害的。过于关注这个疾病的基因因素，使得他们可能忽视基于学习的有效治疗方法，这些方法可以明显地提高患者的生活技能和各项能力。如今，**表观遗传学**（epigenetics）为环境如何对我们的基因基础产生实质性的影响提供了新的见解，从而证实了环境的重要作用。

虽然心理学家意识到研究中存在这种错误评估的危险，但他们仍然在遗传和环境对人类思维和行为的影响这一研究领域奋勇向前。他们发明了几种巧妙的方法来评估先天因素和后天因素的影响。**双生子研究**（twin study）就是其中之一。例如，托马斯·布沙尔的工作就为先天和后天的相对贡献提供了一些有价值的线索：在这种情况下，双胞胎之间的任何相似性都可能是遗传的结果，因为他们的成长环境完全不同。然而，这类双胞胎是一种稀缺资源。通常，双胞胎都是一起长大的，幸运的是，心理学家已经找到了对普通双胞胎进行研究的方法。**同卵双胞胎**本质上拥有相同的**基因**，**异卵双胞胎**平均而言只有 50% 的基因是相同的，因此遗传对同卵双胞胎的影响更大。比较这两类双胞胎的研究通常把异卵双胞胎视为**控制组**（control group）。这类研究为我们考察基因在各种心理和行为障碍中的作用提供了有价值的线索，包括酗酒、阿尔茨海默病、精神分裂、抑郁症和孤独症（Muhle et al.，2004；Plomin et al.，1994）。

另一种考察遗传和环境作用的方法是**收养研究**（adoption study）。如果你收养了一个孩子，他最终会更像谁呢？像你还是其亲生父母？收养研究比较了收养儿童的特质与他们的血亲或收养家庭成员的特质。与血亲家庭之间的相似性是先天因素的作用，而与收养家庭之间的相似性则受后天因素的影响。这类研究与双生子研究一起揭示了遗传对各种心理特质的贡献，如智力、性取向、性格和冲动行为——我们会在后续部分对所有这些内容进行更详细的叙述（Alanko et al.，et al.2010；Bouchard，1994；Dabbs，2000）。

关键问题：
婴儿拥有哪些先天能力

核心概念 7.1

新生儿具有某些先天的能力，这些能力可以帮助他们找到营养物质、回避危险情境，以及与他人互动——所有这些能力都有助于他们生存下去。

过去人们认为，婴儿就是一张白纸——脑袋空空，什么也不会。然而，如今人们的观念已经发生了变化。我们了解到新生儿通过他们的基因获得了一系列令人赞叹的能力。他们擅长发现食物和避免可能的伤害，他们的社交天性也有利于他们的生存。在核心概念中，我们将关注这些固有的或者先天的能力。核

心概念指出：

> 新生儿具有某些先天的能力，这些能力可以帮助他们找到营养物质、回避危险情境，以及与他人互动——所有这些能力都有助于他们生存下去。

确实，新生儿的能力是有限的，但是这些能力已经足以帮助他们生存。你来到的是一个你"了解过"的世界。例如，如何通过吸吮获得营养物质，如何抬手挡住眼睛来避免强光，如何通过喔啊声和哭泣来获得关注。但是，我们仍将新生儿的这些基本能力视为一种"脚手架"，随着他们的成长，在"脚手架"上他们将搭建新的、更为复杂的能力。

为了解释这些能力来自哪里以及它们是如何发展的，我们将围绕以下三个重要发展阶段来展开讨论：胎儿期、新生儿期和婴儿期。你将会注意到，每一个阶段的发展都以早期的能力为基础，并且立足于早期的结构。

本部分导读：

7.1　描述胎儿期发育的各个阶段。

7.2　解释出生时具有的反射反应和能力是如何有效地帮助新生儿生存和成长的。

7.3　讨论先天因素和后天因素是如何交互影响婴儿的发展的。

7.1　胎儿期发展

学习目标：

描述胎儿期发育的各个阶段。

胎儿期（prenatal period）是指从受孕到出生之间的这段飞速发展时期，它使有机体做好了在子宫外独立生存的准备。这个时间通常是 9 个月，可以分成三个阶段：受精卵、胚胎和胎儿阶段。

7.1.1 胎儿期的 3 个阶段

1. **受精卵阶段**：受孕后不久，受精卵，也称为合子（zygote），就开始细胞分裂。在受精卵阶段，细胞从一个分裂为两个，两个分裂为四个；在受孕一周左右，它的细胞数量达到 150 个左右时，合子便会把自己植入子宫内膜。从此时开始，它（连同胎盘细胞和其他支持细胞）成为**胚胎**（embryo）。它与母体连在一起，因此也会受到母亲饮食和接触的一切东西的影响。

2. **胚胎阶段**：在胚胎阶段，遗传规划决定了新生儿所有的组织器官是如何开始形成的。在分化过程中，胚胎的细胞开始分化成为特定器官的组成部分。（在分化之前，胚胎中的某些细胞，也就是胚胎干细胞，可以生成身体的任何器官。）生理性别的发展就是分化的一个例子：如果胚胎的遗传规划包含两个 X 染色体，那么她将会是女孩；如果它包含一个 X 染色体和一个 Y 染色体，那么他将会是男孩。

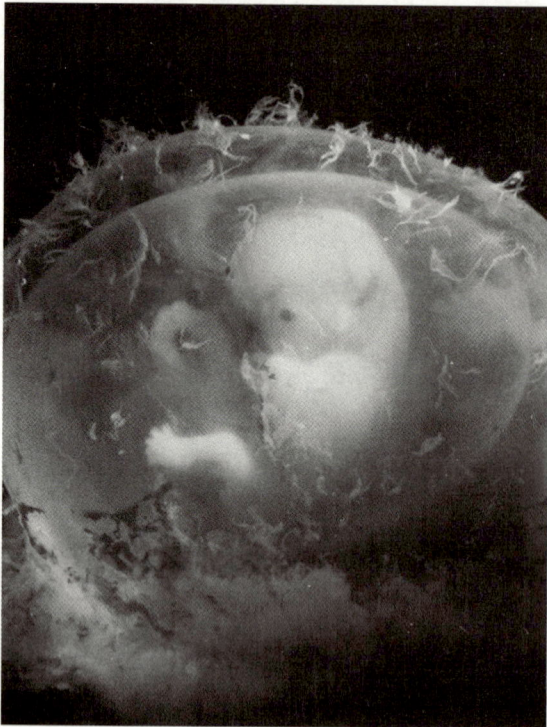

随着胚胎的发育，大脑快速生长，它每分钟能生成多达 250 000 个神经元！

3. **胎儿阶段**：大约 8 周之后，胚胎就发育为胎儿（fetus）。在胎儿阶段，自发运动和基本反射开始出现。例如，大约 14 周时，通过超声波就会看到一些胎儿会在有东西碰到他们的手掌时弯曲他们的手（Sparling et al., et al.1999）。这是抓握反射的开端，它具有**适应性**（adaptive）意义。（想一想：为什么自动抓住碰到他的物体会有助于婴儿的生存？）到胎儿 16 周时，大脑已经形成，胎儿开始能够感觉到痛（Anand & Hickey，1987）。27 周时，胎儿可以听见子宫外的声音，这为他们出生后能够区分某些声音和旋律打下了基础。大脑继续发育，以高达 250 000 个 / 分钟的惊人速度生成新的神经元。最终，在出生时，新生儿的大脑大约已经具有 1 000 亿个神经元（Dowling，1992）。

7.1.2 致畸物：胎儿期的毒素

在胎儿发育阶段，**胎盘**（placenta）是胚胎 / 胎儿周围的组织。它就像一根导管连接母亲和胎儿，可以让营养物质传送给胎儿并排出废弃物，也能够屏蔽一些（但不是所有）有害物质。某些有害物质仍然能够传送给胎儿，并造成不可修复的损伤，这些物质被称为**致畸物**（teratogen）。致畸物包括病毒（如 HIV——艾滋病毒）、某些药物和化学物质，以及一些草药。最常见的致畸物是尼古丁和酒精。

怀孕时喝酒可能会导致胎儿酒精综合征（fetal alcohol syndrome，FAS）。FAS 主要会造成儿童智力低下，影响儿童的运动协调能力，注意力受损和多动。母亲每天喝一杯或更多的酒就有可能使胎儿有酒精暴露的风险，研究人员已发现这会损害语言能力、记忆、学习和其他一系列的认知和生理机能（Office of the Surgeon General，2005）。此外，美国匹兹堡大学（University of Pittsburgh）的系列研究表明，即使是非常小的酒精暴露（每周少于 5 杯）也会导致胎儿出生后智力低下以及明显的身体发育迟缓：在 14 岁时，曾经在子宫接触过少量酒精的儿童比那些母亲在怀孕时从不饮酒的儿童平均要轻 16 磅（大约 7.2 千克）（Day，2002；Willford，2006）。我们要谨记，在怀孕的任何阶段都没有一个酒精安全剂量（Centers for Disease Control and Prevention，2015）。通过胎盘，胎儿会像母亲一样吸收酒精，但是他们却没有功能正常的肝脏或者其他器官来代谢酒精。在大脑和身体飞速发育的关键时期，任何微小剂量的酒精都会构成风险。

尼古丁也会伤害到发育中的胎儿。母亲在孕期抽烟可能会导致新生儿在出生时体重过低，罹患学习障碍和多动症（Button et al.，2005）。产妇抽烟也会加大婴儿患猝死综合征（sudden infant death syndrome，SIDS）的风险（Bruin et al.，2007）。有研究发现，甚至一些常见的草药和膳食补充剂也会影响胎儿发育，如银杏和高丽参（Chan et al.，2003；Dugoua et al.，2006）。

7.2　新生儿期：新生儿的能力

学习目标：

解释出生时具有的反射反应和能力是如何有效地帮助新生儿生存和成长的。

在新生儿降临这个世界的时候，他们的很多神经和感觉系统已发育完成。**新生儿期**（neonatal period）指的是出生后的第一个月。当前我们对新生儿感觉觉知的理解已经与过去专家认为和形容的"喧嚣繁芜，杂乱无章"相去甚远（James，1890/1950）。实际上，近期的研究认为，新生儿具有全部五种感觉，并且他们会用各种行为反射来对外部环境进行反应和操纵。总之，这些能力能够有效地帮助新生儿在其环境中生存和成长。

7.2.1　先天反射

在出生的时候，婴儿就具有一系列引人注目的**先天反射**（innate reflex），这些反射为后续的发展提供了生物基础。**姿势反射**（postural reflex）让婴儿可以在有支撑的时候坐着。**抓握反射**（grasping reflex）让

婴儿可以抓住照料者。**觅食反射**（rooting reflex）是指当有东西（乳头或者手指）接触婴儿的一边脸颊时，他们会把头转向那个方向，并且开始吸吮。你可能也曾注意到，如果你让婴儿直立在一个固体表面上，他的腿就会抬起来并开始迈步，这就是**踏步反射**（stepping reflex），这会帮助婴儿为将来走路做准备。还有一些反射仿佛是身体的嵌入式安全程序，可以帮助婴儿回避大的噪声、强光和疼痛刺激。他们的咿呀声、笑声和哭声是他们建立社交关系的最有效的工具。当然，所有这些都具有进化意义，因为这些能力具有高度的适应性并且可以促进个体生存。

7.2.2　新生儿的感觉能力

新生儿拥有的感觉能力是如何帮助他们更好地生存的？一方面，他们能对味道做出反应：液体越甜，婴儿吸吮的时间越长，力量也越大（Lipsitt et al.，1976）。另一方面，当闻到香蕉的气味时，他们会笑起来，并且他们喜欢加了盐的麦片粥而不是淡的（Bernstein，1990；Harris et al.，1990）。但是，当他们尝到柠檬或虾的味道，或者闻到臭鸡蛋的气味时，他们会往后缩。而且，早在出生后 12 小时，他们就会对糖水或香草的味道表露出愉快的迹象。所有这些反应都是新生儿所具有的用于寻找营养物质的先天能力的一部分——正如本阶段的核心概念所介绍的。

正如遗传会影响新生儿的味觉一样，遗传也决定了新生儿偏好人类面孔而不是绝大多数其他视觉模式（Fantz，1963）。甚至新生儿的近视特点也有助于这种偏好：他们的最佳视觉焦点是 30 厘米，非常适宜观看面孔。新生儿在出生之后只需要几天时间就能认出母亲的面孔。然而他们的远距离视力非常差，视敏度大约是 20/500（这意味着大多数较大的孩子可以在 152 米之外辨别的刺激，需要放到 6 米远的地方新生儿才能辨别）。然而，这些不成熟的系统成长得非常快（Banks &Bennett，1988），大约 7 周时，婴儿的视觉通路和运动协调系统就能使他们保持与照料者之间的眼神接触——这是建立人际关系的最重要的元素。

新生儿还具有哪些感觉能力呢？虽然新生儿可以

看到颜色，但是他们区分颜色的能力（如区分红色和橙色、红色和蓝色的能力）要到出生后1~2个月才得以迅速发展（Teller，1998）。他们还偏好高对比度的物体，如国际象棋的棋盘、飞镖盘。3个月大的时候，婴儿可以感知到深度，并且他们的视觉能力已经接近成年人。

此外，你可能想不到，婴儿具有对数量的基本觉知。一项非常巧妙的研究让婴儿观看玩具娃娃被放到一个展示柜中或者被从展示柜中拿出去。当展示柜中娃娃的数量发生变化时，婴儿注视柜子的时间会变长，这表明他们对意料之外的结果表现出了更大的兴趣——好像他们正在努力找出哪里出了问题（Wynn，1992，1995）。

进一步的研究证实了婴儿这种对数量的直觉。例如，研究发现6个月大的婴儿可以区分有10个点的屏幕和有20个点的屏幕（Starr et al.，2013）。而且，那些在6个月时直观数感最好的孩子在3岁时的基本数学测试（例如，"约翰尼有1块饼干，妈妈又给了他3块，现在约翰尼有几块饼干？"）成绩也更好。因此，这种基本的数量觉知似乎是天生的，并且是随后发展更复杂技能（如算术能力）的基础（Spelke，2000）。灵长类和有些种系的动物也具有婴儿的这种

婴儿观看快速变化的两张插片：右侧插片上一直是10个点，左侧插片上点的数量在10到20之间变化。那些能够觉察到不同（对变化的点观看时间更长）的婴儿，在3岁时的数学测验成绩更好。

对数量的直觉，这在进化上是说得通的——毕竟，判断掠食者是否超过自己种群的数量会很有用。

新生儿还具有明显的声音偏好，更喜欢人声而不是其他声音，更喜欢母语的声音和节奏而不是非母语的（Goodwyn & Acredolo，2000）。在认定这些偏好是遗传的之前，我们应该想到，在孕晚期，发育中的胎儿在母亲子宫中是可以听见外界的声音的。因此，另一个可能的解释是，婴儿的这种声音偏好源于他们曾经接触过母语的声音。为了考察这种偏好是源自遗传因素还是环境因素，有一项研究让准妈妈在怀孕的最后6周每天朗读两次《戴帽子的猫》（*The Cat in the Hat*）；然后，在婴儿出生后，研究人员给他们播放妈妈读这个故事和读其他故事的录音。这项研究发现了什么呢？婴儿对熟悉的故事的声音偏好完全超过了陌生故事。新生儿还表现出对女性声音的偏好，并且在出生之后的几周内，他们就能够辨认出妈妈的声音了（Carpenter，1973；DeCasper & Spence，1986）。因此，后天因素（即先前经验）可能是新生儿声音偏好的驱动力。

7.2.3　社交能力

你是否曾经注意到，如果你对着婴儿吐舌头，他也会向你吐舌头（Meltzoff & Moore，1983，1989）。这个有趣的游戏仅仅展示了新生儿和婴儿能够模仿的众多行为的一种。过去，一些儿童发展专家认为，这可能反映了婴儿对他人行为的深层认知，但最近**镜像神经元**（mirror neuron）的发现提供了另一种可能性更高的解释。对各种行为的**模仿**（mimicry），像我们讨论过的其他先天能力一样，能帮助婴儿在环境中更好地生存和成长。

正如先前讨论所表明的那样，婴儿是为社交活动而生的。事实上，从出生那一刻起，他们不只是对照料者有反应，而且还能够与照料者互动。对这类互动录像的研究揭示了一种令人惊异的同步性（synchronicity，Martin，1981）。当婴儿回应和学习时，他们也会向那些愿意倾听并且爱他们的人发出自己的信息。一些研究展示了这种互动的结果：母亲和

婴儿的表情表现出一致性（Fogel，1991）。因此，3个月大的婴儿会在妈妈笑的时候笑起来，也会用皱眉或哭泣来回应妈妈的负面表情（Tronick et al.，1980）。这些早期的互动，是先天（镜像神经元）和后天（从模仿中获得的积极强化）共同作用的结果，它们为儿童后期共情能力的发展奠定了基础。

7.3 婴儿期：以新生儿期为基础

学习目标：
讨论先天因素和后天因素是如何交互影响婴儿的发展的。

婴儿期（infancy）在新生儿期之后，一直持续到出生后的18个月——这个时期语言开始得到较好的发展（拉丁词根 *infans* 的含义就是"不能说话"）。这是一个按遗传程序快速成长的时期，也是仍然严重依赖于我们前面讨论过的反射和"本能"行为的时期。所有这些能力都来自一个神经系统，该系统正以惊人的速度发展。

7.3.1 神经发展

胎儿大脑的主要任务是生成新的脑细胞，但出生时很多细胞还没有相互充分连接。为了生成和巩固连接，来自环境的刺激会起到至关重要的作用。每当婴儿接触一个新刺激，树突和轴突就开始生长和分叉，从而促使与这次经历有关的神经元之间的连接生成（Kolb，1989）。新生成的神经元之间的连接使用的频率越高，它们就越可能变成永久连接。换句话说："那些同时放电的神经元会连接起来"（Courchesne et al.，1994）。

随着树突和轴突的生长与连接，大脑中神经组织的总质量迅速增加——2岁时增加了50%，到4岁时几乎翻了一番。在接下来的10年中，儿童接触的经验类型在很大程度上决定了其大脑的哪些区域和哪些功能会发展得最好。婴儿或儿童的某项特定经验越多——可能是阅读、运动、音乐、划独木舟、园艺或钓鱼，与这个活动有关的脑区就会变得越强，密度越

高。如你所推测的那样，这是一个适应过程——花在这些活动上的时间越多，大脑和身体在这些领域的准备就越充分，从而为个体在特定环境中获得成功做好准备。

突触修剪 然而，遗传程序（以及头骨尺寸的物理限制）不允许大脑回路的这种巨量生长无限期地持续下去。到11岁时，那些没有被使用过的连接会被修剪掉，这个过程被称为"突触修剪"（synaptic pruning）。就像园丁通过修剪树木使最强壮的枝条得以更健康地生长，我们的大脑生来就会修剪掉最弱的和没用的连接，这样能量就会直接用来促进最强的和使用最频繁的连接的发展。通过这种方式，先天和后天互相作用发展出一个最适宜我们在环境中生存的神经系统。

这个修剪过程有多重要呢？最新的一项针对小鼠（它们的神经系统与人类的非常相似）的研究发现：当修剪过程出现问题时，突触就会变弱，而且突触的数量会变多，这会产生"神经噪声"并阻碍神经元之间的交流（Zhan et al.，2014）。这些小鼠会回避社会交往，热衷于重复性行为——这是**孤独症谱系障碍**（autism spectrum disorder，ASD）的两个典型症状。研究人员指出ASD的成因多种多样，错误的修剪过程可能会起到一定的作用，但它不是唯一的原因（Yong，2014）。尽管如此，这些新发现为寻找孤独症以及精神分裂症和强迫症的神经基础提供了非常有价值的线索。

敏感期 人生的早期阶段是大脑发展最快的时期。大脑改造自己以适应环境的能力，即**可塑性**（plasticity），在这个时期是最强的，并且自此之后不断下降。事实上，在某些领域，刺激必须出现在某些特定的"时机窗口"，否则这种能力可能就不能正常发展了（Lewis & Maurer，2005；Trainor，2005），这被称为发展的**敏感期**（sensitive period）。例如，进行语言加工的神经能否得到最佳发展取决于人生的最初几年是否接触过语言。某种语言能力最强的人往往是那些在婴儿期或者童年早期就接触过该语言的人。这个敏感期在4到5岁时就结束了，在此之后，语言发

展就变得越来越困难了（Newport et al.，2001）。这些发现在口语和手语中都得到了印证：一项研究测试了出生时严重耳聋的成年人的美国手语（American Sign Language，ASL）水平，发现那些在青春期或成年后才开始学习美国手语的人从没有达到过那些在童年早期就开始学习的人的水平（Mayberry，1991；Singleton & Newport，2004）。与之类似，如果你曾在十几岁或成年之后学习一门新语言，你可能会发现这非常困难，远不如小时候学那么容易。很多其他能力也有敏感期，包括听觉和视觉，甚至是情绪反应：那些在生命早期缺乏和照料者积极互动的孩子，将不能发展出适应社会交往的正常能力（Knudsen，2004）。

7.3.2 遗传约束

坐、爬、走——就像大脑的发育、青春期的爆发性成长，以及更年期的来临——所有这些都有其生物时间表。心理学家使用"成熟"（maturation）这个术语来描述遗传在这些随时间而来的生长发育过程中的作用。当生物体在合适的环境条件下成长时，他们的成熟将遵循一个可预测的模式。对于人类，成熟所带来的行为序列和模式可以参见图 7-1。

当然，我们还需要谨记环境的作用以及它与我们遗传特性之间的交互作用。虽然成熟确定了个体发展的大致时间框架意味着个体在生理上已经准备好进入一个新的阶段，但是环境可以使发展的实际时间提前或延后。著名生物学家爱德华·约翰逊（Wilson，1998，2004）把这一原则称为遗传约束（genetic leash）。例如，由于成熟的作用，绝大多数孩子学习走路都是遵循生理正常的人类个体的典型时间顺序模式。然而，由于遗传约束，那些从环境中得到额外帮助的孩子可以提前几个月学会走路。这一发现在几种非洲文化背景中都得到了证实，当地父母有抱着婴儿让他们用脚弹跳的习惯，这就加速了婴儿腿部肌肉和运动控制能力的发展（Gardiner et al.，1998）。相反的一个例子是，某些孤儿院的孩子与他人接触的机会很少，也很少离开他们的婴儿床，这些孩子学会走路的时间就明显比较晚（Dennis，1960）。在这两个例子中，来自环境的支持（或者支持不足）影响了成熟的速度——但是只限于在遗传约束的范围内。再多的弹跳练习也不能让婴儿在出生后的前几个月就学会走路。

在对其他人类发展模式的研究中，遗传约束这一概念也发挥着作用。它清晰地阐明了先天和后天之间必然存在的交互作用，这对于我们理解人类的发展方式和发展机制至关重要。我们将会在语言、认知发展、社会发展、道德发展和情绪发展等领域的研究中看到这种交互作用的例子，而且这种例子遍布人类生命周期的所有主要阶段。

> **写一写**
>
> **遗传约束**
>
> 为了加深你对遗传约束在个体生命中的作用的理解，请选择图 7-1 中的一项运动功能，并对成年人和儿童能做什么事情以促进该能力发展提出一项建议。

7.3.3 贫穷对发展的影响

2015 年，一项对 1 000 多名儿童和青少年进行的里程碑式的研究，采用了一个令人震惊的标题——"贫穷使大脑萎缩"，这是该项研究的科学家宣布的。他们通过 DNA 检测和脑部扫描来寻找与家庭收入有关的神经差异。考虑到遗传、血统和父母教育都会影响认知水平，科学家在收集数据时首先把这些因素剔除出方程式。之后，他们控制了其他的可能因素，最终发现来自最低收入阶层的儿童的大脑质量比来自最高收入阶层儿童的大脑轻 6%（Noble et al.，2015）。对于来自最贫困家庭的儿童，即使几千美元的收入差异也会造成大脑结构的明显差异，尤其是与语言、阅读、决策技能和学习相关的脑区。

虽然科学家和教育工作者早就知道来自弱势家庭的孩子在学校会遇到更多困难，但这是第一项将贫困的具体影响和其他因素区分开来的大规模研究。并且，由于基因的作用已经被排除在外，那么如营养、

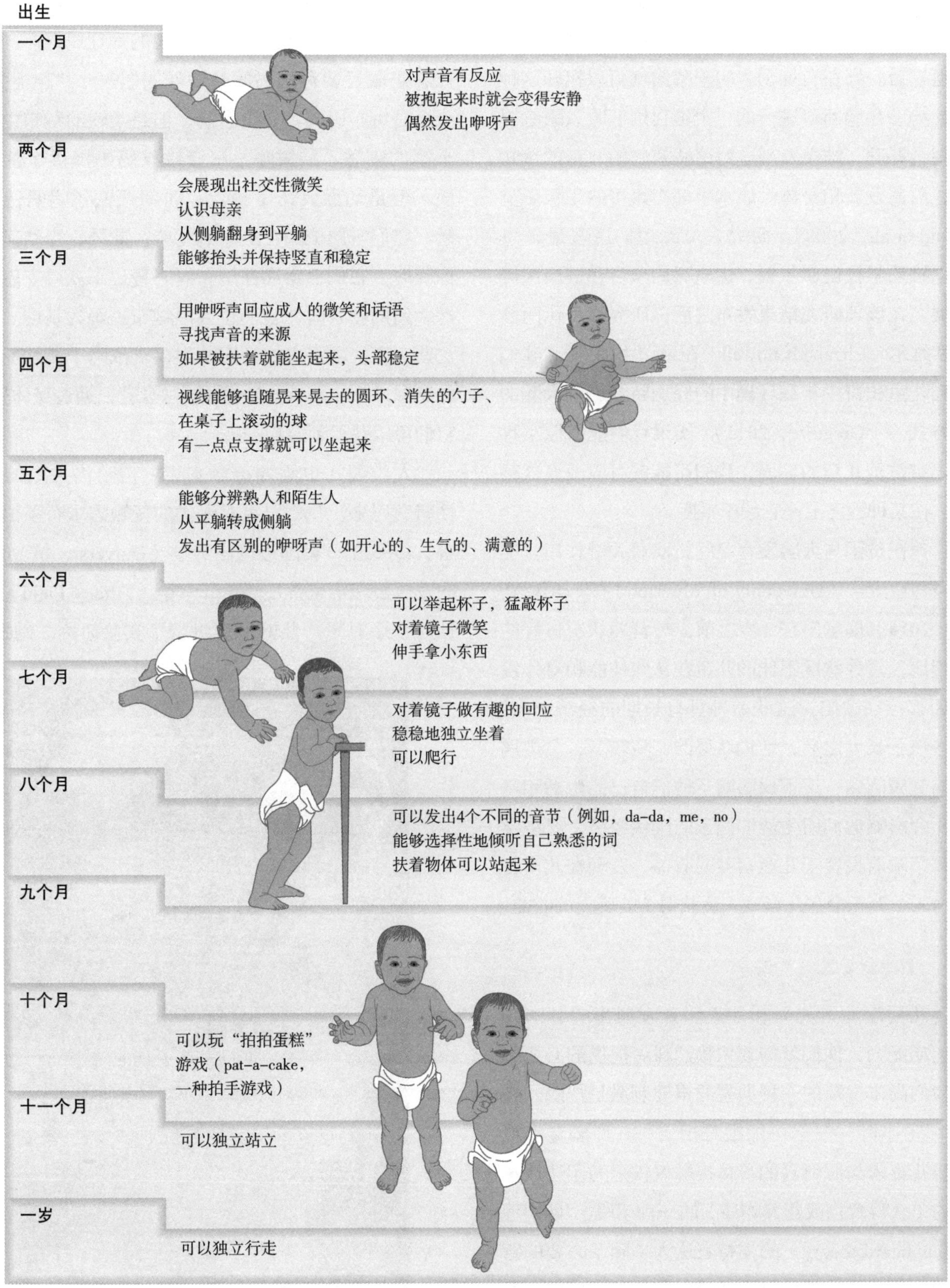

出生

一个月

对声音有反应
被抱起来时就会变得安静
偶然发出咿呀声

两个月

会展现出社交性微笑
认识母亲
从侧躺翻身到平躺
能够抬头并保持竖直和稳定

三个月

用咿呀声回应成人的微笑和话语
寻找声音的来源
如果被扶着就能坐起来，头部稳定

四个月

视线能够追随晃来晃去的圆环、消失的勺子、
在桌子上滚动的球
有一点点支撑就可以坐起来

五个月

能够分辨熟人和陌生人
从平躺转成侧躺
发出有区别的咿呀声（如开心的、生气的、满意的）

六个月

可以举起杯子，猛敲杯子
对着镜子微笑
伸手拿小东西

七个月

对着镜子做有趣的回应
稳稳地独立坐着
可以爬行

八个月

可以发出4个不同的音节（例如，da-da, me, no）
能够选择性地倾听自己熟悉的词
扶着物体可以站起来

九个月

十个月

可以玩"拍拍蛋糕"
游戏（pat-a-cake，
一种拍手游戏）

十一个月

可以独立站立

一岁

可以独立行走

图 7-1　运动控制能力成熟时间表

保健、学校环境和空气质量（均已被证实会影响大脑发育）等环境的影响，很可能就是造成这一神经缺陷的罪魁祸首。好在有证据表明干预措施可以扭转这种下降趋势。在墨西哥进行的一个项目给低收入家庭提供了现金补助，结果发现这对这些家庭的儿童的认知能力、语言发展和身体健康水平都有直接的积极影响（Fernald et al.，2008）。研究人员希望，这些最新发现可以推动学校健康午餐、优质课后项目和健康保健的开展。在该项研究结果发布之后，研究人员伊丽莎白·索维尔（Elizabeth Sowell）在采访中提到："我们认识到儿童和青少年在环境中的经历将会影响大脑的连接方式。"（Gregoire，2015）"如果我们能够以某种方式丰富贫困儿童的环境，我们可能就可以改变这种趋势，在某种程度上使它趋于平衡。"

营养在贫困与大脑发育之间扮演着关键作用。加拿大滑铁卢大学（University of Waterloo）的一项最新研究（2014）揭示出在3岁之前，与营养状况良好的儿童相比，营养状况不佳的儿童在认知技能和身体发育方面都存在缺陷。这些差异具有长期的经济影响：在这些孩子长大之后，他们获得的工资较低，会遭遇更多的健康问题，这不仅影响了他们自己的生活和产出，还会影响他们所生活的国家的国民经济。经济学家计算了政府投资于儿童营养的收益，发现在儿童营养上投入1美元会在儿童成人后获得166美元的收益。

7.3.4　接触安慰

婴儿要想通过先天和后天因素发展出更强的感觉和运动能力，他们就需要依赖照料者提供的必要刺激。我们尚未提及的一种典型的重要刺激是抚触。在19世纪上半叶——你可能很难相信——许多专家认为，婴儿寻求与照料者的身体接触仅仅是为了达成某种目的（获得食物或营养物质）的一种手段。"碗柜理论"（cupboard theory）的支持者认为，除了必要的营养物质，婴儿从身体接触中并没有获得其他好处。心理学家哈里·哈洛（Harry Harlow）和玛格丽特·哈洛（Margaret Harlow）不认可这一观点（Harlow，1965；Harlow & Harlow，1966）。他们用出生后就与

母亲分离的幼猴检验了这一理论。哈洛夫妇将幼猴放到一个笼子里，那里有两个人造的代理妈妈。一个是挂着奶瓶且装有奶的简易铁丝妈妈——"碗柜"。另一个是绒布妈妈，它没有奶，但是柔软的绒布提供了丰富的刺激。结果呢？尽管铁丝妈妈提供了营养物质，但是幼猴只花了一点点时间跟铁丝妈妈待在一起，它们宁愿依偎在绒布妈妈旁。此外，当幼猴受到惊吓时，它们会紧靠在绒布妈妈身边来获得安慰。在探索新的场景时，它们也会以绒布妈妈为基地。通过这些观察，哈洛夫妇证实幼猴喜欢依附于能够提供**接触安慰**（contact comfort）的"妈妈"，通过身体接触，它们可以获得刺激和安慰。

人类婴儿也需要接触安慰。自哈洛夫妇的开创性研究以来，我们已经对人类的抚触需求有了很多了解。1986年，美国迈阿密大学（University of Miami）的发展心理学家蒂凡妮·菲尔德（Tiffany Field）首次针对按摩对早产儿的作用进行了实验研究。她发现，

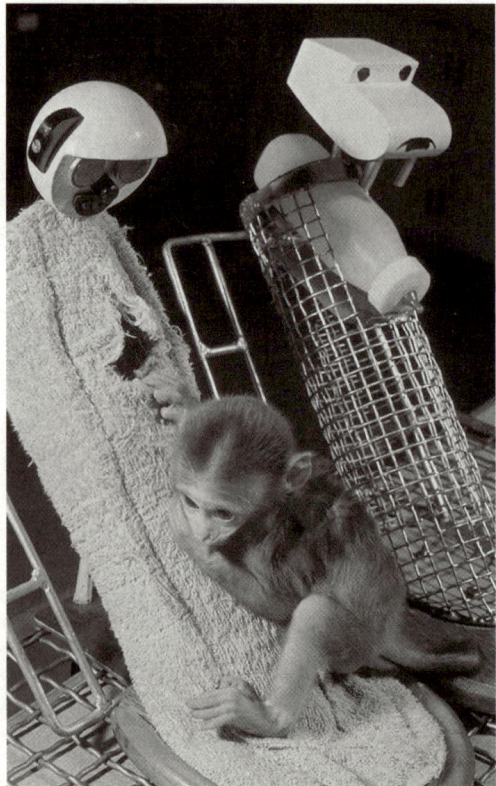

哈洛研究中的一只猴子，它依偎在能够提供接触安慰的人造绒布妈妈身上。在它的旁边，你可以看到铁丝妈妈，它能提供奶但不提供接触安慰。这是第一项揭示接触安慰重要性的研究。

与没有接受按摩的婴儿相比，每天接受适度按摩的婴儿的体重增加得更快，消化道功能得到明显改善，社会反应更好（Field et al.，2010）。接受按摩的婴儿比没有接受按摩的婴儿平均提前 6 天出院，并且在 1 年之后，他们的智力和运动技能发展得更好——这表明早期按摩的好处会持续很长时间，远远超过了治疗范围。另一项研究发现，与没有接受按摩的婴儿相比，接受按摩的婴儿平时哭泣更少，睡眠更好，并且应激激素水平更低（Underdown et al.，2006）。

按摩为什么会有这么多显而易见的好处？对此，你的看法是什么？

虽然背后的机制尚未完全清楚，但现有研究已有一些初步的发现。最近的一项研究采集了被试的血样后，给他们 15 分钟的按摩或者让他们安静地休息 15 分钟。之后，研究人员再一次采集了被试的血样，结果显示：和初始血样相比，按摩组被试的应激激素水平较低而催产素（oxytocin）水平较高（Morhenn et al.，2012）。这些发现和另一些研究的结果是一致的，这些研究都表明，抚触会降低心率，并有助于因威胁和危险激发的应激反应系统更快地恢复正常水平。与这些强调抚触的好处的研究结果相吻合的是，另一些研究发现受到虐待或忽视的儿童会有一些负面表现（Glaser，2003）。显然，与有爱心的成年人的亲密互动关系是儿童迈向身体发育健康和社会交往正常的第一步（Blum，2002；Sapolsky，2002）。

7.3.5　依恋

心理学家将儿童和父母之间建立的亲密情感联系称为**依恋**（attachment）。这种关系至关重要，因为它为一个人一生中随后的其他亲密关系奠定了基础（Cassidy & Shaver，2008）。

依恋并不局限于人类婴儿和亲生父母之间的联系，它似乎是许多物种都拥有的一种本能。依恋的一个著名例子就是**印刻**（imprinting），出生后见到的第一个移动的物体对某些物种（尤其是鸟类）的幼崽有着强烈的吸引力。由一只母鸭孵化出来的小鸡会对它的养母产生依恋——虽然它自己是小鸡而不是小鸭子。当鸭妈妈和小鸭子们去游泳时，这只被印刻的小鸡甚至会跟着它的养母走到水边。汉斯·克里斯蒂安·安徒生（Hans Christian Andersen）的故事《丑小鸭》就描述了这一科学概念。因此，印刻倾向是天生的，虽然环境决定了印刻会采用何种形式。

对人类的接触安慰的研究为依恋的生理需求提供了早期证据。在哈洛夫妇的幼猴实验的基础上，心理学家约翰·鲍比（John Bowlby）认为，人类的依恋也是天生的，在出生后的头几周就开始了，它是婴儿的一种生存策略。从进化视角来看，我们很容易理解，那些待在照料者身边的婴儿遇到危险的概率较小。例如，一项研究发现：当妈妈离开房间时，2~4 个月的婴儿的皮肤温度会降低，这是情感上痛苦的一种信号（Mizukami et al.，1990）。对于这些小孩，当一个陌生人来替代其妈妈时，他们的皮肤温度会下降得更多。但是，当妈妈待在房间里——即使陌生人也在，他们的皮肤温度也会保持稳定。显然，在他们可以使用爬或者走来表达他们的依恋之前，几个月大的孩子已经把他们的照料者当成了"避风港"（Bee，1994）。

依恋类型　你是否曾经注意到不同孩子的依恋程度是不一样的？对于有些孩子来说，只要他们的主要照料者在场，他们就可以自在地与陌生人相处，但是另一些孩子比较粘人，会感到害怕，还有一些孩子似乎根本不在乎谁在他们身边。发展心理学家玛丽·安斯沃思（Mary Ainsworth）不仅注意到了这些行为模式，而且致力于研究人类的不同依恋类型。她开发的一种非常有创意的实验程序被称为"陌生情境"（Strange Situation），它是至今仍在使用的测试依恋的标准测验。

这个巧妙的测验程序是怎样的呢？陌生情境测验让儿童和他们的主要照料者进行一系列的互动——有时候在一起，有时候分开，有时候是和陌生人在一起。然后，研究人员观察儿童在这些不同情境中的反应，尤其注意当照料者从短暂离开到返回时儿童的行为反应（Ainsworth，1989；Lamb，1999）。在不同的文化中采用这种方法进行研究之后，安斯沃发现儿童的反应可以分为两类：**安全型依恋**（secure attachment）和**不安全型依恋**（insecure attachment）。**安全型依恋**的孩子和照料者在一起时是比较放松的，他们可以接受甚至有点喜欢跟陌生人在一起或者做一些新鲜的事情。当和照料者分开时，他们会感到不安——对于一个 6~20 个月大的孩子来说，这是一种正常反应，被称为**分离焦虑**（separation anxiety）——但是当照料者回来时，他们很快就能镇定下来并继续进行自己的活动。他们将照料者视为自己探索世界的"安全基地"，并相信照料者会在他们有需要时给予他们帮助。

不安全型依恋的儿童可以分成两类：**焦虑－矛盾型**和**回避型**。和安全型儿童一样，这两类儿童也会在照料者离开房间时感到不安，但是他们的不同之处在于当照料者回来时他们的反应。**焦虑－矛盾型依恋**（anxious-ambivalent）儿童想要和照料者待在一起，但是当照料者回来时他们变得很难安抚，尽管照料者试图给予他们安慰，但他们仍然感到不安。当陌生人靠近的时候，他们会感到害怕并紧紧地靠着照料者，并且他们也很难自在地探索新环境。相反，**回避型依恋**（avodiant）的孩子拒绝与返回来的照料者接触，经常逃避眼神接触并拒绝与照料者互动。总体来说，大约有 65% 的美国儿童是安全型依恋，20% 的儿童是回避型，15% 的儿童是焦虑－矛盾型（Berk，2007）。

在过去的十年中，依恋成为非常热门的研究主题，因为大量研究表明在婴儿期形成的模式会影响儿童和成年人的各种行为，包括攻击性、友谊、工作满意度、人际关系选择和亲密关系经历（Berk，2004；Gomez & McLaren，2007）。

但是，是什么导致儿童发展出某种特定的依恋类型？你对此如何看？

很多年来，教养方式被认为是主要原因：具体来说，心理学家认为敏感又有责任感的父母会养育出安全型依恋的儿童，而前后不一致的养育方式会养出焦虑－矛盾型儿童，忽略的养育方式会导致回避型依恋。环境也起到了一定的作用：与在孤儿院长大的孤儿相比，罗马尼亚的孤儿在两周岁前生活在一个寄养家庭中，他们更有可能发展出安全型依恋模式（Smyke et al.，2010）。因此，这样看来依恋类型的发展也有一个敏感期。

然而，如今大多数研究人员认为在依恋类型的发展中先天和后天因素是共同起作用的。例如，婴儿的气质在很大程度上是由基因决定的，它会影响婴儿是否会积极回应他人。既然如此，下面这项研究结果也就不足为奇了，该研究发现那些出生几天就焦虑不安的婴儿更有可能在 1 年之后发展为焦虑－矛盾型依恋类型（Miyake，1993）。这看起来很合理，因为相对于乖宝宝，大多数父母更难始终如一地"读取"喜怒无常的宝宝发出的信号，这样，婴儿的气质和父母的教养方式之间就产生了交互作用。

文化和依恋　在判断哪种依恋类型是"最佳"依恋类型之前，先考虑一下文化的重要影响。你是否如大多数美国人一样认为安全型依恋是最好的？与此相反，德国家庭偏好回避型依恋，因为它会提升儿童的自力更生能力；而日本父母很少让他们的孩子一个人待着，这就使得日本的孩子更依赖父母，也更可能成为焦虑－矛盾型依恋类型（Grossman et al.，1985；Miyake et al.，1985）。因此，像很多品质一样，对于什么是"最佳"类型的判断在很大程度上取决于该文化中的主流价值观。

依恋的长期影响　不只是孩子会产生依恋。当孩子长大成人后，他们的依恋对象不再是他们的主要照料者：他们会持续扩大他们的依恋对象，包括其他家庭成员、朋友、老师、同事以及他们社会关系中的其他人。然而，证据显示最初的依恋关系会成为后续重要关系的内在工作模型。换句话说，不管孩子最初从与照料者之间关系中学会了对依恋关系有什么样的期待，这种期待都将成为他们看待和理解以后关系的滤镜。安全型依恋的孩子可能会适应良好并且善于与他人互动，焦虑－矛盾型依恋的孩子经常会变成疑神疑鬼的人，回避型依恋的孩子很少会与他人建立亲密的情感关系。因此，依恋类型会成为成年期亲密关系的预测指标。

我们应该强调的是，尽管依恋的作用很强大，但在婴儿期和儿童期缺乏健康依恋的个体并不一定会成为生活中的失败者。虽然依恋问题是后续社会关系问题的很好的预测指标，但是很多人成功克服了依恋困难（Kagan，1996，1998）。在儿童期甚至是成年期的健康关系都可以"重置"这个工作模型。谨记这些告诫，我们现在邀请你填写下面的自测问卷，看看你的依恋类型是什么。

试一试 ⟩⟩⟩ 你的依恋类型是什么

在下面三种描述中你觉得哪一种与自己最相符（改编自 Shaver & Hazan，1994）？

1. 与他人亲近会让我觉得有些不自在；我发现自己很难完全信任他人，也很难依赖他人。当与别人太过亲密时我会感到紧张，我的爱人经常会希望我们的关系能够更加亲密，而我对那种程度的亲密感到不舒服。

2. 我发现他人不愿意与我太过亲密。我经常担心我的爱人并不是真的爱我或者不想和我在一起，我的这种想法有时候会把他人吓跑。

3. 我发现我能很容易地亲近他人，也能很自在地依赖他们。我很少担心会被他人抛弃或者担心他人与我太过亲近。

你的选项意味着什么

我们知道你很容易就能猜到哪个选项是"最好的"——至少从美国人的视角看是最好的。尽管如此，请思考一下其他选项，这将有助于你更好地理解依恋类型——也许也能更好地理解你自己。下面是我们的解释。

1. 如果你选择第一种陈述，那么你认可的态度反映的是一种回避的、不安全的依恋。在调查成年人依恋类型的研究中，这种类型的人接近 25%（Hazan & Shaver，1990）。

2. 第二种陈述反映的是一种焦虑 – 矛盾的、不安全的依恋类型，研究中大约有 20% 的人属于这种类型。

3. 第三种陈述反映的是一种安全的依恋类型，这是最常见的类型，占受访者的 55%（Shaver & Hazan，1994）。

三种类型的含义

通过访谈、观察和问卷，心理学家已经确定了成年期依恋类型的几个相关因素（Ainsworth，1989；Collins & Read，1990；Hazan & Shaver，1990；Kirkpatrick & Shaver，1992；Shaver & Hazan，1993，1994；Simpson，1990）

- 安全型的人具有更加积极的自我概念，并且相信绝大多数人的本性都是好的，都是善意的。他们认为自己的人际关系是可以信赖的，并对它感到满意。

- 安全型的人对他们的工作保障、同事、收入和工作内容都感到满意。他们认为人际关系比工作更加重要，并且从与他人的联系中获得最大的愉悦感。

- 不安全的、焦虑—矛盾型的人报告说自己有极端情绪和嫉妒心理。他们觉得自己怀才不遇，缺乏安全感，并且觉得自己不可能在职业上有好的发展。和其他依恋类型的个体相比，他们收入较低；他们工作更多的是为了获得赏识和认可，而不是为了经济收益。他们幻想成功，但是却在得到

表扬后又常常懈怠

- 回避型的人害怕亲密关系并且总觉得他们的人际关系最终会走向失败。他们认为工作比人际关系更加重要，通常他们喜欢自己的工作以及工作带来的保障。他们热衷于工作，但是（不用感到惊讶）对他们的

同事并不满意。

- 安全型的人倾向于选择安全型的人作为自己的伙伴。分手后，回避型的人会声称关系破裂不会对自己造成困扰，不过这可能是一种自我防御，他们的烦恼会以另一种形式表现出来（如躯体症状）。

7.3.6　社会心理发展：信任对不信任

大量的依恋研究结果与一个毕生发展理论的第一个阶段非常吻合。埃里克·埃里克森（Erik Erikson，1902—1994）是一位杰出的精神分析学家。他认为，随着人生经历的增加，我们会在无意识层面形成关于我们自己和他人关系的基本信念。我们在人际关系中做出的选择受到这些基本信念的影响，而这又影响着我们的发展。不仅如此，埃里克森还认为每一个基本信念都来自我们人生发展中的一个关键时期的一次危机（这次危机可能会被成功解决，也可能一直没有被解决）。因此，他把他自己的发展理论中的 8 个**社会心理发展阶段**（psychosocial stage）分别标识为在两个对立信念间所做的选择，例如，**信任对不信任**，这是我们人生中遇到的第一个发展问题（见表 7-1）。

埃里克森的理论提出，在出生后的头 18 个月，婴儿面临的主要发展任务是建立对这个世界的信任（trust）。正如我们所知，安全型依恋的婴儿将世界视为一个有趣的地方，充满了有待他们探索的新鲜体验。这些婴儿将主要照料者看作"安全基地"，从这里开始探索世界，带着这份安全感，他们将成长为能够适应新环境的、具有冒险精神和坚韧品质的儿童（和成年

人），这些品质将帮助他们度过一生。在这一成长阶段，儿童如果形成了不安全型依恋，他们在随后的发展中将难以应对挑战，因为缺乏信任将成为他和社会之间的阻碍。简言之，没有对他人建立基本信任感的婴儿，将难以形成和维持令人满意的人际关系。这样，无意识的信任感会促使个体去选择信任他人，而对他人持不信任这一基本信念的个体将会选择怀疑他人。

尽管埃里克森的理论受到一些批评，但这些批评主要是围绕着是否对每一个人来说 8 个阶段的顺序都是一样的，或者（有部分可能在文化规范的基础上）对不同的人来说 8 个阶段是否可以发生在人生不同的时间点上。批评者同样也注意到，埃里克森的工作主要是基于他自己的临床观察，而不是严谨的科学方法。然而，值得注意的是，他的很多观察发现后来都得到了一些方法学上很严密的研究的支持。并且，他的理论是第一个涵盖了整个生命周期的人类发展理论，先前的理论都只对生命的前 12~17 年感兴趣，而由此产生的一种错误的观念是一旦你度过了青春期，你就完成了你的成长，不会再有发展！出于这些原因，直到今天，埃里克森的理论在人类发展研究中仍占据重要地位。

表 7-1　埃里克森的社会心理发展阶段

年龄／时期 （近似值）	主要挑战	充分解决	未充分解决
0~1.5 岁	信任对不信任（trust vs. mistrust）	基本的安全感，依靠外界力量的能力	不安全感，焦虑
1.5~3 岁	自主对害羞或自我怀疑（autonomy vs. shame or self-doubt）	把自己视为生活的主体，有能力控制自己的身体和让某些事情发生	觉得自己不能控制自己和事件

（续表）

年龄／时期 （近似值）	主要挑战	充分解决	未充分解决
3~6 岁	主动对内疚（initiative vs. guilt）	对自己的创新和创造能力充满信心	对自己的局限性和能力不足有内疚感
6 岁～青春期	勤奋对自卑（industry vs. inferiority）	认为自己具有基本的社交和知识技能，自我接纳	缺乏自信，失败感
青春期	同一性对角色混乱（identity vs. role confusion）	自我感觉良好，觉得自己既是一个独立的个体又被社会所接纳	破碎的、变幻的、不清晰的自我感觉
成年早期	亲密对孤独（intimacy vs. isolation）	获得亲密关系并具有做出承诺的能力	孤独感、分离感，否认对亲密关系的需求
成年中期	繁衍对停滞（generativity vs. stagnation）	关注点超越自己，扩展到家庭、社会和下一代	自我放纵，缺乏未来的方向
成年晚期	自我整合对绝望（ego-integrity vs. despair）	完整感，对生活基本满意	徒劳感，失望

心理学很有用 · · ·

不只是娱乐和游戏：儿童的"玩"在人生成功中的作用

现在，我们已经认识到先天和后天因素都会对我们一生的表现产生影响。让我们通过考察一个心理特质来阐释这种交互作用，这个心理特质就是**自我控制**（self-control），它对人生成功至关重要。这种能力会抑制我们的冲动，让我们做出有效的选择，因此经常要求我们延迟即时满足以追求更长期的成功。越来越多的研究发现，低自我控制是青少年不良行为和犯罪行为的有力预测指标，而高自我控制与一系列积极结果有关——包括更幸福的人际关系、更优异的成绩、更高的自尊水平、安全型依恋以及更少酗酒（Tangney et al.，2004）。即使把智力和社会阶层（另外两个预测成功的有力指标）的作用考虑进来，自我控制仍然是这些重要的人生表现的最强有力的预测指标（Moffitt et al.，2011）。因此，显而易见，自我控制很重要——那么我们如何获得自我控制能力呢？

先天——或者我们的遗传基因——设定了我们管理情绪和控制冲动的基线能力水平。双生子研究为此提供了支持证据，例如，研究发现，同卵双胞胎在冲动性方面的相似性比异卵双胞胎更大（Vernon et al.，2008）。然而，遗传对这一特质的贡献只能解释 40% 的变异——这就为环境的作用留出了足够的空间。

依据我们对大脑发育和**可塑性**的了解，显而易见的是，我们越早开始培养自我控制，我们的自我控制能力就会发展得越好。父母可以教会孩子用一系列简单的方法管理冲动。例如，在外出之前收拾他们的玩具，在看电视之前完成家庭作业，或者在吃甜品之前吃完蔬菜。清晰、一致的规则可以帮助儿童学习管理他们的世界，并为实现目标提供指导。在学校里，进行某些活动的老师会在脖子上套一张双面的卡片。当孩子们表现好的时候老师就展示卡片绿色的那一面，当某个孩子不遵守纪律时老师就把卡片翻转过来，出示红色的一面来提醒他。通过这种方式，孩子们获得了及时又适宜的反馈，这些反馈会帮助他们学会管理情绪并做出积极的选择——从而通过环境的影响来扩展冲动控制的"遗传约束"。

然而，规则和结构的作用也可能被夸大了。在过去几十年里，越来越多的儿童心理学家表达了对儿童期游戏方式变化的关注（Berk，2002）。和从前的孩子相比，今天的孩子把更多的游戏时间放在受指导的结构化的游戏上，如社团运动，而富有想象力的"过家家"式的假扮游戏变得更少了。为什么这一点很重要？与结构化游戏相比，即兴游戏需要儿童进行更多的思考、计划、创造力和自我管理——正是这些技能帮助儿童发展他们的**执行功能**（executive function），或者开发与目标设定和自我调节相关的大脑前额皮层。研究表明，儿童与同伴进行的想象游戏越多，他们的执行功能就会发展得越早，这使得他们能更好地与同伴合作，更愿意参与到指定任务中，有更强的责任感，并且会有更好的社交技能（Elias & Berk，2002）。

此外，富有想象力的游戏有助于拓展儿童的词汇量。例如，扮演医生的年幼孩子，会使用一些他们平常不用的更正式的词，如"注射"或者"体温计"。玩"机场"游戏的学龄前儿童告诉另一个"乘客"，她的水杯超过了88毫升的液体限额（Bartlett，2011）。心理学家劳拉·伯克（Laura Berk）指出，孩子们为了自我调节和制定游戏规则，需要专注于"自言自语"，告诉自己在计划和执行游戏的每一个阶段应该怎么做。这样，

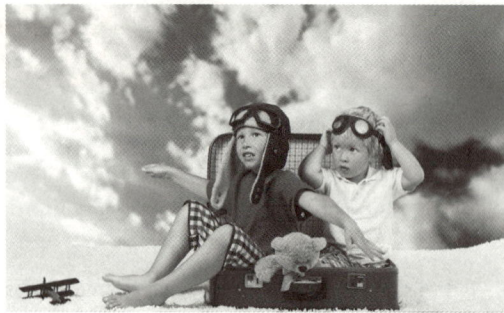

这些孩子假装正在一起坐飞机，这会发展他们的执行功能，拓展他们的词汇量，并提升他们的交流能力。

他们不仅提高了语言技能，还提升了认知灵活性和自我控制。

一项研究强有力地揭示了游戏类型演变的另一个后果。这项重复性研究比较了21世纪的儿童和20世纪40年代的儿童。除了其他事情之外，3岁、5岁和7岁的儿童还被要求静止站立一段时间。70年前，5岁儿童可以静止站立3分钟，7岁儿童可以需要站多久就多久。然而，在目前这项研究中，5岁儿童根本不能静止站立，7岁儿童可以听从指示站立3分钟——而这是20世纪40年代的研究中5岁儿童的水平（Spiegel，2008）。

虽然现代化生活确实给儿童带来了各种好处，但显然并没能增强他们的自我控制能力。"天性"不能解释这种变化，因为进化不可能在这么短的时间内发生。因此，既然研究表明自我控制和很多领域的成功都存在联系，那么父母和老师应更努力地去创造环境来帮助儿童发展这种重要的能力。

关键问题：
儿童期的发展任务是什么

核心概念 7.2

先天和后天因素的共同作用帮助儿童掌握重要的发展任务，特别是在语言习得、认知发展和社会关系发展等领域。

你生命中的三项最大的成就是习得语言、与重要的人建立亲密关系，以及发展思维和推理能力。其中的每一项都是我们后续人生进一步发展的基础。并且，我们将会发现，随着孩子们完成这些任务，他们将经历深刻的心理变化，这些变化是他们的基因代码和环境共同作用的结果。就像核心概念中陈述的本学习阶段的重要观点：

先天和后天的共同作用帮助儿童掌握重要的发展任务，特别是在语言习得、认知发展和社会关系发展等领域。

儿童和成年人之间的发展差异很大，但是二者在语言、思维和社会化方面的差异，并不仅仅是因为成年人有更多的经验或知识。儿童和成年人之间的差异还包含了成熟过程中关键阶段的逐步展开。换句话说，儿童的能力不仅仅是他们经验的结果，也是他们独特的大脑发育水平的产物。让我们先探索一下那些语言发展的关键阶段。

本部分导读：

7.4　描述儿童语言能力发展的阶段。

7.5　解释皮亚杰的认知发展理论。

7.6　讨论影响儿童期社会和情绪发展的因素。

7.4　儿童是如何习得语言的

学习目标：

描述儿童语言能力发展的阶段。

人类的一个定义性特征是对复杂语言的运用——我们能够通过口语、书面语和手势进行交流。从发展的角度来看，人类语言习得的能力是令人敬畏和振奋人心的：新生儿完全听不懂任何语言，但是短短几年内，所有的孩子都能够流利地运用他们在日常生活中听到的语言，或者他们看到的手语，如美国手语。是什么使他们成为语言学习的行家？发展专家认为，婴儿拥有专门用于这项任务的先天能力（Pinker，1994，2006）。

7.4.1　大脑中的语言结构

儿童主要通过模仿他们在所处环境中听到的声音或看到的符号来学习语言的吗？一个著名的理论认为，模仿只能解释儿童学习语言的一部分。在儿童模仿他人语言的背后有一个精细的生物学基础，这个基础使得儿童语言的发展速度远远超过了仅通过模仿所能达到的速度。这个基础是一种先天的心理结构，心理语言学家诺姆·乔姆斯基（Chomsky，1965，1977）称其为**语言习得机制**（language acquisition device，LAD）。乔姆斯基为我们理解语言发展开辟了新天地，他提出人类在出生时就带有某种心理软件程序，这个程序可以帮助儿童在接触语言时习得词汇、语法和语言规则。很多专家同意他的看法（Hauser et al.，2002）。并且，人类基因组计划（Human Genome Project）的研究证据表明，语言的基础至少部分源于遗传（Liegeois et al.，2001）。

乔姆斯基的理论认为，LAD 或者"心理软件程序"包含了所有人类语言所共有的一些基本规则。规则之一就是区分名词（表示事物的名字）和动词（表示动作）。乔姆斯基指出，这些先天规则使得儿童能更容易地发现他所接触的语言的模式。乔姆斯基理论的另一个支持证据来自一个客观事实：全世界的儿童都在相似的时间内以非常相似的步骤来学习他们的母语。解释一种模式的一个合乎逻辑的假设就是，儿童拥有先天的语言发展"程序"，这个程序会在儿童生命的特定时间点自动运行。

尽管人们普遍认为人类拥有语言习得的先天能力，但是我们也不能忽视环境的作用。虽然婴儿在出生时有能力发出地球上所有语言（大约有 4 000 种）的声音，但是到 6 个月大时他们的能力似乎被清零了，他们只能发出所处环境中主流语言的声音。在这几个月中，他们听到的声音和他们自己在口头表达中所做的练习，修正了他们努力的方向，因此，他们失去了发出非母语声音的能力。例如，在日语文化中长大的孩子，失去了区分 R 和 L 两个字母的语音的能力，因为字母 L 在日语中是不存在的（Iverson et al.，2003）。

儿童语言发展的这种文化差异表明，内置的语言功能并不是一个僵化的装置，而是更像感知语言的一套"收听规则"或指南（Bee，1994；Slobin，1985a，1985b）。婴儿会注意别人说话（或者手语表达）时的声音和节奏，特别是词汇的开始、结束和重音部分。依据内置的"收听规则"，幼儿能快速推断出自己讲话时应该使用的模式和规则。这些现象强调了 LAD 是灵活的，它能够使幼儿快速适应所处环境中的主流语言（Goldin-Meadow & Mylander，1990；Meier，1991）。

7.4.2 词汇和语法的习得

先天能力是儿童学习语言的基础，但是你认为儿童是如何学习其母语的具体词汇和结构的呢？

事实上，他们开始练习语言的时间可能比你了解的还要早。例如，4 个月大的宝宝就开始咿呀说话（babbling）：发出重复的音节，例如，"mamamama"。咿呀说话不只是牙牙学语——它是婴儿开始试着构建自己的语言元素。有趣的是，在手语环境中长大的聋儿也会在相同的时间段开始咿呀说话——不过他们是使用双手来模仿美国手语中的重复音节（Petitto & Marentette，1991）。咿呀说话发展得很快，到一周岁时，婴儿进入了单个词的阶段，开始说完整的词语。他们飞快地学习新词，你也许曾注意到"疯狂命名"（naming explosion）这样一个现象，儿童热衷于指着不同的物体并叫出它们的名字。到 2 岁时，儿童进入能说双词的阶段，这极大地扩展了儿童所能表达的意义的范围。那时，儿童的平均词汇量接近 1 000 个（Huttenlocher et al.，1991）。到 6 岁时，这个数量激增到惊人的 10 000 个（Anglin，1993，1995）。在接下来的数年中，儿童词汇习得的速度进一步加快，如图 7-2 所示，在很短的时间段内儿童平均可以掌握大约 50 000 个新词。

熟能生巧 尽管语言的快速发展在很大程度上是由基因设定的时间表决定的，但是文化和环境能够显著影响儿童学习语言的程度和速度。和很多学习任务一样，练习频率的不同会造成学习效果的差异。通常，在孩子年幼时，母亲与女儿说话的量比与儿子的更多（Leaper et al.，1998）。在低社会经济地位家庭和中等社会经济地位家庭长大的孩子之间的差异就更加明显了（社会经济地位是收入和教育水平的综合指标）。在儿童 1 岁到 5 岁时，低社会经济地位家庭的父母的平均亲子阅读时间只有 25 小时，而中等社

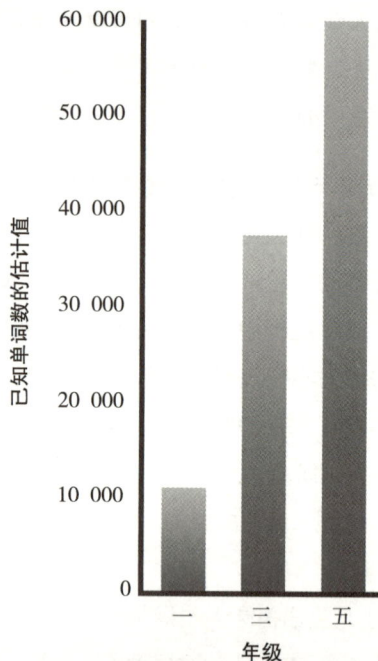

图 7-2　小学生词汇量的增长

注：在小学阶段，儿童词汇量的增长速度非常快，甚至比学龄前更快。图中展示了儿童的总词汇量，包括儿童会使用的词汇（词汇产出）和儿童能理解的词汇（词汇理解）。

会经济地位父母的亲子阅读时间可以达到 1 000 小时（Neuman，2003）。这些早期学习的差异——不仅包括亲子阅读，还包括亲子交流——造成了幼儿园儿童间的巨大差别：来自最贫困家庭的儿童在 5 岁时的标准语言测试中其成绩要落后两年，他们的词汇量只有接受更多语言刺激的儿童的一半（Hoff，2013）。

语法将词汇转化为语言 相同的单词按不同的顺序进行组合可以表达不同的含义。例如，"我看见他在追狗"和"我看见狗在追他"使用了相同的词，但是互换他和狗两个字的顺序就可以表达完全不同的意思。是语法（grammar）造成了这一差异：这是一套语言规则，将词汇进行组合和排序创造出人们可以理解的句子（Naigles，1990；Naigles & Kako，1993）。不同语言可能会使用完全不同的语法组合规则。例如，在日语中，动词通常被放在句尾，而英语中动词的位置相对而言就随意多了。如果你也会说西班牙语，你就知道，"蓝色的房子"在英语中的表达是"the blue house"，而在西班牙语中表示颜色的词会放在名词后面（*la casa azul*）。

第一句话　在儿童早期的双词或三词句子中，儿童使用的是一种**电报式语言**（telegraphic speech）。例如，"要饼干"就是电报式语言。为了培养组成整句的能力，儿童必须学会使用其他的言语形式。例如，修饰语（形容词和副词）和冠词（the，that），他们还必须学会如何使用语法把单词组合起来。在英语中，这意味着识别和生成熟悉的主语－谓语－宾语这一顺序，例如，"小羊跟着玛丽"（The lamb followed Mary）。

最后，随着儿童语言能力的发展，他们开始熟练地使用**语素**（morpheme），语素是组成单词的单个意义单元。例如，单词"unmarried"（未婚）有3个语素："un""marry"和"ed"。与之相似，"subcategories"（亚类们）也有3个语素："sub""category"和"es"。语素可以为动词标记时态（walked，walking），也可以为名词标记所有格（Maria's，the people's）和复数形式（foxes，children）。（你能说出这些例词的语素数量吗？）但是，儿童经常会犯错误，因为他们不知道规则或者不会恰当地运用规则（Marcus，1996）。一个常见的错误叫作**过度规则化**（overregularization），是指扩大了规则的使用范围，从而创造出不正确的单词形式。例如，在知道过去时态就是在动词后面加 -d 或 -ed 之后，儿童会将这一"规则"运用到不规则动词上，创造出一些假词，例如，"hitted"和"breaked"。在学会用 -s 或 -es 创造复数形式后，儿童会将这一规则用到不规则名词上，如"foots"和"mouses"。

7.4.3　其他语言技能

学习词汇以及组合词汇的语法规则仅仅是有效交流的开端，儿童还需要学习交流的社交规则。他们必须学习如何加入讨论，如何轮流说和听，以及如何做出相应的贡献。成年人会使用身体语言、语调和面部表情来增强交流效果。他们还会对倾听者的反馈做出回应，也经常可以从倾听者的角度进行思考和回应。儿童必须掌握这些技能才能成为一个成功的交流者，这反过来又使得他们成为人类语言社会的一分子。

随着儿童长大，他们也学会了表达抽象的意思，特别是当他们的想法超出了物理世界而进入他们的心理世界时。例如，2岁之后，儿童开始使用类似做梦、忘记、假装、相信、猜和希望等词语来谈论自己的内部心理状态（Shatz et al.，1983）。他们也使用高兴、伤心和生气等词语来表达自己的情绪状态。随着认知能力的进一步发展，他们能够理解和使用诸如真相、正义和想法等高度抽象的词语。

在复杂的语言习得过程中要突出的主要观点是什么呢？那就是我们下述核心概念的一部分：语言是儿童期的一项主要发展任务 —— 儿童为此做了精心的准备。儿童习得和使用语言的方式表明，在长大成人的道路上的这些早期步骤既依赖于先天的时间表，也依赖于环境的刺激。

7.5　认知发展：皮亚杰的理论

学习目标：

解释皮亚杰的认知发展理论。

如果你曾注意到学步期的儿童会进入一个"疯狂命名"的阶段，那么你一定看到过儿童乐此不疲地对他们认识的物体进行命名。这种命名背后是他们的思维、知觉和记忆能力逐渐开始发展。接下来的内容将关注这些心理能力是如何形成的：这个过程被称为**认知发展**（cognitive development），它是我们核心概念所定义的儿童期的三个主要发展任务中的第二个。

认知发展领域的心理学家试图回答以下这些问题：

- 儿童是在何时意识到，即使他们看不见物体了，物体也依然存在？
- 他们知道自己的想法可能是不正确的吗？
- 他们是否能够理解人类拥有愿望和梦想，但是物体没有这些？

正如瑞士心理学家让·皮亚杰（Jean Piaget）在他的开创性研究中所做的那样，发展心理学家不仅研究儿童思考的内容，也研究儿童思考的方式。在近50年的时间里，皮亚杰专注观察儿童的智力发展，并将他的观察建构成一个综合性理论。

通过仔细观察自己的 3 个孩子的行为，皮亚杰开始了他对儿童心理的探索。他的方法很简单：他会向他们出问题，然后观察他们的反应，再稍微改变一下情景设置，然后再一次观察他们的反应。皮亚杰特别关注孩子们的思维、推理和问题解决等能力的发展性转化和改变。这种关注促使皮亚杰提出了发展的阶段理论（stage theory）。这个理论强调，在儿童期和青少年期，人们的思维加工方式会经历独特的变革，这一过程可以分成 4 个分离的阶段。随后我们将讲述皮亚杰理论中的 3 个关键概念：

1. 图式（schemas）；
2. 同化（assimilation）和顺应（accommodation）的交互；
3. 认知发展阶段（stages of cognitive development）。

7.5.1　图式

为了解释图式这个概念，请想象一些四条腿的动物；现在，请想象一些友好的动物；接着，请想象一种会吠叫的友好的动物。你可能首先会想到大象、老虎、猫和狗（都是四条腿动物），然后你的选项可能会缩小为猫和狗（有四条腿并且友好），最后你的选择只剩下狗（它会吠叫）。你很容易就能完成这个任务，因为你已经发展出了能使你理解概念和事件的心理结构。皮亚杰用术语"图式"来命名这些心理结构。我们拥有概念的图式，如"狗"和"发展"。我们也有动作的图式，如"用筷子吃饭"或"学习"。我们也有解决问题的图式，如"计算圆的面积"和"安抚一个正在哭闹的宝宝"。一般来说，图式是指导思维的心理框架。根据皮亚杰的解释，图式也是发展的基本组成部分。当我们发展和组织我们的知识体系以接受新的体验或者预测将来的事件时，就会形成新的图式或改变旧的图式。当你读到这里时，你正在构建一个关于图式的图式！

同化和顺应　在皮亚杰的理论系统中，所有的认知发展都基于两个动态过程：同化和顺应。同化是将

新的信息、情境或者例子整合到现有图式中的一个心理过程。因此，一个知道怎么抓手摇铃的婴儿会将相同的策略应用到抓住照料者的首饰上。同样，家里养有金丝雀的年龄稍大的孩子去动物园时，可能也会运用同化过程明白体型更大的鹦鹉或火烈鸟也是鸟类。当你看到你最喜欢的演员的新电影信息时，或者当你使用你计算机上的某个程序的新版本时，你也在经历同化这一过程。本质上，同化过程就是我们将新信息整合进一个现有图式从而扩展这一图式。

相反，当新信息不能很好地匹配现有图式时，我们就使用顺应。顺应是重建或修正图式以接纳新信息的过程。因此，一个学会抓手摇铃和首饰的儿童可能会在以相同的方式抓一个大球时遇到困难。与之类似，如果一个小孩在第一次去动物园时看到了一只蝙蝠，她将需要为"蝙蝠"创造一个新图式，因为它是一种有翅膀但又不是鸟的生物。成年人也会体验到他们心理图式的顺应。例如，互联网使很多人对购物和交流这两个概念的图式进行了顺应。作为一个学生，当你使用的学习方法不能让你获得理想的成绩时，你有时候可能需要修正你的学习图式。

顺应也能帮助你适应不同的文化和习俗。例如，即使在美国，不同文化中的交流规则也是不同的。如果你的交流图式中包含了两位发言者之间要有一个礼貌的停顿，然后你又恰巧进入了一个拥有打断和互相讨论的图式的群体，那么你会发现你插不上话。因此，你不得不顺应（改变你原有的交流图式）以适应新环境。在我们日益多元化的世界里，顺应可能是适

婴儿发现奶瓶和乳房一样都可以吸吮，因此，她进行了同化过程，她将吸吮一个瓶子加入自己现有的吸吮图式中。

应新环境的一种非常有效的策略。

皮亚杰认为，认知发展是同化和顺应不断交替出现的结果。通过这两个过程，个体的行为和知识会逐渐减少对具体的外部现实环境的依赖，并增加对内部思维的依赖。一般来说，如果新信息整合进现有图式，你是在同化；但是当你为了新信息必须改变你的图式或创造一个新图式时，你则在顺应（见图 7-3）。

> **写一写**
> **你生活中的同化和顺应**
>
> 想一想你最近的一段新体验。例如，开始在新学校学习，开始一份新工作，参加某种新活动，或者任何其他包含了某些不熟悉的元素的东西。在那段经历中，你先前的哪些知识经验可以迁移到新情境中，以帮助你更快地适应新情境（同化）？你是否最终不得不为新情境创建一个图式（顺应）？如果是的话，现在请你写下来。

7.5.2　皮亚杰的认知发展阶段

现在我们了解了图式，以及它们是如何不断地被新信息塑造的，接下来让我们开始探讨在儿童发展过程中皮亚杰观察到的儿童知觉世界的4个革命性变化。他把这些变化描述为认知发展的阶段：

1. 感觉运动阶段（sensorimotor stage，婴儿期）；
2. 前运算阶段（preoperational stage，儿童早期）；
3. 具体运算阶段（concrete operational stage，儿童中期）；
4. 形式运算阶段（formal operational stage，青春期）。

随着儿童从感觉反应到逻辑思维的不断进步，每个阶段都有新的思维方式涌现。最值得注意的是，**成熟过程决定了所有儿童都以相同的顺序经历这4个阶段**。虽然遗传约束依然起作用，但是由于遗传和环境的交互作用，某些孩子会更快地通过某个阶段。例如，相比于教育资源匮乏的儿童，在教育资源丰富的环境中成长的儿童会更快地掌握每个阶段的认知任务。

感觉运动阶段（出生到2岁）　我们已经了解到，儿童来到这个世界时已经拥有了许多天生的感觉能力和反射行为，如识别熟悉的声音、抓握和吸吮反射。

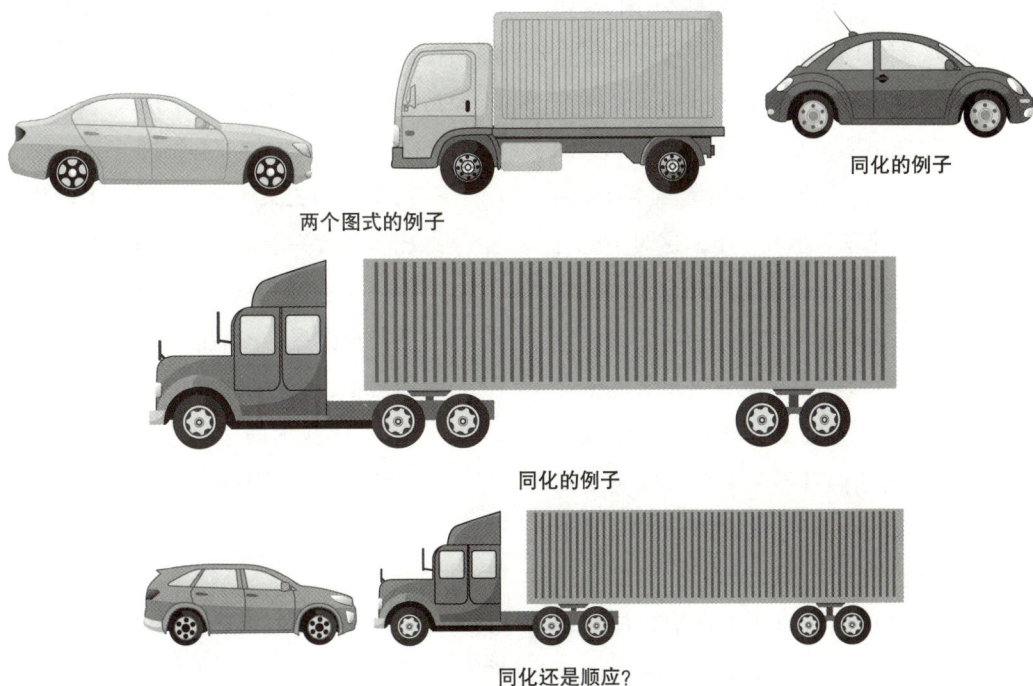

两个图式的例子

同化的例子

同化的例子

同化还是顺应？

图 7-3　同化和顺应，区别是什么

根据皮亚杰的理论，**感觉运动阶段**的儿童主要通过这些感觉和运动行为来探索世界。例如，他们学会将感觉到的信息和他们的运动能力协调起来，如学习转头看身后的物体；然后，如果他们想要这个物体，他们就会爬向它或者走过去。皮亚杰将其称为**感觉运动智力**（sensorimotor intelligence）。

在这个快速发展的阶段，婴儿努力达成的主要成就是**客体永久性**（object permanence），它在婴儿 8 个月大时开始出现。你可能曾注意到，在这个时期之前，婴儿不会寻找一个不见了的玩具或者其他物体。皮亚杰对此的解释是，婴儿不知道当他们看不见一个物体时它还是存在的。换句话说，婴儿认为看不见的东西就不存在了。然而从 8 个月大开始，如果你给婴儿看一个玩具，然后你当着他的面把玩具藏到了毯子下面，那么他就会到毯子下面去寻找这个玩具。甚至，当藏东西和找东西之间间隔了一分钟或更长的时间时，婴儿也会毫不犹豫地这样做。这表示婴儿开始理解客体永久性。在接下来的数月中，婴儿寻找物体的能力不断增强，他们能够在更长时间间隔后寻找物体，也能够更顺利地找到与第一次所藏的位置不同的物体（Moore & Meltzoff, 2004）。

客体永久性可以帮助我们理解**分离焦虑**（separation anxiety）。任何照顾过婴儿的人肯定都曾注意到，当你离开婴儿时，婴儿会变得非常烦躁不安——这在客体永久性早期是相当常见的。毕竟，他们还不明白你还会回来的。相反，婴儿觉得，当你离开房间时，你就消失不见了。想象一下，这对于婴儿来说是多么恐怖的事！（你可以在前一部分有关依恋的描述中了解到分离焦虑的行为表现，当婴儿的母亲离开房间时，婴儿变得烦躁不安。）一旦儿童完全理解了客体永久性（这标志着感觉运动阶段的结束），儿童就可以理解，即使他们看不见某个人或某个物体，这个人和这个物体仍然存在。这使得大部分儿童可以在 2 岁左右开始摆脱分离焦虑。

在取得这些成就的同时，婴儿也在学习**目标导向行为**（goal-directed behavior）。这可以从他们用各种物体进行的实验中得到证据。例如，不小心把勺子掉在地上的儿童，可能对勺子从地砖上弹起时发出的啪嗒声非常感兴趣，然后他就一遍一遍地重复这个动作。听觉敏感的旁观者可能觉得这非常烦人，但是对于婴儿而言，他只是在高兴地练习如何控制自己的世界！

客体永久性的出现连同婴儿越来越多的目标导向行为，表明婴儿开始形成有关物体的**心理表征**（mental representation）以及婴儿认识到他们自己和世界之间的关系。这种心理表征增强了婴儿的思维能力和问题解决能力。在婴儿早期只能即时出现的模仿行为将变得可以延时出现，这就是**观察学习**（observational learning）的开始。6 个月大的婴儿可以模仿他前一天看到的行为；到 2 岁时，他们可以保留和模仿一个月前看到的行为（Klein & Meltzoff, 1999）。这些感觉运动阶段的成就推动幼儿进入下一个阶段：前运算阶段。

前运算阶段（从 2 岁到 7 岁）　这是第二个发展阶段，在此阶段儿童的认知发展表现在对物体的心理表征能力的发展上。在注意到感觉运动阶段的飞速发展之后，皮亚杰似乎将前运算阶段视为感觉运动阶段和第三个阶段（具体运算阶段）之间的过渡阶段。在他的观察中，这个阶段是将感觉运动阶段出现的符号能力进行扩展和巩固的时期。因此，他将这个阶段的主要特征描述为对儿童思维的限制，而不是发展。让我们来探讨一下其中的一些特征。

- **自我中心主义**（egocentrism）使得儿童只从自己的角度来看待这个世界。并且他们认为，其他人也会以相同的方式来看待这个世界。（需要补充的是，皮亚杰并没有将自我中心主义看作自私，而仅看作儿童看待世界的一种有限视角。）皮亚杰通过"三山任务"的实验 [①] 发现了这一现象。因此，当你在电话里跟前运算阶

[①]　在这个任务中，皮亚杰使用一个有三座山的模型。这三座山的山顶上分别有不同的物体，如十字架等。皮亚杰将模型放在了一张桌子上，将一个洋娃娃放在桌边的凳子上，并请儿童坐在桌子的另一边，他请儿童回答娃娃看见了什么。前运算阶段的儿童会将自己看见的内容当成娃娃看见的内容。——译者注

段的儿童交谈时，他可能只是用点头（没有说话）来回答你的问题，并且他也不会留意到你看不见他点头。另一个自我中心主义的有趣例子是儿童觉得他遮住了眼睛就没人能看见他了！皮亚杰认为，由于这种自我中心主义，前运算阶段的儿童不能对他人感同身受，也不能站在他人的角度思考问题。这是皮亚杰理论有争议的部分，我们稍后会详细说明这一点。

- **泛灵论思维**（animistic thinking）是指儿童相信非生物体也和人类一样具有生命和心理过程。因此，我们看到儿童会与泰迪熊玩过家家，会给掉在地上的布娃娃贴创可贴，或者担心修剪树枝会伤到树木。

- **中心化**（centration）是指儿童的注意范围过于狭窄而错失了其他重要信息；也就是说，儿童一次只能"集中"于非常少的信息。这会导致儿童不能理解事情或者问题的"全貌"。例如，一个口渴的小孩坚持要喝"大杯"果汁，他会选择细长的杯子而不是矮宽的杯子，虽然两者的容量是一样的。在前运算阶段儿童的心里，玻璃杯越高，装的果汁就越多，但是他们没有注意到另一个杯子更宽。从前运算阶段进入具体运算阶段的一个标志是从中心化过渡到**守恒**（conservation）（见图 7-4）。

- **不可逆性**（irreversibility）是指儿童不能在想清楚解决问题包括的一系列事件或步骤后，再反转这一过程，逆推回到心里的起点。简言之，前运算阶段的儿童缺乏大一些的孩子所具备的心理试错能力，即在头脑中完成一个动作然后撤销这个动作的能力。例如，山姆看到玛利亚把一盒葡萄干洒在桌上，因为葡萄干摊开来的面积很大，山姆就在心里想："哇！玛利亚的葡萄干比我的小盒子里的多。"但是前运算阶段的山姆不能够在心里逆推这个过程，然后想："如果她把所有的葡萄干装回盒子里，那么她的葡萄干和我盒子里的葡萄干就是一样多的。"这种能力的缺乏是前运算阶段儿童进行逻辑思考的最大障碍。

虽然皮亚杰将这些视为局限性，但是我们认为更重要的是要明确在此期间哪些能力得到了发展。儿童正在试验他们新获得的心理表征能力，在这个过程中，他们非常具有创造力。我们从他们展现出的泛灵论思维中看到了创造力，也从其他"过家家"式的假扮游戏中看到了创造力，后者是前运算阶段的一个核心特征。事实上，我们可以认为，在下一个阶段，当问题解决中的创造力下降时，这种"进步"不仅仅是一种收获，从某些角度看也是一种损失。

具体运算阶段（从 7 岁到 11 岁） 在这个阶段中，儿童突破了不可逆性的阻碍，第一次明白了即使很多东西的外观发生了变化，本质仍然保持不变。在具体运算阶段，他们可以理解矮宽的玻璃杯和细长的玻璃杯装的果汁一样多，也能理解撒出来的葡萄干还可以装回盒子里。在掌握守恒概念的过程中，曾经难倒前运算阶段儿童的问题已不复存在，取而代之的是儿童

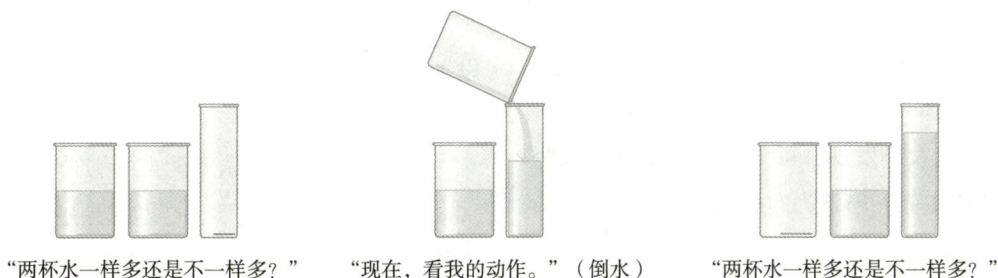

"两杯水一样多还是不一样多？"　　"现在，看我的动作。"（倒水）　　"两杯水一样多还是不一样多？"

图 7-4　中心化和守恒

注：前运算阶段的儿童在思考的时候一次只能注意到事物的一个特征——在这个例子中，就是高或者矮。他们不能同时注意到宽度的差异，也就不能理解当液体从一个容器倒入另一个形状不同的容器时液体的总量保持不变。

对体积守恒方式的新的理解。与之类似，他们现在也能理解一串红珠子并没有比相同的一串蓝珠子多，即使红色的珠子排成一行，而蓝色的珠子混成一团。他们已经认识到虽然看起来珠子组织在一起的方式不一样，但这并不意味着它们的数量不一样。

除了有理解守恒的能力，这个阶段的儿童还有一项奇妙的新能力。儿童可以通过完全在头脑中运用概念来解决问题，这被心理学家称为心理运算（mental operation）。这使得具体运算阶段的儿童可以在采取行动之前进行思考。这样，他们就不会冲动行事了。他们也不会那么容易上当受骗，不再相信一些"奇妙"的事，如圣诞老人或牙仙子，他们现在知道这些都是不存在的。

因此，具体运算阶段的儿童开始运用简单的推理来解决问题。然而，他们在推理中使用的符号仍然主要是具体的事物或事件，而不是抽象符号。通过知名的"20 问"游戏可以展示出儿童具体思维的局限性。这个游戏要求玩家通过提出尽可能少用"是或不是"这样的词进行回答的问题来猜测出另一个人心里想的物体。这个阶段的儿童通常会提出一系列具体的猜想（是鸟吗？是猫吗？），而不能提出更高水平的关于类别的问题来有效地缩减正确答案的范围（它会飞吗？它有毛吗？）。

我们将把对皮亚杰认知发展的最后一个阶段——形式运算阶段——的讨论留到青春期部分进行。现在，我们简单介绍一下，最后一个阶段中关于抽象思维发展的内容。表 7-2 总结了皮亚杰提出的四个阶段。

7.5.3　新皮亚杰学派：认知发展的当代观点

大部分心理学家都接受了皮亚杰所描绘的认知发展的概貌（Beilin，1992；Lourenço & Machado，1996）。然而研究人员发现，每个阶段的儿童在某些方面的表现都比皮亚杰所认为的更加复杂（Munakata et al.，1997）。

能力出现的时间早于皮亚杰理论的相关线索 有时候，处于感觉运动阶段或前运算阶段的儿童，可以掌握皮亚杰所认为的在该阶段他们不能掌握的能力。客

表 7-2　皮亚杰的认知发展阶段

阶段（年龄）	特征和主要成就
感觉运动阶段（0~2 岁）	• 儿童通过感觉运动能力探索世界 • 随着符号思维的出现，客体永久性和目标导向行为也出现了
前运算阶段（2~7 岁）	• 儿童的思维具有自我中心主义、泛灵论思维、中心化和不可逆性等特点 • 符号思维持续发展
具体运算阶段（7~11 岁）	儿童掌握了守恒概念，并发展出了对具体有形物体的表象进行心理运算的能力
形式运算阶段（12 岁以上）	在本阶段，青少年和成年人发展出了抽象推理和假设思维的能力

体永久性就是一个例子：心理表征早在婴儿 4 个月的时候就出现了，而不是皮亚杰所认为的 2 岁左右。给 4 个月的婴儿展示"可能"或"不可能"的事件时，婴儿不会对"可能"的事件表现出惊讶，但是会在看到"不可能"事件时表现出惊讶（Baillargeon & DeVos，1991；见图 7-5）。

研究人员还发现，与皮亚杰的中心化概念相反，四岁的儿童可以理解物体的看不见的内部（如鸡蛋、橡皮球或狗的内部）可能和它的外观不一样（Gelman & Wellman，1991）。并且，与皮亚杰的泛灵论思维不一致的是，当要求 3 岁到 5 岁的儿童做迫选任务时，他们可以区分真实的物体和纯心理（想象）的物体（Wellman & Estes，1986）。最后，关于自我中心主义，到 4 岁时，儿童就能经常从他人的视角看事物：相比于与大孩子和成年人聊天，他们在与 2 岁儿童交谈时会使用更简单的语言、更短的单词，这一事实说明了这一点（Gelman & Shatz，1978）。总体而言，皮亚杰对 4 个阶段顺序的观察是正确的，但是今天的儿童发展某些认知技能的速度似乎比皮亚杰所观察到的要更快。

心理理论 这些认知能力的提升标志着心理理论（theory of mind）的发展，心理理论是指个体理解他人可能拥有与自己不同的信念、愿望和情绪，并且这些心理状态会影响那个人的行为（Frith & Frith，1999）。你的心理理论决定了你期望他人在某个特定情境（如当他收到礼物时或者是当他被骂时）下做何反应。重

测试项目

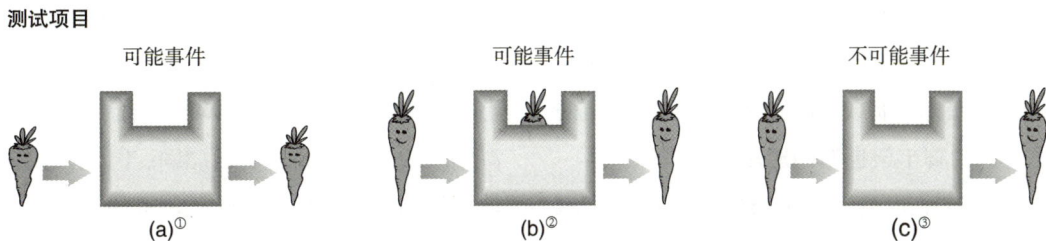

图 7-5　婴儿客体永久性的测试 ④

要的是，心理理论包括了我们认识到我们对他人行为的期望，需要根据我们对这个特定个体的了解而进行调整。这种对他人心理世界的理解促进了我们对他人的同情心，也使我们学会骗人，并且在关键时刻还会增加我们对他人做出正确判断的机会。

最近的证据显示，这些能力可能早在婴儿 6 个月大时就出现了——这与我们前文讨论的客体永久性的最近研究发现相吻合。一项研究发现，6 个月大的婴儿就能够准确地区分能带来帮助的人和带来危险的人，并且他们始终会选择能带来帮助的人作为自己的玩伴（Hamlin et al.，2007）。感觉运动阶段和前运算阶段的认知成就促进了这一内在能力的进一步发展，到 5 岁时，不同文化下的儿童都可以理解他人对世界的看法可能与自己不同（Callaghan et al.，2005）。要了解儿童心理理论的有趣案例，请上网搜索视频"回心转意"（*A Change of Mind*），来看看你是否能找到心理理论的例证，以及皮亚杰的前运算阶段思维方式的一些例子。然后，请回答以下问题：

---

① 小萝卜不断靠近挡板，然后被遮挡，一段时间后，小萝卜从右边出来。——译者注

② 大萝卜不断靠近挡板，然后它的一部分被挡住了，但从凹槽处可以看见大萝卜正在运动，最后大萝卜从右边出来了。——译者注

③ 大萝卜不断靠近挡板，然后被遮挡，但是在凹槽处没有看见大萝卜，最后大萝卜从右边出来了，在这个事件中，正常情况下应该可以在凹槽处看见大萝卜，但是大萝卜却没有出现，所以是不可能事件。——译者注

④ 4 个月的婴儿注视图 c 的时间比图 a 和图 b 更长，表明他们具有客体永久性。——译者注

写一写

在行为实例中找到心理理论

你找到说明心理理论的那个测试了吗？此外，请在视频中找出至少一个皮亚杰的前运算阶段思维方式的例子。请解释视频中儿童的哪些行为可以用来说明你学到的这些概念。

阶段还是波动　皮亚杰的理论受到的第二个批评是它将阶段视为突然的转变。较新的研究认为，两个阶段间的转变更像一个连续的变化而不是皮亚杰理论所认为的突变。心理学家罗伯特·西格勒（Robert Siegler）为认知发展提出了一个新的隐喻 (Siegler, 1994)。他认为，我们可以用"波动"这个概念，而不是阶段理论暗示的突变。他认为，**波动隐喻**（wave metaphor）更符合科学数据和我们的日常经验，二者都说明了儿童行为的可变性。例如，在一天之中，儿童就可能用好几个不同的策略来解决同一个语言问题："I ate." "I eated." 和 "I ated." 如果儿童从一个阶段突然跃入另一个阶段，那么我们就不可能观察到这种现象。相反，西格勒认为，发展是一种重叠的波的模式，每一道波都可以被看作一种认知策略的兴起和衰落（Azar, 1995）。

文化在学习中的重要性　俄罗斯心理学家列夫·维果斯基（Lev Vygotsky, 1934, 1987）非常强调文化价值观和实践在儿童认知发展中的重要性，包括沟通交流在学习中的作用。维果斯基认为，认知发展实际上是通过社交活动掌握文化规则和规范的心理过程。维果斯基的研究证明，成年人和其他"专家"通过一种称为"脚手架式教育"（scaffolding）的方

法，可以帮助儿童更快地发展他们的认知能力。这得到了近年来一些研究的支持（Conner & Cross，2003；Rogoff，2003）。正如木制或钢制脚手架为建筑的结构提供了支撑，认知脚手架也为构建知识体系创造了一种支撑结构。通过密切关注儿童当前的认知技能水平，父母和教师将每一堂新的课程和儿童已知的内容相联系，这样就可以为儿童量身打造适合他们的课程。维果斯基进一步指出，需要设置适宜的新挑战，稍微超出儿童当前的学习范围，但又能够使其借助少量帮助就可以达成，不能过于困难而使儿童失败。最近发展区（zone of proximal development）这一概念为父母或老师给儿童制订学习计划提供了重要指导。

7.6　社会发展和情绪发展

学习目标：
讨论影响儿童期社会发展和情绪发展的因素。

我们的健康、幸福，甚至我们的生存都依赖于我们在家庭之中、与同伴之间，以及在工作上形成的有意义的、有效的关系。在孩提时期，我们开始了对所处社会所遵循的互动规则的漫长学习，包括社会的和政治的互动规则。儿童也必须学会控制自己的感受和行为，并学会理解他人的感受和行为。这个社会和情绪发展的过程是儿童期重要的发展任务之一，它既依赖于先天的遗传，也依赖于后天的环境。

7.6.1　气质

儿童和世界交互的一个重要影响因素就是他们的气质（temperament）。心理学家使用气质这一术语来描述个体遗传的、"内在"的人格和行为模式。哈佛大学的杰罗姆·凯根（Jerome Kagan）研究了成千上万名儿童的气质，他观察到大约 20% 的儿童生来就比较害羞，而大约 40% 的儿童生性大胆（Kagan，1998）。害羞的婴儿在面对陌生情境时会变得不安或退缩，并且可能想要回避这样的情境。大胆的婴儿更善于交际，并可能对新环境感兴趣。

脑成像研究表明这些差异是生理性的：和大胆的婴儿相比，害羞的婴儿的杏仁核更加活跃（Schwartz et al.，2003）。这些活跃的杏仁核会启动一系列生理上的应激反应来应对新情境，如心率变快、应激激素得到释放、皮肤温度变化加剧。因此，和大胆的、追求感官刺激的同龄人相比，害羞的儿童在生理上就对变化和压力更加敏感。然而，这种敏感性也可以成为人际关系发展的一个优势。儿童发展研究人员格拉日娜·科昌斯卡（Grazyna Kochanska，2009）提出，恐惧在儿童道德发展中扮演重要的角色，它会培养儿童对错误行为后果的意识——包括对受害者的同情。具有正常恐惧情绪的儿童，在犯错之后更有可能会感到内疚，而这种内疚感会阻止他们重复错误行为。

虽然一个人的基本气质在出生时就几乎确定了，但是它们不是一成不变的（Kagan，1996）。从很小的时候起，环境和遗传倾向就会相互作用，因此教养方式和儿童经历的其他方面可以调整气质的表达方式。通常，人们很少会和害羞的孩子互动和玩耍，这会强化孩子的先天倾向。如果父母意识到害羞宝宝的退缩，温柔地和他玩耍，鼓励他进行互动，那么这个孩子就会变得与他的预期气质不一样，会变得更加外向。同样是大胆的孩子，由大胆的父母培养的孩子和由害羞、怯懦的父母培养的孩子，对世界的反应截然不同。因此，只要儿童所处环境中的大人肯教他们，他们就有能力在自己遗传气质的范围内学到对世界的各种反应。

气质通常不会随时间而改变，是非常稳定的，也就是说，你出生时的气质与你童年、青春期和成年期的气质是非常相似的。虽然环境影响可以在某种程度上调整气质，但是遗传约束限制了变化的程度。因此，重要的是要注意，没有一种气质是适宜于所有情境的。我们应该"谨记像我们这样复杂的社会，每一种气质类型都可以找到适宜自己的位置"（Kagan，quoted in Gallagher，1994，p. 47）。我们大部分个体的人生成就都与我们是否能找到最大限度地发挥我们优势的环境有关。

7.6.2　社会化

通过与父母、同伴和其他人的互动，你学会了如何与他人相处，这一发展任务被称为**社会化**（socialization）。然而，社会化不仅发生在儿童期。它是塑造我们的行为模式、价值、标准、技能、态度和动机以符合特定社会要求的一个毕生发展的过程（Hetherington & Parke，1975）。家庭、学校和媒体等机构给儿童施加压力，使他们接受社会认可的价值观。性别角色的社会化就是其中的一个例子：男孩和女孩经常被教导要采用不同的行为和互动方式。休闲方式的选择，如看电视或和同伴玩，这些对儿童社会化也会产生重要影响。越来越多的学龄前儿童受到他们在托儿所中经历的影响。还有一个影响因素极为重要，那就是教养方式。

四种教养方式及其影响　世界各地的家庭教养方式可以分成 4 种不同类型，大多数育儿方式都属于其中的一种（Baumrind，1967，1971；Russell et al.，2002）。（一旦你了解了这 4 种方式，你可能就会想象，如果你的父母换一种教养方式，那么你可能就会与现在不一样。）

1. **专制型父母**（authoritarian parent）通常都会相信一句谚语"不打不成器"。他们要求儿童守规矩、听话，不接受任何一点点对规则的讨价还价。他们会用惩罚或者威胁要进行惩罚来强迫儿童服从。

2. **权威型父母**（authoritative parent）采用另一种教养方式，他们对儿童也采取高要求。他们对儿童有很高的期望，并且会努力达成好的结果。但是和专制型父母不同，权威型父母会将高标准和对儿童的关怀及对儿童意见的尊重相结合：他们非常愿意倾听儿童的想法和感受，也经常会在家庭中制造民主的气氛。权威型父母通常非常强调推理和解释，以此帮助儿童学会预见自己行为的结果。

3. **宽容型父母**（permissive parent）采用第三种教养方式。他们的规矩很少，并允许儿童自己做决定。像权威型父母一样，他们也关心孩子，乐于沟通；但是宽容型父母让孩子自己来做大多数的决定。宽容型父母相信，孩子从行为后果中学到的要比从遵从父母设定的规矩中学到的更多、更好。

4. **忽视型父母**（uninvolved parent）倾向于漠不关心或者拒绝孩子，有时甚至到了对孩子疏于照顾和虐待的地步（Maccoby & Martin，1983）。通常，这类父母的生活充满压力，他们没有时间和精力来陪伴孩子。

总体而言，教养方式的研究从两个基本维度来归纳不同的教养行为：父母的接纳，包括养育、情感投入和对儿童观点的敏感性；父母的控制，这是指做决定时父母和儿童所参与的程度。基于这两个维度，你能指出 4 种不同的教养方式分别是接纳和控制这两个维度怎样的组合吗？请查看表 7-3 来核对你的答案。

表 7-3　4 种教养方式和它们的维度

	高控制	低控制
高接纳	权威型	宽容型
低接纳	专制型	忽视型

你可能会猜到这些不同教养方式的通常效果。研究显示权威型父母教养的孩子比较自信、自立和热诚。总体而言，这些孩子更加快乐，更少有麻烦，也更成功。宽容型和忽视型父母教养的孩子通常不成熟，更易冲动，依赖性强，并且要求更高。专制型父母教养的孩子更加焦虑，缺乏安全感。事实上，在某些情况下，专制型教养方式可能是反社会行为的一个风险因素。一项开创性研究考察了教养方式和**依恋类型**对儿童表现的共同影响。结果发现了什么？对于不安全型依恋的孩子，专制型教养方式增加了他们日后出现反社会行为的风险。另一方面，安全型依恋的儿童能够容忍专制型教养方式而不会变成仇视社会的人。研究人员认为，安全型依恋起到了保护作用，使得儿童认为父母的严厉教导行为是出于善意而不是威胁——而不安全型依恋的孩子则认为严厉教导是威胁

（Kochanska et al.，2009）。

根据我们对依恋的了解，这些发现不足为奇。一般来说，相比较其他 3 种类型的父母，权威型父母在儿童的生活中参与得更多，也与儿童有更多的互动，使儿童形成了一种更强烈的社会情感的依恋。这为儿童发展过程中的亲社会行为奠定了坚实的基础。

文化和教养方式　早期的教养方式研究很多是在西方中产阶级文化中进行的。在其他地方会有类似的发现吗？你是怎么看的？

最近的研究表明，文化确实在教养方式和教养效果方面发挥了作用，但它的作用方式与你想象的不同。中国、西班牙和亚太国家的父母都倾向于用比西方父母更为严格的教养方式，大体上看起来，这可能更像专制型教养方式。然而，细看就会发现这些父母在要求子女遵守严厉规则并尊重父母的同时还给予了子女大量的关爱——尤其是来自父亲的关爱。由于这两者同时出现，这些儿童就和西方国家的权威型父母培养的儿童一样，有着积极的表现（Berk，2007）。在美国，低社会经济地位的非裔美国家庭对子女施加高强度的控制也会取得积极成效：和没有接受严格管教的儿童相比，这些儿童在学校和在同伴中表现得更好（Taylor et al.，1995）。因此，最佳教养方式在某种程度上取决于主流文化以及所处环境的规则、习俗和挑战。

托儿所的作用　随着上班的父母日益依赖托儿所来照料子女，很多人都会关注以下问题：儿童是否有必要有一个全职照料者？这个问题在很多国家，包括美国，都是一个紧迫的问题。在美国，有 71% 的母亲外出上班（Cohn et al.，2014），并且越来越多的父母请人照顾子女，而不是由亲属照顾子女（U.S. Department of Health and Human Services，2009）。

一般来说，上班族父母可以放心：大部分儿童都可以在托儿所茁壮成长。不管是在智力水平还是社交能力上，托儿所的孩子都和全职父母教养的孩子表现一样好，有时甚至更好。而且，上班族妈妈带大的孩子长大之后在他们自己的职业生涯和人际关系中受益良多。一项涉及 25 个国家有超过 50 000 名被试的研究发现，上班族妈妈的女儿比非上班族妈妈的女儿所受教育的程度更高，收入也更高。儿子也会从工作的父母那里受益，不过方式不同：数据显示，与受到全职妈妈照顾的儿子相比，上班族妈妈的儿子长大之后会花更多的时间照顾自己的子女和参与家务劳动——这可以解释为什么他们拥有更高的亲密关系满意度（Miller，2015）。

不过，托儿所的质量至关重要。劣质托儿所会使儿童变得好斗、抑郁或适应不良。当你寻找托儿所时如何区分优质和劣质托儿所呢？专家指出有 3 个关键因素要考虑。

1. 优质托儿所的照料者与儿童的互动更加频繁，并且对儿童的需求敏感，能够积极回应。
2. 优质托儿所的照料者/儿童的比率更低[①]，这样每个照料者就都有足够的时间和精力照顾每一个儿童。
3. 最后，优质托儿所的照料者的受教育程度更高。

幸运的是，正在进行的美国全国儿童保育研究表明，大部分托儿所都做得很好（Bower，1996；NICHD Early Child Care Research Network，2003，2007）。

闲暇时间的影响　美国和其他工业化国家的儿童和青少年比世界上其他地区的儿童和青少年有更多的自由时间。在非工业化社会，儿童平均要花 6 小时进行家务劳动或工作。相比之下，美国儿童花在这类事情上的时间则不到 30 分钟。另外，和过去相比，美国儿童平均花在家庭作业上的时间更多了——虽然还是少于其他工业化国家的儿童。总体而言，几代人以来，美国儿童的闲暇时间增长得非常快（Larson，2001）。平均而言，今天的美国儿童将 40%~50% 的醒着的时间用于可自由支配的活动。

儿童和青少年如何度过他们的闲暇时光？大部分时间被花在了媒体上，包括看电视、玩视频游戏、玩计算机或其他电子设备（Rideout et al.，2010）。阅读作为一项娱乐活动的受欢迎程度是中等的，并且更受

---

① 每名照料者照顾的孩子的人数更少。——译者注

儿童和青少年平均每天花在媒体上的时间是 8 小时。这是他们花在朋友和家庭上的时间的 2 倍，是他们花在锻炼、阅读和做作业上的时间的 6 倍。

女孩的欢迎。随着儿童进入青春期，娱乐性阅读的受欢迎程度会下降，不管是对女孩还是男孩而言都是如此（Nippold et al.，2005）。随着儿童年龄的增长，他们玩耍的时间减少，取而代之的是在媒体上的活动，他们通常会和朋友一起参与这些活动。

闲暇时间的这些活动对儿童的发展有什么影响？研究结果莫衷一是。不管是哪个年龄段，与朋友相处的时间都和幸福感有关（Rawlins，1992），并且这种朋友间的交往在青春期尤为重要。儿童和青少年每日的运动时间平均只有 1 小时，但是运动对健康有明显的好处，并且依据运动的类型和所处的环境，运动还有利于培养领导力、合作能力和动机。电视的影响是过去几十年来人们密切关注的话题，目前看来其作用似乎主要依赖于儿童观看节目的类型。教育类电视节目大约占儿童观看总量的 25%，其对儿童的读写和认知发展有积极作用（Linebarger et al.，2004）。再者，大量观看娱乐节目是年幼儿童阅读能力发展落后的一个重要预测指标（Ennemoser & Schneider，2007）。成百上千项研究发现，观看暴力电视毫无疑问会增加观看者的攻击性行为（Strasburger，1995）。而且，3 岁之前观看任何类型的娱乐电视节目都与儿童后期的注意问题密切相关（Zimmerman & Christakis，2007）。我们将在本阶段末尾的"心理学很有用"版块探讨相关的机制。

和观看暴力电视节目相似，玩带有暴力内容的视频游戏也会影响儿童的攻击性。此外，研究还发现，暴力视频游戏会减少玩家对真实世界暴力的敏感性（Carnagey et al.，2007），并会减少亲社会（助人）行为（Anderson & Bushman，2001）。另外，频繁玩视频游戏会提升视觉空间的加工能力（Green & Bavelier，2007）。不是所有的视频游戏都是暴力的。教育类视频游戏能提升儿童的批判性思维能力，促进儿童对不同学科（从社会学科到数学）的学习。再次强调一下，这里传达的信息很清楚：媒体的内容才是真正的关键点，而不是媒体本身。

社会化中的性别差异　观察过小男孩和小女孩玩耍的人都会注意到，在儿童的社交互动中存在性别差异。孩子通常都会偏好与同性别的孩子一起玩——在不同文化中都存在这种模式（Maccoby，1998，2000）。在玩耍中，男孩通常比女孩更具攻击性，虽然也有一些例外。女孩倾向于建立小的合作群体。相反，男孩经常会形成更大的群体，其内部具有层级结构或"权力等级"。在这些群体里，男孩子们不断竞争以获取更高等级的地位。他们经常采取攻击性策略，如拍打、推搡和口头威胁等。在休闲活动的选择上，性别差异也很明显。在业余时间，男孩们更喜欢运动和电子游戏，而女孩们更喜欢看电视（Cherney & London，2006）。

进化心理学家相信这些性别差异具有先天的基础（Buss，1999），这些差异可能部分与睾酮水平的性别差异有关（Dabbs，2000）。当然，这并不意味着环境因素，如教养方式和同伴影响，不会起作用。社会认知理论家凯·伯西和阿尔伯特·班杜拉（Bussey & Bandura，1999）提醒我们，儿童从他们的社会环境和角色模型中学习性别角色和性别相关的行为，如进取心、竞争力和合作。

7.6.3　儿童期的社会心理发展：埃里克森的阶段理论

埃里克·埃里克森的毕生发展理论提出了我们在人生中会遇到的 8 项基本挑战或社会心理阶段。第一个阶段，信任对不信任，发生在 0 岁到 1.5 岁之间，与儿童依恋的发展时期相重合。在儿童期，个体会再经历3个埃里克森提出的阶段，每次都会遇到一个新的"紧要关头"，并且发展他们关于自己以及自己与世界之间的关系图式中的一个关键成分。这些阶段揭示了儿童眼中世界的不同方面。

自主对害羞或自我怀疑　处于第二个阶段（18个月到3岁之间）的儿童正在迅速学习走路和说话。他们与世界互动水平的提高，使得他们有机会直接影响事情的结果。为了培养独立或**自主性**——这个阶段的主要发展任务——儿童需要在合适的时机自由（有时候需要鼓励）尝试自己做事。过多的限制和批评会导致他们自我怀疑，而过早提出苛刻的要求，例如，在儿童还没准备好之前，就让他们尝试进行如厕训练，会导致儿童产生羞耻感，并失去在新任务中努力学习的信心；因此，这个阶段的名称是**自主对害羞或自我怀疑**。父母可以通过鼓励儿童尽力尝试，提供温和的有建设性的指导，以及表扬他们的努力和成功，来帮助儿童发展自主性。相比于在第一阶段没有培养出信任感的儿童，那些对世界抱有普遍信任感的儿童更可能成功地培养自主性。

在这个阶段，儿童首先要发展对世界的控制感。如厕训练是一个关键节点，它会使儿童变得自主和独立。这个时期中的严厉批评和不切实际的期望，会使儿童产生羞愧和自我怀疑，而不是拥有自主性。

虽然埃里克森并没有强调气质在社会心理发展中的作用，但我们应该指出它的影响：我们会预期，害羞的孩子比大胆的孩子更需要温柔的鼓励。因此，虽然后天支持性的环境是发展自主性的关键因素，但是天性也会起到一定的作用。

主动对内疚　一旦儿童发展了信任和自主性，他面临的第三项挑战是培养**主动性**（initiative）或自发开展活动的能力，而不仅仅是对他人的响应。在学龄前，具有主动性的儿童会变得更有目的性，他们想要自己选择穿什么、吃什么，或者如何打发时间。这个阶段的危险因素来自过度控制的成年人，他们可能会对儿童提出不切实际的自我控制要求（如为什么你不能安安静静地坐着），这些要求会导致儿童觉得自己能力不足并产生内疚感。这个阶段的术语反映了两种可能的结果：**主动对内疚**。照料者对孩子主动行为的反应将鼓励或阻碍他们自由和自信的发展，而这两者正是他们下一个阶段发展所需要的。

儿童扩展了他们的自主性，现在开始实践自己的主动性，想要在活动和人际关系中做出自己的选择。在这个阶段限制或批评儿童的选择，会使儿童产生内疚感。相反，对好奇心和创造力的鼓励将会培养儿童的主动性。

勤奋对自卑　成功掌握埃里克森前三个阶段的技能后，儿童将进入小学，并且开始更系统地发展他们的技能和胜任感。从6岁到12岁，校园活动和各种运动为儿童学习更复杂的智力和运动技能提供了适宜的场所，而同伴间的互动为他们发展社交能力提供了机会。为了获得成功和胜任感，孩子们需要付出努力，埃里克森称之为**勤奋**（industry）。在这个阶段，支持性的教养方式有助于儿童对自己的经验进行反省，从他们的成功和失败中学习，并认识到有些失败是不可避免的。另一方面，过度控制或者忽视型父母所培养的儿童，则无法正确地看待他们的失败，并且最终产生自卑感。与之类似，在一个或多个早期阶段碰到问题的孩子可能会成为一个气馁的观众而不是一个参与者，并且产生自卑感而不是胜任感。因此，这个阶段的术语是**勤奋对自卑**。

总之，我们已经了解了语言、认知技能和社交能力如何在儿童的快速成长和变化中交互发展。个体依照普遍的生理时间表在每个领域取得进步，但是其进步的速度和性质会受到环境的显著影响。

写一写
对儿童期发展的反思

如我们所知，儿童期是很多领域发展的高峰期。请回顾你在本阶段学到的关于这个重要时期的所有内容，回答如下问题：你最先想到的是哪些新知识？为什么？

心理学很有用 • • •

ADHD 之谜

注意缺陷/多动障碍（attention-deficit hyperactivity disorder， ADHD）是一种心理障碍。在美国学龄儿童中其发病率为 5%~7%，并且不同文化中的发病率非常相似，约为 5%（Polanczyk et al.，2007，2014；Willcutt，2012）。ADHD 的症状主要有两类：躯体症状包括多动和冲动，认知症状包括认知混乱和注意力不集中（见图 7-6）。因此，ADHD 患者通常表现为难以控制冲动、不能长时间专注于某一任务、注意力分散和多动。虽然男孩和女孩都可能患有 ADHD，但是男孩的症状更加明显，他们可能会频繁地在课堂上离开座位、抢答或插话。女孩的 ADHD 症状更多的是注意力不集中，而不是身体多动。因此，患 ADHD

DSM-5 ADHD 标准

成人每个类别的症状等于或多于 5 条，持续时间大于等于 6 个月；发病年龄小于等于 12 岁；在两条或以上的条目中非常明显；对社交、学业或职业活动有负面影响；不能用其他精神障碍来解释。

注意障碍	多动/冲动
（a）缺乏对细节的注意/易犯粗心大意的错误	（a）手脚动个不停/在座位上扭动
（b）难以维持注意	（b）频繁离开座位
（c）无法倾听	（c）跑来跑去/感到不安
（d）无法遵照指示（容易分神）	（d）说话特别大声或吵闹
（e）难以组织任务或活动	（e）经常忙个不停
（f）回避那些需要持续心理努力的任务	（f）话多
（g）丢失或者错放物品	（g）别人没说完就脱口而出地回答
（h）容易分心	（h）难以排队等候
（i）在日常活动中健忘	（i）倾向于不假思索地行动

图 7-6 ADHD 的症状和标准

注：DSM-5 为心理学家和精神病学家提供了行业认可的指南，以有效且准确地诊断心理障碍。在这里，你可以查看 ADHD 的诊断标准。

的女孩可能只表现出认知混乱和健忘。症状的差异可能也会影响诊断，女孩仅占 ADHD 诊断病例的 20%，一些研究人员怀疑不同性别患者数量的差异，可能部分来自症状表现的性别差异（Skogli et al.，2013）。

　　不论是男孩还是女孩，患者在生活的各个方面都存在困难，经常会导致学业成绩差以及和同伴关系不稳定。事实上，病症对生活各个方面都会产生影响是 ADHD 的诊断指标之一。我们有必要区分真正的 ADHD 和普通生活压力导致的症状表现或儿童正常发展中的某些特征。症状也必须明显超越该年龄段儿童与其年龄所适宜的表现。这种障碍似乎遵循某种可预测的发展路径，其症状在儿童早期就会出现，并且大约有 50% 的案例在进入青春期后症状就自行消失了。然而，有 30% 的诊断为 ADHD 的儿童或青少年在成年后仍将与这种病症做斗争（Lara et al.，2012）。更重要的是，超过半数的 ADHD 成人患者（他们中的一些人没有得到合适的治疗）还有至少一种心理障碍，并且这些个体具有更高的药物和酒精滥用的风险，自杀风险也更高（Barbaresi et al.，2013）。显然，适宜的诊断和治疗是有效管理这种障碍的关键。

ADHD 的成因

　　对 ADHD 成因的研究尚处于早期阶段，尽管双生子研究和其他遗传研究指出它存在很强的遗传成分（Barkley，2014）。ADHD 大脑和正常大脑在生理上有何区别呢？一个重要的区别是神经递质多巴胺（当一个人从事感兴趣的任务时体内会分泌多巴胺）（Spencer et al.，2013）。ADHD 个体接收到的多巴胺比较少或比较弱，这与他们的任务参与度较低，并且更难在任务中维持长时间的兴趣有关。大脑结构的发展似乎也在其中起一定作用：虽然早期研究表明，ADHD 患者的大脑比非 ADHD 者的小，但是新近的研究表明，这种

差异通常只是时间问题。绝大部分 ADHD 个体的大脑正常发育，并且也能达到正常大小——他们只是需要更长的时间而已。一个关键发现是，ADHD 患者大脑前额皮层的发育滞后的时间可能长达 5 年（Shaw et al. 2012），这与 ADHD 患者有执行功能（例如，在要求计划和跟进的多步骤任务中保持专注）困难相符。有趣的是，ADHD 患者的运动皮层实际上比正常个体发育得更快，研究人员认为这可以解释 ADHD 患者的多动行为特征（Shaw and others，2007）。总之，ADHD 患者的大脑虽然发育比较慢，但是最终会发育正常，这一发现可能可以解释为什么有些 ADHD 儿童在青春期的某一个时间点突然间痊愈了。

　　从后天角度看，母亲产前接触尼古丁和酒精会增加儿童 ADHD 的发病率。虽然某些环境因素（如高糖饮食）引起 ADHD 的理论已经被证实并不成立，但是最近的研究有一些关于儿童环境的启发性的发现。如我们所知，生命最初几年是大脑以惊人速度建立突触连接的时期。我们也知道，大脑会根据经验来建立连接。观看快节奏的媒体是否会使得年轻的大脑更偏好快速变化的刺激呢？最近一篇包含 45 项研究的综述考察了这一可能性，并得出结论，这可能是真的（Nikkelen et al.，2014）。一项纵向研究发现，儿童在 3 岁前观看非教育类电视节目越多，他在随后的儿童期出现注意缺陷的风险就越大（Zimmerman & Christakis，2007）。研究人员认为，快节奏的娱乐节目确实造成了这一结果：换句话说，在大脑连接形成的时期观看快节奏的、频繁切换场景的电视节目，会导致大脑难以建立提升注意范围和集中注意的大脑通路。相反，电视节目会训练大脑去寻求快速变化的刺激。这样，我们很容易理解电视节目会如何使儿童在随后的生活中出现注意广度的问题。这也解释了为什么观看相同数量的教育类电视节目（这类节目场景变化慢）不会增加儿童期的注意缺陷发病率。这项研究控制了

其他可能影响注意缺陷发生的因素，如家庭环境、教养方式和认知刺激等。根据一项有关陪伴的研究，90% 的小于 24 个月的儿童经常观看电视，并且他们观看的电视节目中有半数是娱乐节目（Zimmerman et al., 2007）。

如何治疗 ADHD

药物治疗和心理治疗对于 ADHD 都是有效的，但是最佳治疗方法因人而异。对很多人而言，药物治疗效果很好，但是我们强烈推荐为每一位患者都配备一名 ADHD 专业治疗师进行仔细监测和管理，以确保患者使用正确的药物和剂量。同时，有研究推荐定期进行"退出"检测来确定儿童是否仍然需要药物治疗（Swanson et al., 2007a）——当然，退出必须在处方药剂师的严格监督下进行。

或者，也可以采用行为疗法来帮助 ADHD 儿童学会控制某些问题行为，并选择用更有效的行为来替代问题行为——例如，学会识别冲动并且在采取冲动行为之前从 1 数到 10。父母和其他家庭成员是达成有效行为治疗效果的关键后盾。父母可以设定清晰的期望，并使用**操作条件反射**的原则，一步一个脚印地塑造儿童的行为。当儿童没有注意到每一步的成功，或者成功未对他产生强化作用时，每个家庭成员都可以重新引导他。

ADHD 的行为治疗包括制定清晰的预期目标和规则。这位家长正在用一张家务列表，帮助他女儿学习井井有条地做事。日常体育锻炼、充足的睡眠和营养也是非常重要的。

然而，与任何类型的行为矫正计划一样，保持一致是很重要的，这意味着家庭必须优先安排治疗所需要的时间和精力，以确保治疗效果。当家庭已经面临多项任务和重要事项时，这可能就是一个挑战。

行为治疗是针对年幼儿童的首选治疗方法（并不推荐对他们进行药物干预）。并且，对于刚刚出现 ADHD 症状的个体，行为治疗可能是初始治疗的最佳选择；之后，如果症状没有改善，可以将药物加入治疗计划中。对于很多案例来说，药物和行为治疗相结合能取得最好的效果（Shaw et al., 2012）。

ADHD 的积极方面

与大多数偏离"正常"的行为模式一样，对 ADHD 的研究和讨论都倾向于认为 ADHD 是一个必须被矫正的问题。然而，最近在某些研究圈子中出现了另一种观点，认为应该更加辩证地看待这种障碍。

我们必须牢记，ADHD 儿童拥有很多积极特质。他们思想更加自由奔放、好奇、精力充沛、幽默风趣，也更加聪明和有创造力。他们的行为经常是自发的、有益的和敏感的。许多 ADHD 儿童是富有天分的多任务工作者、最后一分钟专家和即兴表演者。父母和教育工作者应该鼓励孩子的这些长处，并让孩子知道他们的这些品质非常有价值（Rothenberger & Banaschewski，2007）。

事实上，有人认为阿尔伯特·爱因斯坦、列奥纳多·达·芬奇、比尔·克林顿（Bill Clinton）和沃尔特·迪士尼（Walt Disney）都有 ADHD 症状。企业家的 ADHD 发病率可能比普通人更高（Nicolaou et al., 2011）。捷蓝航空的创始人理查·尼尔曼（Richard Neeleman）非常欣赏他的 ADHD 带来的优势："如果有人告诉我你可以选择变成正常人或者继续保有 ADD（ADHD 最初的名字），我会选择 ADD。"尼尔曼告诉 ADDitude 杂志①，"我可以分析复杂的事实，并想出简单的解决方案。我能够看着一个充满问题的行业说：'我怎样可以做得更好？'我的 ADD 大脑能自然而然地去寻找更好的做事方法。"

精神科医生戴尔·阿什（Archer，2014，2015）甚至认为，ADHD 是一种超能力，如果利用得当，它可以推动个体成就伟业。值得注意的是，他断言："ADHD 特质中的一些最常见特质——创造力、多任务处理、冒险、精力充沛甚至韧性——事实上，如果以正确的方式和在正确的职业中加以利用，就会成为优势。"因此，与其压抑 ADHD 的症状，也许把它导向产出的方向，利用它们并把它们转化为积极因素，可能是一种更好的解决之道。它不仅不是一种令人沮丧的疾病，反而让人精力充沛并充满力量。这是值得思考的事情。

关键问题：
哪些变化标志着青春期的转变

核心概念 7.3

个体在青春期会因生理变化、认知变化和社会情绪压力等面临新的发展挑战。

进入**青春期**（adolescence）后，你所有的发展任务都完成了吗（或者直白地说，你长大了吗）？早期的大多数理论家认为，在那之后，心灵已经为人生做好准备，并且不会再发生重大变化。现代研究对这些旧观点提出了异议。今天的心理学家认为，人类拥有毕生发展的非凡能力（Kagan，1996，1998）。同样，青春期的巨大变化发生在三个重要领域——正如本阶段的核心概念所说的：

个体在青春期会因生理变化、认知变化和社会情绪压力等面临新的发展挑战。

青春期是什么时候开始的？或者，把这个问题问得更个人化一点，是什么事情让你第一次觉得自己是一名青少年了？它可能与你的性成熟有关，如第一次月经来潮或第一次遗精。心理学家把达到性成熟（具有生育能力）作为青春期开始的标志。除了性成熟，青春期还会发生什么？青春期什么时候结束，成人期什么时候开始？

本部分导读：

7.7　解释青春期的社会和心理维度如何依赖于文化背景。

7.8　检验青春期形成的身体意象和性别认同。

7.9　描述青春期发生的神经和认知发展变化。

7.10　评价道德发展和道德推脱的理论。

7.11　描述青少年面临的一些问题。

7.7　青春期和文化

学习目标：
解释青春期的社会和心理维度如何依赖于文化背景。

文化的差异加剧了判断青春期时间跨度的难度。虽然这个时期的身体变化是共同的，但是青少年的社会和心理维度变化主要依赖于文化背景。例如，有的社会把青春期作为成人的标志来庆祝，并且赋予青少年做负责任的选择的权利，有的社会将十几岁的青少年视为混乱和潜在危险的制造者，在这两个社会进入青春期的人的经历将完全不同。

你能想象在 13 岁时就成为一个"成年人"吗？

---

① 它由 New Hope Media 发行，内容是关于阅读障碍和 ADHD，是美国名列前茅的健康杂志。——译者注

在大多数非工业化社会，这是一种常态，那里没有我们所认为的青春期这个阶段。相反，这些社会中的儿童通过成年礼直接进入成年期。这些仪式通常发生在青春期，年轻人被当众宣布从儿童过渡到了成年人。不同文化中的成人礼差异很大，从极端痛苦的仪式，到性和文化习俗的指导，或者完成独立生存挑战。例如，在某些部落中，一个年轻人会独自进行一次冥想之旅，或者在朋友和家人的见证下在身上刻下象征性的疤痕。一旦个体完成了这一任务，他们的社会地位就毫无疑义了：他们是大人了，并且与童年已经彻底分开。

美国文化中也有一些象征性过渡仪式，但是其含义并没有清晰的定义，因此，它们也不会提供一些青春期或成人状态开始的清楚的标记。获取驾照是很多美国中产阶级青少年的成人礼之一。另一个你也许可以想起来的标志性事件是高中毕业典礼。墨西哥裔的美国女孩可能会庆祝 *quinceañeras*[①]，犹太裔美国青少年可能会参加受诫礼（Bat/Bar Mitzvahs）[②]。所有这些活动都为年轻人提供了儿童所没有的自由和独立，但是没有一个仪式可以对标青春期的开始或结束。

虽然很多问题在青春期都非常棘手，但是我们将重点关注美国和西方工业化国家青少年面临的最重要的发展任务。这个时期的核心任务是建立自我的同一性。这个复杂的过程依赖于接受自己身体的成熟、达到一个新的认知发展水平、重新定义自己的社会角色和情感问题、处理性行为机会和性压力以及发展道德标准。我们将从身体变化开始探讨，它标志着儿童期的结束和青春期的开始。

7.8 青春期的身体成熟

学习目标：
检验青春期形成的身体意象和性别认同。

进入青春期的第一个标志是青春期生长突增。发

---

① 成人礼，15 岁生日。——译者注

② 女生到 12 岁，男生到 13 岁要举行成人礼。——译者注

育期（puberty）或性成熟的开始，对男孩而言是睾丸增大，对女孩而言是乳房发育。两性都会随着外生殖器的生长而出现阴毛。女孩通常大约在 10 岁或 11 岁开始这个过程，男孩要晚 2 年。男孩发育期的高峰是活精子的产生（在美国通常是 14 岁），女孩是初潮（menarche，通常 11 岁到 14 岁）（Slyper，2006）。

7.8.1 身体意象

你还记得青春期时你变得更加在意自己的外貌吗？剧烈的身体变化和对同伴接受度的高度重视——特别是被具有性吸引力的同伴接受——加强了人们对自己**身体意象**（body image）的关注。男孩和女孩根据他们认为的其他人的标准，严厉地评价自己的外貌。而且，尽管可能不公平，身体吸引力确实会影响人们对彼此的看法（Benzeval et al.，2013；Hatfield & Rapson，1993）。因此，青春期最艰巨的任务就是发展一个现实的——仍然是可接受的——身体意象，来适应自己的身体自我。并且，发育期的时间进程影响了青少年身体意象发展的方式：和同伴相比，成熟更早的男孩通常会有一个更积极的身体意象，而发育早的女孩则通常有一个更消极的身体意象。这些女孩也报告说她们受到的同伴霸凌比其他人更多（Downing & Bellis，2009）。

外貌是青少年比较关心的问题之一（Perkins & Lerner，1995）。女孩的自我概念严重依赖于她们对自己身体吸引力的知觉，而男孩更关心他们的体力和运动能力以及他们达成目标的效率（Lerner et al.，1976；Wade，1991）。这些态度上的性别差异影响青少年的行为——通常会非常极端。一项研究发现，竟然有 80% 的 10 岁女孩至少节食过一次（Hepworth，2010），这增加了她们出现饮食失调的风险（Newmark-Sztainer et al.，2006）。男孩也会感受到理想身体意象的压力，不过他们更多的是担心自己个子不够高、肌肉不够发达，这使很多男孩沉迷健身，有时甚至使用类固醇。平均而言，大约 5 个青春期的男孩中就有一个报告其非常关注自己的身体意象，并已在采取行动来改善它（Field et al.，2014）。

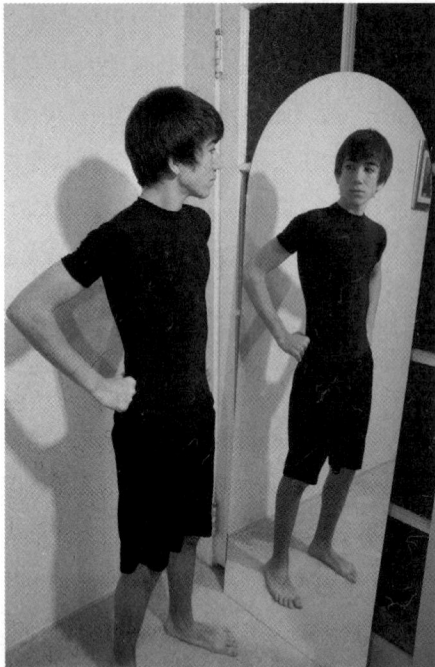

男孩和女孩一样，身体意象在青春期变得特别重要。

文化规范和信息在身体意象和自我接纳的关系中起主导作用，其中媒体对"理想"女性和男性的展示占据中心位置。然而，这些文化信息变得越来越不切实际：1975年，时尚模特的平均体重比女性平均体重轻8%，今天，这个数值是23%——并且四分之一的模特的体重符合厌食症的标准。同时，作为男孩的理想身材指导的动作明星们的肌肉大大增加了，而其体脂则降到了几乎为零。男性身体意象专家雷蒙德·伦贝格博士指出，这个身体意象只有大约1%到2%的男性能够实现（Santa Cruz，2014）。许多专家认为，青少年中焦虑和抑郁比率不断上升，至少部分是由于媒体宣传的形象和现实之间日益严重的脱节造成的（Grabe et al.，2007）。

然而，对于中国香港地区的青少年而言，虽然体脂与身体的自我概念有关，但是它不会降低个体的自尊。西方文化中理想身体观念的传播，扩大了强大的媒体形象所及之处，以及对青少年身体意象的影响：中东国家和日本年轻女性存在身体意象问题的比例不断增加（Chisuwa & O'Day，2010；Thomas et al.，2010）。

幸运的是，人们逐渐注意到了青少年日益增加的焦虑，并开始尝试在媒体上呈现更现实的模特角色，例如，多芬公司的Real Beauty系列展示了身着内衣的更多样化身材的女性，另外，如珍妮弗·劳伦斯（Jennifer Lawrence）这样的电影明星直言，健康比体重更重要。并且，诞生了一个新的"真实尺寸"的芭比娃娃，它叫拉米利（Lammily）娃娃，它的身材是根据19岁女性的平均身材确定的，可以给她贴上粉刺、腹纹和雀斑。拉米利的创造者希望，能够迅速推出一个真实尺寸的男孩娃娃。

这张图表现了传统芭比娃娃的不切实际的身材比例。请注意，她的腰围的尺寸只能容纳半个肝脏，而她的脚和脚踝不能承受她的体重。

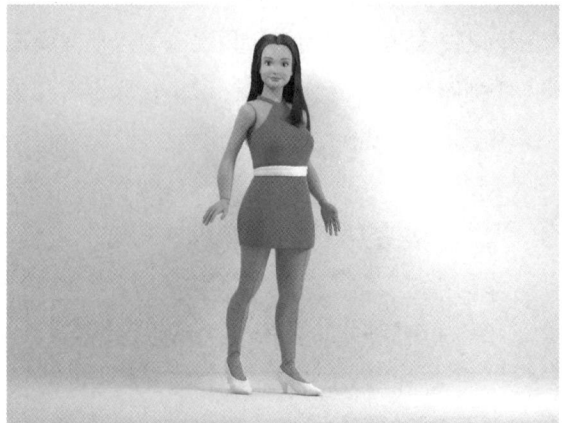

尼古拉·拉姆（Nickolay Lamm）创造的拉米利娃娃，为儿童提供了一种真实的身体意象，来替代传统的芭比娃娃。拉米利是根据19岁女孩的平均尺寸仿造的，随之还有眼镜、疤痕、腹纹和雀斑的贴纸。

7.8.2　青少年的性活动

身体成熟还伴随着对性感觉和性冲动的新的觉知。因此，不足为奇的是，绝大多数美国青少年男性和女性都报告说，经常思考有关性的问题（Offer et al., 1981）。到 17 岁时，40% 的美国和加拿大青少年有了第一次性经历，到 20 岁时，这个数字会上升到75%（Berk, 2007；Harvey & Spigner, 1995）。然而，男性和女性报告的他们的第一次性经历不同。对于绝大多数女性来说，情感投入是性吸引力的重要成分。相反，对于大部分男性来说，个人关系似乎不如性行为本身重要。事实上，一般男性报告，他们与第一个性伴侣几乎没有情感投入（Miller & Simon, 1980；Sprecher et al., 1995）。

自慰是青春期性冲动最常见的表达方式（Wilson & Medora, 1990）。虽然这在两性中都很常见，但是十几岁的男孩比十几岁的女孩更有可能寻求自我刺激。有三分之二的 14 岁男孩报告，至少曾经自慰过 1 次，而这个年纪的女孩只有略少于一半的人这样做过。这些数字在青春期的后续几年中稳步上升（Robbins et al., 2010）。但是这些数字只是一个估计值，并且很可能被低估了。你可以想象，科学家在试图获取私人性行为的有效数据时会面临多少困难。性研究通常采用问卷，即使是匿名的，在大多数情况下，问卷也很难给出传统上与羞耻和内疚相关的行为的全貌。

在青春期，**性取向**（sexual orientation）也开始形成，大部分青少年是异性恋。和自慰数据一样，对于男同性恋、女同性恋和双性恋的流行性研究的数据，也很难知晓它们的准确度。研究一般发现，8%~12% 的青少年报告曾与同性有过性接触。然而，同性性行为并不意味着个体认为自己是同性恋者或双性恋者。一些有过同性性行为的个体仍然认为自己是异性恋者——事实上，有三分之二的性活跃青少年在只有同性伴侣的情况下，仍然报告自己是异性恋者（Mustanski et al., 2014）。这种不一致突显了定义性取向的困难：性取向是基于个体的行为，还是自我知觉和认知身份（换句话说，你如何看待你自己），或者是基于对吸引力的感受，或者是以上所有这些因素？总体而言，十几岁的女孩被认为是性少数群体（同性恋者或双性恋者）的可能性是男孩的两倍，研究人员认为，女孩定义性取向的方式可以至少部分解释这个现象，她们倾向于考虑浪漫吸引力和社会接受度等因素来定义她们的性取向（Diamond, 2012）。

朝向同性或双性的性吸引问题很难在青春期得到解决，因为此时个体非常关注社会习俗和规范。虽然大多数同性恋个体在青春期早期就会意识到自己的性取向，但许多人直到 20 多岁才能接受自己的性认同（Hunter, 2012）。这种时间滞后现象毫无疑问反映了我们的社会缺乏对非传统性取向的支持，它也体现了社会在同一性发展的各个方面的重要作用。然而，随着 2015 年美国最高法院判定所有 50 个州都要接受同性婚姻，我们可以发现潮流正在转变，并且时间不会太久；健康研究人员发现，可能是由于缺乏支持，青春期的同性活动增加了自杀风险（Jiang et al., 2010）。

7.9　青春期的神经发展和认知发展

学习目标：

描述青春期发生的神经和认知发展变化。

大脑的变化始于胎儿期，并且一直持续到青春期（Johnson et al., 2009）。虽然童年早期是神经连接发展最快速的时期，但是大脑前额皮层的发育成熟贯穿了整个青春期，一直到成年早期。那么，青春期的神经变化意味着什么呢？

7.9.1　青少年：理性指引还是情绪指引

前额皮层对于理性思考和判断至关重要。眶额皮层扮演了特别重要的角色：它帮助我们对长期目标进行更理性的评估，来衡量决策的情绪成分。可以说，它为由杏仁核驱动的基本冲动踩下刹车。在青春期，杏仁核已经完成发育，但是前额皮层（包括眶额皮层）还没发育完成。这种大脑发育的不平衡意味着青少年的大脑比成年人（这两部分都已完成发育）或儿童（这两部分都未完成发育）更容易做出情绪反应。青少年的杏仁核发出了冲动，他们的前额皮层无法有效对其进行处理（McClure et al.，2004），加上青春期雌激素和睾酮水平的增加（Spear，2000），这就难怪青少年容易出现寻求刺激和冒险的行为了。

人类或其他哺乳动物处于青春期的大脑似乎更适合冒险。理性思考的大脑区域尚未完全发肓，因此情绪化的杏仁核驱动了许多冲动行为。

青春期独特的大脑模式一定是糟糕的吗？你怎么看呢？

如前所述，青春期是个体建立同一性的时期，其终极目标是离开家庭成为独立的个体。也许冒险精神的提升是帮助青少年探索环境的必要成分。换句话说，它可能是独自外出所需勇气的生物学基础。此外，情绪反应的提升可能有助于青少年感知威胁，可以帮助青少年快速觉察到与新活动有关的危险，从而提升了他们的生存和成功的概率。实际上，研究人员在非人物种中也观察到了相同的大脑模式，如灵长类和啮齿类动物，这表明青春期的神经发育可能确实存在重要的进化目的（Casey et al.，2008）。

7.9.2 大脑进行的重大修剪

整个儿童期和青春期，大脑都在积极修剪没有使用的神经连接。与突触修剪密切相关的是某种能力发展的敏感期（Kurth et al.，2010）。这两个概念共同强调了在人生的早期阶段中丰富环境的重要性，这样，

神经通路就可以为青少年掌握各种技能和能力提供支持。在青春期早期，未得到充分刺激的脑区在突触修剪过程中不断被剪掉。随着这一过程的发生，青少年的大脑逐渐变得不再适应学习全新的内容，因为神经连接的机会开始变少了。从好的方面来看，这使大脑的区域强者愈强：对已经建立的连接的持续使用会促进神经元的髓鞘化（myelin），这反过来使功能变得更快。但不利的方面是，大脑的可塑性降低了，并且已经形成的问题行为模式和特质变得更加难以改变或干预。如果修剪过程出错，就会失去重要的连接，这可能有助于解释为什么青春期晚期或成年早期会出现某些疾病，如精神分裂症（Moskowitz，2009）。

到青春期时，早年发展起来的行为模式会得到极大的增强。青春期可能是对稳定特质发展进行干预的最后一个有利时机，不管这些特质是否与运动、艺术、语言或精神障碍有关。例如，有研究考察了针对精神障碍特质（如漠不关心和冷酷行为）个体的各种治疗方案，发现 4~6 岁儿童的治疗成功率最高，治疗青少年犯罪者的成功率处于中等水平，而对成年人则没有显著效果（Caldwell et al.，2007；Dadds & Fraser，2006）。另外，双生子研究发现，保持较高的平均绩点可以对反社会行为的发展起到缓冲作用，减少其他遗传和环境风险因素的影响（Johnson et al.，2009）。

7.9.3 皮亚杰的最后一个阶段：形式运算阶段

青春期是皮亚杰认知发展理论的最后一个阶段，它涉及抽象和复杂思维的能力。在形式运算阶段，个体开始进行自我反省，如思考如何更好地被同伴接纳。青少年也开始有能力处理抽象和难以形容的议题，如公平、爱以及存在的价值。实质上，他们学会了处理假设性议题，而不再需要前一阶段的那种具象的基础。拥有了这些正式的运算推理能力，现在青少年和成年人一样可以使用更系统的思维策略来解决生活中的问题。例如，在"20 问"游戏中，他们会根据任务构建自己的问题结构，从更宽泛的类别开始提

问，然后根据自己对类别和关系的理解来形成并检验假设。相比于早期阶段的儿童的随机提问，他们的提问会从一般类别（它是动物吗？）到子类别（它会飞吗？），最后到特定的猜想（它是鸟吗？）（Bruner et al.，1966）。

不过，当前研究对皮亚杰理论的质疑是，形式运算思维的发展是否一定发生在青春期。有些大人似乎从未获得这项能力；它的发展似乎依赖于教育和经验。受过大学教育的人更有可能表现出形式运算思维，并且一般而言，人们最擅长在自己的专业领域进行抽象思维和假设检验（Keating，2004）。总体而言，这项认知能力的发展与皮亚杰的其他认知任务不同，它高度依赖于其所处的文化价值和环境。

7.10　道德发展

学习目标：

评价道德发展和道德推脱的理论。

- 我们的是非观具有一个发展模式吗？
- 一些人比另一些人具有更高的道德水平吗？
- 为什么有时候我们会做出伤害他人的行为，即使我们认为自己是好人？

这些道德发展的议题始于生命的早期阶段（有人认为具有一定的**先天起源**），并在青春期开始成形。让我们来看看哪些心理学研究可以告诉我们道德包含哪些因素。

7.10.1　科尔伯格的道德发展理论

最知名的道德发展理论来自已故心理学家劳伦斯·科尔伯格（Kohlberg，1964，1981），他在皮亚杰的认知发展理论的基础上建立了自己的理论。因为科尔伯格认为道德思维只是认知的一种特殊形式。参照皮亚杰以及其他的阶段发展理论，科尔伯格的道德推理理论的每一个阶段都以一个道德标准为基础。

科尔伯格最感兴趣的不是人们在道德挑战中所做的决定，而是他们在决策中所经历的思考过程

（Alper，1985；Kohlberg，1968）。相应地，科尔伯格通过一系列道德两难问题，来探索人们的道德思维过程，如图 7-7 所示。

你可能已经发现科尔伯格的**道德推理阶段**（stages of moral reasoning）和皮亚杰理论的阶段是并行的，个体都是从具体的、个人中心的思维转向以他人导向的、更加抽象的对错思维和社会意识。因此，在第一个阶段，儿童可能因为害怕惩罚而不去偷饼干，而在更高的阶段，儿童可能因为害怕达不到父母的期望而拒绝偷盗。一般而言，道德推理的早期阶段基于自己的利益，而后期更高级的阶段是基于他人的期望或更广泛的社会利益标准。然而，不是所有人都能达到后期的不以自我中心的阶段。实际上，科尔伯格发现，很多成年人从来都没有达到阶段 4。表 7-4 对这些阶段进行了总结。

对科尔伯格理论的批评　任何地方的个体的道德发展是否都遵循相同的发展顺序？科尔伯格的回答是"是的"。跨文化研究显示，在研究所考察的每种文化中个体达到道德推理阶段的顺序相同，包括土耳其、危地马拉、日本、美国等（Eckensberger，1994）。然而，这项研究也揭示了这个理论在解释其他文化背景中的道德发展时存在某些局限性：科尔伯格定义的较高阶段并不存在于所有的文化中。即使在美国，科尔伯格也发现，阶段 5 和阶段 6 并不总会出现。它们的出现似乎与高水平的语言能力和正规教育有关（Rest & Thoma，1976）。

对科尔伯格理论最尖锐的批评来自他的同事卡罗尔·吉利根（Gilligan，1982）。吉利根认为，科尔伯格的理论具有男性偏差，忽视了独特的女性道德观念。吉利根认为，对于女性，道德根植于社会关系和个人关怀之中，这使她们的道德水平在阶段 3 达到一个平台期。值得称道的是，科尔伯格重新审视了他的阶段 3 和阶段 4 的数据。最终，他重新定义了阶段 4，把激进的法律和秩序的回答（通常是男性给出的）归为阶段 3。后续的大多数研究并没有发现在道德推理上存在显著的性别差异（Walker，1989，1991；Walker & de Vries，1985）。

一名欧洲妇女患上了一种非常特别的癌症，正面临死亡的威胁。医生认为，有一种药也许可以救她，那就是本城药剂师最近发明的一种药物——镭。这种药物的制作成本很高，但是药剂师的要价更高，是成本的 10 倍。他花了 200 元买镭，但是由此制成的一小剂药物要价 2000 元。这名妇女的丈夫海因茨向他认识的每一个人借钱，然而他只筹集到 1000 元。他告诉药剂师他的妻子生命垂危，请求他能够便宜点卖给他或者允许他晚点付钱。但是药剂师说："不。我发明了这种药物，我要用它来赚钱。"海因茨绝望了，为了他的妻子，他闯进药店偷走了药物。海因茨应当这样做吗？为什么？（Colby et al., 1983, p. 77）

科尔伯格并不在意一个人说海因茨应该或者不应该偷药。这个问题是一个真正的两难问题，因此无论支持哪一边都可以进行有理有据的论证。对科尔伯格及其同事而言，在个体的回答中最有意思的部分是其背后的道德思考。他们发现，个体给出的理由可以分为 6 类，分别对应下面的 6 个阶段。让我们来看看你是否能找出你的回答符合哪一类。

阶段 1：人们给出的理由主要是回避惩罚。他们不关心其他人。在回答海因茨的两难问题时，他们也许会说："他应该拿这个药，因为如果他的妻子去世了，他会有麻烦的。"或者，另一种回答是："他不应该偷药，因为他可能会被抓，然后被关进监狱。"

阶段 2：道德推理的第二阶段的首要标志是个体能够意识到他人的观点。第二阶段的个体仍然关心奖励和惩罚，他们寻求个人的收益，并且会通过满足他人的利益来实现自己的收益，也就是谚语所说的："你帮我挠背，我也帮你挠背（互惠互利）。"对于海因茨事例的阶段 2 的回答样例是："他应该去偷药，因为他很穷，他需要他的妻子帮他谋生。"

阶段 3：这个阶段主要关注的是寻求社会认可和让每个人满意。他们的决定是基于人际关系的，而不是原则。阶段 3 的典型回答是："他们不会因为偷药而指责他，因为如果他看着他妻子死去，每一个人都会觉得他是坏人的。"这个阶段的目标是做众人眼中的好人。

阶段 4：阶段 4 的首要任务是维持社会秩序。在这个阶段，人们经常强调法律、秩序、政策、承诺、责任或对权威的尊重。阶段 4 的个体对海因茨事例的回答可能是："他不应该偷药，因为这违背了十诫（《圣经》中的十条律法）。"或者"他应该偷药，因为他应该对他的妻子负责。"

阶段 5：科尔伯格把这个阶段称为"社会契约"阶段，因为它强调规则和法律是灵活的，可以通过社会共识和立法来修正。这个阶段的重点是规则的公平性，而不是像在前一个阶段那样只是对规则的盲从。阶段 5 的个体对海因茨事例的回答可能是："他应该偷药，法律应该破例允许在这种绝望情境下的行为。"

阶段 6：在这个阶段，个体做决定是基于普世的良心原则，他或她把这种原则应用于所有人和所有情境。这些是抽象的一般原则，通常指的是每个人的尊严和价值，而不是具体的规则和法律。阶段 6 个体的反应可能是："他应该偷药，因为如果他不这样做的话，他就是把财产看得比人的生命价值更重要。"

图 7-7 科尔伯格的道德推理测试

表 7-4 科尔伯格的道德推理阶段

水平和阶段	道德行为的推理
1. 前习俗道德水平（preconventional morality）	
阶段 1：自我中心的快乐 / 痛苦 / 利益	避免痛苦或避免被抓住
阶段 2：成本 / 收益取向，互惠	达到 / 获取奖赏或互惠互利（"如果你帮我挠背，我也给你挠背。"）
2. 习俗道德水平（conventional morality）	
阶段 3："好孩子"取向	获取认可，避免反对
阶段 4：法律和秩序取向	遵守规则，避免处罚
3. 后习俗（规则）道德水平［Postconventional（principled）morality］	
阶段 5：社会契约取向	促进社会福祉
阶段 6：伦理原则取向	伸张正义、坚持自己的原则、避免自我谴责

一个更有力的批评是道德推理研究的实践价值有限。研究发现，人们的道德推理和他们的行为之间没有密切联系。社会心理学家乔纳森·海特（Haidt，2007）认为，人们的大部分行为是凭直觉决定的，其后才进行道德推理。海特的观点一部分是基于思维和感觉的神经心理学，并且他指出，人类大脑具有两个平行系统来处理道德两难问题。基于情绪的系统是无意识的、非常快速的，会产生一种关于对错和喜好的自动的、即时的直觉。认知系统比较慢，当它开始促使我们理性思考问题的不同方面时，几乎不可避免地会受到最初无意识情绪反应的影响。由于诸如**证实性偏差**（confirmation bias）这样的人类思维模式，认知过程通常只会对我们最初的情绪反应进行合理化。

7.10.2　道德推脱

霸凌、恐怖主义、谋杀、经济欺诈，我们如何解释这些不道德行为和看似与之不一致的研究发现？研究发现大部分人都达到了科尔伯格道德推理的第三阶段。上述令人发指的行为是否只是那一少部分停留在阶段 1 和阶段 2 的人做的，换句话说，只是那些不在乎自己是不是一个"好人"的人做的呢？你也许可以这么理解，但是你如何解释人们经常犯下的撒谎、欺骗，以及其他不道德行为？如果你和大多数人一样，也曾做过一些违背自己道德的事情，然而你的道德水平很可能处于科尔伯格的第三阶段之上。正如你在前一部分读到的，一位理论家认为，道德推理可能是无关紧要的，因为不管怎样，我们最终会做那些让我们感觉良好的事（并为之辩解）。不过，还有另一种更为乐观的观点。当代最杰出的心理学家之一，阿尔伯特·班杜拉提出了一个发人深省的理论来解释这些让人不安的不一致性。

道德标准和社会影响的交互　你可能因为 20 世纪 60 年代著名的波波娃娃实验（bobo doll experiment）记得班杜拉，这个实验首次在实验室证明了人类会在观察之后模仿他人的行为。班杜拉的研究兴趣在于环境对我们行为的影响，最近他的兴趣扩展到了道德行为领域。在他看来，几乎所有人长大之后都会发展出自己的道德标准。这些标准指导我们什么是对与错，并且当我们的行为与自己的道德标准一致时，我们会感觉良好，这也提供了一种**正强化**（positive reinforcement）——从而增加了我们下一次做出道德行为的可能性。同样，违背自己的道德标准会使我们感到内疚和羞愧，这作为一种惩罚，会降低我们下一次违背自己的道德标准的概率（为了避免羞愧和内疚的惩罚）。根据班杜拉的观点，用这种说法来解释道德行为的问题在于，这些内在信念与我们的感受和社会情境交互作用，从而引发了我们的行为。因此，只有当我们激活这些内在标准时，它们才是有用的。有时候，我们不是激活它们，而是与它们脱离。然后，**道德推脱**（moral disengagement）允许我们在道德标准之外行事而丝毫不感到内疚。

如果大部分人都有基本的道德发展，那么如何解释与图中类似的危害行为？阿尔伯特·班杜拉提出了 4 种解释：认知重构、责任分散、歪曲后果和非人化。

班杜拉指出有 4 种不同的过程可以导致道德推脱。当你学习和思考这些时，请考虑一下个体所处的哪些情境会影响特定策略的选择，以及与个人道德标准脱离。

- **认知重构**（cognitive restructuring）是道德推脱的一个强有力的工具，因为它可以为不道德行为提供一个不同的视角或框架。当不人道行为的作恶者会在心理上重新设定这个行为以使它符合另一种道德时，就是认知重构，通常采用道德辩护这种形式。例如，战场上的士兵可能会将杀死敌人视为"更大的善"或"必要的恶"，从而替他们自己的行为辩护。另一种认知重构的形式是使用**卫生语言**，例如，采用"外科手术式打击"这样的词语来形容一次轰炸，以创造出一种干净、精确的形象来掩饰事实上的混乱和不当的行为。当雇主使用"精简"而不是"解雇"时，他也在使用卫生语言。因此，一个不道德行为会被作恶者视为，为了服务于更高的目标而做的好事。在这些情况下，道德推脱已经取代了个人道德标准的激活。

- **责任分散**（diffusion of responsibility）发生在不道德行为的责任可以被转移到别人身上的时候。因此，人们不承认自己在对他人造成的伤害中的责任，而是采用责任分散来模糊或者最小化这种责任。采用这种策略的历史证据比比皆是，例如，第二次世界大战时对犹太人的大屠杀、1994 年卢旺达种族灭绝等臭名昭著的事件。在每一个事件中，都有一些作恶者在事后说他们仅仅是遵从了上级的命令，上级才需要承担终极责任。**社会心理学**领域的研究证明了责任分散在各种不同的情境下的强大作用，从旁观者对需要帮助的人们的冷漠，到许多案例揭示的权威力量指使普通人伤害他人等（Darley & Latané，1968；Zimbardo，2007）。

- **歪曲后果**（distorting the consequences）则是通过将受害者的伤害最小化或者减少对后果的意识，来对不道德行为进行道德推脱。因此，小偷为了减少自己偷钱的内疚感，可能会告诉自己受害者很有钱，他不需要这些钱。班杜拉断言，当受害者的痛苦不可见时，它更容易被忽视。他指出，现代战争中作恶者不能亲眼看见自己造成的后果：相比于肉搏战，当代军事战争常依赖于高科技远程武器，这使得作恶者更容易忽视其造成的后果。

- **非人化**（dehumanization）是指将受害者视为比人类低等的生物，从而切断了作恶者会因为受害者也是人类而产生的彼此间存在联系的感觉。反过来，这又使得犯罪者摆脱了对同类产生的同情，这种同情有助于抑制侵害行为。历史上也充斥着这类道德推脱事件，从古希腊人将他们的受害者称之为"蠕虫"，到现代战争中人们将敌人称为"撒旦"等。非人化也是霸凌的一个影响因素。

考察道德推脱在不人道行为中的作用的研究，特别关注霸凌者（传统的和网络的）和参与执行死刑的人。行刑者经常使用责任扩散和认知重构策略，在某些情况下也会使用非人化策略。宣判死刑的陪审员依赖的是责任分散和使自己远离后果（告诉自己这个判决会被上诉，因此会由另一名法官做出最终判决）的策略来实现道德推脱（Osofsky et al.，2007）。所有类型的霸凌者都会使用认知重构策略，传统霸凌者会使用责任分散策略，而网络霸凌者还会使用歪曲后果的策略（Gini et al.，2014；Pornari & Wood，2010）。

克服道德推脱的策略　对道德推脱的研究越来越多，这些研究有助于我们理解为什么人们不会对日常生活中的不道德行为感到内疚。坏消息是这种事情经常出现。好消息是研究发现了一些方法，这些方法可以帮助我们抵制道德推脱，在做事情时更富有同情心。

激活道德思维的一个看似简单的策略是在有机会欺骗前签署一份诚实契约。例如，很多人会在报税上有欺骗行为，并且会在事后使用道德推脱来避免内疚感。哈佛商学院的研究人员和其他商学院的研究人员一起进行了实验室实验，实验中被试有机会在两项金融任务中作弊（Shu et al.，2012）。一些被试在任务结束后签署了诚实声明，另一些被试在任务开始前就签署了诚实声明，而控制组没有签署任何材料。结果呢？对于那些在任务开始前就签署了诚实声明的被试，他们的作弊行为大大减少了。而任务结束后签署声明的被试和控制组的作弊水平没有显著差异。该研究的作者建议，如果税务申报文档将诚实声明放在纳税表格的开头而不是结尾，就能够同样减少税务欺诈。在后续的研究中，这个研究团队在真实情境下测试了他们的"置顶签名"理论，考察了超过 13 000 名真实申请者的车辆保险申请表。在报告车辆里程数

（这个数字会影响你的保险费率）时，在报告之前签署过诚实声明的申请者，伪造数据以获得更优费率的可能性更小。另一些考查学生作弊情况的研究也报告了相似的结果，在有机会作弊之前签署诚实声明，会显著减少作弊行为（Shu et al.，2011）。研究人员断言，他们的结果表明，在事件之前的道德承诺会激活个体的道德思维——这正是班杜拉所提出的能够诱发道德思维和道德行为一致性的策略。在行为完成之后签署声明是很多情境下的标准做法，目前看来并无益处。这项研究的作者总结道，在那个时刻，"道德列车已经驶出了车站"。

个体社会环境中的关键人物也在其道德行为中扮演着重要角色。例如，父母表现出有同情心的行为时，儿童和青少年就会以此为榜样，做出更多的具有同情心的举动（Carlo et al.，2011）。同伴也具有影响力：如果儿童和青少年有一个喜欢充当保护者的朋友，那么他们也更有可能帮助他人免受霸凌（Almeida et al.，2009）。有过捐赠行为的青少年或做过志愿者的青少年，更有可能在成年后做出具有同情心的举动（Eisenberg et al.，2014）。这些研究的证据及其他类似研究的证据，都表明融入道德环境可以成为阻止道德推脱的有效屏障。

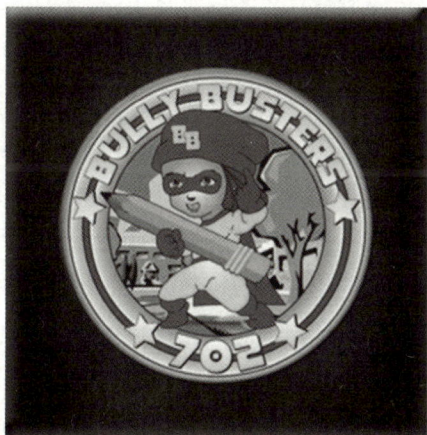

这项技术 ① 可以帮助儿童报告霸凌行为，也可以被用在旨在通过建立和示范更富同情心的环境来消除道德推脱的项目中。

---

① Bully Busters 702 是非营利机构开发的一款应用程序，旨在为儿童识别和有效应对霸凌行为提供服务，工作人员还制作了一些配套视频和图书。——译者注

7.11　社会发展和情绪发展

学习目标：

描述青少年面临的一些问题。

随着青少年自我同一性的发展，他人对他们的影响的相对重要性也发生了变化。青少年不在家的时间越来越多，家庭关系会变得更加紧张（Paikoff & Brooks-Gunn，1991）。然而，青少年在那段时间的行为取决于他们的性别（Buhrmester，1996）。女孩的友谊建立在情感亲密性上，女孩们经常聚在一起"纯聊天"。相反，男孩的友谊更看重活动，他们的谈话往往围绕着个人成就或他人成就进行。

7.11.1　青少年的社会心理发展

埃里克·埃里克森指出，青春期会出现独立自我，并且认为这是青春期的重要困境。埃里克森断言，这个探索同一性的过程必然受阻，因为青少年将在一个不断扩大的社会环境中面对不同观众扮演不同的角色，这对他们而言是一种混乱。因此，他将这个阶段称为同一性对角色混乱。解决同一性危机，有助于个体发展出一个连贯的自我意识，在埃里克森看来，这对于青少年成功进入成年期至关重要。心理学家詹姆斯·马西亚（James Marcia）指出，当青少年寻求自我同一性时，依据他们对探索同一性的投入量和他们已经完成的探索量，他们通常会经历同一性发展的不同水平（见表7-5）。虽然一个正常健康的人的同一性在一生中也会发生变化，但是在青春期不能为自己的同一性找到一个满意的解决之道，可能会导致青少年的自我概念缺乏一个稳定的核心。这个问题的解决既是一次个人历程，也是一次社会体验（Erikson，1963）。

马西亚提出，在获得自我同一性的过程中，我们必须要积极探索可能的选项，在充分探索之后才能对个人同一性做出承诺。

7.11.2　青春期的性别议题

虽然同一性探索是普遍存在的，但是男孩和女

表 7-5　马西亚的同一性发展阶段

		个体是否为某一个特定信念、价值观和兴趣做出承诺？	
		是	否
个体是否根据个人信念、价值观和兴趣对各种不同的选项进行了充分探索？	是	**同一性获得：** 进行重要探索之后对个人同一性做出承诺。	**同一性延缓：** 仍处于做出同一性承诺之前的阶段，仍在积极探索同一性的不同选项。
	否	**同一性早闭：** 基于他人（父母、同伴等）的价值观做出个人同一性承诺，没有对其他选项进行自己的探索。	**同一性混乱：** 没有发展出同一性，对这类事情往往缺乏兴趣或者对它们犹豫不决。

孩会遭遇一些基于性别的挑战。通常，这些难题只是他们所处的特定文化环境中的社会规范的产物，它们只是青少年通往成年之旅所要经历的另一座迷宫。那么，当今社会，青少年会面临哪些基于性别的议题呢？

男孩的没落　现今的男孩与前几代的有哪些差异呢？首先，他们辍学的可能性都比女孩高 30%，参加特殊教育或者课后补习计划的比例是女孩的 2 倍，肥胖比例更高，每年都有更多人报告感到社交尴尬——尤其是在异性面前（Zimbardo & Duncan，2012）。社会心理学家菲利普·津巴多在 2011 年的 TED 演讲中说道："男孩们在学业上一蹶不振，他们在与女孩的社交和成年女性的性关系中筋疲力尽。"（Zimbardo，2011）。是什么导致了当代年轻男性普遍面临这些难题？在津巴多看来，不能将这个问题归咎于男性。相反，我们必须看到年轻男性所处的环境，与前几代相比，这些环境并没有为他们进入成年期获得成功的人际关系和工作做好准备。

虽然，有时似乎所有的社会弊病都可以归咎于技术，但这里的情况并不完全如此，而是应归咎于对技术的误用和滥用。一个十几岁的普通男孩每周会花 44 小时在计算机或者电视上，这是一种津巴多称为唤醒成瘾的新成瘾类型：重要的是，被这些技术刺激的青少年的大脑，正处于可塑性和发展的关键时期，它们的连接正在寻求更大的不同类型的刺激。他们平均每周会观看 50 个剪辑的互联网色情视频。结果，他们每天进行的都是视频游戏和自我刺激，而不是与真人进行面对面的交流——因此，难怪他们会报告有更高

水平的社交尴尬。

父亲的缺位进一步增加了年轻男性成功进入成人世界时所面临的挑战。与津巴多合著《雄性衰落》[（Man (Dis)connected，2015）] 一书的尼基塔·库隆布（Nikita Coulombe）指出："在工业化社会，美国在父亲缺位这个事情上领先其他国家——有 40% 的孩子是未婚妈妈生的，而 30 岁以下的女性中这个比例是 50%。因此，这反过来影响了男孩在学校的表现。没有父亲陪伴长大的男孩在学校表现更差，并且社会适应不良。他们存在注意问题或情绪问题的可能性也更大，并且他们更有可能沉迷视频游戏。"那些在生活中有父亲陪伴的年轻男性，每周与父亲进行面对面交谈的时间也少于半小时。

我们可以做些什么来改变这个状况？还是现今的年轻男性注定如此？津巴多和库隆布提出了各种不同的建议。政府可以制定政策，来加大支持父亲在儿童生活中发挥作用，从陪产假、在离婚和监护权争端中给父亲更平等的权利，到为那些生活中没有父亲的孩子提供积极的男性榜样的导师计划。学校可以做的是，雇用更多的男老师，恢复必修的体育课来给男孩在学校期间消耗能量的时间，通过使用那些能满足男孩快速学习需求的技术来使教育更有互动性。父母也可以提供帮助，他们可以让男孩承担责任，帮助他们学习如何实现目标，教育他们如何进行时间管理，以及勇于跟他们讨论"性"和其他"禁忌"话题。在这件事情上，媒体也不能置身事外。

女孩的性感化　21 世纪的社会规范虽然为女性提供了比以前更多的教育和工作机会，但它也让女性

进入了前所未有的过度性感化的时代。美国心理学会（American Psychological Association，2007）仔细分析了这一趋势的数据、成因和后果，而贝兹娃娃（Bratz doll）的流行以及女孩们越来越"性感"的服装，正是推动她们这么做的其中两项因素。

首先，不足为奇的是，女性和女孩在媒体中被性物化（sexually objectified）的比例是男性和男孩的 3 倍。结果，不只是男性，连女性和女孩也开始透过体形优美和身体意象的狭隘滤镜来看待自己：一项研究发现，大多数只有 6 岁大的小姑娘就会选择一个"性感"形象而不是"普通"形象，来作为她们的理想自我形象（Starr & Ferguson，2012）。当女孩和女性接受了物化的媒体信息时，数据显示她们的自尊水平下降，抑郁和焦虑风险提高，并且进食障碍的患病率增加。图 7-8 就是该研究中这些形象的例子。

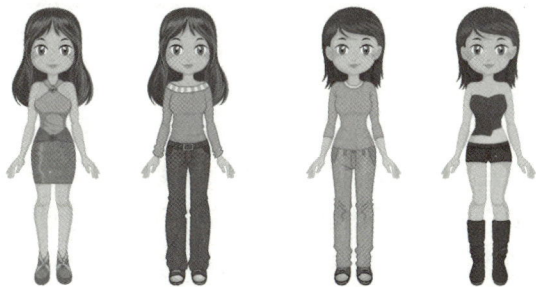

图 7-8　女孩的性感化

注：给 6~9 岁的女孩呈现上面的娃娃，并询问她们想要成为哪个娃娃，以及她们觉得哪个娃娃会在学校更受欢迎。超过三分之二的女孩会选择"性感"形象而不是"普通"形象。

然而，可能会令你惊讶的是，女孩看电视的数量并不是她们偏好的首要影响因素。相反，只有那些看更多电视并且有一位自我物化的母亲的女孩才更有可能选择"性感"娃娃。换句话说，媒体信息只是做了一个铺垫，只有当母亲经常担忧自己的衣服和形象时，女孩才会消化这些媒体信息。研究人员认为，这体现了母亲和其他父母形象在塑造女孩对自己的态度方面的重要作用。如果母亲将媒体视为一个"教学时光"，和女儿讨论各种行为以及各种情况是现实的还是不现实的，那么她们的女儿选择"性感"娃娃的可能性就要小得多。

为了女孩能获得健康的同一性，我们可采取的补救措施也可以来自多个方面——如同男孩一样。政府可以开发一些鼓励女孩在其他方面取得成功的项目，如关于学业、运动和艺术的项目。学校可以制订教学计划，来教育女孩将自尊建立在自己的性格和能力之上，而不是身体外貌之上。媒体可以制作节目，将女孩刻画为有能力的、强壮的并且非性感化的形象。所有成年人可以树立基于人性而不是外貌来尊重他人的榜样。

7.11.3　父母还重要吗

有些发展专家认为，随着青少年同伴群体的影响越来越大，父母、家庭和童年经历的影响近乎消失了（Harris，1995）。在美国社会，青少年将遇到新的价值观，接受的组织活动和成年人的指导逐渐减少，并且会对同伴接纳产生强烈需求。因此，青少年报告说，自己和同伴交流的时间是和成年人交流时间的 4 倍以上（Csikszentmihalyi et al.，1977；Larson，2001）。在和同伴的相处中，青少年改善了自己的社交技巧，并且尝试不同的社交行为。渐渐地，青少年对自己的社会身份、他们想成为什么样的人，以及他们将寻求什么样的关系有了明确的界定。

青少年期，同伴关系的重要性不断提升。

对于青少年来说，父母还是重要的吗？答案毫无疑问是"是的"。如我们所知，如果父母持续监管青少年的活动，并在这一时期和他们保持开放而健康的交流，那么他们的孩子更可能成功地应对青少年期的挑战。高质量的亲子关系仍然是青少年心理健康的最强预测指标（Steinberg & Silk，2002）。

7.11.4　青春期是动荡期吗

孤独、抑郁和害羞等问题也会在青春期变得严重，它们是青少年自杀率急剧上升的原因之一（Berk，2004；U.S. Bureau of the Census，2002）。对青少年自杀的研究显示，诱发类似悲剧的经历经常是一次羞辱或丢脸事件，例如，没有达成某一项目标或者遭到异性的拒绝（Garland & Zigler，1993）。年轻人强烈的社会和个人动机加上他们过度活跃的情绪化大脑，使得他们的目光短浅，他们意识不到即使再困

难的时光也终会过去，以及每一个人都会犯错误。

但是，青春期注定是一个动荡期吗？在这个时期，个体可能会与父母发生冲突，经历极端情绪，并且做出危险行为（Arnett，1999）。对于某些人而言，他们在青春期确实会面临人际关系和自尊方面的压倒性问题。然而，对于大多数青少年而言，青春期并不是焦虑和抑郁的时期（Myers & Diener，1995）。虽然许多父母猜测在孩子进入青春期后，他们的亲子关系会遭遇坎坷，但普遍情况是，这还是一个相对平静的时期。事实上，绝大多数青少年报告，他们与父母很亲近（Galambos，1992）。一般而言，在青春期遇到麻烦最少的个体往往拥有权威型父母——这类父母在给予孩子回应的同时也对孩子有高标准的要求。具有最多困难的青少年大多来自宽容型或专制型教养方式的家庭（Collins et al.，2000）。

心理学很有用　●　●　●

运用心理学来学习心理学

- 在初中或高中进入形式运算阶段，这是否标志着你到达了认知发展的终点？
- 或者随着你进入大学阶段，你的思维能力是否会继续发展？
- 如果你在30多岁、40多岁，或者更大年龄时重返校园，你的认知发展能否跟上比你年轻的同学？

发展心理学家威廉·佩里（William Perry）的一项研究表明，随着大学生活的开展，你对学习的看法会发生变化，并趋于成熟。这种预期是基于佩里在美国哈佛大学（Harvard University）和拉德克利夫学院（Radcliffe College）①追踪的大学

生样本。他发现，学生对心理学和其他社会科学课程的看法发生了根本性的变化，正如他们对要学习的内容的看法发生了巨大变化一样（Perry，1970，1994）。

起初，佩里研究中的学生很难理解他们课程中各种各样的互相冲突的观点。例如，很多人会第一次面对一些特殊的观点，这些观点可能不会被理性的人所认可，甚至是他们珍视为"真理"的与善恶、上帝、自然和人类的本性等有关的观点。

一些学生看起来完全无法理解多元参照系。另一些学生对宿舍交流或者学业中的冲突做出激烈反应。还有一些学生则体验到了拥有自由的快乐（Perry，1970，p. 4）。

为了应对这种学业文化冲击，佩里的学生经历了一系列不同的智力发展阶段，这些阶段让人想起皮亚杰的认知发展理论。虽然学生们来到学

---

① 1999年，拉德克利夫学院全面整合进哈佛大学，正式成为哈佛大学的拉德克利夫高等研究院。——译者注

校时的认知成熟度不同，而且后续的发展速度也不同，但是所有人都以相同的顺序经历了这些智力发展阶段。以下是这一智力旅程的一些亮点。

- 起初，学生通常会将学院或大学视为信息仓库——一个学习正确答案的地方。因此，他们相信教授的工作就是帮助学生找到这些答案。

- 随后，学生发现存在着出乎意料的——也许是令人震惊的——观点分歧，甚至在专家之间也是如此。在这个阶段，大学生可能会将这种相冲突的观点，归因于水平差的专家所造成的混乱。

- 最终，学生开始接受观点的多样性，并视之为一种正常现象——但是只限于一些模糊的领域（如心理学、其他社会科学以及人文学科），在这些领域专家们还没有找到正确答案。他们认为，在那些还没有弄清楚正确答案的学科，教授们是根据学生能否很好地表达自己的想法来给成绩的。

- 接着，一些学生（不是全部学生）发现，具有不确定性和多样性的观点无处不在——不只是在社会科学和人文学科。他们通常会通过将学术世界分成两个领域来解决头脑中的这个问题：（1）存在正确答案的领域（即使可能还没有找到所有答案）；（2）无所谓观点好坏的领域。通常，在这个阶段，他们将数学和其他"硬"科学视为存在正确答案的领域，而将社会科学和人文学科视为观点多样的领域。

- 最后，最成熟的学生会认识到，在所有领域都存在多元观点，并且这些观点都是有价值的。

到达最后一个阶段的学生开始将"真理"视为暂时的。现在他们意识到，知识一直在建构和改变中——即使是在"硬"科学领域。并且，他们意识到，大学教育不是只学习无穷无尽的知识，而应该是学习如何对一个领域的重要问题和主要概念进行批判性思考。在本书中，我们将它们称为"核心概念"。

关键问题：
成年人面临哪些发展挑战

核心概念 7.4

在成年期，人们将完成一系列的转变。在此过程中，先天和后天因素继续相互作用，不同年龄的文化规范和最新技术相结合，以此提升成年人的生活质量并延长其寿命。

从青春期向成年早期转变的标志是，个体做出了关于高等教育、职业和亲密关系等方面的决定。做出这些决定并不断调节自己以适应可能的结果是成年期的主要任务，因为是它们塑造了成年人的心理发展过程。但是发展并不止步于此。来自事业、家庭和朋友的持续压力，伴随着身体的不断成熟（和最终的衰退），为个体持续不断地带来新的发展挑战。不过，当今世界上，传统的年老化时钟已经向后调了，这实质上为成年期各个阶段的成年人"争取到了更多时间"。这场有关老龄化的革命是本阶段核心概念的关键要素：

在成年期，人们将完成一系列的转变。在此过程中，先天和后天因素继续相互作用，不同年龄的文化规范和最新技术相结合，以此提升成年人的生活质量并延长其寿命。

在我们更深入地研究成人期之前，我们需要关注核心概念中的几个要点。首先，从本章的前面部分你可能已经了解到阶段理论（描述人类发展的流行理论）往往犯了过度简化的错误。虽然主流的阶段理论（如皮亚杰、科尔伯格和埃里克森提出的那些理论）的主要发展任务和类别在很大程度上经受住了实证的检验，但是心理学家们现在认为，发展并不是以僵化的阶段形式出现的。它更像一个连续的过程，会有波动，会有爆发。换言之，阶段理论提出的发展内容可能是正确的，但是发展的时间进程可能比它们所认为的更加灵活。在整个生命周期中，这一点在成人发展上得到了最好体现。研究发现，健康成人从青年到中年到老年会经历一系列的转变。成功渡过这些转变需要个人反思和再调整，这些我们都将在这一部分进行讨论。

值得注意的第二点是西方世界中成人期的变化性质。得益于更好的健康保健和技术，人们比以往任何时候活得都长，并且晚年的健康状况更好。这反过来正在改变人们对寿命和什么年龄进入什么阶段的看法。越来越少的人仍然觉得，在 20 岁出头就必须结婚、安定下来，或者在 65 岁的时候就必须退休。我们正在见证一场老龄化"革命"的开始，它是由先天（更长的寿命）和后天（我们的文化适应这种变化的方式）共同引起的。

这场老龄化革命（revolution in aging）促使人们重新关注心理科学中有关成人发展的研究。虽然很多年来我们仅依赖基于临床观察的理论，但是我们现在已经积累了越来越多的实证研究。有趣的是，很多新研究支持了传统的临床理论——但是新研究也为 21 世纪的成年期发展过程提供了新的见解。为了了解这些发展变化，我们可以从人格开始讨论——我们从中会发现很多不同理论都具有惊人的一致性。

弗洛伊德教导说，成人的发展是由两种基本需求驱动的：爱和工作。亚伯拉罕·马斯洛（Maslow，1970）认为，关键需求是爱和归属，一旦这一需求得到满足，我们的需求就会转为自尊和自我实现的需求。其他理论家将成年期的这些基本需求分为归属或社会接纳的需求、成就或胜任的需求，以及权力需求（McClelland，1975，1985；McClelland & Boyatzis，

1982）。在埃里克森的理论中，成年早期和中期关注亲密关系和"繁衍"的需求。尽管所有这些理论都为健康的成年生活提供了重要线索，但它们的共同点是都承认人际关系需求。因为埃里克森对成人发展给出了最全面的解释，所以我们将使用他的理论作为我们的分析框架，阐明当代成人的发展过程。

> **本部分导读：**
>
> 7.12　描述成年早期的关键挑战。
>
> 7.13　解释繁衍和复杂性如何提升成年中期的健康生活。
>
> 7.14　讨论成年晚期发生的典型变化。

7.12　成年早期：探索、自主和亲密

学习目标：

描述成年早期的关键挑战。

成年早期的发展任务是什么？也许对于 20 多岁的人来说，重要的问题是"什么时候自己开始成年了"。十几岁时，我们中的很多人都向往着到 18 岁时成为一个法定的大人而获得"自由"。但是心理上的成年期也是从 18 岁开始的吗？

7.12.1　亲密对孤独

埃里克森提出，成年早期的挑战是和其他成人建立亲密关系（见表 7-1）。他把亲密（intimacy）描述为对另一个人做出一个全面承诺——包括性、情绪和道德——的能力。做出亲密承诺需要对个人喜好做出妥协、承担责任，以及在个人隐私和独立上做出一些让步，但是这个承诺也为个人带来巨大回报。然而，为了获得亲密关系，个体必须解决对亲密的需求和对由亲密带来的伤害和风险的恐惧两者之间的冲突。不能成功解决这一危机将导致孤独，以及对通过有意义的方式与他人建立联结感到无能为力。

埃里克森认为，在能成功应对成人亲密关系的风险和收益之前，年轻人必须首先强化自我同一性（解

决青春期的危机）。本质上，你必须首先知道你是谁，你的社会角色是什么，你才能对他人做出爱和共同生活的承诺。然而，埃里克森描述的从自我同一性到亲密关系这一顺序可能并没有准确地反映如今的现实生活。近年来的趋势是，年轻人会与他人婚前同居，但迟迟不愿与一个人签订建立终身亲密关系的契约。此外，现今许多人在努力处理亲密关系的同时，还在为自我同一性问题苦苦挣扎（如职业选择）。与埃里克森描述的那一代年轻人相比，21 世纪的年轻人在生活中要面临更多的选择和更复杂的环境。

7.12.2　成年初显期：中间阶段

心理学家杰弗瑞·简森·阿内特（Arnett，2000a，2001）认识到了当代人的成年期和前几代人的成年期之间的差异，提出了一个青春期到成年期的过渡阶段——成年初显期（emerging adulthood）。这一时期是从十几岁到二十多岁，很多工业化社会的个体都已经度过青春期，但是他们还不觉得自己是一个成年

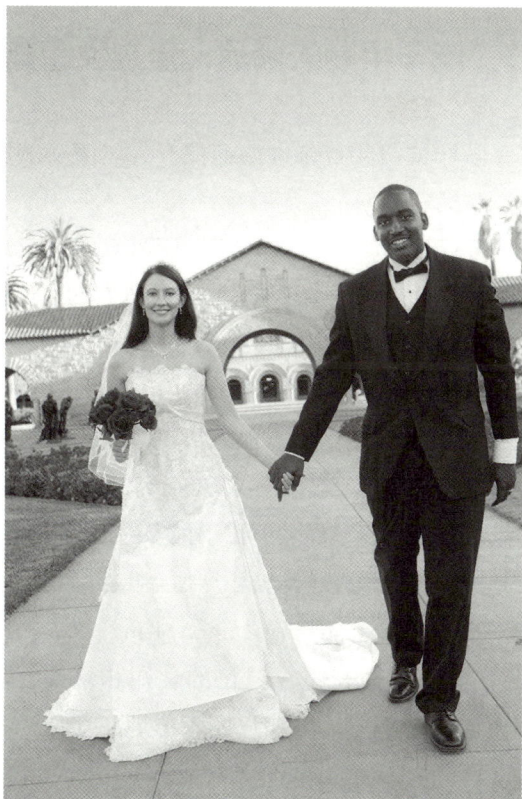

传统上，年轻人会在 20 多岁时找到人生伴侣并且安顿下来养家糊口。如今，很多发达国家的年轻人要到 30 多岁才决定结婚。

人。从前，结婚、第一个孩子的出生和职业生涯的建立等可见事件都是进入成年期的标记。如今年轻人将更多不可见的事件（如自己承担责任和独立做决定）作为成年的重要标志。大多数刚成年的人都报告说，他们只在走向自立的里程碑的过程中取得了部分进展（Arnett，1997）。

成年初显期是个体在所有领域都进行探索和实验的时期。十几岁和二十多岁的年轻人会尝试各种不同类型的工作，探索不同的生活方式和世界观，并找出适合自己的心仪对象类型。和人生中的其他阶段相比，这一时期他们的学业追求、居住地选择和经济负担能力的可预测性更低。在这个时期，差不多半数的人会从家里搬出来，后来又搬回去，有 60% 的人会在高中毕业后的一年内开始大学生活，这其中只有一半的学生会在二十多岁完成 4 年或者更长时间的学业（Bianchi & Spain，1996；U.S. Bureau of the Census，2011）。在大学毕业生中，选择继续读研究生的人比前几代人要多（Mogelonsky，1996）。年轻人在这个时期比其他任何时期（包括青春期）都承担了更多风险。在这些年中，酒精和药物滥用、危险驾驶和无防护性行为的发生率达到高峰（Arnett，1992）。这些行为模式的出现可能是由于角色责任感的严重缺失、脱离父母监管的自由以及作为冲动行为调节器的前额皮层尚未发育完成等因素共同造成的。

那么，埃里克森确定的青春期和成年初显期的主要任务是否正确呢？大体上，他是正确的。虽然没有被人们广泛注意到，但他观察到，在工业化社会中，年轻人似乎很享受漫长的青春期，他们不断地实验各种角色身份。事实上，这正是阿内特的实验研究得到的结果。这一研究表明，到 30 岁时，大部分西方人才结婚生子，完成从学校到全职工作的转变，并且认为自己已经是一个成年人了。因此，大概到此时，他们才获得亲密关系，也就是埃里克森所描述的成年早期的主要发展任务。值得注意的是，现今年轻人也将亲密关系或个人关系视为幸福生活的关键（Arnett，2000b），虽然很多人承认，很难平衡亲密关系和自主这两种竞争性的需求。我们将看到，追求这两种需求

间的最佳平衡将持续成为成年期后续阶段的特征。

7.12.3　现代亲密关系的方式

那么，如今年轻人如何获得亲密关系呢？虽然 90% 以上的人仍然会结婚，但是他们的婚姻可能不止一次。同样的模式也发生在同性恋的长期关系中——无论他们是否拥有合法婚姻（Knox & Schact，2008）。事实上，大约一半的美国婚姻以离婚告终（U.S. Bureau of the Census，2002）。此外，越来越多的伴侣正在同居而不是结婚（Doyle，2002b）。高离婚率可能部分是因为个体在没有解决自己的同一性之前就开始寻找亲密关系了。对彼此以及理想婚姻和家庭结构的不切实际的期望也会造成离婚（Cleek & Pearson，1985），我们的文化过分强调个人幸福，这也使离婚率上升。另一方面，有证据表明，现在配偶间的沟通和感情交流比前几代更好，那些掌握了良好沟通技巧的人减少了离婚的可能性（Caplow，1982；Markman & Notarius，1993）。

21 世纪，婚姻伴侣更可能将彼此视为搭档和朋友，而不太可能受社会对一个"丈夫"或"妻子"的期望的束缚。同伴婚姻（peer marriage）中的伴侣以最适合他们关系的方式进行交流和互相帮助，而不会采用传统的观念（男人是"老板"，或者妻子应该做"女人的事"）（Schwartz，1994）。公平且令人满意的关系的关键是沟通，双方可以开诚布公地表达自己的希望和恐惧（Klagsbrun，1985）。关于良好沟通如何维系人际关系的知识如雨后春笋般涌现，这些知识有助于我们的社会文化将婚姻视为一项有价值的投资，并且将婚姻咨询作为维系婚姻的一种有益选项（Gottman，1994；Notarius，1996）。简言之，维系关系不再被视为在建立亲密关系中"自然而然"就会掌握的技能。相反，亲密关系被视为一生都要进行的工作——值得投入时间和精力，个体可以通过更加清晰的自我认知、有效的冲突解决和良好的沟通来提升它的质量。

哪些因素会影响良好的沟通和有效的冲突解决呢？令人惊讶的是，配偶间冲突的频率和他们关系的

健康程度之间不存在相关关系：经常吵架的夫妻的离婚率并没有比很少起冲突的夫妻高。起关键作用的是积极互动和消极互动之间的比例，研究发现最佳比例是 5:1（Gottman，1995）。换句话说，不管在婚内会发生多少冲突，只要夫妻间积极互动的次数是消极互动的 5 倍，那么他们的婚姻就是健康的。并且，"积极互动"不一定是浪漫的周末或精心安排的约会，很多小事如一个微笑、一个吻、一声赞美或一句感谢，也可以计算在内。（可想而知，一个浪漫的长周末或一次美好的约会会有很多的积极互动。）当然，消极互动也可能是一些小事——但是会给人带来很大的伤害——包括充满敌意的讽刺、辱骂、翻白眼或摔门等行为。通过维持 5:1 的积极和消极互动比例，夫妻双方建立了一个支持性基础，这可以说是增强了亲密关系的免疫系统。因此，当冲突发生时，双方就很少将事情看作针对个人的或者马上做出防备举动，这将使他们把注意力放在问题解决上而非互相指责上。表 7-6 就是一个帮你获得 5:1 比率的建议列表。

7.13　成年中期的挑战：复杂性和繁衍

学习目标：
解释繁衍和复杂性如何提升成年中期的健康生活。

对很多人来说，中年这个概念让人想起可怕的中年危机和生日贺卡上那句开玩笑的"越过山丘"（over the hill）的话[①]。然而，与人们对中年的刻板印象相反，研究发现中年期是很多方面发展的巅峰期。在认知上，这个年龄段的很多成年人在结合和整合各种不同的思维方式方面，已经发展出了很多的技能，包括反思、分析和辩证推理（比较和评估互相矛盾的观点的能力；Baltes & Staudinger，1993；King & Kitchener，1994）。他们还擅长整合自己的认知和情绪，从而能够更加深思熟虑、更加从容不迫地应对压力事件

[①] 美国社会把 40 岁生日称为翻过高山开始走下坡路的生日。——译者注

表 7-6　戈特曼修复清单

√戈特曼修复清单（Gottman Repair Checklist）	
我感到 1. 我开始害怕了。 2. 请你说话温柔一点。 3. 我做错什么事了吗？ 4. 这伤害了我的感情。 5. 我觉得这是一种侮辱。 6. 我感到难过。 7. 我觉得你在怪我。你能换个说法吗？ 8. 我觉得自己不被重视。 9. 我感到我有防备之心。你能重新解释一下吗？ 10. 请不要教育我。 11. 我觉得你现在不明白我的意思。 12. 听起来好像都是我的错。 13. 我觉得被批评了。你能换个说法吗？ 14. 我开始担忧了。 15. 请不要退缩。	**我需要冷静** 1. 你做事情能更稳妥一点吗？ 2. 我现在需要更冷静一些。 3. 我现在需要你的支持。 4. 现在就听我说，试着理解我。 5. 告诉我，你爱我。 6. 可以吻我一下吗？ 7. 我能收回我说的话吗？ 8. 请对我温柔一点。 9. 请帮我冷静下来。 10. 请安静，听我说。 11. 这对我很重要。请听我说。 12. 我需要把话说完。 13. 我开始感到窒息了。 14. 我们能休息一会儿吗？ 15. 我们能谈谈别的事情吗？
抱歉 1. 我的反应太过了。对不起。 2. 我真的搞砸了。 3. 让我再试一次。 4. 我现在想好好对你，但是我不知道怎么做。 5. 告诉我你听到我在说什么。 6. 我明白我在这一切中的责任。 7. 我怎么做才能让事情好转？ 8. 让我们再试一次。 9. 你的意思是…… 10. 让我用更温和的方式重新开始。 11. 对不起。请原谅我。	**停止行动** 1. 我可能错了。 2. 请让我们停一会儿。 3. 让我们休息一下。 4. 给我点时间。我会回来的。 5. 我感到窒息。 6. 请停下来。 7. 让我们赞同不同的意见。 8. 让我们重新开始。 9. 坚持住。别退缩。 10. 我想换个话题。 11. 我们跑题了。
赞同 1. 你开始说服我了。 2. 我同意你的部分说法。 3. 让我们在此互相让步。 4. 让我们找到共同点。 5. 我从来没有这样想过。 6. 从大局来看，问题不是很严重。 7. 我认为你的观点有道理。 8. 让我们达成一致，采用一个包含我们双方观点的解决方案。 9. 你担心什么？	**我理解** 1. 我知道这不是你的错。 2. 我的问题是…… 3. 我明白你的意思。 4. 谢谢你…… 5. 这是一个很好的想法。 6. 我们两个都在说…… 7. 我明白。 8. 我爱你。 9. 我很感激…… 10. 我很钦佩你的是…… 11. 我明白你在说什么了。 12. 这不是你的问题，这是我们的问题。
版权所有 ©2010 约翰·戈特曼博士。经戈特曼研究公司授权使用。	

注：沟通和关系专家约翰·戈特曼（John Gottman）博士建议，伴侣可以采用这些策略来进行有效的情感讨论。使用这些修复策略的伴侣会拥有更长久、更满意的亲密关系。

（Diehl et al.，1996）。

综合来看，这些技能使得中年人能够兼顾各种自己在意的事情，通常包括工作、家庭、社区、爱好和自我保健等。并且，事实上，这种繁忙复杂的生活方式是如今健康中年人的生活特点。心理学家罗莎琳德·巴尼特和珍妮特·海德（Barnett & Hyde，2001）指出，随着接受专业培训的女性比例达到了前所未有的水平，在当今社会，双职工家庭已经是常态。与这种趋势同时发生的是，在工作角色和家庭角色之间的流动性增大：男性不再把自己仅仅定义为工作者和家庭的顶梁柱，而女性也不再仅仅把自己定义为妻子和母亲。对于大多数人来说，这种个人角色的扩展为他们提供了一个更大的社会支持网络，并提升了他们的幸福感。除了个人角色的多样性增加之外，今天的中年人比从前的人享受到了在人际关系、资源和生活方式上的更多的多样性（Moen & Wethington，1999）。这种复杂性与幸福感有关，复杂的个体将生活视为一系列的挑战，充满了多样性，可以促进个人成长（Ryff & Heincke，1983）。并且，总体而言，年过 50 岁的成年人比年轻人更加幸福，压力和烦恼也更少（Stone et al.，2010）。

7.13.1　繁衍对停滞

在埃里克森看来，繁衍（generativity）是成年中期的主要发展任务。对于那些成功应对了早期自我同一性和亲密关系挑战的人来说，繁衍为他们提供了一个机会，可以让他们为家庭、工作、社会和后代做出有意义的、长远的贡献。因此，处于这个阶段的人会扩大自己的注意范围，不仅关注自己和伴侣，还会抚养子女、做社区志愿者，或者以某些其他方式抚养下一代。研究证实，有较强生育意愿的成年人会有更高的生活满意度（McAdams et al.，1993）。与此相反，那些没有解决早期自我同一性和亲密关系危机的人可能会经历一场"中年危机"。这些人会质疑过去的选择，变得愤世嫉俗、停滞不前，或者走向另一个极端，变得自我放纵、不顾后果。好消息是——再次与人们对中年的刻板印象相反——大多数人并不会经历中年危机。非但如此，当子女离家时，中年人会变得抑郁并失去方向，这种说法也未被证实（Clay，2003a，2003b）。

7.13.2　转变

大多数成年人在中年时都会经历一次转变（transition），他们将重新定义或转换自己的人生角色。事实上，有证据表明，成年生活的特点就是一系列的转变，从进入成年期的转变开始，可能每 15 年到 20 年就会发生一次（Levinson，1986；Sugarman，2001）。成功的转变通常会包含一段高度自我反省的时期，包括重新评估自己当前的角色，探索能够带来全新意义感的可能性，以及决定放弃旧的角色并致力于新的角色。转变可能包含了某些可以预见的事件，如结婚、生子、退休，也包括一些不可预期的事件，如突如其来的疾病、分手或失去工作或爱人。此外，预期会发生但是没有发生的事件也会推动转变的发生。例如，没有得到工作晋升的机会，或者想要孩子但是没有生育，等等。最后，转变也可能是渐进的过程，就像一段关系或工作随着时间会变得越来越乏

迎接新的挑战是成功度过成年转变期的关键之一。这位女士在 52 岁时获得了基础教育硕士学位。

味，或者一个人变得越来越自信：无论如何，在某一时刻，个体都会意识到一个关键性的差异，这会促使他进入转变期。

鉴于我们的身体、认知和情绪能力——以及社会环境——在我们的一生中都会不断演化和改变，因此转变只是我们对内外部世界变化的一种自然反应。越来越多的证据表明，最长寿、最健康的成年人是那些成功度过了这些转变并从中重新找到生活的意义感和热情的人（Levinson，1978，1996；Ryff & Heidrich，1997）。有趣的是，有时转变可能会让个体重返埃里克森所说的某个早期阶段。例如，个体同一性的重组或亲密关系的转换等。而且，鉴于我们对复杂性的了解，我们可以预测复杂的个体——他们以积极、挑战和成长为导向——更有可能经历成功的转变。

总而言之，如今西方社会的成年中期的现实情况，与某些人头脑中存在的"越过山丘，开始走下坡路"的刻板印象相去甚远。许多中年人是充满精力的、勇往直前的个体，他们为世界做出了有意义的贡献，并在爱情、工作和个人成长方面享有众多机会。而且，似乎是繁衍和复杂性推动了这一成年中期的健康模式的达成。

7.14 成年晚期：开始整合的年纪

学习目标：
讨论成年晚期发生的典型变化。

20世纪初，只有3%的美国人年龄超过65岁。100年后的今天，这个数字是13%。随着婴儿潮一代在接下来的几年开始进入这个年纪，届时将会有接近四分之一的人口超过65岁。

到2030年，我们将见证人口结构的深刻变化（人口特征的变化）。到那时，将会有8000万美国人超过60岁。这将是有史以来第一次60岁以上的人口数量超过20岁以下的人口数量。这代表着对以前所有人口统计数据的巨大逆转，并且可能会显著偏离现今以青年为导向的文化（Pifer & Bronte，1986）。可能的变化包括：在养老院中，有文身和身体穿孔的人将

越来越常见，而支付社会保险和医疗账单的人则越来越少。

随着我们的社会中年龄分布剧变的临近，了解年老化的本质和老年人的能力与需求，变得比以往任何时候都更加重要（Roush，1996）。并且，从个人角度来说，这可能有助于你了解你的父母和祖父母可能会面临的发展挑战，以及预期你自己在生命的最后一个阶段可能会经历什么。

晚年生活和过去不一样了。体育锻炼可以延长寿命，增进健康，即使一个人从80岁开始锻炼也是有益的。它也会提高人的认知功能，增加生活满意度。

从生物学角度来看，年老化通常意味着衰退：能量储备减少，细胞组织运行效率降低。然而，从认知角度来看，年老化不再是衰退的同义词（Qualls & Abeles，2000）。许多能力，包括专家技能和某些记忆能力，实际上会随年龄而提高（Azar，1996；Krampe & Ericsson，1996）。如果人的大脑始终保持开放和活跃，那么一生积累的经验最终会变成智慧。事实上，活动——无论是身体上的、社会-情绪的，还是认知上的——看起来都是健康年老化的关键："用进废退！"这句话可以应用在晚年生活的很多方面。很多年老化理论都是平衡或权衡模型：老年人可能会失去能量储备，但是他们获得了控制情绪体验的能力，从而能够节约能量（Baltes，1987）。我们对年老化的许多负面假设与我们的文化价值观相关：在那些尊重长辈的文化中，人们对年老化有非常不同的看法和预期。年老化的任务是什么，我们在晚年将面临哪些机遇和限制？

7.14.1　自我整合对绝望

根据埃里克森的理论，在成年晚期，人们越来越意识到自己终将一死，意识到自己身体、行为以及社会角色的变化，这些意识构成了成年晚期的主要挑战。埃里克森把这个阶段的危机称为自我整合对绝望。自我整合（ego-integrity）这个维度的达成，包括能够毫无遗憾地回顾一生并且享受圆满的感觉。它要求个体能时时反思过去的好与坏，能够欣赏那些做得好的，也能够接受那些不够好的。目前为止，你知道埃里克森相信先前的危机必须成功得到解决才能够接受下一个挑战，所以你可能在思考一个发展良好的自我同一性、一个有意义的亲密关系和一种为下一代做贡献的感觉，可能会促进这种反思和接纳。然而，对于那些没有很好解决先前危机的个体来说，抱负可能仍未实现，这些人可能会体验到无用、绝望和辛酸。可悲的是，他们一般无法在这个人生的最后发展阶段成功地解决这个危机。

7.14.2　身体变化

随着年龄增长出现的一些最明显的变化会影响人们的外表和身体能力。随着我们变老，我们可以预见我们的皮肤会出现皱纹，我们的头发会变得稀疏和花白，我们的身高会下降2.5厘米到5厘米。我们的心肺功能会下降，这降低了我们的体力。我们也会发现，我们的某些感觉变得迟钝。然而，越来越现代的生活，让老年人可以通过各种方式控制自己的身体，从而减缓一些功能的退化，尽管这些退化长期以来被认为是不可避免的。成功年老化需要将个体潜能和现实局限两方面的内容纳入考虑（Baltes，1993）。

老年人对自己身体的老化可以有多大程度的影响呢？持续的（甚至是刚刚开始的）体育锻炼有助于延缓一些与年老化有关的身体机能衰退。步行或游泳等有氧训练可以提高心血管功能，力量训练可以改善血流，提升肌肉含量，这些反过来又可以改善身体姿态、平衡能力和身体应付日常活动的能力（如超市购物和园艺）。甚至那些久坐不动的老年人从80岁才开始锻炼，也能在身体上、情绪上，甚至认知能力上获

益。定期锻炼可以改善大脑的供血和供氧，这些反过来又可以减少脑细胞的退化，增强注意力（Colcombe et al.，2004）。还有证据显示，运动可以降低阿尔茨海默病和其他脑部疾病的发病率（Marx，2005）。

与西方社会的刻板印象相反，一半以上的老人在70多岁仍然有性生活。更重要的是，研究显示，性满足与心理敏锐度有关。

在西方文化中，关于年老化的另一个误区是老年人不能也不应该有性生活。恪守这种观念才是阻止老年人获得满意性生活的障碍，这比身体限制的影响更大。虽然频率和欲望有所下降，但是无论男性或女性，都不存在性欲和性高潮停止的确切年龄。（现在尤其如此，因为大肆宣传的伟哥等药物已经改善了数百万老年男性的勃起功能。）虽然在成年晚期，性失去了生育功能，但是它没有失去获得快乐的能力。定期性生活可以促进健康年老化，因为它提供了性唤起、有氧活动、幻想和社交互动（Ornstein & Sobel，1989）。经验和创造力可以弥补身体变化或体力下降。

7.14.3　认知变化

老年人经常担心衰老会不可避免地伴随着心理能力的下降。这种担心有道理吗？随着年龄增长，大脑的某些部分，特别是前额皮层，重量会减少，但是没有证据显示，这必然会导致健康成年人一般心理能力的降低。一方面，在需要想象力的任务中，如需要生动表象策略来帮助记忆的任务，记忆会随年龄下降（Baltes & Kliegl，1992）。到了七八十岁的时候，人们获取信息的速度变慢了。但是另一方面，正常人下降的程度可能没有大众想得那么严重（Helmuth，2003c）。脑成像的研究显示，老年人的大脑通过以不

同的方式加工信息使大脑更多区域参与加工来弥补其功能的下降（Cabeza，2002；Helmuth，2002）。并且，正如体育锻炼可以提升身体健康一样，心智运动可以使老年人的大脑更有效地工作。此外，有一些能力会随年龄而加强。例如，老年人的语言表达和社交能力一贯比年轻人更好。并且，在技巧性很高的表演方面，音乐家的表现说明即使到 90 多岁了他们的演奏技巧仍然能有所提高（Krampe & Ericsson，1996）。心理学家正在探索与年龄相关的智慧增益，例如，在实践知识和生活经验中的专长（Baltes，1990）。最后，我们注意到，不断有证据表明，体育锻炼可以改善老年人的学习、记忆和其他认知功能，近期的研究还表明，食用欧米伽脂肪酸与体育锻炼相结合，可以快速地对脑功能和大脑可塑性产生成效（Chodzko-Zajko et al.，2009；van Praag，2009）。因此，信息已经很明确了：老年人的生活越积极，他们就越有可能享受更好的认知能力和更健康的身体。

记忆会变得怎么样呢？老年人常常抱怨他们记东西的能力不如从前了。大部分与年龄相关的记忆困难发生在与加工和存储新信息有关的脑区（Poon，1985），年老化似乎并没有影响对很早以前存储的知识或事件的提取。因此，老年人可能不得不问上好几遍，才能记住一个新认识的人的名字，但是他们在回忆老朋友的名字时没有问题。一个更重要的问题是，人们会根据健忘者的年龄给出健忘的不同解释。在这种双重标准之下，我们可能会把年轻人的记忆问题归因于他不够努力，而把老年人的记忆问题归为能力丧失（Parr & Siegert，1993）。因此我们会掉入**证实性偏差**的陷阱：如果我们认为老年人更健忘，当一个老人忘记事情的时候，我们会注意到并记住这个事情，然后将之归因于年龄原因，而当一个年轻人忘记事情的时候，我们会忽视它或者将之归为情境原因。

对于老年人和爱他们的人来说，最令人担忧的是**阿尔茨海默病**（Alzheimer's disease），一种大脑退行性疾病，它会使人的思维能力下降，出现记忆问题，并最终导致死亡。据估计，阿尔茨海默病在 65 岁以上人群中的发病率约为 10%，随后发病率会随年龄持续上升，到 85 岁以上时，这个数字会增长为 50%（National Institute on Aging，2004）。阿尔茨海默病的早期症状之一是记忆问题，这使得很多老年人在不能回忆起某个名字或某件事时会变得很焦虑——这是他们年轻时根本不会考虑的一个问题。这是一种让人感到特别恐惧的疾病，因为它会让人变得无助，剥夺他们获取新记忆的能力，并使他们忘记自己所爱的人。然而，有关阿尔茨海默病研究的新进展，为我们理解和治疗这种严重疾病提供了一些新思路。事实上，一些新的测试可以非常精确地诊断阿尔茨海默病——甚至在症状出现之前（DeMeyer et al.，2010）。虽然目前尚未找到治疗方法，但现在通过早期诊断和治疗可以延缓疾病的进程，最终提升阿尔茨海默病患者的生命质量。

7.14.4 社会和情绪变化

对老年人的社会和情绪状态也充斥着误解和刻板印象，人们常认为老年人脾气暴躁、性格孤僻。虽然长寿的悲剧之一确实是要目睹亲友的离去，但是研究发现老年人大多保持了一种健康的情绪状态和良好的社会关系。美国斯坦福大学（Stanford University）的教授劳拉·卡斯滕森（Laura Carstensen）指出，随着人们的年龄增长，他们倾向于进行**选择性社交**（selective social interaction），只与那些能带来身体和情绪能量最大回报的人保持联系（Carstensen，1987，1991；Lang & Carstensen，1994）。维持单一的亲密关系就能显著提升个人的健康水平，就像与心爱的宠物生活在一起一样（Siegel，1990）。

老年人似乎也受益于他们的情绪系统，在某些方面，他们的情绪系统会随年龄变大而变得更加敏锐。一项最近的研究发现，当观看悲剧电影时，相比中年人和年轻人，老年人感到更加悲伤（Seider et al.，2010）。然而，老年人也会感受到比年轻人更多的积极情绪和更少的消极情绪（Mroczek，2001）。我们如何解释这些看似矛盾的发现呢？根据卡斯滕森（Carstensen，1987，1991）的研究，老年人通过寻求积极环境和回避消极环境来管理自己的情绪

这些女士并不只是在一起喝咖啡——她们通过享受社交关系和人际互动来帮助自己活得更久、更健康。

（Sanders，2010）。此外，由于他们曾历尽沧桑，故他们会以更加宽广的视角看待自己的经历。他们面对失望时会更加从容，更容易从个人批评中恢复过来，也更关注事情的积极方面。总体而言，大多数老年人对生活感到满意，并且能够享受很高的主观幸福感（Charles & Carstensen，2010）。

老年人是如何定义幸福（Well-being）的呢？通过一系列对中年人和老年人的访谈，赖芙（Ryff，1989）发现，男性和女性都会根据与他人的关系来定义幸福：他们努力成为有爱心的、富有同情心的人，并且重视拥有一个良好的社会支持网络。根据访谈，决定幸福的关键在于接受变化、享受生活和培养幽默感。

7.14.5　成功年老化的关键

还有哪些策略可以有效应对年老化？老年人可以通过做社区志愿者、旅行、加入俱乐部和课程活动，或者与孙辈共度时光，来保持活力和与人亲近。很多研究支持了人们有与他人保持亲密关系的需要这一观点。这是你可以从本书中获得的最具实用价值的建议：任何将我们与社会支持源（由朋友和家人组成的可靠网络）分离开来的事物都会将我们置于风险之中，我们可能会因此患上身体疾病，出现心理问题，甚至出现社会病态行为。我们是社会生物，我们需要彼此的帮助和支持，这样才能保持效率和健康（Basic Behavioral Science Task Force，1996）。此外，我们也可以向其他文化学习，在那些文化中，老年人会因为智慧而获得尊重与崇敬。不过，在此之前，人们必须要克服"老年人无能为力"这种刻板印象（Brewer et al.，1981）。

成功年老化——就像任何年龄段的成功一样——似乎需要尽可能获得最大收益并最大限度地减小损失造成的影响（Schulz & Heckhausen，1996）。此外，失去某些特定能力并不等于对个体自我感的威胁，认识到这一点对个人是非常有帮助的。当一个人的身体和心理资源发生变化时，他的目标也会发生变化（Carstensen & Freund，1994）。从这个角度来看，成年晚期是一个不断获得成就感的时期。研究人员亚瑟·斯通（Arthur Stone）说，如果你问中年人或更年长的人是否想回到 25 岁，你会发现没有几个人说想（Fields，2010）。

心理学很有用　•••

对吉姆双胞胎和你自己发展的回顾

既然你已经了解了人类毕生发展的一些关键要素，那么关于我们每个人为什么会发展成现在的样子，你能得出什么结论？现在，你对基因和环境的交互作用已经有了足够的了解，你知道两者都不能单独解释一个人的表现。在发展的不同阶段，两者共同发挥关键作用。但是你能将你学到的知识应用到你自己身上吗？首先，让我们试着解释一下吉姆双胞胎，我们在本章的开始部分介绍过他们。

为了从更广阔的视角来理解这对双胞胎，你需要明白他们是"极端值"——在明尼苏达的双生子研究中他们是极端值，即使关于他们的报道非常多。虽然布沙尔和他的同事在双生子研究中发现，他们研究的所有双胞胎都存在很多出乎意料的发展上的相似性，但是大多数双胞胎并不像斯托和尤菲或者吉姆兄弟那么相似。而且，即使是布沙尔也承认，很多相似之处只是巧合（"The Mysteries," 1998）。虽然巧合之说不能提供一个令人信服的解释，但是其他解释似乎都很荒谬。例如，没有人会严肃地说，贝蒂和琳达这些名字已经写进了吉姆兄弟的基因，或者遗传规定要在手腕上戴一根橡皮筋。

真相可能没有那么戏剧化，但是却更加重要：同卵双胞胎确实有惊人的相似性，但是这些相似性主要体现在那些你可能预期到的特征上：智力、气质、手势、姿态和语速——所有这些特质都会受基因的影响。异卵双胞胎和其他兄弟姐妹也会表现出较弱的相似性，这一事实表明，遗传会对每一个人起作用，无论我们是否是双胞胎。布沙尔（1994）本人持一种非常极端的立场，认为遗传可以解释多达 80% 的同卵双胞胎身上观察到的相似性。批评者们对此表示怀疑。

批评者们对布沙尔和其他双生子研究提出了哪些质疑？

- 他们指出，同卵双胞胎之间的相似性非常惊人，但是这种相似性也有环境的贡献。在世界上，没有一对双胞胎的行为是完全相同的。被一起抚养的双胞胎通常比被分开抚养的双胞胎的相似性更高，这一事实也为环境的作用提供了额外的支持证据。此外，随着年龄的增长，大多数双胞胎的个性会变得越来越不相似，这更加证明，除了遗传之外，环境也在持续影响个体的发展（McCartney et al., 1990）。

- 我们还应该注意到，布沙尔研究中的很多双胞胎在被研究之前已经团聚一段时间了——环境很容易强化甚至创造出相似之处。确实如此，如奥斯卡·斯托和杰克·尤菲，这对被纳粹和犹太人分别抚养的双胞胎，也是先遇见彼此，直到 5 个月之后布沙尔才找到他们。事实上，心理学家利昂·卡民（Leon Kamin）说，布沙尔研究中的双胞胎有强烈的动机，夸大了他们的相似性并缩小他们间的不同之处，以取悦研究团队和吸引媒体关注（Horgan, 1993）。（自从他们的故事在媒体上曝光之后，斯托和尤菲就雇了经纪人，并开始在电视上有偿露面，还把他们的故事卖给了好莱坞的电影制片人。）

- 批评者们指出的第三点是，因为同卵双胞胎长得像，所以人们常常以相似的方式来对待他们。这是一个可以解释很多行为间相似性的环境因素。例如，有吸引力的人通常会被人们认为更有趣和更友好，这反过来使得人们也会更友好地对待他们——这最终会导致与没有吸引力的人的不同后果。有吸引力的人会更加相似，不管他们是否一起长大。因此，由此产生的相似性可以归因于环境，就像可以归因于遗传一样。

- 最后，批评者们提醒我们，在这类研究中科学家们的希望和预期会影响他们的研究结果。因为布沙尔和同卵双胞胎的其他研究人员期望找到遗传的影响，他们的注意力将会被相似性吸引而不是差异性。事实上，大多数人相遇时都是这样做的：他们的谈话从一个话题跳到另一个话题，直到他们找到相同的兴趣、态度、经历或活动。

那么，关于双生子研究和遗传与环境的作用是否存在共通之处呢？布沙尔和他的批评者都同意，遗传或环境并不能单独促成行为和心理过程。它们一直在交互作用。因此，从发展的角度来看，遗传和环境共同作用，塑造了一个人的一生——以我们在本章中提到的所有方式。

批判性思维的应用：莫扎特效应

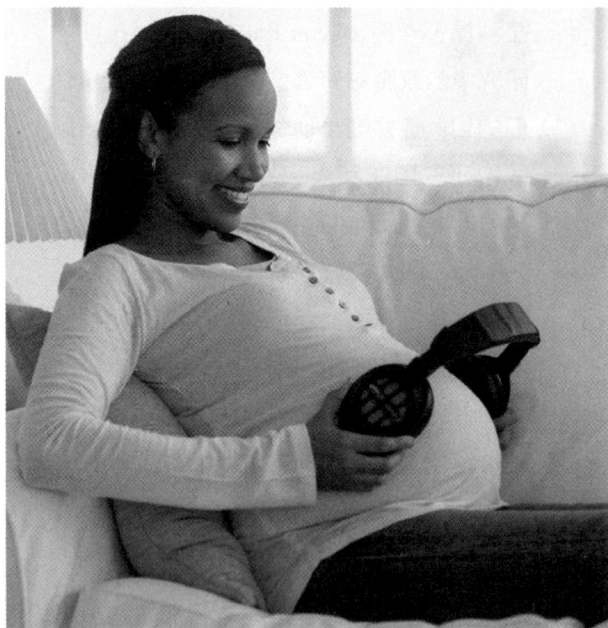

给胎儿或新生儿播放古典音乐，真的可以提高他们的智商吗？

想象一下：你刚刚有了你的第一个孩子，你觉得非常骄傲，因为你深信他是世界上最棒的孩子（我们不是在取笑你，每一个人都是这样看待自己的孩子的）。像很多父母一样，你希望为你的孩子提供一切机会，来帮助他发挥他的全部潜能。因此，如果你听说听莫扎特的音乐可以让你的孩子更聪明，你会如何做？ 1993 年，一对科学家宣布了这一爆炸性的发现，听莫扎特的音乐确实可以提升智商分数（Rauscher et al., 1993）。这项研究获得了媒体的广泛报道，并且催生了一系列创新举动。至少在美国有两个州的州长下令，为每名新生儿提供一张莫扎特 CD；出售各种相关音乐的网站应运而生，并且都承诺可以改变听众的"健康、教育和幸福"；准妈妈们开始把耳机放在肚子上给她们未出生的孩子播放莫扎特的音乐。不过，在加入这股潮流之前，我们不妨对这个奇异的说法进行一些批判性思考。

关键问题是什么

听莫扎特的音乐真的能提高智商吗？如果这项研究是可靠的，那么这项新发现与其他考察音乐作用以及提升智力的研究成果相一致吗？其他类型的音乐——古典音乐或其他——能发挥类似的作用吗？最后，如果听某种类型的音乐确实提高了智商，我们能确定是音乐本身提高了智商，还是听音乐时的某些体验促进了智商的提高呢？这只是一名优秀的批判性思考者在第一次听到这个奇异的说法时，可能会提出的几个问题。

超凡的说法需要超凡的证据

你首先会想到的可能是这个说法的极端性：最初的研究报告说，听 10 分钟的莫扎特音乐就可以将智商分数提升 8 分到 9 分！是否有超凡的证据支持这个超凡的说法呢？来源分析显示，这个说法来自一所受人尊敬的大学的研究人员，这使得这个说法具备了一定的可信度。那么，这项证据的本质是什么？首先，这一发现确实是基于实证研究而不是传闻逸事，因此它通过了考验。这项证据有待检查的第二个元素是样本：被试是谁，他们在多大程度上能代表整个群体？在这项研究中，被试是大学生，这可能会让你觉得有所怀疑。这些发现能够应用到婴儿身上吗？或者这一效应是否只局限在已经具备某种认知发展水平的群体？

推理过程是否避免了逻辑错误

一种常见的逻辑错误是相关－因果（correlation-causation）推论。在本研究中，研究人员使用了随机分组的实验设计，因此这些发现在本质上是一种因果关系，而非相关关系。然而，即使一项研究的发现是可靠的，如果研究人员过度简化或夸大研究发现的意义，也会产生谬误。在这种情况下，从该研究的发现得出听莫扎特的音乐可以提升智商这一结论是合理的吗？

真正有趣的是：如果仔细看这些结果，你会发现，该研究中智商的提升只是暂时性的，15 分钟之后就消失了。其次，用于测量智商的测验（根据定义应该是一项全面的测试）实际上只是视觉－空间能力测试（它只是智商测验的一个特定部分）。听莫扎特的音乐提升了智力，显然是对实际发现的一种夸大。

我们能够得出什么结论

之后几年，已经有超过 20 项类似的研究完成并将成果发表在公认的科学期刊上。虽然少数研究发现了众所周知的"莫扎特效应"，但是大多数研究没有发现这一效应（Steele et al., 1999）。事实上，对这一过程的深入研究揭示出，智商分数的短暂提升更确切地说是积极的心境轻微提升的结果，大多数被试在聆听研究中使用的莫扎特乐曲时，报告自己体会到了积极的心境：对听音乐前和听音乐后的心境进行测量，并在统计中剔除心境的作用之后，短暂的智商提升消失了（Thompson et al., 2001）。更重要的是，其他温和的积极体验，如聆听故事而不是静坐 10 分钟，也能产生同样的心境提升，随后也会产生智商分数的短暂提升（Nantais & Schellenberg, 1999）。

这些研究的一个更合理的结论是：那些增加积极心境的经历会提高视觉－空间推理能力。与"莫扎特效应"相反，这一发现得到了其他心理学研究的证实。例如，一些研究揭示，积极的心境和认知任务的绩效之间存在相关关系（Ashby et al., 1999; Kenealy, 1997）。并且听令人愉悦的音乐，可以提高个体完成各项任务的速度和总体表现。

公平地说，并不是最初的研究报告夸大了研究发现，或者暗示研究结果可以应用于婴儿，而是研究发表之后激增的媒体报道导致了这一结果。斯坦福大学的奇普·希思（Chip Heath）教授认为，他知道原因：1993 年的那篇文章发表之后，它在报纸上获得的关注远大于同时期的其他文章，在学生成绩最差的州获得的关注最多。希思说，"问题引导人们去寻找解决方案"，并且和世界上其他文化相比，美国文化特别关注儿童早期教育（Krakovsky, 2005）。

希思指出，焦虑会导致情感偏差（emotional bias），这种偏差会让人们去寻找看似简单又容易取得丰硕成果的解决办法。此外，记忆研究表明，故事的细节会随着传播被扭曲——你能想象有多少人读了报纸上的那篇文章吗（那篇文章很可能已经歪曲了原始发现）？然后他们再告诉一个朋友，然后朋友又会告诉朋友，以此类推，在这个传播过程中故事已经变成什么样了？这就难怪"莫扎特效应"这一神话在我们的文化中占据了如此重要的地位。最后，证实性偏差可以帮助我们理解，为什么人们依然坚信"莫扎特效应"是真实存在的，尽管研究报告和报纸上的文章都已经驳斥了它。

本章小结：毕生发展

本章思考题

分开抚养的双胞胎之间惊人的相似性是否表明我们首先是基因的产物？还是基因和环境的共同作用影响了我们的毕生发展？

- 戏剧性的媒体故事，如吉姆双胞胎的故事，代表了被分开抚养的同卵双胞胎之间相似性的最不寻常的个案。此外，在相同文化中长大的任何两个个体，都极有可能在他们的信仰、态度、经历或行为方面存在"令人惊奇"的巧合。

- 我们的许多身体特征主要是遗传的。在我们的心理特征中，智力、气质和某些人格特质（目前已知的受遗传影响最大的特质）只能部分归因于我们的基因遗传。

- 在我们的一生中，从胎儿到死亡，我们所处的环境在我们的心理特质发展中起重要作用。

- 双生子研究和收养研究帮助心理学家梳理了先天和后天因素对发展影响的差异。

婴儿拥有哪些先天能力
核心概念 7.1

新生儿具有某些先天的能力，这些能力可以帮助他们找到营养物质、回避危险情境，以及与他人互动——所有这些能力都有助于他们生存下去。

从受精那一刻开始，基因和环境交互影响胎儿早期的发展。在 9 个月的**孕期**内，受精卵（合子）变成**胚胎**，然后是**胎儿**。**致畸物**是母亲怀孕期间摄入的有害物质，会对发展中的胚胎造成伤害。感觉能力和基本反射的发展始于产前阶段，在出生时新生儿偏好甜味和熟悉的声音，并且拥有了适宜于观看面孔的视觉能力。诸如抓握反射和吸吮反射等**先天反射**和婴儿的**模仿**能力，可以帮助婴儿生存和成长。新生儿的大脑包含了大约 1000 亿个神经元。

婴儿期是指婴儿出生后的 18 个月。**成熟**指的是基因程序所规定的事件和正常发育的时间线。例如，在走之前先会爬，以及在语言发展之前先咿呀说话。虽然接触环境中丰富的刺激可以优化大脑的发育，并且提高发展的"平均"速度，但是**遗传约束**限制了环境起作用的程度。婴儿的神经快速发育，其特点是**突触修剪**和**敏感期**。贫困会极大地影响神经发育。

婴儿需要与他人接触才能生存和成长，他们先天的感觉能力、反射能力和模仿能力促进了其社会关系的发展。在婴儿期，他们和主要照料者之间建立了亲密的情感关系，这为他们在日后亲密关系中的感受和互动奠定了基础。依恋类型包括**安全型**、**焦虑－矛盾型**和**回避型**。依恋类型会受到儿童的气质以及主要照料者的反应和可及性的影响。埃里克森将人的社会发展的第一个阶段称为**信任对不信任**。不同文化对依恋类型的习俗和偏好各不相同，这体现了环境在发展中的作用。玩耍的作用在不同文化中也各不相同，它影响了儿童**执行功能**的发展。

儿童期的发展任务是什么
核心概念 7.2

先天和后天因素的共同作用帮助儿童掌握重要的发展任务，特别是在语言习得、认知发展和社会关系发展等领域。

语言能力的快速发展是儿童早期最令人惊奇的发展成就之一。人们普遍认为，我们具有促进语言发展的先天心理结构，乔姆斯基把它称为**语言习得机制（LAD）**。只要婴儿能够在环境中接触到语言，所有正常发育的婴儿都会在一个相对可预测的时间线上习得语言，但是他们习得的语言依赖于他们接触到的是何种语言，可以是口语，也可以是手语。接触频率也可以改变语言发展的速度。婴儿 4 个月大时开始咿呀说话，这是语言能力发展的第一步。语法、电报式语言和语素的运用，会在随后的几年内发生。

认知发展是指思维、知觉和记忆等心理能力的出现。让·皮亚杰提出了最具有影响力的认知发展模型，这个模型认为儿童会经历 4 个不同的阶段，每个心理阶段都以心理能力的明显改变为特点。在阶段发展过程中，**图式**构成了我们理解概念的心理框架，当我们获得新信息时，图式可以通过**同化**和**顺应**得到修正。**感觉运动阶段**的特点是目标导向行为和客体永久性的出现，而随后的**前运算阶段**是以自我中心主义、泛灵论思维、

中心化和不可逆性为特点的。超越前运算阶段的局限标志着**具体运算阶段**的开始，在这个阶段，儿童开始掌握守恒这个概念。皮亚杰的第四个阶段直到青春期才开始。虽然皮亚杰的许多观察经受住了时间的检验，但是今天的研究人员指出，儿童在这些阶段的发展比皮亚杰所认为的更快，也更顺畅。维果斯基的认知发展理论强调了文化在发展中的作用，并且将**脚手架式教育**和**最近发展区**这两个概念加入我们对儿童心理发展的理解中。

儿童期的第三个发展任务是社会关系的发展。我们从出生起就表现出来的基本气质，在我们的社会情绪发展中起重要作用，但是，和其他大多数能力一样，它也能被来自环境的支持和挑战所影响。**社会化**是指儿童学习社会规则和文化规范的过程，教养方式在社会化中发挥了显著作用。总体来说，接受**权威型**教养方式的孩子通常表现最好。托儿所对儿童发展的影响完全取决于托儿所的质量，而不是儿童在托儿所度过的时间。诸如电视和视频游戏等闲暇活动对儿童的影响，依赖于他们花在活动中的时长以及所看节目的类型或所玩游戏的类型。

埃里克森观察到儿童期有三个主要发展阶段。**自主性**可以通过找到自由和支持的最佳平衡点加以提高。**主动性**是第三个阶段的目标，其标志是选择和自我导向行为的增加。**勤奋**可以在小学阶段得到发展，这时应鼓励儿童发展自己的技能和能力，并且让他们学会有效地应对成功和失败。每一个阶段的最佳发展都提升了掌握后续阶段发展任务的机会。

注意缺陷 / 多动障碍（ADHD）影响了多达 **7%** 的儿童以及一些成人。它包括行为和认知两类症状。先天和后天因素都会在发展中起作用，行为治疗对 ADHD 常常是有效的。近来，一些人提出 ADHD 也有积极的一面，如果利用得当，它可以转化为一种优势。

哪些变化标志着青春期的转变
核心概念 7.3

个体在青春期会因生理变化、认知变化和社会情绪压力等面临新的发展挑战。

生理上，青春期开始于**性发育**。心理上，青春期的含义因文化而异，青春期结束的时间也是如此。在西方社会，性发育带来的身体变化经常使青少年更加关注身体外表，并且其**身体意象**常常和自尊相关联。性特征和**性取向**在青春期开始发展，在北美，有接近一半的青少年会在 17 岁时有第一次性经历。

认知上，青春期的特点就是皮亚杰说的**形式运算阶段**，在此期间青少年的抽象思维能力得到发展——如果所处文化的教育传统支持抽象思维的话。道德思维也发展到了更高的水平，虽然正如班杜拉关于**道德推脱**研究所展示的那样，道德思维并不必然引发道德行为。在青春期，西方青少年的冒险行为会增加，虽然激素的猛增有时候会增加他们的情绪化表现，但是多数青少年并没有经历一个动荡的青春期。从神经学的角度来看，青春期的大脑正经历另一个主要的突触修剪期。

虽然同伴对个体的影响比儿童期更大，但是稳定的亲子关系是成功度过青春期的关键因素。根据埃里克森的理论，这个时期的主要发展任务是**自我同一性**的发展。近年来，心理学家对当前社会给青少年带来的影响感到担忧，这些影响包括"男孩的没落"和女孩的过度性感化。

研究人员威廉·佩里发现，大学生似乎在认知发展的额外一些阶段上取得了进展。

成年人面临哪些发展挑战
核心概念 7.4

在成年期，人们将完成一系列的转变。在此过程中，先天和后天因素继续相互作用，不同年龄的文化规范和最新技术相结合，以此提升成年人的生活质量并延长其寿命。

成人发展是一个相对较新的研究领域，随着人们更加健康长寿，心理学家们对这一领域的关注度也持续增加。成年期并不是一系列具体的、定义清晰的阶段，研究表明，发展良好的成年人会在成年期会经历一系列的转变，每一个转变都意味着对过去生活的反省和向着新的方向成长。

根据埃里克森的理论，**成年早期**的主要发展任务是发展**亲密关系**，以对亲密伴侣做出一个长期的承诺为特点。前几代西方人会期待这件事发生在 20 多岁时，但是在今天的工业化社会中，一个被称为**成年初显期**的过渡阶段可能会出现在成年早期和亲密关系之前。在经历了成年初显期的探索之后，绝大多数成年人会结婚。成功的亲密关系依赖于有效的沟通和对冲突的解决，也依赖于5∶1的积极互动和消极互动比率。

与流行的看法相反，研究表明，中年是很多方面发展的高峰期。中年人具有整合各种复杂思维技能的能力，这促使他们获得了一段包含工作、人际关系和健康应对压力事件的复杂生活。埃里克森认为，成年中期的主要发展任务是**繁衍**，它包含了为下一代做贡献。大多数中年人不会经历中年危机，但是那些没有成功解决早期发展任务的人遇到中年危机的风险更大。

在埃里克森看来，在成年晚期，个体最好能完成**自我整合**或者能够接纳自己过去和现在的成功与失败。在某种程度上，定期的身心锻炼可以显著减缓认知和身体的衰退。此外，某些能力，如语言和社交能力，实际上会随年龄而提高。文化规范也会影响年老化，并促使个体对年老化带来的积极或消极变化产生不同的期待。在身体上、智力上和社交上等各个方面都保持活力并积极投入，是健康年老化最重要的关键因素。

批判性思维的应用：莫扎特效应

为胎儿播放古典音乐能提高他们的智商，这一观点已成为一种大众信仰。但是，当我们仔细考察这项研究时会发现，这种说法被夸大了。智商分数提升的效果在 15 分钟之后就消失了，并且进一步的测试表明，这实际上是积极的心境暂时性地提升了人的认知功能。

本章视频导读，
请扫描二维码观看。

意识是什么？亘古以来，这一问题就困扰着哲学家和心理学家。哲学家丹尼尔·C. 丹尼特（Daniel C. Dennett）指出，意识的神秘之处在于我们不仅不知道有关意识的最终答案是什么，甚至还不知道如何去思考它。一方面，这是因为意识是一种个人的主观经验，具有不确定性，很难进行客观的测量；另一方面，还因为意识作为一种主观体验，与产生意识经验的神经活动非常不同，意识与身体和大脑的关系至今还是科学上的一个未解之谜。

本章以一个有趣的梦境开启对意识状态的探索，引发我们对人为什么会做梦和梦有何作用的思考，激起我们对意识内容和状态的兴趣。为了回答"意识究竟是什么"的问题，作者指出，"由于认知神经科学的进展，现在我们不再将意识定义为一种存在状态，而将其定义为形成我们对世界的心理表征和我们的当前想法的大脑过程。"进而，围绕心理学家如何客观测量意识的内容和状态，作者提出了本章关注的三个关键问题：意识与其他心理过程有何联系？意识每天会进行怎样的周期循环？还有什么其他形式的意识？

为了回答上面提出的三个关键问题，本章第

一部分介绍了研究意识的工具和技术、意识和无意识的理论模型、意识对我们有什么用，以及科学家对昏迷中的意识及相关状态的认识，阐释了大脑如何在意识和无意识的多个水平上运作。第二部分探讨了我们为什么会做白日梦、白日梦有益还是有害、我们为什么要睡觉、睡眠的周期和作用、我们为什么会在夜晚做梦，以及梦的内容、产生的原因和作用，揭示了意识的周期性波动与我们的生物节律和环境中的刺激模式相对应的规律。第三部分讲述了催眠的过程和实际应用、冥想文化的观点和作用，以及不同类型精神药物的作用，说明了催眠、冥想和药物对意识状态的影响和改变。同时，在各部分还穿插了"写一写""试一试"等理论联系实际的相关内容，可以让读者融入其中、学以致用。整章内容既层层递进、环环相扣，展示了科学研究的严谨性，又丰富有趣、引人入胜，具有良好的可读性。

付秋芳

中国科学院心理研究所研究员

08

第八章

意识状态

本章译者：付秋芳　王一帆　姚连升

有意识意味着什么？我们如何测量各种不同的意识状态？

核心概念

8.1 大脑同时在意识和无意识的多个水平上运作。

8.2 意识的周期性波动与我们的生物节律和环境中的刺激模式相对应。

8.3 当通过心理、行为或化学方法改变正常意识的某些方面时，意识状态就会改变。

你是否做过这样一个梦，你如此享受它以至于不想起床，这样就可以继续你的美梦？在凤凰城六月的一个炎热的早晨，一位家庭主妇、三个孩子的母亲刚从这样的梦中醒来（Meyer，2011）。

> 在我的梦中，有一对情侣正在树林里的草地上进行着紧张的谈话。这两个人中一个人就是普通女孩，而另一人则英俊极了，光彩照人，是一个吸血鬼。他们正在讨论现实情况中的困境：他们彼此相爱，然而女孩血液的香味异乎寻常地吸引着吸血鬼，他难以克制自己立即杀死女孩的冲动。

这位家庭主妇被梦中极其英俊的男青年迷住了，并且也被这对情侣的个性和所面临的困境所打动，于是，她开始创作一个有关他们的故事——这个故事很快被创作为名为《暮光之城》（*Twilight*）的系列畅销书和电影。

斯蒂芬妮·梅尔（Stephenie Meyer）并不是第一个受到梦境启发的人。自古以来，梦就被视为洞察力、创造力和预言的源泉。例如，我们可以在《旧约》（*Old Testament*）希伯来人约瑟（Joseph）的故事中看到这一点，他将法老梦见肥牛和瘦牛解释为埃及将会在经历了丰收之年后，进入饥荒之年（Genesis 41: 1-7）。

英国诗人塞缪尔·泰勒·柯勒律治（Samuel Taylor Coleridge）将他的诗歌《忽必烈汗》（*Kubla Khan*）中的意象归功于他在阅读了那位著名的蒙古战士的传记后所做的一个梦（可能是由药物引起的）。同样，超现实主义艺术家萨尔瓦多·达利（Salvador Dali）发现，梦是生动意象的源泉。莫扎特、贝多芬、披头士乐队和斯汀（Sting）等多位作曲家都将某些作品归功于他们在梦境中获得的灵感。在科学界，化学家奥古斯特·凯库勒（August Kekule）发现了苯分子的结构，这源于他梦见一条蛇卷成一个圈，把自己的尾巴咬在口中。甚至著名的恐怖小说作家斯蒂芬·金

（Stephen King）也声称，他从自己童年的噩梦中获得了故事灵感。

- 我们为什么会做梦？
- 梦会帮助我们解决问题吗？
- 梦是否反映了我们无意识的心理活动？
- 或者梦只是随机的心理"垃圾"——也许是前一天遗留下的各种感受的碎片？

对梦进行科学研究的困难之处在于，这些心理状态都是个人经验，任何其他人都不能直接体验你的梦。因此，这些议题将成为我们在本章中重点关注的问题。

> **本章思考题：**
> 心理学家如何客观地考察梦及其他主观心理状态？

做梦是人脑可能存在的多个意识状态之一。其他意识状态包括我们熟悉的觉醒状态和不太熟悉的催眠、冥想，以及用化学方法（如精神药物）引发的意识状态，我们都会在本章中进行研究，但这还不是全部。在这些意识状态背后，大脑的大部分工作都发生在离线状态——意识之外（Wallace & Fisher，1999）。这包括诸如从记忆中提取信息之类的日常任务（如7乘以9等于多少），以及在大脑深部区域所发生的控制基本生理功能（如血压和体温）的基本操作。介于这两个极端之间的是，大脑的某些部位以某种方式处理我们曾经有意识的记忆和本能反应，如回忆今天吃的早餐或你最尴尬的时刻等。正如我们将会看到的那样，自从弗洛伊德提出梦可能反映了不为人知的、无意识的恐惧和欲望以来，这个由无意识的想法、感觉、欲望和表象所组成的"隐秘世界"的性质一直备受争议。在本章中，我们会像其他学者那样评估这一观点，为此，我们将从熟悉的意识状态开始，其占据了我们大部分的清醒时间。

关键问题：

意识与其他心理过程有何联系

核心概念 8.1

大脑同时在意识和无意识的多个水平上运作。

有意识意味着什么？是警觉吗？还是指对自己和环境的觉知呢？这两种观点都看似合理。但请考虑一下这种情况：生理学家奥托·勒维（Otto Loewi）在睡梦中发现了神经元之间的化学传递（而非之前认为的电传递），之后他从梦中醒来，在床边的纸上潦草地写下了他的想法。他回去接着睡觉，但第二天早晨他却发现辨认不出自己的笔迹，也记不起自己梦中的实验设计。幸运的是，第二天晚上他做了同样的梦，而这一次他立即起床并冲进了实验室，进行了这个实验——这为他在 1936 年因对医学的贡献而获得诺贝尔奖奠定了基础。

那么问题来了：当勒维在睡梦中设计出这一突破性的实验时，他是否是有意识的？虽然我们通常认为，警觉是思维清晰或问题解决（例如，勒维在睡梦中产生想法）的先决条件，但我们通常不认为睡觉或做梦是一种警觉状态，所以我们可能不会说他当时是警觉的。由于第二天早晨他发现无法读懂自己所写的内容，那么当他写下自己的想法时，他是有意识的

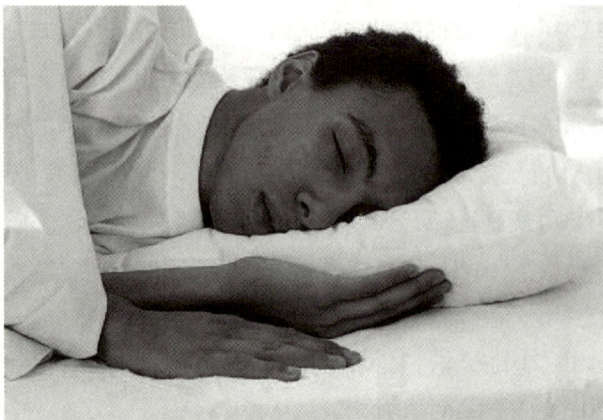

你是否曾在梦中对某件事情有了某个想法，或者想出了解决某个问题的办法？如果是，这是否意味着我们在做梦时是有意识的？这可能是认知心理学中最容易引起争议的问题之一。

吗？他有足够的意识去拿笔和纸，而我们通常认为，人必须有意识才能完成这种目标导向的行为。但是，如果他在写下想法的时候是有意识的，那么为什么他在第二天却无法理解自己所写的内容呢？

这一令人费解的例子说明了在定义"有意识"究竟意味着什么时，心理学家偶尔会遇到的困难。问题在于意识是如此主观和难以捉摸，就像寻找彩虹的尽头一样（Damasio，1999，2000）。在 19 世纪末，当结构主义者（structuralist）试图剖析意识体验时，这个难题首次出现。你可能还记得，他们使用了一种被称作"内省"（introspection）的简单技术，要求人们报告他们自己的意识体验。几乎每个人都可以迅速地认识到意识的不稳定性和主观性，于是心理学家开始绝望，以为永远找不到科学方法来客观地研究像意识体验这样隐秘的事物。（想一想，你怎么证明你具有意识。）

解决这个问题困难重重，以至于在 20 世纪初，臭名昭著而又颇具影响的行为主义者约翰·华生宣称，心智超出了年轻的心理科学的研究范围。他声称，心理过程只不过是我们行为的副产品。例如，你不是因悲伤而哭泣，你很悲伤是因为有些事情让你哭泣。在华生的指引下，心理学变成了简单的行为科学。因此，当时的心理学不仅失去了其意识，还失去了其心智！

意识心理学一直处于停滞状态，直到 20 世纪 60 年代，认知心理学家、神经科学家和计算机科学家组成了联盟，使其重获生机（Gardner，1985）。他们这样做有以下两个原因。

1. 许多心理学问题浮出水面，需要给出比行为主义更好的解释：记忆的奇闻趣事、知觉的错觉和药物诱发的状态（这在 20 世纪 60 年代非常普遍）。

2. 第二个原因是技术的发展。科学家开发出了新的工具，尤其是计算机，这使得脑部扫描成为可能，并且计算机还提供了一个模型，可以解释大脑如何加工信息。

此后，新工具和未解决的问题促使了多学科间的

共同努力，一门新的学科因此诞生了，它被称为**认知神经科学**（cognitive neuroscience）。认知神经科学吸引了来自不同领域的科学家，他们开始着手去揭示大脑如何加工信息和形成意识经验的奥秘。从认知神经科学的角度来看，大脑就像一个拥有大量资源的生物计算设备，其中有 1000 亿个类似于晶体管的神经元，每个神经元都有成千上万个连接，可以形成复杂的想象世界和被我们视为意识的体验（Chalmers，1995）。

总体而言，有意识心理可以承担各种角色。但是有意识心理必须从一个事物到另一个事物依次聚焦，如同移动的聚光灯（Tononi & Edelman，1998）。意识不擅长同时处理多个任务，所以，如果你试图边开车边用手机发短信，那么你就必须在两个任务之间来回转移你的注意力（Rubenstein et al.，2001；Strayer et al.，2003）。与此同时，**非意识过程**（nonconscious processes）则没有这种限制，可以同时进行多个任务，这就是为什么你可以边走路边嚼口香糖，同时还在呼吸。用更专业的术语来说，意识必须有序地加工信息，而非意识的脑回路则可以并行地加工多个信息流。因此，这引出了我们的核心概念：

> 大脑同时在意识和无意识的多个水平上运作。

让我们回到我们在这一学习阶段开始时提出的问题：**意识**（consciousness）究竟是什么？由于认知神经科学的发展，现在我们不再将意识定义为一种存在状态，而将其定义为形成我们对世界的心理表征和我们的当前想法的大脑过程。将其视为一个过程，承认了意识是动态的和连续的，而非静止的和离散的。并且，它是一个与我们研究过的其他心理过程相关的加工过程，这些心理过程包括学习、记忆、注意和感知觉（见图 8-1）。

例如，进入意识的一切事物都会经过**工作记忆**（working memory）。当感觉刺激获得我们的注意并从感觉记忆进入工作记忆时，我们就对它有了意识。因此，也可以说，我们对进入工作记忆的一切事物都有

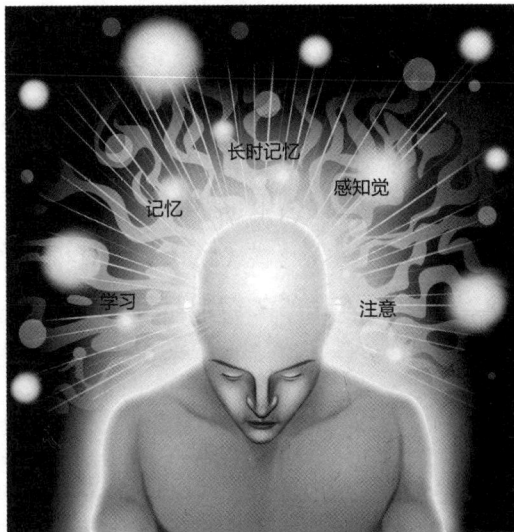

图 8-1 意识与许多大脑加工过程相关

注：意识与学习、记忆、注意和感知觉相关。

意识。所以，一些心理学家认为，工作记忆实际上就是人们一直在寻找的意识的所在地（Engle，2002；LeDoux，1996）。

意识同样也与学习相关，尽管认知学习和行为学习貌似涉及不同的脑机制。大多数认知学习（如你对本章材料的学习）都依赖于有意识过程。而许多**行为学习**，尤其是**经典条件反射**（classical conditioning，如恐惧反应的习得）则在很大程度上依赖于可发生在意识之外的心理过程。

另一个与意识相关的心理过程是**注意**（attention），它的特征是使一个项目从意识中的其他项目中脱颖而出，就像有人在拥挤的房间里喊你的名字一样。注意使你能够在吵闹的背景中跟着你当下正进行的对话的思路走（心理学家称之为**选择性注意**或**鸡尾酒会现象**）。而注意又与感觉（sensation）和知觉（perception）的双重加工密切相关，包括疼痛知觉（该心理过程与意识的关系尚未完全为人们所知）。在本章后面的部分，我们将探讨意识状态（如催眠）如何有效地控制疼痛。

关于意识的作用的最后一点是：它可以帮助你把现实和幻想结合起来，并在你的脑海中形成连续播放的"电影"。例如，当你在饥饿时看到一个甜甜圈，你的工作记忆会（基于感觉和知觉）形成一个

甜甜圈的有意识表象，并在查询长时记忆（long-term memory，得益于行为学习）后，将表象与食物联系起来，最后让你想象吃甜甜圈的样子。由此看出，意识依赖于我们所讨论过的全部心理过程。但大脑究竟是如何做到这一点的呢？这也许是心理学中最大的奥秘。数十亿神经元的放电模式如何成为甜甜圈的有意识表象（或者这页纸上的文字和观点的表象）呢？

本部分导读：

8.1　描述用于研究意识的技术。

8.2　回顾用于审视有意识和无意识的心理模型。

8.3　描述科学家对昏迷中的意识及相关状态的认识。

8.1　研究意识的工具

学习目标：

描述用于研究意识的技术。

高科技工具，如 fMRI、PET 和 EEG^①，打开了通往大脑的新窗口，使研究人员能够看到在各种不同心理任务中哪些脑区处于活跃状态。换句话说，我们可以辨认出意识中的一些内容是"什么"：虽然这些成像设备尚不能揭示意识体验的实际内容，但它们确实指出了我们在阅读、说话或转移注意时，所"点亮"的不同的大脑结构群（见图 8-2）。

毫无疑问，这些结果图像表明，有意识加工涉及多个脑回路的同时活动，尤其是连接丘脑和大脑皮层的皮层通路。但是，为了认识其潜在的心理过程（意识如何运作），心理学家发明了其他更为巧妙的技术。在本章中，我们将看到其中的许多技术，并且这些技术会贯穿全书。不过，下面我们会先给出两个例子，用其预告即将到来的精彩内容。

---

① fMRI 指功能性磁共振成像（functional Magnetic Nesonance Imaging），PET 指正电子发射型计算机断层显像（Positron Emission Computed Tomography），EEG 指脑电图（Eleetroencephalogram）。

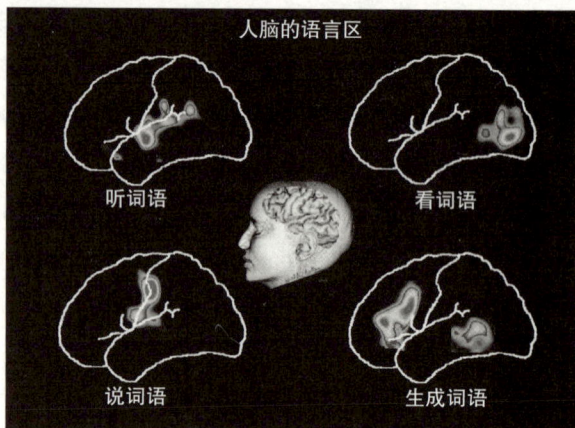

图 8-2　对工作中大脑的 PET 扫描

注：这些 PET 扫描显示了大脑的不同区域如何在不同的有意识任务中变得活跃起来。

8.1.1　心理旋转

罗杰·谢泼德（Roger Shepard）和杰奎琳·梅茨勒（Jacqueline Metzler）的一项经典实验表明，当人们谈及在头脑中"翻转物体"时，这不仅仅是一个比喻（Shepard & Metzler，1971）。使用那些类似于图 8-3 的图画，谢泼德和梅茨勒要求志愿者判断每对图像是否显示的是不同视角下的同一物体。

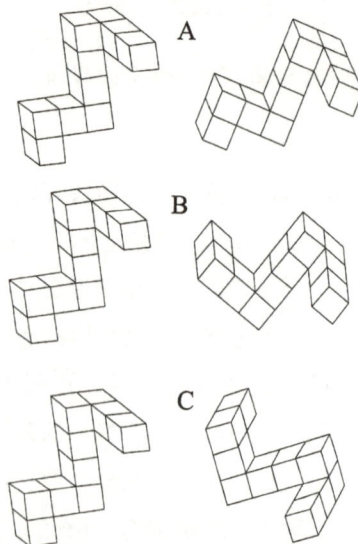

图 8-3　心理旋转实验

注：你认为每对图像是否显示的是不同位置的同一物体？这三对中是否有一对更容易得出答案？

答案展示

谢泼德和梅茨勒假设，如果大脑在比较图像时确实会进行图像旋转，那么当成对图像之间的角度差异越大时，人们会花费越长的时间来做出反应。他们是正确的。你得出 A 的答案是否比 B 或 C 的更快？

8.1.2 心理放大

另一种巧妙方法则另辟蹊径地探究了意识"如何运行"：斯蒂芬·科斯林（Stephen Kosslyn，1976）发现，我们可以使用我们的有意识心理"放大"心理表象的细节，就像照相机一样。为了证明这一点，科斯林（Kosslyn，1976）首先要求被试想象物体，如大象、猫或椅子等。然后，他会询问被试有关所想象物体的细节问题（例如，"它是一只黑猫吗"或"它有长尾巴吗"），并记录被试回答问题所用的时间。他发现，询问的细节越小，被试做出反应所需要的时间就越长。科斯林指出，这是因为人们需要额外的时间来更为仔细地检查他们的心理表象。

试一试 ⟫⟫⟫ 放大心理表象

请你的一位朋友闭上眼睛，想象一座房子。然后让你的朋友描述屋顶、房门和门铃按钮的颜色。使用显示秒数的手表或时钟，记录得到每个答案所用的时间。基于科斯林的研究，你预计哪一个问题所需的反应时最长？哪一个最短？

你可能会发现，询问的细节越小，你的朋友做出反应所需要的时间就越长。科斯林将此解释为人们需要额外的时间来"放大"心理表象，以解析较小的特征。换句话说，我们以审视外部世界中自然物体的方式来审视我们的心理表象，以感知"全貌"或细节。

正如摄影师需要更长时间来放大一个小细节一样，我们也需要更多时间来放大我们心理表象中的较小细节

这两个实验都表明我们会有意识地操纵我们的视觉表象。并且我们做到这一点的方式与我们操纵外部世界中自然物体的方式大致相同（Kosslyn，2005）。随着本章的进行，你将了解到神经科学家研究意识及其相关心理过程时所使用的其他技术。不过，先让我们较为仔细地了解一些心理模型。

8.2 有意识和无意识的心理模型

学习目标：
回顾用于审视有意识和无意识的心理模型。

随着心理学家致力于意识的研究和理解，出现了几种至今仍然有用的模型。解决问题的方式多种多样，其中一种有用的策略是寻找类比。心理学家采用了这一策略，试图通过寻找表征这个难以捉摸的概念的最佳隐喻，来刻画意识的本质。

8.2.1 弗洛伊德的意识水平

西格蒙德·弗洛伊德最早提出了一个被当下许多人都认为理所当然的观念：我们的心理同时在多个水平上运作。他把意识比作冰山一角，这表明还有很大一部分存在于水面之下。弗洛伊德认为，存在于水面之下的部分——**无意识**（unconscious）——是存贮需求、欲望、愿望和创伤性记忆的容器。此外，他还认为，无意识加工（在我们意识之外的加工）可以影响我们有意识的思想、感受、梦境、幻想和行为。现在，大量证据证实了弗洛伊德的这一见解，即大部分心理运作会潜藏在看不见的地方，即在意识水平之下（见图8-4）。

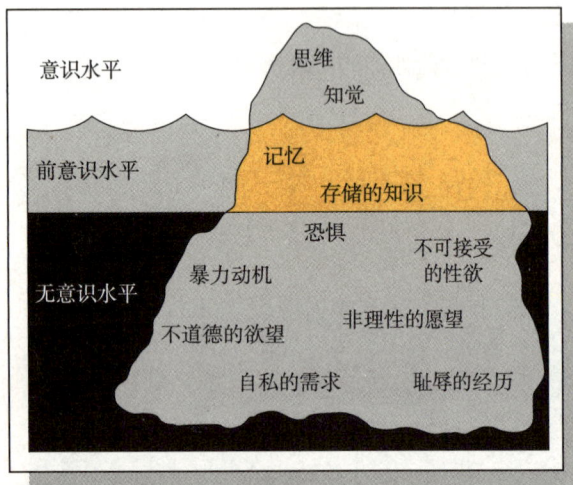

图8-4　弗洛伊德的意识水平模型

注：弗洛伊德用冰山作为人类心理的隐喻，指出我们的有意识心理是最小的一部分，就像冰山一角。

前意识　心理学家经常使用弗洛伊德的术语"前意识"（preconscious）来指代对事件（如去年你的生日会）和事实（塞勒姆是俄勒冈州的首府）的记忆，尽管这些记忆没有立即进入意识，但会很容易到达意识。当有事物提示人们进行回忆时，这些记忆就可以相对容易地进入意识。否则，它们会一直存在于心底，刚好在意识的边界之外，直至需要时它们才进入意识。因此，在现代认知的意义上，前意识与长时记忆很相似。

前意识加工既有优点，又有缺点。

- 一方面，它不受意识序列的、一次只做一件事的限制。因此，它可以同时在多个地方搜索信息，这种能力被称作**并行加工**（parallel processing）。
- 另一方面，前意识缺乏意识所具有的深思熟虑的能力。你可以将前意识想象为一个记忆仓库，其中的库存在不停地转动，以使最近使用

的和最情绪化的信息最容易被获取。

无意识　词典可能会将无意识这一术语定义为全部意识的缺失，如人在晕厥、昏迷或处于麻醉时的状态。然而，弗洛伊德将无意识定义为隐藏于意识之外的贮存着原始动机和威胁性记忆的容器。认知心理学家认为无意识还有另一个含义，即指大脑中产生的任何形式的无意识加工过程（包括呼吸、转头等）。把这些概念结合在一起，我们将无意识定义为一个广义的术语，它指的是意识水平之下的多个加工水平。其范围很广：从前意识记忆到控制基本躯体机能的脑活动，再到当我们形成对桌子或朋友所发评论的知觉时其背后运行的过程。这些无意识过程可能很微妙，会在我们没有意识到的情况下导致焦虑或抑郁（Kihlstrom，1987）。

如果你想一想自己是如何经常沿着熟悉的路线上班或上学，而无须深思熟虑时（甚至在开车时），你就会了解无意识过程是如何对我们产生影响的。正如你将在下面的演示中看到的那样，我们可以在实验室中研究无意识过程。

试着在下面的空白处填写字母，以将词干补全为一个单词：

D E F _ _ _ _ _

看到空白处时，你的脑海中浮现出了哪个词？

一种被称为启动的技术使心理学家可以影响被试对此类问题的回答，但被试并不会意识到自己受到了影响。在刚刚给出的这个例子中，答案有许多可选项，包括 defend、defeat、defect、defile、deform、defray 和 defuse。我们并不能确切地知道你的答案是什么，但我们的确能让你给出 define^① 这个答案。怎么做到的呢？通过在给出问题前多次使用 define 这个词，我们蓄意"启动"了你的反应（当然，并不能完全确定你会像预期的那样做出反应，只是增加了你那样做的概率）。通过诸如此类的方法，心理学家拥有了强大的工具来探究意识和无意识过程的相互作用。

---
① 中文意为"定义"。——译者注

8.2.2　詹姆斯的意识流

威廉·詹姆斯（William James）给出了一个不同的隐喻，他把平常清醒的意识比作一条奔涌的河流，携带着不断变化的感觉、知觉、思维、记忆、感受、动机和欲望。这种"意识流"包含对我们自己和环境刺激的觉知。詹姆斯认为，它还可以包含来自内部的躯体感觉，如饥饿、口渴、疼痛和快乐。

詹姆斯理论的部分内容有点类似于弗洛伊德对意识和前意识的区分。对詹姆斯来说，意识具有两个水平。

1. 焦点区域，包括我们在任何特定时间密切关注的任何事物。

2. 外周意识，包括为我们的焦点赋予意义和背景的感触和联想。

例如，当你参加朋友的婚礼时，你内心的焦点是正在结婚的夫妇以及与你互动的客人。你对婚姻的感受，你所知道的使这对夫妇走到生命中这一关键时刻的所有事情，以及这一事件所引发的任何其他记忆，都是外周意识的一部分，就像戏剧中的配角一样。这样，我们就可以用视觉作为另一个隐喻来描述詹姆斯的意识模型：就像我们的外周视觉一样，我们的外周意识不是我们关注的对象，但却为我们关注的对象提供了意义和背景。

詹姆斯建立了有关两个意识水平的理论。意识的焦点，就像聚光灯下的事物一样，占据了中心位置。然而，我们的外周意识也同等重要：就像聚光灯之外的事物一样，我们的外周意识为经历增添了丰富的细节。

8.2.3　现代认知观点

我们为意识提出的最后一个隐喻来自认知心理学。计算机隐喻把意识比作出现在计算机屏幕上的信息和图像，而无意识过程就像计算机屏幕后内部的电活动。大多数时候，我们的无意识机制都会无声无息地与意识并行运作，但偶尔无意识动机或情绪会变得如此强烈以至于其会在意识中爆发。例如，当一种与情绪性记忆相关的特殊气味突然把这一情绪带入思维的中心时，或者当饥饿的驱力逐渐增强并闯入意识时。

所有这些隐喻都可以帮助我们理解意识的本质，而随着我们对这一令人着迷的过程的理解不断深入，我们将在本章中定期回顾它们。不过，在结束本节内容之前，让我们再问一个重要问题：为什么意识如此重要？

8.2.4　意识对我们有什么用

此时此刻，你的意识正专注于这些白底黑字，但是这些文字并不是孤立的。就像詹姆斯在他关于外周意识的讨论中所指出的那样，这些词语具有意义，当你阅读的时候这些意义会在意识中流动。当然，你可以把注意的聚光灯转移到其他事物上（也许是背景音乐），当你这样做时，纸张上的词语就会滑入意识的边缘。你可能会在纸张上移动你的目光，而未实际加工其含义（相信每个读者都有过这种经历）。

现在，如果我们能再次引起你的注意，我们想提醒你，意识具有许多功能。上一段落中的场景说明了意识的三个特别重要的功能（Solso，2001；Tononi & Edelman，1998）。

- **意识限制了我们的注意。**因为意识会序列加工信息，所以它限制了你所注意和思考的内容。通过这种方式，意识可以防止你的大脑被刺激淹没。不幸的是，当你把注意转移到背景音乐或新的短信上时，意识一次只做一件事的属性会让你不再专注于正在阅读的内容。这也解释了为什么在开车时使用手机会大大增加车祸的风险。

- **意识提供了一个心理"会场"。** 在这里，感觉可以与记忆、情绪、动机以及许多其他心理过程相结合，我们称这一过程为**知觉**。因此，意识就像画布，通常我们会在这块画布上根据内外部世界提供的刺激调色板创造出有意义的图画。这是意识的一个方面，它将纸张上的词语与其意义联系起来，或者将看到老朋友的面孔与喜悦的情绪联系起来。实际上，神经成像研究表明，意识的本质是在大脑的不同部位之间建立联系（Massimini et al.，2005）。因此，意识处于认知的核心。

- **意识使我们形成了认识世界的心理模型，一个我们可以在头脑中操纵的模型。** 与较简单的有机体不同，意识使我们不必成为当下的囚徒：我们不只会对刺激做出反射性反应。相反，我们使用对世界的有意识模型，凭借记忆和事先的思考，把过去和未来都带入意识中。利用这个模型，我们可以通过操纵我们的心理世界来进行思考和规划，以评估可供选择的反应并想象它们的有效性。例如，正是意识的这一特征帮助你在本文中的概念和自己的经历之间建立联系，或者阻止你对穿着你不喜欢的衣服的朋友残忍地说出实话。

限制、结合和操纵这三个功能，在不同程度上适用于所有的意识状态，无论是做梦、催眠、冥想、药物诱发的状态，还是我们"正常"的觉醒状态。但是，被称为昏迷的状态又是怎样的呢？其符合我们对意识的研究吗？

8.3　昏迷及相关状态

学习目标：
描述科学家对昏迷中的意识及相关状态的认识。

公众对昏迷（coma）的含义存在重大的误解。这种误解部分源于一些高度曝光的情感案例，这些案例

引发了有关是否停止对严重脑损伤患者的生命支持的伦理问题的激烈讨论（Meyers，2007）。有关"奇迹般"康复案例的报道也在煽风点火。那么事实是怎样的呢？

8.3.1　什么是昏迷

昏迷不是稳定的长期状态。相反，它通常只在脑损伤后持续几天或几周的时间。在昏迷状态下，患者缺乏正常的睡眠和觉醒周期，他们的眼睛通常会保持闭合，不能被唤醒。那些有所好转并进入**最小意识状态**的患者，可能会拥有有限的意识和大脑工作能力。恢复通常是渐进的（National Institute of Neurological Disorders and Stroke，2007）。那些没有好转的患者会恶化为**植物人状态**。在这种情况下，他们可能会周期性地睁开眼睛，进入和退出正常的睡眠周期，但他们只有最低限度的脑活动和基本反射。从植物人状态完全恢复正常的机会非常渺茫。

但是，对植物人状态的诊断有时是不准确的，因为对脑活动的测量并不是一门完美的科学。当这种诊断被用于决定是否继续提供生命支持时，误诊可能会导致致命的错误。不过，人们正在开发前景广阔的新型脑成像技术，它们可以更准确地识别看似处于植物人状态的患者的脑活动和意识水平。最近，PET 和 MRI 技术的进步使得研究人员能够成功预测哪些处于植物人状态的患者会有所好转并进入最小意识状态（Owen et al.，2009）。

8.3.2　昏迷的人能听到你的声音吗

更令人兴奋的是，一项新研究所引用的证据清楚地表明，如果心爱之人与昏迷中的患者交谈，那么患者（甚至处于植物人状态的患者）则更有可能恢复意识。芝加哥西北大学的神经科学家特蕾莎·帕佩（Theresa Pape）对处于植物人状态和最小意识状态的患者进行了一项随机的安慰剂对照组研究，该研究从患者脑损伤后约两个月开始。患者的家人和朋友录制了患者生活中熟悉的故事，科学家每天都会通过耳机向患者播放四次这些故事，持续六周。研究人员使用

最新研究表明，处于植物人状态的人们也许能够感知到外部刺激，如听到心爱之人的声音。因此，这些意识状态可能就像被困在了不透明的玻璃的后面。这些最新的研究发现为突破意识的障碍提供了希望。

MRI 扫描发现，当患者听到他们心爱之人讲故事和叫他们的名字时，他们的大脑中与长时记忆及语言加工相关的区域的活动会增加。并且这一现象出现得很快（大部分效应出现在研究的前两周），表明这种治疗刺激了脑活动，帮助患者恢复了较高水平的意识（Pape et al., 2015）。短短几周内，他们就开始更快地清醒过来，更能意识到周围的环境，甚至能够对对话和指令做出反应。帕佩认为，这种治疗对中风患者和颅脑外伤患者都有效，并建议家属与医疗团队使用这种疗法作为患者正在接受的其他形式的治疗的补充。

心理学很有用 • • •

运用心理学来学习心理学

想扩展你的意识吗？在最严格的意义上，这是不可能的，因为意识的容量是有限的。正如我们前面曾指出的那样，意识一次只能专注于一件事。然而，可以扩展的是你的意识能够获取的存储于前意识记忆中的信息。学会如何做到这一点，对需要吸收大量信息并通过考试来证明这一点的学生来说，将大有帮助。

当然，在面临考试时，学生有时会"通宵"学习，如果你的意识没有因为通宵学习造成睡眠缺乏而受损，那么你就会具有优势。再多的咖啡因也无法使你缺乏睡眠的意识恢复至最佳状态，正如你的老师一直不厌其烦地劝诫你的那样（也正如记忆研究所表明的那样），把你的学习内容分散至数日或数周比尝试一次性学完要好得多。所以，这就是增加你的前意识中的内容通达意识的第一个技巧！

由于意识的容量极其有限，你不可能把考试需要记住的所有内容都保持在意识中。这些材料必须被存储在容易获取但又处于意识之外的前意

与学习伙伴或学习小组讨论概念有助于提高你对材料的有意识理解。

识的长时记忆中。技巧在于能够在需要时将其带回意识。以下是一些更有用的策略。

1. **练习精细复述**。学生有时认为他们的教授会问"刁钻的问题"（尽管教授几乎从未故意这样做过）。实际上，一道好的考题能表明学生是否真正理解了一个术语的含义，而非仅仅记住一个定义。通过用你自己的话来表述定义，然后从你自己的生活中想出一个例子，你将对这个概念形成更丰富

的记忆，从而使其更容易从你的前意识中提取出来。

2. **寻找概念之间的联系。** 一旦你理解了这些概念，你还需要知道这些概念是如何相互联系的。例如，你的教授可能会要求你解释意识和前意识之间的关系。因此，一个不错的学习策略是问问你自己这个新的概念（如前意识）与之前已学习过的其他概念（如意识或无意识）有何联系。

3. **预测最有可能的线索。** 仅仅"知道"某个材料并不意味着你看到考试题目时会自动将这一信息从长时记忆中带回意识。因此，花些时间来思考你的教授可能会提出的问题类型是值得的。例如，你将在本章中学习关于各种精神药物的作用，但如果教授要求你解释为什么酒精更像巴比妥类药物而非阿片类药物，你可能就会被难住了。

通常，你可以通过注意教授在讲授中强调的内容来预测这些问题。考虑你的教授喜欢提出的问题类型也会有所帮助（有一个学习伙伴在这一方面会有很大帮助）。一些最常见的论述题会以"解释""评价"或"比较和对比"等措辞开头。

总之，意识和记忆之间的关系表明，要学习大学课程所要求的材料，你必须在这一材料还在你的意识之中时积极地加工它。要做到这一点，你必须使这一材料具有意义。这需要用你自己的话和例子来理解它，从而在新信息和你记忆中已有的旧信息之间建立联系。此外，你还需要组织信息，以便自己了解它们是如何相互联系的，并预测可以把这一材料带回到意识的线索。你越多地练习这些记忆策略，这一材料就能越快地在下一次考试中进入你的意识。

关键问题：
意识每天会发生怎样的周期循环

核心概念 8.2

意识的周期性波动与我们的生物节律和环境中的刺激模式相对应。

如果你喜欢早起，你可能在刚刚醒来时就处于最警觉的状态，但这种精神状态不会持续一整天。像大多数其他人一样，你可能会在下午经历一段无精打采的时间，此时你可能会像拉丁世界的大多数人一样，明智地午睡一会儿。之后，你的警觉性会在一段时间内得到提升，但在傍晚时分会再次降低。高度集中注意的时间以及被称作白日梦的遐想时间可能会时不时地打断这个周期。但无论你是一个"喜欢早起"的人还是一个"夜猫子"，最终你的意识都会几乎停止与外界接触，进入占据你生命中三分之一时间的睡眠状态。

心理学家考查了意识的这些周期性变化，并找寻这些周期性变化中的可靠模式。这一部分的核心概念总结了他们已有的发现。

> 意识的周期性波动与我们的生物节律和环境中的刺激模式相对应。

在这一部分中，我们主要关注睡眠和夜间做梦涉及的意识的周期性变化。不过，我们先从清醒时发生的另一种"梦"开始。

本部分导读：

8.4 描述白日梦的出现频率和价值。

8.5 评价睡眠的机理。

8.6 评价梦的内容、其与现实生活的相关性、产生的原因、生理机能和作用。

8.4 白日梦

学习目标：

描述白日梦的出现频率和价值。

在我们称之为**白日梦**（daydreaming）的状态中，意识发生了轻微的改变，注意转向了内部的记忆、期望和欲望，这通常会伴有生动的心理表象（Roche & McConkey，1990）。当人们独自一人、轻松自在、做无聊或常规的任务、困意十足时，白日梦最常出现在人们的大脑中（Singer，1966，1975）。但是做白日梦正常吗？其实大多数人每天都会做白日梦，知道这一点可能会令你感到宽慰。事实上，如果你不做白日梦，反而是不正常的！平均而言，我们大约有30%醒着的时间都在做白日梦，其中年轻人的白日梦最频繁、最生动。随着年龄的增长，白日梦的发生频率和强度似乎都在显著下降（Giambra，2000；Singer & McCraven，1961）。

8.4.1 我们为什么会做白日梦

玛丽亚·梅森及其同事（Malia Mason et al.，2007）的一项脑扫描研究表明，做白日梦可能是不可避免的事。当我们的大脑处于静息状态，不专注于外部任务时，一个被称为"大脑默认网络"的区域就会接手。这是一个集中于颞叶和额叶区域的复杂网络，其"默认"活动被认为是一种持续不断的向内聚焦的加工倾向，特别关注我们的经验如何与我们现在的生活以及过去和未来的生活相关。进化心理学家认为这一默认网络可能是具有适应性的，因为它会让我们在某种意义上保持对重要事物的觉知（即使我们没有注意到）。当人们幻想未来，回忆他们的过去或者想象某人的感受或想法时，这一网络的活动似乎是最强的（Buckner et al.，2008）。因此，即使在休息时，大脑也是兴奋的、保持活跃的，这一发现将有助于我们理解稍后将介绍的夜间的梦。

8.4.2 白日梦有益还是有害

白日梦可以为宝贵的健康功能服务（Klinger，1987）。我们在白日梦里通常想的是我们生活中的实际问题和当前关注的问题，如课程、目标（无关紧要的或至关重要的）和人际关系。当我们思索这些问题时，白日梦可以针对这些问题制订计划并提出解决方案：对某些人来说，这种白日梦增加了实现其目标的机会（Langens，2003）。白日梦还是创造性洞察力的源泉，就像直觉（intuition）的闪现。当面对一个难题时，偶尔的走神可以使我们的大脑进入无意识联想，可能会产生揭示完美解决方案的"啊哈"瞬间（Schooler et al.，1995）。

做白日梦是一种正常的人类活动，有助于创造力的迸发和问题解决。不过研究表明，当我们全神贯注于一项任务时是最快乐的，所以做白日梦的时机影响它是否有益于你的健康。

不过，要注意选择做白日梦的时间。最新的研究表明，做白日梦会干扰对最近学习材料的记忆。并且白日梦距离现实越远，这种效应就越大：做出国度假的白日梦的学生相较于做在当地度假的白日梦的学生，忘记了更多最近学习的内容（Delaney et al.，2010）。这表明，如果你在一个重要的学习过程中陷入白日梦，那么你就有可能忘记刚刚学习的一些内容。

我们还必须对做白日梦提出另一条警告。来自哈佛实验室的马修·基林斯沃思（Matthew Killingsworth）和丹·吉尔伯特（Dan Gilbert）的一项研究威胁到了我们对白日梦最常见的假设之一——做白日梦是在追求快乐这一观念（Killingsworth & Gilbert，2010）。

一项针对2000多名所有年龄段的成年人的研究使用了专门开发的iPhone应用程序，以便在一天中的任意时间对被试进行调查。当他们的应用程序响铃时，被试会回答几个关于他们正在做什么、他们是否专注于此以及他们有多快乐的简短问题。

研究结果揭示了一些可能会让你感到惊讶的事情。你认为人们什么时候最快乐？

人们全神贯注地沉浸于一个任务时最快乐，而非做白日梦时。因此，尽管走神可能是我们脑内线路系统的一部分，但似乎专注的人更快乐。

白日梦与晚上的梦相比如何呢？不管我们的幻想多么逼真，白日梦都很少像我们大多数丰富多彩的夜间梦境那样生动。它们也没那么神秘——因为它们更容易被我们控制。它们的发生也不会像夜间梦境一样，受生物周期和我们称之为睡眠的陌生世界的影响。现在我们就将注意力转向这个夜间的世界。

8.5 睡眠：我们生命中神秘的三分之一

学习目标：
评价睡眠的机理。

如果你活到 90 岁，那么你的睡眠时间就有将近30 年。但这种神秘的精神状态是什么？睡眠的世界曾经是精神分析学家、先知、诗人和画家的领地，现在则是一个充满活力的科学研究领域。科学研究表明，睡眠是我们的自然生物周期之一（Beardsley，1996）。我们以对这些周期的考察，来开启对这一改变了的意识的领域的探索。

8.5.1 昼夜节律

所有生物都会受到自然周期变化的影响，尤其是每天的明暗交替模式。其中，对人类最重要的是**昼夜节律**（circdian rhythms），即大约每 24 小时重复一次的身体模式［英文中"昼夜"（circadion）一

词源于拉丁语中意为"大约"和"一天"的 circa 和dies］。对这些周期节律进行内部控制的是我们的下丘脑（hypothalamus），在下丘脑，我们的"生物钟"设定了如新陈代谢、心率、体温和激素活动等机能的节律（Pinel，2005）。下丘脑中被称作视交叉上核（Suprachiasmatic Nucleus，SCN）的细胞群接受来自眼睛输入的信息，因此，它对白天和黑夜的明暗循环特别敏感（Barinaga，2002）。所以，从生物学角度来看，睡眠和觉醒的交替循环只是另一种昼夜节律。

对大多数人来说，我们正常的睡眠 – 觉醒模式在自然条件下会比一天略长。在没有时间线索的环境中长期生活时，大多数人都会进入近 25 小时的昼夜节律周期。然而，在一个 24 小时的世界中，我们会通过每天暴露在阳光下的时间和习惯性的日常活动来重新调整我们的模式（Dement & Vaughan，1999）。

昼夜节律影响旅行者（和其他所有人） 我们的自然昼夜节律周期的时间跨度略长于 24 小时，这可以解释时差反应，其症状包括疲劳、不可抗拒的瞌睡和暂时的认知缺陷。当我们向西飞行时，我们的身体会相对容易地适应当地更长的白天，因为白天的延长与我们更长周期的自然趋势相吻合。例如，你从纽约飞达西雅图时是晚上 7 点，你处于纽约时间的身体认为现在是晚上 10 点。在这种情况下，大多数人可以晚睡一会儿以适应新的时区，并在第二天早晨在适当的当地时间醒来，而不会受到昼夜节律的影响。然而，向东飞行则是另一番景象了，因为你会失去几个小时。早晨 7 点的闹铃（当你的身体认为现在是凌晨4 点时）可能是一种粗鲁的唤醒，你将难以正常工作。因此，在你的昼夜节律周期中减少数小时会比增加数小时产生更大的时差反应——每减少一小时，你的身体可能会需要大约一天来恢复。出于这个原因，专家推荐了多种策略来帮助你在实际到达当地的前几天就开始适应当地时间。

应对时差反应和其他昼夜节律变化的技巧

　　每年都有越来越多的人乘坐飞机进行长途旅行（无论是为了工作还是为了娱乐）。不仅狭窄的飞机座位会让所有旅客都不舒服，而且飞越多个时区（特别是从西到东）的旅客还要承受时差反应的影响，其特征是头痛、疲劳、难以集中注意力、失眠，甚至轻度抑郁。一般来说，每跨越一个时区，身体都需要大约一天来调整其时钟。所以，如果你跨越了 7~10 个时区，却没有有效地应对时差反应，那么你就有可能面对在旅行地刚刚调整好身体，却到了回家的时间的情况！不用说，这会干扰期待已久的度假乐趣或重要的商务旅行的工作效率。幸运的是，对昼夜节律（以及时差如何影响昼夜节律）的基本了解可以提供有关如何减小甚至消除时差反应的技巧。

1. 调整你的睡觉时间和起床时间，让其更接近目的地时区，如在出发前的几天里逐日增加 0.5~1 小时。所以，如果你的目的地时区早于你家的时区，那么你就可以越来越早地起床和睡觉；相反，如果你的目的地时区晚于你家的时区，那么你就可以每天更晚一会儿起床和睡觉。这将开始重置你的生物钟，这样当你到达时，时差感就不会那么强烈了。

2. 在你办理好登机手续后，立即重置你的电子钟和电子设备以与目的地的时间相吻合，并开始按照这一时间“生活”，仿佛那是正确的时间一样。在航班起飞后保持清醒，直至到了你期望在目的地上床睡觉的时间，然后尝试入睡。穿舒适的衣服，带上毛毯或外套保暖，这将有助于你快速入睡。许多旅行者都会在飞机上使用睡眠眼罩来阻挡光线，这会进一步帮助你的大脑认为现在是夜间。

3. 为了有助于在飞机上睡觉，饮食要清淡且健康。记住，当你睡觉的时候你会脱水，而航空旅行会使你进一步脱水。因此，要在用餐时喝水或果汁，并随身携带一瓶水，以便在你“夜晚”睡眠期间喝两口。避免喝酒精饮料和吃咸的食物，它们也会助长脱水。你可能无法在飞机上连续酣睡数小时，但即使是浅睡也能帮助你休息。

4. 一旦到达目的地，你就要遵守当地的时间表。如果在白天到达，你要忍住小睡的冲动。为了克服时差反应，你能做的最重要的事情就是保持全天忙碌，即使你很疲惫。这样，你就更有可能在第一天整晚安睡。待在外面明亮自然的光线下，这会告知你的大脑现在是白天，并帮助你保持清醒。散散步，避免吃可能让你昏昏欲睡的大餐或喝酒精饮料。然后，在新环境中找一个合适的时间上床睡觉，这样第二天早晨醒来后你就很有可能精神焕发，并准备好享受美好时光！

　　即使是不经常乘坐飞机周游世界的人，也会经历类似的昼夜节律改变的影响（通常每周一次）。我们中的大多数人都倾向于在周末熬夜，因为第二天早晨不必起床去上学或工作。但研究表明，周末每晚睡一小时，第二天早晨就会起得更晚，你会以一种让身体感觉自然的方式向前改变你的昼夜节律。然后，当星期一早晨来临的时候，你的闹钟响起，把你从睡梦中叫醒，你的昼夜节律周期的突然变化会导致一种被称为“星期一早晨忧郁症”的情况。

　　睡一整晚是自然的吗？ 你可能会把睡眠视为

一个发生在大约 8 小时内，从上床的时间到早晨闹钟把你叫醒时的过程。但这种模式在人类历史上出现得相当晚，且主要限于工业化国家的人们。人类的"自然"倾向是以更不固定的模式进行睡眠，无论何时想睡都可以，白天会睡得短一些，晚上会睡得长一些（Bosveld，2007；Warren，2007）。在一些农村地区，人们通常会在半夜醒来花一两小时聊天、玩耍或照看炉火，这恰好表明我们的睡眠–觉醒时间表多么具有可塑性。

然而，任何缩短你的睡眠时间或使你的生物钟偏离其生物节律的事情都会影响你的感受和行为。黑白轮班的工作时间表正因为这种影响而饱受诟病（Dement & Vaughan，1999；Moore-Ede，1993）——尽管像时差反应一样，当轮班时间向后移动时，导致的症状会比向前移动时更糟糕，并且这种影响可能非常巨大。

一项研究发现，轮班的护士在开车上下班时睡着的可能性是定期值班护士的两倍，在工作中与瞌睡有关的事故或失误的风险也会翻倍（Gold et al.，1992）。

通宵准备考试也具有类似的后果。

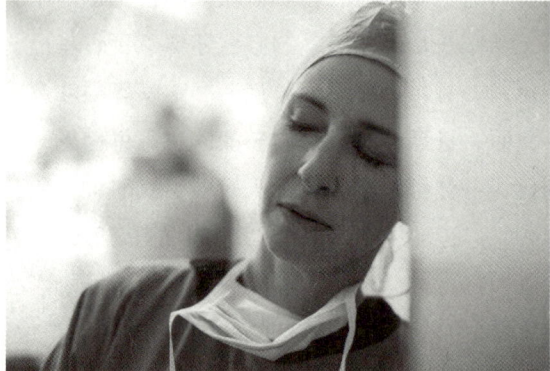

根据美国国家睡眠基金会的数据，近三分之一的美国工人报告在过去一个月内，至少有一次曾在工作中睡着了。在轮班工人中（除了在医院和空中交通管制部门工作的人员）这一数字会上升至超过 50%。

8.5.2 睡眠中的主要事件

在人类历史的大部分时间里，睡眠都是一个谜，直到 1952 年的一个深夜，研究生尤金·阿瑟瑞斯基（Eugene Aserinsky）决定记录他正在睡觉的儿子的脑电波和眼睛的肌肉运动（Brown，2003）。记录顺利地进行了大约一个半小时，在脑电图（EEG）上记录到的只是缓慢的睡眠节律。然后，一连串的眼动突然间出现了。记录显示，男孩的眼球来回转动，仿佛在观看快速变化的场景。与此同时，脑电波模式显示男孩是警觉的。阿瑟瑞斯基以为儿子已醒来并在环顾四周，但当他走进卧室时，却惊讶地发现儿子仍在熟睡，闭着眼睛静静地躺着。出于好奇，研究人员在更多的志愿者身上重复了相同的程序，并在所有人身上都发现了相似的模式。

在睡眠期间，我们大约每隔 90 分钟就会进入阿瑟瑞斯基所发现的那种状态。我们现在称它为**快速眼动**（Rapid Eye Movement，REM）**睡眠**，其以快速脑电波和闭合眼睑下的快速眼球运动为特征，这种状态会持续几分钟或更长时间，然后再突然停止（Aserinsky & Kleitman，1953）。没有快速眼动的过渡期被称为非**快速眼动**（non-REM，NREM）**睡眠**。

在这两个不同的睡眠阶段，心理上和大脑中会发生什么？为了查明这一点，研究人员在快速眼动睡眠或非快速眼动睡眠期间唤醒睡眠者，要求他们描述自己的心理活动（Dement & Kleitman，1957；McNamara et al.，2005）。非快速眼动时的报告通常包含对普通日常事件的简要描述或根本没有心理活动。相比之下，快速眼动时的报告则充满了生动的认知，以奇异怪诞的场景为特征，而且带有攻击性质。换句话说，快速眼动是做梦的标志。

令人奇怪的是，当眼球在快速眼动睡眠期间转动时，身体其他部位的随意肌却保持不动，这种情形被称为**睡眠性麻痹**（sleep paralysis）。从进化的角度来看，这可能会阻止我们的祖先在做梦时游荡至洞穴之外并陷入麻烦。（顺带一提：梦游和说梦话不会发生在快速眼动睡眠期间，而是发生在非快速眼动睡眠的更深层的阶段。）我们随后会讲述更多关于梦的内容。现在，让我们来看看快速眼动睡眠是如何与其他睡眠阶段配合工作的。

8.5.3　睡眠周期

想象你是一个有关睡眠实验的被试。在与脑电图（EEG）记录设备相连接后，你适应了连在身体上的设备，并安顿下来小睡了一晚。随着睡眠周期的进行，你的脑电波会发生怎样的变化？第二天早晨仔细观察这一周期的记录，你会发现几个不同的阶段（见图 8-5），每个阶段都有一个典型的 EEG 信号。

在一个普通夜晚的睡眠中，大多数人都会经历 4~6 个睡眠周期，每个周期又包含数个睡眠阶段。在每个接下来的周期中，深度睡眠（第三和第四阶段）的时间都会减少，而快速眼动睡眠的时间会增加。因此，我们可能会在完整的睡眠时间结束时，获得长达一小时的快速眼动睡眠。看一下图 8-6，它向你展示了在典型的夜间睡眠中表现出来的模式。

> **写一写**
> ### 你的睡眠是什么样的呢
>
> 在回顾图 8-6 中的信息后，请考虑一下你自己的睡眠模式。根据你每晚的平均睡眠时间，你的深度睡眠时间大约是多少？快速眼动睡眠时间呢？你的答案与每晚约 8.5 小时的平均睡眠需求相比如何？

请注意正常睡眠的三个最重要的特征：

（1）90 分钟的周期；

（2）在夜幕降临不久后发生最深度的睡眠；

（3）随着睡眠的进行，快速眼动持续时间增加。

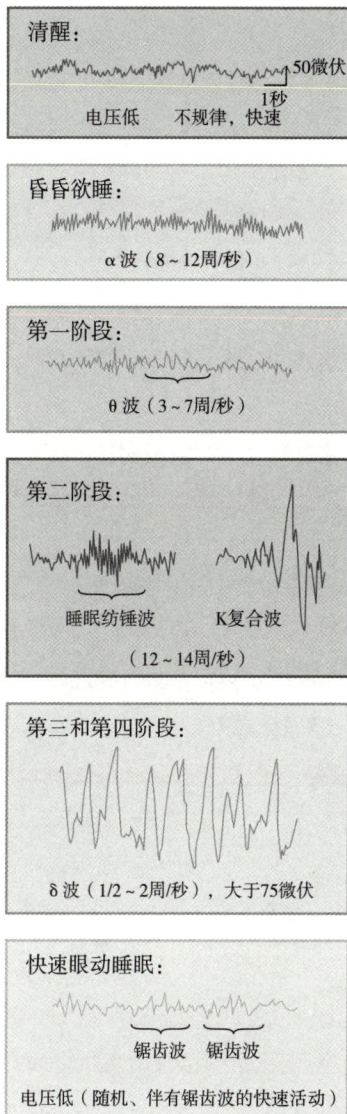

为什么下一次我们不直接在星期五下午把时钟拨快一小时呢？

图 8-5　各睡眠阶段的 EEG 模式

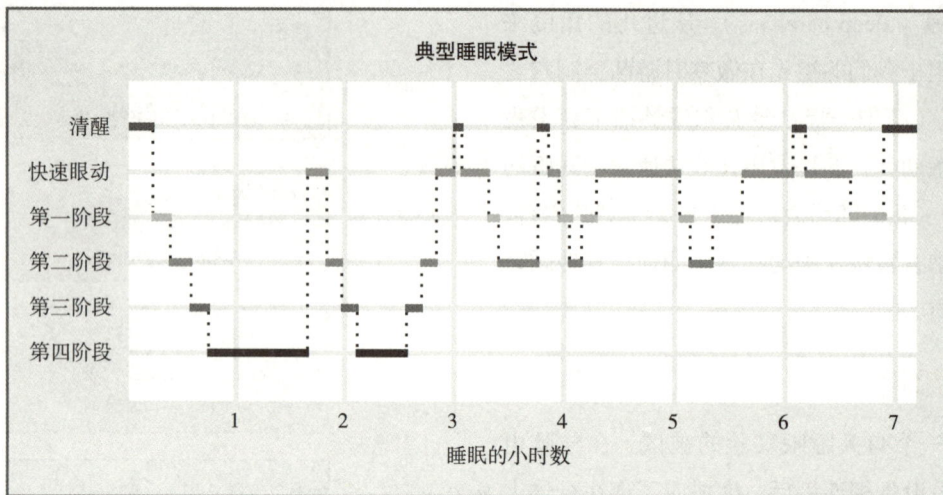

图 8-6 睡眠阶段

注：在一个典型的夜晚，最深度的睡眠（第三和第四阶段）主要发生在最初的几小时里。随着夜色加深，睡眠者会在第三和第四阶段花费更少的时间，而在快速眼动睡眠中花费更多的时间。

如果一个人被剥夺了整晚的快速眼动睡眠会发生什么情况呢？你怎么看？

实验室研究会通过在睡眠者每次进入快速眼动睡眠时唤醒他们来研究快速眼动睡眠剥夺。第二天，被剥夺快速眼动睡眠的睡眠者会表现出疲倦和易怒程度的增加。然后，在接下来的晚上，他们通常会延长快速眼动睡眠，这种情况被称为**快速眼动反弹（REM rebound）**。这一观察表明快速眼动睡眠满足了某种生理需求。请睡眠不足的大学生注意：因为我们大部分的快速眼动睡眠是在晚上最后的几个周期里进行的，所以如果我们没能在晚上睡个好觉，那么我们就会不可避免地受到快速眼动睡眠剥夺和快速眼动反弹的折磨。

8.5.4 我们为什么要睡觉

睡眠在动物中如此普遍，因此它肯定具有某些基本功能，睡眠科学家提出了几种可能性（Maquet，2001；Rechtschaffen，1998）。进化心理学认为，睡眠的进化可能是为了使动物在无须觅食或寻求配偶的时候保存能量及远离伤害（Dement & Vaughan，1999；Miller，2007）。此时，这些功能就由大脑的生物钟来协调。

几个世纪前，威廉·莎士比亚（William Shake-speare）谈到"睡眠会把忧虑的乱丝编织起来"，诗意地描述了睡眠的另一个功能。因此，他推测，睡眠可能对身心都具有修复功能。现在的研究表明，这确实是真的：在第三和第四阶段，我们最深度的睡眠期间，身体和大脑中受损的细胞将得到修复，生长激素得以释放，使这些阶段成为免疫系统恢复的关键时期，以及再生和加强因日常磨损而受损的肌肉和组织的关键时期。快速眼动睡眠可以帮助大脑清除一天中积累的不想要的无用信息——就像清空你的垃圾桶一样（Crick & Mitchison，1983）。实验还表明，快速眼动睡眠可以改善认知功能，尤其是记忆力、创造力和问题解决能力（Wagner et al.，2004）。而睡眠剥夺会抑制这些过程（Siegel，2003；Winerman，2006b）。虽然在洞悉睡眠如何使我们恢复活力的方面已经取得了一些进展，但睡眠科学家仍未获知睡眠的全貌（Winerman，2006b）。

8.5.5 对睡眠的需求

从发展的角度来看，我们的睡眠模式在我们的一生中会有所变化（见图 8-7）。

虽然我们人体的生理机能和昼夜节律决定了我们的平均睡眠需求，但请记住，不同个体对睡眠的需求可能会有所不同（Barinaga，1997；Haimov & Lavie，

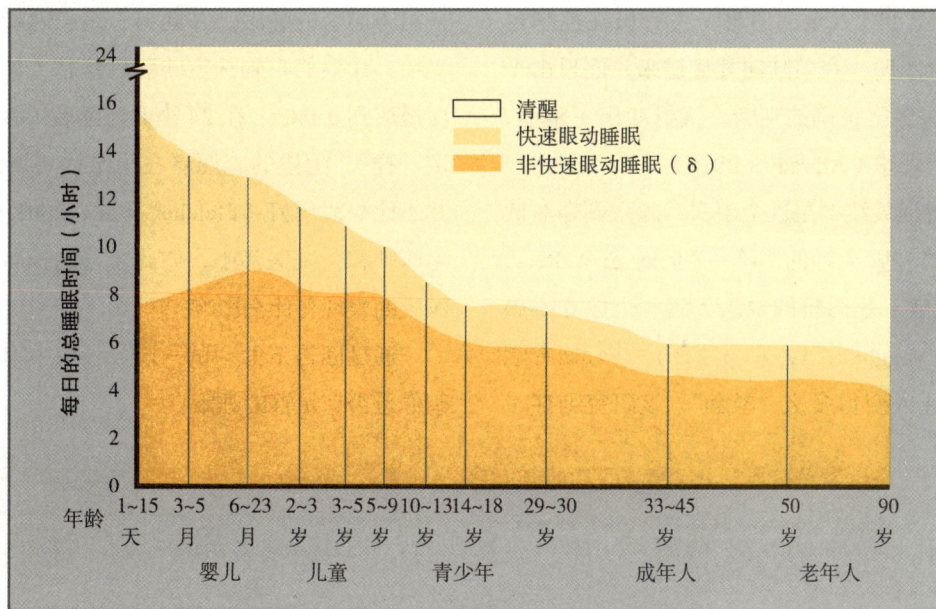

图 8-7　人类在一生中不同阶段的睡眠模式

1996）。例如，锻炼会影响我们的睡眠需求：若我们在日常生活中进行了剧烈的体力活动，我们就会延长第四阶段的深度睡眠时间（Horne，1988）。

写一写

分析与年龄相关的睡眠变化

研究一下图 8-7，然后考虑以下问题。

1. 你认为，为什么儿童从出生到 3 岁会睡得那么多？

2. 你认为，为什么平均睡眠时间会在整个生命周期内持续下降？

8.5.6　睡眠债会酿成大祸

你的母亲是正确的：大多数成年人都需要睡大约 8 小时，或者更多一点，才能感觉良好并高效工作。在睡眠实验室中，当志愿者置身于一个黑暗的房间中，并被允许进行不受干扰和不参考时间的睡眠时，一般成年人都会进入每晚睡眠时间约为 8.5 小时的模式。然而，大多数美国人的睡眠时间夜复一夜地显著减少（Greer，2004b；Maas，1999）。这造成了睡眠不足，研究人员威廉·德门特（William Dement）

将 其 称 为 睡 眠 债（sleep debt，Dement & Vaughan，1999）。

长期累积睡眠债的人通常不会意识到这一点（Dement，2000；Dement & Vaughan，1999）。当闹钟在早晨唤醒他时，他可能会昏昏沉沉，但却没有意识到这是睡眠债的迹象，因为他的生物钟会在接下来的几小时内让他进入清醒状态。午后犯困可能被归因于吃了一顿丰盛的午餐，但实际上午餐并不会让人犯困（这又是生物钟）。他也可能通过告诉自己犯困是对无聊的正常反应，来合理化自己在会议中或课堂上为保持清醒而做的挣扎（Van Dongen et al.，2003）。但事实上，对无聊的正常反应是坐立不安，而非犯困（除非一个人睡眠不足）。

由于昼夜节律，你的生物钟会使你在一天中的某些时刻感到相对警觉，从而出现预定的有规律的觉醒周期（即使你没有足够的睡眠）。但是，如果你有长期的睡眠债，你永远也不会像通过几晚良好的睡眠偿还了睡眠债后那样警觉和高效（Van Dongen et al.，2003）。睡眠债会影响你的生活：睡眠剥夺会导致体重增加，还会导致寿命缩短（National Institute of Medicine，2006）。此外，就像 2010 年印度的一架客机坠毁事件一样，睡眠债有时会以悲剧的形式得以

"偿还"——机上 158 人全部遇难，飞行员在控制台前睡了将近两个小时，在着陆前才醒过来，而且由于头昏眼花而无法做出正确的判断，飞机冲出了跑道，最终炸成了一团火球（Athrady，2010）。

我们应该特别关注的是这个事实：睡眠剥夺对认知和运动功能具有毁灭性的影响（Pilcher & Walters，1997）。根据威廉·德门特的说法，它"让你变得愚蠢"（Dement & Vaughan，1999，p. 231）。一项研究刚好展示了它会让人变得多么"愚蠢"，该研究剥夺了一组志愿者的睡眠，并向另一组志愿者提供了足够的酒精，让他们喝到法定的醉酒状态（其血液中酒精的含量达到 0.1%）。在 24 小时未睡后（就像通宵准备考试一样），困倦的志愿者在思维和协调测验中的表现并不比醉酒组好（Fletcher et al.，2003）。你认为在实习医师和住院医师中，如此普遍的长期睡眠剥夺会对医生的表现有什么影响？

通过回答下面"试一试"版块中附带的问题，查明你是否有足够的睡眠。

试一试 ▶▶▶ 你需要多少睡眠

许多大学生都长期处于睡眠剥夺状态。因为他们的日程中挤满了学习、工作和社交活动，学生可能会说服自己，他们每晚只需要几小时的睡眠，并且事实上，大学生平均每晚只睡大约 6.8 小时（Hicks，1990）。

如果你曾在课堂上睡着，那么可能不是因为课程很无聊。

睡眠太少真的会让你在课堂上的表现有所不同吗？你怎么认为呢？

心理学家谢丽尔·斯宾韦伯（Cheryl Spinweber，1990）发现，睡眠不足的本科生成绩低于睡眠充足的本科生。最近的研究还表明，睡眠剥夺会导致体重增加：每晚睡眠少于 7 小时的人有很高的肥胖率（Harder，2006）。

如何判断你是否需要更多的睡眠呢？请如实地回答以下问题：

1. 你是否经常在课堂上犯困？
2. 你在周末睡得晚吗？
3. 你在无聊的时候通常会犯困吗？
4. 你是否会经常在看书或看电视时睡着？
5. 你通常会在躺下后 5 分钟之内睡着吗？
6. 你早晨醒来时是否会感觉没有休息好？
7. 如果不用闹钟把你从床上叫起来，你会睡过头吗？

你对这些问题的回答是什么（是或否）？

如果你对这些问题中的任何一个回答"是"，那么你很可能就有睡眠不足的问题。你可能会在学习质量和学习成绩方面付出代价。如果你开车的话，那么你可能还会将你的生命置于危险之中。

8.6 做梦：夜晚的盛会

学习目标：
评价梦的内容、其与现实生活的相关性、产生的原因、生理机能和作用。

你生命中的每一个夜晚，都会有一系列令人叹为观止的事件在你的梦里上演。是什么引起了这些荒诞不经的认知奇观呢？如果梦真有什么含义，那么它们到底意味着什么呢？正如我们之前所看到的，现在睡眠科学家已经知道，梦在整个夜晚都会有规律地发生，最常见于快速眼动睡眠期间。他们还知道，大脑的哪些部分控制着梦，尤其是脑干的部分区域。有关这一睡眠阶段最为神秘的问题仍然是我们为什么做梦。

8.6.1 我们梦见了什么

数十年来的研究，为揭示我们做梦的内容以及我们日常的经历如何影响我们梦的内容提供了重要见解。我们了解到了什么？这些认识如何与我们自己做梦的经历联系起来？

梦因文化、性别和年龄而异 文化对梦的内容的影响会以各种不同的方式表现出来。

- 来自西非国家加纳的报告告诉我们，该地区的人做的梦经常以被牛攻击为特征。
- 美国人则经常在他们的梦里因自己在公共场所赤身裸体而感到尴尬，即使这样的报告很少出现在有"单薄"着装文化的地区。
- 相较于欧洲籍美国大学生，墨西哥籍美国大学生的梦里更常出现死亡的画面。这可能是因为在拉美文化里，死亡是他们生活中更重要的一部分。

总体来说，跨文化研究为罗莎琳德·卡特赖特（Rosalind Cartwright，1977）的假说提供了支持。该假说认为，梦反映了做梦者重要的生活事件。

睡眠科学家还了解到，梦的内容会受年龄和性别的影响。儿童比成年人更可能梦到动物，并且他们

相较于盎格鲁血统的美国大学生，墨西哥籍美国大学生的梦里更常出现与死亡相关的画面。这可能是因为死亡是墨西哥文化中较为突出的一部分，我们可以从其死亡纪念日所使用的图片中看出这一点。

梦中的动物更可能是大型的、有威胁的野生动物。相反，大学生梦到的通常是小型动物、宠物和驯化的动物。这可能是因为孩子们感到他们对自己世界的控制力要远小于成年人，因此当他们睡觉时，会看到世界被描绘成更恐怖的画面（Van de Castle，1983，1994）。

世界各地的女性都会经常梦到孩子，而男性则会经常梦到侵略、武器和工具（Murray，1995）。并且，美国女性比她们的男性同伴更可能成为公平的做梦者：在梦的研究人员卡尔文·霍尔（Calvin Hall）收集的超过 1800 个梦的样本中，女性会同时梦到男性和女性，而男性梦到男性的频率是他们梦到女性的两倍。霍尔还发现，梦中角色之间敌对的关系要远多于友好的往来，并且三分之二的情绪性的梦都具有消极情绪的性质，如愤怒和悲伤。

梦与最近的经历 梦的内容往往与我们最近的经历以及在前一天所想的事情相关。但奇怪的是，如果你故意不去想某件事情，那么它更可能会突然出现在你的梦里（Wegner et al.，2004）。因此，如果你整天都在担心你的工作，或者想要忘记它，你今晚就很有可能会做有关工作的梦，特别是在你第一个快速眼动睡眠期间。

因此，一般晚上的第一个梦会与前一天的事情相关。在第二个快速眼动睡眠期间（90 分钟后）的梦常常建立在第一个快速眼动睡眠期间出现的梦的主题

上。整个晚上都是这样，就像一个不断演变的谣言从一个人传给另一个人：尽管最后出现的梦可能和前一天的事情有联系，但这种联系已经很遥远了。因为晚上的最后一个梦是最有可能被记住的，所以我们可能意识不到其与前一天所发生的事的联系（Cartwright，1977；Kiester，1980）。

8.6.2　我们为什么会做梦

既然我们已知道了人们会梦到什么类型的事情，现在，让我们研究一下做梦的目的是什么。进化心理学家提出，梦可能为我们提供了安全的机会来演练处理危险情况的方法，但相关证据尚不明确（Franklin & Zyphur，2005）。有些认知心理学家认为，梦是有意义的心理事件，反映了做梦者心理世界中重要的事项或幻想。另一些认知科学家正在寻找梦和记忆的关系，甚至提出，梦能够帮助我们在生活中进行意义构建（Stickgold，2011）。但是也有人认为，梦根本没有任何意义，仅仅是睡眠时大脑的随机活动。让我们看一下各方在有关梦的意义的讨论中的立场。

梦的文化观点

- 在古代，以色列人把梦解释为来自上帝的信息。
- 与他们同时代的埃及人试图通过睡在供奉梦之神塞拉皮斯的神庙里来影响梦。
- 在印度，《吠陀经》描述了梦的宗教意义。
- 在中国，做梦带有一些冒险的元素。

古代中国人相信，做梦期间灵魂会在身体外游荡。因此，他们不愿意匆忙唤醒沉睡的人，免得灵魂找不到回身体的路（Dement，1980）。

从许多非洲和美洲原住民文化的角度来看，梦是清醒现实的延伸。因此，当传统的切罗基印第安人梦见被蛇咬伤时，他们会在醒来时接受适当的紧急治疗。同样，当一个非洲部落首领梦见英国时，他会订购一套英国服装；当他穿着新服装出现时，他的朋友们会祝贺他完成了这次旅行（Dement，1980）。

与这些民间观点不同，睡眠科学家以这样一个问题来走近梦：梦具有哪些生物学功能？最近，研究人员一直在关注梦的认知功能。

梦与记忆　关于梦，一些最令人兴奋的研究来自认知神经科学。例如，我们现在知道，快速眼动睡眠能帮助我们巩固记忆。当学生们学习一个困难的逻辑游戏时，那些享受了整晚快速眼动睡眠的人比那些在学习后被剥夺了快速眼动睡眠的人在第二天的任务中表现得更好（Smith，2004）。睡眠研究人员詹姆斯·马斯（James Maas）指出，事实上，在快速眼动睡眠期间，大脑会补充记忆网络中的神经递质。快速眼动睡眠可能有助于将新的经验编织到旧的记忆结构中（Greer，2004b）。

近期的研究表明，非快速眼动睡眠也会选择性地增强某些类型的记忆，尤其是对事实和位置的记忆（Miller，2007）。在哈佛睡眠科学家鲍勃·斯蒂克戈尔德（Bob Stickgold）的实验室里，一组学生在电脑上花一小时来解决一个复杂的三维迷宫问题，期间会反复地在迷宫中的新位置重新开始。他们的目标之一是找到并记住迷宫中一棵树的位置。接下来，一半学生小睡了一会儿，另一半学生则从事安静的活动。小睡者被从非快速眼动睡眠中唤醒，并要求报告他们的梦。没有小睡的人在相同的时间间隔里回答他们思考的问题。后来，当学生再次解决迷宫问题时，梦到迷宫的小睡者会比研究中的其他学生更快地找到这棵树（Bower，2010）。

梦是我们无意识的线索　与认知科学家用实验来研究梦的作用不同，一些心理学家（特别是精神分析学家）把梦归于西格蒙德·弗洛伊德提出的梦的理论。20 世纪初，弗洛伊德提出了有史以来最复杂、最全面的梦及其意义的理论。尽管这一理论缺乏科学证据，但它仍产生了巨大的影响（Squier & Domhoff，1998）。在这一观点中，梦代表了"通往无意识的康庄大道"，由一个人隐藏的精神生活的线索所铺就。对弗洛伊德来说，对梦的分析成为精神分析的基石，正如在他的经典著作《梦的解析》（*The Interpretation of Dreams*，1900/2015）中所描述的那样。

在精神分析理论中，梦有两个主要功能：

1. 守护睡眠（用符号伪装破坏性的想法）；

2. 作为愿望实现的源泉。

弗洛伊德认为，梦通过缓解白天产生的精神紧张来扮演守护者的角色，并通过允许做梦者透过无意识欲望进行不会导致伤害的工作，来完成其实现愿望的作用。

弗洛伊德对梦的**显性内容**（manifest content，梦的故事情节）和**隐性内容**（latent content，梦的象征意义）做出了重要的区分。因此，精神分析治疗师仔细检查他们的病人梦里的显性内容，寻找隐藏在潜意识中的动机和冲突的线索。例如，与性冲突有关的线索可能以长而硬的物体或容器的形式出现，在弗洛伊德的理论中，这些物体或容器象征着男性和女性的生殖器官。同样，一次离开或一次旅行可能代表死亡、损失或新起点。

你必须是一个受过训练的精神分析学家才能理解梦吗？不一定。在某些情况下，我们梦的显性内容与我们清醒时的生活有着很明显的联系。因此，象征意义只是稍作伪装。例如，一项研究发现，对离婚感到沮丧的人经常梦见过去的恋情（Cartwright，1984）。通过分析自己的梦的模式和内容，你也许能够解码自己梦中的许多形象和行为（Hall，1953/1966；Van de Castle，1994）。然而，我们必须强调，弗洛伊德对梦的隐性内容的解释几乎没有任何可靠的科学依据。

梦是大脑的随机活动 并不是每个人都相信梦

梦的显性内容和隐性内容之间的关系好比对艺术的诠释，例如，萨尔瓦多·达利（Salvador Dali）的《记忆的永恒》（*Persistence of Memory*）。在这里，柔软变形的时钟和其他超现实的图像代表了显性内容，而你对达利的画的意义的解释则是其隐性内容。

的内容是有意义的，特别是**激活合成理论**（activation-synthesis theory）认为，当睡眠中的大脑试图为其自发产生的活动赋予意义时，就会产生梦（Leonard，1998；Squier & Domhoff，1998）。在这一观点中，梦起源于睡眠中脑干发出的周期性的神经放电。当这种能量扫过大脑皮层时，睡眠者会体验到感觉、记忆、动机、情绪和运动的印象（理论中的"激活"部分）。尽管大脑皮层的激活是随机的，它产生的形象可能在逻辑上没有联系，但是大脑试图对它所接收的刺激赋予意义。为了做到这一点，它编织了一个连贯的故事，把这些随机电脉冲中的"信息"放在了一起（理论中的"合成"部分）。因此，梦只不过是大脑从无意义的内容中寻找意义的一种方式。

这一理论的最初支持者是 J. 艾伦·霍布森（J. Allan Hobson）和罗伯特·麦卡利（Robert McCarley），他们的观点基于这样的想法：大脑需要不断的刺激才能生长和发育（Hobson & McCarley，1977）。在睡眠中，大脑会阻断外界的刺激，所以快速眼动睡眠会出现，以提供来自内部的刺激。因此，梦的内容来自大脑的激活，而不是来自无意识的愿望或其他有意义的心理过程。尽管霍布森（Hobson，1988，2002）还声称，我们梦中的故事情节是被添加的"事后头脑风暴"，但他也确实承认，一个做梦者独特的激活合成可能仍然有一定的心理意义，它依赖于文化、性别、个性因素和近期所发生的事件的影响。

梦是创造性见解的源泉 即使霍布森和麦卡利是对的，即梦除了表明大脑试图从无意义内容中找到意义之外没有什么特别的意义，梦仍然可以成为创造性想法的源泉。事实上，如果我们没有从夜晚如此狂野但有时又很美妙的场景中获得灵感，那才是令人难以置信的。正如我们所看到的那样，作家、作曲家和科学家都已经这么做了。

"梦境探险家"罗伯特·莫斯（Robert Moss，1996）引用 19 世纪的生理学家赫尔曼·冯·赫尔姆霍兹（Herman von Helmholtz）的话，坚持认为做以下三件事可引起创造性的梦。

1. 让自己沉浸在自己感兴趣的问题或议题中。

2. 通过把注意力转移到轻松无关的事情上，让你的创造性想法得以酝酿。

3. 给自己时间去得到启示，突然灵光一闪，找到你所寻求的答案。

在 21 世纪，对这一观点的实证支持正在积累。在快速眼动睡眠期间，我们的大脑似乎已经准备好用以前没有想到的方式将想法组合在一起了。当人们从快速眼动睡眠中醒来并完成单词联想任务时，他们会产生比清醒时更多的新鲜、奇异的联想。而且，对于学习复杂数学问题的学生，一整晚的睡眠会使他们找到解决问题的新方法的机会翻倍（Stickgold & Walker, 2004）。仿佛我们正在进行快速眼动睡眠的大脑从我们清醒时的感受域中拓展出来，并利用这个机会尝试将想法进行新的组合，而这正是创造力的基础。

在下面的"试一试"版块中，尝试在梦中找到自己的创作灵感。

试一试　➡➡➡　在梦中寻找你的创作灵感

1831 年，瑞士一个阴雨绵绵的夏日，三位作家齐聚一堂，急切地互相挑战编鬼故事。然而，经过几天毫无灵感的努力，玛丽·沃尔斯顿·雪莱（Mary Wollstonecraft Shelley）很担心自己会空手而归。后来有一天晚上，随着这个问题在她的脑海中反复出现，她睡着了，过了一段时间醒来后，她的脑海里浮现出梦中那可怕的形象。她后来清楚地回忆起它们：

我的想象不请自来，如鬼怪附体般地引导着我……我看见一个面色苍白的学生，跪在他创造的东西的旁边，在亵渎圣洁的艺术。我看到一个面目狰狞的男人的幻象逐渐延伸出来，然后……表现出生命的迹象，以一种令人不安的、半死不活的动作动弹着……即使是"造物主"，也会惊恐万分地从他那令人作呕的作品边马上跑开。

第二天一早，她写下了这样一句话："那是在十一月的一个沉闷的夜晚……"就这样开始了她的"鬼故事"《弗兰肯斯坦》（Frankenstein）或《现代普罗米修斯》（The Modern Prometheus）的初稿。

你有没有想过你的梦可以成为你创作灵感的源泉？如果有，请尝试一下梦的研究人员罗伯特·莫斯提出的如下策略。

- 让自己想一位在你所从事的领域中令你敬佩的专家。

- 在你睡觉之前，想象你正在向这个人寻求帮助来解决你的问题；然后告诉自己去梦中寻找答案。

- 当你醒来时，快速写下或简要描述出所有你能回忆起的有关你梦到的内容。如果你什么都记不起来，那么就写下任何你所想到的内容。

- 找一个可以分享你的梦的朋友，让朋友倾听并提供非评判性的反馈，帮助你找出梦中的意义和形象的新见解。

- 之后，当你重温你的笔记时，你可能会发现你对解决问题的方法"有了明显的倾向"（Moss, 1996）。你后来对梦中想法的解释，可能会让你感到惊讶，因为你甚至不知道自己会在梦里得到启示。也许，如果你能创造性地控制你的梦，你就能创作出自己的小说，就像玛丽·沃尔斯·雪莱创作出《弗兰肯斯坦》那样。

心理学很有用 · · ·

睡眠障碍

有一亿多的美国人睡眠不足或睡眠质量差，你有这些问题吗？这些睡眠问题中有些与工作有关。例如，在上夜班的人中，超过一半的人每周至少打一次瞌睡！世界上一些最严重的事故（包括三里岛核电站和切尔诺贝利核电站的灾难性的辐射泄漏以及博帕尔核电站的大规模有毒化学物质的泄漏）都发生在深夜工人可能习惯于睡觉时，这绝非巧合。睡眠专家断言，许多事故的发生是因为关键人员由于睡眠不足而无法以最佳状态行使职责，正如我们在 2010 年印度坠机事件（Dement & Vaughan，1999）中所指出的那样。

除了这些与工作有关的睡眠问题，睡眠研究人员的实验室还研究了几种临床上的睡眠障碍。有的很常见，有的既罕见又奇葩。有些是相对温和的，有些则可能危及生命。将它们联系在一起的一个要素是正常睡眠周期的一个或多个部分的紊乱。

失眠（insomnia）通常是当人们对自己的睡眠量感到不满意时的诊断。其症状包括长期无法快速入睡、在睡眠中频繁醒来或者在凌晨醒来。失眠症患者约占所有成年人人数的三分之一，这使其成为最常见的睡眠障碍（Dement & Vaughan，1999）。

不过，偶尔失眠是正常的，尤其是当你的头脑里有令人兴奋或担忧的事情时。请不要担心：除非你尝试用巴比妥类药物或非处方"安眠药"来处理这个问题，否则这些事件不会带来特别的危害。这些药物会通过缩短快速眼动睡眠周期来扰乱正常的睡眠周期。因此，它们实际上会加重失眠的影响，会使用药者感到休息不足、更加困倦。新一代治疗失眠症的处方药（你在电视上看到过大量的广告）似乎避免了许多此类问题，尽管长期使用的研究仍在进行中（Harder，2005）。

而失眠反弹和早晨的昏睡等副作用仍然困扰着一些用药者。还有一种方法是采用认知行为疗法进行心理治疗，它在帮助人们学习避免失眠的有效策略方面取得了明显的成效（Smith，2001）。

怎样才能避免失眠？你怎么认为？

你可以用多种方法来操控自己所处的环境，以便在夜里获得良好的睡眠。请考虑下面这些方法。

- 试着每天在相同的时间睡觉和起床。这有助于训练你的生物钟让你在可以睡觉的时候睡觉。
- 在你上床前把头脑中的烦恼清除掉。如果你在这方面有困难，可创建一本"忧虑日记"，你可以在睡觉前用它记下你的想法。合上本子，把它放到一边，提醒你自己，在一夜良好的睡眠后你可以更有效地处理所有的事情。
- 保持一个令人放松的睡眠环境。尽量避免在卧室进行争论或其他促使大脑活跃的活动。相反，要创造一个让你感到平静和安全的睡眠环境。借助经典条件反射，这将帮助你的身体将你的睡眠区域与放松联系起来，从而促进良好的睡眠。
- 培养帮助你放松的睡前习惯。例如，泡个热水澡或淋浴、冥想，或者听音乐来帮助你放松。
- 保持你的睡眠环境黑暗。光亮会让我们的身体清醒。
- 避免上床前看电视、在计算机或其他电子屏幕上工作。屏幕发出的蓝光会诱使你的大脑认为现在仍然是白天。睡前一小时关掉电子屏幕，同时调暗家里的灯，这将帮助你的大脑产生褪黑激素，从而帮助你入睡。

- 避免上床前暴饮暴食和过量饮酒，二者都会破坏你的自然睡眠周期。
- 有规律地锻炼，并在一天的早些时候锻炼。睡前几小时的剧烈的体育运动会抑制你快速入睡的能力。

睡眠呼吸暂停

另一种常见的疾病——**睡眠呼吸暂停综合征**（sleep apnea），常常不会被注意到，仅表现为白天嗜睡和睡眠同伴对其打鼾的抱怨。但在这类表现的背后，其真正原因是呼吸的异常。一个患有睡眠呼吸暂停综合征的人，会出现长达一分钟的呼吸暂停，每晚常常几百次（请不要担心，在夜间每小时短暂停止几次呼吸是正常的）。通常，这是由于睡眠者的肌张力放松导致喉咙里的气道塌陷。结果形成了睡眠呼吸暂停的第二个主要症状：频繁地大声打鼾。患者每次缺氧并试图通过塌陷的气道获得空气时都会发出鼾声（Seligson，1994）。当呼吸停止，睡眠者的血氧水平骤降时，身体的应急系统就会启动，导致应激激素在身体中流动。在此过程中，睡眠者会短暂醒来，再次开始呼吸，然后又睡着。因为这种情况大多发生在深度睡眠中，患者通常对这段经历没有记忆。

如果睡眠呼吸暂停的患者及其家人和同事没有认识到问题的本质，他们可能就会将其注意力不集中或犯困等白天不正常的行为解释为懒惰或疏忽。这可能不仅会破坏人际关系，而且睡眠呼吸暂停还会产生有害的生物效应，包括损伤脑细胞与使血压升高，而这会向血管和心脏施加达到危险水平的压力（Gami et al.，2005）。

早产儿偶尔会出现睡眠呼吸暂停发作，他们可能需要身体刺激才能重新开始呼吸。此外，让小孩趴在床上睡觉会加重睡眠呼吸暂停出现的概率（睡眠科学家强烈建议"仰卧睡眠"）。显然，这个问题可能是致命的，它是婴儿猝死综合征（Sudden Infant Death Syndrome，SIDS）的一个可能原因。"早产儿"睡觉时必须与呼吸监护仪保持连接，直到他们发育不完全的呼吸系统变得成熟。相反，对于患有睡眠呼吸暂停综合征的成年人来说，并不需要过于担心自己会永久性呼吸暂停。对他们来说，治疗的重点是减少每晚数百次发作的呼吸暂停。这通常要借助一种设备来实现，该设备可以将充足的空气泵入肺部，并在睡眠时使气道保持畅通。

夜惊（night terrors），主要发生在儿童身上，不会对健康造成威胁，尽管它可能会使人很痛苦。夜惊发作通常会表现为一个看起来吓坏了的孩子在尖叫，这个孩子实际上处于睡眠状态的第四阶段，很难醒来。最后惊醒时，孩子可能仍然会感到害怕，但却对什么样的心理事件导致夜惊没有具体的记忆。事实上，受其困扰的家庭成员可能会比孩子更难忘记这一经历。大多数经历过夜惊的孩子，通常到青春期就会自愈。

与各种各样的噩梦不同，夜惊发生在深度睡眠而非快速眼动睡眠期间。在这个方面而言，它们像梦游、说梦话和遗尿一样，都发生在第四阶段。所有这些情况似乎都有遗传的影响。它们本身并不构成危险，不过梦游者可能会不小心从窗户上爬出来，或者走入繁忙的街道，所以有必要采取一些预防措施（顺便说一句，叫醒梦游者是危险的，这一说法不是真的）。在大多数情况下，梦游和夜惊在成年后会减少或消失。但如果它们带来持久的慢性问题，那么这个人的症状应该由睡眠专家进行评估。遗尿通常可以通过一个简单的行为改变程序来改善，该程序使用一个带有内置警报的垫子，会在潮湿时发出警报。

发作性睡病

发作性睡病（narcolepsy，也称嗜睡症）是最不寻常的睡眠障碍，它会导致人们白天突然睡眠发作，通常没有任何预兆。但这并不是普通的昏昏欲睡。这些睡眠发作是如此突然，以致发作性睡病患者会报告说在爬梯子时或在6米深的水下潜水时睡着了。发作性睡病发作之前患者也可能会突然失去对肌肉的控制，这种情况被称为猝倒。

奇怪的是，任何令人兴奋的事情都会引发发作性睡病发作。例如，这些患者常常报告说，他们在为一个笑话开怀大笑时睡着了，甚至在做爱时睡着了。显然，发作性睡病是危险的，还对亲密关系不太好。

把这些碎片拼凑起来，我们发现，发作性睡病是快速眼动睡眠障碍的一种（Marschall，2007）。具体来说，睡眠记录显示，发作性睡病患者的睡眠有一个不正常的快速眼动期；也就是说，发作性睡病患者在睡眠开始时进入快速眼动睡眠，而不是像平常那样等待90分钟才开始进行快速眼动睡眠。你可能已经猜到了，伴随的猝倒仅仅是

快速眼动的睡眠性麻痹。

针对有发作性睡病的动物的研究表明，这种疾病是由影响脑干中睡眠控制回路的一个遗传问题造成的。最近的研究表明，这是由于下丘脑产生的一种化学物质下视丘分泌素供应的减少造成的（Harder，2004；Marschall，2007）。到目前为止，这种疾病尚无法治愈，但某些药物可以减少睡眠发作和猝倒的频率。既然我们知道是生物学的原因，发作性睡病患者就不应再被送去接受心理治疗，去寻找那些曾经被认为是疾病基础的无意识冲突。

那么，如果你怀疑自己有睡眠障碍，例如，慢性失眠、睡眠呼吸暂停综合征或发作性睡病，你该怎么办呢？你应该先找睡眠专家进行评估。许多医院都有睡眠障碍门诊，你的医生或临床心理医生可以给你推荐。

关键问题：
还有什么其他形式的意识

核心概念 8.3

当通过心理、行为或化学方法改变正常意识的某些方面时，意识状态就会改变。

孩子们通过倒立或转圈来寻找头晕目眩的感觉。你可能会从惊险的主题公园游乐设施或跳伞中找到类似的感觉。但是，我们为什么要做这些奇怪的事情呢？一种观点（Weil，1977，p. 37）认为："人类与生俱来就渴望体验各种不同的意识形式，而不仅仅是正常清醒的意识；从很小的时候，儿童就开始试验改变意识的技术。"因此，睡眠、梦、幻想和激动人心的经历为日常意识体验提供了引人入胜的替代选择。

心理技术（如催眠和冥想）也可以改变意识。药物也是如此，有些人用药物来改变他们的意识状态。在这一部分，我们将探讨意识的这些改变，并找到将

这些改变的意识状态联系在一起的主题。正如我们的核心概念所述：

> 当通过心理、行为或化学方法改变了正常意识的某些方面时，意识状态就会改变。

这个概念具有一个重要的含义，即改变的状态不涉及神秘或超自然现象这种有违理性的解释。相反，改变的状态是对普通意识的改造，我们可以用科学的工具来研究。那就从我们所知道的催眠开始。

本部分导读：

8.7 描述催眠的过程和实际应用。

8.8 概述冥想的文化观点和作用。

8.9 讲述不同类型精神药物的作用。

8.7　催眠

学习目标：

描述催眠的过程和实际应用。

卡通片常弄错催眠这件事！催眠师的眼睛和指尖都不会发出奇异迷人的光线，使被催眠者进入顺从的昏迷状态。一个来回摆动的闪光饰物也不具有控制人们思想的能力。一个更准确的情景描述是，催眠师发出暗示，以促进被催眠者专注和放松（Barber，1976，1986）。很快，被催眠者似乎睡着了，但他能听到暗示并执行请求。这一真实的描绘可能与卡通片中的形象一样具有戏剧性：在某些情况下，处于催眠状态的个体会展现出惊人的能力，可以忽略痛苦，记起被遗忘已久的细节，并产生幻觉。但是，哪些心理过程会使这些事情发生呢？

催眠一词源于希腊睡眠之神修普诺斯（Hypnos）。然而，EEG 记录告诉我们，普通的睡眠在催眠中不起任何作用，即使被催眠的人看起来可能处于一种放松的、类似睡眠的状态。事实上，催眠状态并不存在独特的 EEG 特征。大多数权威人士将催眠定义为一种意识状态，其特点是深度放松、高度易受暗示和注意力集中。

当被深度催眠时，一些人对暗示的反应会伴有知觉、记忆、动机和自我控制感上的巨大改变（Orne，1980）。舞台催眠师可以让精心挑选的志愿者像鸭子一样嘎嘎地叫，或者让他们看起来很享受酸苦柠檬的味道。之后，人们经常报告说，他们会对催眠师的暗示体验到更强的反应，并且在没有意图或意识努力的情况下完成一些行为。但所有人都是可以被催眠的吗？

8.7.1　可催眠性

戏剧性的催眠舞台表演给人的印象是催眠的力量在于催眠师。但真正的主角是被催眠的人。催眠师更像一个有经验的向导，指明道路。有些人甚至可以通过自我实施的暗示来诱导催眠状态，从而学会自我催眠。

达到催眠状态的一个最重要的因素是感受性。专家称之为**可催眠性**（hypnotizability），并通过个人对标准化暗示的反应来测量。不同个体的感受性各不相同，从对任何暗示完全没有反应到对几乎所有暗示都有反应。一个可催眠性高的人会对摆动手臂、四处走动、体会幻觉、忘记重要记忆的暗示做出反应，并对痛苦刺激不敏感。而且，我们应该补充一点，因为催眠涉及高度易受暗示，任何通过这种方式获得的"记忆恢复"都是高度可疑的。

可催眠性也取决于年龄。在成年人中，只有 10%~15% 的人具有高度可催眠性，却有高达 85% 的儿童可被深度催眠（Blakeslee，2005）。图 8-8 显示了大学生在第一次接受催眠诱导测试时达到的不同程度的可催眠性的百分比。例如，催眠师会通过说"你的右手比空气轻"来测试一个新的被催眠者对暗示的接受程度，并观察被催眠者是否会抬起手臂并尝试使其悬浮。得分高的人比得分低的人更有可能体验到疼痛缓解或催眠镇痛的效果，并对催眠暗示做出反应，体验到知觉扭曲。

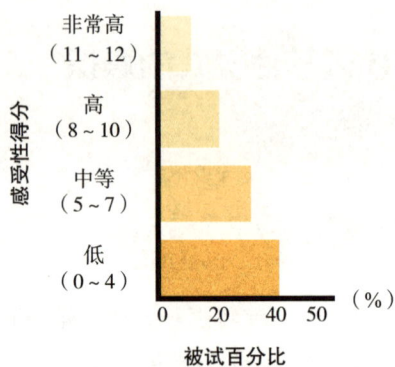

图 8-8　首次诱导达到的催眠程度

注：这张图显示了 533 名被试在第一次催眠中的表现（用 12 项斯坦福催眠感受性量表测量可催眠性）。

8.7.2　催眠是一种独特的意识状态吗

专家对催眠涉及的心理机制持不同意见（Kirsch & Lynn，1995，1998）。有些专家认为，催眠是一种独特的意识状态，与睡眠或我们正常的清醒状态完全不同（Fromm & Shor，1979）；其他专家则指出，催眠仅仅是易受暗示（Barber，1979；Kirsch &

Braffman，2001）。在后一种观点中，被催眠者并没有被迷惑，而仅仅是积极地集中他们的注意力和回应暗示。不过，还有第三种观点认为，催眠本质上是一种社会过程，包括角色扮演。在这一过程中，人们以他们所认为的被催眠者会怎样做来行动，这通常是为了取悦催眠师（Sarbin & Coe，1972）。将催眠作为一种"改变状态"的批评者支持这一观点，他们指出，没有被催眠的人也可以重复做看似惊人的壮举，例如，成为两把椅子之上的"人体板"。

"人体板"是最早的舞台技巧之一，由表演者用于假装催眠人。

研究人员欧内斯特·希尔加德（Ernest Hilgard，1992）起初提出了一个非常有趣的观点，将催眠描绘为一种分离的状态。他认为，人的头脑中包含一个"隐藏的观察者"，与正常意识并行运作。希尔加德表示，尽管那些被催眠的人说，当他们把手放在冰水里时，他们不会感到疼痛，但是当被告知"如果你的某个部位确实感到疼痛，请举起你的右手食指"时，他们会做出肯定的反应。希尔加德认为，对疼痛感觉的注意会被转移到"隐藏的观察者"身上，使得正常意识对此一无所知。

最后，认知观点提出，催眠涉及自上而下加工（top-down processing）的转变；也就是说，思维是由期望和心理意象驱动的，而不是由输入的刺激所驱动的。因此，人们被催眠是因为他们想要或期望被催眠，所以他们专注于表达和实现催眠师试图唤起的反应。为了验证这一观点，神经科学家阿米尔·拉兹（Amir Raz）和他的同事们通过催眠的方式暗示志愿者"忘记"如何阅读，从而改变志愿者的自上而下加工。脑部扫描显示，这一暗示使他们大脑中解码单词的部位暂时失活（Blakeslee，2005；Raz et al.，2002）。

为了支持催眠会在大脑中产生完全的自上而下的转变这一观点，另一项研究暗示被深度催眠的志愿者，他们正在触碰令人不舒服的热金属。结果会发生什么？他们大脑中与疼痛知觉相关的部位会被"点亮"，并且该模式与对照组的大脑扫描中发现的模式相同，而对照组真的触碰了一根 48.9 摄氏度的金属棒（Derbyshire et al.，2004；Winerman，2006b）。

这些观点中有共同点吗？也许所有观点都触及了一点真相。也许，催眠像正常的清醒状态一样，会包含各种分离的状态、增强的动机、转变的期望和社会互动的过程。

8.7.3 催眠的实际应用

抛开舞台技巧不谈，催眠有什么好处吗？

- 由于催眠对有些人的心理和生理机能都有着强大的影响，因此，催眠对于研究身心关系的研究人员来说是一个很有用的工具（Oakley，2006）。

- 实验者利用催眠状态下的正常被试，可以诱发暂时的精神状态改变，如焦虑、抑郁或幻觉，而不必寻找已经有这些问题的个体。例如，在一项与听力丧失相关的心理问题的研究中，研究人员给予大学生双耳失聪的催眠暗示，这些学生报告感到偏执和被排斥，因为他们听不到其他被试在说什么，并且认为其他被试是在故意小声议论且将其排斥在外（Zimbardo et al.，1981）。

- 催眠也有助于心理治疗。例如，它对患有恐高症或蜘蛛恐怖症的人的脱敏治疗来说，会是一个有效的工具。

- 它也可以是对抗压力的放松训练计划的一部分。

- 此外，治疗师发现它有助于消除难以克服的行为，如吸烟。在这种情况下，经常使用的技术是植入催眠暗示，以减少患者对尼古丁的渴望（Barnier & McConkey，1998；Kihlstrom，1985）。

- 同样，治疗师也可以诱导患者忘记催眠期间或之前发生的事件，这一效应被称为催眠后遗忘。
- 最后，催眠在疼痛管理中的作用日益增强，特别是对那些可能会有麻醉风险的手术（Nash，2001；Patterson，2004）。

然而，请务必注意，并不是每个人都能被催眠到足够深，达到有效缓解疼痛的程度（Callahan，1997）。尽管如此，催眠会使一些患者得以接受治疗，若没有催眠，这些治疗会引起剧烈的疼痛（Finer，1980）。在某些情况下，催眠的镇痛作用会比针灸、阿司匹林、安定、甚至吗啡都更有效（Stern et al.，1977）。在随机实验研究中，催眠可以减少多种情况下的疼痛，包括转移性乳腺癌患者、牙齿过敏患者和身体遭受创伤的幸存者等（Nash & Tasso，2010；Patterson et al.，2010）。慢性疼痛的情况如关节炎、肌痛和头痛，也可以通过催眠得到有效治疗（Patterson，2010）。

催眠如何产生止痛效果？希尔加德的"隐藏的观察者"是一种可能的解释。而其他科学家采用更偏生物学的方法来回答这个问题。尽管我们可以排除一种解释，但目前还没有一个被普遍接受的解释。实验已经证实，类阿片的内啡肽可以被用于解释安慰剂的止痛特性，却无法解释催眠镇痛（Grevert & Goldstein，1985）。目前，我们会认可催眠是一种有价值的工具，尽管关于催眠是如何改变意识的还有很多问题有待进一步探究。

8.8 冥想

学习目标：
概述冥想的文化观点和作用。

传统心理学和亚太文化中的许多宗教都使用冥想（meditation）的形式来引导人们的意识远离世俗的

忧虑和诱惑。虽然冥想的目的各不相同，但许多练习者都会寻求某种形式的精神启蒙，以及自我认识和幸福感的增加。冥想者会使用各种各样的技巧，但通常以专注于重复的行为（如呼吸）开始，呈现某些体式（瑜伽体式），并尽量减少外部刺激。冥想可以持续几分钟到几小时，以获得一种放松的状态，改变脑电波和脑密度，降低血压，减少压力激素，还可能会产生新的见解。

8.8.1 冥想的文化观点

将冥想视为一种改变的意识状态可能反映了一种特别的西方世界观，因为亚洲人有关心灵的信仰通常不同于西方人（Austin，1998；Rosch，1999）。例如，在佛教徒看来，冥想会更准确地捕捉现实。

与冥想在亚太地区的悠久历史形成鲜明对比的是，冥想只是在近年才被心理学作为科学研究的对象而受到重视的。抛开精神层面不谈，早期的研究表明，冥想在许多方面都与休息类似，因为它减少了身体唤起的各种迹象（Morrell，1986）。然而，较新的研究发现，大脑中有与冥想相关的一系列具有争议性的变化，这些变化反过来可能会影响共情、注意、自我意识和精神压力。

8.8.2 冥想的作用

有经验的冥想者表现出与积极情绪相关的脑电波模式，特别是额叶的活动（Davidson et al.，2003；Kasamatsu & Hirai，1966）。其他研究将冥想与血压和应激激素的良性变化联系起来（Seeman et al.，2003）。研究还发现，冥想能使人放松和减少焦虑，尤其是对那些在充满压力的环境中生活和工作的人（Benson，1975；van Dam，1996）——尽管一些设有对照组的研究表明，冥想并没有比其他放松技巧更有效（Toneatto & Nguyen，2007）。冥想似乎还能在注意和问题解决方面产生至少是短期的效益（van den Hurk et al.，2010）。一项首开先河的研究利用核磁共振扫描研究了为期八周的冥想训练前后的人们的大脑，探索大脑中发生了什么过程可以解释这些发现：与对照组相比，冥想者海马、额叶的部分区域以及与学习、记忆、共情和注意相关的大脑区域在大小上都有所增加（Hölzel et al.，2011）。而且，冥想者的**杏仁核**密度一般会变小，这为冥想在减压中的作用提供了线索。

总体来说，冥想是一种帮助人们放松、减压、脱离世俗忧虑的有效方法，而且可能会改善人的认知功能。它还会产生有益健康的身体变化。越来越多的医学和心理学从业者都试图理解它，并试图利用它达到治疗的目的（Barinaga，2003）。但是，冥想是否比其他（心理、生理或精神）技术更具优势，还有待于未来研究的发现。

8.9 精神药物状态

学习目标：

讲述不同类型精神药物的作用。

几千年来，人类一直在使用酒精、鸦片、大麻、麦司卡林、可卡因、咖啡因和其他药物来改变他们对现实的日常感知。尤其是在压力之下，在全世界范围内总有人会为了消遣、放松或仅仅为了逃避日常生活的烦恼而服用药物。有些药物（如致幻剂）是为了追求幻觉而使用的；其他药物（酒精就是一个例子）可以作为"社会润滑剂"来帮助人们对彼此感到舒适；还有一些药物被那些寻求兴奋感、"嗡嗡声"、宁静状态甚至昏迷的人使用。如果说这些药物真有什么共同之处，那会是什么呢？

在某种程度上，所有**精神药物**（psychoactive drug）都会损害我们通常用于做决定的大脑机制（Gazzaniga，1998a）。此外，最为广泛滥用的药物，如可卡因、海洛因、大麻和甲基苯丙胺等，都会刺激大脑的"奖赏回路"。从进化的角度来看，我们的大脑是为了在帮助我们的祖先生存和繁衍后代的多种物质（如甜食或高脂肪食物的味道）中寻求快乐而形成的。可卡因、海洛因和安非他明利用这些相同的机制欺骗大脑产生强烈、直接和愉快的信号，使我们的身体错误地认为这些物质对我们是有"好处"的（Nesse & Berridge，1997）。

8.9.1 药物使用的趋势

文化思潮对用药行为具有广泛影响。从 20 世纪 60 年代和 70 年代的美国可以清楚地看到这一点，当时美国进入了一个消遣性药物和其他致幻技术的试验时期。来自急诊室、缉毒和调查研究等几个来源的数据都表明，自 20 世纪 90 年代以来，非法毒品的使用在总体上有所下降。如今，尽管美国有近一半的成年人都接触过毒品，但在 2017 年，只有大约 15% 的人使用过非法药物。目前，大麻仍然是最常见的，并且占美国非法药物使用量的一半以上（尽管许多州最近的法律都规定大麻是合法的）。消遣性使用处方药（如维柯丁和盐酸羟考酮）的比率约占 30%，可卡因和致幻剂各占 10% 左右，也就是说，大约 75 个美国人中就有一个人曾使用过后两种药物。然而，酒精和烟草的受欢迎程度远远超过了非法药物：美国有大约三分之二的成年人饮用酒精饮料，有大约四分之一的人使用烟草制品（Substance Abuse and Mental Health Services Administration，SAMHSA，2010）。

在美国，吸毒的年龄也不同，吸毒高峰出现在 18 岁到 20 岁之间。随着年龄的增长，吸毒人数稳步下降，但也有一个奇怪的例外：最近的数据显示，自 2002 年以来，在 50 多岁的美国人中吸毒的人数增加了一倍多。专家解释说，这一反常现象是婴儿潮的那代人涌入这个年龄段的结果，那一独特年代的美国人在吸毒文化中长大，而且似乎从来没有放弃这种文化（SAMHSA，2009）。

在美国的青少年中，有些药物的使用正在减少，而另一些药物的使用则在增加（见图 8-9）。

在美国，吸烟率处于近 35 年来的最低点，但青少年仍然面临着同样的尼古丁风险，因为电子烟和水烟的使用量越来越多。事实上，在短短一年的时间里，初中生和高中生使用电子烟的人数增至原来的三倍，而使用水烟的学生人数是前一年的两倍多（Centers for Disease Control and Prevention，2015）。因此，总体来说，尼古丁的使用并没有减少，研究人员仍然为它对青少年大脑发育的影响及其成瘾性感到忧

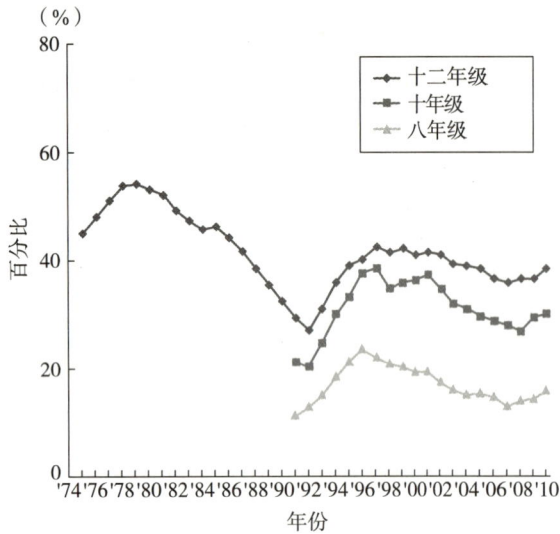

图 8-9　年度非法药物使用指数的趋势

注：此图显示了美国青少年报告使用非法药物的百分比。

虑。酒精的使用（包括酗酒）在减少，致幻剂、可卡因和甲基苯丙胺的使用也在减少。MDMA（摇头丸）的使用（在 2010 年之前的几年里大幅上升后）已经恢复到每 20 个高中生中就有 1 个曾用过这种毒品的水平。在过去几年间，非处方使用维柯丁和奥施康定的人数也在急剧下降。大麻的使用保持稳定，只有不到一半的高中生在他们生活中的某个时刻使用过大麻（见图 8-10）。

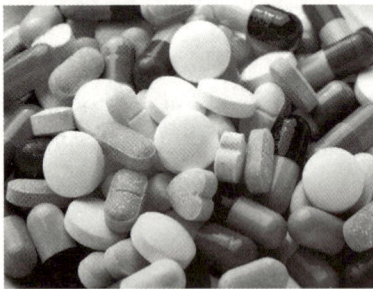

图 8-10　药物使用的趋势

药物分类、用途和作用概述　现在，让我们更深入地了解一下最常用和最易被滥用的精神药物，将它们分为以下几类：致幻剂、阿片类药物、镇静剂和兴奋剂（见表 8-1）。总体来看，每一类药物对思维和大脑的作用都是相似的。

8.9.2　致幻剂

　　致幻剂（hallucinogens）这类药物通过改变知觉、制造幻觉、模糊自我和外部世界之间的界限来产生意识的变化。例如，一个正在体验致幻剂效应的个体可能在听音乐时突然感到自己正在创作音乐，或者音乐来自体内。大多数致幻剂在大脑中作用于神经递质 5- 羟色胺的特定受体部位（Jacobs，1987）。

　　常用的致幻剂包括麦司卡林（由一种仙人掌制成）、赛洛西宾（由蘑菇制成）、LSD 或麦角酸和 PCP（也称为苯环己哌啶或"天使粉"）。LSD 和 PCP 都是化学实验室生产的合成药物。PCP 一直是使用致幻剂的年轻人的最爱，直到有传言说 PCP 的作用强度和持续时间是不可预测的。这种药物会产生一种奇怪的游离反应，使用者会觉得自己的部分人格被剥离或消失了。使用者可能会对疼痛感到困惑或麻木，当使用剂量较大时，会出现痉挛甚至死亡。

　　大麻（或者大麻合成物质）来自大麻植物（用于制造绳索和毒品），主要作为一种致幻剂（然而，专家在某种程度上不同意对它的这一分类，因为它还具有兴奋剂和镇静剂的特性）。它的活性成分是 THC（四氢大麻酚），见于植物的干叶和花以及固化树脂（哈希什）中。

　　摄入 THC 的感受取决于吸食剂量和相对强度。

表 8-1　精神药物的特点

药物	医疗用途	使用者报告的常见作用
阿片类药物		
吗啡	止痛、止咳	兴奋感（"急促"）、安神、困倦
海洛因	在美国没有医疗用途	兴奋感、安神、困倦（比吗啡的作用更强）
可待因	止痛药，止咳药	兴奋感、困倦、变"傻"
美沙酮	海洛因成瘾的治疗	行动缓慢，阻止对海洛因的渴求
致幻剂		
麦司卡林	无	幻觉、感性；与LSD类似，但较少报告情绪反应
赛洛西宾	无	幸福感、知觉扭曲，比LSD引发的情绪强度低
LSD	无	幻觉，通常有情绪反应
PCP	兽医麻醉剂	身体形象扭曲、遗忘、不可预知的情绪反应、游离感（与外界隔绝的感觉）
大麻	减少化疗引起的恶心，减少眼部压力，可以减少癫痫发作和治疗疼痛	兴奋感，时间扭曲，强化感觉体验
镇静剂和抗焦虑药物		
巴比妥类	镇静、安睡、抗惊厥、麻醉剂	放松、镇静、兴奋感
苯二氮卓类	抗焦虑、安睡、抗惊厥、镇静剂	减轻压力和焦虑（"安神"）
氯硝西泮	在美国，没有医疗用途（在其他地方：镇静、麻醉、焦虑和失眠的治疗）	与其他苯二氮卓类相同，但持续时间较长；还有遗忘
酒精	消毒	放松、幸福感、认知和运动受损
兴奋剂		
安非他明	体重控制、治疗多动症、抵消麻醉	信任、精神能量、警觉、幻觉、偏执
甲基苯丙胺	无	和其他安非他明一样，但更强烈
MDMA（摇头丸）	无（最初是一种厌食剂）	兴奋感、潮热、知觉扭曲、兴奋
可卡因	局部麻药	与安非他明差不多，性唤起（慢性使用者除外），随着作用的消退（易怒、抑郁），情绪会发生剧烈变化
尼古丁	口香糖、戒烟贴片	兴奋作用、放松、专注、减少对尼古丁的渴求
咖啡因	体重控制，急性呼吸衰竭的兴奋剂，镇痛	兴奋作用、提高警觉和专注

小剂量可能会使人产生轻微的兴奋感，而大剂量可能会引起长时间的幻觉反应。与酒精不同的是，在使用者感到药物的影响已经结束时，它的作用仍可以持续数小时。令人愉快的效果包括知觉改变、镇静、疼痛减轻、轻度兴奋感，以及空间和时间扭曲，在某些方面与海洛因的作用相似（Wickelgren，1997）。依据社会背景和期望的不同，其作用还可能是由恐惧、焦虑和困惑组成的令人不悦的混合体。此外，大麻常常会造成暂时的记忆衰退及运动协调障碍。那些在其影响下工作或驾驶的人会承受更高的事故风险，而那些试图在其影响下学习的人很可能是在浪费时间。

一些习惯性吸食大麻的人在心理上对大麻的愉悦作用上瘾，对大麻的渴求很频繁，以至于干扰了其他爱好（包括学业或工作上的）。然而，与大多数其他精神活性物质相比，对这种药物产生身体依赖的可能性较低（Grinspoon et al.，1997；Pinel，2005）。

是什么使得这些药物产生致幻的作用呢？在大脑中，THC会引起多巴胺的释放，这表明它会影响大脑的奖赏系统（Carlson，2007）。神经科学家已在大脑的许多其他部位发现了大麻受体（Nicoll & Alger，2004；Wilson & Nicoll，2002）。这充分说明，大脑制造了自己的类 THC 化学物质，用它来调节信息流。因此，大麻和大麻麻醉剂似乎会利用大脑的自然化学作用来产生致幻的作用。那么它们能干扰思维和记忆也就不足为奇了，因为在涉及这些功能的通路中这类受体特别丰富。

进化的观点认为，大脑自身的大麻一定具有某些有益的功能。根据这一线索，一些神经科学家正在探索大脑中的"天然大麻"（更恰当的说法是内源性大麻素）对我们有何作用。并且希望最终能够开发出新的方法，来治疗与对 THC 反应的大脑区域相关的各种各样的人类疾病，这些脑区涉及食欲、疼痛、恶心和上瘾的神经回路。因此，研究可能通过开发药物来调节身体对自身内源性大麻素的使用，从而为肥胖、慢性疼痛、化疗引起的恶心和成瘾开发出新的治疗方法（Marx，2006；Nicoll & Alger，2004）。

目前，大麻有一些医学用途，特别是在治疗化疗引起的恶心、降低青光眼引起的眼压以及治疗某些癫痫疾病方面。然而，一些医生和病人不喜欢大麻引起的"兴奋"，认为这是大麻用于医疗时令人不快的一个副作用。最近，科学家们通过开发一种新型大麻解决了这个问题，这种大麻既能提供治疗效果，又不会产生传统上与大麻有关的致幻作用。CBD（**大麻二**

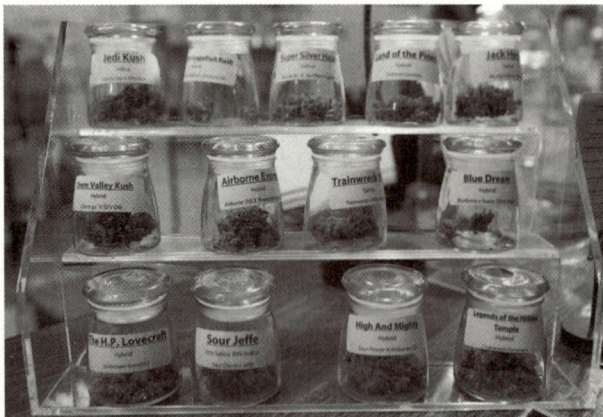

最近美国越来越多的州通过立法，将用于医疗或娱乐目的的大麻合法化。

酚）是大麻中的一种化合物，它与其伴生化合物 THC 在大脑通路中的运行路线不同，因此没有相同的精神作用（Fernández Ruiz et al.，2013）。通过选择性育种，种植者培育出了一种大麻，这种大麻的 CBD 含量很高，而 THC 含量很少或没有。

8.9.3　阿片类药物

另一类药物被称为阿片类药物，包括吗啡、海洛因和可待因，它们都是由罂粟制成的。这些都是高度成瘾的药物，会抑制生理感觉和对刺激的反应。因此，其中一些在医学上得到了广泛的应用，它们具有特别好的镇痛（止痛）特性，被用作止咳药，并有助于控制腹泻。

海洛因源于吗啡，最初是在 19 世纪的德国由拜耳公司（因阿司匹林而出名）开发的，但因它的成瘾性很高（比吗啡更高）而被放弃了。然而，对于静脉注射海洛因的人来说，这种毒品很有吸引力，因为在没有疼痛的情况下，它会给人一阵强烈的快感。令人惊讶的是，这些快感取代了所有的忧虑和对身体需要的觉知，尽管其对认知能力没有多大的改变。在服用海洛因后，使用者通常仍能正常交谈，思维清晰。不幸的是，一个人一旦开始注射海洛因取乐，他就很可能会严重上瘾。为了消除强烈的渴求和痛苦的戒断感，瘾君子必须经常吸食（至少每天一次）这使得维持这一习惯变得非常昂贵。

近年来，市场上出现了几种以阿片类药物为基础的药物，其品牌包括奥施康定、维柯丁、复方羟考酮和哌替啶。尽管其使长期使用者成瘾的可能性很高，但在医疗上，它们是有效的止痛药。遗憾的是，由于它们能够产生与其他阿片类药物相同的让人感觉良好的作用，所以也在被滥用。

与大麻一样，阿片在大脑中也有特定的受体部位。这些阿片受体的发现使人们认识到，大脑会制造自己的阿片即内啡肽（endorphins），以作为人体天然的镇痛剂或止痛药。这项研究鼓舞人们去寻求与阿片类药物具有相同止痛特性但没有成瘾性的药物。但到目前为止，这一愿望还未实现。

美沙酮是一种合成阿片类药物,可以口服而不用注射。它具有与海洛因基本相同的兴奋、镇痛和成瘾作用,但不会产生同样的"冲动",因为大脑中的药物效果增加缓慢。这一特点使得美沙酮在药物治疗方案中可以作为海洛因的替代品,即患者改用美沙酮,然后逐渐完全戒掉阿片类药物。

矛盾的是,在医疗监督下服用阿片类药物来控制疼痛的患者很少会出现高度成瘾。用于追求快感和控制疼痛时阿片类药物出现不同效果的原因尚不清楚。似乎疼痛的存在会导致阿片类药物影响大脑中除"奖赏系统"以外与快乐有关的部位。切实可行的观点是:合法和谨慎地使用医用阿片类药物来控制疼痛没有什么可怕的(Melzack,1990)。

8.9.4 镇静剂和抗焦虑药物

通过抑制中枢神经系统的活动来减缓精神和身体活动的一大类药物被统称为**镇静剂**(depressant,就"悲伤"的感觉来说,镇静剂并不一定会让人感到临床上的抑郁),它们包括巴比妥类药物(通常用于镇静)、苯二氮卓类药物(抗焦虑药物)和酒精(一种社交兴奋剂和神经系统抑制剂)。使用适当的剂量,这些药物可以减轻疼痛或焦虑的症状,但过度使用或滥用是危险的,因为它们会损害本能反应和判断,还可能使人上瘾。

- **巴比妥类药物**通常被用于安眠,会引导人入睡。然而,这样做的一个副作用是会干扰快速眼动睡眠。因此,使用者醒来时会感到昏昏沉沉,有可能出现严重的快速眼动睡眠反弹,让睡眠充斥着不愉快的梦。更糟糕的是,过量服用巴比妥类药物可能会导致意识丧失,有时是昏迷,甚至死亡。由于巴比妥类药物的致死剂量与引导睡眠或其他预期效果所需的剂量相对接近,因此很有可能会出现对巴比妥类药物的致命反应。酒精或其他镇静剂会增加意外过量的可能性,因为它们会增强对巴比妥类药物的抑制作用(Maisto et al.,1995)。
- **苯二氮卓类药物**通常用于治疗焦虑症,比巴比妥类药物更安全,可在不引起困倦或镇静的情况下减轻焦虑。因此,医生们常称之为"弱安定剂",其最有名和被广泛使用的处方包括安定和阿普唑仑。

虽然大多数苯二氮卓类药物相对安全,但它们会被过度使用和滥用。过量服用会导致肌肉协调性差、说话含糊不清、虚弱和易怒,而戒断症状包括焦虑加剧、肌肉抽搐和对声音和光线敏感。值得注意的是,消遣性吸毒者几乎从不服用苯二氮卓类药物,因为没有焦虑症的人通常不喜欢它们的效果(Wesson et al.,1992)。

酒精 另一种大脑镇静剂药物——酒精,是人类最早使用的精神活性物质之一。在它的影响下,人们有各种各样的反应,包括解除拘谨感。乍一看,这似乎有点自相矛盾:镇静剂怎么能让人不那么拘谨?实际上,酒精会抑制自我监控的大脑回路,该回路控制我们的思想和行为。结果会因环境和饮酒者的性格而不同,他们可能会变得更加健谈或安静、友好或苛责、精力充沛或心情沮丧。酒精的作用还取决于是否同时使用了其他药物,如 MDMA 或氯硝西泮(一种苯二氮卓类药物,具有强力安眠作用)等。使用者相信这类药物可以增强社会互动和共情,但它们的效果很容易失控,尤其是在与酒精结合使用时(Gahlinger,2004)。

小剂量的酒精可以引起生理上的放松,甚至可以略微改善成年人的反应时间。但只要稍微多一些,它就会损害协调性和心理加工能力(尽管有时饮酒者相信他们的表现已得到了改善)。此外,酒精很容易在体内积累,因为人体代谢酒精的速度可能不如摄入酒精的速度快。一般来说,人体分解酒精的速度只有每小时 30 毫升,短期内摄入的大量酒精会留在体内并抑制中枢神经系统的活动。当人体血液中的酒精含量仅仅达到 0.1%(血液的 1/1000)时,就会引发人们思维、记忆和判断力的缺陷,同时还会出现情绪不稳定和协调问题。在美国的一些地方,这种血液酒精含量已可认定司机达到法定的醉酒水平(事实上,美国大多数州都设定 0.08% 作为法定醉酒的标准）。

　　酿酒厂、啤酒制造商和葡萄酒生产商每年都要花费数百万美元来宣传酒精饮料的社会和个人效益。而且可以肯定的是，许多成年人都会谨慎使用酒精。然而，据估计，有 5%~10% 的美国成年人的过量饮酒行为已经到了危害他们的健康、职业、家庭和社会关系的程度。在某种程度上，这个问题深植于我们的基因中，但是遗传不是根本原因（Nurnberger & Bierut，2007）。人们酗酒通常是对社会压力的反应。最终，身体上的依赖、耐受和上瘾会发展为长期饮酒，这种饮酒通常是从大学校园里常见的狂饮开始的。当饮酒的数量和频率上升到会影响工作或学业表现，损害社会和家庭关系，并造成严重的健康问题时，饮酒行为就可以被诊断为酗酒（Julien，2007；Vallee，1998）。

　　酗酒是 1700 多万美国人的一个大问题（Adelson，2006；Grant & Dawson，2006）。酗酒不仅仅影响饮酒的个休，如果孕妇摄入酒精，那么这个行为还会影响胎儿，并且这是导致新生儿智力残疾的主要原因（Committee on Substance Abuse，2000）。酗酒也会影响到其他家庭成员：大约 40% 的美国人都知道酗酒对其家人的影响（Vallee，1998）。这一问题在白人男性和年轻人中尤其普遍，这还可能会致命：在 15~25 岁这一年龄段中，酒后驾驶是导致人们车祸死亡的主要原因。

8.9.5　兴奋剂

　　与镇静剂相比，**兴奋剂**（stimulant）能加速中枢神经系统的活动，其结果会提高脑力和体力活动水平，这就是为什么有的长途卡车司机在开车时会用它们来保持清醒。矛盾的是，兴奋剂也能提升专注并降低活动水平，特别对患有注意缺陷 / 多动障碍的多动儿童来说，医生也会给发作性睡病患者开这种药，以防止其意外出现睡眠发作。

　　娱乐性的兴奋剂使用者还寻求其他的效果，包括强烈的愉悦感，增加自信和兴奋感。

1. 可卡因是所有非法药物中对奖赏系统造成最大影响的药物（Landry，1997）。

2. 快克是一种特别容易上瘾的可卡因，能使人产生一种快速、愉悦的兴奋感，但也会很快消失。

3. 安非他明（通常称为"快速丸"）及相关药物的作用与可卡因相当。

　　在 20 世纪 90 年代的美国，这些药物中有一种特别臭名昭著并被称为冰毒的变种被广泛使用。使用"冰毒"会导致严重的健康问题，包括对大脑的物理伤害。

　　还有一种被称为 MDMA（摇头丸）的兴奋剂在"狂欢"文化中越来越流行，这种文化以创造愉悦感和与他人的亲近感而闻名（Thompson et al.，2007）。它还以能让用药者充满活力地跳几小时的舞而闻名，但有时会导致痉挛、死亡和其他的糟糕后果（Gahlinger，2004；Yacoubian et al.，2004）。摇头丸会导致血压和心率升高、发热（体温升高）和脱水。长期使用也会损害注意力、学习和记忆力，这可能是因为 5- 羟色胺的神经元受损（Levinthal，2008；Verbaten，2003）。

　　兴奋剂也有其他危害。大量服用安非他明和可卡因的人可能会出现可怕的幻觉和偏执妄想（这些症状也与严重的精神障碍有关）。而且，这些药物会让使用者的情绪像过山车一样从愉快兴奋到抑郁低落，导致用药频率和剂量的增加，很快会出现对此类药物的滥用并最终失控。"二手"用药者还有另一种风险：在子宫内接触到母亲血液中可卡因的儿童，出现认知问题、情绪困难和行为控制障碍的风险会增加（Vogel，1997）。

　　另外两种你甚至可能都不认为是精神药物的兴奋剂是咖啡因和尼古丁，然而它们对大脑的影响是迅速而强大的。两杯浓咖啡或茶就能提供足够的咖啡因，在 10 分钟内对心脏、血液循环和大脑信号产生可测量的影响。烟草烟雾中的尼古丁也会在几秒内产生类似的作用。这两种药物都会使人上瘾，而且两者都具有增强大脑释放天然的奖励性化学物质的作用。通过这种方式，尼古丁和咖啡因刺激大脑的奖赏通路进行反应，仿佛使用这些物质与有益的事情相关。幸运的是，就咖啡因而言，它对大多数人的副作用都很小。此外，咖啡因具有一个内置的"刹车"装置会因剂量高而限制其摄入，因为高剂量也会引起令人不舒服的类似焦虑的感觉。

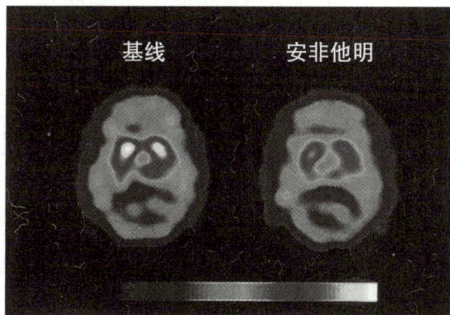

使用药物时，可以在 PET 扫描图像上看到大脑的变化。由于安非他明的影响，在大脑边缘系统的活动少了很多。

与咖啡因相比，尼古丁是一种危险得多的药物，原因有二。

1. 尼古丁具有高成瘾性。

2. 它与多种健康问题有关，包括癌症、肺气肿和心脏病。

事实上，吸烟对健康的负面影响大于所有其他精神药物的总和，包括海洛因、可卡因和酒精。根据美国公共卫生署（U.S. Public Health Service）的数据，吸烟是引发可预防性疾病的主要原因，每年都会造成约 43.8 万人死亡（Centers for Disease Control and Prevention，2007）。因此，美国医学会（American Medical Association）已正式建议美国食品和药物管理局（U.S. Food and Drug Administration）将尼古丁作为一种需要监管的药物。

8.9.6 麻醉改变的状态

自从氯仿和乙醚被发现以来，麻醉剂在 160 年中取得了长足的进步，但科学界对**全身麻醉剂**（general anesthetics）如何改变意识和抑制对疼痛的觉知还知之甚少（Orser，2007）。虽然被麻醉的人看起来像"睡着了"，但全身麻醉与睡眠完全不同。麻醉不涉及与睡眠相关的快速眼动和非快速眼动阶段，即使它会诱发以下这些类似睡眠的作用：

1. 镇静（大大降低唤醒程度）；

2. 无意识（缺乏意识和反应）；

3. 止动（暂时瘫痪）；

4. 遗忘（缺少对麻醉剂影响期间的回忆）。

奇怪的是，麻醉的这四个作用似乎是相互独立的。例如，意识清醒的患者经常在他们"进行手术"时与医护人员进行生动的对话，然而他们一般不会对这些事件有记忆。

一个初步的理论认为，麻醉剂会打乱大脑不同部位的协同工作或者"合成"，从而阻止意识。它们可能会通过模拟或增强大脑的一个主要抑制性**神经递质**GABA（γ-氨基丁酸）的作用来做到这一点。在这方面，麻醉剂可能只是干扰意识的另一组精神药物。

心理学很有用 ● ● ●

依赖与成瘾

我们已经认识到，精神药物会改变大脑神经元的功能，并因此暂时改变一个人的意识。一些运动员使用的类固醇可能也是如此（Adelson，2005）。这些药物一进入大脑就会作用于突触，阻断或促进神经信息传递。通过这种方式，药物会深刻地改变大脑的通信系统，影响感知、记忆、情绪和行为。

值得注意的是，许多精神药物在被持续使用给定的剂量时，改变意识的效果会变弱。因此，使用者需要越来越大的剂量才能达到同样的效果。这种因重复使用而引起的药物效果的降低被称为**耐受性**（tolerance）。与耐受性携手而来的是**身体依赖**（physical dependence），在这个过程中，身体适应并开始需要这种物质，部分是由于频繁使用的药物影响了大脑中神经递质的产生（Wickelgren，1998c）。

- 存在身体依赖的人需要药物，如果没有药物，其可能就会遭受戒断症状的折磨。
- 有些科学家认为，在成瘾产生的过程中，避免戒断的欲望与药物的愉悦效果一样重要（Everitt & Robbins，2005）。

对海洛因等高度成瘾性药物产生耐受性的人，会对各种天然的强化物（包括友谊、食物和日常的娱乐）变得不敏感：随着剂量的增加，这类药物将成为唯一能够给他提供快乐的东西（Helmuth，2001a）。当一个人明知继续用药对其健康或生命具有不利影响，却仍继续使用药物时（尽管经常反复尝试停止），就产生了**成瘾**（addiction）。

然而，成瘾并不全是身体上的。如果药物成瘾者在同样的环境中注射药物（如在浴室里），实际上以前习得的反应会使人对剂量产生预期，并做好身体准备。结果成瘾者能够耐受的剂量要大于在一个新地点注射药物时能够耐受的剂量（Dingfelder，2004b）。因此，如果使用者试图在一个新地点注射其"通常的量"，就可能会出现过量。

戒断

戒断（withdrawal）包括停止使用药物时，身体和精神上出现的不舒服的症状，可能包括身体颤抖、出汗、恶心、对疼痛的敏感性增加，在酒精戒断的极端情况下甚至会出现死亡。虽然当我们想到戒断症状时，海洛因和酒精是最常想到的药物，但是尼古丁和咖啡因，以及某些安眠药和"镇定"药，也会引起令人不适的戒断症状。

个体可能会发现他们自身渴望某种药物及其

效果，即使他们没有身体上的依赖，这种情况被称为**心理依赖**（psychological dependence）或**心理成瘾**（psychological addietion）。这通常是由这些药物产生的强大的奖赏作用导致的。有许多药物可能会引发人们对其产生心理依赖，包括咖啡因、尼古丁、处方药，以及过量的非处方药。

成瘾，无论是身体上的还是心理上的，最终都会影响大脑（Nestler & Malenka，2004）。因此，在许多公共卫生专业人士看来，它导致了两种形式的成瘾性脑疾病（Leshner，1997）。而且，一般公众都不愿意把吸毒者视为有病的人。相反，公众通常认为吸毒者是弱者或应该受到惩罚的坏人（MacCoun，1998）。

将成瘾贴上"疾病"的标签会有什么不同？你的意见是什么？

当成瘾者被视为患有某种疾病的人时，最合乎逻辑的做法是安排他们接受某种治疗方案。相反，当他们被视为有性格缺陷的人时，吸毒者会被送进监狱接受惩罚，这对打破吸毒、犯罪和成瘾的循环几乎没有什么作用。

尽管看起来很奇怪，但一些专家认为，将成瘾视为一种疾病也可能会干扰对吸毒者的有效治疗。怎么会这样？你怎么认为？

成瘾的疾病模型强调的是生物学原因和医学治疗，很少涉及成瘾发展的社会和经济背景。这也许可以解释为什么基于心理学将酗酒视为行为问题的心理学项目会比基于医学的项目做得更好（Miller & Brown，1997）。

在美国，对于在街头习得吸食海洛因的成瘾者，治疗项目的记录尤其糟糕。相比之下，对成千上万于战争期间在军队里对海洛因成瘾的退伍军人来说，治疗则更为成功。是什么造成了这一差异？成瘾的退伍军人并没有留在他们成瘾的环境，即战时文化中。当他们回到家，就到了一个通常不支持吸食海洛因的环境中。相反，在街头习得成瘾的海洛因使用者，在治疗后往往会回到最初导致他们成瘾的环境中。

无论是身体上的还是心理上的，是疾病还是性格上的缺陷，药物成瘾都会导致许多个人和社会问题。显然，这是一个急需新思想和新突破的研究领域。

批判性思维的应用：对无意识的重新思考

我们都是这幅画所暗示的"披着羊皮的狼"吗？一股隐藏的邪恶力量潜伏在我们所有人的无意识中，这是真的吗？科学对这个问题有什么说法？

正如我们所了解到的，无意识这一术语可以有很多含义。例如，在弗洛伊德的精神分析理论中，强大的无意识力量积极地阻止（或压抑）创伤记忆和破坏性欲望（Freud，1925）。弗洛伊德教导说，如果允许这些记忆和欲望突破并进入意识，那么这就会导致人们出现极度焦虑。在这一观点中，无意识充当了一个心理地牢，在那里，可怕的需求和威胁性记忆会被"锁"在意识之外。

弗洛伊德的思想使西方世界的艺术家和作家着迷。例如，约瑟夫·康拉德（Joseph Conrad）的小说《黑暗之心》（*Heart of Darkness*）讲述了一个人在内心无意识地与他对权力、毁灭和死亡的邪恶欲望做斗争的故事。弗洛伊德说，无意识的欲望也可以与性有关。除此之外，还有什么能够解释小报版面和新闻摘要大肆宣传的煽情故事的成功之道呢？

弗洛伊德还教导说，我们会"忘记"周年纪念日是因为我们在无意识中对这段关系存有异议。他说，我们选择的伴侣在潜意识水平上是父亲和母亲的替代品。他还提出了"弗洛伊德口误"的概念，有人将其戏称为"你嘴上说的是'一个东西'，但实际上指的是你的母亲"[①]。

于是，弗洛伊德把自我（头脑中的理性决策者）置于意识的中心。他说，在那里，它担负着控制无意识的性冲动和攻击冲动的责任。但他是对的吗？或者弗洛伊德的思想是否作为隐喻会比作为客观科学更好？

关键问题是什么？

弗洛伊德的理论几乎可以解释任何事情，而且是用非常令人信服的语言。他描绘了一个没完没了地与自己做内部斗争的头脑。我们可以在我们的周围看到性冲动和攻击冲动（二者在他的理论中非常重要）的证据：存在于广告中、电子游戏中、电影中、政治里，以及人们打斗和调情的方式里。因此，问题不在于性冲动和攻击冲动是否影响人类行为，而在于这些冲动是否如弗洛伊德所说的那样起作用：主要在无意识的层面上，并且在一个不断与自身发生冲突的头脑中。

观点的来源是哪里？

毫无疑问，弗洛伊德是一个敏锐的观察者和富有创造性的理论家，他的观点产生了巨大的影响。但他的天赋和影响力并不一定能使他的观点正确。例如，他对无意识内容中的性的痴迷，在20世纪早期欧洲

---

① 依据弗洛伊德提出的俄狄浦斯情结（恋母情结），这里"母亲"指的是无意识地流露出来的潜意识内容。——译者注

僵化"正当"的文化背景下看似是有意义的，因为当时欧洲禁止公开提及性（在某些地区，人们会认为"腿"字不宜出现在男女都有的场合）。然而，从 21 世纪的欧洲和北美来看，由于性的内容在谈话和媒体中相当普遍，我们没有理由相信有关性的想法是无意识的。甚至正相反，很多人似乎都在有意识地专注于性。当然，这并不意味着无意识不存在。但它确实对弗洛伊德所设想的无意识内容提出了质疑。

相关结论是否存在被偏差污染的可能？

鉴于弗洛伊德所处时代的文化的限制，我们应该考虑他提到的无意识就像沸腾的性欲大锅，可能是弗洛伊德思想中偏见的结果，这种偏见是由他所在的那个时代的性压抑文化造成的。当人们对某一事物有强烈的感受时，情感偏见就会成为一种风险。弗洛伊德也可能犯了证实偏差的错误，他在所有地方都发现了无意识的证据：在梦中、遗忘的事件里、口误和其他日常错误中、童年的发展阶段以及精神障碍中。

推理过程是否避免了逻辑错误？

弗洛伊德也可能犯了一个常见的逻辑谬误，即循环论证，或者假定了他要证明的论点。我们认为弗洛伊德通过假设无意识的冲突是他描述的所有心理现象的起因，从而出现循环论证，这些心理现象包括从忘记周年纪念到害怕狗，再到做飞翔的梦。为什么这是一个逻辑谬误？因为弗洛伊德的论证也在试图证明存在一个冲突的无意识。他甚至认为，对他的论点的反对就是无意识在起作用的证据！这种论证有时被称为*循环推理*。

就我们而言，作为批判性思考者，我们必须小心，不要犯下经常被描述为"把婴儿和洗澡水一起倒出去"的错误。也就是说，即使我们找出了弗洛伊德的一些观念的错误，我们也没必要完全拒绝无意识的观念。事实上，无意识会在我们的动机和情绪中起巨大作用。

我们能够得出什么结论？

我们可以质疑弗洛伊德，但仍要尊重他的才华和地位。毕竟，早在脑扫描和其他现代心理学工具问世之前，他就在 20 世纪早期发展出了一种令人惊讶的全面而吸引人的心理理论。几乎可以肯定的是，根据更新的知识，他的一些观点一定是错误的。那么，重要的问题是，从弗洛伊德时代以来心理学所积累的证据来看，弗洛伊德关于意识和无意识的概念是否仍然合理。

近年来，诸如脑扫描和启动等技术促使以弗洛伊德做梦也想不到的方式探索无意识的思维过程成为可能（Kihlstrom，1990；Kihlstrom et al.，1992）。由此产生的画面是，无意识虽然像弗洛伊德所想象的那样广泛，但并不像弗洛伊德所描绘的那样邪恶。事实上，它的结构可能比弗洛伊德提出的复杂的审查和压抑系统要简单得多（Greenwald，1992）。

脑部扫描确实为弗洛伊德的一些一般理念（如大脑的许多部位可以在意识之外运作）提供了支持。弗洛伊德所不知道的是，这些活动中有很多用于简单的背景任务，如维持体温和控制饥渴。同样，大脑对传入的视觉、声音、气味和纹理的信息流进行一种"前意识"筛选。这种筛选还提供了对事件吸引力或危害性的快速而粗略的评估（LeDoux，1996）。这种加工甚至可以挽救你的生命。例如，你会"不假思索"地躲开一辆向你驶来的转弯的汽车。

讽刺的是，有关无意识会监控、分类、丢弃和储存我们所遇到的大量数据的认知观点，可能赋予了无意识比弗洛伊德最初设想的更大的作用。但无意识并不是充满了阴谋诡计和必须发泄的险恶欲望（Baumeister，2005；Wilson，2002）。相反，不那么有意识的头脑似乎在很大程度上与意识协同工作，而不是反对意识。

本章小结：意识状态

本章思考题

心理学家如何客观地考察梦及其他主观的心理状态？

- EEG、PET、MRI 和 fMRI 等脑扫描技术能帮助科学家研究主观的心理状态。

- 利用这些技术，再加上实验等其他科学方法，研究人员对睡眠的本质已有了很多了解。直到最近，催眠和冥想才开始进行科学研究，但早期的研究结果表明，这些意识状态的改变确实会在大脑中引起一些可预测的变化。

- 精神药物也会引起意识状态的改变，这是由于特定药物会对大脑的通信系统和神经递质产生影响。

意识与其他心理过程有何联系
核心概念 8.1

大脑同时在意识和无意识的多个水平上运作。

无论是平常清醒的意识状态，还是许多被改变了的意识状态，意识都是心理学的主要奥秘之一。意识是一个与工作记忆、学习和注意相关的过程。行为主义者认为意识太过主观，拒绝将意识作为科学研究的对象，但认知神经科学表明，科学方法可以应用于意识的研究。例如，既可以使用心理学技术，也可以使用脑扫描技术来研究意识。

心理学家使用了各种各样的意识的隐喻。弗洛伊德将意识比作一座冰山，其中无

意识在动机中起着强大的作用。詹姆斯提出了"意识流"。现代认知观点使用了计算机隐喻。除了意识之外，头脑还有许多非意识的模式可以在意识之外运作。这些模式包括前意识和各种无意识水平的加工。尽管意识仅限于序列加工，但大脑可以在并行通道中无意识地加工信息。

意识至少包括三个重要因素：有限的注意，大脑不同区域之间的广泛联系，以及在思维中使用的有关世界的心理模型。昏迷是一种短期状态，可以转变为**最小意识状态**或**植物人状态**。测量昏迷病人的意识是困难的，有时甚至是错误的，但随着脑扫描技术的发展，这一点正在得到改善。新的研究发现，昏迷的病人常常能听到人们在与他们交谈，而这可以提高康复的概率和速度。

由于意识是有限的，学生可以利用他们有关意识的知识采取一些学习方法，促进信息从意识进入长时记忆，从而使其保持对意识的通达。所有这些技巧都需要使材料更具有意义。

意识每天会发生怎样的周期循环
核心概念 8.2

意识的周期性波动与我们的生物节律和环境中的刺激模式相对应。

意识在日常生活中的转化和改变，通常表现为白日梦、睡眠和夜间梦境。白日梦可能是不可避免的，是清醒时默认状态的功

能。白日梦可以提高问题解决能力和创造性的洞察力，但也会干扰记忆和幸福感。

虽然我们尚不完全清楚睡眠的作用，但所有人都同意睡眠和清醒是昼夜节律的一部分。睡眠过少会导致**睡眠债**，从而损害精神功能。睡眠研究人员通过 EEG 的脑电波记录，揭示了正常**睡眠周期**的特征，包括睡眠的四个阶段。这些睡眠阶段以 90 分钟为一个周期反复出现，既有快速眼动期，也有非快速眼动期。整个晚上，在每个接下来的睡眠周期中的深度睡眠都会减少，快速眼动睡眠增加。睡眠周期也会随着年龄的增长而发生急剧变化。大多数成年人每晚至少都需要 8 小时的睡眠。

梦的作用也是模糊不清的，但它们经常发生在快速眼动睡眠中，并伴有**睡眠性麻痹**。然而，在世界各地的文化中，梦一直都是人类灵感和创造力的源泉。在梦的理论中，弗洛伊德的理论是最有影响力的，尽管它几乎没有实证支持。研究表明，梦因文化、性别和年龄而异。许多理论都认为梦是有意义的事件，研究表明，梦往往与前一天的问题相关；激活合成理论认为梦本质上是无意义的。最近的研究表明，梦可能有助于巩固记忆。

睡眠周期的异常会导致各种睡眠障碍。**发作性睡病**是一种快速眼动睡眠障碍，**失眠**涉及睡眠缩短，**睡眠呼吸暂停综合征**涉及深度睡眠异常。其他不太严重的疾病包括**夜惊、说梦话、遗尿和梦游**。

还有什么其他形式的意识
核心概念 8.3

当通过心理、行为或化学方法改变正常意识的某些方面时，意识状态就会改变。

意识状态的改变包括催眠、冥想和精神药物状态。**催眠**是否是一种独立的意识状态仍然是一个特别令人费解的问题。一些科学家认为这只是一种受暗示的状态；另一些科学家则认为这是一种角色扮演或涉及一个"隐藏的观察者"。认知心理学家认为，这涉及自上而下的加工的改变。众所周知，催眠能够镇痛，尽管它不像安慰剂那样发挥作用。虽然催眠在治疗和研究中有很多用途，但它的一个缺点在于并不是每个人都能被深度催眠。

冥想在亚太文化中有着悠久的历史，但直到最近心理学家才开始对它进行研究。同样，专家也对冥想是否是一种独特的意识状态存有疑问，尽管它对唤醒和焦虑具有可测量的影响，同时也会引起脑电波、血压和应激激素的变化。最近的研究发现，冥想可以改善大脑几个区域的功能。

大多数精神药物都会使人产生愉悦感和幸福感，这使得这些药物特别有吸引力，并具有潜在的成瘾性。致幻剂（如大麻、麦司卡林、赛洛西宾、LSD 和 PCP）通常作用于 5- 羟色胺的受体部位。THC 和阿片类药物（包括吗啡、海洛因、可待因和美沙酮）的不同受体位点表明，大脑自身会制造这些物质的变体。镇静剂（包括巴比妥类、苯二氮卓类和酒精）抑制大脑内信息的传递；许多镇静剂都属于常见的滥用药物。医学上，**巴比妥类药物**常被用于诱导睡眠，而**苯二氮卓类药物**则用于治疗焦虑症。尽管 5%~10%的美国成年人是问题饮酒者，但大多数人还是有节制地饮酒。兴奋剂（如安非他明、可卡因和 MDMA）被广泛滥用，尽管安非他明是治疗注意缺陷 / 多动障碍的处方药。咖啡因和尼古丁也有兴奋作用。**全身麻醉剂会**改变意识，抑制疼痛，它们的作用不同于睡眠。一般来说，它们会导致镇静、无意识、静止不动和对麻醉期间发生事件的遗忘。

许多精神药物会导致成瘾。成瘾的一个迹象是耐受性增加；另一个迹象是身体依赖，以**戒断症状**为特征。一些不具有身体成瘾性的药物会造成**心理依赖**。尽管成瘾已被定性为一种疾病，但一些心理学家认为这种观点是目光短浅的。

批判性思维的应用：对无意识的重新思考

150 多年前，弗洛伊德提出了一个无意识模型，至今仍被广泛提及。一方面，现代技术表明，无意识是存在的，并且事实上可能比弗洛伊德所想的更广泛。另一方面，这些技术同样表明，我们的无意识过程远没有弗洛伊德理论中所说的那么邪恶。

本章视频导读，
请扫描二维码观看。

在大千世界，每个人的行为表现都各不相同。究竟是什么力量帮助了大多数成功人士去战胜困境和逆境，带领他们最终获得胜利？相反，为什么少数人却做出了攻击或伤害他人的行为？毋庸置疑，动机都在其中起了重要的作用。每个正常人的行为背后必定都有某种动机，只有了解其背后的动机才能有效理解其行为。动机是行为表现的内在倾向，正是因为动机的主观性强，所以很难被推测。本章将揭开所有人都感兴趣的心理学问题——动机与情绪的神秘面纱，帮助大家了解形形色色的人：成功者、失败者、我们的家人和朋友……甚至是我们自己。

本章将详细阐述引发动机的内部和外部诸多因素。动机是如何组织起来的？我们将重点介绍马斯洛需要层次理论与进化心理学相结合的新理论观点，即功能、近因和发展的因素决定了我们动机的优先级顺序；同时，本章也将阐述两个源于进化的动机：饥饿和性。它们都是生理和社会需要相结合的产物，但只有一种需要是人类生存所必需的；接着，我们将解读作为一种特殊的动机，情绪如何帮助你应对外界环境的变化并与他人交流。此外，本章带你认识大脑中两个情绪加工系统：意识和无意识通路；在本章的最后，将展现推断动机和情绪的技术手段的进展情况（测谎仪、面部识别和大脑扫描）。让我们开启美妙的解密之旅吧！

赵科

中国科学院心理研究所副研究员

09

第九章

动机与情绪

本章译者：赵科

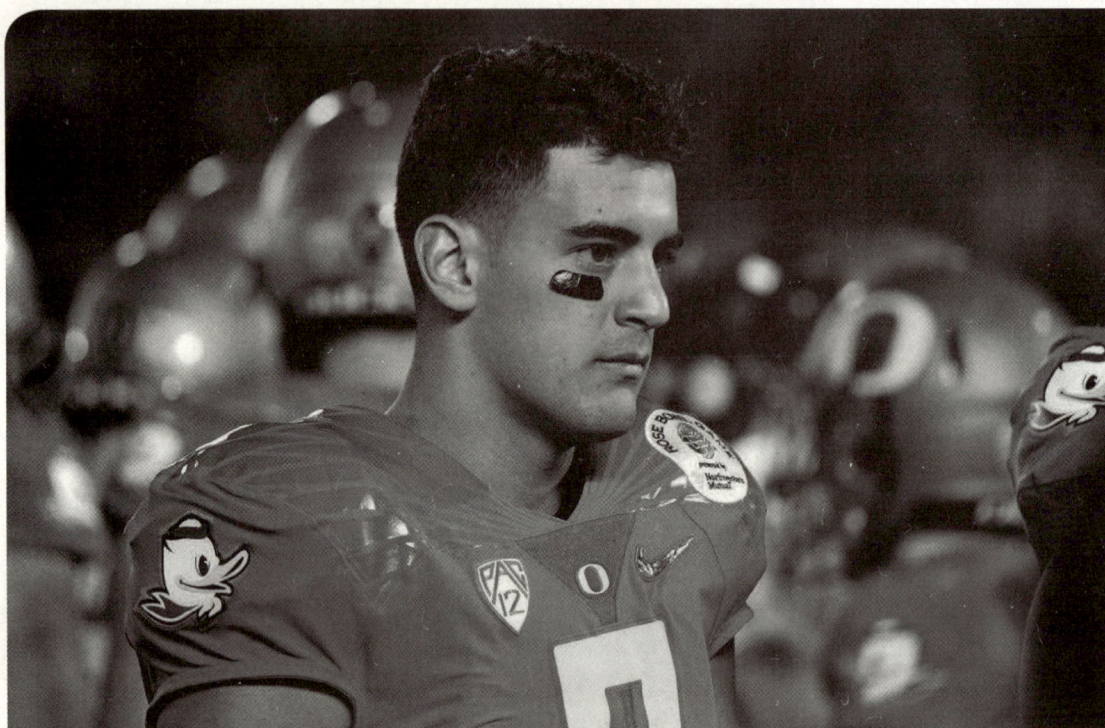

马库斯·马里奥塔，俄勒冈大学的四分卫和海斯曼奖杯得主。

核心概念

9.1 动机是行为表现的内在倾向，容易受到内部和外部因素的影响。

9.2 一些长期存在的问题因一个结合了马斯洛需要层次理论与进化心理学的新理论的出现而得以解决，该理论认为功能、近因和发展因素决定了我们动机的优先级。

9.3 尽管饥饿和性在许多方面迥然不同，却都源于进化，而且都是生理和社会需要相结合的产物，但只有一种需要是个体生存所必需的。

9.4 情绪是一种特殊的动机，能帮助我们关注和应对重要（通常是外部）的情况，并与他人交流我们的意图。

9.5 大脑中有两种情绪处理系统：一种是有意识的，另一种是无意识的。这个发现为一些关于情绪与认知的早期争论提供了新的思路。

大多数成功案例都离不开战胜绝望和逆境的过程，马库斯·马里奥塔（Marcus Mariota）也不例外。他在读高中时曾是一名出色的运动员，却活在一个被教练看来更有才华的四分卫的阴影下，在替补位置上苦苦地挣扎了三年。他的妈妈回忆说，马库斯曾多次在比赛结束后回家的路上，几乎要哭出来。在读高中的最后一年，马库斯终于获准参赛，带领圣路易斯高中足球队夺得夏威夷州冠军。后来他成为俄勒冈大学一名出色的四分卫，但是他在读大学时橄榄球方面的成功，以及后来被选为职业球员，期间都充满着不定与变数。

> "确实很艰难，"他回忆道，"但我从中汲取教训，变得愈发坚强。"（Chapman，2012）

学习是他的第一个障碍。在上小学时，因阅读能力太差，一位老师曾想将他拒之门外。父母发现马库斯不知道字母的发音，便让他把车牌上的字母读出来。结果见效了（Chapman，2012；Rohan，2014）。

马库斯开始在圣路易斯高中既以学生身份又以运动员身份崭露头角。后来，在俄勒冈大学，他经常拿到 20 个学分，在橄榄球赛季也不例外。最终，在不到四年的时间里他获得了理学学位，平均成绩 B+，这对于一个差点要留级的孩子来说已经很不错了。

我们不能将马库斯的全部成就都归功于他的父母和老师。马库斯的内在特质也助他渡过了难关，他总是有明确的目标。四年级时，在老师布置的一篇畅想未来的作文中，他就明确了高中参加橄榄球比赛，之后进入南加利福尼亚州大学，再加入美国橄榄球联盟的目标（Chapman，2012）。与他的预期相反，他没能进入南加利福尼亚州大学，南加利福尼亚州大学"特洛伊人队"没有向他提供奖学金。但是，俄勒冈大学"鸭队"的教练看到了他的潜力，并录用了他。马里奥塔以 131 次达阵得分给予回报，赢得了 35 场胜利，并获得参加全美季后赛的资格。哦，他还为俄勒冈球员和夏威夷州赢得了有史以来的第一个海斯曼奖杯。

这些成就使他在第一轮就被田纳西巨神队选中。

马库斯以多种领导特质的奇特组合完成了这一切：不难预测，他极具竞争精神，即使在紧急的情况下也能泰然自若。但矛盾的是，他说话温和、谦逊，甚至有点害羞。马库斯深受队友的喜爱，他似乎更多的是以身作则，而不像常见的球队领导者那样，用响亮的"喝彩"来鼓舞士气。这些特质融合在一起会使马库斯难以被"解读"，但事实证明，这对四分卫来说是一个优势。"我（父母）是唯一真正能读懂我肢体语言的人。"他说（Fentress，2012）。

但是这些特征主要是外显的和行为方面的，而动机与情绪（本章的主题）还涉及内部需要、驱力和感觉。那么，什么样的内在心理机制使马库斯具有强烈的竞争精神？或许长时间的训练和对比赛的研究，抑制了他的情绪表达？当然，我们不能直接观察到他的动机，但是我们可以推测，这些动机是先天与后天，即遗传与经验的结合。

马库斯本人将自己的行为举止归因于经验，他说他的父母教导他要谦逊和矜持。他的母亲则强调先天因素，说："他一直都是这样，所见即所得。"（Chapman，2012）不过，正如他的姨妈所说："只有在家人身边时，他才直言不讳。"（Chen，2014）

显然，波利尼西亚文化也在马库斯·马里奥塔身上留下了印记。正如队友所说，马库斯拥有"夏威夷人的酷"（Chapman，2012）。在接受海斯曼奖时，马库斯说："在夏威夷，如果一个人成功了，那么整个州就都成功了。作为其中的一员，我感觉很特别。"（Rohan，2014）

所有这些因素——家庭、朋友、遗传、文化、失望、成功和荣誉，无疑对马库斯的竞争性和保守性不同寻常的结合产生了影响。与往常不同的是，在接受海斯曼奖的获奖感言中，马库斯的情绪爆发了，泪水夺眶而出。"一路走来，一路披荆斩棘，"他这样讲，最后用萨摩亚语对在场的所有人说："非常感谢！"（Rohan，2014）

本章思考题：

动机与情绪理论如何帮助我们了解复杂的人类，像马库斯·马里奥塔、我们的家人和朋友……也许，甚至我们自己？

关键问题：

动机是什么

核心概念 9.1

动机是行为表现的内在倾向，容易受到内部和外部因素的影响。

在日常的对话中，我们可能会使用驱力、本能、精力、目的、目标、紧张、毅力、欲望、需求和需要等词语来表示动机。你会发现，所有这些词都指向内部心理"力量"，促使着我们做正在做的事情。但是，我们无法直接观察这种内部心理过程，这使得研究动机心理学这件事变得很有挑战性。

当人们按预期的方式行动时，我们很少考虑动机：早上起床、接听电话、遇到红灯停下脚步、和朋友打招呼或上课。但是我们的确想知道是什么激发了那个在感恩节晚餐上表现不佳的古怪叔叔，或者像马库斯·马里奥塔那样获得名望、财富抑或恶名的人的动机。

然而，动机问题的另一部分涉及激励他人。如果你是领导者，可能要激励员工努力工作，以便公司能够赚到钱。如果你是一名教练，则可能想激励你的球员努力训练，以便赢得比赛。但是，让我们想得更现实一点：作为一名学生，你可能还想知道如何激励自己再多学一点，以便获得优异的成绩。

那么，我们如何理解和控制动机呢？让我们从头开始，先给"动机"下个定义。正如核心概念告诉我们的那样：

动机是行为表现的内在倾向性，容易受到内

部和外部因素的影响。

更广泛地说，**动机**（motivation）概念是指所有涉及以下内容的过程：

（1）感知需要或需求；

（2）通过选择、指导和维持以满足需要或需求为目的的行为来激活并引导有机体；

（3）减少需要的感觉。

例如，炎热的天气，你可能会从生理上产生对液体的需要，从而感到口渴。这种口渴的感觉会激发一种动机，使你的注意力集中在喝点什么东西上。当你喝饱后，不舒服的口渴的感觉会减弱，动机也会随之消失。

当然，有时人们喝酒根本不是对身体需要的回应。因此，光顾酒吧的常客喝啤酒不是为了解渴，而是喜欢酒吧环境里的"嗡嗡"声，因为他们的朋友正在喝酒，或者因为电视广告让他们把喝啤酒和娱乐联系起来。在任何一种情况下，这都是一种心理上而非生理上的需要。事实上，我们的许多动机都涉及生理和心理需要的复杂结合，尤其是诸如社会交往、情绪和目标的动机，如工作动机。

本部分导读：

9.1　回顾激励我们工作的一些因素。

9.2　分析奖励如何影响动机。

9.1　人们为什么工作：麦克利兰的理论

学习目标：

回顾激励我们工作的一些因素。

大多数人工作是为了赚钱，为了购买生存和追求舒适生活所必需的东西。心理学家把金钱和其他激励因素称为外部或外在的激励因素，因为它们来自人的外部。一般来说，**外在动机**（extrinsic motivation）指激发有机体行动的外部刺激。对学生来说，成绩是最强大的外在动力。其他例子包括食物、饮料、表扬、奖励和性。这些认为工作动机是由外部奖励驱动的观点被称为奖励理论。但是，正如我们在马库斯·马里奥塔身上看到的，这个解释对于人们为何努力想要成功完成一项任务来说，实在是太过简单了。

一种更复杂的观点，即预期理论（expectancy theory）认为，人们在完成期望成功的任务时感到有动力，他们重视工作的结果，包括他们创造的东西和得到的奖励（Grant & Shin，2011）。

人们也可能有内在动机（intrinsic motives）——来自他们自身。当你喜欢迎接工作上的新挑战时，你会有内在的动力。更普遍地说，内在动机包括参加活动、工作或娱乐，纯粹为了活动本身，而不考虑外部奖励或威胁。正如耐克公司的广告所说："只管去做。"因为它满足了心理需要。简而言之，对于每个人来说，持有内在动机的活动本身就是一种奖励。

那么，我们如何评估一个人的工作动机呢？心理学家大卫·麦克利兰（David McClelland）使用了亨利·莫里（Henry Murray，1938）开发的主题统觉测试（Thematic Apperception Test，TAT），研究人员要求被试对一系列模棱两可的图片进行故事描述，从而解码背后蕴藏的动机。以图 9-1 为例，麦克利兰首先根据他所谓的"成就需要"来评价人们的故事，**成就需要**（need for achievement）被定义为实现一个困难但渴求的目标的愿望。

麦克利兰发现，某些特征会将那些对成就有强烈需要和一般需要的人区分开来。一般来说，有高成就需要的人相比那些低成就需要的人会工作得更努力，更能取得成功。在面对困难的任务时，他们也会表现出更强的意志力（McClelland，1987b；Schultz & Schultz，2006）。在学校里，那些具有高成就需要的学生往往会取得更好的成绩（Raynor，1970），当然，也许是因为他们的智商更高（Harris，2004）。在具有高成就需要人群的职业生涯中，他们通常会选择竞争更激烈的工作（McClelland，1965），承担更多的领导职位，并获得更快的晋升（Andrews，1967）。如果他们经商，也会比那些只有低成就需要的人更容易成功（McClelland，1987a，1993）。

图 9-1　对一幅模棱两可图片的两种解释

注：**高成就需要**：男孩刚刚完成了他的小提琴训练。他对自己的进步感到高兴，并开始相信自己所有的付出都是值得的。要成为一名音乐会小提琴手，他将不得不放弃大部分的玩耍时间，每天苦练好几个小时。虽然他知道接手父亲的生意能赚更多的钱，但他更感兴趣的是，成为一名伟大的小提琴家，并用他的音乐给人们带来快乐。于是他坚定了个人信念，要尽力取得成功。

低成就需要：男孩手里拿着他哥哥的小提琴，希望自己会拉。但他认为这不值得花时间、精力和金钱去上课。他为哥哥感到惋惜，因为哥哥放弃了生活中的所有乐趣，反复训练、训练、再训练。他想着，如果有一天醒来后就成了一名一流的音乐家，那就太好了。但现实却是必须经历枯燥的训练，没有乐趣，他很可能只会成为一个小镇乐队的小提琴手。

9.1.1　工业 / 组织心理学：成就动机的两种视角

理解和评估员工的动机是工业 / 组织心理学家研究的领域。他们发现，并不是每一个好员工都有很高的成就需要，也不是每一份工作都提供了内在的挑战。事实上，麦克利兰（McClelland，1985）发现，至少还有另外两种心理需要促使人们工作。对一些人来说，工作满足了对**归属感**的需要；而对另一些人来说，工作满足了对**权力**的需要（没必要认为对权力的需要是消极的，它有更为积极的意义，如用权力来规划项目、管理员工和完成工作）。考虑到成就、归属感和权力这三种工作需要，管理者的任务就是构建工作框架，使员工在满足自己需要的同时，满足管理者的生产力目标（管理者的动机通常来源于成就和权力的结合）。

当然，人们工作不仅仅是为了成就、归属感和权力，还有其他原因。正如我们所说的，工作是谋生和实现理想生活的一种方式。工作同样与我们的身份认同有关：我们在工作中将自己归类为教师、外科医生、农民、公园管理员……只是工业／组织心理学家发现，最有助于区分员工不同动机的，是成就、归属感和权力。

如果你是一名管理者，你可以从以下激励员工的研究中获取一些有用的建议。

- 对于高成就需要的员工，要给予他们具有挑战性的任务和可实现的目标。尽管高成就需要的员工的主要动机不是外部奖励，但他们仍会喜欢好的工作成绩带来的奖金、表扬和认可。

- 对于那些高归属需要的员工，最好给他们提供一个和谐合作而不是紧张竞争的工作环境。让其有机会在团队中与他人合作，而不是在孤立的岗位上工作。

- 对于那些高权力需要的员工，要给予他们管理项目或领导工作团队的机会。可以鼓励权力导向的员工成为领导者，帮助其下属满足他们自身的需要。需要再次强调的是，尽管权力这种动机可能纯粹是为自己服务的，但不要以为对权力的需要就一定是坏事。

满足人们的需要会使他们对自己的工作更满意，更有动力去工作。

但是工作满意度真的能提升员工表现吗？研究表明，较高的工作满意度确实与较低的缺勤率、较低的员工流动率和更高的生产力有关——在任何企业的利润增长中都是如此（Schultz & Schultz，2006）。

9.1.2 跨文化的成就观

世界各地对成就的需要是否相同？让我们来看看两个有启示意义的案例。

当美国游泳运动员米斯蒂·海曼（Misty Hyman）获得奥运会女子 200 米蝶泳金牌时，她说：

我想我只是集中了注意力而已，在这个向世界展示我能力的时刻，我很高兴自己做到了。我知道自己可以打败苏西·奥尼尔（Suzy O'Neil），我在内心深处始终相信这一点。我知道在赛前的一整个星期里，人们对我将会获胜一直抱着怀疑的态度，但我仍坚信："不，这将是属于我的夜晚。"（Neal，2000）

与此形成鲜明对比的是，日本长跑运动员高桥直子（Naoko Takahashi）对自己赢得女子马拉松冠军的解释如下：

因为有世界上最好的教练、世界上最好的职业经理人，以及所有支持我的人——所有这些最终凝聚成了这枚金牌。所以我认为，胜利不仅仅是靠我自己，不仅仅是我一个人的（Yamamoto，2000）。

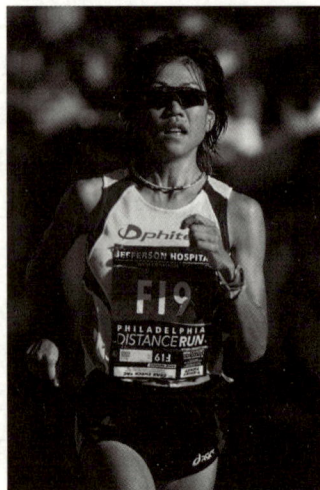

美国人对成就动机的看法反映了明显的西方偏向，他们习惯将成就归因于个人才能、决心、智力或

态度。然而，世界上很多人对成就有不同的看法。从更宽阔的角度来看，成就是个人、社会和情感因素的复杂结合体（Markus et al.，2006）。

这一观点符合哈里·特里安迪斯（Harry Triandis，1990）所强调的个体主义和集体主义文化的区别。太多西方文化（包括美国、加拿大、英国和西欧的大部分国家和地区的文化）都强调**个体主义**（individualism），在这种环境中长大的个体往往都重视个人成就。相比之下，特里安迪斯认为，拉丁美洲、亚洲、非洲、太平洋群岛和中东的文化则强调**集体主义**（collectivism），重视群体忠诚和个体对群体的服从。在集体主义文化盛行的日本、中国和韩国，即便个人在学业和事业上表现出色、被高度重视，但其首要目标却不是获得个人荣誉，而是为家庭、团队或其他群体带来荣誉。如果没有跨文化的视角，许多美国人很容易得出错误的结论，认为对个人成就的追求是"刻在人类基因里"的。但特里安迪斯的观点认为，对个人成就的需要并非普遍存在。那么，你认为马库斯·马里奥塔会持有什么样的文化视角呢？

9.2 奖励对动机影响的不确定性

学习目标：
分析奖励如何影响动机。

我们假设外部奖励（如认可、表扬和金钱）是促使人们工作的一部分原因。那么你觉得如果一个人做自己喜欢的事情时受到了外部奖励，会发生什么呢？

9.2.1 过度合理化

为了找到问题的答案，马克·莱珀和他的同事们（Mark Lepper et al.，1973）做了一个经典的实验。他们让两组喜欢画画的小学生参加实验，其中一组在画完后会获得奖励，而另一组则没有得到任何奖励。两组学生都积极地完成了任务。几天过后，两组学生都被邀请再来参加画画实验，但这一次都没有奖励。结果表明，先前得到奖励的那组学生表现出的兴趣明显低于无奖励组，先前没有获得任何奖励的学生对于画

画展示出的兴趣比第一次更浓！

莱珀的研究小组得出结论：外部强化抑制了奖励组的内部动机，称之为**过度合理化**（overjustification）。他们认为，由于先得到了对绘画外在的、非必要的奖励，学生的动机就从内部转向外部，这使得学生对没有奖励的绘画不再感兴趣。简而言之，奖励有时会让你失去对做事的纯粹乐趣。

- 但是，奖励是否总是会产生这种过度合理化的效应呢？
- 如果是这样，我们又如何解释许多人既热爱工作，又乐于获得报酬的事实呢？

随后的实验表明，奖励只有在特定的条件下，才会干扰内部动机（Covington，2000；Eisenberger & Cameron，1996）。具体来说，当奖励发放与员工工作表现无关时，就会出现过度合理化效应。这就解释了那些接受绘画奖励学生的遭遇。同样的事情也可能发生在企业中：当不管员工工作效率如何都能得到年终奖时，或者当学生无论表现如何成绩都会得到 A 时。

由此我们获得的启示如下：

> 奖励可以有效地激励人们，但只有当奖励是根据实际的工作表现，而不是作为一种"贿赂"时。

总之，根据不同的条件，奖励对动机主要有三个方面的影响。

- 奖励可以有效地激励人们做他们不想做的事情，比如修剪草坪或倒垃圾。
- 对良好的表现进行奖励可以增强内部动机。
- 正如莱珀的研究小组所展示的，如果奖励发放与工作质量无关，就会干扰内部动机。

所以，如果一个孩子不喜欢练钢琴、不喜欢洗碗、不喜欢做作业，再多的奖励也不能改变他的态度。相反，如果他喜欢练钢琴，你可以对他的出色表现给予表扬或特别的激励。这样的奖励可以让一个有动力的人更加有动力。同样，对于那些对工作不感兴趣的员工，雇主就不要想着通过加薪来激励他们了

（当然，除非他们没有动力的原因是薪水太低）。但当奖励是员工应得的时，及时的表扬、一个意外的奖励或一些其他小的认可也许会让优秀的员工表现得更好。

那么，你认为大学教授应该如何激励学生呢？

心理学很有用 · · ·

运用心理学来学习心理学

那些在音乐、艺术、科学和商业等方面取得的伟大成就，通常是由高内部动机者在追求他们感兴趣的想法或目标的过程中创造出来的。同样的道理也适用于运动员，比如马库斯·马里奥塔。当人们面对一些具有吸引力的问题或活动时，就会进入一种状态：忘记了时间，对周围的事情也不感兴趣。心理学家米哈里·契克森米哈（Mihaly Csikszentmihaly，1990，1998）用"心流"（flow）这个术语来描述这种特殊的心理状态。虽然有些人会通过药物或喝酒来体验"人为"心流的感觉，但有意义的工作能够产生更令人满意和持续时间更久的心流体验。

研究和学习之间的联系是什么？如果你发现自己缺乏学习某门课程的动力，外在的奖励（如最终的好成绩）可能就不足以激励你今晚有效地学习。但你可以通过问这样一个问题来欺骗自己，让自己发展出内部动机和心流：这个领域的专家会觉得哪些问题有意思？

通常这个问题是一个未解之谜，或者答案是一个有争议的理论或一个令人兴奋的实际用处。例如，心理学家可能会想：暴力行为的动机是什么？或者我们如何强化人们实现目标的动机？一旦你发现了这样的问题，试着找找已被验证过的解决方案。通过这种方式，你将共享该领域专家的思维方式。没准你也会进入"心流"状态呢。

关键问题：
我们的动机优先级是如何确定的
核心概念 9.2

一些长期存在的问题因一个结合了马斯洛需要层次理论与进化心理学的新理论的出现而得以解决，该理论认为功能、近因和发展因素决定了我们动机的优先级。

想象一下，在深夜，你隐约感到有些饥饿；你知道你需要为考试而学习，但是你越来越困；突然你的手机提醒有人给你发了一条短信。你如何回应这些混合的动机信息？

长期以来，心理学家一直困惑于我们会如何处理相互冲突的动机。但直到最近，在心理学上还没形成一个理论能够解释人类的全部动机，特别是我们如何处理冲突或竞争的动机。正如我们将要看到的，亚伯拉罕·马斯洛（Abraham Maslow）提出了一个著名的理论，虽然这个理论有其实用价值，但也存在缺陷。然而现在，正如我们从这个部分的核心概念中了解的那样，一个新的竞争者出现了。许多心理学家都说，它也许能够做到这一切：一个动机性的"万有理论"。

一些长期存在的问题因一个结合了马斯洛需要层次理论与进化心理学的新理论的出现而得以解决，该理论认为功能、近因和发展因素决定了我们动机的优先级。

我们将从回顾过去的理论开始，那是这个新理论的基石。

本部分导读：

9.3　总结本能理论、驱力理论和心理动力理论。

9.4　解释马斯洛的需要层次理论，以及他为什么要发展它。肯里克和他的同事是如何改进它的？

9.3　本能理论、驱力理论和弗洛伊德的心理动力理论

学习目标：

总结本能理论、驱力理论和心理动力理论。

自威廉·詹姆斯（William James）的时代以来，心理学家已经认识到，所有生物（包括人类）都拥有一套保障生存的本能行为。根据本能理论（instinct theory），这些内在行为可以很好地解释动物行为的循环规律，而这些行为在一个物种中以本质上相同的形式存在。在鸟类的迁徙、羚羊的交配仪式、鲑鱼回到1000多千米外出生的小溪里只为产卵和死亡中，我们看到了这种本能的循环。

所谓的本能行为尽管会被经验改变，但其更多地依赖于遗传而非后天学习。因此，当蜜蜂彼此交流食物的位置、母猫帮助小猫锻炼狩猎技能时，我们都能从中看到本能行为和学习的结合。这些例子表明，本能的形成源自很多先天遗传和些许后天培养。

因为"本能"这个词似乎可以解释很多东西，所以它很快就从科学词汇转变成了日常用语，也因此失去了很多意义。现在，我们可以随意地谈论"母性本能"，运动员"本能地接球"行为，或者天才球探在挑选有前途的新人时有一种"本能"。事实上，我们用这个词的语境太多了，以至于它已经成为一个标签，而不是对行为的解释。

因此，"本能"一词早已不再受科学家的青睐（Deckers，2001）。研究自然栖息地动物行为的动物行为学家现在更倾向于使用**固定行为模式**（fixed-action patterns）这一术语，其更狭义的定义是由可识别的

刺激诱发的、在整个物种中发生的先天行为模式。固定行为模式的例子不仅包括我们所讨论的"本能"行为，还包括鸟类筑巢、新生哺乳动物哺乳反应，以及黑猩猩和狒狒的支配地位表现等多种行为。

本能（或固定行为模式）能解释人类的行为吗？生物学似乎确实解释了我们在新生儿身上看到的一些人类行为，如哭泣和喂奶。但是，本能或固定行为模式在解释大一点的儿童和成年人的复杂行为时并不适用。例如，将一个强势高管的动机解释为一种"杀手本能"，与将马库斯·马里奥塔的成功都归因于"运动员本能"一样不靠谱。

9.3.1　驱力理论

驱力概念起源于本能，用来解释基于生物的行为，这些行为（如饮食）依赖于有机体的内部状态（本能理论和驱力理论的比较见表9-1）。心理学家将**生物驱力**（biological drive）定义为一种能量或者张力，促使生物体满足生理需要（Woodworth，1918）。因此，口渴驱使动物产生对喝水的需要。同样，对食物的需要会引起饥饿，驱使生物体进食。所以，在**驱力理论**（drive theory）中，生理需要产生了一种驱动状态，而这种驱动状态反过来又引导行为满足需要。当需要得到满足时，驱力水平下降，这一过程被称为驱力减弱。当你酒足饭饱后感到满足时，会体验到驱力减弱。

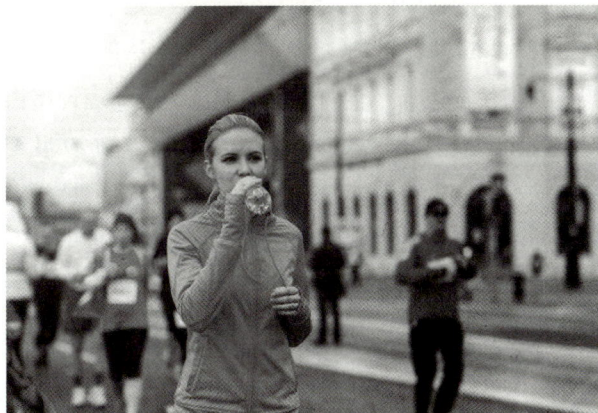

由驱力理论可知，对液体的需要促使我们喝水。当需要得到满足时，就会达到体内平衡。

由驱力理论可知，生物体寻求的是体内的平衡状态，这被称为内稳态（homeostasis，Hull，1943，1952）。因此，那些处于不平衡状态的生物体（如由于缺乏水分造成的）会被迫寻求一种自我平衡（通过喝水）。同样，我们可以把饥饿理解为身体能量供应的不平衡。正是这种不平衡促使缺乏能量的动物进食，以恢复平衡状态。

遗憾的是，就驱力理论而言，动机的整个故事并没有那么简单。它虽然能很好地解释动物的行为，但在解释人类的心理动机和目标时却显得有些牵强，如对成就的需要。此外，驱力理论不能解释在没有任何严重匮乏或强烈需求的情况下，为什么有机体有时能仅仅为了增加刺激而行动。例如，很难想象一种基本需要或生理驱力会促使人们滑雪或跳出飞机。生理驱力也不能解释为什么实验室里的老鼠会穿过一个通电的电网，仅仅是为了去一个新的环境里探索。它还不能解释马里奥塔为什么喜欢橄榄球。心理学家称这些为心理动机。与生理驱力相反，心理动机不服务于直接的生理需要，而是强烈植根于学习、激励、威胁或社会和文化压力之中。

我们看到，驱力理论对于动机谜题能给出一些答案，但不会给出全部答案。因此，心理学家一直不愿意放弃"驱力"这一概念。驱力意味着一种基于生理的动机，在生存和繁殖中起着重要作用。

9.3.2　弗洛伊德的心理动力理论

就在 20 世纪到来的"前夜"，年轻的西格蒙德·弗洛伊德宣布了他对动机的看法。他的理论将古老的本能理论、达尔文关于进化的新观点和 19 世纪欧洲的性保守观点奇妙地结合在一起。

弗洛伊德试图解释精神障碍的起源，他提出，大多数人类的动机源于无意识的模糊深处，并将其称之为本我。他说，那里潜伏着两个我们必须控制的基本欲望：生本能（厄洛斯代表的情爱欲望）和死本能（侵略性或破坏性的冲动）。

弗洛伊德说，实际上我们所做的每一件事，要么是基于这两种冲动中的一种，要么是大脑用来控制这

些危险欲望的无意识手段。就像一个蒸汽越来越多、炉内压力越来越大的锅炉，我们需要一个合适的出口来释放我们不断增加的性冲动和攻击性冲动。弗洛伊德认为，工作（尤其是创造性的工作）可以缓解一些压力。在他的理论中，轻度的攻击性行为（如咒骂和叫喊、玩竞争性的游戏）可以作为我们更深层的破坏性倾向的心理满足的出口。（"怪不得马里奥塔是一个可爱的年轻人！"弗洛伊德一定会这么说。）

重要的是，弗洛伊德的思想是在本能理论的鼎盛时期发展来的，所以性爱和死亡通常被认为是本能。但如果把弗洛伊德的理论看成另一种本能理论就太过简单化了（见表 9-1）。他并没有试图解释饥饿或口渴的生理驱力。相反，他试图解释精神障碍的症状，如恐怖症和抑郁症。

虽然现在大多数心理学家并不完全相信弗洛伊德的观点，但是许多人会同意他的这个观点，即许多心理活动（包括动机与情绪过程）的确发生在意识之外（Bornstein，2001；Westen，1998）。大多数人也基本同意他对动机发展的观点，即根据弗洛伊德的观点，动机会随着童年到成年的年龄增长而发生变化。

9.4　马斯洛需要层次理论

学习目标：
解释马斯洛的需要层次理论，以及他为什么要发展它。肯里克和他的同事是如何改进它的？

当你必须在满足生理需要和心理动机之间做出选择（就像你在睡觉和熬夜备考之间做出选择一样）时，会发生什么？亚伯拉罕·马斯洛（Abraham Maslow，1970）说，我们通常会按照自己最迫切的需要行事，这种需要遵循自然等级或优先顺序发生，以生理需要为先。像弗洛伊德一样，马斯洛试图解释从生理驱动到社会动机再到创造力的所有人类动机（Nicholson，2007）。然而，与弗洛伊德不同的是，马斯洛不相信我们真正的动机是无意识的，他也不相信我们的动机会像弗洛伊德所提出的性冲动和攻击冲动那么消极和邪恶。

马斯洛最重要的创新就是他的需要层次理论，它将六种需要按优先级排列（见图 9-2 和表 9-1），只有在基本的需要得到满足时，才会产生"更高"的需要。

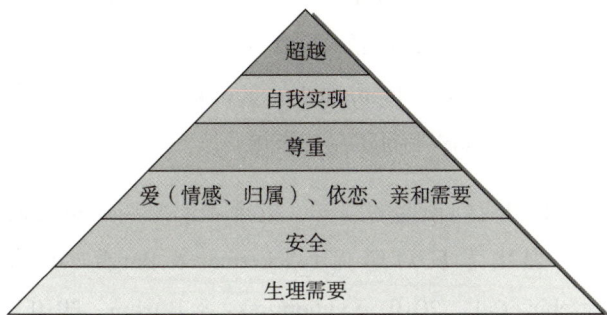

图 9-2　马斯洛的需要层次理论

表 9-1　动机理论比较

理论	主要观点	例子
本能理论	激发特定物种行为模式的生理过程	鸟类迁徙、鱼类成群
驱力理论	需要引发激励行为的驱力，直到驱力减少为止	饥饿、口渴
弗洛伊德的理论	动机来自无意识的欲望，这些欲望随着我们的成熟而呈现发展性变化	性、攻击
马斯洛的理论	动机源于需要，需要按优先顺序发生（需要层次）	尊重的需要、自我实现
进化理论	动机的优先性由功能、近因和发展的因素决定，所有这些因素都来自生存和繁殖的需要	食物气味（近因刺激）可能提高饥饿驱力的优先权

- 生理需要。如饥饿和口渴，处于最底层，优先于其他所有需要。
- 安全需要。激励我们避免危险，但只发生在生理需要得到充分满足的时候。因此，一只饥饿的动物可能会冒着生命危险去获取食物。直到填饱肚子后，它才会优先考虑安全需求。
- 爱、依恋和归属需要。当我们不再关心饥饿、口渴和安全等更基本的驱力时，这些需要会将我们引入与他人的社会关系中。
- 尊重需要。这是一种更高级的需要，包括尊重一个人（认为他有能力或有效率），以及做一

些必要的事情赢得他人的尊重。

- 自我实现需要。激励我们充分发展自身的创造性潜能。自我实现的人有自我意识，能自我接受，有社会性反应和自主性，对新鲜事物和挑战持开放态度。
- 超越需要。"最高"的需要，但也是有着最低优先级的需要，它激励人们进一步寻求超越自我的途径（Koltko-Rivera，2006）。要满足这种需要，可以做任何事情，包括志愿者工作和对宗教、政治、音乐或智力追求的投入。

跨文化心理学家批评了马斯洛的理论和其他"自我理论"，他们指出，强调自我实现主要适用于强调个人成就的个体主义文化（Gambrel & Cianci，2003）。相比之下，群体导向（集体主义）文化会更强调群体的成功，而不是自我实现（Shiraev & Levy，2006）。然而，公正地说，马斯洛确实认识到了动机存在文化差异（Maslow，1943）。

马斯洛的理论是如何与观察相吻合的

马斯洛的理论解释了我们为什么会为了满足生理上的迫切需要（如疼痛、饥饿、口渴或睡眠）而忽视我们的朋友或事业目标。然而，众所周知，有些人会为了追求更高层次的需要而忽视自己的基本生理需要，例如，处于"心流"状态的废寝忘食的作家，或者冒着生命危险把孩子从起火的卧室里救出来的父亲。马斯洛的理论也不能解释为什么"刺激寻求者"会忽视他们的安全需要而去追寻高风险的爱好（如攀岩或跳伞）。该理论也无法解释人们自杀的动机。

9.4.1　综上所述：新的需要层次理论

我们如何在马斯洛的理论中取其精华，弃其糟粕呢？

动机层次理论是马斯洛伟大洞察力的集中体现，道格拉斯·肯里克和他的同事们（Douglas Kenrick et al.，2010）赞成这一观点。可有一个主要问题，我们的动机优先级并不是一成不变的，而是会根据面临的情况发生改变。肯里克的团队认为，我们必须将需要

层次视为可流动的，它们受三种因素影响，分别为功能、近因及发展的因素（见图9-3）。

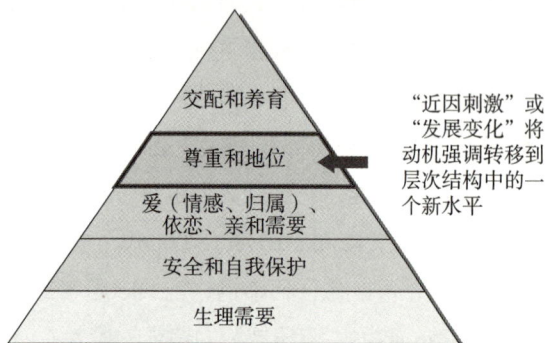

图9-3　进化心理学对马斯洛需要层次理论的修正

注：新的需要层次理论认为所有的动机都基于生存的需要，以及将我们的基因（或我们亲属的基因）传递给后代的繁衍需要。此外，新理论支持我们的动机优先级不是一成不变的，因为变化具有发展性，且生活事件始终存在变化（近因刺激）。

- **功能层面的分析**（functional level of analysis）认为（从进化的角度看），动机的功能与生存和繁衍相关。与马斯洛的设想差不多，功能性的因素使动机以基本的生理需要为基础，按照"默认"的层级排序。这些需要激励我们寻找食物、水、温暖和庇护所，没有它们，我们就无法生存。同样，性动机源于将自己的基因传播给后代的进化指令。这种对性满足和繁衍的需要进而引发了一系列的社会需要，包括生理上对性的渴望，以及对归属、尊重和养育的需要。然而，在马斯洛的理论中，这些繁衍需要通常比生存需要的优先级低很多。
- "近因"的意思是"邻近的"，所以**近因层面的分析**（proximal level of analysis）侧重于那些调节了我们动机优先级的即时事件、物体、动机和威胁；也就是说，这些是基于外在动机的。例如，一个有趣的电视节目是一种近因刺激，可以让已经很困的你推迟就寝时间。总体来说，一个重要的近因刺激可以激活大脑已默认的动机层次进行临时的重新排列。
- 弗洛伊德告诉我们，一个人的动机特征会随着年龄的增长而变化。当你还是个婴儿的时候，

你主要关心的是饥饿、口渴和接触式安抚，从不考虑生育或尊重同伴；当你成为青少年时，性动机和对社会认可的需求可能开始在你的需要层次中占据主导地位，随着你逐渐成熟，学习、创造和贡献的需要可能会变得越来越重要。因此，新动机层次理论增加了**发展层次的分析**（developmental level of analysis），以强调这些动机特征的毕生发展。

正如我们预期的那样，批评者们对新动机层次理论提出了反对意见（Ackerman & Bargh，2010；Kesebir et al.，2010；Lyubomirsky & Boehm，2010）。在他们的表述中，肯里克的团队可能忽略了"更高"的——内在动机（包括创造或满足好奇心的需求）已经独立于进化根源的可能性。当然，尽管有创造力的人（如著名演员）在繁衍活动中占有优势，但进化也可能在大脑中专门关联了这些动机，因为拥有这些动机的人会给群体带来优势。

9.4.2　这一切给我们留下了什么

在一些观点上出现的共识最终可能会帮助动机心理学进行统一（Schaller et al.，2010）。我们认为大多数心理学家都会认同以下观点：

- 我们的动机有一个"默认"等级或优先顺序，从本质上讲，每个人都是一样的（正如马斯洛所描述的那样）；
- 必须从进化的角度来理解这种默认的动机层次，其中最基本的动机是与生存有关的，其次是与繁衍和后代生存有关的动机；
- 个人的动机层次不是绝对的，它会受到近因刺激和个人发展水平的影响。

正如我们已经注意到的，关于"更高"动机（如创造力）是否总是基于繁殖冲动，还是能够成为独立的内在动机，研究人员间仍存在一些分歧。

这种新的动机理论混合观点将马斯洛的需要层次理论、弗洛伊德的性心理阶段理论和进化心理学结合在一起，形成了一个可以包含各种动机的大集合（从

饥饿和口渴到从属关系、地位和创造力）。我们仍然不知道大脑是如何安排和重排动机层次的，但我们最终有了一个可以解决理论细节的框架。

心理学很有用 ● ● ●

确定什么能激励他人

或许你想知道一个朋友行为古怪的动机是什么？

我们建议在确定动机根源是某些固定的人格特质之前要谨慎，应首先寻找任何可能起作用的外部激励或威胁，即外部（近因）激励因素。很多时候，这些就是全部了。

除此之外，建议考虑社会动机。尽管马斯洛在他的需要层次理论中强调了社会动机，但他并不是提出社会动机在人类行为中的重要性的第一人。阿尔弗雷德·阿德勒（Alfred Adler）与西格蒙德·弗洛伊德同时代，可以说是第一位社会心理学家（Ansbacher & Ansbacher，1956）。阿德勒教导说，问题行为往往源于个人的不满足感和觉察到的社会威胁。健康人格的平衡趋势是合作的目标或需要，以及被他人接受的愿望，他称之为"社会利益"。现代社会心理学家将社会动机与外部激励和威胁的概念结合起来，将其称为"情境的力量"。

阿德勒的想法比我们在这里所能讲述的还要复杂得多。只能说当一个人感觉受到了威胁时，他就可能会做出防御性的反应，表现出恼人的行为或意想不到的攻击性。如果你是对方的父母、老师、领导者或朋友，与之交往的诀窍就是不要以牙还牙。不要把注意力放在那些引人注目的人身上，不要咄咄逼人地回应挑衅者，不要试图报复一个报复心重的人，也不要用怜悯来压制一个孤僻的人。相反，你应该尊重这个人，并试着理解这种行为背后的动机。

关键问题：

饥饿和性在动机层次中处于哪个位置

核心概念 9.3

尽管饥饿和性在许多方面迥然不同，却都源于进化，而且都是生理和社会需要相结合的产物，但只有一种需要是个体生存所必需的。

在本章的这一部分，我们将比较两种动机，这两种动机代表了用来塑造人类物种的两种进化力量：生存和繁殖的驱力。人类先天就继承了能做到这两点的祖先的基因。我们的终极目标是展示一个关于动机进化的新视角是如何将这两种动机结合在同一个理论大集合下的。关于这一部分的核心概念如下：

尽管饥饿和性在许多方面迥然不同，却都源于进化，而且都是生理和社会需要相结合的产物，但只有一种需要是个体生存所必需的。

本部分导读：

9.5　描述饥饿的生理、社会和认知基础。

9.6　解释为何心理学家更喜欢使用冲动控制或情绪控制等术语，而不是"意志力"。

9.7　解释性冲动与饥饿或口渴的不同之处（除了相关的行为）。解释金赛、马斯特斯、约翰逊、佩普洛和进化心理学家们提出的关于性的主要概念。

9.8　解释性和饥饿之间的关系。

9.5　饥饿：一种自我平衡的驱力和心理动机

学习目标：

描述饥饿的生理、社会和认知基础。

如果你没有性生活，你也不会死，但如果你不吃饭，你肯定会死亡。与性冲动不同，饥饿是生存的动机之一（Rozin，1996）。当有食物时，饥饿感会很自然地促进我们进食。然而，正如我们将在讨论饥饿和体重控制的多系统方法时所看到的那样，饥饿不仅仅是生理学上的问题，它也有社会和认知基础。

9.5.1　饥饿的多系统方法

当大脑接收到关于补充能量的多种生理和心理信息时，人就会感到饥饿。这些信息包括身体的能量需要和营养状况、食物偏好，所处环境中的食物线索及文化需要。例如，你对一片培根的渴望程度取决于血糖水平、你最后一次吃它的时间、你是否喜欢培根、现在是一天中的什么时间（或许是早上）、朋友是否会提供给你一片，以及培根在你所处的文化中是否是可以接受的食物。收集完所有数据后，大脑将向神经系统、激素系统、器官系统和肌肉系统发送信号，开始或停止寻找和食用培根（DeAnge-lis，2004b；Flier & Maratos-Flier，2007）。你可能已经猜到了，多系统方法是饥饿作用于动机层次的多个等级的另一种解释（见图9-4）。

9.5.2　影响饥饿和进食的生理因素

在大脑、胃、血液和全身的脂肪细胞中，有许多生理因素会协同工作来调节饥饿和进食行为。以下为几个最重要的因素。

- **感知生理需要。** 下丘脑作为一个内部的"生理实验室"，能不断监测血液中的营养、水分和温度（以及其他东西）。它会感知人体对食物的需要，调节饥饿驱力。但下丘脑并不是单独运作的。其他区域（特别是脑干和消化道）也会利用一系列受体和化学信号，与下丘脑一起监测肠道中的糖、其他营养物质，以及储存在全身的脂肪状态（Flier，2006）。

- **维持体内平衡。** 每当营养物质和脂肪沉积低于一定水平时，大脑和身体周围的受体细胞就会向大脑发送信号，唤醒饥饿冲动。接着个体

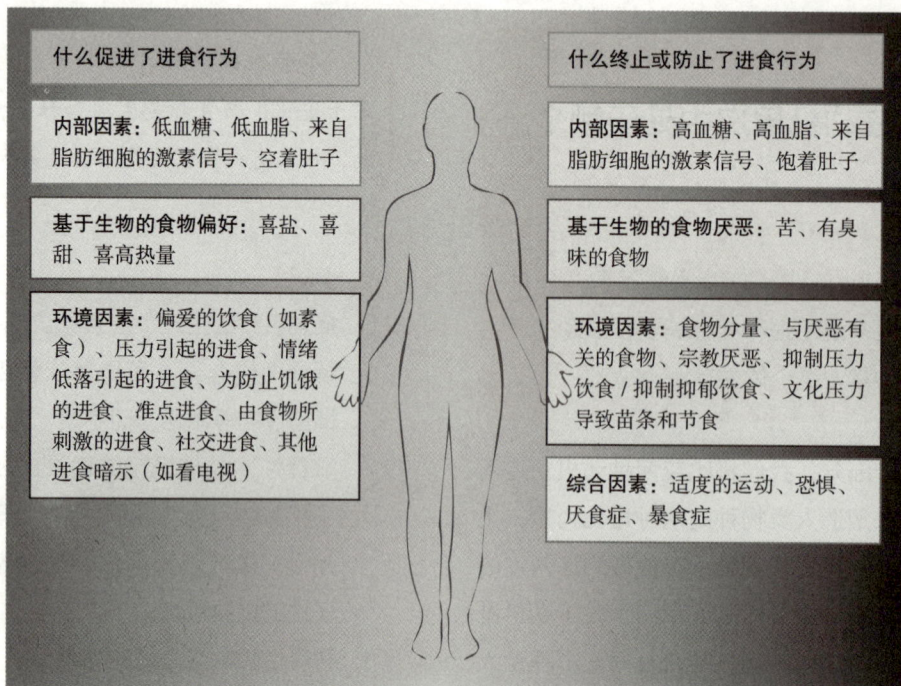

图9-4　饥饿与饮食的多系统模型

会进食，将营养和脂肪水平恢复到一个平衡点。研究表明，胃饥饿素在发出饥饿感信号中起着特别重要的作用，而另一种激素，即瘦素蛋白，在达到平衡点时会发出饱腹感的信号（Grimm，2007）。

- **奖励系统偏好。** 对大多数人来说，大脑的奖励系统更喜欢甜食和高脂肪食物。这些偏好在进化过程中引导我们的祖先选择高热量的食物，使他们能够在食物供给不可预测的情况下得以生存。遗憾的是，这种趋势却被糖和高脂肪"垃圾食品"的生产商所利用，如今这些"垃圾食品"几乎没有营养价值。

- **锻炼。** 身体活动也会导致饥饿或饱腹感。虽然极端运动会引起饥饿感，但研究表明，适度运动实际上会抑制食欲（Hill & Peters，1998）。

- **睡眠。** 睡眠不足会给你带来"饥饿感"，增加进食量，从而增加体重，这可能是因为身体将困倦误认为是饥饿（Hasler et al.，2004；Nedeltcheva et al.，2009）。

- **肠道细菌。** 有关老鼠的一项研究表明，消化道微生物群落之间的差异会导致体重差异：接受了肥胖者的肠道细菌移植的小鼠体重增加，而正常体型的人的肠道细菌不会引起小鼠的体重增加（Ridaura et al.，2013）。

所有这些有关饥饿的生理机制都是在最基本的需要层次上运作的。但是，正如我们已经提到的，饥饿不仅仅是一种生理驱力，更是一种心理动机，它取决于人的情绪状态和环境。

9.5.3　影响饥饿和进食的心理因素

有些人应对情绪低落或无聊的方式是吃更多东西，有些人则是少吃东西。由此可见，情绪动机可以影响饥饿和进食。其他动机如心流、性唤醒或想和朋友出去玩的愿望也可以。

习得的习惯同样会影响饥饿感，我们会把特定的情况与食物联系在一起。例如，可能仅仅是因为时钟显示午餐时间到了，我们就会感到饥饿。习得的习惯也解释了为什么我们在看电视的时候会有吃零食的冲动，或者在感恩节晚餐时想再多吃一份。

文化对饥饿和饮食的影响也不容忽视。在大洋洲，魁梧的身材意味着更有魅力，当地的社会规范也推崇魁梧的身材（Newman，2004）。与此相比，美国居民得到的信息则更加复杂：虽然苗条的身材是电影、杂志和电视所宣传的理想目标，但美国的商业广告却鼓励人们吃便宜、美味的垃圾食品。其结果是，在被体重困扰的人群中，肥胖问题日益严重。此外，随着美国文化的影响变得越来越全球化，美国人的饮食习惯也变得越来越全球化，高热量的零食和快餐正在使世界各地的人们变胖（Hébert，2005；Popkin，2007）。

> **写一写**
>
> **体重控制和新的需要层次**
>
> 保持健康的体重是一个合理的目标和长期生存的需要。有什么近因刺激会阻碍这个目标呢？

9.5.4　饮食失调

许多人在与饥饿、暴饮暴食和肥胖做斗争，但也有一些人与之相反，他们正面临长期缺乏食欲和病态的体重减轻（这是厌食症的特征）。有时，这种情况是由身体失调引起的，但更为常见的影响因素来自心理根源——这种情况下的综合症被称为**神经性厌食症**（anorexia nervosa）。神经性厌食症通常表现为极端节食和危及生命的减肥。神经性厌食症是一种严重的疾病，以至于在所有心理障碍中其死亡率最高（Agras et al.，2004；Park，2007）。在接下来的讨论中，我们将按照常见的说法，将这种疾病简称为"厌食症"。

什么是厌食症？ 当一个人缺乏食欲或拒绝进食，体重低于理想体重的85%，并且过分担心自己会出现肥胖问题时，他很可能就患有厌食症。此外，患有厌食症的人可能会伴随被称为**神经性贪食症的**（bulimia nervosa）问题。其特征是在暴食一段时间后，采取激烈的"清除"措施，可能包括呕吐、禁食或使用泻药。在许多情况下，抑郁症和强迫症的存在会使厌食症的临床症状更加复杂。

通常，厌食症患者会表现得好像他们没有意识到自己的状况，并继续节食，忽视了其他危险迹象，包括月经停止、骨质疏松、骨折和脑组织萎缩。长时间的暴食催吐，很可能导致食道、喉咙和牙齿被胃酸腐蚀。

厌食症和贪食症的原因是什么？　作为佐证，下面的事实为我们提供了一条有力的线索：尽管年轻男性的患病人数似乎有所上升，但大多数患有这些疾病的人仍是年轻女性（Smink et al.，2012）。需要注意的是，在不同的调查中，有关这些疾病发病率的统计数据差别很大，这取决于样本和用于定义这些疾病标准的差异。然而，人们一致认为，大多数厌食症和贪食症患者都生活在西方文化中，尤其来自中上和中产阶级家庭（Striegel-Moore & Bulik，2007），并且这些失调更多的是基于文化原因，而非饥饿或缺乏食物资源。

患有厌食症的人通常都有值得他人效仿的行为及学术和社交上的成就，但他们仍会让自己挨饿，希望变得更瘦和更有吸引力（Keel & Klump，2003）。为了减肥，厌食症患者抑制了自己的食欲，他们可能会从自我控制能力中找到减肥的奖励但永远不会觉得自己足够瘦（见图9-5）。

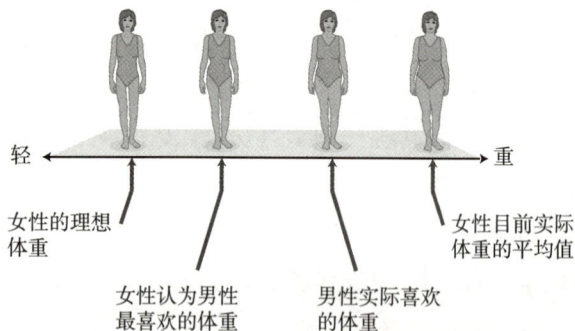

图9-5　女性的体重

注：男性和女性对于女性理想身材的看法大不相同。与女性的思维相反，男性不会对自己那么苛刻。

这在阿普洛·法伦（April Fallon）和保罗·罗津（Paul Rozin）的一项有影响力的研究中得到了证明，他们让女大学生给出自己目前的体重、理想体重，以及她们觉得男性所认为的理想体重。受访的女性普遍认为自己目前的体重明显高于理想体重，也高于她们认为男性所认为的理想体重（Fallon & Rozin，1985）。此外，其他研究表明，女性也认为自己的体型看起来比实际更胖（Thompson，1986）。当男性被要求在类似的问卷中对自己进行评分时，法伦和罗津发现，他们的理想体重和实际体重之间并没有这种差异。但是，当被问及他们所认为的女性理想体重时，他们选择了比女性认为的更重的体重。难怪女性比男性更常节食，而且更容易患上严重的饮食失调症（Mintz & Betz，1986；Striegel-Moore et al.，1993）。

然而，对遗传因素的研究开始质疑"社会压力是引发厌食症和贪食症的唯一解释"这一假设（Novotney，2009；Striegel-Moore & Bulik，2007）。临床心理学家姗·圭辛格（Shan Guisinger，2003）认为，从进化的角度来看，基因的观点是有道理的。她指出，厌食症患者通常表现为精力过胜，而不是大多数饥饿者通常表现的那样无精打采。这表明，在饥饿的条件下，患上厌食症可能是我们祖先的优势。那些在饥饿时极度活跃的人，可能会被激励着为了生存而离开贫瘠的环境。

总而言之，厌食症就像饥饿一样，是由生理、认知和社会压力等多种因素共同引起的。

9.5.5　肥胖与体重控制

在体重控制的另一个极端，肥胖问题自20世纪80年代初以来就在美国以惊人的速度爆发。结果，超过三分之二的美国人超重，约三分之一被归类为肥胖（National Institute of Diabetes and Digestive and Kidney Diseases，2012）。当然，真正的问题不是肥胖，而是与之相关的健康风险，如心脏病、中风和糖尿病，尽管专家们在"对于那些仅仅是轻微超重的人来说这到底是个多大的问题"上意见不一致（Couzin，2005；Gibbs，2005）。遗憾的是，这种肥胖流行的根本原因仍不明了（Doyle，2006）。

我们将在下文中看到，在肥胖研究领域，没有人认为肥胖是由于缺乏"意志力"（一个简单的解释）造成的（Friedman，2003）。相反，大多数专家认为肥胖和厌食症一样，是由多种因素造成的。其中最突出的是不良的饮食习惯，包括超大的食物份量和越来越普遍的高脂肪和高糖食物。例如，在一项启发性实验中，给老鼠提供香肠、巧克力奶油卷、甜饼、培根和芝士蛋糕作为食物，它们很快就失去了控制进食的能力，变得肥胖起来（Johnson & Kenny，2010）。

基因对肥胖有影响，但日常活动水平也对肥胖有影响（Bell，2010；DeAngelis，2004；Flier & Maratos-Flier，2007）。一项针对护理健康的长期研究为后者提供了证据，该研究表明，看电视的时间每天增加两小时，肥胖概率就会增加23%（Hu et al.，2003）。

从进化的角度来看，人类仍然是石器时代的生物，在生理上适应了饥荒动荡和胡吃海喝的时期。当食物充足时，我们往往会吃得比所需要的多，这是一种无意识的防范措施，以应对未来的饥荒时期。遗憾的是，这一石器时代的策略并不适合现代社会的生活：发达国家的大多数人永远不会面临饥荒，不需要花费精力狩猎或挖树根。我们也不适合每天吃炸薯条、比萨、甜甜圈、糖果和玉米片。这些咸的、高脂肪的和甜的食物迎合了我们根深蒂固的口味，但却富含卡路里（King，2013；Parker-Pope，2009；Pinel et al.，2000）。

问题的根源不在于人们对肥胖问题缺乏意识。只要看看报摊上的杂志标题就会知道，美国人多么痴迷于减重和瘦身。不论何时，大约30%的美国成年人都会说他们正在使用某种控制体重的饮食方案（Gallup，2010）。

尽管我们都知道饥饿和体重控制的关系，但至今没有人发现一种真正适用于大多数人的减肥方案。尽管有全美范围内的广告宣传，但没有任何节食、药物或其他减肥方案对大多数尝试过的人产生过长期的效果。然而，对于那些正在与体重超重做斗争的人来说，令人振奋的消息是，当你读到这篇文章时，一些潜在有效的减肥药物正在接受临床测试，但它们作为

安全又有效的药物进入市场还需要几年时间（Flier & Maratos-Flier，2007）。与此同时，专家们建议，长期控制体重的最佳途径包括保持均衡的饮食和适度的运动。如果你想要一些额外的帮助，还可以寻求营养咨询和认知行为治疗（Institute of Medicine，2002；Rich，2004）。

写一写

生理和心理因素如何影响饥饿和饮食

我们已经看到了男性和女性对女性理想体重的不同观点。我们还发现，男性对自己体重的评判并不像他们对女性体重的评判那么苛刻。现在，假设你要做一项关于女性如何判断理想男性身材的研究。你的结论是什么？为什么？

9.6 意志力、萝卜和巧克力饼干的问题

学习目标：

解释为何心理学家更喜欢使用冲动控制或情绪控制等术语，而不是"意志力"。

心理学家通常不怎么谈论"意志力"，尽管这个词语常常出现在我们日常的对话中，其指对食物、饮料或一些其他诱惑的抵抗力。把"意志力"作为一种特殊的心智能力是一种古老的假设，心理学家不喜欢这种假设，认为这是倒退到19世纪颅相学的假设。在这种情况下，"意志力"就像"本能"一样，只是一个标签，而不是一个解释。心理学家也反对将"意志力"这个词用作道德判断，去指出他人有某种性格缺陷，即"意志薄弱"。

9.6.1 意志力的替代术语

心理学家们现在更喜欢用自我控制、冲动控制或情绪控制等术语。这些术语承载的负担更少，负面作用更小，而且它们可以与可控的环境影响相关联。例如，认识到种类丰富的食物会让一个人在节日期间更

难控制饮食，比认为自己意志力薄弱更积极，也更有助于改善现状。

然而，当人们受到诱惑时，他们表现出的控制程度是不同的。心理学家设计了一些近乎极端的测试来衡量个体在这方面的差异。他们发现了什么？毫无疑问，控制冲动的能力与各种积极的结果相关，包括更好的心理健康状态、更有效的应对技巧、更好的人际关系和更高的学术成就。但是这些发现仍然没能回答一个主要问题：什么是自我控制（或"意志力"）？你有这种能力吗？

9.6.2 自我控制的生理基础

佛罗里达州立大学的一个研究团队似乎已将抵御诱惑的能力建立在了更坚实的科学基础上（Gailliot et al.，2007）。他们发现，自我控制本身是由生理控制的，而这种控制是有代价的。让我们来仔细看看这些研究。

佛罗里达的研究小组首先把心理学专业的本科生置于几个棘手的情境中，要求他们进行自我控制，例如，拒绝一盘新鲜出炉的热腾腾的巧克力曲奇饼干，或者观看搞笑视频但不准笑。然后，研究人员给学生们第二项任务，例如，拼字题或手眼协调测试。对照组也进行了第二项任务，但他们并没有在开始时接触一盘盘诱人的饼干（作为对照，他们坐在一碗萝卜前），被要求抑制自己的笑声。

在我们进行下一步研究之前，看看你能否预测出谁在第二项任务中表现更差。

是必须克制冲动的实验组，还是无须控制冲动的对照组

如果你猜测那些不得不面对诱惑（拒绝饼干或平静地看搞笑视频）的人在第二项任务中不那么成功，那么你就猜对了。显然，自我控制是一种资源，就像体力一样，当你必须使用它时，它会被暂时耗尽。但它本质上是什么呢？

令人惊讶的是，自我控制似乎真实存在于血液和行为中。研究发现，在要求被试控制自己的欲望之后，他们的血糖水平会比那些不需要自我控制的人更低。糖（葡萄糖）是身体的能量来源，实验人员得出结论，使用意志力会消耗一部分能量，使人们在第二项任务上的效率降低（Baumeister et al.，1998，2007；Wargo，2009）。

但意志薄弱的人还有希望！在实验的第二阶段，研究人员给先前那些必须抵抗诱惑的人提供了含糖饮料。这种饮料不仅使被试的葡萄糖水平恢复正常，还使他们的行为表现恢复到与没有受到诱惑的被试相同的水平。显然，我们所谓的"意志力"来自身体的葡萄糖能量储备。

那么，你是否应该在下一次心理测试前喝一杯可乐或吃一块糖果来提高你的自我控制力呢？佛罗里达研究团队的负责人马修·盖洛特（Matthew Gaillot）说，这可能并非一个好主意，特别是当你在试图控制自己的体重时。他说，更好的减肥方法是采用高蛋白或复合碳水化合物的饮食方案，因为这样能使你维持能量水平（Cynkar，2007a）。

但葡萄糖消耗并不是影响自我控制的唯一因素。最新的研究表明，人们对"意志力"的信念可以调节他们在需要集中精力的任务中的表现。那些认为意志力是一种可以被耗尽的有限资源的被试，在第二项任务上比那些认为意志力不会被脑力活动消耗的被试表现得要差（Job et al.，2010）。

还有一些建议是从认知角度提出的：如果你想确保自己的思维敏捷，适度摄取糖分比完全拒绝更好。偶尔吃块饼干也是可以的。

9.7 性冲动：一种不是必需的冲动

学习目标：
解释性冲动与饥饿或口渴的不同之处（除了相关的行为）。解释金赛、马斯特斯、约翰逊、佩普洛和进化心理学家们提出的关于性的主要概念。

没有人喜欢饥饿或口渴，但是性冲动却并非如此：不像在饥饿或口渴状态下那样，我们必须通过饮食来获得满足感，仅仅是性冲动的唤起就能带来愉悦。尽管性唤起的个体可能会通过交配或其他性活动来减轻紧张感，但性冲动不同于饥饿，并不是内稳态驱力，也就是说，性交并不会使身体恢复平衡状态。

但是从另一个角度来看，性冲动又像饥饿，两者都可以服务于某些不同的目标，包括快乐和社会关系。换句话说，性和饥饿都是可以在多个维度上运作的动机。

此外，性冲动和饥饿、口渴都根植于生存。即便有这些共同点，性在生理驱力中也是独特的，因为缺乏性并不会对个体的生存造成威胁。没有食物和水，我们的确活不了多久，但有些人却过着没有性行为的生活（尽管有些人会说那不是真正的生活）。相较之下，性冲动涉及物种的延续，而不是个人的生存。

包括性在内的所有生理驱力都会对行为产生强大的影响，因此无数的社会规范和禁忌被制定出来，如禁止饮酒或食用某些肉类。在性的范畴内，我们发现了针对各种性行为的广泛的、文化特异性的规范与制裁。事实上，所有的社会群体都对性行为进行了规范，但规范内容差别很大。例如，同性恋在历史上一直被一些文化所压制，但在另一些文化中却被广泛接受。关于亲属间的婚姻以及暴露生殖器或乳房的规定，在不同的文化中也有所不同。

在大多数社会群体中，就算是关于性的讨论也属于禁忌，让人尴尬且容易产生误解。研究人类性行为的科学家受到了来自社会和政治的强烈压力，而且这种压力至今都没有减弱的迹象。其结果是，关于性的科学研究变得难以推进。

9.7.1　性的科学研究

20世纪中期，民众争相阅读第一个关于人类性行为的大样本科学研究，该研究基于对17 000名美国人的调查。在两本分别关于男性和女性的学术著作中，阿尔弗雷德·金赛和他的同事（Alfred Kinsey et al.，1948，1953）揭示，一些以前被认为罕见甚至不正常的行为实际上相当普遍。虽然金赛的数据已经有60

多年的历史了，但他的调查仍然是关于人类性行为的重要信息来源，这主要是因为从来没有人对如此庞大而丰富的样本进行过这么深入的调查。

在20世纪90年代，另一项关于美国人性行为的大型调查更新了金赛的数据，该调查报告分为两卷，上卷名为《性的社会组织：美国的性行为》（*The Social Organization of Sexuality: Sexual Practices in the United States*，Laumann et al.，1994）；下卷是一个简短、可读性更强的姊妹篇《性在美国》（*Sex in America*，Michael et al.，1994，见表9-2）。

该项目在美国被称为国家健康和社会生活调查（National Health and Social Life Survey，NHSLS），3432名年龄在18~59岁的成年人参与了调查。虽然这些调查有一些固有的偏见（如只采访了说英语的人），但NHSLS获得了惊人的参与度：在收到调查邀请的人群中，79%的人同意参与。结合金赛时代以来进行的其他调查结果，这项研究的结果显示，性行为频繁的年轻人的占比显著增加，同时人们首次发生性行为的年龄下降了（Wells & Twenge，2005）。

然而，一项样本较小但更为近期的调查显示，称自己是处男/处女的青少年的比率在过去十年中略有上升（Doyle，2007），有同性恋或双性恋偏好的人的数量也略有上升。在一项比较同卵双胞胎和异卵双胞胎的研究中，研究人员发现，个体第一次发生性行为的年龄会受到基因的强烈影响（Weiss，2007）。该研究还表明，基因影响下的这一趋势可能会触犯法律，所以科学家们推测基因这一潜在的影响因素可能会成为人们出现冒险倾向的催化剂。

9.7.2　性别相似性与性生理学

虽然金赛第一次拨动了全美国对性激烈讨论的神经，但真正打破传统和禁忌将性带入实验室的是威廉·马斯特斯和弗吉尼亚·约翰逊（William Masters & Virginia Johnson，1966，1970，1979）。在此之前，科学家们从未通过直接观察和记录数百人的各种性行为（包括手淫和性交）的反应来研究过性行为。在这些观察研究中，马斯特斯和约翰逊探索的不仅仅是人

表 9-2　美国成年人的性取向与性行为

性生活频率	从未有过	每年几次	每月几次	每周两次以上
男性的百分比	14	16	37	34
女性的百分比	10	18	36	37

18 岁以后的性伴侣数量	0	1	2~4	5~10	10~20	21+
男性的百分比	3	20	21	23	16	17
女性的百分比	3	31	31	20	6	3

婚后不忠行为	
男性的百分比	15.1
女性的百分比	2.7

性取向	男性	女性
异性恋	97.8*	97.7
同性恋	1.8*	1.5*
双性恋	0.4*	0.9*

注：该表基于对 3432 名严格挑选的成年受访者的调查。1994 年后，还没有进行过对美国人的性取向和性行为的大规模调查。有关性取向的数据来自 2013 年的一项调查，该调查的参与者自认为是异性恋、同性恋或双性恋的成年人。这些数据与 1994 年 Gagnon，Laumann，& Kolata 的报告相似。

资料来源：Ward，B. W.，Dahlhamer，J. M.，Galinsky，A. M.，& Joestl，S. S. (2014，July 14). Sexual orientation and health among U.S. adults: National Health Interview Survey，2013. National Health Statistics Reports，No. 77. U.S. Department of Health and Human Services，Centers for Disease Control and Prevention，National Center for Health Statistics.

们关于性的表述，还有人们在性行为中实际的身体反应。随着他们打破传统，大胆地发表了具有里程碑意义的发现后，人类性行为的研究最终被公认为科学研究的一个合法领域。

他们发现了什么？他们的观察揭示了人类性反应的四个不同阶段，马斯特斯和约翰逊将其统称为性反应周期（见图 9-6）。

但是性反应周期并不是唯一的发现。通过对近 700 次性行为的观察，他们得出了以下有价值的结论：

- 男性和女性有着非常相似的生理反应模式，无论性唤起的来源是异性还是同性行为，是性交还是手淫；
- 尽管性反应周期的阶段在两性中是相似的，但女性往往反应更慢，唤醒维持时间却往往更长；
- 许多女性可以在短时间内获得多次性高潮，而男性很少能做到；

- 生殖器的大小通常与性行为无关（除非你为自己生殖器的大小而发愁）。

马斯特斯和约翰逊利用他们在性行为方面的发现，开发了有效的行为疗法，治疗各种性功能障碍，包括男性勃起障碍（无法达到或保持勃起）、早泄和女性性高潮障碍。这些在他们的著作《人类性功能障碍》（Human Sexual Inadequacy，1970）中有详细的说明。

写一写

性反应的性别差异

从进化的角度来看，为什么女性对性刺激的反应往往比男性慢，但高潮持续的时间却更长？

9.7.3　男性和女性的性取向也不同

虽然马斯特斯和约翰逊呼吁我们注意男性和女性

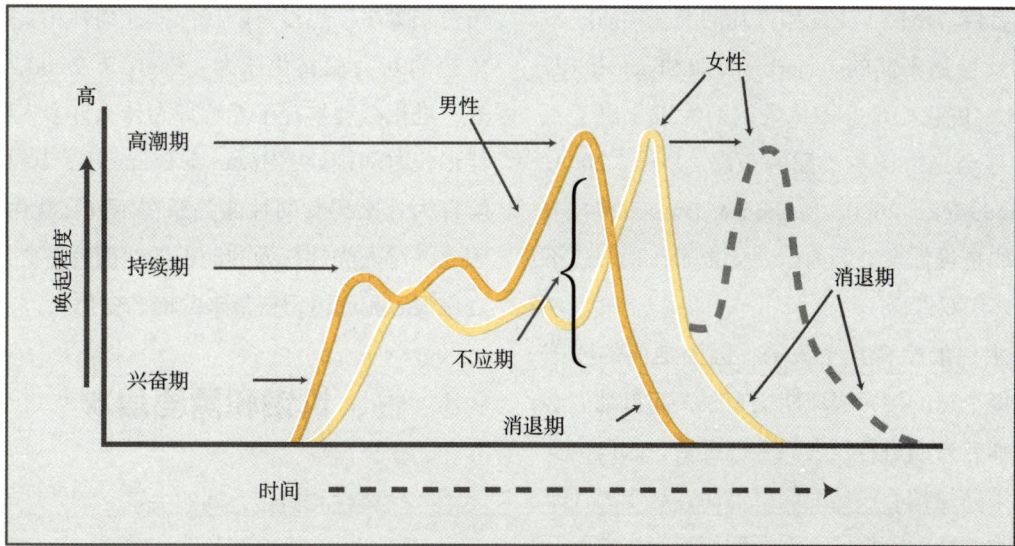

图 9-6　性反应周期

在性反应周期中的相似之处，但其他研究人员提出了相反的观点，他们关注的是差异。例如，安·佩普洛（Ann Peplau，2003）发现了男性和女性之间存在四个特别重要的差异。

- 首先，她指出，男性比女性对性表现出更多的兴趣（当然，是平均而言）。男性不仅更常想到性，他们也更有可能关注视觉的性刺激，而且他们通常也比女性更喜欢性生活。

- 其次，女性比男性更有可能把性看作一段忠诚关系的产物；佩普洛说，女性更有可能将性欲"浪漫化"为一种对亲密情感的渴望，而男性则更倾向于将性视为身体上的快感。因此，女性（包括女异性恋和女同性恋）对随意的性行为的态度通常没有男性（包括男同性恋和男异性恋）那么宽容。

- 再次，男性比女性更容易将性与攻击性联系起来。你可能知道，强奸几乎是男性特有的行为。但即使在较温和的形式下，攻击性也更多的是男性的特征，而不是女性的特征。例如，男性在两性关系中更有可能专横或虐待他人（我们需要补充的是，尽管这些性别差异似乎有生理基础，但这一事实并不能作为伤害性行为或强迫性行为的借口）。

- 最后，佩普洛认为，女性的性行为具有更大的"可塑性"。她的意思是，女性的行为和信念更容易受到文化和社会因素的影响，也更容易受到当前环境的影响。例如，随着时间的推移，女性的性行为频率远比男性多变。这在性环境发生变化时尤其如此，如离婚。文化因素（如宗教和文化规范等）对女性性行为的影响也大于男性。特别有意思的是，无论是男性还是女性，受教育程度高与更自由开放的性态度有关，这种效应对女性的影响更大。

其他研究工作集中在男性和女性大脑的差异上（Portner，2008）。例如，与男性不同的是，女性大脑中与情绪控制相关的许多区域在性高潮时似乎不会被激活。研究人员格特·豪斯特吉及其同事（Gert Holstege et al.，2003）认为，这种反应包括对可以阻碍高潮的焦虑反应的抑制。通过观察性取向的差异，梅雷迪思·奇弗斯及其同事（Meredith Chivers et al.，2007）发现，异性恋女性比异性恋男性更容易被广泛的性刺激唤醒。此外，同性恋者对性质量的要求比异性恋者更高。

9.7.4　性的进化心理学观点

从生物学角度来说，两种性别的目标都是留下尽可能多的后代。然而，交配和育儿的潜在物质成本对于男性和女性是不同的（Bjorklund & Shackelford，1999）。因此，进化心理学家认为，两性进化出了不同的（有时甚至是冲突的）配偶策略（Buss，2008；Gallup & Frederick，2010；Meston & Buss，2009）。我们这里说的是异性恋，因为在进化方面，我们还不太了解同性恋和双性恋。

女性一生只能生育几个孩子，因为她们的卵子数量有限，每个月的生育窗口期也有限，而且她们必须在怀孕和哺乳方面进行巨大的生理投资。因此，女性最好的性策略是精心挑选配偶。然而，对于男性来说，成本和收益却大不相同，因为他们能产生数百万个精子，同时不用怀孕，也不像女性一样要花那么多时间和孩子在一起。因此，对于男性来说，最大的生理回报是尽可能频繁地与更多的可生育的女性交配。所以，男性倾向于寻找年轻且身体发育良好的伴侣，而女性可能会寻找年龄稍大一些的伴侣，他们能提供资源、地位和对后代的保护。男性和女性的这些差异无疑会导致撒谎、嫉妒、诡计和冲突等行为的发生。

尽管从进化的角度来看性冲动，可能显得冰冷无情，但它确实解释了交配行为中的许多性别差异，例如，男性所报告的性伴侣的数量通常比女性多（见表9-2）。即便如此，生物学并没有禁止人们转换性别

角色和脚本，也没有解释那些让男性和女性扮演不同角色的社会和文化压力（Eagly & Wood，1999）。此外，进化心理学并不能解释为什么许多人会和他们的伴侣长时间相处（Hazan & Diamond，2000），也不能解释为什么男女同性恋关系在不同文化中依然存在。因此，对人类性行为的动机的全面理解必须包括它的进化根源和通过习得带来的诸多变化。

9.8　性、饥饿和需要层次

学习目标：
解释性和饥饿之间的关系。

正如我们所了解的，马斯洛几乎没有提到性。然而，基于进化的新需要层次理论填补了这一遗漏。肯里克的团队仍然把饥饿、口渴和其他生存需求放在首要位置。其次是性，以及与之相关的依恋、隶属、归属和养育动机。但这并不意味着一块比萨就能赢得交配的机会。正如我们所看到的，需要层次是流动的，而非固定的。此外，饥饿和性都是生理驱力和心理动机。因为生理驱力通常优先于心理动机，性的吸引力有时会优先于吃东西（在这种情况下，近距离的性冲动胜过近距离的比萨的诱惑）。

心理学很有用 • • •

性取向及其成因

自从金赛的第一份报告发表，我们就明白了人类的**性取向**（sexual orientation）其实是一个复杂的问题。简而言之，你的性取向的主要指标是那些你通常认为具有性吸引力的人的性别，以及基于这种吸引力的性认同感——你对自己性别的认同（APA，2011；Herek et al.，2010）。

异性恋（heterosexuality）和**同性恋**（homosexuality）是两种主要的性取向：异性恋取向指向的是异性对象；同性恋取向则指向同性别对象（需

要注意的是：因为"同性恋"这个词在历史上曾被认为是贬义的，而且有时同性恋被认为特指男同性恋，不含女同性恋，这个术语还不确定，所以很多人更喜欢用男同和女同，而不是只用同性恋一词）。还有一种常见的取向是**双性恋**（bisexuality），指对男性和女性都有性兴趣（Diamond，2008）。但更复杂的是，跨文化研究显示，性取向有相当大的差异。例如，在新几内亚的部分地区，同性恋行为在年轻男性中很普遍，他们结婚后会转变成异性恋（Money，1987）。在美国成年人中，同性恋性取向的比率在 1%~9%。

这一数据差异取决于遵循什么样的同性恋定义：（1）一个人的唯一取向，（2）一个人的主要取向之一，（3）感觉受到同性的吸引，（4）发生过同性性行为（Diamond，2007；Savin-Williams，2006）。顺便说一句，同性性行为在动物中相当普遍，特别是倭黑猩猩（侏儒黑猩猩），它们是人类的近亲（Driscoll，2008）。

"跨性别者"（transgender）一词指的是一群与众不同的人，他们以不同的观点看待自己的性别，但这些观点并不符合他们的生理性别特征。例如，一些具有男性生理特征的跨性别者可能会认为自己是女性。另一种常见的跨性别表现是"异装"，即个人认同他们文化中与异性相关的服装风格（APA，2015）。然而，根据美国心理学会的说法，并不是所有外表或行为与性别刻板印象不符的人都被认为是跨性别者。此外，无论是异装还是其他任何跨性别者类别，都与一个人的性取向无关；也就是说，即使知道一个人是跨性别者，也并不表明这个人是异性恋、同性恋还是双性恋（Devor，1993）。而且，你应该注意到，现代心理学或精神病学并不认为这些性别变化是病态的。

性取向的成因

那么，关于性取向的决定因素，现有的证据能告诉我们什么呢？

我们不确定，但知道一些与之无关的事情。从生理上讲，我们知道成年人的性取向与睾酮水平无关，尽管睾酮或雌激素对胎儿的影响仍是一个悬而未决的问题（McAnulty & Burnette，2004）。从社会角度来看，我们也知道，父母教养方式或家庭结构不会导致孩子被认定为异性恋或同性恋（Golombok & Tasker，1996）。然而，研究人员试图将人类的性取向与早期性经历（如性骚扰或其他性侵犯）联系起来，却无功而返。

很多关于性取向的研究都集中在生理层面，大多数专家得出的结论是，性取向在很大程度上是天生的。为了说明这一问题，我们来看看一个关于同卵双胞胎的著名研究。理查德·皮拉德和迈克尔·贝利（Richard Pillard & Michael Bailey，1991）发现，如果双胞胎中有一个是同性恋，那么另一个也是同性恋的概率是 50%。同一项研究还发现，如果是异卵双胞胎的话，这个概率会下降到 22%，如果是收养的兄弟姐妹的话，这个概率会下降到 11%（但这仍然高于一般人的概率）。后来，对女性双胞胎的研究也得出了基本相同的结果（Bower，1992）。同卵双胞胎的一致性并没有百分之百地证明是某些**表观遗传**（epigenetic）因素在起作用。

一个更令人困惑的发现是，男性（而不是女性）的性取向与出生顺序有关，特别是一个人有几个哥哥（Abrams，2007；Blanchard，2008；Bogaert，2005）。哥哥越多，男孩成为同性恋的可能性就越大。根据一项对收养和亲生兄弟的研究表明，无论男孩是否与其同胞哥哥一起成长，该效应都会发生，这一发现显然排除了出生后环境的影响（Bogaert，2006）。虽然没有人知道决定性取向的因素是什么，但科学家认为，一些表观遗传因素或产前环境的某些方面或多或少地对其产生了影响（Bower，2006a）。

对于进化心理学家来说，同性取向的起源是一个有趣且有待解决的问题，尤其是当他们假设男女的首要遗传任务都是留下尽可能多的后代的时候。那么，同性恋的生理优势在哪里呢？一些理论认为，不生育的个体（包括祖父母）可以为亲属或社区提供服务，如充当牧师或照顾孩子。无论性取向的进化逻辑是什么，这仍然是一个科学之谜（Barash，2012）。正如你可能猜到的，由于其涉及强烈的情感、政治敏锐性和偏见，这一领域的研究仍然存在争议（Herek，2000）。这样的研究也招致了科学上的批评，因为很多研究只是相关研究，而不是实验研究，所以数据结果不能确定因果关系。在男女同性恋群体中，一些观察者反对研究该领域，他们说，同性恋不应该因为感到有压力而去寻找原因来证明自己的行为是正常的（Byne，1995）。

这不是病

20世纪70年代前，美国精神病学会的诊断手册将同性恋列为一种精神障碍，但之后这个精神障碍分类就被心理学家和精神病学家删除和否定了（Greenberg，1997）。最近，美国心理学会通过了一项决议，建议反对旨在改变性取向的治疗，理由是它们无效、不必要且可能有害（Munsey，2009）。

性取向和心理健康之间有什么关系呢？来自众多研究的准确信息表明，精神障碍和社会关系问题在异性恋和同性恋中发生的比率大致相同（DeAngelis，2002c；Kurdek，2005）。正如我们所料，唯一一例外的是与歧视同性恋有关的压力问题，如焦虑和抑郁。研究还表明，异性恋和同性恋父母抚养的孩子在适应和发展方面没有差异（APA，2010b；Patterson，2006）。

那么，这对我们理解性取向有什么启示呢？世界各地的文化对这种少数存在的性取向的态度差异很大，而美国人在同性恋婚姻这一问题上的分歧最大。尽管美国最高法院最近就婚姻平等做出了裁决，但同性恋婚姻目前在美国仍是一个有很大争议的问题。与此同时，大多数专家会说，该领域研究佐证了生理因素对于性取向的强烈影响。然而，生物学如何影响我们的性行为仍然是一个谜题，并且这个主题值得继续研究。

关键问题：
情绪是如何激励我们的
核心概念 9.4

　　情绪是一种特殊的动机，能帮助我们关注和应对重要（通常是外部）的情况，并与他人交流我们的意图。

大多数人都会认为情绪是理性的对立面，但这是一种误解。

以埃利奥特为例，他曾经是一名优秀的员工，但他的业绩最近却开始逐渐下滑。与之前不同的是，他的上司说，埃利奥特变得似乎过于专注工作中的细节，很难确定轻重缓急。他经常抓住一个小任务不放，例如，整理客户的文件或者花一整个下午的时间研究各种分类方案，但他从来没有真正完成分配给他的工作。最后，他丢掉了工作（Damasio，1994）。

埃利奥特的个人生活也崩溃了。离婚之后紧接着是又一段短暂的婚姻和第二次离婚。他的几次创业都有明显的决策缺陷，最终他花完了自己的所有积蓄。

然而，令人惊讶的是，埃利奥特在其他方面似乎都很正常。他性格开朗，有迷人的幽默感；对重要的事件、名字和日期记得非常清楚，显然他很聪明；他还了解每天的政治和经济事件。事实上，他在运动、记忆、感知能力、语言技巧、智力或学习能力上都没有任何问题。

他老是抱怨头痛，最终，家庭医生怀疑埃利奥特的变化或许是因为他的大脑出了问题。医学检查证明了这种怀疑是正确的。一个小橘子大小的肿瘤正好长在了埃利奥特眼睛上方的额叶上。

肿瘤被切除了，但它已经破坏了额叶。正如一位检查过他的心理学家所说："我们可以把埃利奥特的问题概括为，知道但没法感觉。"（Damasio，1994，p. 45）他的推理能力没有受到影响，但额叶环路的损伤破坏了他利用情绪来确定生活中物体、事件和人的优先顺序的能力。简而言之，埃利奥特的情绪因肿瘤出现了问题。由于他连接概念和情绪的能力受到了破坏，因而无法合理分辨不同行动，也不能将一种行动的价值置于另一种行动之上。

埃利奥特的案例告诉我们情绪在思维中起着什么作用呢？发生在埃利奥特身上的事清楚地表明，情绪是思考的重要组成部分，特别是在记忆重要事件、权衡不同选择和做出决定时尤为关键（Chen, 2012；Forgas, 2008；Gray, 2004）。在本章的余下部分，我们将探索一些关于大脑如何处理情绪的发现，以及这些发现对于处理情绪和理性之间的密切联系有何价值。正如我们的核心概念所表明的，情绪能帮助我们关注、回应他人，并与他人沟通。

> 情绪是一种特殊的动机，能帮助我们关注和应对重要（通常是外部）的情况，并与他人交流我们的意图。

本部分导读：

9.9　解释情绪的功能，并列出哪些功能是普遍的。

9.9　情绪与动机有什么关系

学习目标：

解释情绪的功能，并列出哪些功能是普遍的。

注意**情绪**（emotion）和**动机**（motivation）有一个共同的词根，来自拉丁语 motus 的 "mot-"，意思是"移动"。作为最近似的词，你可以把情绪看作一种特殊的动机，它指向外部的人、物体和能让我们兴奋的事件。将这些与可能来自内部需要的动机相比（如饥饿和口渴），情绪提升了我们的唤醒水平，并把我们称之为"感觉"的东西与我们自认为重要的事情联系在一起。情绪也会激发趋近或回避反应。让我们从情绪的组成部分了解它是如何工作的吧。

9.9.1　情绪由什么构成

每种情绪都包含四个主要的组成部分：生理唤醒、认知解释、主观感受和行为表现。我们可以用一

个更切合实际的例子来加以说明。

假如你中了 5000 万美元的彩票。这个消息很有可能会让你跳起来、大叫、心跳加速，一股快乐的浪潮会冲刷你的大脑。恭喜你！你刚才产生了一种情绪！**生理唤醒**（physiological arousal）部分包括一个能同时贯穿自主神经系统和内分泌系统的预警广播。它会带来一个广泛意义上的内脏反应，包括心跳加速。

情绪的第二个组成部分是对事件和感觉的认知解释，包括对情境的认识和评估。是好还是坏？是吸引人的还是可怕的？毫无疑问，你会把中奖的消息解释为好的，但同样的过程（有意识的和无意识的）也可能发生在不愉快的经历上（稍后我们会看到，在评估事件时，大脑有两条不同的情绪通路，一条是有意识的，另一条是无意识的）。

情绪的主观感受部分可能有几个来源。一种是大脑感知身体当前的唤醒状态；另一种来自身体对过去类似情况的记忆。对于每一种令人难忘的感觉，大脑都会存储一种情绪上的"具身印象"，安东尼奥·达马西奥（Antonio Damasio, 1994, 2003）称之为**躯体标记**（somatic marker）。例如，当一只饥饿的熊追赶你时，你的大脑会恢复你在过去遭遇危险时的具身情绪记忆，包括心跳加速、出冷汗和逃跑时的肌肉震颤。

最近发现的**镜像神经元**（mirror neuron）系统是情绪感受的另一个来源。当你看到别人的情绪状态，例如，看一部悲伤的电影，你的这些大脑回路必定会被激活，"镜像"你正在观察的情绪的躯体标记（Miller, 2006c；Niedenthal, 2007）。在饥饿的熊的例子中，你的镜像神经元可能反映了在你之前看到熊的同伴时的情绪。很多研究都支持这一假设，但其中一个更有趣的研究涉及恋爱中的情侣的积极情绪。当研究人员同时对这些情侣的脑部进行扫描时，他们发现，当其中一方经历了不愉快的经历时，另一方大脑中与情绪相关的脑区也会出现相同的激活（Singer et al., 2004）。

情绪的第四个组成部分是情绪在行为上的表现。所以，当你得知自己中了彩票的消息时，你可能会笑起来、欢呼起来，甚至还会在房间里手舞足蹈，把这

个好消息告诉你的同伴。而面对饥饿的熊时，它很可能会激活你的"战斗还是逃跑"的反应，以及充满恐惧情绪的面部表情和声音。

那么，这些情绪反应对我们有什么作用呢？可以肯定的是，情绪不仅仅给我们的精神生活增添了多样性或"色彩"。让我们接着往下看。

9.9.2 情绪对我们有什么用

无论是发生在人类、鬣狗、猫，还是袋鼠的身上，情绪都是一种唤醒状态，预示着重要事件的发生，如受到威胁或发现了可接受的伴侣。这些也会铭刻在记忆中，以便生物体在它们再次出现时快速识别这些情境（Dolan，2002；LeDoux，1996；Lee，2009）。同时，我们情绪的非语言表达可以将我们的感受传递给他人（Shariff & Tracy，2011）。并且，正如我们已经注意到的那样，情绪会帮助我们做出决定（De Martino et al.，2006；Miller，2006a；Naqvi et al.，2006）。

想想马库斯·马里奥塔，他要决定是跑还是传球，或者要把球传给哪个接球手。当他扫视了前场的每个接球手时，马里奥塔的情绪会根据其他人的位置、射程范围和以往的接球表现给他们赋予价值。在权衡了这些价值之后，他做出了自己的决定并开始传球。

一般来说，情绪要么是积极的，要么是消极的，这会导致趋近或回避的倾向（Davidson et al.，2000）。"趋近"情绪（如快乐和喜悦），通常是积极的，它们使一个人、物体或情境具有吸引力。脑部扫描显示，这些趋近情绪与多巴胺奖励系统有关。相反，大多数消极情绪（如恐惧和厌恶），都与拒绝或逃避有关，就像我们看牙医时会感到恐惧一样。这些回避情绪通常涉及杏仁核。

自然选择塑造了我们的情绪反应，这就解释了为什么它们会在可能影响我们生存或成功繁殖的情境下显得很活跃（Gross，1998；Izard，2007）。毫无疑问，恐惧帮助你的祖先避免成为动物的大餐。同样，"爱"的情绪可能会把我们拉进一个家庭群体，这有助于我们基因的延续。与之类似，性嫉妒可以被视为一种情绪，它进化出来是为了应对配偶不忠这一重要

的生物学问题，而这一问题会威胁到个体生育和养育后代的机会（Buss & Schmitt，1993）。

幽默也可能进化成一种为社交而服务的情绪，在紧密关联的社会群体中，我们可以推测出是"开玩笑"还是猖狂的笑（Ayan，2009；Provine，2004；Winerman，2006d）。

请记住，情绪是一种动机，所以我们需要把它们融入基于进化的新需要层次理论中。显然，许多情绪都与生存有关，例如，我们对熊的恐惧。也有其他与性唤起和生殖有关的情绪，例如，潜在伴侣对你的吸引力。因此，与生存相关的情绪会在动机金字塔的底层运行，在那里，它们具有较高的优先级。而与性和其他归属相关的情绪，如依恋和爱，就被排在了需要层次的上方并具有较低的优先级。

性嫉妒可能具有进化的基础，因为配偶不忠会威胁到个体生育后代的机会。

9.9.3 情绪的数量

到底有多少种情绪呢？如果你在字典里搜索一下，你能找到500多个与情绪相关的术语（Averill，1980）。然而，大多数专家认为基本情绪的数量是有限的。卡罗尔·伊扎德（Carroll Izard，2007）认为基本情绪有六种：兴趣、快乐/幸福、悲伤、愤怒、厌恶和恐惧。保罗·埃克曼（Paul Ekman）则列出了七种表情：愤怒、厌恶、恐惧、快乐、悲伤、轻蔑和惊

讶，这些表情是根据他的研究中被广泛认同的面部表情而得出的。罗伯特·普拉特奇克（Robert Plutchik，1980，1984）则是通过对人们给大量情绪术语的评定来进行数学分析，提出了八种基本情绪（见图9-7）。

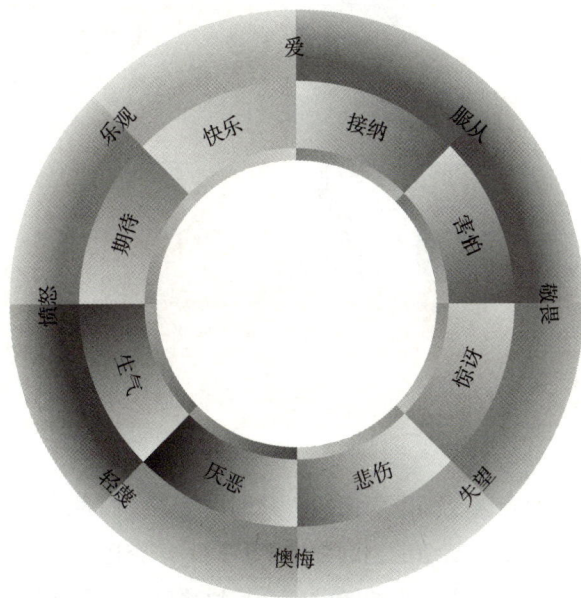

图9-7 情绪环

注：罗伯特·普拉特奇克在他的"情绪环"内环上排列了八种主要的情绪。相邻的成对情绪可以结合起来形成更复杂的情绪，如外环所示，爱被描绘成快乐和接纳的结合。

最近的研究表明，普拉特奇克的列表可以再加一种情绪——"自豪"（Azar，2006；Tracy & Robins，2004）。尽管不同的理论家对这个问题的研究方法不同，但其差异相对较小。主要的观点为，我们拥有一定数量的基本情绪，并且拥有很多由基本情绪交叉混合而来的次级情绪。

9.9.4 面部表情的跨文化一致性

你通常可以通过朋友的面部和身体动作来推测其是否快乐或愤怒，从而决定她是否愿意在周五晚上与你一起看电影。在更多情况下，我们发现用情绪表达来进行交流有助于我们的社会交往（Shariff & Tracy，2011）。但是，在明尼亚波利斯和马达加斯加，扬起眉毛和把嘴绕成圆形所传达的信息是一样的吗？在曼谷和波士顿呢？很多关于表达情绪的研究都是围绕这类问题展开的。

保罗·埃克曼（Paul Ekman，2003）是面部表情研究领域的权威。他认为，世界各地的人都可以表达和理解共同的基本"面部语言"。埃克曼的研究团队发现，人类有一套共同的表达情绪的方式，这与生理遗传相关。例如，在阿根廷、日本、西班牙、匈牙利、波兰、苏门答腊、美国、越南、新几内亚的丛林和北极圈以北的土著村庄，微笑通常都表示快乐，而皱眉则表示悲伤（Biehl et al.，1997）

你可能不会感到惊讶，一个人的性别会影响我们对其面部表情的解读。一项研究发现，人们倾向于判断在男性脸上看到愤怒的表情，而在女性脸上看到快乐的表情（Becker et al.，2007）。这一发现从进化的角度来看是有道理的，因为愤怒的男人总是危险的来源，而有着一张快乐的脸的女人可能意味着安全（Azar，2007）。

你可以通过下面的"试一试"版块中的测试来检验自己解读面部表情的能力。

试一试　➡➡➡　识别面部表情

通过面部表情识别测试，看看你能在多大程度上分辨出埃克曼所说的六种拥有跨文化一致性的情绪。请将下面的图片（见图9-8）和情绪一一对应起来：厌恶、快乐、愤怒、悲伤、惊讶和轻蔑。显然，世界各地的人们对这些表情的理解都是一样的。这告诉我们，特定的面部表情可能根植于人类的遗传基因中。

图 9-8　识别面部表情

注：显然，世界各地的人们对这些表情的理解都是一样的。这告诉我们，特定的面部表情可能根植于人类的遗传基因。

正如我们所见，埃克曼和他的同事（1987）声称，世界各地的人们都可以识别至少七种基本情绪。然而，限于所谓的"表达规则"，不同文化在情绪表现的语境和强度方面存在一些差异。例如，在亚洲文化中，孩子们被教导要抑制自己的情绪反应（尤其是消极的情绪反应），而美国人会通常鼓励他们的孩子更公开地表达自己的情绪感受（Smith et al., 2006）。毫不奇怪的是，人们通常更善于判断与自己的文化背景相同的人的情绪，而不是与自己的文化背景不同的人的情绪（Elfenbein & Ambady, 2003）。

无论文化如何，婴儿都会表达情绪，甚至在出生时，大声哭泣是健康的标志。从出生的第一天起，婴儿就能通过展示一些细微的面部表情来表达他们的情绪（Ganchrow et al., 1983），并且很快就拥有了读取面部表情的能力。非常小的孩子会认真关注人脸，到了五岁，他们解读表情的能力就已经接近成年人了（Nelson, 1987）。然而，一些证据表明，埃克曼的"基本"情绪表达中，至少有一种不是如此习得的。根据詹姆斯·拉塞尔（James Russell）的观点，儿童要到五岁左右才能开始理解厌恶的面部表情，尽管他们很早就会用词语来表达厌恶，如"恶心的"和"脏的"（Bower, 2010b; Russell & broadband, 2002）。

所有关于面部表情的研究都指向了我们表达和解释人类基本情绪能力的生物学基础。研究还表明，婴儿有一种与生俱来的倾向，会很快将恐惧与某些物体联系起来，例如，曾对我们的祖先生存构成危险的蛇和蜘蛛等生物（Erlich et al., 2013）。而且，正如查尔斯·达尔文（Charles Darwin）一个多世纪前指出的那样，一些情绪表达甚至拥有跨物种一致性。达尔文特别指出，人类表达恐惧和愤怒的面部表情与黑猩猩和狼有着相似之处（Darwin, 1862/1998; Ekman, 1984）。

但是所有的情绪表达都是通用的吗？跨文化心理学家告诉我们，某些情绪反应在不同的文化中具有不同的含义（Ekman, 1992, 1994; Elliworth, 1994）。因此，这些必须通过学习来获得，而不是天生就能掌握的。例如，你认为伸出舌头可能传达了什么情绪？对美国人来说，这可能意味着厌恶或疲劳；而在中国，这可能意味着惊讶。同样，美国人露出牙齿的笑可能意味着快乐，但在日本人的脸上，它很可能代表着尴尬。再举一个例子，在欧美文化中，阴沉的表情和低垂的眼睛可能意味着对某人的不喜欢，而对亚洲人而言这可能意味着尊重。显然，生理和文化共同影响着情绪表达。

心理学很有用 ● ● ●

基于生理和文化的情绪性别差异

你可能会认为，男性和女性之间的一些情绪差异是有生理基础的。这可以解释为什么某些情绪障碍（如恐慌症和抑郁症），在女性中更常见。然而，在人际冲突中，男性比女性表现出更多的愤怒并展现出情绪唤醒的生理迹象（Fischer et al.，2004）。当然，愤怒会催生暴力（世界上大多数的暴力行为都是男人们干的）。

然而，其他性别差异可能既取决于生物学，也取决于文化。例如，在美国，男性和女性学到的关于情绪控制的知识通常是完全不同的。表达规则让男人和男孩展示他们的愤怒（Fischer，1993）。事实上，他们可能会因为表现出愤怒和攻击性而得到奖励，因"软弱"的情绪表现（哭

泣、沮丧和悲伤）而受到惩罚（Gottman，1994）。对于女性来说，强化和惩罚的模式是相反的。女人和女孩可能会因表现出脆弱的情绪而受到关照。但是她们可能会因为表现出支配情绪而受到惩罚（Fischer et al.，2004）。

尽管存在这些差异，但总体而言，两性在情绪表达方面的差异并不明显。相反，因文化引起的情绪表达上的差异要比性别大得多（Brannon，2008；Wallbott et al.，1986）。例如，在以色列和意大利，男性比女性更常隐藏自己的悲伤情绪。而在英国、西班牙、瑞士和德国，情况则相反，女性比男性更可能隐藏悲伤。正如我们所指出的，在许多集体主义文化中，通过学习表达规则，两性都会约束他们的情绪表达。然而，总体来说，个体之间的差异会掩盖性别和文化的差异。

写一写
你是如何学会这些规则的

男孩和女孩通常以不同的方式学习情绪表达规则，从你自己的经历中举出一个支持或反对它的例子。

关键问题：
什么过程控制了我们的情绪
核心概念 9.5

大脑中有两种情绪处理系统：一种是有意识的，另一种是无意识的。这个发现为一些关于情绪与认知的早期争论提供了新的思路。

假设你在万圣节玩鬼屋探险，这时一个电影人物用幽灵般"嘘"的语气吓了你一跳！你立即就出现了情绪反应。它可能涉及一种外部反应，如跳起来、喘

粗气或大声尖叫。与此同时，你也会对身体的化学变化做出反应，内部器官的功能发生变化，大脑和自主神经系统的某些部位受到刺激。此外，当你意识到你真的没有危险（只是被一个裹着床单的人吓到）时，内部的情绪反应（如加速的心跳）仍会持续很长一段时间。

这表明情绪在有意识和无意识的层面都会起作用，这让我们想到了心理学最近的一个伟大发现：大脑中存在两条情绪通路。这个双通路就是这一部分核心概念的焦点。

大脑中有两种情绪处理系统：一种是有意识的，另一种是无意识的，这个发现为一些关于情绪与认知的早期争论提供了新的思路。

在接下来的内容中，我们将看到"年轻"的情绪神经科学会如何阐述情绪的产生机制。尽管细节还不是特别清楚，但我们已经大致了解了大脑中的情绪回

路及其与全身的联系。所以在这部分的最后，我们将首先看到这两种情绪系统是如何工作的。然后我们将看到它们是如何帮助解决一些早期争论的。在这部分的最后，我们将转向一个实际应用，了解情绪唤醒会如何影响我们在考试或体育比赛中的成绩。

> **本部分导读：**
> 9.10 描述大脑中的两种情绪系统及其功能。
> 9.11 解释倒 U 形曲线，以及它与刺激寻求者之间的关系。
> 9.12 评估主要的情绪理论。
> 9.13 描述情绪智力的组成部分，并解释它是否可以被习得。

9.10 情绪的神经科学

学习目标：

描述大脑中的两种情绪系统及其功能。

对蛇或蜘蛛有强烈恐惧的人，他们通常明白自己的反应是不理智的，然而，他们似乎无法克制这种情绪。但是一个人怎么能同时拥有两种相互冲突的情绪呢？答案就在神经科学家约瑟夫·勒杜（Joseph LeDoux，1996，2000）发现的大脑的两种截然不同的情绪处理系统中。

9.10.1 无意识的情绪

第一种情绪处理系统——快速反应系统，主要是在无意识层面运行的。它能快速筛选传入的刺激，帮助我们在潜在危险事件发生前迅速做出反应。这个系统与内隐记忆有关，起到一种早期预警和防御的作用，例如，一个徒步旅行者看到蛇时，几乎瞬间就会产生恐惧反应（Helmuth，2003b）。它主要依赖于深层脑回路，尤其是边缘系统的自动运行，无须刻意进行意识控制（见图 9-9）。

无意识的情绪对曾经在人类历史上构成威胁的某些刺激具有内在的敏感性。此外，这种快速反应系统

可以很容易地通过经典条件反射习得新的恐惧。这就解释了为什么人们对蜘蛛和蛇的恐惧要比对电力和汽车等新事物的恐惧更为普遍。现在这些新事物造成的死亡人数远比蜘蛛和蛇多，但这些都只是最近才开始对我们的生存构成威胁的。

你可以看到这种快速响应系统的配置是如何自适应的，宁愿过于谨慎也不要冒险犯错。不幸的是，快速反应系统也是一个"慢慢忘记"的系统，这使得焦虑和恐惧难以消除，有时甚至会发展成更严重的问题，即恐怖症。但对我们的祖先来说，这种缓慢的遗忘具有生存优势，可以使他们更容易记住危险的情况，如潜伏在水坑边的捕食者。

9.10.2 有意识的情绪加工

第二种情绪系统——涉及意识处理的系统，其反应相对较慢。它的联系主要在大脑皮层，尤其包括外显记忆（LeDoux，1996；Mather，2007）。这种慢速反应系统使我们的徒步旅行者（见图 9-9）在往往能让他联想到危险动物的地方变得谨慎。因为意识系统使用的脑回路与那些支持无意识情绪处理的脑回路不同，你对事件的认识会与你的无意识唤醒的情绪有很大的不同。因此，如果你有恐怖症，你可以真正持有"两个想法"：尽管"知道"这种恐惧感没有理智基础，但仍会感到恐惧。然而，这两个系统在"忘记恐惧记忆"的速度上都很慢。

9.10.3 额叶的偏侧化

特别值得一提的是，大脑左右两个额叶在控制情绪方面起着互补的作用。正如大脑皮层的不同部位会产生不同的感觉一样，积极和消极的情绪分别与大脑的两个半球有关，这种效应被称为情绪偏侧化。其证据来自正常人情绪反应的脑电图记录，以及右半球或左脑半球受损的人的脑电图（Davidson et al.，2000）。一般来说，右脑半球专门处理负面情绪，如愤怒和抑郁；而左脑半球则处理更积极的、愉快的情绪（Kosslyn et al.，2002）。

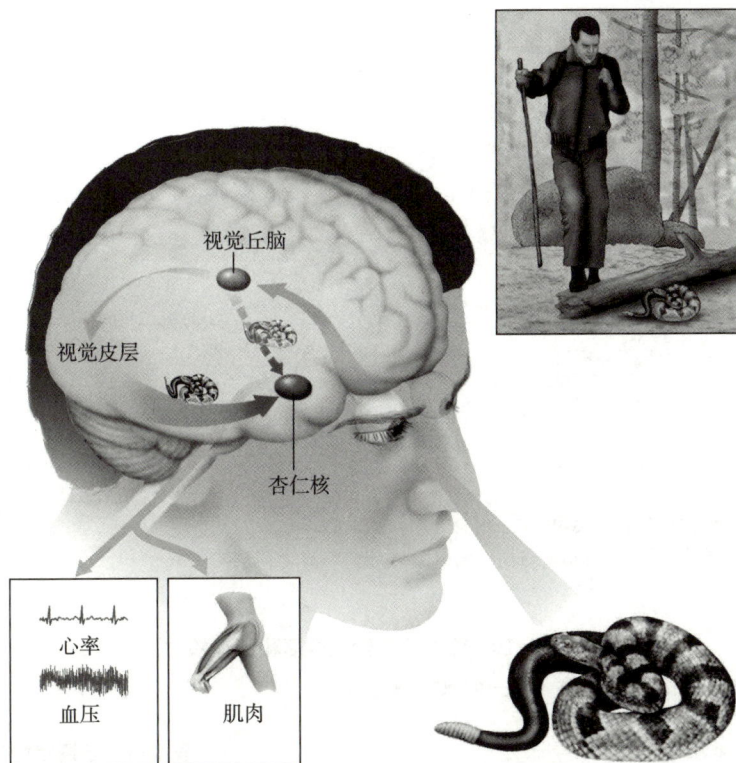

图 9-9 两种处理情绪的脑回路

注：快速（无意识）回路将视觉信息从丘脑直接传递到杏仁核，迅速激活恐惧和回避反应。慢速（有意识的）回路通过视觉皮层的路径更长，在到达杏仁核之前会对刺激做出更完整的评估。

9.10.4 大脑皮层与边缘系统的连接

现在的神经科学家认为，他们已知道了情绪和理性在大脑中的相遇之处，即有意识的情绪处理途径与边缘系统的连接。这是一小块有着响亮名字的脑区：**腹内侧前额皮层**（Ventromedial Prefrontal Cortex, VMPFC）。VMPFC 位于大脑额叶的底部，就在眼睛后面，它与杏仁核和海马都有着广泛的联系（Barrett & Wager，2006；Wagar & Thagard，2006）。在那里，VMPFC 将外部刺激和有意识的记忆与身体的"内脏"反应混合在一起，就像录音师将输入的信息组合成音轨一样。这是积极的还是消极的？你起鸡皮疙瘩了吗？你觉得喉咙哽咽了吗？你感觉胃里有个结吗？多亏了你的 VMPFC，你的大部分记忆都可能跟内脏关联在一起。

VMPFC 后面是伏隔核，这一脑区主要负责积极的感受。人们认为，当我们获得奖励时，伏隔核会给我们带来愉快的感觉。顺便一提，当我们听喜欢的音乐或看到喜欢的人时，该大脑区域就会变得异常活跃，并释放多巴胺（Gaidos，2010；Levitin，2006）。

如图 9-10 所示，这种快速而无意识的情绪回路也与大脑的边缘系统相连。位于脑干上方的那层边缘结构无疑进化成了掌控攻击、防御和撤退行为的控制系统，即控制"战斗或逃跑"反应（Caldwell，1995；LeDoux，1994，1996）。这方面的证据来自损伤（切除）或电刺激边缘系统的部分，它们可以造成人们在情绪反应方面的巨大变化。被驯服的动物可能成为杀手，而猎物和捕食者可能成为友好的同伴，这些都取决于边缘系统的哪个部分受到影响（Delgado，1969）。

杏仁核在恐惧情绪中的重要性得到了很好的证明（LeDoux，1996；Whalen，1998；Winkielman et al.，2007）。就像看门狗一样，杏仁核会对危险保持警惕（Hamann et al.，2002；Helmuth，2003a）。正如你在图中所看到的，杏仁核接收的信息不仅来自快速且无意识的情绪处理回路，还来自反应时间又长又慢的意

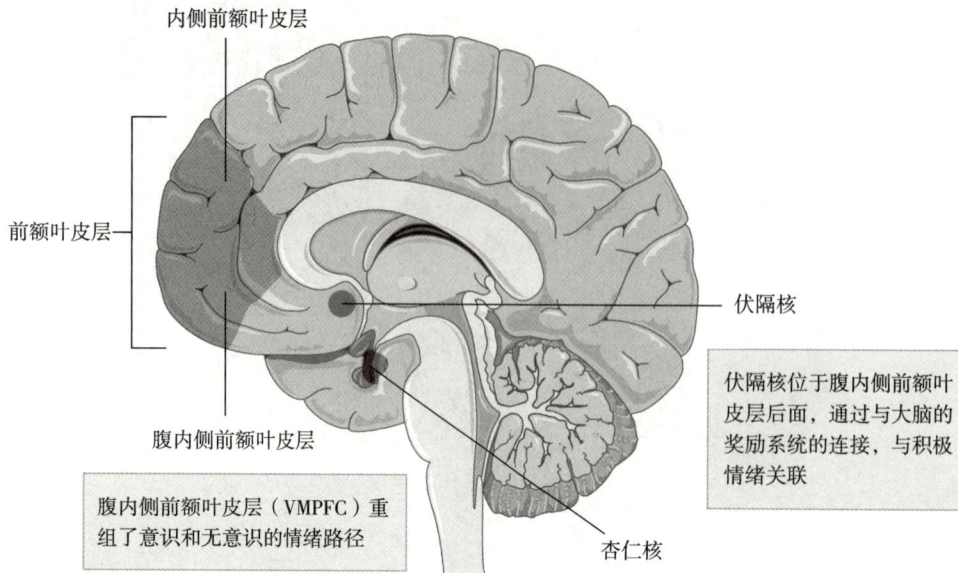

图 9-10   腹内侧前额皮层区和伏隔核

注：腹内侧前额皮质区和伏隔核都位于大脑的中线，位于两个脑半球之间。

识回路。

9.10.5   情绪的神经标记

在早期，人们寻找过控制特定情绪的大脑"中心"，但是他们一无所获。大脑中没有"愤怒模块"或"快乐中心"。相反，根据神经科学家卡里姆·卡萨姆和他的同事（Karim Kassam et al.，2013）的研究发现，不同的情绪拥有分布在大脑不同部位的独特"标记式"活动模式。通过训练演员再现特定情绪的"方法"，研究人员能够识别出与以下九种情绪相关的独特的大脑活动模式：厌恶、愤怒、恐惧、快乐、欲望、嫉妒、自豪、悲伤和羞耻。

9.10.6   自主神经系统在情绪中的作用

情绪关乎全身，而不仅仅关乎大脑。当你的情绪激动起来时，你"传给心脏"（以及其他内脏器官）的信息会从你的大脑通过自主神经系统传到你的皮肤、肌肉和内脏器官（Levenson，1992）。副交感神经（parasumpathetic division）通常控制着愉悦的情绪。但当你受到惊吓或经历其他不愉快的情绪时，交感神经就会发挥作用（见表9-3）。

假设你遇到了紧急情况（一辆超速的汽车正朝你

表 9-3   与情绪相关的反应

情绪的组成	反应的类型	例子
生理唤醒	神经、激素、内脏和肌肉的变化	心跳加快、脸红、脸色苍白、出汗、呼吸急促
主观感受	内心情绪状态的个人体验	愤怒、悲伤、快乐
认知解释	通过记忆提取和知觉过程将意义赋予情绪体验	指责某人，感觉到威胁
社会/行为反应	通过手势、面部表情或其他动作来表达情绪	微笑、哭泣、尖叫求救

开过来），你的大脑会通过交感神经系统传递的信息来提醒你的身体。沿着交感神经回路加速传递的信号会引起肾上腺释放应激激素。其他信号会让你的皮肤起鸡皮疙瘩、心跳加速、血压升高。同时，交感神经系统能引导某些血管收缩，将能量从胃肠转移到自主运动肌肉（这会让你有一种胃里打结的感觉）。

在紧急情况消失后，副交感神经系统开始发挥作用，伴随的指令抵消了几分钟前的紧急命令。然而，在经历了强烈的情绪激活后，你可能会在一段时间内保持兴奋，因为激素继续在血液中循环着。如果这种情绪状况持续很长时间（就像士兵被派往战区一样），持续的应激反应最终会导致身体和精神上的障碍。

9.10.7　情绪的化学反应

不，我们说的不只是爱。我们所有的情绪都依赖于体内产生的化学物质。对我们的情绪来说，最重要的是神经递质：**血清素**（serotonin）、**肾上腺素**（epinephrine）和**去甲肾上腺素**（norepinephrine）、**催产素**（oxytocin）和**类固醇激素**（steroid hormones）。

- 血清素与抑郁情绪有关。
- 肾上腺素是伴随恐惧的激素。
- 去甲肾上腺素会在愤怒时会分泌更多。
- 催产素与依恋和人际吸引的感觉有关。
- 类固醇激素（一些健身人群和其他运动员滥用的激素）也会对情绪产生强烈的影响。

类固醇除了对肌肉有作用外，还可以作用于神经细胞，以改变它们的兴奋状态。这是身体对紧急情况的正常反应。但是，当长期摄入类固醇药物时，这些化学物质会使身体处于一种人为的应激状态。大脑回路，尤其是那些与觉醒、威胁、压力和强烈情绪相关的回路，会一直保持高度警惕。这可能会导致"类固醇癫狂"（Daly et al.，2003；Miller et al.，2002）。

与此同时，让我们来看看在短时间内保持一定水平的情绪唤醒是如何帮助你在运动、工作，甚至是下次心理学科目考试中获得最佳表现的。

9.11　唤醒水平、成绩和倒 U 形曲线

学习目标：

解释倒 U 形曲线，以及它与刺激寻求者之间的关系。

运动员总是想在比赛中"亢奋"，但是他们应该"亢奋"到什么程度呢？狂热的体育爱好者们可能会认为，提高唤醒水平就会使成绩提高，但这并不一定是真的。过度兴奋会让运动员"窒息"，进而导致成绩不佳。当你参加考试时也是一样的。在一定程度上，提高唤醒水平可以激励你学习，并帮你回忆所学的知识（还记得有研究表明情绪可以增强记忆吗）。遗憾的是，过高的唤醒水平会导致考试焦虑和成绩下降。

这种唤醒水平和成绩之间的复杂关系已经在各种条件下的实验室动物和人类身上得到了验证。例如，在动物学习的实验中，想获得食物奖励的饥饿老鼠的完成任务表现曲线首先上升，然后随着唤醒水平的增加而下降。相同的模式也适用于各种情境下的人类，包括但不限于音乐表演、神经外科手术、体育比赛和期末考试。

心理学家称其为倒 U 形曲线（inverted U function，如此命名是因为该图类似于一个倒置的字母 U，见图 9-11）。

一般来说，获得最佳成绩时，会有一个最佳唤醒水平：太高或太低都会使成绩降低。想想看：你希望你的牙医在给你做根管治疗时感受到多大的压力呢？这就引出了第二个要点。

最佳的唤醒水平因任务而异。从图中可以看出，相比复杂任务或需要深思熟虑并随着情况变化不断改变规划的任务，简单或经过充分演练的任务需要更多的唤醒水平才能取得最佳成绩。因此，欢呼和更高的唤醒水平可能更适合提高演员们的表现，而不适用于脑外科医生。

当然，产生最佳唤醒水平所需的刺激量也因人而异。事实上，有些人似乎喜欢危险运动带来的刺激，如攀岩和跳伞（这些活动会让大多数人产生固定的唤醒水平）。马文·朱克曼（Marvin Zuckerman，2004）研究了他称之为刺激寻求者（sensation seeker）的一类人，他认为，这些人对高水平的刺激有生理需要。这种人有时被称为"肾上腺素瘾君子"。心理学家弗兰克·法利（Frank Farley）也将这类人称为"大 T（寻求刺激）型"人格，他认为这类人在体育、商业、科学和艺术领域都很突出。法利曾说过，爱因斯坦就具有大 T 型"心理人格"（Munsey，2006）。研究表明，这背后的生物知识不仅涉及肾上腺素，还涉及大脑中分泌的多巴胺（Bevins，2001）。基于倒 U 形曲线，马库斯·马里奥塔在比赛日会到达曲线中的哪个位置呢？

你可以用扎克曼的量表来测试你自己的刺激寻求倾向，该量表在"试一试"版块。

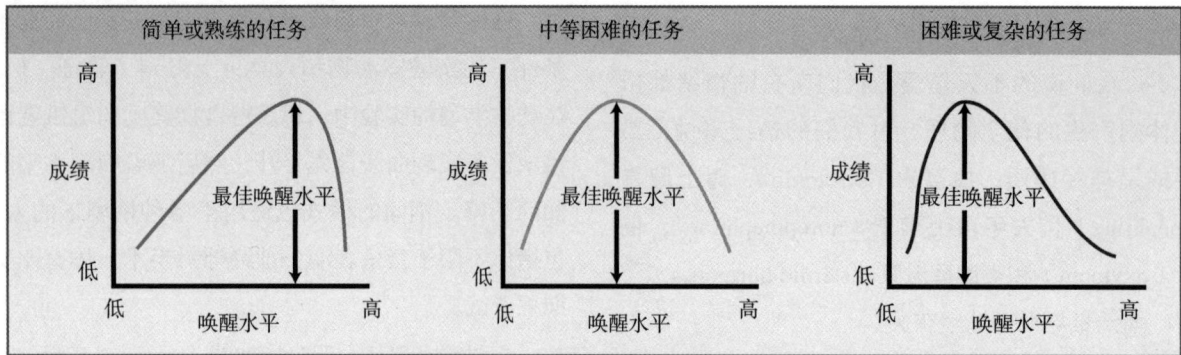

图 9-11　倒 U 形曲线

试一试　▶▶▶　你是刺激寻求者吗

不同的人似乎需要不同程度的情绪唤醒。马文·扎克曼认为，"刺激寻求者"对产生唤醒的刺激有着异常高的需要。除了对刺激的需要，刺激寻求者可能会更冲动，喜欢从事冒险行为，偏好新的体验，并且很容易感到无聊（Kohn et al., 1979；Malatesta et al., 1981；Zuckerman, 1974）。

根据你在下面的刺激寻求量表上的得分，你可以大致了解自己寻求刺激的程度。你也可以把这个量表分享给你的一些朋友。你认为大多数人会选择和自己有一样刺激寻求水平的人做朋友吗？当一个人不愿承担另一个人积极寻求刺激的风险时，刺激寻求倾向的巨大差异可能会导致亲密关系变得紧张。

刺激寻求量表

哪个选项更能描述你的偏好？请选择 A 或 B
计分方式最后呈现

1. A. 我喜欢经常出差的工作。
   B. 我更喜欢待在一个地方工作。
2. A. 寒冷的天气让我精神焕发。
   B. 在寒冷的日子里，我会迫不及待地想进屋。
3. A. 我厌倦了老面孔。
   B. 我喜欢和日常生活中的朋友们相处时那

种熟悉而舒适的感觉。

4. A. 我更愿意生活在一个理想的社会，每个人都是安全的、有保障的和幸福的。
   B. 我宁愿生活在动荡不安的历史时期。
5. A. 我有时喜欢做一些有点吓人的事情。
   B. 明智的人会避免危险的活动。
6. A. 我不想被催眠。
   B. 我想体验一下被催眠的感觉。
7. A. 人生最重要的目标就是活得充实，尽可能多地体验新鲜事物。
   B. 生活中最重要的目标是找到平静和幸福。
8. A. 我想试试跳伞。
   B. 无论有没有降落伞，我都不会尝试从飞机上跳下去。
9. A. 我将慢慢地进入冷水中，让自己有充足的时间来适应。
   B. 我喜欢潜水或直接跳到大海或冷水池里。
10. A. 当我去度假时，我更喜欢舒适的房间和床。
    B. 当我去度假时，我更喜欢露营。
11. A. 我更喜欢经常表达自己情绪的人，即使他们的情绪不太稳定。

B. 我更喜欢冷静且温和的人。

12. A. 一幅优秀的绘画作品应该给人一种震撼的感觉。

B. 一幅优秀的绘画作品应该给人一种宁静和安全的感觉。

13. A. 骑摩托车的人一定有某种无意识的自残目的。

B. 我想开车或骑摩托车。

计分方式：1A，2A，3A，4B，5A，6B，7A，8A，9B，10B，11A，12A，13B。答案与上述一致获得 1 分，将你的总分与以下感官寻求刺激的标准分进行比较。

0~3：非常低

4~5：低

6~9：中等

10~11：高

12~13：非常高

9.12　情绪理论：解决一些早期争论

学习目标：

评估主要的情绪理论。

让我们回到饥饿的熊的例子：假设有一天早上，你去上课的路上不幸遇到了这只饥饿的熊。我们打赌你会体验到恐惧的情绪。

但是，是什么样内在过程让你真正产生了恐惧的感觉呢？它是不是来自"啊，我目前有危险"？还是来自你对心跳加速和肠子撕裂的觉察？（而且，你可能也在想，为什么会有人关心情绪来自哪里？）

对于最后一个问题：心理学家们长期以来一直在争论情绪、认知和身体反应之间的关系，这不仅是出于求知的好奇心，也是因为理解情绪是找到有效治疗某些情绪障碍的关键，例如，恐怖症和抑郁症，以及日常的愤怒、羡慕和嫉妒。例如，我们是否应该通过针对愤怒的想法来治疗愤怒？或者我们是否应该关注愤怒的行为？又或者关注伴随愤怒而来的本能反应？

神经科学的最新发现帮助我们解决了一些长期的争论，这些争论围绕着生理、认知和情绪行为的相互作用展开（Forgas，2008）。让我们简要地看看这些争论，以及新的观点是如何解决它们的。

9.12.1　我们的情绪体验来自身体反应吗

在心理学发展的早期，也就是一个多世纪以前，威廉·詹姆斯教导我们，身体的感觉是我们体验的基础。"我们难过是因为我们哭了，生气是因为我们愤怒了，害怕是因为我们颤抖了。"詹姆斯如是说（1890/1950，p.1006）。至于你对熊的反应，詹姆斯认为，你不会因为害怕而逃跑，而是因为逃跑而感到害怕。虽然这一说法表面上看起来很荒谬，但詹姆斯不是傻瓜。他知道情绪不仅仅是感觉。他真正想说的是一些很有道理的东西，即情绪需要认知和身体感觉相结合，而身体感觉就是体验。用詹姆斯（1884）的话来说就是：

> 如果没有看到熊之后的身体状态，接下来将只是纯粹的认知而已，苍白、无色、缺乏情感温度。当我们看到这只熊时，我们可能会判断现在最好是逃跑、忍受攻击或抗争，但我们实际上不会感到害怕或愤怒。

这一观点由丹麦心理学家卡尔·兰格（Carl Lange）同时提出，后来被称为**詹姆斯－兰格理论**（James–Lange theory）。

9.12.2　我们的情绪体验来自认知吗

其他一些科学家，尤其是沃尔特·坎农（Walter

Cannon）和菲利普·巴德（Philip Bard），反对称，我们行为或内部器官的生理变化发生得太慢，无法解释瞬间的情绪反应，如我们在面临危险时的情绪反应。他们还反对说，我们的身体反应变化不够多，不足以解释人类所有的情绪类型。在他们看来，对一个场景（如饥饿的熊）的认知评价，能同时产生情绪体验（恐惧）和身体反应（逃跑），这被称为坎农 – 巴德理论（Eannon–Bard theory）。

哪一方是正确的？　事实证明，每个理论都包含一部分事实真相。一方面，现代神经科学已经证实了身体状态可以影响我们的情绪，就像詹姆斯 – 兰格理论所认为的那样（LeDoux，1996）。事实上，你可能已经注意到你自己的身体状态是如何影响情绪的，例如，当你喝了太多咖啡后会感到焦躁不安，或者当你饿了会变得暴躁。同样，精神类药物，如酒精、尼古丁或百忧解也会影响大脑的生理状况，从而改变我们的情绪。

詹姆斯 – 兰格理论的其他证据来自两个发现：（1）无意识的情绪处理回路，（2）大脑记住与情绪事件相关的身体状态。这些记忆就是我们之前提到的躯体标记（Damasio，1994；Niedenthal，2007）。所以，当你看到熊笨拙地向你走来时，你的大脑很快就会触发之前在危险情况下所经历的生理反应的身体记忆。这个躯体标记假说有效地驳斥了沃尔特·坎农的学说，即身体的变化发生得太慢而不能引发我们的情绪体验，因为情绪的躯体标记根植于大脑本身。

另外，情绪也可以被有意识或无意识的情绪系统检测到的外部线索所激发，这也支持了坎农 – 巴德理论。因此，情绪可能来自有意识的思考（如当你为考试烦恼时）或无意识的记忆（如当你看到曾经让你感到恶心的食物时）。顺便说一句，如今认知心理学家认为，抑郁和恐惧反应都是由无意识情绪系统的条件反应造成的。

9.12.3　双因素理论

正如我们提到的，你可以通过思考自己的问题和恐惧来让自己变得情绪化，任何有过"考试焦虑症"的学生都可以证明这一点。你越是想考试不及格的可怕后果，你的焦虑感就越强烈。"体验派"演员，如已故的马龙·白兰度（Marlon Brando），长期以来一直在利用认知的力量让自己在舞台上感受到真实的情绪。他们通过回忆自己经历过的事情来表达自己想要表达的情绪，如悲伤、快乐或愤怒。

斯坦利·沙赫特（Stanley Schachter，1971）的双因素理论（two-factor theory）给认知在情绪中的作用增加了一个转折。他的理论表明，我们感受到的情绪取决于我们对以下两个方面的评估：（1）我们内在的身体状态，（2）我们对情境的知觉。然而，他发现，当这两个因素发生冲突时，奇怪的事情就会发生（就像他们在一项经典的情绪研究中所做的那样）。有进取心的学生可能想要重复下面这一研究，为他们的浪漫生活增添情趣。

一位迷人的女性研究人员站在一座桥的桥头附近，然后她走近刚过桥的男性，要求他们回答一份问卷。在一种情况下，是一座安全坚固的钢筋混凝土桥；在另外一种情况下，是一座横跨峡谷的摇摇晃晃的吊桥。选择后者的目的是为了刺激人们身体上的唤醒。研究人员假装是在研究风景对创造力的影响，让这些男性写一个关于一幅画的简短故事。她还告知这些男性，如果想了解更多关于这项研究的信息，可以打电话给她。

结果正如我们预测的那样，那些刚刚走过摇摇晃晃的吊桥的男性（想必是在过桥的过程中产生更多的生理唤醒）创作的故事比那些走过坚固的桥的男性创作的故事包含更多的性想象（这是根据主题统觉测验中有经验的解读者判断的）。顺便说一句，走摇摇晃晃的吊桥的男性打电话给女研究员（为获得更多信息）的人数，是走坚固的桥的人数的四倍。实验者得出的结论是，那些走过摇摇晃晃的吊桥的人把他们不断增加的唤醒水平归因于对女研究员的情感吸引（Dutton & Aron，1974）。

在你走过摇摇晃晃的吊桥来寻找生命中的挚爱之前，我们必须警告你，虽然无数次测试和实验都支持双因素理论，但这只有在特定的条件下才奏效（Leventhal & Tomarken，1986；Sinclair et al.，1994）。在通常情况下，外部事件证实了生理唤醒告诉我们的东西，这不需要太详细的解释。例如，当你闻到难闻的气味时会感到恶心，或者看到老朋友时会感到高兴。只有当我们因不太明显的原因（如运动、热、药物或摇晃的桥）而经历生理唤醒时，我们才会对生理唤醒的起源感到困惑。这种错误归因最可能发生在复杂的环境中，即当许多刺激都在争夺我们的注意力，或者环境中存在对我们的生理唤醒有误导的信息时（见图 9-12）。

写一写
对球芽甘蓝的积极感受

虽然很多人不喜欢吃球芽甘蓝，但假设你非常喜欢它，因为你去奶奶家的时候她总是在做球芽甘蓝，你也很喜欢和奶奶在一起的时光。请指出三种情绪理论（见图 9-12，詹姆斯 – 兰格理论、坎农 – 巴德理论或沙赫特的双因素理论）中的哪一种最能解释你对球芽甘蓝的积极感受，并解释原因。

9.13　我们对自己的情绪有多少控制力
学习目标：
描述情绪智力的组成部分，并解释它是否可以被习得。

处理情绪的能力在很多职业中都很重要。例如，医生、护士、消防员、警察和临床心理学家都必须能够安慰他人，但在面对残疾和死亡时，又必须要"保持专业距离"。情绪控制也可以用来掩饰或改变你在社交场合的感觉。所以，如果你不喜欢一位教授，最好隐藏自己的真实情绪。即使在休闲活动中（如打扑克），如果你能控制自己的情绪反应，那么你也会玩得很好。这种技能是可以学习的，还是与生俱来的呢？

詹姆斯–兰格理论：每种情绪都对应着一种独特的生理唤醒模式

刺激（蛇）　➡　生理唤醒（颤抖、心跳加速）　➡　情绪（害怕）

坎农 – 巴德理论：情绪来源于对刺激的认知评价（解释）。（这个理论是詹姆斯 – 兰格理论的替代理论，因为坎农 – 巴德理论认为情绪发生得太快，不是詹姆斯 – 兰格理论所相信的生理唤醒的结果。）

刺激（蛇）　➡　认知评价　➡　生理唤醒（颤抖、心跳加速）
　　　　　　　　　　　　➡　情绪（害怕）

沙赫特的双因素理论：情绪产生于对刺激和生理唤醒的认知解释。然而，人们有时将唤醒的感觉归因于某种刺激（蛇），即使这种唤醒实际上是由另一种刺激引起的。例如，像刚提到的有关过桥的研究，被试刚过了摇摇晃晃的吊桥（Dutton & Eron, 1974）。

被试没有将唤醒水平归因于唤醒刺激（如咖啡因、摇摇晃晃的桥）
? ▪▪▪➡ 生理唤醒（颤抖、心跳加速）
刺激（蛇）➡
　　　　　　　➡　认知评价　➡　情绪（害怕）

图 9-12　情绪理论比较

9.13.1 情商

神经学家理查德·戴维森（Richard Davidson）发现，人们都有一个典型的"情绪风格"，这意味着每个人的情绪反应不同，就像每个人的人格特质不同一样（Davidson & Begley，2012；Winerman，2012）。但对心理学家彼得·沙洛维（Peter Salovey）和约翰·梅耶（John Mayer，1990）来说，区分人们不同情绪的最有趣的方式涉及一组被其称为**情商**（emotional intelligence，EI）的能力。他们指出，这种能力不是简单的快乐、乐观或高自尊（Salovey & Grewal，2005；Mayer et al.，2008）。相反，他们认为情商应该是以下四种能力的组合。

- 感知情绪——发现和解读自己和他人情绪的能力。
- 利用情绪——利用情绪思考和解决问题的能力。
- 理解情绪——理解情绪之间复杂关系的能力，例如，悲伤和愤怒之间的关系，或者为何两个人对同一事件有不同的情绪反应。
- 管理情绪——调节自己情绪并影响他人情绪的能力。

正如沙洛维和梅耶所指出的，那些高情商的人不仅能调节自己和他人的情绪，而且还能控制自己的负面情绪，尽量避免用不恰当的方式表达自己的冲动。

但我们能像测试传统智商那样评估情商吗？

9.13.2 冲动控制的预测能力

事实证明，情商在人类生命的早期就令人吃惊地表现了出来，斯坦福大学心理学家沃尔特·米歇尔（Walter Mischel）独创的"棉花糖测验"确实可以测量情商。丹尼尔·戈尔曼（Daniel Goleman，1995）描述了这一过程：

> 想象一下，你是一个四岁的小孩，有人向你询问：如果你愿意等到他出去办事回来，你可以得到两块棉花糖作为奖励；如果你不能等到那个时候，你只能拥有一块，但是你现在就可以拥有它。

年幼的孩子们对摆在他们面前的来自一块棉花糖的诱惑究竟是如何做出反应的？戈尔曼继续说：

> 一些四岁的孩子能够等待15~20分钟，直到实验者回来。为了在挣扎中控制自己，他们要么捂住眼睛，以免盯着棉花糖，要么把头枕在胳膊里，跟自己说话、唱歌，用手和脚玩游戏，甚至想睡觉。这些勇敢的学龄前儿童得到了两块棉花糖作为奖励。但是，其他更易冲动的孩子，几乎总是在实验人员一离开房间执行"任务"的几秒内，就抓起了这一块棉花糖。

这些结果表明，情商的差异确实在人们小时候就表现出来了。但它们是天生的吗？它们会持续存在吗？

9.13.3 情商的持久性

当这些孩子在青春期和40多岁被追踪时，棉花糖测验惊人的预测能力显现了出来。从群体上看，那些克制住自己想吃一块棉花糖的人在青少年时期的所有方面都做得更好。他们变得更加独立，处理人际关系更加高效，成了更好的学生，能够更好地应对困难和压力。相比之下，那些屈服于诱惑的孩子，其青少年时期生活的特点是人际关系不佳、害羞、固执和优柔寡断。他们对自己的评价也更低，不信任他人，很容易被挫折激怒。在学术领域，他们对学校不感兴趣。更让人惊讶的是，他们发现棉花糖测验的成绩与SAT（美国高中毕业生学术能力水平考试）分数之间存在关联：那些在四岁时能够延迟满足的孩子，在SAT考试中的平均得分比那些当时只拿到一块棉花糖的同龄人高出210分。最后，新的研究表明两组被试的大脑扫描成像也有明显的差异（Casey et al.，2011；Chamberlin，2011）。

当然，虽然棉花糖测验的有效性仅限于幼儿。但其他更复杂的研究方法已被开发出来用于较年长的儿童和成年人（见图9-13）。

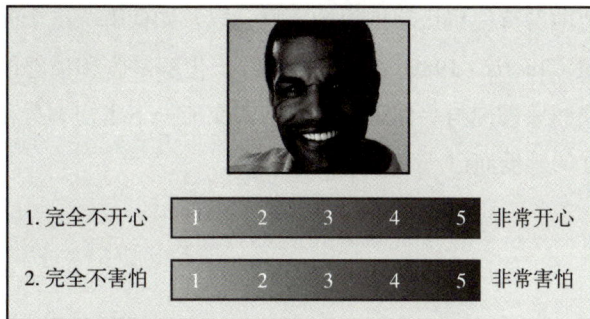

图 9-13　一项情绪智力测试的示例

注：这里展示的是一个类似于梅耶－沙洛维－库索情商测试的项目。被试需要根据照片中人物的情绪状态点击每个量表上的数字。

例如，梅耶－沙洛维－库索情商测试似乎测试了基本相同的能力，预测男性青少年的异常行为、大学生的社会关系满意度、成年人的婚姻满意度和工作成就（Salovey & Grewal，2005）。

但是，约翰·梅耶（1999）警告说，情商测试并不总是恒定不变的。数据显示，有些人随着慢慢地成熟会发生明显的变化。我们也不应该认为情商可以取代传统的智商。梅耶说，相反，情商仅仅是另一个变量，它可以帮助我们更好地理解人与人之间的差异。

9.13.4　情商的先天性和后天培养

现在，让我们回到开始讨论的问题：情商是由先天遗传决定的，还是由后天经验培养的？

由约瑟夫·杜拉克（Joseph Durlak）领导的一个由心理学家组成的研究团队对 200 多个旨在提升情商的学校项目进行了系统性总结，他们也将这些项目称为社会和情绪学习（Sociel and Emotional Learning，SEL，Durlak & Weissberg，2011；Durlak et al，2011）。这些项目侧重于人际问题解决、目标设定、压力管理、同理心和决策。所有这些都涉及具体的指导和学生的积极参与。在这些活动中，老师会模拟一个事件，如游乐场冲突，然后让学生参与练习。研究结果值得一提：

> SEL 项目显著提升了学生的社交和情绪技能、学生对自己和学校的态度，以及他们的课外和课堂行为。SEL 项目还显著减少了学生的问题行为，如课堂不当行为和攻击性行为，也减少了他们所表现出的焦虑、抑郁和压力等情绪困扰症状。

一个特别重要的发现是，这些进步并不是以牺牲学业为代价的。他们继续写道：

> 参与 SEL 项目还与成绩测试分数及学校成绩的提高有关，大家的学术成就分数上升了 11%……此外，在小学、初中和高中，城市、农村和郊区的学校，以及为种族和文化多样性学生提供服务的学校里，学生展现出的成效都是积极的。

由此得出的结论是，尽管情绪有时会失控，但我们并不是只能受情绪摆布。情绪理解和控制是可以习得的技能（Clifton & Myers，2005）。

然而，一些反对者指出，情绪控制可能有不好的一面。就像有些人因放任自己的情绪（尤其是负面情绪）而陷入麻烦一样，另一些人则把情绪控制推向了另一个极端。他们变得十分警惕，以至于他们从不表达情绪、幽默或内心的不快。研究还表明，过度控制情绪会干扰情绪性事件的记忆（Carpenter，2000；Richards & Gross，2000）。在我们启动一个提倡情绪控制的科研项目之前，或许我们应该考虑一下这种训练对那些已经过度控制情绪的人会产生什么影响。事实上，研究表明，情绪健康的人知道如何控制和表达自己的情绪，以及何时该这样做（Bonanno et al.，2004）。

9.13.5　释放情绪：一个危险的神话

专家们一致认为，大众不愿放弃一些危险的关于发泄愤怒的错误想法，这一过程也被称为宣泄。许多人认为"压抑"情绪是情绪爆发的原因，但这种看法与事实不符。这么做也是情商低的表现！事实上，发泄一下怒气，如扔掉一个咖啡杯，"把坏情绪从你的身体里赶出去"，可能只会带来最短暂的满足感，却会延长愤怒的时间。因为这相当于练习如何发怒，它实际上会让你在下次更有可能有一个爆炸性的反应（Tavris，1989，1995）。

一个更理智、更安全的策略是将情绪留给自己，至少在你的愤怒平息之前不要发泄出来。你可以更理智地看待你真正想抱怨的事物，以及如何解决这个问题（Tavris，1989，1995）。通常，化解紧张和愤怒的局面只需你与令你感到愤怒的人交流一下事情本身和你的感受而已。

心理学很有用 ● ● ●

检测欺骗

人们在说谎的时候掩饰自己的情绪是容易还是困难？你可能会认为，当某人没有"直视你的眼睛"或紧张不安时，你就能发现对方在欺骗你。如果你认为事情如此简单，你就会成为撒谎高手的首要目标。事实上，大多数人都不擅长识别谎言或发现真相。

研究谎言的专家发现，某些特定的非语言线索是谎言的最佳标志。故意欺骗我们的人可能会"泄露"不受控制的欺骗的非言语信号。知道如何解读这些线索可以帮助你判断卖家是否在撒谎，你的医生是否在隐瞒一些坏消息，或者一个政客是否在隐瞒真相。但是，请记住，对谎言的研究基于不确定性，而非确定性。这些研究都还未达到科学的精确要求。尽管如此，我们仍然可以为某些情境提供一些有用的信息，在这些情境下，即使是一点点帮助也可能比没有要好（Adelson，2004；DePaulo et al.，2003）。

■ **谎言需要认知上的努力。**有些谎言包括提供虚假信息，例如，一个二手车卖家告诉你一辆破车运转良好。在这种情况下，掩盖真相需要一些认知上的努力。这可能会导致注意力高度集中（明显的表现有瞳孔扩大）、讲话时停顿的时间更长（谨慎选择词语），以及更多受限的动作和手势（试图避免"泄露"真相）。

■ **说谎者会重复歪曲的细节。**对犯罪供词的分析表明，故意歪曲事实的人倾向于重复他们篡改过的故事的细节（Dingfelder，2004c）。

■ **经常说真话的骗子。**事实上，"直视你的眼睛"的能力是一个很好的判断说谎指标，但仅限于和通常讲真话的人打交道时。当这些人撒谎时，他们通常会表现为目光转移，眨眼减少（表示注意力集中在其他地方），以及较少微笑。但是，要小心那些老练的说谎者，当他们正在讲一个虚假的谎言时，仍可以直视你。

■ **生理唤醒可能意味着对真相的抑制。**当一个谎言是为了隐藏真相，而不是单纯地编造一个故事（就像一个扑克高手拿着一张同花顺牌时所做的那样）时，说谎者可能会在身体上和行为上变得更加兴奋和活跃。姿势的变化、语言错误、紧张的手势（如梳理头发或抚摸脸）和耸肩（好像是为了消除谎言）会表现得很明显。相反，当说谎者热情地说了一个弥天大谎时，唤醒水平可能不是一个好的指标。

■ **注意身体和面部。**脸比身体更容易控制，所以，说谎者可能会努力保持一副"扑克脸"，而忘记了控制身体的线索。因此，一个聪明的侦探可能会专注于说话者的身体动作：它们是否有节奏？他们是故意的吗？手的动作是流畅的还是紧张的？

■ **文化影响了我们区分真理和谎言的方式。**在我们的文化中，我们更能准确地发现说谎者。因此，即使来自另一种文化的人没有撒谎，我们也更可能认为他们在撒谎。例如，一项研究发现，约旦人在说话时通常比美国人更活跃，美国人可能会错误地以为这是"紧张"的表现，并认定约旦人在撒谎（Bond & Atoum，2000；Dingfelder 2004 c）。

- **眼睛比嘴巴更能说明问题。** 骗子的眼神有时会出卖他们，尤其当他们在用常见的社交欺骗手段试图让自己看起来开心或愉快时，实际上他们并不开心。虽然我们的注意力可能更自然地集中在一个作为快乐或娱乐标志的微笑上，但其实嘴巴比眼睛周围的肌肉更容易被操纵。这个微笑是真的吗？只有在真正的微笑中，眼部肌肉才会使眼睛两侧的皮肤产生皱纹。你可以通过"试一试"栏目中的测验来测试自己分辨真假微笑的能力。

记住：上述这些都不是撒谎的标志，即使是专家也会犯错。专家们说，有效检测欺骗的关键是长期观察一个人的行为。如果没有反复观察的机会，你就很难判断一个人是否诚实（Marsh，1988）。

试一试 ⟫⟫⟫ 眼睛有魔力

当人们对你微笑时，你能辨别出他们是否出于真心吗？真心的微笑不仅仅要用嘴，而是需要动用整个面部，尤其是眼睛。真正的微笑与假笑是不同的，主要不同在眼睛周围。具体来说，当我们感到真正的喜悦或欢笑时，眼轮匝肌会使眼睛周围的皮肤产生皱纹。

考虑到这一点，观察一下你周围的笑脸，看看你能否分辨出哪个是真正的微笑，哪个是被动的微笑。

批判性思维的应用：测谎仪真的能测出谎言吗

测谎仪或"谎言探测"的测试基于这样的假设：当人们说谎时，会发出身体唤醒的信号。因此，大多数测谎仪会记录被测试者的心率、呼吸频率、排汗和血压。偶尔也会使用声纹分析。因此，该设备实际上是作为一个情绪唤醒探测器，而不能直接探测真相或谎言。它真的有效吗？让我们看看测谎仪是如何运作的。

测谎者通常会使用行业内的一些技巧。他们可能会在面试开始时让被测试者相信这台机器是高度准确的。一个常见的策略是问一系列旨在激起明显情绪反应的问题。例如，"在你的生活中，你有没有拿过不属于自己的东西？"在另一种很受欢迎的方法中，测谎者使用欺骗性的刺激程序或"刺激测试"，在此过程中，被测试者从"堆叠"的卡片中抽一张卡片。然后，考官试图从被测试者的测谎反应中识别出这张卡片（APA，2004）。

当真正的审问开始时，相关问题、无关问题和控制问题等会结合在一起。无关问题（"你现在正坐着吗？"）旨在引出真实的答案，同时辅以与说实话相一致的身体反应。控制性问题（"你对父母撒过谎吗？"）旨在引起一种焦虑的、情绪化的反应模式。然后，测谎者将被测试者对这两类问题的反应与对相关问题（"你偷了珠宝吗？"）的反应进行比较。一般认为，犯罪嫌疑人对这些问题的反应要比对无关和控制问题的反应更强烈[1]。

关键问题是什么？

如果你不熟悉有关"测谎仪"的争议，那么你就应该先了解双方的立场（这对任何问题都是不错的方法）。你可以在你最喜欢的互联网搜索引擎中输入"测谎仪"。我们已经做过这类工作，也搜索了科学文献，以下是我们发现的情况。

假阳性和假标准的问题

毫无疑问，做坏事的人有时确实会在测谎仪面前供认不讳。但是，大多数人没有意识到，测谎仪也可以轻易地把无辜的人送进监狱，而让有罪的人逍遥法外（Aftergood，2000）。为了说明这一点，我们假设测谎仪的准确率为95%（这只是一种猜测，因为没有人真的知道它的准确率）。现在想象一下，你的公司安排500名员工参加测谎测试，以找出是谁偷了办公用品。再假设他们中只有4%（500人中有20人）有真正的偷窃行为（这并不是一个不合理的估计）。所以，如果测谎仪的准确率达到95%，它就能准确地识别出这20个小偷中的19个。但问题是如果测试的准确率达到95%，那么它也会给出5%的假阳性，错误地指证5%的无辜员工。在你的480名无辜员工中，测谎仪会错误地将24人列为说谎者；也就是说，最终被错误指控说谎的人可能比被正确指控说谎的人要多。这在一项对嫌疑犯的实际研究中得到了证实，这些嫌疑犯后来要么被定罪，要么被宣告无罪。测谎结果并不比抛硬币好多少（Brett et al.，1986）。

但这还并非唯一的问题。记住，接受测谎仪测试的人清楚地知道自己什么时候看起来是嫌疑人，所以，有些人会对关键问题做出更强烈的反应，即便他们是无辜的。相反，有些人会给出欺骗性的回答，因为他们压抑或歪曲了自己的情绪反应。为了做到这一点，他们可能会使用简单的身体运动、药物或生物反馈训练。在此过程中，人们学会控制某些生理反应，如排汗或心率（Saxe et al.，1985）。无论哪种方式，测谎者都有可能误将无辜的人认定为有罪，而无法发现说谎者。

关于测谎术的一个同样严重的问题是，无论是测谎还是解释测谎结果，都没有公认的标准。不同的检查人员会根据同一测谎仪记录的结果得出不同的结论。

测谎仪的经济和政治利益

我们认为，由于涉及经济和政治利益，测谎仪可能会"一意孤行"。一个强大的测谎仪行业的经济利益在于，让公众相信测谎仪确实可以分辨出说真话的人和说谎的人。警察和刑事检察官也有政治利益，即拥有一个快速结案和定罪的"科学"方法。大多数支持测谎仪的"数据"实际上就是来自这些证据。

那么，我们对测谎仪能得出什么结论？

美国国会已禁止在工作选拔和政府的大多数领域使用测谎仪，除非是针对高风险职位。美国国家科学院（The National Academies of Sciences，2003）在一份报告中甚至说，测谎仪过于粗糙，无法用于甄别可能的恐怖分子或其他国家安全风险。本书的作者也赞同这一观点。

就刑事调查而言，我们发现美国各州在测谎仪证据的可行性方面存在一些拼凑补缀。很少有哪个州会彻底禁止使用测谎仪。有20个州规定，只有在双方同意的情况下才允许使用这种证据。然而，在少数几个州里，即使违背了辩方的意愿，测谎结果在法庭上仍然会被普遍参考（Gruben & Madsen，2005）。那么，在刑事案件中使用测谎仪的问题上，你的立场是什么？测谎仪有时会迫使嫌疑人招供，这一事实是否为它的使用提供了正当理由？

---

[1] 注：这与《圣经》中所罗门王的假设正好相反，他不得不解决两个女人之间的监护权纠纷，这两个女人都声称是同一个孩子的监护人。据说，所罗门王下令将婴儿切成两半，分给每个妇女一半。通过观察她们的不同反应，他断定变得情绪激动的那个女人说的是真话。

测谎的替代方法

对测谎仪的管控促进了测谎的替代方法的发展（Capps & Ryan，2005；Lane，2006）。大部分的工作都是通过纸笔工具进行的，通常被称为"诚信测试"。这些仪器的效果如何？根据美国心理学会和美国政府技术评估办公室的报告，效果不是很好。和测谎仪一样，它们也有很高的假阳性率。

保罗·埃克曼，也就是那个研究面部表情跨文化一致性的人，发现说谎者经常表现出短暂的"微表情"和其他非语言线索。在一项研究中，埃克曼和他的同事莫琳·奥沙利文（Maureen O'sullivan）发现，有些人特别擅长识别谎言，但这只是极少数人。在他们的测试中，大多数人的成绩和随机水平差不多。尽管如此，埃克曼和奥沙利文还是希望能学到那些最擅长检测谎言的人的诀窍，并将其传授给警察和其他关注犯罪和安全问题的人（Adelson，2004）。

此外，一些研究人员将关注点转向了大脑扫描技术，我们看看他们是否能识别说谎者（Ross，2003）。

一种被称为P300的特定脑电波成分与各种注意力（如听到一个人的名字）线索有关，但研究表明，说谎也能诱发这种脑电波成分。此外，功能磁共振成像显示，说谎激活了与说真话有关的所有大脑区域，以及更多的区域。精神病学家丹尼尔·朗勒本（Daniel Langleben）认为，这表明，说谎并不是完全与说真话分开，而是说谎者必须在真话的基础上进行操作。所有这些都引起了人们的关注，即基于大脑扫描的测谎术有太多的炒作和太少的确凿证据（Gamer，2009；Langleben et al.，2002；Stix，2008）。此外，一些神经科学家担心，通过直接窥视人的大脑以"读"出他们个人思想的神经痕迹可能会存在伦理问题（Pearson，2006）。

这些新型脑部扫描技术的潜在优势在于，它们绕过了测谎仪所使用的焦虑–反应通路。通过记录神经活动，从而更接近人的真实想法。但是，这些替代方法的效果究竟如何呢？对法院和警察来说，至少现在还不够好。

本章小结：动机与情绪

本章思考题

动机与情绪理论如何帮助我们了解复杂的人类，如马库斯·马里奥塔、我们的家人和朋友……也许，甚至我们自己？

- 动机的主观性促使心理学家使用各种方法间接地研究其内在机制，包括动物研究、主题统觉测验（TAT）和大脑扫描。

- 心理学家已经确定了许多对动机产生重要影响的因素，包括文化、目标、无意识过程、各种生理因素和社会压力。奖励（无论是内在的还是外在的）对于像马库斯·马里奥塔这样的世界级运动员来说也是很重要的。

- 最大的问题之一是我们对动机的优先级排序，马斯洛在其著名的需要层次理论中解决了这个问题。最近，进化心理学家提出了一种新的需要层次理论。许多运动员、演员和艺术家显然是在一种心流状态下完成他们的大部分工作的，即一种精神状态，在这种精神状态下，人们专注于内在的奖励任务，排除了所有其他需要。

- 理解动机还需要理解一个人的情绪，因为情绪是由外部世界中的人、物和环境引起的一类动机。当我们做出选择和决定时，情绪能帮助我们评估各个选项的"价值"。

动机是什么

核心概念 9.1

动机是行为表现的内在倾向，容易受到内部和外部因素的影响。

动机的概念是指选择和指引行为朝向一个目标的内在推断过程。动机也有助于理解那些不能单独用环境解释的行为。心理学家发现了区分内在动机和外在动机的必要性。

人们为什么要工作？奖励理论认为，他们这样做是为了获得回报，但更复杂的期望理论增加了对成功的合理预期。大卫·麦克利兰的理论强调了成就需要，这是工业/组织心理学家关注员工动机和工作满意度的一个重要动机。对成就的需要也与学术成就和生活中的其他成就相关。但是，正如麦克利兰所说的，和成就需要一样重要的是对权力和归属的需要。跨文化研究还表明，不同社会对成就的需要强度不同，这取决于他们倾向于个体主义还是集体主义。

心理学家发现，外部奖励会通过过度合理化破坏内在奖励任务的动机。然而，这种情况并不总是存在的，只有在不考虑工作表现而给予奖励时才会发生。

巨大的成就通常来自处于心流状态的人。那些处于"心流"状态的人是受到了某些问题或活动的内在激励，而使用药物或酒精达到人工心流的感觉显然是无效的。

我们的动机优先级是如何确定的
核心概念 9.2

一些长期问题因一个结合了马斯洛需要层次理论与进化心理学的新理论的出现而得以解决，该理论认为功能、近因和发展因素决定了我们动机的优先级。

没有一个心理学理论可以成功地解释所有的人类动机。心理学家已经从本能理论、固定行为模式、驱力理论和体内平衡等方面解释了基于生理的动机。认知心理学家强调生理动机。弗洛伊德呼吁关注无意识动机，并教导我们所有的动机都源自无意识的性欲和攻击性欲望。然而，这些方法都不能成功地解释人类动机的全部范畴。

马斯洛试图用他那具有影响力的需要层次理论解释人类动机出现的优先级顺序。然而，批评者指出了他的理论的许多例外。最近，进化心理学家对马斯洛的理论进行了修正，认为我们的"默认"动机优先级是可以改变的，这取决于发展因素和重要（近因）的刺激。

要想了解一个人的动机，最好从外部激励和威胁入手。此外，阿尔弗雷德·阿德勒教授教导我们，社会动机可以解释许多问题行为。社会心理学家将这些概念结合在情境的力量这个标题下。

饥饿和性在动机层次中处于哪个位置
核心概念 9.3

尽管饥饿和性在许多方面迥然不同，却都源于进化，而且都是生理和社会需要结合的产物，但只有一种需要是个体生存所必需的。

饥饿既是一种生理驱力，也是一种心理动机，最好的理解方法是多系统方法。美国人会收到来自媒体的混合信息，既提倡瘦，又提倡高热量食物，这可能会导致肥胖、神经性厌食症和神经性贪食症等疾病。虽然社会因素和生理因素都相关，但这些问题本身还没有被完全理解。肥胖问题在美国已成为一种流行病，并正迅速地蔓延到世界各地。许多人试图控制他们的食欲和体重，尽管没有任何减肥方案对大多数人长期有效。

"意志力"在日常语言中是一个常见的术语，尽管心理学家避免使用它，因为它意味着一种独立的心智能力。他们更喜欢用"冲动控制"或"自我控制"，这些术语在涉及大脑机制和环境影响时更容易被解释。最近，研究人员发现，控制冲动会对认知造成损害，并反映在血糖水平上。

与饥饿和体重控制不同，性冲动不是为了追求内稳态，尽管其主要受生理因素的影响，但学习也起着作用，尤其是在人类中。特别是自金赛的调查以来，有关性的科学研究在美国引起了巨大的争议，尽管研究调查显示，在过去的半个世纪里，美国人在性行为方面变得更加自由。马斯特斯和约翰逊率先在实验室内对性行为进行了广泛的研究，发现男性和女性的性反应周期是相似的。最近，佩普洛强调了男性和女性在性行为上的差异。那些坚持进化论观点的人认为，男性和女性在性行为上的差异源于男性在竞争冲突中的交配策略和女性在怀孕过程中大量的生理投资，两者都主张男性更倾向于滥交。

就像马斯洛的理论那样，新的基于进化的层次理论通常会将饥饿需要优先于性的需要，尽管这种层次等级也不固定。

关于性的最大谜团是性取向的起源，特别是导致异性恋、同性恋和双性恋的因素。大多数专家认为，性取向涉及生理、环境和社会因素的综合，尽管很多研究都集中在生理研究上。自20世纪70年代以来，同性恋就不再被心理学家和精神病学家视为一种疾病了。

情绪是如何激励我们的
核心概念 9.4

情绪是一种特殊的动机，能帮助我们关注和应对重要（通常是外部）的情况，并与他人交流我们的意图。

情绪包含四个主要成分：生理唤醒、认知解释、主观感受和行为表现。达马西奥说，主观的体验源于躯体标记，包括身体对情绪环境反应的记忆。

情绪也可以作为动机。从进化的角度来看，它们帮助我们接近或避免对生存和繁殖至关重要的重复刺激。在社交方面，情绪表达是用来交流体验和意图的，这显然是"镜像神经元"在起作用。

大多数专家认为，数量有限的基本情绪综合起来，会产生大量的次级情绪。至少有七种基本的面部表情具有跨文化一致性，但是它们可以被特定文化的表达规则所改变。这些普遍的情绪很可能是基于生理产生的。

男性和女性之间的一些情绪差异有生理根源。这体现在某些情绪障碍的发病率不同，也体现在男性更频繁地发怒上。此外，文化差异表明，情绪上的一些性别差异是习得的。具体来说，不同的文化引导男人和女人采用不同的表达规则来控制情绪表达。尽管有差异，但不能简单地说哪一种性别更情绪化。

什么过程控制了我们的情绪
核心概念 9.5

大脑中有两种情绪处理系统：一种是有意识的，另一种是无意识的。这个发现为一些关于情绪与认知的早期争论提供了新的思路。

神经科学揭示了大脑中两种截然不同的情绪系统。一个是快速反应系统，主要在无意识的水平上运作，依赖于深层边缘结构，尤其是杏仁核。另一个是慢速反应系统，涉及大脑皮层的意识处理。这些通路在腹内侧前额皮层相交。情绪还包括由自主神经系统和激素系统传递的信息引起的内脏反应。除这两种情绪系统外，两个大脑半球都有偏侧化效应，每个脑半球都专门处理不同类别的情绪。

倒U形曲线描述了情绪唤醒和成绩之间的复杂关系：不断增加的唤醒水平会提高

成绩（但只会提高到某一最佳唤醒水平），这取决于任务的复杂性。刺激寻求者似乎对唤醒有特别高的需要。

理解这两种情绪系统可以帮助解决一些长期存在的争论，包括认知和身体反应在情绪中的作用。詹姆斯－兰格理论认为，身体的感觉和身体的反应产生情绪感受。与之相反的坎农－巴德理论强调，认知评价会产生情绪和伴随的身体反应。斯坦利·沙赫特的双因素理论认为，情绪是对内部身体状态和外部环境认知评价的结果。研究表明，这三种观点都有一定的道理。

每个人都有自己独特的情绪风格，涉及六个基本维度，包括一个人控制情绪表达的能力。情商是一种防止情绪失控的能力，其对维持良好的社会关系来说至关重要。它与传统智商测试所衡量的能力截然不同。情绪控制可以习得，这在情绪管理项目中得到了证明。情商测试结果显示，得分高的人更容易在社交场合中获得成功。

批判性思维的应用：测谎仪真的能测出谎言吗

"测谎仪"的工作原理是假定人们在说谎时会唤醒相关的生理线索。测谎仪的使用者能让嫌犯相信测谎仪可以显示他们何时说谎，因此达到使其招供的目的，但并没有证据表明测谎的结果的可靠性有多高。尤其令人困惑的是，在某些情况下，测谎仪会甄别出比实际说谎者更多的假阳性结果。使用面部表情或大脑扫描的替代方法正在探索中，但到目前为止还没有被证实是有效的。

本章视频导读，
请扫描二维码观看。

人格是什么？从古到今，人格理论家们给出了各种答案。气质理论和特质理论将人格描述成静态的图景；你会发现若干人格维度将人格的描述变得简单，平时你也会有意无意地按照各种特质维度来进行人格判断。人格过程理论会告诉你，人格是我们的内部心理过程和社会交互的结果；心理动力学理论强调的内部心理过程是无意识动机和过去的经验（特别是童年早期经验），人本主义理论强调意识和我们对当前现实的主观看法，存在主义理论寻找个体存在的意义及生活的目标，社会认知理论关注学习、感知和社会互动对我们当前行为的综合影响。然而，人们日常生活中对自己和他人的了解是以朴素的人格假设（内隐人格理论）和自我叙述为基础的。这容易受到社会文化的影响，并且可能会出错。

在这些论述中你会发现，人格代表了独特性，是贯穿个体一生的思想、情感和行为背后的一致性和稳定性倾向。就像指纹、雪花的独特性一样，内在倾向、特质以及性格特征结合起来也构成了每个人独一无二的特性。你也会了解到，人格－情境争论动摇了人格稳定性的基础，但人格的独特性仍然成立，只不过需要考虑情境的作用。情境不只是人格发展的背景，它具有更多的心理学特征和意义，这些特征可能反映了人格的一部分。

在本章中，你可以从四个层次来解读独一无二的人格：（1）每个人都与众不同；（2）人格的研究方法也与众不同：人格方向寻求独特性，其他心理学方向大多寻求人类的共性；（3）独特的个体在不同人格理论下的解读结果也是独特的；（4）人与情境的交互作用也是独特性的一种体现。与其他书不同，本书作者将同一个人（著名心理学家卡尔金斯）的人格贯穿于全章，为你呈现了不同人格理论如何解读同一个人，并从人格、情境和生物学的交互作用方面启发你去思考人格的稳定性和发展性等前沿问题，阐释人格研究的思维方式，为你更好地理解和测量人格奠定基础，最终了解是什么力量塑造了我们的人格。阅读本章，会让独特的你收获一份对人格的独特理解。

陈文锋
中国人民大学心理学系教授

10

第十章

人格

本章译者：陈文锋

在成长为独特的自我的过程中将自己当作独一无二的人。

核心概念

10.1 人格是由生物学因素、情境和心理过程共同塑造的，这些过程都发生在一定的社会文化和个体成长的背景中。

10.2 所有特质理论都会提出某些人格特征（如气质、特质或人格类型），这些特征会使人们的人格随时间的流逝保持稳定不变。

10.3 尽管每一种人格过程理论都强调人格发展过程中的不同塑造力量，但是也都会把人格描述为内部心理过程和社会交互的结果。

10.4 我们对自己和他人的了解是以内隐人格理论和自我叙述为基础的，这两者都受到社会文化的影响。

- 你认为自己是独一无二的吗？
- 你和其他人差不多吗？
- 根据你的自我意识和立场，你能经常预测你在未来一周或一年中会做什么或不会做什么吗？
- 你的亲朋好友是不是都认为在不同情境中你也能行为如一，可以预测？

大多数人都认为，基因、性格与人格特质等内在决定因素共同构成了核心自我，从而决定了人们常见的行为。实际上，我们几乎不会怀疑这样的假设：我们每个人都是独特的个体，都有独一无二的自我使自己与众不同。但是，我们是怎样成为一个独特个体的呢？

有趣的是，这个问题之所以扎根于心理学之中完全是因为一个非凡的女学者。她在不接纳她的男性世界中为了成为自己而终身努力奋斗。她的最高追求是什么呢？她曾在男性主导的学术界中因为自己的女性性别而被排斥，因此她只是简单地想让学术界认可她是一个有能力的学者（Calkins，1906，1930；DiFebo，2002）。

玛丽·卡尔金斯（Mary Calkins）是以非正式的方式进入心理学领域的。19世纪晚期，美国女校韦尔斯利学院授予她杰出教师的荣誉，并给她提供了在当时的新兴学科——心理学领域的一个工作机会，但前提是她要进修心理学（这在当时的女子学院实属罕见）。然而，在当时，找到一所愿意接收女生的研究生院很难。但韦尔斯利学院附近的哈佛大学为她提供了机会，著名的心理学先驱威廉·詹姆斯愿意收她为学生。唯一的难题是哈佛大学当时不招收女学生。当时的校长查尔斯·艾略特（Charles Eliot）强烈主张男女学生应该分开接受教育。但是，在詹姆斯和心理学系其他学者的压力下，他的态度有所缓和，妥协条件是玛丽·卡尔金斯只能参加非正式的课程，而且永远没有资格获得哈佛大学的博士学位（哈佛大学直到1963年才授予女性博士学位）。

因此，卡尔金斯开始了她在哈佛大学的研究生课程学习，直到1895年春天她才学完了所有的课程。她还完成了她的博士学位论文《联想：分析和实验》（*Association: An Essay Analytic and Experimental*），这是一项有关记忆方面的开创性研究。她设计了配对联想记忆测验，后来成为记忆研究领域的标准。为了全力支持她的工作，具有反抗精神的哈佛大学心理学教师们让她进行了非官方的论文答辩，并提议哈佛大学学位委员会授予她博士学位。威廉·詹姆斯称赞她的表现是"哈佛有史以来最出色的博士答辩"。但令人惊讶的是，委员会拒绝了。被激怒的威廉·詹姆斯告诉卡尔金斯，哈佛大学的行为"足以把包括你在内的所有女性都变成引爆者"（Furumoto，1979，p.350）。然而，卡尔金斯并没有诋毁这所大学，她毕生坚持不懈地学习、研究和写作。

尽管没有获得博士学位，玛丽·卡尔金斯还是按照之前的承诺回到了韦尔斯利学院担任心理学教师。作为一名高产的学者和敬业的教师，她一生发表了100多篇文章、出版了4部著作，其中包括最畅销的教科书《心理学导论》（*An Introductaion to Psychology*）。在韦尔斯利学院，她帮助组建了美国早期的心理学实验室之一。玛丽还开创了两个心理学领域：梦的解析（后来得到了弗洛伊德的认可）和自我心理学（她的主要研究兴趣）。1905年，她成为美国心理学会第一位女主席，后来又成为美国哲学学会第一位女主席。在她乐观向上的自传中，玛丽感恩在一生中从同事那里得到的所有帮助。虽然她的成就足以让她赢得尊重，但她从未鄙视过那些拒绝尊重她及其成就的人。玛丽·卡尔金斯于1930年去世，享年67岁。

人格是跨越时间和生活情境的一致性倾向

尽管在整个职业生涯中遭遇的障碍重重，玛丽·卡尔金斯还是坚持不懈地学习和追求成功。她的这种动机和行为模式很好地反映了本章的主题。人格（personality）包括使个体跨时间和情境的行为保持连续性的所有心理品质和过程。这个概念很宽泛，我们也可以将其描述为贯穿我们人生的一致性倾向（Cervone & Shoda，1999）。如果这种一致性倾向被破坏，可能会导致一个人产生不一致性的人格，如精神分裂症或分离性身份障碍（曾被称为多重人格障碍）等人格障碍或极端的精神问题。人格心理学家面临的难题是，需要将个体的方方面面有机地整合在一起。这是一个试图把人作为一个整体来理解的整合过程，以便把对人类思想、情感和行为（包括学习、知觉、发展、动机、情绪及其他心理过程等）至关重要的一切整合起来。

在某些方面，人格很简单，因为我们在某些方面都很相似。我们通常喜欢快乐而不是痛苦，有时会感到兴奋，对千篇一律感到厌烦，追求生活的意义，经常以他人的行为标准来评价自己。但除了这些明显的相似性之外，我们每个人又是独一无二的个体，即每个人都与他人不同。就像世界上数十亿人没有完全相同的指纹一样，两个人也没有完全相同的人格，即使是双胞胎也有不同之处。因此，人格也是个体差异的心理学，即研究什么让我们的思维、感受和行为在相同情境下与众不同。当我们研究这个问题时，我们将用玛丽·卡尔金斯的故事来说明人格心理学家是如何试图洞察这个有趣的过程的。

> **本章思考题：**
>
> 是什么力量塑造了玛丽·卡尔金斯人格中表现出来的独特行为模式、高成就动机、跨时空一致性和应对压力的坚韧性？

玛丽的人格是由其身边的人和生活中的事情塑造的吗？由于这些外在因素经常超出她的控制，我们必须考虑另一种可能性：她的勇气和决断更多的是来自内在特质，即她的基本人格，包括她的价值观、态度、工作习惯和自强倾向。你可能会把内在和外在这两个相对宽泛的概念看作发展心理学中非常重要的先天和后天基本问题的另一个变式。当然，答案是两者都起作用：经验和先天因素塑造了玛丽·卡尔金斯的人格，就像它们也塑造了你和我的人格一样。本章将介绍几种人格理论，即关于人格是什么、它如何发展和如何产生作用的理论解释。跟随本章学习，你会发现一些理论更强调先天，而另一些则更重视后天养育。你还会发现某个理论只适合处理某种特定类型的人格问题。下面是几个例子。

- 如果你所需要的是对他人当前人格特征的印象（如当你为公司筛选求职者时），那么气质、特质或类型理论可能是你最好的选择。

- 如果你的目标是了解一个正在成长和改变的人（如一位向你寻求建议的朋友或者退伍老兵），你可能会发现心理动力学、人本主义、存在主义或社会认知理论最有帮助。

- 如果人们如何相互理解是你最感兴趣的话题（当你在做婚姻咨询或冲突管理时），你可能希望知道人们对彼此的看法，也就是说，你要了解他们的内隐人格理论。

- 如果你要了解人们是否以相同的方式理解周围的世界，你会希望了解跨文化人格研究。这类研究融入整章的内容中。

现在，我们先概述各种塑造我们人格的力量，作为了解人格的起点。

> **关键问题：**
>
> **我们的人格是由什么力量塑造的**
>
> **核心概念 10.1**
>
> 人格是由生物学因素、情境和心理过程共同塑造的，这些过程都发生在一定的社会文化和个体成长的背景中。

人格使我们不仅成为人，而且是与众不同的人。因此，我们可以把人格看作动机、情绪和感知模式的默认设置，以及我们在理解自己和世界的过程中习得的图式（McAdams & Pals，2006）。人格也是一种统称，包含所有决定我们是谁的特征。而所有这些都在我们的发展水平、社会关系和文化背景的影响下发生。换句话说，使我们作为一个人存在的几乎所有方方面面结合在一起形成了我们的人格（见图 10-1）。

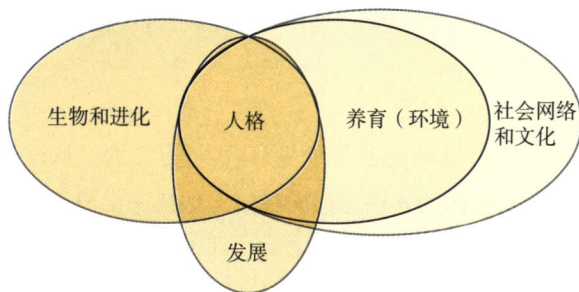

图 10-1　作为全人心理学的人格

注：人格是我们的进化史、个体的生物构成以及发展进程等许多心理过程的相互作用，所有这些都在家庭、社会网络（包括面对面和虚拟的社交网络）和文化的背景中展现出来。

我们的核心概念抓住了这一观点：人格是由生物学、情境和心理过程共同塑造的，这些过程都根植于社会文化和个体发展的背景中。本章的核心概念体现了这点：

> 人格是由生物学因素、情境和心理过程共同塑造的，这些过程都发生在一定的社会文化和个体成长的背景中。

让我们从生物学和进化力量的概述开始，来看看人格的每一个要素。

本部分导读：

10.1　评估生物学因素对人类本性和人格的影响。

10.2　回顾基因和童年环境在人格塑造方面的作用。

10.3　认识到可以结合特质理论和过程理论来研究人格。

10.4　评估我们的社会和文化环境如何塑造我们的人格。

10.1　生物学、人类本性和人格

学习目标：

评估生物学因素对人类本性和人格的影响。

将两只实验大鼠放在笼子里，如果研究人员不断

地从地板施予大鼠电击，大鼠就会互相攻击。在人类身上，我们也可以看到很多类似的行为：当我们感受到威胁时，我们会攻击任何容易攻击的目标。在 20 世纪早期，美国南部的黑人被私刑处死的数量随着经济状况（尤其是棉花的价格）波动而变化。当经济下滑时，谋杀事件的发生率上升；在经济繁荣时，谋杀事件的发生率下降。20 世纪 30 年代，阿道夫·希特勒（Adolf Hitler）将德国的经济困境归咎于犹太人；他把德国变成了一个种族主义纳粹国家，并精心策划了对数百万欧洲犹太人的种族灭绝计划。

这些都是被西格蒙德·弗洛伊德称为**替代性攻击**（displacement of aggression）的例子。我们有时称之为"替罪羊"（scapegoating），这起源于一个古希伯来仪式，即把部落的罪恶象征性地转嫁给一只山羊，然后把它驱赶到沙漠里等死。对于哈佛大学拒绝授予玛丽·卡尔金斯学位一事，威廉·詹姆斯在表达愤怒"足以把包括你在内的所有女性都变成引爆者"时，也是一种替代性攻击。他指的是女性恐怖分子会觉得自己有正当理由炸毁哈佛大学或者至少那些有性别歧视的委员会男性成员。在我们这个时代，自杀式炸弹袭击者因宗教因素自杀时也炸死了许多无辜的平民（所谓"敌人"）。

当然，我们不能为暴力、谋杀或种族灭绝辩护，但也许我们可以解释这些行为。根据大卫·巴拉什（David Barash，2007）的观点，人类的历史就是一些攻击者的故事，即他们通过攻击临近目标来应对痛苦或威胁的故事。这些攻击者由于更不容易成为下一波受害者，因而比那些被动接受者具有更明显的进化优

攻击性是人类生物性的一部分吗？如果是这样，为什么有些人比其他人更具有攻击性呢？

势。他们也更有可能将这种攻击性和替代性攻击的倾向遗传给后代。

替代性攻击似乎并不是人类生物性中唯一的特征。正如前面提到的，大多数人更喜欢快乐而非痛苦。性愉悦可能是许多人最喜欢的。人类在性和攻击性方面的明显倾向与达尔文的观点相吻合，即我们的祖先在很长的进化历史中都是以生存和繁衍后代为目标的。西格蒙德·弗洛伊德采纳了"适者生存"的观点，认为我们的所作所为都源于性的生存"本能"以及防御和攻击"本能"。其他人格理论家提出，人格的基础是不同的动机（如社会动机），但这些动机无疑都具有生物学基础。他们指出，人类就像蚂蚁和蜜蜂一样，都是"社会动物"。这意味着个体的生存能力可以在群体作用下得以增强。

10.1.1 哪种观点是正确的

现代神经科学和进化心理学认为，只寻找人类行为背后的一些基本驱力可能会导致某种误导（McAdams & Pals，2006）。事实远比这复杂得多。我们的大脑似乎是一些"功能模块"的集合，每个模块都有不同的目的。这可能就是为什么我们会有这么多不同的动机，每种动机又有其不同的作用与规则。性、攻击性、饥饿、归属感、渴望和成就，每一种动机都可能是大脑中独立的模块，它们共同构成了复杂的"人格"。生物性通过这些方式对人格产生影响。

10.2 后天的影响：人格与环境

学习目标：
回顾基因和童年环境在人格塑造方面的作用。

生物性和进化论并不能完全解释一切。即使是遗传学家也不得不承认，遗传对我们特征的影响大约只占所有影响的一半（Robins，2005）。例如，如果儿童的父母都患有精神分裂症（主要由基因造成的精神障碍），他患上精神分裂症的可能性就有50%。那么，剩下的部分由什么来解释呢？宽泛地说，这部分来自环境。环境通过众所周知的行为条件反射原则、认知学习、社

会心理和仍然神秘的表观遗传等过程塑造了我们。

10.2.1 什么样的环境影响最大

许多人格理论家强调童年早期的经历。从这个角度来看，你的人格在很大程度上取决于父母，这不仅是因为他们遗传给你的基因，还是因为他们给你营造的环境。在极端情况下，那些基本没有人际接触的儿童（如那些被遗弃在糟糕孤儿院的儿童），在身体和心理健康的所有指标上都表现为发育不良（Nelson et al.，2007；Spitz，1946）。事实上，新的研究表明，在贫困环境中长大的儿童的大脑（如丘脑神经元）实际上会缩小，从而影响其认知能力和机体能力（Noble et al.，2015）。

环境对人格的另一个有趣影响是出生顺序，因为一个家庭中每一个孩子所处的环境都有些不同。发展心理学理论家 J. 弗兰克·苏洛威（J. Frank Sulloway，1996）说，如果你是长子、长女，你比你的弟弟、妹妹更有可能从事高智力和高成就的职业，如更有可能成为总统或宇航员。如果你是老幺（即排行最小的孩子），你很有可能比你严肃的哥哥、姐姐们更幽默。我们来看一个具体的例子。在一项对700多名职业棒球运动员兄弟的研究中，苏洛威发现弟弟的冒险性比保守的长兄更大，如偷垒。此外，当弟弟们冒险时也更有可能获得成功（Sulloway & Zweigenhaft，2010）。顺便说一句，成绩优异的玛丽·卡尔金斯也符合这种情况，她是五个孩子中的长姐（应该说明的是，这些模式并非适用于所有情况，仅仅是平均意义上的统计概率）。

然而，家庭环境的影响到底能够持续多久，这是一个存在争议的问题。我们在青春期还会受到同伴压力的影响（Harris，1995），并在成年后发展成为独特的自我。然而，人格心理学家沃尔特·米歇尔（Walter Mischel，2003）认为，环境的影响通常大于先天特质及其他力量的影响。想一想一天中你有多少次只是简单地对环境的指令做出反应，从闹铃到红灯，到学业和工作任务或社会规范？从这个角度看，米歇尔是对的吗？在本章结尾，你将知道如何获得这个问题的答案。

55% 的美国总统都是长子，包括托马斯·杰斐逊，亚伯拉罕·林肯和贝拉克·奥巴马。

10.3 人格的两种观点：特质理论和过程理论

学习目标：

认识到可以结合特质理论和过程理论来研究人格。

尽管环境因素很重要，但是我们也必须用一系列内部心理"滤镜"来分析我们的经历。这些所谓的"滤镜"就是人格的一些核心元素。例如，你可能是一个外向者（extravert），喜欢和别人在一起，而不是独处。然而，你的妹妹可能更喜欢在大部分时间里独自练习音乐和水彩画，那么她会被归类为内向者（introvert）。你会从外向的角度来解释你的经历。因此，你们两个人在参加同一个聚会时可能会有非常不同的经历。这种内向–外向维度是描述人格的一种方法，重点关注个体特质倾向（disposition）。另一种方法被称为过程理论，它不仅仅描述人格，还以内部人格过程（personality processes）来解释人格。为了完整地解释人格，我们需要结合特质理论（dispositional theory）和过程理论（process theory）。这也是本章的学习内容。

10.4 社会和文化对人格的作用

学习目标：

评估我们的社会和文化环境如何塑造我们的人格。

跨文化心理学家尤里斯·德拉贡（Juris Draguns，1979）认为，人格理论是西方（欧美）发明的概念。因此，毫不奇怪的是，创造最全面和最有影响力的人格理论的心理学家是在西方社会科学的框架下接受训练的，并对个体主义和独特"自我"情有独钟（Guisinger & Blatt，1994；Segall et al.，1999）。然而，其他文化也在用自己的方式来解释人们的个体差异问题。这些非西方的观点大多源于宗教（Walsh，1984）。例如，印度教徒认为人格是一些相互对立的特征的综合体（Murphy & Murphy，1968）。中国的"阴阳"概念，是对立特征概念的变体，包含了互补的概念，即阴阳相济。

10.4.1 文化是如何影响人格的

我们会发现，从某些方面来看，人格在不同文化中是相同的。换句话说，我们可以用几个基本的人格特征来描述世界各地的人。例如，尽管程度上不尽相同，但我们都可以从焦虑程度和内外向方面描述世界各地的人。但是，也有一些人格因素在不同的文化中存在巨大的差异。例如，在一些文化中，人们希望公开表达焦虑，而在另一些文化中，焦虑情绪更多的是深藏不露的。**个体主义**（individualism）和**集体主义**（collectivism）的区分是另一个更广为人知的例子。在美国和其他西方国家，人们更强调个体主义，赞许那些脱颖而出的人，重视个人成就。相比之下，亚非拉美和中东地区的人更注重集体主义，褒赞那些融入集体的人，重视社会和谐（见图 10-2）。因此，在个体主义文化中长大的人可能更加以自我为中心，而在集体主义文化中人们会强调集体需求高于个人的需求和成功（见表 10-1）。

就像许多非洲母亲一样，这个来自卢旺达的女性背着孩子，让孩子感受温暖、舒适和安全。虽然非洲也有婴儿车，但销量并不好，因为非洲家庭认为婴儿车缺乏亲近感，意味着拒绝，并且妨碍亲子联结。

印度文化充满了尊老的传统。触摸长者的脚是表示敬意的一种方式。老人通过用手触摸年轻人的头来祝福。传统上，这个仪式是由父母为孩子从小教导示范的，并且在所有重要的活动开始之前都要进行。

图 10-2　不同文化背景下不同仪式和习俗的有趣例子

社会关系和亚文化　不管是个体主义还是集体主义，任何文化中的社会关系都会对人格产生巨大的影响。在很大程度上，你的人格是由你在成长过程中与

表 10-1　个体主义与集体主义文化
——集体主义与个体主义社会的十大差异

个体主义	集体主义
每个人都应该只照顾自己和直系亲属	人们出生在大家庭或家族中，因忠于家族而得到保护
"我"的意识	"我们"的意识
强调隐私权	强调归属感
说出个人意见是有益的	应该始终保持和谐
其他人是一个个独立的人	其他人是内群体或外群体
鼓励个人意见：一人一票	组织决定个人的意见和投票
违反社会规范会产生负罪感	违反社会规范产生羞耻感
用"我"表达是必不可少的	避免使用"我"的表达
教育的目的是培养学习的能力	教育的目的是培养做事情的能力
完成任务优先于维护关系	维护关系优先于完成任务

你相处的人决定的。这些人不仅包括你的父母，还包括你的兄弟姐妹、同学、老师，以及其他人。在青少年时期，你就是你朋友那样的人，因为你要融入同伴群体的规范。在这个成长时期，我们共同相处，和同伴做着相同的行为，成为你认为的同伴希望的样子。一个值得思考的新问题：你通过 Facebook 和一些朋友联系，但有些人你并没有真正见过，那么这些朋友和你之间的互动会对你产生什么影响？

我们也会让自己与各种"亚文化"保持一致，如滑冰圈、书迷圈、运动圈、游戏玩家圈、同性恋圈或基督教徒群体。这反过来会塑造我们的态度和行为。随着我们进入成年期，我们的行为继续受到文化规范的影响。举几个例子，包括如何与他人沟通交流、穿衣打扮、养育孩子的方式，以及对社会中其他群体（如长辈）的态度等。因此，你的人格在某种程度上是周围的人塑造出来的。

写一写

当你的日常行为看起来与众不同时

在你的年龄、穿着、性别或其他身体外貌等方面，你是否有什么事情经常被其他人误解？

10.4.2 羞怯的跨文化差异

当我们分析亚洲人与以色列人之间在羞怯方面的差异时，我们会发现文化和环境学习的交互作用。研究表明，在 1970—1980 年的美国，约有 40% 的成年人认为自己是羞怯的人，在亚裔美国人中，这个比例上升至大约 60%，而在犹太裔美国人中则下降到约 25%（Zimbardo，1977）。在以色列本土的调查中，研究人员同样发现了类似的差异。

为什么在羞怯这种共同特质方面会出现如此惊人的差异？ 对父母、教师、教练和儿童的访谈揭示了一个简单的因果性因素：每种文化会如何解释儿童的成功和失败。

- 在亚洲文化中，当一个儿童或任何人尝试一项任务并成功时，谁获得了荣誉？

    答案：（外）祖父母、父母、教师、教练，甚至在该文化信仰系统中宗教都获得了一些荣誉。

- 如果儿童在任务中失败，那么谁会被责备？

    答案：失败的主要原因都被归咎于儿童身上。

这导致儿童的行为风格变得保守、谨慎，他们会避免成为出头鸟，成为一个羞怯的人。"枪打出头鸟"这种文化观念使得儿童变得谦逊、保守。

在以色列，每个人都会接纳任务失败的儿童：儿童的所有家人会把责任揽在自己身上。例如，养育不到位，没有充分训练儿童，或者任务不公平等。但是，如果儿童成功，他人就会给他无尽的赞美。因此，犹太人鼓励儿童冒险、竭尽全力、向外探索。这反映了他们的文化信念：没有什么可失去的，一切都能获得。这种观念促使儿童进行胆大冒险，即超级自信和无所畏惧，即使他们并没有该方面的天赋。这是一个克服羞怯的文化秘诀（Carducci & Zimbardo，1995；Pines & Zimbardo，1978）。

心理学很有用　● ● ●

解释与众不同的人和异乎寻常的行为

人们通常会准时上班，在合唱音乐会上唱歌，或者与家人和朋友一起度过周末。对于这些寻常的行为，你并不需要人格理论来解释为什么。也就是说，针对人们会做你预期他们会做的事情，你不需要人格理论来解释为什么。因为在某些情况下，大多数人都会根据该情境下的社会行为规范来做同样的事情。但是，当人们以意料之外而异乎寻常的方式行事时，用人格理论来解释更方便。一个优秀的理论可以帮助你理解像玛丽·卡尔金斯这样有趣且与众不同的人，也包括报纸上报道的人，如连环杀手、性丑闻政客，或者需要隔周接受戒毒治疗的著名影星。

2011 年初，美国亚利桑那州杜桑（Tucson，Arizona）发生了一件震惊全美的枪击事件，22 岁的贾里德·拉夫纳（Jared Loughner）在美国国会女议员布里埃尔·吉福兹（Gabrielle Giffords）的选民见面会所在的公共场所枪击了 19 名选民（Lacey & Herszenhorn，2011）。女议员头部中弹但幸存下来，但有另外 6 人不幸遇难。如果杀手重新装上另一匣子弹（31 颗）并开火，那么灾难将更严重。幸运的是，一个年轻人在一名老人和一名女士的协助下英勇地制服了他。杀手到底为什么杀人，那些英雄为什么会有英雄行为？公众及心理学家都希望了解这些问题的答案。

2015 年 6 月，在南卡罗来纳州查尔斯顿（Charleston，South Carolina）的教堂礼拜仪式期间，一场相似但更恐怖的枪击事件导致 9 个非洲裔美国人死亡。迪兰·鲁夫（Dylann Roof），21 岁，身高 1.75 米，体重 55 千克，是个"独狼"杀手。他信奉白人至上，仇视黑人。与早期有组织的种族袭击相比，过去十年中有预谋的种族袭击事件大部分是个人或双人行动。偏见和仇恨、社会隔离以及未管控致命武器，这些因素综合起来造成了大量悲剧。从 2012 年到 2015 年，美国发生了 67 次大规模枪杀事件，导致 313 人死亡。因此，在试图理解为什么这些年轻人会暴力袭击无辜平民时，我们必须考虑他们的个体因素及他们所在的文化环境背景（见图 10-3）。

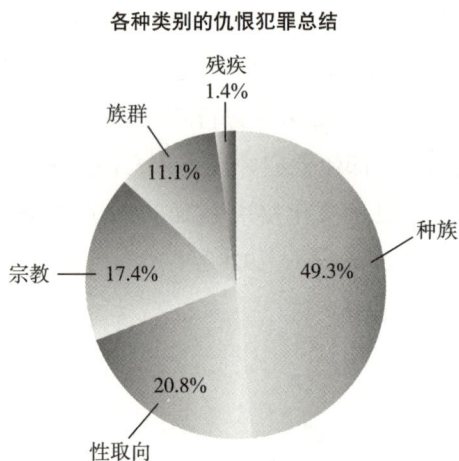

各种类别的仇恨犯罪总结

残疾 1.4%
族群 11.1%
宗教 17.4%
种族 49.3%
性取向 20.8%

图 10-3　美国仇恨犯罪类型 [①]

从无名小卒到著名人士，以传奇高尔夫球手泰格·伍兹（Tiger Woods）为例，任何人都可能做出异乎寻常的行为。这个看似有着幸福婚姻生活的男人被曝出多次与不同的女性陪侍发生出轨行为。这桩丑闻破坏了他的婚姻，严重损害了他的职业生涯，并且使他失去了来自赞助商的数千万美元的收入。他的高尔夫传奇从此结束，不再辉煌。

我们如何解开普通人的人格之谜

每种人格理论都持有不同的观点。因此，我们通常要将几个视角结合起来以全面认识一个人。为了给你一个框架性的认识，我们假设你是一名大学心理咨询中心的心理咨询师。你的来访者是一个年轻女子，她告诉你她想自杀。那么，人格心理学是如何帮助你了解她的呢（见图 10-4）？

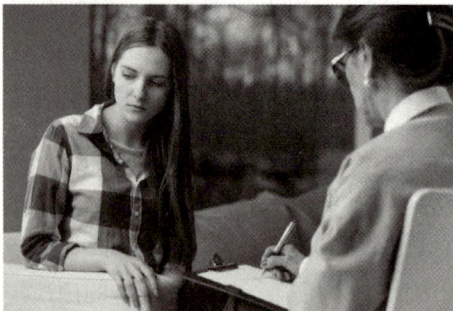

图 10-4　人格评估的视角

从纯描述性的视角来看，你可能会评估她的**人格特质**。她有责任感吗？她是外向的还是羞怯的？她是否焦虑？要想得到这些问题的答案，你可能会让她做人格测验。她的人格特质和气质剖面图可能决定了你该采取某种形式的心理治疗，或许要采取更直接的药物治疗。如果你决定采用心理治疗，而不是选择药物，你将会分析她人格的内部**心理过程**，也许还包括她所处环境和文化中的社会性力量。这是由西格蒙德·弗洛伊德最初开创的领域，近年来则是认知行为心理学家在传承。

心理动力学理论会引导你关注她的动机和情绪，包括一些可能是无意识的动机和情绪。

- 她是不是容易产生敌意的人？是不是把这种敌意指向自己？
- 她是否在儿童发展早期有一些未化解的情结，如因为对父母的愤怒而感到内疚？
- 她的社交关系的本质特征是什么？

相反，**人本主义理论**会关注她的潜能，而非她的缺陷。

- 她的天赋是什么？
- 她的希望和欲望是什么？
- 她和她的目标之间存在什么障碍？

---

① 数据由美国联邦调查局（FBI）统计。

人本主义理论也会分析她没有被满足的需要。她是否感到孤独、没有人爱？还是没有得到足够的尊重？她产生自杀想法的原因是什么？

存在主义理论的目标则是寻找年轻女子在其生命中的意义感。如果她在考虑自杀，可能是她认为自己的所作所为没有价值或没有终极意义。因此，你会分析其中的原因，努力帮她重建新的价值感和有意义的追求目标。

社会认知理论重视认知和学习，认为她的问题在于她对事件的解释方式。

- 她是不是总觉得自己不够努力？
- 她是相信自己能够控制生活中的各种事情，还是相信自己被各种事情控制？

社会认知方法也会让你警惕自杀模仿的可能性，即她的自杀想法是自杀模仿的反映，模仿的目标包括朋友、家人或一些最近自杀的名人。

所有这些方法都将在本章后续内容中进行更详细的介绍。现在，请记住一个关键的知识点：没有哪个理论可以独立全面地解释人类行为背后的原因。人格特质和气质理论描述了一个人的性格特点，而人格过程理论（包括心理动力学理论、人本主义理论、存在主义理论或社会认知理论）则分析了塑造这些性格特点的各种因素。不管我们分析的是英雄、恶棍、玛丽·卡尔金斯，还是前面提到的想自杀的年轻女子，在大多数情况下，我们都需要将这两类理论结合起来。

关键问题：
人格由哪些稳定的行为模式或特质组成

核心概念 10.2

所有特质理论都会提出某些人格特征（如气质、特质或人格类型），这些特征会使人们的人格随时间的流逝保持稳定不变。

的人格分类是刻板印象，如胖子往往是乐天派、工程师保守、女性富有同情心。显然，这些分类对人格模式的复杂问题来说过于简单化了。这种分类和刻板印象还包括大学专业、性别、种族，以及诚实、友善、幽默感等品质。而在今天，如果你严格按照这些简化的分类和刻板印象来理解他人，你可能就会感到有点愧疚。

在科学心理学尚未出现的两千年前，根据希腊医生希波克拉底（Hippocrates）提出的**体液**（humors）学说，人们将气质分成四种类型。希波克拉底认为，一个人的气质是由人体分泌的四种体液之间的平衡决定的。**多血质**的人热血和温润，其特点源于血液。**胆汁质**的人易怒，其特点源于肝脏分泌的黄色胆汁。**抑郁质**的人忧郁，其特点源自脾脏产生的黑胆汁。最后，**黏液质**的人平静、冷漠、懒散、不情绪化，其特点源自黏液。希波克拉底的生物学理论可能并不准确，但他关于气质的概念已经成了"常识"。即使在今天，你也会偶尔看到人们用他的术语来描述人格。

现代社会也出现了其他的人格分类系统。最简单

希波克拉底是身心关系理论的早期贡献者。他的观点是每个人的气质都是由我们的优势体液决定的；优势体液可能是血液、黄胆汁、黑胆汁或黏液中的任何一种。

尽管如此，人类仍然存在着一种将复杂问题简化的认知倾向，因而常常会把他人归类分组。因此，一些人格心理学家试图采用少数几种基本气质（temperament）来描述人。所谓气质，就是具有很强生物学基础的人格特质，如"外向"或"羞怯"。另一些人格心理学家更喜欢用特质（trait）组合来描述。所谓特质，通常被认为是人格的多个维度（如谨慎和鲁莽、友善和不友善），并更多地受到经验学习而非先天气质的影响。还有一些人格心理学家依据人格类型（personality type）对人们进行分类。这是类别的概念，而非维度的概念。也就是说，你要么属于某种类型，要么不属于这种类型。举例来说，如果内向是一种特质维度（trait dimension），人们在内向维度上的表现只是程度上的差异；但如果内向是一种类型，那么人们往往就会被归类为内向的或非内向的人。

虽然这些人格理论各有不同，但是核心概念表明，它们也有一些共同的基础。

> 所有特质理论都会提出某些人格特征（如气质、特质或人格类型），这些特征会使人们的人格随时间的流逝保持稳定不变。

因为气质、特质和人格类型的概念有所重叠，所以，我们会根据传统习惯将它们统称为**特质理论**（dispositional theory）。但是，这些理论与刻板印象（如保守的工程师、阳刚的男性，环保主义的教授）有何不同呢？答案是科学性。好的气质理论、特质理论或类型理论必须具有坚实的科学基础。在科学的视角下，我们从气质开始讨论这些人格理论。

本部分导读：

10.5 人格和气质

学习目标：

解释生物学基础和学习经验对气质的作用。

> 心理学家将气质定义为具有生物学基础的人格特质。它通常在儿童早期就表现出来，是人格和个体生活态度的基础（Hogan et al., 1996; Mischel, 1993）。

当说到气质时，心理学家通常指的是一两个持续一生的主要特征，如羞怯或情绪化。这是一个人从出生时就表现出来的人格特征。当然，现代心理学已经抛弃了气质的体液理论，但该理论最基本的理念仍然保留下来了，即生物性特质确实影响我们的基本人格。这一观点得到了研究的支持，心理学家近期发现，存在调节基本人格的大脑结构（LeDoux, 2002）。你可能还记得菲尼克斯·盖奇的例子（参见第二章），由于意外事故导致他的额叶受损，由此证明了额叶在调节基本人格方面的作用。这个结果也得到了现代神经科学的证实。

10.5.1 气质的生物学基础是神经递质吗

生物心理学家猜测，气质的一些个体差异是由大脑中化学物质的平衡决定的，而这种平衡可能有遗传基础（Azar, 2002b; Sapolsky, 1992）。从这个意义上说，气质的体液理论仍然存在，只是表现形式不同：现代生物心理学用神经递质取代了体液。因此，抑郁症（大多有自杀想法）可能是由某些递质的失衡引起的。同样，焦虑、愤怒和欣快症都可能起因于神经化学失衡模式。正如发展心理学家杰罗姆·凯根（Jerome Kagan）所说："我们有相同的神经递质，但每个人的神经递质组合都略有不同。"（Stavish, 1994, p.23）凯根认为，这就是人与人之间人格差异的原因。

事实上，凯根开展了一个有趣的项目来研究羞怯的遗传基础（Kagan et al., 1994, 2005）。这个项目发现，在新生儿出生的第一天，他们对刺激的反应程度就已经有差异了。大约20%的婴儿反应强烈，容易兴奋或紧张；10% 的婴儿极其拘谨。虽然有更多的婴儿（35%~40%）在面对新刺激时比较平静，但另外 10% 的婴儿则显得比较大胆。在生命最初的几个月里，这些初始的差异反映了气质的差异，即许多容易紧张和拘谨的婴儿变得羞怯和内向，较为平静而大胆的婴儿则变得外向。虽然这些反应倾向在一些儿童后续的成长过程中会有所变化，但对大多数儿童来说，这种倾向随时间的推移会保持不变，在 11 年后的测量中他们还是表现为相同的气质。凯根称之为"自然推动力"的结果。

10.5.2　学习的作用

40% 或更多的大学生都容易羞怯。这个比例远远高于最初拘谨、害羞的婴儿（Zimbardo，1990）。因此，我们可以合理地假设，虽然有些羞怯是遗传的，但更多的羞怯是通过社交生活中的负面经历习得的。初始的气质会影响一个人的经历。例如，如果一个婴儿性格孤僻、容易受惊、不喜欢微笑、害怕陌生人和新事物，那么这个婴儿就不太可能像微笑、开朗的婴儿一样经常被他人抱起来或和他人一起玩耍，从而造成他的成长环境显得不友好或缺乏支持。因此，这种社会刺激的差异让最初拘谨的婴儿变得内向、害羞，而大胆的婴儿则更加外向。通过这种方式，遗传和环境相互作用，随着时间的推移将最初的遗传特点放大（也可能减弱）。这是因为遗传特点向他人发出了"和我一起玩"或"不要理我"的社会信号。

那么，生物学基础能决定你的命运吗？天生的气质可能会决定你在某些生活情境中的反应。然而，气质本身并不能完全决定你的生活经历（Kagan & Snidman，1998）。即使是你的血系亲人和你的遗传基因相似，但你的家庭地位、经历和自我意识也在起作用，共同使你复杂的人格模式不同于他们（Bouchard et al.，1990）。

10.6　作为组合特质的人格

学习目标：
回顾人格作为组合特质的研究方法。

如果你要描述一位朋友，你可能会用某种人格特质来描述：情绪化、开朗、忧郁、热情、善变、友善或聪明。**特质**（traits）是多维的稳定人格特征，存在于个体内部，并在各种条件下引导其思想和行为。我们可以认为特质是内部心理过程的产物，是动机、情绪和认知的行为表达方式（Winter et al.，1998）。

10.6.1　特质和气质有什么不同

气质是人格的基础，源于每个人的生物本性。特质是一个建立在气质基础上的多维结构，但也受到经验的影响。特质是在后天教养对天性的扩展中以气质为基础塑造而成的。

10.6.2　大五人格

特质理论主要关注人格的动机和情绪成分，不考虑智商和创造力。因素分析方法可以帮助学者寻找人格测验不同题目之间的关系或共同属性。因此，学者使用**因素分析**这种数学方法发现了五种主要的人格因子，这就是著名的**五因素理论**（five-factor theory）。人格心理学家通常称之为大五人格（Carver & Scheier，2008；John & Srivastava，1999）。

在介绍大五人格特质是什么及其如何影响我们的人格和生活之前，请先完成网上的大五人格测试，了解自己在这些特质上的得分。然后再继续阅读以了解

一些羞怯是遗传的，另一些是在个人经历和文化规范下习得的。

你的分数的意义。

现在你已经知道了自己在大五人格特质上的得分。接下来我们逐个描述，告诉你如何利用这一结果。请记住，每一个分数都落在该特质维度的连续体上，所以你的分数表示你的人格中每一个特质的表现程度。同样重要的是，分数高低没有"好坏"之分。相反，最好的做法是利用这些信息来帮助你确定你的优势和劣势，以便你可以最大限度地提高生活满意度。稍后我们会详细介绍这一点，但现在先来看看大五特质。

- **开放性**（openness to experience）：高分者往往更加好奇、独立、富有想象力、对新想法感兴趣、偏好新奇事物；低分者更喜欢熟悉的事物、抗拒新想法，并且缺乏好奇心。

- **尽责性**（conscientiousness）：高分者可靠、目标导向、坚持、做决策时谨慎；低分者冲动、不可靠、偏好独善其身。

- **外倾性**（extraversion）：高分者往往善于交际、外向、偏好与人相处；低分者内向、倾向于自我反省，可能看起来羞怯。

- **宜人性**（agreeableness）：高分者温暖、合作、可爱、待人随和，低分者似乎难相处、消极或敌对。

- **神经质**（neuroticism）：这个特质是指你体验和表达的情绪有多强烈。因此，高分者焦虑或情绪化，而低分者情绪稳定，甚至坚忍或冷酷。

大五人格的缩写 OCEAN，代表开放性（Openness to experience）、尽责性（Conscientiousness）、外倾性（Extraversion）、宜人性（Agreeableness）和神经质（Neuroticism）。

解释特质分数　当你考虑人格的五因素方法时，请记住，分数高低并不代表好坏。你可以用它来更好地了解自己和他人的信息，并帮助你做出最适合自己人格的人生选择。例如，相对于内向，美国文化可能更偏好外向，但两者都可以适应相应的社会和文化环境。内向可能是作家或长途卡车司机这类职业的理想人格，而外向可能是一个销售经理或女老板的首选。同样，我们重视尽责性、开放性、宜人性和情绪稳定性，但在这些特质方面得分较低并不一定是坏事。例如，对于创意达人或政治活动家，遵循自己的理念，不过度被他人左右（宜人性得分较低）是有益的。同样，尽责性水平太高可能会限制一个人把握机会的能力，而过高的开放性可能会使一个人成为"多面手"，却博而不精。与其在我们应该拥有什么特质上费心，不如利用我们所拥有的特质，找到最适合自己的环境。

但我们也不能过于简单化。你可以打好你手中的牌以最大限度地利用它们，你也可以尝试寻找你可以努力的方向来接近自己五因素人格的理想水平。例如，如果你想在截止日期前完成承诺，你可以采取哪些步骤让自己变得更有尽责性？如果你发现自己墨守成规，你会如何挑战自我以使自己更加开放？

总体来说，五因素理论大大简化了以前的混乱局面。虽然对细节的争论仍在继续，但是，大多数人格心理学家都已经一致认为，我们仅仅用这五个维度就能比较准确地描述个体。考虑到字典上有几百个描述特质的词语，这种简化真是一项了不起的成就（Allport & Odbert, 1936）！一些杰出的人格心理学家认为，五因素模型使五花八门的分类法和测量工具变得井然有序（Caprara & Cervone, 2000）。研究人员已经发现了影响这些维度上的人格差异的遗传和环境因素（Bouchard & McGue, 2003）。

值得注意的是，五因素模型似乎还具有跨文化效度。几项大型研究表明，在欧洲、亚洲、非洲和美洲的 50 多种文化中，五因素模型都是有效的（McCrae et al., 2005；Schmitt et al., 2007）。但是，我们必须谨慎地对待结论的普遍性，因为这些研究中的样本大多数都是受欧美世界观影响的大学生。因此，样本并不包括可能不符合该模型的文化亚群体。而且，人类学家瑞克·桑德尔（Rick Shweder，1991）提示说，在一些文化中，对人的描述并不是由个人特质组成的；相反，重要的是他们的社会角色、家庭结构中的位置或目标。

> ### 写一写
> #### 你和大五人格
> 在本节开始时，你完成了大五人格量表在线测试。你的大五人格特征有什么让你感到惊讶的吗？

大五人格特质：地域、死亡率和 Facebook 风格

大多数人格发展理论都集中在个体水平或人际层面，但美国各州之间人们的人格会有所不同吗？在一项有趣的研究中，超过 50 万的网民完成了大五人格量表，并登记了他们居住地的邮政编码。然后，研究人员绘制了各州的人格测验分数。对于每一种人格特质，得分前 10 个州和后 10 个州的结果揭示了一些与文化氛围一致的有趣模式。

神经质特征点亮了美国东北区域［联想一下老伍迪·艾伦（Woody Allen）的电影］，但西部和中西部属于情绪稳定区。东北部和西海岸的开放性排名很高，但中西部的开放性较低。宜人性在南方达到顶峰，而在东北部则较低（在那里你可能会听到更多的鸣笛声）。山地和西北部中央区的尽责性得分最高（Rentfrow et al.，2008）。而且，这些人格测验分数甚至与在当时总统选举中哪些州变红和哪些州变蓝相关！支持民主党候选人的各州选民开放性得分较高，神经质得分较低。相比之下，支持共和党候选人的各州选民尽责性得分更高（Rentfrow et al.，2009）。

更重要的是，研究发现了两个大五人格因素与死亡率之间的关系。在控制社会人口学因素的情况下，宜人性高的各州公民有明显更长的预期寿命。与热情大方的人生活在一起，你的寿命会延长。神经质得分最高的各州公民的预期寿命明显较低，癌症和心脏病导致的死亡率也较高。

Facebook 用户的人格

有 10 亿多全球用户的 Facebook 几乎是最受欢迎的社交媒体网站。人们访问 Facebook 的频率和方式与大五人格有关吗？是的，2014 年，意大利的一项针对 Facebook 用户的研究发现了这些风格和大五人格之间的一些有趣关联。开放性高的用户往往是 Facebook 的早期使用者，而尽责性则与较少使用 Facebook 有关。外向者在 Facebook 上花更多的时间，也有更多的"好友"，而神经质高分者是使用频率最高的 Facebook 用户（Caci et al.，2014）。

现在你已经了解了一些关于大五人格的知识，你想知道自己在这五个维度上的位置吗？如果想，那就测试一下吧！

用人格量表测量人格特质

如果你是一名临床心理学家或咨询心理学家，你可能想要使用大五人格量表 BFI-54 或 NEO-PI[①] 的纸笔版来评估来访者的大五人格。这些简单但被高度认可的测量方法，已经被用在了有关整个生命周期的人格稳定性、人格特征与身体健康和各种生活事件的关系等方面的研究中。

但是，如果你想要一个测量临床特质（即精神障碍征兆）的工具，那么明尼苏达多相人格量表（MMPI-2，MMPI-2 指的是原 MMPI 的修订版）是一个不错的选择。与 BFI-54 和 NEO-PI 不同，MMPI-2 不测量大五人格维度。相反，它的 10 个临床量表（见表 10-2）通常被用来评估严重的精神问题，如抑郁症、精神分裂症和妄想症（Helmes & Reddon，1993）。

MMPI-2 的 567 个条目涉及各种态度、习惯、恐惧、偏好、身体健康、信念和总体看法。我们不会提供实际的测试项目，但是，这里有一些类似于 MMPI-2 中的题目的句子。

- 我经常被关于性的想法困扰。
- 有时我喜欢寻求一些刺激。
- 如果人们没有不公平地评判我，我可能会更成功。

[①] NEO 代表神经质、外倾性和开放性，后来加入了尽责性和宜人性，但 NEO 人格量表的名称没有改变。

表 10-2　MMPI-2 临床量表

精神障碍	临床特质
疑病（Hs）	对自己的身体功能异常关注
抑郁（D）	悲观、无望、行动和思想迟缓
癔病（Hy）	无意识地运用身体或心理症状来回避冲突和责任
精神病态（Pd）	漠视社会习惯、情绪反应简单，并且不能吸取教训
男性女性化 – 女性男性化（Mf）	男性和女性的差别
妄想（Pa）	异常猜疑、夸大或被害妄想
精神衰弱（Pt）	强迫意念、冲动、恐惧、低自尊、内疚、犹豫不决
精神分裂症（Sc）	稀奇古怪的思想或行为、退缩、幻觉、幻想
轻躁狂（Ma）	情绪激动、过于兴奋和思想奔逸
社会内向（Si）	胆怯、不关心他人、不安全感

答题者被要求回答每句陈述是否描述了他们的真实情况，然后他们的回答将与临床人群中各种已知的精神障碍患者的回答进行比较。因此，量表得分有临床经验作为依据。也就是说，它是通过将每个答题者的反应模式与许多不同临床患者的平均反应或基本反应率进行比较得出的科学数据，而不仅仅是测验编制者的合理假设。

接受人格测试（如 MMPI-2）的人往往会为自己对某些问题的回答感到苦恼，担心某个"错误"的答案可能导致自己被诊断为精神失常。但其实不用担心！ MMPI-2 测量的人格特征从来都不是仅仅依赖一个项目或两三个项目。相反，每一个项目仅在次级量表中占一定的权重。

你能在 MMPI-2 测试中装好或装坏吗？ 这可能做不到。MMPI-2 量表有四个设计巧妙的测谎效度量表。当你在这些效度量表中有太多不寻常的反应时，就表明你的回答有问题。下面是一些类似测谎效度量表的题目。

- 有时我会推迟明知道应该做的事情。
- 我偶尔也会传一些谣言。
- 我有时也觉得黄色笑话很好笑。

如果有太多刻意让自己显得很好或很坏的回答，会使测谎量表得分较高，答案会被认为不可信。

从科学的角度来看，有两个原因使 MMPI-2、BFI-54 和 NEO-PI 成了测量工具的典范。

1. 这些测验有很好的**信度**。这意味着随着时间的推移，测验分数仍然保持一致和稳定。所以，当一个人在不同时间完成两次测试时，两次的分数很可能差不多。事实上，任何可用的测验都必须具有良好的信度，否则测验分数将是不稳定和不可靠的。如果个体从时间 1 到时间 2 没有变化，那么其测验分数应该保持相对不变。当两次的测验分数确实发生显著变化时，就意味着在这两次测验期间有什么因素影响了个体的心理状态或功能。这就需要对个体的状况保持警惕。

2. 这些测验有良好的**效度**。这说明这些测验实际测量的确实是测验想要测量的内容，即人格特质或精神障碍征兆。例如，MMPI-2 可以可靠地识别抑郁症或精神病患者（Greene，1991）。但我们在非西方文化中使用它时必须谨慎，因为当测验被翻译成其他语言时，它的效度并不明确（Dana，1993）。此外，一些研究人员认为，一些题目可能具有文化特异性内容（Golden & Figueroa，2007）。临床医生在给美国少数族裔做人格测试时同样应该谨慎。因为在最初开发人格测验的样本中，少数族裔的代表性样本量很少（Butcher & Williams，1992；Graham，1990）。

10.6.3　评价气质理论和特质理论

有学者对气质理论和特质理论及其衍生的测验提出了一些批评。首先，这些理论给出人格的全景概况，将人格描绘成静态的固定画面，而不是随经验发展而变化的动态过程。其次，这些理论仅用几个维度描述人格，把人类复杂的本质过度简单化了。例如，如果我们发现玛丽·卡尔金斯在尽责性等特质上得分很高，但在宜人性上得分较低，那么我们会得到什么结论？虽然这样的描述可能会证实我们观察到的结果，但标签化的描述遗漏了重要的细节，即人格的深层结构。

从积极的角度看，特质理论使我们拥有能够预测平常行为的能力。例如，我们可以在工作场景中选择适合某项工作的员工，筛选出那些可能造成麻烦的人。特质理论还可以帮助我们预测哪些教授更可能接受不那么严格的截止日期，或者哪些朋友可以依赖。此外，大五人格确实预测了大多数对我们真正重要的事情，包括健康、学术成就和良好的人际关系，而且准确程度几乎可以与许多医学诊断测试相媲美（Robins，2005）。

但归根结底，特质理论仍然存在一个明显的局限：把行为标签化，但并不解释行为。例如，我们可以将随和的人的行为归结为宜人性，或者将外向人格归结为外倾性，但并不真正理解这种人格特征的源头。简而言之，特质理论确定了共同特质，但并没有告诉我们太多这些特征的来源或特质之间如何相互作用（McAdams，1992；Pervin，1985）。

最后，特质理论遇到了**自我实现预言**（self-fulfilling prophecy）的问题。当人们被赋予某种特质标签时，他们可能会受到这些标签潜在期望的影响，从而很难改变不良行为。例如，一个被贴上"羞怯"标签的儿童，可能必须同时克服标签化行为和特质。

10.7　时间人格

学习目标：
描述三种时间取向对决策的影响及其塑造的人格。

生活充满了各种各样的大决定和小决定，有琐碎的，也有意义重大的。去学习还是和朋友聚会？开车回家前是再来一杯啤酒还是叫代驾？周六玩新电子游戏还是写学期论文？从某种意义上说，你的人格是由你所有的决策及行动的总和组成的。

然而，你决策过程中的主要影响因素是什么呢？

10.7.1　时间取向如何影响决策

大多数人在做决策时有三种方式。实际上，它们与三种时间取向紧密结合。

1. 对一些人来说，最大的影响来自即时情境的刺激：感知（嗅觉、味觉、视觉、触觉）、生物性驱力（唤醒、饥饿和疲劳）和社会交互（他人的行为、言语和模仿）。这种基于即时信息输入的决策关注现在。如果这是一个人的典型特征，我们可以称之为**现在取向**（present-oriented）的人格。

2. 另一些人面临同样的决策时则会回顾过去相似的情境，并根据当时的情形决定是否重复过去行为。同样，当这种决策风格成为典型特征时，我们可以认为这个人拥有**过去取向**（past-oriented）的人格。

3. 还有些人的决策不关注现在或过去，而是考虑想象中的行动及其将来的后果。他们可以快速地进行成本收益估算，在收益大于损失时采取行动。习惯如此行事的人拥有**将来取向**（future-oriented）的人格。

这些主观的时间概念对我们的价值观、判断、决策和行为有很大的影响。时间取向是人们从童年时代的许多经历中学来的，包括文化和社会规范、教育、社会阶层、宗教、家庭和国家的稳定性，以及居住地的纬度。因此，时间取向对我们的影响是无意识的。那些最有可能形成将来时间取向的人通常受教育更多，出身于工业化国家和稳定的家庭，并且不居住在赤道附近（赤道附近的气候几乎不变，所以居住在那里人们更多地拥有现在取向）。

10.7.2　测量你的时间取向：津巴多时间观量表

这些构想可以通过一个拥有 56 道题目的量表测量，要求大学生采用 5 点量表评分判断每道题目是否符合他们的特点。量表由五种时间观因素构成，有良好的信度和很高的预测效度，被称为津巴多时间观

量 表（Zimbardo Time Penspective Inventory，ZTPI，Boyd & Zimbardo，2008；Zimbardo & Boyd，1999）。

下面是五种时间取向因素和每个因素的典型表现。

1. 将来：在今晚娱乐之前先完成明天截止的任务和其他必要的工作。
2. 现在–享乐主义：我相信和朋友聚会是生活中重要的乐趣之一。
3. 现在–宿命主义：担心未来没有意义，因为我无论如何也无能为力。
4. 过去–积极主义：我更喜欢定期进行的家庭仪式。
5. 过去–消极主义：我怀念生命中错过的美好事物。

（注：要查看自己的时间观得分，请完成ZTPI。）

在一个由200多人组成的大学生样本中，这些时间取向因素与许多标准人格测验的维度和自我报告的人格特质显著相关（见表10-3）。（如果你在思考这些相关到底有多强，那么请记住，任何人格特质与其他标准人格测验的相关系数通常是在0.2到0.3之间。）

这一切对你意味着什么？ 知道了这些因素之间的关系，你就可以把这些发现用到你自己的行为习惯上，从而了解自己目前的时间取向。例如，在"现在–宿命主义"或"过去–消极主义"上得高分是一

种风险信号，因为这些取向通常与不利的特质和经历相关。显然，学业和商业上的成功主要取决于健康的"将来取向"，但是，我们也不能为了成功而成为牺牲朋友、家庭、爱好和睡眠的书呆子或工作狂。而在你激励自己圆满完成任务时，"现在–享乐主义"是必不可少的，但如果过度，人就会变得冲动，对任何快乐之源上瘾，例如，食物、赌博、毒品、性或电子游戏。

强调将来取向时间观和尽责性之间的紧密关系也很重要。为什么呢？因为尽责性是唯一与自然死亡率直接相关的人格特质。在每个年龄段，高尽责性的人都比低尽责性的同龄人和家人至少多活两年！这一强有力的结论是一项包含六个国家9000多人的20项独立研究的元分析结果（Kern & Friedman，2008）。

尽责性和将来取向之间的这种关系其实并不神奇。如果我们注意到将来取向的学生定期进行体检和牙科检查、参加癌症筛查、保持健康饮食、系安全带、少喝酒、少抽烟，并且不做危险行为，那么这样的结果是显而易见的。你看，他们确实应该比那些没这么做的人更长寿。

但是，时间取向是一种人格特质吗？ 除了上述内容之外，我们还需要哪些信息才能回答这个问题？我们是不是可以通过五种时间取向因素与大五人格的显著相关关系来确定（Costa & Mccrae，1992a）？立陶宛的一篇学位论文做了尝试，并发现了令人惊奇的支持证据（Kairys，2010）。

这项研究测试了700多人，包括三个不同年龄段的男女群体：年轻人（18~22岁），中年（30~50岁），

表10-3 五种时间观因素与人格量表的相关

时间取向	高相关	低相关或负相关
将来	尽责性（r=.7） 一致性偏好（r=.6）	感觉寻求（r=–.4）
现在–享乐主义	新奇寻求（r=.7） 感觉寻求（r=.7）	自我控制（r=–.75） 一致性偏好（r=–.5）
现在–宿命主义	攻击性（r=.5） 焦虑（r=.5） 抑郁（r=.45）	未来结果关注（r=–.7） 自我控制（r=–.4）
过去–积极主义	幸福感（r=.4） 自尊（r=.3）	特质焦虑（r=–.3）
过去–消极主义	焦虑（r=.75） 抑郁（r=.7） 攻击（r=.6）	自尊（r=–.6） 情绪稳定性（r=–.6）

表10-4 时间观和大五人格的具体关系

大五人格	关系	时间取向 （TP）
尽责性	正相关	将来取向
开放性和外倾性	正相关	现在–享乐主义
尽责性	显著负相关	现在–享乐主义
神经质	正相关	现在–宿命主义
外倾性和宜人性	显著正相关	过去–积极主义
神经质	正相关	过去–消极主义
外倾性和尽责性	负相关	过去–消极主义

老年人（60岁以上），研究结论适用于欧洲国家跨年龄和性别的大样本。结果表明，时间取向与大五人格特质高度相关。因此，"时间取向应该属于人格特质的范畴"（Kairys，2010，pp.27、28）。

那么，时间取向和大五人格的具体关系是怎样的呢？

值得注意的是，尽管"现在－享乐主义"随着年龄的增长而减少，但时间取向因素与人格特质之间的关系不存在年龄差异。随着时间的推移，人们的时间观取向相对稳定。在后续的研究和分析中，凯瑞斯和利尼奥斯凯特（Kairys & Liniauskaite，2015）得到了高度一致的结果。

最后，一些学者提出，如果某些时间取向因素的组合反映了时间观的平衡，那么它就能够比现有的任何人格特质测量工具更好地预测一系列行为。这种时间观的平衡指高过去－积极主义、中等偏高的将来取向、中等的现在－享乐主义、低水平的现在－宿命主义和过去－消极主义。如果其他研究证实了时间视角在将个人与一系列行为联系起来方面的预测能力，那么时间取向可以被看作人类人格的核心过程（Muro et al.，2014；Usart & Romero，2014；Zhang & Howell，2014）。

我们希望你能更深入地思考你的时间取向以及你的行为是否受到你的无意识想法的影响。一旦你意识到这一点，你就可以尝试采用更理想的时间取向，这使你能够根据生活情境的需求灵活地转换时间取向。另一种选择是成为时间的奴隶，困在过去，囿于未来的超负荷，或者沉迷于当下的无所事事。我们的建议是你可以及时行乐，但那是在通过考试之后。

心理学很有用　• • •

作为人格和幸福核心的积极性

几个世纪以来，学者们一直在寻找开启人类人格复杂性之门的钥匙，包括体液、气质、特质、类型和个人档案，以及各种类型的测量工具。来自罗马的一个意大利研究团队认为，他们发现了神奇的钥匙，即可以通过"积极性"的概念简化人格核心。他们认为这是人类最佳机能和幸福的核心（Caprara & Alessandri，2014）。但是，什么是积极性呢？我们仔细看看这个有趣的新概念，已经有研究证明它与主观幸福感的许多决定性因素有着重要关系，而且似乎包含遗传因素。

积极性（Positivity）被定义为一个人对自我、生活和未来的积极评价。在所有的基本人格特质中，对生活经历采取积极态度的这种倾向，可以使人更珍视自己和他人的生活。尽管人类的存在是脆弱的，但这是一个事实。这个事实可以使我们能够通过自律、能力和社会联系来努力实现自我。这种基本的特质能使我们以积极的态度评价所有的生活经历，是我们成长、绽放，应对逆境、失败和损失，以及在面对衰老和死亡时继续热爱生活所必需的。

越来越多的研究（包括双生子研究和跨文化研究）发现积极性是一个核心的性格特征，包括情感和认知成分（Caprara et al.，2012；Fagnani et al.，2014）。因此，它提倡一种对生活和体验的态度，这种态度广泛地影响着个人与自身和外部世界的关系。免疫学和脑成像研究的发现进一步证实了这一假设，即这种性格是我们心理禀赋的一个基本组成部分（Alessandri et al.，2015）。最近，许多研究也证实了它对许多领域的最优功能的影响：促进支持性人际关系，提高工作绩效和成就，缓解严重疾病的不良后果（Caprara & Alessandri，2014；Livi et al.，2015）。因此，积极性可以作为生命本能的隐喻，因为它是服务于我们提升生活质量的一种强大力量。

关键问题：

心理过程如何塑造我们的人格

核心概念 10.3

尽管每一种人格过程理论都强调人格发展过程中的不同塑造力量，但是也都会把人格描述为内部心理过程和社会交互的结果。

本部分导读：

10.8　比较各种人格的心理动力学理论。

10.9　考察不同人本主义理论对人格的理解。

10.10　将坚韧性的概念与人格存在主义理论联系起来。

10.11　评价社会认知理论对理解人格的贡献。

10.12　回顾理解人格的三个重要新趋势。

在本章后续部分，我们将以玛丽·卡尔金斯的个案研究作为范例来阐释各种人格理论。要理解卡尔金斯人格特质背后的心理力量，我们必须借助那些探究塑造人格的心理过程的人格理论。换句话说，我们必须超越我们之前介绍的静态特质、类型和气质等简单的标签，尝试理解人格是如何发展的。我们将介绍四种"过程"理论：心理动力学理论、人本主义理论、存在主义理论和社会认知理论。这些理论有什么共同点呢？请参考本阶段的核心概念：

尽管每一种人格过程理论都强调人格发展过程中的不同塑造力量，但是也都会把人格描述为内部心理过程和社会交互的结果。

虽然本节介绍的四种理论有一些共同点，但每一种理论强调的重点都是不同特质的组合。

1. **心理动力学理论**（psychodynamic theory）关注无意识动机和过去的经验（特别是童年早期经验）对心理健康的影响。

2. **人本主义理论**（humanistic theory）强调意识和我们对当前现实的主观看法：哪些是当下重要并能帮助我们成为最好的自己的天赋，以及如何看待自己与他人的关系。

3. **存在主义理论**（existential theory）试图把现在和理想未来联系起来，寻找个体存在的意义及生活的目标和意义。

4. **社会认知理论**（social-cognitive theory）关注学习、感知和社会互动对我们当前行为的综合影响，无论是好的还是坏的。

10.8　心理动力学理论：强调动机和精神障碍

学习目标：

比较各种人格的心理动力学理论。

心理动力学理论起源于 19 世纪晚期一个被称为**癔症**（hysteria）的医学难题，现在被称为**转换障碍**（conversion disorder）。对于这种障碍的患者，医生会观察到一系列躯体症状，如肌肉无力、部分身体失去知觉，甚至瘫痪，但没有明显的生理原因（如神经损伤）。直到法国医生让·沙尔科（Jean Charcot）通过催眠使癔症症状消失时，人们才终于清楚了解了癔症的心理本质。

10.8.1　弗洛伊德和精神分析

听说了沙尔科的工作后，好奇的年轻医生西格蒙德·弗洛伊德（Sigmund Freud，1856—1939）来到巴黎近距离地观察沙尔科著名的催眠演示。深受鼓舞的弗洛伊德回到了维也纳，决心在自己的病人身上尝试催眠疗法。但令弗洛伊德博士沮丧的是，他发现自己无法对许多人进行足够深度的催眠以复制沙尔科的结果。他不知道人们对催眠的感受性有很大不同，即每个人接受催眠师暗示的能力是有差别的。此外，即使是那些在催眠状态下症状消失的人，通常也会在催眠状态解除后恢复症状。最后，沮丧的弗洛伊德决定寻找别的方法来理解和治疗这种神秘的疾病。其结果是发展出第一个全面的人格理论，并且这个理论至今仍是所有其他理论用来比较的一个标准。

弗洛伊德创造的新方法被称为**精神分析**（psychoanalysis）或**精神分析理论**（psychoanalytic theory）。从技术上讲，精神分析理论是弗洛伊德解释人格和精神障碍的术语，而精神分析指的是他治疗精神障碍的系统方法。然而，在实践中，我们一直很难将弗洛伊德的理论和治疗方法分开。因此，**精神分析**这个术语经常被用来指代精神分析理论，也被用来表示精神分析方法（Carver & Scheier，2008）。

当学习弗洛伊德的理论时你会发现，有些观点你同意，但有些观点你不赞成。我们建议你保留批判性思维，但同时保持对弗洛伊德的尊重，尊重他在 100 多年前作为第一个全面人格解释者的创举。在人格、人类发展和精神障碍等方面，他的理论确实是最伟大的理论。

弗洛伊德的无意识　无意识（unconscious）是弗洛伊德人格理论的核心。他认为无意识中满是强大的冲动、本能、动机和冲突等内心隐藏的人格驱动力。弗洛伊德说，正常情况下我们不会意识到这一隐藏的精神领域，因为无意识内容太具威胁性且令人焦虑，以至于我们的意识拒绝承认它的存在。即使是最健康的人也是如此。只有使用特殊的精神分析技术，治疗师才能发现这些无意识内容。例如，一个在童年经历过创伤事件的成年人仍然在无意识中保留着这些令人厌恶的记忆。这些记忆可能是性侵犯事件、暴力事件、丧失重要的人或物，以及遭遇致命的事故或自然灾害。当这些记忆试图逃脱无意识状态时，我们才会发现它们。它们可能会伪装成梦境或口误，或者成为精神障碍症状（如抑郁症或恐怖症）。所以，无论精神是否健康，弗洛伊德都坚持认为，我们总在忙于日常事务，从未觉察某些行为背后隐藏的真正动机。

无意识的内驱力和本能　弗洛伊德告诉我们，无意识中混乱的过程是由我们最基本而隐秘的动机、内驱力和欲望的心理能量所驱动的，类似于精神锅炉里的蒸汽。精神分析理论解释了这种无意识的精神"蒸汽"是如何在我们有意识的思想和行为中以伪装的形式转化和表达出来的。例如，无意识的性冲动（弗洛伊德以希腊充满激情的爱神厄洛斯命名）可以通过性行为直接表达，也可以通过玩笑、工作或创造性追求等间接释放。也许你从未把跳舞、绘画、烹饪、学习或健身等活动视为性行为，但弗洛伊德却认为这些也可能是性行为的一种间接表达！他把厄洛斯产生的能量称为**力比多**（libido）。这个词来自拉丁语，意思是"欲望"。反过来，作为一种原始的生命力量，性欲能量为其他人格成分提供了能量。

但是，厄洛斯和它的力比多能量并不能完全解释弗洛伊德感兴趣的所有问题。具体来说，它没有解释人类的攻击和破坏行为。它也没有解释那些在噩梦和幻觉中不断重复体验战时创伤的退伍军人的症状。这种痛苦只能用另一种驱力来解释，他将这种驱力命名为**桑纳托斯**（Thanatos，来自希腊语中的"死亡"一词）。弗洛伊德认为，桑纳托斯是一种无意识的"死亡本能"，它驱动着人类对他人，甚至自己的攻击性和破坏性行为（你可以想想吸烟、强迫性赌博、莽撞驾驶或滥用毒品）。

正常人格的结构　弗洛伊德把人格描绘成由自我、本我和超我的力量组成的三重结构，并且这三种力量一直持续地相互发生冲突。他认为，本我的性驱力和攻击性驱力与超我的道德力量一直在持续发生冲突，而现实的自我则是这场冲突的调停者。

弗洛伊德认为，**本我**（id）是一个原始的、无意识的仓库，容纳了我们的基本动机、驱力和本能的欲望（包括性和死亡），是人格三重结构的力量源泉。本我像小孩一样，总是冲动行事，追求即时的满足（特别是性、生理和情感上的愉悦），不考虑后果。

相比之下，**超我**（superego）像父母（生活在我们内心中的虚拟"父母"），负责从父母、教师、其他权威人物和社会中汲取价值观和道德。超我大致对应我们对"良心"的一般概念。当孩子在父母和其他成年人施加的外部规则的基础上形成一套内部规则时，就会形成超我。它是"应该"和"不应该"的内部声音。超我还包括理想自我，即一个人对自己应该努力成为什么样的人的看法。因而我们能够理解，超我经常反对本我的欲望，因为本我只想做感觉良好的事情，而超我坚持做正确和符合道德的事情。超我成为我们的良心，是我们的道德指南针。因此，当我们遵循它时，我们的自我意识就会增强，社会也会更加诚实地运转。

在本我与超我的频繁冲突中，理性和逻辑驱动的**自我**（ego）扮演了裁判的角色。一个完善的自我可以提供一个在某种程度上同时满足两者的解决方案，来解决本我的自私欲望和超我的道德目标之间的冲突。例如，被公认为礼仪典范的美国前总统吉米·卡特（Jimmy Carter）就因为在接受《花花公子》（Playboy）杂志采访时的坦白而惹上了麻烦。他坦白说："我对很多女性都有欲望，曾在心里多次对她们进行性幻想。"用弗洛伊德的说法，"性幻想"是他的自我在不越过超我界限和道德规范的情况下部分满足本我的方式。当你的本我想逃课去享受阳光，而你的超我却担心成绩下滑时，你的自我可能会为你的内心冲突提供类似的解决方案。在这种情况下，你的自我会做出怎样的妥协呢？在极端情况下，当压力大到自我无法在重大冲突中找到可行的妥协方案时，超我就无法应对新环境的挑战，这可能会导致精神问题（见图10-5）。

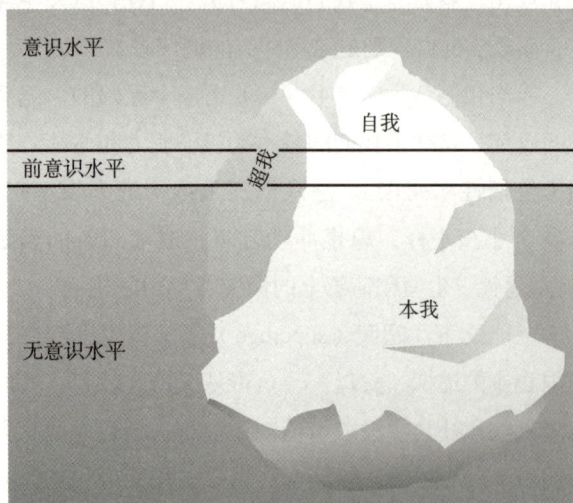

图10-5　弗洛伊德的心理模型

注：在另一个著名的比喻中，弗洛伊德把心灵比作一座冰山，只有一小部分出现在意识的"表面"上。同时，大量的无意识潜伏在我们意识的"表面之下"。

精神决定论　精神分析师认为，不存在任何不能解释的东西。根据精神决定论的原则，人类所有的行为都是由我们的心理状态（如无意识的记忆、欲望和冲突）决定的。偶然和巧合在弗洛伊德的字典里是不存在的。你的感受不可避免地会通过你的行为无意识地流露出来，你控制不住。例如，你去上不喜欢的课时会迟到，或者你会拖延和不喜欢的人的会面，你忘记了某个人的生日，或者你说"见到你我很难过，哦，对不起，我的意思是见到你我很高兴"，等等。

因此，对弗洛伊德学派的精神分析师来说，一个人所做的每一件事都有潜在的深层心理意义。在治疗中，恐惧和恐怖症等心理症状都是被发现和需要解决的无意识难题的表现。同样，当下意识的言语或行为掩盖内心真实的冲突或欲望时，精神分析师也可能在所谓的弗洛伊德式口误中捕捉到无意识。美国前总统乔治·布什尤其以口误著名。当他想要描述自己的家乡得克萨斯州米德兰多的繁荣时，他说："真像是喝醉了。"这当然是一个口误，因为布什当时是酒鬼。民主党人也这么做过，泰德·肯尼迪（Ted Kennedy）曾经在一次演讲中想说"最好的和最聪明的"（best and brightest）时，却喊出了"乳房"（breasts）。特别是当他的双手同时做出捧起的动作时，这个口误更加显而易见了！（必须补充的是，那些口误并非一定反映了我们的真实意图。现在的认知心理学家认为，大多数口误都是由于我们负责语言的大脑机制产生了混乱，因此可能与真实的意图没有关系。然而，一些研究也表明，在高焦虑情境下，我们有时会脱口而出我们试图控制的想法。）

早期经验对人格发展的影响　当弗洛伊德与他的病人谈论他们的经历时，他开始理解在童年到成年期间人格遵循某种发展模式。他提出，不断出现的性冲动和攻击性冲动促使儿童经历了一系列性心理阶段（psychosexual stage）。在每个阶段，对身体特定部位的刺激都与性快感相关。

1. **口唇期**（oral stage），快乐体验集中在嘴部：哺乳、哭泣、呕吐。

2. **肛门期**（anal stage），快感来自身体排泄部位的刺激（这也解释了为什么小孩子会从"狗屎"之类的脏话中获得快乐）。

3. **性器期**（phallic stage），快感来自"不成熟"的性表达，例如，手淫。

4. 在安静的**潜伏期**（latercy stage）后，成年**生殖期**（genital stage）给那些有幸解决早期阶段冲突的人带来了成熟和心理健康。

为什么会有这样一个奇怪的儿童发展理论？　在弗洛伊德的性心理发展理论中，性别认同和性别角色是他试图解决的问题之一。他想知道，为什么男孩通常会形成男性身份，尽管大多数男孩主要是由母亲抚养长大的？为什么男孩和女孩在长大成人后，会对异性产生性吸引？为什么有些人不属于这种发展模式？

弗洛伊德对这些问题的回答很令人费解。许多心理学家会说，这是为了附和他的个人观点。他的心理动力学观点不仅忽略了男孩和女孩因社会化方式的不同所带来的外部影响，也忽略了基因差异的可能性，而在弗洛伊德的时代人们对此几乎一无所知。对于男孩来说，他的解释是**俄狄浦斯情结**（Oedipus complex）。这是一种无意识的冲突，驱使男孩对母亲产生一种不成熟的情爱吸引。例如，你可能听过小男孩说，长大后要和妈妈结婚。随着男孩渡过性心理发展阶段，俄狄浦斯情结冲突的解决需要他将性欲望对象从母亲身上**转移**到同龄女性身上。与此同时，他对父亲产生了认同感。弗洛伊德以一种类似的方式提出了女孩性心理发展理论。父亲对女孩产生了吸引力，因此女孩与母亲争夺父亲的爱。这种女孩的无意识冲

弗洛伊德认为，在性器期，孩子必须通过与同性父母更密切的联系来解决冲突和焦虑。

突被称为**厄勒克特拉情结**（Electra complex），也是根据另一个重要的希腊神话人物命名的。

由于缺乏科学支持，今天大多数心理学家都反对弗洛伊德关于性心理发展的这些假设。然而，我们有必要记住三件事。首先，我们仍然没有完全理解性吸引是如何起作用的。并且，最近美国开始接受同性恋和变性人的生活方式，这鼓励我们对性的本质进行更多的新研究。其次，尽管弗洛伊德关于性心理发展的概念看起来很奇怪，但它在心理学之外仍然有着广泛的影响，尤其是文学领域和法国当前的心理学领域。最后，虽然弗洛伊德关于性心理发展细节的观点可能是错误的，但他关于儿童在各个发展阶段都会取得进步的观点是正确的（Bower，1998b）。这是许多发展心理学家的核心研究主题。

自我防御　弗洛伊德提出，在处理本我冲动和超我道德之间的冲突时，自我常常依赖于**自我防御机制**（ego defense mechanisms）。他说，所有这些都在**前意识**（preconscious）水平上起作用，以减少内部冲突引起的焦虑。在来自本我的轻微压力下，我们可能会采用简单的自我防御，比如幻想（fantasy，如前述的卡特总统的例子）或合理化（rationalization）。但如果无意识的欲望持续不停，自我可能会通过压抑本我来减少后续焦虑。也就是说，将极端的欲望或威胁性记忆隐藏在无意识深处。弗洛伊德称之为"**压抑**"（repression），并认为它是所有自我防御机制的核心。压抑是许多其他防御机制的基础，这些机制通过扭曲的行为和感知来掩饰我们的真实感受。它会导致不正常的性关系，如果某些人与我们被压抑的或恐惧的目标相似，也会导致我们无法公开地与这些人相处。

压抑会阻断我们的情感和记忆。因此，儿童可能会压抑对父亲的强烈愤怒情绪，因为如果表现出愤怒，可能会招致严厉的惩罚。同样，男孩会抑制他们对母亲的俄狄浦斯情结。一旦被压抑，这种情感或欲望就不会再被意识到。但是，弗洛伊德说，其实它并没有消失。在无意识的层面，被压抑的情感、欲望和记忆会继续对行为产生影响，但将以不那么直接的方式，也许是伪装成梦、幻想或精神障碍症状。

作为人类行为的敏锐观察者，弗洛伊德还提出了除幻想、合理化和压抑之外的许多自我防御机制。以下是一些最重要的自我防御机制。

- **否认**（denial）："我没问题。"这种防御通过简单地否认问题的存在来避免困难的情境。例如，有酗酒问题的人、无法控制愤怒的人，以及做出一些危险行为的人（如无保护措施的性行为）经常会采用否认的自我防御。

- **合理化**（rationalization）：一个感到学业压力大的学生可能会在考试中作弊，并且他会辩解说："我以前从未作过弊，这次是由于我病得太严重，没法学习。"使用这种防御机制的人会为不被社会接受的行为寻找社会可接受的理由。

- **反向形成**（reaction formation）：反向形成主要见于与自己的无意识欲望不一致的人身上。例如，因自己的同性恋倾向而受到困扰的人，会公开反对同性婚姻，或者通过同时与许多异性约会来证明自己是异性恋者。通过不断地向自己证明无意识欲望并不存在，可以帮助人们远离焦虑。反向形成并不只见于与性相关的行为。一个讨厌领导的人可能对老板非常好，这本质上是通过展示自己喜欢领导来解决本我和超我的冲突（本我可能伤害领导，超我说伤害他人是错误的，领导也是工资的来源）。值得注意的是，个体很难自己识别出这种防御机制。

- **转移**（displacement）：当领导惹你生气时，你可能会通过对家人大喊大叫或朝墙上扔东西来转移你的愤怒。路怒症是另一个常见的转移的例子。从广义上说，转移指的是将你的反应从真正的痛苦源头转移到更安全的个人或物体上。

- **退行**（regression）：在压力下，有些人会躲藏；有些人会大哭、发脾气，甚至尿裤子。他们会退回到较早的发展阶段，表现出不成熟的、幼稚的行为。而这些行为是他们小时候应对压力的有效方式。

- **升华**（sublimation）：当性冲动或其他不可接受的冲动被抑制时，人们可能会通过激烈的创造性活动、运动或过度的工作来寻求更能被接受的发泄途径。例如，如果你在性方面感到沮丧或愤怒，可能会去健身房锻炼、写日记或打扫房间，将你的能量引导到基本积极的方向上。弗洛伊德推测升华是一些文明进步的主要原因。

- **投射**（projection）：当某些个人态度或价值观不能被自身完全接受或承认时，其会被指向外部，被视为他人的特征。因此，情侣关系中的一方如果被第三方吸引，可能会指责另一方出轨。又例如，有些人不能接受自己对某些外部群体怀有偏见，就认为其他人是有偏见的，是性别歧视者或种族主义者。从广义上说，人们可能会用投射将自己无意识的欲望和恐惧归咎于他人或某些物体。

投射的概念推动了投射测验的发展，在临床心理学中被广泛用于评估人格和精神障碍。现在让我们来介绍一下临床心理学家用来揭示隐藏人格的投射技术。

投射测验：基于防御机制的诊断

你在图 10-6 中看到了什么？昆虫的头？大脑的核磁共振扫描影像？还是其他内容？诸如此类的意义模糊的图像是投射测验的基础，心理动力学派的临床医生用它们探查患者的内心感受、动机、冲突和欲望。投射测验的假设是，有问题的人会把他们隐藏的动机和冲突投射到这些图像上，就像人们在凝视云朵时可能会在云朵上看到他们想象的物体一样。

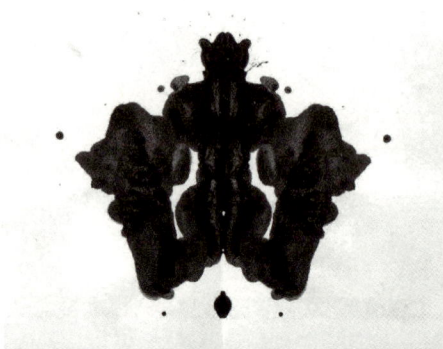

图 10-6　类似于罗夏墨迹测验中使用的墨迹

在最著名的投射测验**罗夏墨迹测验**（Rorschach Inkblot Techniqne）中，测验材料仅仅是对称的墨迹（就像图 10-6 所示的那样）。该测验要求研究人员每次展示一幅图像，并问被试："你看到了什么？这是什么？"研究人员通常用精神分析法来解释被试的反应，在一系列反应中寻找潜在的反应模式，关注其反映出来的无意识的性冲动和攻击性冲动或被压抑的冲突（Erdberg，1990）。

罗夏墨迹测验的效果如何？客观研究的结果表明，它在测量人格的个体差异时缺乏一致性和准确性，这很令人失望（Lilienfeld et al.，2010）。批评者还声称，测验的基础是一些不可能被客观验证的概念（如无意识动机）。尽管存在这些批评，但许多临床医生仍然支持罗夏墨迹测验，认为它可以为更广泛的人格评估提供独特的见解（Hibbard，2003）。

相比之下，由哈佛大学心理学家亨利·默里（Henry Murray）编制的**主题统觉测验**（Thematic Apperation Test，TAT）是一种更具科学性的投射测验，尤其是在评估成就动机方面。测验材料由类似图 10-7 的意义模糊的图片组成。被试被要求据此生成一个故事，告知主试图片场景中的人物在做什么，想什么（现在视角），每个事件的原因（过去视角），以及每个事件如何结束（未来视角）。

根据 TAT 的投射假设，被试要先理解图片中的元素，然后根据自己的想法、感受、记忆和需求**统觉**（投射）个人的解释。然后，主试通过解读涉及的心理主题来解释这些反应，例如，攻击性、性需求、成就动机，以及故事中的人物关系。

图 10-7　主题统觉测验（TAT）

注：请花点时间看看这三张图片，然后对每一张图片做一个简短的描述。

写一写

主题统觉测验

用两种方式描述主题统觉测验中的图像。第一，想象你刚刚获知一些好消息，例如，你赢得了令你高兴的奖品。第二，对同一幅图像，想象你刚刚被一个好朋友拒绝了，或者在一次重要的考试中失败了。

10.8.2　对弗洛伊德的评价

无论你对弗洛伊德有什么看法，你都必须承认他或许提出了第一个最全面的人格、精神障碍和心理治疗理论。他提出精神分析理论的时候，我们还不了解遗传学和神经递质，大多数精神障碍还没有特别有效的治疗方法，我们也不了解性别认同或性发展的影响因素。他的著作是如此深刻，他的论点是如此令人信服，以至于在人格和精神障碍的理解上，他比任何其他理论家都更具有影响力。他给我们带来了**无意识、发展阶段、防御机制**的概念，以及行为（甚至包括梦）可能有隐藏意义的观点。此外，在任何提及性都是禁忌的维多利亚时代，他使性问题成为个人发展和精神障碍的中心主题。即使许多心理学家曾经大力反对弗洛伊德的观点，作为人类行为史上最敏锐的观察者，弗洛伊德仍不断获得新的支持（Solms，2004）。他一次又一次地从小事中挖掘出重要的前因后果。就像夏洛克·福尔摩斯是著名的凶案侦探一样，弗洛伊德就像一名精神侦探。几乎每个人都会同意，人们确实会转移自己的攻击性，合理化自己的行为，并且更容易在别人身上看到自己的缺点。

不科学的弗洛伊德　然而，对弗洛伊德的评价仍然褒贬不一（Azar，1997；McCullough，2001）。最大的问题是，他的许多概念，如"力比多""肛门期"或"压抑"，都是模糊不清的，缺乏清晰的**操作性定义**（operational definitions）。这一问题最广为人知的例证之一是关于"恢复"被压抑的童年性虐待记忆的争议。目前没有可信的、可证实的独立证据（通常也不存在）能确定恢复的记忆是真的被压抑了，并且无法排除其是否是由于治疗师、社会工作者或者媒体报道的暗示而被植入的。这些困境使得精神分析理论难以得到科学的评价[①]。

弗洛伊德的坚定拥护者德鲁·韦斯顿（Drew Westen，1998）认为，尽管弗洛伊德从未在意过建立详细的科学案例的问题，但批评者在这一点上的批评可能过于严苛了。韦斯顿说，研究人员已经证实了弗洛伊德的许多基本见解。下面是其中几个已被确认的概念。

- 许多心理过程都是无意识的（虽然无意识的过程不一定完全按照弗洛伊德所设想的工作）。
- 人们可以拥有由相互矛盾的动机（有些是有意识的，有些是无意识的）引起的内在冲突，并且同时被驱动做出相互冲突的行为。
- 稳定的人格模式确实从童年时期就开始形成了，部分是由于童年经历，有时是好的影响，有时是坏的影响。

此外，在弗洛伊德诞辰150周年之际，一篇有关弗洛伊德影响力的评述表明，弗洛伊德的理论正在神经科学家的关注下重新焕发生机！

"他们发现，如果把弗洛伊德一个世纪前提出的心理学理论整合进来，可能最适合对大脑进行生物学描述。"（Solms，2006）

持这种观点的一些科学家正在使用现代神经成像技术来研究弗洛伊德的一些最基本的原则：梦代表未实现的愿望、弗洛伊德的三个心理结构都有神经元基础，而且弗洛伊德的谈话疗法实际上改变了大脑神经元的物理网络（Ayan，2006）。

回溯过去但不能预测未来　第二种批评认为，弗洛伊德理论对过去的解释很引人注目，但不能预测未来的反应。也就是说，这可能只是一个**后见偏差**（hindsight bias）的例子。由于过分强调童年时期的行为起源，精神分析可能忽略了当前生活中的应激源，从而使问题复杂化；而这些应激源可能是精神和行为问题的真正原因。

性别问题　第三种批评指责弗洛伊德轻视女性。尤其令人不满的是，他将女性描绘成不可避免地会产生"阴茎嫉妒"（他认为女性一生中都在无意识地弥补自己的"生理缺陷"）。一个更好的解释是，弗洛伊德的理论只是把他自己的态度和早期男性中心主义的态度投射到女性身上。他无法解释当今时代女性几乎在所有学术领域都表现出色，而男性却表现较差的事实。

无意识的新观点　还有一种批评认为，无意识并不像弗洛伊德所认为的那样难以控制（Loftus & Klinger，1992）。从神经科学的情绪研究中得出的新观点来看，大脑有并行的意识通路和无意识通路。无意识通路可以快速地检测到诱发情绪的刺激（想象一下在黑暗的街道上模糊的人影向你靠近时你的"本能"反应），而意识通路下的行为更有目的性和逻辑性（你对自己说，"好吧，保持冷静，行为自然，也许他并不会感觉到你的恐惧"）。这种无意识情绪加工系统的新观点比弗洛伊德想象的无意识（充满愤怒的性欲望和毁灭性死亡愿望）要少了许多恶意和混乱（LeDoux，1996）。

---

①　因为弗洛伊德的许多观点是不可检验的，他的精神分析理论不是真正的科学理论。尽管如此，它仍被称为一种理论，因为它是对人格和精神障碍的一个全面的解释。然而，应该指出的是，人们正在努力探究弗洛伊德的概念的科学基础（Cramer，2000）。

弗洛伊德在心理学之外的影响力 尽管有这些批评意见，弗洛伊德的思想还是受到了大众的普遍认可（Adler，2006）。他的吸引力很大程度上归功于他优美的文笔和对性问题的强调。正如弗洛伊德所知，这是每个人都感兴趣的话题！因此，20 世纪的艺术和文学作品中出现了大量弗洛伊德理论的形象和符号。他的想法也对市场营销产生了巨大的影响。例如，广告商通过将产品与性感模特联系起来，暗示产品将给其所有者带来性满足。他们还利用弗洛伊德的破坏性本能，提醒我们幸福生活面临的威胁（社会排斥、不规范、英年早逝等），然后提供产品和服务以减少我们的焦虑，使我们重拾希望。

汽车的性感销售广告，实际上在西方文化中，所有东西都可以和性感模特关联起来。

这类广告主题利用弗洛伊德的概念并非偶然。弗洛伊德的侄子爱德华·伯奈斯（Edward Bernays）被认为是现代公共关系学的先驱，是他最初将弗洛伊德的概念用于公共宣传，使用各种技巧吸引并引导公众注意的。

"如果我们理解了群体思维的机制和动机，"他写道，"不就可以在群体不知情的情况下，根据我们的意愿来控制和组织群体吗？最近（第一次世界大战中）的宣传实践证明，至少在某些范围内和某种程度上，这是可能的。"（Bernays，1928）伯奈斯把这种操纵舆论的技术称为"民意操纵法"。

1923 年，他写了一本后来成为公共关系学经典的著作，名为《掌控舆论》（*Crystallizing Public Opinion*）。

弗洛伊德会怎样看待玛丽·卡尔金斯？ 让我们看看弗洛伊德的人格理论是否能帮助我们从新的视角理解玛丽·卡尔金斯，并以此结束我们对弗洛伊德的讨论。精神分析师在解释卡尔金斯的使命感及与体制抗争的意愿时，会先从她的童年经历中去寻找可能塑造其性格的那些经历。

卡尔金斯一家人关系特别亲密（Furumoto，1979）。玛丽的母亲夏洛特·卡尔金斯（Charlotte Calkins）的健康状况不断恶化，所以玛丽作为长女承担了许多家务。根据弗洛伊德的观点，即女孩与母亲争夺父亲的关注，这是一个特别有趣的发展经历。玛丽的父亲叫沃尔科特·卡尔金斯（Wolcott Calkins），是公理会牧师。他非常重视教育，在当时女性教育还不受重视的情况下他亲自辅导玛丽。玛丽可能从与父亲的亲密关系中感受到了性吸引，这些性吸引升华为她一生都对工作充满着热情。

另一件决定性事件是她妹妹的死，这使玛丽极为痛苦。从弗洛伊德的观点来看，妹妹的死可能在无意识中引发了**手足争宠**（sibling rivalry）的情感冲突。她的本我可能会因为妹妹失败而感到满足，而她的超我则会因为失去妹妹而感到悲伤。精神分析师还可能认为，卡尔金斯升华了她必须承担母亲角色以及在职业生涯中忍受性别歧视而产生的愤怒。当然，就像精神分析通常所做的那样，这些猜测既无法被证实，也不能被证伪，都是后见之明。

10.8.3 新弗洛伊德主义

弗洛伊德一直是一个富有争议和充满魅力的人物，这也正是他喜欢宣扬的形象（Sulloway，1992）。虽然弗洛伊德吸引了许多追随者，但他却不能容忍任何追随者对精神分析基本原理的批评。因此，就像叛逆的孩子一样，几个同样意志坚定的追随者离开了弗洛伊德，建立了自己的人格、精神障碍和治疗体系。虽然这些**新弗洛伊德主义**（neo-Freudian）在某些方面背离了弗洛伊德的理论，但它们仍然保留了心理动力学理论的视角。也就是说，它们保留了弗洛伊德的观点，认为人格是一种由无意识能量驱动的过程，但它们对塑造人格的几种无意识动机持不同意见。你也可以在这些有争议的问题上坚持自己的立场：

- 我们的动机主要是性驱力还是社会性动机？
- 它们是有意识的还是无意识的？
- 人格是由过去发生的事件决定的，还是由我们未来的目标决定的？

让我们看看这些新弗洛伊德主义开拓的一些不同方法。

卡尔·荣格：拓展无意识　弗洛伊德有许多追随者，但没有人比卡尔·荣格（Carl Jung）更著名了。他是 20 世纪前 10 年里帮助弗洛伊德发展和完善精神分析理论的核心成员之一。弗洛伊德曾经把年轻的荣格视为他的接班人。但是，荣格也在发展自己的理论，并且他越来越无法容忍弗洛伊德的家长式态度（Carver & Scheier，2008）。最终，这种人格冲突（弗洛伊德解释为荣格想要篡夺父亲权威的无意识愿望）导致他们的关系决裂。

对于荣格来说，与弗洛伊德的分歧集中在两个问题上。一方面，荣格认为他的老师过于强调性冲动，忽略了其他无意识的需要和欲望，而这正是荣格的人格理论的核心。尤其是他相信精神性（spirituality）是人类的基本动机，与性冲动同等重要。另一方面，他

荣格理论的原型在艺术作品、文学和电影中比比皆是。这张照片体现了魔术师的原型。美洲原住民传说中的土狼和亚瑟王传说中的梅林同样是原型。

还对无意识的结构提出了质疑。荣格对无意识的新视角和拓展是其最著名的创新。

集体无意识　荣格引入了二元无意识代替了弗洛伊德的本我，包括个体无意识（personal unconscious）和集体无意识（collective unconscious）。荣格理论中的个体无意识在本质上与弗洛伊德理论的本我大致相同，但集体无意识却是另一回事，完全是荣格理论的创新。他认为，集体无意识保留了全世界人类共有的本能 "记忆"，就像人类拥有共同的基因密码一样。这些集体记忆将无数代人的人类历史联系在一起，形成了原始意象。这些原始意象在世界各地的艺术作品、文学和民间故事中会作为一种原型（archetypes）反复出现（Jung，1936/1959）。

对于荣格来说，精神障碍的原因不仅包括个体无意识中被压抑的创伤和冲突，也包括我们集体无意识中因难以接受而不能承认的原型。

在这些原型记忆中，荣格提出了**男性意象**（animus）和**女性意象**（anima），代表了我们人格中的男性化和女性化两方面。其他原型包括母亲、父亲、出生、死亡、英雄、骗子、上帝和自我的一般性概念。在自我的阴暗面隐藏着阴影原型，代表着破坏性和侵略性的倾向（类似于弗洛伊德的死神桑纳托斯），这是我们不愿承认的人格。当你感到愤怒、敌对、嫉妒或猜疑时，你就能发觉自己的阴影原型出现了。

平衡的重要性　荣格的对立原则将每种人格描述为对立倾向之间的平衡，如男性化和女性化。他提出的最著名的对立倾向是**外倾性**（extraversion）和**内倾性**（introversion）。外向者将注意指向外部，关注他们周围的人和事，而内向者则专注于自己内心的想法和感受。因此，外倾者与他人和外部事件的关系比他们与自己内在需求的关系更合拍。他们倾向于外向，不受自我意识的影响。相反，内倾者专注于内在体验即自己的想法和感受，这让他们看起来更羞怯、更不善交际。然而，由于他们的内在专注性，他们比外倾者更清楚自己的想法和感受。根据荣格的说法，健康的人格在这些对立的倾向之间保持着平衡，尽管很少有人能在所有人格倾向之间保持完美的平衡。相反，其

中某个倾向占主导地位，就产生了人格类型或人格模式的概念。这是个体人格中持久的基本面（Fadiman & Frager，2001）。

对荣格的评价　与弗洛伊德一样，荣格的影响在心理学之外更加明显，特别是在文学和大众媒体上。然而，荣格在三个方面对心理学产生了重大影响。

1. 他挑战了弗洛伊德，从而为一大批新人格理论开了先河。

2. 他关于人格类型的概念，特别是内倾性和外倾性的概念，使他不仅是一个心理动力学理论家，而且也是气质/特质/类型理论的中坚人物。

3. 他对精神性的关注现在引起了更多人的共鸣，尤其是牧师。

荣格的理论能给我们提供理解玛丽·卡尔金斯的新视角吗？你怎么认为？

荣格可能会认为卡尔金斯在男权时代中所取得成功的决心是由她本性中男性化和女性化（即男性意象和女性意象）的冲突激发的。另一个可能的解释是由于玛丽母亲的身体状况不好，她不得不放弃了大部分母性角色，而这也让玛丽否认了自己的母性原型。这也解释了玛丽一生从未结婚以及她在男性主导的学术界努力工作的意愿如此强烈的原因。

荣格理论的现代应用：MBTI　在荣格类型理论的启发下，凯恩琳·库克·布里格斯（Katharine Cook Briggs）和她的女儿伊莎贝尔·布里格斯·迈尔斯（Isabel Briggs Myers）研制了一种测量人格的工具——迈尔斯 – 布里格斯类型指标（Myers-Briggs Type Indicator，MBTI®；Myers，1998）。这一工具认为，人们需要在几个对立的维度上评估自己的偏好。测验的目的是希望人们能够借助 MBTI 更好地了解自己和他人，并改善人际关系。迈尔斯编制了一系列题目来评估个体在四个维度上的偏好，这些维度组合在一起会产生 16 种不同的人格类型。这些类型没有好坏之分，只是体现不同的人格差异，可能会对人们的

行为产生不同的影响。

根据荣格的对立原则，MBTI 根据以下四个对立维度评估人们的个性倾向（见表 10-5）。

表 10-5　MBTI 评估个性倾向的四个维度

维度（4）	偏好选择（8）	偏好描述
1. 人们会把注意力集中在哪里	外倾（E）内倾（I）	• 外倾性的注意指向外部世界 • 内倾性的注意指向内部世界
2. 人们如何获取信息	感觉（S）直觉（N）	• 感觉以连续的、循序渐进的方式接受和呈现信息 • 直觉以印象或全景概况的方式获取和呈现信息
3. 人们如何做决定	思维（T）情感（F）	• 思维型倾向以退后一步思考，对问题进行客观的、非个人立场的分析 • 情感型倾向以融入情境，通过一种感同身受的方式来做决定
4. 人们如何应对外部世界	判断（J）知觉（P）	• 判断是以一种有计划的、预期的方式完成最后目标 • 知觉是一种自发的方法，以仓促的形式完成最后目标

四个维度各有两种选择，一共可以组成 16 种不同的类型。这些类型由四个字母标记，例如，ESFP 或 INTP。当人们使用 MBTI 时，他们会收到关于自己所属类型及其重要问题的反馈建议。例如，建议夫妻之间尊重和适应彼此的类型差异以改善他们的关系。大学生经常在职业中心参加 MBTI 测试，之后辅导员利用测试结果帮助他们做出职业选择。在企业中，公司使用该工具来帮助工作团队和管理者更好地了解员工不同的工作风格和偏好。

MBTI 旨在描绘一幅人们如何应对周围世界的多侧面全景图，提供了一个帮助我们理解个体差异是如何影响人们行为的框架。在企业中，MBTI 被广泛认为是帮助个人和组织更好地实现个人职业发展的有效工具，例如，做出令人满意的职业选择、获得更好的沟通、有效解决冲突和筛选更有能力的工作团队。许多企业和组织（包括 IBM 公司、凯萨医疗机构、万豪酒店和美国空军）都将 MBTI 作为团队建设、领

导力和组织发展的一部分。理解人们的偏好能够帮助我们了解什么能够激励个人，什么在消耗个人的精力并导致压力和冲突。学会欣赏他人的不同之处可以让人们采取不同的视角，并以更加包容的态度做出决定（Thompson et al.，2015）。

每年约有 200 万人使用 MBTI。20 多年来，它一直是一个倍受欢迎的测量工具。尽管 MBTI 被人们广泛使用，但对其的应用也存在批评的声音。批评者担心的主要问题与 MBTI 的结构本身有关，即这是一种简单的人为二分法。例如，给一个人贴上外倾者或内倾者的标签，或者贴上思维型或情感型的标签。这样做会迫使每个人都被归入某一个类别中，但是这种分类方法会掩盖事实："特质确实存在于一个连续体中，而不是一个非此即彼的概念。"这就导致一个只比内倾者多一分的人会和只比外倾者多一分的人被划分为完全不同的类别。实际上，与其说这两个人不同，不如说他们很相似（因为他们只相差两分）。由于测验结构的人为二分法将他们分成了相反的两个类别，这就导致最终对两个相似的人提出的建议有所不同。这样的建议可能不如对两个差异更大的人提出的建议那么有效。因此，从学术的角度来看，对于这些批评者所质疑的 MBTI 的信度和效度问题，只有时间和实践才能给我们最终的答案。

卡伦·霍妮：心理动力学中的女权主义声音

卡伦·霍妮（Karen Horney）和安娜·弗洛伊德（西格蒙德·弗洛伊德的女儿），代表了精神分析运动早期仅有的女权主义声音。

霍妮对弗洛伊德提出的俄狄浦斯情结提出了质疑，尤其不赞成他关于女性必须遭受阴茎嫉妒的论断（Horney，1939）。事实上，她提出了**子宫嫉妒**（womb envy）的概念，暗示男性嫉妒女性在繁衍中的作用。霍妮认为，我们的人格并不是被性冲动驱使，而是被社会需求驱使。她认为，女性应获得与男性同样的机会和权利，并主张男性和女性之间的许多人格差异源于习得的社会角色，并非无意识冲动。她还反驳了弗洛伊德关于人格主要由幼儿时期的经历决定这一观点。霍妮认为，正常的成长包括社会关系和个人潜能的充分发展。然而，这种发展可能会被一种不确定感和孤独感所阻碍，她称之为**基本焦虑**（basic anxiety），这种焦虑源于孤独感和无意义感，也正是这种基本的焦虑造成了适应问题和精神障碍。

神经质需要　当基本焦虑失去控制时，人们会变得神经质。在霍妮（Horney，1942）看来，神经质的人"尽管感到恐惧、无助和孤立，但还是会在无意识中为了应对生活而努力奋斗"（p. 40）。这些无意识的奋斗通常会以一个或多个神经质需要（neurotic need）的形式表现出来（见表 10-6），这些需要是正常欲望走向极端的情况。霍妮认为，每个人都有这些欲望，但只有当欲望成为一个人生活中强烈的驱动力时，它才会使人变得神经质。

表 10-6　霍妮的十大神经质需要

1. 对情感和被认可的需要
2. 对伴侣的需要和对孤独的恐惧
3. 对自己的生活加以限制并保持低调的需要
4. 对权力和控制他人的需要
5. 利用他人的需要
6. 对赞誉和声望的需要
7. 对个人崇拜的需要
8. 对个人成就的需要
9. 对自给自足和独立的需要
10. 对完美和无懈可击的需要

霍妮还确定了人们用来处理基本焦虑的三种常见态度和行为模式，分别是接近他人、反对他人和远离他人。

1. 那些有神经质倾向的人有一种病态的需要，他们需要不断地得到爱和认同。这些人需要他人的帮助和照顾，甚至需要有人为他们而"牺牲"。他们也可以寻找一个可以依赖的人。最终，他们会表现出消极的行为并将自己当作受害者。

2. 那些反对他人的人通过与他人竞争或攻击来赢得权力和尊重，但这些人会令他人感到恐惧并最终"孤独地站在顶端"。"宁愿被人畏惧，而非被人爱慕"是电影《布朗克斯的故事》(*A Bronx Tale*)中一个黑手党匪徒的信条。这部电影简明地描述了反对他人者处理基本焦虑的方式。

3. 远离他人者为了保护自己免受想象中的伤害和拒绝,很可能会封闭自己,使自己无法获得亲密关系和支持。

对霍妮理论的评价 在职业生涯的早期,卡伦·霍妮的观点在很大程度上被业内忽视了(Monte,1980)。但是在 1967 年,她的著作《女性心理学》(*Feminine Psychology*)的出版恰逢其时,使她成为心理学和精神病学中女权主义思想家之一(Horney,1967)。虽然霍妮的理论在当时重新引起了人们的兴趣,但她最终会再次被遗忘吗?她的理论也与其他心理动力学理论有同样的缺陷:科学基础薄弱。只有将她的理论概念转化为可经受科学验证的概念,才能够被科学检验。我们应当明白的是,所有这些人都是伟大的思想家,他们以宏大的方式抽象地阐述人性。当时并没有人引导他们,他们也没有机会接受系统的训练去进行当代实验心理学家提出的所谓科学、严谨的实验。

霍妮会如何解读玛丽·卡尔金斯?你怎么认为?

我们推测她会关注卡尔金斯的成就,试图从中确定这些成就是实现其个人潜能的正常动力的结果还是对权力的神经质需要。毋庸置疑,霍妮所处的社会总是赞美有这些需要的男性,而批判有这些需要的女性。霍妮还可能会认为,卡尔金斯的职业认同在很大程度上是由于在那个时代她不得不应对以男性为中心的学术界而形成的。在这种情况下,卡尔金斯不仅利用了童年时来自家庭的支持,还利用了韦尔斯利学院所有女性教师的支持,这些教师成为她成年后的"家庭"支持。从这个角度来看,尽管霍妮被困在充满社会约束和矛盾的网络中,她很可能也会在卡尔金斯身上看到一个强健的人格。

其他新弗洛伊德主义理论家 虽然弗洛伊德的思想吸引了很多人加入对精神分析的研究中,但其中一部分人(如卡尔·荣格、卡伦·霍妮)后来也脱离了弗洛伊德,发展出自己的理论和思想。虽然在很大程度上,后弗洛伊德学派的理论家接受了精神决定论和无意识动机的观点。但在某些细节上他们和弗洛伊德的观点不同,特别是关于性、死亡本能和早期生活经历的影响。总之,新弗洛伊德主义者对精神分析理论做出的重要改变可以概括为以下几点。

- 他们更加强调自我功能,包括自我防御、自我发展,以及作为人格发展主要组成部分的有意识思维,而弗洛伊德主要关注无意识。

- 他们认为,社会因素(文化、家庭和同龄人)在塑造人格的过程中起了重要作用,而弗洛伊德主要关注本能欲望和无意识的冲突。

- 他们将人格发展延伸至人的一生,而弗洛伊德主要关注儿童早期的经历。

著名的新弗洛伊德主义者爱利克·埃里克森(Erik Erikson)提出了一个精细的人格发展理论,把人的一生分成不同的阶段。这一猜想得到了俄勒冈大学心理学家桑杰·斯里瓦斯塔瓦和他的团队(Sanjay Srivastava et al.,2003)的大量实证支持。他们的数据显示,人在成年后其人格仍会不断变化,20 多岁的个体的尽责性水平变得越来越高,30 多岁以上的个体的宜人性、热情度、慷慨性和助人性也会随着年龄而增长。埃里克森的观点也受到新一代毕生发展心理学家的赞赏,他们超越了早期只关注婴儿和儿童发展的观点。事实上,他们是目前研究长寿以及如何在生命各个阶段提高生活质量的项目的核心科学家。例如,斯坦福大学的劳拉·卡斯滕森(Laura Carstensen)领导一个长寿促进研发中心,并出版了《光明的未来》(*A Bright Future*,2011)一书,这本书的副标题是"长寿时代的幸福、健康和财政安全"。

就这样,后弗洛伊德主义理论家打破了弗洛伊德对人格理论的垄断,为人文主义、存在主义和认知理论家的新观点铺平了道路。

10.9　人本主义理论：强调人的潜能和心理健康

学习目标：

考察不同人本主义理论对人格的理解。

弗洛伊德主义和新弗洛伊德主义都没有研究"正常人"，他们关注内部冲突和精神障碍，对精神障碍进行了有说服力的解释，但是他们没有提出可用的健康人格理论。人本主义理论对人性乐观的见解取代了前人理论中的阴暗视角恰好满足了这一需求。

人本主义心理学家大体上都是乐观的。对他们来说，人格不是由无意识的冲突和对焦虑的防御驱动的，而是由适应、学习、成长和发展的积极需要驱动的。他们保留了动机组成人格核心部分的观点，同时他们也强调动机的积极性，例如，爱、尊重和自我实现。他们认为精神障碍是由不健康的环境造成的，而不是不健康的个人。一旦人们摆脱了消极的环境，例如，消极的自我评价（"我不聪明"），对人格不利的人际关系、工作或职业，那么追寻健康的先天倾向就会引导人们做出改善生活质量的选择。

10.9.1　亚伯拉罕·马斯洛和健康人格

亚伯拉罕·马斯洛将人本主义观点称为心理学的"第三力量"，以此将自己的思想与当时主导心理学的精神分析和行为主义理论区分开来。他认为弗洛伊德太执着于关注精神障碍和适应不良，而我们需要一种理论来描绘健康的心理，而不仅仅是停留在没有疾病的层面上。这种理论成为他一生的追求。他在那些生活充实、成就卓越的人身上寻找健康人格的要素，而在这之前从未有人做过这样的研究（Maslow，1968，1970，1971）。

自我实现者　马斯洛的研究对象包括历史人物亚伯拉罕·林肯和托马斯·杰弗逊，以及与其同时代的几位名人：阿尔伯特·爱因斯坦、阿尔贝特·施韦泽和埃莉诺·罗斯福。在这些人中，马斯洛发现健康的人格专注于超越自身基本需求以外的目标。有些人（如林肯和罗斯福）关注人道主义需求。另一些人

（如爱因斯坦）关注对自然世界的理解。他们中的大多数人都投身于自己所热爱的事业中。马斯洛称他们拥有自我实现的人格（self-actualizing personality）。他把这些自我实现者描述为富有创造力、有幽默感、自由行事，但同时又能接纳自己和他人的不足。简而言之，自我实现者是那些可以自由发挥潜力的人。这正是我们应该努力追求并实现的状态。

需要层次理论　尽管马斯洛最感兴趣的是健康的、自我实现的人格，但他的需要层次理论（hierarchy of needs）也为适应不良提供了解释。马斯洛认为，我们的需要是按照优先顺序排列的，从生理需要到安全、爱、尊重和自我实现的需要（见图10-8）。如果人们长期不能满足"缺失"的需要，如对爱或尊重的需要，就会产生不适应。而当这种需要得到满足时，就会促使人追求那些促进自身成长和自我实现的目标。事实上，研究显示，低自尊的人在一生中可能会经历更多的恐惧、愤怒或沮丧感，而自我接纳的人则生活得更幸福（Baumeister，1993；Brown，1991）。

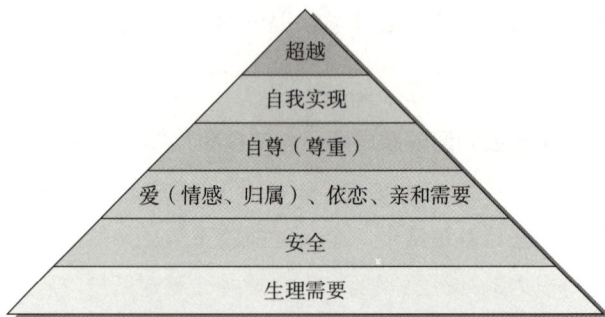

图10-8　马斯洛的需要层次理论

金字塔从顶到底：超越／自我实现／自尊（尊重）／爱（情感、归属）、依恋、亲和需要／安全／生理需要

10.9.2　卡尔·罗杰斯与全面发展的人

与马斯洛不同，卡尔·罗杰斯（Covrl Plogers）是一名治疗师，他经常面对的是功能失调的人，而非那些自我实现者。然而，他并没有忽视健康的人格，他称拥有健康人格的人为全面发展的人（fully functioning person）。他认为，这些人有积极的、与现实相一致的自我概念（self-concept）。换句话说，全面发展的人对自己有一整套积极的看法，这些看法通常与别人对他们的看法一致。此外，全面发展的人有健

康的**自尊**（self-esteem），它能够反映出对自己和自身价值的积极感受。

罗杰斯认为，一个人需要在其成长环境中具备三个关键因素才能获得这种发展的一致性。

1. **无条件积极关注**（unconditional positive regard）是罗杰斯三个因素中最广为人知的概念。所谓无条件积极关注指的是即使自我行为不够理想，也仍能从他人那里获得有价值的评价。换句话说，罗杰斯认为，人们应该把一个人的行为同他的整体价值区分开来，并承认即使我们犯了错误，仍然是一个有价值的人。尤其是在父母养育孩子的方面，这一点至关重要。

2. 与无条件的积极关注相反的是价值条件，即当一个人犯错时就认为他是"坏人"。罗杰斯认为发展一致性的第二个关键因素是**真诚**（genuineness），即来自他人的诚实反馈。例如，你的室友借了你的车，当他还车的时候油箱没油了，如果你因此而感到不满，罗杰斯会建议你诚实地告诉你的室友希望他能支付油钱。在这样做的同时，罗杰斯也希望你能带着**同理心**（empathy）向你的室友提供诚实的反馈，并察觉到他可能只是忘记了加满油箱或恰好没钱了。当我们身边的人给我们提供真诚而富有同理心的反馈时，有助于我们了解自身的缺点，但并不会减少我们自身内在的价值。相反，这种理解能够使我们接受自身的不足，克服它们并实现自我成长（而非觉得这些缺点让我们变得更差，从而对自己和他人隐瞒不足，致使这些问题很难得以解决）。如果我们忽视问题，就永远无法解决问题并实现自我成长。因此，罗杰斯认为这种真诚和富有同理心的反馈对个人成长和一致性发展至关重要。

3. 第三个关键因素是一致性需要。作为人类，当外界信息符合我们的先验观念时会更容易被接受。因此，当我们遇到挑战自我概念或与之相矛盾的信息（特别是与自我相关的信息）时，我们倾向于歪曲所接收到的信息，以减少与自

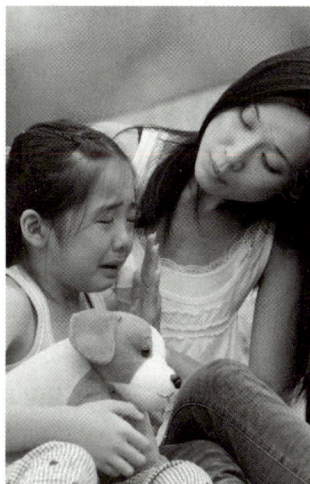

如果父母用无条件的积极关注和同理心来回应孩子的感受，有利于和孩子建立互相信任的关系。同时父母的回应也能够帮助孩子克服自身的缺陷，孩子对他人的态度也会更加友善。

我概念的不一致性，保护自尊免受影响。例如，如果你是那个借车并用光了汽油的室友，你的第一反应可能是为自己的所作所为找一个完美的理由，说明你的错误是无法避免的。罗杰斯认为，这样做的问题在于我们的一致性需要及其伴随的认知偏差会阻碍我们追求一致性的努力。当信息不符合我们先验的认知时，我们就会将其拒之门外，最终导致我们在态度和行为上无法做出建设性的改变。

现象场：人的现实 罗杰斯对自我概念和自尊的关注促使心理学家认识到认知和情感在人的观点中的重要性，罗杰斯称之为**现象场**（phenomenal field）。我们只是对主观体验而非客观现实做出反应，这就是为什么一个学生对自己成绩的反应完全取决于该成绩对他个人的意义。同样是面对 C，一个常常得 A 的学生会感到沮丧，但一个一直不及格的学生则会兴奋不已：这都是他们对自己主观现象场做出的反应。在罗杰斯的理论系统中，现象场作为经验的过滤器被看作人格的一部分，它包含了我们对外部和内部世界的解释，也包含了自我（弗洛伊德理论中的自我与人本主义理论的对应之处），即自我概念、自尊和**理想自我**。

有条件关系与无条件关系 有趣的是，罗杰斯却有一个不快乐的非正常童年。受父母严格的宗教信仰

的影响，罗杰斯的成长环境非常严苛，以至于当他第一次在父母不知情的情况下偷喝一瓶汽水时，都感觉自己是"邪恶"的（Rogers，1961）。后来，罗杰斯从成年人的视角得出一个结论，即来自像他这样家庭的孩子，父母的爱是有条件的（取决于良好的表现）；这些孩子可能会在过度焦虑和强烈的负罪感中长大，导致他们低自尊，甚至随着时间的推移出现精神障碍。他认为，我们需要的不是制造负罪感的父母，而是能够给予我们无条件积极关注（即无条件的爱）的父母。大部分时候，母亲倾向于给予孩子这种无条件的爱，而父亲则倾向于根据对孩子在不同领域表现的满意程度，有条件地给予他们爱。

与那些关注阴暗动机的心理动力学理论家不同，罗杰斯、马斯洛和其他人本主义人格理论家认为，我们最基本的动机是积极成长。最健康的自我实现形式就是努力实现自己的潜力，使自己的能力和才华充分发展。在人本主义理论家看来，这种与生俱来的追求是一种建设性的、引导性的力量，它把人引向积极的行为，并增强人们的自我。

人本主义视角下的玛丽·卡尔金斯 为了了解是什么在驱动玛丽·卡尔金斯的行为，人本主义理论家可能会先问：她如何看待世界及她自己？什么对她来说很重要？他们可能会对她的优势和她的社会环境特别感兴趣，包括她的智力，家庭背景，以及她在韦尔斯利学院和哈佛大学心理学系的同事。他们还会注意到，卡尔金斯毕生都致力于使心理学成为研究自我的科学（她指的是全人视角的方法，而不是那个时代结构主义学派提出的片面且狭隘的方法，或者行为主义学派提出的"没有内部思维活动"的方法）。从这个角度来看，玛丽·卡尔金斯可以被认为是人本主义心理学的先驱之一。

10.9.3 对人本主义理论的评价

心理治疗师厌倦了黑暗、悲观的弗洛伊德理论，因为这些理论只强调被压抑的欲望和创伤。而乐观的人本主义人格理论则为心理治疗师带来了更受欢迎的变化。人本主义重视如何让人们的现在和未来的生活变得更加美好，而不是不断地挖掘那些已经过去的、不可改变的痛苦回忆。同样，人本主义理论更关心心理健康而非精神障碍，这也是心理治疗师所乐见的。

人本主义理论是以自我为中心的吗？ 并不是所有人都追随人本主义的潮流。许多人批评人本主义理论的概念模糊不清：

- "自我实现"到底是什么？
- 是先天的倾向？还是受文化的影响？

精神分析理论家则认为，人本主义理论只强调意识经验，但不承认无意识的力量。跨文化心理学家批评了人本主义过于强调自我，如自我概念、自尊和自我实现。他们指出，这种"自我中心"的人格全景描述可能只是透过西方文化个体主义的滤镜的观察视角。这与非西方文化观点格格不入，因为在非西方文化的观点中，团体和家庭比任何自我都更重要（Heine et al.，1999）。

我们应该明白：没有人会否认人格中自我的存在，这种自我能将个体与其他事物区分开来。我们都会区分"我"和"你"。事实上，核磁共振成像（MRI）和正电子发射断层扫描（PET）证明了大脑中确实存在专门处理自我的模块（Heatherton et al.，2004）。即使在集体主义文化中，自我也是存在的，只不过强调自我是融入社会环境中的。因此，真正的问题是，自我应该成为人格的核心，还是应作为配角来看待呢？

积极心理学：新人本主义？ 在过去的十年里，心理学家马丁·塞利格曼（Martin Seligman）发起了**积极心理学**（positive psychology）运动，旨在追求与人本主义基本相同的目标。不同的是，与人本主义理论相比，积极心理学理论家更关注如何将理论建立在科学的基础上，并且更关注如何使用更精确的词汇和术语表达人类的优点和美德（Peterson & Seligman，2004）。在有关幸福、社会支持、健康和幸福的研究领域中，这种不断扩大的"第四力量"已经取得了重要的研究成果。即便如此，积极心理学运动本身作为一种全面的人格理论仍然存在局限性，因为它只从人性的积极面解释人格。如果要成为社会和政治变革的机制，那么这种积极的以自我为导向的怜悯心就必须超越理想和情感，与社会现实融合，转化为英雄的行为。

那么，有没有一种观点能够解决心理动力学、人本主义和积极心理学理论所遇到的问题呢？

10.10　存在主义方法：在存在中寻找意义

学习目标：

将坚韧性的概念与人格的存在主义理论联系起来。

让我们假想一个在现实中很难出现的场景。由于你的宗教、种族、民族或政治观点问题，政府认为你是一个不受欢迎的人。你和你的家人被送到集中营，在那里，儿童和老人以及病人都会被立刻处死。你被剥夺了所有的财产，并且你的手臂上被文上了一个监狱号码作为你的身份标识。你被迫从事长时间的劳动，只能在挨饿中生存。你身边的很多人都接连死去，但也有一部分人同你一样在持续数年的艰苦磨难中幸存了下来。在波兰的奥斯威辛集中营，150万人死于纳粹非人道的暴行，在欧洲其他几十个国家的劳役营中也有数百万人死于这种暴行。对于那些死去的人来说，击溃他们的不是超负载的劳作或匮乏的食物，而是这样一种心理：回首过去只能让残酷的现实变得不那么真实，却不再能让他们对未来的生活有任何寄托。相比之下，那些幸存下来的人形成了一种"悲观的乐观主义"，他们把集中营中经历的困难看作一种精神成长的机会，也是对他们内心力量的考验。他们并没有被过去痛苦的记忆影响，而是专注于当前的机会，这些机会可以帮助他们实现未来的目标。

这一分析来自一位年轻精神病医生的个人经历，他试图了解那些放弃生命并最终死去的俘虏和那些通过寻找生存的新意义而幸存下来的俘虏在心理上的不同之处。在维克多·弗兰克尔（Viktor Frankl）的论文《人类对意义的探索》（*Man's Search for Meaning*，1959/2014）中详细地描述了他在集中营的经历，并概述了存在主义心理学的核心思想，以及由此衍生的治疗方法，即意义疗法。

对弗兰克尔来说，"意义疗法实际上是一种以意义为中心的心理治疗"。它认为焦虑不一定都是病理性的。如果一个人对其存在本身或对生死问题而焦虑，这种焦虑就是人类所拥有的一种正常现象。存在主义心理学关注的是建立**存在的勇气**（existential courage），心理治疗师致力于帮助患者寻找他们生活的意义（Frankl，1967）。

对于存在主义心理学家来说，寻找生命的意义是每个人的首要动机。这种寻找个人意义的过程对每个人来说都是独一无二的。弗兰克尔将这种探索的力量描述为"追求意义的意志"（will to meaning）。与精神分析不同的是，意义疗法较少关注无意识和过去那些无法被改变的创伤性经历，而是更倾向于关注改变一个人的未来，尤其是对当下病人生命意义的探索。它鼓励患者将注意力集中在对人生路径的规划上，希望通过此方法帮助病人实现未来的理想状态。

加利福尼亚大学欧文分校的存在主义学者和理论家萨尔·麦迪（Sal Maddi，2006）率先提出了**坚韧性**（hardiness）的概念，包括：

1. 存在的勇气是将压力情境视为通过学习来成长和发展的机会；
2. 是努力实现目标的动力。

通过深入了解西点军校（West Point Military Academy）学员在刻意制造的压力环境中四年的各种表现情况，麦迪的团队（Maddi et al.，2012）发现，与"坚毅"相比，坚韧性更能预测学员表现的提升和留队的概率。**坚毅**（grit）是指对长远目标的坚持和面对逆境的韧性。**坚韧**是一种存在的勇气，而坚毅则需要你有一个持久的特定目标。所以，存在的勇气似乎更加实用。弗兰克尔的观点是想象一个乐观的未来，然后推理现在可以做些什么来实现它。相对而言，麦迪的存在勇气更侧重于采取建设性的行动来应对眼前的挑战。

10.10.1 对人格的存在主义方法的评价

与其他研究人格的方法不同，存在主义理论在很大程度上是以哲学和意义、存在的哲学观点为基础的，通过寻找个人勇气来面对生命的挑战。它的治疗以未来为核心，这与精神分析聚焦过去以及学习–认知人格理论的聚焦现在（回报一致性）大相径庭。麦迪将坚韧性看作一个可测量和可训练的核心属性。同时，存在主义心理学也得到了越来越多的科学研究的支持，从而提升了其在人格心理学领域的价值。

存在主义心理学家会如何评价玛丽·卡尔金斯？你怎么看？

他们会把她的整个存在看作与许多敌对力量的持续斗争。就算遭到拒绝，玛丽还是会选择继续斗争，从而培养出了她的存在勇气。她用亲身经历告诉我们什么是坚韧人格的核心。

10.11 社会认知理论：强调社会学习

学习目标：

评价社会认知理论对理解人格的贡献。

若要理解为什么药瓶上贴有防篡改的封条，我们就需要回溯到1982年。当时有人将氰化物装入一批泰诺胶囊中，结果导致七人死亡（此案仍未破案）。在制造商获得新的密封方式之前，又发生了几起类似的药物污染事件。最终这些药物的销量直线下降，观察者推测这样做的人可能不仅仅是精神变态者，还有可能是竞争者，他们的动机是让这些制药公司破产。

针对上述案例，涉及人格的问题时我们能完全通过观察无意识的动机、未能自我实现或机能不健全，以及缺乏生活意义来解释这些卑鄙的行为吗？社会认知理论家给出了一个响亮的回答："不能！"我们必须考虑学习，更准确地说，是社会学习（social learning）。事实上，我们必须同时考虑各种心理过程，包括认知、动机、情感和环境（Cervone，2004）。接下来，我们介绍其中的两种方法。

10.11.1 观察学习和人格：班杜拉的理论

如果你想知道在拥挤的剧院里大喊一声"着火了"会发生什么，你不必真的这么做，因为你可以想象得到。斯坦福大学的阿尔伯特·班杜拉（Albert Bandura）认为，驱动我们行为的除了内在的动机力量和外部奖惩，还有我们对行为会给自己带来回报或惩罚的预期（expectation）。这些预期往往不是源自直接经验，而是通过观察他人的行为后果习得的（Bandura，1986）。因此，人格的独特之处在于可以预见行为的后果，尤其是在学习他人以某种方式行事会有什么后果时。

也许班杜拉的理论最重要的贡献是替代性学习，即我们可以间接地从别人那里学习。这种社会学习或**观察学习**（observational learning）是人们通过观察他人的行为并注意行为的后果来学习新反应的过程。换句话说，我们是否接受或拒绝他人作为我们的行为榜样，取决于他们因自己的行为是得到奖励还是受到惩罚。在班杜拉看来，人格是习得的行为模式的集合，其中许多模式是通过观察学习而来的。

通过观察学习，儿童和成年人能够了解很多关于他们所处的社会的信息。同样，人们只要看看别人的行为后果，就能获得许多技能、态度和信念。班杜拉认为，理解整个人意味着理解行为、认知和环境之间持续的相互作用。班杜拉称之为**交互决定论**（reciprocal determinism，Bandura，1981，1999）。

交互决定论在现实生活中如何起作用？例如，如果你喜欢心理学，你的兴趣（一种认知）可能会促使

正如班杜拉的理论所表明的，儿童通过观察其文化中成年男性和女性的行为来建立更清晰的身份认同感。

你在心理学系（一种环境）与和你有共同兴趣的学生、教师（社会行为）交流或互动。在某种程度上，当你发现这一过程能够激发你更大的兴趣时，这个过程反过来又会增强你对心理学的兴趣，促使你在心理学上花费更多的时间。其中，行为、认知和环境三个要素之间互相强化。如图 10-9 所示，你可以看到这些要素间简单而强有力的关系。

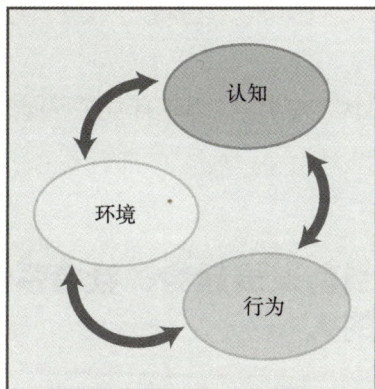

图 10-9 交互决定论

注：在交互决定论中，个体的认知、行为和环境是相互影响的。

10.11.2 罗特的控制源理论

另一位认知心理学家朱利安·罗特（Julian Rotter）基于我们对个人权力或控制源（locus of control）的感觉发展了一种混合型理论。被感知到的控制源就像一个滤镜，我们透过它可以看到自己过往的经历，也会将其当作选择作为或不作为的动机。因此，罗特的理论既是一种特质理论，也是一种"过程"理论，关注的是人格某个重要的单一维度。

为了说明这一点，请思考一个问题：当你开车的时候，你一定会系上安全带吗？还是你认为在事故中受伤或死亡取决于运气？如果你无论是司机还是乘客，在每次上车时都无意识地系上安全带，那么你可能拥有的就是**内控倾向**（internal locus of control），因为这样做是在为你的命运施加一些控制。但是，如果你相信宿命论，认为生活中很多事情都是不可控的，认为该来的总会来，你就不会系安全带（除非是为了避免不系安全带被罚款）。在这种情况下，你拥有的是**外控倾向**（external locus of control）。

人们在**罗特的内部－外部控制源量表**（Internal–External Locus of Control Scale）上的得分与多数情景下他们的情绪和行为有关（Rotter，1990）。例如，比起外控者，内控者更有可能取得好成绩，还可能会注重锻炼和健康饮食（Balch & Ross，1975；Findley & Cooper，1983）。

许多研究表明，控制源倾向是人格的一个重要特征。也就是说，内部或外部的控制源倾向似乎是一种可信的人格特征。不过罗特拒绝将其称为特质，因为他认为这种术语会让人们错误地认为控制源的倾向是固定的、不可改变的。在日常生活中，你自己的控制源也可能随环境而发生变化。如果你是一个聪明的好学生，能够获得优异的成绩，那么你在学术方面就是内控者。但如果你的体重超重，并且家族中的人普遍肥胖，那么在餐馆里和垃圾食品面前你就是外控者。按照"试一试"版块中的说明，你可以进一步了解罗特的内部－外部控制源量表具体是怎样操作的。

试一试 ▶▶▶ **找到你的控制源倾向**

朱利安·罗特（1966）开发了评估个人控制源倾向的量表。测试题目由多组成对的对比陈述组成，被试必须从每组中选择一个自己最赞同的描述。这种形式被称为迫选测验。与许多其他人格测试不同，从罗特内部－外部控制源量表上可以看到每个项目的得分，被试可以很容易地分辨出大多数题目代表的控制源倾向。下面这些题目来自这一测试的简化版（Rotter，1971）。

把每一列你所选陈述的个数相加后进行对比，就能知道自己的控制源：左列个数多代表内部控制源倾向，右列个数多的代表外部控制源倾向。

1a. 只要我努力工作并持之以恒就能升职	1b. 赚大钱通常靠的是运气
2a. 根据我的经验，个人努力与成绩好坏直接相关	2b. 很多情况下，老师给我的分数都是随机的
3a. 如果一个人知道如何与人打交道，他们就很容易引导人的行为和想法	3b. 我几乎不会影响别人的行为
4a. 如果像我一样平凡的人能够让别人听到我们的声音，我们就能影响整个世界	4b. 凭一己之力影响社会只是一种奢望
5a. 我是自己命运的主宰者	5b. 在我生活中发生的很多事情都是偶然的

10.11.3 对社会认知人格理论的评价

批评者认为，总体上认知理论过分强调理性信息加工，而忽略了作为人格的重要组成部分的情感和无意识过程。因此，在那些认为情绪和动机是人格核心功能的人看来，人格的社会认知理论存在盲点。不过，由于最近认知心理学开始重视情绪和相关的无意识过程的作用，我们期待新一代的人格认知理论能够考虑人格的这些因素（Mischel & Shoda，1995）。

与弗洛伊德主义、新弗洛伊德主义和人本主义理论提出的大多数观点不同，社会认知理论的优势之处在于它具有可靠的心理学研究基础。例如，你可能还记得班杜拉观察学习中著名的**波波娃娃实验**（Bobo doll experiment）。不过，与弗洛伊德及其后继者提出的人格理论相比，这样做的代价就是理论没有那么全面。但这样做也有一定的好处，如社会认知理论对许多涉及观察学习的精神障碍给出了解释和具体的治疗方法，特别是基于焦虑的障碍，如恐怖症和儿童行为障碍。

最后，对认知心理学家会如何解释玛丽·卡尔金斯，你有什么看法？

认知心理学的一个关注点在于如何解释她在完成心理学研究生学业时经历的奖惩，以及这些解释是如何塑造她的行为的。认知心理学家可能强调卡尔金斯的内部控制源，这与她在家庭、韦尔斯利学院及哈佛大学的导师那里获得的社会支持相互作用，反过来又增强了她的决心，并促使她更加努力。并且认知心理

学家可能还认为玛丽·卡尔金斯成了后继女性心理学研究人员的榜样。

10.12 当前发展趋势：社会系统中的人

学习目标：

回顾理解人格的三个重要新趋势。

弗洛伊德、荣格、霍妮和其他一些心理学家建立了宏大而全面的人格理论来解释人类所有的行为，但这样的时代已经一去不复返。随后，人本主义理论家、存在主义理论家和认知理论家相继指出了旧的心理动力学人格理论中的缺陷。如今，人格理论发展的重点又发生了变化。心理学家将所有理论的主要观点与文化、性别和家庭动力的新知识整合在了一起。所以，你应该先认真了解人格理论发展的三个重要趋势。

1. 第一个趋势是，**家庭系统理论**（family systems theory）分析的不是个人，而是家庭（Gilbert，1992；Mones & Schwartz，2007）。这种理论认为，人们的家庭互动和同伴群体互动的方式共同塑造了人格。虽然弗洛伊德和其他心理学家都承认父母会影响孩子，但家庭系统理论则重点强调**交互作用**（interaction），即家庭成员或同龄群体之间彼此影响的方式。这种观点让人们不再将有心理问题的人只当作"生病"的人，而是一个生活在功能不完善的群体中的

个体。这带来了一种新的人格描述方法：人际语言。例如，我们现在经常使用相互依赖（codependence，而不是依赖型人格）和沟通（communication，而不仅是倾诉）。我们对关系和过程（随着关系的发展而发生的变化）也有了更深的认识。

2. 第二个趋势来自心理学对文化差异的日益重视。人格研究领域已经不再是由欧美心理学家主导，越来越多的世界各地的心理学家发表了人格研究结果（Quiñones-Vidal et al., 2004）。正如心理学家斯坦利·苏（Sue, 1991）所言，我们所处的社会正变得越来越多样化。我们不能再假设每个人都有相同的文化背景或相同的价值观。这也意味着心理学家必须敏锐地认识到文化因素在塑造人格和促进不同种族的精神健康等方面所起的作用（Sue, 1983）。

3. 人格理论的第三个趋势来自对性别影响的深入理解。在性别差异的问题上，尽管我们还不清楚先天和后天的影响分别有多大，但我们知道在相同的情况下，男性和女性的感知和理解往往是不同的（Tavris, 1991）。我们还知道，男性比女性更具攻击性。女性倾向于在地位平等的小团体中形成亲密关系，而男性倾向于在由领导者和追随者组成的大团体中建立联系。男性竞争，女性合作。电子游戏对男性的吸引力远高于女性的一个原因是男性更专注于竞争、支配、非社交游戏，以及暴力内容（这些游戏也是由大公司中以男性为主的团队设计的）。

总之，这三种趋势共同加深了我们对人格塑造

力量的理解。新的趋势除了关注个体层面的特征和心理过程，还关注人格的多样性和群体的心理过程。因此，人格的描绘图正在变得日益复杂，但也更接近现实。相应地，新研究表明，被认为相对固定的人格特征会因男性和女性对社会经济条件的不同反应而发生巨大变化。

例如，自 2008 年经济危机以来，失业一直是一个全球性的现象。许多人用自己的工作身份来定义自己。

那么当一个人失业时又会发生什么呢？其人格的核心特质会受到影响。一些人的大五人格变得不那么随和、不那么尽责、不那么开放，这反过来又让他们更难找到新工作。英国的研究人员对 6000 多名德国成年人（男女人数大致相等）进行了大规模的抽样调查，在 2006 年至 2009 年的四年间完成了两次大五人格测试。

- 起初，失业男性的宜人性水平比那些从未失业过的男性更高，但随着失业时间的延长，其宜人性水平显著下降。对于女性来说，宜人性水平呈逐年下降的趋势。

- 男性失业的时间越长，尽责性越低，而女性失业者最初在这一特征上有所增加，这可能是因为她们在家庭和社区从事与工作无关的活动。

- 随着男性失业时间增加，其开放性会下降；女性的开放性也会下降，但在第四年有所回升。

该研究的首席专家提供了关于公共政策和人格的新视角："公共政策可以通过降低失业率和为失业者提供更多支持，在防止社会发生不利的人格变化方面发挥关键作用。"（Boyce et al., 2015）

心理学很有用 ● ● ●

运用心理学来学习心理学

即使内部**控制源**或者外部**控制源**是人格的核心特征，控制源的类型在不同的情境下也是可以改变的。如果你是一个不擅长演讲的人，那么在大众面前演讲时，你可能会觉得难以控制这样的情境。而在另一些情况下，你可能会表现得得心应手。那么，你的学习又是怎样的呢？你对自己

的学习成绩（如心理学的成绩）秉持的是一种内部控制感，还是外部控制感？

如果一个大学生认为学习成绩是受外部因素控制的，那么这种情况可能很"危险"，因为大学生活中遇到的干扰和诱惑会很多。如果你认为你基本上控制不了你的成绩，就很容易被当下的诱惑吸引，导致学习成绩下滑。这种态度也容易发展成为**自证预言**（self-fulfilling prophecy），从而影响包括心理学在内的所有课程的成绩。

下面的问题可以帮助你评估自己的学业控制源。

- 在考试时，你是否经常发现，即使你知道自己学过这些知识，但由于焦虑你却想不起这些知识的具体内容？
- 在很多情况下，你对考试内容很了解，但觉得考试是不公平的，或者超出了老师给的考试范围？
- 你是否很容易分心，以至于没能将时间用在学习上？
- 你是否认为学习的好坏是生来注定的？
- 你是否觉得你的学习成绩无法由自己决定？
- 你是否觉得自己不够聪明，无法完成大学

的学业？

- 你是否觉得学业成就在很大程度上取决于讨好你的老师？

如果以上问题你都回答了"是"，那么你可能在大学学业上存在外在控制倾向，这种外部控制源将不利于你在学业中取得成功。如果你坚定地认为学业上的成功并不取决于自己，那么你就不会付诸努力。不过，如果你想对大学生活有更多的主导权，这里有一些建议。

- 如果你考试时容易焦虑，请你向咨询中心寻求帮助。
- 和一起上课的同学组成学习小组，或者找一个导师来指导你。
- 问一问你的任课老师，哪些知识点特别重要（但不要问"考试将会考什么"）。
- 评估一下自己的优缺点和兴趣点。然后制订一个计划来修正自己的缺点。同时，选择一个感兴趣并且能充分发挥自己能力的专业来增强你的优势。

我们祝你好运（虽然外在控制源的人才会在意运气）！

关键问题：
人们会使用哪些理论来理解自己和他人

核心概念 10.4

我们对自己和他人的了解是以内隐人格理论和自我叙述为基础的，这两者都受到社会文化的影响。

我们已经知道心理学家是如何看待人格的了。但是，普通人是如何理解他人和自己的呢？不论对错，我们经常会做出一些关于他人或自己人格的假设。例如，当你约会、应聘工作，或者第一次见到你的老师或同学时，你总会这么做。我们还想知道的是，其他社会文化中的成员对人格的看法是否与我们类似。这些问题很重要，因为用来理解人格的"民间理论"或**内隐人格理论**（implicit personality theory）可以维持或损害人与人，甚至是国家与国家之间的关系。我们的核心概念是：

> 我们对自己和他人的了解是以内隐人格理论和自我叙述为基础的，这两者都受到社会文化的影响。

接下来，首先让我们了解一下用来理解他人的内隐人格理论。

本部分导读：
10.13 了解内隐人格理论的重要性。
10.14 了解为什么自我叙述是人格的一部分。
10.15 评估个体主义和集体主义文化对人格的影响。

10.13 内隐人格理论

学习目标：

了解内隐人格理论的重要性。

想想你曾经的榜样，再想想那些让你无法忍受的人。在这两种情况下，你是否会将某些人格特质与他们联系起来：诚实、可靠、幽默、慷慨、外向、攻击性、情绪化、悲观等。甚至在幼儿时期，你就有了一个初级的人格评价系统。因此，你能够确定新认识的人将会是朋友还是敌人；通过解读父母或老师的人格特征，你会习得与他们和谐相处的方式。

在这些情况下，你正是在使用内隐人格理论对他人的人格做出判断。具体而言，在评价他人的人格时，你会将他人的行为与你所认为的他们拥有的特质联系起来。像内隐记忆一样，我们在使用内隐人格理论时，很大程度上是无意识的，所以对他人的人格进行判断并不是一件困难的事（Fiske & Neuberg, 1990；Macrae et al., 1994）。

在很多时候，我们使用内隐人格理论足够让自己的社会关系保持稳定（至少在熟悉的环境中如此）。虽然在不熟悉的环境中，我们的预测可能不是那么准确。但在熟悉的环境中，内隐人格理论能够帮助我们预测他人的动机和行为、完成工作、购买早餐、完成学业，以及与朋友交流。在某些方面，内隐人格理论可能和**大五人格理论**没什么区别。在一项研究中，大学生需要对一些他们只见过但不认识的同学进行人格评价，他们的评价结果与通过大五人格量表得出的结果非常一致（Mehl et al., 2006）。这里有一个有趣的例外：过分自信或争辩行为被视为男性情绪稳定的标志，但对女性而言却会被认为是情绪不稳定的标志。

内隐人格理论也有其他缺点。依据朴素的假设以及有关特质和外貌方面的刻板印象对人格进行推测时，我们有可能会出错（Hochwalder, 1995）。因此，我们可能会错误地认为身高体壮的人很快乐，或者金发碧眼的人智商不高。我们也可能会错误地认为某些特质总是一起出现，如有创造力与情绪不稳定。

我们用内隐理论对他人进行人格判断时，若投射了个人的动机和情感，会得出错误的结论。因此，一个感到愤怒、快乐或沮丧的人可能会认为其他人也持有同样的感觉。

最后，在人格特质是固定的还是可变的这一问题上，内隐人格理论也可能会造成矛盾。相较于那些认为特质可以改变的人，那些相信特质稳定不变的人更有可能产生"刻板印象"（Levy et al., 1998；Molden & Dweck, 2006）。人格到底是固定的还是可变的呢？不同的假设会对父母养育孩子、老师教导学生，以及领导管理员工产生不同的影响。

10.13.1 固定型思维的劣势

卡罗尔·德韦克（Carol Dweck, 2006, 2007）经过长达20年的研究发现，我们的**思维模式**（mindset）并不是人格中无足轻重的部分，而是我们整个心理世界的一个重要方面。它能帮助我们设立目标，影响我们对未来的看法（积极的还是消极的），甚至还决定我们是否能发挥自己的潜力。当你和你的父母、老师或教练认为某项天赋或能力是"固定的"时，会发生什么呢？如果你和他们都相信你是一个智商很高的人，你从小就是一个音乐天才、一个超级田径明星或者一个有天赋的作家。你天生就有某种能力，不需要努力就能成功，那么你可能就不会那么努力、不再练习，当竞争不那么激烈的时候，你可能在一开始做得很好。另一种是"成长型"思维模式的孩子：他和他身边的其他人都认为，任何天赋或能力都是不断发展的，都可以通过不断的练习和努力得到提升。假设"固定型"和"成长型"思维模式的人都遭遇了失败。成长型思维的孩子可能会认为，想要取得进步，就必须更加努力地学习，花更多的时间练习。而"固定型"思维的孩子则会认为，失败是由于自己能力不够，这会让那些判定他天生优秀的人失望。正如德韦克教授在 TED 演讲中所说的那样："成长型思维就是相信自己可以进步。"

畅销书作家马尔科姆·格拉德威尔（Malcolm Gladwell）在他的《异类》（*Outliers*，2008）中阐述了这样的观点：那些被视为天才并取得了成功的年轻人与那些未能实现预期潜力的年轻人之间的主要区别在于有没有进行过 10 000 小时的练习。但是，新的心理干预可以在短时间内改变思维模式，从而提高成绩并减少从数学到运动等多个领域的成就差异（Dweck，2008）。

10.14　自我叙述：我们自己的人格故事

学习目标：

了解为什么自我叙述是人格的一部分。

当有人说"介绍一下你自己"时，你会怎样回应呢？你可能会介绍自己是哪里人，业余时间喜欢做什么，以及你的职业目标是什么。但如果你问自己这个问题，你会如何回答呢？心理学家丹·麦克亚当斯（Dan McAdams）将自己讲述关于自己的故事称之为"**自我叙述**"（self-narrative）。他认为自我叙述是人格的一个成分，就像动机、情绪或社会关系一样重要。自我叙述实际上是一个比自我更广泛的概念，是一个关于自我概念随时间而变化的故事。自我叙述把人格的各个要素联系在一起，就像将珍珠串成项链那样。麦克亚当斯还说，贯穿我们一生的自我叙述是我们自我认同的基础，由此给予了我们同一性和目标感。

当然，当我们为自己讲述自我叙述的故事时，文化会产生很大的影响。虽然麦克亚当斯还没有做过更广泛的跨文化研究，但他已经确定在美国文化中有一个特别重要的自我叙述，那就是救赎的自我

（redemptive self）。

并不是每个人的自我叙述都遵循救赎的自我模式。但麦克亚当斯在生育期成年人身上总会发现这种模式。生育期成年人最初被发展心理学家爱利克·埃里克森（Erik Erikson）用来形容有繁衍能力的健康成年人。更具体地说，繁衍力形容的是那些关心自身之外的社会和下一代福利的成年人。在其他的文化中，健康成年人的自我叙述特点还有待研究。

10.15　文化对人格观的影响

学习目标：

评估个体主义和集体主义文化对人格的影响。

众所周知，西方人倾向于把个人或自我作为人格的核心。虽然世界各地的人们都认同自我的独特性。但是很多人，尤其是那些生活在集体主义文化中的人，认为自我通常是融入更大的社会网络中的。他们认为，如果一个人与他人存在社会联结，那么就不能跨过他人单独了解他。在这里我们不得不提到跨文化心理学家亨利·特里安德斯（Harry Triandis）。

10.15.1　个体主义、集体主义和人格

在特里安德斯（Triandis，1995）看来，文化差异最根本的维度是个体主义和集体主义。对于那些在欧美传统文化中长大的人来说，个人是社会的基本单位，而亚洲、南美和非洲文化则更重视家庭或其他团体。在集体主义文化中，人们更倾向于保持和促进团体和谐，并希望其他人也是如此。在个体主义文化中，人们认为自己有一个独立于社会关系的独特身份（Pedersen，1979）。因此，对于欧美国家的人来说，自我就是一个整体，对于亚洲和非洲的许多地区的人来说，自我只是集体的一部分（Cohen & Gunz，2002）。

然而，新的跨文化研究表明，亚洲各地并不都是统一的集体主义文化。在学者托马斯·托尔赫姆（Thomas Talhelm）看来，最好的解释是"大米理论"。托尔赫姆认为，有着数百年历史的中国南方的复杂灌

溉系统和种植水稻需要共享灌溉水资源这件事促进了社会协作，而北方种植小麦只需要依靠自然降雨，因此中国南方需要的合作水平比北方更高（Doucleff，2014；Talhelm et al.，2014）。不过，大米理论的基础是相关关系，这意味着我们并不能确切地说观察到的文化差异就一定是历史上的耕作模式导致的。此外，我们也必须清楚，这只是一项研究，我们还需要做更多的研究来验证大米理论是否合理。

我们应该清楚：并不是说集体主义或个体主义哪一个更好。从不同的角度来看，每一种文化都各有优劣。集体主义文化鼓励共同努力，通常注重工作或家庭等群体的利益和荣誉。此外，像玛丽·卡尔金斯这样挑战社会规范的人，更有可能在个体主义文化中取得成功。

文化如何影响人格 人们的人格和行为在很多方面的表现都来源于他们是处于集体主义还是个体主义文化中。所以，在对他人进行评价的时候，美国人和欧洲人往往会犯**基本归因错误**（Fundamental Attribution Error，FAE）。这种基本归因错误反映在两个方面：它高估了行为的人格（内部）原因，同时低估了社会环境（外部）因素。这种误解源于一种假设，即他人的行为，尤其是令人讨厌的、笨拙的、不恰当的或其他不受欢迎的行为，是由他们的人格而不是所处的环境造成的。如果你在美国上心理学课迟到了，其他学生可能会认为你是一个拖延或没有规划的人。但如果你在日本上心理学课迟到了，其他学生更有可能认为是一些外部原因导致了你的行为，如交通问题。总体来说，基本归因错误在拉丁美洲或亚洲等集体主义文化中不太普遍（Church et al.，2005；Lillard，1997）。

文化的差异还体现在其他维度。例如，如果要在竞争和合作之间做出选择，崇尚个体主义的美国人通常会选择竞争（Aronson，2004；Gallo & McClintock，1965）。一般而言，美国人的成就需求也高于集体主义文化中的人。

不同的文化对"理想人格"也有不同的看法（Matsumoto，1996）。在西方心理学传统中，心理健康是人格中对立部分和冲突部分的整合。这一点在弗洛伊德主义和荣格主义的理论中表现得尤为明显。相比之下，一些亚洲心理学家，尤其是那些与佛教有关的心理学家，则寻求相反的结果：将意识从感觉和对世俗经验的记忆中分离出来（Gardiner et al.，1998；Pedersen，1979）。

以下是世界各地的人在人格上的差异。

- **不同年龄段和性别人群的地位**。在许多亚洲和美洲原住民文化中，老年人的地位更高。许多非西方社会中的女性处于次等地位（Segall et al.，1999）。
- **爱情**。虽然所有文化中都有爱情，但是直到近代欧洲才强调爱情是婚姻的基础。这也最常出现在个体主义文化中（Hatfeld & Rapson，1998；Rosenblatt，1966）。
- **情绪的表达**。在亚洲文化中，强烈的情感倾向于被压抑（Tsai & Uemura，1988）；而欧美人尽管存在明显的性别差异，但总体上仍然更倾向于将强烈情绪表达出来。
- **控制源**。与墨西哥等发展中国家的个体相比，美国、加拿大等工业化国家的个体更倾向于有内部控制源（Berry et al.，1992；Draguns，1979；Shiraev & Levy，2004）。
- **思维和情感**。许多文化（如拉丁美洲文化）中的人并不像美国人那样对想法和情绪有强烈且明显的区别（Fajans，1985；Lutz，1988）。
- **社会和谐**。亚洲文化强调社会互动中的和谐，但在西方文化中这是一种从众行为。西方文化重视社会比较中的独特性，而在亚洲文化中这似乎是一种异常行为（Kim & Markus，1999）。

尽管存在这些差异，我们是否可以说世界各地的人从根本上讲是一样的吗？你有什么看法？

在神经元和大脑回路的层面，答案当然是肯定的。但人格也被文化影响，所以更全面的答案是："不完全是这样，但也许可以在一些相同的维度上对他们进行描述。"文化指的是所有成员共享、熟悉并传递给下一代的社会内容。人格是特质的独特整合，这些特质能够在一些文化中将个体区分开来（Brislin，1981，pp. 51–52）。

但不要忘记，文化和人格是相互作用的。文化塑造着身在其中的个体的人格，正如个体可以影响文化一样。所以，在某种程度上，人格是个体所在社会的价值观、态度、信仰、道德习俗、工作、养育方式、攻击性、成就、竞争、死亡，以及其他许多对人类都很重要的东西的综合产物。因此，从广义上说，文化就是一个社会的"人格"（Benedict，1934）。

心理学很有用　• • •

当人格出现障碍时

人格障碍可以解释很多历史或公众人物的异常行为，包括有多段婚姻的国王亨利八世、好莱坞的很多叛逆男孩和女孩，以及凶残杀手莉琪·波登（Lizzie Borden，她用一把斧头杀死了她的父母）。长期的判断失误、思维混乱、情绪不稳、社会关系受损或无法控制冲动等都是**人格障碍**（personality disorders）的症状（Clark，2009）。它的关键表现是长期适应不良的人格模式。在这里，我们列举了三种比较常见的人格障碍。

1. 自恋型人格障碍
2. 反社会型人格障碍
3. 边缘型人格障碍

自恋型人格障碍

在希腊神话中，纳西索斯（Narcissus）是一个非常迷恋自己俊美容貌的人，他经常在池塘边的倒影中自我欣赏，却在某次自我欣赏时不幸掉进水中淹死了。"自恋"这一术语由此而来，自恋表现为夸大自我的重要性，需要得到持续的关注或赞美，以及常常幻想成功或权力。患有自恋型**人格障碍**（narcissistic personality disorder）的人可能会对批评或小挫折做出不恰当的反应。他们通常不善于处理人际关系，觉得自己可以不履行义务，自私地利用别人，难以理解别人的感受。他们很少会自愿地进行临床治疗。从娱乐小报（很多方面并不可靠）上来看，电影和唱片行业中的许多从业者都患有自恋型人格障碍。

反社会型人格障碍

从冷酷的高管到骗子再到连环杀手，他们都可能患有**反社会型人格障碍**（antisocial personality disorder）。美国大概有 3% 的成年人患有反社会型人格障碍，但是他们当中的 70%~80% 已经进了监狱（Patrick，2007）。从犯罪行为的性别差异来说，男性被诊断为反社会型人格障碍的可能性是女性的四倍（Regier et al.，1988，1993）。

患有反社会型人格障碍的人似乎缺乏良知或对他人的责任感。反社会型人格障碍者典型的表现是，他们早年就开始违反社会规范，如扰乱班级秩序、打架、离家出走。这些行为可能发展成更残忍的行为和对他人的肆意漠视，如故意破坏公共财产、虐待动物或放火。反社会型人格障碍的其他特征还表现为长期说谎和偷窃。

即使有些患有反社会型人格障碍的个体可能已经发现自己常陷入麻烦，但他们可能也不会感到焦虑、羞愧或有任何强烈的负面情绪。事实上，在令正常人激动或心烦的情境中，他们却能保持冷静。那些表现出暴力或犯罪（如谋杀或其他重罪）的反社会型人格障碍者，通常被称为精神病态者或反社会者，尽管这种叫法没有被 DSM-5 认可（Krueger & Markon，2006；Miller，2008）。

反社会型人格障碍虽然通常出现在罪犯身上，但在成功的政治家和商人中也很常见，这些人把事业、金钱和权力凌驾于所有人和事之上（Babiak & Hare，2006；Patrick，2007）。有些人很有魅力，他们会利用自己的魅力来获得别人的信任。也是由于这些特征，他们可以逃避时间较长的牢狱之灾，当他们被抓住时，通常会使用一些手段来摆脱麻烦。

是什么导致了反社会型人格障碍？神经成像的研究表明，反社会者的杏仁核和眶额皮层出现了功能异常（Kiehl & Buckholtz，2010；Raine，2008）。然而，我们还不知道这是反社会型人格障碍的原因还是结果。

边缘型人格障碍

人格障碍的第三种类型是**边缘型人格障碍**（borderline personality disorder）。患边缘型人格障碍的人，在人际关系上是不稳定的、易冲动的和混乱的（Butcher et al.，2010；Selby & Joiner，2009）。边缘型人格障碍者的情绪变化无常，还有冲突不断的人际关系。当他人没能满足他们的需求时，他们会非常的失落，并会攻击和辱骂对方。他们对挫折也缺乏承受力。他们的冲动可能表现为滥用药物、赌博、性滥交、暴饮暴食、莽撞驾驶、自伤或企图自杀。脑成像研究甚至在边缘型人格障碍者大脑中发现了与此相关的变异（Bower，2009；Meyer-Lindenberg，2008）。

在你认识的人中可能就有边缘型人格障碍者。事实上，边缘型人格障碍者约占成年人总数的2%，占临床患者的10%~20%（Meyer-Lindenberg，2009；National Institute of Mental Health，2010b）。不幸的是，就像其他人格障碍一样，目前边缘型人格障碍的治疗前景并不乐观，并且边缘型人格障碍者极少寻求帮助或持续接受治疗。

批判性思维的应用：人格–情境争论

认知理论学家沃尔特·米歇尔提出的证据表明，我们的行为在不同情境下的一致性远远低于预期，这无异于向人格理论学家们丢了一枚科学炸弹（Mischel，1968，1973，2003）。一个在聚会上表现外向的人，在课堂上可能会变得害羞和腼腆。你的"神经质"的朋友可能会在你陷入危机时成为你的支柱。就像莎士比亚的《皆大欢喜》中的罗莎琳德（Rosalind）一样，一个人在不同的情况和不同的人面前，会展现出不同的人格。因此，米歇尔认为，在预测一个人的行为时，对情境的了解比对人的特质的了解更重要。后来，在人格心理学领域就出现了人格–情境争论（person-situation controrersy，Pervin，1985）。

米歇尔的主张挑战了大多数人格理论的基础。毕竟，如果人们在不同的情境下表现出的行为不一致，那么人格理论又有什么用呢？难道人格没有持续性吗？米歇尔的观点遭受了猛烈的抨击，批评者认为他的研究方法低估了人格在不同情况下的一致性（Epstein，1980）。贝姆和艾伦（Bem & Allen，1974）还指出，有些人的行为比其他人的更稳定。此外，当有其他人在场（Kenrick & Stringfeld，1980）或在熟悉的情况下时，行为的一致性最强（Funder，1983a，1983b；Funder & Ozer，1983）。

虽然人格–情境争论动摇了人格心理学的基础，但促进了社会心理学的发展。在社会心理学中，心理学家一直在论证情境的力量。在一些特殊的情境领域，正常的大学生可以变成骗子、情人，甚至是残忍的施虐者。那么，在面对人格–情境争论时，我们能得到哪些启示呢？

关键问题是什么？

这不是一个非此即彼的问题，我们不是要争论行为是由特质决定的还是由环境决定的。准确地说，这是一个谁的影响更大及什么时候影响更大的问题。针对人格–情境进行争论的各方都认为人格和情境都会起作用。在这个问题上，争论的焦点其实是想确定哪一方面的影响更大。

这里还有第二个问题：在不同的情境下，人格特质的作用有多大？在极端情况下，如单独监禁的囚犯，情境显然更重要。但对日常生活中的普通人来说，与人格特质相比，情境的影响有多大？这并不是一个容易回答的问题。

人不是一成不变的

如果长期观察一个人，我们可能会发现，他会在不同的场合对相同的情境做出不一样的反应。回想一下：当去你最喜欢的餐厅时，你总是点同样的东西吗？你和你的朋友总是相处得很愉快吗？特质心理学家提醒我们，人格特质是一个人的习惯行为的平均表现（一般来说，也许你和朋友相处时总是快乐的）。

当人们从一种情境转换到另一种情境时，他们的行为是一致的还是相差很大呢？在一项研究中，参与者会每天多次记录他们所处的情境和行为，并在大五人格量表上进行自我评估。研究发现：当人们从一种情境转换到另一种情境时，他们描述的自我人格特质会像他们的行为一样发生根本性变化（Fleeson，2004）。

在这里我们学到的是，虽然影响行为的因素有很多种，但其中很多因素不能简单地划分为人格因素或情境因素。行为是特质和情境相互作用的结果（Kenrick & Funder，1988）。事实上，米歇尔从未主张我们应当抛下人格理论。相反，他认为行为是由情境、个人对情境的认识以及人格共同决定的（Mischel，1990，2003；Mischel & Shoda，1995）。

人的变化也取决于情境的具体类型

熟悉情境和陌生情境对人的影响是不一样的。如果是熟悉的情境，那么一个人会展现出其惯常的行为模式，我们也能够通过对其人格的了解来合理准确地预测他的行为。然而，在陌生的情境中，原有的行为习惯可能是不合适的。人们会通过观察别人来找到合适的行为方式，此时，情境的影响大于人格差异。

我们能够得出什么结论？

在人格–情境争论中，哪一方是正确的呢？其实，双方各有其正确的方面。根据人格心理学家威廉·弗利森（William Fleeson）在2004年的研究结果，当人格具有一致性时，人格特质有助于我们理解长期的行为。但是，在较短的时期内，特别是在特定的情境下，一个人的行为可能非常不稳定。所以，从长远来看，特质观更合适；而在某一时刻，情境观更合适。

但是，如米歇尔所说，哪一方的影响更大还取决于情境的强弱。更复杂的是，我们也需要将文化作为情境的一部分考虑进去。有证据表明，在个体主义文化中，个体的人格特质对行为的影响比在集体主义文化中更大（Church et al.，2006）。因此，我们会看到，在个体主义文化中会更看重某些特质，如智力（而非努力工作）。当然，在集体主义文化中，由于更强调情境的作用，人们更不容易犯基本归因错误。

结束语：你自己及周围环境的独特性

我们以一个问题来结束本章。

你知道在整个已知的宇宙中有哪三件事物是独一无二的吗？

这意味着它们具有可观察和可测量的特征，用以反映它们的独特性，而这些独特性是其他同类事物所没有的。

在人类世界里，它们是指纹。在物理宇宙中，它们是雪花。在心理学世界里，它们是人格。让我们进行进一步的讨论。

雪花的独特性是科学家们拍摄了数百万片新飘落的雪花后发现的。虽然雪花有各种大小和形状，但是他们没有观察到有相同图案的雪花。当雪花出现在不同的温度和湿度的条件下时，会形成复杂的形状，因此每一片雪花的结构几乎都是独一无二的。在1988年，学者南希·奈特（Nancy Knight）在美国国家大气研究中心（National Center for Atmospheric Research）研究雪花时，发现了两片完全相同的空心柱状雪花，这对"没有两片雪花是完全相同的"这一说法提出了挑战。但需要注意的是，这只是几百万片雪花中的两个，所以我们仍然认为每一片雪花都是非常独特的！

"指纹的独特性"这一说法由来已久。1888年，才华横溢的弗朗西斯·高尔顿（Francis Galton）曾这样描述指纹：

> 在约 0.066 立方米的人体肌肉、脂肪以及骨骼中，有许多需要或不需要借助显微镜被观察到的指纹。也许所有浅层中最美丽和最具特色的是那些中间有脊的小沟纹和毛孔，它们在手和脚的表皮下的排列异常复杂又均匀有序（Nature，June 28，1888）。

美国联邦调查局和其他执法机构一致认为：在收集和检查了数百万枚指纹之后，没有任何两枚指纹的模式是相同的，即使是同卵双胞胎的指纹。

正如我们在本章中看到的，人格心理学研究试图揭示每个人的内在特征。是什么将个体与大多数人甚至所有人区别开来？人格心理学家在内在体验上（而不是外貌上）寻找这些差异。内在体验包括内在倾向、特质以及性格特征，这些结合起来形成了独一无二的每个人。

你可能会想，这种方法与我们研究心理学的其他方法非常不同，因为其他方法试图揭示人们在相同环境下的一般行为模式。在某种程度上，你是对的。为了了解人格，研究人员采取了一些方法来评估世界各地人们的共同特征或相似的行为模式，这就产生了一个悖论，毕竟我们每个人都相信自己具有独特性。对于主要关注个人、全人及自我的心理学家而言，探索人的共性和独特性是他们永恒的主题。

本章小结：人格

本章思考题

是什么力量塑造了玛丽·卡尔金斯人格中表现出来的独特行为模式、高成就动机、跨时空一致性和应对压力的坚韧性？

- 心理学家承认人格的独特性，但也试图探索被基因、生物学因素、经历、社会和文化所影响的特质、性格和倾向的普遍模式。

- 心理动力学理论，特别是弗洛伊德的理论，强调早期经历，尤其是创伤，以及与兄弟姐妹和父母之间的关系。霍妮和荣格将重点放在女性面临的社会压力上。

- 特质理论和气质理论关注人格特征的持久性，如开放性、尽责性和内倾性。它们的一个重大贡献是采用各种评估技术来揭示人格的个体差异，对人格特征进行量化。

- 人本主义心理学家，如马斯洛，关注个体的目标、优势、自我概念和社会关系。

- 社会认知理论关注人的控制源，他们还会评估个体对生活中重要经历的解释。

- 存在主义理论探讨为了实现未来的目标，人们现在可以做些什么。

我们的人格是由什么力量塑造的
核心概念 10.1

人格是由生物学因素、情境和心理过程共同塑造的，这些过程都发生在一定的社会文化和个体成长的背景中。

我们可以把人格看作动机、情绪和知觉模式的默认设置，以及我们在理解自己和世界的过程中习得的图式。人格也会进化，显然，人格中的攻击性已经被替代了。神经科学认为，一系列的大脑模块组成了人格的生物学基础，每个模块都有特定的用途。

但人格也与后天发展有关；家庭环境可以影响人格。人格－情境争论的焦点在于情境相较于内在特质和心理过程的重要性。

这一章对人格特质（或倾向）与人格过程进行了重要的区分。我们需要通过特质理论和过程理论来更全面地理解人格。

跨文化心理学家认为，人格可能不是一个普遍的概念，西方文化更强调个体主义和独特的自我，这让人格研究变得复杂化。事实上，所有的文化都有个体主义或集体主义的倾向，这两种倾向都会在人格上留下印记。不过，在任何文化中，人格在某种程度上都是自我与他人互动的产物。

人们不需要人格理论来解释一般的行为。但是，一个好的人格理论有助于解释不寻常的和古怪的行为。最常见的理论可以分为以下几类：特质理论（特质论和气质论）

和过程理论（心理动力学理论、人本主义理论和社会认知理论）。

关，就像不同时间取向会有不同的反应风格一样。

人格由哪些稳定的行为模式或特质组成
核心概念 10.2

所有特质理论都会提出某些人格特征（如气质、特质或人格类型），这些特征会使人们的人格随时间的流逝保持稳定不变。

气质、特质和类型理论是描述人格的方法，其历史悠久，可以追溯到古希腊的体液理论。在本章中，我们将这三种理论归为特质理论。

气质是指先天的人格倾向，可能与大脑和基因有关。凯根（Kagan）的研究集中在气质的抑制与非抑制的维度上。很明显，羞怯受到先天因素、后天养育及文化规范的影响。与其他人格类型观相反，特质在某种程度上被认为是人格的多维度的体现。特质能够保持人格在各种情况下的一致性，并可能受到遗传和学习的双重影响。许多心理学家现在支持大五人格，它似乎在不同的文化中都被证实了。特质评估是许多心理测验的基础：一些测验评估共同特质，如大五人格，而另一些测验，如MMPI-2，评估临床特征。特质理论和气质理论在描述和预测行为方面都有很大贡献，但它们都没能解释人格的潜在过程。

随着最近研究人员对时间观心理学进行研究和思考，出现了一种新的人格观。时间观上的差异与一系列的人格特质存在显著相

心理过程如何塑造我们的人格
核心概念 10.3

尽管每一种人格过程理论都强调人格发展过程中的不同塑造力量，但是也都会把人格描述为内部心理过程和社会交互的结果。

心理动力学、人本主义和社会认知理论都试图解释人格形成过程中的内部过程和社会交互两个方面。弗洛伊德的精神分析理论指出，人格产生于无意识的欲望、冲突和记忆。根据精神决定论，我们的思想和行为并非偶然形成的。童年早期的经历对人格有很大的影响，因为儿童会经历性心理发展阶段，每个阶段都有特殊的矛盾和冲突，这些冲突会被无意识地处理。弗洛伊德认为人格由三种主要结构组成：本我（充满了无意识欲望），自我（大部分的意识活动），超我（包含了良心和理想自我）。自我的一部分（如自我防御机制）被排除在意识之外。一些投射测验（如罗夏墨迹测验和TAT测验）的基础都是自我防御机制中的投射。弗洛伊德的理论影响深远。然而，有人认为弗洛伊德的研究在科学性上乏善可陈，做出的预测没有科学依据，而且对女性不公平。现代心理学还表明，无意识并不像弗洛伊德所认为的那样明智且有目的性。

其他心理动力学理论，如荣格和霍妮提出的理论，也认为人格是一个动态的过程，包含强烈且相互冲突的动机与情绪。然而，

每一个新弗洛伊德主义者均强调人格的不同方面。荣格提出了由原型构成的集体无意识。他还提出，人可以分为特定的类型，特别是内倾性和外倾性。霍妮强调意识过程、基本焦虑、神经质需要和人格理论中的女性主义问题。其他一些新弗洛伊德主义者，如埃里克森，也强调意识和人格的终生发展。

人本主义理论（如马斯洛和罗杰斯）认为，每个人都有自我实现的倾向，但这种倾向会被不良的条件和认知所抑制。马斯洛提出了需要层次理论，认为当缺乏的需求得到满足时，一个人更有可能追求自我实现。罗杰斯认为，全面发展的人有着符合现实的积极自我概念，而精神障碍产生于自我概念与现实世界之间的不一致。当孩子在家庭中感受到无条件的积极关注时，他更有可能拥有高自尊。

存在主义理论，如弗兰克尔和麦迪的理论，关注的是人们现在能思考什么和能做什么，以满足未来的目标和抱负。在这个过程中，人们找到了存在的意义，并在绝望中找到了希望。

最近的研究表明，积极性是人格的核心过程。在各种不同的文化背景下，许多关于自尊、幸福和未来生活质量的研究都与之相关。

人本主义理论对心理治疗有很大的影响，但由于一直以"自我"为中心，且缺乏坚实的科学基础而被批评。相比之下，社会认知理论确实有科学基础，尽管它们能解释的范围比心理动力学和人本主义理论要有限得多。班杜拉的社会认知理论认为，人格是通过观察学习形成的。人格是认知、行为和环境的交互作用的结果，这个理论也被称为交互决定论。根据罗特的控制源理论，那些有内部控制源的人比有外部控制源的人更容易觉得自己能控制生活中的事件。

与弗洛伊德、荣格、霍妮和其他心理动力学理论家不同，现代人格理论并没有试图全面解释人格的各个方面。家庭系统理论强调在社会环境中的个人行为，其他理论强调文化对人格及性别差异的影响。

基于荣格人格类型说的类型理论已经体现在了应用广泛的 MBTI 测验上。研究表明，通过 MBTI 或其他人格测验测量出的人格特征并不能简单地归为一种类型，但也许可以应用在特质维度上。人们对 MBTI 的有效性和可靠性的质疑态度正在转变，因为有新的证据表明它在组织环境中有利于对员工进行分类。

> ## 人们会使用哪些理论来理解自己和他人
> **核心概念 10.4**
>
> 我们对自己和他人的了解是以内隐人格理论和自我叙述为基础的，这两者都受到社会文化的影响。

我们对于他人的理解是以内隐人格理论为基础的，这让理解他人变得不再那么困难。内隐人格理论通常使用类似大五人格的特质，虽然存在性别差异。内隐人格理论也可能依赖于朴素的假设，经常在人格是固定的还是可改变的这一问题上产生分歧。

此外，跨文化心理学家发现，关于人格和行为的假设在不同的文化中差异很大，这主要取决于某种文化是强调个体主义还是集体主义。个体主义文化中的人更容易出现基本归因错误。不同文化对人格的影响还体现在很多方面，包括社会地位、爱情、情绪表达、控制源，以及思维与情感。

批判性思维的应用：人格－情境争论

人格心理学家和社会心理学家之间持续的争论集中在人格和情境的相对重要性上。就像先天与后天的争论一样，其实两者都会对行为结果产生重要的影响。

本章视频导读，
请扫描二维码观看。

人类自诞生之日起，便不可避免地与情境、人发生关联，如同树根一般盘根错节。哪些因素会影响这些关联呢？这些复杂的关联会对我们产生什么奇妙的作用呢？

社会心理学家们对上述问题进行了思考，剖析了人与环境之间的相互作用，用科学的方式解释个体人格如何影响情境，特定的情境又怎样影响不同的个体。同时，个体与他人的互动会影响人们的思想、情感、知觉、动机和行为，社会心理学家们也渴望在人与人之间的互动中找到足以解释各种群体行为的"密钥"。

通过阅读本章，我们可以对一些经典的社会心理学实验进行精细入微的了解，并且找到解释个体行为的线索，解答我们的诸多疑惑。例如，是什么使米尔格拉姆的电击实验中的普通人伤害他人？是什么使阿希实验和谢里夫游动实验中的被试做出有悖于自身感知觉的判断？是什么使斯坦福监狱实验中的"狱警"变得具有攻击性？是什么导致群体中的成员采取极不明智的行为？是什么导致个体明明可以有所作为，却选择袖手旁观？是什么导致了个体间的相聚相散、偏见和歧视？岁月更迭，时代变迁，但经典永恒。在后人对诸多疑惑思考的过程中，这些经典的实验范式

也在不断地得到延伸，变得更具概括性。

在心理学的众多分支中，社会心理学是一门比较接近生活的学科，它从生活现象出发，以科学结论作尾，引导人们思考生活中普遍存在的社会事实，并予以解释。常有许多非心理学专业的读者想"粗浅"地了解一下心理学，却无从下手。这一章节没有过于复杂、抽象的专业词汇，而是包含一些与人们的生活息息相关的经典实验和通俗易懂的解释，供君一览。

在这个信息大爆炸的时代，我们通过互联网获取了许多有关社会现实的新闻，它们与人相连，与社会相交。在不太了解社会心理学之前，我们可能会用常识和经验分析这些现象。而在了解本章之后，读者可以更多且从更专业的角度看社会这一绚丽缤纷的"万花筒"，或许还会灵光一现、豁然开朗，给予自己和他人过去的行为一个更好的解释。

本章将剖玄析微，带你走进虬枝峥嵘的社会心理学之树。

范伟

湖南师范大学心理学系教授

11

第十一章

社会心理学

本章译者：范伟　王笑雨

在米尔格拉姆的服从研究中，成年男性"老师"在权威人物的命令下对他们的"学生"施加令其越来越痛苦的电击，并称这有助于改善学生的任务记忆。

核心概念

11.1 我们的行为通常要符合社会情境，当面对不熟悉、不明确的情境时，我们会参考他人的行为。

11.2 他人的行为和我们如何解释他人在社会背景中的行为，这二者都会影响我们对他人的看法。

11.3 社会系统会影响情境，而情境会影响行为。通过理解社会系统，我们就可以学习如何优化它，同时消除其所造成的负面影响。

比尔在阅读周日报纸时，得知他所在的小镇的一所著名大学正在招募年龄为 20 ~ 50 岁的成年男性参加一项心理学实验，该实验旨在提高人们的记忆力。比尔自愿参加了这项有趣且有价值的实验，并且他还将获得一小笔报酬。比尔到达大学的实验室后，研究人员热情地接待了他，并且向他介绍了名叫道格拉斯的另一位被试。实验者穿着醒目的实验室工作服，向被试介绍这项研究的目的，即检测当人们犯错误时是否可以通过惩罚来改善其学习和记忆。他说："对正确反应的正强化是提高动物和人类的记忆力的关键。我们现在想检测对不正确反应的惩罚是否也能达到类似的效果。"这两个被试通过抽签确定谁扮演老师，谁扮演学生，扮演哪个角色看似并不重要。

这项任务很简单：比尔将扮演"老师"的角色，并给扮演"学生"的道格拉斯提供一组成对的单词，道格拉斯需要在给定的时间内对这些单词进行记忆。每当学生回答正确时，老师都会给他一个口头奖励，如"很棒"或"正确"。当学生回答错误时，老师要按一下电击设备上的操作杆，它会立即发出电击来惩罚学生。

电击设备一共有 30 个开关，最低电压为 15 伏，以 15 伏为一级强度逐渐增加，最高为 450 伏。控制面板显示了每个开关所对应的电压以及与其相关的描述。例如，第 25 级（375 伏）的开关上标记着"危险，电击水平强烈"，而在第 29 级和第 30 级（435 伏和 450 伏）处，控制面板只标注了代表不祥征兆的"×××"。实验者指出，每当学生犯错时，老师必须按下比上一次电击水平更高的开关。

学生道格拉斯进入了相邻的房间，他的手臂被紧紧地绑着，腕部安装着电极。如果学生犯了错，隔壁房间中的电击设备会电击学生的手腕。道格拉斯提到他的心脏有一些小毛病，希望电击不会对他造成太大的损害。实验者向他保证，虽然电击很强烈，但不会对他造成任何永久性的伤害。实验过程中实验人员会站在比尔的旁边，比尔可以通过对讲机与道格拉斯进行对话并提出测试问题。

实验之初，道格拉斯表现出色，并得到了比尔的称赞。然而，很快他开始出现错误，比尔立即按下那些电击开关。随着道格拉斯犯的错误越来越多，电击水平也越来越高，他开始抱怨电击对他造成了伤害。在电压处于 75 伏时，他呻吟了一声，在第 10 级电压150 伏时，道格拉斯表示他受不了了，要求终止实验。比尔焦急地看向实验者，实验者点了点头并示意他必须继续。随着电击强度的增加，道格拉斯的尖叫声也随之提高，他提醒实验者自己患有心脏病。现在比尔真的心烦意乱，他对实验者说："先生，如果那个人的身体出了状况，谁负责呢？""我将负全责，现在请继续进行你的任务，老师。"实验者的话打消了比尔的顾虑。随着实验次数越来越多，电击水平越来越高，隔壁房间也传来更刺耳的尖叫声。比尔很犹豫并询问实验者是否还要继续，但实验者坚决主张他别无选择，必须继续。

当电压达到 300 伏时，道格拉斯要求退出实验，并大声地喊道自己有心脏病。比尔受够了。他提出异议："先生，我不能再伤害他了，我拒绝继续。"实验者十分冷漠地让比尔继续进行实验，因为他签署了完成实验程序的合同。

比尔不情愿地继续对道格拉斯的错误施加惩罚。当电压达到 330 伏时，他听见了尖叫声和"砰"的重物撞击声，然后电击室变得沉寂。比尔说："他没有回应了，应该有人去看看他是否安好。"但是实验者仍不为所动："如果学生没有在规定时间内回答问题，即漏答，也需要受到与回答错误相同的惩罚。这是规则，你必须服从。"

当比尔继续给予下一个级别的电击时，学生道格拉斯毫无反应。比尔大声地抱怨说，在这种情况下继续进行实验是不合乎情理的。但是，他说的话无法撼动实验者，他无法从这难以意料、令人沮丧的困境中退出。相反，比尔被告知必须要遵守规则，因为作为老师，他的工作就是不断地提出测试题目并对学生的错误施加电击，即使这意味着要一直提高电压，直到450 伏。比尔不停地抱怨，但也不断地按着越来越高的电击开关，一直到最高级别的电击！

如果在该实验中你是比尔，你会怎么做？在什么电击级别下你会坚定地拒绝继续进行？大多数人都认为，我们会提出异议，违抗实验者的指令并离开实验室。你永远都不会因为几美元出卖自己的良知，对吗？谁会违背自己的良知，盲目服从权威的命令，去伤害无辜的人呢？也许只有精神病患者会。许多精神科医生预测只有 1% 的美国公民会提高电压到最大级别，这是美国的精神病患者所占的百分比。但他们大错特错！

　　该实验其实是由一位年轻的社会心理学家斯坦利·米尔格拉姆（Stanley Milgram）于 1963 年在康涅狄格州纽黑文（New Haven，Connecticut）的耶鲁大学（Yale University）进行的，当时他是一位新来的助理教授。他测试了来自各行各业的 500 多名普通公民（没有学生），发现每三位"老师"中就有两位（65%）会把电压提高到最高的 450 伏。大多数人在此过程中都会提出抗议，但仍会选择服从权威，对"学生"施加他们认为可能致命的电击。需要补充说明的是，学生实际上是实验者的助手，他们事先接受过训练，扮演了一个中年被试的角色。在实验中"学生"并没有遭受电击，只是他们的表现让"老师"误以为真。你将在本章中详细了解与米尔格拉姆的实验相关的内容，但现在让我们看一下这个实验所揭露出的人性本质。我们还将进一步了解 40 名精神科医生为什么会预测错误。

> **本章思考题：**
>
> 　　为什么普通人会像米尔格拉姆的电击实验中的被试那样伤害他人？

　　同样重要的还有，尽管多数人表现出了完全的服从，但仍有少数人拒绝服从这种不公正的权威。在大多数有权威规则的实验和现实生活中，大多数人都会选择遵循、遵从、服从。但是，总有 10% ~ 30% 的少数人会反抗。这让我们不禁思考，为什么某些人会逆流而上并付出他们的时间和精力去帮助陷入苦难的人，甚至做出英勇的行为？

是什么使社会心理学与众不同

　　社会心理学（social psychology）是一个研究个体与个体之间如何相互影响的领域。当我们了解到除了服从权威之类的实验的负面结论外，还有许多社会心理学研究会带来好消息时，可能会感到欣慰。社会心理学还探索因人类聚集而产生的友谊和亲密关系，以及合作和冲突解决等。在本章中，通过学习社会心理学，你将了解个体与他人的互动是如何影响人们的思想、情感、知觉、动机和行为的。简而言之，你会发现三个核心主题（见图 11-1）。

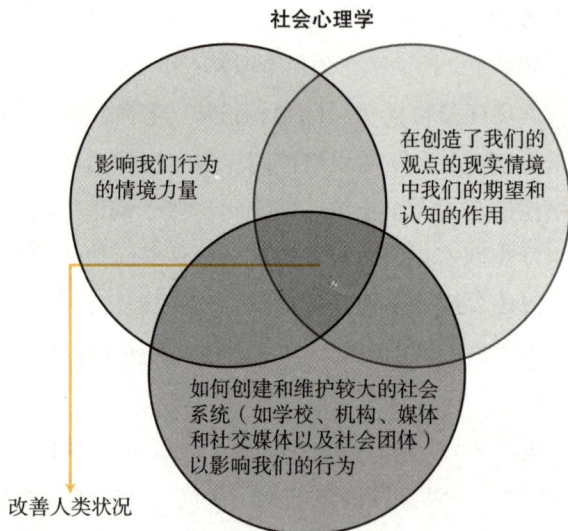

社会心理学

影响我们行为的情境力量

在创造了我们的观点的现实情境中我们的期望和认知的作用

如何创建和维护较大的社会系统（如学校、机构、媒体和社交媒体以及社会团体）以影响我们的行为

改善人类状况

图 11-1　社会心理学的三个核心主题

注：社会对我们的行为的影响来自外部情境、内部心理过程及我们所生活的广泛社会系统。

　　社会心理学家试图理解社会背景下的行为。广义地讲，谢夫林（Sherif，1981）认为社会背景（social context）既包括他人的真实、想象或象征性的存在，也包括人与人之间发生的活动和互动，还包括行为发生的环境，以及在特定环境下约束行为的期望和社会规范。社会心理学家渴望了解人与环境之间的相互作用，个体性格特征如何影响其在社会环境中的行为，以及它们又如何受到社会情境因素的影响。简而言之，即个体会如何影响情境，而特定的情境又会怎样影响这些个体？当然，社会心理学的主要研究内容还包括群体行为，如团队合作、从众、群体偏见和恐怖主义。社会心理学家认为，通过了解引发消极社会行为的过程和机制，可以找到积极的干预措施来预防或改变这种行为。

最重要的是，就像米尔格拉姆的电击实验一样，服从性研究强调了社会情境对我们行为的影响力。这是过去 50 年来社会心理学研究中出现的一个核心主题。

但心理学家们知道，尽管情境具有强大的影响力，但它不仅仅指我们所应对的客观现实。当我们在一间房间里时，除了房间的物理尺寸、形状和颜色可能会影响我们在房间中的行为方式外，我们对情境所做的主观解释，即根据情境对我们的意义而产生的个人知觉也会影响我们的行为方式。因此，同一个物理环境对人们产生的影响可能因人而异，并且随着时间的变化，我们的体验也有所不同。个人建构的主观社会现实是社会心理学的第二个核心主题。我们必须理解这个充满期望和感性的世界，从而了解在友谊和亲密关系建立过程中的吸引力，以及暴力、偏见和歧视背后的排斥力。

社会心理学中的第三个核心主题探讨的是哪些人或事物创造并延续了社会情境，这些情境不仅包括监狱、帮派、邪教、刑讯中心，还包括其他积极的情境，如大学、志愿者组织、夏令营，以及影响人类行为的许多其他情境等。首先，我们将确定我们的研究重心：去强调各种情境影响我们的思维、感觉和行为的方式。其次，我们拓宽视角，强调系统在创建、延续和解释各种生活情境（无论好坏）中的重要性。发生欺凌行为的教室是一种情境，也就是行为的背景，而系统是学校的行政管理及其政策和程序。我们还将看到社会心理学家如何通过实验来改变情境，从而改变主观社会现实，进而改善人类的生存状况。这是许多社会心理学家的崇高理想，他们努力工作、致力于在许多领域中实现这一目标。理想情况下，社会心理学研究的应用目标是利用所获得的知识来改善人类的处境。

关键问题：

我们的行为如何受到社会情境的影响

核心概念 11.1

我们的行为通常要符合社会情境，当面对不熟悉、不明确的情境时，我们会参考他人的行为。

想象一下，在一次非常棒的暑期工作面试中，你发现自己有可能被谷歌公司聘为实习生。在面试过程中，面试官讲了一个低俗的笑话去打破沉默，你觉得这种行为很无礼。

你会直接表达你的感受，还是会用大笑掩饰？面试结束后，他提议与你一起在公司食堂吃午餐。

- 午餐时，你会主动与对方交谈，还是会等待他引出话题？
- 你会先吃掉你最喜欢的甜点，然后再喝不太喜欢的汤吗？
- 切完肉后，在将切好的食物放到嘴里时，你会将叉子从左手移到右手吗？还是始终将叉子握在左手中？

即使在上述简单的社会情境下，也存在许多社会和文化规则来规定什么是恰当的和可以接受的行为。如果正处于这种陌生情境，你就会像大多数人一样，从周围的人那里习得"恰当"的行事风格。在交谈的过程中，面试官摆好餐具，然后你会效仿他，并假装喜欢他那无厘头的笑话。你想要得到这份工作，因此表现得比以前更加顺从。欧洲人不会像美国人一样在吃饭时将餐具转手，这种习惯是通过在家庭环境中观察他人行为时无意识习得的，很少有人被明示要这样做。甜点虽然十分美味诱人，但无论如何它都会排在进餐顺序的最后一步，这是脚本化的行为，意味着在给定的情境下，我们可以按照特定的行为顺序预测性地采取行动，如餐厅或家庭用餐的标准脚本。

当我们融入新的环境时，情境能最大限度地控制人格，其重要性凌驾于我们过去的学习经验、价值观和信念之上。情境越新颖，我们对习惯性反应方式的依赖就越少。我们通过参考他人来判断自己的行为以便他人认可我们。然而，在你第一次去教堂做礼拜或参加葬礼时，或你第一次和兄弟调侃他人以及参加摇滚音乐会时，两种情境中可接受的行为会大相径庭。我们将看到，这些社会环境的压力会对我们的心理产生强大的影响，使我们做出一些我们往常不会做的事情，甚至是不道德和非法的行为。

在米尔格拉姆的服从实验中，当比尔扮演"老师"时，这些压力正在发挥作用，使他对一个无辜的"学生"施加了极其痛苦的电击惩罚。社会角色、情境规则、我们的衣着打扮、是否匿名、是否处于竞争中或者仅仅是他人在场，这些都会极大地影响我们的举止。通常，这些微妙的情境变量会悄无声息地以多种方式影响我们，甚至会使我们做出思虑不周或愚蠢的行为。我们的核心概念强调了这一点：

> 我们的行为通常要符合社会情境，当面对不熟悉、不明确的情境时，我们会参考他人的行为。

在本部分中，我们将探讨"情境主义"及相关支持研究。**情境主义**（situationism）假设外部环境或社会环境可以对人们的思想、情感和行为产生微妙而强烈的影响。情境主义与**特质主义**（dispositionism）相反，后者倾向于将行为归因于内部因素，如基因、人格特质和性格特点。特质主义从个体内部寻找为什么某人以特定方式行事的解释，而情境主义则倾向于探究外部情境。下面让我们更深入地观察在顺从、服从、盲目的群体思维及袖手旁观下，情境力量所造成的危害。

本部分导读：

11.1　回顾一些行为的社会决定因素。

11.2　评价影响从众和不从众的因素。

11.3　解释在各种情境下服从权威的力量。

11.4　利用米尔格拉姆的研究结果启发人们做出

富有同情心的行为。

11.5　分析旁观者干预问题。

11.1　行为的社会标准

学习目标：

回顾一些行为的社会决定因素。

上文中所描述的谷歌公司的工作面试，为我们提供了一个情境影响行为的例子，你会尝试在未来的雇主面前做"恰当的事"或任何有利于你获得这份工作的事情。当你去比较一个学生与朋友聊天和与教授交谈的方式，或者你同家人聚餐与同朋友一起观看喜爱的电视节目的行为时，就会注意到情境的力量。大多数人都能学会判断自己的社交环境，并使自己的行为适应情境的需求。大多数人的反应在很大程度上都取决于两个因素：他们所扮演的社会角色和该群体的社会规范。接下来我们将仔细探究这两个因素。

11.1.1　社会角色和社会规范

你如何回答"你是谁"这一基本问题？一个答案可能是：我是一名大学生、做兼职、有宗教信仰、常骑自行车、技术人员、优秀学生及相貌较好。这些描述词中的每一个都将成为你在人生舞台上扮演的社会角色。而在关注集体价值大于个体价值的文化中，人们可能会这样回答这个问题：我是一个姐姐，是 X 族，是 Y 部落的成员。**社会角色**（social role）是在给定的情境或群体中人们期望的几种社会定义的行为模式之一。你的兴趣、能力和目标，或者群体及不受你控制的文化、经济或生物条件，都与你扮演的社会角色有关。无论如何，社会角色会规范你的行为，并使你清楚地知道应该做什么、应该如何做、何时何地去做以及为什么这样做。各行各业包括许多角色，如接待员、工会组织者、经理、理赔代理人、技术员等。

你生活和工作的情境还决定了你成为什么样的角色以及其他人对你的期望。例如，大学生这一社会角色隐含的意思是你需要上课、学习和在截止日期之前上交论文。这也意味着一定程度的特权，通常不必全职工作，对改善自己的思维方式有着浓厚的兴趣，并有足够的时间对自己的职业选择进行探索。此外，扮演此角色降低了你扮演其他某些角色的可能性。因此，你作为大学生的角色减少了你以后变成恐怖分子、帮派头目或成为卡车司机的可能性。不过较为成熟的学生可能已经拥有了自己的家庭、从事全职工作、成为退伍老兵或社会政治活动家。

除了个人扮演的特定社会角色外，群体还制定了许多"不成文的规则"，规定了所有成员应该采取的行动方式。帮派成员可能会无条件地服从其领导人，并愿意与任何指定的"敌人"进行战斗或将其杀害。科技行业的现代男性高管通常穿牛仔裤上班，很少系领带。而在其他工作环境（如保险行业）中，这是错误的着装。作为一种宗教信仰，在有些地区女学生可能会戴着面纱上课，因为在某些文化中必须这样做。意大利人互相问候时，以固定的先左后右的顺序在脸颊上亲吻，而波兰人还要再加一个吻。这些期望，即**社会规范**（social norms），决定了特定行为环境中恰当的态度和行为。社会规范可以是广泛的指导方针，如关于哪些政治或宗教态度被认为是可以接受的。社会规范也可能非常具体，体现为行为标准，如在图书馆保持安静或参加工作面试时保持皮鞋干净。社会规范甚至可以引导对话，因为社会规范会限制在某些群体面前讨论敏感或禁忌话题，如异性或具有已知政治差异的群体。

学习和适应社会规范　在各种情境下，有些规范是不成文的规则。例如，当老师讲课时，学生应该听讲而不是交谈。但是，如何规范你在电梯中的行为呢？我们打赌你总是面朝电梯门，在电梯里还有其他人的时候，你要么停止与朋友聊天，要么低声聊天。为什么？这些规则写在哪里？你是如何学习它们的？如果下次你进入一个载满人的电梯时，你面朝后方会发生什么？尝试一下这个小实验，看看其他人的反应是什么。这是 20 世纪 60 年代电视上的《快拍相机》（Candid Camera）节目中首次展示的经典实验"面朝

后方"（Face the Rear）。或者当国歌响起每个人都站起来时，你尝试坐下来。要想了解某项社会规范是否正在发挥作用，只需尝试违反它，并检查在同一环境中其他人的反应。如果他们表现出困惑，你就会知道自己违反了规范，然后准备受到一些抨击吧。

当一个人加入一个新团体时，如工作小组或一群朋友，会有一个调整期。在此期间，个人会试图找到融入这个团体的最佳方式。融入团体通常需要发现其社会规范。在做出这种调整时，个人通过两种方式：首先其注意到某些行为的一致性和规律性，然后观察他人违反社会规范时的负面后果。

例如，如果一个新学生刚进入你的学校就读，他常使用公文包携带书本和笔记本，而校内的其他学生习惯使用双肩包，那么他的行为就会被视为"怪异"。在其他学校也是这样。虽然很少被明确提出，但是着装要求也是如此，它几乎可以影响每个人的着装（见图 11-2）。在上一代人的观念中，侧戴棒球帽的家伙会被嘲笑，穿着破牛仔裤的妇女可能会被认为太穷了，没钱购买新牛仔裤，如今却是一种流行的穿戴。现在，运动员佩戴钻石耳环或身上有大面积文身也逐渐流行。此外，一些人已经使用简洁握手方式取代了"老式的"繁复的握手仪式。

写一写

违反社会规范

想一下你在特定情境中违反社会规范的时刻。你是故意还是无意识地违反它的？你和别人的感受如何？

11.1.2　图式和脚本

为了帮助我们组织所有的信息并更好地指导我们的行动，我们形成了**图式**（schemas）。形成图式后，我们能够对各种情境下人们期望的事物做出预测。因此，当我们违反图式时，常常会因为无法进行预测而感到不安。想象一下，当你进入一家（非快餐店）餐馆，开始点餐，还未上菜就收到账单。想象服务员先

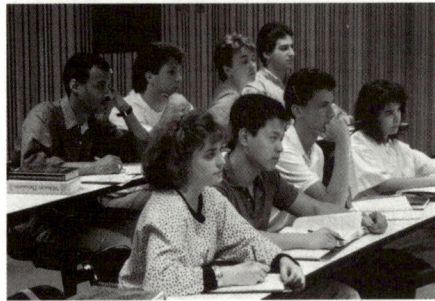

图 11-2　社会规范随时间而变化

上甜点，然后是主菜，最后是开胃菜。这完全在意料之外！图式是指人们在某些情境下应该做出的行为。当他们不这样做时，会引起负面的效果，因为我们认为他人的行为必须符合我们的图式。餐馆的例子就与违反事件发生的图式相关。

　　脚本（script）是一个人对事件和行为动作序列的知识，是在特定情境下对特定社会角色的期望。我们期待事件的进程是以标准的、可预测的顺序发生的。

11.1.3　社会规范影响学生的政治观点

　　我们知道父母会影响孩子的政治观点，但是学生的政治观点会受教师的政治观点影响吗？社会心理学家西奥多·组科姆（Theodore Newcomb）提出了这个问题。

1. 学院：佛蒙特州（Vermont）的本宁顿学院（Bennington College）。
2. 时间：20 世纪 30 年代，是有争议的总统富兰克林·德拉诺·罗斯福（Franklin Delano Roosevelt）时代。
3. 学生：来自富裕、保守家庭的女生，她们的价值观绝对保守。
4. 师资力量：年轻、充满活力、自由。

　　当时，本宁顿的校园文化规范是政治和经济自由主义。研究人员想知道：家庭和教师中的哪一个最能影响这些学生的态度？你的预测是什么？显然，任何预测都会使当时的情境力量（教师）与长期且非情境的力量（家庭）相对。但出乎意料的是，实验数据显示，短期的校园规范比长期的家庭规范的影响力更大。大多数女生的保守主义态度随着她们的大学生活而发生了变化，在大四时，她们的思想和逻辑思维明显已经转变为自由主义式的（Newcomb，1943）。但是，这种态度转变是否会长久地持续下去？

　　的确是这样。毕业时是自由主义者的女生之后仍然是自由主义者。反对现行的自由主义规范的少数人之后仍然是保守的。这种情况可以部分归因于她们都嫁给了与自己的政治态度类似的人。

　　无论这些女生是自由派还是保守派，大多数人都嫁给了政治态度与自己类似的人，从而营造了支持性的新家庭环境，以维持这些不同的意识形态。在大约 30 年后的 1960 年美国总统大选中，这些妇女仍然保持当时在本宁顿学院形成的自由主义，当时组科姆调查的班级有 60% 的人投票支持自由民主党人约翰·肯尼迪（John Kennedy），而不是保守的共和党人理查德·尼克松（Richard Nixon），相比之下，同一时期其他大学的毕业生对肯尼迪的支持率不足30%（Newcomb et al.，1967）。

如表11-1所示，在本宁顿学院最初发现的趋势仍存在于当今的学生中。学生这一群体在上大学时的态度会变得更加自由。虽然不是全部，但大多数人都会如此。保守派专家经常把这种趋势归咎于自由派教授的灌输。但数据表明，同龄人对大学生观点的影响要大于教师对大学生的影响。

当然，群体规范和群体压力并不是校园文化的唯一来源。一个人的工作场所、邻里、宗教团体和家庭，都会传达行为标准和违反这些规范的制裁措施（如开除、遭到社会排斥或逐出教会）。但是高中或大学的环境可能会对年轻人产生巨大影响。如果他们的生活经验有限并且以前从未遇到过与自己的态度截然不同的情境，则尤其如此。例如，在本宁顿研究中，新生通常会接受同学们的政治观点，并经常认同同学们的宗教信仰及对性和酒精的态度（Prentice & Miller，1993；Schroeder & Prentice，1995）。而对于住在宿舍、与舍友一起吃饭和进行课后活动的住校学生，社会规范对这些学生的行为产生的影响甚至比走读学生更加明显。

表 11-1　美国大学生的政治价值观

学生对政治观点的描述	在大学入学时（TFS）	在毕业时（CSS）	变化①
自由派或左派	29.7	39.1	9.4
中间派	41.6	38.5	-3.1
保守派或右派	28.7	22.5	-6.2
表示同意或不同意以下情况的学生百分比：	**在大学入学时（TFS）**	**在毕业时（CSS）**	**变化①**
大麻应合法化	29.6	44.0	14.4
同性伴侣应享有合法婚姻身份的权利	56.5	69.3	12.8
堕胎应该合法	48.6	60.5	11.9
应废除死刑	40.4	46.5	5.8
高校有权禁止校园里的极端演讲者	44.3	49.1	4.8
实际上，一个人对我们的社会不能做什么改变	20.6	22.2	1.6
大学录取中的平权措施应予废除	53.7	51.7	-2.0
种族歧视不再是美国的主要问题	19.8	14.3	-5.5
高校应禁止在校园内进行种族主义和性别歧视言论	63.1	54.9	-8.2
有禁止同性恋关系的法律很重要	28.4	18.0	-10.4
法院对罪犯的权利过于关注	55.0	42.8	-12.2
联邦军事支出应增加	32.7	20.5	-12.2

①这些数字仅从具有 TFS 和 CSS 数据的案例中编制而成（N = 12205）。

注：数据表明，在大多数情境下，21 世纪的学生（就像本宁顿学院的 20 世纪 30 年代的学生一样）在读大学期间其政治价值观变得更加进步。

11.2　从众

学习目标：

评价影响从众和不从众的因素。

社会压力的力量有多强呢？有研究表明社会压力对人们的情绪、着装风格和休闲活动都会产生影响（Totterdell，2000；Totterdell et al.，1998）。这种模仿他人的倾向被称为**变色龙效应**（chameleon effect）。变色龙这种动物会通过改变肤色，使自己融入不同的环境（Chartrand & Bargh，1999）。在上文中，我们已经了解到社会压力对本宁顿学院学生政治态度的影响。

- 但是，社会影响力是否足以使人们遵循明显错误的群体规范？
- 这种情境的力量比你亲眼所见的证据更有力吗？
- 一群陌生人能让你通过他们错误的感知来了解世界吗？

想象下面这一幕。

11.2.1　阿希效应：处于多数派中的少数派

一位接待员将最后到达的被试带进等待室。当这名被试与其他六名被试交谈时了解到，大家参与的是同一个实验。但最后到达的这名被试不知道其他六个人是实验者的同谋——在社会心理学研究中通常被称为"联盟"（confederates）。他们对精心安排的计划进行了排练，要对真正的实验被试施加社会压力。

不久，实验者进入等待室并邀请所有被试进入另一个房间，他们坐在一排椅子上，椅子对面有一个画架。在画架上，他们看到一叠大卡片，如图 11-3 右侧所示，卡片上有四条竖线。

任务内容是判断 A、B、C 三条线的哪一条与标准线 X 的长度相同。实验者开始随意地收集被试给出的判断，收集顺序是从假被试开始。每个人都觉得这个简单的任务有点无聊。

一切都进展顺利，直到呈现第三张卡片。卡片如图 11-3 所示，正确答案显然是 B，所以不知情的真被试对第一个人说"A"的情况感到难以置信。作为一名心理学学生，真被试知道不同的人对世界的感知觉不同，所以他简单地将这种反应归因于个体知觉偏差。之后第二个人也回答"A"。当第三和第四个人也说"A"时，真被试开始怀疑，"我的感知觉是否出现了偏差？"作为倒数第二个被试，他的看法与之前五个人的判断相冲突。他再次看了看卡片，结结巴巴地

说："嗯……A。"最后一个被试也选择 A。

实验总共包括 18 张卡片，其他被试有时给出"正确"的答案，但他们在 12 个试次中做出了明显错误的判断。他们疯了吗？震惊之余，真被试继续附和着他人的"错误"，并且认为此时自己提出异议会破坏实验，采取这个行为是不合适的。

在这种情况下你会怎么做？

你可能会认为，如果自己真的参加了阿希的实验，会抵抗住这种压力。或许可以，事实上，在阿希最初的实验中，近三分之二的真被试经受住了群体的压力，不去附和明显错误的判断。但是，重要的是，有三分之一的学生从众，这意味着他们由于社会压力而违背了自己的感知觉。

社会心理学家将这种现象称为**阿希效应**（asch effect）：一个群体对个体客观判断施加的强大影响。所罗门·阿希（Solomon Asch）的实验已经成为从众（conformity）的经典例证，即人们具有采纳其他群体成员的行为和观点的倾向。尽管个体是在评判客观存在的事实，而不是发表个人的意见，但许多人还是会屈服于从众的压力。

这一结果鼓励阿希和其他人对实验条件稍作调

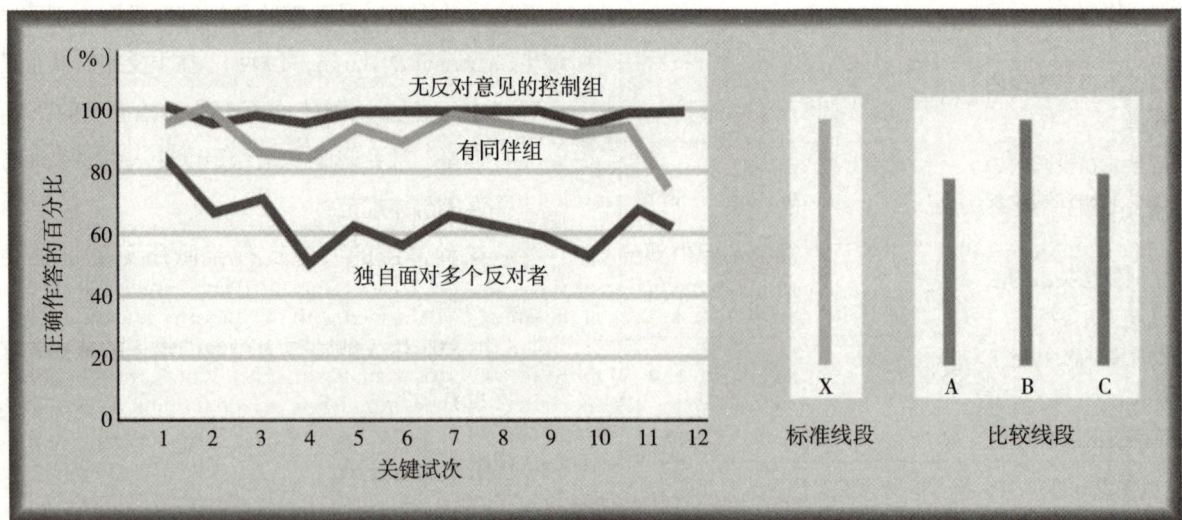

图 11-3　阿希的从众实验

注：该图片来自阿希开创性的研究，右图是典型的刺激阵列。左图显示 12 个试次的从众结果，图中显示了大多数假被试给出错误的答案（底部的线）或真被试有一个持有异议的同伴（中间线）时的正确估计的百分比。

整，他们发现在某种情境下，三分之二的被试屈服于多数人。阿希和其他研究人员发现促进从众的条件有哪些呢？

- **多数派的一致性**。如果群体中的每个人都持相同的意见，他们可以产生强大的社会压力。但是，如果有一个人反对大多数人的意见，咒语就会被打破，从众的比例就急剧降低（Asch，1940，1955，1956）。

- **群体的大小**。在只有一两个人的群体中，大多数被试会明显感受到更少的从众压力。当被试面对的群体人数为三人及以上时，压力会骤增。

- **进行公开判断，而不是私下判断**。如果你相信群体中的其他人不会听到你的回答，那当你认为他们不正确时，你就不太可能附和他人（Deutsch & Gerard，1955）。

- **模棱两可**。当线段长度几乎相同，即正确的答案不是很清晰时，人们似乎更容易自我怀疑，并屈服于从众压力。

- **自尊**。如你猜想的一样，那些认为自我价值低的人更有可能在阿希实验中从众（Aronson，2011）。

- **多数派的组合**。与自尊的发现一致，当该群体的地位很高时（Eagly，1987），或者个人认为群体很重要时，个人更易从众。顺便说一句，除非该任务是通常针对男性的任务，如判断电器的质量（Eagly & Carli，1981），否则女性并不比男性更易从众。

- **独立性**。虽然从众带来的压力很大，但少部分个体仍能够抵制它并保持自己的观点。他们甚至会在群体给出正确答案时故意给出错误的答案（Friend et al.，1990）。

- **一致性中断**。当群体中多数人的意见一致时，从众的概率最大。一旦一致意见被打破，从众的概率就会急剧下降（Allen & Levine，1969；Morris & Miller，1975）。

- **盟友的力量**。我们想强调一个与个人有关的发

现：哪怕只有一个盟友挑战群体标准，对你抵抗群体压力也是至关重要的。在一个很大的群体中，如果出现一个持异议的同盟者，会极大地降低从众性（见图 11-3）。正是由于拥有了这样的"伙伴"，几乎所有的被试都抵制住了从众的压力。这项结果给了我们最积极的启示。如果你愿意公开挑战群体，那么你就可能影响其他人的行为。一个英雄就可以激励其他人不要屈服于群体压力。我们称其为"一人力量"。而"二人力量"是指当你忠于某人，或者由于某人在特定情境下的种族、宗教或性别地位而被欺负或抛弃时，与他成为盟友并反抗群体压力时产生的力量。

11.2.2　这对你有什么帮助

所以现在想象一下，你即将在一个群体中公开投票，就像在俱乐部或董事会中常见的那样。在以下情景中，你有可能会从众：

（1）正在解决复杂或令人困惑的问题；

（2）小组中的其他人似乎了解他们所争论的问题；

（3）公开投票，而不是匿名投票；

（4）整个群体在你之前投票，并且意见一致；

（5）尤其是领导人先进行投票。

了解这种从众压力会让你更明智地进行思考：你如何面对群体中产生的从众问题，特别是在他们正朝着错误甚至不道德的方向发展的情境下。抵制这种影响需要批判性思维，并且还需要在此书中学到的知识，以及关于社会压力影响因素的知识。

在阿希效应中：

1. 人因规范性的影响而从众，并且希望被别人接受、认可和喜欢，而不是被他人排斥；

2. 从众的另一个原因是信息影响，人们希望自己是正确的，并且了解在任何特定情境下正确的行为方式。

当实验者的同谋对真被试撒谎时，这样的从众研

究显然会带来伦理问题。但是，怎样才能确保使用阿希的基本范式时不发生欺骗？如果每个人都戴着眼镜看线条，真被试的眼镜是清晰的，所显示的线段和现实中的线段一样。但是大多数学生的护目镜被偷梁换柱了，虽然他们也能看到线段，结果却是扭曲的，不同长度的线段看起来和标准线段一样长。在一项研究中就使用了这种技术，被试戴的眼镜与带有偏振滤镜的 3D 电影中的眼镜相似（Mori & Arai, 2010）。在这项研究中，104 名日本学生被分成四组进行测试：其中三组戴着扭曲现实的眼镜，另一组戴着普通眼镜。结果显示，在没有欺骗的同谋情境下也产生了阿希的从众效应，并且女性被试中的从众概率高于阿希最初的研究数据。随后的一项调查性别差异的研究（Mori & Arai, 2010）表明，在早年，日本文化中的男孩和女孩都会从众，但随着年龄的增长，男孩变得更加独立，女孩则保持不变。我们还需要进行其他研究，以确定从众的影响有多深远。

11.2.3　从众还是拒绝它

什么时候最好依靠现有的社交信息？什么时候应该保持独立？你怎样认为？

即使对细菌理论不太了解，大多数人也遵循这个规则：在准备食物前或参加社交聚会后用肥皂洗手。在有许多行为选择的情境下，从众是很好的。支持这一结论的实验是最近一组关于不列颠哥伦比亚大学（University of British Columbia）学生的测试，以及与阿希的线段判断任务中被试类似的大众群体的实验（Muth ukrishna et al., in press）。最有趣的发现是智商与反从众的关系。智商较高的人倾向于保持独立，他们比智商处于平均水平的人更多地拒绝从众。然而，当不确定性很高时，非常聪明的人会做出从众的策略反应。

11.2.4　从众的文化差异

阿希的实验已经传入世界各地，大多数群体的结果显著相似。在阿希最初设定的实验条件下，不同社会中屈服于群体压力的比例大约是三分之一。表 11-2

显示了此类研究的一些典型结果。

表 11-2　阿希研究中的跨文化差异

国家	在阿希研究中从众的百分比
津巴布韦（调查时为罗德西亚）	51%
斐济	36%
巴西	34%
美国	33%
黎巴嫩	31%
日本	25%
德国	22%

这些一致性的结果表明，在不同文化中是同一种力量在起作用。然而，我们仍需警惕，这些调查的被试大多是大学生，他们在许多方面不同于社会中的其他人。一些研究发现，这些从众的结果也存在例外，这让我们对从众和文化之间的有趣关系进行一些思考。例如，在罗德西亚（现为津巴布韦）的班图文化中，51% 的人有从众行为。解释这一结果很容易，因为在班图的文化中，对不符合社会习俗的行为通常处以重罚。还有一个例外，德国学生的从众百分比是 22%。这么低的百分比令人惊讶。这可归因于德国样本的年龄，它比其他群体更大，但是更有可能是由于：人们从被纳粹领导的前几代德国人中吸取了教训，产生了更多的反从众行为。

然而，最令人惊讶的结果可能是日本学生中不从众的百分比很高。一般人通常认为日本人会服从群体规范。然而，在阿希的实验中，日本被试从众的百分比非常低，仅为 25%，甚至明显低于看似不喜欢从众的美国人。此外，日本被试的反从众率尤其高，即故意排斥群体规范：34% 的人在小组其他成员给出正确答案时故意给出错误答案！一个可能的原因是，日本的服从文化并非处处存在，人们只是在其乐意效忠的群体中才会做出服从行为。因此，当日本学生面对一群陌生人做出判断时，他们几乎感受不到从众的压力，因为他们不属于这个群体。

11.2.5 游动效应

土耳其裔美国心理学家穆扎费尔·谢里夫（Muzafer Sherif，1935）曾做过一项经典实验，证明了社会影响如何使行为规范内化。被试被要求判断一个静止光点的移动距离，由于这一光点完全在黑暗中，没有参照点，所以它看起来似乎在移动。我们称这种感知错觉为**游动效应**（autokinetic effect）。最初，同一被试的判断结果差异很大。然而，当这个被试与其他陌生被试组成一个群体，并被要求大声报告他们的判断时，他们的判断开始趋同。他们看到光线朝着同一方向移动，并且移动的距离也相似。更有趣的是谢里夫研究的最后一部分——当被试在此之后独自待在同一个昏暗的房间里再次观察时，他们继续遵循在群体中形成的规范。这与阿希的研究类似，群体影响了个体知觉。

此外，群体规范一旦形成，便会一直持续下去。通过进一步的研究，当对参加过游动效应实验的被试再次进行单独测试时，虽然没有前群体的成员目击他们的判断，但他们仍遵守当初形成的群体规范，甚至在一年之后也是如此（Rohrer et al.，1954）。这是证明社会信息影响力的有力证据。规范可以代代相传，即使创建规范的原始群体不存在了，它仍能影响人们的行为（Insko et al.，1980）。我们如何知道群体规范的这种跨代影响呢？在游动效应研究中，研究人员在每次实验后都会用一个新被试替换一个旧被试，直到小组所有被试都被更替成新的被试，在此过程中，群体的游动效应仍然起作用（Jacobs & Campbell，1961）。

从这个实验中，你能观察到现实生活中的规范是如何在企业、社区、城市、家庭或政治团体中代代相传的过程吗？这种规范成为文化的一部分，并决定了成员们应该如何以共同的方式看待世界。有时它能带来正面影响，例如，像苹果和谷歌这样的公司；但有时它却会导致很糟糕的问题，例如，腐败的安然公司和安达信会计事务所。正如我们所看到的，社会规范对我们的行为施加了强大且难以抗拒的影响。我们建议你观看2011年的纪录片《监守自盗》（*Inside Job*），以了解导致华尔街和全球金融危机的一些社会心理力量。我们强烈推荐的另一部电影是由奥斯卡获奖导演亚历克斯·吉布尼（Alex Gibney）执导的影片：《安然：房间里最聪明的人》（*Enron: The Smartest Guys in the Room*）。

11.2.6 从众和独立会激活不同的大脑脑区

如今，在阿希时代未开发出的新技术为我们提供了一些关于从众的有趣见解，它展示了在从众过程中大脑活动所扮演的角色。当人们出现从众行为时，是出于规范的需要而理性地决定与群体合作，还是他们的感知觉真的发生了改变，误判了群体提供的错误信息的有效性？一项使用先进的脑部扫描技术的研究（Berns et al.，2005）回答了这个问题。它还回答了阿希效应能否适用于当代更有经验的学生。我们可以提前知道答案为"适用"。

现如今通过使用**功能性磁共振成像**（fMRI），当被试进行各种任务时，研究人员可以检测到变得活跃的大脑，并且可以检测到当一个人执行特定的实验任务时哪些特定的大脑区域会变得活跃。通过了解每个大脑区域控制的心理功能的不同，我们可以知道特定的实验任务激活的某个脑区究竟意味着什么。

下面是研究的过程。想象一下，你是被招募来参加知觉实验的32名被试之一。你必须对三维物体的图像进行心理旋转，并判断它与标准物体是否相同。在等待室里，你遇到了另外4个被试，你开始和他们一起玩电脑游戏、互相拍照、聊天。他们的真实身份是演员，是实验者的"同盟"，他们很快就会在实验中编造一致的答案，但与你给出的正确答案不一致。你会被选中进行大脑扫描，而其他人以组为单位在外面观察图像，并讨论它们是否相同。其余的步骤遵循阿希的原始实验，演员们会给出错误的答案，而你必须决定是从众还是绝不动摇。

结果如何？与阿希的实验一样，真被试屈服于群体压力，在41%的情况下会给出同其他人一样的错误答案。在屈服于群体的错误判断时，大脑扫描结果显示，从众时会使负责视觉和空间感知的大脑皮层（具体来说是右顶内沟）的活动增加。令人惊讶的是，负责监控冲突、计划和其他更高层次心理活动的前脑中的一些脑区活动没有发生变化。那些做出独立判断与群体对抗的人，在与情感显著相关的脑区，即右侧杏仁核（amygdala）及相关脑区产生了额外的活动。这意味着抗拒给那些保持独立的人造成了情感上的负担，也就是因自主性而付出了心理代价。

该研究的主要作者，神经科学家格雷戈里·伯恩斯和他的同事（Gregory Berns et al.，2005）总结道："我们常常以为眼见为实，但研究表明，群体的观念才是真实的。"这意味着当别人的观点成为群体共识时，我们对外部世界重要方面的感知会受到影响，让人不禁质疑真理的本质。

11.2.7　抵制从众

我们只有认识到人在社会压力下的脆弱性，才会在从众不符合我们的最大利益时开始对其进行反抗。问题是，许多人仍认为自己可以抵制从众，即"不是我"综合征。他们假设其他人可能会受到情境力量的影响，但是他们自己是可以抵抗这种力量的一类特殊人群。自相矛盾的是，这种天真的观点使他们更容易受到影响，因为他们的警惕性降低了，同时也没有对作用在他们身上的情境的影响力进行认真的、批判性的分析。因此，请记住，世界很多地方都有混蛋、阴谋家和腐败的人，他们知道如何让别人消费、投资或签署某种东西从而达成自己的目的，尤其是对那些天真的、盲信的人们，或者没有学会在思想上抵制、容易从众的天然有脆弱性的人们来说，更要小心。

值得一提的是，使用神经生物学技术研究社会心理过程正在社会心理学领域广泛开展，被称为**社会神经科学**（social neuroscience）。社会神经科学是一个跨学科领域，致力于了解生物系统如何实现社会过程和行为，并利用生物学概念和方法阐述和改进社会过程和行为的理论。在这个相对较新的领域中，研究人员正在使用完善的方法为传统的偏见、态度、自我控制和情绪调节带来新的理解（Azar，2002a；Cacioppo & Brentson，2005；Decety & Cacioppo，2011；Harmon-

Jones & Winkielman，2007）。

11.2.8　幼儿会从众，而猿类不会

为了发现年幼的儿童和猿类是否也会表现出对规范的从众，丹尼尔·豪恩（Daniel Haun）和他的研究小组对18个两岁儿童、12只黑猩猩和12只猩猩进行了一个基于奖励的实验。他们向每个被试都展示了一个盒子，盒子有三个分开的彩色区域，每个区域顶部都有一个孔。被试通过互动了解到，虽然可以将球放在三个区域中的任何一个，但只有一个区域可以提供奖励（猩猩的奖励是花生，儿童的奖励是巧克力）。在熟悉了盒子之后，被试随后观察到三个他们熟悉的同龄人在放置球时，都训练有素地选择了与自己喜好不同的同一个颜色区域。然后桌子转了过来，被试必须在同龄人的注视下决定将自己的球放到哪个区域。结果显示，与猩猩相比，儿童更可能调整其行为以使其与同龄人相匹配，尤其当同龄人在场时。虽然儿童有一半以上的时间遵循了相同的策略，但猩猩几乎忽略了它们的同龄人，坚持它们已学会的原始策略（Haun et al.，2014）。

11.2.9　群体思维

群体本身也可能会因压力而选择从众。群体思维是重要的社会心理过程术语，它促使个人在群体（如委员会）中进行思考和决策时保持一致。心理学家欧文·贾尼斯（Irving Janis，1972；Janis & Mann，1977）首次提出，在群体中，群体成员试图使他们的观点与群体达成共识的现象被称为**群体思维**（groupthink）。这种从众偏差会导致群体采取不明智的行为。

可能促进群体思维的五种情况：

- 命令性的领导，一位占主导地位的领导者；
- 较高的团队凝聚力（cohesiveness），并且成员毫无异议；
- 缺乏对条理性地收集证据或评估程序的规范性要求；
- 成员的社会背景和意识形态的同质性；

■ 外部威胁带来的高压力，且找到优于群体负责人提出的解决方案的希望渺茫。

这个概念最初是为了解释美国政府的错误决策，如珍珠港事件，尤其是 1961 年灾难性地入侵古巴猪湾事件。在该事件中，基于反卡斯特罗的古巴难民的错误报告，约翰·肯尼迪总统内阁的高级参谋做出了愚蠢的决定，入侵了古巴。后来，其他人将群体思维视为导致空难的错误决定和安然公司破产的影响因素。2003 年布什政府决定对伊拉克发动战争，也是基于布什内阁中一些精明顾问的错误信念。他们相信萨达姆·侯赛因拥有核武器，并会将其运送给本·拉登，用于对美国发动另一场恐怖袭击（Schwartz & Wald，2003）。

美国参议院情报委员会（U.S. Senate Intelligence Committee）在调查伊拉克战争的原因时，将"群体思维"作为导致该决策的原因之一。有趣的是，在该政府委员会的正式报告中，我们注意到了这种社会心理学概念的使用：

> 长期以来，情报界（The Intelligence Community，IC）一直在努力克服分析师的工作偏差。这种普遍存在于情报分析和收集过程中的偏差就是"群体思维"，这是心理学家欧文·贾尼斯在 20 世纪 70 年代创造的一个术语，用来描述当群体中的每个成员都试图使自己的观点符合群体共识时，群体可能会做出错误或非理性的决定的过程。参与伊拉克大规模杀伤性武器问题的情报工作人员展示了群体思维的几个方面：研究的替代方案很少，有选择地收集信息，存在群体压力或拒绝批评、集体合理化（U.S. Senate，2004，p. 4）。

最近，美国情报局找到了一种方法，可以通过建立"红队"来最大限度地降低群体思维的风险，该团队的任务是以更可靠的证据挑战所有决策。其成员坚持收集多方来源的独立证据，以支持政府机构的所有行动决策。在重要情况下，企业、新闻机构、公司甚

"所有人都'同意'？"   "对！"   "对！"
"对！"   "对！"   "对！"

考虑一下你的行为的未来后果，并在第一时间获得一些友好的建议。

至陆军都使用红队扮演"魔鬼的拥护者"，尤其在时间紧迫、匆忙做决策的情况下。顾问丽莎·麦克劳德（Lisa McLeod，2013）表示，当决策风险很高时，即使是在我们的个人生活中，都应该使用红队方法。文身、初婚、参军、离婚，对于所有人来说后果都持续终身。在你抛弃配偶或者在前臂上刻上她的名字之前，请找一个更为年长、睿智、冷静的人询问："你预见到了哪些潜在的负面后果？"当局者迷，旁观者清。

写一写
从众的压力
描述一下你在家里、学校、和朋友在一起或在工作中出现群体思维的时刻。

11.3 服从权威

学习目标：
解释在各种情境下服从权威的力量。

目前，我们已经强调了群体如何影响个人。但是影响力的箭头也指向了另一个方向：某些具有超凡魅力的领导者和权威人士，他们可以命令群体服从

英国首相在第二次世界大战中的座右铭已经成为我们现代高压力生活中的口号。

自己，甚至得到一大批人的拥护。在第二次世界大战时期，我们就可以看到这种效应的最极端证据，如德国的阿道夫·希特勒（Adolf Hitler）和意大利的贝尼托·墨索里尼（Benito Mussolini）。这些独裁者使整个国家的理性民众变成痴迷于征服世界的法西斯意识形态的忠实追随者。而当时英国新任首相温斯顿·丘吉尔（Winston Churchill）的理性镇定在关键时刻产生了影响，当时该国正处于被希特勒的导弹和德国空军不断轰炸的灾难边缘。1939 年，丘吉尔以"保持冷静，继续前行"作为自己的座右铭。说来令人震惊，最近在海报、T 恤和手机外壳上，这一座右铭开始复兴。

现代社会心理学起源于充满恐惧、偏见与残酷的第二次世界大战时期。因此，早期的许多社会心理学家自然会专注于研究法西斯主义群体中人们的人格。具体来说，他们在寻找法西斯群体心理背后的权威人格（Adorno et al., 1950）。但是，这种人格分析未考虑当时影响欧洲人的社会、经济、历史和政治现实。为了阐明这一点，让我们盘点一下在现代一些毫无异议地服从权威的例子。

与服从权威有关的战后暴行 1978 年，一群美国公民离开加利福尼亚（California），他们都信仰人民圣殿教（Peoples Temple），并在南美的圭亚那丛林中安营扎寨。在那里，他们听从了有超凡魅力的领袖吉姆·琼斯（Jim Jones）牧师的命令，近 1000 名人民圣殿教成员自愿对自己的孩子、父母和自己使用致命剂

量的氰化物。这个邪教的成员还杀害了那些拒绝如此做的人，这些人彼此是朋友。

然后，在 1993 年，在得克萨斯州的韦科（Waco, Texas），一个宗教教派的 100 名成员与他们的领导人大卫·科雷什（David Koresh）一起，对包围他们、搜查违规武器的联邦特工进行了反抗。经过数周的僵持后，大卫的信仰者们并没有投降，而是纵火焚烧自己的住所。大火中，数十名男子、妇女和儿童丧生。两年后，为了报复政府围困韦科的不当行为，蒂莫西·麦克维（Timothy McVeigh）和特里·尼科尔斯（Terry Nichols）对俄克拉荷马城（Oklahoma City）的一幢联邦大楼进行了恐怖袭击。威力无比的炸弹造成 168 人死亡，680 多人受伤。爆炸摧毁 16 个街区范围内的 324 座建筑物，烧毁了 86 辆汽车，并炸碎了附近 258 座建筑物的玻璃，造成至少约 6.52 亿美元的损失。两年后，又有 39 名受过大学教育的自称为"天堂之门教"组织的成员在其首领的教唆下集体自杀，以实现"更高的生存境界"。此外，在 2001 年 9 月 11 日，本·拉登的追随者用武器劫持了美国民航客机，并驾驶它们撞向五角大楼和世界贸易中心。他们谋杀了数千人后，自杀身亡。甚至最近，在巴勒斯坦针对以色列和伊拉克的战役中，许多自爆袭击者都被炸得粉身碎骨，成了"革命烈士"。

英国作家查尔斯·珀西·斯诺（C. P. Snow）提醒我们：

> 回顾人类漫长而阴暗的历史，发现以服从为名实施的骇人听闻的犯罪多于以叛乱为名。

犯下这些暴行的人是否精神错乱、愚蠢，或者与我们不同的特殊生物？在某些情况下你会盲目服从你所爱和尊敬或恐惧的人去执行这些极端的命令吗？例如，你会服从权威人物要求你对陌生人进行电击的命令吗？当然，你自认为："不可能""不是我""我不是那种人"。但是，请思考一下在之前描述的实验中，每个人在掉入"服从陷阱"之前思考的问题可能都与你一样。

让我们回顾一下开篇的故事，即比尔在社会心

理学家米尔格拉姆创建的实验（1965，1974）中的经历。该研究表明，人们会服从权威的命令，甚至可能是潜在的致使他人受伤的命令，这些人并不仅仅是少数极端人格或精神错乱的个体。这一发现及实验引发的伦理问题使米尔格拉姆的研究成为心理学界具争议的问题之一（Blass，1996）。稍后，我们将探讨有关服从的研究并从中得到更多发现，除此之外，我们还将讨论一系列后续研究，这些研究扩展了米尔格拉姆效应在日常生活环境的相关性和适用性。法国媒体在真人秀中也利用了这种效应。但是，首先让我们思考一下，为何这项研究中发现的高服从率使一些人类行为专家感到意外。

11.3.1　回顾米尔格拉姆的研究

米尔格拉姆向 40 位精神病学家介绍了他的实验程序，然后要求他们估计在实验中会有多大比率的美国公民施加全部的 30 级电击。他们预测的比率只有不到 1%，而且只有虐待狂才会如此做，大多数人会在电压到达第十级也就是 150 伏时退出。

他们的判断错得离谱！这些有关人类行为的专家犯错的原因有二。

1. 他们忽略了实验程序中影响行为的情境决定因素；也就是说，他们没有意识到权威、老师与学生的角色、规则、个人责任的分散（实验者向"老师"声称自己将对可能发生的任何事情负责）、老师对适当行为的定义以及其他导致服从的社会压力的重要性。

2. 他们过分依赖从性格角度来理解异常行为，这源自他们所接受的传统精神病学方面的训练，即从个人性格构成寻找解释，而非行为的外部情境。因此，他们估计只有 1% 的人会盲目服从权威，一直施加电压达到最大水平 450 伏，1% 是一个基本比率，我们可以据此评估本研究中实际发生的情况。

高估个人的力量和低估情境的力量的双重趋势被称为**基本归因错误**（Fundamental Attribution Error，

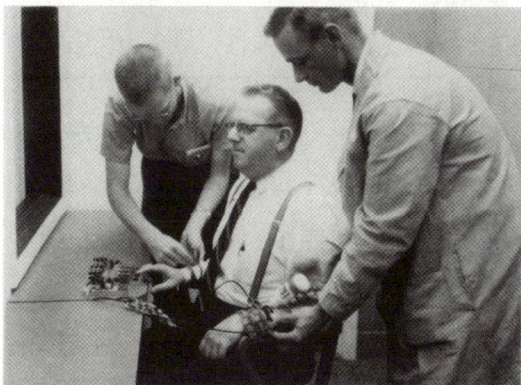

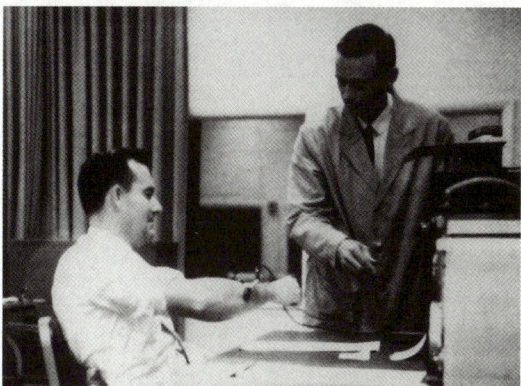

"电击设备"看起来恐怖，但实际上并没有给作为实验者同盟的"学生"（中图）施加电击。最后一张照片显示了实验者向坐在电击设备前的"老师"发出指示的过程。

FAE）。这是人类做出判断时常见的错误之一。

社会心理学家认为，这种趋势限制了我们对社会情境在某种程度上会为某些行为提供重要解释的认识。当然，这并不是非此即彼的问题，但是通常在性格倾向和情境力量之间存在交互作用，使我们观察并想要理解的最终行为得以形成。这种人格 – 环境交互作用（person-situation interaction）是人格和社会心理学的核心，但是，很少有人研究在特定的社会环境中，对于特定类型的个体，每个因素对特定行为的相对贡献（Kihlstrom，2013）。

米尔格拉姆操纵了更多变量 米尔格拉姆还想证明他的结果并不是由于耶鲁大学的权威——这种权威就是纽黑文市的全部意义。因此，他将自己的实验室移到康涅狄格州布里奇波特市中心的一座破旧的办公楼中，并以一个虚构的私人研究公司的名义重复了该实验，该公司与耶鲁大学没有任何明显的联系。

在那里，他测试了另外500名普通公民，并在实验中增加了女性被试作为老师。那么，在这些新情况下，盲目服从权威的实际比例是多少？

与在耶鲁大学进行的测试一样，布里奇波特的大多数被试都完全服从了权威：三分之二（65%）的人将电压施加到最大电击水平450伏！尽管"学生"曾绝望地要求停止，但这些"老师"却一次又一次地电击了他们的"学生"。无论这些"老师"是何年龄，是何种性别，教育水平如何，从事什么职业，结果都是如此。

11.3.2 服从实验的变式

米尔格拉姆共进行了24个不同的实验。他每次都会在基础范式的基础上改变一个社会心理学变量，然后观察其对实验结果的影响。这些变量包括增加女性被试，控制实验者与老师或老师与学生之间联系的紧密程度，老师能否提前看到反抗或完全服从的例子，或者其他的社会变量。

如图11-4所示，16种变式的数据清晰地展示了人性极大的可塑性：在某些情境下，几乎每个人都可能完全抵抗权威的压力。这完全取决于特定的情境设置。

- 想要最大限度的服从？那么让新老师先观察其他人施加最大电击的情境。在这种情境下，米

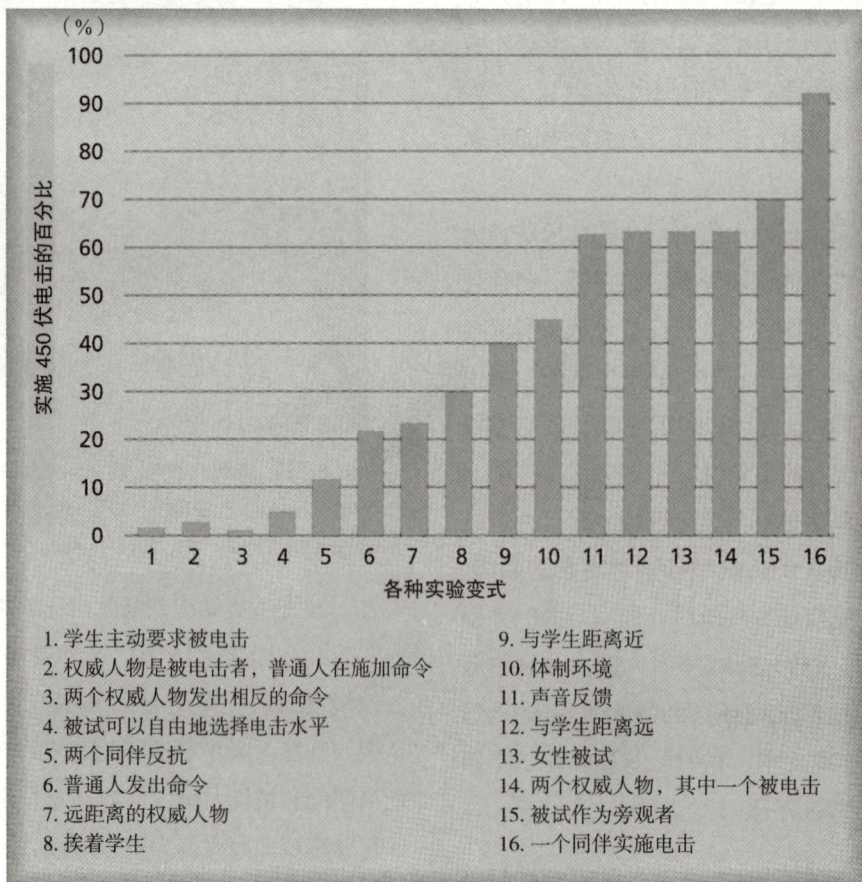

图 11-4　米尔格拉姆实验

注：该图显示了米尔格拉姆服从实验在不同情况下对权威的服从水平。

尔格拉姆观察到服从率急速上升到 90% 以上。

- 希望人们抵抗权威的压力吗？那么提供其他人反抗的例子，服从率将降低到 10% 以下。

如果学生说他想被电击，实施电击的被试也会拒绝进行电击；"那是受虐狂，我可不是虐待狂！"另外，当实验者作为学生进行实验时，他们也不愿给予高强度的电击。再者，与学生距离他们较近相比，当学生距离他们较远时，他们更有可能实施电击。在所有的变式中，被试包括年龄、职业和性别差异多样化的普通美国公民。一个简单的情境切换，就可以引发低、中或高不同水平的服从，仿佛在他们的心中转动了人性表盘。来自不同背景的普通公民的大量样本使米尔格拉姆的服从权威研究的结果在社会科学中变得更为全面。

关于这些发现，我们要强调一点：无论我们是否意识到自己被观察，对于所有观察我们的人来说，我们都是强大的社会模范。当我们做坏事时，其他观察者可能会模仿我们，但是当我们像英雄一样行事时，我们将成为他人向善的榜样。因此，请注意你的行为引起的连锁反应，无论它是好的或坏的。

关于米尔格拉姆实验的思考　当然，学生从未遭受任何电击。"被电击"的"受害者"实际上是一位演技精湛的演员，在实验后他会与"老师"友好地聊天，使他确信自己安然无恙，并且从未受过任何电击。在实验开始前已录制了他在实验期间的所有台词，以使在不同的实验条件下研究的程序标准化。而且，身穿灰色实验室服装的权威人物不是"真正的"权威，也不是米尔格拉姆本人，而是一位高中生物学老师！而且，据这些"老师"所知，一旦学生在被施加 330 伏电击后保持沉默，他可能已经失去知觉或死亡，并且进一步的电击并不能改善他的记忆。即使毫无依据，数百人仍会盲目地服从。如果他们对所做的事情进行了理性和批判性的思考，应该已经意识到这项研究并不是要提高学生的记忆力，而是与他们相关，即让他们成为不情愿的惩罚的代理者。

这些研究和之后世界各国的许多重复研究挑战了我们的假设，即"好人"不会被诱惑成为邪恶的犯罪者。它们表明善与恶之间的界限不是恒久不变的，而是可以跨越的。几乎任何人都可能从一个行为领域转移到另一个行为领域。这完全取决于他们所面临的且必须应对的新的、陌生的情境的力量。

在继续讨论反抗不公正权威的问题之前，需要提及最近发生的两次与米尔格拉姆有关的事件。一本享有盛誉的学术期刊的专栏刊登了文章"50 岁的米尔格拉姆：探索心理学最著名实验的持久相关性"（Milgram at 50: Exploring the Enduring Relevance of Psychology's Most Famous Studies, Haslam et al., 2014）。此外，2015 年上映了一部有关米尔格拉姆的电影！斯坦利·米尔格拉姆的一生和他的全部研究都可以在好莱坞纪录片《实验者》（*Experimenter*）中看到。在这部纪录片中，米尔格拉姆由彼得·萨斯加德（Peter Sarsgard）饰演，他的妻子亚历山德拉（Alexandra）由女演员薇诺娜·瑞德（Winona Ryder）饰演，迈克尔·阿尔梅瑞达（Michael Almereyda）编导。

追根溯源，斯坦利·米尔格拉姆和菲利普·津巴多是纽约市布朗克斯区的詹姆斯·门罗高中（James Monroe H. S.）的同学，他们于 1950 年毕业后继续研究提升情境力量的概念的方式。

11.3.3　英雄的反抗

情境的力量面临一个挑战：个体英勇的反抗。**英雄**（heroes）是那些能够抵抗令其他人服从的压迫性情境力量，并忠于个人价值观的人。他们是"检举人"，面对公司规范或机构标准操作程序，他们采取不附和的态度，并挑战腐败或不道德的系统。

陆军预备役人员乔·达比（Joe Darby）便在 2004 年成为这般英雄，他揭露了伊拉克阿布格莱布监狱（Abu Ghraib Prison）中对囚犯的残酷虐待的行为。他向一名高级调查官提供了一张光盘，其中有狱警在夜班时虐待囚犯的图像。随后该官员发起了调查，制止了持续数月之久的虐待行为。

但是，这样的"英雄"经常被他们的前同事嘲讽，并且由于没有成为沉默的"团队成员"而付出高昂的代价。举例来说，因为曝光这些虐囚照片羞辱了美国军方，达比遭到了其营中的士兵和同乡人的死亡威胁，他不得不与妻子和母亲一起接受三年的保护性监视。在 2007 年解除监控后，他终于在华盛顿肯尼迪中心（Kennedy Center）获得了英雄奖。

英雄来自世界各地。

在中国北京举办的 2008 年奥运会开幕式上，篮球运动员姚明牵着一个小男孩亮相。这个叫林浩的小男孩就读于四川的一所学校，地震时学校的屋顶发生了坍塌，他幸存了下来，但大多数学生没有那么幸运。在往外跑时，他注意到有两个孩子被压在废墟下，于是他回去救了他们。当被问到为什么要冒生命危险这样做时，林浩回答："这是英雄的责任。"他说他是班长，照顾同学是他的职责。这是将同情心转变为英雄行为的一个很好的例子。我们对英雄主义行为的定义是：个体意识到潜在的个人风险或代价并且没有期望回报时，代表有需要的人或捍卫道义而采取的自愿行动。

我们想为你阐述一个年仅 17 岁的巴基斯坦女孩马拉拉·尤萨夫扎伊（Malala Yousafzai）的鼓舞人心的故事，她的勇敢英雄行为使她赢得了 2015 年的诺贝尔和平奖。马拉拉喜欢读书和上学，直到塔利班（Taliban）开始关闭学校并禁止女孩读书或接受教育。在了解可能的后果后，她仍决定公开挑战这一对本国年轻人的发展造成限制的规定。马拉拉在塔利班枪手的枪杀中幸存下来，在父亲的支持下，马拉拉在全球的媒体平台上继续反抗这种不公正的权威。如对此感兴趣，读者可自行上网搜索相关资源。

奇怪的是，与英雄和英雄主义有关的系统研究相对较少，尤其是与本章所揭示的关于人性黑暗面的大量研究相比。即使在宾夕法尼亚大学（University of Pennsylvania）的马丁·塞利格曼（Martin Seligman）发起的积极心理学运动中，这些术语也不在其词汇中。同情心、同理心和道德勇气作为"个人的优点和美德"被包括在内，而英雄主义则作为一种行动被排除在外。但是只有发挥这些内在美德，我们才能改变人们的生活，并最终改变世界。本书作者创建了一个名为"英雄想象项目"的非营利基金会，该基金会使用基本的心理思想教人们如何在训练中成为英雄：当生活向你发起了挑战时，你该如何采取行动去反抗它。

11.4　米尔格拉姆研究的跨文化测试

学习目标：
利用米尔格拉姆的研究结果启发人们做出富有同情心的行为。

由于结构化的设计和详细的报告，许多国家的独立研究人员对米尔格拉姆基本的服从实验进行了复制，这些研究结果可以对人们的同情行为产生影响。最近有人对在美国进行的 8 项研究和在欧、非、亚国家进行的 9 项重复研究的服从率进行了比较。在不同国家的不同研究中发现高水平服从率普遍存在。在美国的重复研究中平均服从率为 61%，与在其他国家样本中的 66% 的服从率相似。在美国的研究中，服从率为 31% ~ 91%，在跨国家的重复研究中，服从率最低为澳大利亚的 28%，最高为南非的 88%。服从率具有跨时间、地点的稳定性。研究的年份（1963—1985 年）与服从的程度之间没有什么关联（Blass，2004）。

11.4.1　米尔格拉姆的服从权威是否仍然适用

荷兰的乌得勒支大学（Utrecht University）和意大利的巴勒莫大学（Palermo University）的研究人员使用米尔格拉姆实验的变式，用言语批评代替了"电击"，他们的服从率与米尔格拉姆的某些研究相类似。他们创造的情境是，在表演者表现不佳时，一位教练为了增强表演者的心理韧性，会提供越来越严厉的口头反馈。给予表演者的口头反馈包括针对他的表演的一系列渐进式负面评论以及描述他缺乏能力的粗鲁言辞。例如，温和的负面批评是"你的表现变差了"，中等的负面反馈是"你真的很荒谬"，最极端的负面反馈是"你真的是我见过的最愚蠢的人"。通过观察教练是否做出了 15 条批评性反馈判断其是否服从权威。在乌得勒支大学的研究中，扮演教练角色的学生中有 90% 以上做出了 15 条批评性反馈（Meeus & Raaijmakers，1986）。在使用相同实验程序的西西里岛的研究中，服从率仅为 30%，但这是在教练和表演者非常接近且实验者在相邻房间的实验条件下的结果。这些发现与米尔格拉姆在相同实验变量中的实验结果相呼应（Bocchiaro & Zimbardo，2010）。

研究员杰里·伯格（Jerry Burger，2009）与一个新闻网络机构合作重复了米尔格拉姆的研究，实验中的被试主要为加利福尼亚圣塔克拉拉大学（Santa Clara University in California）的大学生。出于伦理原因，当老师按下电压为 150 伏的开关（第十级）时，该研究便终止了（在米尔格拉姆看来，这是一个关键的决定点）。结果再一次显示大多数人都服从了实验的指示，而且 40 年过去了，伯格的发现与米尔格拉姆的发现几乎也没有区别。

在此之后，2010 年，法国的电视节目进行了米尔格拉姆实验，现场观众可以投票决定是否电击受害者。尽管该名男子痛苦地恳求他们停下来，但在充满魅力的主持人的怂恿下和现场观众喊出的"惩罚"呼声及令人振奋的音乐中，绝大多数参与者都服从了命令继续实施电击。在"死亡游戏"中，给予最大电击的百分比飙升至 80%！

11.4.2　我们为什么会服从权威

通过米尔格拉姆在其原始研究基础上进行的许多变式及最近的重复实验，我们推论出在以下情况下人们倾向于服从权威：

- 当同伴作为榜样服从权威人物的命令时；
- 当受害者远离老师，无法被看到或听到，从而提高了匿名感和距离感时；
- 当老师受到权威人物的直接监视时；
- 当权威人物的地位高于老师时。

那么，我们从中可以学习到什么呢？如果仔细查看这些条件（见图 11-4），你会发现服从效应是由情境变量而不是人格变量引起的。实际上，对被试进行的人格测验中没有发现任何服从者与反抗者有所区别

的特征，也没有发现服从者的任何心理障碍或异常。这些发现使我们能够排除人格对服从行为的影响。将实验结果应用到现实世界中，我们还可以概述出诱使普通人甚至是好人服从权威的 10 个基本步骤或过程，如表 11-3 所示。

表 11-3　走向邪恶的 10 个步骤——让好人伤害他人

每一种情境的影响都已被证明会影响好人做出有害的行为。我们希望你考虑如何将每一步的影响转化为相反的效果，即影响人们善待他人并在日常生活中做出英雄主义的行为。

- 给人们提供一种意识形态来为行动做信念辩护
- 让人们做出一小步有害行为，即一个次要的、微不足道的行动，然后使这些小行为逐渐增加
- 慢慢地将曾经富有同情心的领导者转变为独裁者
- 为人们提供模糊且不断变化的规则
- 重新解释情境中的参与者及其行为，使意识形态合法化
- 为人们提供服从权威的社会榜样
- 允许口头异议，但前提是人们继续在行为上服从命令
- 鼓励将受害者非人化
- 分散责任
- 增加中止实验的困难

共同社会规范对服从权威的影响确实胜过人格的影响。但是，提醒自己遵守规则、法律法规和社会规范对于任何群体、社会和国家的运作都是至关重要的。这意味着个人行使选择权的自由必须以对群体最有利的方式来调节，这也是民主的基本含义之一。

11.4.3　米尔格拉姆服从权威范式在现实世界的扩展

让我们看一下在两种现实环境中对权威的盲目服从：

1. 护士是否愿意遵循医生的危险命令的研究；
2. 一个商店管理人员遵循假冒警官的电话命令，侵犯了一名员工隐私的真实事件。

护士遵守医生的危险命令　如果老师和学生之间的关系是基于权力的权威关系，那么医生和护士之间的服从比率又是多少呢？为了找出答案，研究人员对医生和护士进行了研究，通过确定护士在真实的医院环境中是否会服从一位不相识的医生的不正当请

求，来测试该权威关系中的服从情况（Hofling et al., 1966）。22 名护士分别接到一位不相识的医生打来的电话，并被告知她们在他到达医院之前给患者服用一种药物。他命令的服用剂量是最大剂量的双倍。当这个难题只是一个假想的情景时，该医院的 12 名护士中有 10 名表示拒绝服从，因为这违反了医院的程序（Krackow & Blass, 1995）。但是，当这种难题在现实情景中出现时：在接受研究的 22 名护士中，有 21 名将药物（实际上是假药）给了患者，直到研究人员阻止她们这样做。那个唯一不服从的护士应该加薪并被授予英雄勋章！

快餐店的权威恶作剧 米尔格拉姆效应在现实世界中的另一个惊世例证是来自美国 32 个州的 68 家快餐店的电话骗局。快餐店的店长助理盲目服从了一个假冒警官在电话中的命令，对一名年轻女性员工进行搜身检查，因为该员工身藏赃物。

之后假警官指示店长助理将员工扣留在快餐店后面的房屋内，将她的衣服脱光，然后进行彻底搜查，寻找失窃的货物。来电者坚持要店长助理详细地描述现场情况，而监控录像也一直在记录这些令人震惊的事件的进展。在肯塔基州（Kentucky）的麦当劳，虐待行为升级为店长助理要对女员工进行性侵犯（Wolfson, 2005）。这些过程全部被摄像头记录下来，其中一些可以在网上搜索到和浏览（但没有性侵犯场面）。

这种怪异的不在场权威不但诱使数十名普通员工违反快餐店的政策，也违背了他们自己的道德和道德原则，骚扰和侮辱诚实的年轻员工。2007 年，假冒警官的人被发现了，他曾经是一名狱警，但因缺乏直接证据而获释。其中一名受害者是一个 19 岁女孩，她遭到性虐待，之后店长助理给她一大笔补偿金。在2012 年圣丹斯电影节上首映的克雷格·佐贝（Craig Zobel）执导的引人入胜的电影《服从》（Compliance），描述了许多年轻无辜妇女陷入这种权威骗局，并遭受性虐待的噩梦。读者可以自行在网上搜索关于这一令人恐慌的事件的更多信息。

你可能认为这种恶作剧的原因与员工和店长助理

的天真无知、容易受骗的性格有关。但是，当我们得知此骗局已在美国的许多州、许多不同的快餐店都成功实施，并且数十名店长助理受到欺骗时，那么我们的分析就必须从简单地批评受害者转变为承认在这种情境下权威的力量。此外，几十年来的社会心理学研究证实了这一点。遗憾的是，这些研究也显示了同样的效果。店长助理之一唐娜·萨默（Donna Summer）警告记者，不要急于判断，因为除非他们也遇到同样的情况，否则他们也无法预测自己可能会做些什么（Gibney, 2006）。在阅读了本章并了解到人类判断中的基本归因错误后，我们也会提供给你更加确切的建议。

11.5 旁观者问题：不作为的罪恶

学习目标：

分析旁观者干预问题。

埃塞俄比亚（Ethiopia）前皇帝海尔·塞拉西（Haile Selassie）曾言："在历史的长河中，存在着许多使得邪恶的势力逐渐扩张的人：他们本应行动却选择旁观、本应施以援手却保持冷漠、在正义缺失时却保持沉默。"

伤害并不总是来自伤害性行为。当有人需要帮助时，他人的不作为也会造成伤害。这一事实可以使用震惊全美、体现人性冷漠的经典事件来说明。1964 年 3 月 13 日，《纽约时报》报道了一个悲剧，一名男子持刀在皇后区附近袭击并杀害了基蒂·珍诺维斯（Kitty Genovese），而她的 38 位邻居目睹了她在一个半小时内被三次袭击。报道中还称旁观者的声音和他们卧室突然的亮灯使行凶者暂停了两次袭击，但每次他都会返回并再次行凶。根据该报道，在该妇女被谋杀后，只有一名目击者报警。

基蒂·珍诺维斯被谋杀的故事成了热点新闻。它震惊了全美，媒体也对旁观者和纽约人的冷漠进行了评价。他们为什么没有伸出援手？它只发生在纽约吗？还是可能在任何地方都会发生同样的事情？

最近对警察记录和其他档案材料的调查发现，真

基蒂·珍诺维斯，1964 年在纽约市遭到残酷暴行和旁观者冷漠的对待。

实情况与《纽约时报》的原始报道不同（Manning et al.，2007）。首先，38 人目睹了这一事件是没有根据的。其次，大多数袭击发生在玄关处，邻居无法注意到。而且，在袭击发生过程中警察确实接到了几个报警电话。我们还要记住，那时没有 911 这种方便拨打的紧急电话号码。当然，这仍然是一场悲剧，但是没有事实证明纽约人是原报道中那种冷漠的旁观者。从心理学上来说，这次基蒂·珍诺维斯事件的重要结果是，它引发了对旁观者干预的一些重要研究，这些研究着眼于情境的力量。在什么情境下，人们会提供帮助呢？

不幸的是，公众对遇难者的不作为和冷漠态度是一个不受时间或地域限制的普遍问题。2009 年 10 月，在加利福尼亚州里士满（Richmond，California）高中的一次舞蹈课之后，在短短 2 小时内一名 15 岁的女学生被至少 5 个男生残忍地轮奸并殴打。而十多个人选择了袖手旁观，没有人拨打 911 紧急电话，甚至有人在发短信"报道"整个事件。2015 年，在佛罗里达州的巴拿马城（Panama City，Florida），一名女性在光天化日之下被轮奸，一群人选择了围观，甚至有人用手机拍摄视频。这种情况在世界范围内经常发生，但它应该变少。

11.5.1 非自然的紧急情况

基蒂·珍诺维斯的谋杀案引起了两位年轻的社会心理学家比布·拉塔内（Bibb Latané）和约翰·达利

（John Darley）的关注，他们开始了一系列有关**旁观者干预问题**（bystander intervention problem）的研究。这些研究对真实紧急情况下旁观者所面临的困境进行了巧妙的模拟。在其中的一个实验中，实验者让一名大学生独自待在一个带有对讲机的房间里，并告诉他相邻房间里的一名或多名学生正在与他交流。在他们讨论个人问题时，此人好像听到了另一名学生癫痫发作并喘着气寻求帮助的声音。在此期间，旁观者无法与其他学生交流，无法获得他们是否在做应急处理的信息。

旁观者会报告紧急情况吗？如果会，他所认为的与他一起讨论的人数是否会影响他的行动速度？你怎么认为？

事实证明，旁观者的行动速度确实取决于他认为在场的其他旁观者的数量。当他们认为相邻房间的人越多，他们报告癫痫发作的速度就越慢。人格测验显示被试的特定人格特征与他们的干预可能性和速度之间没有显著关系，而是与情境有关。如图 11-5 所示，所有处于双人组的被试都在不到 3 分钟的时间内进行了干预，而处于人数较多的组的被试只有 60% 的人通知实验者可能发生的紧急情况（Latané & Darley，1968）。

实验者解释道：干预的可能性随着小组人数的增加而降低是因为，每个人都认为他人会提供帮助，因此他们不必进行干预。将自己视为一大群潜在干预者中的一员的个体会经历**责任分散**（diffusion of responsibility）：每个小组成员伸以援手的责任都会被削弱。如果你在车来车往的高速公路上开车时看到一辆汽车发生了故障，你可能会体验到责任分散，因为你相信肯定会有其他人停下来并提供帮助，而后径自离去。

另一个因素无疑也在起作用，即从众。正如你从核心概念和阿希的从众研究中了解到的，当人们不知道该怎么做时，他们会从他人那里获取线索。旁观者研究中也是如此，那些没有干预的人观察他人的行为并模仿他人的不作为。他们通过他人的袖手旁观来定

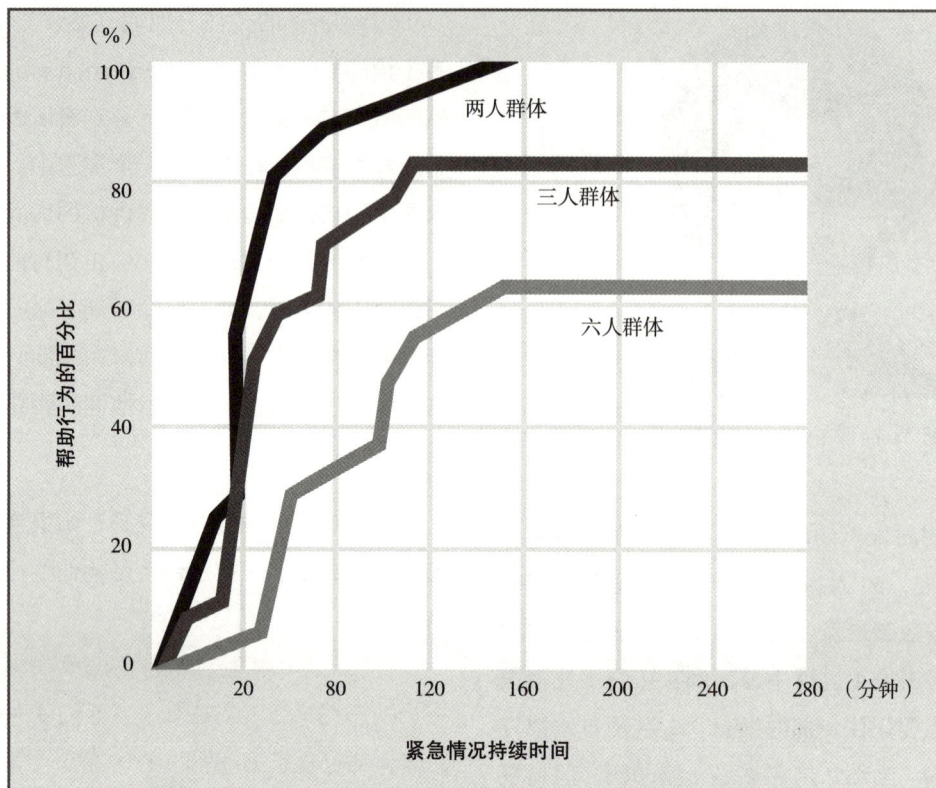

图 11-5　旁观者在不同群体大小条件下对紧急情况的干预行为

注：紧急情况中出现的人越多，旁观者干预的可能性就越小。正如这项研究结果的摘要所表明的，旁观者在小群体（两个人）中行动最快。

义该情境下的规范就是保持冷漠，即"什么都不做，不要卷入其中"。但是，只要有一个人干预以提供帮助，其他人就会在几秒钟之内共同帮助他人。新规范：做点什么、帮助、采取行动。我们给你的建议：成为那个人——享受独一无二的力量！

11.5.2　训练是否能促进助人行为

　　有两项研究表明，我们可以通过适当的训练来解决旁观者问题。泰德·休斯顿和他的同事（Ted Huston et al.，1981）发现，在真实的紧急情况下助人者与非助人者的人格特征并没有什么区别。但是他们确实发现，在处理紧急情况时，助人者更多地接受过有关医疗、警务、急救或心肺复苏的训练，这些训练可以帮助他们应对紧急情况。另一项研究表明，关于旁观者问题的心理学讲座也能促进助人行为（Beaman et al.，1978）。学生和实验者的同谋在门前碰到一个"求助者"，但实验者的同谋却无动于衷。那些参加过旁观者干预课程的人尝试提供帮助的可能性是未参加者的两

倍。最近，针对学校中的霸凌和性侵犯事件的旁观者的教育干预已成功地增加了参与者的助人意图和行为（Pfetsch et al.，2011；Katz & Moore，2013）。教育功不可没，我们希望你也能运用本章的内容有所建树。

11.5.3　需要帮助吗？直接求助吧

　　为了证明情境力量具有积极作用，社会心理学家汤姆·莫里亚蒂（Tom Moriarity，1975）进行了两个有趣的实验。

1. 在第一项研究中，纽约人在餐馆里看到一个小偷在一位女士离开桌子时，偷走了她的手提箱。
2. 在第二项研究中，他们看到一个小偷趁物主离开的时候偷走了沙滩毯子上的一台便携式收音机。

　　那么这些旁观者会做什么呢？有些人什么也没做，让小偷得逞。但是有些人进行了干预。什么情境

会影响人们的助人行为呢？在每个实验中，被盗者（实验者的同谋）会向即将看到偷盗行为的观察者询问"你有时间吗"或"我离开后，可以请你照看我的书包（收音机）吗"。第一种互动中并不会引起个人责任感，盗窃产生后，几乎所有旁观者都袖手旁观。但是，那些同意帮助照看受害者财产的旁观者，几乎都进行了干预。他们喊人帮忙，甚至有人在海滩上拦截小偷！

令人欣喜的是，我们常常可以通过主动求助将冷眼旁观转变为个人行动，将无动于衷转变为热心肠。仅仅要求别人帮忙的举动就形成了人与人之间特殊的纽带，使情境发生了实质性的改变。在你与他人共享的社交世界中，求助行为引发了他人的责任感和助人行为。在这种情况下，普通百姓可以变得乐于助人。但是，在下文的专栏中，我们将会了解到特殊的情境可以使那些布道的神学学生由好撒玛利亚人转变为坏人。

通过研究可知，增加从潜在帮助者那里获得帮助的机会的可能性有以下几种方式（Schroeder & Prentice，1995）。

- **寻求帮助**。让其他人知道你需要帮助，而不是自认为其他人能够意识到你的需要。
- **降低情景的模糊性**。通过清楚地说明问题和应该采取的措施来减少情境的歧义，例如，"她晕倒了！马上叫救护车！"或"有人闯入我的房子，请报警并告诉警察我家的地址。"
- **指定某个人**。以免他们与在场其他人分散责任，例如，"穿着红色衬衫的朋友，请拨打911！"或"开蓝色丰田车的朋友可以帮忙叫两辆拖车吗？"

当然，这些策略并不能百分之百保证你的人身或财产安全。但是，如果你独自一人面临紧急情况时，这些策略可能增加你获取帮助的希望。

试一试 ⇛▶ **是什么使撒玛利亚人由好变坏**

既然你对旁观者干预已经有所了解，让我们来看看你是否可以从《圣经》中撒玛利亚人的故事中汲取灵感，并找到旁观者情境的关键变量。在所记载的故事中，几个重要人物由于太忙了而帮不了一个遇险的陌生人。最终身为局外人的撒玛利亚人抽出时间帮助了他。

- 遇险者的同胞未伸出援手是由于性格缺陷或人格造成的吗？
- 还是由情境决定呢？

社会心理学家决定让普林斯顿神学院（Princeton Theological Seminary）的学生处于类似的情境中。更为讽刺的是，学生们认为评估他们好坏的根据是关于好撒玛利亚人寓言的布道质量。让我们看看当这些神学院学生遇到遇险者时会做什么。

手里拿着布道稿的学生们被带到附近要记录布道的建筑物旁。当学生走到两座建筑物之间的一条小巷时，他们遇到了一个在门口摔倒的男人，显然这个男人需要帮助。现在，学生们有机会实践他们将要布道的内容了。你猜哪个关键变量可以预测学生的助人行为？选择以下中的一项：

- 学生的宗教信仰（由其同学评估）；
- 学生的神经质状况如何（根据大五人格进行评定）；
- 学生的匆忙程度；
- 学生的年龄。

通过随机将被试分配到三种不同的条件下来控制神学院学生的人格变量。因此，人格不是决定因素。相反，决定因素是一个情境变量：时间。在神学院的学生前往附近的建筑物中记录他们的布道之前，每个人都被告知必须花费多长时间到达录音室。有些人被分配到迟到组中，在这种情况下，他们必须匆忙赶去录音室。有的学生则被分配在准时组中，他们可以准时进行录音；第三组是早到组，他们在布道前有几分钟的空闲时间。

结果如何？在迟到组中，只有 10% 的人提供了帮助，90% 的人没有当好撒玛利亚人！在准时组中，有 45% 的人帮助了陌生人。早到组中的助人行为最多，有 63%（见图 11-6）。

值得注意的是，对于时间紧迫性的控制使处于迟到组的人提供帮助的可能性是早到组的六分之一。这些人在匆忙赶去布道时，只一心一意地想着完成任务，使他们对周围的其他事件视而不见。同样，这也是情境的力量。

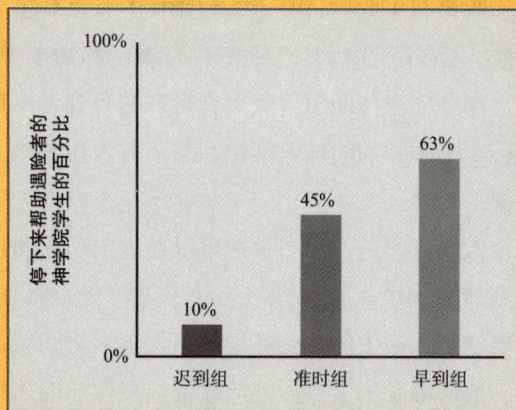

图 11-6 "好撒玛利亚人" 研究的结果

注：即使是在进行"好撒玛利亚人"布道的途中，绝大多数神学院的学生也没有停下来帮助陷入困境的遇险者。

心理学很有用 • • •

穿上 "耶鲁鞋"

在 20 世纪 50 年代中期，当菲利普·津巴多到达耶鲁大学开始研究生生活时，他身着南布朗克斯（South Bronx）的潮流穿搭——蓝色麂皮鞋、哈伦裤、长长的钥匙链、大翻领和其他酷帅的衣服。一两个月后，他穿着斜纹棉布裤子、纽扣衬衫和休闲鞋。他完全没有意识到令他改变服装"品位"的微妙的社会压力，但是他知道，那些古怪的耶鲁衣服比南布朗克斯的装扮更为合适。作为一名刚入行的心理学家，这一个人案例激发了他关于不成文的着装规范的研究。当时校园里的每个人都在遵循着这个规范，就好像海军陆战队教官正在命令我们无条件服从军令一样。

津巴多对高年级学生的采访表明，**内群体**（in-group）为了将自己与**外群体**（out-group）区别开，确实制定了一个强有力的着装规范。有识之士可以识别出哪一件衣服对于耶鲁男性是适宜穿着的（当时耶鲁大学都是男生）。他了解到"鞋子"的内涵（那个时代或更早的时候，耶鲁大学的男性可以通过穿着白色的皮鞋来分辨）。穿上这种鞋子就是在耶鲁大学的环境下进入潮流了、变得很酷、很时髦合群等。

不仅是衣服，学校中的其他事物都可以显示你合群的程度。网球、高尔夫和赛艇都是潮流事物，而篮球不是。在课堂上提问并不是主流做法。足球比赛之前要举行车尾野餐，但前提是形式和风格要正确。让津巴多同样感兴趣的是，圈内潮流会定期变化，以防外人误入圈内。例如，前一年耶鲁大学大四学生带着戒指是入流的，今年可能就过时了。抑或手工领结将变得过时，而夹式领结将成为潮流。

他的信息提供者团队帮助他计算出了耶鲁大学学生当年穿着入流程度的指标。在学生的帮助下，他们走进了宿舍，看到每个班级的学生衣柜里到底有哪些服饰。然后，将每件服装与入流指数相乘，并计算大一到大四每个班级的平均评分。接下来，根据学生是来自私立学校还是公立中学，他们对学生的入流得分进行了区分。

从耶鲁大学入流量化的图表中可以明显看出三个主要结果：

1. 随着学生年级的升高，他们的入流指数明显升高；
2. 来自预科高中的学生的入流指数远远大于来自公立高中的学生；

3. 大学四年之后，预科生和公立生之间的差距缩小了，到高年级时，他们的入流程度几乎就没有差别了。

当耶鲁大学开始招收女生，这种"入流感"变得没有那么明显了，开始转入"地下"，现在可能只以其他形式存在。但是，无论你在哪所学校，都是如此：你的品位很多时候实际上是社会从众压力施加给你的，为了得到他人的喜欢，而迎合他人的品位。很多时候，我们为了与他人和睦相处也会如此（Zimbardo，2008）。

关键问题：

构建社会现实，什么影响我们对他人的判断

核心概念 11.2

他人的行为和我们如何解释他人在社会背景中的行为，这二者都会影响我们对他人的看法。

虽然社交情境的力量很大，但它无法解释人们的所有行为。例如，它无法解释我们在选择朋友和浪漫伴侣时存在的个体差异，也无法解释人们的偏见。要想解释我们在社交互动中发现的模式，还必须研究认知过程。用社会心理学的语言来说，我们需要了解我们是如何构建社会现实（social reality）的，即我们对他人和我们之间的人际关系的主观解释。因此，我们认为谁有魅力、谁有威胁、我们想接近谁以及我们想避免谁，是由我们构建的社会现实决定的。这就引导我们进入社会心理学的第二个主题，也是我们的下一个核心概念所体现的：

他人的行为和我们如何解释他人在社会背景中的行为都会影响我们对他人的看法。

为了解释这些认知因素运作的方式，我们需要分析这些认知因素如何影响我们对他人的态度。让我

从一个简单的问题开始：什么使人们彼此喜欢？也就是说，是什么引起人际交往的吸引力？

本部分导读：

11.6 描述预测人际吸引力的四种有力的回报来源。

11.7 回顾爱情三角理论的三个成分。

11.8 评估过分强调个人特质而极度低估情境影响的双重倾向。

11.9 比较偏见和歧视。

11.6 人际吸引

学习目标：

描述预测人际吸引力的四种有力的回报来源。

当有人给予我们某些东西时，我们会被他们吸引，这是司空见惯的（Brehm et al.，2002；Simpson & Harris，1994）。我们倾向于喜欢那些给我们礼物、赞同我们、对我们友好、与我们喜好相同、给我们带来欢乐并在需要时帮助我们的人，除非我们怀疑他们的行为是另有所图的。

虽然我们并不一定介意以社交交换的形式作为回

报，但我们会回避那些只索取而不回报的人。在良好的人际关系中，如在友谊、合作伙伴、婚姻或商业关系中，双方都会有所收益。你或许会想在你的人际关系中这是否正确，那么我们接下来探讨吸引力的回报理论。

11.6.1 回报理论：我们通常更喜欢有回报的人际关系

不管你喜欢与否，大多数良好的关系都可以被看作一种利益交换（Batson，1987；Clark et al.，1989）。利益可能是金钱和物质财富，或者涉及一些无形的东西，如赞美、地位、信息、性或情感支持。

社会心理学家艾略特·阿伦森（Elliot Aronson，2004）将其总结为吸引力的回报理论（reward theory of attraction），该理论认为，吸引力是社会学习的一种形式。阿伦森声称，通过计算社会成本和收益，我们可以理解人们为什么会被相互吸引。简而言之，回报理论表示，那些可以让我们付出最小的成本，而得到最大回报的人是我们最喜欢的人。在你阅读完解释后，或许会同意：该理论几乎可以解释有关人际吸引的所有内容。社会心理学家发现，预测人际吸引力的四种特别有力的回报来源：接近性、相似性、自我表露和外表吸引力（见图11-7）。我们选择的朋友、同事和恋人大多是这些因素的某种组合，并且需要相对较低的社会成本。

11.6.2 接近性

俗话说"小别胜新婚"，俗话又说"离久情疏"，两者相矛盾。哪一个是正确的？研究表明，常相见能促进人们的亲密关系，而生活和工作中离我们最近的人通常是我们最常看到的人（Simpson & Harris，1994）。大学时，学生与隔壁宿舍的同学经常成为好朋友，而不是隔两扇门的同学（Priest & Sawyer，1967）。住在公寓里的人与同层邻居之间的关系通常比与其他楼层的要好（Nahemow & Lawton，1975）。社区中的独栋居民常与隔壁的住户成为朋友，而不是与隔着两座房屋的人成为朋友（Festinger et al.，

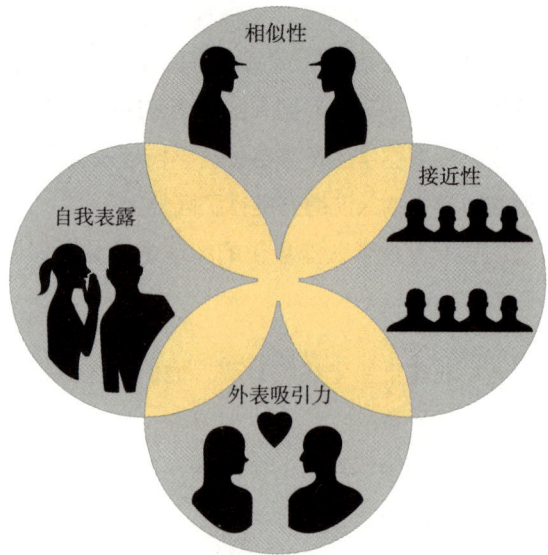

图 11-7　吸引力的回报理论中的四种回报来源

注：我们对他人的吸引力是基于我们的相似性、外表吸引力、接近性和自我表露。

1950）。这种接近原则（principle of proximity）也解释了一个事实，即许多人最终与邻家男孩或女孩喜结连理（Ineichen，1979）。它还可以正确地预测人们会与工作中接触最多的人结交为朋友（Segal，1974）。

尽管你可能不喜欢你的邻居，但接近原则表明，当两个人具有同等的吸引力时，你更有可能与最接近的人交朋友：在两种回报相等的情况中，与你接近的人会让你花费的时间更少、麻烦也更少（Gilbertson et al.，1998）。俗话说"距离产生美"，但根据社会心理学的研究，这句话显然应该加以修正，实际上，熟悉会更好地培养友谊。接触的增多常常会增强人们对彼此的喜好程度（Bornstein，1989）。

11.6.3 相似性

是物以类聚、人以群分还是同性相斥？研究证据更支持哪个呢？人们同态度、兴趣、价值观和经历与自己相同的人建立友谊时，会感到更有意义（Montoya & Horton，2013；Simpson & Harris，1994）。如果两个人发现他们在音乐、政治倾向和对教育的态度方面有共同点，那么他们的交往会很投机，因为他们会互相欣赏彼此的品位和态度，这就是一种回报（Byrne，1969）。为什么青少年与同自己政治和宗

教观点、学习目标以及对音乐、酒精的态度相似的人结交朋友的可能性更大（Kandel，1978）？**相似原则**（similarity principle）解释了这一点。同样，相似性也解释了一个事实，即大多数人会找年龄、种族、社会地位、态度和价值观相似的婚姻伴侣（Brehm，1992；Hendrick & Hendrick，1992）。通常，和接近性一样，相似性也会增加人们的亲密程度。但是，随着时间的流逝，夫妻也可能会经历态度重调，因为每个人都会逐渐改变对各种问题的看法，以使其与伴侣的看法更加一致（Davis & Rusbult，2001）。

11.6.4　自我表露

好朋友和恋人之间会分享自己的隐私（Sternberg，1998）。这种**自我表露**（self-disclosure）的做法除了使人们更深入地了解彼此，还互传了信任。仿佛在说："这是一些关于我的信息，希望你了解。相信你不会借此伤害我。"通常我们会发现，这种交流在朋友和恋人之间非常有意义。当观察到人们互换信任和生活中的细节时，你可以预测他们的相互吸引力越来越大。因为在双方的关系中，自我表露是在建立信任感之后进行的，所以达到这种亲密关系不仅要花费时间，而且也是自我表露者表示信任另一方的标志，如图11-8。想一下你愿意共享秘密和永不共享秘密的人。你共享或保留秘密行为的根本原因是什么？根据定义，秘密是私人的和非比寻常的事件，你想与某人

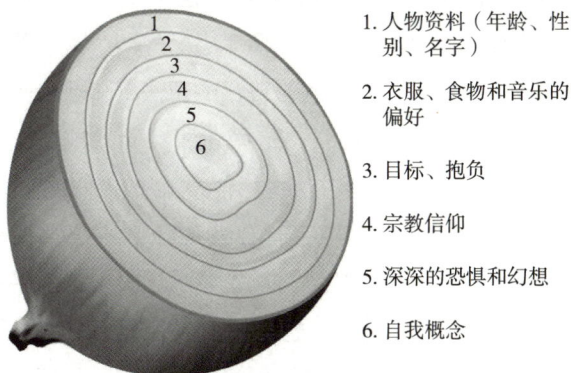

1. 人物资料（年龄、性别、名字）
2. 衣服、食物和音乐的偏好
3. 目标、抱负
4. 宗教信仰
5. 深深的恐惧和幻想
6. 自我概念

图 11-8　自我表露的水平

注：社会渗透理论表明，随着我们对某人的了解越来越深，我们的自我表露水平就越来越高。初次见面时，我们可能会进行 1 级或 2 级的表露，但很少人在交往早期就进行深度表露。

共享秘密的行为本身就自动赋予他在你们的交往中特殊的地位。

11.6.5　外表吸引力

我们常被告知，美丽是肤浅的。然而，人们通常会觉得，与自己认为具有外表吸引力的人交往比与自己认为其貌不扬的人交往收益更大（Poulsen et al.，2013；Patzer，1985）。无论公平与否，美貌确实是一种社会财富。例如，潜在雇主更喜欢外表漂亮的求职者，而不是外表普通的求职者，而且外表吸引力高的人在工作中也会更成功（Hosoda et al.，2003；Cash & Janda，1984）。人们对儿童的判断也会受到外表的影响。外表有魅力的儿童被认为比同龄人更快乐、更有胜任力（Eagly et al.，1991）。甚至婴儿也会"以貌取人"，婴儿凝视正常面孔的时间要比凝视丑陋面孔的时间长（Langlois et al.，1987）。

多数人排斥以貌取人的看法。的确，当大学生被问及"希望约会对象具有哪些特质"时，外表吸引力只排在清单的中间。但是人们总是口是心非的，至少就第一印象而言。在许多涉及各种特征的研究中，外表吸引力在第一印象的影响力远远超过其他特征，如智力、真诚、阳刚、温婉和独立，成为预测人们在第一次见面后被喜欢程度的重要因素（Aronson，2004）。

其他研究表明，吸引力原则在同性和异性关系中都适用（Maruyama & Miller，1975）。但是，确实存在性别差异。虽然男性和女性都受到外表吸引力的强烈影响，但男性似乎比女性更易受外貌的影响（Feingold，1990）。

对于大多数人来说这可能是个坏消息，因为通常大多数人都认为自己的外貌仅仅是中等水平。但是有一项研究可以带给我们一丝安慰，该研究表明人们认为"平均"特征组合成的面部最有吸引力。研究人员将许多学生的面部图像输入计算机程序中，并计算出面部特征的平均值组合，然后在此基础上进行或高或低的合成。令人惊讶的是，结果显示人们通常最喜欢各种面部特征值平均后的大小和形状组成的图像

（Rhodes et al., 1999）。

对于外貌美丽的读者来说，这里则有一些坏消息：尽管我们通常将正面的品质与外表有吸引力的个人联系在一起（Calvert, 1988），但过分美丽也可能产生不利。外表上有吸引力的人被认为更稳重、有趣、善于交际、独立、令人兴奋、性感、聪明、适应力强和更成功，但也被认为爱慕虚荣、贪图物质（Hassebrauck, 1988）。人们还对美丽的外表执行"双标"，例如，公众偏爱长相俊朗的男性政治人物，却蔑视具有吸引力的女性政治人物（Sigelman et al., 1986）。如果你的长相姣好却比较脑啊，情况也会变得很麻烦，因为其他人会误认为你高冷。

外表吸引力的这些研究说明，回报理论无法解释一切。在下一部分探索吸引力的回报理论的一些重要的例外情况时，我们会更清楚地体会这一点。

11.6.6　吸引力的回报理论的例外

虽然接近原则、相似原则、自我表露和外表吸引力原则可以解释很多人际吸引，但我们随意想想就会发现，似乎许多关系并没有带来回报。例如，为什么一个女人会被一个虐待她的男人所吸引？或者为什么一个人要加入一个入会很困难或侮辱人格的组织呢？这种关系衍生出非常有趣的问题（Aronson, 2004）。当有些人意识到自己得到的回报较少时，他们真的会感到对方有更多的吸引力吗？让我们尝试揭示这些有趣例外背后的社会认知原则。

期望和自尊心的影响　我们已经看到，回报理论预测我们不仅会被颜值高的人吸引，还会被附近的、聪明的、自我表露的、志趣相投且有能力的人吸引。但是，你可能已经注意到，大多数人最终的朋友和伴侣与自己相似，即所谓的**匹配假设**（matching hypothesis, Feingold, 1988；Harvey & Pauwels, 1999）。这是怎么发生的呢？

我们选择交往对象的过程是一种在人际市场上讨价还价，为获得最佳利益的交易吗？你怎么看？

是的，这就是**期望价值理论**（expectancy-value theory）。人们通常会通过权衡在他人身上看到的价值（包括外表吸引力、智慧、兴趣和智力等）与在关系中取得成功的期望（其他人会被我吸引吗）来决定是否与其建立关系。基于人的特性和价值观，大多数人不会将时间浪费在尝试与看起来"高高在上"或"不够好"的人建立联系的过程中。假设匹配是基于现实的，我们倾向于寻求与我们的自我定义相协调的匹配对象。因此，我们与最有魅力的人并且可能喜欢我们的人建立关系。从这个意义上说，期望价值理论与其说是回报理论的对立面，不如说是对它的优化。

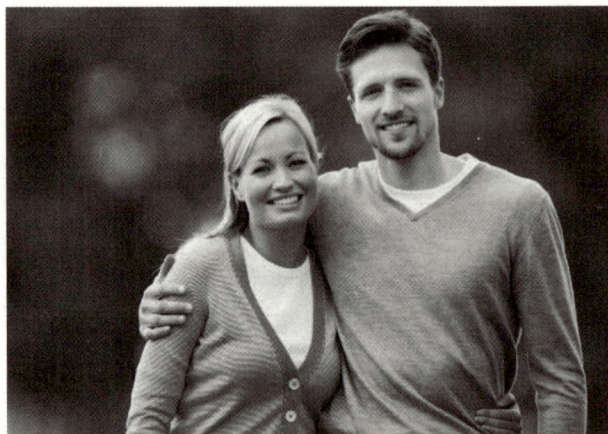

匹配假设表明，我们寻找的是一个与自己的外表吸引力、自我价值和受欢迎程度相似的浪漫伴侣。

然而，研究人员通过一个流行的在线约会网站以及实验室研究的结果，表明匹配假设比心理学家所想的更为复杂（Taylor et al., 2011）。出人意料的是，就这些研究而言，外表吸引力并不是一个好的预测指标。相反，研究表明，还需要考虑另外两个更加普遍的因素：自我价值（个人对自己的看法）和社会吸引力（受欢迎程度）。通常，这些在线实验的被试倾向于与自己的自我价值和社会吸引力类似的人们交往。

当他们冒险"越界"时会发生什么？与女性相比，男性常常可以成功地与高于其社会吸引力水平的人建立联系。但是那些试图在外表吸引力上"越界"的人是不幸的，因为更多时候，当他们开始与那些比自己更具外表吸引力的人接触时，常常被忽略。

其他研究表明，自视不高的人倾向于与自己观点相似或同样自我贬损价值的人建立关系。这会导致不良的人际关系。这些人更容易看不起自己的同伴，而不是看得起自己的同伴（Swann et al.，1992）。

同样，那些看起来非常有能力的人也可能在期望价值博弈中成为失败者。为什么？大多数人与这样的人保持距离，可能是因为我们担心他们会很快拒绝我们。但是，如果你恰好是这些优秀的人，请不要绝望：社会心理学家已经找到了希望！当能力强的人犯了一些小错误时，如打翻饮料或者掉落一叠文件，其他人其实会更喜欢他们，这可能是因为错误使双方的关系变近了，优秀的人变成了"普通人"并且"正常化"（Aronson et al.，1966，1970）。但是，除非你的能力十分出众以至于他人难以接近，否则这种办法只会使大多数人看起来像笨蛋，降低了他人对我们的喜爱程度。

吸引和失调 美国海军陆战队的座右铭是："永远忠诚。"他们必须忍受磨砺，如严格的身体训练、睡眠不足、没有隐私、被大声训斥、因为小失误而受到惩罚，而令人吃惊的是新兵经常对自己的组织表现出极大的忠诚度。无独有偶，遭到欺凌的成员比没有遭到欺凌的成员对兄弟会产生更持久的忠诚。显然，一股强大而有趣的力量正在发挥作用。

自愿经历不愉快经历的人进行了什么样的心理调节，认知失调理论为此提供了令人信服的解释（Festinger，1957）。该理论认为，当人们自愿遭受折磨时，会产生心理不适或态度和价值观的冲突，从而发展出高动机的心理状态，这种状态被称为认知失调（cognitive dissonance）。那些了解吸烟成瘾带来的负面后果的人继续抽烟时会感到认知失调，就像不断输钱但继续赌博的赌徒一样。那些发现自己的行为方式会导致他们遭受身体或情感不适的人们，情况也是如此。因此，当海军陆战队新兵发现他们自愿参加酷似惩罚的训练，并且与他们从征兵广告中形成的想象不同时，他们可能会感到认知失调。那么这会产生哪些心理后果呢？

由认知失调理论我们可知，人们会产生避免这种不舒服的失调状态的动机。如果我们发现自己认知失调，会企图用可预见的，甚至完全不符合逻辑的方式

减少认知失调。有两种主要方法可以减少认知失调：改变个体的行为或认知。因此，在普通人的生活中，如果老板侮辱员工，那么你可以找一份新的工作来避免认知失调。但是对于海军陆战队的新兵来说，更换工作是不可行的：一旦基础训练开始，就为时已晚。因此，认知失调的新兵只能调整自己的认知。新兵很可能会通过合理化（"这很艰难，但能培养毅力"）和对组织建立更强的忠诚度（"成为这样一个精英团体的成员值得经受所有的苦难"）来解决认知失调的问题。无论哪种方式，都会减少失调感，并使个体感觉良好。

实际上，后一种解决方案的发生频率更高：当人们的认知和行为发生冲突（失调状态）时，他们通常会通过改变思维方式、态度和价值观以适应自己的行为来减少冲突，而不是改变行为。为什么呢？人们不愿使自己看起来很愚蠢或前后矛盾，因此，为了向自己解释自己的行为，人们只能在私下改变自己的态度，而不是公开的行为。否则他们的自尊会受到威胁。

最近有研究人员发现了这种理论的一种文化变体。研究表明，与北美人相比，在日本和亚洲其他地区的人们对维持较高的自尊心的需求较小（Bower，1997a；Heine et al.，1999；Hoshino-Browne，2012）。因此，认知失调对于日本人来说改变态度的作用较小。显然，在集体主义和个体主义文化中，认知失调也是一个有着不同运作方式的心理过程。

失调的解释力 尽管存在文化差异，认知失调理论也解释了人们为证明自己的行为合理，从而避免失调所做的许多事情。例如，它解释了为什么吸烟者会经常合理化他们的这个习惯。它也解释了为什么随着时间的推移，无论是进行红十字会志愿服务还是写推荐信，那些将努力投入某些事物中的人们，都变得更加热爱这一事业，以证明自己的努力是合理的。这也解释了为什么当你决定购买本田汽车后，会更加注意支持你的选择的新信息（如电视上的本田汽车广告），但是却倾向于忽略产生失调的信息（如它的价格较高或因加速问题被大量召回）。

认知失调理论还可以帮助我们理解某些令人费解的社会关系，例如，有些女性会喜欢虐待自己的男性。她的失调可能会用下面这些想法概括："我为什么会和一个伤害我的人在一起？"之后她会通过专注这个男人的优点来弱化对方的虐待行为所造成的伤害，最大限度地进行自我辩解来减少失调感。而且，如果她的自尊心很低，她可能还会告诉自己，她这是自作自受。

概括地说，认知失调理论预测，当人们自愿为某人遭受痛苦时，更容易被这个人吸引。相比之下，回报理论永远不会预测出这种结果。失调理论家做出的另一个重要贡献是，为我们提供了一个理论框架，它帮助我们理解为什么所有人都会为愚蠢的信念、错误的决定，甚至他人的伤害行为进行辩护，这些辩护常表现为强词夺理或否认引发失调决策的责任（Tavris & Aronson，2007）。

因为我们是理性的生物，所以我们会不断地为自己的决策和行为辩护，以使我们的不良行为因拥有正当的理由而变得合理化（Tavris & Aronson，2007）。幸运的是，这种错误的思维模式很容易发生"短路"。而你所要做的就是承认："对不起。我犯了一个错误，以后不会再发生了，请原谅我。"

总结一下关于人际吸引力的讨论：如果你使用回报理论来理解人们为什么被彼此吸引，通常不会出错。人们因为期望某种利益而开始一段社交关系。这种利益可能是一种直接回报，如金钱、地位或性；或者避免了某些令人恐惧的后果，如在社交中被人孤立或排斥的痛苦。

但是社会心理学也表明，简单的回报理论本身无法解释人类社会互动的所有细节。在理解吸引力时，我们还必须考虑更复杂和有用的认知因素，诸如期望、自尊和认知失调等。也就是说，一个完整的理论必须考虑我们解释或构建社会环境的方式。我们对所爱和所恨的人做出的其他判断也要基于我们的主观解释。

11.7　爱

学习目标：

回顾爱情三角理论的三个成分。

虽然人们有时会对他人做出一些可怕的事情，但人类心灵的复杂和美好也使人们能够关心、喜爱他人。喜欢和爱是幸福感的必要条件（Kim & Hatfield，2004）。此外，吸引和爱带来的愉悦感也是我们大脑回路和化学过程的一部分（Bartels & Zeki，2004）。

我们如何知道吸引什么时候转变为爱？在很大程度上，是文化为我们提供了答案。每种文化对爱情的定义都有一些共同点，如性唤起、依恋、关心对方的幸福、愿意做出承诺等。但是"爱"的概念在不同的文化中区别很大（Sternberg，1998）。

爱有很多种形式。父母对孩子的爱与老朋友之间的爱不同，而这两种爱与结婚40年的老夫妻之间的爱又有所不同。然而，对于许多美国人来说，"爱"这个词会让人联想到另一种基于迷恋和性欲的吸引方式：**浪漫爱情**（romantic love）。这是一种短暂的、情感强烈的状态，通常会在几个月后消失（Hatfield et al.，1995；Hatfield & Rapson，1998）。美国人认为保持亲密的和长期的婚姻关系的基础是浪漫的爱情，但这一观点并不具备普适性。在许多其他文化中，婚姻有时是一种经济或政治联盟。事实上，"包办婚姻"在许多文化中仍旧存在，即父母甚至祖父母为后辈决定合适的结婚对象，从而提高家庭的权力或经济状况。

心理学家罗伯特·J. 斯滕伯格（Robert J. Sternberg，1998）提出了**爱情三角理论**（triangular theory of love），其中有一个有趣的观点如图11-9所示。他认为爱有三种成分：

1. 激情（性欲的吸引力）；
2. 亲密（相互传递情感和信任）；
3. 承诺（将亲密关系看作人生中无比重要的事物）。

将这三种成分进行不同的组合可以被解释为各种

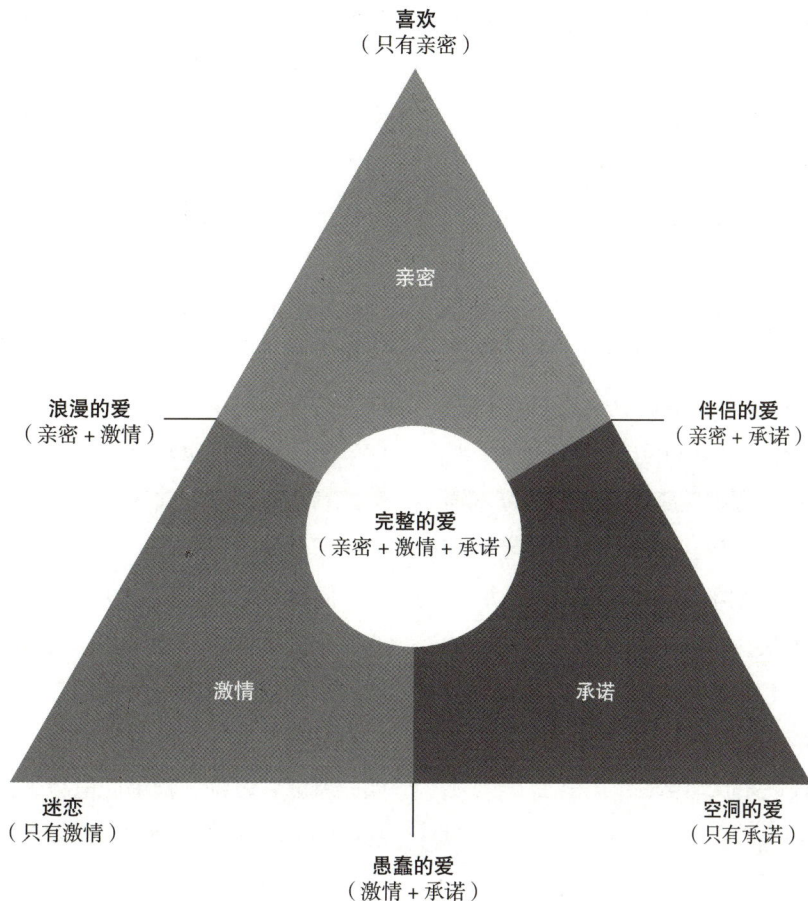

图 11-9 斯滕伯格模型

注：根据斯滕伯格的观点，爱有四种不同的类型。

形式的爱。因此，斯滕伯格认为：

- 浪漫的爱拥有较多的激情和亲密，但承诺较少；
- 喜欢与友情则以亲密为特点，而不是激情或承诺；
- 迷恋包含许多激情，但还未发展为亲密或承诺的关系；
- 完整的爱（完美的爱）包含全部三种成分：激情、亲密、承诺；
- 完整的爱通常会转变为伴侣的爱，在此过程中激情变少，但亲密与承诺愈发强烈。

由于美国的离婚率特别高（Brehm，1992；Harvey & Pauwels，1999），我们急需了解在美国文化中，到底是什么增强或减弱了爱。如果继续这样下去，将近 50% 的新婚者及 60% 的再婚者的婚姻都会

以离婚收场。在这样的高离婚率下，许多研究都会关注离婚对孩子的影响（Ahrons，1994）。当双方是和平分手，或者夫妻共同抚养孩子，或者在孩子面前不会诋毁彼此时，离婚对孩子的消极影响就会较小。有时，让孩子脱离充满冲突的家庭环境，或者摆脱具有暴力倾向的父母，显然会更好。

该如何维持夫妻之间的爱，又是什么环境因素会挑战这种关系呢？我们已知一段关系要保持健康和蓬勃的发展，双方就必须将这段关系看作有益且公平的。正如在讨论回报理论时我们所看到的，从长远来看，双方必须感觉他们在这段关系中有所收获，而不仅仅是付出。他们能够从这段关系中获得许多东西，包括奇妙的经历、地位、欢笑、精神激励、物质财富以及关心、爱与社会支持（Berscheid，1999）。

此外，要保持一段良好的关系，双方之间的交流必须是开放、持续、相互支持的（Monaghan，1999）。

研究显示，婚姻关系比较长久的夫妇，其积极互动的次数是消极互动的 5 倍之多，其中积极互动包括微笑着交流、爱的抚摸、欢笑和赞美（Gottman，1994）。然而，每段关系都会偶尔出现沟通障碍，因此伴侣们需要知道如何有效处理冲突。双方需尽早面对冲突，并以公平且有效的方式解决。归根结底，双方都必须为自身的同一性、自尊和对关系的承诺负责，而不是期望伴侣能够读懂自己的内心或做出牺牲。

这只是在大量有关人际关系的社会心理学研究中最简单的例子。这类研究具有实际应用价值。教师熟悉这些研究结果后可以把健康人际关系的基本原则告诉学生，治疗师可以运用这些原则为来访者提建议，告知他们应该如何与伴侣交流、如何进行协商、如何解决无法避免的冲突。简而言之，知晓那些影响你感知他人、与他人交往的因素后，在与他人建立亲密关系时，你就能获得更大的自我控制感与幸福感（Harvey，1996；Harvey et al.，1990）。

11.7.1　长久的浪漫爱情

许多夫妻会逐渐失去最初那种充满浪漫与激情的爱。但是新的研究发现，至少对处于长久的浪漫爱情中的夫妻来说，热情在他们的头脑中可以保持不灭（Acevedo et al.，2011）。在两种不同的条件下，研究人员对已经结婚 20 多年的男女双方的大脑进行 fMRI 扫描。实验中男女双方会看到伴侣、熟人、密友、老友和陌生人的照片。当看见伴侣的照片时，与多巴胺奖赏和基底神经节系统相关的大脑区域被激活，这类似于刚谈恋爱时的脑部激活。此外，与刚处于热恋期的情侣相比，这些长期恋人的大脑中与母体依恋和夫妻结合相关的脑区也会被激活。

11.8　认知归因

学习目标：
评估过分强调个人特质而极度低估情境影响的双重倾向。

我们总是试图向自己解释人们为什么会做出某种行为。假设你正在乘坐公共汽车时，一位拎着很多包裹的女士上车了。在她找座位的途中，由于汽车发动，她的东西掉在了地上。你会怎样解释她的行为呢？你会认为她是情境的受害者，还是她的能力不足，还是她为了让他人给自己让座而博取他人的同情？

社会心理学家已经发现，相较于归因于情境的力量，例如，公交车上突然的颠簸，我们倾向于把他人的行为与不幸归因于其个人特质。这有利于我们理解为什么人们常常将穷人或流浪汉的不幸归因于懒惰或智力低下，而不是缺乏机会（Zucker & Weiner，1993）。

同时我们发现，在解释他人的成功时人们采用的是相同的方式。我们会把最喜欢的歌手、作家或家庭成员的成功归因于他们的个人特质，例如，非凡的天赋或强烈的动机；而倾向忽视情境力量的影响，例如，家庭、教练、营销闪电战（指竭尽所能地宣传产品或服务）、长时间的练习，甚至仅仅是时来运转。

11.8.1　基本归因错误

心理学家将基本归因错误定义为过分强调个人特质，并且最小化情境影响的双重倾向。当然，基本归因错误并不总是"错误"。如果人们的某种行为真的是因为其性格，那么观察者的猜测便是正确的。所以基本归因错误可以被看作一种偏差，而非错误。然而，从某种意义上说基本归因错误也是错误的，因为观察者可能会忽视对他人的行为进行合理的情境解释。例如，如果你前面的车突然刹车，导致你差点撞到对方，你的第一反应可能是对方有错，并归因于他的个人特质。但如果那个司机突然刹车是为了避免撞伤过马路的狗呢？那么对这场意外我们就应该做情境解释，而不是做性格归因。通过提醒自己情境因素可以解释那些看似无法解释的行为，我们就不太会犯基本归因错误。我们鼓励你练习新的归因原则："慈善归因"，即总是先尝试为他人的奇怪或不寻常行为找到情境解释，然后再从性格方面找原因。它可以帮助你改善情境，也可以帮助你避免伤害朋友或同事的感情。

然而，尽管基本归因错误中带有"基本"二字，但它并不像心理学家最初认为的那样基本。跨文化研究表明，基本归因错误在个体主义文化中，如美国和加拿大，比在日本或中国这样的集体主义文化中更为普遍（Norenzayan & Nisbett，2000）。即使在美国，城市儿童也比农村儿童更容易产生基本归因错误（Lillard，1999）。你认为出现这种情况的原因是什么呢？

11.8.2 自我思维偏差

奇怪的是，你可能会用两种不同的标准来评价自己，这取决于你是经历成功还是失败。当事情进展顺利时，大多数人都会将自己的成功归因于内部因素，如动机、天赋或技巧，如"我善于做多选题"。但当事情进展不顺利时，他们会将失败归咎于无法控制的外部因素，如"教授的提问太刁钻"（Smith & Ellsworth，1987）。这种倾向被心理学家称为**自我服务偏向**（self-serving bias，Bradley，1978；Fletcher & Ward，1988）。自我服务偏向可能源于对自尊的需要，一种为了保全面子，以及尽可能地把我们的行为从最好的方向诠释出来的偏好，无论是对自己还是对他人（Schlenker et al.，1990）。

与基本归因错误一样，在个体主义文化中，个体因追求卓越而遭受的社会压力所造成的自我服务偏向比在集体主义文化中更常见（Markus & Kitayama，1994）。此外，当我们试图理解他人的行为时，倾向于从特性方面来解释，也就是从他们的内部寻找可以解释其行为的原因。然而，当我们试图为自己的行为寻找原因时，往往会关注影响我们的情境因素，因为在评判自己的行为时，我们更容易意识到这些情境因素。在米尔格拉姆的研究中，有研究结果表明，大多数人最终都会施加最高水平电压的电击，但如果你仍坚信你会很早就停止电击，那就是自我服务偏向在起作用，它使你认为自己有能力对抗压倒众人的情境力量。

11.8.3 社会认知的普遍维度：热情和能力

判断他人是朋友还是敌人、对我们的意图是好还是坏及是否能够实施这些意图是人们基本的社会认知之一。大量的新研究表明，无论是个人层面还是群体层面，感受到自己对他人的喜欢与尊重是社会认知的两个普遍维度。不同文化中的人们通过喜欢（被评价为热情和可靠）和尊重（被评价为有能力和效率高）来区分彼此。热情维度体现在与感知意图有关的特征中，包括友善、助人、真诚、可靠和道德。能力维度则反映了那些与能力、智力、技能、创造力和效率有关的特征（Fiske et al.，2007）。

如果把这两个维度绘制成图，我们可以看见四个象限（见图 11-10）：Ⅰ.高热情与低能力；Ⅱ.高热情与高能力；Ⅲ.低热情与低能力；Ⅳ.低热情与高能力。大量研究表明这四个象限中的每一个典型的社会感知均与不同的情绪和行为相联系（Fiske et al.，2007）。

那些人们认为很热情的人都属于象限Ⅰ和象限Ⅱ。然而，正如你将看到的，即使我们会被这两组人吸引，但通过对他们能力的感知，我们对这两组人的态度也会有所不同。对于那些符合象限Ⅰ的人，我们倾向于同情他们，并可能积极地给其提供帮助，人们常常认为老年人和残疾人属于象限Ⅰ。热情且能力高的人属于象限Ⅱ，其中包含那些我们喜欢、欣赏或想要交往的人。这个象限包括那些我们认同或渴望与之交往的人，可能是牧师、拉比（对有学识的犹太人的尊称）、电影明星、体育明星、微软公司的比尔·盖茨（Bill Gates）或 Facebook 的创始人马克·扎克伯格（Mark Zuckerberg）。

想一下，我们会如何对待那些我们认为不热情的人。被归类在象限Ⅲ的人缺乏热情和能力，我们会对他们感到不屑，想要避开或忽略他们。对许多人来说，这些人包括一些少数群体的成员或福利受益者。但给我们留下最糟糕感受的是那些属于象限Ⅳ的人：我们认为他们拥有不配享有的特权。对于大多数人来说，属于象限Ⅳ的人会激起我们内心的嫉妒，希望

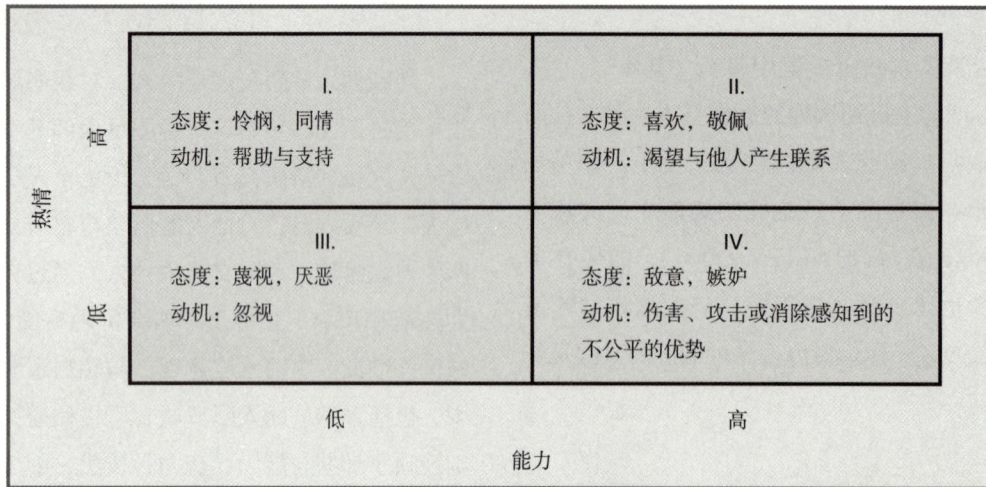

	低 能力 高	
热情 高	I. 态度：怜悯，同情 动机：帮助与支持	II. 态度：喜欢，敬佩 动机：渴望与他人产生联系
低	III. 态度：蔑视，厌恶 动机：忽视	IV. 态度：敌意，嫉妒 动机：伤害、攻击或消除感知到的 不公平的优势

图 11-10　热情和能力的维度

注：在对他人不同的行为和情绪方面，热情和能力维度共产生了四个象限。

"让他们降低一两个档次"，甚至可能想要伤害他们。常见的例子包括政客、律师、超级富豪。

你能想出本章迄今为止讨论过的至少三个可能会激发助人行为的因素吗？

该研究的作者认为，群体偏见和刻板印象往往在上述两个维度中表现得一个维度较高，另一个维度较低，由此会形成矛盾的感觉和反复无常的行为，从而危及群体关系的建设性发展。

11.8.4　积极自我评价的跨文化研究

我们有必要考虑一下两个关于自我与他人关系的深刻问题：

- 所有人都在寻求积极的自我评价吗？换句话说，是不是所有人都想要拥有、提升和保持积极的自我概念？
- 这是人类的基本特性吗？

如果我们想想周围的人是如何提升他们的自尊的，又是如何努力变得与众不同的，再想一想自我服务偏向和自我肯定，可能就会认为，寻求积极的自我评价似乎就是人类的本性。但如果我们再看看北美和日本，答案可能就会不同。

研究人员仔细研究了这两种文化背景，以确定文化规范和制度是如何促进和维持与自我评价相关的心理过程的。他们发现，在生活中的许多方面，北美文化会导致人们过度关注自我，认为自己是一个独立的个体，同时也鼓励人们以积极的方式看待自己，将自己看作独一无二。这一点在广告、电影、歌曲、日记以及当代美国文化中的许多方面都得以体现。相比之下，日本文化则更强调自我批评，人们在评价自我时通常会从批评个人表现甚至生活方式开始。这种方式令人谦逊，避免傲慢。然而，批评的目标是寻求各种有效的方法来改善人们的态度和行为，这既满足了个人的需要，也满足了家庭、团队、企业和更大的社会群体的需要。这样的研究很重要，它们说明了看似普遍的人性其实是某些文化的特性（Heine et al., 1999）。

11.9　偏见和歧视

学习目标：

比较偏见和歧视。

虽然我们对他人行为的归因可以是积极的，也可以是消极的，但偏见这一社会心理学术语总是包含对他人的消极判断。偏见会让雇主持有女性或男性不适合从事管理工作的歧视，让老师认为少数族裔的学生只能取得不良的学业成就。在某些地方，偏见曾导致**种族灭绝**（genocide），即由于种族或民族的起源而彻底地灭绝了一群人。我们将**偏见**（prejudice）定义为仅仅由于个体是特定群体或类别中的成员，而对他们产生消极的态度、观点和情感。

类别可能就像性别或种族一样是真实存在的，但也可能是偏见持有者创造出来的，例如，把一些人看作"贫困的白人渣滓"或把其他人看作"左翼自由派"。常见的偏见是对高个子男性的积极评价，人们通常认为他们比矮个子的男性更有才华、受教育程度更高、领导能力更强、更富有。对于漂亮的女性，人们也会认为她们在很多方面都更好。偏见可能表现为消极情绪（如厌恶或恐惧），消极态度以及支持这种态度的刻板印象，或者试图躲避、控制、支配或消除偏见对象的消极想法。偏见态度就像一个不公平的过滤器，影响人们感知和对待他人的方式。因此，在选择性地加工、组织和记忆特定人群的相关信息方面，偏见发挥了强大的力量。偏见随处可见，在许多国家中，大多数人都怀有各种各样的偏见，这些偏见可能是有意识的，也可能是无意识的。我们将在本节后面的内容中阅读到相关研究。

下面我们区分一下偏见和歧视：偏见是一种态度，而歧视是一种行为。**歧视**（discrimination）是指由于个体在特定群体中的成员身份而对其采取的消极行为。例如，种族形象定性常常被认为是一种歧视，因为它仅仅是根据种族特征挑选个体。这可能导致更多的少数民族成员被逮捕，因为警察更有可能因为他们的"可疑行为"而质问他们。尽管歧视源于偏见，但我们很快就会发现仍存在特殊情况。在这一节中，我们将探讨为什么会产生偏见，作为偏见中的一个基本过程——**非人化**（dehumanization）的作用，以及如何对抗偏见，最后我们会以关于**刻板印象威胁**（stereotype threat）的新研究结尾。

11.9.1　为什么会产生偏见

偏见有很多来源（Allport, 1954；Aronson, 2004）。有些是在我们很小的时候就形成的，有些是我们感受到威胁时产生的防御反应，有些是顺应社会习俗的结果，还有一些帮助我们区分陌生人（也可能是敌人）和朋友（Whitley, 1999）。理解这些偏见的来源将为我们提供必要的基础，让我们思考可能的"治疗"方法，以对抗这些反社会的反应。在这里，我们将介绍社会心理学家研究过的造成偏见的五个原因。

1. 差异和社会距离
2. 经济竞争
3. 寻找替罪羊
4. 遵守社会规范
5. 媒体的刻板印象

差异和社会距离　如果说相似会孕育喜爱，那么差异则会滋生轻蔑与偏见。所以，如果你穿着印有不雅文字的 T 恤，染着彩色的头发，或者在身体上打孔和文身，那么你很可能会让一些传统的中年人感到不适。他们可能认为你属于宣扬某一种价值观的社会群体，而这一群体鼓励与传统群体截然不同的"激进"行为。即使外表上微不足道的差异也很容易成为滋生偏见的土壤。

妈妈，猜猜谁要来我们家吃饭？如果你邀请这个人去你家做客，你妈妈会高兴吗？如果不会，那她的偏见是不是仅仅基于外表？

是什么心理学原理在起作用呢？当你觉得某人和你的内群体不一样时，你会在心中把那个人放在比内群体成员更远的社会距离（social distance）上。这样，你就不可能公平地看待某个人（Turner & Oakes, 1989）。这种不平等很容易让你倾向于轻视外群体成员。从历史来看，更强大的群体通过剥夺外群体成员的特权、把他们送进不同的学校、让他们坐在公共汽车的后座、强迫他们从事收入较低的工作、将他们送进监狱和贫民窟并侵犯他们的人格尊严等方式来歧视他们。年龄差异、肤色、种族、风俗、宗教、政治观点、社会和经济地位，甚至食物偏好都还只是人们对他人进行的一些基础的分类。当人们感到他人与自己有差异时，就会产生社会距离。

经济竞争　造成偏见的第二个原因是高度竞争的环境。在这种环境中，一个群体以牺牲另一个群体为代价获取经济利益或工作，这就很容易成为点燃偏见的火苗。例如，在太平洋的西北地区，就业和野生动物的栖息问题造成了对原始森林的争夺，伐木工人和环保主义者之间因此产生了偏见。同样地，调查发现，在经济水平上略高于美国黑人平均水平的白人群体，对美国黑人的偏见是最大的，他们恰巧是那些认为自己的工作受到黑人威胁最大的群体（Greeley & Sheatsley, 1971）。而事实上，不仅处于特权地位的群体对少数群体存在偏见，少数群体之间也会存在偏见。例如，在不同国家的新移民之间，或者当新移民威胁到现有少数群体的经济安全时，便会产生偏见。

第二次世界大战后，成千上万的波多黎各人移民到纽约市南布朗克斯区（South Bronx，在蔗糖作物大面积歉收后，政府为他们提供了免费到美国的机票）。他们与当地的黑人以及其他退役的人竞争住房和收入低廉的工作。研究人员发现，这两个少数群体之间存在着强烈的对立和偏见，每个群体在努力过上好日子的同时又要应对在当地占多数的白人群体对他们自上而下的偏见（Zimbardo, 1953）。戏剧和电影《西区故事》（*West Side Story*）是新版的"罗密欧和朱丽叶式"的悲剧爱情故事，它以波多黎各和白人少年的帮派冲突取代了意大利的家庭敌对。

寻找替罪羊　要理解造成偏见的第三个原因，我们可以想想古代希伯来祭司是如何举行仪式的，他们象征性地把人的罪孽转移到一只羊身上，即替罪羊。然后，这只承担着罪孽的羊被驱赶至沙漠，让罪恶远离群体。替罪羊（scapegoat）这个词在现代被用来指无辜的人或群体，当人们感受到威胁时，替罪羊会受到指责。在第二次世界大战中，纳粹把德国犹太人当作替罪羊，其规模之大令人震惊。而希特勒的宣传计划促进了这一点，在宣传中，德国犹太人的视觉形象完全不同于其他德国人，并把他们视为可怕的敌人（Keen, 1991）。

许多国家会利用这种视觉形象宣传作为发动战争的前奏，它们会先创造出一个被普通大众憎恨的敌人，然后让大众恐惧到去消灭敌人或让他们的儿子参军杀敌。这种被创造出的敌意心理被称为"敌对想象"，即灌输对"其他人"的仇恨。自沙特阿拉伯的恐怖分子对纽约市发动"9·11"袭击后，在许多城镇中，那些终身为美国公民的阿拉伯人便被邻居视为敌人。我们还见证了一种新的、更深层次的消极态度，美国的不同政党互相将对方描述得像国家的敌人，而不是发表不同观点和议题的共和党和民主党。

当产生偏见的对象的肤色或身体特征恰好与众不同时，或者当媒体宣传想利用优势群体的思想创造这种差异时，最容易达到目的的方法就是找替罪羊（Sax，2002）。当一个社区或国家的情况恶化，从好时光变成了糟糕的日子时，这种变化可能会使人们寻找指责的对象。

遵守社会规范　造成歧视和偏见的最普遍的原因或许是一种浑浑噩噩地保持现状的趋势，即使这些情况中涉及不公平的观点、偏见和习俗。例如，白领中，秘书通常是女性，高管通常是男性。在美国，只有18%的私营公司的董事会中有女性。2008年，在意大利这一比例降至2%，在日本则不到1%。在阿拉伯国家，女性担任这样的职位就更加罕见了，除非她们是高管的亲戚。由于这种规范，即使是高素质的女性也很难打破这层"职场天花板"，进入管理层。在社会规范中，护士和实验室技术员应该是女性，工程师和数学家应该是男性。大多数从事某种职业的人都具有特定的性别或种族，这种现实使我们假定世界规则和社会秩序本该如此，而不考虑社会和经济条件的原因。因此，当女性注意到大多数计算机程序员都是男性时，她们很可能会避免学习计算机科学类课程或从事这类职业，然后计算机就变成了"只适合男性"的职业。在心理学领域，情况正好相反。现在，选修心理学课程、主修心理学并继续从事与心理学有关的职业的学生大多都是女性，这是过去十年中所出现的重大性别逆转。随着心理学逐渐被认定为"仅限女性"的领域，一些心理学家担心男性进入这个领域的可能性将变小，整个行业的薪资水平将下降。

好消息是，目前的社会趋势正在改变这些关于性别职业的社会规范。例如，促进女性和少数民族在STEM（科学、技术、工程和数学）领域的发展；在美国30%的俱乐部中，公司自愿承诺30%的董事会成员将会是女性；在挪威和其他一些欧洲国家则承诺40%的目标。这些努力进展缓慢，应该有法律、政治和经济支持这一大规模的系统性变革。

媒体的刻板印象　造成偏见的第五个原因是电影、印刷品和电视上用刻板的形象描述某一群体，这强化了有偏见的社会规范。这并不是无害的，因为人们的许多偏见就是从电视、书籍、电影和杂志上看到的刻板印象中习得的（Greenberg，1986）。从另一个角度来看，媒体的形象也会改变社会规范。在媒体关注黑人权力运动前，电影和电视上常常将非洲人和非裔美国人的形象描绘成智商一般、动作缓慢、行事滑稽，这延续了许多白人对黑人所持有的偏见。

幸运的是，在过去的几十年里，最明显的种族刻板印象已经在美国的媒体中淡去。当然，媒体仍然会歪曲黑人的形象，但已很少这么做了。在电视的黄金播放时段中，男性角色的出场时间是女性角色的三倍（Aronson，2004）。尽管美国从事蓝领和服务业工作的劳动力有三分之二，但电视节目中呈现的大多都是专业和管理职位。非白人和老年人出现在电视上的比例也比一般人群小得多。这会造成观众对世界的片面认识。因此，对弱势群体的年轻人来说，在媒体中呈现各种具有影响力和公信力的榜样就变得至关重要，如让女性和少数族裔成员担任电视新闻主播。同样，要改变人们对LGBT（女同性恋、男同性恋、双性恋和跨性别）群体的刻板印象也需如此。

非人化　偏见、歧视和群体之间暴力背后最重要的心理过程是非人化。它使一些人不把其他人当人看（见图11-11）。非人化（dehumanization）可以定义为对他人产生有偏见的感知和认知的心理过程，会剥夺他人的人性，认为他们与我们截然不同且毫无价值。非人化就是把特别讨厌的人当作物体、敌人、动物和昆虫的心理机制。就像白内障会使人的视力模糊，非人化就像"大脑皮层上的白内障"，它会让我们对与他人之间的相似性视而不见。这意味着人们可以暂时丧失道德理性、同理心、怜悯和其他压抑仇恨和暴力的过程，它能使普通人甚至好人做坏事乃至邪恶的事（Sherrer，2008；Zimbardo，2007）。

1994年在非洲卢旺达（Rwanda）发生过一个非人化的例子。胡图族政府大肆宣传卢旺达的图西族人是胡图族的敌人；他们是昆虫，是蟑螂，必须被消

20世纪30年代和40年代，纳粹德国所有学生读的教科书都把犹太人描述为低等"雅利安民族"。

在这些描写犹太人自卑和冷酷无情的漫画中，犹太人被赶出学校、被关进限制住房、被驱逐出境。这种宣传方式只是纳粹企图创造偏见和歧视文化的成功因素之一。

图 11-11　偏见和歧视的杀戮之地举例

灭。胡图族的男人拿着政府提供的砍刀，女人则拿着棍棒，在100天内屠杀了80万名图西族人（Hatzfeld，2005）。美国公共广播公司（PBS）制作了一部很有影响力的纪录片《邪恶的胜利》（*The Triumph of Evil*），记录了这种导致种族灭绝的非人化行为。同样，电影《卢旺达饭店》（*Hotel Rwanda*）也值得推荐，这部电影对这场残酷的冲突进行了翔实的记录。

这样一个复杂的心理过程可以用实验来研究吗？当然可以，研究人员班杜拉和他的学生进行了一个简单的实验（Bandura et al.，1975）。

他的研究与斯坦利·米尔格拉姆的研究相呼应，

一所大学的学生需要帮助另一所大学的学生提高他们的决策技能。实验者会提供要解决的问题，要求被试对好的解决方案进行奖励，并惩罚不好的解决方案。实验中会通过不断提高电击水平对小组所有成员都施以惩罚，但实际上没有实施电击，只是被试相信小组成员受到了电击。在实验过程中，研究助理会告诉被试来自另一所学校的学生将先作为解决问题的小组。实施电击的学生被随机分配到以下三种条件中：中性组，他们只知道对方已经准备好了；非人化组，他们被告知对方看起来像"动物"；人性化组，他们被告知对方看起来像"好人"。实验结果表明，与中性组相比，非人化条件下的学生遭受的惩罚明显更多，而且在10个试次中越来越多，这仅仅因为被告知对方像动物。与中性组相比，人性化组的学生受到的惩罚明显更少。因此，木棍和石头可能会使你的骨头断裂，但坏名声和非人化则可能会使你丢掉性命。

11.9.2　对抗偏见

在20世纪50年代和60年代的民权斗争中，教育学家们认为，通过循序渐进的宣传活动和教育能够克服偏见。但事实令人失望。实际上，这些方法是对抗偏见的最无效的方法。由于我们的世界充斥着大量的信息，因此我们有时会简化搜索方式，只关注支持我们观点的内容，而忽略了相反的证据，也就是选择性接触。有偏见的人（像其他人一样）通常会忽略与他们的世界观相悖的信息，拒绝看或听那些信息。即使一些人想要改变自己的偏见态度，但仅凭基于认知的信息宣传，也很难消除长期偏见形成的强烈情感和动机基础（Devine & Zuwerink，1994）。对于偏见强烈的人来说，这个过程更加困难，因为他们增强自身的自我价值感的方式是形成别人不如自己的理念。促使我们朝着证实性偏差（confirmation bias）的方向发展是平常可靠的认知思维欺骗我们的另一种方式。

> 这种认知偏见是一种以证实个人偏见的方式来搜索或解释可用信息的倾向。

我们发现了自己早已相信的事实，因此我们是

"正确"的，但这往往是错误的。在归纳推理上的错误会在分析人类行为时产生统计上的错误。

那么，我们怎样才能对抗那些不愿辨别其他观点的人的偏见呢？社会心理学的研究提出了几种可能性。其中包括找到那些打破偏见的成功案例、推广平等的接触以及（令人惊讶）制定州和联邦的法规，来规定公民在公共场所采取法律规定的行为。

打破偏见的案例　美国前总统贝拉克·奥巴马等人，通过自己的努力，打破偏见，并且成功登上领导者的舞台，还有很多人的表现也可圈可点，因为如此高的领导职务以前很少被他们种族的人或女性担任过。

奥巴马总统和西班牙裔美国最高法院大法官索尼娅·索托马约尔。

奥巴马等人的成功鼓励了这些群体中的其他人考虑从事这样的职业。然而，我们还不知道他们是否有能力改变偏见者的思想。这些人很可能被视为"规则的例外情况"，但是，"例外"的增加会促使规则改变。"例外"在预防偏见上的效果可能比消除偏见更好。

推广平等的接触　奴隶主和奴隶有大量的接触，但他们对彼此总是持有偏见。显然，消除内群体的偏见并不能仅仅依靠与外群体的人接触。然而，在不存在房产经济威胁的混合性公共住房中，人们以平等的地位生活在一起，双方都没有特权，这种情况就可能使彼此增加理解（Deutsch & Collins，1951；Wilner et al.，1955）。汤姆·佩蒂格鲁（Tom Pettigrew，1998）通过广泛查阅所有可得文献后发现，平等接触有利于

防止和减少许多不同群体之间的偏见。

实施拼图班级　尽管我们之前说过，通过教育来解决偏见的看法太过于乐观，但有一种方法却取得了巨大成功。社会心理学家艾略特·阿伦森及其团队发现，从三年级到高三年级这一阶段使用合作学习代替传统课堂中典型的竞争性学习可以减少偏见（Aronson，1978，1997）。阿伦森方法的关键是让每个学生专攻课程的某一部分，而这一部分是他们团队成功的重要一步。"拼图游戏"缺一不可，它促进团体成员去积极倾听、进行小组互动和同伴教学，并肯定少数族裔学生的价值，少数族裔和团队中的其他成员在这一过程中是互相平等的。但我们怎么知道这种方法是否能有效减少偏见？以下是阿伦森的回答：

> 我们随机在一些教室进行拼图游戏，这样就能够比较拼图班级和传统班级学生的学习进度。尽管拼图组学生共同作业的时间较少，但八周后，两组就产生了明显的差异。通过客观观察，拼图班级的学生比传统班级的学生的偏见和消极刻板印象更少，并且变得更自信和热爱班级。此外，与传统班级相比，拼图班级的孩子更少缺勤，学业进步更大；成绩不好的学生的分数也明显比传统班级中的同水平学生要高，而优等生的成绩差异不大（Aronson，1978）。

推动立法　道德无法被制定成法律，对吗？一项最有说服力的研究证明了这句话是错误的，20世纪40年代的一项实验比较了公共住房项目中白人租户对黑人租户的态度。

1. 在第一个项目中，将白人和黑人居住者分配到不同的建筑物中，也就是实施了种族隔离。
2. 第二个项目则把白人和黑人分配到同一栋建筑物中，从而使两个种族群体混住。

后者的偏见态度显著下降（Deutsch & Collins，1951）。这一结果表明，强制性平等交往的规则可以减少偏见。

一个规模更大、控制条件更为宽松的社会"实

验"证实了这个概念。在过去的 60 年里，美国废除种族歧视的法律使偏见和歧视已逐渐减少，即使有时会引发暴力和伤害。来自 20 世纪 40 年代最初的民意调查提供了偏见态度转变的证据。那时支持废除种族隔离的白人不到 30%，现在这一比例已经稳步增长至 90% 以上（Aronson，2004）。同样，现代美国各州关于婚姻平等的司法裁决也迅速地改变了人们对长期以来一直是被歧视对象的少数群体的态度。此外，美国各市、州和联邦当局承认警察在种族定性方面的歧视性做法有时会使黑人丧命。这迫使美国警察在雇佣、培训和纪律方面进行制度改革。美国司法部长埃里克·霍尔德（Eric Holder）最近报告了在密苏里州弗格森市（Ferguson，Missouri），一名黑人青年被几名白人警察枪杀的暴力事件。霍尔德说，这种情况很普遍，甚至在很多地方部门也很常见。

由于不能控制公众舆论，我们便不能断言是立法减少了人们的偏见。但认知失调理论可以帮助我们预测将会有越来越多的美国人支持废除种族隔离和婚姻平等。当法律要求人们以非歧视性的方式行事时，人

2014 年 8 月 9 日，在密苏里州弗格森市，一名手无寸铁的非洲裔青年被警察开枪打死，引发了当地民众的普遍不满和暴力抗议。

们就必须通过减少他们的偏见态度来减少认知失调。从这个角度来看，似乎一旦立法并实施确实会影响人

们的偏见态度。美国最高法院于 2015 年 7 月做出了一项裁决，确认了任何美国公民都拥有与自己选择的伴侣结婚的宪法权利，尽管仍存在个人抵制，但整个美国对这一争议性问题的态度无疑会发生改变。

11.9.3 刻板印象威胁

偏见还有另一个看不见的影响。如果我们相信自己是偏见的对象，往往会产生自己在某些方面"不太重要"的感受，进而影响我们在各种能力测试中的表现。这一原则是由研究人员克劳德·斯蒂尔、他的同事和学生（Steele et al.，2002）在社会心理学这一新领域开展的大量研究中发现的。**刻板印象威胁**（stereotype threat）是指当一个人意识到他或她的团队成员在该领域的表现很差时，对他或她的表现产生的负面影响。这项研究表明，个体所属群体的现有刻板印象会影响他们在智力和运动任务中的表现。即使个人不相信刻板印象，它也会发生；重要的是其他人所持有的和当事人意识到的刻板印象，会威胁到自我认同（Haslam et al.，2008）。

在一项研究中，女大学生参加了一项特殊的数学测试，最初她们的成绩和男生一样，而当她们需要在方框里打钩来提醒自己是女生后，她们的成绩明显变差了，由此证实了人们对女性和数学的刻板印象。同样，黑人的智商比白人低的刻板印象会在无意识中造成黑人的焦虑，他们担心自证了这种刻板印象，从而干扰了他们的最佳认知加工和积极自我认同，最终他们也确实表现得更差。从空间推理到打高尔夫球的各种任务中，当对某些领域的缺陷存在消极刻板印象时，突出某人的自我认同会导致其表现下滑（McGlone & Aronson，2006；Stone et al.，1999）。幸运的是，新的研究发现，这种影响是可以逆转的。如果你想知道答案，请继续读下去！

心理学很有用 • • •

刻板印象提升和价值观肯定

刻板印象威胁的另一端是**刻板印象提升**（stereotype lift）：当人们被贴上正面的刻板印象标签时，他们也会表现得更好。如果白人知道自己在参加一个评估智力的测试，或者一个突出黑人的消极刻板印象的测试，这种刻板印象会使他们获得心理优势，进而有更好的表现（Walton & Cohen，2003）。

因此，如果亚洲女性在参加数学考试时，强调她们是女性，她们的表现可能会变差，而当提醒她们是亚洲人及亚洲人在数学方面具有优越性时，她们会表现得更好。刻板印象提升再次发挥了作用。因此，刻板印象有利有弊（Shih et al.，1999）。

我们可以用刻板印象提升来抵消刻板印象威胁吗？也许在应对具有挑战性的考试或课程之前我们可以鼓励人们重新认识最好的自己。在个体学习所属的群体成员通常表现不佳的课程之前，让他们对自己最重要的价值观给予肯定会怎么样呢？更具体地说，如果让女性在开始学习物理入门课程之前肯定自己的价值观，会发生什么？在物理入门课程中，女生的平均成绩通常是 C，而男生是 B。三宅明及其研究团队（Akira Miyake et al.，2010）开展了这样的研究，证实了大学生的理科成绩的性别差距可以通过简单地肯定价值观的心理干预显著缩小。

有 500 多名学生参加了这个双盲实验，其中一半的男生和女生被随机分配到一个写作练习中，研究者要求他们在学习物理学入门课程之前写下自己最重要的价值观。指导语是："想一想对你重要的事情。可能是创造力、家庭关系、事业或幽默感。选择其中的两三个价值观，并写几句话说明它们为什么对你很重要。你有 15 分钟的时间。"在控制组中，要求学生思考对他们来说最不重要的价值观，以及这些价值观与他人有怎样的联系。然后，在学生们完成课程后，研究人员会测试他们的基础物理知识并进行比较。我们从图 11-12 的数据中可以看出，在对照组中，男生的表现平均比女生高出 10 个点，这符合男性在物理上比女性更好的刻板印象。然而，在实验组中，这种性

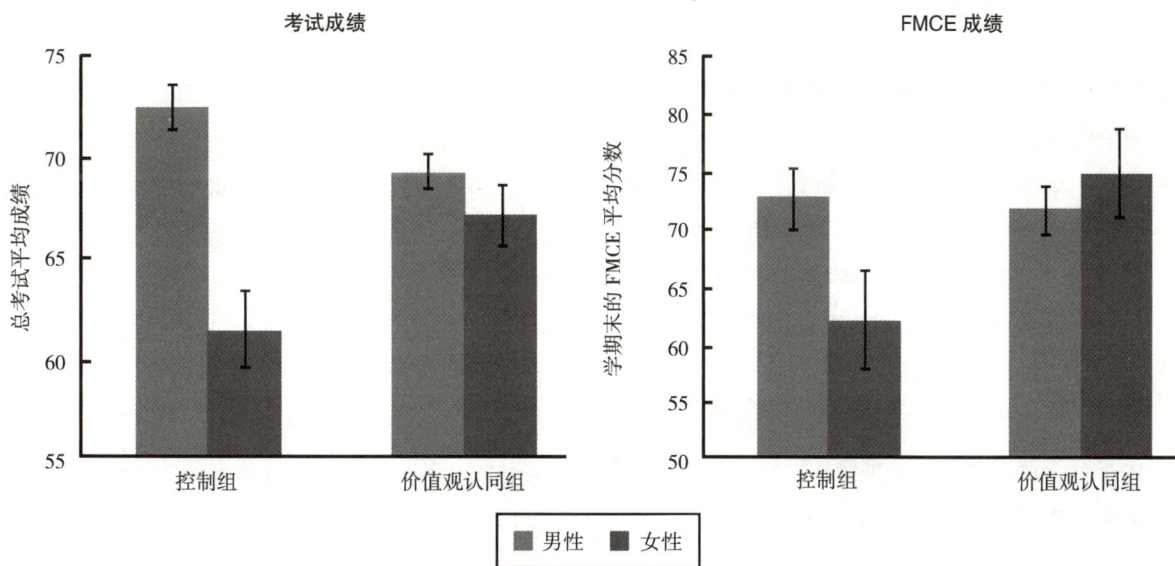

图 11-12　价值观肯定使物理成绩和概念知识的性别差异减小了

别差异几乎消失。自我肯定的女性比未进行自我肯定的女性在测试中取得的成绩更好，对物理概念的理解也更好。因此，即使是一个简单的心理干预也会对女性在物理学科的学习成绩产生很大的影响。

杰弗里·科恩和他的同事们（Geoffrey Cohen et al.，2006）在对初一年级的白人和黑人学生的研究中也表明肯定价值观的作用。完成这项练习的黑人学生的成绩显著提高。而且，那些成绩最差的人提高得更多。更好的消息是：几次简单的增强训练可以让这些进步持续数年，只需要训练孩子们写下不同的价值观或更深入地研究自己曾写下的价值观（Cohen et al.，2009）。

11.9.4　内隐的种族偏见会影响刑事判决

斯坦福大学教授詹妮弗·埃伯哈特（Jennifer Eberhardt）最近因其开创性的研究获得了麦克阿瑟奖（天才奖），该研究揭示了在对黑人的死刑判决的判决程度以及其他针对他们的消极行为中，人们的隐性偏见是如何产生消极影响的（Eberhardt & Hetey，2014；Eberhardt & Rattan，2010）。

在一项研究中，实验者首先收集了已判定犯有严重罪行并等待判决的人的照片。在所有案件中，陪审团都可以选择判处罪犯死刑。然后，这些罪犯的照片被裁剪，使其没有明显的刑事定罪迹象，斯坦福大学的学生（也就是实验的被试）会被问及每一张脸看起来有多像"典型的黑人"。研究中并没有特别说明什么是"典型的黑人"，相反，实验者会告知被试他们可以根据任何对自己有意义的特征来做出判断。这项研究有两个重要发现。

- 第一，埃伯哈特的团队注意到，在"典型黑人"这一概念上被试达成了令人惊讶的共识。尽管被试都是在没有实验者的引导下做出自己的判断的，但对于哪些面孔更具"典型黑人"的特征，被试之间存在广泛的共识。
- 第二，当最终宣判被定罪的人时，那些在实验中被认为面部更具"典型黑人"特征的罪犯被判死刑的可能性是那些面部特征没那么典型的

罪犯的两倍多。

在其他的研究中，埃伯哈特将内隐种族偏见与认为黑人携带危险武器的倾向联系起来，并得出了同样令人不安的结果。为了识别无意识偏见，她让被试在电脑屏幕前看一些快速闪过的人脸图像，被试无法有意识地察觉到所看到的东西。在每一系列图像之后，被试会在屏幕上看到一个模糊的物体：在某些情况下，它是一把枪、刀或其他武器，而在其他情况下则不是武器（如订书机）。他们的任务是确定该物体是否构成威胁。当这些面孔都是黑人时，被试能很快正确地识别出武器。当面孔是白人时，被试需要更多的图像才能确定物体是否是武器。埃伯哈特认为，看到黑人面孔会让人产生一种无意识的"准备"，将不明物体视为武器。

埃伯哈特将她的研究成果运用到社会实践中，她与执法机构合作，并对其成员进行教育，让他们了解到自己的种族偏见，可能会导致他们在应该采取更克制的措施时，却射杀无辜的少数族裔嫌疑人。通过向警察解释这些研究，以及隐性偏见与传统种族主义之间的不同，将帮助他们更清楚地意识到种族是如何无意识地影响我们的判断的。埃伯哈特说："我不认为单凭这一点就能改变行为，"然而，"如果你把这些和其他东西结合起来，还是有希望的。"（*New York Times Scierlce*，January 5，2015）

心理学很有用　• • •

社会痛苦与身体痛苦像吗

在这一节中，我们阅读了他人的关系会影响我们对他人的喜恶，甚至造成偏见和歧视。许多这样的情况都涉及社会痛苦。但你有没有想过社会痛苦是否和身体痛苦有关？

当我们摔倒、被划伤、被蚊子叮咬或遭受牙痛和头痛困扰时，我们都会受伤。身体上的疼痛是一种不愉快的感觉，但是疼痛信号对我们至关重要，它能让我们注意体内平衡被破坏，需要我们及时采取行动来处理疼痛的症状和根源。

- 但是，当我们没有被纳入我们想要加入的团队或群体时，其他类型的痛苦又该怎么办呢？
- 如果朋友甩了你该怎么办？
- 你对这种因为一些微妙的偏见而被公然拒绝的情况有何感想？

许多社会痛苦存储在我们过去被拒绝、被辱骂和充满遗憾的记忆库中。

作为社会物种，我们需要与他人亲近——我们需要安慰、关心、保护和爱。社会隔离是一种基本的生存威胁，可能会给人们带来心理上的痛苦。加利福尼亚大学洛杉矶分校社会和情感神经科学实验室的社会心理学家内奥米·艾森伯格（Naomi Eisenberger）最近研究了这两种非常不同的疼痛来源——身体痛苦和社会痛苦，并发现了一些令人惊人的相似之处。

艾森伯格是如何研究社会痛苦的本质及其与身体痛苦的联系的？她和她的研究团队探讨了被试在经历不同场景时在功能磁共振成像扫描仪中的大脑反应。首先，真被试和另外两个假被试玩一个虚拟的扔球游戏，在某一时刻假被试停止向真被试扔球，只和另一个假被试互相扔球。与陌生人一起玩这个简单的游戏时，被排除在外的感

觉激活的脑区与我们经历身体痛苦时激活的脑区相同。此外，他们发现那些对身体痛苦更敏感的人，在掷球游戏中也更容易体验到被拒绝的感受（N.Eisenberger，2013b）。基因证据也表明，携带更为罕见的μ阿片受体基因的人，对身体痛苦更敏感，与社会排斥引发的痛苦相关的神经活动也更强烈，这种基因与对身体痛苦的高敏感性有关（阿片类药物是有效的止痛药）。因此，服用减轻身体痛苦的止痛药也能减少社会排斥的负面反应。通过比较2周内服用对乙酰氨基酚药物的患者和服用安慰剂的患者发现，这种身体止痛药确实减少了人们对社会排斥感的消极反应。

艾森伯格的团队还了解到，身体上的温暖可以与情感上的温暖相媲美（Eisenberger，2012）。首先，他们比较了手持暖手包和手持常温手包的人的神经反应。然后在被试阅读来自朋友和家人充满温柔、爱意的电子邮件时扫描其大脑。结果发现，与奖励相关的脑区神经活动在处理身体温暖和处理来自这些充满爱的信息的社会温暖是一样的！图11-13显示了身体痛苦和社会痛苦在大脑激活方面的显著相似性。

因此，获得社会支持和体验到身体温暖的感觉一样好。令人惊讶的是，在最后一组研究中，艾森伯格想知道给予社会支持的人是否会获得类似的神经益处（Eisenberger，2013a）。在最近的一次采访中，艾森伯格描述了她是如何研究这种亲社会行为的。

> 我们对这种特殊状态的神经基础很感兴趣。所以我们进行了一项研究，我们选择异性恋夫妇为被试，让夫妇中的女性成员坐在旁边，当她为伴侣提供支持时，我们扫描了她的大脑。她的伴侣就站在功能磁共振成像扫描仪外面，在某些试次中，他受到了电击。在经历电击时，女性可以在某些试次中通过

握住他的手臂来为他提供支持。这是一种帮助他人走出消极或痛苦的支持形式。与抚摸没有感到疼痛的伴侣相比，当女性抚摸感到疼痛的伴侣时（即给予支持），我们实际上看到了更多与奖励相关的神经活动。当你的伴侣没有经历任何负面情绪时，提供支持比和其进行身体接触似乎更有意义。

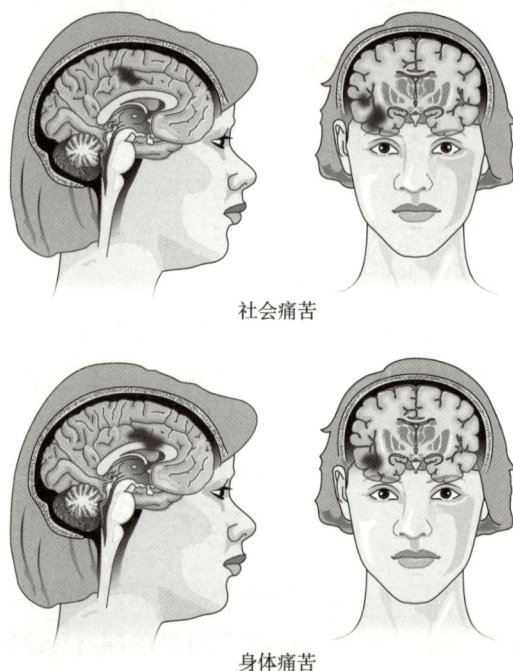

社会痛苦

身体痛苦

图 11-13   社会和身体痛苦的大脑反应相似
注：在大脑中，社会和身体温暖激活了相同的奖励中心。

关键问题：
社会系统如何塑造影响行为的情境

核心概念 11.3

社会系统会影响情境，而情境会影响行为。通过理解社会系统，我们就可以学习如何优化它，同时消除其所造成的负面影响。

我们一生中的大部分时间都在各种机构中度过，如家庭、学校、医院、工作场所、军队、监狱、养老院，最后可能会住进临终收容所。每种环境都包含管控系统、清晰或隐含的行为准则、奖惩措施，它们拥有完整的历史、文化和法律。在许多情况下，正是这种体制力量创造、维持了社会环境，并赋予其意义和合理性。**体制力量**（system power）与群体内部的社会规范不同，因为它通过制度化或合法化的系统运作，自上而下地对群体和个人进行控制。尽管社会心理学家强调了情境对行为的影响，但他们并不认为系统有更强大的力量能让这些情境发挥作用，这些作用时好时坏。这就引出了本章的下一个核心概念：

社会系统会影响情境，而情境会影响行为。通过理解社会系统，我们就可以学习如何优化它，同时消除其造成的负面影响。

我们将在**斯坦福监狱实验**（Stanford Prison Experiment，SPE）中说明体制力量是如何创造强大的社会情境，并在情境中影响所有人的行为的。然后，我们将简要地研究一些同样产生了虐待行为的系统，例如，伊拉克的阿布格莱布监狱。在本章中，我们没有足够的篇幅来详细说明系统是如何运作以产生好结果的。就像那些参与大多数非暴力运动的人，例如，印度的甘地、美国民权斗争中的马丁·路德·金以及南非反对种族隔离制度的纳尔逊·曼德拉训练公民被动抵抗。基督教徒和其他人帮助犹太人逃离纳粹大屠杀时，类似的系统网络也至关重要。

11.10　斯坦福监狱实验

学习目标：

描述斯坦福监狱实验的结果。

在加利福尼亚一个夏日的星期天，一声警报打破了大学生汤米·惠特洛（Tommy Whitlow）的宁静的清晨。一辆城市警车嘎吱一声停在他家门前。几分钟后，警方指控汤米犯有重罪，并告知他现在拥有的宪法权利，之后对其进行搜身后并戴上了手铐。在市立监狱进行登记并采集指纹后，汤米被蒙上眼睛，并被押送到斯坦福县监狱。在那里，他的衣服被脱光，并获得了一套罩衫式的制服，正反面都有他的身份号码。汤米成了"第8612号囚犯"。当地警方还逮捕了另外8名大学生，并分配了编号。

狱警们身着卡其色军装，戴着反光太阳镜，他们没有透露自己的姓名，只有"狱警先生"的身份标识，但他们的大警棍、哨子和手铐表明了他们的权力。对他们来说，没有权力的囚犯只不过是毫无价值的数字。

狱警们要求囚犯们完全遵守他们任意制定的所有规则。如果有人质疑并反抗，就会失去某些"特权"。起初，这些"特权"包括阅读、写字或与其他囚犯交谈。后来，哪怕他们只是窃窃私语，也会导致他们失去吃饭、睡觉、洗澡和被探视的"特权"。囚犯们不遵守规则时，还被迫做各种令人讨厌的任务，例如，没完没了的俯卧撑、跳跃运动和连续数小时的报数。每天狱警对囚犯的敌意虐待都在升级：让他们徒手清洁厕所，被狱警踩在后背上做俯卧撑，长时间裸着身体被单独监禁，最后被进行有辱人格的性羞辱。

"第8612号囚犯"遇到的一些狱警，对他和其他囚犯的行为都有虐待倾向，显然以虐待他们为乐；另一些狱警仅仅是态度很强硬，要求苛刻；少数狱警没有虐待行为。然而，没有一个"好"狱警曾质疑过"作恶者"极端贬低囚犯的行为。

在大规模逮捕后不到36小时，"第8612号囚犯"因为产生极度紧张的反应（尖叫、哭泣、愤怒和抑郁）而被迫释放。他是那天早上发生的一场未遂的囚犯叛乱的头目。连续几天，又有3名囚犯出现了类似的压力相关症状。第5名囚犯在假释委员会驳回他的上诉后由于心理压力而全身起了皮疹，便也被释放了。图11-14是来自这个著名实验的一些原始照片。

11.10.1　是什么导致了斯坦福监狱实验中的行为

无论是狱警还是囚犯都是从一大批学生志愿者中挑选出来的。这些志愿者通过全面的心理测试和访谈，均为遵纪守法、情绪稳定、身体健康、人格特质指标为正常水平的人。在这个模拟监狱实验中，被试被随机分配到"狱警"或"囚犯"两种角色中。因此，在实验一开始，扮演囚犯或狱警这两种不同实验角色的男性大学生之间并没有显著差异。而研究结束时，这两个群体之间已经有了显著差异。囚犯们24小时生活在监狱里，狱警则每天按8小时标准轮班。监狱"主管"是这个研究的主要研究员，也是本书的作者之一——菲利普·津巴多。

那些在日常生活中曾是和平主义者和"好人"的学生在扮演狱警时表现得具有攻击性，甚至做出残暴的虐待行为。心理稳定的学生扮演囚犯时很快就表现出病态行为，产生**习得性无助**（learned helolessness），屈服于这种命运。模拟监狱情境的力量在狱警和他们的俘虏的内心创造了一个新的社会现实——一个具有真实功能的监狱。实验情况变得令人十分不安，研究人员仅仅在6天后就被迫终止了本应为期2周的研究。

尽管惠特洛说他不想再次经历这一切了，但他很珍惜这段个人经历，因为这让他对自己和人性有了更多的了解。幸运的是，他和其他学生基本上都很健

帕洛阿尔托市警方出人意料地逮捕了几名"模拟囚犯"，为斯坦福监狱实验拉开了戏剧性的序幕。

囚犯 24 小时都被关在小牢房里。

狱警强制执行随意制定的规则，经常会因为不知道所有囚犯的号码这类事而惩罚囚犯。

警卫的军装、警棍、手铐、哨子和特殊的太阳镜表明了他们的权力。

图 11-14　来自津巴多斯坦福监狱实验的图片

康，大量的报告显示，他们已经从监狱经历中恢复过来。经过多年的跟踪调查，没有发现实验对这些学生产生持久的负面影响。所有的被试都学到了重要的一课：永远不要低估糟糕情境的力量以及创造这种情境的体制力量，它们能破坏那些最优秀和最聪明的人的人格和良好教养。

澳大利亚的一项跨文化研究重复了这项实验，并得出了类似的结果（Lovibond et al，1979）。然而，可能是因为澳大利亚的研究遵循了每个人都享有下午茶的文化规范，所以从来没有警官表现出如斯坦福监狱实验那样的暴力程度！关于这项戏剧性研究及许多相关问题的详细信息，读者可自行在网上搜索。

假如你是斯坦福监狱实验中的其中一个被试，你会变成一个好狱警，还是虐待狂？你会做一个遵纪守法的模范囚犯，还是反叛者？你能承受住这些环境的压力吗？

类似的问题在米尔格拉姆服从实验中也可能被提出，如果你是这个实验中的被试，你认为自己会如何表现——服从还是反抗？我们都愿意相信自己将会是优秀的狱警和英勇的囚犯，永远不会越过善与恶的界线。当然，我们都相信自己能够正确地看待事物，知道这"只是一个实验"，只是角色扮演，并不是真实的。但最可能的情况是，大多数人的反应会和这些被试一样。这项令人不安的研究提出了许多问题，这些问题涉及我们对自己、对内在性格品质有多少了解，以及对外部的微妙力量又有多少了解。显然，这也引发了伦理问题，我们是否应该继续进行这样的研究？

11.10.2　斯坦福监狱实验的结果如何

斯坦福监狱实验的结论表明，狱警和囚犯的行为在各个可见的方面都是不同的（见图 11-15）。然而，这只是偶然的，因为他们的角色是随机分配的——这些角色创造了地位和权力的差异，而这些差异在类似监狱情境中得到了证实，并得到了监狱实验权威系统的支持。

没有人教被试如何扮演某些角色。在没有参观过

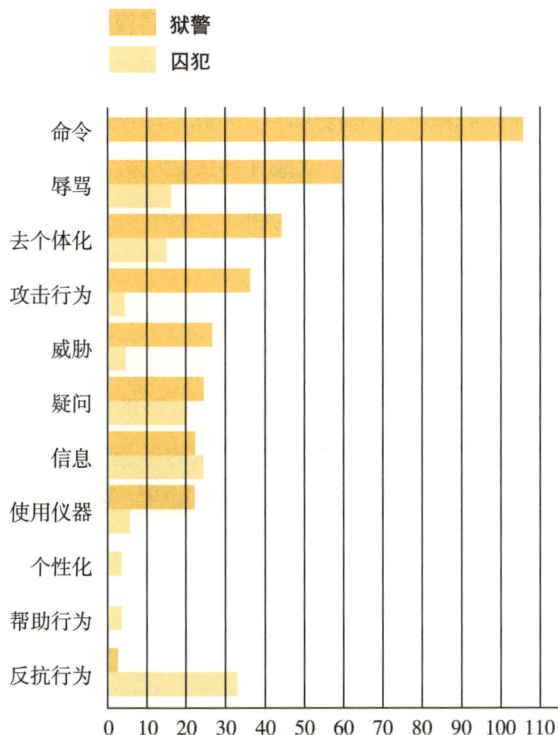

图 11-15　SPE 中的狱警和囚犯的行为

注：你可以看见实验中狱警和囚犯的极端行为差异。

真正的监狱的情况下，所有的被试在之前的生活中已经了解了有权势的人和平民之间的互动方式。狱警通过限制囚犯的自由来管理他们的行为，让他们的行为可以更好地被预测。狱警还通过制定强制性的规则进行管理，其中包括对违规行为的惩罚。囚犯只能对权力者创造的监狱环境中的社会结构做出一些反应。他们只能选择反抗或服从，第一种选择导致惩罚，而第二种选择则导致丧失自主性和尊严。

参与实验的学生在以前的许多社会互动中已经经历过由各种控制系统所形成的权力差异，如亲子、师生、医患、老板和员工、男性和女性。他们只是在特定的环境下完善和强化了以前的行为模式。每个学生都可以扮演任何一个角色。许多扮演狱警的学生报告说，他们对自己如此容易地就享受控制别人这件事而感到惊讶。最冷漠、残酷的"狱警"后来在一部电视纪录片中回忆说，狱警就像操控木偶戏的表演者一样，拉着绑在囚犯身上的绳子，并在此过程中"寻欢作乐"。仅仅穿上制服就足以将他们从被动的大学生转变为好斗的狱警。

11.10.3　比较米尔格拉姆与斯坦福监狱的实验研究

米尔格拉姆的服从研究和斯坦福监狱实验成了许多研究的佐证，说明了情境对行为的影响。然而，服从研究是关于个人权威的权力，而监狱实验是关于制度的权力，一个统治系统的权力。狱警保持着虐待的状态，心理学家的研究团队也是如此。警察和许多到过监狱的人都促成了这一事实，如监狱牧师、公设辩护律师、来探访的父母和朋友，以及假释委员会的平民。在 2015 年，这个经典的社会心理学实验被拍摄成获奖故事片（见图 11-16）。

图 11-16　1971 年的斯坦福监狱实验在 2015 年被拍摄成好莱坞电影

写一写

你认为这些实验怎么样

你是怎么看待这个伦理问题的：像斯坦福监狱实验或米尔格拉姆服从研究这样的研究允许再次进行吗？有什么限制和保障措施帮助推进实验？

11.11　系统命令链

学习目标：

解释社会系统在理解人类行为中如何发挥作用。

心理学家试图理解各种行为，以更好地促进亲社会行为，以及转变反社会行为。理解为什么有些人会从事"不良行为"，这并不是为他们找借口，而是为了更好地改变对这些行为产生影响的思想。对最复杂的人类行为的全面理解应该包括对高阶因素（即权力系统）如何创造和塑造情境条件的理解。要理解复杂的行为模式，就必须考虑系统，而不仅仅是人格特质和情境。

在服务行业，如警察、狱警或士兵，甚至在商业环境中，个人反常、违法或不道德行为通常会被贴上"几个坏苹果"的标签。这意味着他们只是罕见的例外，在善与恶之间，有一条不可逾越的界线，少数坏苹果被置于界限的一边，而大多数好苹果则被置于另一边。但是谁来进行区分呢？通常是系统的守护者，他们想要孤立问题，转移公众对高层人士的注意，他们可能要为创造了这种环境或缺乏监督负责任。同样，关注坏苹果者的个人特性忽略了关注装坏苹果的桶的情境或潜在影响。对系统的分析使我们关注一个更高的层级——坏桶的制造者，即系统的视角，也就是那些有能力设计桶的人。正是那些"权力精英"（桶的制造者）在幕后发挥作用，为其他人设置了许多生活条件，而我们必须在他们所构建的各种制度环境中生活。

11.11.1　系统课程

从本节的核心概念中我们可以学到的最重要的一课是，系统创造了情境。系统提供体制上的支持、权威和资源，使情境能够按照它们的方式运行。**体制力量**（system power）涉及授权或制度化的许可，以规定的方式行事，禁止和惩罚不被认可的行为。它提供了"更高的权威"，对扮演新角色、遵守新规则以及采取通常会受到现有法律、规范、道德和伦理约束的行动给予了认可。这种确认通常披着意识形态的外衣。意识形态是一种口号或主张，通常让实现最终目标的一切手段合法化。为支持一种意识形态而开发的程序、政策和标准操作程序是系统的基本组成部分。由于意识形态被认为是神圣的，因此该系统的程序也被认为是合理且适当的。

然而，尽管所有的系统都涉及不同权力和地位的个体，但大多数系统都不透明；也就是说，系统通常会对外界隐藏其大部分运作。因此，即使一个系统未能达到其宗旨和目标，就像许多失败的教育或惩教系统（以及存在腐败行为的公司）一样，其高层人士也不会受到公众的审查。

不过，当情况可能是错误的时候，要想改变不良行为并促进更符合社会的行为，仅依靠个人治疗模式（或管教个体）来解决问题行为是不够的。改善现状的计划必须涉及对创建和维护现状的系统的理解和修改。同时，我们呼吁采用公共卫生模式，将个人的痛苦和疾病视为社会疾病传播的后果。将预防而不仅仅是治疗作为目标，接种疫苗可预防流行病的传播。对于社会中的偏见、暴力和霸凌也应该像对病毒感染一样。系统的力量可以影响个人行为，其中一个比较著名的例子发生在 10 年前的伊拉克阿布格莱布（Abu Ghraib）美军监狱。

11.11.2　用心理学来解释阿布格莱布监狱的虐待行为

在三个月的时间里，服役于阿布格莱布监狱地牢的 1-A 层值夜班的宪兵、陆军预备役军人，将被关押在那里的 1000 名囚犯中的一些人当作他们的"玩物"，将他们一丝不挂地堆成金字塔状，把女人的内裤倒着戴在他们的头上，用狗链拖着他们在地上走来走去，用各种方式对他们进行性侮辱。1-A 层是由军事情报部门、中央情报局和一个平民审讯承包商管理的审讯中心。当针对美军的意外叛乱突然升级时，指挥系统需要从这些被拘留者那里获得有效的情报。因此，国会议员的监狱看守得到了上级的许可，可以"软化"囚犯，让他们为审讯做好准备。

有了官方的虐待许可，而且在没有高级警官监督或监视夜班的情况下，一切都乱套了。然而，士兵们并不认为他们这样做不对，其中一人说，这只是"娱乐和游戏"。实际上，他们用照片坦率地记录了这些"游戏"，并以数百张恐怖的照片记录了自己与受虐囚徒的关系。

阿布格莱布监狱的士兵们拍摄了 1000 多张照片，记录了他们虐待和侮辱伊拉克囚犯的行为。

一个由前国防部长詹姆斯·施莱辛格（James Schlesinger）领导的调查委员会成立，其成员包括将军和其他高级官员。他们在报告中指出，社会心理学的研究和理论对理解这些虐待行为的重要性。

> 基于对社会心理学原理的基本理解以及对许多已知环境风险因素的认识，全球反恐战争期间被拘留者遭受虐待的可能性是完全可以预测的……社会心理学领域的研究结果表明，战争状况和被拘留者的动力学系统具有引发虐待的内在风险，因此必须格外谨慎，并对此进行仔细的规划和训练。
>
> 即使某些条件会增加虐待的可能性，但故意从事不道德或非法行为的个人是无法得到原谅和赦免的。

《施莱辛格报告》（Schlesinger Report）大胆宣称："斯坦福大学一项具有里程碑意义的研究为所有军事拘留行为提供了一个警示。"通过对比斯坦福监狱实验中相对温和的环境，该报告明确指出，"在军事拘留行动中，士兵在紧张且不良的战斗环境下工作。"这意味着，相比我们在模拟监狱实验中所观察到的，这些战斗条件可能会催生更为极端的狱警滥用权力的行为。《施莱辛格报告》的结论强调了我们在本章中讲述的许多内容："心理学家试图理解，通常表现出人道主义的个人和群体，为何有时会在特定情况下做出不人道的行为。"该报告阐述了一些概念，有助于解释为什么虐待行为会发生在一般表现为人道主义的个体中，这些概念包括去个性化、非人化、敌对形象、群体思维、道德脱离、社会助长和其他环境因素。

比起这份官方的政府报告，我们知道的直接强调心理学理论和社会心理学研究价值的官方陈述更少。完整的报告对心理学学生来说很重要，特别是附录G。

通过用社会心理学分析普通男女（狱警）对其他普通男女（战俘）的虐待行为，说明了应用心理学概念来理解复杂的个人、情境和系统行为的价值。

11.12 通过系统化的改变和重构来防止霸凌

学习目标：
回顾霸凌的不良影响和防止霸凌的方法。

学校和工作场所的霸凌（bullying）主要是一些学生和员工通过极端的戏弄、威胁、身体虐待和通过谎言、流言蜚语破坏他人的声誉，使他人的生活变得痛苦不堪（见图 11-17）。大多数学生和员工既不是霸凌者也不是受害者，而是意识到问题的旁观者，但他们通常会忽略或被动地接受它（Coloroso，2008）。针对恃强凌弱者，传统的方法是找出他们并用各种方式惩罚他们，把他们调到其他班级、学校或工作岗位。这可能会将施暴者及其虐待行为转移到不同的场所，但并不会改变他们。通常，这会让他们更加愤怒，更想报复。霸凌被定义为系统且长期地对他人造成身体伤害或心理困扰，无论他们是学生还是员工。

在 20 世纪 90 年代，有关霸凌行为的统计数据显示，瑞典的霸凌现象相对较少，据估计，有 15% 的瑞典学龄儿童表示曾受到霸凌或承认自己是霸凌者（Olweus，1993）。然而，最近的一项调查显示，在英国，霸凌现象的比例显著升高，英国人口样本中有 73% 的被试报告说自己被霸凌过，是霸凌者，或者直接目睹过霸凌（McLeod，2008）。这项大规模的研究调查了 14 所学校中近 2000 名 12 至 19 岁的学生。

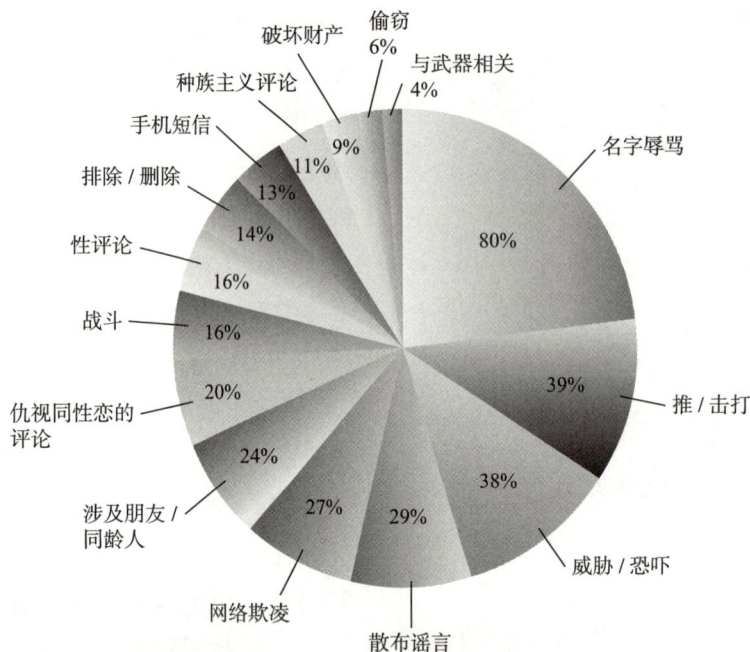

破坏财产
种族主义评论
手机短信
排除 / 删除
性评论
战斗
仇视同性恋的
评论
涉及朋友 /
同龄人
网络欺凌
散布谣言
威胁 / 恐吓
推 / 击打
名字辱骂
偷窃 6%
与武器相关 4%
9%
11%
13%
14%
16%
16%
20%
24%
27%
29%
38%
39%
80%

图 11-17　报告的霸凌类型

注：在许多场合，霸凌行为以各种形式出现。

2010 年一项针对 43 000 名美国高中生的调查显示，有一半的人说他们在过去的一年中曾欺负过别人，近一半的人说他们曾遭受身体虐待、嘲笑或被以一种令他们感到严重不安的方式嘲弄（Dalton，2010）。在霸凌的负面影响中，估计有 16 万名学生因为可能受到同龄人的身体和言语攻击而拒绝上学。

11.12.1　如今的霸凌是什么样子的

以下是最常见的霸凌类型。

- **身体霸凌**：通过打、推、挤、踢、掐或按住他人来实施直接的身体暴力。身体霸凌还包括拿走或打碎别人的财物，偷窃或勒索金钱。

- **言语霸凌**：用言语伤害别人，包括威胁、嘲弄、恐吓、侮辱、讽刺、辱骂、戏弄、污辱、涂鸦、奚落和嘲笑。它还包括敌对动作，如做鬼脸、凝视、瞪眼、翻白眼和吐痰。

- **关系霸凌**：将某人排除在群体之外或故意挤对他，说闲话、戏弄、窃窃私语并散布谣言，包括背弃他人，漠视他人，排斥他人或找替罪羊。

- **网络霸凌**：使用手机、短信、电子邮件、即时消息、网络博客和发帖子等方式霸凌另一个学生。网络霸凌的例子包括通过电话和电子邮件发送威胁或侮辱性的信息，以及散播破坏性的谣言，破坏一个同学或同事的声誉。

- **骚扰**：具有攻击性和可能具有威胁性的行为，包括使用极端的口头语言、攻击性的问题或陈述、跟踪、身体暴力或性侵犯。性骚扰是持续的、不受欢迎的性侵犯，拒绝的话可能会对受害者造成伤害。通常骚扰是重复的行为，但并非总是如此。

- **父母公开羞辱孩子**：一些父母利用社交媒体上的图片和语音信息，让孩子为他们认为可耻的行为感到羞耻。照片中有被父母剪掉长发的青少年，或者在街上举着标语，上面写着："我是骗子和小偷""我正走向失败之路"，等等（*Time*，The View，July 6-13，2015，pp.27-28）。

霸凌几乎无处不在。它可以发生在任何学校，无论这个学校是资金短缺还是实力雄厚，是公立还是私立，是男女分校还是男女同校，是保守的还是激进的。它可以发生在课堂内外，也可以出现在工作场所或网络上。男孩和女孩都是霸凌的对象。在大多数情况下，男孩欺负其他男孩，女孩欺负其他女孩。正如《防霸凌：帮助孩子应对戏弄和霸凌的六个秘密》（*Bully Blocking: Six Secrets to Help Children Deal with Teasing and Bullying*）的作者伊芙琳·菲尔德（Evelyn Field，2007）所解释的那样：

> 霸凌是一种游戏，一些孩子会经常滥用他们的权力。霸凌者会在每年年初"疯狂抢购"霸凌对象，寻找合适的目标……男孩经常使用霸凌手段来获得声誉，女孩这样做则是为了保护自己的声誉。男孩往往属于等级分明的大部落，他们通常会公然欺负他人，而且更喜欢身体上的霸凌。他们注重个人成就和行动，非常勇猛有力。他们对戏弄、排斥和间接霸凌（女孩喜欢的策略）的兴趣不大。

一些人认为如今的霸凌没有以前那么糟糕，现在的孩子应该"忍着点"，而另一些人则认为现在的霸凌行为太过分了。最近，由于暴力升级和一些青少年自杀事件都与网络霸凌有关，霸凌行为已成为国际关注的焦点。社交媒体研究员达纳·博伊德（Danah Boyd）说："技术并没有从根本上改变正在发生的事情，它只是让正在发生的事情更加明显。"（Leach，2010）但我们很难否认互联网对霸凌现象的影响。由于网络的渗透性和覆盖范围以及用户的匿名性，不仅非人化变得更容易，它的影响也变得更大，甚至是致命的。

有趣的是，网络霸凌最早的例子是在互联网出现之前，莫妮卡·莱温斯基（Monica Lewinsky）在被曝光与她的老板——美国总统比尔·克林顿（Bill Clinton）在椭圆形办公室（Oval Office）发生性关系之后，遭到了大量的匿名辱骂。在最近的一次 TED 演讲（2015）中，莱温斯基生动地描述了她的羞愧和那些匿名攻击者给她带来的伤害。

11.12.2　有效预防霸凌行为

防止霸凌需要从通常的惩罚模式转变为一套对霸凌行为零容忍的系统性措施。变革的动力必须是自上而下的，从学校负责人和校长开始，其中也包括老师和家长的参与，然后推动学生自己成为变革的推动者（Kalman，2008）。研究人员丹·奥维斯（Dan Olweus，1993）在瑞典和其他斯堪的纳维亚国家采用了这样的系统变更模型，并取得了相当大的成功。在美国，那些看起来"与众不同"、更害羞、有身体残疾或同性恋的学生会受到欺负。心理学家彼得·戈德鲍姆（Peter Goldbaum）表示："实际或感知到的性取向是学生被同学骚扰的最常见原因，并且仅次于外貌。"（Novotney，2008）打击和防止霸凌行为的新方案的核心是，从小学开始对所有年级制定促进尊重个人尊严，以及接受和容忍人类多样性的课程和实践。

对于围绕目标人物形象的霸凌问题，我们主张改变这些人的自我形象和无助感。他们可以学会不再使用可能表露自己软弱、易受攻击的肢体语言，以及学习如何培养积极的自尊、新的肢体语言、有效的社交技巧及如何从同龄人那里获得更多的社会支持。格森·考夫曼（Gershen Kaufman）和他的同事们在《坚持自己：每个孩子的人格和积极的自尊心指南》（*Stick Up For Yourself: Every Kid's Guide to Personal Power and Positive Self-Esteem*），一书中解释说：

> 为了在社会上茁壮成长，积极的自尊心是我们可以培养的最重要的心理技能。拥有自尊意味着为自己感到自豪，并从内心体验到这种自豪感。没有自尊，孩子们会怀疑自己，屈服于同辈的压力，感到自己毫无价值或低人一等……有了自尊心，孩子们的内心会被更多的安全感包裹，更愿意承担积极的风险，更有可能为自己的行为负责，能够应对生活的变化和挑战，并在面对拒绝、失望、失败和挫折时保持韧性。

需要注意的是，自尊不应与傲慢、轻蔑或自大相混淆。拥有积极自尊的人不依赖别人对他们的看法，因为他们对自己的价值充满信心，乐于做自己。

从历史上看，人们认为恃强凌弱者有各种各样的心理健康缺陷，但新的研究显示，他们的社会动力学机制截然不同。许多人霸凌他人，并以此作为在同龄人中提升社会等级的一种手段。在学校中，大多数恃强凌弱的情况发生在社会地位处于中等至较高水平的学生中，不会发生在最高或最低的地位级别。一个由社会学家组成的研究小组对大约 3700 名初二到高二年级的美国学生进行了为期一学年的追踪调查，确定了社会攻击行为，并将其与社会地位指标联系起来（Faris & Felmlee，2011）。攻击行为指意图在身体或情感上造成伤害或痛苦的活动，每个学生都被要求列出 5 个他们曾刻薄对待或欺负过的学生。地位取决于一个学生在交友网络中的核心程度，在这个网络中，每个学生都需要提名 5 个最好的朋友。那些地位最高的人没有必要欺负任何人，而那些地位最低的人也没有社会力量来实现自己的侵略性。有关霸凌的更多信息，读者可自行上网搜索。

心理学很有用 • • •

运用心理学来学习心理学

你可能会将说服与广告及政治联系起来，但说服并不仅限于此。它涉及人类的所有互动交流，包括课堂上的思想沟通。在那里，你的老师和同学会试图用合理的论点说服你，他们也希望你以同样的方式阐述自己的观点。但是，社会心理学家罗伯特·西奥迪尼（Robert Cialdini，2001）表示，除了思想和意见的公开交流外，还有其他一些更微妙的说服压力值得你注意。如果你不了解这些信息，你就有可能让他人替你形成你的观点。让我们回顾一下你在读大学期间会遇到的三种微妙的影响形式。

权威

讲座和教科书中充斥着权威人物。例如，本书中每个括号里的注释都引用了权威人物的研究。大部分都是为了说服你，让你相信这个论点是可信的。当然，问题在于观点并不仅仅因为某位权威人物这样说就是正确的。例如，就在几年前，每一本心理学教科书都告诉我们，人类出生后其大脑不会产生新的神经元。现在，由于最新的研究，我们知道了这些教科书及其引用的专家的观点是错误的。但是，要真正证明这些主张，就需要通过科学方法获得更为客观的证据，而不仅仅是权威的说法。

社会确认

虽然你可能会因为朋友都喜欢而去看一部受欢迎的电影，但随大流并不能作为你在课堂上评判各种观点的好方式。许多被抛弃的思想几乎都曾被所有人接受。在心理学中，这些错误的观念包括：我们只使用了 10% 的大脑，人格是由生命的前两年决定的，智商测试则是衡量先天能力的良好方法。因此，与其轻易地接受你所听到和读到的内容，不如对人们普遍接受的理念提出质疑，这是一种好习惯。实际上，大多数著名科学家的职业生涯都建立在挑战其他人都接受的观点之上。

毒寄生虫论

西奥迪尼说，在广告业中，阻碍竞争对手的一种好方法是发出让人们质疑对手信誉的信息。然后，为了让人们记住你所说过的话，可以使用"寄生虫"感染对手——一种记忆联系，它可以让人们在每次听到对手的声音时，就会想起你说过的话（Brookhart，2001）。一个典型的例子就是禁烟广告，这些广告看起来像万宝路的商业广告，只是它们的特色是一个咳嗽、病态的"万宝路男人"。在讲座或教科书中，你可能会遇到这种"毒寄生虫"论点，试图让某人的想法受到嘲笑。这并不一定是坏事：在学术界，说服力不强的观点会消失。但是这种技巧会变得卑鄙且有欺诈性，其中涉及对对手观点的歪曲或过度简化。要解决这个问题就要对嘲弄保持警惕，并亲自查证相反的论点。

当然，说服的社会心理学所涉及的内容比我们在这里讨论的要多得多。西奥迪尼（2007）的著作《影响力》（*The Psychclogy of Persuasion*）中可以找到更广泛的信息。而且，如果你想让自己更有说服力，试试阅读《说服力：说服他人的 50 个 秘 密》（*Yes! 50 Scientifically Proven Ways to be Persuasive*，Goldstein et al，2008）。也许最重要的观点是，知道一些说服的知识可以帮助你对抗在课堂内外遇到的想说服你的人，当你知道说服者（作为"有影响力的专家"）所使用的伎俩时，你就不太可能将钱捐给你不关心的事，买一辆你不喜欢的汽车，或者在无严格的审查证据的情况下接受一个理论。

批判性思维的应用：恐怖主义是"疯狂的狂热分子犯下的毫无意义的暴力行为"吗

2001 年 9 月 11 日在美国及之后发生的恐怖袭击，以及后来发生在以色列、伊拉克、英国、西班牙、突尼斯、法国、马里、埃及和世界其他地方的自杀式炸弹袭击，都引发了一系列难以回答的问题。恐怖主义实际上与心理学有关。它通常涉及以网络方式运作的小部分群体，他们对较大的人群采取突然的暴力行动，目的是在这些人群中传播对死亡的恐惧，并引起人们对政府是否有能力保护他们的焦虑和不确定。恐怖分子并不会像传统战争那样征服其他国家，而是通过让敌人害怕成为随意袭击的牺牲品来征服敌人的思想。最近的热门视频（2015）显示，恐怖组织会将无辜受害者斩首或关在笼子里活活烧死，以宣传他们的价值观，他们在全球都臭名昭著。

关键问题是什么？

全球恐怖主义是许多国家在未来几年必须面对的不断升级的威胁。恐怖分子在组织程度各异的网络中开展活动，但他们不是一个民族或国家。反恐战争是一场不对称的战争，是国家对没有集体或指定主权领地的个人的战争。他们的战术是打了就跑，随机发动进攻，这放大了他们的破坏性力量。

你需要考虑一些关键问题：反恐战争怎样才算"赢"？如果没有一个恐怖分子领导人投降，胜利会是怎样的？应对这一全球性挑战的最佳策略，为什么是国际合作和情报资源共享，而不是一些主要国家采取单方面行动？产生如此多恐怖分子的渠道是什么？从什么意义上说，通过赢得那些可能被招募进入恐怖组织或者被训练成为自杀式炸弹袭击的年轻人的心和思想，便能够减少恐怖主义的威胁吗？

我们应该提出哪些批判性思维问题？

产生恐怖主义暴行的原因有很多，并且很复杂。但是，媒体所宣称的原因试图简化这一问题的复杂性并降低模糊性。他们常常夸大观众和听众的恐惧。"只要流血，就可以成为头条"是一个经典说法，说明了什么才能成为电视新闻的头条（Breckenridge & Zimbardo，2006）。当媒体或公众不了解某些内容时，就可以将其标记为"无意义的"。这只意味着对他们没有意义，或者没有确凿的证据证明其背后的动机。例如，破坏公物被认为是"无意义的"，直到人们发现这是由那些试图对社会造成影响的一无所有者做的，当他们无法做出更具建设性的影响时，就会采用破坏性的、引人注目的做法。作为公民和批判性思想者，我们需要呼吁政治家、教育家、新闻工作者以及其他可能试图为复杂问题给予简单回答的人提供更好的信息。

观点是合理的还是极端的？

这显然是对复杂的社会、政治、文化问题的极端概括和简化。不幸的是，最容易、最简单的反应是妖魔化那些作恶的人，但这仅仅是人身攻击，我们应该抵制这种反应，应该了解导致这些恶行的因素，而不是为它们找借口。正如我们在米尔格拉姆和斯坦福监狱的研究中看到的，仅仅是人身攻击就使我们对导致普通人做出侵略行为的情境力量视而不见。更重要的是，它让我们无法应对滋生暴力的局面。给他人贴上"邪恶"或"病态"的标签，这通常会阻止人们理解其行为的原因，只是把他们当成轻蔑或鄙视的对象。同样，将暴力和恐怖主义视为"无意义的"也是错误的。相反，从犯罪者的视角来看，破坏性行为总是有意义的。正如莎士比亚笔下的哈姆雷特所说，疯狂也有理性：如果我们要威慑潜在恐怖分子的行为，就必须了解他们的心中的理性想法。

证据是什么？

《纽约时报》记者莎拉·克肖（Sarah Kershaw，2010）在一篇详尽的报告中总结了近年来人们自杀和杀害无辜旁观者的动机。研究表明，偏见、从众、挫败、威胁或自尊心受伤的情况可能诱发攻击性行为（Aronson，2004；Baumeister et al，1996；Hassan，1998/2015）。没有证据表明恐怖分子，甚至是自杀式炸弹袭击者是病态的。相反，他们充满了愤怒，渴望报复社会的不公。他们通常受过良好的教育，关系稳定，并且有男有女。在许多情况下，他们会接受系统化训练，学习必要的技能，以有效摧毁他们认为的敌人，并为自己认为公正的事业而牺牲（Merari，2006）。

自 2012 年以来，新的恐惧组织 ISIS 的势力迅速发展，吸引了约 5000 名武装分子加入。他们的招聘策略主要是运用复杂的社交媒体。在 Twitter 上，至少有 4.6 万个与 ISIS 有关的 Twitter 账户通过一个庞大的"粉丝"网络组织活动。在 Facebook 上建立朋友关系，向孤独的人表达同情，设想传教任务。然后，ISIS 通过 Al Hayat 媒体中心（Al Hayat media Center）添加了复杂的媒体，该媒体中心针对非阿拉伯新兵制作视频、电影和电视节目，并将信息传递到不同的国家，如德国、英国或法国。媒体是他们攻击西方异教徒的信息渠道，而许多年轻人都相信了这一点（*Time magazine*，p. 10，July 5-13，2015.）。

另一项分析认为，许多自杀式恐怖分子通常不是激进分子；相反，恐怖组织招募的是那些他们认为不快乐、受到伤害、想死的年轻男女。讽刺的是，人们对传统自杀的耻辱感很强烈（Lankford，2013）。

位于华盛顿特区的世界资源研究所（World Resources Institute）所长乔纳森·拉什（Jonathan Lash，2001）说，贫穷、无能和绝望是点燃"9·11"恐怖袭击企图的导火索。世界上有许多人生活在贫困和饥饿中，他们看不到任何希望。种族仇恨和战争加剧了他们的困境。此外，生活在这种悲惨条件下的人数正在增加，因为人口爆炸大多发生在较贫穷的国家。此外，拉什说，这些绝望的人中的大部分直接依赖于正在迅速衰竭的资源，如渔业、森林、土壤和水资源，这让情况更加不稳定。因此，每天都有成千上万的人逃离他们的家园，涌入更大、更贫穷的城市。由于第三世界的高出生率，这些人大多都是年轻人。拉什警告说，城市贫民窟里充斥着不安分、失业的年轻人，他们是"充满愤怒和绝望的火药桶，这就是为什么本·拉登（前恐怖主义头目）或其他可能追随他的人很容易招募到人的原因"。在发生于巴黎郊外贫民窟的暴力骚乱中，我们就看到了这一点，这些骚乱是由没有工作、受教育机会很少的年轻移民造成的。

相关结论是否存在被偏差污染的可能？

这里存在一些偏见：第一，性格偏差侧重于单个犯罪者，而忽略了其行为背景、情境以及塑造其行为并赋予其目的的系统；第二，简化偏差，将困难、复杂的问题简化为简单的术语，给人一种可以找到简单解决方案的错觉。正如我们所见，做出和接受关于恐怖主义和恐怖分子的论断的原因包括屈服于常见的谬论。打击恐怖主义需要了解导致一般人成为恐怖分子的直接因素，以及系统对个人和团体做出的这种极端决定所产生的更广泛的影响。

我们能够得出什么结论？

理解恐怖主义需要多方面的综合见解，而不仅仅是心理学方面的理解。金钱、权力、资源和长时间的积怨也必须予以考虑。世界上很多人都把美国视为敌人。要理解这种看法并以建设性的方式应对，就需要美国人从以美国为敌的一面看待这场冲突。

我们还必须认识到，恐怖主义并不总是涉及国际冲突。想一想科伦拜恩高中（Columbine High）和弗吉尼亚理工大学（Virginia Tech University）的枪击事件，2011 年初在亚利桑那州图森市（Tucson, Arizona）发生的大规模杀害和伤害无辜平民的事件，以及近年来针对 LGBT 个人的袭击、成千上万的种族仇恨犯罪，针对堕胎提供者的暴力事件频频成为新闻的头条（Doyle，2001）。不要错误地认为恐怖主义永远是外来威胁。尽管有些文化比其他文化更暴力，但每一种文化都可能滋生暴力恐怖分子，这些人会恐吓其他人（Moghaddam et al，1993；Shiraev & Levy，2001）。请记住，炸毁俄克拉何马城联邦大楼、杀害数百名无辜民众的炸弹袭击者是一位名叫蒂莫西·麦克维（Timothy McVeigh）的美国恐怖分子。三 K 党（Ku Klux Klan）是美国独有的恐怖组织，以暴力的方式向黑人和其他被他们视为敌人的人灌输敬畏和恐惧。2015 年，在南卡罗来纳州查尔斯顿一个黑人教堂的祈祷仪式上，一名年轻男子杀害了 9 名去教堂做礼拜的人，这应该被视为恐怖分子，尤其是在接下来的几周内，因为他的仇恨犯罪引发了美国南方另外六个黑人教堂的焚毁。

我们已经看到了敌人，很可能是我们，也很可能是他们。

结束语

对于一个主要关注好人如何变坏的章节，最好的结尾莫过于留给你一段关于人类团结和尊重彼此的精彩陈述。它出自诗人约翰·多恩（John Donne, *Meditations XVII*）：

> 没有人是一座孤岛，
>
> 能够完全独立……
>
> 任何人的死亡都会使我的生命流失，
>
> 因为我是人类的一部分；
>
> 因此，
>
> 永远不要在意丧钟为谁而鸣，
>
> 它在为你敲响。

所以，当你有疑问时，采取道德的方式，注意情境的力量，警惕潜在的不公正的权威，对与他人和睦相处的需求保持敏感，为自己的行为承担个人责任，保持批判性思考，准备好承认你犯了一个错误（这样可以减少失调），在协作的团队中工作，警惕各种权力滥用。

最后，考虑采用一种新的"英雄想象"，将你对他人的同情心转变为对他们有帮助的英勇行动，只要你准备好站起来，大声说出来，并在生活中面临挑战时采取明智而有效地行动，就会让世界变得更美好。

为自己考虑一个新的社会角色："**在训练中，我会成为一名平凡的英雄。**"

本章小结：社会心理学

为什么普通人会像米尔格拉姆的电击实验中的被试那样伤害他人？

- 情境因素对个人行为的影响比我们所认识到的要大得多，无论是好是坏，但了解它们是如何运作的，可以帮助我们免受其负面影响。

- 情境也是个人心理建构出来的事物，因为每个人都会形成有关行为背景以及有关我们爱或恨之人的主观现实。

- 大多数心理学家在很大程度上忽视了体制的力量，但有效的重大行为改变必须包括对系统如何创造并合理化情境的认识，而情景反过来又可以对我们的思维、感觉和行动产生影响。

我们的行为如何受到社会情境的影响

核心概念 11.1

我们的行为通常要符合社会情境，当面对不熟悉、不明确的情境时，我们会参考他人的行为。

社会心理学家研究个人或群体在特定情境下的行为。该领域的大量研究表明，规范和社会角色是如何成为情境影响的主要来源的。阿希的研究证明了即使群体明显是错误的，群体也能对从众心理产生强大的作用。另一个关于情境力量的令人震惊的证明来自斯坦利·米尔格拉姆的充满争议的服从实验。情境影响也可能导致不作为：旁观者研究表明，个体受到旁观者数量、情境的模糊性以及由此产生的对其社会角色和责任感的抑制作用。群体思维甚至会出现在政府最高级别的决策中，聪明的人提倡的行动可能是无意识地追随其团体的共识或其领导者的意见，这可能会带来灾难性的后果。英雄往往是采取特殊行动帮助他人或反对邪恶的普通人。我们的行为通常要符合社会情境，当面对不熟悉、不明确的情境时，我们会参考他人的行为。

构建社会现实，什么影响我们对他人的判断

核心概念 11.2

他人的行为和我们如何解释他人在社会背景中的行为，这二者都会影响我们对他人的看法。

情境本身并不能决定行为。相反，是我们对情境的个人解释（我们构建的社会现实）控制着我们的行为和社会互动。期望价值理论和认知失调理论认为，我们通常会被那些有益的关系吸引，虽然也会有例外。归因理论预测，我们会把别人的错误归因于其特质或性格（基本归因错误），而把自己的错误归因于情境（自我服务偏向），尽管这种倾向具有文化差异。健康、爱的关系也说明了现实是建构出来的，因为爱的形式有很多，在对爱的理解和实践中存在着各种文化

差异。

偏见和歧视也展示了我们如何通过感知社会距离和威胁、媒体刻板印象的影响、寻找替罪羊和非人化等认知过程来构建自己的社会现实。当我们意识到我们属于在某些任务和测试中表现不佳的群体时，便很容易受到刻板印象威胁的影响，这可能会对我们的表现产生负面影响。

我们对他人的判断不仅取决于他们的行为，还取决于我们在社会背景下对他们行为的解释。利用当前社会心理学知识的新应用的培训项目，可以修正警察对有色人种公民的内隐种族偏见。

社会系统如何塑造影响行为的情景

核心概念 11.3

社会系统会影响情境，而情境会影响行为。通过理解社会系统，我们就可以学习如何优化它，同时消除其所造成的负面影响。

许多社会心理学的研究表明（尤其是那些与服从和从众有关的研究），情境的力量会迫使普通人做出一些可怕的行为，例如，伊拉克阿布格莱布监狱的士兵。理解这种复杂的行为需要三个层次的分析：个人性格、情境的力量，以及创造和维持特定情境的体制力量。

斯坦福监狱实验将"好苹果"放进"坏桶"里近一周，以测试性格和情境对导致不良结果的影响。然而，人们忽略了产生这些坏桶的系统。要改变不被接受的行为，如霸凌、歧视或恐怖主义，需要了解如何修改权力体系及其创造和维持的情境，而不仅仅是改变个体行动者的行为。霸凌行为不仅存在于学校和企业中，还存在于网络中，霸凌的新形式是家长在互联网上公开羞辱他们的孩子。

新的研究揭示了社会痛苦（拒绝、社会排斥）和身体痛苦（身体疼痛）之间的相似之处，也揭示了社会温暖（善良、关心）和身体温暖（给身体加热）之间的相似之处。

批判性思维的应用：恐怖主义是"疯狂的狂热分子犯下的毫无意义的暴力行为"吗

恐怖主义是一种普遍存在的全球现象，可能是在一场不对称战争中，个人网络对国家构成持久性威胁。重要的是要理解恐怖主义行为是一种心理过程，以及政治、文化、经济和宗教对创造恐怖分子这一角色的作用。一项预防策略是学习如何理解潜在恐怖分子的想法，让他们远离暴力，成为有利于社会的变革力量，以纠正他们所在社区和国家的错误。

本章视频导读，
请扫描二维码观看。

在阅读本章之前，请你思考一个问题：身为神志正常者，你愿意伪装成病人住进精神病院吗？也许你会说："什么？""太疯狂了！""我不愿意！"但是，在 1973 年，美国斯坦福大学的研究人员大卫·罗森汉（David Rosenhan）就曾招募了 8 名健康的志愿者，把他们"送"进了精神病院，结果，其中 7 人被诊断为"精神分裂症"。看到这，很多人都会大吃一惊："为什么会这样？"是因为"精神病院的环境"还是因为"精神健康从业人员不够专业"？我们又该"如何优化心理障碍的诊断流程"？如果你想知道答案，就请继续读下去，本章将从罗森汉的实验出发，为你讲解"心理障碍"的那些事儿。

那么，什么是心理障碍？对于该问题我们走过了很长的一段探索路程，医学模型和心理模型对它的看法是不一样的，但是目前有融合的趋势。现代生物心理学认为，许多精神障碍不仅涉及认知、行为、发展和社会文化因素，还涉及大脑和神经系统。

心理障碍不是仅存在于书本之上，更多的是发生在你我身边。你是否有朋友长期情绪低落，甚至患有抑郁症？你是否会因为考试而担心、焦虑？你的孩子是否过度活跃、注意力不集中？这些问题在 DSM-5 中都会给出科学的、明确的界定。此外，本章集中讨论了我们在日常生活中最有可能遇到的各类精神障碍，如抑郁症、双相障碍、焦虑症、强迫症、精神分裂症以及各类神经

发育障碍等。在这里你将了解到不同精神障碍的分类、诊断标准、发病率和可能的致病因素。阅读完本章后你将极大地增进对心理障碍的认识，不同类型障碍既有区别又有联系，值得你细细探究。

当然，DSM-5 并非万能，它根据症状而不是病因来对各类障碍进行分类，这让许多临床医生对 DSM-5 分类系统持有保留意见，并希望有更好的分类系统来取代它，因为研究发现许多看似不同的疾病都涉及相同基因的异常——这表明它们可能在大脑中有共同的生物学基础。而根据症状对精神障碍进行分类忽略了大脑中的实际情况，不利于我们找到病因并进行有效的治疗。近年来，神经成像技术、经颅磁刺激、经颅磁直流电刺激在心理障碍的研究中应用较多，相信借助这些先进的技术，未来我国对心理障碍的发病机制和治疗方案的研究会迈上一个新台阶。

总而言之，心理障碍是一个非常宏大的领域，受到心理学、医学、精神病学等多个学科的专家和研究人员的关注。请记住，阅读本章并不能使你成为心理障碍方面的专家，请不要随便为别人做诊断、贴标签。人们对心理障碍病因的探索一直在继续。人类的精神世界异彩纷呈，各类障碍无疑是无数精神之花中的一朵。人生百般滋味，生活仍需笑对。

陈功香

济南大学教育与心理科学学院院长

12

第十二章

心理障碍

本章译者：陈功香

1889 年，文森特·梵高（Vincent Van Gogh）因精神问题在阿尔勒医院（Arles Hospital）接受了几个月的治疗。

核心概念

12.1 医学模型把心理障碍归为一种"疾病"，而心理学将其视为生物学、行为、认知、发展和社会文化因素相互作用的结果。

12.2 DSM-5 是使用最广泛的精神障碍分类系统，它根据人的精神和行为症状对精神障碍进行归类。

12.3 从理论上讲，准确的诊断是做出适当的治疗的前提，但是诊断也可能成为一种标签，使个体失去个性，进而使人们忽视心理问题产生的社会和文化背景。

志愿者们（5 位男性和 3 位女性）知道他们只能靠自己了，如果他们成功入院，就被看作精神病人而非旁观者。尽管这些志愿者没人被诊断出患有精神疾病，但是他们一点也不"正常"：一个正常人会为了要进精神病院而撒谎吗？事实上，这些志愿者是一项实验的合作者，该实验旨在弄清楚精神病院能否识别出正常人。

实验者大卫·罗森汉（David Rosenhan）也是"伪装病人"之一，他怀疑诸如"心智健全"（sanity）、"精神失常"（insanity）、"精神分裂症"（schizophrenia）、"精神障碍"（mental illness）和"异常"（abnormal）等术语的边界比精神病学界认为的还要模糊。他还怀疑，在精神病人身上出现的一些"异常"行为可能源于精神病院的异常氛围，而不是源自患者本身。为了验证这些想法，罗森汉和他的合作者决定看看医院的专业人员如何处置实际上并没有患精神疾病的患者。他们能区分健康人和精神障碍患者吗？

志愿者们申请进入不同的医院，他们抱怨最近好像听到了"空虚""空洞"和"砰砰"之类的声音，除此之外，他们声称没有其他症状。所有人都用了假名，四名心理健康专家（包括罗森汉本人）还伪造了职业，当然，除了这些，他们如实回答了其他所有问题。尽管即将进入陌生的医院环境让他们感到焦虑，但他们还是尽可能地表现正常。实验开始前，他们担心不能被批准入院，也许更糟的是，被人举报欺诈。不过这种担忧很快就消失了，因为所有人很容易就在 12 家不同的医院获得了住院许可（有些人还获得了两次）。绝大部分人（只有一个人除外）都被诊断患有精神分裂症，这是一种严重的心理障碍，常伴有幻听。

在入院之后，这些"伪装病人"就没有再宣称听见声音或存在什么异常症状了。实际情况是，所有人都想好好表现，争取尽快出院。他们仅有的"异常行为"是记录住院经历，起初是私下记录，在发现医护人员没有在意后，开始公开记录。住院记录显示，当医护人员注意到他们的记录行为时，医护人员将此解释为患者疾病的一部分（病历中有一条冷漠的描述是："病人有记录行为"）。

很多时候，病人发现，即使他们寻求帮助或建议，医护人员也会忽视他们。当医护人员与他们互动时，病人好像也只是"病例"，而不是活生生的人。因此，在没有异常症状出现的情况下，这些"伪装病人"要让医护人员相信自己可以出院，大概平均需要 19 天的时间。一名运气不好的志愿者在两个月后才被医院"释放"。

这项经典研究的主要发现让精神病学界大为震惊。

首先，没有任何一家医院的专业人士意识到罗森汉的伪装病人是在假装患有精神疾病。

当然，工作人员可能认为病人在入院时确实是生病的，在住院期间病情有所好转。但这种解释没有让罗森汉放弃对他们的指责：尽管伪装病人们行为正常，但在医院中，工作人员并不认为他们"健康"或"正常"。哪怕出院后，工作人员也仍然认为他们患有精神分裂症，只不过是处于缓解期。

医院的工作人员是没水平还是没感情

罗森汉没有贸然下结论。他指出，工作人员没有意识到这些人是伪装病人这件事很正常，因为这些工作人员整天忙于文案和其他工作，几乎没有时间观察病人以及与病人交流。医院的环境设计也催生了这个问题：工作人员大部分时间都待在一间玻璃围住的中央办公室里，病人称之为"笼子"。正如罗森汉自己所说（Rosenhan, 1973a）：

> 如果认为发生在我们身上的事情是由于工作人员的恶意或愚蠢造成的，这可能是一个错误，而且是非常不应该的错误。相反，他们给我们留下了深刻印象，他们关心病人、有责任感，也非常睿智。他们没有意识到伪装病人的正常行为，将这些失误归因于他们所处的环境比归因于个体的麻木不仁会更准确。他们的感知和行为受到了情境的控制。

有没有可能伪装病人困在医院里时，行为并不像他们想象中的那么正常？罗森汉指出：出乎所有人的意料，尽管专业人员没有发现病人是伪装的，但医院里的其他病人很容易就发现了其中的问题。伪装病人报告说，其他病人经常会提出质疑："你不是疯子。你是记者或者教授……你在调查医院。"罗森汉（1973a）在题为"在精神失常的地方保持神志正常"（On Being Sane in Insane Places）的报告中客观地指出："重要的是，常常是病人们发现了医院里的正常人，而医生却没有发现。"你将在贯穿本章的问题中找到对这些"重要问题"的回应。

> **本章思考题：**
>
> 能不能区分精神障碍和单纯的行为异常？即是否有明确证据证明精神障碍的存在？

罗森汉的研究引发了巨大的轰动，许多精神病学家和临床心理学家都表示严重抗议。发表该研究成果的期刊《科学》（Science）随后发表了几篇回应文章，指责罗森汉的研究粗制滥造，损害了精神健康专业人员的声誉。这样的回应有道理吗？罗森汉的研究有缺陷吗？或者他们的反应仅仅是那些职业自尊心受到伤害的人的呐喊？值得注意的是，罗森汉并不否认心理障碍的存在，他质疑的是在精神病院的环境下做出的临床诊断。时至今日，他的研究仍然有意义，因为他的发现，医生们一直致力于优化精神障碍的诊断流程。

事实上，数以百万计的人确实经历过精神病理学（psychopathology）意义上的病痛（亦称为精神障碍或精神疾病）。根据美国精神卫生研究所（NIMH，2010b）的数据，超 26%（即超 1/4）的美国人，会在某一年被诊断有精神健康问题。每 17 人中就有 1 人患有严重的精神疾病，如重性抑郁症（major depression）或精神分裂症（schizophrenia）。在美国，估计 46% 的人会被诊断出某种形式的心理障碍（Butcher et al.，2008）。在下面的部分，我们会探讨构成心理障碍的关键问题。

放眼世界，精神疾病的发展令人忧虑。世界卫生组织的数据显示，全球约有 4.5 亿人患有精神障碍，生活在没有精神卫生保健系统的贫穷国家的患者占比很高（Miller，2006c）。例如，在 15~44 岁的人群中，抑郁症导致失能的概率比任何其他疾病都要大（艾滋病除外）。在美国，有近一半的家庭因家庭成员有精神问题需要寻求治疗（Chamberlin，2004）。

正如罗森汉的研究结果所揭示的那样，区分"正常"和"异常"并不容易。例如，你会如何归类 Lady Gaga 和拉塞尔·布兰德（Russell Brand）这样性格古怪的人，或者自杀的罗宾·威廉姆斯（Robin Williams）。如何归类一个冒着生命危险去战斗的士兵，他 / 她"正常"吗？如果一个悲痛欲绝的男人在妻子去世 6 个月后仍不能恢复正常生活，那他是否有心理障碍？

最初，临床医生会依据精神病理学给出的三种典型症状（幻觉、妄想和极端情感紊乱）做诊断。

1. **幻觉**（hallucination）是指虚假的感官体验，比如幻听或幻视。你可能还记得，罗森汉的伪装病人声称有幻听，表现为听见"空虚""空洞"和"砰砰"的声音。

2. 相比之下，**妄想**（delusion）涉及一些非理性的信念。例如，如果你认为你是美国总统（实际上你不是），或者你认为人们想要"让你难堪"（实际上他们没有），你可能就有妄想症。

3. 第三个典型症状是**极端情感紊乱**（extreme affective disturbances），表现为病态化的情绪或情感。因此，一个经常感到抑郁、焦虑或躁狂的人可能会有情感困扰。

表 12-1 精神障碍谱系

无障碍	轻度障碍	中度障碍	重度障碍
没有心理障碍的迹象	很少有痛苦或其他心理障碍的迹象	心理失调迹象更加明显，出现频率变高	有明显的心理紊乱，并且支配着患者的生活
行为没有问题	有少量行为问题；大多数反应与处境相适应	出现明显行为问题；行为常常与处境不相称	频繁出现严重的行为问题；行为通常与处境不相称
人际关系没有问题	少量人际交往问题	较频繁地出现人际交往问题	人际关系糟糕或不与人交往

注：精神障碍的发病范围从无病理迹象到严重紊乱，如重性抑郁症或精神分裂症，重点是心理障碍患者和"正常"人之间并没有明显的区别。

除了上述这些极端病理迹象，专家们在其他症状上存在分歧。所谓的异常变成了一种判断，因为正常的思想和行为与异常的思想和行为之间没有明显的边界，这让判断变得更加困难。将心理障碍视为从无障碍到重度障碍的连续体的一部分可能会有所帮助，如表 12-1 所示。这里的一个重要观点是，精神障碍患者并不是孤立存在的。相反，他们的失调是对正常反应的夸大。

在本节中，我们重点讨论精神病理学中两种截然相反的观点。

- 一种是医学观点，我们有时称之为"医学模型"。它把精神问题描绘成类似于身体障碍，如疾病。
- 另一种是心理学观点，认为精神障碍是先天特性和后天教养等多种因素共同作用的结果。

正如这一节的核心概念所述：

> 医学模型把心理障碍归为一种"疾病"，而心理学将其视为生物学、行为、认知、发展和社会文化因素相互作用的结果。

关键是我们定义精神病理学的方式决定了我们的治疗方式——无论是通过药物、符咒、宗教仪式、谈话、拷问、脑外科手术、住院还是被送进机构。

写一写

中度障碍的例子

回顾表 12-1 中关于中度心理障碍的三种典型症状及异常症状。结合这些指标，简要描述一个异常行为（请自己举例，不要使用文中已有的例子）。

本部分导读：

12.1 对比心理障碍的医学模型与心理学模型。

12.2 列出精神异常的主要表现和症状。

12.1 心理障碍概念的转变

学习目标：

对比心理障碍的医学模型和心理学模型。

古人认为超自然的力量无所不在，它会给人们带来好运、疾病和灾难。在这种情境下，他们认为精神疾病就是恶魔控制了人的身心（Sprock & Blashfield，1991）。如果你生活在古代，你的日常生活将会充斥着战胜或安抚这些超自然生物的仪式。事实上，即使在现在，一些人仍然相信恶魔会导致精神疾病。

大约在公元前 400 年，古希腊医生希波克拉底（Hippocrates）认为异常行为背后存在生理方面的原因，这迈出了科学认识精神障碍的第一步。希波克拉底教育弟子将精神疾病的症状解释为四种体液的不平衡，即血液、黏液、黑胆汁和黄胆汁的不平衡。例如，黑胆汁过多的人容易悲伤或抑郁，而那些血液充足的人则是乐观的或热心的。希波克拉底用这个简单但具有革命性的思想，将精神障碍纳入医学领域，他的观点——精神问题的原因是自然的，而不是超自然的——深刻影响了西方世界的受教育者，这种影响一直持续到古罗马帝国灭亡。

在中世纪时期，迷信再次使希波克拉底的精神障碍模型黯然失色。在中世纪教会的影响下，医生和神职人员又退回到了将精神异常现象解释为恶魔和巫术所为的旧方法上。在那个黑暗时代，认为撒旦造成了异常行为的信念给宗教法庭的审判火上浇油。"治疗"包括驱除附在受害者灵魂上的恶魔——字面意思是，"将恶魔"从据说附身的人身上"打出去"。结果，欧洲各地成千上万饱受精神摧残的人因此遭受了酷刑或被处决。

即便到了 1692 年，中世纪对精神障碍的看法仍会使马萨诸塞州的殖民者感到害怕，他们以巫术罪给一些人定罪并处决了他们（Karlsen，1998）。是什么导致了他们的恐慌？因为邻居们无法解释一群女孩不明原因的"抽搐"，他们认为是女巫控制了女孩。对女巫事件的现代分析认为，这些女孩可能是被生长在黑麦上的真菌所毒害，而这种真菌产生了麦焦酸二乙酰胺致幻剂（Caporeal，1976；Matossian，1982，1989）。

12.1.1 医学模型

18 世纪后半叶，源自希波克拉底的"疾病"观随着科学的兴起再次流行。由此产生的**医学模型**（medical model）认为，精神障碍是一种精神疾病，与普通的身体疾病一样，它也有客观的原因，需要专门治疗。人们开始将有心理问题的人视为病人，而非不道德的或被恶魔附体。

新理论带来了巨大的变化！用折磨和虐待来治疗精神疾病变得毫无意义。有关精神疾病的新观点促进了人类的变革，人们呼吁将"精神病患者"安置于保护性的"疯人院"里。在这种支持性的氛围中，许多患者的状况通过休息、冥想和简单有用的办法得到了改善，甚至变得很健康（Maher & Maher，1985）。但不幸的是，受政治压力的影响，最初的治疗避难所最后变成了拥挤的收容所，在那里的病人无人问津。

即使出现了上述问题，但是医学模型的复苏毋庸置疑改进了旧有的恶魔模型。然而，现代心理学家认为，我们已经准备好迎接又一次革命性的观念转变。在他们看来，医学模型也有局限。

心理学家认为，医学模型的"疾病"假设，催生了只有医生知道最佳治疗方案的现状，即医生承担诊断疾病和开处方的所有责任。在这种假设框架下，病人就成了药物和医疗建议的被动接受者，而非治疗的积极参与者。时至今日，许多精神病人的实际治疗都是简单地通过开药来实现的。心理学家认为，上述模式错误地助长了对医生的依赖和非必要的药物治疗，不利于病人发展良好的应对技能和健康的行为。

随之而来的，上述"医生最了解情况"的取向会让精神疾病变成医学问题，把责任（和生意）从心理学家那里抢走，然后交给精神科医生（psychiatrist）。可以理解的是，心理学家对这种医学模型的影响感到愤怒，即对精神疾病的治疗应该由医生完成或在医生的监督下进行感到非常不满。实际上，医学模型将心理学家划分为二等职业。如你所见，精神障碍领域所有权的争夺日益白热化。

12.1.2 心理学模型

心理学用什么来取代医学模型？大多数临床心理学家现在已经转向行为主义、认知心理学、发展心理学、社会学习和生物心理学观点的整合。

取代医学模型的心理学观点 现代心理学家认为生理可以影响精神。当然，我们也需要从**生物学视角**（biological perspective）解释我们在精神分裂症、焦虑症、智力障碍和其他疾病中看到的遗传影响。但是，心理学模型还研究了被医学模型忽略的行为、认知、发展和社会文化因素。

行为主义视角（behavioral perspective）注重外部因素，强调环境带来的影响。行为主义心理学认为异常行为类似于健康行为，也可以通过行为学习来习得。该视角让我们关注维持异常行为的环境条件：奖励、惩罚和突发事件。例如，从行为的视角来看，人们对公开演讲的恐惧可能源于受过羞辱的经历，随后

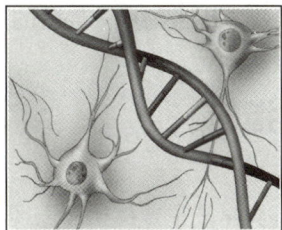

图 12-1　生物学视角

注：生物学视角是医学模型的几种替代取向之一。其他视角包括行为主义视角、认知视角、社会文化视角和发展视角。

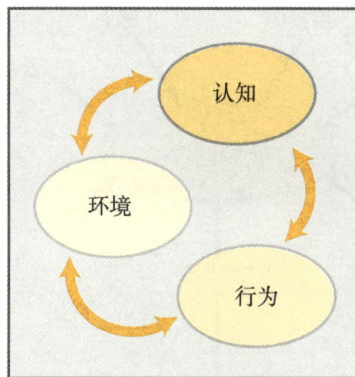

图 12-2　交互决定论

注：交互决定论是认知、行为和环境相互影响的过程。

便会回避任何能发展和加强公开演讲技能的机会。

相较而言，**认知视角**（cognitive perspective）着眼于内部因素，强调心理过程，包括思维、感觉、知觉和记忆。认知心理学聚焦以下问题：人们如何解释事件？他们是否相信自己能够掌控生活（内控型或外控型）？他们如何面对威胁和压力？他们是否经常经历令人烦恼的情绪，如抑郁或焦虑？

社会学习（social-learning）理论专家及其他人已经建立了连接认知和行为观点的桥梁。这一分歧的双方现在都承认，认知和行为通常在社会背景下发生，因而需要**社会文化视角**（sociocultural perspective）。通过这个视角，心理学家会询问来访者的文化背景和社会支持系统，以及来自工作、学校、家庭和朋友的社会压力。

还有另一种观点，即**发展视角**（developmental perspective），这一视角致力于寻找偏离预期的生物和心理发展模式。例如，孩子是否像预期的那样，在两岁时开始说话？他／她是否具有功能性的心理理论（theory of mind）让自己能够理解别人的想法和意图？他／她的情绪控制能力是否符合他／她的年龄？这些问题有助于临床医生识别和治疗发育障碍，如孤独症和智力障碍。

阿尔伯特·班杜拉（Albert Bandura）是融合社会、行为和认知取向为一体的代表人物：他的**交互决定论**（reciprocal determinism）的概念表明，行为、认知和社会／环境因素通过社会学习、行为学习和认知学习会产生相互影响（见图 12-2）。

因此，对公开演讲的恐惧可能一方面源于社会学习，例如，你经常听到人们谈论"怯场"和他们对公开演讲的焦虑；另一方面，你可能有过一次不甚愉快的行为学习经历，例如，你演讲时，人们曾嘲笑你。反过来，这种经历会让你轻易就认为自己是一个"糟糕的演讲者"——这是认知学习的结果。这种社会学习、行为学习和认知学习的链条，每一步都相互强化，导致公开演讲成了一种让人产生恐惧的体验。

整合上述取向：心理障碍的生物心理学取向　虽然大多数心理学家对医学模型持保留意见，但他们都同意生理因素能影响思想和行为的观点。近年来，神经科学研究成果的激增表明，作为一个复杂的器官，大脑的精神功能依赖于化学物质和神经回路的精巧平衡，而这些化学物质和神经回路不断被我们的经验所改变。遗传和表观基因学（epigenetic）的影响、脑损伤、压力、激素和感染仍然是使生物平衡向**精神病理学**转变的因素（见图 12-3）。

因此，现代**生物心理学**（biopsychology）认为，许多精神障碍不仅涉及认知、行为、发展和社会文化因素，而且还涉及大脑和神经系统（Insel，2010）。

遗传（heredity）方面，人类基因组计划确定了完整的人类基因序列。这项历时数年的大规模研究已经确定并绘制了染色体上的所有基因（尽管我们才刚刚开始了解它们的功能）。许多心理学家认为，这意味着时机已经成熟，行为遗传学专家可以寻找与特定精神障碍相关的基因了（NIMH，2003）。但搜寻工作并不容易。截至目前，基因异常与精神分裂症、双相障

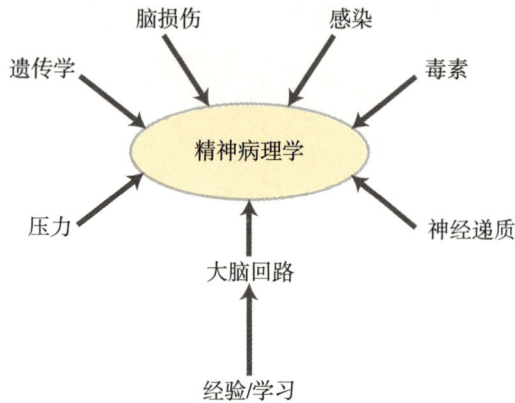

图 12-3　心理障碍的生物心理学取向

注：神经科学研究成果的爆炸性增长意味着精神病理学中可能存在许多生物学因素。

碍、焦虑症和孤独症有关，但它们在这些疾病中所起的作用我们仍不清楚。大多数专家认为，这种疾病可能是基因与环境因素（如毒素、感染或压力事件）相互作用的结果。

科学家还发现一些精神障碍受到基因的影响，这涉及遗传和环境的相互作用。基因通过化学物质开启和关闭染色体来修饰基因表达。这些变化源于大脑对经验，尤其是压力经验的反应，也源于会影响大脑的环境毒素。科学家在许多疾病中已发现了表观基因学效应，包括抑郁症、精神分裂症、双相障碍、孤独症和阿尔茨海默病（Iwamoto & Kato，2009；Kato et al.，2005；Weir，2012）。

但是，我们要明确生物学在精神障碍中所起的作用：无论神经科学在未来会有什么发现，生物学永远无法解释一切。心理学视角认为，思想和行为总是先

天与后天，即生物学因素与后天经验的产物。

12.2　异常指标

学习目标：

列举精神异常的主要症状和表现。

虽然临床医生有时对心理障碍的**病因**有不同意见，但他们对心理异常的迹象和症状的意见往往一致（Rosenhan & Seligman，1995）。

12.2.1　这些指标是什么

我们在前文中提及过幻觉、妄想和极端情感紊乱都是严重精神障碍的迹象。但是很多心理问题不会那么明显地显露出来。因此，临床医生也在寻找如表12-2 所示的更细微的精神疾病指标。

请注意，这些标准并不适用于所有形式的心理障碍。我们特别想打消读者认为每个有精神问题的人都是"疯子"——从非理性的言语、怪异的行为或幻听的意义上来讲——的想法。另一个错误的观点是认为大多数心理障碍患者都有潜在的暴力倾向，然而事实并非如此：实际上，有精神疾病的人很少会变得"精神错乱和危险"（Arkowitz & Lilienfeld，2011）。

但仅凭一个指标就能证明异常吗

这取决于主观判断。当临床医生看到两个或两个以上的异常迹象时，他们会更自信地将行为标记为"异常"（你是否还记得罗森汉研究中的伪装病人只有

表 12-2　精神障碍的指标

精神障碍的指标	描述
焦虑或痛苦	是否表现出不寻常或长期的紧张不安？每个人都会偶尔经历痛苦或焦虑，但当它持续时间长或没有明显原因时，才能被视为精神异常的指标。
适应不良	个体行为是否经常影响其幸福感，或者让别人感到恐惧？自杀的威胁、无法控制的愤怒爆发、酗酒或鲁莽驾驶都是适应不良的表现，其他干扰正常工作能力的行为经常发生。
非理性	个体行为是否经常不顾后果或失控？所讲的话难以理解还是胡言乱语？行为或情绪反应是否经常与处境不相称？
不可预测性	在不同时间或不同条件下，个体的行为是否不规律、不稳定？
出现对社会规范或他人情感缺乏认识的行为	行为是否公然违反了社会规范，违反了法律或道德上可接受的行为界限？个体是否表现出缺乏对他人感受的理解或意识？当然，仅仅是不同寻常或非常规，并不是反常的迹象。

一个症状：幻听）。异常的指标越极端、越多或越频繁，临床医生识别出精神障碍的信息就越充足。

即使有了这些指标，临床医生仍然必须确定它是哪种心理障碍。这可能很棘手，因为精神病理学有数百种类型。一些诊断可能大家耳熟能详：抑郁症（depression）、恐怖症（phobia）和惊恐障碍（panic disorder）。但你可能不太了解其他的障碍类型，比如转换障碍或边缘型人格障碍。总体来说，你会发现在《精神障碍诊断和统计手册》（第 5 版）（*Diagnostic and Statistical Manual of Mental Disorders*，（5th *edition*）中有300 多种特定的精神病理描述，临床医生和研究人员称之为 DSM-5。尽管它有很强的医学模型偏向，但各类背景的心理健康专业人员都使用这本手册来进行诊断。

12.2.2　精神障碍的性别差异

没有人知道确切的原因，但数据显示，各种精神障碍易感性存在巨大的性别差异（Holden，2005）。例如，我们发现，与男性相比，女性更容易被诊断为心境障碍，尤其是抑郁症。在患有焦虑障碍和进食障碍的人群中，女性也占大多数。但男性也不能幸免：绝大多数男性更有可能患有涉及攻击性或自控性问题的人格障碍，比如吸毒、酗酒和暴力。因此，与女性相比，男性更经常被诊断患有反社会型人格障碍。正如我们已经注意到的，一种可能性是社会规范更鼓励女性报告抑郁的感受，同时鼓励男性以更实际的方式"表达"他们的感受。

一些性别差异显然源于生物学因素。例如，男性的大脑似乎更倾向于单侧化（即他们特定的皮层功能往往集中在大脑的这侧或那侧）。这也许解释了为什么左脑中风后，男性比女性更难恢复语言能力。一些神经科学家还怀疑，男性大脑的"一侧化"可能是精神分裂症和大多数发育障碍高发的原因，如孤独症、注意缺陷 / 多动障碍和男性特定的学习障碍（Holden，2005）。同样，可能还有一些尚未发现的生物学上的差异导致女性更容易抑郁。不幸的是，到底是社会学还是生物学能够解释精神障碍的性别差异还有待进一步的研究。但是，如果最终答案反映了先天与后天因素的相互作用，读者无须感到惊讶：很可能是两者皆有。

12.2.3　对读者的警示

当看到心理障碍的症状时，你可能开始怀疑自己的心理健康状况。所有研究变态心理学的学生都会面临这种挑战。

为了表达得更清楚，让我们根据前面讨论的异常指标分析以下问题（见表 12-3）。关键是，在健康的人群中，一些不良行为可以表现得如此温和且普遍，它们不会上升到"异常"的水平。

实际上，几乎每个人都会至少对其中一个问题——或许所有问题——做出肯定的回答。然而，这

表 12-3　异常指标

问题	异常指标
你是否曾莫名其妙地感到"忧郁"	痛苦
你会在应该学习的时候去参加派对吗	适应不良
你是否有这样的经历，认为自己听到或看到了一些实际上并不存在的东西	非理性
你是否曾一时冲动说了一些事后后悔的话	不可预测性
你是否产生过不同寻常的想法，但没告诉过别人	非常规
是否有人因为你说的话或做的事而感到害怕或痛苦	适应不良

并不一定意味着异常。一个人是正常还是异常取决于程度、频率，以及临床诊断。

所以，当谈到特定的心理障碍时，你很可能会发现自己经历过某些症状，你的同学也会这样（类似的问题也常见于医学专业的学生，他们发现自己出现了正在学习的生理疾病的症状）。你要知道这是正常的。在这一章，你可以看到你自己的另一个原因是，精神障碍和正常状态之间没有明显的界线。心理障碍涉及对正常倾向的夸大。然而，我们并不认为应该忽视心理障碍。在阅读本章后，如果你怀疑自己可能有严重的问题，你应该寻求专业人士的意见。

心理学很有用 ● ● ●

精神错乱辩护：问题有多严重

现在让我们从法律的角度看看精神障碍——我们来研究一下对精神错乱的辩护。从两个问题开始。

精神错乱辩护是否能为犯罪行为开脱，并允许成千上万的危险人物重返街头？是或否？

在你阅读下面的精神错乱的辩护词之前，我们来猜猜看：**精神错乱辩护的使用有多频繁？** 猜猜看，在美国，有多少被指控的罪犯在法庭上以精神错乱为由进行辩护：_____%。

答案在 10% 以内说明你能非常清晰地把握现实！但在我们给出答案之前，让我们先批判性地回顾一下精神错乱辩护的历史。

1843 年，苏格兰格拉斯哥的樵夫丹尼尔·诺顿（Daniel M' Naughten）认为自己收到了"上帝的指示"，要杀死英国首相罗伯特·皮尔（Robert Peel）。对皮尔来说幸运的是，这个杀手误杀了他的秘书。将其逮捕和审判后，丹尼尔·诺顿因精神错乱被判无罪。法庭认为，诺顿的精神状况使他无法明辨是非。公众对此非常愤怒。138 年之后，同样愤怒的公众谴责了一项现代精神错乱裁决，这项裁决涉及小约翰·欣克利（John Hinckley, Jr.），这个年轻人开枪射伤了当时的美国总统罗纳德·里根（Ronald Reagan）。

这些臭名昭著的案件让公众对精神错乱辩护的看法极差。市民们指责心理学家和精神科医生用精神错乱的托辞妨碍庭审，让杀人狂重回街头，让罪犯去医院接受"治疗"，而不是去监狱接受惩罚。但是公众对精神错乱的印象是建立在一些错误的假设之上的。

首先，"精神错乱"并没有出现在心理学家和精神科医生公认的 DSM-5 的心理障碍列表中。严格来说，精神错乱既不是心理学术语，也不是精神病学术语。它是一个法律术语，只有在法庭上才能被正式使用（心理学家或精神病学家不会使用它）。根据美国大多数州的法律规定，精神错乱不仅包括精神病，还包括嫉妒性愤怒、智力障碍及其他情况。在这些情况下，个人可能无法控制其行为或明辨是非（Mercado，2006；Thio，1995）。

那么，为什么我们不能简单地废止有这种技术性细则的法律呢？

该问题的答案取决于对犯罪的定义。犯罪需要满足两个条件：（1）这个人已经实施了违法行为（仅仅想实施违法行为是不够的）；（2）这个人是故意的。单纯希望老板去死并不是犯罪（因为你没有实施违法行为）。在停车场无意撞死老板同样也不是犯罪（因为你不是故意的）。但如果你打算干掉这个卑鄙的家伙，并且真的这么做了，你就有意实施了违法行为——法庭就会判你犯有谋杀罪。现在你就明白了，为什么没有人愿意放弃意图这个法律条件了。你也就明白为什么意图的例外情况会为饱受争议的精神错乱辩护敞开了大门。

记住上述事情，花点时间回想一下你估计的使用精神错乱辩护的罪犯百分比。

现实中，罪犯诉诸精神错乱辩护的频率远低于公众的认知。实际上，发生的概率不足 1%，而只有很小一部分成功了（Chiaccia，2007）。我们注意到，在几个著名的谋杀案中，这种做法都没成功，其中包括大卫·伯科威茨（David Berkowitz）、泰德·邦迪（Ted Bundy）、查尔斯·曼森（Charles Manson）、约翰·韦恩·盖西（John Wayne Gacy）、杰夫瑞·达莫（Jeffrey Dahmer）、丹·怀特（Dan White，他声称吃含糖食物让他产生了杀人倾向）。重申一遍，在这些案件中精神错乱辩护都未成功。

关键问题：

在 DSM-5 中，心理障碍是如何分类的

核心概念 12.2

> DSM-5 是使用最广泛的精神障碍分类系统，它根据人的精神和行为症状对精神障碍进行归类。

《精神障碍诊断和统计手册》（第 5 版）将大约 300 种精神障碍分为 22 类，这与书店按主题（神秘、浪漫等）分类的方式非常相似，它为精神病理学世界带来了秩序感。

这本手册通常被简称为 DSM-5，代表了美国使用最广泛的精神病理学归类系统。注意，DSM-5 不是按病因归类心理障碍，因为大多数心理障碍的病因要么未知，要么有争议。正如本节的核心概念所述：

> DSM-5 是使用最广泛的精神障碍分类系统，它根据人的精神和行为症状对精神障碍进行归类。

DSM-5 中包括了很多疾病，本书无法全部涵盖。本章我们将集中讨论那些在日常生活中或在更高级课程中学习精神病理学时最有可能遇到的心理障碍。

本部分导读：

12.3 DSM-5 分类系统概述

学习目标：

描述新版 DSM-5 的主要特点。

DSM-5 有两个优点。

- 其一，它列出了 300 多种精神障碍的具体诊断标准。

- 其二，它从精神病理学的视角给从业者提供了描述精神疾病的通用语言。

尽管这本手册主要是由精神科医生编写的，但它的术语已经被各个专业的临床医生采用，包括精神科医生、心理学家和社会工作者。此外，大多数医疗保险公司用 DSM-5 的标准来决定保险中应该包括哪些治疗，这赋予了这本手册巨大的经济影响力。

第 5 版的 DSM 比 20 年前出版的第 4 版有明显的改进。正如你从精神病学的起源中推测的那样，DSM-5 与精神疾病的医学模型有着密切的联系。它的语言是医学用语——症状、综合症、诊断和疾病（注意，它并不包括对"正常"的诊断）。但是首先，这本书的作者试图提供一个可靠的诊断依据，即他们的目标是使心理障碍的诊断标准足够清晰和明确，无论患者看哪个临床医生，诊断结果都是一样的。

早期版本的 DSM 带有明显的弗洛伊德流派风格。然而，DSM-5 并未公开支持某些特定的病因或治疗理论。它不同于早期版本的 DSM，它描述了每种障碍症状的外延和内涵。

- 作者认为最值得称赞的改进包括承认**精神障碍在人的一生中会发生改变**。例如，DSM-5 承认 12 岁时所患的抑郁症和 60 岁时所患的抑郁症不同。

- DSM-5 还认识到，精神障碍的症状和病程存在性别差异。

- 另一个改进是，认识到心理障碍不是离散的分类，而是存在于从"正常"到"功能失调"的范围内；即精神障碍患者可能与其他人在程度上不同，但在性质上没有区别。

- 此外，DSM-5 现在承认某些症状（如焦虑和抑郁）可能会在各种心理障碍中出现。

- 最后，DSM-5 认为**大多数患者表现出多重障碍的症状**。

总之，制定新分类方案的委员会尽其所能，不仅承认了知识的局限性，而且将新版的"精神病学圣经"建立在现有最佳的科学基础上。

DSM-5 的另一项改进是去掉了"神经症"（neurosis）一词（尽管你会经常在心理健康专业人士的闲谈中听到这个词）。最初，人们认为，神经症或神经官能症是一种相对常见的主观痛苦或自我挫败的行为模式，没有大脑异常或严重非理性思维的迹象。简而言之，一个有"神经症"的人可能不开心或不满足，但不会被认为是患有危险疾病或脱离现实的人。

同样，**精神病**（psychosis）最初被认为在症状的特征和严重程度上不同于神经症。现在临床医生不再认为精神病是一种更严重的神经症，而认为它是另一种截然不同的疾病。DSM-5 保留了精神病一词，用于描述与现实脱节的障碍。

在深入研究疾病之前，我们还想就 DSM 做最后一点说明。尽管大多数日常的心理问题都涉及做出选择与处理困惑、沮丧和失落，但 DSM-5 在"其他可能是临床关注焦点的病症"的尴尬标签下，漠视了这些问题的存在。这一类别集合了一些轻微的、不适合放在其他标题下的问题。这些问题，包括婚姻问题、学业问题、工作问题、亲子问题，甚至装病（malingering）的问题。因此，尽管 DSM-5 有关上述问题的篇幅少得可怜，但绝大多数被诊断患有心理障碍的人可能也符合这些标题。具有讽刺意味的是，因为适应困难是普遍的现象，所以他们在私人心理健康医生的客户中占了很大比例。

带着这些观点，现在让我们来看看 DSM-5 中所描述的一些疾病。查看每个主要诊断类型所附带的图表，就能大概了解 DSM-5 是如何对疾病进行分类的。我们从那些持续产生极端负面影响的疾病开始：抑郁症。

12.4　抑郁症

学习目标：

探讨抑郁症的主要类型、发病率和可能的病因。

谁未考过低分，输过比赛，失恋过甚至失去过亲人？

每个人都会偶尔经历强烈的、不愉快的情绪。情绪低落是生活的正常组成部分。然而，当这些低落情绪持续几天甚至几周，妨碍了日常生活时，问题就严重了，人们可能将其诊断为下面我们要讨论的两种抑郁症中的一种。

- 重性抑郁症（major depression）
- 季节性重性抑郁症（major depressive disorder with seasonal pattern）

12.4.1　重性抑郁症

大多数长期感到抑郁的人都患有重性抑郁症或重性抑郁障碍（major depressive disorder），这是所有主要精神疾病中最常见的一种。当然，并不是所有抑郁症的发作都如此严重。DSM-5 涵盖了如复发性短暂抑郁和短期抑郁症发作的诊断。

12.4.2　发病率

心理学家马丁·塞利格曼（Martin Seligman）把抑郁症称为心理问题中的"普通感冒"（Seligman，1973，1975）。在美国，它占精神病院入院人数的大多数。抑郁症也是"蓝调"的代名词，它如此普遍以至于产生了一个独立的音乐流派。即使你没有严重的抑郁症，你也有可能经历过轻度或短期的抑郁。事实上，许多临床医生相信，抑郁症，无论何种形式，都缺乏足够的诊断和治疗（Kessler et al.，2003；Robins et al.，

1991）。

美国国家心理健康研究所（NIMH，2006）估计，美国人每年要在抑郁症上花费大约 830 亿美元，包括住院、治疗费用和由此带来的生产力损失。但是，患者本身的损失是不能仅用金钱来衡量的。无数处于抑郁痛苦中的人可能会觉得自己毫无价值、丧失食欲、远离朋友和家人、失眠、失业、变得焦躁不安或昏昏欲睡。在情况严重时，他们还可能会扭曲现实。

有人认为，抑郁正在迅速"蔓延"，18~29 岁的年轻人终生患病率远高于年龄较大的人（Kessler et al.，2005a）。

是什么原因引起了抑郁症呢？心理学家乔纳森·罗森伯格（Jonathan Rottenberg）推测，它是由于"太多的工作、太多的刺激、过少的睡眠"，伴随着过高的期望、日益增长的物质滥用和 21 世纪的其他社会生活压力（Rottenberg，2014）而产生的。

最令人担忧的是，每 50 名重性抑郁症患者中就有 1 人自杀（Bostwick & Pankratz，2000）。另外，重性抑郁症患者在抑郁发作期和抑郁恢复期都面临着巨大的自杀风险。事实上，比起抑郁周期的最严重阶段，情绪波动阶段的自杀风险更大。为什么呢？因为当处于极度的抑郁绝望中时，一个人可能没有精力或意愿做任何事情，更不用说实施自杀计划了。其他因素也可能加剧这种风险。酗酒（通常用作自我处方的药物来缓解抑郁）或其他药物的滥用增加了自杀的风险，同样，控制冲动的能力变差、慢性身体疾病和某些大脑异常也会增加自杀的可能性（Ezzell，2003；Springen，2010）。

建议认真对待自杀威胁，即使你可能认为这只是为了引起关注，即使你也没有看到其他的抑郁迹象，但不要试图自己做心理治疗。你应该让有自杀倾向的人向有能力的专业人士寻求帮助。如果你需要帮助，但不知道给谁打电话，可以向学校的咨询室、心理学教授或当地的心理健康热线咨询。

你可以通过下面的内容快速评估自己的抑郁倾向。

试一试 ➡➡➡ 抑郁检查

大多数人认为抑郁是悲伤的外在表现，比如哭泣，但是抑郁症也会影响思想和行为。

说明：为了快速检查你自己是否有抑郁倾向，请自我检查对以下每个问题的回答。选择"是"或"否"

序号	问题	是	否
1	大多数时候，你是否感到悲伤、绝望或内疚		
2	你以前的朋友是否不愿意和你在一起？或者你是否觉得自己对周围的活动、事物和人失去了兴趣		
3	除了有意节食外，你的食欲或体重有没有发生过重大变化		
4	你是否会因为胡思乱想而经常感到不安或难以入睡		
5	你是否感到比正常情况下反应更迟滞，感觉更疲劳		
6	你的睡眠时间是否过多		
7	你是否会花费很长时间思考那些不愉快的经历或犯过的错误		
8	你是否发现自己越来越难以思考或集中注意力		
9	你是否经常有死亡或者自杀的念头		
10	你是否花费大量时间"逃避"生活中的重大问题（如花费大量时间看视频、玩电子游戏、阅读或饮酒）		

12.4.3 跨文化比较

研究表明：尽管抑郁症的发病率差异很大，但它已然成为全球范围内头号致残的元凶（Holden，2000），如表 12-4 所示。

表 12-4　持续一年或者数年的抑郁发作的终生风险

韩国	2.9%
波多黎各	4.3%
美国	5.2%
德国	9.2%
加拿大	9.6%
新西兰	11.6%
法国	16.4%
黎巴嫩	19%

不同文化之间的某些差异可能导致了人们在报告抑郁症以及是否愿意寻求帮助上的差异，其他因素也可能在起作用，如战争的压力无疑增加了中东地区抑郁症的发病率（Thabet et al.，2004）。但是，韩国的抑郁症发病率非常低，这反映出他们的分居和离婚率很低，这些因素在几乎所有的文化中都被认为与抑郁症的高风险相关。少数人认为抑郁症被过度诊断了，因为临床医生将人们对不幸的正常反应也贴上了抑郁的标签，同时也因为制药公司持续不断地推销，将药物作为解决生活不幸的手段（Andrews & Thompson，2009，2010）。公平地说，上述观点有一定的道理。

12.4.4　重性抑郁症的生物学基础

科学家们已经收集了许多抑郁之谜的碎片，这些碎片显示了抑郁症的生物学基础。但没人能把碎片拼凑成一个公众认可的完整图景。以下是部分谜题碎片。

- 我们发现，许多抑郁症患者都有遗传史。因为重性抑郁症往往会在家族中流传（Plomin et al.，1994）。一些研究人员甚至认为，抑郁症（至少是轻度抑郁）的遗传倾向可能在进化过程中具有适应性的作用，因为轻度抑郁和担忧使人们专注于影响生存的问题（Andrews & Thompson，2009，2010；Rottenberg，2014）。

事实上，我们经常发现，被诊断为抑郁症的人无法将注意力从令人烦恼的事情上移开——这个过程被称为**思维反刍**（rumination）。

- 研究表明，外部生物因素，如病毒感染，也可能导致抑郁症（Bower，1995b；Neimark，2005）。抑郁症患者脑部扫描时出现的炎症迹象可以佐证这一点（Centre for Addiction and Mental Health，2015）。

- 抑郁症也可能与大脑中的**神经递质**（neurotransmitter）异常有关。我们相信这应该是事实，因为许多抑郁症患者对影响大脑的去甲肾上腺素、血清素和多巴胺供应的药物反应良好（Ezzell，2003）。值得注意的是，这些抗抑郁药物还能刺激**海马体**（hippocampus）中新神经元的生长（Insel，2007）。但这仅仅是相关，所以我们不能确定神经元的生长是使这些药物有效的因素。尽管如此，有研究表明，压力会抑制海马体中神经元的生长，并导致抑郁症发作（Jacobs，2004）。

- 脑电图记录还显示抑郁症患者的脑电波模式异常，特别是左额叶的脑电波活动较弱（Davidson，1992a，1992b，2000a；Robbins，2000）。

- 最近，神经成像技术揭示了杏仁核（大脑"恐惧回路"的一部分）和**额叶 25 区**之间的联系，该区域刚好位于上颚上方。神经科学家海伦·梅伯格（Helen Mayberg）称，在抑郁症患者中，这部分皮层反常地显示为"活跃"。另一方面，成功的抑郁症治疗——不管是药物治疗还是心理治疗——都会抑制 25 区的活动。

尽管梅伯格博士怀疑 25 区是连接大脑额叶中有意识"思考"部分和无意识"警报系统"的一种"开关"，但没有人确切地知道 25 区究竟是什么区域以及如何工作的。她还认为，25 区并不是单独起作用，而是与整个大脑模块进行相互作用，它们共同导致了抑郁。因此，尽管梅伯格已经指出了 25 区的存在，但是她认为我们不应该认定抑郁症是大脑中某个特定区域的紊乱，与之相反的是，它涉及大脑皮层、下皮层和边缘系统结构的失灵，以及服务于这些区域的神经递质的失衡。她认为当情绪调节系统有缺陷的人遇到压力时，就会使抑郁症发作（见图 12-4）。

12.4.5 重性抑郁症的心理因素

与大多数其他心理障碍一样，我们不能完全从生物学的角度解释抑郁症。我们也必须从心理、社会和行为状态的角度理解它。大量的证据表明失业或爱人离世等压力事件是抑郁症的常见诱因（Monroe & Reid，2009）。

思维反刍 低自尊和悲观态度会加剧抑郁思维模式的循环（见图 12-5），心理学家称之为思维反刍：对消极思想不断地进行心理重演（Nolen-Hoeksema et al.，2008）。虽然抑郁症的恶性循环最初可能会引起

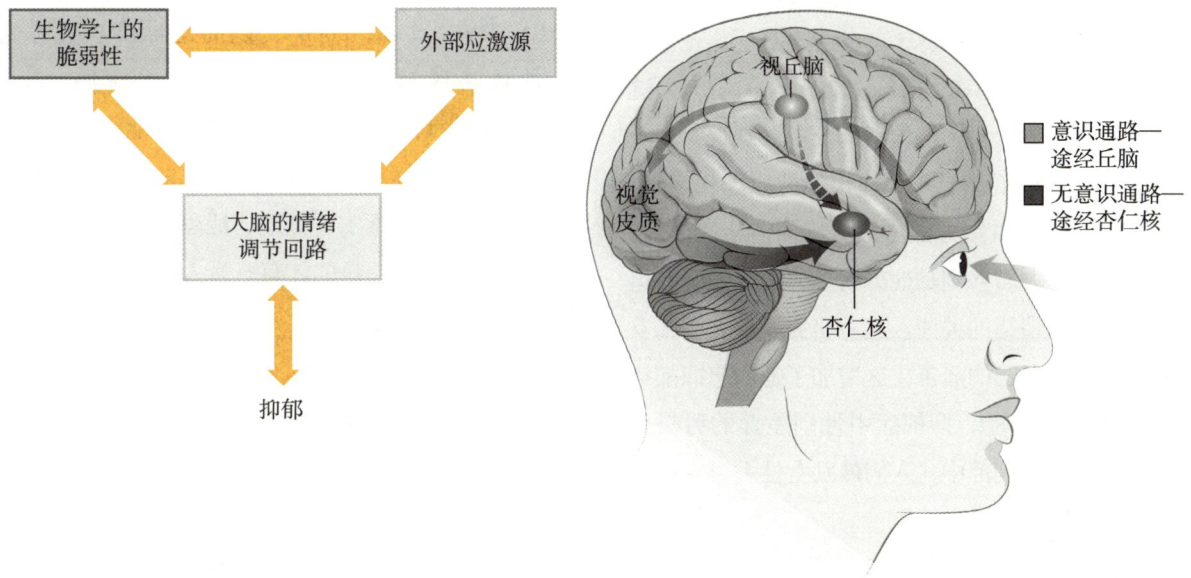

图 12-4　梅伯格的抑郁症模型

注：这种观点认为，抑郁症是由三个主要因素相互作用的结果：（1）大脑的情绪调节回路，（2）外部应激源，（3）生物学上的脆弱性。

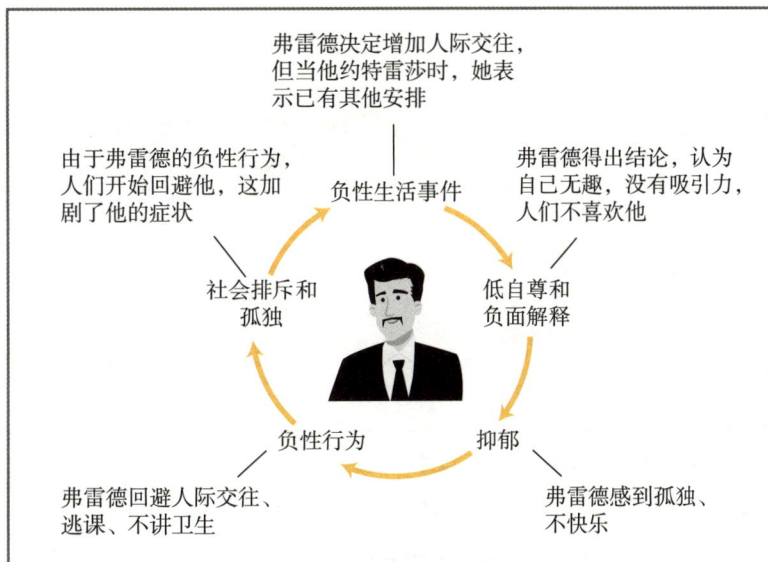

图 12-5　抑郁症的认知 - 行为循环

人们的关注和同情，但是它最终会使人们望而却步，让抑郁的人孤立无援，甚至更加痛苦（见图 12-5）。

习得性无助 大概是因为低自尊，有抑郁倾向的人更容易把负面事件归因于自己或他们无力改变的外部条件，这延续了抑郁周期（Azar, 1994）。马丁·塞利格曼称之为习得性无助（learned helplessness）。这些消极的自我归因助长了抑郁和绝望的恶性循环（Coyne et al., 1991）。

性别差异 没有人知道为什么女性比男性患抑郁症的概率更高（Holden, 2005）。根据苏珊·诺伦－胡克西玛（Susan Nolen -Hoeksema, 2001）的研究，这种差异可能源于男女对悲伤的不同反应。她说，当女性经历悲伤时，她们倾向于关注可能的原因和后果。相比之下，男性则试图分散自己对抑郁情绪的注意，他们要么把注意力转移到其他事情上，要么做一些运动来转移自己对情绪的关注。这一研究模型表明，女性会更多地思考自己的痛苦，这增加了她们患抑郁症的风险（Shea, 1998）。抑郁症中性别差异的另一个可能原因是在社会规范中，人们鼓励女性去寻求帮助而不鼓励男性这样做。

年龄差异 除了性别，年龄也是导致抑郁症的一个因素。根据美国国家精神卫生研究所的研究（NIMH, 2010a），年轻人患上抑郁症的比例比 60 岁以上的老年人更高。虽然抑郁症的平均发病年龄在 32 岁左右，但美国的一项大型调查表明，12 岁至 16 岁的青少年患抑郁症的概率急剧增加（Hasin et al., 2005）。该调查还表明，婴儿潮时期出生的人患这种疾病的比例较高。

12.4.6 季节性重性抑郁症

更令人困惑的是，季节性重性抑郁症是主要发生在高纬度地区阴冷冬季的一种特殊形式的疾病（Insel, 2010；Lewy et al., 2006），以前这种疾病被称为季节性情感障碍（Seasonal Affective Disorder, SAD），DSM-5 给带有季节性模式的重性抑郁症患者贴上了一种相当复杂的标签。这种疾病的已知原因有：缺乏阳光导致人的褪黑素水平低下，褪黑素由视网膜中特殊的感光细胞调节（是的，有些盲人确实会患上季节性抑郁症）。你可以在图 12-6 中看到光照和抑郁之间的联系。

褪黑素的日常波动调节着生物钟和睡眠——觉醒周期（Steele & Johnson, 2009）。基于这一认识，研究人员已经开发出一种简单有效的疗法，通过让季节性抑郁症患者每天接受一定量的人工光源照射来调节激素。治疗师的报告指出，将光照疗法与认知行为疗法或抗抑郁药物相结合效果会更好（DeAngelis, 2006）。

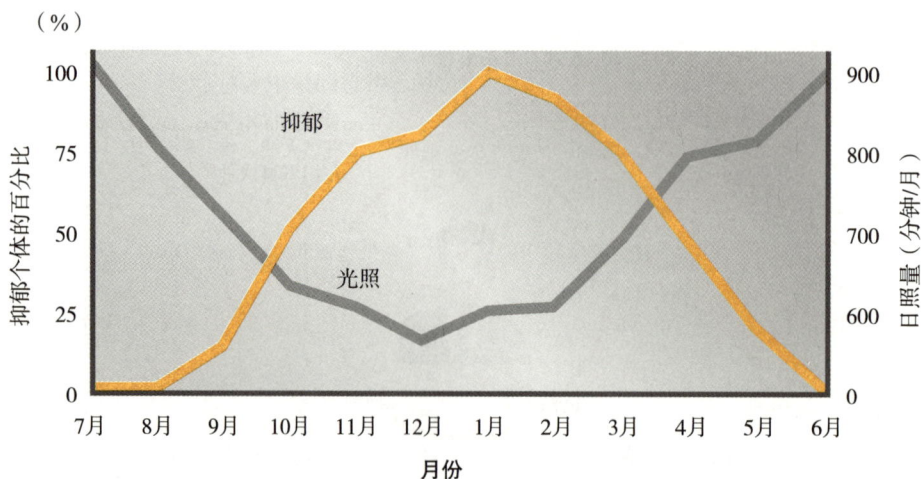

图 12-6　光照与季节性抑郁症的相关性

12.5 双相障碍

学习目标:

区分双相障碍与抑郁症,说明为什么我们认为生物学因素在双相障碍中起作用。

我们要考虑的另一种常见的情感障碍涉及情绪的极端波动。抑郁和嗜睡时期、极度兴奋且伴随着躁动或亢奋时期,代表了双相障碍(bipolar disorder)的两个"极点"。这种情况在过去被称为躁郁症。

- 在躁狂期(manic phase),个体变得欣喜若狂、精力充沛、亢奋、健谈,情绪像弹簧一样紧绷,失去了良好的判断力。在狂热中会挥霍毕生积蓄购买奢侈品,随便与人发生无保护措施的性关系,或者出现其他危险的、喧闹的行为,这些都很常见。然而,当躁狂消退后,他们必须要应对在躁狂时所造成的损害。

- 很快,抑郁期(depressive phase)随之而来,忧郁的黑暗浪潮席卷大脑。在这个阶段,症状与重性抑郁症相似(有时被称为"单相"抑郁症)。然而,从生物学上讲,这两种抑郁症是不同的:因为对重性抑郁症患者有效的抗抑郁药物通常不会对双相障碍的患者起效,有时甚至会使情况更糟。

值得注意的是,尽管双相障碍中的抑郁期的症状与重性抑郁症相似,但重性抑郁症患者从未经历过躁狂期。

研究已经明确了遗传的作用,尽管专家们还没有确定具体是哪些基因(Bradbury,2001)。虽然只有2.6%的美国成年人患有双相障碍,但是这种疾病遗传性很高,因此在某些家庭中更为常见(Kieseppa et al.,2004;NIMH,2010b)。药物治疗通常对双相障碍很有效,这一事实也表明生物因素在起作用。

令人费解的是,近年来,双相障碍的发病率有所上升,尤其是在儿童中(Holden,2008)。这暗示着这种疾病可能存在一些环境或表观遗传原因。不可思议的是,它在美国也比在其他国家更常见

(Merikangas et al.,2011)。一些评论家认为,双相障碍可能被过度诊断了。DSM-5试图通过一个新的诊断类别来进行纠正,即破坏性情绪调节障碍(disruptive mood dysregulation disorder),这一诊断适用于经常出现易怒和失控行为的儿童。

12.6 焦虑症

学习目标:

区分三种类型的焦虑症。

一般人在受到威胁或有压力的情况下都经历过焦虑。

但你会捡起一条蛇吗?

你会让一只狼蛛在你的肩膀上休息吗?

对许多人来说,只要一想到蛇或蜘蛛,就足以吓得脊背发凉。但这并不一定意味着他们有焦虑症(anxiety disorder)。病理性焦虑远比看到滑行、爬行的东西而出现的正常焦虑更令人无力。尽管如此,焦虑症仍然相对常见,甚至比重性抑郁症更常见(Barlow,2000)。据统计,在我们的一生中,30%的人(女性多于男性)出现过严重程度足以被DSM认定为焦虑症之一的焦虑症状(Hébert,2006;Holden,2005)。

在这里,我们将回顾三种最常见的焦虑症:广泛性焦虑障碍、惊恐障碍和一系列的恐怖症。在这三者中,焦虑都是主要症状。

主要的区别在于焦虑对象和持续时间:

- 焦虑是否是凭空而来——与个人的处境无关?
- 焦虑是由某种物体或情境引发的吗?例如,看到血或蛇?
- 焦虑是大部分时间都存在,还是偶尔出现?

12.6.1 广泛性焦虑障碍

大约有680万美国人在一生中要花费数月或数年的时间来应对焦虑(NIMH,2010b)。弗朗西斯卡

（Francisca）是洛杉矶的一名律师，她说她有头晕、头痛、出冷汗和经常感到"飘忽不定"的焦虑，但她不知道自己为什么会有这种感觉。这种情况不太可能让她进精神病院，但会使她虚弱不堪。临床医生诊断弗朗西斯卡患有广泛性焦虑症障碍（generalized anxiety disorder）。

弗朗西斯卡和其他有这些症状的人并不担心或害怕特定的情境或物体，如蛇或蜘蛛。但是他们有一种无处不在的、持续性的焦虑感。他们大部分时间都感到焦虑，但不知道为什么会这样。另外，我们也不知道为什么这种情况对女性的影响比男性大。

12.6.2　惊恐障碍

第二种类型的焦虑症会没有任何征兆地突然发作，然后突然消失。当你安静地吃着午餐时，一股突如其来的恐慌感席卷了你。你心跳加速，身体颤抖，头晕目眩，双手黏湿，汗流浃背，你害怕自己可能会死去。然而，几分钟后，恐惧和身体症状消退了。你恢复了正常，感觉有点羞怯。你刚经历了惊恐发作。

惊恐障碍（panic disorder）的显著特征是反复发作的"突如其来"的恐惧，这种恐惧与当前事件无关（Barlow，2001；孤立的惊恐发作不被视为心理障碍）。与广泛性焦虑障碍一样，这种感觉也是"飘忽不定"的焦虑。主要区别在于惊恐障碍中的焦虑发作通常只持续几分钟，然后就消退了（McNally，1994）。

由于惊恐发作有"肇事逃逸"、始料未及的性质，预期焦虑往往会发展为附加的并发症。对下一次惊恐发作突然袭击的恐惧，以及对无助和突然失控的恐惧会导致个体回避公共场所，但又害怕独自一人。认知行为理论家认为惊恐发作是对身体感觉的条件性反应，这种反应最初可能是在应激状态下习得的（Antony et al.，1992）。

从生物学的角度看，强有力的证据表明遗传对惊恐障碍会产生影响（Hettema et al.，2001）。我们还知道，这种障碍涉及的大脑通路包括无意识的唤醒回路，尤其是杏仁核（Hébert，2006；LeDoux，1996；

Mobbs et al.，2007）。这种"恐惧回路"很容易引起恐惧反应，但是我们又不愿意放弃它们（这是有一定道理的，因为快速学习和缓慢遗忘对我们的祖先有生存价值，所以他们才很快就学会了如何在水坑里躲避狮子）。此外，这些情感回路的过度刺激可能会产生持久的身体变化，导致个体在未来更容易被焦虑困扰（Rosen & Schulkin，1998）。

更复杂的情况是，许多患有惊恐障碍的人也有广场恐怖症（agoraphobia），这是一种对拥挤的公共场所、开放空间或其他患者担心自己无法轻易逃离的情境的恐惧反应（广场恐怖症这个词在古希腊语中就是"对市集的恐惧"）。广场恐怖症患者通常担心，如果他们在其中一个地方惊恐发作，可能会得不到帮助，或者情况会令他们尴尬。这些恐惧往往会加剧并最终剥夺患者的自由，有些人基本上成为困在家中的"囚犯"，无法正常工作或进行日常活动。

你有可能认识患有惊恐障碍的人。无论是否患有广场恐怖症，近 4% 的个体患有惊恐障碍，女性比男性更常见（Kessler et al.，2005）。幸运的是，这种病症的治疗前景充满希望。药物治疗方面可以依靠抗焦虑药物来缓解惊恐发作，心理治疗也同样有效。事实上，认知行为疗法在抑制惊恐发作方面可能与药物疗法的效果不相上下，甚至优于药物治疗。

另一种社交恐怖症是对公共演讲的极度恐惧。

12.6.3 恐怖症

相较于惊恐障碍和广泛性焦虑障碍，**特定恐怖症**（specific phobia）包括对特定物体、活动或情境的非理性的、使人无力的恐惧，人的这种反应与当时的处境完全不相称。恐怖症的对象常常是血液、蜘蛛、蛇、雷电、细菌或其他物体与情境。重要的是我们要明白，恐怖症是全面的恐惧，而不仅仅是不喜欢、厌恶或恶心的体验（你不会因为不喜欢数学就有数字恐怖症，除非你真的害怕看到数字！这是一种相当罕见的恐怖症）。

恐怖症每年都会影响到1000多万的美国人，给许多人的生活带来了巨大的困扰（Winerman，2005b）。某些恐怖症，如害怕高处（**恐高症**）或封闭的空间（**幽闭恐怖症**），非常普遍，似乎已成为人的正常的反应（由于机器的内部空间有限，幽闭恐怖症使患者无法获得所需的 MRI 扫描）。其他常见的恐怖症包括**社交焦虑障碍**（对正常社交场合的非理性恐惧）、害怕狗（**恐犬症**）、恐惧黑暗（**黑暗恐怖症**）。

但是有些恐怖症就很罕见，如害怕书本、绳索、蟾蜍！表 12-5 列出了几种常见和罕见的恐怖症。

表 12-5 恐怖症

DSM-5 分类	对象 / 情境	发病率
广场恐怖症	拥挤的人群、开放的空间	常见（3.5%~7% 的成年人）
社交恐怖症	害怕被注意或者做一些丢脸的事情	常见（11%~15%）
特定恐怖症	因类别而异	高达 16% 的成年人有一种或多种特定恐怖症
动物	猫（恐猫症） 狗（恐犬症） 昆虫（昆虫恐怖症） 蜘蛛（蜘蛛恐怖症） 鸟（恐鸟症） 马（恐马症） 蛇（恐蛇症）	—
无生命的物体或情境	封闭空间（幽闭恐怖症） 灰尘（不洁恐怖症） 雷（恐雷症） 闪电（闪电恐怖症） 高处（恐高症） 黑暗（黑暗恐怖症） 火（恐火症） 水（恐水症）	
身体条件	疾病或损伤（疾病恐怖症） 血（恐血症） 癌症（恐癌症） 性病（性病恐怖症） 死亡（死亡恐怖症）	高达 16% 的成年人有一种或多种特定恐怖症
其他特定恐怖症	数字（数字恐怖症） 数字 13（数字 13 恐怖症） 陌生人、外国人（陌生人恐怖症） 绳子（恐绳症） 书本（恐书症） 工作（工作恐怖症）	罕见 罕见 罕见 罕见 罕见 罕见

注：DSM-5 描述了数以百计的恐怖症，并给出了科学名称，本表格仅提供一个示例。一些罕见且听起来奇怪的恐怖症可能仅在个别患者身上出现过。

是什么导致了恐怖症？大家可能还记得，很久之前，约翰·华生（John Watson）和罗莎莉·雷纳（Rosalie Rayner）已经证明恐惧是可以习得的。我们也有充足的证据，表明担忧和恐惧可以通过基于经典和操作性条件反射的治疗来消除（Mineka & Zinbarg，2006）。

但马丁·塞利格曼（Seligman, 1971）认为，学习可能并不能说明全部问题，他认为从生理上来说，人类更容易学会某些恐惧。这种预先准备假设（preparedness hypothesis）声称，我们先天具有一种生物学倾向，这种倾向是通过自然选择获得的，即我们的祖先会对威胁到自己生存的刺激做出快速和自动的反应（Öhman & Mineka, 2001）。这就解释了为什么我们会对蛇和闪电比对汽车和电源插座感到更加恐惧，尽管在现代社会，汽车和电击对我们造成的危险要大得多。

产生这些恐惧的潜在大脑机制包括杏仁核和无意识情绪通路，该通路由约瑟夫·勒杜（Joseph LeDoux）及其同事共同确定（Schafe et al., 2005；Wilensky et al., 2006）。这条通路让我们对令人恐惧的刺激（小心！它是一条蛇）快速做出反应，然后才有意识地分析具体情况。

12.7　强迫症

学习目标：
解释强迫观念和强迫行为的区别，列出导致强迫症的主要因素。

在文学史上最著名的强迫症（obsessive–compulsive disorder, OCD）案例中，莎士比亚笔下的麦克白夫人哭泣着喊道，"滚开，该死的斑点！我说滚开！"她反复洗手，试图摆脱谋杀邓肯国王的罪恶感。虽然强迫症患者通常不会因为手上沾着鲜血而产生幻觉，但莎士比亚完全正确地描述了其他特点。

> 强迫症的主要特征是顽固的、不受欢迎的想法、仪式化行为，以及当仪式不能令人满意时的焦虑。

强迫症患者会做出一些无意识的、仪式化行为，比如反复洗手。

无论在什么文化背景下，每年都会有 1% 的人患上强迫症（Steketee & Barlow, 2002）。尽管它涉及焦虑，新的 DSM-5 将强迫症与其他重复性和不可控的行为，如囤东西、抓挠皮肤和对身体缺陷的困扰，列为一个单独的类别。

12.7.1　强迫思维

强迫症的强迫思维包括反复出现或持续存在的想法、表象或冲动，尽管人们努力抑制它们。如果你曾经被琐碎的烦恼或持续的想法所困扰，如"我忘记锁门了吗"。说明你有轻度强迫经历。一个萦绕在你脑海中的短语或旋律也可成为一种执念。如果这些想法只是偶尔出现，并没有对你的生活造成重大干扰，那么它们是正常的。但假设你对细菌的恐惧使你无法与朋友交往，或者假设你害怕因冲动行事而伤害自己，或者假设你对性有侵入性的、不受欢迎的想法。这些都是会扰乱你生活的病态强迫症。而且，因为强迫症患者意识到他们的强迫性想法会让他们显得很奇怪，所以他们经常会竭力向他人隐藏自己的强迫行为。当然，这对他们的家庭、社交、工作和生活造成了一定的影响。毫不意外的是，强迫症患者的离婚率极高。

强迫行为是强迫症的另一种表现形式——是根据某些个人"规则"来回应强迫症重复的、仪式化的行为，对强迫症做出的回应。有强迫症症状的人觉得他们的强迫行为会在某种程度上减轻与强迫症相关的紧张和焦虑。这些强迫性的冲动可能包括不可抗拒的清洁需求、清点物品或财物的行为，或者反复检查——"只是为了确保"电灯或电器已经关闭。只有强迫行为经常发生或严重损害日常生活时才能被归类为精神障碍。强迫症患者所经历的痛苦部分来自他们知道自己的强迫观念和强迫行为是完全不合理的，而又无力消除它们。

强迫症的家族遗传倾向暗示了一种基因关联，可能与大脑回路的错误"布线"有关（Moyer，2011；Insel，2010）。一些研究则发现强迫症与脑损伤或感染有关（Murphy et al.，2010）。另一个线索来自观察，许多强迫症患者还会出现抽搐、不自觉的动作，如夸张的眨眼。在这些患者中，大脑成像常常显示深层运动控制区有异常（Resnick，1992）。强迫症专家朱迪斯·拉波波特（Judith Rapoport）告诉我们，强迫行为是大脑的"固定软件包"，为焦虑和重复的仪式化行为编程。从理论上讲，它们一旦被激活，患者就会陷入一个无法关闭的行为"循环"中（Rapoport，1989）。

同样要说的是（冒着被认为患有强迫症的风险），我们注意到生物学不能完全解释强迫症，因为它可以通过认知行为疗法来治疗（Barlow，2000）。例如，治疗麦克白夫人强迫性洗手的一个很好的方法是，采用某种消退疗法，即治疗师会阻止她经常洗手，并且不断延长阻止时间。事实上，这种疗法可以使大脑发生改变，这种改变在对强迫症患者的 PET 扫描中得到了证实（Schwartz et al.，1996）。总原则是：

当我们改变行为时，我们的大脑也不可避免地发生着变化，这再次证明了生物学和行为是不可分割的。

12.8　躯体症状障碍

学习目标：

区分疾病焦虑障碍和转换障碍。

"躯体"是指身体。因此，躯体症状和相关疾病的总称是指一组表现为身体症状和身体不适的心理问题，如虚弱、疼痛或对疾病的过度担心——就像人们经常为癌症烦恼一样。这类疾病不是特别常见，患者约占总人口的 2%。尽管如此，它们还是以"歇斯底里症"[①]（hysteria）和"疑病症"（hypochondria）两个更为常见的名字抓住了大众的好奇心（Holmes，2001）。

DSM-5 确认了几种类型的躯体症状障碍，但我们只针对以下三种展开讨论：疾病焦虑障碍、躯体症状障碍和转换障碍。而且，当我们讨论躯体症状障碍时，请注意它们有可能与所谓的身心障碍混淆，即精神状况——尤其是压力——会导致实际的身体疾病。DSM-5 在"创伤及应激相关障碍"和"影响医疗状况的心理因素"的主题下承认了这种潜在的混淆。

12.8.1　疾病焦虑障碍和躯体症状障碍

由于对某种疾病过分关注，比如癌症或艾滋病，患有**疾病焦虑障碍**（illness anxiety disorder）的患者经常辗转于不同的医生之间，直到找到一个愿意倾听他们抱怨的人，也许这个医生会给他们开一些治疗的药物——通常是少量镇静剂或安慰剂。这些"疑病症患者"担心自己得病了。每一次疼痛都被认为是疾病的信号。这些人自然容易成为骗子的目标。

当患者担心自己患有某种疾病但没有身体症状时，就会被诊断为疾病焦虑障碍。如果出现身体症状，如疼痛、疲劳或呼吸困难（但不能确定真正的身体疾病），则被诊断为**躯体症状障碍**（somatic symptom disorder）——与整个类别同名。在之前版本的 DSM 中，这两种病症都被归为疑病症。

批评人士指出，一些医生过于着急诊断躯体症状障碍，尤其是对女性——妄下结论说她的担心是虚构的。当然，这可能会带来灾难性的后果，比如对这种疾病的错误印象会使医生对一种非常真实的、严重的

---

① 最初"歇斯底里"与癔病没有任何关系。相反，癔病来自希腊单词"子宫"或"发源地"。自然地，过去的医生认为只有女性才会有癔病，因为他们认为身体症状是由子宫转移到身体受折磨的部位引起的。然而，这已经不再是一个问题了，特别是在人们注意到男性也可能患有"歇斯底里症"之后。

身体疾病视而不见。

12.8.2 转换障碍

躯体不适包括感觉丧失、肌肉无力或瘫痪，但明显没有生理病理改变——表明这是一种**转换障碍**（conversion disorder），在 DSM-5 中也称为**功能性神经症状障碍**。例如，患有这种疾病的人可能会失明、失聪、不能行走或身体的某些部位对被触摸不敏感。（"手套麻醉"，如图 12-7 所示，是转换障碍中罕见又经典的感觉丧失形式。）

值得注意的是，转换障碍在神经系统检查、实验室检查、X 光或身体扫描中没有发现器质性疾病的迹象。在转换障碍中，问题似乎真的是"全在心中"。

虽然转换障碍非常罕见，但我们在这里纳入它是因为它的历史意义，因为这种障碍的患者经常被指责为**装病**（假装生病）。从历史上看，"歇斯底里症"在 19 世纪的欧洲更为常见（或更常被诊断出来）。也正是这种失调引起了弗洛伊德的兴趣，并引导他进入精神病学领域（弗洛伊德最初认为他可以通过催眠来治愈"歇斯底里"的病人，但后来他放弃了这一想法，转而采用他称之为精神分析的更漫长、更激烈的治疗方法）。

我们并不清楚为什么转换障碍一个世纪前在欧洲和美国更普遍。在工业化国家由于公众对身体和心理障碍的理解增多，发病率已经有所下降（APA，1994；Nietzel et al.，1998）。这一解释与以下发现相吻合，即转换障碍在经济不发达地区仍然比较普遍。例如，非洲（Binitie，1975），以及美国受教育程度低的人群中（Barlow & Durand，2005）。

转换障碍和更常见的躯体症状障碍有什么区别？在这两种情况下，临床医生都怀疑是心理（精神）原因，但在转换障碍中，症状必须包括感觉丧失、肌肉无力或瘫痪。不可否认，这种区别很微妙，我们认为这表明对所有躯体症状障碍的研究还不够扎实。

转换障碍一词本身也带有一些弗洛伊德学派的特点。最初，这个词意味着无意识地将焦虑转化为身体症状——尽管大多数临床医生不再认同这种解释。这

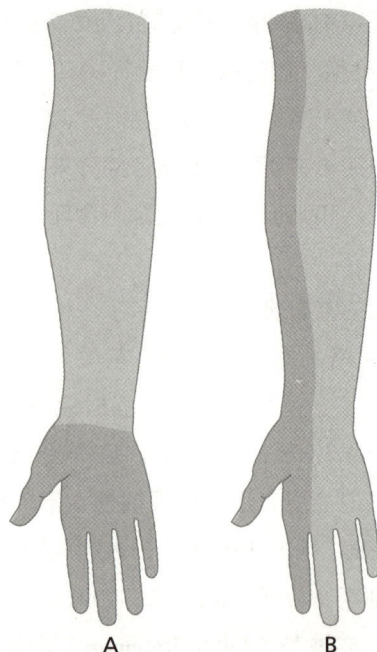

图 12-7　手套麻醉

注：转换障碍的形式被称为"手套麻醉"。

种诊断还被认为是那些有躯体症状但没有明显身体异常的人（尤其是女性）的"倾泻场"（Kinetz，2006）。

一些转换障碍的案例现在被认为是源于身体的应激反应。伦敦大学的大卫·奥克利（David Oakley，1999）提出另一种可能：转换障碍和催眠背后有一种共同的大脑机制。因此，他建议转换障碍和相关的精神问题应该被重新归类为**自我暗示障碍**（auto-suggestive disorder）。

12.9　分离障碍

学习目标：
识别区分分离障碍的共同因素。

我们可能会用比喻的方式描述自己"在自我之外"，但在分离障碍中，这不是比喻。所有**分离障碍**（dissociative disorder）的共同点是人格的"分裂"——一种人格的某些部分与自我意识分离（分裂）的感觉。在分离障碍中，我们发现了一些令人着迷的精神病理学形式，包括**分离性遗忘症**（dissociative amnesia）、**分离性漫游症**（dissociative fugue）、**人格解体/现实解**

体障碍（depersonalization/derealization disorder），以及备受争议的**分离性身份障碍**（dissociative identity disorder，以前被称为"多重人格障碍"），这种障碍因虚构的人物杰基尔博士和海德先生（*Dr. Jekyll and Mr. Hyde*）而出名。

让我们从分离性遗忘症开始。

12.9.1 分离性遗忘症

你可能认识一位遗忘症患者，由于头部受到严重撞击（可能是车祸）而丧失了记忆。在这种情况下，我们通常会发现患者的近期记忆会丢失，而牢固的长时记忆却被保留了下来。但分离性遗忘症不同，而且更为罕见。

在**分离性遗忘症**中，记忆丧失通常是有选择性的针对特定的个人事件，也就是说，个体丧失了部分**情景记忆**（episodic memory），但不一定是近期记忆。造成失忆的原因可能是中风、酒精中毒或血糖问题。但是原因并不总是身体方面的。纯粹的心理形式的分离性遗忘症可能是由心理创伤或高度紧张的经历造成的。

你可能已经猜到了，分离性遗忘症与创伤后应激障碍应该会有密切的关系。在这两种情况下，一个人失忆可能是由生活中特别紧张的事件或时期造成的，尽管在应激障碍中，记忆更可能是强烈的和侵入性的，而不是丧失了。然而，我们应该注意到，分离性遗忘症可能是一个有争议的诊断，尤其是当与童年受虐的"恢复记忆"有关时。对记忆的研究表明，当这些记忆看起来被"恢复"时，它们很可能是虚构的——有时是过分热心的治疗师暗示的结果。正如DSM-5所述，分离性遗忘症"可能在高度易受暗示的个体中被过度诊断"。

一种特殊形式的分离性遗忘症是小说和传奇故事的素材，也是报纸和电视真实报道的素材。媒体报道的被称为"简·多伊（Jane·Doe）"的女性的故事就是如此，她在美国佛罗里达州的一个公园里被发现时已濒临死亡，语无伦次，深受风吹日晒之苦。与大多数分离性遗忘症的受害者不同，简的记忆普遍丧失：对自己的身份、生活中曾发生过的事情失去了记忆，也没有任何读写能力。医生诊断她患有分离性漫游症，DSM-5现在认为这是一种特殊类型的分离性遗忘症。治疗只揭示了关于她过去经历的一般信息，但没有关于她身份的有用线索。在全美进行电视寻亲后，她的医生被打来的电话淹没了。最有价值的线索来自伊利诺伊州的一对夫妇，确定她是他们已失联4年多的女儿。尽管他们确信是自己的女儿——甚至是在和她见面之后——简始终记不起自己的过去（Carson et al., 2000）。

简的情况很极端：在大多数情况下，漫游状态只持续数小时或者数天，随后就会完全快速恢复。很少有人出现持续数月或者像她这样持续数年的情况。

根据定义，**分离性漫游症**是分离性遗忘症的一种子类型，涉及遗忘症、漫游症或者逃离的组合。在这些人中，遗忘症表现为失去身份感，而漫游可能导致他们逃离家乡、家庭和工作。有些受害者可能会迷失方向、不知所踪。有些患者可能会前往遥远的地方并开始新的生活，似乎对不为人知的过去漠不关心。

大量饮酒可能使人易患分离性漫游症。这表明，这种情况可能涉及一些脑损伤——虽然还没有确切的原因。与分离性遗忘症一样，分离性漫游症更常发生在长期处于高度紧张状态的人身上，特别是在战争和其他的灾难时期。

12.9.2 人格解体/现实解体障碍

然而，另一种形式的分离涉及一种身心分离的感觉。有**人格解体/现实解体障碍**（depersonalization/derealization disorder）的人经常说自己"灵魂出窍"，或者感觉自己是自己身体的外部观察者。有些人感觉就像做梦一样（这种短暂的、轻微的症状很常见，所以没有必要惊慌）。一项针对30个此种案例的研究发现，强迫症和某些人格障碍经常伴随这种情况（Simeon et al., 1997）。但是造成这些现象的原因还不清楚。

遭遇过严重身体创伤的人，如在车祸中受到危及生命的伤害，可能会出现人格解体的症状。一些有过濒死体验的人也会有这种症状。这种感觉在使用娱乐性药物的人中也很常见。通常这种感觉消失得很快，但会复发。研究人员将这种紊乱归因于幻觉和休克期间大脑的自然变化（Siegel，1980）。一项研究发现患有这种疾病的人在视觉、听觉和躯体感觉皮层方面存在异常（Simeon et al.，2000）。

12.9.3 分离性身份障碍

罗伯特·路易斯·史蒂文森（Robert Louis Stevenson）的小说《化身博士》（Strange Case of Dr. Jekyll and Mr. Hyde）里的杰基尔博士和海德先生已经成为对"多重人格"（现在被称为分离性身份障碍）的一种误导性的刻板印象。事实上，此类病症多发生在女性身上，而且大多数人都有两个以上的身份（Ross et al.，1989）。与史蒂文森故事中的杀人狂海德先生不同，患有分离性身份障碍的人很少对他人构成威胁。

虽然它一度被认为是罕见的，但是一些专家认为这种有争议的疾病一直很常见，只是被隐藏或误诊了。另一些人则认为这主要是治疗师暗示的结果，这根本不是一种真正的疾病（Piper & Mersky，2004a，2004b）。支持这种诊断的人说，分离性身份障碍通常出现在性虐待受害者的童年时期（Putnam et al.，1986；Ross et al.，1990；Vincent & Pickering，1988）。一些临床医生认为，这是一种防御，由主导人格保护个体免受可怕事件或记忆的伤害。然而，这种观点也是有争议的。

分离性身份障碍已经成为一种常见诊断，因为它在畅销书《人格裂变的姑娘》（Sybil，Schreiber，1973）和《羊群》（The Flock，Casey & Wilson，1991），以及 1996 年上映的影片《一级恐惧》（Primal Fear）和由约翰尼·德普主演的电影《秘密之窗》（The Secret Window，2004）中都有描述。每一个浮现出来的人格似乎都以某种独特的方式与最初的自我形成对比。例如，如果原来的自我是害羞的，那么新的人格可能是外向的；如果原来的自我是软弱的，那么新的人格可能是强硬的；如果最初对性是恐惧、幼稚的，那么现在可能是非常自信的。这些交替的身份显然都

有自己的意识，通常会在压力下突然出现。

这类神秘的骚动背后隐藏着什么？心理动力学理论将其解释为，由于自我防御机制不允许来自冲突和创伤的能量从潜意识中逃出，所以导致了自我分裂。认知理论认为这是一种角色扮演的形式或者心境依赖。心境依赖是记忆偏差的一种形式，即当个体再次处于那种情绪状态时，在特定心境中经历的事件则更容易被回忆起来（Eich et al.，1997）。不过有些人认为至少有一些案例是欺诈行为。例如，一名学生被指控抄袭了一篇论文，他声称自己有多重人格，其中一个人格在自己的主导人格不知道的情况下抄袭了论文。

我们在此澄清一个常见的混淆点：在早期版本的 DSM 中，分离性身份障碍被称为多重人格——这个术语现在我们仍然偶尔会听到。更令人困惑的是，有时分离性身份障碍被错误地称为"人格分裂"，这是精神分裂症诊断领域的一个过时的术语，它与分离性身份障碍毫无关系。在精神分裂症（字面意思是"精神分裂"）中，"分裂"指的是精神分裂或与现实脱离，而不是指一个人格分裂成多个，这就引出了我们接下来对精神分裂症的讨论。

12.10　精神分裂症

学习目标：
描述区分精神分裂症和相关疾病的因素，同时指出正在探索的可能病因。

精神分裂症患者的世界可能会变得黯淡无光、毫无意义，也可能变得充满幻想，以至于一切都出现在一个被幻觉和妄想分层的多重现实的混乱中。在精神分裂症中，情绪可能变得迟钝或夸张，思想可能变得古怪，语言可能出现奇怪的扭曲，记忆可能变得支离破碎（Danion et al.，1999）。这种紊乱破坏了精神的统一，常常使受害者走上无意义的精神弯路。他们可能会说出一连串的"哗啦"联想（涉及发音相似的词语的联想），并做出混乱的语言表达，临床医生称之为"单词沙拉"。下面是一个精神分裂症患者"演讲"的例子：

狮子将不得不从狗变成猫，直到我见到我的父亲和母亲，然后我们与一些老鼠分开。我住在惠顿的脑袋前面。如果你不上床睡觉，你就得努力工作……对于一个真正的乳鸽托盘来说，没有乳鸽，没有男人，没有音乐，除了我的父母独自站在没有冰的卡普里岛上之外。好吧，这是我的行李箱，先生。（Rogers，1982）

精神分裂症是当我们听到"疯狂""精神病"或"精神错乱"这几个词时最容易想到的一种障碍。在心理学中，它包括几种相关形式的精神障碍，在这种情况下，可能会出现人格瓦解、情感混乱、认知扭曲、思想与现实脱离等症状。在罗森汉的研究中，除了一个伪装病人以外，其他所有人都被诊断出患有这种疾病。

幻听是另一种常见症状。然而，值得注意的是，这些声音要说什么取决于文化。在美国，精神分裂症患者通常报告说他们听到的声音是自己正在受到威胁或侮辱。它们也可能命令患者伤害自己。但在印度和加纳的研究表明，患者在很多情况下会将幻觉中的声音描述为是熟悉的和积极的——有时还把它视为家庭成员甚至是上帝的声音（Luhrmann et al.，2015）。

每 100 个美国人一生中就有 1 个以上，即有超过 200 万的 18 岁以上的美国人会患上精神分裂症。大多数人终其一生都在与反复发作的精神分裂症做斗争（Jobe & Harrow，2010）。男性比女性更容易患上这种疾病，原因尚未可知。男性通常在 25 岁之前、女性在 25 岁至 45 岁之间首次出现精神分裂症（Holden，2005；NIMH，2010b）。

12.10.1　对精神分裂症的诊断

在图 12-8 中，可以看到 DSM-5 对精神分裂症的诊断要求。

对于不符合精神分裂症诊断标准的患者，临床医生可选择其他诊断，如：

- 妄想障碍（delusional disorder）：以妄想为主要症状，且无其他精神病症状；

在一个月的时间内，如果有以下两种或两种以上的症状出现，就会被诊断为精神分裂症

- 妄想（有时被称为偏执妄想）
- 幻觉
- 语言和思维混乱
- 明显异常的运动或姿势僵硬
- "阴性"症状（以缺乏健康特征为定义），包括情绪反应能力差、不讲卫生、对社会交往缺乏兴趣

图 12-8　精神分裂症的诊断

注：有一项指标必须是活跃的或呈"阳性"，如妄想、幻觉或语言混乱。症状和体征还必须持续时间长，对日常生活造成损害。最后，这种情况不是由药物或其他疾病引起的。

- 分裂情感障碍（schizoaffective disorder）：以严重的情绪（情感）紊乱为特征，伴有其他精神病症状。

与之类似，如果通过诊断发现个体不是精神分裂症，但是这些问题贯穿了其生活的各个方面，并且是长期存在的，临床医生可能会决定将这种情况视为一种人格障碍，其特征是具有某些类似精神分裂症的症状。

- 分裂型人格障碍（schizotypal personality disorder）：表现为长期存在的社会和人际问题模式，还有一些古怪的行为和信仰，坦白说这不是精神病。
- 分裂样人格障碍（schizoid personality disorder）：多表现为社会关系不良和情感表达贫乏的"阴性"症状。
- 偏执型人格障碍（paranoid personality disorder）：具有怀疑和不信任他人的特征，倾向于在评论或事件中解读隐藏的或威胁性的含义。
- 边缘型人格障碍（orderline personality disorder）：表现为长期的冲动和不稳定但紧张的人际关系。患者也可能有自杀倾向（这也使得这种情况很难与抑郁症和双相障碍区分开来）。自毁

行为可能表现为肢残、滥用药物或鲁莽驾驶。

12.10.2　精神分裂症的可能成因

近年来，我们对精神分裂症的认识发生了根本性的变化。大多数临床医生不再从弗洛伊德的视角来看待精神分裂症，即不再将其视为糟糕的养育或压抑的童年创伤的结果（Walker & Tessner，2008）。研究表明，当把没有精神分裂症家族史的收养儿童安置于养父母患有精神分裂症的家庭中时，其发展为精神分裂症的风险并没有增加（Gottesman，1991）。精神病学家和心理学家目前认为，精神分裂症从根本上说是一种脑部障碍或一组具有高度遗传性的功能障碍（Grace，2010；Karlsgodt et al.，2010；Walker et al.，2010）。

精神分裂症的生物学因素　对这种脑部疾病观点的支持来自多方面。一方面，抗精神病药物（有时称为**强镇静剂**）干扰大脑的多巴胺受体，可以抑制精神分裂症的阳性症状，如幻觉或妄想（Mueser & McGurk，2004）。相反，使用刺激多巴胺产生的药物（如安非他明）实际上则会产生精神分裂症反应。最近，研究人员的注意力开始集中在神经递质谷氨酸的缺乏方面（Berenson，2008；Javitt & Coyle，2004）。精神分裂症生物学基础的其他证据来自大脑扫描显示的异常形式，如图 12-9 所示（Conklin & Iacono，2004；NIMH，2005）。在这方面，一项特别具有启发性的 MRI 研究表明，当大脑未能使其跨皮层的神经元同步放电时，就会产生精神分裂症（Conklin & Iacono，2004；NIMH，2005）。

精神分裂症生物学基础的另一条证据来自于家庭研究（Conklin & Iacono，2004；Holden，2003）。虽然没有证据表明特定基因会导致精神分裂症，但我们确实知道，一个人与患有这种疾病的人的血缘关系越近，出现精神分裂症症状的概率就越大（Gottesman，2001；Pogue-Geile & Yokley，2010；Walker & Tessner，2008）。

精神分裂症并不完全取决于身体素质　这里必须老调重弹：生物学并不能解释全部。大约 90% 的精神分裂症患者的亲属没有患上这种疾病（Barnes，1987）。即使在拥有完全相同基因的同卵双胞胎中，精神分裂症的共病率（两者共享疾病的比例）也只有50% 左右；也就是说，在精神分裂症袭击同卵双胞胎的一方的情况下，双胞胎中的另一方有一半人没有患病（见图 12-10）。越来越多的同卵双胞胎缺乏 100% 的共病性，这表明压力和表观遗传因素在起作用。

这种更为广泛的视角通常被称为素质－应激假说（diathesis-stress hypothesis）。根据这种观点，生物学因素会使某些人面临精神障碍的风险，他们生活中的应激源将潜在的精神病理转变为实际的障碍（Walker & Tessner，2008）。"素质"一词指的是使人容易生病的倾向或身体状况，而应激可能来自心理和生物应激源，包括药物和表观遗传因素。

那么，环境可以抵消身体素质造成的精神分裂症的易感性吗？答案是肯定的，芬兰的一项研究表明，环境在某种程度上可以降低有遗传易感性的收养儿童患精神分裂症的风险。在健康的家庭环境中长大，可以降低被收养的具有精神分裂症遗传倾向的儿童患该病的风险（Tienari et al.，1987）。同样，这项研究支持这样的观点，即精神分裂症既需要生物易感性加上某种未知的环境或表观遗传因子才能"开启"遗传倾向（Cromwell，1993；Iacono & Grove，1993）。这种遗传因子可能是一种化学毒素、压力或一些我们尚未想到的因素。

写一写

精神分裂症

回头看看罗森汉的伪装病人表现出的精神分裂症症状。根据新的 DSM-5 标准，他们是否能被诊断为精神分裂症？解释一下为什么能或者不能。

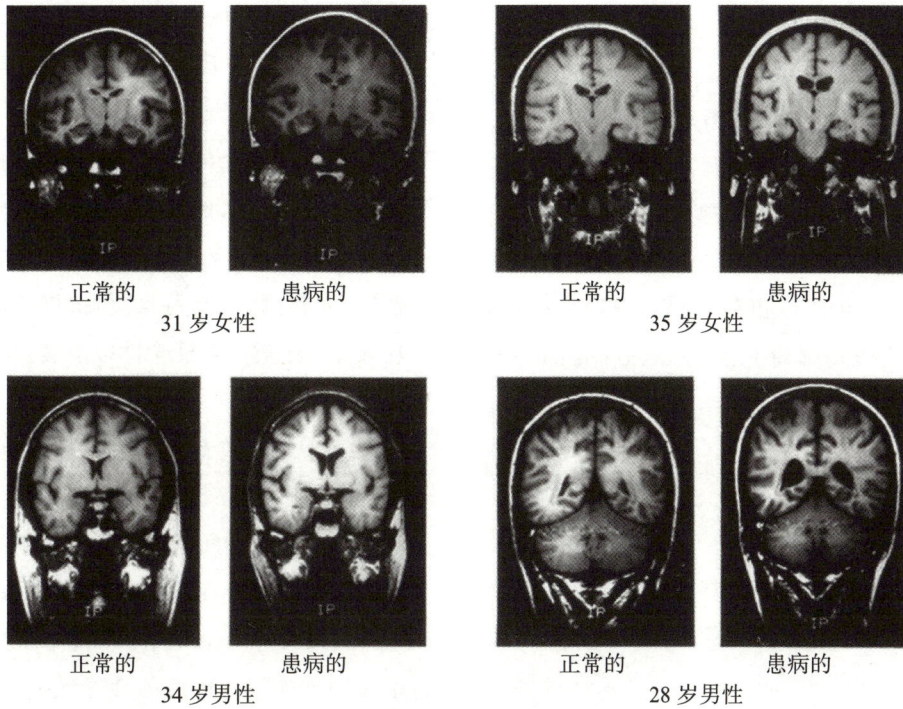

图 12-9 四对双胞胎的 MRI 扫描，每对中都有一个人患有精神分裂症，而另一个人没有患精神分裂症

注：患有精神分裂症的人的扫描图在右边。请注意大脑中扩大的脑室（充满液体的空间）。

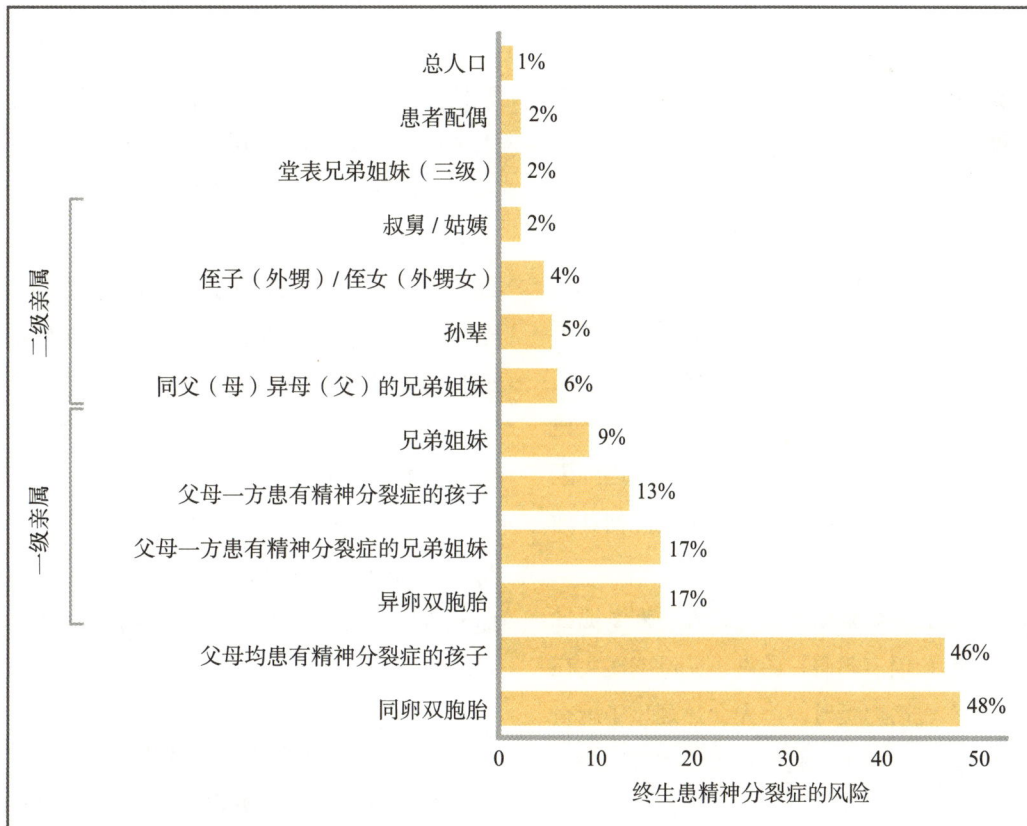

图 12-10 发展为精神分裂症的遗传风险

12.11　神经发育障碍

学习目标：

列出讨论过的神经发育障碍及其显著特征。

任何年龄都可能出现发育问题，但一些常见的问题首先出现在儿童时期，包括孤独症谱系障碍、注意缺陷 / 多动障碍（ADHD）和阅读障碍。新的 DSM-5 将这些统称为**神经发育障碍**（neurodevelopmental disorder），尽管其潜在原因尚不清楚。

我们先从孤独症开始。

12.11.1　孤独症谱系障碍

缺乏 "阅读" 他人的能力是**孤独症谱系障碍**（autism spectrum disorder）的标志。孤独症患者无法理解他人的情绪、面部表情和意图。为了说明理解他人意图的困难，让我们来看一个经典的实验室测试，该测试是为疑似患有孤独症谱系障碍的儿童提供的。以下是在木偶戏中呈现给孩子的内容：

萨利和安妮正在一起玩，萨利把一块糖果放在盒子里，然后离开了房间。萨利不在时，安妮打开盒子，取出糖果，藏在她的小包里。当萨利回来时，她会去哪里寻找糖果？

没有孤独症谱系障碍的孩子会说萨利（她并没有看到安妮把糖果转移到她自己的小包里）会看盒子；也就是说，他们意识到不同的人可能基于不同的观察而持有不同的观点。但是孤独症儿童的**心理理论**并不完善，这使他们无法理解萨利当时在想什么（Frith，1993）；也就是说，他们很难站在他人的角度想象自己。因此，他们常常在同理心和社会关系方面遇到困难，因为他们除了自己的观点之外，看不到任何其他观点——这使他们陷入了社交困难。

除了心理理论上的缺陷和社会问题外，许多孤独症谱系障碍患者也有语言障碍。通常，父母或医生在孩子一岁半至两岁说话迟缓时，首先会怀疑孩子患有该障碍（Kabot et al.，2003）。有些孩子根本没有基本的语言能力。

在严重的情况下，孤独症谱系障碍患者也可能产生异常行为，其中一些可能是有害的。这些行为通常包括某种形式的自我刺激，如撞头。重复的行为（如摇摆）也很常见。

由于存在多个问题，人们有时把孤独症误认为智力障碍（然而，请注意，大部分智障人士并不是孤独症患者）。相反，有些孤独症患者可以在他们感兴趣且不需要社交能力的领域颇有建树（在 DSM 的前几版中，这类高功能个体以前被归类为**阿斯伯格综合征**）。

现在，大多数专家认为，孤独症从根本上说是一种原因不明的脑部疾病。一些证据表明，孤独症与环境中的有毒物质或调节大脑中基因表达不当的表观遗传因素之间存在联系（Mbadiwe & Millis，2013；Neimark，2007；Schanen，2006）。此外，有很多没有证据的炒作，宣称疫苗会导致孤独症（Centers for Disease Control and Prevention，2015）。

其他研究表明，孤独症患者大脑中的**镜像神经元**（mirror neuron）可能较少（Miller，2005；Ramachandran & Oberman，2006）。这一发现引起了临床医生的兴趣，因为我们的一些镜像神经元据称可以使我们做到孤独症患者难以做到的事情，即感知他人的意图（Dobbs，2006a；Rizzolatti et al.，2006）。

美国国家卫生研究院估计，大约每 500 名儿童中就有 1 名患有某种形式的孤独症。尽管你可能已经看到近几十年来孤独症发病率上升的新闻报道，但专家们主要将其归因于 20 世纪 90 年代广泛使用的孤独症定义范围的扩展，导致更多人符合诊断标准（Gernsbacher et al.，2005）；也就是说，似乎并没有出现 "孤独症大流行"。

目前，孤独症还无法治愈，尽管父母和孩子都参与的行为治疗计划可以改善患者的社交和语言能力并能减少自毁行为。不幸的是，这样的过程既耗时又相对昂贵。

12.11.2　阅读障碍和其他特定学习障碍

阅读是在信息驱动的现代社会中打开许多大门的钥匙。但是对于有阅读障碍的人来说，这些门是关闭的。阅读障碍（dyslexia）在一定程度上影响了大约五分之一的儿童，通常会导致他们学习成绩不佳、自尊水平下降，并最终失去就业机会（Shaywitz，1996）。需要明确的是，阅读障碍在 DSM-5 中并不是一个正式的诊断类别。相反，我们把患有这种疾病的人诊断为一种以阅读障碍为中心的特定学习障碍。

过去 20 年的研究表明，严重的阅读障碍与大脑语言加工回路的异常有关（Breier et al.，2003）。具有讽刺意味的是，另一个"原因"可能是语言本身：以英语为主要语言的人，他们的拼写方式很奇怪，包括大约 1120 种拼写方式，但只有 40 种不同的发音，说英语的人比说意大利语的人更容易患上阅读障碍，因为意大利人只需要在 25 种发音中应付 33 种字母组合方式（Helmuth，2001b；Paulesu et al.，2001）。

一些专家认为，我们根本不应该将阅读障碍视为一种独特的疾病。萨利·施威茨博士和她的同事（Sally Shaywitz et al.1990）已经证明，没有任何诊断标记可以将阅读障碍患者与其他阅读能力差的人明确区分开来。相反，她认为，阅读障碍只是我们对一群处于阅读能力范围低下的人的武断判定。

虽然并非所有人都同意施威茨的观点，但大家都认同她近年来在开发治疗方法和揭穿有关阅读障碍的一些神话方面取得的巨大进展（顺便说一句，智商与此无关：聪明的人也可能有阅读障碍。爱因斯坦就有阅读障碍）。目前，最有效的疗法包括强调发音与字母组合匹配的特殊阅读方案。

据耶鲁大学阅读障碍和创造力中心（Yale Center for Dyslexia and Creativity，2015）称，许多著名的成功人士都患有阅读障碍，包括乌比·戈德堡（Whoopi Goldberg）和杰伊·雷诺（Jay Leno），甚至是阿尔伯特·爱因斯坦。因此，毫不奇怪，阅读障碍在媒体上受到了很多关注。但是 DSM-5 还识别出了其他特定的学习障碍，包括写作或数学方面的障碍。这里需要注意的重要一点是，这组障碍不是智力普遍低下的结果，而是仅限于特定的学术技能。虽然 DSM-5 通常不推测精神障碍的原因，但它确实将这一组疾病定性为大脑障碍。

12.11.3 注意缺陷 / 多动障碍

大多数孩子在专注于某一项任务（如解决数学问题或听取老师的指导）时，都很难长时间坐着不动。但有些人遇到的麻烦比其他人更多。很多事情都可能导致注意力缺陷和多动，包括枯燥的任务、让人分心的家庭问题、来自同龄人的虐待，或者仅仅是一种文化传统（不重视需要安静专注完成的任务）。撇开这些因素，一些儿童显然存在大脑疾病，即**注意缺陷 / 多动障碍**（ADHD），即使他们特别想集中注意力和安静地坐着也会被干扰（Barkley，1998；Nigg，2010）。保守估计，约 3%~5% 的学龄儿童存在 ADHD（Brown，2003b；NIMH，2010b）。

ADHD 的诊断标准一直存在争议，其治疗方法更具争议性（Sax & Kautz，2003）。批评者声称，ADHD 常被用来描述那些正常的喧闹行为，或将缺乏管理技巧的家长和老师所犯的错误归咎于孩子，因此 ADHD 经常被过度诊断。此外，选择兴奋剂药物进行治疗让许多人都觉得是错误的。然而，许多严谨的研究表明，适当的药物治疗配合行为疗法可以提高大多数（可能是 70%）ADHD 患者的注意力，减少多动的情况（Daley，2004；MTA Cooperative Treatment Group，2004）。

12.12 超越 DSM-5：下一个系统是什么

学习目标：
描述目前正在开发的 DSM-5 的替代品。

虽然有人批评 DSM-5，但对心理障碍的通用语言的需求使其被广泛接受。尽管如此，许多临床医生对 DSM-5 分类系统持强烈的保留意见，并希望有更好的分类系统来取代它。正如我们所说，大多数评论家不喜欢 DSM-5 的一个原因是它根据症状而不是原因来对疾病分组。当然，之所以这样做，是因为还没有找到精神障碍的根本原因。因此，没有针对任何原发性心理障碍的客观诊断测试——所以每一次 DSM-5 诊断都依赖于一份症状检查表和主观临床判断。

正如我们所说，许多心理学家也对 DSM-5 所假设的将精神障碍视为医学"疾病"的想法感到不适。相反，他们认为许多精神障碍是后天习得的不适应的行为模式。他们指出，一些精神"疾病"甚至可能是对异常环境的正常反应。那么是否即将出现 DSM-5 的替代品呢？

12.12.1　来自美国国家心理健康研究所的另一种观点

美国国家心理健康研究所（NIMH）的研究主任汤姆·因塞尔（Tom Insel）和布鲁斯·卡斯伯特（Bruce Cuthbert）指出，我们已经对精神障碍的生物学基础了解了很多（Cuthbert & Insel, 2013; Insel, 2013; Voosen, 2013）。例如，NIMH 的研究人员指出，虽然某些疾病（如精神分裂症和抑郁症）具有很强的遗传性，但研究表明，许多看似不同的疾病都涉及相同基因的异常——这表明它们可能在大脑中有共同的基础。此外，他们发现某些疾病患者的亲属有更高的其他精神障碍的发病率。因此，虽然精神分裂症患者的家属精神分裂症的发病率异常高，但他们的双相障碍的发病率也高于预期。所有这些都表明，根据症状对精神障碍进行分组忽略了大脑中的实际情况。

NIMH 希望用什么来取代 DSM-5？　卡斯伯特和因塞尔（Cuthbert & Insel, 2013）基于五个核心大脑"系统"或领域，提出了心理功能和功能障碍的新观点。

- **维持**——最基本的领域涉及保持大脑运转（如警觉或睡眠）的深层脑回路。
- **奖励**——这个领域涉及激励我们寻求奖励（如食物、住所）的大脑机制，以及与我们认为有吸引力的情况或目标相关的积极或"趋近"情绪。
- **记忆和其他执行功能**——第三个领域涉及集中注意力以及存储、检索和使用信息的过程。
- **社会过程**——第四个领域的核心是理解他人并与他人互动。

- **惩罚和威胁**——第五个领域关注恐惧和回避：关注与伤害相关的情境和情绪。对于某些精神障碍，如恐怖症，这种恐惧回避系统尤其重要。

这五个核心系统不仅涉及特定的大脑结构，还涉及与其相关的神经递质和通路，以及部分内分泌系统（endocrine system）。

因此，这种新观点认为精神障碍与这五个大脑区域的异常模式有关。例如，我们现在认为重性抑郁症可能涉及奖励和威胁系统以及记忆系统的功能障碍。担忧和恐惧可能仅限于惩罚和威胁系统。精神病性障碍可能涉及所有的五个系统。同样，试图识别这些模式的研究还处于早期阶段。

12.12.2　大脑"中枢"和精神障碍

一个由英国和美国神经科学家组成的合作团队最近发现，少数神经"中枢"负责传递大脑的大部分信息。此外，这些中枢看起来很像因塞尔和卡斯伯特的五个大脑领域或"系统"。但最重要的是：该团队还发现，在近 1 万名被诊断患有 26 种精神障碍（包括抑郁症、精神分裂症、孤独症和阿尔茨海默病）的患者的庞大样本中，障碍主要发生在大脑中枢。此外，不同的疾病似乎涉及这些中枢的不同异常模式（Crossley et al., 2014; Sanders, 2014）。

这项工作第一次给诊断精神障碍，至少是某些障碍的客观测试提供了真正的希望。或许不久的将来，精神分裂症、抑郁症或双相障碍可以根据大脑扫描中看到的特征模式被明确地诊断。不幸的是，目前我们仍然只能依靠 *DSM-5* 和主观的临床判断。

12.12.3　作者的观点

让我们试想一下共鸣板，就像音响技术人员在录音环节或音乐会上可以用来混合各种声音和乐器一样。你可能已经见过它们：带有"滑块"的面板，可以通过调节来改变各种声源的响度。现在，我们可以认为大脑具有大致相同的机制——通过不同的设置来控制主要"枢纽"或"领域"的信息流。这些大脑设置的

特定范围会产生我们在人群中看到的"正常"变化。但是，当"滑块"被设定在（通过遗传或经验）高于或低于正常范围时，我们就会得到精神障碍的范围。

虽然看起来我们已经放弃了心理学而转向生物学，但我们没有。相反，我们承认所有的行为最终都会受到大脑的影响。神经科学家正在迅速地了解这些潜在的大脑活动过程。最终，我们看到该领域从 DSM-5 基于症状的分类系统转向美国国家心理健康研究所的视角或"中枢"模型，但有一些心理学上的调整。我们

预测，随着研究对精神障碍生物学的揭示越来越多，下一个被广泛接受的分类系统将具有以下特征：

- 不同的精神障碍将被视为大脑核心信息处理系统或"中枢"的不同活动（或"设置"）模式；
- 先天天性和后天教养（遗传和环境）都将被视为对大脑核心中枢的"设置"；
- 学习将被广泛认为会在大脑中产生生理变化，因此在引发和治疗精神障碍中都起着核心作用；
- 表观遗传学及学习经验可以改变基因表达，这将被视为在调整大脑"设置"方面越来越重要。

不要指望这些变化会在一夜之间发生。相反，这需要大量的研究和心理健康机构研究视角的重大转变。也许我们会在未来 10~20 年内，在 DSM-6 中看到朝着这个方向迈出的步伐。

心理学很有用 •••

害羞

和别人在一起时会让你有点不舒服，尤其是和不熟悉的人。你不擅长通过"闲聊"相互了解，或者你可能只是没有耐心……或者不想说错话并冒犯别人。此外，你似乎总觉得人们在对你做出负面的评价。独自一人对你来说确实更容易，更舒适。你很害羞。

害羞是一个普遍问题，但它本身并没有包含在 DSM-5 中。在 DSM-5 中，害羞（Shyness）是指一种避免或回避社交的令人痛苦的模式。在极端情况下，当受影响的个体试图采用极端的方式将自己与社交互动隔离开来时，可能会被诊断为社交恐怖症或回避型人格障碍。正如我们之前多次提到的那样，这只是程度的问题。然而，对于大多数害羞的人来说，不幸的是他们会遭受孤独，并且丧失了发展个人兴趣和社会关系的机会。

这个经常令人痛苦的问题的根源是什么

害羞是婴儿的三种基本气质之一，对许多人来说，这种气质会持续一生（Kagan et al., 1988, 1994）。卡根（Kagan, 2001）认为这种模式可能存在生物学基础。然而，害羞和其他形式的社交焦虑也可以是后天习得的反应。即使那些不是"天生害羞"的人也可以养成害羞的行为模式。

值得庆幸的是，害羞不一定是永久性的。许多人克服了它。像国际演讲会（Toastmasters）这样的组织帮助人们在社交场合建立语言技巧和信心。还有许多人在认知行为治疗小组中得到帮助。如果你想了解更多相关信息，可以阅读菲利普·津巴多（Philip Zimbardo, 1990）所著的《害羞：它是什么，如何应对》（*Shyness: What It Is, What to Do About It*）。

给人贴标签的后果是什么

核心概念 12.3

从理论上讲，准确的诊断是做出适当的治疗的前提，但是诊断也可能成为一种标签，使个体失去个性，进而使人们忽视心理问题产生的社会和文化背景。

"疯狂的""躁狂的""精神障碍""狂热的""精神错乱""精神紊乱""神经病"

这些术语以及出现在 DSM-5 中的所有官方诊断用语都是公众、法官和精神卫生专业人员给精神疾病患者贴的标签。当然，在理想情况下，准确的诊断可以促进精神卫生专业人员之间更好地交流病情，并为饱受摧残的患者制定有效的治疗方案。然而，有时标签只会造成混乱——或者更糟。标签（labeling）让我们对患者产生刻板印象，这掩盖了他们的个人特征和导致他们失调的特有环境。而且，远不止于此，标签可能会引发偏见和社会排斥。

在这一节中，我们将从标签问题开始，因为它会对个体产生负面影响。然后，我们将在更大的背景下探讨标签问题："心理障碍"或"精神障碍"在所有文化中都具有相同的含义吗？最后，我们将从批判性思维的视角，重点关注将诊断标签应用于朋友和家人的危害，而组织起所有这些状态的核心概念就是：

> 从理论上，准确的诊断是做出适当的治疗的前提，但是诊断也可能成为一种标签，使个体失去个性，进而使人们忽视心理问题产生的社会和文化背景。

本部分导读：

12.13 解释标签如何导致去个性化。

12.14 解释文化如何影响心理障碍的症状和患病率，并列举几个例子。

12.13　诊断标签、贴标签和去个性化

学习目标：

解释标签如何导致去个性化。

给一个人贴上"精神错乱"或"精神病"的标签，除了病情本身之外，还会产生严重和持久的后果。我们可以将精神障碍与生理疾病（如腿部骨折或阑尾炎）进行比较：当生理疾病痊愈后，诊断就会过去。精神障碍则不然。"抑郁症""躁狂症"或"精神分裂症"的标签可能伴随个体一生（Farina et al，1996；Wright et al.，2000）。但如果诊断错误了呢？正如罗森汉所指出的，对癌症的误诊值得庆幸，但对精神障碍的诊断几乎从来不会被撤销。正如本章开头有关"伪装病人"的研究，不存在正常状态：一旦被贴上"精神分裂症"的标签，就永远是精神分裂症患者。只是有可能"处于缓解期"。

可悲的是，在我们的社会中，有严重精神问题的人会被污名化和遭到贬低。因此，诊断标签可能会导致精神障碍患者低人一等，进而陷入被虐待和忽视的恶性循环。即使在精神病院，治疗也可能涉及**去个性化**（depersonalization，患者只是无足轻重的人或无名小卒）——就像罗森汉的研究中揭示的那样。也就是说，将人视为诊断类别，如"精神分裂症""双相障碍"或"孤独症"，将他们单纯视为客体而不是个体，从而剥夺了他们的个性。

标签化很容易导致去个性化，但正如罗森汉所说，它也可以产生于精神病院的非人性化环境。当然，所有这些都会降低患者的自尊并使其异常行为加剧。因此，社会对那些被认定为偏离规范的人处以严重的惩罚，在此过程中，导致精神障碍问题长期存在。

也许对贴标签最极端的反应来自激进的精神病学家托马斯·萨斯（Thomas Szasz，1961，1977），他声称精神疾病是一个"神话"。萨斯认为所谓的精神疾病的症状只是医学标签的证据，为专业人士提供借口，用以干预那些不符合社会规范的人的问题。萨斯说，一旦被贴上标签，这些人就可以仅仅因为他们

"与众不同的问题"而被治疗。

因此，我们必须牢记，诊断的目标不仅仅是将病人进行准确归类，或者识别出那些"不同"的人。相反，诊断应该启动一个过程，从而更好地了解患者并制订帮助计划。诊断应该只是开始，而不是结束。

12.14　心理障碍的文化背景

学习目标：
解释文化如何影响心理障碍的症状和患病率，并列举几个例子。

如今，很少有临床医生像托马斯·萨斯那样激进，但许多医生确实提倡**生态主义视角**（ecological view），将个人生活环境考虑在内（Levine & Perkins, 1987; Lilienfeld & Arkowitz, 2009）。与医学模型不同的是，这种观点将异常视为个人与社会文化环境之间的**生态互动**。障碍是由于个体行为与环境需求不匹配造成的。例如，如果你是一名私家侦探，你的性格中有点多疑混合着偏执可能有好处，但如果你是护士或教师，这一性格可能会被称为"不太正常"。

为支持这一生态学视角，研究表明文化毫无疑问会影响心理障碍的患病率和患者的症状表现（Jenkins & Barrett, 2004; Matsumoto, 1996）。例如，我们已经看到文化会影响精神分裂症患者所幻听的内容。同样，世界卫生组织（World Health Organization, 1973, 1979）在哥伦比亚、捷克斯洛伐克、丹麦、印度、尼日利亚、英国和美国所做的研究表明，精神分裂症的

发病率因文化而异。这一结论也被最近的研究证实（Jablensky, 2000）。

精神病学也开始注意到文化对精神病理学的影响。事实上，DSM-5 有一节专门讨论特异性疾病（尽管这一部分不承认美国有自己特定的障碍）。

根据精神病学家亚瑟·克莱曼（Arthur Kleinman）和亚历克斯·科恩（Alex Cohen, 1997）的说法，长期以来，精神病学一直执着于三个根深蒂固的误区：

1. 精神障碍在世界各地都有相似的发病率；
2. 生理因素造成精神障碍，而文化仅仅塑造一个人经历精神障碍的方式；
3. 文化特异性障碍只发生在其他国家而非美国。

但是，文化差异是否如此之大，以至于一个产生幻觉的人在美国文化中可能会被贴上精神分裂症的标签，而在另一种文化中却被贴上预言家或巫师（有远见卓识或先知）的标签？

简·墨菲（Jane Murphy, 1976）在对两个非西方群体（即阿拉斯加西北部的爱斯基摩人和热带尼日利亚农村的约鲁巴人）的研究中着手回答这个问题，之所以选这两个地方是因为它们遥远的地理距离和文化差异。在这两个群体中，她发现人们对巫师和精神病人的用语不同，并且他们扮演不同的社会角色。类似的发现来自对世界各地其他文化的研究（Draguns, 1980）。如果精神疾病是一个社会定义的神话，正如萨斯所断言的那样，那么它就是一个由各地文化孕育的神话。

心理学很有用　• • •

运用心理学来学习心理学

不要用你刚学习的心理障碍的新知识来诊断你的家人和朋友。违反这一警告会给许多热心的心理学专业学生造成痛苦。

我们意识到将所学应用于你周围的人身上是

多么有诱惑力。我们在这里提及的一些障碍很常见。因此，当你通读本章时，肯定已经注意到焦虑、偏执、抑郁、躁狂和其他各种感知、记忆或情绪缺陷的迹象，这些迹象使你想起了你的朋友和亲戚。这是前面讨论过的倾向的一种变体，可以看到自己有精神障碍的证据。你应该认识到，

这是你正在获得一些关于精神病理学的新知识的迹象。但我们建议你将这些想法留给自己！

请记住，阅读这一章并不能使你成为心理障碍方面的专家；所以你应该慎重，不要进行业余诊断。你最不应该做的是告诉别人你认为他或她有精神分裂症、双相障碍、强迫症，或任何其他精神问题。不要给你的朋友和家人贴标签！

话虽如此，我们还应该注意，如果忽略病理迹象在相反方向上犯错也可能是危险的。如果你认识的某个人正在与严重的精神问题做斗争——即使他或她征求了你的意见——你也应该避免给这个问题贴上标签。但是你可以而且应该鼓励他或她找专业人士，对其进行诊断和可能的治疗。

批判性思维的应用：重访精神病院——罗森汉研究的另一种视角

心理学史上可能没有其他任何实验像罗森汉的"伪装病人"研究那样引起如此的轩然大波。这也可以理解：它对精神病学诊断的可靠性提出疑问，这对精神病学和临床心理学的基础产生了威胁。罗森汉总结了他的研究，他说："很明显，我们无法在精神病院区分正常人和精神错乱者。"如果罗森汉所说正确，整个精神健康行业可能只建立在观点之上，而无任何依据。但这个结论正确吗？让我们从检查关键问题开始。

精神错乱不是诊断

罗伯特·斯皮策（Robert Spitzer，1973）是最初指控罗森汉的主要人物，他指出，正如我们所见，理智和精神错乱是法律术语。斯皮策说，因为这些术语在心理学或精神病学中没有意义，所以从本质上讲罗森汉的论点毫无意义。虽然我们同意罗森汉的术语确实很草率，但我们认为斯皮策的结论有把婴儿和洗澡水一起倒掉的嫌疑。事实上，斯皮策承认罗森汉显然在用精神错乱来指代精神病。罗森汉得 1 分。

不公平

罗森汉的批评者还声称这项研究是不公平的，因为人们通常不会因为想要住进精神病院就谎称自己有某些症状。我们同意。我们不应该指责精神科医生，他们认为来寻求帮助的人是真诚的。此外，如果医生

和医院不接纳可能对自己或社区构成危险的病人，他们可能要承担责任（Ostow，1973）。但罗森汉反驳说，即使医生在病人入院时不够谨慎，也应该在他们住院期间的某个时候发现其"精神正常"的事实。这是罗森汉的另一个观点。

数据不充分

第三个批评针对的是罗森汉在他的伪装病人研究报告中使用的叙述方法。这篇文章讲述了一个生动的故事，但实际上数据较少。罗森汉的结论主要是由他的印象而非事实驱动的——讽刺的是，他批评精神病学诊断被不可靠的"印象"污染。我们将此归功于罗森汉的批评者。

结论被应用于错误的群体

第四个也是最有说服力的批评，指责罗森汉犯了一个低级错误。斯皮策（1973）说，精神科医生未能发现伪装病人"神志清醒"，这并不能表明他们诊断真实病人的能力——真实病人不会对他们的症状撒谎。确实如此。但是罗森汉（1973b）回答说，他的研究只是证明精神病诊断不可靠的大量文献中的一小部分：不同的精神科医生通常会对同一位患者做出不同的诊断。在这个问题上，还是罗森汉占了优势。

另一方有偏见

我们可以将争端看成两个阵营之间的争论，每个阵营都认为自己被对方围困。精神科医生认为最初的研究是对他们职业诚信的正面攻击，所以他们做出了善意的回应。他们的反击是，对罗森汉作为研究员的

诚信提出了质疑。与批判性思维相关的问题是：双方的立场是否会受到偏见的污染？答案是完全肯定的。

那么，我们该何去何从？

我们能够得出什么结论

毫无疑问，罗森汉（1973a）错误地使用了精神正常和精神错乱这两个词。他也犯了夸大其词的错误，如他所说：

> 事实是，我们早就知道精神病学诊断通常没有用处或不可靠，但我们仍然继续使用它们。我们现在知道自己无法区分精神错乱和精神正常。

即便如此，没有一个伪装病人被发现精神正常的事实着实令人震惊。

精神病院情境的力量

我们认为，更重要的一点是批评者没有对此做出回应：罗森汉说，精神病院并不是主要的治疗场所。相反，它们是患者被贴上标签和用药并被工作人员忽视的地方。罗森汉发现，在大多数时候，病房医护人员和护士都把自己隔离在一个被患者称为"笼子"的小工作隔间里。精神科医生甚至更少出现在病房里。当患者向工作人员提出问题时，他们经常收到简短无礼的答复或被视而不见。

罗森汉的研究是戏剧性的，这就是为什么它会引起公众如此多的关注。但罗森汉并不是第一个谴责精神病院是非人性化场所的人，也不是第一个给出原因的人。

所以，部分原因在于社会对精神病患者的态度，这种态度带有恐惧、不信任和误解。罗森汉说，这些态度对精神健康工作者以及他们和患者所处的系统都会产生影响。

第二个原因涉及贴标签：即精神病学诊断的有害影响。一旦医生做出诊断，他们就不愿再改变主意。当然，这与自尊有关，但更大的问题源于工作人员——尤其是医生——与患者缺乏接触。因此，精神

病院的治疗方式主要是分发药物。

正如我们在本章开头所指出的，罗森汉并没有责怪医生、护士、护工或其他工作人员。他把问题归因于"情境"——整个医院环境——使患者失去个性化，使工作人员不愿与患者交流。但那是 1973 年。现在呢？这些问题还危害着精神病院吗？

一场新的争议爆发

2005 年，作家劳伦·斯莱特（Lauren Slater）在一本名为《打开斯金纳箱》（*Opening Skinner's Box*）的书中描述了她对罗森汉经典实验的重现。在 9 家不同的精神病院，斯莱特告诉医生，她听到了"呼呼"声。与罗森汉的志愿者不同，她通常被诊断为患有"具有精神病特征的抑郁症"。她也没有被要求住院。但斯莱特声称，这些医生经常给她开抗精神病药物和抗抑郁药物。

斯莱特的断言引起了罗伯特·斯皮策的注意，他仍然认为罗森汉的实验是"一种尴尬"（Jaffe，2006）。斯皮策和他的两位同事对发表在《神经和精神疾病杂志》（*Journal of Nervous and Mental Disease*，2005）上斯莱特的评论做出了回应。在那篇文章中，他们用自己的研究炮轰斯莱特，向 74 名精神科医生提供了基于斯莱特"实验"的书面短文。他们声称只有三人被诊断出患有精神病性抑郁症（然而，我们注意到，斯莱特的实验有其自身的偏见）。

底线？罗森汉指出了精神病院和精神病诊断方面存在的一些重要问题。但他并没有证明对大多数精神病患者的诊断是无用或不可靠的。而这个结论让我们完美过渡到下一章，继续研究精神障碍的治疗。

写一写
精神病学、罗森汉和法律

如果让精神病学家相信罗森汉的伪装病人患有精神病很容易，那你为什么认为让陪审团相信被告"精神失常"是如此困难？

本章小结：心理障碍

本章思考题

能不能区分精神障碍和单纯的行为异常？即是否有明确证据证明精神障碍的存在？

- 精神障碍和单纯的行为异常之间的界限是**模糊**的。大家一致认为，苦恼、适应不良、不理性、不可预测、非常规、不良行为都可能是精神障碍的症状。大多数精神障碍没有精确的诊断测试。此外，大多数精神障碍的原因不是有争议就是尚未可知。

- 体现在 DSM-5 中的"医学模型"将精神障碍视为特定疾病。在 DSM-5 中规定了超过 300 种精神障碍的精神和行为症状。该分类系统被精神病学界和其他精神卫生专业人员广泛使用。

- 然而，这种医学模型并没有被普遍接受，尤其是心理学家，他们更喜欢从生物学、认知、社会、行为和发展的整体角度来看待精神障碍。

什么是心理障碍

核心概念 12.1

医学模型将心理障碍归为一种"疾病"，而心理学将其视为生物学、行为、认知、发展和社会文化因素相互作用的结果。

精神疾病在美国很常见。有三种典型的

迹象表明存在严重的心理障碍：**幻觉、妄想**和**极端情感困扰**。但除此之外，疾病的迹象更加微妙，诊断结果在很大程度上取决于临床判断。

我们对异常概念的定义已经从将疾病归因于恶魔附身或体液失衡演变为现代**医学模型**，该**模型**将精神问题视为"疾病"或"病症"——许多心理学家不同意这种观点。心理学模型包括社会文化、认知、发展和行为因素以及生物学因素。除了三种典型的失调症状之外，精神病理学通常是根据一个人表现出痛苦、适应不良、不理性、不可预测性和非常规性的程度来进行判断的。

一个人偶尔出现心理障碍的症状是正常的，所以心理学专业的学生经常无端地担心自己有心理障碍。然而，如果出现频繁的异常迹象，应立即咨询心理健康专业人士。

精神错乱辩护经常被公众误解，其实它很少被使用，甚至更少会成功。精神错乱不是心理学或精神病学诊断，而是一个法律术语。

在 DSM-5 中，心理障碍是如何分类的

核心概念 12.2

DSM-5 是使用最广泛的精神障碍分类系统，它根据人的精神和行为症状对精神障碍进行归类。

DSM-5 源于精神病学，偏向于医学模

型。DSM-5 确认了 300 多种特定的障碍，按症状而非病因进行分类。它没有"正常"功能的类别。与以前的版本不同，它没有使用**神经症**这个术语。**精神病**这一术语被限制为与现实失去联系。

在 DSM-5 的类别中，**抑郁症**包括情绪低落，其中**重性抑郁症**是最常见的。**双相障碍**涉及高潮和低谷，它的发生率低于单相抑郁症。虽然这些障碍的原因尚不清楚，但所有严重的精神障碍都被认为有一定的生物学基础。令人费解的是，在抑郁症和双相障碍中都发现了显著的性别差异。

焦虑症包括**广泛性焦虑障碍、惊恐障碍**和**特定恐怖症**。**躯体症状及相关障碍**以多种方式涉及身心关系。**转换障碍**患者只有躯体症状，但没有器质性疾病，而**疾病焦虑障碍**患者对疾病的担忧过于严重。

DSM-5 把**强迫症**和其他一些重复的、无法控制的功能失调行为分开分类。

饱受争议的**分离障碍**包括**分离性遗忘症、分离性漫游症、人格解体／现实解体障碍**和**分离性身份障碍**。所有这些障碍都会破坏记忆、意识或个人身份的整合功能。在精神障碍中，**精神分裂症**是最常见的。它的特点是感知、思维、情感、行为和语言的极度扭曲。精神分裂症的病因包括多种因素，如遗传、异常的脑结构和生物化学因素。

DSM-5 还列出了各种**神经发育障碍**，包括**孤独症谱系障碍、阅读障碍**和**注意缺陷／多动障碍**，这些障碍通常是正常发育过程（如社会化、认知和注意力）的扭曲。与之相比，**人格障碍**包括扭曲的人格特征。最常见的有**自恋型人格障碍、反社会型人格障碍**和**边缘型人格障碍**。在精神障碍的整个范围内有显著的性别差异，尤其是在抑郁症和反社会型人格障碍方面。

最常见的障碍在 DSM-5 中被归类为"可能是临床关注焦点的其他状况"。其中包括日常生活中的各种问题。**害羞**是一个普遍存在的问题——也是一个可以治疗的问题——但它并不是一种正式的障碍，除非它发展到社交恐怖症或回避型人格障碍的极端程度。

给人贴标签的后果是什么
核心概念 12.3

从理论上讲，准确的诊断是做出适当的治疗的前提，但是诊断也可能成为一种标签，使个体失去个性，进而使人们忽视心理问题产生的社会和文化背景。

给某人贴上心理障碍或精神障碍的**标签**最终取决于个人的判断。然而，即使是专业判断也可能因偏见而产生偏差。那些被贴上心理障碍标签的人可能会遭受去个性化之苦，而大多数身体有疾病的人则不会。

一种行为被认为是正常、异常还是仅仅不寻常，这会受到文化的影响，尽管跨文化研究表明，各地的人们都将精神病患者与他们认为是巫师、先知或有远见者的人区分开来。

批判性思维的应用：重访精神病院——罗森汉研究的另一个视角

　　罗森汉的"伪装病人"研究引起了精神病学界许多批评的声音。一些人反对说"精神错乱"不是一种诊断；一些人说伪装病人谎报症状对医生不公平；一些人指出，这项研究的数据不充分；还有一些人指出，这个结果不适用于真正的精神障碍患者。然而，罗森汉的研究确实指出了情境的力量和贴标签的行为在精神病院会扭曲专业的判断。

本章视频导读，
请扫描二维码观看。

如果你的朋友患有抑郁症，他该接受什么治疗？是药物治疗、心理治疗，还是药物联合心理治疗？除此之外，还有其他有效的治疗方法吗？这些治疗为什么会有效？我们需要找谁以获得这些治疗？针对这一连串的问题，如果我们想要获得可靠的答案，那么接下来这一章的学习就非常有必要。

在阅读本章内容后，你会站在一个叫德里克的抑郁症患者的视角了解各种与心理障碍的治疗有关的知识。无论接受什么治疗，我们首先需要知道治疗中"治疗同盟"的重要性，其次，我们还需要知道目前能为我们提供帮助的专业人员到底有哪些？各类心理助人者在专业类别和专业技能方面其实差异很大。咨询心理学家（俗称心理医生）和精神病学家（俗称精神科医生）并非一回事，他们的区别到底在哪里？对此本章给出了详细的分类解读。当然，文化也是心理障碍治疗中不可或缺的一个因素。对这些内容的了解，可以帮助你对心理治疗有一个整体性的认识。

心理学家怎么治疗心理障碍，对大众来说这一直是件很神秘的事情。本章则通俗易懂地向你呈现了两类主要的心理治疗方式。一类侧重于发展对自身及其问题的理解，叫作领悟疗法，另一类则侧重于通过条件作用来改变行为，叫作行为疗法。进一步而言，本章会对精神分析、来访者中心疗法、认知疗法、团体治疗、行为疗法、理性情绪疗法以及积极心理疗法等主流的心理疗法进行比较系统的介绍。此外，本章还介绍了这些疗法存在的不足，以及证明治疗有效的证据。

除心理疗法外，用生物医学疗法治疗心理障碍的作用机制，将通过药物治疗、外科手术以及物理治疗三种方式呈现给读者。本章的其中一个重点就是帮助读者了解药物在治疗精神障碍中的作用，你会了解到精神科医生常用的药物：抗精神病药物、抗抑郁药物、情绪稳定剂、抗焦虑药物和兴奋剂。这些药物大多会影响神经递质的功能。此外，你还会了解到精神外科和脑物理刺激是怎么治疗心理障碍的。

总体来说，对于如何治疗心理障碍这个话题，并非一个简单的二选一议题。只有在掌握了相应的知识后，我们才有可能做出选择。本章最后呈现给我们一个观点：虽然心理治疗和药物治疗的结合通常比单独使用一种方法的治疗效果更好，但大多数存在非特定"生活问题"的人最好单独接受心理治疗。

骆宏

心理学博士、主任医师

13

第十三章

心理障碍的治疗

本章译者：骆宏

德里克（Derek）向治疗师描述了他的抑郁症状。

核心概念

13.1 治疗心理障碍的方法多种多样，但它们都涉及侧重于改善一个人的心理、行为或社会功能的治疗关系。

13.2 心理学家采用的治疗方法主要有两种，即领悟疗法（侧重于发展对自身及其问题的理解）和行为疗法（侧重于通过条件作用来改变行为）。

13.3 生物医学疗法尝试用药物改变大脑的化学反应，通过手术改变大脑的神经通路，或者通过电脉冲或强磁场改变其活动方式来治疗心理障碍。

13.4 尽管心理疗法和医学疗法结合起来治疗精神障碍通常比单独用某一种方法的疗效更好，但对于大多数没有特定"生活问题"的人而言，最好单独接受心理治疗。

德里克感到疲倦和不开心已经断断续续好几个月了，同时，他意识到不仅是工作，他和朋友的关系也因此受到了影响。同事兼朋友米歇尔（Michelle）委婉地建议他去寻求专业帮助，但德里克不确定该去哪里寻求帮助。和许多人的做法一样，他向另一个三年前接受过心理治疗的朋友寻求建议。虽然他的心里有点忐忑，但最终还是来到了施图姆（Sturm）医生的办公室。

最后，德里克发现，施图姆很容易相处，并且很快他们俩一致认为德里克得了抑郁症。在双方讨论了抑郁症的性质后，施图姆医生说："我们有几种治疗方法可供选择，我曾接受过**认知行为疗法**的培训，该疗法将抑郁症视为一类习得性问题，通过改变人们对生活事件和人际关系的看法来进行治疗。如果采用这种方法，我们将探讨在工作和家庭中发生的可能触发抑郁发作的情境。我还会每周给你布置'家庭作业'，这些作业旨在帮助你发挥自己的优势，而不是只关注自己的不足。就像在学校时一样。"她微笑着补充道。

"作为第二种选择，我可以将你推荐给采用**心理动力疗法**的同事。如果你选择这种疗法，将和尤因（Ewing）医生探讨你的过去，找寻可能导致你产生当下感觉的事件。从本质上讲，这种疗法旨在让你的潜意识中某些令人不快的部分暴露在光天化日之下。

"或者，如果你愿意，我可以将你转给我的朋友基弗（Kiefer）医生，他通常把治疗重心放在患者的目标、人际关系和自尊上。我们称其为**人本主义疗法**，它更多地处理的是你的有意识的想法，而非潜意识中的内容。

"我还可以给你开一些已被证明可以有效治疗抑郁症的药物。它们可能是你曾在杂志和电视广告上看到的某一种抗抑郁药，类似于百忧解（Prozac）。当然，药物发挥作用可能需要几周的时间。并且我不确定它们是否真的能帮助你解决那些让你一直感到沮丧的问题。"

她补充说道："当然，还有其他一些可供选择的治疗方案，如电抽搐疗法，人们通常称其为'休克疗法'，但我认为你的情况不需要采用电抽搐疗法。"

"仅仅是听到这些就让我感觉好一些，"德里克叹了口气说，"所以，我需要选择药物治疗或者心理治疗中的一种？"

施图姆医生回答："或者可以二者联合。"

"那我该怎么做决定？"德里克问。

> **本章思考题：**
>
> 治疗德里克的抑郁症的最佳方法是心理治疗、药物治疗或二者联合？更广义地说，我们如何决定选择哪一种治疗方法这一问题适用于任何一种精神障碍。

尽管施图姆医生和她的同事在工作中采用了不同的治疗方法，但绝大多数接受治疗（therapy）的人都得到了明显的帮助。当然，并不是每个个案的治疗都能成功。有些人的问题拖了太久，已经变得十分棘手；有些人没有针对他们的问题采用恰当的治疗方法。而且，不幸的是，还有许多可以从治疗中受益的人由于治疗费用高昂而无法获得治疗。尽管如此，发展出各种有效的疗法仍然是现代心理学的成果之一。

当你通读本章时，我们希望你能够权衡每种疗法的优缺点。此外还要记住，有时你的朋友或亲戚会如同德里克那样，让你使用在本章学到的知识给他们推荐适当的治疗方法。甚至有可能某天是你自己需要选择治疗师。但是请记住，本章不会教你如何做心理治疗。

> **关键问题：**
> ## 什么是疗法
> 核心概念 13.1
>
> 治疗心理障碍的方法多种多样，但它们都涉及侧重于改善一个人的心理、行为或社会功能的治疗关系。

当想到"疗法"一词时，你的脑海中很可能会浮现出一个从无数动画片和电影中看到的刻板印象：

"神经质"的患者躺在沙发上，长着大胡子的治疗师坐在患者头部的旁边，字迹潦草地记着笔记，同时还做着解释。实际上，这一幕来自经典的弗洛伊德式精神分析，尽管它在 20 世纪上半叶占据了主导地位，但今天已不多见了。

事实上，现代的心理治疗与关于它的旧的刻板印象存在诸多方面的不同。

- 第一，大多数治疗师不再让患者（或来访者）躺在沙发上。
- 第二，除了患上 DSM-5 诊断体系中的那些严重障碍外，人们还针对存在的各种问题寻求治疗：咨询师或治疗师也会帮你做出一些困难的选择，以应对那些学业问题，以及处理丧失或不愉快的人际关系。
- 第三，目前还普遍存在一种对治疗的错误认识，即某些形式的疗法不仅有谈话和解释，涉及的行动也很多，你很快就会注意到这一点。

起初，治疗方法清单似乎提供了一张令人困惑的选项列表。但是你会看到有一条主线贯穿其中，正如我们的核心概念所提示的那样：

> 治疗心理障碍的方法多种多样，但它们都涉及侧重于改善一个人的心理、行为或社会功能的治疗关系。

我们先了解接受治疗的人员的多样性以及在治疗过程中他们会遇到哪些问题，并为探索这些疗法奠定基础。

本部分导读：
13.1　列出疗法有哪些基本组成部分，并提出运用该治疗方法的专业人员以及接受治疗的人员类型。
13.2　描述在不同的文化中，随着时间的推移如何进行治疗。

13.1　进入治疗

学习目标：
列出疗法有哪些基本组成部分，并提出运用该治疗方法的专业人员以及接受治疗的人员类型。

你为什么要接受治疗？为什么任何人都可能要接受治疗？

人们通常会在遇到无法自行解决的问题时寻求治疗。他们可能会主动寻求治疗，或者家人、朋友、医生或同事建议他们寻求治疗。

显然，接受治疗并不是说你就是"疯子"。但是你可能被称为"患者"或"来访者"。采取生物学或医学模型治疗的从业人员通常使用"患者"一词，而"来访者"通常是心理学专业人员的用词，他们将心理障碍看作生活问题，而非精神障碍（Rogers，1951；Szasz，1961）。

能否获得治疗取决于几个因素。有钱或有足够的医疗保险的人可以很容易就获得治疗。对于穷人来说，特别是贫穷的少数族裔，经济上的匮乏常常会阻碍他们获得专业的精神保健服务（Nemecek，1999；U.S. Department of Health and Human Services，2001）。在许多社区中，缺乏合格的治疗师也可能会使获得治疗受限。身体健康出现问题比心理出现问题更容易得到帮助。有时，心理问题的性质也会影响人们获得帮助的可能性，如患有广场恐怖症的人会发现很难甚至根本无法出门寻求治疗。同样，存在偏执症状的人可能不会去寻求帮助，因为他们根本不相信心理健康专业人员。显然，要让所有需要治疗的人获得帮助，依然面临很多困难。

13.1.1　治疗同盟和治疗目标

有时，你只需要向有同理心的朋友和家人说说自己的问题，或者你只是为了"听听自己的想法。"但是朋友和家人不仅缺乏如何处理这类复杂精神问题的训练，而且有时他们自己的需求和处事流程可能会对你产生干扰。实际上，他们有时可能就是问题的一部分。正是基于这些原因，我们有必要寻求接受过专业培训的治疗师的帮助。除治疗师的能力外，还有保密问题：如果你希望对自己的问题和顾虑保密，就需要寻求专业的帮助。在所有这些方面，你与治疗师的专业关系不同于友情或亲情。

13.1.2　治疗的组成部分是什么

正如我们在核心概念中所表明的那样，几乎在所有形式的治疗中，治疗师与来访者之间都存在某种关系或**治疗同盟**（therapeutic alliance）。实际上，对治疗效果影响最大的因素就是治疗同盟的质量（Wampold & Brown，2005）。然而，我们必须承认在实验性的计算机治疗程序中，与来访者互动的不是人，而是计算机编程开发的模拟治疗师，"关系"这个概念在这里开始有了拓展。

根据你的观点，什么才是良好的治疗同盟？

你和你的治疗师必须能够作为同盟站在一起，朝着共同的目标，齐心协力应对并解决你的问题（Horvath & Luborsky，1993；Novotney，2013）。为此，信任和同理心是两个基本要素。同时，随着临床医生越来越意识到来访者在性别和种族方面存在多样性，有研究表明，最有效的治疗师是那些可以在来访者自己的文化、经验和母语背景下与他们建立联系的人（Griner & Smith，2006）。

治疗过程除了涉及治疗师和来访者之间的关系外，通常还包括以下步骤。

1. 识别问题。这一步意味着双方对一个需要改变的情况或感受的简单描述达成一致，或者一个符合 DSM-5 的疾病案例，在这一步，治疗师通常会给出哪里出现问题的正式诊断。

2. 找到问题的原因或致使问题一直存在的条件。在某些形式的治疗中，涉及探询过去，尤其是童年时期的经历，寻找患者或来访者不适的根源。或者也有一些治疗方法强调关注当下的病因，即致使问题一直存在的条件。

3. 决定并实施某种形式的治疗。在这一步，治疗

师需要选择某种特定的疗法来最小化或消除困扰症状。最终的治疗取决于问题的性质、治疗师的治疗取向及其接受过的训练。

13.1.3　谁来实施治疗

尽管现在寻求治疗的人比过去多，但他们通常是在自己的心理问题变得严重或持续较长时间后才这样做。他们通常会求助于以下七种主要类型的专业人员：咨询心理学家、临床心理学家、精神科医生、精神分析师、精神科执业护士、临床（精神科）社会工作者或牧师。

这些专业人员之间的差异在表 13-1 中做了重点说明。查看此表时，请注意每种职业类型都有其自己的专业领域。例如，在美国的大多数州，取得药物处方权的专业人员只有医生（包括精神科医生）和精神科执业护士。

目前，临床心理学家正通过他们所在的专业组织寻求获得处方权（Sternberg，2003）。实际上，美国新墨西哥州和路易斯安那州现在已经向完成严格的课程学习计划和实习期间受到监督的心理学家授予处方权（Dittmann，2003）。美国的其他十几个州也出台了类似的法律。同时，美国军方也已经接受了心理学家具有处方权的事实（Dittmann，2004）。然而，这个问题仍然是高度政治化的，特别是受到了医学界的质疑（Fox et al.，2009）。甚至有些临床心理学家也反对处方权，他们担心心理学家会"出卖自己的灵魂"来为寻求药物治疗的公众服务。美国心理学会（APA）前主席乔治·阿尔比（George Albee，2006）曾提及：

目前，执业者在实践中成为药物处方者的动机往往与谋生息息相关。社会上流传着这样一种谬论，即精神或情感障碍都是源于大脑的疾病，必须接受药物治疗。心理执业者想要生存的唯一方法是接受这种无稽之谈。

无论你是否同意阿尔比的观点，接受过适当培训的心理学家获得处方权的时代已经来临。它将如何改变心理学的面貌还有待观察。

表 13-1　精神卫生专业人员的类型

职业类型	专业和基本工作设置	学位证书和资质
咨询心理学家	帮助处理一些日常生活中常见的问题，如关系问题、孩子养育、职业选择，以及学业问题。通常受雇于学校、诊所或者其他机构。	视美国各州而定：通常至少需要咨询专业硕士学位，但个体执业者大多需要哲学博士、教育学博士或心理学博士。
临床心理学家	主要接受帮助那些患有严重精神障碍的人所需的训练，当然也可以帮助问题程度略轻的来访者。通常受雇于精神卫生机构或者医院；一般没有药物的处方权。	一般需要取得哲学博士或心理学博士学位，常常需要通过实习以及美国各州资质认证。
精神科医生	专门接受过精神障碍治疗训练的医生，通常具有处方权，受雇于私立机构、诊所或者精神病院。	医学博士，可能需要由美国医学专业委员会认证。
精神分析师	弗洛伊德学派疗法的从业人员，通常受雇于私人机构。	一些从业者具有心理学博士学位，但大多数精神科医生都会接受精神分析的特别培训。
精神科执业护士	护理专业人员，具有处方权，受雇于私立机构或医院。	需要取得注册护士资格，此外还要接受精神障碍治疗和药物治疗的训练。
临床（精神科）社会工作者	接受过处理精神障碍专业训练的社会工作者，特别是能够从社会和环境视角来看待问题。	社会工作专业硕士，或者临床注册社会工作者；美国各州资质认证。
牧师	专门从事治疗心理障碍的具有宗教信仰的人员；将精神指导和实践咨询结合在一起。	因美国各州和宗教派别而异。

13.2　历史和文化背景下的治疗

学习目标：

描述在不同的文化中，随着时间的推移如何进行治疗。

我们如何治疗精神障碍取决于我们对精神障碍的看法。例如，如果我们认为精神问题是疾病，那我们采取的方法就会有别于那些相信精神问题是由于人格缺陷或恶魔附体的人。

任何一个社会对待精神障碍的方式总是取决于其普遍存在的信念。

13.2.1　治疗史

在中世纪的欧洲，人们认为精神障碍由魔鬼和恶魔所致。在这种情况下，"治疗师"的工作就是驱魔或者"打败魔鬼"——使身体成为精神或恶魔不适宜居住的地方。另一种说法则是，精神障碍患者被称为"疯子"，因为依据民间的说法，月亮（拉丁语中的 luna）导致了他们发疯。在美国独立战争期间，一些改革者则采取了相对开明的观点，他们敦促精神障碍患者应被安置在"庇护所"中，这样可以使得这些患者免受外界压力的伤害。事实上，几个世纪前就有精神庇护所（Elzamzamy & Patel，2015；Ricardo，2011）。在这种情况下，许多患者的状况得以改善，但不幸的是，"精神庇护所"的理想并非总能实现。

伦敦的伯利恒医院（Bethlehem Hospital）是最臭名昭著的庇护所，也是首批庇护所之一。在那里观光者只要花几便士，就可以在周末看到精神病患者为他们提供的狂乱和嘈杂的"表演"。结果，"Bedlam"一词（"伯利恒"的缩写）变成描述嘈杂、混乱地方的专用词。

尽管一开始庇护所运动的初衷很好，但由于腐败的政客耗尽了资源，使得状况恶化，最终导致了大多数庇护者只能接受一些看护服务。最糟糕的是，不少人受到了残酷的监禁。例如，看护人员把他们关在笼子里或用铁链拴住他们，或者让他们穿上显示如"伯利恒"字样的衣服。一些人甚至遭到了殴打，以及其他形式的虐待。不难猜测，庇护所里这种歪曲的"治疗"很难让患有心理障碍的人的状况得到改善。

13.2.2　如今的治疗方法

现代的精神卫生专业人员已经摒弃了旧的恶魔模式和完全被滥用的庇护所治疗，而更赞同基于心智和行为的心理学和生物学的疗法。但是，我们也需要看到，由于当前专业人员对心理障碍的病因尚没有形成一致的看法，所以，最合适的治疗是需要我们在众多疗法中进行选择的一门艺术。为了更好地帮助你了解各种疗法，在这里我们先进行一下预览。

心理学取向的治疗常常被简单地称为心理治疗[①]（psychological therapy）。主要强调用心理学技术（而非生物医学干预）来改善杂乱无章的思维、感受及行为。它主要有两种形式。

- 一种叫作领悟疗法，聚焦于帮助人们理解他们的问题并改变他们的想法、动机或感受。
- 另一种称为行为疗法，主要聚焦在行为改变上。实际上，许多心理治疗师把这二者结合起来使用，称为认知行为疗法。

相反，**生物医学疗法**（biomedical therapy）治疗的核心在于通过使用多种药物，包括抗抑郁药、镇静剂和兴奋剂，来改变大脑的基础生物因素并以此解决精神问题。有时可以直接用电磁刺激甚至是手术来治疗大脑。一些医学取向的治疗师也会把药物和心理治疗结合起来使用。

13.2.3　文化背景下的障碍与治疗

思考和治疗精神障碍的方法存在很大的跨文化差异（Matsumoto，1996）。在西方个人主义文化背景下（即在欧洲和北美），人们普遍认为心理障碍往往是由遗传异常、思维扭曲、不健康的环境或应激源所导致的。但在集体主义文化背景下的人们往往具有不同的看法（Triandis，1990；Zaman，1992）。亚洲社会可能会将心理障碍视为个体与群体之间的脱节。同样，

许多非洲人认为，当一个人与自然和生活的社区（包括传承祖先精神的社区）疏远时，就会出现精神障碍（Nobles，1976；Sow，1977）。

在这样的文化中，脱离精神障碍患者生活的社区来考虑治疗是无法想象的。相反，康复强调要在一定的社会情境中开展，注重当事人的信仰、家庭、工作和生活环境。非洲人在治疗中使用团体支持的方式，并发展出一种被称为"网络疗法"的方法，在患者的整个人际网络中，亲戚、同事和朋友都将参与治疗（Lambo，1978）。这样的治疗可能还会涉及传统的巫师与受过现代心理学和精神病学培训的精神卫生专业人员共同合作。

如果德里克生活在这样的文化中，那么毫无疑问，他会接受巫师的治疗，而这些巫师被认为具有特殊的神秘力量。这类治疗过程会涉及一些仪式，这些仪式把情绪体验和意义感带入治疗的过程。这些仪式将个体患者、巫师和社会与超自然力量联系在一起，最终战胜疯狂（Devereux，1981；Wallace，1959）。

西非人对人格和精神障碍的观点　塞内加尔的精神病学家 I. 索乌（I. Sow）提出了一种人格与精神障碍模型，该模型反映了西非国家对人的内在本质、在社会中的根植以及人与精神性联结的看法（Berry et al.，1992；Sow，1977）。索乌的概念模型描绘了人格的四个层次。塞内加尔人认为，外部的两个层次是人类与其他动物共享的（见图 13-1）。最外层是由身体

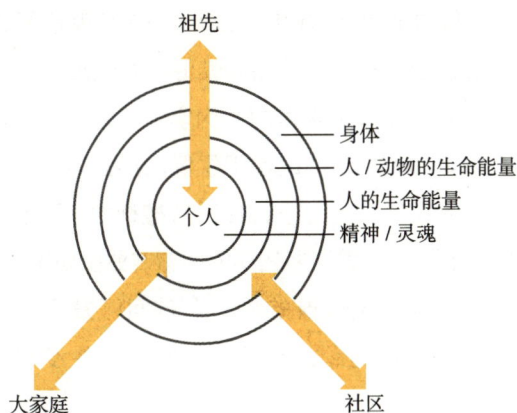

图 13-1　西非国家的精神卫生和精神障碍

注：西非人视角下的个人。

[①]　心理咨询和心理治疗之间没有明显的区别，尽管在实践中"咨询"通常指的是一个相对较短的过程，而且主要聚焦在某个特定的问题上，而"心理治疗"常常涉及的是一些长程治疗以及更广泛的问题。

组成的，接下来的两层则包含生命能量。精神或灵魂存在于最深处，即人格的核心。按照这种观点，除了核心外，其他一切都会在个体死亡后消失。

当然，非洲文化多种多样。如果用索乌的模型解释所有文化背景下的人格，那一定是错误的。总体来说，它最能代表的是居住在西非塞内加尔土著人民的传统看法。

在塞内加尔人的信仰体系中，人格的每个内在层面都与自己所属的领域有着互动，就如同身体与所处的物理环境存在各种各样所在交互。第二层连接着社区，第三层连接的则是个人所在的家庭。每个个体的精神内核都与祖先的精神世界联系在一起。由于精神与身体不同，所以当一个人处于睡眠和恍惚状态时，精神就会游离于身体之外，而当身体死亡时，一个人的精神就会永久地离开并与祖先的精神汇聚在一起。

索乌认为，西非人的这种观点可以帮助我们理解非洲人对疾病以及精神障碍的看法。当发生的一些事情干扰到一个人与家庭、社区或者祖先的联结时，他们就会得病。最严重的疾病是与精神世界的交流中断了。而最好的治疗，就是在当事人处于恍惚状态下由治疗师（巫师）给予的精神治疗。

在欧美世界所称的精神障碍，如抑郁症或精神分裂症，在西非人眼里是由那些人格第三层与周围社群连接出现了状况所引起的。我们通常采用心理治疗和药物来治疗精神障碍，但是塞内加尔巫师通过祈祷来治疗这种状况，并以此来解决内在的人际冲突。并且如果他们认为巫术破坏了人格的第二层与大家庭的交流，导致出现了危及生命的身体疾病，那么治疗就需要采用某种仪式以抵消被施予的咒语。与现代心理学所获得的结果一样，索乌建议：有些治疗是成功的，有些治疗是失败的。他将成功归因于每种文化在其自身的治疗形式与被治疗者的信仰体系之间的联系。

心理学很有用 ● ● ●

准专业人员也能做治疗

最好的治疗是否总是需要拥有心理咨询或心理治疗硕士或博士学位，并且训练有素（且昂贵）的专业人员？

还是准专业人员（paraprofessional）就能成为有效的治疗师？

如果你正在寻求治疗，这些问题就显得很重要，因为医院、诊所和其他机构会越来越多地雇用准专业人员来作为节约成本的方式：雇用这些准专业人员所需的费用仅仅占那些有专业资质人员费用的几分之一，他们常被称为"助手"或"咨询师"（尽管许多咨询师拥有专业资质）。

不过令人惊讶的是，文献回顾发现，面对不同的心理问题，两组之间的疗效并没有实质性的差异（Christensen & Jacobson，1994）。从某种意义上说，这是个好消息，因为大众对心理卫生服务的需求远远超过了能够提供帮助的职业治疗师的数量。由于准专业人员可以有效地提供治疗，那些受过良好培训的专业人员就可以腾出时间担任其他工作，如疾病预防和社区教育计划、患者评估、对准专业人员的训练和督导以及研究工作。当然，对于上述结果的解释要特别谨慎，因为专业人员和准专业人员仅仅在领悟疗法上显示出相同的效能，随后我们还将讨论这种疗法（Christensen&Jacobson，1994；Zilbergeld，1986）。这一差异在使用行为疗法的领域还没有得到验证，行为疗法领域需要有关操作性条件反射、经典条件反射以及社会学习理论的知识。

13.5　解释认知行为疗法与领悟疗法和行为疗法的不同。

13.6　解释艾森克对治疗的批评，并描述治疗有效的证据。

关键问题：

心理学家如何治疗心理障碍

核心概念 13.2

　　心理学家采用的治疗方法主要有两种，即领悟疗法（侧重于发展对自身及其问题的理解）和行为疗法（侧重于通过条件作用来改变行为）。

在美国及大多数西方国家，德里克接受哪种疗法取决于他去看的是医生还是心理治疗师。如果他选择的是施图姆，几乎可以肯定的是他会接受核心概念中介绍的两种疗法之一：

　　心理学家采用的治疗方法主要有两种，即领悟疗法（侧重于发展对自身及其问题的理解）和行为疗法（侧重于通过条件作用来改变行为）。

我们将看到，领悟疗法是最早被发展出来的真正的心理疗法，并且很长一段时间以来，它是唯一可用的心理疗法。近年来，领悟疗法已经与行为疗法相结合，并且行为疗法现已成为我们所拥有的最有效的工具（见图 13-2）。但是，我们还是从领悟疗法开始讲起。

本部分导读：

13.3　了解目前使用的领悟疗法的主要方式。

13.4　了解目前使用的行为疗法的主要方式。

13.3　领悟疗法

学习目标：
了解目前使用的领悟疗法的主要方式。

领悟疗法（insight therapy）试图改变人们的内在部分，即改变他们的思维和感受方式，有时也被称为**谈话疗法**。这些方法基于的假设是受困扰的人需要理解造成其精神困扰的不适宜的思维、情感以及动机。

领悟疗法约有数十种不同的"方法"（见图 13-2），但是所有这些方法都旨在通过探讨和解释来揭示和改变患者充满困扰的心理过程。

一些心理动力疗法，如弗洛伊德的精神分析，会假设问题隐藏在潜意识的深处，因此它们采用了精心设计和耗时的技术来挖掘出问题。

其他一些疗法，如卡尔·罗杰斯（Carl Rogers）的以来访者为中心的疗法，将无意识的重要性降至最低，通过让人们有意识地思考及在与他人的互动中寻找问题。在这里，我们只能列举一些最具有影响力的疗法，从西格蒙德·弗洛伊德开发出来的具有传奇色

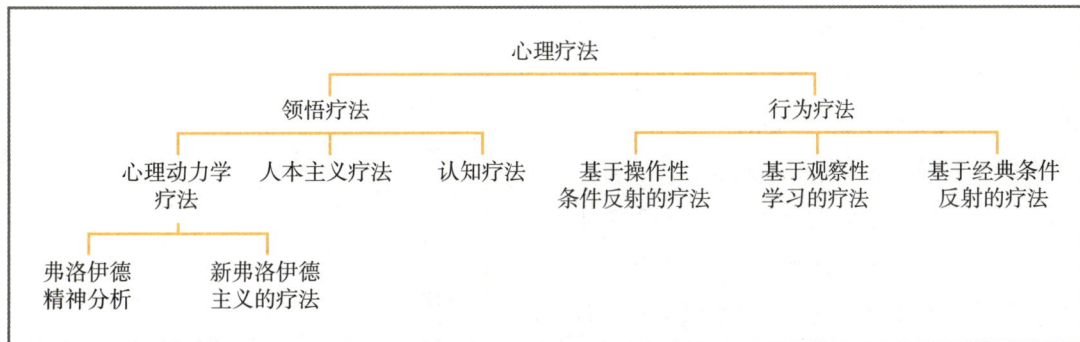

图 13-2　心理疗法的类型

注：心理治疗的两个主要分支各有不同。

彩的心理疗法开始。

13.3.1　弗洛伊德的精神分析

经典弗洛伊德学派的观点认为，心理问题源于不被允许的冲动和威胁性记忆在潜意识中产生的紧张感。因此，弗洛伊德疗法被正式称为精神分析（psychoanalysis），它对无意识状态进行了探究，以期将这些问题带入"现实"，也就是进入意识，使它们不再对个体造成伤害。因此，精神分析的主要目标是揭示和解释潜意识中的愿望、恐惧和欲望。

为了达到无意识层面，弗洛伊德寻求绕过自我（ego）为保护自己而建立的防御机制的方法。

- 一种巧妙的方法叫作自由联想，通过这种方法，患者可以放松身心并谈论所想到的所有事情，治疗师则通过聆听并对涉及无意识需求和冲突的信息保持警惕。
- 另一种方法叫作梦的解析，它依赖于患者梦中的象征性暗示。

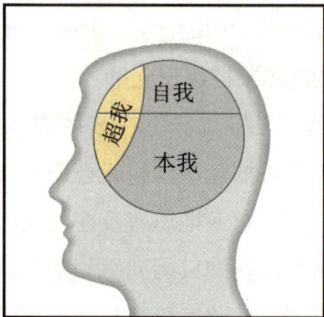

心理动力学疗法聚焦在来访者的动机上，无论是有意识的还是无意识的。这些观点都源自弗洛伊德。

借助这些和其他技术，精神分析师会逐步发展出一个对问题的临床图像，并继续帮助患者了解其症状的无意识原因。为了让你对这一过程有所了解，下面我们来看一个关于弗洛伊德分析一名被诊断为"痴迷神经症"（在 DSM-5 中被诊断为强迫症）的 19 岁女孩的案例。请记住，即使弗洛伊德的观点已不再是心理学或精神病学的主流观点，但它们仍然很重要，因为其中的许多技术已被引入更新的治疗方法中。弗洛伊德的思想之所以重要，还因为他的许多概念，如

自我、压抑、无意识、认同和俄狄浦斯情结（恋母情结），已经成为我们日常词汇的一部分。以下案例（你可能会发现弗洛伊德的解释令人震惊）会让你了解大约一个世纪前心理治疗的方式，并且这一方式至今仍然被一些正统的精神分析师采用。

弗洛伊德解梦　弗洛伊德面对的这位"痴迷"患者每天晚上都要进行一个古怪的就寝仪式，这给她的父母带来了困扰。作为这种强迫性仪式的一部分，她首先关闭房间里的大钟，移走其他较小的时钟，包括她的手表。然后，她将所有花盆和花瓶都放在写字台上，因为以她的"神经症性"的思维方式，这样做后这些钟表在晚上就不会掉下来摔坏。然后，她在门口放置了各种物品，以保证房门保持半开的状态。在采取了这些预防措施之后，她又将注意力转移到床上，小心翼翼地确保枕头（厚枕头）不会碰到床头挡板，并且要求小枕头必须放在厚枕头对角线的中央。然后，她开始抖被子，直到里面所有羽绒都跑到被子的一角，再让它们均匀分布在被子里。之后她会爬到床上，把头放在枕头的正中间。

让这个个案的情况显得复杂的是，女孩永远没法确定自己是否已经正确地执行了仪式。在做完一遍后，她会再重复第一个步骤，然后再进行其他步骤——即使她向弗洛伊德承认，她在夜间采取的所有预防措施都是不合理的，但她每晚还是要花大约 2 个小时才能上床睡觉。

在准备阅读弗洛伊德的解释之前，你可以考虑一下如何理解这一系列奇怪的行为。现在，看看用弗洛伊德（1920/1957）的精神分析对该个案的解释：

> 病人逐渐了解到，她晚上在房间里搬动的这些钟表象征着女性的生殖器。我们知道，钟表除了具有其他象征意义外，还因其周期性过程和规则间隔的特点，也代表着生殖器官。我们可能会听到一个女人描述自己的月经就如同上了发条的钟表一样有规律。现在，这个病人特别担心的是钟表的嘀嗒声会影响她睡觉，此时钟表的嘀嗒声可能就像性兴奋一样。这种感觉让她感到很痛

苦，实际上有好几次她因此从睡眠中醒来。为应对内心的恐惧，她采取了一种措施，即在夜间将所有的钟表移到离自己较远的地方。与所有容器的含义一样，花盆和花瓶也象征着女性的生殖器。因此，要采取预防措施防止它们在夜间掉落和摔碎……她对花盆和花瓶摔碎的预防措施表明，她对整个与童贞有关的危险都有抵触……

有一天，她突然明白了自己的某个行为的含义，即不让厚枕头碰到床头挡板时，她开始把仪式的含义表达出来。她说，在她看来枕头就像女人，直立床头挡板是男人。因此，她希望通过一场魔法式的仪式可以把男人和女人分开。也就是说，要把父母分开，防止他们进行性交……

如果厚枕头代表着女人，那么抖动被子里的羽绒直到所有的羽绒都集中在一角鼓起，这也是有意义的。这意味着一个女人的受孕。尽管她把羽绒又抖开以避免怀孕，但还是无法忽略这件事，因为多年来她一直很害怕父母之间的性生活可能会带来另一个孩子并与她竞争。另一方面，如果厚枕头意味着母亲，那么小枕头就代表着女儿……因此，她自己则扮演了男人（父亲）的那部分，并用自己的头部代替了男性性器官。

你可能会说，一个女童的脑海中怎么会有这些可怕的想法。我承认这一点，但是不要忘了我并没有创造这些想法，只是揭露了它们……

我们为你提供这种解释，不是因为我们希望你接受它，而是为了展示弗洛伊德是如何使用患者的症状作为象征性路标，进而指出潜在的和无意识的冲突、欲望和记忆的。但是，我们应该记住，弗洛伊德既是天才，又是他那个时代——维多利亚时代——的产物，当时的文化包含了矛盾的拘谨和对性的迷恋。人们出于含蓄，会将裤子套在他们的钢琴的"腿"（被认为是一个淘气的词）上，但与此同时，他们却被弗洛伊德的大胆理论吸引。关键是弗洛伊德显然将这种关于性的文化态度误认为是精神疾病的原因。

精神分析治疗的过程　在治疗过程中，弗洛伊德帮助这个痴迷的年轻女孩了解她的**自我防御机制**（ego defense mechanism）如何将她的无意识问题转变为以性恐惧和性幻想为中心的强迫性就寝仪式。因此，通过替换这一自我防御机制，她把对失去童贞的恐惧变成了保护卧室里的花盆和花瓶的行为。这样她的自我就满足了她的潜意识需求。同时，它可以通过另一种被称为压抑（repression）的防御机制，使"实际"问题不受意识的影响。

因此，一个正统的弗洛伊德式精神分析师的主要任务是帮助患者突破压抑的阻碍，并将具有威胁性的想法带入意识。通过这一做法，患者可以洞悉当前症状和所抑制的冲突之间的关系。弗洛伊德认为，当患者开始理解并接受这些无意识的冲突和欲望时，它们就不会再引发麻烦。

最终，在精神分析的最后阶段，患者会了解他们与治疗师建立的关系如何反映了未解决的冲突，尤其是与父母之间的问题。这种把对父母的反应投射在治疗师身上的情况被称为移情，因此治疗的最后阶段被称为移情分析（analysis of transference）。根据精神分析理论，康复的最后一步是，患者最终摆脱了孩童时期与在父母的关系中建立的无意识障碍（Munroe, 1955）。

西格蒙德·弗洛伊德的书房，包括著名的躺椅（右），位于伦敦的弗洛伊德博物馆中。82 岁的弗洛伊德在纳粹占领奥地利后于 1938 年逃往伦敦，并于次年在伦敦去世。

13.3.2　新弗洛伊德主义心理动力学疗法

请允许本书作者对弗洛伊德也做一些分析：很明显他具有戏剧天赋，而且他还拥有强大的、充满魅力的个性，或者正如他本人曾经说的那样，拥有强大的自我。因此，弗洛伊德鼓励他的学生们对精神分析原理进行辩论，但他不能容忍他们对他的学说进行根本性改变。这导致了他与和他意志同样坚强的一些追随者之间不可避免的冲突，如阿尔弗雷德·阿德勒、卡尔·荣格和卡伦·霍妮，他们最终与弗洛伊德分道扬镳并建立了自己的治疗理论。

总体而言，这些心理动力学理论着重于无意识的动机和情感困扰。从形式上讲，新弗洛伊德主义倡导者保留了弗洛伊德的许多基本思想和技术，同时也增加并修改了一些观点和方法。在真正的心理动力学传统中，**新弗洛伊德主义心理动力学疗法**（neo-Freudian psychodynamic therapy）保留了弗洛伊德对动机的重视。现在，大多数精神分析师已经摒弃了躺椅，开始面对面地治疗患者。并且大多数精神分析师会在几个月内每周与患者见一次面，而不像传统精神分析治疗那样在几年内一周见好几次面。

那么你如何看待现代心理动力学治疗师在更短的时间内完成治疗工作呢？

他们中的大多数将重点转移到了有意识的动机上，因此没有花太多时间在潜意识中寻找隐藏的冲突和被压抑的记忆。大多数人还通过强调以下一项或多项观点以与弗洛伊德有所区别：

- 有意识的自体或自我（而不是本我）的意义；
- 整个一生中经历的影响（与弗洛伊德强调早期的经历相反）；
- 社会需求和人际关系的作用（而非性驱力和攻击性驱力）。

每一个新弗洛伊德主义理论家都建立了一种关于障碍和治疗的理论，但各自强调的重点有所不同。在这里我们无法更详细地介绍这些方法，但我们可以简要地描述一下现代心理动力学治疗师如何处理弗洛伊德描述的强迫症女孩的情况。这些治疗师很可能会关注当前女孩与父母之间的关系，也许会关注她是否在借每天晚上两个小时的强迫仪式成为父母关注的

焦点，以弥补自己对这种关系的不满足感。而且，治疗师可能不会对女孩进行如此频繁的治疗，而是会与其父母一起改变他们处理问题的方式。为了进一步说明这一点，在本章开始时我们遇到了心情沮丧的德里克，那么对此这些治疗师该如何进行治疗呢？尽管一位正统的弗洛伊德式分析师将探究他关于童年的记忆以寻找其患抑郁症的线索，但现代的心理动力学治疗师将更可能在其目前的关系中寻找线索，并假设原因是社会关系而非性关系。

13.3.3　人本主义疗法

与强调动机冲突的心理动力学不同，人本主义治疗师认为，心理问题源于低自尊、目标被误导和不完美的关系。的确，寻求治疗的大学生的主要症状包括疏离感、无法实现他们认为应该实现的目标、糟糕的人际关系以及对生活的普遍不满意。治疗师经常将上述提到的日常生活中存在的问题称为*存在危机*，这个术语强调了人类面临的许多问题是关于一个人存在的意义和目的。人本主义心理学家已经发展出专门针对此类问题的疗法。

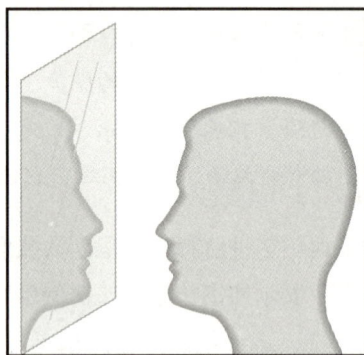

人本主义治疗师通常会帮助来访者应对低自尊、糟糕的人际关系以及*存在危机*。

与心理动力学治疗师的观点相反，人本主义治疗师认为，人们经常受到成长和心理幸福这一*健康*需求的激励。他们对弗洛伊德关于将人格划分为相互冲突的部分的假设提出异议，这种人格由自私的本我主导，由享乐主义的本能和被压抑的冲突所驱动。取而代之的是，人本主义心理学家强调不断发展和变化的

全人概念。

人本主义心理学家认为,当个体正常的发展受到干扰并产生低自尊时,就会导致精神障碍。因此,人本主义疗法(humanistic therapy)试图通过承认来访者是自由的,增强他们的自尊心并实现其最大的潜能来帮助他们应对问题(Schneider & May,1995)。一位人本主义治疗师(如果大约在一个世纪前就已经存在)可能会与弗洛伊德的强迫症患者一起研究她的自我概念和对父母的感受。至于德里克,人本主义治疗师可能会猜测,他的抑郁是由于不满意的人际关系或个人能力不足造成的。

来访者中心疗法 来访者中心疗法(client-centered therapy)也许是人本主义疗法中被使用最广泛的一种方法,是由传奇人物卡尔·罗杰斯(Carl Rogers,1951,1977)发展出来的。这一方法假设一个对积极自我形象的渴望与来自自我和他人的批评之间的冲突会破坏人的健康发展。这种冲突造成了焦虑和不愉快。为此,罗杰斯的以来访者为中心疗法的任务就是创造一个滋养性的环境,使人们可以在这种环境中解决自己的困扰,并最终提升自尊和自我实现。

罗杰斯学派治疗师使用的主要技术之一是**情感反映**(reflection of feeling,又称反应性倾听),以帮助来访者理解他们的情绪。通过这种技术,治疗师释义来访者的话语,充当一种心理"镜子",来访者可以从中看到自己。在以下来访者中心治疗过程的摘录中,请注意治疗师是如何使用这项技术来捕捉一名年轻女子表达出来的情绪的(Rogers,1951)。

来访者:这可能一直追溯到我的童年……母亲告诉我,我是父亲的宠儿。尽管我从来没有意识到这一点——我的意思是,他们从来就没有宠过我。而且其他人似乎总觉得我在这家里是一个有特权的孩子……现在我回过头来看,这只是家庭让其他孩子能更多地逃避惩罚的原因,而出于其他某种原因,他们似乎对我比其他孩子更严格。

治疗师:无论从哪个方面,你都无法感受到来自父母的宠爱,而家庭状况似乎也对你提出了更高的标准。

来访者:嗯。这就是我面对的一切,并且其他人可以犯错,或者像个顽皮的孩子一样捣蛋……但爱丽丝不能那样做。

治疗师:嗯。其他人那样做只是有点顽皮。但对你而言,就不应该这样做。

来访者:这确实是我的想法。我认为父母对我的标准……是一个我需要咨询和思考的问题,因为我一直在怀疑是否有人真诚地对待过我。

治疗师:嗯。你现在无法确定自己是否有更深的价值感。

来访者:嗯嗯。

请注意,在此示例中,治疗师的大多数陈述是在释义或"反映"来访者刚刚说的话。

这一方法有效吗?实际上,来访者中心疗法拥有大量的科学研究支持。美国心理学会一个特别工作组负责寻找能够支持治疗有效性的科学实践,结果发现有效的治疗方法拥有的共同因素,恰恰是罗杰斯学派的同理心、积极关注、真诚和反馈(Ackerman et al.,2001)。

13.3.4 认知疗法

到目前为止,我们已经讨论的领悟疗法主要关注人们的情绪或动机。

另一方面,**认知疗法**(cognitive therapy)假设心理问题源于错误的思维,并将理性思维视为积极治疗和改变的关键（Butler et al.，2006）。认知疗法有很多形式，但在这里我们只举一个例子来说明：亚伦·贝克（Aaron Beck）用认知疗法来治疗抑郁症。

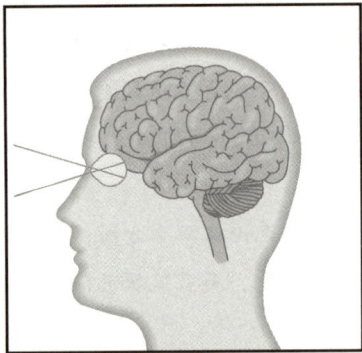

认知疗法的重点是改变来访者对自己和世界的看法。

贝克最初接受的是经典精神分析的培训，但后来他注意到他的抑郁症患者的梦和自由联想充满了消极的想法，于是他开始打破弗洛伊德的传统（Beck，1976；Bowles，2004）。通常，患者们会发表自嘲的言论，如"如果他们真的了解我，就没人会喜欢我"和"我不太聪明，无法在竞争这么激烈的学校里表现出色"。贝克逐渐确信，是这种消极的自我对话导致人们抑郁。所以，治疗师的工作就是帮助来访者学习更多的积极思维方式。

以下是贝克的治疗方法的示例，摘自与德里克年龄相仿的一名大学生进行的一次治疗的对话（Beck et al，1979）。

> 来访者：当事情出错时我会感到沮丧。就像我考试不及格一样。
>
> 治疗师：考试不及格为何会使你感到沮丧？
>
> 来访者：好吧，如果我考试失败，就永远也不能上法学院了。
>
> 治疗师：你是否同意你解释考试结果的方式会影响你？你可能会感到沮丧、无法入睡、食欲不振，甚至可能会怀疑是否该放弃这门功课。
>
> 来访者：是的，我同意。我一直在想我不会成功。
>
> 治疗师：现在考试失败意味着什么？
>
> 来访者：（泪流满面）我无法进入法学院。

> 治疗师：那对你意味着什么？
>
> 来访者：我不够聪明。
>
> 治疗师：还有吗？
>
> 来访者：我永远都不会开心。
>
> 治疗师：这些想法会让你感到怎样？
>
> 来访者：很不开心。
>
> 治疗师：因此，考试不及格的意义是会让你很不开心。实际上，相信自己永远无法开心是造成你不开心的重要因素。因为，你掉进了一个陷阱里——它的定义是，不能进入法学院等于"我永远不会开心"。

从上述交流中我们可以看出，认知治疗师可以帮助人们直面破坏性思维来改善抑郁症状。研究表明，在治疗抑郁症方面，贝克的方法至少可以和药物一样有效（Antonuccio，1995；Beck，2005）。

在德里克这个个案中，认知治疗师无疑会寻找可能使他抑郁的消极自我对话。

认知治疗师会如何面对弗洛伊德的那位 19 岁的强迫症患者？ 他们会把重点放在患者非理性的信念上，如花盆和花瓶可能会在晚上会掉下来摔坏的想法。认知治疗师还会挑战来访者的假设，即如果她不遵守睡前仪式，可能会发生灾难性事件（如无法入睡）。在这两种情况下，认知治疗师做出的假设是，症状会随着积极思维取代消极思维而消失。

13.3.5 团体治疗

截止到现在，我们所讨论的治疗方法一般都涉及患者或来访者与治疗师之间的一对一关系。但是，大多数情况下也可以由两人或更多人组成的治疗小组来完成。在处理人际关系方面的困扰时，这种**团体治疗**（group therapy）比个体治疗更有优势。事实上，团体治疗通常会成为涉及夫妻、家庭或其他具有类似问题（如抑郁症或吸毒成瘾）的群体寻求治疗时的首选方法。

虽然有些团体会尝试线上治疗，但通常治疗团体每周会面一次（Davison et al，2000）。在许多情况下，尽管心理动力学和认知行为视角的治疗团体也很普遍，但团体治疗师大多还是采用人本主义的视角。无论采用哪种方法，团体治疗都可以为患者提供在宽容和支持的环境下观察和模仿新的社会行为的机会。为了简洁起见，接下来我们将仅讨论两种代表性的团体治疗：自助支持团体、婚姻与家庭疗法。

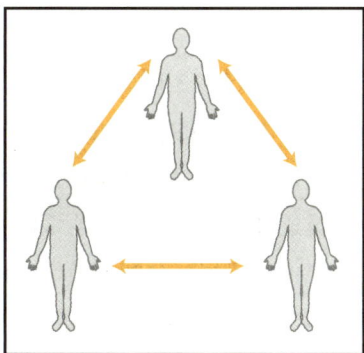

虽然从业者采用团体治疗的角度不同，但他们都利用了团体的社会环境。

自助支持团体 在团体治疗中，最值得关注的也许就是人们对**自助支持团体**（self-help support groups）的兴趣激增。目前存在成千上万个这样的团体，许多都是免费的，特别是那些不是由付费医疗专业人员指导的团体。这样的团体使人们有机会在不受威胁的条件下会面，与有类似问题的其他人交流想法，这些人有的已经摆脱困扰，有的甚至取得了非凡的成就（Schiff & Bargal，2000）。

最早的支持团体戒酒互助会（Alcoholics Anonymous，AA）于 20 世纪 30 年代中期开始倡导自助的概念。最初 AA 的核心是戒除酒瘾的 12 个步骤。需要注意的是，这 12 个步骤并非基于心理学理论，而是基于早期 AA 成员反复试验的结果。

到了 20 世纪 60 年代，女权主义者意识提升运动使更多的民众了解了自助这一概念。现在出现了许多解决各种问题的自助支持团体，其中包括：

- 处理生活转变或其他危机，如离婚或孩子的死亡；
- 应对身体和精神障碍，如心脏病或抑郁症；
- 处理成瘾和其他不受控制的行为，如酗酒、赌博、暴饮暴食、纵欲过度和药物依赖；
- 处理成瘾者的亲戚或朋友感受到的压力。

团体治疗也为绝症患者的治疗做出了宝贵的贡献。这种治疗的目的是帮助患者及其家人尽可能活得好一些，切实应对即将到来的死亡，并适应患病晚期的身体病痛。这类身患绝症的支持团体的重点是帮助患者学习"如何充实地活着直到说再见"（Nungesser，1990）。

婚姻与家庭疗法 与那些正在为关系而苦苦挣扎的人们一起工作也许是了解关系最好的环境。例如，夫妻治疗（或咨询）可能涉及一对夫妻，他们正在学习并弄清他们的交流方式并提高互动的质量（Napier，2000）。通过为一对夫妻（通常一次只有一对）提供咨询，治疗师可以帮助他们确定他们之间的沟通风格，是支配、控制或混淆彼此的言语，还是非言语沟通（Gottman，1994，1999）。然后，治疗师可以帮助他们巩固彼此之间更理想的反应模式并减少冲突。夫妻通常会学习一些非指导性倾听技巧，这些技巧有助于澄清和表达感受以及想法，而不会产生对抗（Jacobson et al，2000；Wheeler et al，2001）。

在夫妻治疗中，治疗师可以帮助夫妻一起努力改善彼此已经形成的沟通方式。

在家庭治疗中，"服务对象"是整个家庭群体，每个家庭成员都被视为关系系统的一部分（Fishman，1993）。家庭治疗师可以帮助陷入困境的家庭成员感知给他们带来麻烦的问题或模式。家庭治疗的目的是改变参与者之间的人际动态（互动）（Foley，1979；

Schwebel & Fine，1994）。家庭治疗不仅有助于减轻家庭内部的紧张感，而且还可以通过帮助单个家庭成员认识到他们在团体中的作用，并更好地提高这种作用。它已经被证明可以有效地治疗神经性厌食症、抑郁症和其他心境障碍，甚至可以为患有精神分裂症的家庭带来帮助（Miklowitz，2007）。

写一写

心理动力学疗法与认知疗法

你认为心理动力学疗法和认知疗法之间的主要区别是什么？

13.4　行为疗法

学习目标：

了解目前使用的行为疗法的主要方式。

如果来访者的问题是暴饮暴食、尿床、羞怯、反社会行为或可以用纯行为学术语描述的其他任何障碍，都有可能通过某种行为疗法（也称行为矫正）对其进行调整。**行为疗法**（behavior therapy）的假设是，不良行为是习得的，因而也可以通过学习消除，它依赖于操作性条件反射和经典条件反射的原则（见图13-2）。除了先前列出的那些困难之外，行为治疗师还报告说他们成功地应对了恐惧、强迫、抑郁、成瘾、攻击性和违法行为。

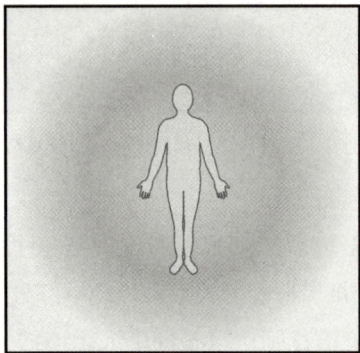

行为治疗师专注于个体所处的环境和问题行为，而不是内在的想法、动机或感受。

就像名称所暗示的那样，行为治疗师专注于问题行为，而不是内心的想法、动机或感受。他们试图理解不良行为是如何习得的，更重要的是，如何消除不良行为并用更有效的模式代替它们。要了解如何做到这一点，我们首先来看一下从经典条件反射中借鉴的行为疗法技术。

13.4.1　经典条件反射疗法

心理学家玛丽·科夫·琼斯（Mary Cover Jones，1924）报告说，行为疗法的首次使用是对一个叫彼得的小男孩进行治疗，他对毛茸茸的物体感到恐惧。琼斯在几周内通过逐渐让兔子在彼得吃饭时离他越来越近，从而减轻了他的恐惧。最终，彼得允许兔子站在他的腿上并抚摸它。（你可能会注意到它与约翰·华生用小艾伯特做的实验相似。的确，琼斯是华生的助手，并且了解有关小艾伯特的研究。但是，与小艾伯特不同的是，彼得接受治疗时已经对兔子和其他毛茸茸的物体产生了强烈的恐惧。）

令人惊讶的是，在这次治疗后过了 14 年，行为疗法才重新出现，这一次是用于治疗遗尿（Mowrer & Mowrer，1938）。该方法涉及在患者身体下方放置液体敏感垫。当敏感垫因潮湿发出警报时，患者会被吵醒。这种疗法在 75% 的病例中是有效的，取得了惊人的成功率。因为心理动力学疗法通过谈论症状的"意义"来治疗遗尿，这根本不能解决问题。然而，行为疗法成为心理治疗的主流又花了 20 年的时间。

为什么会有延迟？ 弗洛伊德式的古老观念（即每个症状都有潜在的无意识原因，必须予以发现和根除）在临床领域牢牢地扎下了根。这使得治疗师不敢直接干预症状（行为），因为他们担心会出现症状替代：消除一种症状后另一种可能更糟糕的症状将会取而代之。令人高兴的是，这种担心是没有根据的。

系统脱敏疗法 精神科医生约瑟夫·沃尔普（Joseph Wolpe）挑战了已经根深蒂固的症状替代概念。沃尔普认为，非理性恐惧反应和其他不良情绪行为的发展可能遵循经典条件反射模型而不是弗洛伊德模型。**经典条件反射**（classical conditioning）包括将新刺激与非条件刺激（unconditioned stimulus，也可称为无条件刺激）关联起来，从而使人对这两个刺激做出相同的反应。因此，恐惧反应可能与人群、蜘蛛或闪电有关。沃尔普还意识到了另一个简单的道理：

> 神经系统不能同时放松和活跃，因为这两个不兼容的过程不能同时被激活。将这两个想法放在一起就为沃尔普的方法（系统脱敏疗法）奠定了基础（Wolpe，1958，1973）。

系统脱敏疗法（systematic desensitization）从训练程序开始，治疗师教患者放松他们的肌肉和心理（Rachman，2000）。当患者处于深度放松的状态时，治疗师会通过让患者逐渐想象更可怕的情况来达到消退（extinction）的目的。这个过程是逐步完成的，称为焦虑等级排列，治疗策略从浮想联翩到想象一个极为恐惧的情境。

为了建立焦虑等级，治疗师和患者首先要确定引起患者焦虑的所有情境，然后按从最弱到最强的等级进行排列（Shapiro，1995）。例如，为严重害怕公开演讲的患者构建了非条件刺激的等级排列，如表13-2所示。

表 13-2　焦虑等级示例

1. 看别人演讲的图片或视频
2. 观看别人演讲
3. 准备在几个朋友面前发表演讲
4. 必须在一大群人面前做自我介绍
5. 等待在会议或大课堂上发言
6. 作为演讲者被介绍给很多观众
7. 走到讲台上演讲
8. 在一大群人面前发表重要讲话

注：以上是治疗师和患者可能会构建的典型的焦虑等级，以减轻对公开演讲的恐惧感。治疗师会引导患者放松并想象以上情境。

在脱敏过程中，已经放松下来的患者可以形象地描绘列表中最弱的焦虑刺激源。如果可以不费吹灰之力将其可视化，则患者可以继续处理下一个更强烈的焦虑刺激源。在接受几次治疗后，患者可以毫不担心地想象清单上最令人痛苦的情境（Lang & Lazovik，1963），这个过程就叫作系统脱敏。

事实证明，在引发患者焦虑方面，沃尔普可能过于谨慎。在一种新的和更加强烈的脱敏形式［称为暴露疗法（exposure therapy）］中，治疗师实际上可能会让患者面对其所害怕的物体或情境，如蜘蛛或蛇，而不是仅仅通过想象。与沃尔普的方法相比，这种方法似乎更有效（Barlow，2010）。该技术已成功用于众多患有恐怖症和焦虑症的患者，其中包括许多对血液、注射和细菌感到恐惧的患者，这些恐惧阻碍了他们获得所需的医学或牙科治疗（Dittmann，2005）。

在过去的几年中，一些行为治疗师为暴露疗法增加了高科技手段。通过使用计算机生成的恐怖场景，患者可以在他们知道是安全的虚拟现实环境中探索和消除恐惧及焦虑。为了进入虚拟现实环境中，患者需要戴上一个带有屏幕的头盔，在屏幕上放映他们需要脱敏的图像的投影：蜘蛛、蛇、高处、封闭的空间，以及所有常见的导致个体产生恐怖症的物体或图像（Winerman，2005d）。

厌恶疗法　脱敏疗法和暴露疗法可以帮助患者应对他们想要避免的刺激。但是情况相反时会如何呢？有什么方法可以帮助那些被有害或非法刺激所吸引的人呢？

这些例子包括药物成瘾、某些性吸引和暴力倾向——所有这些问题都是由某些特定刺激引起的不良行为。**厌恶疗法**（arersion therapy）通过条件反射来解决这些问题，该条件反射旨在通过将诱因刺激物与不愉快的（厌恶的）刺激物反复配对出现以使患者感到厌恶。例如，治疗师可能会使用电击或让人产生恶心的药物，其作用是令人感到极度不愉快，但实际上对患者没有危害。随着时间的推移，对厌恶刺激的负面反应（无条件的反应）会与条件刺激（如成瘾性药物）相关联，让患者产生厌恶情绪，进而取代之前的欲望。

再例如，如果你选择使用厌恶疗法戒烟，则可能需要在你吸烟时制造出难闻的气味，一直到你在吸烟与恶心之间建立牢固的联系为止，如图13-3所示。让酗酒者在喝酒时服用安塔布司（促进清醒的药物）也有类似的条件反应。

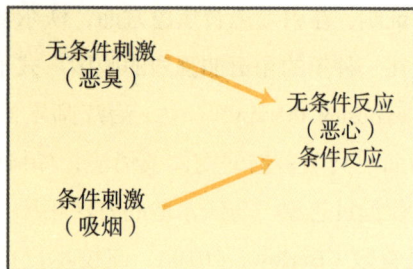

图 13-3 对吸烟厌恶的条件反射

注：针对吸烟的厌恶疗法可能会在个体吸烟时制造恶臭的气味。恶臭（如腐烂的鸡蛋）会让人感到恶心。然后，该反应成为与吸烟相关的条件反应。

从某种角度来看，厌恶疗法与酷刑无异。那么，为什么有人会情愿接受这种疗法呢？有时，法院可能会判定缓刑犯接受这种治疗。但是，通常人们接受这种类型治疗的原因是他们的成瘾性很强，抵制了其他治疗方法。

13.4.2 操作性条件反射疗法

四岁的泰勒（Tyler）和父母一起去商店会大声尖叫，因为父母拒绝给他买糖果。当父母屈服于他的要求时，他通过操作性条件反射习得了这种令人讨厌的行为。实际上，在儿童和成年人中发现的大多数行为

问题都是通过奖励和惩罚形成的。例如，泰勒的案例与长期上班迟到的员工或等到最后一刻才复习准备考试的学生之间有相似之处。改变这种行为需要操作性条件反射技术。

让我们看一下关于操作性条件反射的两种治疗方法。

相倚性管理 泰勒的父母可以通过转移自己的注意力（即不关注泰勒的尖叫）来学着在商店里消除他的尖叫反应，当然这绝非易事。此外，治疗师可能会指导他们"关注泰勒的良好表现"，并给予他所有需要的关注，但仅限于良好的表现。随着时间的推移，不断强化的变化将取代旧的不良行为，并有助于使新的行为得以维持。这种方法是相倚性管理（contingency management）的示例：通过调节行为的结果来改变行为本身。它已被证明可以有效地治疗在家庭、学校、工作、监狱、军队和精神病院等各种环境中出现的问题行为。谨慎地运用奖惩措施还可以减少孤独症儿童的自残行为（Frith，1997）。而且，如果你想改变一些不良习惯或养成新习惯，甚至可以对自己应用相倚性管理技术，请参阅下面的"试一试"。

试一试　➡➡➡　　　行为自我矫正

你想养成一种习惯吗？让我们考虑一下如何养成规律运动的习惯，以行为自我矫正程序为例，你可以适应该行为以获取任何新的理想行为模式或摆脱不良行为。在回答以下问题时，请从行为的角度指出哪些答案是合适的。

以下哪种行为是开发和维护新的锻炼计划的理想行为？

你想选择多少就选择多少，但请确保你仅选择可观察的、可测量的行为

1.写下你的健身目标

2.指定你认为自己会喜欢的运动类型

3.锻炼时克服懒惰的感觉

4.寻找一个致力于锻炼的"运动伙伴"与你一起执行计划

5.感觉自己的身体状况更好了

6.记录每次运动的时间

7.穿泳衣看起来更好看

答案

1.这是可测量的行为

2.这是可测量的行为

3.这是一种主观感觉，而不是可观察的行为

4.这是可测量的行为

5. 这是一种主观感觉，而不是可观察的行为。

6. 这是可测量的行为。

7. 这是一种主观感觉，而不是可观察的行为。

你想何时或在什么条件下开始这种新行为？指出以下哪一项是适当的行为。

1. 对自己的锻炼方式保持积极的态度。

2. 每周至少有 5 天进行锻炼。

3. 如果有一天我不能像平常一样运动，我打电话给我的运动伙伴。

答案

1. 这是精神上的，不是可观察、可测量的行为。

2. 这是可测量的行为。

3. 这是可测量的行为。

对自己进行一些积极的强化，以增加产生所需反应的可能性。

当你做出期望的行为时，以下哪项是你可以给自己的奖励？

1. 维持计划 6 个月后，购买新的泳衣。

2. 注意到 6 个月后你穿泳衣看起来更好看。

答案

1. 这是可测量的行为。

2. 这是精神上的，不是可观察、可测量的行为。

通过每天记录你的新行为来反馈自己的进度。你的新行为发生的每日记录。例如，可以在日历或图表上完成此操作。随着时间的流逝，你会发现所需的行为的频率有所增加。你还会发现养成的新习惯有其自己的奖励，如每年进行体检时身体更健康或更令人满意的社交互动（Kazdin，1994）。

代币制　有一种特殊的治疗方法被称为代币制（token economy），可用于教室和学校等团体环境。我们可以将其视为团体治疗的行为版本（Ayllon&Azrin，1968；Martin&Pear，1999）。该方法的名称来自治疗师或教师有时会为表扬他们所期望的行为而提供直接强化的塑料代币。

例如，在课堂上，学生可能会因安静地坐几分钟、参与课堂讨论或按时交作业而获得代币。随后，学生可以用代币兑换食物、商品或特权。通常，治疗师也会使用"点数"或游戏币来代替代币。重要的是，个体在做出一些期许的反应后要立即给他们一些强化物。通过适当的调整，代币制还可以很好地用于发育障碍儿童、精神病患者以及监狱里的犯人（Higgins et al.，2001）。

> **写一写**
>
> **行为疗法：为什么花了这么长时间**
>
> 解释为何大多数临床医生不用行为疗法的技术治疗尿床、恐怖症和吸烟等障碍。

13.4.3　参与性模仿：观察学习疗法

我们经常说"东施效颦"。果然，猴子可以通过观察和模仿学习恐惧。一项研究表明，以前对蛇不反感的实验室猴子可以通过观察它们的父母对真正的蛇和玩具蛇的恐惧反应而获得恐蛇症。猴子看到蛇时越不安，它们的后代见到蛇时就越害怕（Mineka et al.，1984）。一项后续研究表明，这种恐惧不仅仅是家庭问题。当其他以前没有表现出对蛇感到恐惧的猴子有机会观察与其无血缘关系的成年猴子做出对蛇感到害怕反应时，它们很快就学会了相同的反应，如图 13-4 所示（Cook et al，1985）。

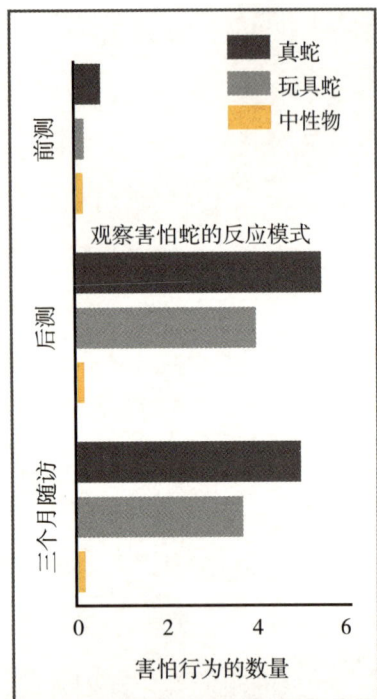

图 13-4　猴子的害怕反应

人们也会像猴子一样通过观察他人的行为习得恐惧。但出于治疗的目的，参与性模仿的观察学习也可以被用于健康行为的养成。在**参与性模仿**（participant modeling）中，来访者或参与者观察并模仿某人的期望行为。当然，多年来体育教练一直使用参与性模仿。与之类似，治疗恐蛇症的行为治疗师可能会通过首先接近笼中的蛇，然后做出触摸蛇等模拟期望的行为。然后，来访者模仿想要学习的示范行为——但绝不是被迫学习。如果治疗师感觉到来访者的抗拒，来访者可能会回到之前的水平。如你所见，该过程类似于**系统脱敏**，但重要的是增加了观察学习。事实上，参与性模仿借鉴了操作性条件反射和经典条件反射的概念。

在一项与其他几种方法进行比较的研究中，可以看出参与性模仿在消除蛇恐症方面的巨大作用：

1. 象征性模仿，一种通过观看电影或视频来间接暴露对象的技术，模拟处理令人恐惧的情境；
2. 脱敏疗法，你也许记得，也就是将被试暴露于想象中的可怕刺激中；
3. 无治疗干预（控制组）。

如图 13-5 所示，参与性模仿最为成功。参与性模仿组 12 名被试中有 11 名消除了恐蛇症（Bandura，1970）。

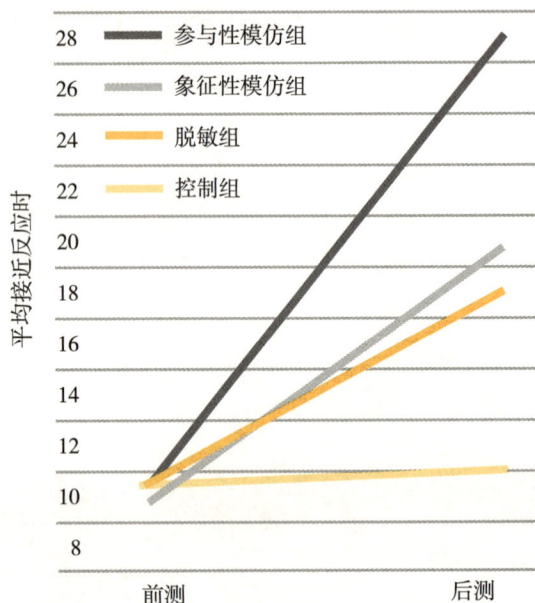

图 13-5　不同疗法消除恐蛇症的效果对比

注：在观看模仿行为后，来访者能够接近蛇。该图将参与性模仿疗法与其他两种疗法以及一个控制组进行了比较。

13.5　认知行为疗法

学习目标：

解释认知行为疗法与领悟疗法和行为疗法的不同。

假设每次你所爱的人对他人表示友好时，你都难以控制嫉妒的情绪。问题很可能源于你对自己和其他相关人员的认知（"马蒂正在从我身边偷走特里"）。这些想法也可能会影响你的行为，这些行为方式可能会使特里远离你。在这种情况下，针对你的认知和行为一起进行治疗可能比单独治疗更好。

简而言之，**认知行为疗法**（cognitive-behavioral therapy，CBT）把对思想和态度的认知重点与我们刚刚讨论的行为策略结合起来。这种双重方法假设，不合理的自我陈述通常是适应不良行为的基础。因此，需要治疗师和来访者共同努力来修正非理性的自我对话，设定可以实现的行为目标，制定实现这些目标的现实策略，并评估结果。通过这种方式，人们可以改变处理问题的方式，逐渐发展出新技能和自我效能感（Bandura，1986，1992；DeAngelis，2008b；Schwarzer，1992）。

认知行为疗法的效果如何？你怎么看？

效果确实很好，特别是对于抑郁症、焦虑症、酗酒、神经性贪食症、反复出现的噩梦和创伤后应激障碍（Baker et al.，2008；Chamberlin，2008）。事实上，它是心理学中最成功的疗法。在所有这些障碍中，CBT 至少可以和药物治疗一样有效——有时甚至更有效。对于某些其他情况，如双相障碍和精神分裂症，CBT 和药物的组合比单独使用其中一种都更有效。

13.5.1　理性情绪行为疗法

最著名的认知行为疗法是由阿尔伯特·艾利斯（Albert Ellis，1987，1990，1996）创造的，旨在帮助人们消除自我挫败的思维模式。艾利斯将他的治疗方法称为**理性情绪行为疗法**（Rational-Emotive Behavior Therapy，REBT），这个名字来源于它挑战了某些"非理性"信念和行为。

REBT 挑战了哪些非理性信念？它们如何导致了适应不良的感觉和行为？根据艾利斯的说法，适应不良的人将生活建立在一系列不切实际的价值观和无法实现的目标上。这些无法实现的目标和不切实际的价值观导致人们抱有不现实的期望，即他们应该永远成功，他们应该永远得到认可，他们应该永远被公平对待，他们的经历应该永远是愉快的。你可以在下面的"试一试"版块中看到最常见的非理性信念。例如，在你自己的日常生活中，你可能经常告诉自己你的数学考试成绩"应该"是 A 或者你"应该"每天花 1 小时锻炼身体。此外，他说，如果你无法实现自己的目标并且很少质疑这种"神经质"的自说自话，它可能会控制你的行为，甚至阻止你选择自己想要的生活。如果你准备接受 REBT 的治疗，你的治疗师会教你如何识别这些假设，质疑它们的合理性，并用更有效的想法替换非理性的想法。艾利斯告诫大家，不要总对自己说"应该"。

试一试　➡➡➡　检查你自己的信念

下列是一些明显非理性的信念，但阿尔伯特·艾利斯发现许多人都具有这些信念。你有这些想法吗？自省内心并坦诚地回答：以下哪些最符合你的真实感受。

1. 我必须得到大家的喜爱和认可。
2. 我必须完全胜任各种工作、有能力并且有成就。
3. 当事情没有按照我想要的方式发展时，这就是灾难性的。
4. 感到不快乐源于我无法控制一些事情。
5. 人们必须始终公平公正地对待彼此，那些不这样做的人是讨厌和可怕的人。

6. 我必须时刻警惕危险和可能出错的事情。
7. 生活充满问题，我要快速地找到解决它们的办法。
8. 与面对问题和责任相比，逃避它们更容易。
9. 过去不愉快的经历对我产生了深远的影响，因此，它们一定会继续影响我现在的感受和行动。
10. 我只享受当前的快乐。未来的问题自会迎刃而解。

在艾利斯看来，所有这些陈述都源于非理性的信念，都可能会导致心理问题。你符合的条目越多，你的信念就越"不合理"。他的认知行为疗法被称为理性情绪行为疗法，专注于帮助人们认识到，这些非理性的信念会"把自己逼疯"。例如，一个去参加聚会而不是为考试而学习的学生

持有上述信念的第8条。一个因得不到某份工作而感到沮丧的人持有上述信念的第3条。你可以从艾利斯的书中获得更多关于这个疗法的信息。

那么，你认为认知行为治疗师会如何处理弗洛伊德的强迫症患者？

正如我们之前所建议的，治疗师会首先采用认知方法挑战女孩的非理性信念。然后，切换到行为模式，治疗师可能会教女孩每天晚上入睡前使用放松技巧。这些技巧将取代强迫性的仪式。治疗师也可能会与女孩的父母一起协作，专注于帮助他们学会不去关注女孩的仪式化行为，因为这种关注对女孩无异于是一种奖励。

同样，针对德里克，认知行为治疗师会通过挑战他的思维方式来提供帮助——也许是少责怪自己，更多地关注做得更好的建设性计划——最终可以改变他的感受和行为方式。事实上，彼得·卢因森（Peter Lewinsohn）和他的同事们发现，他们可以用这种认知行为技术有效地治疗很多抑郁症患者（Lewinsohn et al., 1980, 1990; Lewinsohn& Gottlib, 1995）。他们的方法是，在抑郁循环的几个点上进行干预，教人们如何改变他们的无助感，如何适应不愉快的情境，并在他们的生活中构建更多的奖赏。

13.5.2　积极心理疗法

德里克也可能是一种认知行为治疗新范式的理想患者人选，这种新方法被称为积极心理疗法（Positive Psychotherapy，PPT），由马丁·塞利格曼（Martin Seligman）开创。与人本主义者一样，塞利格曼和他的积极心理学同行们将他们的使命视为在心理学对精神障碍负面的强调与他们对成长、健康和幸福的积极关注之间找到平衡。因此，塞利格曼通过强调积极因素来解决抑郁症问题是"自然而然的"（seligman et

al., 2006）。然而，不同于人本主义者，PPT侧重于认知和行为，并重视研究。

在PPT和卢因森的治疗中，德里克可能会发现自己更像一个学生而非病人。例如，治疗师可能会给他布置一个"家庭作业"，如睡觉前写下今天进展顺利的三件事及为什么进展顺利。德里克还将学会关注积极情绪，建设性地回应他人，以及在工作和家庭生活中寻求更多乐趣。PPT的效果如何？塞利格曼和他的团队已经对几十名来访者使用了积极心理疗法，并报告了初步结果且显示它比传统疗法或抗抑郁药物能够更有效地缓解抑郁症（Seligman et al., 2006）。

13.5.3　通过改变思想来改变大脑

当前的脑部扫描技术表明，认知行为疗法不仅可以帮助人们改变思想，还可以改变大脑（Dobbs, 2006b）。在一项研究中，治疗师对强迫症患者（如经常担心自己没有关火或锁门）进行了认知行为矫正（Schwartz et al., 1996）。当他们有想跑回家检查的冲动时，治疗师就让他们接受训练，并将自己的经历标记为强迫症或冲动，而不是理性的担忧。接下来的15分钟让他们专注于其他活动以分散自己的注意力并等待这种"冲动"消失，而不是屈服于它，通过对接受了这种技术训练的被试的大脑进行的PET扫描表明，随着时间的推移，大脑中负责那些恼人的恐惧或冲动的区域逐渐变得不那么活跃了。

正如该研究表明的那样，自从我们怀疑思想和行为是先天还是后天的产物以来，心理学已经取得了长足的进步。通过认知行为疗法，我们现在知道经历是可以改变行为背后的生物学过程的。

13.6　评估心理疗法

学习目标：

解释艾森克对治疗的批评，并描述治疗有效的证据。

既然我们已经了解了各种类型的心理疗法（见图 13-6），让我们退后一步，看一看心理疗法的效果如何。

想一想：如何客观地判断心理疗法是否真的有效？正如我们将看到的，这个问题的答案始终不那么明确（Kopta et al.，1999；Shadish et al.，2000）。

大量证据表明，大多数接受过心理治疗的人都喜欢心理治疗。例如，通过对《消费者报告》（Consumer Reports，1995）的数千名订阅者进行的调查就表明了这一点。受访者需指出他们感受心理治疗帮助自己的

程度，他们对治疗师的治疗满意度如何，治疗结束后他们的"整体情绪状态"有多大变化，以及他们具体接受了什么样的治疗。调查结果如下：

（1）治疗是有效的，也就是说，心理治疗被认为可以帮助来访者减少或消除他们的心理问题；

（2）长期治疗优于短期治疗；

（3）所有形式的治疗对于改善来访者的问题都同样有效（Jacobson & Christensen，1996）。

然而，我们不能仅仅因为人们说他们喜欢心理治疗或心理治疗对他们有帮助而对心理治疗竖起大拇指（Hollon，1996）。感性认识不能成为科学的证据——这就是为什么心理学家现在要求通过有对照组或控制组的研究来判断治疗效果。因此，让我们转向对治疗有效性的对照研究，从一份几乎颠覆治疗方案的报告开始。

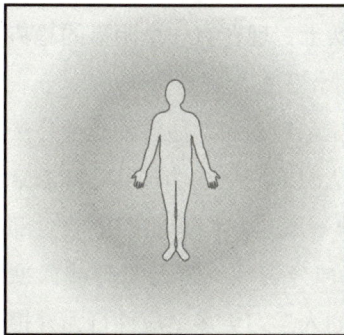

行为疗法
旨在改变个人外部的事物：环境中的奖励、惩罚和暗示，以改变人的外部行为

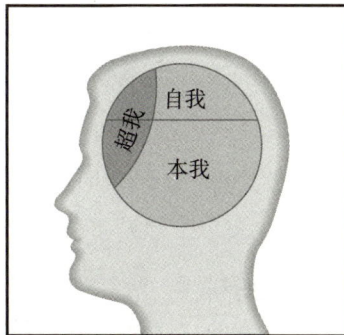

心理动力学疗法
旨在改变人的思想，尤其是潜意识

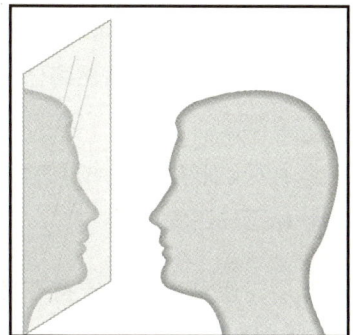

人本主义疗法
旨在改变人们看待自己的方式以及他们的人际关系

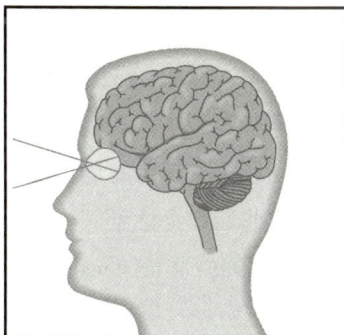

认知疗法
旨在改变人们思考和感知的方式

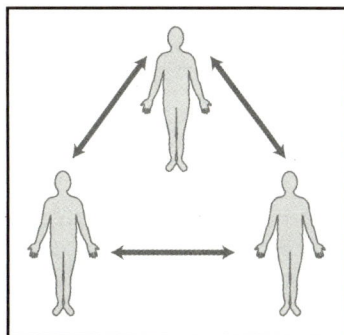

团体治疗
旨在改变人们互动的方式

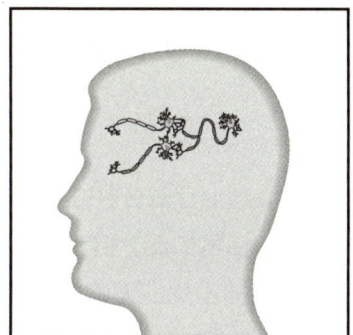

生物医学疗法
旨在通过药物、电磁电流或手术改变大脑的结构或功能

图 13-6　不同类型疗法的比较

13.6.1　艾森克有争议的宣言

关于治疗有效性的讨论在 1952 年达到了一个顶峰，当时英国心理学家汉斯·艾森克（Hans Eysenck）宣称，大约有三分之二的非精神病性患者会在两年内康复，无论他们是否接受过治疗。艾森克的证据来自对各种领悟疗法的几项研究结果的回顾，所有这些研究都将接受治疗的患者与那些在等待治疗的患者进行了比较。他指出，等待治疗名单上的康复者与接受治疗康复者一样多。从表面上看，这意味着心理治疗基本上一文不值——和完全不治疗一个样！至少治疗师对这个结果并不满意。但艾森克的挑战产生了巨大的效应：它激发了治疗师开始对他们所使用疗法的有效性展开了大量的研究。

对艾森克的回应　1970 年（Meltzoff & Kornreich）、1975 年（Luborsky et al.）和 1977 年（Smith & Glass）开始出现关于治疗效果证据的文献综述。总体而言，这些文献（约有 375 项研究）支持两个主要结论。

- 首先，艾森克显然高估了无治疗对照组的改善率。
- 其次，治疗比不治疗更有效——这让每个人都松了一口气！

然后，逐渐出现了支持心理治疗具有价值的科学共识（Meredith，1986；VandenBos，1986）。事实上，对于范围广泛的障碍，心理治疗已被证明具有与许多已进行的医疗实践相当或更好的效果（Wampold，2007）。此外，研究开始表明，治疗不仅在西方工业化国家（美国、加拿大和欧洲各国）有效，而且在世界各地的各种文化环境中也有效（Beutler & Machado，1992；Lipsey & Wilson，1993）。

新的问题　但新研究引发了新的问题。

- 某些疗法是否比其他疗法更好？
- 我们能否确定某些具体障碍最适合的疗法？

史密斯和格拉斯（Smith & Glass，1977）的调查显示这些问题的答案都是"是"。史密斯和格拉斯发现，对于许多焦虑症的治疗，行为疗法似乎比领悟疗法更具优势。正如我们之前所指出的，使用认知行为疗法治疗抑郁症、焦虑症、神经性贪食症和其他几种障碍现在得到了可靠的实践支持。此外，最近的评估显示，领悟疗法也可以有效地用于治疗诸如夫妻关系不协调、抑郁甚至难以治疗的人格障碍等问题（Shedler，2010）。事实上，现在有一个明显的趋势是将特定疗法与特定条件相匹配。

最后，我们应该注意到，在评估各种心理疗法的效果时，重要的是要认识到治疗成功并非意味着"治愈"。有时，仅做出改善就是我们所能期望的全部成功。例如，在治疗精神分裂症、智力障碍或孤独症时，当患有这些疾病的人学习更多适应性行为并报告过上了更幸福的生活时，心理疗法就被认为是有效的（Hogarty et al.，1997）。

心理学很有用　●●●

大多数人从哪里获得帮助

心理治疗对各种心理问题的有效性似乎毋庸置疑。话虽如此，但我们应该再次承认，大多数经历精神困扰的人不会向专业治疗师寻求帮助。相反，他们求助于社区中的"非专业人士"（Wills & DePaulo，1991）。那些有精神问题的人通常会求助于朋友、牧师、美发师、调酒师和其他他们信任的人。事实上，对于某些类型的问题——也许是日常生活中最常见的问题——一个有同情心的朋友可能和训练有素的专业治疗师达到同样的效果（Berman & Norton，1985；Christensen & Jacobson，1994）。

换一种说法：

> 大多数精神问题并不是在 DSM-5 中占

据中心位置的严重障碍。相反，大多数人面临的心理困扰是由于失业、婚姻困扰、孩子行为不端、友谊破裂、心爱之人去世……简言之，最常见的问题包括混乱、困惑、选择、挫折、压力及丧失。发现自己处于这些适应困难的人可能不需要心理治疗、药物治疗或其他一些特殊治疗。他们需要有人来帮助他们厘清问题。通常这意味着他们会求助于像你这样的普通人。

那么，如果有人向你求助，你会怎么做？

1. 你应该记住，有些问题确实需要专业人士来解决，如自杀威胁或意图伤害他人的迹象。你应该为有这种倾向的人寻求有能力的专业人士的帮助。

2. 你应该记住，大多数治疗方法都需要经过特殊培训，尤其是那些需要认知行为治疗技术或心理动力学解释的方法。

我们敦促你尽可能多地了解这些方法——但我们强烈建议你将操作留给专业人士。然而，其他一些技巧只是良好人际关系的延伸，它们完全属于普通人能够进行心理"急救"的能力范围。

简言之，我们将考虑其中三个：

- 倾听：如果你只是倾听，那么很少会出错。有时，被倾听是处于困境中的人所需要的全部治疗。它的工作原理是鼓励个体将问题组织得足够好以进行交流。因此，那些直言不讳的人往往会自己得出解决方案。作为一个积极的倾听者（active listener），你可以通过向对方提供反馈来进一步发挥作用：点头、保持一种表现出感兴趣的表情、复述对方的话，并在你不明白时询问。正如我们在前面的以来访者为中心的疗法相关内容中所看到的，积极倾听让对方知道听者是有兴趣的和有同理心的（与他人的感受一致）。同时，如果你能避免提建议，你会表现得更好，因为这些建议会剥夺说话者自己得出解决方案的机会。

- 接纳：以来访者为中心的治疗师称之为非评判的态度。这意味着接受人和问题的本来面目，它还意味着抑制不利于解决问题并造成敌对气氛的震惊、厌恶或谴责。

- 探索替代方案：当处于压力之下时，人们可能只会看到一种行动方案，因此你可以通过识别其他潜在选择并探索每种选择的结果来提供帮助（你可以指出什么都不做也是一种选择）。请记住，最终选择哪种行动不是由你决定，而是由拥有问题的人决定。

除了这些基本的帮助技巧之外，便是训练有素的治疗师的专业领域了。同样，我们强烈建议你不要尝试用本章中讨论的治疗技术来治疗抑郁症、恐怖症、焦虑症或 DSM-5 中列出的任何其他严重的心理障碍。

关键问题：
生物医学疗法是怎样治疗心理障碍的

核心概念 13.3

生物医学疗法尝试用药物改变大脑的化学反应，通过手术改变大脑的神经通路，或者通过电脉冲或强磁场改变其活动方式来治疗心理障碍。

心理存在于一种微妙的生物平衡中。我们的基因、激素、酶和新陈代谢的不规律性以及事故和疾病造成的损害都可能会扰乱心理状态。当大脑出现问题时，我们可以看到异常行为模式或特殊的认知和情绪反应就会出现。因此，生物医学疗法试图通过直接干预大脑来治疗这些精神障碍。我们的核心概念指定了这些疗法的目标：

> 生物医学疗法尝试用药物改变大脑的化学反应，通过手术改变大脑的神经通路，或者通过电脉冲或强磁场改变其活动方式来治疗心理障碍。

每一种生物医学疗法都是从精神功能异常的医学模型中产生的，它为精神障碍提供了器质性基础，并将其视为疾病进行治疗。我们从各类精神药物开始研究这些生物医学疗法。

本部分导读：

13.7　描述药物在治疗精神障碍中的作用。

13.8　解释如何使用精神外科手术和脑刺激疗法来治疗心理障碍。

13.9　描述美国精神病院的历史。

13.7　药物治疗

学习目标：

描述药物在治疗精神障碍中的作用。

在有关精神障碍治疗的历史中，没有什么能与发现药物治疗相媲美，这些药物可以使焦虑的患者平静下来，改善抑郁症患者的情绪，并抑制精神病患者的幻觉。这个勇敢的新治疗时代始于 1953 年，当时第一批抗精神病药物（通常称为"镇静剂"）问世。随着这些药物的广泛应用，许多较难控制、攻击性强的患者几乎奇迹般地变得合作、冷静和可以沟通。此外，许多以前沉迷于妄想和幻觉的思维障碍患者开始对周围的物理和社会环境做出反应。

药物治疗的有效性对全美精神病院的普查结果产生了显著影响。1955 年，超过 50 万美国人住在精神病院，每个人的平均住院时间为几年。然后，随着镇静剂的引入，这个数字开始稳步下降。在短短 10 年

多的时间里，实际住在精神病院的人数不到之前的一半，而且通常只住几个月。

药物治疗早已走出精神病院，走进我们的日常生活中。目前，数以百万计的人因焦虑、压力、抑郁、多动症、失眠、恐惧和恐怖症、痴迷和强迫症、成瘾以及许多其他问题而服用药物。显然，一场药物引发的革命已经到来。

但这些神奇的药物是什么？

你可能听说过百忧解和安定，在数十种能改变你的心情、看法、欲望，甚至基本个性的精神药物中，它们只是其中的两种。在这里，我们将考虑当今使用的四大类药物。

- 抗精神病药物
- 抗抑郁药物和情绪稳定剂
- 抗焦虑药物
- 兴奋剂

13.7.1　抗精神病药物

顾名思义，**抗精神病药物**（antipsychotics）可以治疗以下精神病症状：妄想、幻觉、社交疏离和情绪激越（Dawkins et al., 1999）。尽管大多数抗精神病药物发挥作用的确切原因尚不清楚，但它们通过降低大脑中神经递质多巴胺的活性来发挥作用。例如，已知氯丙嗪和氟哌啶醇可阻断神经细胞间突触中的多巴胺受体。一种较新的抗精神病药物氯氮平既能降低多巴胺活性，又能增加另一种神经递质血清素的活性，血清素也能抑制多巴胺系统（Javitt & Coyle, 2004；Sawa & Snyder, 2002）。虽然这些药物会降低大脑的整体活动水平，但它们并不仅仅使患者"平静"下来。相反，它们减少了精神分裂症的"阳性"症状（幻觉、妄想、情绪障碍和激越的行为），尽管它们对许多患者的社交疏离、思维混乱和注意力不集中等"阴性"症状几乎没有作用（Wickelgren, 1998a）。近年来，有一些新药上市，但最近的一项研究表明，在减轻精神病症状方面，这些"第二代"抗精神病药物不一定比旧药更有效（Lieberman et al., 2005；

Rosenheck et al., 2006)。

不幸的是，长期服用任何抗精神病药物都会产生副作用。已有研究观察到这类药物使得大脑产生一些物理变化（Gur & Maany，1998）。其中最令人担忧的是**迟发性运动障碍**（tardive dyskinesia），它会导致无法治愈的运动控制障碍，尤其是面部肌肉的控制。虽然一些较新的药物，如氯氮平，由于在阻断多巴胺方面的选择性更强，减少了运动控制方面的副作用，但它们也可能导致严重的问题。

冒着风险服用抗精神病药物值得吗？没有简单的答案。我们必须根据患者当前痛苦的严重程度来权衡风险。

13.7.2　抗抑郁药物和情绪稳定剂

药物治疗还包括使用几种化合物，它们彻底改变了抑郁症和双相障碍的治疗方法。与其他精神活性药物一样，抗抑郁药物和情绪稳定剂都不能实现"治愈"。然而，它们的使用让许多抑郁症和双相障碍患者的生活有了很大不同。

抗抑郁药物　所有三大类抗抑郁药物通过"放大"某些大脑通路传输的信息来发挥作用，尤其是那些使用去甲肾上腺素和血清素的通路（Holmes，2001）。

1. 在神经递质被释放到脑细胞之间的突触后，丙米嗪和阿米替林等三环类化合物减少神经元对神经递质的再吸收——这一过程称为再摄取。

2. 第二组包括著名的抗抑郁药物百忧解（氟西汀）。这些被称为SSRIs（选择性血清素再摄取抑制剂）的药物会干扰血清素的再摄取。因此，SSRIs可以更长时间地保持血清素的可用性。对许多人来说，这种长期的血清素效应会改善抑郁情绪（Hirschfeld，1999；Kramer，1993）。

3. 第三组抗抑郁药物是单胺氧化酶（MAO）抑制剂，它会限制MAO的活性，MAO是一种分解突触中去甲肾上腺素的化学物质。当MAO被抑制时，更多的去甲肾上腺素可用于通过突触间隙传递神经信息。

奇怪的是，大多数患者报告，抗抑郁药物开始发挥作用至少需要几周的时间。最近的两项研究表明了可能的原因。

- 在一项实验中，服用常用抗抑郁药物的抑郁症患者在数小时内对积极刺激的反应显著增加，尽管整体抑郁情绪的改善需要更长的时间（Harmer et al.，2009）。根据实验者的说法，这些药物似乎可以扭转患者对情绪事件解释中的"负性偏见"——因此可以通过"更加乐观的镜头"看待世界。然而，情绪的改善不会立即发生，因为患者需要时间来适应更积极的前景（Harmer & Pariante，2012；Makin，2014）。

- 第二项研究表明，在动物研究中，抗抑郁药物会刺激大脑海马体中神经元的生长——同样，这也需要时间。没有人能确定为什么海马体似乎与抑郁症有关，但这项工作提供了另一个吸引人的线索：压力会减缓大脑中这一区域新神经元的生长，而这大多时候被认为是一种应激反应（Santarelli et al.，2003）。

自杀的可能性在抑郁症的治疗中倍受关注。大多数医疗从业者都认同药物可以降低自杀的可能性（Bower，2007；Harmer&Pariante，2012）。但有研究表明，用于治疗抑郁症的药物可能会激发或放大自杀念头，尤其是在治疗的最初几周，特别是在儿童和青少年群体中（Bower，2004）。一份报告显示，短期服药引发的风险很小——不到1%（Bridge et al.，2007）。显然，目前的情况令人感到困惑，美国食品和药物管理局建议开处方者要谨慎（Bower，2006b；Jick zhjn，2004）。

关于SSRIs的争议　精神病学家和百忧解倡导者彼得·克莱默（Peter Kramer，1993）在他的《聆听百忧解》（Listening to Prozac）一书中，鼓励人们使用这种药物，它不仅可以治疗抑郁症，还可以治疗社交焦虑和害怕被拒绝的感觉。这种说法引起了治疗师的强烈回应，他们担心药物可能会掩盖人们需要面对和解决的心理问题。有些人担心抗抑郁药物的广泛使用可能会导致人口中的大部分人的人格结构发生变化——这些变化可能会带来意想不到的社会后果（Breggin & Breggin，1994；Sleek，1994）。事实上，为抗抑郁药物开出的处方比被诊断患有临床抑郁症的人还多（Coyne，2001）。这个问题似乎在大学校园尤为严重，越来越多的学生正在服用抗抑郁药物（Young，2003）。目前，没有人知道长期改变人类的大脑化学物质可能会带来哪些潜在的危险。

与医学模型一样令人担忧的是，另一份报告表明，抗抑郁药物的宣传效果可能与其对大脑的治疗效果几乎一样多。根据从美国食品和药物管理局文件中挖掘的数据，显示出积极结果的研究比显示这些药物没有效果的研究被更频繁地发表。虽然这些药物的总体效果优于安慰剂，但对其效果的报告似乎被选择性发表的积极结果夸大了（Turner et al.，2008）。

情绪稳定剂 一种简单的化学物质锂（以碳酸锂的形式存在）已被证明是一种非常有效的治疗双相障碍的情绪稳定剂（Paulus，2007；Schou，1997）。锂不仅是一种抗抑郁药物，它还会影响情绪谱系的两端，抑制情绪波动，否则就会出现无法控制的过度兴奋，以及昏昏欲睡和绝望的抑郁。不幸的是，锂也有一个致命的缺点：当浓度过高时它是有毒的。医生们已经了解到，安全治疗需要在一两周内给予小剂量的锂以增加其在血液中的治疗浓度。然后，作为预防措施，必须对患者的血液定期进行分析，以确保锂的浓度没有上升到危险水平。一项令人欣喜的进展是，科学家们发现了一种有前景的锂替代品来治疗双相障碍（Azar，1994；Walden et al.，1998）。丙戊酸钠（商品名：Depakote），最初被用于治疗癫痫，对大多数双相障碍患者来说似乎比锂更有效，并且危险的副作用更少（Bowden et al.，2000）。

13.7.3　抗焦虑药物

为了减轻压力和抑制与日常烦恼相关的焦虑，数以百万计的美国人服用**抗焦虑药物**（antianxiety drug），如巴比妥类药物或苯二氮卓类药物。

- 作为中枢神经系统抑制剂，巴比妥类药物具有放松作用。但是，如果过量服用或服用期间喝酒，可能会很危险。
- 相比较而言，苯二氮卓类药物，如安定和阿普唑仑，通过增加神经递质 GABA 的活性而起作用，从而减少大脑中具体涉及焦虑感的区域的活动。苯二氮卓类药物也被称为"弱镇静剂"。

许多心理学家认为，这些抗焦虑药物（如同抗抑郁药物）被过度使用。本应该由人们面对和解决的问题，不能只用化学物质来掩盖。然而，抗焦虑化合物可用于帮助人们应对特定情况，如手术前的焦虑。以下是关于这些化合物的一些注意事项（Hecht，1986）。

- 如果长期使用巴比妥类药物和苯二氮卓类药物，可能会导致身体和心理成瘾（Holmes，2001；Schatzberg，1991）。
- 由于它们对大脑的强大作用，不应将这些药物用于缓解日常生活中常见的压力和焦虑。
- 当面临特定焦虑时，连续服用抗焦虑药物通常不应超过几天。如果服用时间超过此时间，医生应逐渐减少用量。长期使用后突然停药会导致戒断症状，如抽搐、震颤、腹部疼痛和肌肉痉挛。
- 由于抗焦虑药物会抑制部分中枢神经系统，因此它们会削弱驾驶、操作机器或执行其他需要警觉性的任务（如学习或考试）的能力。
- 与酒精（也是一种中枢神经系统抑制剂）或安眠药一起服用时，抗焦虑药物会导致个体失去知觉甚至死亡。

最后，一些抗抑郁药物被发现可用于减轻某些焦虑障碍的症状，如惊恐障碍、广场恐怖症、强迫症（现代精神科医生很可能会为弗洛伊德的强迫症患者开抗抑郁药物）。但由于这些问题可能是由于血清素水平下降引起的，因此它们可能对百忧解等专门影响血清素功能的药物反应更好。

13.7.4　兴奋剂

从咖啡因到尼古丁，从安非他明到可卡因，任何能使人产生兴奋或亢奋的药物都属于**兴奋剂**（stimulant）。我们已经看到兴奋剂可用于治疗发作性睡病。在治疗注意缺陷/多动障碍（ADHD）方面它们也具有公认的优势。虽然为多动儿童开出兴奋剂（一种常见的药物是哌甲酯）似乎很奇怪，但将兴奋剂疗法与行为疗法和安慰剂进行比较的研究表明，兴奋剂发挥了明显的作用（American Academy of Pediatrics，2001；Meyers，2006）。尽管确切的运行机制尚不清楚，但兴奋剂可能会通过增加大脑中多巴胺、谷氨酸和/或血清素的可用性对多动儿童起作用（Gainetdinov et al.，1999）。

我们可以想象，使用兴奋剂治疗多动儿童已经引起了争议（O'Connor，2001）。当然，一些反对意见源于不了解这些药物会帮助患有此类疾病的儿童安静下来。其他担忧则有更多实质性的内容。对于某些患者，该药物会干扰正常的睡眠模式。此外，有证据表明兴奋剂疗法会减缓儿童的成长和发育（National Institute of Mental Health，2006）。一些合理的担忧还集中在可能造成潜在的药物滥用上，始终存在着这样一种可能，即将每个孩子的行为问题都视为 ADHD 的症状（Smith，2002a）。最后，批评者指出给儿童开兴奋剂处方可能会鼓励他们以后滥用药物（Daw，2001）。令人高兴的是，最近的研究发现，作为 ADHD 的治疗方法，认知行为疗法（CBT）的效果可与兴奋剂相当（Sinha，2005）。许多专家认为，更好的方案是采用 CBT 和兴奋剂的联合治疗。

13.7.5　评估药物治疗

从 20 世纪 50 年代开始，药物治疗引发了治疗严重精神障碍的一场革命，当时可用的治疗方法几乎只有谈话疗法、住院治疗、监禁、休克治疗和额叶切除术。当然，迄今为止，没有发现哪种药物能"治愈"任何精神障碍。然而，在许多情况下，这些药物可以通过改变大脑的化学反应来抑制症状。

但是，所有这些对药物治疗的热情都有保证

吗？根据神经科学家埃利奥特·华伦斯坦（Elliot Valenstein，1998）的说法，当我们仔细观察药物治疗的背后时会发现一些重要的问题（Rolnick，1998）。华伦斯坦认为，人们对用药物治疗精神障碍的信心在很大程度上取决于炒作。他将药物治疗被广泛接受归功于制药公司在营销其产品方面进行的巨额投资。尤其令人担忧的是医生为儿童开的也是这些药，尽管许多药物在此类人群中的安全性和有效性尚未被证实（K. Brown，2003a）。

很少有人质疑药物是治疗某些疾病（如双相障碍和精神分裂症）的最佳治疗方法。然而，在其他许多情况下，药物治疗的明显优势在于见效快且成本低。然而，一些研究对简单用时间和金钱进行衡量的假设提出了质疑。例如，研究表明，从长远来看，单独使用认知行为疗法或与药物相结合来治疗抑郁症、焦虑症和进食障碍比单独使用药物更有效、更经济（Clay，2000；Smith，2012）。然而，有证据表明，近年来心理治疗的使用有所减少，而单纯的药物治疗却有所增加，这可能是因为公众接受了大量的药物广告（Nordal，2010；Olfson & Marcus，2010）。

13.8　治疗心理障碍的其他医学疗法

学习目标：
解释如何使用精神外科手术和脑刺激疗法来治疗心理障碍。

《洛杉矶时报》（*Los Angeles Times*）的一篇文章的标题是"用 0.22 口径手枪自杀却意外治愈心理障碍"（1988 年 2 月 23 日）。文章透露，一名患有严重强迫症的 19 岁男子用手枪从大脑前部射出一颗 0.22 口径的子弹。令人惊奇的是，他活了下来，其病理症状也消失了，智力没有受到影响。

我们不推荐这种形式的治疗，但该案例确实说明了物理干预对大脑的潜在影响。据此，我们在这里简要介绍两种旨在改变大脑结构和功能的药物治疗的替代疗法。

■ 精神外科手术

■ 脑刺激疗法

13.8.1 精神外科手术

长期以来，外科医生一直渴望通过切断大脑各部分之间的联系或切除大脑的一小部分来治疗精神障碍。今天，**精神外科手术**（psychosurgery）通常被认为是最后的手段。尽管如此，这种做法至少可以追溯到中世纪，当时外科医生可能会打开一个不幸的疯子的头骨，从中取出"愚蠢的石头"（当然，没有这样的"石头"，而且在这些手术中除了酒精之外没有其他麻醉剂）。

在现代，最著名的精神外科手术是已经被弃用的额叶切除术。这项手术由葡萄牙精神病学家埃加斯·莫尼兹（Egas Moñiz）发明[①]，通过切断连接额叶和大脑结构的某些神经纤维，尤其是丘脑和下丘脑的神经纤维来治疗精神障碍——这很像发生在著名但不幸的菲尼亚斯·盖奇身上的意外，在一次爆炸事故中铁棒穿过了他的额叶，之后他的性格发生了变化。莫尼兹手术的最初选择对象是激越的精神分裂症患者以及强迫症和焦虑症患者。令人惊讶的是，这种很粗暴的手术常常会显著减少激越和焦虑症状。不好的一面则是，手术会永久性地破坏患者性格的基本特点。通常，一些患者在手术后会表现出对个人幸福和周围环境失去兴趣。随着额叶切除术经验的积累，医生发现它破坏了患者提前计划的能力，他们对他人的意见变得毫不在意，他们的行为变得孩子气，他们的智力和情感也变得平淡，自我意识失去了连贯性。毫不奇怪的是，当抗精神病药物在 20 世纪 50 年代出现时，并且有望控制精神病症状且没有表现出明显的永久性脑损伤风险时，额叶切除术的时代就结束了（Valenstein，1980）。

目前医生偶尔还会进行精神外科手术，但更多的是一些精准的、经过检验的局限于非常特定的脑部障碍的手术。例如，在"裂脑"手术中，切断连接胼胝体（corpus callosum）的纤维可以减少某些癫痫患者危及生命的癫痫发作，而且副作用相对较小。精神外科手术也在大脑中涉及疼痛感知的区域进行，否则会出现顽固性疼痛。然而，今天，DSM-5 中的疾病不再采用精神外科手术治疗。

13.8.2 脑刺激疗法

脑电刺激，也称**电休克疗法**（electroconvulsive therapy，ECT），目前仍被广泛使用，特别是针对对药物或心理治疗没有反应的严重抑郁症患者（你应该还记得治疗师说德里克不适合采用 ECT）。治疗通过向患者的太阳穴短暂——从 0.1 秒到 1 秒——施加电流（75 伏到 100 伏），从而引起抽搐。抽搐通常会在不到 1 分钟的时间内结束。医生通过使用短效巴比妥类药物和肌肉松弛剂让患者"入睡"，以为这种创伤性干预做好准备。这不仅会使患者失去知觉，而且在癫痫发作期间最大限度地减少任何剧烈的身体痉挛（Abrams，1992；Malitz & Sackheim，1984）。半小时后患者苏醒，但他们对癫痫发作或治疗准备工件没有任何记忆。

电休克疗法有效吗？ 这种治疗通过向一个人的头骨和大脑发送电流，尽管看起来很粗暴，但研究表明，ECT 是治疗抑郁症的有效工具，尤其是对那些有自杀倾向的人，他们需要一种比药物或心理治疗更快的干预措施（Lilienfeld&Arkowitz，2014；Shorter & Healy，2007）。通常，与药物治疗所需的 1 到 2 周相比，采用 ECT 的抑郁症患者的症状会在 3 或 4 天的治疗中有所减轻。

虽然大多数临床医生认为，只要操作得当，ECT 是安全且有效的，但一些批评者担心它也可能被滥用以压制反对的声音或惩罚不合作的患者（Butcher et al.，2008；Holmes，2001）。对 ECT 的其他担忧源于其影响尚不明确。迄今为止，还没有明确的理论解释为什么诱导轻度惊厥可以缓解紊乱的症状，尽管有一些迹象表明它可能会刺激大脑部分神经元的生长，特别是海马体。

[①] 精神外科历史的一个讽刺性脚注，莫尼兹被心怀不满的一个病人射击，这个病人显然没有像莫尼兹预期的那样变得平静。然而，这一事实并没有妨碍莫尼兹获得 1949 年的诺贝尔医学奖。

最令人担忧的情况也许是电休克疗法可能会引起记忆缺陷（Breggin，1979，1991）。然而，支持者声称，患者通常会在治疗后数月内恢复全部记忆（Calev et al.，1991）。面对这样的担忧，美国国家心理健康研究所调查了 ECT 的使用情况，并于 1985 年谨慎地支持它用于治疗小范围的障碍，尤其是重度抑郁症。然后，在 1990 年，美国精神病学会也宣布 ECT 是一种有效的治疗选项。然而，为了尽量减少即使是短期的副作用，ECT 通常是"单侧"进行的——仅在右侧太阳穴进行——以减少导致语言功能受损的可能性。

作为一种有前途的新治疗工具，用磁场刺激大脑可以带来像 ECT 一样的好处且不存在导致记忆丧失的风险。**经颅磁刺激**（transcranial magnetic stimulation，TMS）仍处于实验阶段，它主要涉及将高功率磁刺激定向到大脑的特定部位。研究表明，TMS 不仅可用于治疗抑郁症，还可用于治疗精神分裂症和双相障碍（George，2003；Weir，2013）。由于 TMS 疗法与电休克疗法不同，不需要镇静，也不会引起癫痫发作，因此研究人员希望它能够成为一种替代 ECT 的更安全的治疗方案。

TMS 的效果如何？在迄今为止的研究中，TMS 使大约 35% 到 40% 的重度抑郁症患者的症状有所改善，并能保持数月（George et al.，2013）。这个结果有多好？这相当于或超过了服用抗抑郁药物得以改善的患者数量。研究人员希望 TMS 与认知行为疗法相结合会更加有效。

最近，神经病学家海伦·梅伯格（Helen Mayberg）报告了使用深度脑刺激的方法，这需要用外科手术通过颅骨上的一个小孔将微电极直接植入大脑，在那里它向额叶的特定区域提供持续的电流。梅伯格博士将这种治疗比作"起搏器"，用于治疗抑郁症患者似乎无法控制的皮质区域（Gutman，2006；Price，2009）。尽管该治疗仅用于少数患者，但梅伯格报告的结果令人非常振奋（Mayberg et al.，2005）。她认为 TMS 不仅仅是其他疗法的一种替代方法，更是那些对其他疗法没有反应的重度抑郁症患者的希望。

13.9　住院治疗和其他替代方案

学习目标：

描述美国精神病院的历史。

我们已经看到，精神病院最初被设想为避难所——"庇护所"。在那里，精神失常的人们可以逃避日常生活给他们带来的压力。事实上，开始时精神病院很好地发挥了作用（Maher & Maher，1985）。但到了 20 世纪，这些医院已经变得人满为患，从某种意义上成了无家可归的精神病患者的仓库。有钱人很少去这些机构治疗，取而代之的是，他们有私人护理，包括个体心理治疗（Doyle，2002a）。

一直到 20 世纪 50 年代，药物对精神病院中的治疗方法产生了一些深刻的改变。在此之前，住院病人经常发现自己要穿上束身衣、待在上锁的房间里，有时还要接受额叶切除术。同时，在大型公立精神病院，心理治疗是一种微弱的"团体治疗"形式，一次对整个病房的患者——可能是 50 人——进行治疗。太多的病人、太少的治疗师、太少的时间，使得这样的治疗几乎毫无用处。

13.9.1　去机构化和社区精神卫生服务

抗精神病药物的问世带来了巨大的变化。成千上万服用新药物有效果的患者被送回家，然后接受门诊治疗。**去机构化**（deinstitutionalization）的目标就是让尽可能多的患者返回他们生活的社区，在那里他们（希望）在熟悉和支持的环境中健康生活。这个概念也受到政治家们的欢迎，因为他们不想看到大量资金被投入精神病院（顺便说一句，里面都是无投票权的患者）。因此，到 20 世纪 70 年代，政治家和精神卫生专业人员达成了共识，即主要治疗场所应从精神病院转移到社区。在那里，诊所可以提供心理和药物治疗，康复患者可以与家人、寄养家庭或组合家庭住在一起。这一愿景被称为社区精神卫生运动（commmunity mental health movement）。

不幸的是，现实与愿景并不相符（Doyle，2002a；Torrey，1996，1997）。社区精神卫生诊所——社区精神卫生运动的核心——很少得到它们需要的全部资金。慢性病患者从精神病院出院后，他们回到的是那些提供很少治疗资源的社区和无力照顾他们的家庭（Smith et al.，1993）。最终，需要照顾的精神病患者挤满了当地综合医院的精神科病房——而不是精神病院。结果是，在美国，住院治疗继续占据了很大一部分精神卫生的支出（Kiesler，1993；U.S.Department of Health and Human Services，2002）。

去机构化使精神病患者重新回到社区，但社区往往没有足够的资源继续为他们提供治疗。许多人最终流落街头，无家可归。

尽管我们描绘了黑暗的一面，但社区治疗还是取得了一些成功。凯斯勒（Kiesler，1982）回顾了 10 项研究并报告说，其中精神病患者被随机分配到医院治疗或各种社区治疗计划中，当患者能够得到这些服务时，他们的情况在基于社区的项目中更常能得到改善。此外，接受社区治疗的人以后住院的可能性较小。当这些项目拥有足够的资源时，它们会非常有效（McGuire，2000）。

13.9.2　满足未被满足的精神卫生服务需求

如你所见，我们已经有一套被证明有效的治疗方法。但另一方面，需要治疗的人比实际得到治疗的人要多得多（Clay，2012）。一部分问题是缺乏服务提供

者，包括心理学家、精神病学家、社会工作者和精神科护士。另一部分问题是大约 6000 万美国人生活在农村地区，无法便捷地获得精神卫生服务。当然，多亏了互联网和电话，他们中的一些人现在可以通过"远程医疗"咨询获得帮助（Novotney，2011；Stambor，2006；Winerman，2006c）。通过远程医疗方法，心理学家和其他专业人士可以快速地与偏远地区的来访者建立联系，以回答疑问、进行转诊，甚至提供治疗。

考虑到这些计划仍然只惠及少数需要帮助的人，心理学家阿兰·凯兹丁（Alan Kazdin）和斯泰西·伯莱斯（Stacey Blasé，2011）呼吁彻底"重启"心理治疗。他们告诫我们要认识到，目前的治疗方法强调一对一的咨询和心理治疗——然而，尽管这种治疗有效，但永远无法满足全部需要。凯兹丁和伯莱斯说，我们需要的主要是新的服务系统和资金，能够支持更多人参与的计划。这些不仅包括远程医疗计划的扩展，还包括旨在预防、克服治疗中的种族、民族和语言障碍以及清除日常障碍的举措，如缺乏交通工具、带孩子的保姆和适当的保险。今天，这就是心理治疗的最新进展。

"远程医疗"为农村地区的患者提供了精神卫生服务，否则这些地区的人可能无法获得帮助。

心理学很有用 ● ● ●

你推荐哪种疗法

既然我们已经学习了心理疗法和生物医学疗法，请你考虑以下情况。一位朋友把他或她遇到

的一些个人问题告诉你，并请你帮助寻找治疗师。由于你正在学习心理学，因此你的朋友会认为，你可能知道什么疗法是最好的。

你会如何回应

首先，你可以倾听、接纳和探索其他替代方案等。事实上，这可能就是你陷入困境的朋友所需要的。但是，如果你的朋友想寻求治疗师的帮助，或者他或她的情况看起来需要专业帮助，你可以利用你所拥有的精神障碍和治疗方面的知识来帮助你的朋友决定哪类治疗师可能是最合适的。你们应该知道，如果你的朋友所需的治疗超出了治疗师的专业领域，任何有能力的治疗师都会将来访者转诊到别处。

治疗检查清单

那么，在推荐特定类型的治疗师之前，你需要考虑以下一些问题。

- **是否需要医学治疗？** 虽然你不应该试图做出诊断，但如果你怀疑朋友的问题涉及严重的精神障碍，如精神病、躁狂症或双相障碍，你应该鼓励你的朋友去找医学专家，如精神科医生或执业护士。如果你怀疑他或她患有嗜睡症、睡眠呼吸暂停、癫痫、阿尔茨海默病或其他被认为具有生物学基础的问题，也需要进行医学评估。如果你的怀疑得到证实，治疗可能包括药物治疗和心理治疗相结合。

- **是否存在特定行为问题？** 例如，你的朋友是想消除对蜘蛛的恐惧还是对飞行的恐惧？孩子叛逆？性问题？是否抑郁——但不是精神病？如果是这样，心理咨询或临床心理学家的行为疗法或认知行为疗法可能是最好的选择（精神科医生和其他医学从业者通常没有接受过这类培训）。你可以致电治疗师，询问有关其培训经历和专业领域的信息。

- **团体治疗会有帮助吗？** 许多人在团体环境中会找到有价值的帮助和支持，在那里他们不仅可以向治疗师学习，还可以向其他团体成员学习。团体治疗在处理害羞、没有自信、成瘾以及复杂的人际关系问题方面特别有效（团体治疗通常比个人治疗便宜）。受过多个学科培训（包括心理学、精神病学和社会工作）的专业人员，都可以带领治疗团队。同样，最好的选择是寻找接受过团体治疗培训的治疗师，并且从以前的来访者那里听到了关于他的好评。

- **问题是压力、困惑还是选择？** 大多数陷入困境的人都不会完全归入我们在上面讨论的类别之一。更典型的是，他们需要有人帮助整理生活中的混乱，找到一种模式制订应对计划。这是领悟疗法的领域。

一些注意事项

现在我们对人类生物学、行为和心理过程有了足够的了解，需要规避某些治疗。以下是一些特别重要的例子。

- **要避免的药物治疗。** 轻微的镇静剂（抗焦虑药物）会被过于频繁地用于长期压力大的患者。正如我们所说，由于这些药物的成瘾和镇静作用，它们只能短期服用——如果需要的话。同样，一些医生忽视了催眠药物对失眠患者的危害。虽然这些药物是合法的，但许多此类处方可能会导致药物依赖，并且干扰患者去改变导致问题的根源。

- **要避免的建议和解释。** 虽然心理动力学疗法可能会有所帮助，但你也应提醒患者，一些治疗师可能会在愤怒管理问题上提供不明智的建议。从传统角度出发，弗洛伊德学派认为，容易发怒或有暴力倾向的人内心深处有着需要发泄的攻击性。但是，正如我们所看到的，研究表明，试图通过攻击性行为（如大喊或敲打枕头）来发泄自己的攻击性，实际上可能会导致攻击行为增加。

记住这些注意事项，然后，你的朋友可以同时联系几位治疗师，看看哪位治疗师的技能和方式最适合其问题和个性。

关键问题：
如何比较心理疗法和生物医学疗法

核心概念 13.4

尽管心理疗法和医学疗法结合起来治疗精神障碍通常比单独用某一种方法的疗效更好，但对于大多数没有特定"生活问题"的人而言，最好单独接受心理治疗。

我们已经讨论了心理疗法和药物疗法，你能确定哪种方法最好吗？

在这一部分中，我们会看到，该问题的答案取决于障碍本身。但在讨论几种主要障碍的治疗选项之前，我们应该承认其他一些影响医学疗法与心理疗法问题的因素。

我们已经看到，心理学家和精神病学家长期以来一直对精神障碍的最佳治疗方法存在分歧。在某种程度上，争议关乎领域和金钱：谁来治疗有精神问题的人并为他们的保险买单？涉及拥有数十亿美元的大型制药公司也在这场争端中扮演了令人生畏的角色。通过针对普通大众的处方药广告，大型制药公司的强硬手段可见一斑。由于有利益冲突并迫于压力，医学疗法和心理疗法的研究基本上是并行进行的，每一方都提倡自己的疗法而忽视对方的疗法。不幸的是，这意味着很少有研究关注**联合疗法**（combination therapy）的有效性，包括药物疗法和心理疗法的协同使用。

也就是说，让我们来看看，如何在自己目前熟悉的某种特定障碍中权衡医学疗法和心理疗法的选择。以下是本阶段核心概念的建议：

尽管心理疗法和药物疗法结合起来治疗精神障碍通常比单独用某一种方法的疗效更好，但对于大多数没有特定"生活问题"的人而言，最好单独接受心理治疗。

更具体地说，我们会发现，大量有心理问题却不符合 DSM-5 诊断的人，需要心理咨询或心理治疗来帮助他们渡过人生中的困难时期。再者，DSM-5 中许多众所周知的障碍，包括抑郁症和精神分裂症，在治疗时最好把药物和心理疗法结合起来治疗。让我们从后者开始讨论。

本部分导读：

13.10　比较精神分裂症的心理疗法和医学疗法的有效性。

13.11　比较抑郁症和焦虑症的心理疗法和医学疗法的有效性。

13.12　解释谁是"忧心忡忡的正常人"，以及在美国他们如何接受治疗。

13.10　精神分裂症：心理疗法与医学疗法的比较

学习目标：

比较精神分裂症的心理疗法和医学疗法的有效性。

自从 50 多年前发现抗精神病药物以来，这些药物就代表了治疗精神分裂症的最前沿。虽然没有可以

"治愈"这种疾病的药物，但药物减轻了精神分裂症患者的症状并改善了他们的生活。但同样明显的是，单独使用药物疗法不如药物结合各种支持疗法以及提供支持性环境的效果好。

以家庭治疗、社交技能培训（通常在社区住院治疗中心）和职业治疗（通过庇护工作坊，如友好工厂）等形式作为补充治疗，帮助精神分裂症患者重返社区。但直到最近，传统的心理疗法还很少使用。然而在过去几年中，认知行为疗法的倡导者尝试用这种方法治疗精神分裂症，并取得了令人鼓舞的效果，即使对药物没有反应的患者也取得了一定的疗效（McGurk et al.，2007；Rector & Beck，2001）。

13.11 抑郁症和焦虑症：心理疗法与医学治疗的比较

学习目标：

比较抑郁症和焦虑症的心理疗法和医学疗法的有效性。

氟西汀（百忧解）是这个星球上使用最为广泛的处方药。与其他 SSRI 药物一起，它们代表了全球价值 100 亿美元的抑郁症治疗产业（Bower，2006b）。此外，抗抑郁药物还通常用于治疗恐怖症和其他以焦虑为主要特征的疾病。如果这些药物能有效减轻这些常见疾病的痛苦，它们可能就物有所值。

但它们到底有多少效果？与心理疗法相比，它们的效果如何？

13.11.1 认知行为疗法与药物的比较

研究表明，抗抑郁药物和认知行为疗法（CBT）——有最多的证据证明其有效性的心理治疗——是治疗抑郁症和恐怖症同样有效的方法，至少在短期内如此。然而，值得注意的是，从长远来看，CBT 比药物治疗更具优势——尤其是在治疗抑郁症方面，接受 CBT 治疗的患者的复发率约为接受抗抑郁药物治疗患者的一半（Baker et al.，2008；DeRubeis et al.，2005；Hollon et al.，2002）。

但是，如果抑郁症患者在服用抗抑郁药物的同时接受 CBT 会怎样？研究表明，同时使用可能比单独使用任何一种疗法的治疗效果要好（DeAngelis，2008a；Keller et al.，2000；Thase et al.，1997）。奇怪的是，联合治疗似乎对焦虑症患者没有显现出优势。

现在，我们在理解大脑方面取得的进展表明，为什么这种联合治疗似乎对抑郁症有效。神经科学家海伦·梅伯格已经证明，CBT 和抗抑郁药物各自通过影响大脑的不同部位来发挥效用。抗抑郁药物显然针对边缘系统——包含大脑的主要情绪通路。相比之下，CBT 影响与推理相关的部分额叶皮层。两种疗法的共同点是关闭"警报开关"，要么是药物对边缘系统中"快速"情绪通路产生影响，要么是 CBT 对大脑皮层中"缓慢"情绪神经回路产生影响（Goldapple et al.，2004）。因此，随着临床和实验室研究的结合，许多临床医生开始支持使用药物和 CBT 联合治疗抑郁症。事实上，对于德里克的抑郁症（在本章开头进行了描述），联合治疗是一个合理的选择。针对双相障碍患者的药物和医学相结合的方法（drug-and-medicine approach）也获得了研究结果的支持（Miklowitz et al.，2007）。

13.11.2 电休克疗法

那么电休克疗法（ECT）呢？尽管临床医生普遍认为 ECT 是治疗精神病性抑郁症最有效的方法（Hollon et al，2002），但只有在瑞典进行的一项研究将 ECT 与抗抑郁药物进行了正面对比。结果发现，与服用抗抑郁药物的患者相比，接受 ECT 的患者自杀企图较少（Brådvik & Berglund，2006）。至于经颅磁刺激，现在判断它会有多大用处还为时过早。

13.12 "忧心忡忡的正常人"和其他问题：不是每个人都需要药物

学习目标：

解释谁是"忧心忡忡的正常人"，以及在美国他们如何接受治疗。

虽然心理和药物联合治疗可能对某些疾病是最

好的选择，但我们已经看到药物对治疗某些特定的恐怖症没有效果。同样，药物用于治疗大多数学习障碍、心因性性功能障碍、人格障碍和发育障碍（注意缺陷/多动障碍除外）的价值也不大。此外，我们应该记住，许多有心理问题的人并没有被诊断患有精神障碍，如抑郁症、恐怖症或精神分裂症。相反，他们可能有经济困难、婚姻问题、工作压力、孩子难管教——或者他们可能只是感到孤独和力不从心：这些人有时被临床医生称为"忧心忡忡的正常人"。

这并不意味着那些问题不符合"官方标准"障碍的人就没有痛苦。他们与我们可能称之为一般的"生活问题"在做斗争。困难在于，有此类问题的人往往会说服医生给自己开抗抑郁药物或抗焦虑药物，而他们真正需要的是有人把他们转介给可以帮助他们解决问题和做出选择的心理健康专家。

13.12.1 德里克经历了什么

施图姆博士和德里克同意采用一周一次的认知行为疗法来治疗他的抑郁症。治疗进展很顺利，同时施图姆博士查阅到抑郁症和睡眠呼吸暂停之间的联系，这是一种睡眠障碍，人们通常不知道他们晚上多次停止呼吸长达一分钟（Wheaton et al., 2012）。最常见的情况是，当他们进入深度睡眠阶段时，气道就会塌陷。通常，当事人报告的唯一症状是白天嗜睡和困倦。一项睡眠监测报告证实了德里克一直患有睡眠呼吸暂停。

幸运的是，有一种有效的治疗方法：德里克开始使用持续正压通气呼吸机以保持呼吸道在睡眠期间畅通。结果他的抑郁情绪明显缓解，这与最近一项关于治疗抑郁症患者睡眠呼吸暂停的研究结果一致（Susman, 2012）。尽管如此，德里克计划继续接受治疗，因为正如施图姆博士所说，即使你现在感觉好多了，还是需要学习如何应对没有抑郁症的生活！

13.12.2 早期干预和预防计划：一项温和的提案

最近的一份美国联邦报告表明，通过制订行之有效的计划，将儿童和青少年的心理健康问题扼杀在萌芽状态，这样美国每年可以节省2470亿美元（Board on Children, Youth, and Families, 2009；O'connell et al., 2010）。美国亚利桑那州立大学预防研究中心主任欧文·桑德勒（Irwin Sandler）说："预防的效果现在已经得到充分证明。"（Clay, 2009）

该报告建议识别有情绪和行为障碍风险的年轻人，并尽早向他们提供帮助。此类预防计划包括为有患抑郁症风险的青少年提供压力管理课程、为表现出过度焦虑的儿童提供认知行为疗法，以及为面临离婚或贫困等逆境的家庭提供育儿技能课程和咨询服务。目前，此类项目覆盖的范围还很小。桑德勒指出，我们现在需要的是研究如何将此类干预措施从实验室转移到现实生活中。

但预防不仅是针对儿童。许多实验项目表明，干预策略可以帮助预防儿童及成年人的抑郁症（Muñoz et al., 2012）。通常，这意味着识别出患有抑郁症风险的人（如有抑郁症家族史或曾有过抑郁症发作的人）并提供教育和"预防性治疗"机会。

对于成年人来说，这可能意味着练习减压和获得幸福感的技巧。在这里，我们将特别关注新近研究中所呈现出的运动的价值。当然，每个人都知道，运动是克服肥胖的有效工具。然而，很显然运动与心理健康之间的联系尚未引起公众的注意，并且心理健康专业人员也没有广泛地理解它（Weir, 2011）。尽管如此，20多年来，越来越多的证据表明，在对抗抑郁、焦虑和我们之前讨论的生活中的许多问题方面，定期运动与药物一样有效（Blumenthal et al., 2007；Novotney, 2008；Ströhle, 2009）。一些研究甚至表明，运动可能有助于提高思维敏锐度以及预防痴呆症（Azar, 2010）。不少临床训练计划刚刚开始关注运动这一有价值的老方法具有的新用途。

心理学很有用 ● ● ●

运用心理学来学习心理学

心理治疗就像你在大学里的教育经历一样：

- 像大多数教授一样，大多数治疗师是在他们的工作中受过特殊培训的专业人士。
- 像大多数学生一样，大多数来访者正在寻求专业帮助以改变他们的生活。
- 治疗和课堂中发生的大部分事情都涉及学习新想法、新行为、新见解和新联系。

学习就像治疗

从治疗的角度考虑学习心理学知识可能会有所帮助——就像彼得·莱温索恩（Peter Lewinsohn）在抑郁症的治疗中使用教学／学习模型一样。正如我们所见，当治疗师和来访者建立良好的协作关系且来访者相信治疗的价值时，治疗的效果最好——几乎可以肯定，学生与教授的关系也是如此。你可以通过做以下两件事来主动与你的心理学教授建立私人且专业的关系。

1. 提出问题或以其他方式参与课堂中（在适当的时间，当然不要占据主导地位）。
2. 在你不理解的内容或你想要更详细探讨的与课程相关的主题上寻求老师的帮助（在正常工作时间进行）。

结果将是你会更多地了解心理学，因为你将更积极地参与学习过程。顺便说一句，积极参与课程也将帮助你在众多学生中脱颖而出，如果你以后需要教授推荐以获得奖学金或进入高级课程，这可能会有所帮助。

现在考虑团体治疗和教育之间的平行关系。在团体治疗中，患者互相学习，也向治疗师学习。如果你将其他学生视为学习资源，那么在你学习心理学课程中也会发生同样的情况。

改变行为，而不仅仅是改变思维

另一个学习心理学的技巧是从认知行为疗法中借鉴而来的：改变行为和思维的重要性。当你在课堂上阅读或听到一个事实或想法时，很容易被动地"智力化"这个事实或想法。但是如果你不使用它，可能会发现这个想法对你的影响不大（"我知道我读过它，但我不记得了"）。

补救方法是用你的新知识去做一些事情：把这个新知识告诉别人，根据你自己的经验来举例，或者尝试以不同的方式行事。例如，在阅读本章中有关积极倾听的内容后，下次与朋友交谈时尝试一下。教育工作者有时将之称为"主动学习"。

而且，我们建议，这是一种最好的心理疗法，无须药物！

批判性思维的应用：循证实践

精神障碍治疗领域总是充满争议。心理学家和精神病学家在心理疗法与药物疗法的价值上存在着争议。针对电休克疗法治疗抑郁症的利弊也争论不休。但没有比对循证实践更激烈的争议了，尤其在临床心理学家中（Bower，2005a）。

关键问题是什么？

20 年前，美国心理学会成立了一个特别任务组，负责评估各种心理疗法的有效性（Chambless et al.，1996）。这个小组的工作人员的研究结果的重点是，经过精心设计的实验验证了一些心理疗法可以成功地治疗数十种特定障碍（Barlow，1996）。以下是这个工作组宣布有效的一些疗法示例：

- 针对特定恐怖症、遗尿症（尿床）、孤独症和酗酒的行为疗法；
- 针对慢性疼痛、厌食、暴食、广场恐怖症和抑郁症的认知行为疗法；
- 针对夫妻关系问题的领悟疗法。

最近，美国心理科学协会（Association for Psychological Science）的一份报告特别关注抑郁症的循证治疗（Hollon et al.，2002）。该报告声称有几种心理治疗可能是有效的，其中包括认知行为疗法和家庭治疗。此报告还承认，药物和电休克疗法在治疗抑郁症方面也有作用。正如我们所看到的，现在有一些研究表明，针对抑郁症，认知行为疗法和药物疗法的联合疗法比单独使用其中一种疗法的治疗效果更好（Keller et al.，2000）。

那么，这有什么值得大惊小怪的呢？ 问题在于，咨询师和治疗师是否应该使用仅限于被称为**经验支持治疗**（empirically supported treatment，EST）的特定治疗方法，即那些被研究证据表明确实有效的治疗方法（Kazdin，2008；Westen et al.，2005）。那么你可能会问，怎么可能会有人反对呢？

令人惊讶的是，心理学家在这个问题上站成了两队（Johnson，2006）。反对者说细节是魔鬼：他们说他们不反对科学，但他们认为"经验支持治疗"是一个模糊的概念（Westen & Bradley，2005）。他们还担心过于严格的解释可能会抑制从业者满足单一来访者需求的自由。

我们应该问哪些批判性思维问题？

毫无疑问，对循证实践提出质疑的双方都是正派、体面且受人尊敬的专家，其中一些是真正的治疗专家。所以我们不会质疑他们的可信度。但询问以下问题可能是一个好主意：

对方都有哪些偏见，可能会使他们对选项进行不同的权衡？

循证实践运动

那些推动循证实践理念的人指出，长期存在着被误导甚至有害的疗法，从殴打患者到额叶切除术——有精神问题的人曾接受过这种治疗。即使在现代，一些从业者仍继续提倡可能会伤害来访者的技术（Lilienfeld，2007）。这些技术包括对少年犯的"直接恐吓"干预、促进孤独症患者交流的训练、恢复记忆疗法、在患者被诊断为分离性身份障碍的情况下"改变"其人格、学校的禁毒教育计划、针对有品行障碍囚犯的训练项目、同性恋的性取向以及针对愤怒障碍患者的宣泄（"摆脱你的系统"）治疗计划。更长的列表（基于对临床心理学家的调查），从仅仅无效到疯狂的疗法，包括天使疗法、前世疗法、外星人绑架引起的创伤后应激障碍的治疗、芳香疗法、治疗性触摸、神经语言编程、原始呐喊疗法和笔迹分析（Norcross et al.，2006）。

2009 年，美国心理科学协会发布了一份关于临床心理学现状的重要报告（Baker et al.，2008；West，2009）。在该报告中，心理科学协会抨击临床医生未使用以科学为基础的治疗方法，并指出有"惊人数量"的临床医生并不知道循证实践验证的治疗方法。报告指出：

> 研究表明，许多心理干预措施有效且具有成本效益。然而，这些干预措施很少用于能从中受益的患者。

临床研究人员 R. 凯瑟琳·麦克休（R. Kathryn McHugh）和大卫·巴洛（David Barlow，2010）的一份独立报告表示同意上述观点，强调将新的治疗方法从实验室应用到临床实践中是有难度的。

倾向于谨慎的人

虽然我们承认在开发针对多种疾病的高效疗法方面取得了长足的进步，但那些谨慎行事的人指出，我们距离拥有治疗所有精神障碍的工具还很遥远——即使是使用了药物。因此，他们担心保险公司和保健组织不愿为不在官方清单上的治疗或与"批准"治疗有偏差的那些治疗付费，无论患者的个人需求如何（Cynkar，2007b）。他们还担心管理式的医疗公司会迫使治疗师采用一种通用的方法，这种方法会忽视临床医生的判断和患者的复杂需求（Shedler，2006）。

因为治疗的过程非常耗时，他们还担心没有医学背景的治疗师会被有医学背景、有处方权的医生挤出圈子，而这些医生可能只需要花几分钟时间就能治疗一位患者。

那些对循证实践持保留态度的人还有其他几个更微妙的担忧（Westen & Bradley，2005）。例如，他们指出治疗远非特定技术的应用：研究人员发现，成功治疗的一个共同要素是充满关怀、充满希望的关系以及以新的方式看待自己和世界（Wampold, et al.，2007）。这一结论得到了一些研究的支持，这些研究发现治疗的有效性很少取决于所使用的治疗类型，而更多地取决于治疗师和来访者之间关系（也称为治疗同盟）的质量（Wampold & Brown，2005）。治疗还涉及来访者的许多个人因素，如动机、智力和问题本身的性质。我们可以用一个图表示治疗的这三个方面，如图 13-7 所示。

对于某些问题（如关系问题或职业选择问题——我们之前讨论的"生活问题"），不存在特定的经验支持治疗。此外，在这种情况下使用的特定治疗类型可能不如支持性治疗关系重要（DeAngelis，2005；Martin et al.，2000）。

最后，循证实践的批评者还指出，日常临床实践通常比治疗研究的控制条件更复杂。一方面，大多数临床患者或来访者都面临多种问题，如焦虑症和人格障碍。然而，大多数经验支持治疗只在有单一特定障碍诊断患者的"纯"样本上得到验证（DeAngelis，2010；Kazdin，2008）。在大多数临床实践中，研究人员很少针对数量最大的人群：有多种"生活问题"的个体，如婚姻问题、经济困难、育儿问题和低自尊。此外，大多数旨在验证治疗技术的研究仅限于几个疗程——通常不超过 12 个——在这些疗程之后大多数患者仍有一些残留的问题。

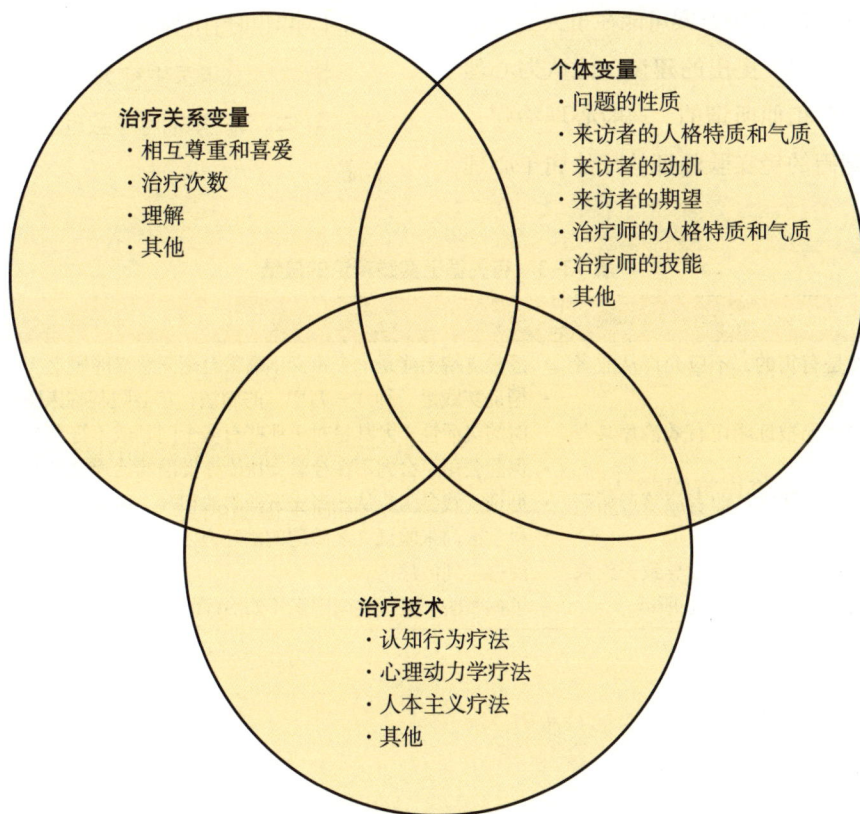

治疗关系变量
·相互尊重和喜爱
·治疗次数
·理解
·其他

个体变量
·问题的性质
·来访者的人格特质和气质
·来访者的动机
·来访者的期望
·治疗师的人格特质和气质
·治疗师的技能
·其他

治疗技术
·认知行为疗法
·心理动力学疗法
·人本主义疗法
·其他

图 13-7　治疗的三个方面

注：治疗不仅仅是一系列技术，它还涉及许多治疗师和来访者的个体变量，以及来访者和治疗师之间的关系——治疗同盟。所有人都必须齐心协力，治疗才能成功。

我们能够得出什么结论？

双方都提出了很好的观点（见表13-3）。从业者应该支持经过循证实践验证的治疗，因为它们显然是合适和有效的。他们当然应该避免无效或有害的治疗。但是谁来做决定：个体从业者、保险公司、立法者还是专业组织？本书的作者认为专业心理学协会，如美国心理学会，必须反对把治疗师限制在一系列疗法和相对应的特定障碍的清单上。

事实上，美国心理学会考虑过一项拟议的政策（APA Presidential Task Force，2006）。该政策将心理学中的循证实践定义为"在患者特征、文化和偏好的背景下，将现有的最佳研究与临床专业知识相结合"。对此谁会不同意呢？事实证明，很多人（特别是循证实践倡导者）担心"临床专业知识"可能胜过"研究"，结果临床医生可能会忽视科学并为所欲为（Stuart & Lilienfeld，2007）。这是一个很难回答的问题。

有解决方案吗？ 部分解决方案可能在于大卫·巴洛（David Barlow，2004）提出的建议，他认为心理学家应区分心理治疗和他所谓的"一般心理治疗"。针对特定DSM-5障碍的经实验验证的疗法属于心理治疗的范畴，而"心理治疗"这个术语只适用DSM-5中庞大的"其他条件"类别，包括教育、职业和婚姻问题以及性虐待和反社会型人格障碍，它们共同构成了许多咨询师和临床医生的大部分病例。巴洛的提议至少会缩小有争议的范围。

让我们以更令人鼓舞的方式结束这次讨论：最近对200名从业者进行的一项研究发现，在咨询或心理治疗期间，随着情况的发展，他们都倾向于调整治疗方法以适应来访者的需求（Holloway，2003）。也就是说，尽管我们在本章中强调了治疗心理障碍的相互矛盾的方法，但大多数从业者都非常愿意调整他们的方法以匹配个别来访者，而不是死板地坚持特定的理论方向。这确实是个好消息，它来自一个在传统上存在强烈分歧的领域。似乎强调以科学为基础的实践终于打破了旧的治疗界限。

写一写

"忧心忡忡的正常人"

描述被临床医生称为"忧心忡忡的正常人"这一群体。举例说明导致他们接受治疗的一些问题。

表 13-3　有关循证实践辩论的总结

支持循证实践观点	反对循证实践观点
• 有些治疗方法显然是有害的，不应允许从业者使用 • 特定的经验支持治疗已被证明可有效治疗某些特定的障碍 • 心理学是一门科学，心理学从业者应该遵循研究表明最好的方法 • 给予临床判断与科学同等的权重会导致无约束状态，临床医生可以忽略证据并随心所欲	• 经验支持治疗是一个定义不清甚至毫无意义的概念 • 循证实践是一种"一刀切"的做法，它会限制临床医生处理个别患者问题时的灵活性，尤其是对于那些有多个问题或不符合DSM-5类别的患者 • 保险公司不会为不在经验支持治疗批准的治疗清单上的治疗付费 • 循证实践会阻止从业者尝试新想法和开发更有效的疗法 • 科学家尚未验证许多障碍的治疗方法，因此在循证实践方法下，许多人可能得不到治疗 • 证据表明，某些共同因素（如治疗同盟）与特定类型的治疗同样重要

本章小结：心理障碍的治疗

本章思考题

治疗德里克的抑郁症的最佳方法是心理治疗、药物治疗或二者联合？更广义地说，我们如何决定选择哪一种治疗方法这一问题适用于任何一种精神障碍。

- 最基本的选择是某种心理疗法或生物医学疗法——或二者相结合。
- 当心理学家或其他非医学从业者认为问题是习得的或涉及错误的认知、行为或关系时，他们会选择心理疗法。
- 心理疗法可进一步分为领悟疗法和行为疗法，或者将这二者结合在一起的认知行为疗法和社会学习。具体的治疗类型主要取决于治疗师所接受的培训和从业的方向。
- 当精神科医生和执业护士认为通过药物或其他生物医学干预措施改变大脑功能可以最好地治疗患者的问题时，他们会提供生物医学疗法。

什么是疗法
核心概念 13.1

治疗心理障碍的方法多种多样，但它们都涉及侧重于改善一个人的心理、行为或社会功能的治疗关系。

人们寻求针对各种问题的**治疗**，包括 DSM-5 中所列的障碍和日常生活问题。治疗有多种形式，包括心理疗法和生物医学疗法，但大多数都涉及诊断问题、找到问题根源、判断预后和实施治疗。在早期，对有精神问题的人的治疗一般是严酷和不人道的，通常基于恶魔附体的假设。直到近年，有情绪问题的人才被视为患有"疾病"的人，这才有了更多人性化的治疗。

目前在美国，有两种主要的治疗方法：心理疗法和生物医学疗法。在其他文化中有不同的理解和治疗精神障碍的方式，通常会利用家庭和社区。在美国，有一种发展趋势是越来越多地将辅助专业人员作为精神卫生保健提供者，并且有资料显示他们的服务有其有效性。

心理学家如何治疗心理障碍
核心概念 13.2

心理学家采用的治疗方法主要有两种，即领悟疗法（侧重于发展对自身及其问题的理解）和行为疗法（侧重于通过条件作用来改变行为）。

精神分析是最早的**领悟疗法**，起源于西格蒙德·弗洛伊德的人格理论。使用诸如自由联想和解梦之类的技术，其目标是将被压抑的心理从无意识带入意识，在那里它可以被解释和抵消，特别是在移情分析中。新弗洛伊德主义心理动力学疗法通常强调患者当前的社会状况、人际关系和自我概念。

在其他领悟疗法中，**人本主义疗法**侧重于个体充分实现自我。在**以来访者为中心疗法**中，从业者在帮助来访者建立积极的自我形象的同时，尽量做到不给指示性意见。

另一种形式的领悟疗法是**认知疗法**，聚焦于改变来访者关于自己和社会关系的消极或非理性思维模式。来访者必须学习更具建设性的思维模式，并学习将新技术应用于其他情境中。认知疗法对抑郁症特别有效。

团体治疗可以采用多种方法。自助支持团体，如戒酒互助会，可以为数百万人提供服务，尽管它们通常不是由专业治疗师带领的。家庭治疗和夫妻治疗通常将情境困难和人际关系作为一个需要改进的整体系统，而不是内在动机。

行为疗法将学习原则——尤其是操作性条件反射和经典条件反射——应用于解决问题行为。在经典的条件反射技术中，**系统脱敏疗法**和**暴露疗法**通常被用于治疗恐惧。**厌恶疗法**也可用于消除不需要的反应。操作技术包括**相倚性管理**，特别是涉及积极强化和消退策略。并且在更大范围内，行为疗法可用**代币制**的形式治疗或管理团体。基于观察学习研究的**参与性模仿**可以利用经典和操作性原理，包括使用模仿和社交技能培训帮助个人练习并获得对自己能力的信心。

近年来，出现了认知疗法和行为疗法的结合，就是把领悟疗法的技术与基于行为学习理论的方法相结合。理性情绪行为疗法帮助来访者认识到他们自己的非理性信念会干扰生活，并帮助他们学习如何改变这些思维模式。**积极心理疗法（PPT）**也是一种类似的方法，来自积极心理学运动。脑部扫描则表明，**认知行为疗法**会引发大脑功能发生物理变化。

艾森克在 20 世纪 50 年代挑战了治疗的有效性。然而，从那时起，研究表明心理治疗可以有效解决各种心理问题。通常，它比药物治疗更有效。随着对精神障碍的研究分类越来越细致，我们正在学习将特定的心理疗法与特定的障碍相匹配。

大多数人得不到专业人士的心理学帮助。相反，他们能从老师、朋友、牧师和社区中有同情心的人那里得到帮助。朋友通常可以通过积极倾听、接纳和探讨替代方案来提供帮助，但严重的问题则需要专业的帮助。

> **生物医学疗法是怎样治疗心理障碍的？**
>
> 核心概念 13.3
>
> 生物医学疗法尝试用药物改变大脑的化学反应，通过手术改变大脑的神经通路，或者通过电脉冲或强磁场改变其活动方式来治疗心理障碍。

生物医学疗法聚焦于改变精神障碍的生理方面。药物治疗包括使用抗精神病药物、抗抑郁药物、情绪镇静剂、抗焦虑药物和兴奋剂，它们大多会影响神经递质的功能。此类药物在精神分裂症、抑郁症、双相障碍、焦虑症和注意缺陷 / 多动障碍等精神障碍的医学治疗中引起了一场革命。然而，批评者警告这些药物被滥用的可能性，尤其是在处理日常生活中的普通压力方面会被滥用。

由于其根本性的、不可逆转的副作用，目前**精神外科手术**很少再使用。然而，**电休克疗法**仍然被广泛使用——主要用于治疗抑郁症患者——尽管该疗法也存在争议。一种新的、潜在危害较小的替代方案涉及特定的经颅磁刺激大脑区域。同时，住院一直是医学疗法的主要方式，尽管趋势是从精神病院转向社区治疗。**去机构化**的政策初衷非常好，但许多精神病人是在社区资源和治疗很少的情况下被送了回去。当然，当资源可用时，社区治疗往往是成功的。

如果有人向你征求有关寻找治疗师的建议，你可以将他或她转介给任何有能力的精神卫生专家。虽然你应该避免对对方做出诊断或尝试进行治疗，但你可以利用你的心理学知识将其介绍给医学专家、行为治疗师、团体治疗师或你认为可能合适的其他一些心理疗法的治疗师。然而，有一些特定的疗法和治疗技术需要避免。

如何比较心理疗法和生物医学疗法
核心概念 13.4

尽管心理疗法和医学疗法结合起来治疗精神障碍通常比单独使用某一种方法的疗效更好，但对于大多数没有特定"生活问题"的人而言，最好单独接受心理治疗。

医学疗法和生物疗法都表明了它们的方法很成功，但直到最近，很少有研究直接比较医学疗法和心理疗法。新的研究表明，对于抑郁症，由 CBT 和药物组成的**联合疗法**通常是最好的疗法。ECT 和新的经颅磁刺激的比较数据很少。至于焦虑症，一些研究表明药物和 CBT 的组合是有效的。一个明显的例外涉及特定的恐怖症，对于这种恐怖症，行为疗法要优于药物疗法——实际上药物可能会加剧问题。对于精神分裂症，药物疗法是第一选择，尽管它们不能完全治愈这种疾病。直到最近，传统的心理疗法并不经常用于治疗精神分裂症，但新的研究表明，联合疗法可能是有效的。

药物疗法对许多心理问题没有用处，如学习障碍、许多性功能障碍、大多数人格障碍和大多数发育障碍。此外，大多数有心理问题的人并没有 DSM-5 中列出的障碍，而是受"生活问题"所苦。

教育和心理疗法有很多共同之处。特别是二者都是以学习和行为改变为最终目标。我们认为，当来访者的主动性得到发挥时，教育和心理治疗都更有可能取得成功。

批判性思维的应用：循证实践

心理治疗师在循证实践（EBP）和经验支持治疗（EST）问题上存在分歧。反对者说 EST 没有明确的定义，抑制疗法的创新，对治疗患有多种障碍的来访者没有帮助，并淡化了治疗同盟的重要性。然而，支持者反驳说，某些治疗显然是有害的，应该被禁止。他们承认并非所有障碍都能对应相应的 EST。然而，作为优秀的科学工作者，治疗师应该愿意实践那些得到了科学证据支持的治疗方法。

本章视频导读，
请扫描二维码观看。

应激与我们的生活息息相关。当谈及应激的时候，我们似乎都选择避而远之，因为它让我们产生不愉快的感受，有时还让我们感到痛苦、不安。然而，应激又是无处不在的，当个体处在一定的人际关系与社会环境中时，应激便如影随形。同时，应激对我们的身心健康与幸福感也会产生深远的影响。如何与应激相处无疑是人生中一个重要的课题。

那究竟什么会导致应激呢？我们知道，当经历重大的生活变故、自然或人为灾难等创伤性事件时，会不可避免地伴随着极度应激。然而，有意思的是，应激的来源并非全都是消极事件，也包括一些积极事件。通过本章的学习我们会知道，任何变化都会带来潜在影响，并要求我们做出改变以适应新的环境，这就是应激的来源。

生活中充满了大大小小的应激源，那么，应激对我们的影响全都是负面的吗？我们常说，适当的应激也是动力，确实如此，有时我们需要应激，某些应激有助于我们鞭策和完善自己，促进我们的成长。通过本章的学习，我们可以得知，适当的应激引起的情绪唤醒有利于我们集中注意力，帮助我们做好准备。此外，或许你不知道的是，有时我们也需要应激带来的糟糕感受。例如，当你在人际关系中遭受他人的拒绝或排斥时，或许会感到沮丧与难过，然而正是这种沮丧可以阻止你建立不明智的人际关系，保护你免受进一步的伤害。

而在感知应激和应对应激的过程中，不同个体也存在差异，一部分是由于人格特征的差异造成的。例如，面对相同的挫折，对于乐观坚韧的人来说，问题似乎总能迎刃而解。此外，认知评估也起着重要作用。这需要你有意识地站在积极的角度看待应激事件，认识到是对事件的看法而不是事件本身引发了你的情绪和感受。认知评估不仅仅存在于应对应激的过程中，它甚至是所有应激事件引发的情绪和感受中一个非常关键的心理因素。

当然，你心中肯定还有很多对应激的好奇与疑问。而本章的学习将为你开启一段探秘应激的旅程，随着对应激的深入探索，这些疑问的答案将一一得到揭晓，我们将获悉认知因素在应激感知中的作用，了解身体在应对应激时会产生战斗或逃跑反应，收获聚焦问题和聚焦情绪的应对应激的两大法宝等。

在这趟丰富且有趣的旅程中，愿你能更好地理解应激，找到自己与应激共处的方式。

刘超
北京师范大学心理学部教授

14

第十四章

从应激到健康和幸福

本章译者：刘超

"9·11"事件中，纽约消防局的牧师迈克尔·贾奇神父（Father Mychal Judge）在为逝去的战友做临终仪式时遇难，他从废墟中被人抬出来。

核心概念

14.1 创伤性事件、长期的生活状况、生活中的重大变化，甚至是小麻烦，都会引起应激反应。

14.2 身体的应激反应始于唤醒，唤醒会激发一系列生理反应。这些反应在短期内具有适应性，但如果持续时间过长，就会给个体带来伤害。

14.3 人格特征影响个体对应激情境的反应，从而影响其暴露于潜在的应激源时所感到的痛苦程度。

14.4 有效的应对策略能减少应激对健康的消极影响，而选择积极的生活方式则会促进人的身心健康和提升整体幸福感。

2001年9月11日早上8：46，在纽约一家诊所外，退休消防员丹尼斯·史密斯（Dennis Smith）正等待一年一度的体检。这时冲进来一名护士，她说一架飞机刚刚撞上了曼哈顿世界贸易中心的北塔（Smith，2003b）。纽约消防局（New York's Fire Department，FDNY）的消防车和云梯车队已经响应了警报。消防车立即赶往事发现场，消防队员们冲进大厦，而大厦里成群的人正拼命地想要逃离。史密斯问自己，战友们面临着什么样的情境：在熊熊燃烧的大火中寻找通往大厦的最佳通道，查看楼梯井是否完好。被困在大厦里并面临死亡的人有多少？

一名消防员事后这样描述当时混乱的场面："简直就像电影中的画面，怪物来了，碎片像雨点一样砸向我们，各种东西在你的头顶上噼里啪啦作响。"（Smith，2003b）当他爬上北塔高处时，第二架飞机撞上了南塔，他回忆道："突然，头顶上传来一声巨响。"他蜷缩在楼道里，清点自己的工具："当时我在想自己的处境——应该做什么，还能做什么，有什么有利的条件，有哪些工具。头盔是我当时手中最重要的一件东西。我记得当时自己的想法是，戴上那顶头盔有多么的重要。"

但史密斯的战友迈克尔·贾奇神父却在关键时刻忘记了头盔的重要性，这听上去有些讽刺。他是消防局的牧师，也是第一批到达事发现场的人之一。在听说有消防员被困在大厦里后，他冲了进去。在进行临终告别仪式时，出于尊敬，他习惯性地摘下了头盔，就在这时，碎石和瓦砾从天而降，导致他当场死亡（Downey，2004）。

余波的应激

在恐怖袭击发生后的几周乃至几个月里，消防队员继续搜寻尸体。他们埋葬、纪念和哀悼他们的战友。343名消防人员遇难。活下来的人眼睁睁地看着其他人就在几米远的地方死去，作为幸存者，他们忍受着内疚和矛盾的心情，不确定为什么自己值得活着，并且不断地问自己"为什么是我活了下来"。一些人出现了创伤后应激障碍（PTSD）的症状，一次又一次地回想灾难发生时的恐怖情形。"9·11"事件的余波不仅影响了那些亲身经历灾难的人，还影响着世界各地数百万人，他们在数日里目不转睛地盯着电视，反复观看双子塔倒塌的情景，聆听幸存者对现场的描述（我们稍后会提到媒体往往是中介应激的来源）。

幸存的消防员仍深陷悲伤中。许多人在回忆他们的战友时，不愿表达虚假的尊敬或忧伤，反而更喜欢拿逝者的怪癖和犯过的错开玩笑。曼哈顿第40消防车队和第35云梯车队损失了12名消防员，比其他任何消防站损失的人都多。和其他人一样，他们想知道失踪的受害者到底经历了什么。在"9·11"事件发生5个月后，他们看到了一段新闻视频。视频显示，在大楼倒塌前的几分钟，失踪的12名战友进入了双子塔。虽然这段视频是从远处拍摄的，但通过移动的身影可以辨认出是他们的战友。幸存的消防员聚精会神地盯着屏幕，看着那些再也回不来的战友。他们一遍又一遍地播放这段视频（Halberstam，2002）。

与其他大多数公务员不同，消防员大部分时间都住在消防站里。由于火灾和其他紧急情况相对较少发生，他们会在一起度过很多时光，一起玩扑克或其他游戏，以及看书、看电视。在大多数消防站里，家庭氛围会逐渐形成，当你明白这一点，便更能理解他们承受的是许多朝夕相处的"家人"突然逝世带来的巨大压力。此外，每个人都觉得自己有义务参加尽可能多的追悼会，不仅包括逝去战友的追悼会，还包括在培训新消防员训练中认识的其他消防员或者来自其他消防站中曾经一同工作的消防员的追悼会。对有些消防员而言，参加这些令人心痛的追悼会是一种持续一年多的折磨，给他们再次带来了无尽的痛苦。

> **本章思考题：**
> 在"9·11"事件中，消防员和其他人的反应和经历是人们在应激情境中的典型反应和经历吗？什么因素可以解释人们对应激的生理和心理反应的个体差异呢？

当然，冲进正在倒塌的大楼并不是人们该有的正常反应，而是训练有素的救援人员的习得反应。但是，幸存者感到内疚及世界各地的人在网上和电视上反复收看灾难情境所引起的延迟应激反应，这些是"正常"的应激反应吗？我们可以把这些反应和我们自己的应激反应联系起来吗？在考虑这些问题时，几个相关问题随之而来。

- 应激源并不局限于重大的悲剧、创伤和灾难。所有人在日常生活中都会遇到潜在的应激情境，比如在工作中、人际交往中、学校里、交通拥堵时或生病时。但是你有没有注意到，有些人遇到一些很小的烦恼就感到压力很大，而有些人即使在危急关头也表现得镇定自若。此外，有些人能在经历巨大的应激后很快复原，而有些人却久久难以平复。如何解释个体在面对相同应激源时的差异反应？

快节奏文化（如图所示）创造了现代社会独有的环境应激源。

享受慢节奏生活的文化不会面临城市居民所经历的那些应激源。

- 我们还必须考虑应激源在近几个世纪里是如何变化的，以及应激反应是如何在人类几千年的进化中帮助我们生存下来的。当下，许多文化环境里的生活节奏比先辈们的生活节奏更快。我们如今面临的应激与先辈们面临的应激有何不同？生活环境的不同会对应激反应的有效性产生哪些影响？

应激的多元化视角

想要了解人类对应激的反应，多元化视角是必要的。当面对应激时，我们的身体和大脑会发生什么变化？我们的思维过程、先前的学习、人格特征、特定的生命阶段和社会环境是如何调节这些生理反应的（见图 14-1）？

通过图 14-1 探索其中的交互性，你能针对每个视角想出一些例子吗？选择一些流行的建议与你的想法进行比较，并阅读一些其他例子，从多个角度理解应激的复杂本质是必要的。

我们能在多大程度上控制自己对应激的反应，以及控制应激对我们身心健康的潜在影响呢？好消息是，我们并不总是被近期的应激困扰，为了更有效地应对应激带来的挑战，我们可以做一些改变。因此，我们会以更积极的方式阐述本章的内容，不仅会展示有效的应对策略，还会介绍提升健康水平、韧性和幸福感的新的健康心理学视角。此外，我们还会强调，经常锻炼身体是保障身心健康的最重要的因素。了解应激形成的方式和原因，以及应对应激的最佳方法可以提高我们的生活质量。

当我们探讨这些问题时，请你回想自己过去及现阶段所面临的应激，并思考本章的内容如何帮助你理解生活中的应激源，如何改善你感知和管理应激的方式。尽管大学生的日常生活应激与消防员和其他救援人员相比要小，但最近寻求心理帮助的大学生不断增多，大学生的自杀率也在不断上升。这迫使我们审视这些学业应激从何而来，以及如何才能更好地应对它。

行为视角：某些有效或无效的应激反应是可以习得的吗

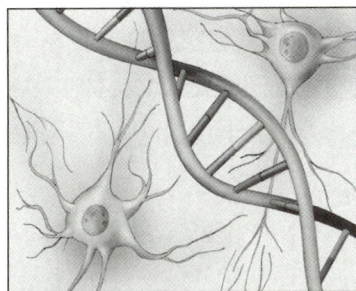

生物学视角：有些人是否天生就能更好地应对应激

发展视角：相比年轻人，老年人处理应激是否更加有效

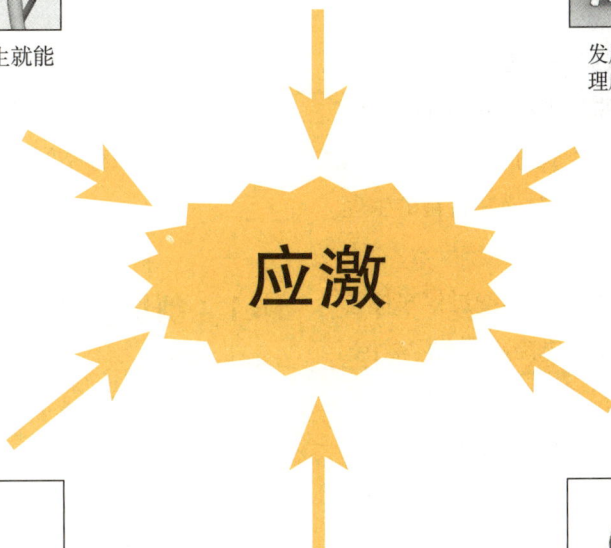

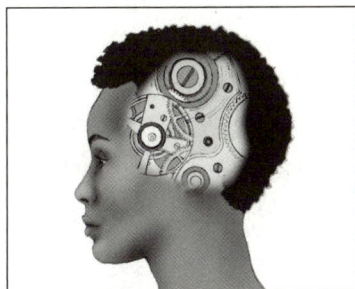

应激

认知角度：有些人是否对应激的感知不同于其他人

心理动力学视角

人本主义视角

特质与气质视角

全人视角：某些人格特征是否预示着更健康的应对方式

社会文化视角：在某些文化中某些特定应激反应是否更普遍

图 14-1　应激的多元化视角

关键问题：
导致痛苦的原因是什么

核心概念 14.1

创伤性事件、长期的生活状况、生活中的重大变化，甚至是小麻烦，都会引起应激反应。

当听到应激这个词时，你会想到什么？大多数人会想到日常生活中的应激，比如困难的工作、不愉快的人际关系、经济困难、健康问题，还有期末考试。你可能还有过与应激相关的一些躯体反应，比如反胃、出汗、头痛、脖子或后背僵硬。我们在日常对话中经常使用应激（即压力，stress）①一词来指我们所面临的情境（Lazarus et al.，1985）。例如，如果你的领导或教授一直为难你，你可以说自己正在"承受应激"，如同被一个重物压着，你也可以说你因此"感受到应激"。因此，在日常对话中，我们使用应激这个词来指代外部威胁，以及当我们面临应激时的身心反应。

然而，心理学家区分了造成应激的外在事件与其对个体的内在产生的影响。**应激源**（stressor）指引起内部应激反应的外部事件。我们在生理上、心理上或情感上所经历的后续影响被称为应激（Krantz et al.，1985）。我们将用**痛苦**（distress）这个术语来描述消极的应激反应。因此，痛苦是一种对潜在有害的生理反应的消极认知解释。

因此，当你由于边开车边发短信而闯过停车标志后，一名警察从警车里走出来，这就是一个应激源。当你看到警察要给你开罚单时，你的心跳加速、双手颤抖、浑身冒冷汗，这些都是应激源引起的生理变化。在这种情况下，你的心理产生的应激，即痛苦，是各种情绪的复杂混合，包括羞耻感，认为自己很愚蠢，以及担心如果无法为自己的不幸处境辩护，就会因第三次违章而被吊销驾照。

如今，人类面临的普遍应激源是什么？在本章的开篇，我们会先回顾对我们影响最大的一些应激源。其中包括从日常琐事到与家人、朋友、恋人的关系问题，再到恐怖袭击，正如这一学习阶段的核心概念所指出的：

> 创伤性事件、长期的生活状况、生活中的重大变化，甚至是小麻烦，都会引起应激反应。

应激是一种情绪反应，因此在面对应激源时，解释或**认知评估**（cognitive appraisal）对我们感受到的应激程度起着重要的作用。例如，一些田径运动员将他们在起跑线上等待枪响的体验理解为紧张，而另一些人则将其理解为兴奋。你认为这会对谁更有可能赢

得这场比赛产生影响吗？在前面的例子中，与最近多次被开罚单并且有可能因此失去驾照或支付高昂保险费的人相比，一个从未被开罚单的人会认为这种情况下的应激水平较低（因此感受到较少的痛苦）。认知评估有助于解释人们对应激源的反应以及在有效应对应激源上为何存在个体差异。考虑到这一点，让我们来看看生活中一些最强大的应激源。

> **本部分导读：**
> 14.1　分析自然和人为的灾难、个人损失及创伤后应激是造成创伤应激的原因。
> 14.2　描述五种不同的长期应激源。

14.1　创伤性应激源

学习目标：
分析自然和人为的灾难、个人损失及创伤后应激是造成创伤应激的原因。

灾难性事件，如自然灾害和恐怖袭击，都属于**创伤性应激源**（traumatic stressor）。在个人层面，尽管每个人都会面临死亡和分离，但生活中突发的重大变化，如失去爱人，也会构成创伤性应激源。我们先探讨自然灾害和人为灾难，然后是个人损失，最后探讨创伤后应激障碍。

14.1.1　灾难

2008年5月，中国发生了一场大地震，造成数万人死亡。随后，在海地和智利发生的地震也在之后的数月内对人们造成了毁灭性的后果，同样还有2011年在日本发生的地震、海啸，以及由此导致的核反应堆泄漏。诸如此类的自然灾害，以及恐怖袭击和战争等人为灾难，都属于创伤性应激源的范畴，被称为**灾难性事件**（catastrophic event）。这些突如其来的灾难不可避免地伴随着极度的应激，以及亲人、生命或财产的损失。并且与事件本身相比，它们给人们的心理和生理上造成的后果持续的时间更长。例如，

---

① 本章 stress 均翻译为应激。——编者注

在 "9·11" 事件之后的几周里，消防员和救援人员发现自己有时会在噩梦中或在白天的闪念中回想当时的情景。

通过对灾难幸存者进行研究，我们得以了解人们应对这类灾难的不同方式（Asarnow et al., 1999; Sprang, 1999）。值得注意的是，实施这类研究很困难。显然，出于伦理道德的考虑，心理学家无法人为地制造创伤性事件，哪怕很小的也不行，来研究它们对被试产生的影响。相反，研究人员只能等待灾难发生，然后立即到达现场，倾听幸存者的故事，并观察幸存者在灾难发生后的即时反应。

研究灾难的自然实验室 1989 年的旧金山大地震，为我们提供了一个了解人们应对灾难的机会。当时，世界职业棒球大赛即将拉开帷幕，这是旧金山巨人队与其在美国联盟的跨湾区竞争对手之间的比赛，奥克兰队准备开球。当观众（包括本书作者）都坐在座位上时，整个体育场突然开始剧烈地摇晃。灯熄灭了，记分牌变黑了，旧金山发生了大地震。在这个城市的其他地方，火灾爆发，桥梁倒塌，高速公路被毁，居民的生命岌岌可危。

地震发生一周后，一支心理学研究队伍开始对当地约 800 名居民进行一系列追踪调查。调查结果显示了一种清晰的模式：在大约一个月的时间里，经历过地震的被调查者的生活持续围绕着这场灾难。一个月后，他们不再提及地震，但其他与应激相关的症状却在增加，包括睡眠障碍、人际关系问题和噩梦（Wood et al., 1992）。一年后，尽管大多数症状已逐渐消失，但多达 20% 的被调查者仍然感到非常痛苦（Pennebaker & Harber, 1991）。

与自然灾害相比，犯罪和恐怖主义等人为灾难增加了一个威胁维度，因为后者是他人有意制造的。**恐怖主义**（terrorism）被定义为一种 "人为恶意" 造成的灾难，目的是通过制造恐慌和危险来扰乱社会秩序（Hall et al., 2002）。与自然灾害的幸存者一样，经历过恐怖袭击的幸存者报告的痛苦症状很严重，并且在几个月之后才会逐渐消退（Galea et al., 2003）。然而，与自然灾害中的幸存者相比，恐怖袭击的幸存者对威胁的看法发生了长期的改变。无论是美国的 "9·11" 事件，还是 2005 年的伦敦地铁爆炸事件，研究人员对受到这些事件直接或间接影响的个体进行了调查。结果发现，在事件发生的一年甚至数年之后，50%~75% 的市民仍然会为自己和家人的安全感到担忧（Rubin et al., 2005; Torabi & Seo, 2004; Weissman et al., 2005）。

对灾难的心理反应 已有理论认为，对自然和人为灾难的心理反应分为若干阶段：受害者首先感到震惊，体验到强烈的情绪反应，然后努力重新安排自己的生活（Beigel & Berren, 1985; Horowitz, 1997）。科恩和埃亨（Cohen & Ahearn, 1980）明确指出幸存者通常会经历的五个典型阶段。

1. 在事件刚刚发生后，受害者会感到**精神麻木**，其中包括震惊和困惑，而且瞬间甚至数天内都完全无法理解到底发生了什么。突如其来的巨大灾难打破了我们对世界应该正常运转的基本期望。对有些人而言，难以想象的事情变成了残酷的现实。

2. 在**自主行动**阶段，受害者对自己的经历几乎没有意识，后来也无法回忆起所发生的事情的许多细节。这是一个遵循常规而不是精心计划行动的时期。

3. 在**共同努力**阶段，人们把资源聚集在一起，携手合作，为自己的成就感到自豪，但同时也感到疲惫，并意识到自己耗尽了宝贵的精力。一般来说，人们会给家人、邻居和同事打电话或发短信，告诉他们自己过得怎么样，需要什么帮助。

4. 接下来，幸存者可能会经历**失望**，感到筋疲力尽。他们领悟并感受到了这场悲剧造成的影响。尽管紧急状态仍在持续，但公众的兴趣和媒体的关注逐渐减弱，幸存者感到自己被抛弃了。

5. 最后是**恢复**阶段，幸存者逐渐适应灾难带来的变化。随着自然环境和商业环境的变化，社区的结构也随之改变。

随着时间的推移而出现的上述一系列反应是对灾难事件的典型反应。**阶段理论**（stage theories）强调人们在一生的发展中，经历某个人生阶段或事件时所产生的显著变化。然而请记住，这一阶段理论并非符合所有人的情况，但它试图从整体上总结不同个体的共性。在这种情况下，应激反应的阶段理论对于总结个体的经历是有效的。由于它帮助我们预测未来的幸存者可能会经历什么以及他们可能需要什么援助，以便我们做出更充分的准备。

研究还表明，在应对灾难性经历时，讲故事或**叙述**（narrative）的重要性。为了从灾难造成的损失中吸取教训并理解其意义，我们系统地描述发生了什么以及为什么会发生这些事。当发生了一件令人惊讶的、不愉快的（Holtzworth-Munroe & Jacobson, 1985）或违背我们基本期望的事情（Zimbardo, 1999）时，我们尤其可能展开叙述。叙述帮助我们找到失去的深层含义，这反过来又有助于治愈的过程。

媒体带来的创伤　灾难性事件会被媒体广为宣传与报道，而在互联网时代，他人痛苦的声音和图像被反复播放和观看。观众并不能对这类节目免疫，因此可能会经历某种间接的创伤。

人们报告他们曾反复观看"9·11"事件中双子塔倒塌的画面。在本章的开篇，幸存的曼哈顿消防队员反复观看一段视频，里面记录了他们已逝的战友在世贸中心倒塌前冲进大厦的画面。最后，虽然他们确切地知道了战友们的命运，但是反复观看视频真的有助于他们治疗创伤吗？传统观点认为，从视频中辨认他们的朋友会让他们意识到战友真的死了，朋友的英雄事迹可以帮助他们在悲剧中找到一些意义。但一旦目标达成，如果他们仍旧反复观看，怎么可能不使应激增加呢？

研究结果表明，回想和再次体验灾难本身会造成应激。当一个人了解到他人的创伤情境并深深地陷入该情境时，个体会感受到一种巨大的应激，即**替代性创伤**（vicarious traumatization；McCann & Pearlman, 1990）。无论是飞机失事，遥远他国的骚乱，还是自然灾害，重要的不是事件本身，而是人们接触这些

事件的程度：舒斯特和他的同事们（Schuster et al., 2001）发现，人们花在看"9·11"事件电视报道上的时间越多，他们就越有可能出现应激症状。此外，全美高达 90% 的被访者，甚至是那些与纽约或其他袭击地点没有私人或工作上联系的人，在袭击发生后都出现了至少一种应激症状。而那些频繁观看媒体报道的观众，即使他们远离灾难现场且处于安全地带，也会和受害者一样遭受心理的痛苦，并感受到巨大的应激。

尽管"9·11"事件非常可怕，但也要记住存在许多英雄行为。例如，美联航 93 号航班上的乘客联手反抗驾驶飞机的劫机者。

由于乘客勇敢地面对死亡，他们的飞机坠毁在宾夕法尼亚一个荒无人烟的田野，而不是华盛顿特区，从而挽救了无数的生命。他们的英雄事迹被拍成了故事片和纪录片。

无论我们对替代性创伤了解多少，一种为现场救援人员减压的技术被广泛应用在警方、消防和军事单位中，它就是"危机事件应激晤谈"（critical incident stress debriefing，CISD）。一些受灾难影响的人被迫要求分享他们的恐怖经历，倾听他人并讲述自己的悲惨故事。请你思考一下，为什么这种方法可能适得其反，即增加而不是减轻痛苦呢？

在应对灾难时的文化差异　2011 年 3 月降临在日本的一场灾难，是日本自第二次世界大战受到原子弹轰炸以来最严重的一次，当时的情况极其糟糕。一

开始，地震引发了 10 米高的海啸，摧毁了整个村庄，造成数千人死亡，在寒冷的冬天许多人无家可归，也没有食物。当时，核电站被毁坏引发的核泄漏对当地居民造成了长期且广泛的癌症威胁。尽管面临如此大的灾难，大多数日本人的普遍反应是冷静、文明，表现出道德和勇气的集体意识。现场的资深记者对日本人应对灾难时表现出的彬彬有礼和井然有序感到惊讶。受灾现场没有出现抢劫，犯罪活动也没有增加。事实上，在因高速公路毁坏造成的长达 10 小时的交通堵塞中，居然没有一个人按喇叭。

在注重礼仪、集体共识和关爱他人的集体主义文化下，人们毫无怨言地与陌生人分享稀缺的食物。研究日本文化的专家将这种行为追溯到日本宗教仪式中批判性、安抚性的精神力量。大多数日本人是佛教徒或古老的神道教教徒。通过践行怜悯和接受死亡作为生命过程的结束来减轻精神和身体上的痛苦是这些信仰体系的基础。日本宗教学者邓肯·威廉姆斯（Duncan Williams）认为，现在佛教的教义与其说是关于自然界的神灵，不如说是关于社会、家庭和国家的礼仪（Grossman，2011）。

14.1.2　个人丧失

人类与许多其他物种一样，都是社会性动物：为了生存，我们相互依赖。失去所爱之人令人非常痛苦，即使这可能是预料之中的（比如久病之后）。突如其来的意外损失会带来创伤：在这一学习阶段末尾提到的生活变化等级清单中，你会看到"丧偶"在所有生活变化中造成的应激水平最高（Holmes & Rahe，1967；Scully et al.，2000）。悲伤（grief）是由于人际关系损失所产生的情感反应，是一种令人痛苦的复杂情感，包括悲痛、愤怒、无助、内疚和绝望（Raphael，1984）。无论遭遇所爱之人离世，与恋人分手，或者被信任的朋友背叛，你都会经历分离和孤独带来的挫败，并面对诸多要解决的难题。我们对生活的一些重要预设可能会受到挑战并被迫适应新的现实状况（Parkes，2001）。于是，我们的身份和关于未来的计划可能会发生永久性的改变（Davis et al.，1998；

Janoff-Bulman，1992）。

心理学家认为，悲伤是一个适应重大生活变化的正常且有益健康的过程，没有所谓"正确"的方法或"正常"的持续时间（Gilbert，1996；Neimeyer，1995，1999）。一些专家推崇予以"封闭"，这是格式塔学派的一个术语，指将不完整的刺激视为完整的。但是悲伤咨询心理学家对丧失带来的痛苦和相关的记忆进行封闭处理表示反对。相反，他们推荐整合（integration）的方法。为了理解这一点，想想你所经历过的失去所爱之人的时刻：也许你已经"翻篇了"，不再去想这件事，但它仍然留在你的记忆中。你们在一起的画面、情感和想法仍然鲜明生动且历历在目，它们仍然是你自我的一部分（Harvey，1996；Harvey et al.，1990）。因此，准确地说，悲伤的最后一个阶段应该是一个持续的整合过程，在这个过程中，无论是消极的还是积极的，每次与生命有关的丧失都会成为个体故事的一部分，成为对自己有意义的记忆中的一部分（Murray，2002）。请参见图 14-2 以更好地理解此过程的各个阶段。

哀悼的过程还要求你在感到特别脆弱和孤僻的时候与他人进行社交互动。具有讽刺意味的是，朋友提供的帮助或表达的同情有时会增加你的应激。霍兰德（Hollander，2004）先是失去了丈夫，几个月后又失去了母亲，她写道："我没事吧？每个人似乎都在问我……我经常发现不知道该如何回答。"当她当众哭泣时，她的朋友们感到很不舒服，他们鼓励她振作起来，重新做回自己。霍兰德总结说，她的痛苦不能也不应该匆忙结束："结束（封闭）不是我的目标……我在哭泣就说明我还没事。"

悲伤剥夺　当别人低估你的丧失程度且对你不表示同情时，悲伤会造成巨大的压力。经历死亡、离婚和创伤时会有正式的哀悼仪式，如葬礼、医院探访、问候贺卡以及来自殡仪馆、律师和医生的专业关注（Lensing，2001），但其他非官方的惨痛的丧失则可能会被社会忽视。例如，那些因流产而伤心的女性，失去挚友的年轻人，因喜爱的电视或电影明星去世而伤心的孩子，他们可能会发现自己只能独自沉

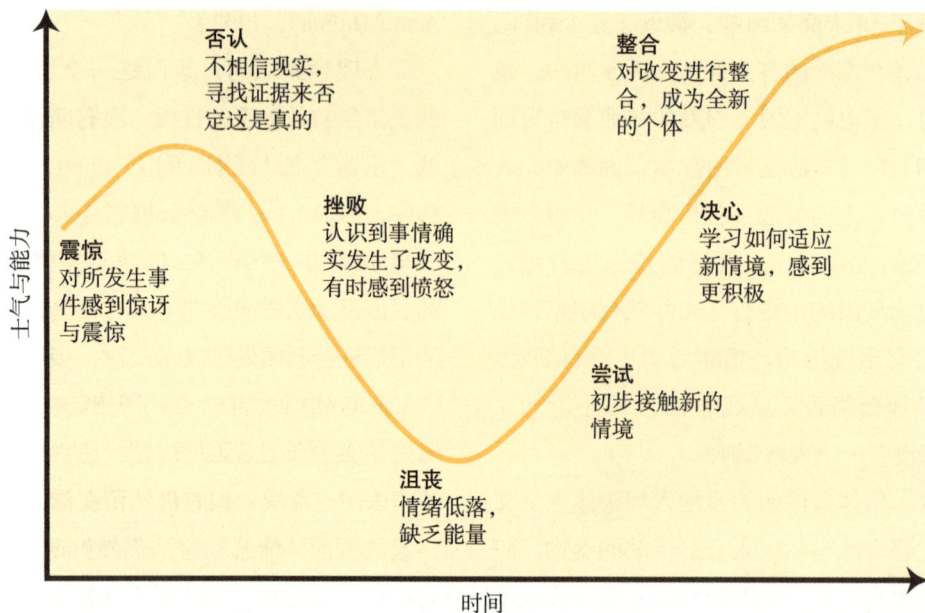

图 14-2 库伯勒·罗斯"改变"曲线

注：基于库伯勒·罗斯（Kübler Ross）提出的有关悲伤和丧失的阶段，该图提供了一个有效的框架，有助于理解人们在适应一个意义重大的丧失并将其整合到自我机制中时的各个阶段。

浸在悲伤里，得不到别人的同情或理解。**悲伤剥夺**（disenfranchised grief）指因他人无法理解的丧失而产生的情感。这些丧失无法通过像追悼会或葬礼这样的公开仪式来哀悼。因为担心别人的负面反应，被剥夺悲伤的人可能会试图隐藏他们的悲伤——但痛苦仍在继续。

向他人倾诉可以帮助人们应对丧失和创伤（Harvey，1996；Pennebaker，1990）。在这段时间内，请记得你还可以寻求专业心理咨询师或治疗师的帮助，他们会认真地对待你的悲伤。另外，其他方式的倾诉也是有治疗价值的，比如通过写日记记录你的感受及是什么引发了这些感受。

丧失造成的屈辱 以下哪种情况会造成更大的应激，所爱之人离世还是其另有新欢？这两种悲剧都与失去所爱之人有关。然而，后者不仅让人感到悲伤，还会引发屈辱感和被遗弃感。一项研究调查了数千名成年人，并对其人际关系丧失的经历及其他生活事件的应激源进行了分类。该研究还评估了个体的焦虑和重度抑郁症状。结果表明，被排斥（伴侣另有新欢）的被调查者比那些伴侣离世的被调查者更容易患抑郁症（Kendler et al.，2003）。在讨论这些研究结果时，

研究人员认为，伴侣死亡是一个"纯粹的丧失事件"，这并不代表丧失者的失败或不足。与之相比，被爱人抛弃"会引起一些问题……如屈辱，这通常会让个体将此与地位、自尊和自我价值感的丧失联系起来。"（National Public Radio，2003a）

在最近的一项研究中，研究人员调查了人们在经历不同类型的应激后抑郁的快慢。根据这些生活事件是否涉及**针对性排斥**（targeted rejection）来进行分类，针对性排斥指个体遭受他人有针对性的、主动的、故意的社会排斥。结果显示，最近经历过针对性排斥的人抑郁的速度是经历其他应激的人的三倍（Slavich et al.，2009）。有意思的是，无论针对性排斥发生在工作中（如被解雇），还是在个人关系中（如分手），造成的影响都是相似的。在一项后续研究中，拥有对疼痛高敏感的**基因型**（genotype）的个体，抑郁风险的增加尤为明显（Slavich et al.，2014）。总之，涉及**屈辱**或**社会排斥**（social rejection）的应激源比其他应激源更容易导致临床抑郁，而且似乎速度更快（Slavich et al.，2009，2010a）。此外，有些人可能对社交痛苦或排斥特别敏感。

为什么我们在遭遇屈辱和排斥时会感到很糟糕？

动物研究表明，在灵长类动物群体中，比如四处游荡的狒狒，失去地位的个体会离群索居，没有食欲，变得更加顺从，并且在可测量的生物标记中显示出应激水平的迅速增加（Sapolsky，1998）。

一些灵长类动物，比如津巴布韦的大狒狒，有着与人类极其相似的应激系统。当一只处于统治地位的雄性狒狒对另一只雄性表现出攻击性并迫使其屈服时，地位较低的雄性会产生强烈的应激反应，类似于人受到排斥时的应激反应。

从进化的角度来看，社会地位的丧失会导致严重的后果，并可能威胁到生存（Slavich & Irwin，2014）。通过采取行动防止这种丧失，人类和其他灵长类动物就增加了自己生存的机会。因此，也许被排斥令我们难过正是因为我们需要这种感觉，换句话说，伴随排斥而来的沮丧或自尊水平下降会阻止我们建立不明智或不可靠的伙伴关系，从而保护我们免于进一步被排斥或遭受屈辱。

回避

纳撒尼尔·霍桑（Nathaniel Hawthorne）在《红字》（The Scarlet Letter）一书中，讲述了过往几个世纪里，人们会因为自身的不道德行为而被群体所回避。在过去的几十年里，这种主动排斥已经扩展为精细的、消极的被动回避，这可能会让对方感到沮丧和受到伤害。对大多数人而言，我们在小学阶段就尝到了回避的滋味。你可能熟悉这样的场景：一群朋友认为某个孩子不适合这个圈子，认为他太胖、太丑、太穷、太聪明、太书呆子，诸如此类，于是他们开始回避他。不幸的是，这种行为会一直持续到成年。当这种回避显然是针对你的时候，这就如同无声的欺凌。

你通常不明白自己为什么被排斥，你只知道自己不属于那个圈子，甚至可能不属于任何圈子。

如果你认为自己被故意回避，你有两个选择：昂起头，继续前进，不去浪费时间想自己做了什么才造成这种情况；或者咬紧牙关勇敢地和对方交谈，直接说你觉得他或她在回避你，你想知道为什么。这样你就有了一个了结，也许还会学到一些关于自己或那个回避者的有价值的东西。

在菲利普·津巴多读高中的阶段，他搬家后也遇到了类似的社交回避。他一直都是一个非常受欢迎的孩子，深受他人的喜欢和钦佩，不仅因为他的聪明才智和领导才能，而且他很擅长棒球和田径等体育运动。但从进新学校的第一天起，他就完全被无情地回避了！同学们不会坐在他旁边，无论在食堂或礼堂他们都会从他坐的地方走开。这种全面的社会排斥对他的伤害如此之深，以至于他患上了严重的哮喘，哮喘发作时他往往无法入睡，从而不得不待在家里（显然，这是一种心理防御反应，会诱发身体症状，称为身心反应）。

到了春天，菲利普成为学校的棒球队成员，在乘公交车去比赛的路上，他终于知道了这一年来自己一直被回避的原因。他直白地问队友他做错什么，为何会受到这样的社会排斥。答案令人吃惊：很多孩子害怕你，他们认为你的家人来自东海岸黑手党，因为你是学校里唯一的意大利人，所以最好避开你，不要冒险惹你生气。并不是这样！他只是一个瘦骨嶙峋、温文尔雅的孩子，与任何邪恶组织都没有联系。但这已无关紧要，他的哮喘使得全家搬回了纽约布朗克斯区，正如你可能猜到的，搬回去后他那可怕的哮喘立刻消失了。

所以，请原谅并忘记那些回避你的人，多花些时间给那些无条件爱你的人，也给那些你可以全心全意爱着的人。

14.1.3　创伤后应激

遭受过严重折磨（如强奸、战争、殴打或酷刑）的人，可能会在创伤发生后数月甚至数年才出现应激症状。然而，这些延迟的反应可能会持续一生。患有创伤后应激障碍（posttraumatic stress disorder，PTSD）的个体会反复经历伴随创伤而来的心理和身体反应。在美国，每 12 个成年人中就有 1 人会在一生中的某一时刻患上创伤后应激障碍，超过三分之一的患者的症状会持续 10 年以上。创伤后应激障碍患者描述的创伤通常包括目睹他人被杀或受到严重伤害，遭遇自然灾害或在危及生命的事故中得以幸存。男性患者更多的是经历身体攻击、战争、灾难、火灾、被囚禁或成为人质，而女性患者更多的是经历强奸、性骚扰、身体虐待和童年忽视（Bower，1995a）。在经历创伤性事件后，与男性相比，女性更易出现创伤后应激障碍症状（Tolin & Foa，2006），西班牙裔美国人比非西班牙裔美国白人或美国黑人更易患上创伤后应激障碍（Pole et al.，2005）。除了战争经历或身体 / 性虐待造成的创伤后应激障碍，最常见的患病原因是遭遇致命的车祸（作为幸存者或司机），以及摧毁家园和社区的自然灾害。

创伤后应激障碍有哪些症状？ 创伤后应激障碍患者通常容易分心、缺乏条理并出现记忆困难（Arnsten，1998）。他们可能会变得情感麻木，疏远他人，并且难以从积极事件中获得乐趣。睡眠问题、对幸存的内疚感、夸张的惊吓反应（当意识到突然的威胁时，眼睛会睁得很大、气喘吁吁并表现出其他吃惊的行为），这些也是常见的症状。例如，被强奸的受害者可能会出现许多心理后遗症，包括感到被身边人的背叛，对被攻击感到愤怒，以及害怕独自一人（Baron & Straus，1985；Cann et al.，1981）。

创伤后应激障碍也会导致持久的生物学后果（Crowell，2002；Sapolsky，1998）。当应激的强度或持续时间达到极限时，个体的大脑会发生生理变化。更进一步说，大脑的激素调节系统可能会形成一触即发的反应，使患者对轻微的应激产生过度反应。

战争中的创伤后应激障碍 尽管"创伤后应激障碍"一词是近期才被创造出来的术语，但历史记录显示，几个世纪以来，士兵们都有类似的症状，比如"战争疲劳症""炮弹休克症"或"士兵心理症"。越

南战争爆发后，约有 30% 的参战老兵出现创伤后应激障碍症状，公众对这种疾病的关注也随之增加。以伊拉克战争和阿富汗战争为例，军事心理学家至少会为与战争有关的应激提供一些治疗，提供各种教学项目以在帮助士兵及其家属更有效地为战争部署做好准备，并指导士兵回国后更好地处理战争带来的影响。尽管从历史上看，军队文化规范一直教导士兵们不要谈论战争经历，但这也导致了许多退伍军人觉得寻求心理帮助是一件令人感到耻辱的事，这些新项目帮助他们慢慢地克服心理障碍，实现了有效应对因战争出现的创伤后应激障碍。

例如，一个名为"战斗意志"（Battlemind）的项目旨在帮助士兵在战争前形成现实的预期，同时帮助他们在战争结束后重新适应家乡的生活。初步研究表明，与接受传统训练的士兵相比，参加了"战斗意志"项目的士兵报告的创伤后应激障碍症状更少（Munsey，2007）。通常情况下，关于预期的知识为以后经历这种情况提供了一个更适当的应对框架。

在对战斗人员的创伤后应激障碍进行深入研究后，研究人员有一个有趣的新发现，即大脑在某些创伤后应激障碍症状中所起的作用。在加拿大神经学家埃博加·索纳克（Cernak，2015）开创性研究的推动下，美国的军队医生现在认识到，经历过爆炸的士兵（即使没有被爆炸击中）经常会出现认知障碍的症状，如失忆、注意力下降、反应速度变慢、难以完成简单的数学题等。虽然研究人员仍不确定爆炸对大脑的确切影响，但普遍认为爆炸的力量会对大脑功能造成损害。据估计，从伊拉克战争和阿富汗战争归来的士兵中，有多达 20% 的人存在这种创伤性的脑损伤。目前研究人员认为，爆炸对神经系统的影响可能是一些患有创伤后应激障碍的退伍军人出现认知缺陷的原因（Bhattacharjee，2008）。

一种治疗创伤后应激障碍的新方法 关于创伤后应激障碍的一种新观点认为，它是一种精神损伤而非精神障碍，是由损害思维加工的创伤经历引起的。损伤可以治愈，患者可以通过适当的治疗得以恢复。一种创新型疗法已被证明对数十名在战争中幸存下来的

老兵是有效的，方法是教导他们发展一种平衡的时间观来取代对过去消极时区的扭曲关注。时间观是我们对当下世界的个人体验，包括对过去、现在或未来的个人体验。偏差的时间观过分关注某个时区，而平衡的时间观使我们能够根据实际任务和情境在不同时区之间切换。时间观疗法（time perspective therapy）鼓励战士回忆战争时期的积极事件，同时回忆过去与家人和朋友共度的时光，并且为未来设定一些短期和长期的目标。这种治疗平均只需 8 个疗程，可以有效地减轻已持续 4 年以上的症状（Zimbardo et al.，2012）。

14.2　长期应激源

学习目标：

描述五种不同的长期应激源。

在前文中我们探讨了应激源——灾难、个人丧失和创伤后应激障碍——包括突然发生的事件，如"9·11"事件。与之相比，**长期应激源**（chronic stressor）持续的时间较长，或者反复出现，且产生的影响随着时间的推移缓慢发展。例如，长期应激源可能包括持续的财务问题、婚姻问题或恶劣的生活环境，如全世界最大的应激源——贫困。接下来，我们将探讨五种不同的长期应激源：社会应激源、工作倦怠、同情倦怠、重大的生活变化和日常小麻烦。

14.2.1　社会应激源

对大多数人而言，应激并非来自突如其来的灾难事件，而是来自**社会应激源**（societal stressor），即社会、文化和经济环境中的普遍压力。社会应激源通常涉及家庭、工作或学习中遇到的困难（反复出现或持续一段时间）。社会应激源还涉及失业、贫穷、种族主义和其他因所属的社会群体或地位而受到压迫的情况。在美国，也包括许多其他国家，越来越多的公民没有一个舒适的家，成为露宿街头的无家可归者。

一项关于工作应激和健康状况的研究表明，失业的男性比有工作的男性更容易产生抑郁、焦虑情绪和对健康的担忧。通常这些症状在失业者找到工作后会

奇迹般地消失（Liem & Rayman，1982）。一项全美性调查的结果有力地证明了与金钱有关的应激是普遍存在的：大约 75% 的人认为钱是应激源（American Psychological Association，2015b）。这种状况可能会对身心健康造成损害，特别是对穷人和少数族裔而言。

偏见和歧视也是应激的主要来源（Contrada et al.，2000）。举个例子，长期以来，非裔美国人患有高血压被认为源自遗传，实际上它与长期应激有关。这些应激是由从事卑微的工作、受教育程度有限和社会经济地位不高等消极影响导致的（Klag et al.，1991）。与之类似，穷人获得良好的医疗保健的机会较少，他们往往生活在对健康有更大危害（比如环境污染、含铅油漆、较大的噪声和贩毒团伙聚集等）的地区。这些情境因素不仅影响儿童的认知发展，还会给成年人带来影响其身体和情绪的各种不利因素（Evans et al.，1998；Staples，1996）。

贫穷如何影响大脑　你能想象在贫困环境中长大会导致个体大脑萎缩，并且自个体出生起这种影响便一直存在，甚至会导致认知功能下降吗？神经科学家近期的研究得到了令人不安的结论，他们对美国几个城市的 1000 多名儿童和成年人的大脑进行了脑成像扫描。他们调整了计算结果，控制了不同种族的大脑结构的差异，发现相比生活在富裕家庭（年收入超过 150 000 美元）的儿童，生活在贫穷家庭（年收入低于 25 000 美元）的儿童的大脑表面积少 6%。对生活在仅仅只有几千美元年收入的极度贫困家庭中的儿童，其大脑面积受损程度更严重。大脑表面受损最严重的区域是那些涉及语言加工、决策能力、记忆和阅读的区域。这意味着一个成长于贫困家庭中的孩子在上学初始就面临着巨大的困难，难以在学校以及其他许多生活领域中取得成功（Noble & Sowell，2015）。

社会应激源中媒体引发的情绪　媒体会对不同地区发生的悲剧进行生动的报道，这给人们带来了应激源。我们了解到高中枪击案、绑架、飞机失事和其他挑战我们的道德感、破坏平静生活的事件。糟糕的、不幸的事情正发生在无辜的人身上。即使我们互不相

识，也可以想象得到他们的痛苦，这使我们感到悲伤。假如这些事情发生在我们自己或所爱的人身上，这种同情的情绪可能会变成一种更消极的焦虑情绪。当人们在空间和时间上距离新闻事件的源头越近时，他们的情绪会有什么不同吗？

来自哥伦比亚大学的研究人员利用一种新颖但人们熟悉的证据来源——Twitter——来检验这些想法。他们首先检验了一个常识性概念，即随着接受者与媒体事件之间的物理距离的增加，与事件相关的情感反应的强度会减弱。此外，他们进一步探讨情感强度是否会随着时间的增加而减少（在事件刚发生后情绪立即变得非常强烈，随着时间的推移而减弱）。他们调查了2012年12月14日在康涅狄格州纽敦市桑迪胡克小学发生的枪击案，对案件发生后6个月以内发布的推文（最多140字）进行研究。他们发现，随着案件发生的时间和物理距离的增加，推文中悲伤指标的数量逐渐减少，而焦虑指标的数量逐渐增加。因此，随着时间的推移和距离的增加，人们对新闻事件不会感到过于悲伤，但会更焦虑。焦虑的增加反映了人们增加了对事件因果关系的思考。换句话说，焦虑程度较高的人会花更多的时间思考事情是怎么发生的，想象这期间发生了什么，并考虑它再次发生的可能性（Doré et al.，2015）。

14.2.2 倦怠

然而，拥有一份工作，即使是一份高薪的工作也无法避免应激。相反，工作本身可能包含长期应激源，并对人的情绪和身体造成影响。持续的充满应激的工作可能会导致**倦怠**（burnout），一种极度疲惫的综合征，表现为玩世不恭、逃避工作、效率低下以及缺乏成就感（Maslach & Leiter，1997）。克里斯蒂娜·马斯拉奇（Christina Maslach）是这一常见问题的牵头研究人员，她指出，职业倦怠最早出现在需要高强度人际交往的职业中，如医生、教师和社会工作者（Maslach，1982）。现在我们知道，职业倦怠无处不在，在任何人身上都有可能发生，甚至是大学生、全职父母或志愿者。倦怠者往往感到冷漠、失败，以

消极的态度对待同事和客户。他们倾向于逃避工作，导致个人成就感下降。倦怠会带来许多消极后果：旷工或旷课、离职、绩效下降、同事关系不佳、家庭问题不断和个人健康水平下降（Maslach et al.，2001；Schaufeli & Enzmann，1998）。在一些国家，公民会因应激相关的倦怠而延长病假时间，所需的治疗和福利成本可能高达数亿美元。因此，倦怠是长期应激的一个主要来源。

最近，研究开始转向关注倦怠的对立面，即**工作投入**（work engagement；Schaufeli & Bakker，2004）。从倦怠发展到工作投入的实际意义在于，倦怠干预的预期目标即实现工作投入。这个新框架引导人们思考工作场所中的哪些因素可以提升员工的精力、活力和韧性，以及他们对工作任务的参与度和专注度，以确保他们对工作尽职尽责、充满效能感和成就感。

虽然有证据表明某些个体因素有导致倦怠的风险，但更多的证据揭示了情境变量的重要性。这意味着工作场所的环境比人格更能预测倦怠出现的权重。一项持续了二十多年的研究考察了不同国家的许多职业的倦怠，确定了许多组织风险因素（Maslach et al.，2001；Schaufeli & Enzmann，1998）。但是，这并不是一个"或"的问题（个人因素还是情境因素），而是一个"和"的问题。意思就是说，决定倦怠发生的既有个人因素，也有情境因素。关键问题是如何最好地让它们相互结合或相互作用。

工业组织心理学的早期模型（French et al.，1974）提出，如果员工与工作场所之间能很好地契合，预示着员工可以更好地适应工作，感受到的应激也比较小。基于这个模型，马斯拉奇和莱特（Maslach & Leiter，1997）制定了一个倦怠模型，该模型衡量个体与其所在组织环境的重要方面之间的匹配程度（见图14-3）。两者的差距越大，不匹配的程度越高，倦怠发生的可能性越大；相反，匹配程度越高，个体工作投入的可能性就越大。

组织环境中的关键因素包括哪些方面呢？在职场中，有六个关键领域与员工和工作场所之间的匹配程度相关：工作量、控制权、回报、社群、公平和价值

图14-3　职场生活和倦怠

注：影响倦怠的六个关键因素和五个可量化的结果的模型图解。

观（Maslach & Leiter，2005）。

1. 工作量和控制权指的是工作量大小和员工享有的自主程度。
2. 回报是指因做某一工作提供的报酬和员工所看重的报酬之间的相对匹配程度。
3. 第四个因素是社群，指工作场所中的社会支持及人际冲突的程度。
4. 公平指的是员工和组织在公平感与社会公正感层面上的匹配程度。
5. 最后一个因素是价值观，即认同工作目标与期望的认知和情感力量。

研究发现，员工与组织在这六个关键领域的不匹配程度可以预测倦怠，这使得研究人员乐观地认为，我们能够据此开发出早期的检测和干预程序，以促进更多的工作投入（Maslach & Leiter，2008）。

因此，倦怠并不像过去被认为的那样，只是个人问题或性格上的弱点造成的。有效的职业倦怠预防要求管理者和员工共同承担责任，创造有利于员工工作投入的环境，使员工与工作更好地"契合"，并着眼于员工和组织的长期健康发展（Leiter & Maslach，2014）。

14.2.3　同情倦怠

"9·11"事件后，与其他人一样，纽约第5云梯车队的奥尼尔（O'Neill）中尉加入了日复一日毫无结果的搜救行动中。有一天，奥尼尔没有回家，而是来到了医院，寻求缓解与应激有关的症状。他向医生倾诉他看到的那些可怕的情景，奥尼尔认为医生可以应付这些。但与奥尼尔交谈之后，医生自己去看了心

理医生。奥尼尔意识到："这个医生也经历了某种丧失，他被我的故事吓坏了，因为他在这场悲剧中失去了一个朋友……他好几天没去上班了。"虽然接受过在工作中不带入个人感情的培训，但医疗专业人员和治疗师也面临着替代性创伤的风险（Sabin-Farrell & Turpin，2003）。

当医疗人员、护理人员和治疗师过度暴露在创伤和受害者面前时，他们就有出现同情倦怠（compassion fatigue）的风险，这是一种心理枯竭的状态，在与患者长期接触后，照料者会感到有压力、麻木或对需要帮助的人非常冷漠（Figley，2002）。同情倦怠也被称为次级创伤应激，因为它使帮助者感到痛苦，他们承受着受害者的应激。与倦怠的后果类似，同情倦怠使人们对自己的工作感到不满，并拒绝与他们本应帮助的人之间的联系。由于害怕听到更多的创伤故事，疲惫不堪的帮助者在情感上疏远来访者，并过度使用沉默回应、分散注意力、不认真对待或者转移话题，以减少自己的不适和痛苦（Baranowsky，2002）。当治疗师或咨询师感到无法认真倾听他们的来访者时，他们便不能有效发挥治疗者的作用。同情倦怠不仅同时伤害了提供和接受关怀或照顾的人，而且对整个行业也不利。幸运的是，治疗者可以获悉警告信号以及时采取行动。以下是研究人员建议可以采取的行动。

- 照料者必须聚焦于他们的**同情满足感**（compassion satisfaction），一种对自己所做的工作的欣赏与重视的态度，这是吸引他们从事这一职业的首要因素。与同事之间建立并保持团队精神可以增强同情满足感。在任何可能的

情况下，照料者和救援人员都应该能够看到救助对象的恢复过程，从而意识到自己的工作是有效的（Collins & Long，2003）。

- 虽然关心那些需要帮助的人很重要，但帮助者本身必须避免过度投入。大多数被救助者的经历是难以控制的，这会让帮助者产生挫败感（Keidel，2002）。

- 新手咨询师可以避免充满压力的交流，因为有经验的咨询师才能更好地直接应对自己的应激（Pinto，2003）。

- 护理人员应该避免过度的志愿服务。"9·11"事件后，在多个机构工作的志愿者比只在一个机构（如美国红十字会）工作的志愿者更容易出现同情倦怠（Roberts et al.，2003）。

- 最后，专业救助者和救援人员应该学会使用幽默，但注意谨慎使用。虽然通俗的笑话和黑色幽默可以缓解焦虑、与同事建立友情，但救援人员必须谨慎地使用这类幽默。因为面对悲剧时大笑是不被公众接受的，所以应该有选择性地使用幽默，还要注意当时的场景，以免冒犯或进一步伤害受害者（Moran，2002）。

14.2.4　重大的生活变化

对于一段关系的开始或结束，我们总是需要时间做出调整，这个过程会带来情绪的起伏变化、焦虑和混乱。我们在前文里讨论了人际关系的突然丧失带来的影响。生活中的其他变化也会带来应激，比如找到一份新的工作，步入大学或毕业。有时甚至度假也会给我们造成应激，这令人感到讽刺。即使某些令人愉悦的事，比如，当孩子出生时，为了适应新的需求和生活方式，我们往往也需要在日常生活中做出重大改变。特别是当这些事件被认为是积极的事件时（比如令人兴奋的新工作或结婚），我们可能没有意识到它们会对我们的应激水平产生潜在影响。总之，任何变化都有可能给我们带来苦恼，生活中的变化越大，随之带来的影响就越大。

请你想象一下，假若有一个简单的问卷可以评估你当前的应激水平，你觉得这个问卷会是怎样的呢？心理学家托马斯·霍姆斯（Thomas Holmes）和理查德·拉赫（Richard Rahe）在几十年前就开发出了这样一种工具。他们首先列出了各种常见的应激事件，并让大量受访者针对每个事件给自己生活所带来的应激程度打分。对所有结果进行分析之后，最终创建了一份**社会再适应评定量表**（Social Readjustment Rating Scale，SRRS），其中包含 43 种生活事件，从处于最高应激程度的丧偶，到处于中等应激程度的怀孕或开始一份新工作，再到处于最低应激程度的被警察开交通违章单。每个生活事件都被分配了一个特定数量的生活变化单位。通过计算近期所经历的生活事件的变化数值，每个人都能够由此确定自己当前的应激水平。

研究发现，生活变化和应激之间确实存在联系。例如，孩子出生往往与婚姻满意度的降低相关联（Cowan & Cowan，1988）。自从研究人员开发了社会再适应评定量表，在世界范围内，这份量表已被成千上万次的研究使用。不过，鉴于我们对认知评估在应激中的作用的了解，我们在解释自己的分数时必须谨慎。

14.2.5　日常小麻烦

结束了一天忙碌的工作，你在去百货商店的路上遇到了交通堵塞。你终于到了百货商店，店里却没有你想买的那个东西或品牌。最终，你选择了其他替代品，然后走向了收银台。然而你的信用卡无法在这个百货商店使用，一名脾气暴躁的收银员呵斥了你。就这件事而言，这种引起较小的恼怒和挫败的事件被称为"小麻烦"（hassle），与一场自然灾害相比似乎不算什么。但心理学家提出，当这些小麻烦频繁发生且涉及人际冲突时，它们带来的应激会不断地累积（Bolger et al.，1989）。

在快速发展、科技发达的社会里，生活中的首要小麻烦是"等待"。现代社会的一种应激源是等待任何东西而不是立即能得到它：等公交车，等待商店或餐厅的服务，交通堵塞，等待你的计算机启动或下载文件。

任何令人苦恼的事件都可能成为小麻烦。其中，某些最常见的小麻烦会让人产生挫败感，比如无法在家庭、工作或学校中实现预期的目标。在一项针对日记的研究中，一组男性和女性在一年内坚持记录他们每天遇到的小麻烦，同时记录了主要的生活变化和身体症状。研究发现，小麻烦和健康问题之间存在着明确的关系：人们报告遇到小麻烦的次数越多、越严重，他们的身体和精神健康状况就越差（Lazarus，1981，1984，1999）。与之相反的是，随着日常小麻烦的减少，人们的幸福感增加了（Chamberlain & Zika，1990）。因此，充满小麻烦的生活如同一个强烈的应激源，我们需要为此付出很大的代价（Weinberger et al.，1987）。

认知评估对于日常小麻烦带来的影响也发挥着作用。如果对你来说某个令人懊恼的情境难以处理，或者你认为它会严重威胁自己的幸福，那么它对你产生的影响比你忽略它时更大（Lazarus，1984）。

有些人可能总是倾向于认为这个世界充满了日常小麻烦。一项研究表明，悲观的大学生会经历更多的小麻烦，健康状况也更差（Dykema et al.，1995）。值得注意的是，相关性并不意味着存在因果关系。也就是说，我们知道小麻烦和身体健康之间存在某种关联，但不知道这种关联是什么因素导致的。一方面，经历很多小麻烦可能会对身体健康产生消极影响；但另一方面，个体在健康方面一开始就存在很多问题时，更有可能会把生活琐事视为小麻烦。也有可能是第三个变量——不是小麻烦或健康——导致了这种相关性。例如，悲观主义者（如前所述）可能更容易将生活琐事视为小麻烦，也更有可能产生健康问题。

减轻生活应激的一种方法是站在另一个角度重新看待日常小麻烦。用一种幽默的态度来回应最近的小麻烦，客观地看待问题，想想这些困难是多么的微不足道，之后你会发现他们实际上真的无足轻重。把日常的困难和麻烦看成一件小事，你就能让自己保持脾气温和和高效率，甚至一笑置之。摇一摇头，踩刹车，让自动贩卖机把你的钱拿走，不要太在意，然后继续前进。日常小麻烦具有独特性，每个经历过的人都会有与众不同的诠释。于你而言是一个小麻烦，其他人可能根本不在意，甚至有些人会觉得很有趣。一个人因交通堵塞火冒三丈，而另一个人却觉得这是收听广播、播放喜欢的 CD 或观察周围人的好时机。如果你的生活似乎处处不如意，重新评估这些恼人的情境可以减少你的心理损耗。亲近自然也会有所助益，可以在公园或海滩上散步、游泳、徒步旅行、骑自行车，甚至参观当地的动物园。稍后，我们将看到认知评估如何在应对应激方面发挥核心作用。

> **写一写**
>
> **重构你的日常小麻烦**
>
> 想一下近期你无法控制且扰乱你生活的一件事：比如没有网络；咖啡馆排了很长的队伍且移动缓慢；你的车被撞坏了且司机肇事逃逸等，或其他类似的事情。你能做哪两件事来让"低落时间"变成可用于思考和开心的"积极时间"？

心理学很有用 • • •

学生的应激

对你而言，学习应激和幸福的相关知识是必要的，因为成为大学生本身便足以成为一个应激源。大学新生在适应大学生活的过程中将面临重大挑战。有研究表明，大一新生的应激分为三个阶段：

1. 他们会经历新角色、新环境和新的社会关系带来的冲击和兴奋；

2. 是一段漫长的幻灭和奋斗时期，学生们需要面对严肃的课业和单调烦琐的学习生活。

3. 随着学生对自己角色的了解和掌握，幸福感和潜力在一定程度上得到提升（Rambo-Chroniak，1999）。

但应激并不局限于大一新生中，所有学生在整个学年期间都会经历一种特定的应激模式。应激的峰值出现在每个学期的开始、期中和期末（Bolger，1997）。有两个时间段特别难熬："冬至崩溃期"和期末考试阶段。在这两个时间段，流感和感冒病毒会侵袭抵抗力低的学生，而学习会对规律的睡眠和健康的饮食产生影响。

某些导致学生应激的原因是显而易见的，其中学业压力处于首位（Bolger，1997）。此外，新的社会关系会使人际交往中出现问题的可能性增加（Edwards et al.，2001）。浪漫的爱情通常是快乐的源泉，但同时也是应激和疾病的来源，在女大学生中尤其明显（Riessman et al.，1991）。而分手会造成巨大的应激。研究人员对最近经历过分手的大学生进行了调查，以了解其分手的原因。那些因分手而感到痛苦的学生表示，失去亲密感是分手的主要原因，而归属的需要、性欲和自主性是次要原因（Field et al.，2010）。

对于读完高中就上大学的学生而言，应激的主要来源可能是自由。与家中的结构和高中的课程安排相比，大学是一种缺乏组织结构的环境（USA Today，1996）。对于工作多年或抚养子女后重返大学的学生而言，应激通常涉及"重新训练大脑"这一挑战。为了应付各类考试，大脑需要快速处理并获得大量新信息。

大学生的应激似乎在不断增加。在最近的一项全美调查中，大学新生的情绪健康水平创历史新低：觉得自己的情绪健康状况良好或高于平均水平的大学新生只有 52%。这是 1985 年该调查首次提出这个问题以来的最低值。该调查结果还显示，76% 的学生认为自己获得成功的驱动力高于平均水平或位于前 10%，这也是自 1985 年以来的最高值。越来越多的学生承认，他们经常感到压力重重。同时还发现了性别差异：只有 46% 的女生认为自己的情绪健康状况良好，而在男生中这一比例高达 59%。你认为造成这种差异的原因是什么？（Sieben，2011）

幸运的是，解决学生应激的方法唾手可得——通过打电话向朋友寻求支持，或者打电话给大学健康中心、咨询室或辅导中心寻求专业建议。然而大多数学生表示不愿意寻求帮助（Rambo-Chroniak，1999）。因此只有克服这种矛盾心理就会感觉更好，作为一名了解心理学诸多益处的学生更是如此。如果年轻人在与父母正常分离的过程中，对成为独立个体持有积极的态度，他们就会更好地适应社会（Smith，1995）。

站在自助的角度上看，当学生采取行动解决问题时，他们报告这比仅仅沉浸在情绪中更有帮助（Smith，1995）。培养更乐观的态度和更高水平的自尊，如通过设定和实现目标，也能降低应激，以更好地适应大学生活。如果有更多的社会支持和对生活有更强的掌控感，大学生的适应能力便会更强（Rambo-Chroniak，1999）。参与学生组织能提供组织联结和社会交往，但要注意，过度投身其中也会造成应激（Bolger，1997）。有效预防和应对应激的学生具有以下两个特质：

1. 韧性，部分源于自我接纳、有效的沟通和应对技巧；

2. 认知坚韧性，一种将潜在应激源诠释为挑战而非威胁的能力（Nowack，1983；Yeaman，1995）。

关键问题:
应激如何对我们的身体造成影响

核心概念 14.2:

> 身体的应激反应始于唤醒，唤醒会激发一系列生理反应。这些反应在短期内具有适应性，但如果持续时间过长，就会给个体带来伤害。

自地球诞生之日起，在面对捕食者或敌对部落的致命打击时，人类为了生存必须做出快速而果断的反应。我们的祖先适应了世界各地迥异的自然环境条件，战胜了极端的气候、稀缺的资源和敌人。面对这些挑战时，迅速采取行动是必要的，只有这样才能获得庇护所、寻找食物并保护自己。一个人越能快速地感知到危险、准确地评估情况并采取适当的行动，他们生存并获得成功的机会就越大。在人类进化的过程中，那些对危险反应最快、最有效的个体存活了下来，并将这些基因遗传给了他们的后代，而反应慢或不太聪明的个体存活下来并繁衍后代的可能性较小。

我们的祖先面临的一些严重的应激源，如灾难或战争，如今依旧存在。当然，现代生活也增加了一些新的应激源：工作要求严格、财务上的担忧和计算机崩溃。这些新应激源通常是长期存在的，所以祖先们所采取的应对方式不一定适合我们。然而，我们的应激反应系统是进化而来的，因为人类的生理进化无法像社会发展那样快速。面对可怕或令人愤怒的情境时，远古的生物印迹体现在我们身体的自动反应中。如果有人侮辱你，你会感到脸发热，你的拳头似乎会不由自主地握紧，为身体的比拼做好准备。或者想象另一种迥然不同的"威胁"：在课堂讨论中老师点名让你发言，而你却没有准备，你的心跳加速，双膝颤抖，有种想要逃跑的冲动。

这些例子说明了**战斗或逃跑反应**（fight-or-flight

response）的两个极端，这是当生物体感知到威胁时会触发的一系列内在和行为过程，以便为战斗或逃跑做好准备。这种反应对我们的祖先而言非常有效，但并不总是适合今天的我们。毕竟逃跑不是应对课堂发言的有效方法。这一学习阶段的核心概念总结了这一点：

> 身体的应激反应始于唤醒，唤醒会激发一系列生理反应。这些反应在短期内具有适应性，但如果持续时间过长，就会给个体带来伤害。

令人惊讶的是，我们大多数时候都能有效地应对应激，不仅能保持健康，甚至还能体验到快乐。但是，正如你在这一学习阶段中将看到的，如果我们不能有效地应对应激，无论应激是由什么造成的，都会引发严重的后果。从积极的方面来看，需要强调的是，通常应激带来的情绪唤醒对我们是有利的：我们的注意力会因此集中在威胁事件上，并做好应对的准备。从消极的方面来看，极端或长期的情绪唤醒会威胁我们的健康，引发一些疾病，如心脏病、中风、高血压和溃疡。我们的心理健康也会受到影响。

有些人总是担心自己生病，总觉得会发生不好的事情，从轻微的刺激到重大的创伤（Sapolsky，1994）。抑郁症、创伤后应激障碍和其他焦虑症都与应激有直接关联。这些问题不仅会出现在救援人员和空中交通管制员身上，在公共部门和私营部门的各级员工及各行各业、各个年龄段的人身上也会出现。让我们仔细地了解应激反应的生理机制，这有助于我们清楚地意识到，当长期应激削弱我们有限的资源时，这种适应性反应如何引发了消极的健康后果。

本部分导读:

14.3　描述应激的生理反应。

14.4　探讨应激对免疫系统的负面影响。

14.3 应激的生理反应

学习目标：

描述应激的生理反应。

通常消防员会说他们热爱自己的工作，对于有些人来说，这份工作是一种家族传承的职业。但是，当他们响应警报、冲向危险时，这些战友情谊和奉献精神并不能降低受伤和死亡的风险，减少他们所经历的应激水平。一个有经验的消防员的身体对应激源是如何做出反应的呢？你的身体对应激又是如何做出反应的呢？

14.3.1 战斗或逃跑反应

当一个令人紧张的情境突然出现时，比如当消防员第一次听到警报时，应激反应就开始了，自主神经系统（Autonomic Nervous System，ANS）产生突然且强烈的生理唤醒。生理唤醒的特征包括心跳加速、呼吸加快、血压升高和大量出汗。在这个情境中出现的系列反应都属于急性应激（acute stress）。它是由应激源引发的临时唤醒模式，有明显的发作点和有限的持续时间。在一个世纪前，生理学家沃尔特·坎农（Walter Cannon）首次描述了这种应激（1914）。

几乎是一瞬间，我们的神经系统、内分泌系统和肌肉会促使我们做出有效的反应，在有需要时给予我们额外的力量。图 14-4 详细展示了当有应激反应时，身体采取的多种行动。

当你需要逃离火灾现场，面对敌人或躲避迎面而来的汽车而急转弯时，战斗或逃跑反应可以成为你的救星。然而当面对长期的应激时，这种反应是有代价的：在生理上对威胁一直保持警惕，最终会损耗身体

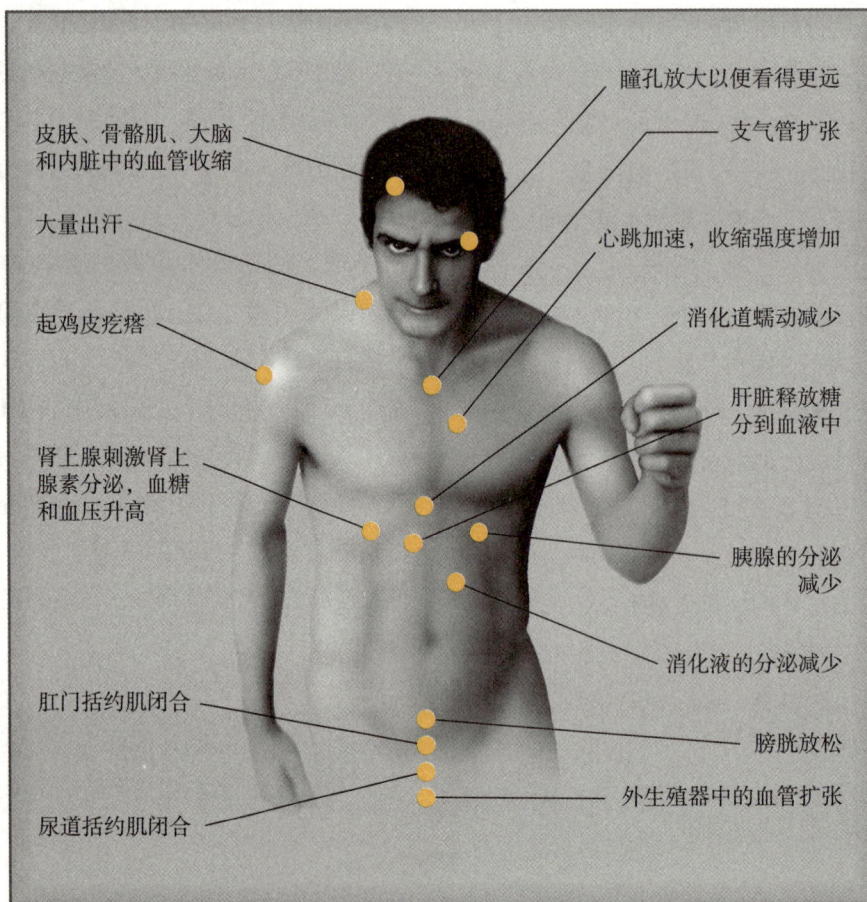

图 14-4 身体对应激的各种反应

注：在急性应激情况下，身体会产生一系列惊人的生理反应以让我们做好战斗或逃跑的准备。

图中的女性正在面临一个急性应激情况。她所居住的村庄附近发生了森林火灾，对她的家造成了威胁，应激源突然出现了，应激反应始于突然的、强烈的生理唤醒。

的自然防御系统。因此，频繁面对应激或经常把经历的事件解释为应激会给个体的健康带来严重的风险：原本健康的应激反应可能会危害健康。在下面的内容中，我们将详细探讨这种情况是如何发生及为什么会发生。

14.3.2 一般适应性综合征

20世纪中叶，得益于加拿大内分泌学家汉斯·塞里（Hans Selye）的研究，我们开始理解应激是如何导致疾病的。简而言之，塞里（Selye，1956，1991）发现，不同的应激源会触发本质上相同的系统反应或一般的身体反应，为了应对威胁而调动身体资源。此外，他还发现所有的应激源都会促使身体进行适应

或调整。由于身体的反应是一般性的，并非针对特定的应激源，塞里将其称为**一般适应性综合征**（General Adaptation Syndrome，GAS，见图 14-5）。

在急性应激情况下，这些反应会帮助我们生存和成长，但如果长期处于高水平应激状态，便会引发心脏病、哮喘、头痛、胃溃疡、关节炎等其他疾病（Carlson，2007；Salovey et al.，2000）。塞里的一般适应性综合征模型对威胁的三阶段反应进行了描述，包括警觉阶段、抵抗阶段和衰竭阶段（Johnson，1991；Selye，1956，1991）。

警觉阶段

在应激的第一阶段，身体激活了警报系统并开始调动资源来对抗应激源。塞里称第一阶段为**警觉阶段**（alarm phase）。这与坎农所说的战斗或逃跑反应类似。**下丘脑**（hypothalamus）会同时释放两条紧急消息。其中一条消息通过图 14-6 所示的途径向激素系统（特别是肾上腺）发出信号，由此大量类固醇激素进入血液。这类化学物质能够提升力量和耐力（这就是一些运动员冒险滥用类固醇的原因）。大脑也会释放内啡肽，减少身体对疼痛的感知。与此同时，另一条消息通过**自主神经系统的交感神经**（sympathetic division of the autonomic nervous system）被传递到内部器官和腺体，唤醒身体采取行动。

正是通过交感神经系统和内分泌系统这两条通路传递的消息，我们做好了行动的准备。更多的血液流

第一阶段：警觉	第二阶段：抵抗	第三阶段：衰竭
一般性的唤醒，源于： ·肾上腺激素增加 ·交感神经系统的反应 如果应激源没有消除，机体将进入第二阶段	唤醒减弱，源于： ·肾上腺激素减少 ·副交感神经系统的反作用 如果应激源没有消除，机体将进入第三阶段	第一阶段的一般性唤醒再次出现 强烈的副交感神经反应抑制唤起 如果应激源没有及时消除，机体便会死亡

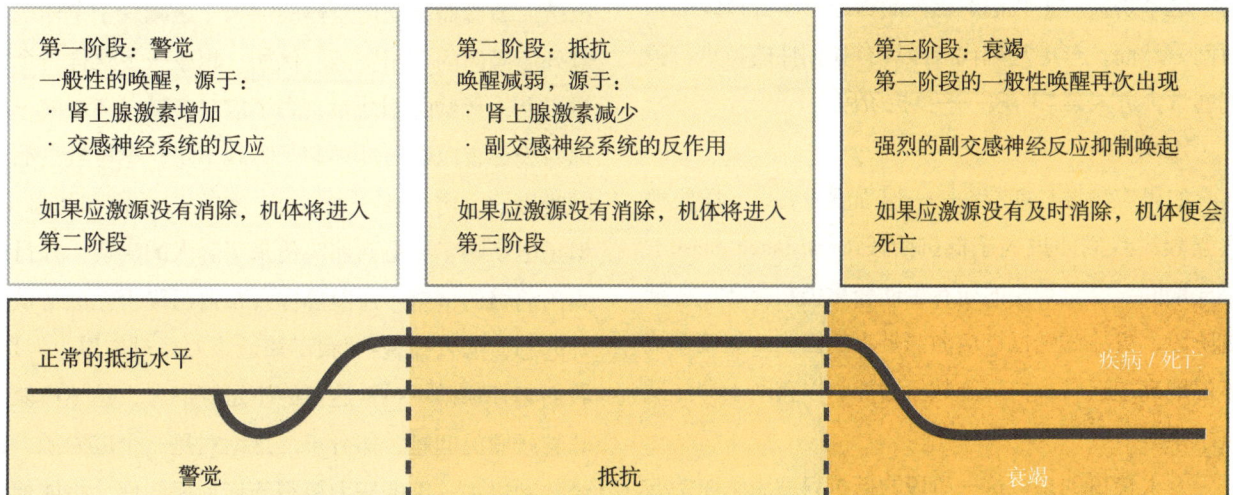

图 14-5 一般适应性综合征

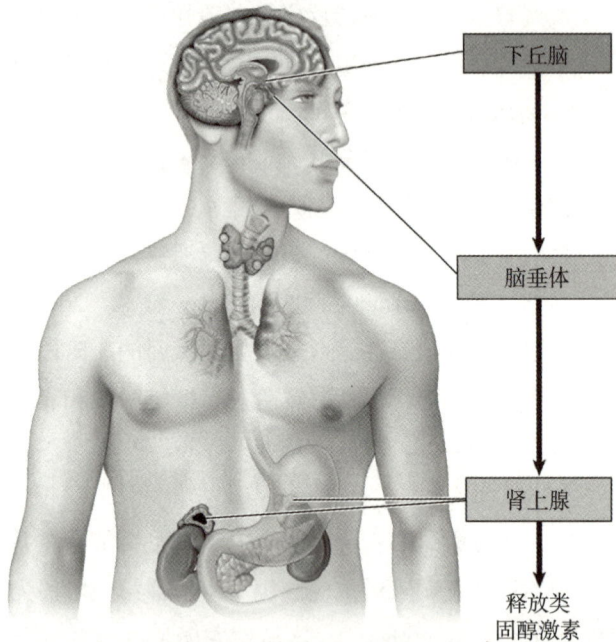

图 14-6　警觉阶段的激素反应

注：在一般适应性综合征的警觉阶段，激素系统反应是由下丘脑同时触发的两条反应通路中的其中一条通路。

向心脏、大脑和肌肉，使我们思考和反应的更好、更快。相反，流入消化系统的血液减少，这样我们的身体在紧急情况下就不会把宝贵的能量消耗在非必要的功能上。我们的瞳孔放大，周边视野扩大，为防止身体过热而大量排汗。血糖含量也会增加，为身体提供额外的能量。总而言之，我们的身体对眼前的危险高度敏感。图 14-7 详细列出了一系列自主反应。

警觉阶段的功能是使有机体能够抵抗或逃离威胁，这个阶段对于我们的祖先而言通常不会持续很长时间。然而，考虑到现代应激具有长期性的特点，我们通常会进入第二阶段——抵抗阶段。

抵抗阶段

如果应激源长期存在——但强度没有第一阶段那么强烈，我们便进入了抵抗阶段（resistance phase）。在此期间，警觉阶段的所有生理变化仍然存在。在抵抗阶段，身体试图抵抗应激源带来的影响。免疫系统不停地高速运转，白细胞数量增加，以有助于身体抵抗感染。

令人惊讶的是，这一阶段的抵抗只适用于原始的应激源。塞里的研究发现，如果动物在实验中已经适

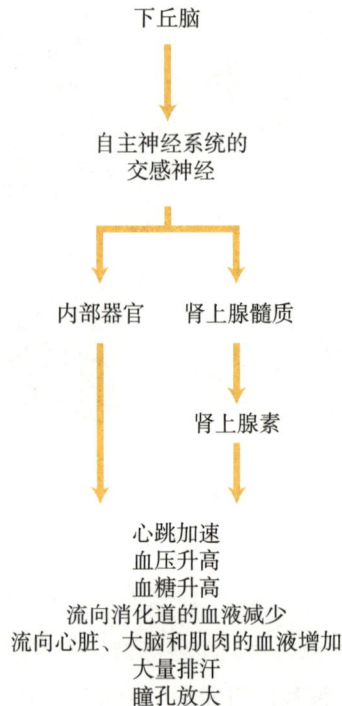

图 14-7　警觉阶段的交感神经系统反应

注：这张图展示了交感神经系统对急性应激的反应通路，它与激素系统反应平行发生。

应了一个应激源（如电击），那么当加入了第二个应激源（如极度寒冷）时，动物很快就会死亡。很显然动物的资源已经衰竭了，它们无法调动资源以抵抗新的应激源。类似的悲剧也会出现在人类身上，一名士兵在经历了几个月的紧张战斗之后，无法应对战俘营中的新应激，很快就死亡了。

因此，我们看到，在警觉和抵抗阶段，个体为了抵抗应激源需要使用身体的能量。这减少了个体应对额外应激时的可用资源。例如，想象一下这样一个场景：期末考试刚刚结束，为了应对考试，考试前一周你每天都夜以继日地学习，睡眠不足，靠垃圾食品和咖啡度日。考试终于结束了，你可以放松和休息了，但是电话响了：电话那头传来了恋人的声音，并且透露出消极的情绪。还没等你宣布自己终于完成考试的好消息，恋人却说："我不知道该怎么对你说，但是，我们必须谈谈……"这可能不是好消息，甚至可能意味着严重的问题，如分手。这绝对是一个应激源。已经被刚过去一周的压力搞得筋疲力尽的你，将如何处理这场重要的谈话呢？你感到无所适从、害怕，甚至

内心充满了愤怒：怎么会这样？为什么是这个时候？因为你的防御系统资源已经被耗尽了，你可能会反应过度，发现自己缺乏足够的认知和情感资源来有效地处理这种情况。

衰竭阶段

抵抗阶段是身体对抗应激源的最后努力，如果充满应激的情境在这个阶段依然没有得到改善，身体便无法继续这种激烈的生理战斗了。在第三阶段——衰竭阶段（exhaustion phase），身体机能恢复到正常范围，然后跌至正常水平以下。此时，身体需要休息和恢复活力，以便我们的生理功能升到可接受的水平。如果身体得不到必需的喘息，就像现在面临各种长期应激源一样，前两个阶段具有适应性的反应会使得身体在第三阶段面临生病的风险。

在衰竭阶段，身体的一些反应过程可能导致个体的身体和精神状况恶化。例如，血压升高在短期内会导致个体头痛，血压长期升高会导致个体中风和得冠心病，这是导致死亡的两个主要原因。与此同时，消化系统受损会导致某些类型的溃疡，长此以往还会导致肥胖。长期应激还会增加血液中的脂肪堆积，从而增加中风的风险。在衰竭的免疫系统中还潜伏着其他危险，使得压力大的人更有可能被感染或患上其他疾病。此外，长时间持续或重复出现的应激可能会在大脑中产生长期的改变，从而引发抑郁症（Sapolsky，1998；Schulkin，1994）。应激激素还会作用于大脑，干扰其神经元再生的能力，尤其是海马中的神经元（Gould et al.，1998；Sapolsky，1998）。这就解释了为什么长时间使用类固醇（实际上是应激激素）是危险的（除非在某些医疗条件下使用）：类固醇的长期使用会让身体处于一般适应性综合征的最后一个阶段，即衰竭阶段，从而产生恶化的危险。

因此，塞里的一般适应性综合征模型解释了应激不仅会导致最初的战斗或逃跑反应，还会导致慢性疾病，并且使人变得衰弱。虽然新的研究表明，并不是所有的应激都会使内分泌系统产生完全相同的反应（Kemeny，2003），但这个模型仍然被广泛接受，并被认为是理解应激和疾病之间联系的关键。在深入探讨长期应激反应之前，我们首先要考虑战斗或逃跑反应的一个有趣的替代选项：养育。

14.3.3　互助友好

心理学家谢莉·泰勒（Shelley Taylor）指出，战斗或逃跑模型是由男性理论家在研究雄性被试（雄性老鼠和男性）时发展出来的。泰勒注意到，在战斗或逃跑模型中，恐惧和攻击性非常突出，而这两者更多地反映的是男性的特征（Taylor，2003；Taylor et al.，2000b）。互助友好模型（tend-and-befriend）或许能更好地解释女性在自身或子女面临威胁时采取的行为。泰勒的理论认为，由于女性是子女的主要照料者，从生物学角度看，女性优先考虑保护子女的生命。从这个角度来看，战斗或逃跑是没有意义的。攻击性（"战斗"）会对自己或孩子造成伤害，逃跑会使孩子们毫无防备。从女性作为照料者的角度看，这两种反应对适应和生存都没有助益（Volpe，2004）。

互助友好模型认为，从生理上讲，女性倾向于通过照顾和保护子女以应对威胁，这种反应得到大脑和激素活动的支持。寻求社会支持创建了网络，这增强个人保护和照顾子女的能力（Eisler & Levine，2002；Taylor et al.，2000b）。在一项支持互助友好模型的研究中，检测了男性和女性在一次重要的考试前的激素变化和自我报告的焦虑水平。虽然在焦虑水平上男女的报告没有差异，但男性的皮质醇（cortisol）水平明显高于女性（Ennis et al.，2001）。另外有研究表明，另一种应激激素催产素（oxytocin）与女性的雌激素结合，促进了寻求归属行为（Taylor，2009）。较高的催产素水平也与镇静和更少的焦虑有关，这是有效养育的重要组成部分。

令人惊讶的或许是，无论男性还是女性，都将寻求社会支持视为一种应激反应，虽然目前的证据表明，女性比男性更频繁、更稳定地采用这种方式（Tamres et al.，2002）。例如，对于患有早期乳腺癌的女性来说，来自伴侣的情感支持能够缓解她们每天的应激（Gilmore et al.，2011）。但重要的是，随着身体疼痛程度的增加，她们对伴侣支持的需要也在增加。

研究人员敦促伴侣要理解这种不断增加的需要，并且尽可能提供这种支持，而不是变得沮丧甚至放弃。这样做对伴侣自身的健康可能也是有利的。研究表明，向朋友、亲戚和邻居提供帮助和情感支持的老年人的死亡率更低（Brown et al.，2003）。

这些互补的应激反应——战斗或逃跑和互助友好——是一种比我们之前认为的更复杂的应激反应。我们看到应激系统在不断发展，这使我们在面临危险时既能保护自己，又能向他人伸出援手（Pitman，2003）。互助友好模型有力地补充了战斗或逃跑模型，两者的共同作用不仅有利于个人的生存，对人际关系和群体的生存也是一种保障。

14.4 应激和免疫系统

学习目标：
探讨应激对免疫系统的负面影响。

在前文，我们指出在处于一般适应性综合征的衰竭阶段时，免疫系统在面对应激时变得特别脆弱。例如，研究表明，在面对伴侣死亡或一段重要的长期关系结束时，当事人经常会出现抑郁和**免疫抑制**（immunosuppression），这使他们特别容易患病（Cohen & Syme，1985；Kiecolt-Glaser & Glaser，1987，2001）。

14.4.1 心理神经免疫学

近年来，激发了一个因生物技术的进步而得以发展的令人兴奋的新领域，这个新领域试图寻找应激导致疾病的原因。**心理神经免疫学**（psycho-neuroimmu-nology）汇聚了心理学、神经科学和免疫学这三个领域。心理学家研究影响应激的心理因素，包括认知和情绪；神经科学家研究大脑功能；免疫学家对免疫系统有广泛的了解。虽然这个领域有着令人印象深刻的长名称，但它对身心联系的兴趣并不新鲜。两千多年前，古希腊人和古代中国人就已经在宗教研究中对心理神经免疫学的问题进行了探讨。

14.4.2 大脑和身体的双向联系

对心理过程和免疫过程是如何相互影响的，以及外部社会对它们造成的影响进行研究，是心理神经免疫学的一个主要目标。这个任务的基础是大脑和身体能够以双向的方式交流（Maier & Watkins，1999）。例如，当人们感受到压力时，大脑会向肾上腺发出信号，促使它分泌一种主要的应激激素——皮质醇。随后大脑收到皮质醇传回的信号，并调节自身的分泌（Maier & Watkins，2000）。心理应激也会激活免疫系统。大脑和免疫系统之间穿梭的化学物质是一种被称为细胞因子（cytokines）的蛋白质。细胞因子最有趣的一个方面是，它们会向中枢神经系统发射信号，引发行为改变，包括疲劳、发烧或社交回避等。这些改变有助于生物体从疾病或伤害中恢复过来，所以它们是有益的（DeAngelis，2002a）。然而，如果时间太长，那么这些变化会增加罹患抑郁症等疾病的风险。而且，我们再次看到了与一般适应性综合征相似的地方。

在研究大脑如何调节细胞因子对应激反应的最早研究中，心理学家乔治·斯拉维奇（George Slavich）要求被试在一群穿着白大褂的威严的评委面前做即兴演讲。结果与预期一致，人们的细胞因子水平在即兴演讲期间显著升高（Slavich et al.，2010b）。接下来，被试玩虚拟的投球游戏，在此过程中，另外两名玩家突然把被试排斥在外。之后，斯拉维奇扫描了这些被试的大脑，他同时检测了细胞因子和脑扫描数据，注意到对于遭遇排斥时大脑激活反应更强烈的人，在演讲中其细胞因子活动也更多。

从这些结果中，我们能得到什么结论？
你应该还记得，细胞因子除了充当"化学信使"外，还能引发某些特定的行为，如社交回避。因此，斯拉维奇的研究对于解释身体之外的社会应激源如何转化为生理改变，从而导致一些人罹患抑郁症等疾病的风险增加是有帮助的。

应激使细胞老化
心理应激也会加速细胞的衰老，进而对身体健康产生影响。评估细胞老化的一种方法是测量其端粒（telomeres）的长度。图 14-8 阐述了该过程是如何发生的。在人的一生中，端粒会随着年龄的增长而缩短。然而，重要的是，端粒的长度与许多疾病有关，包括癌症、心血管疾病和糖尿病。最近的研究表明，端粒长度确实与早亡率相关（D'Mello et al., 2015；Wentzensen et al., 2011；Zhao et al., 2013）。

在一项具有里程碑意义的研究中，心理学家埃利萨·埃佩尔（Elissa Epel）探讨了应激对端粒长度的影响，即母亲的细胞端粒长度是否与要照顾患有慢性病或感到压力的孩子有关。她发现，感知到的应激程度比仅仅暴露于应激环境中更重要。具体而言，高应激感知与免疫细胞的端粒缩短的速度有关（Epel et al., 2004）。仅仅作为一个照料者与细胞端粒长度变

化无关，但应激情境的持续时间也很重要。孩子患病的时间越长，母亲的细胞端粒长度就越短。自这项研究以来，人们也越来越清楚，童年经历的强烈应激事件是导致细胞端粒变短的另一个罪魁祸首（Price et al., 2013）。

长期的或创伤性应激可能会影响我们如何看待日常应激事件，从而在一定程度上发挥作用。对威胁的认知评估、预期未来会发生不好的事情、悲观地看待自己，在某种程度上解释了应激与细胞端粒之间的关系。例如，认为有压力的实验任务更具有威胁性，或者对生活有更消极的预期（悲观程度）都与更短的细胞端粒长度相关（Ikeda et al., 2014；O'Donovan et al., 2009）。这一点非常重要，因为它表明认知评估在应激与疾病的关系中起着至关重要的作用。

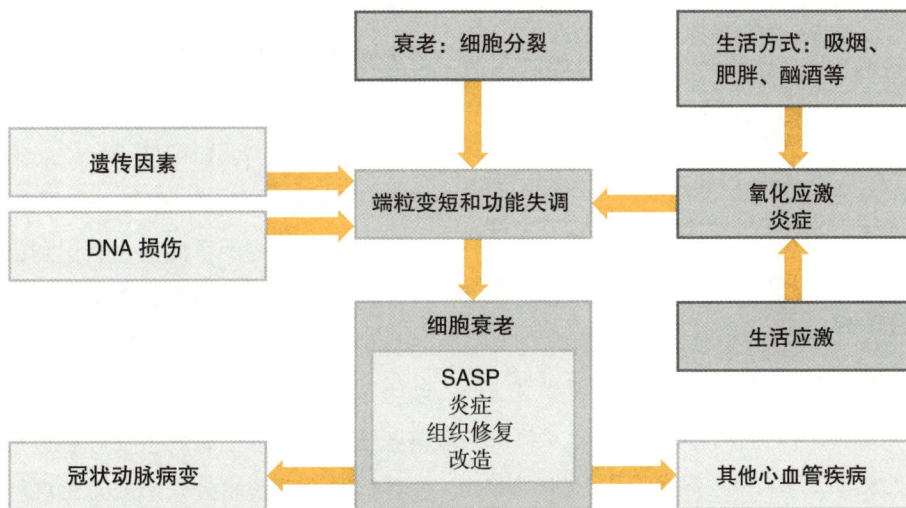

图 14-8　应激和生活方式会缩短细胞的寿命

注：应激和生活方式会加速细胞的衰老或者与年龄有关的退化。

心理学很有用 ●●●

对模糊威胁的认知评估

在"9·11"事件之后的几个月内，许多首批抵达现场的救援人员仍然在世贸中心展开搜救工作。当美国环境保护署（Environmental Protection Agency，EPA）的官员和纽约市市长宣布可以安全呼吸空气时，许多救援人员摘下了防护面罩。

因为戴着面罩很闷热又影响视线。然而可以安全呼吸空气的公告真的准确吗？世贸中心的废墟还在冒烟，距离废墟 1.6 千米远的地方，约 3 厘米的灰尘覆盖在窗框上。试想一下飞机撞击并摧毁两座 110 层的大楼会产生怎样的后果。仔细检查现场的话，你觉得会发现什么？你能想象在地面

"9·11"事件中双子塔倒塌后，许多首批抵达现场的救援人员在没有防护面罩保护的情况下，持续地在现场工作了几个月。

环境如此不健康的情况下，美国环境保护署发布了如此积极的公告背后的心理原因是什么呢？

灾难发生大约 10 年后，《纽约时报》（*New York Times*，2011）发表了一篇关于"次生悲剧"的报告，即"9·11"事件对现场救援人员的健康造成的后续危害，由于政府官员宣称可以安全呼吸空气，导致救援人员撤消了防护措施，但事实上这么做是致命的。

科学家们声称，2001 年 9 月 11 日世贸中心被毁所释放出的烟雾、灰尘是纽约市有史以来最严重的环境灾难。温度高达 1000 度的大火产生的有毒烟雾笼罩着曼哈顿下城，并蔓延到邻近地区。倒塌的双子塔使得水泥和大楼中的其他东西变成了粉末，包括石棉。同时，楼层倒塌所产生的巨大压力将各种物质融合在一起，形成了科学家们以前从未见过的危险混合物。

据一些官员和医疗专家估计，在废墟上停留过的工作人员和志愿者总计有 40 000 到 90 000 人，他们可能都会在某种程度上受到灰尘的影响。在废墟上工作的 9000 多名人员对 90 家政府机构和公司提起诉讼，声称他们的疾病和损伤是由于现场作业造成的。

那么，当政府官员们宣称可以安全呼吸空气时，他们是在故意撒谎吗？你是怎么认为的？

假定他们应该意识到这种危险就体现了一种判断错误，这被称为事后偏差，类似于周一早上对前一天橄榄球比赛失误的分析。事后人们可能很容易得知当时救援人员面临着危险，但当时官员面临的是此前从未遭遇过的情境，对各种各样的预测感到无所适从。2011 年在日本发生地震、海啸和核泄漏后的几天里，日本官方发布的乐观公告里也体现了类似的判断错误。

我们还必须承认认知评估的力量。为了能对情境做出有效的认知评估，我们必须对威胁的性质有一个明确的认识。例如，毫无疑问，"9·11"事件的受害者经历了痛苦，意识到自己曾身处险境。但在袭击发生后的几年里，如果游客在乘坐飞机前看到政府的颜色预警系统显示恐怖主义威胁级别提高时，他们依然会感到不安。政府的预警系统是用来评估恐怖主义威胁级别并告知公众的，但这个系统给公众造成了困惑和不安。由于预警信息发布时正好是美国大选的日子，引发了公众不信任这一举动潜在的政治动机（Zimbardo，2004a），因此 2011 年该系统被废除了。关键在于：不确定性会增加人们对某一情境的应激。因此，解释或认知评估可以使一系列模糊威胁所累积的痛苦，在本质上与一次重大创伤性事件应激反应相同。

关键问题：
谁最容易受到应激的影响

核心概念 14.3：

人格特征影响个体对应激情境的反应，从而影响其暴露于潜在的应激源时感到的痛苦程度。

有些人在经历了"9·11"事件或失去所爱之人这类创伤性事件后能够重振旗鼓，而有些人会被一些微不足道的日常小麻烦压垮，这是为什么呢？我们感受到的压力不仅受应激情境的性质和强度的影响，还受我们如何诠释应激源的影响。在这一学习阶段中，我们将重点关注影响应激反应的人格特征。这一学习阶段的核心概念概括了将要学习的内容：

人格特征影响个体对应激情境的反应，从而影响其暴露于潜在的应激源时感到的痛苦程度。

在深入探讨相关研究之前，我们想介绍一个关于应激与疾病关系的模型，它将是本章随后内容的指导。

图 14-9 展示了这个模型的可视化图像，表明应激源如何导致了应激，而应激又如何导致身心疾病。在进一步阅读本书之前，请认真查看这幅图。看看你能否弄清楚每一组因素是如何在应激与疾病的关系中发挥作用的，并根据图中的提示加深理解。

注意这个模型中有两次实施干预的机会：一次位于应激源与应激之间，另一次位于应激与疾病之间。换句话说，一组因素可以防止应激源使我们感受到应激，另一组因素可以防止应激引发身心疾病。我们称前者——可以干预应激源和应激之间关系的因素——为**缓解因素**（moderator），因为我们感知到的应激水平受它们的调节或控制。这类因素大多数是认知评估概念中的变量。换句话说，我们对应激源的判断和解释受这些缓解因素的影响。在此先举一个例子，探讨

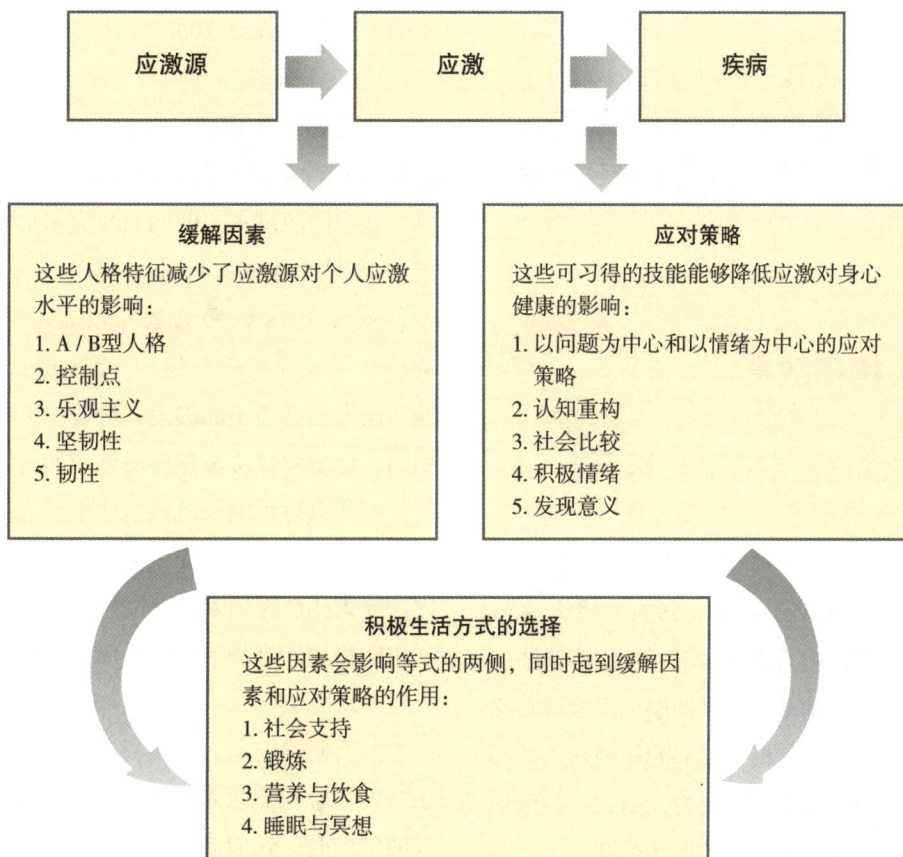

应激源 → 应激 → 疾病

缓解因素

这些人格特征减少了应激源对个人应激水平的影响：

1. A / B 型人格
2. 控制点
3. 乐观主义
4. 坚韧性
5. 韧性

应对策略

这些可习得的技能能够降低应激对身心健康的影响：

1. 以问题为中心和以情绪为中心的应对策略
2. 认知重构
3. 社会比较
4. 积极情绪
5. 发现意义

积极生活方式的选择

这些因素会影响等式的两侧，同时起到缓解因素和应对策略的作用：

1. 社会支持
2. 锻炼
3. 营养与饮食
4. 睡眠与冥想

图 14-9　个体因素如何影响应激反应

这一系列可能的干预措施。

想象一下这样的场景：德米提雅（Demetria）和克里（Cory）刚结完婚，正在规划着未来的生活。他们希望尽快买房子，拥有属于自己的家。然而，他们最近开始为一些问题而争吵，因为他们对目标的展望截然不同。德米提雅乐观地认为，他们能够在一年内支付房子的首付款，并相信只要他们认真理财，一定能达成目标。克里就没那么乐观了，在他看来，似乎每当自己接近目标时，就总会有一些事情阻碍他，他相信这次也会发生相同的事情。对他来说，"靴子总会掉下来"，他担心如果他们对一年内买到房子抱太大的期望，就难免会失望。

你是否在这个例子中看到了你自己或者你认识的某个人的影子？如果人们长期用某种方式来感知和处理事件，具有跨情境一致性，并且与其他人的方式相似，我们便称之为人格特质。我们来探讨一下人格特质对应激源与应激之间关系的影响。

> **本部分导读：**
> 14.5　将 A 型人格和敌意与心脏病相联系。
> 14.6　比较内控者和外控者的健康相关结果。
> 14.7　评估坚韧性、乐观主义和韧性对应激的积极影响。

14.5　A 型人格和敌意

学习目标：

将 A 型人格和敌意与心脏病相联系。

当心脏病专家梅尔·弗里德曼和雷·罗森曼（Meyer Friedman & Ray Rosenman，1974）找人来修理候诊室中的家具时，对方注意到了医生们不曾注意到的东西：大多数椅子的前部边缘的磨损程度异常严重。当医生们意识到这一点时，他们想知道病人的心脏问题是否与他们应对应激的特定方式有关，就像他们总是坐在座位的边缘一样。由此医生们开启了一系列的研究来检验他们的假设，对病人的访谈揭示了一

个令人惊讶的共同行为模式。多项研究结果反复表明，病人面对应激的反应是不耐烦、具有竞争性、攻击性和敌意。许多病人也承认他们是出了名的工作狂。最终，弗里德曼和罗森曼发现，上述态度和行为的结合不仅与心脏病相关，而且能够准确预测心脏病。他们称这种模式为 A 型人格模式，而拥有 B 型人格模式的人的生活方式很放松。A 型人格者罹患心脏病的风险是 B 型人格者的两倍（Matthews，1982）。

从最开始确定 A 型人格（Type A）以来，进一步的研究表明，正是 A 型人格中普遍存在的愤怒和敌意增加了个体患心脏病的风险。而时间紧迫感、完美主义和竞争意识本身都不是风险因素。充满敌意的人更缺乏信任、易怒，更具有敌对性。或许你注意到了敌意与认知评估的联系，确实，怀有敌意的人比一般人更有可能感知到威胁。这种思维方式使得他们难以维持人际关系，这反过来又减少了他们可获得的社会支持。敌意还与吸烟、饮酒和暴饮暴食等各种危害健康的行为有关联。这些行为本身就增加了个体罹患心脏病的风险（Taylor，2008）。

敌意的原因和后果

从生理学角度看，敌意强的人在面对潜在的应激源时唤醒更快，而且表现出更高的唤醒水平，并且一旦应激源过去，他们的唤醒水平恢复正常水平所需的时间更长（Fredrickson et al.，2000；Guyll & Contrada，1998）。敌意还与较高水平的细胞因子有关，这可以延长应激反应（Niaura et al.，2002）。然而，研究人员还不能确定，这些生物学上的差异是天生的，还是部分由童年环境造成的，比如在充满冲突且接纳和支持程度较低的家庭中长大的男孩更容易产生敌意（Matthews et al.，1996）。目前的研究普遍认为，先天和后天因素都在敌意及心脏病的形成中发挥一定的作用。显然，敌意会通过多种途径导致个体患心脏病。

需要明确的是，虽然很多人时常会感到愤怒，但正常的愤怒与敌意人格之间有重要的区别。当面对消极的情境时，我们都会感到愤怒，这样的愤怒是健康的，甚至具有适应性：它暗示我们出问题了，并为我

们提供能量以采取措施改变情境。正常的愤怒与敌意人格的愤怒形成了鲜明的对比，后者是一种长期的敌意行为模式，在很多情况下会频繁发作。另一个区分因素是唤醒的程度：当一辆缓慢行驶的车辆挡住了你的路，你感到愤怒是合理的，但暴怒就是不理性的表现，并且很危险，尤其当这成为你生活中的一个常见模式时。

不仅心血管疾病，其他疾病也与 A 型人格有关联，如过敏、伤风、头痛、胃病和单核细胞增多症（Suls & Marco，1990；Suls & Sanders，1988）。同样，A 型人格的完美主义倾向与焦虑障碍（试图达成不可能完成的目标）和抑郁症（未能达成目标）有关（Joiner & Schmidt，1995）。

理解敌意和心脏病以及其他 A 型人格行为与相关健康风险之间的关系，有助于开发出更有效的疾病预防措施。规律的有氧运动、放松训练，甚至是一项旨在帮助怀有敌意的人放慢说话的速度和学会小声说话的项目，都能有效地降低他们罹患心脏病的风险（Taylor，2008）。然而，全面的应激管理训练能够带来极大的好处。研究表明，接受了应激管理训练的心脏病患者，在经历发作并幸存下来后，在接下来的 3 年里心脏病再次发作的比率是未接受应激管理训练的对照组的一半（Friedman & Ulmer，1984）。研究人员总结道："在预防心脏病复发上，任何药物、饮食或运动计划，甚至连心脏搭桥手术的效果都无法与学会管理应激相媲美。"因此，即使在生命早期出现了 A 型人格行为并持续到成年期，仍然可以通过精心设计的干预措施有效地帮助 A 型人格者改变他们的生活方式。A 型人格和 B 型人格个体的关键特征比较见表14-1。

14.6　心理控制源

学习目标：

比较内控者和外控者的健康相关结果。

你有多大信心能让生活变成你想要的样子？在前面的例子中，新婚夫妇克里和德米提雅出现的分歧体

表 14-1　A 型人格和 B 型人格个体的关键特征

A 型人格个体	B 型人格个体
工作节奏快	工作节奏稳定
并不享受成就	能够享受成就
不轻易接受失败	更容易接受失败
采取紧迫的态度	采取悠闲的态度
喜欢竞争	更享受过程

注：该表比较了 A 型人格和 B 型人格个体的关键特征。

现了他们在心理控制源（locus of control）上的差异，心理控制源是人格的一个维度，这是一种相对稳定的预期模式，对影响自己生活中事件结果的能力的期望。

- 内控者（internals）通常认为如果他们采取某种行动，就很可能获得他们期待的结果。例如，勤奋学习便会取得好成绩。
- 外控者（externals）则与之相反，认为自己的努力与结果之间的关系是不可预测的。他们更有可能相信自己无法控制的因素，比如他们的成绩更多取决于考试的公正性或者老师是否喜欢他们，而不是学习的刻苦程度。

面对应激事件时，与外控者相比，内控者更可能认为应激源是可控的，这会减轻应激，并最终带来各种健康的结果。至少在某种程度上，对控制力的感知是可以习得的："9·11"事件期间，接受了此类灾难培训的消防员和其他工作人员患创伤后应激障碍的概率较低（Perrin et al.，2007）。

14.6.1　心理控制源、健康与长寿

三十多年前，研究人员在美国康涅狄格州（Connecticut）的一家疗养院进行了一项经典研究，阐明了个体感知到的控制力对健康的重要性。疗养院某一层的老年人对自己的日常生活拥有多种选择权。例如，他们可以选择是否及何时观看电影，房间里的家具和个人物品如何摆放，是否要在房间里摆放植物等，不过他们需要自己给植物浇水。在与住在这层楼的老年人的沟通中，养老院的工作人员强调了老年人年要对自己的生活满意度负责，工作人员很乐意根据

他们的需求提供帮助（如挪动家具）。而住在另一层的老年人作为对照组，他们在健康和年龄等重要特征上与上一组匹配。对于对照组的老年人，他们的生活起居全部由工作人员负责，如给植物浇水、安排电影放映时间和根据管理人员的决定摆放家具。

结果会怎样？ 18个月过后，与对照组的老年人相比，承担更多个人责任的老年人更主动、更敏锐、更幸福。令人意想不到的是，心理控制源还影响了老年人的寿命。在研究结束时，对照组的死亡率比承担更多个人责任组的死亡率高67%（Rodin，1986）。

各种与健康相关的结果都受心理控制源的影响。除了更有可能系安全带、有规律的运动、注意饮食等对健康有明显好处的行为之外，内控者的免疫系统比外控者的更好（Chen et al.，2003）。他们很少生病，从疾病和手术中康复得更快（Skinner，1996）。更重要的是，强烈的内控感实际上消解了社会阶层和健康之间的关系：具有内控倾向的低收入个体和高收入个体一样健康（Lachman & Weaver，1998）。

14.6.2　文化对心理控制源的影响

对文化的研究表明，东西方文化在心理控制源感知上存在一个有趣的区别。

- 初级控制（primary control）在西方文化中比较普遍，我们在前文中也探讨过：这是一种采取行动以控制外部事件的方式。
- 东方文化更倾向于次级控制（secondary control），这是一种强调控制个人对事件的反应的方式（Rothbaum et al.，1982）。

一种文化的普遍价值体系影响了该文化中最受珍视和推崇的控制类型。例如，在日本传统的集体主义文化中，次级控制的发展源于养育子女的方式。孩子们被教导要根据情境调整自己的反应，以维持社会和谐。这与个人主义文化中养育子女的方式形成鲜明的对比，个人主义文化鼓励人们控制情境本身。研究表明，这两种策略在各自的文化背景下都很有效（Weisz et al.，1984）。此外，当初级控制失败或个人无法采

取初级控制时，进行次级控制可改善健康。

14.6.3　心理控制源是先天的还是习得的

虽然心理控制源的确在早期就会出现，且具有遗传的特点，但我们的期望也会受经历的影响。如果个体试图逃离具有威胁的情境却反复经历失败，那么最后他们便不再尝试，这一概念被称为**习得性无助**（learned helplessness）。马丁·塞利格曼（Martin Seligman）和他的同事们进行的动物研究是习得性无助的最初证据。当狗在无处可逃的情况下遭受电击后，它们很快就放弃了逃避电击的尝试，被动地听从命运的安排（Seligman，1975，1991；Seligman & Maier，1967）。即使后来有机会逃避电击，通常这些狗什么也不做，只是忍受电击带来的痛苦。与之相比，之前没有受过惩罚的对照组的狗很快就逃跑了。塞利格曼得出结论，实验组的动物已经知道，它们所做的一切都无关紧要，也无法逃避电击，所以它们被动地接受了自己的命运（Seligman & Maier，1967）。

唐纳德·西罗多（Donald Hiroto，1974）在人类被试身上也进行了习得性无助实验，该实验是塞利格曼所做的实验的变体。学生们被安排在一个噪声非常大的房间里，有些学生找到了关闭噪声来源的方法，但对其他学生来说，噪声开关坏了。后来学生们被安排进另一个房间里，房间里充满另一种烦人的噪声。那些先前找到关闭噪声来源方法的学生很快就在第二个房间里找到了解决办法。相比之下，先前没能找到关闭噪声来源方法的学生只是坐在第二个房间里，并没有尝试去阻止新应激源。他们已经习得了无助感。塞利格曼和其他学者在不同的人群中都发现了习得性无助症状，包括因受虐待而沮丧的儿童、遭受家庭暴力的女性、受折磨的战俘（Overmier，2002；Yee et al.，2003）。相反，无论何种职业、技能水平高低，如果允许人们对他们所处的环境和工作条件进行一定程度的控制，他们的幸福感都会更高（Faulkner，2001；Zarit & Pearlin，2003）。

因此，尽管我们可能生来就容易受到内部或外部控制倾向的影响，但我们的经历也起到了一定的作

用。对"9·11"事件救援人员的研究和习得性无助的研究只是证明这一重要事实的两个领域。

14.7　坚韧性、乐观主义和韧性

学习目标：
评估坚韧性、乐观主义和韧性对应激的积极影响。

缓解应激最有效的因素是**坚韧性**（hardiness），其基础是个体对应激的态度以及如何管理应激。与 A 型人格行为相比，坚韧性是一种能够促进健康应对的人格特征。"坚韧性"一词最早出现于 20 世纪 70 年代和 80 年代的一项大规模研究中，该研究对美国伊利诺伊州贝尔电话公司（Illinois Bell Telephone，IBT）的管理者进行了调查。萨尔瓦多·麦迪（Salvatore Maddi）和来自芝加哥大学的研究团队在几年的时间里，从该公司管理者那里收集了大量的数据。当时美国联邦政府对公共事业的放松管制措施导致 IBT 大规模裁员，工作条件、职位和预期经常发生变化，工作环境充满了应激。三分之二的管理者经历了消极的健康后果，包括心脏病、中风、抑郁和焦虑障碍。另外三分之一的管理者也处于相同的工作环境下，他们不但没有生病，反而看起来精神抖擞（Kobasa et al.，1979；Maddi & Kobasa，1984）。事实证明，导致这一差异的因素被称为"坚韧性"，这个概念包含三个特征（见图 14-10），现在被称为"坚韧性态度"或"3Cs"（Maddi，2002）。

总之，这些坚韧性态度提供了勇气和动力，将工作中的应激转化为优势。我们可以把这些坚韧性因素应用到大学生的生活中。假设有一天你必须为一个重要的考试做准备，而此时一个朋友向你倾诉他遭遇了一个巨大的麻烦并请求你的帮助。这两个应激源——重要的考试和急需帮助的朋友，可能会让你不知所措，尤其当你的资源已经快耗尽时。但是一个具有坚韧性的人会运用"3Cs"来减轻应激：承诺（我要帮助我的朋友，也要准备考试，两者都不能放弃）；挑战（现在有两件重要的事需要我做，我有哪些选择可以同时满足这两种需求）；控制（我用一个下午的时间学习，晚餐时和朋友聊天。毕竟我需要吃饭来保持大脑的正常运转，然后在睡觉前再多复习一点内容）。

坚韧性已经被证明可以减少应激情境对人们的影响，比如商人、孩子、夫妻、大学生、奥运会运动员、军人和执法人员（Maddi，2002）。尽管坚韧性人格通常在生命早期就显现了出来，但就像控制源一样，坚韧性也可以通过后天习得。研究人员已经成功地开发了训练坚韧性的项目，通过解决问题（而不是逃避）、充满社会支持（而不是冲突）的互动以及有益的（而不是过度的）利己，帮助人们学习以更具适应性的方式来应对生活中的应激源。这一过程有助于加强他们的坚韧性态度，改善他们的表现、行为、动机和健康状况（Beasley et al.，2003；Maddi，1987，2002；Maddi et al.，1998；Maddi et al.，2009）。

14.7.1　乐观主义

当考虑未来的时候，你通常会期待好事发生，还是担心事情可能出错？乐观主义者认为未来是光明

控制	坚韧的人具有内控倾向，善于解决问题，换言之，他们不会成为习得性无助的受害者
承诺	坚韧的人高度投入他们的生活，表现出对有目的活动的全力投入
挑战	坚韧的人把生活中的改变看作需要克服的挑战，是自我学习和成长的机会，而不是一种威胁

图 14-10　坚韧性的三个特征（3Cs）

的，在他们看来，"玻璃杯里还有半杯水"。而悲观主义者则没有那么积极，在他们看来，"玻璃杯只有半半水"。悲观主义不仅仅是习得性无助。心理学家马丁·塞利格曼（Seligman，1991）说，生活给予乐观主义者和悲观主义者同样的挫折和不幸，但乐观主义者更有能力承受它们。总而言之，乐观的人比悲观的人更少生病，患病后能更快地恢复，并且更健康、更长寿（Bennett & Elliott，2002；Taylor et al.，2000a）。是什么导致了这种差异？**乐观主义**（optimism）能直接影响健康，因为乐观主义者的情绪更积极，这能增强他们的免疫系统（Cohen et al.，2003）。此外，乐观的人会使用更积极的策略来应对应激，在本章的末尾我们将会讨论这一点。

塞利格曼和他的同事们（Seligman et al.，2002）进行的一项长期研究表明，乐观主义者会对消极事件做出三种特定的假设或归因（见表 14-2）。

塞利格曼是国际积极心理学协会（International Positive Psychology Association）的创始人之一，他相信人们可以习得乐观的思维方式。他建议，其中一种方法是在感到沮丧或无助时，用一种特定的方式与自我对话。塞利格曼说，积极的自我对话应该关注个人遭受挫折的意义和原因。例如，如果一个正在减肥的人吃了一块蛋糕，她不应该想"反正我已经毁了我的减肥计划，干脆吃掉整个蛋糕吧"，而应该这样想"我很喜欢吃蛋糕，但我知道在大多数时间里我都能坚持减肥计划"。塞利格曼认为，从本质上讲，通过

表 14-2　乐观主义者对消极事件做出的特定归因

维度	归因	例子
原因：具体或普遍	问题被视为孤立事件，而不是普遍趋势的征兆	"上次心理学考试我没考好"，而不是"我在学校的表现很差"
问题：情境或人格	问题被视为情境性的，而不是个人、内部问题的结果	"我没考好可能是因为我错过了考试前一天的复习课"，而不是"我不够聪明，所以学不好"
持续时间：短暂或永久	问题被看作暂时的，而不是永久的	"如果我不再缺课，下次考试就能考好"，而不是"我再也不能考出好成绩了"

采取建设性的思维方式、自我评估和行为规划，人们可以习得乐观的态度。

考虑到这一点，你可能会想起认知评估在应对应激中的重要性以及本章中关于应激反应存在个体差异的内容。以更积极的方式思考问题或更坚强的方式应对困难，可以改变我们对潜在应激源的理解，从而降低我们感知到的应激。

14.7.2　韧性

女演员克里斯蒂娜·艾伯盖特（Christina Applegate）所选的职业似乎让她的生活充满了魔力。1971 年她出生于美国加利福尼亚好莱坞，母亲是一位演员兼歌手，父亲是唱片制作人。这位年轻美丽、才华横溢的女子在数十部电影、电视节目和百老汇舞台剧中担任女主角或女配角。她凭借精湛的演技赢得了无数奖项，拥有众多粉丝。她还主持过美国综艺节目《周六夜现场》（*Saturday Night Live*），并在 2009 年《人物》（*People Magazine*）评选的"最美丽的人"中名列榜首。

然而在聚光灯之外，克里斯蒂娜的生活充满了各种巨大的压力。她的父母在她出生后不久就离婚了，她和第一任丈夫结婚几年后也离婚了，她的挚友兼前男友死于药物过量。一个月后，克里斯蒂娜被诊断患有乳腺癌，并接受了双侧乳房切除手术。因为发现得早，她的癌症痊愈了。媒体采访她时，问她当得知自己像母亲一样也患上乳腺癌时，她是如何应对困难的。她说，在得知初步诊断结果后，"我浑身发抖，然后，我很快就进入了'顾全大局模式'"。在 2010 年接受《美国周刊》（*US Magzine*）网站采访时，克里斯蒂娜还表示，为了应对这种威胁生命的疾病，她的生活开始发生转变。"你马上就会变得有点疯狂，不让任何应激影响你的生活，不吃任何垃圾食品，生活发生了 180 度的大转变。你对生活的看法也发生了一些变化。"目前，她致力于通过自己的慈善基金会"女性采取正确的行动"（Right Action for Women），为癌症研究和治疗筹集资金。

克里斯蒂娜·艾伯盖特的生活充满了成功和挫折。这是运气使然吗？心理学家认为，在克里斯蒂娜

的决定、态度和行为中，相比天赋或基因，有一种东西对于幸福感而言更宝贵：韧性（resilience）。

韧性是指一种不管个体在成长过程中面临何种严重的威胁，都能适应、应对应激和获得幸福的能力（Masten，2001）。事实上，"韧性"这个词来自拉丁语词根"buoyant"，字面意思是"在波浪中跳跃"。近二十多年，大多数有关韧性的研究都集中在儿童和青少年群体。他们要应对生活中各种充满应激的情境，可能包括父母的忽视或虐待、父母的精神障碍、丧亲之痛以及其他严重的风险因素。面对相同的情境，为什么有些孩子患病或遭遇失败，而有些孩子不仅存活下来，甚至获得了成长与成功？

韧性：先天还是后天

即使在很小的时候，有韧性的孩子也会表现出突出的特质。他们往往拥有更高的认知能力、更强的责任心、更好的社交技能、更强的竞争力并能获得更好的养育资源（Masten，2001；Riolli，2002）。生命早期出现的韧性特质支持了一种推断：韧性是一种天生的特性。然而最近，研究人员开始转而关注成年人的韧性及韧性是否可以被习得。

一项关于成年人韧性的研究对1999年前南斯拉夫科索沃冲突中的幸存者进行了调查。结果发现，韧性与一些人格特质的组合有关，包括外倾性、尽责性和乐观主义（Riolli，2002）。其中，乐观主义对人们变得更有韧性和减少脆弱性特别有帮助。此外，你可能已经注意到，韧性似乎与坚韧性有些重叠。这两个概念的确存在关联。坚韧性集中在三个特征上，但韧性包含了更广泛的特质。而且，由于坚韧性可以在特定训练项目的帮助下得到发展，也许未来我们对韧性可能也会有类似的发现。

哥伦比亚大学的心理学家乔治·博南诺（George Bonanno）是研究丧亲和创伤领域的先驱人物。他对在个人丧失和重大灾难中遭遇了极端应激的幸存者（从儿童到成年人）进行广泛的纵向研究和访谈研究，由此得出的结论是，在成年之后的不同时期，韧性始终保持一般水平（Bonanno，2009）。在这些研究的基础上，博南诺发现，在面对巨大的应激时，与长期功能

障碍或延迟创伤相比，韧性和坚韧性更常见。我们可以合理地推断，无法很好地应对新的应激源的人或者已经处于高度应激状态的人，假若遭遇了另一个应激源，那么他们将处于一般适应性综合征的第二阶段。

从表14-3里，你可以发现博南诺的研究中更多的细节。

表14-3　博南诺的心理功能轨迹

轨迹类型	描述	类别
韧性	成年人在经历具有破坏性的单一事件，如亲人去世或其他创伤时，可以保持相对健康的心理和身体功能水平，以及保持积极情绪的能力。	常见
恢复	在几个月或更长的时间内，正常的功能会暂时被心理痛苦（如抑郁或创伤后应激障碍症状）替代，然后逐渐恢复到事件发生前的水平。	常见
长期功能障碍	长时间感到痛苦，无法发挥正常的功能，通常持续数年或更长时间。	少见
延迟的悲痛或创伤	开始的时候调整似乎很正常，但在几个月后，痛苦和症状增加。研究人员还没有发现延迟悲伤的证据，但延迟创伤似乎是一个真实存在的现象。	少见

博南诺还创造了"丑恶应对"（coping ugly）这一术语，用来指各种在充满应激的情境中很有用，但在正常情境下可能不合适的应对策略。丑恶应对包括自我提升偏差、自我吹捧、大笑和微笑、思维抑制及持有无论如何都能生存下来的信念等。他的主要观点是，大多数人几乎都能很好地应对任何事情，我们通过自己开发的一系列应对策略来做到这一点。这也解释了为什么人类几乎可以应对所有的挑战（Bonanno & Mancini，2008）。

因此，韧性并不罕见。事实上，许多英雄和"无名英雄"在我们不知情的情况下克服了重重困难。他们应对痛苦和挑战的能力实际上不是超凡力量的结果，而是源于平凡的魔力。这是韧性研究人员安·马斯顿（Masten，2001）在描述正常的适应过程时所使用的术语，她认为，正是韧性使人们能够取得比预期更好的结果。因为期待更好的结果，或许我们在生活中会变得更乐观，也变得更有韧性。

心理学很有用 • • •

运用心理学来学习心理学

想象一下，你刚刚遭遇了一种丧失：一个朋友挑起争端，并且侮辱了你，辜负了你对他的信任；你爱的人没有回应你的情感；你的宠物死了，尽管朋友们劝你应该"熬过去"，你依旧感到十分悲痛。无论经历了什么样的应激，你都不知道该和谁聊一聊——但你还是强烈地感到有必要把自己内心的想法和感受表达出来。你能够做什么呢？你可以先把它们写下来。在此过程中，你会对自己的心理状态有更多的了解。

为什么要写出来？为什么不大吼大叫，把痛苦从身体里发泄出来呢？其中一个原因是，当带着攻击性发泄情绪时，对于缓解应激的作用不大，也于健康无益。相反，它可能会使痛苦加剧，或者带来有害的影响（Gross & Psaki，2004；Smythe，1998）。而写下你的担忧和丧失对你的情绪有治疗性的效果（Pennebaker，1990，1997；Zimmerman，2002）。研究还发现，促进免疫功能紊乱患者写下其担忧和感受对康复有促进作用（Pennebaker，1997）。当你写下自己的想法和感受时，你只是在和自己交流，也是为自己发声。你无须在听众面前表演，也无须取悦听众，你可以敞开心扉，把一切都说出来，放心吧，你不需要解释任何事情。你所需要的只是一个场地、一段时间、一些材料以及下决心保持这个习惯。以下几种方法可以使这件事更容易、更有效。

- 你可以在任何媒介上写作，只要对你来说是舒适的、便利的。你可以在键盘上打字，但你不一定总有计算机在手。手写更能表达个人情感，而且你不需要写得十分工整——因为只有你能看到它。通过使用纸笔，你不仅可以书写，还可以画画或涂鸦，以非文字的方式表达自己。而且小小的笔

记本不贵，也便于随身携带。

- 开始写之前选择一个主题。如果是丧失或担忧促使你进行写作练习，那就从这些主题开始。如果没有，那么选择一个可以激发你对生活中重要挑战的情感和想法的"任务"。一位教授要求学习了丧失的心理学学生写一篇有关丧失的日记，包括个人的丧失或令人难忘的事件，如恐怖袭击或名人的死亡，以及这对写作者意味着什么（Harvey & Hofmann，2001）。

- 把你的想法和感受都写下来，并专注于寻找困难经历中的意义。你也许不知道问题的答案（为什么我们的关系没能维持下去），但你可以推理和想象（也许现在正是我独处的好时机）。治疗性写作或谈话的一个重要目的是获得洞察力、实现成长和改变。把记忆像讲故事一样写下来也会有所帮助：故事要有开头、中间和结尾，对人物和事件进行描述，以及你对"故事的真谛"的总结和学到的教训（Harvey et al.，1990；Murray，2002）。

- 利用空闲的时间写作，设定目标，比如每周写几页。把自己当作记者，记录任何看起来重要的细节（DeSalvo，2000）。尝试各种形式的写作，比如写情书或分手信。勇于发现糟糕的事情的另一面，或者将你正在做的各种事情进行分类，如为别人所做的事情和为自己所做的事情（Zimmerman，2002）。

- 坚持下去。让写作成为一种习惯，而不仅仅是困难时期的一种释放。研究人员发现，如果只写创伤经历会加深痛苦，让人更难以敞开心扉或渡过难关。所以，即使有时候你感觉很好、不需要书写的时候，也要

写几行，因为这些文字会让你记得自己曾经感受到愉悦，并提醒自己是如何做到的。

你写作的目标并不是为了成为伟大的作家（虽然也有可能），而是克服压力，了解你的反应和应对模式，并帮助你康复。通过设定目标和制定规则，你可以思考如何运用你在这一学习阶段所学的关于感知和坚韧性的知识。通过写作，我们可以学会以一种更具适应性的方式感知应激源。此外，还记得我们在本章的第一个核心概念中探讨过叙述的重要性吗？不过别让写作练习给你带来太大的压力！这些写作任务由你自己决定，这样你就可以放心，它既没有截止日期的压力，也不用担心成绩好坏。

关键问题：
我们怎样将消极的应激变为积极的生活策略

核心概念 14.4
　　有效的应对策略能减少应激对健康的消极影响，而选择积极的生活方式会促进身心健康和提升整体幸福感。

健康长寿的生活可以自己选择吗？还是你的健康是由无法控制的因素决定的，如遗传因素或能获得的医疗资源？当遭遇创伤性应激源（如地震、至亲亡故）或长期应激源（如工作负担过重）时，我们能做些什么来减少应激源对我们的健康造成的影响呢？

截至目前，你可能已经知道，通过采取坚韧的方法来解决问题，并且拥有内控倾向和乐观的态度将增加你成功的概率。还有一个更好的消息：我们采用的应对策略和选择的生活方式都会对疾病和死亡率产生影响（Elliott & Eisdorfer，1982；Taylor，2009）。正如你从表14-4中看到的，许多过早死亡是由个人可以部分控制的行为造成的。过早死亡是指按性别或职业划分的比预计标准死亡年龄提早数年的死亡。当然，应激也是生活方式的一部分。

在这一学习阶段，我们将探讨应对应激的有效策略，以及有助于改善健康、避免应激造成破坏性影响的生活方式。正如核心概念中所示：

　　有效的应对策略能减少应激对健康的消极影

表 14-4　12 种导致死亡的主要原因及每年的死亡人数

1. 心脏病：616 067 例
2. 癌症：562 875 例
3. 中风（脑血管疾病）：135 952 例
4. 慢性下呼吸道疾病：127 924 例
5. 事故（意外伤害）：123 706 例
6. 阿尔茨海默病：74 632 例
7. 糖尿病：71 382 例
8. 流感和肺炎：52 717 例
9. 肾炎、肾病综合征和肾病变（肾脏）：46 448 例
10. 败血症（细菌感染）：34 828 例
11. 故意自残（自杀）：34 598 例
12. 攻击（他杀）：18 361 例

注：2007 年，美国共有 23 199 例死亡是由酗酒引起的。在这类死亡中，按年龄对应后，男性的死亡率是女性的 3.2 倍，因为男性喝酒更频繁，喝酒量也更多（超量）。

响，而选择积极的生活方式会促进身心健康和提升整体幸福感。

应对策略（coping strategy）可以调节应激对我们健康的影响。这意味着，它们降低了应激对我们身体的影响。选择积极的生活方式（positive lifestyle choices）也可以帮助我们有效地应对应激，而且还能带来其他好处：能起到应激调节器的作用，减少我们在面对应激源时感受到的应激。换句话说，选择积极的生活方式可以增强我们对应激和对疾病的抵抗力。回顾图14-9，再次看看应激与疾病的各个部分是如何组合在一起的。在这一学习阶段的开始，我们将探讨一些应对应激的有效策略。然后，我们将探讨与减轻应激和预防疾病相关的生活方式。最后，我们来看看那些据称已找到幸福和感到愉悦的人具有哪些特征。

14.8 心理学的应对策略

学习目标：

描述各种有效的应对策略。

我们知道，A 型人格、悲观主义和习得性无助会加剧应激反应，而坚韧性、乐观主义、心理控制源和韧性可以缓解应激反应（见表 14-3）。当然，当面对严重的应激源和困难时，我们建议你寻求专业帮助（如果你不认识心理治疗师或咨询师，可以向值得信赖的老师或医疗服务者寻求建议）。然而，就你而言，能做些什么来有效地应对应激呢？而应对的确切含义又是什么呢？

14.8.1 防御和应对

应激管理行为可以分为两大类：防御和应对。

1. **防御（defending）**是指减轻应激症状或减轻个体对症状的觉知。例如，对于即将到来的重要的心理学考试，你觉得自己没有做好准备，为此感到有压力。你可能会通过一些有趣的活动来分散自己的注意力，比如参加聚会或拜访朋友，从而抵御这种焦虑感。你的防御并不能解决问题——考试依旧近在眼前，而现在你的准备情况甚至更糟糕了。但在短时间内，你不会觉得压力很大。防御的好处是可以减轻一些症状，如担忧、不适或痛苦，但它存在严重的缺陷，即未能解决应激源的问题。应激会不可避免地再次袭来，而且可能会变得更难缓解。

2. 与单纯地防御应激相比，健康的**应对（coping）**

包括通过采取行动来减少或消除造成应激的原因，而不仅仅减轻或消除应激的症状。为了应对应激，你必须面对应激，识别应激源，找到解决问题的方法或减少它对你造成的伤害。这意味着不仅仅感觉更好，而且改善了整个应激情境。为了应对即将到来的心理学考试带来的应激，你必须：

（1）承认自己对考试准备得不充分；

（2）制定有效的复习策略；

（3）及时实施策略；

（4）参加考试。

这样你不仅会觉得准备充分，而且还不会感觉那么焦虑。当然，你可能要把玩乐推迟到考试后，那时没有了对考试的焦虑，你可以玩得更尽兴。

14.8.2 聚焦问题的应对方式和聚焦情绪的应对方式

总体来说，健康的应对方式基本有两种：聚焦情绪的应对方式和聚焦问题的应对方式。

1. **聚焦问题的应对方式（problem-focused coping）**是指在明确应激源的基础上采取行动来解决它，这可能需要事先进行规划。假设你对去一所新学校读书感到很紧张，此时聚焦问题的应对方式可能包括参观学校，找一找你的教室在哪里，与老师谈谈，获得一些成功的秘诀，通过熟悉周围环境并相信自己能做好，从而减轻焦虑。

2. **聚焦情绪的应对方式（emotion-focused coping）**是指调节你对应激源的情绪反应，方法是通过识别自己的情感，以这些情感为中心并努力克服它们。有效的聚焦情绪的应对与**思维反刍**有所区别，后者停留在消极的想法（而不是情绪）上。毫不意外的是，有研究发现思维反刍会损害我们的免疫系统（Thomsen et al., 2004），并且对改善心情毫无帮助。

这两种应对方式都是有用的。总而言之，当可以采取具体的行动减少应激源时，聚焦问题的应对方式是最好的。相反，当你不得不接受现状，或者需要先平复自己的情绪才能够清晰地进行思考并采取理性的行动时，聚焦情绪的应对方式将对你有所帮助（Folkman & Lazarus，1980；Zakowski et al.，2001）。

有时候，这两种应对方式结合起来的效果最好。例如，你被解雇了，你可能会开始找一份新工作（聚焦问题），但你会发现自己无法专注于找工作，因为你对自己被解雇感到太过愤怒和困惑。在这种情况下，你可以通过一些聚焦情绪的应对方式帮助自己冷静下来，让自己的思维更清晰。你可以去跑步或去健身房，和一个值得信任的朋友聊天，也可以写日记或进行其他能帮助你克服坏情绪的活动，如洗热水澡、休息一下或者吃点有营养的食物。这种聚焦情绪的应对方式不仅仅是一种防御（防御是将你的注意力完全从问题上转移开）。相反，它专注于处理情绪反应，以免它们失控并对健康造成危害。然后，当你的内心感到平静和做好准备后，就可以集中精力解决应激源和问题。

不管是聚焦问题还是聚焦情绪的应对策略，要记住，策略可以是积极的，也可以是消极的。回顾表 14-5 中的各种应对策略。确定你过去使用过的和将来想要使用的策略。

14.8.3 认知重构

认知评估在应激与疾病的关系中起着重要作用。某些人格因素（如坚韧性和心理控制源）使我们不那么容易受到应激的影响，这些因素似乎是根深蒂固的，但我们可以通过有意识地应用它们的基本原则，从而有效地应对应激（Kohn & Smith，2003）。认知重构（cognitive restructuring）的目的是用更积极的角度看待应激源，对应激源进行重新评估（Meichenbaum & Cameron，1974；Swets & Bjork，1990）。这种方法包括认识到你对应激源的想法导致了焦虑，然后鼓励自己用一种更平衡或更现实的方式看待情境。例如，被解雇让你有机会找到一份新工作，新工作可能会令人更愉快、薪水更高或更有发展潜力。认知重构尤其适合那些经历长期应激的人。事实上，它是认知行为疗法的基石之一，我们在前一章讨论过认知行为疗法。这种方法不仅仅是让人装出一副笑脸，它使人们进入建设性的问题解决模式，从而产生有效的行动策略。

社会比较（social comparison）也是一种认知重构，指将自己与其他处境类似的人进行比较。在一项对乳腺癌患者的研究中，健康心理学家谢利·泰勒（Shelley Taylor，1983）第一次注意到了社会比较的应用。

- 一些乳腺癌患者进行了下行社会比较（downward social comparison），她们将自己的处境与那些更糟糕的女性进行比较，这反过来帮助她们以更积极的态度看待自己的疾病（请注意，在进行下行社会比较时，并不是指以别人的痛苦为乐，而是意识到并承认还存在更糟糕的可能性）。

- 另一些患者则进行上行社会比较（upward social comparison），把处境更好的乳腺癌患者

表 14-5 积极和消极应对策略

	积极应对策略	消极应对策略
聚焦问题	• 时间管理：设置优先级、合理分配时间 • 目标设定：计划你将要做的事情 • 果断：告诉别人你需要什么、以尊重他人的方式适当拒绝	• 拖延：忽视优先级、浪费时间 • 被动：等着看会发生什么 • 攻击性：不表达自己的需要就大喊大叫或咒骂
聚焦情绪	• 运动：慢跑、去健身房 • 照顾自己：休息、健康饮食、洗个热水澡 • 参与社交：和朋友聊天、参加社交活动	• 不活动：躺在床上或整天无所事事 • 自责：放纵自己、回避自己的情感、不吃东西、不洗澡、滥用药物 • 脱离：回避人群

作为榜样，激励自己不断往好的方向改进。

实证研究表明，这两种比较都是有效的应对策略。从某种意义上来说，下行社会比较代表了聚焦情绪的应对方式，因为这种比较最终会降低你的担心程度，而上行社会比较则是聚焦问题的应对方式，因为这种模式可以作为具体的行动指南（Wills，1991）。

14.8.4　积极情绪

如果消极思维和消极情绪（如敌意）会引发应激，那么反过来也一样吗？积极的情绪是否对健康有益？一些研究支持了这一猜测成立的可能性。

一项研究对 75~95 岁的修女进行了调查。研究人员获得了修女们进入修道院之前所写的自传文章（大多数修女当时都是 20 来岁），并考量了这些自传文章里的情感内容。根据每一页自传文章中的积极词汇、消极词汇和中性词汇的数量，研究人员对其进行了评分。结果出现了明显的差异：使用积极词汇最多的修女比使用积极词汇最少的修女平均多活了 9.4 年。此外，在自传文章中表达更丰富的积极情绪的修女的寿命，则会再延长 1 年（Danner et al.，2001）。

培养和表达幽默感也能缓解应激带来的影响。在面对应激时，找到一些让你开心的事情不仅能改善情绪，还能减少应激源带来的生理影响（Dillard，2007）。作为一种人格特征，拥有良好的幽默感还能

对修女的经典研究说明了积极情绪对健康和长寿的重要性。感受和表达积极情绪实际上可以延长寿命。

影响个体对应激源的认知评估（Kuiper et al.，1993；Lefcourt，2000）。这些发现与哈佛大学心理学家乔治·维兰特（George Vaillant）的研究成果相吻合，他对人类寿命的研究指出，生活中的快乐是健康和长寿的关键预测因素（Vaillant，1990）。

如果你生来就不具备幽默感或通常感受不到很多积极的情绪，你仍然可以从这些应对策略中受益。积极心理学的倡导者马丁·塞利格曼在其著作《真正的幸福》（*Authentic Happiness*，2002）中提到，有意识地关注生活中的积极时刻，寻找你觉得幽默、令人愉快的情景，将会给你的生活带来改善。一名艾滋病患者深有感触地表达了这一观点，他说：

> 每个人早晚都会走向死亡。我曾经目睹过地球有多么美丽，欣赏过花朵以及其他让我心旷神怡的事物。过去我总是会忽略它们，现在我会选择停下来，试着闻一闻玫瑰的香味，做一些让我感到愉悦的美好事情（Taylor，1999）。

14.8.5　发现意义

维克多·弗兰克（Viktor Frankl）是一位备受尊敬的奥地利神经学家。第二次世界大战期间，纳粹军队将他和他的家人驱逐到了集中营。他们和其他成千上万犹太人一样，遭受了各种各样的剥夺、折磨和无法形容的暴行。很多人都死在了集中营，包括弗兰克的妻子和父母。然而，弗兰克活了下来，战争结束后，他在心理学领域做出了卓越的贡献，他的成就是发现了在看似无法解释的事件中寻找意义非常重要，比如他在集中营中的遭遇。在《活出生命的意义》（*Man's Search for Meaning*，1959）这一影响巨大的著作中，他写道："当我们不能够改变情境时，就如同患上不治之症，我们面临的挑战在于改变自己。"

弗兰克的假设引发了许多相关研究，即在丧失中发现意义的好处，研究人员确定了两种类型的意义——意义建构（sense making）和益处发现（benefit finding）。在经历了重大的消极生活事件后，人们试图以某种方式来理解该事件，使其符合我们对世界

是可预测的、可控制的和非随机的这一感知（Tait & Silver，1989；Tedeschi & Calhoun，1996）。例如，如果一个人长期与疾病做斗争或者长期吸烟成瘾，那么他的死亡会被解释为必然。在"卡特里娜"飓风（Hurricane Katrina）发生之后，对长期存在的新奥尔良堤坝问题的讨论也反映出人们对意义建构的尝试。有强烈宗教信仰的人可能会把丧失解释为上帝的旨意。第二个发现意义的途径是承认丧失最终会带来一些益处，比如对生活的重新认识、另寻爱人或踏上新的生活道路。

成功的应对既包含意义建构，又包含益处发现，尽管这两个过程可能处在不同时间阶段。人们首先要做的事情是意义建构，但最终克服丧失并重获生活的动力可能需要成功解决第一个问题，然后转向第二个问题（Janoff-Bulman & Frantz，1997）。这也许可以解释为何那些有违自然秩序的丧失会更让人难以从悲痛中恢复，比如失去孩子，心爱的人因遭遇意外或暴力死亡（Davis et al.，1998）。

从悲剧中发现意义并不容易。有什么方法可以有所助益呢？一点也不意外的是，乐观主义者比悲观主义者更容易做到这一点，尤其是在益处发现方面（Park et al.，1996）。拥有强烈的宗教信仰似乎有助于意义建构，尤其是当失去孩子时。一项对因婴儿猝死综合征失去孩子的父母的研究证明了宗教信仰的作用（McIntosh et al.，1993）。我们稍后会探讨社会支持对意义建构和益处发现都发挥着重要作用，并且并不局限于特定的人格类型或宗教。

14.8.6　心理晤谈：帮助还是妨碍

1999年4月20日，在美国科罗拉多州（Colorado）利特尔顿市（Littleton）的科伦拜恩高中（Columbine High School），两名持枪的学生实施了一场有计划的枪杀，他们杀死了12名学生和1名教师，然后开枪自杀。为了应对这场悲剧，那些幸存者需要得到帮助，被吓坏的亲人和更大范围的群体也需要得到帮助。尽管在没有专业帮助的情况下大多数幸存者能够从早期创伤中恢复，但社区负责人和心理健康专业人士仍然发起了咨询项目，对个体或群体进行咨询，希望减少创伤后应激。科伦拜恩高中枪击事件发生后，咨询人员走访了所有班级，无论这个班里是否有学生出现问题。与之类似，在"9·11"事件后，一个为纽约居民提供免费咨询服务的项目获得了资助，但真正来咨询的人数只占预期的一小部分，因此剩下了9000万美元的治疗资金（Gittrich，2003）。难道幸存者不想得到帮助吗？或者这种帮助不是很有效？

上述形式的危机干预被称为**心理晤谈**（psychological debriefing），是一种简短的、即时的治疗方式，侧重于宣泄情绪和讨论对创伤的反应（McNally et al.，2003）。这种做法基于的假设是，表达消极感受比把它们藏在心里更有利于心理健康。这一假设基于古老的**宣泄**（catharsis）概念，即通过直接（如口头表达或打沙包）或间接（如观看暴力电影或表演）表达情感来缓解情感压力。但是，宣泄理论经不起实证检验。研究表明，宣泄非但不能降低唤醒和减少痛苦，反而会延长这些感受。因此，对于那些需要心理咨询或情感支持的人来说，这些服务有一定的作用。但如果认为传统的发泄有助于健康，或者认为每个人都有需要倾诉的想法则是错误的。因此，要求所有人都进行心理晤谈可能会适得其反。

危机事件应激晤谈

最近，出现了一种被称为**危机事件应激晤谈**（critical incident stress debriefing，CISD）的心理晤谈类型，并成为心理晤谈领域的焦点。一般而言，在创伤事件发生后72小时内，危机事件应激晤谈会为创伤幸存者提供集体咨询服务。这类咨询一般持续2~3小时，通常受各种组织（比如枪击事件后的科伦拜恩高中，以及警方部门和消防部门）委托。危机事件应激晤谈遵循一个严格的程序，首先要求参与者描述创伤性事件的事实，然后说一说他们对此产生的即时的认知反应，最后描述自己的感受或任何心理症状。接下来，项目负责人会提供常见症状的信息，并为后续治疗提供指引。这是一个商业项目，用户需要向危机事件应激晤谈的发起者支付费用。

危机事件应激晤谈有效吗

危机事件应激晤谈真的如宣传的那样有效吗？正如我们所知道的，非凡的主张需要非凡的证据。另外，请记住，当涉及充满情绪的主题时，我们是有偏见的——我们希望找到治疗方法的强烈愿望，会影响我们批判性地思考证据的能力。在这种情况下，人们很容易在不进行充分检验的情况下匆忙地欣然接受这种令人兴奋的新疗法。虽然危机事件应激晤谈的支持者为它的有效性进行辩护，但几乎没有研究采用严谨的方法对结果进行精确测量（Devilly et al.，2006）。与之相反，一些创伤专家警告道，危机事件应激晤谈的程序实际上会强化人们对创伤经历的记忆，并不能实现有效的干预。此外，危机事件应激晤谈所涉及的程序与由来已久的关于宣泄无效的发现相反，这使人们对该项目的有效性产生了进一步的怀疑。几项系统性的评估证实了最初我们对此疗法的怀疑。评估得出的结论是，对于遭受心理创伤的幸存者而言，这类心理晤谈毫无帮助（Beverley et al.，1995；McNally et al.，2003）。

一项关于这类技术对世贸中心恐怖袭击中救援人员的效果的全面调查，得出了以下结论：

> 越来越多的研究对心理晤谈（最广泛使用的方法）进行了实证检验，结果不尽如人意。尽管大多数接受心理晤谈的幸存者都认为它对自己有所帮助，但没有充分的证据表明心理晤谈可以降低创伤后应激障碍的发生率。一些对照研究表明，心理晤谈可能会阻碍人们从创伤中自然恢复（McNally et al.，2003）。

认知行为疗法专注于认知评估，使用完善的程序来减少与事件相关的情绪唤醒。该疗法可能比危机事件应激晤谈更有效，特别是当治疗在创伤性事件发生数周后才进行，而不是立即就进行（McNally et al.，2003）。

总之，以下应对策略已被证明可以有效地降低应激对健康造成的损害：聚焦问题和聚焦情绪的应对方式、认知重构、上行社会比较、下行社会比较、积极情绪，以及发现意义。其中每一个因素都提供了额外的线索，帮助我们理解应激带来的影响存在个体差异。当自行使用这些工具时，请记住以下两点：

1. 首先，长期面对应激源的个体通常需要使用组合策略；
2. 其次，可以把一些积极的生活方式添加到"应对策略工具箱"中，这样可以获得缓解应激的额外益处。

接下来，让我们将注意力转向对这些因素的研究。

14.9　选择积极的生活方式："买一送一"对健康的益处

学习目标：

解释选择各种积极的生活方式对健康的益处。

如果你和大多数人一样，想必你也会喜欢特价商品！我们都希望自己在付出金钱、时间和努力后所收获的回报最大化。我们接下来要讨论的积极的生活方式可以作为健康的特价商品。在这上面的所有投入都将会收获"买一送一"的益处：积极的生活方式既是缓解因素，也是应对策略（见图14-9）。在生活中融入越多的积极的生活方式，你就会越健康。我们先探讨朋友之间的互相帮助。

14.9.1　社会支持

缓解应激最好的方法是**社会支持**（social support），即由他人提供的心理资源和物质资源，以帮助个人应对应激。研究表明，那些面临重大生活应激的人，如丧偶或失业，如果他们有一个由朋友或家人组成的有效的社会支持网络，会较少出现身体和心理障碍（Billings & Moos，1985）。他们更不容易感冒，患抑郁症或焦虑障碍的风险也较小。同样，社会支持对患有身体疾病的人具有明显的益处（Davison et al.，2000；Kelley et al.，1997）。研究表明，对于患有心脏病、癌症、关节炎和糖尿病等疾病的人来说，如果拥有良好的社会支持网络，他们就会更快地康复（Taylor，2006）。在控制了其他已知的影响寿命的因素的情况下，如健康状况和社会经济地位，与拥有良好社会支持网络的人相比，缺乏亲密关系的人的平均寿命更短（Berkman & Syme，1979；Pilisuk & Parks，1986）。需要注意的是，缺乏可靠的社会支持网络会导致个体死于疾病、自杀或事故的风险增加，这一死亡率增加的比例与吸烟导致的死亡率增加的比例大致相同（House et al.，1988）。

社会支持的好处

是什么让社会支持具有改善健康的作用？研究揭示了社会支持的三个好处。

1. 当你想到社会支持时，情感支持可能会立即出现在你的脑海中，这确实是它的一个好处。在困难时期拥有值得信赖的朋友和所爱的人，会给我们带来极大的安慰。

2. 第二个好处是实质性的帮助，是一种具体的、以任务为导向的帮助，比如开车送你去医院，帮忙打扫房间或做饭。

3. 最后一个好处是信息支持，旨在帮助你更好地理解应激源的性质，以及获得更多的资源来应对应激源。

例如，在一场严重的车祸后，对于脊柱受伤的人来说，有关康复的时间表和策略的信息会对他有所帮助，但他行动不便，很难自行查阅。这时，他的朋友可以帮忙查阅。即使社会支持网络通常由家庭和亲密的朋友组成，支持小组或其他社区资源也可以在必要时给你提供帮助。

从生理上讲，社会支持降低了与战斗或逃跑反应相关的唤醒强度，缩短了唤醒持续的时间。这一发现源于一项实验研究。研究人员首先让被试暴露于应激源，然后测量他们在有社会支持和独自应对两种情况下的心率、血压和应激激素水平（Christenfeld et al.，1997）。来自朋友或心爱的人的社会支持的好处最大，然而来自陌生人、视频（Thorsteinsson et al.，1998），甚至是宠物的支持也会降低唤醒程度（在这方面狗的表现比猫要好）（Allen et al.，2002）。当没有社会支持的时候，仅仅想一想心爱的人也会带来一些好处（Broadwell & Light，1999）。

身体接触（如拥抱、牵手和触摸）表达的情感也有助于对抗应激。一些研究指出，当女性遭遇应激时，如果伴侣能够握着她们的手或拥抱她们，她们的唤醒程度就会降低。最近的研究表明，这一效应也存在于男性身上（Coan et al.，2006；Light et al.，2005）。人与动物一样，无论是什么性别，与值得信任的伴侣的身体接触会提高体内的催产素水平，从而减少焦虑和应激。这些发现很好地契合了我们在本章前面介绍的互助友好模型。

支持者：一分耕耘，一分收获

社会支持会对提供支持的人产生哪些影响呢？有时需要社会支持的人担心向心爱的人寻求帮助可能会增加他们的应激水平。虽然有时确实会出现这种情况，如照顾阿尔茨海默病患者的人总体上表现出更高的抑郁和疾病风险。但总得来说，给予支持者也会从帮助他人中得到好处。事实上，一项研究对已婚夫妇相互给予和获得的支持的数量进行了测量，研究发现，给予更多支持的一方寿命更长（Brown et al.，2003）。然而值得注意的是，给予支持的人同样需要他人的支持。

图中的女性正在做改善健康的两件事：花时间和朋友相处以及大笑。男性往往没有这样的社交情感网络。

> **写一写**
>
> **你生活中的社会支持**
>
> 　　当在生活中遭遇应激时，你是如何从社会支持中受益的？描述你获得的支持，并辨识它是否具有情感支持、实质性的帮助、信息支持的特点，或者三个特点的结合。

14.9.2　营养和饮食

　　身体健康和有效应对应激的能力需要运作良好的大脑，而大脑需要营养才能更好地运作。幸运的是，均衡的饮食可以提供大脑需要的所有营养，有利于大脑从认知的角度准确地评估潜在的应激源。例如，当我们摄入复合碳水化合物而不是单糖时，身体代谢的速度会更稳定，这可能有助于防止我们反应过度。然而，许多人只是匆匆吃一顿快餐或吃一块糖果，而不是花时间摄取有营养的食物。例如，一项针对欧洲 21 个国家学生的调查显示，只有一半左右的学生尝试按照健康的饮食习惯进食。调查还发现，与男性相比，女性更有可能意识到营养对身体健康的重要性（Wardle et al.，1997）。

　　如果在儿童时期（大脑发育最快的时期）长期营养不良，儿童的发育可能会受阻（Smythe，1963；Wurtman，1982）。营养不良也会对成年人产生不良影响。饱和脂肪含量高的饮食习惯会增加个体患心脏病和某些癌症的风险。盐的摄入量过多会增加个体患高血压的风险。缺钾会导致精神萎靡和极度疲惫。然而，我们也应该避免走向另一个极端，即摄入大量维生素和矿物质。某些维生素（特别是维生素 A）和矿物质（如铁）很容易摄入过量，并且比摄入不足导致的问题更严重。

　　为了摄取营养并保持健康，你能做些什么呢？表 14-6 中的建议就是很好的起点。我们还建议你要小心所谓的流行营养风向，包括那些带有神奇功效的膳食补充剂，这些效果似乎好得令人难以置信。营养学是一门尚处于起步阶段的科学，它与身心健康之间的

表 14-6　保持个人健康的 10 个步骤

1. 定期锻炼
2. 营养均衡的饮食（多吃蔬菜、水果和谷物，少吃脂肪和胆固醇）
3. 保持合理的体重
4. 每晚保持 7~8 小时的睡眠时间，白天注意休息和放松
5. 开车系上安全带，骑自行车戴上头盔
6. 不吸烟、不吸毒
7. 如果非要喝酒的话，请适量
8. 只进行有保护的、安全的性行为
9. 定期进行体检和牙齿检查，遵医嘱
10. 培养乐观的态度，结交能够提供支持的朋友

关系仍有待进一步研究。

14.9.3　睡眠和冥想

　　睡眠通过多种方式影响着我们的健康和应激。众所周知，快速眼动睡眠和认知功能之间存在联系，并且良好的认知功能是有效应对潜在应激源所必需的。因此我们必须拥有足够的睡眠，而只有在大约 6 小时的睡眠后才会出现长时间的快速眼动睡眠。长期的睡眠剥夺不仅会使事故发生的风险增加，而且缺乏睡眠还会导致糖尿病、心脏病以及免疫系统功能下降。

　　多年来，西方人对冥想一直持怀疑态度，但大量令人振奋的研究发现使冥想越来越受关注。古代佛教徒的"正念冥想"起源于 2500 年前，翻译过来意指"用洞察力去观看"（Shapiro et al.，2005）。正念减压疗法（mindfulness-based stress reduction，MBSR）是传统佛教的现代变式，目的是提高人们对应激反应的意识，使人们轻松地面对应激，并形成更健康的反应。通过练习冥想可以部分实现这些目标。在冥想练习中，人们首先关注自己的身体感觉和与应激反应有关的认知，然后完全接纳这些感觉和反应（而不是评判或抵抗）。对正念减压疗法的研究表明，为期 8 周的训练项目可以减轻被试的应激，减少个体患焦虑障碍、抑郁症和出现倦怠的风险，增强免疫系统的功能（Carlson et al.，2007；Shapiro et al.，2005）。这项引人注目的研究是 21 世纪健康领域中西结合的一个例子。

14.9.4　锻炼的力量：增强身心健康

为了增强身心健康，每天进行体育锻炼是我们所能做的最重要的一件事。这一学习阶段中，我们将探讨缺乏锻炼带来的严重消极后果。然而，即使人们意识到锻炼的重要性，往往也很难坚持。

- 心理学如何帮助所有年龄段的人提升锻炼身体的意愿，让人们意识到体育锻炼是改善健康状况的正确途径？
- 学习相关的知识如何确保你定期进行体育锻炼？

缺乏锻炼的代价

流行病学家发现，"现代慢性病的流行"正在影响着 9000 万美国人（Booth et al., 2000, p.774）。这些疾病导致每年的医疗保健费用和生产成本损失几乎达到万亿美元的三分之二（Booth et al., 2000）。奇怪的是，这些疾病综合征并不是由于人们做了什么对自身有害的事情引起的，而是由于他们没有做对自身有益的事情。流行病学家已经证明，缺乏锻炼与现代慢性疾病的发病率之间存在显著的相关性。具体而言，缺乏锻炼与至少 17 个重大健康问题的发病率的增加有关，包括慢性疾病的风险因素及慢性疾病本身。缺乏锻炼除了对个人造成消极影响外，还会对国家层面（以及其他许多国家）造成影响。缺乏定期的身体锻炼会导致体重增加，进而引发肥胖。目前可以预估，大约 60% 的男性和 50% 的女性超重，20% 的男性和 25% 的女性属于肥胖（Cooper et al., 2000）。

美国人每年在与肥胖相关的医疗费用上花费 1902 亿美元。这相当于全美医疗支出的近 21%（Cawley & Meyerhoefer, 2011）。这一数值与 1995 年用于治疗肥胖的年度费用相比（516 亿美元的直接医疗费用）有了巨大的增长（Wolf & Colditz, 1998），并且随着目前肥胖趋势的持续发展，预计费用还会增加。除了直接医疗费用，肥胖还导致更高的残疾率和失业率，以及更高的旷工率。临床体重分级与旷工天数呈正相关，这导致企业每年估计损失 43 亿美元（Cawley et al., 2007）。

锻炼的益处

规律地锻炼身体是改善和保持良好健康状况的最重要因素（Allen & Morey, 2010；National Prevention Council, n.d.）。大量证据表明，经常参加体育锻炼对身体健康有益。定期锻炼的短期和长期益处包括：

- 强壮骨骼和肌肉；
- 使血压维持在健康水平（National Prevention Council, n.d.）；
- 预防慢性疾病，如冠心病（Cooper et al., 2000）、中风、Ⅱ型糖尿病（Boule et al., 2001；Lee, 2003），各种类型的癌症（Lee, 2003），甚至预防早亡。

据估计，美国每年约有 25 万人因缺乏体育锻炼而过早死亡（Booth et al., 2000）。

经常参加体育锻炼也有助于保持健康的体重，否则可能会导致严重的消极后果。超重的人具有一定的患心脏病、高血压、Ⅱ型糖尿病、胆结石、呼吸困难和某些癌症的风险（U.S. Department of Health and Human Services, 2008）。一项针对 7867 名成年人的纵向研究表明，在短短 4 年内，超重或肥胖与健康问题的增加有关。相反，定期锻炼显著降低了健康水平下降的风险和减缓了生理疾病的发展，对于肥胖的人群也是如此。这表明锻炼甚至可以缓解肥胖对健康的负面影响（He & Baker, 2004）。定期锻炼还可以降低Ⅱ型糖尿病相关并发症的风险，比某些常用处方药更有效。

锻炼不仅是一种有效的应激管理策略，也是一种预防和治疗临床抑郁症和焦虑障碍的方法（Carek et al., 2011；Centers for Disease Control and Prevention, 1996；Peluso & Guerra de Andrade, 2005）。研究表明，规律的体育锻炼甚至可以降低晚年患痴呆和阿尔茨海默病等认知障碍的可能性（Larson et al., 2006）。总体来说，运动通过促进整体心理健康，以许多不同的方式帮助人们提高生活质量（Carek et al., 2011；Centers for Disease Control and Prevention, 1996），提升健康个体及患者的生活质量。

显然，不论是个体还是国家层面，缺乏体育锻炼对身体、情感和经济造成的影响都是重大的。定期锻炼是对身心健康问题的初步预防，同时也是为长期保持身心健康所做出的努力。研究人员（Booth et al.，2000）认为，规律的体育锻炼有助于：

1. 在大多数慢性疾病形成之前就进行预防（即初级预防）；

2. 对几乎所有慢性疾病的发病条件产生深刻和积极的影响，确诊之后也是如此；

3. 降低发病率，同时延长老年人的寿命和增加老年人的活力；

4. 提高心理健康水平和幸福感；

5. 减少美国每年约数千亿美元的医疗支出，并降低开发和维持锻炼项目的成本。

全美锻炼推广运动

目前，美国各地都有针对不同年龄段的锻炼推广运动。目前最著名的运动或许是曾经的美国第一夫人米歇尔·奥巴马（Michelle Obama）的"让我们动起来！"（Let's Move!），这个活动旨在增加全民的体育锻炼（以及养成健康的饮食习惯）。该运动项目的网站提供了儿童肥胖率上升的事实和相关统计数据，缺乏体育锻炼的后果，以及定期锻炼的好处。"让我们动起来！"也为家庭成员提供了可以一起参与的活动和游戏的建议。它还为学校和社区创造更大规模的变化（如公立学校为学生提供更健康的膳食），试图在多个层面推广锻炼和健康饮食。

"让我们动起来！"是 2010 年发起的一项运动，目标是使下一代在未来更有可能选择健康的生活方式（Let's Move，n.d.）。然而最近的数据显示，两年后只有四分之一的 12 至 15 岁的美国少年，在倡议的时间内进行了中等至高强度的体育锻炼，如每天 60 分钟（Fakhouri et al.，2014），这让人们对这项广泛推广的项目的有效性提出了质疑。

Go4Life 是 2011 年开始的一项针对成年人的体育锻炼推广活动。*Go4Life* 的目标是帮助成年人将体育锻炼融入日常生活，促进健康的衰老过程（National Institutes of Health，2012）。该活动网站同样提供鼓励和帮助个人进行定期体育锻炼的资源。然而，从现有数据可以明显地看出，在全美范围内，目前任何体育锻炼推广运动的效果都很有限，没能成功地提高人们的体育锻炼水平（Health Development Agency，2004）。

健康推广运动的失败

令人遗憾的是，定期锻炼虽然对我们的身体和思想都有巨大的积极影响，但我们却并没有打算真正去做！为什么呢？

尽管有很多锻炼推广运动，比如"让我们动起来！"试图解决缺乏运动和肥胖的问题，在过去的 15 年里，体育锻炼的水平只有微小的变化，研究表明超重率、肥胖率（Cooper et al.，2000）和其他与体重相关的健康问题仍在增加。成年人超重和肥胖数量的增长速度比儿童快（0.8 vs. 0.46 - 0.49）。如果按目前的趋势继续发展，到 2030 年，86.3% 的成年人将超重或肥胖，导致与体重相关的医疗费用每十年翻一番（Wang et al.，2012）。

无论进行哪种体育锻炼，大约有 50% 的人都会在 6 个月到 1 年的时间内放弃新开始或正在进行的运动方案（Dishman，1988；Robison & Rogers，1994）。为什么这些锻炼推广运动没有效果？如何开发新的、更有效的推广运动？我们如何找到人们锻炼的决心？

创建更有效的健康推广运动

一旦一个人开始一项锻炼计划，如何有效地鼓励其长期坚持下去是非常必要的（Dishman，1988）。因此，需要采取双管齐下的方法：体育锻炼方案不仅仅需要启动儿童、年轻人和老年人进行定期锻炼，而且还需要保证他们坚持长期锻炼。

你认为应该如何实现这个目标

过往和如今的锻炼推广运动，大多通过具有威胁性或恐惧性的呼吁来鼓励积极的行为改变（如提供有关缺乏锻炼的消极后果的信息来促进人们锻炼）。然而，有证据表明，这种策略对大部分人是无效的，有些人似乎对这些负面信息并不敏感（Brengman et al.，

2010）。心理学家应该与媒体专家和卫生服务提供者合作，精心制作经过预先测试的新信息，并针对不同的人群发挥作用。对于刚开始接触该项目的人来说，他们应该需要建立积极的自我概念并聚焦于未来，同时能够对可能的理想自我进行想象。

人们应该学着让锻炼成为他们生活的一部分（Myers & Roth，1997）。以下是一些关键点：

1. 找到一个你喜欢的锻炼方式；
2. 每周安排几次锻炼计划，并把计划记在日历上；
3. 寻找一个锻炼伙伴，为你坚持锻炼计划提供所需的社会支持，使得锻炼更像一项社交活动；
4. 养成锻炼的个人习惯，就像刷牙或查看手机短信一样。

你听说过"科技颈"（Tech Neck）吗？过去，在狭窄的键盘上打字引发的重复性应激损伤会导致腕管综合征，这需要进行手腕手术。现在，如果你俯身低

现在，你会把所学的内容转化为行动目标，让自己拥有健康的身体吗？这样是否就能活得更长久、更健康？希望如此。良好的身体状况有双重好处：应激源对你的影响较小，并且你能从不可避免的应激中恢复得更快、更彻底。

头看手机屏幕，会对从颈部到手部的动脉、静脉和肌肉的神经肌肉束造成严重损伤。

"科技颈"会导致头痛、颈部疼痛和手部麻木。"科技颈"大多出现在18到39岁且每天使用三种数码设备至少150次的人身上。"科技颈"的治疗方法包括脊柱矫正、药膏和激光手术。但成本最低的是纠正你的行为：把手机举在面前、不要频繁地浏览手机信息、练习抬头看、看窗外或者和他人进行交谈。

14.10 融为一体：发展主观幸福感，获得快乐

学习目标：
评估主观幸福感的概念。

改变生活方式，过上更健康的生活，可以让人们感觉更好，研究人员称之为主观幸福感（subjective well-being，SWB）。这是一个更精确的心理学术语，以前你可能称之为"幸福"。你是否经常拥有这种幸福、快乐的感受呢？

我们无法直接观察幸福本身。在对主观幸福感的研究中，研究人员依赖于被调查者对自己经历的评价，对什么令自己感到满意的回答，以及他们对自身幸福感、情绪或成功的评估（Diener，1984，2000）。为了避免混淆"幸福感"一词的含义，研究人员还使用了非语言量表，图14-11所示的面孔量表（Andrews & Withey，1976）。

幸福或主观幸福感这一研究主题越来越受到心理学家的欢迎，特别是在新兴的积极心理学领域。越来越多的研究（Myers，2000；Myers & Diener，1995）

| 20% | 46% | 27% | 4% | 2% | 1% | 0% |

图 14-11 面孔量表

注："哪个面孔最能表达你对生活的整体感受？"研究人员经常使用这个简单的量表来获取人们对自己幸福水平的评分。正如选择的百分比所示，大多数人会选择一张比较快乐的面孔。

表明，尽管主观幸福感存在诸多个体差异，但都由三个核心部分组成。

1. 对当下的生活感到满意。主观幸福感强的人热爱自己的工作，对目前的人际关系感到满意。他们善于交际，开朗外向（Pavot et al.，1990）。主观幸福感强的人往往身体健康，拥有较高的自尊（Baumeister et al.，2003；Janoff-Bulman，1989，1992）。

2. 拥有相对较多的积极情绪。主观幸福感强的人更容易感受到愉悦的情绪，主要是因为他们通常以积极的方式看待周围的世界。他们是典型的乐观主义者，预期自己能够获得成功（Seligman，1991）。他们具有内控倾向，能够享受努力工作带来的心流体验（Crohan et al.，1989；Csikszentmihalyi，1990）。

3. 拥有相对较少的消极情绪。主观幸福感强的个体较少出现焦虑、抑郁和愤怒等消极情绪，即使出现，通常也不那么严重。感到幸福的人在情感上不会很极端。他们大多数时候是积极的（但不是欣喜若狂），他们报告说，偶尔也会有消极的情绪（Diener & Seligman，2002）。

在上述三个方面健康反应的基础是什么？对双胞胎的研究表明，幸福感受遗传影响（Lykken & Tellegen，1996），但生物学因素并不能决定一切：有研究表明人们的主观幸福感也受环境因素的影响。如果人们缺乏社会支持，被迫要求完成他人设定的目标，或者自身的成就很少收到积极的反馈，那么他们就不会感到幸福。因此，这一领域的专家认为，要想获得幸福感，我们需要满足以下需要：

（1）胜任感；

（2）社会交往或社会联结；

（3）自主感或自我控制感（Baumeister et al.，2003；Ryan & Deci，2000）。

幸福的人是什么样的呢

哪些特征和经历与主观幸福感和快乐有关？在继续阅读之前，请大家花时间思考一下，你是否认为生活中的某些人比其他人更幸福。如果是这样，又是哪些人会更幸福呢？迈尔斯和迪纳（Myers & Diener，1995）关于主观幸福感的研究综述有以下发现。

- 幸福不存在年龄差异。年轻人（或老年人、中年人）不一定比其他年龄段的人更幸福。年龄无法预测一个人的主观幸福感。尽管人们感到幸福的原因可能会随着年龄的增长而变化（Inglehart，1990），但个体的主观幸福感在一生中倾向于保持相对稳定。

- 幸福不存在性别差异。虽然女性比男性更容易感到焦虑和抑郁，但男性酗酒和患某些类型人格障碍的风险更高，总体上，对生活感到非常满意的男女人数基本相等（Fujita et al.，1991；Inglehart，1990）。

- 幸福存在的种族差异很小。非裔美国人和欧裔美国人报告的幸福水平几乎相同，非裔美国人相对不容易患抑郁症（Diener et al.，1993）。尽管在某些地方存在种族主义和歧视，但弱势群体的成员似乎普遍具有乐观的思维方式，他们进行现实的自我比较，并将问题更多地归因于不公平的环境，而非他们自身（Crocker & Major，1989）。

- 金钱无法买到幸福。的确，生活在富裕社会的人更幸福。然而，除了像孟加拉国这样的赤贫国家，只要人们的基本需求（如食物、住所和安全）得到了满足，幸福与收入的相关性就变得很弱。贫穷也许是悲惨的，但财富本身并不能保证幸福（Diener & Diener，1996；Diener et al.，1993）。幸福并不是一味地追求并得到自己想要的东西，而是对自己已经拥有的事物感到满足（Myers & Diener，1995）。

- 精神层面富足的人会更幸福（Myers & Diener，1995）。这一现象源于诸多因素：更健康的生活方式、社会支持和乐观的思维方式。无论是什么原因，一般来说，精神富足的人似乎拥有更健康的心理和身体（Seybold & Hill，2001）。

这些研究表明，生活环境（年龄、性别、种族、国籍或收入）并不能预测幸福。主观幸福感的关键因素似乎是心理特征和心理过程，在本章或本书的其他章节我们已经阐述了这些关键因素。令人印象深刻的一点是，人们如何才能很好地适应生活中的重大变化，并仍然感到幸福。例如，因事故造成脊柱损伤的受害者，在事故发生后短期内他们的内情绪非常消极，但几周后，他们甚至会报告说感觉比受伤前更幸福（Silver，1983）。

心理学家索尼娅·柳博米尔斯基（Lyubomirsky，2007）在《幸福之道》（*How of Happiness*）一书中对幸福感的科学研究进行了总结，她认为致力于创造持续的幸福感是可能的。要想做到这一点，我们需要进行"社会–情绪"健康训练，这种训练鼓励人们关注积极的情绪，在自己周围建立充满活力的社会支持网络，设立目标，给出承诺并信守承诺，保持积极的生活方式，以社交为中心并让他人感到自己的独一无二。现在，你可以在手机上安装一个幸福的应用小程序，它会每天为你提供一些有趣且健康的锻炼和活动。

总体来说，关于幸福的研究表明，人们的心理韧性很强。那些承受巨大应激的人通常能努力地适应它。通常情况下，他们会恢复到与创伤事件前相似甚至更好的情绪状态和幸福水平（Headey & Wearing，1992）。使用有效的应对策略和选择明智的生活方式都更有可能获得积极的结果。

心理学很有用 •••

行为医学和健康心理学

令人惊讶的是，多达 93% 的病人并不遵守医嘱（Taylor，1990）。显然，这可能会导致可怕的后果。因此，我们有必要了解为什么人们不吃药、不运动、摄入过多脂肪、无法很好地应对应激。这促进了两个新领域——行为医学和健康心理学——的发展。

1. **行为医学**（behavioral medicine）是研究生活方式与疾病之间联系的医学领域。

2. **健康心理学**（health psychology）是与之相对应的心理学专业。

从事这两个领域的实践者致力于研究影响健康和疾病的社会心理因素（Taylor，1990，2009）。他们关注的问题包括：促进和维持健康；预防和治疗疾病；健康、疾病和功能障碍的原因和相关因素；医疗保健制度和健康政策的完善（Matarazzo，1980）。

行为医学和健康心理学都致力于创伤与疾病的预防和治疗，这些创伤和疾病是由充满应激或危险的环境，或者由营养不良、缺乏锻炼和错误使用药物造成的。这两个领域是新兴学科（Holtzman，1992），有重叠部分，区别在于它们强调的重点不同。心理学家们将更多的情感和认知因素引入行为医学，使其成为一个跨学科领域，而非一个纯粹的医学领域（Miller，1983；Rodin & Salovey，1989）。这两个领域都认识到身心的相互作用，并强调预防疾病，以及生病后改变不健康的生活方式（Taylor，1990，2006）。

但正如俗话所说，积重难返。为了帮助患者改变长期以来有害健康的习惯，社会心理学家已经发现了最有效的说服策略（Zimbardo & Leippe，1991）。例如，研究表明，当人们觉得自己有选择权时，他们更有可能服从要求。因此，医生应该为病人提供多种选项，让他们进行自主选择，而不是要求病人严格坚持一种疗法。研究还表明，当病人能得到朋友和家人的有效社会支持时，他们最有可能遵从医嘱（Gottlieb，1987；Patterson，1985）。一项预防心脏病的重大研究发现（见图

14-12），特定的技能培训，比如旨在帮助参与者实现积极改变来培养健康习惯的工作坊，是引发重大改变的关键（Maccoby et al., 1977）。

总体来说，心理学领域基于可靠的科学证据提供了大量的研究发现和策略，这些研究发现和策略可以有助于我们改善身体和心理健康。在努力改善自己的健康状况和提升幸福感的过程中，你可以将这些原则应用于自己身上，我们祝你一帆风顺！

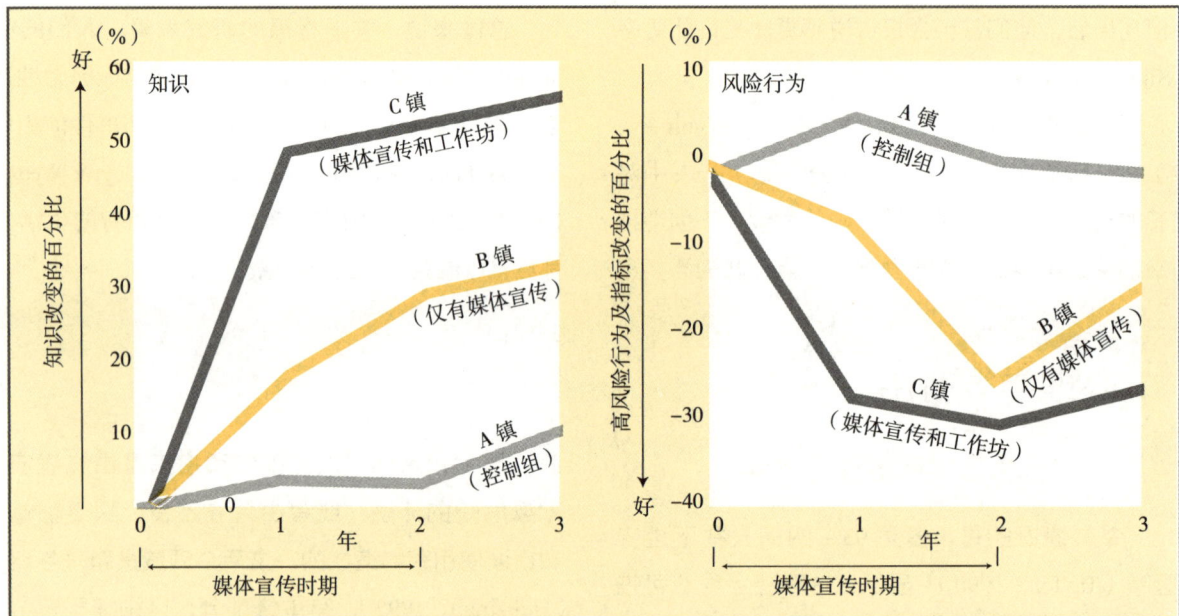

图 14-12　响应"为健康而改变"的推广运动

批判性思维的应用：生活变化是否真的对健康有害

对应激和疾病之间的关系了解得越多，我们可能就越想知道，我们的应激水平是否给自己带来了危害。在本章中，我们讨论了影响应激与疾病关系的各种因素。然而，最后仍有一个问题未解决：我们对疾病的易感性在多大程度上受生活中重大变化的影响？

回想一下本章介绍的社会再适应评定量表（SRRS）。如果你计算了自己的得分，你该如何解释自己的分数？如果分数高，是否意味着你患病的风险更大？

关键问题是什么？

社会再适应评定量表列出了 43 件生活事件，这些事件会给我们带来应激。我们已经了解到，在决定某个情境会对个体产生多大压力上，认知评估发挥了重要的作用。因而，我们应该仔细地看看这些事件，确定每件事是否真的是我们生活中的应激源。

推理是否避免了常见的谬误？

社会再适应评定量表据称可以根据你过去一年中经历的生活事件预测你患病的风险。也就是说，它提出了一个因果假设：在过去一年中你所经历的生活变化的数量（LCUs）将导致特定的患病风险。生活变化和疾病之间果真存在因果关系吗，或者二者仅仅是相关关系？

非凡的主张需要非凡的证据

其次，如果存在一种快速而简单的自测可以确定你患病的风险，你可能觉得非同寻常，那么你或许是对的。正如我们所知道的，对心理问题的回答往往并不简单。人类是复杂的，对我们的想法、感觉和行为的解释也是复杂的。至少我们可能会质疑社会再适应评定量表是否过于简化了生活事件和疾病之间的关系。

这个问题需要多元化的视角吗？

我们必须承认应激与疾病之间的关系还涉及诸多其他因素，比如我们在本章中已经探讨过的那些因素。此外，我们还需要询问还有哪些视角可以解释应激和疾病之间的关系。

我们能得到哪些结论？

在社会再适应评定量表发表后 15 年里，在世界范围内使用这个量表的研究有 1000 多项（Holmes，1979）。研究一致发现，社会再适应评定量表的得分与身体和行为症状之间存在相关性。得分越高的人患心脏病、骨折、糖尿病、多发性硬化症、结核病、怀孕和分娩并发症的风险较大、而且学习成绩较差、经常旷工，还存在许多其他问题（Holmes & Masuda，1974）。美国联邦监狱中的囚犯在该量表上的得分甚至与他们的服刑时间长短有关。而且，社会再适应评定量表在不同文化中都有效：研究发现，在事件的评分上男性和女性的分数很相似（Holmes & Masuda，1974），而且评分对于日本人、拉丁美洲人、欧洲人和马来西亚人也同样有效。

然而，前一年中生活事件发生变化的总数量仅是健康状况的预测因素之一（Johnson & Sarason，1979；Rahe & Arthur，1978）。而许多其他因素，如认知评估、应激缓解因素和应对策略等都会对应激与疾病之间的关系产生干扰。

此外，应激事件导致疾病的说法具有误导性（Dohrenwend & Shrout，1985；Rabkin & Struening，1976）。相关数据仅仅表明某些生活变化与健康之间存在关联，但并不意味着生活变化是导致疾病的原因。反之亦然，疾病有时可能是导致生活变化的原因。例如，经常感冒的人更有可能在学业、工作和人际关系中出现问题。请记住，可能还有第三个变量影响了这种关系：我们探讨过的其他几个因素，比如经济状况或 A 型人格的敌意，这些因素也会对生活变化的发生频率和患病风险产生影响。

要全面和准确地理解应激与疾病的关系，多元化视角至关重要。下面我们从心理学上几个主要的视角回顾一下我们对应激和健康的了解。

- 生物学视角。个体对应激相关疾病的易感性中，生物学因素起着重要作用。我们知道，遗传因素会使我们天生更容易患上某些疾病，如心脏病、糖尿病、肥胖和多种癌症。此外，遗传也使得一些人更具有乐观精神、坚韧性或韧性，而有些人生来就具有较多的敌意和消极情绪。

- 行为主义视角。在童年时期和习得性无助的情境中养成的习惯，以及我们从父母或社会环境中的其他人那里学到的应对策略，都会对应激和疾病产生影响。社会文化背景（我们所生活的文化环境）同样会通过创造某些社会规范来影响这些习惯和策略。例如，在当今的西方文化中，我们接受的是互相矛盾的健康信息。一方面，我们被教导要培养健康饮食和定期锻炼习惯的重要性；另一方面，快节奏的文化和大量的快餐食品广告鼓励我们抓起汉堡和薯条，然后窝在沙发上看电视，而不是运动或准备一顿健康餐。

- 认知视角。认知视角帮助我们理解在特定的文化中，个人的健康习惯和健康观念为什么会有所不同。例如，具有内控倾向的人比具有外控倾向的人更注意饮食和锻炼，以追求健康的生活。同样，一个乐观或坚强的人更有可能把某些生活事件视为机会，而不是威胁。一般来说，人们患病的可能性更多地与他们对生活变化的理解和反应有关，而与生活变化本身无关（Lazarus et al.，1985）。

- 发展视角。发展视角能够解释应激和健康的某些特点。例如，处于成年早期的大学生正面临人生的转折点，往往会在社会再适应评定量表中获得较高的得分。然而，这并不意味着他们的患病风险更高。年轻的身体可以为他们提供一些支持和保护。同样，随着身体的衰老，细胞的再生能力的下降，我们在成年晚期可能更容易患病。然而，那些完成了繁衍和自我实现挑战的老年人，他们拥有较好的应激缓解因素和应对策略系统，这有助于抵消他们身体上的脆弱性。发展心理学和健康心理学的交叉领域仍有许多研究有待完成。

- 全人视角。全人视角解释了许多个人特质，这些特质会影响个体对应激的易感性。心理控制源、乐观主义、坚韧性、韧性和 A 型人格都源自人格心理学的研究，我们看到了这些因素是如何调节个体对应激源的反应的。同样，开放性和尽责性等性格特点可能会影响个体尝试新的应对策略或生活方式的意愿程度，以及影响着他们坚持这些改变的可能性。

显然，应激和疾病之间的关系远比你所经历的生活事件要复杂。社会再适应评定量表的得分高并不意味着一定容易患病，得分低也不能保证就健康。人们应对变化的能力存在差异，受到遗传因素、身体条件、人格和态度、生活方式和应对技能的影响。虽然社会再适应评定量表没有考虑到这些因素，但在测量由应激引发的疾病风险方面，它仍然是使用最广泛的一种方法。

那么，你需要关注自己的社会再适应评定量表的得分吗？我们认为它可以作为了解自己易感性的信息来源之一，相信你会审慎地解读自己的分数。总体来说，我们希望你能记住你已经了解的许多工具，它们可以帮助你更有效地应对潜在的应激，享受更健康、长寿的生活。

本章小结：从应激到健康和幸福

本章思考题

在"9·11"事件中，消防员和其他人的反应和经历是人们在应激情境中的典型反应和经历吗？什么因素可以解释人们对应激的生理和心理反应的个体差异呢？

- 在针对世贸中心的恐怖袭击中，幸存的消防员出现了各种包括身体、行为、认知和情绪上的应激反应。除了身体上的伤害和与特殊事件相关的记忆外，他们的反应是其他经历应激情境者的典型反应。

- 尽管不同的应激源都会引起一系列类似的症状，但研究揭示了人们的反应会存在差异，这些差异取决于应激源是否涉及个人丧失、屈辱或排斥、灾难以及其他因素。

- 然而，无论引发应激的原因是什么，我们都必须从多元化心理学视角来理解应激，包括生物学视角、行为主义视角、发展视角、社会文化视角、认知视角和全人视角。

- 我们对应激的反应也存在个体差异，这源于应激源的强度和持续时间、文化背景、应对策略、社会支持、应激缓解因素以及生活中的其他应激源。谢利·泰勒还表示，在面对应激时，女性和男性存在不同的反应方式。

14.1　导致痛苦的原因是什么

核心概念 14.1

创伤性事件、长期的生活状况、生活中的重大变化，甚至是小麻烦，都会引起应激反应。

应激源是引起内部应激反应的外部事件。这些反应涉及心理和情绪反应，被称为痛苦，此外还有生物反应和生理反应。虽然我们对应激源的反应受认知评估的影响，但某些重要事件通常会导致应激。

创伤性应激源包括自然灾害、恐怖主义事件或突发的个人丧失，如亲人的死亡或不可预料的分手。所有这些情况通常在几乎没有任何预警的前提下发生，并且在事件发生后的短时间内造成巨大的应激。研究表明，约有 20% 的自然灾害的幸存者在灾难发生一年后仍感到痛苦不堪，而多达 75% 的曾遭受恐怖袭击的幸存者在一年内持续地感到焦虑。媒体对该类事件的反复报道往往会加剧和延长事件的影响，还会给并没有亲历该事件的人带来应激，这种现象被称为替代性创伤。悲痛是个体应对丧失时一种正常的、健康的过程，而与社会排斥相关的屈辱会增加一个人患抑郁症的风险。

创伤后应激障碍（PTSD）可能发生在经历过诸如战争、强奸或其他暴力袭击等恶性事件中的人身上。创伤后应激障碍患者可能会出现认知、行为和情感方面的症状，如无法集中注意力、过度夸张的惊恐反应和幸存者内疚。大约有 8% 的美国人在一生中的某个时刻患过创伤后应激障碍，而其中超过三分之一的病例的症状会持续 10 年以上。军人可能更容易患创伤后应激障碍，越来越多的临床心理学家正致力于为退伍军人及其家属提供有效的教育和治疗。

与创伤性事件相比，长期应激源引发的问题发病更缓慢，持续时间更长。社会应激源是一种长期应激源，比如贫困、失业及在家庭、学习或工作中遇到的困难。另一种长期应激源是倦怠，这是一种情绪耗竭、身体疲劳和认知疲倦综合征，是由工作、家庭或人际关系中持续且严苛的要求造成的。同情倦怠则常常出现在医疗和心理专业人员、护理人员和其他花大量时间照顾病人的人身上。该领域的研究为照料者和服务提供者提供了至少五个步骤，以降低同情倦怠的风险。

无论重大的生活变化是积极的还是消极的，都可能是应激的来源，因为它们涉及日常生活的变化，需要我们适应新情境和新环境。最后，诸如计算机死机或狗不停地狂吠这样的小麻烦也会日渐累积而造成应激。

14.2 应激如何对我们的身体造成影响

核心概念 14.2

身体的应激反应始于唤醒，唤醒会刺激一系列生理反应。这些反应在短期内具有适应性，但如果持续时间过长，就会给个体带来伤害。

当面对急性应激源时，我们的身体生来具有来惊人的能力来有效地应对挑战。自主神经系统会产生战斗或逃跑反应，诸如心率和呼吸加快、血压升高、出汗和瞳孔放大等即时变化。汉斯·塞里提出的一般适应性综合征（GAS）提供了有关应激反应的一个更全面的解释。如果应激源是长期的，那么一般适应性综合征包含三个阶段，从警觉阶段开始，然后发展到抵抗阶段，最后则会达到衰竭阶段。在这种情况下，我们会耗尽有效应对急性应激源的资源，从而导致一系列身体和情绪症状，因此，我们会变得更容易生病。尽管有充分的证据显示在面对威胁时，动物和人类都有战斗或逃跑反应，但心理学家谢莉·泰勒提出了应对应激的另一种反应模型。她的互助友好理论表明，当涉及对后代的保护或后代的生存时，寻求社会支持可以是应对应激更有效的一种方式。在理解人类复杂的应激反应方面，这些模型相互补充，而不是相互竞争。

通过研究大脑和身体的关系，心理神经免疫学试图理解应激是如何导致疾病的。该领域的研究表明，中枢神经系统和免疫系统在应对应激时保持着持续的交流。细胞因子是一种抗感染的蛋白质，但当长时间处于应激情境中时，它会让人变得倦怠、疲惫、郁郁寡欢。应激影响身体健康的方式之一是加速细胞的衰老，这可以通过检测端粒的长度来衡量。端粒更短意味着多种疾病及早逝的可能。可悲的是，对于那些照顾病危的儿童或其他家庭成员的人而言，他们的端粒长度更短。从积极的角度看，乐观的认知评估能缓解细胞衰老，在应激与疾病的关系中发挥着重要的作用。

14.3　谁最容易受到应激的影响

核心概念 14.3

> 人格特征影响个体对应激情境的反应，从而影响其暴露于潜在的应激源时感到的痛苦程度。

应激缓解因素能够减轻应激源对我们感知到的应激水平的影响。大多数应激缓解因素是认知评估的变形（尽管通常发生在无意识的水平）。有敌意的人在面临应激时更容易感受到压力，因此他们患心脏病的风险是常人的两倍。幸运的是，已经有研究证明应激管理项目能够有效地减轻个体的应激反应和由此产生的健康危害。

心理控制源是影响应激源与应激之间关系的第二种人格特征。内控者比外控者对应激有更强的抵抗力，这可能是由于他们认为自己有能力采取一些行动来调节应激水平。心理控制源不仅会影响应激水平，而且还会影响健康和寿命。虽然控制倾向包含一些遗传基础，但我们的经历也会产生影响，这在有关习得性无助的研究中得到了证明。从文化的角度来看，次级控制不是指控制事件本身，而是控制人们对事件的反应，这种现象在东方文化中更为普遍。研究发现，这两种控制类型在它们所处的文化中都很有效。

坚韧性是一种基于"3Cs"的观点，"3Cs"指一种内部控制，认为改变并非威胁而是挑战，投入生活中而非疏远或退缩。坚韧的人表现出更强的抗压能力。同样，乐观的人在面对应激情境时感受到的应激水平较小，因为他们更倾向于关注情境中的积极面而非消极面。乐观主义的特点是将消极情境归因为特定的、情境性的和暂时的。就像控制源一样，坚韧性和乐观主义似乎具有生理基础，但可以通过精心设计的训练项目加以改善。韧性是一种适应挑战并迅速恢复的能力，与乐观主义、坚韧性、社交技能、认知能力和一些资源（如关心你的父母或支持你的人）有关。

14.4　我们怎样将消极的应激变为积极的生活策略

核心概念 14.4

> 有效的应对策略能减少应激对健康的消极影响，而选择积极的生活方式会促进身心健康和提升整体幸福感。

应对不仅仅是减少或消除应激的症状，还包括采取行动以减少或消除造成应激的原因。聚焦问题的应对方式是指通过采取行动来解决问题或应激源，而聚焦情绪的应对方式是指调节我们对应激的情绪反应。这两种应对方式都是有效的，有时两者结合起来的效果最好。另一种有效的应对策略是认知重构，它涉及改变我们对应激源的认知或我们对它的反应，包括上行社会比较和下行社会比较。

培养积极的情绪，如幽默，也有助于减少应激对健康的影响，努力在应激情境中发现意义也会有所帮助。在发现意义的过程中，第一步显然是意义建构，但那些最终在悲剧中成功找到意义的人，一定从这些事件或情境中发现了某些益处。有研究表明，在某些情况下，心理晤谈采取了危机事件应激晤谈的形式，在削弱应激与疾病之间的联系时，成效相对不大。

对于应激引发的疾病这一问题，选择各种积极的生活方式具有"买一送一"的好处：它们可以提高我们对应激的抵抗力，也可以减少我们对应激相关疾病的易感性。生活方式因素中最重要的一个可能是社会支持，因为拥有强大社会支持的人比那些很少或没有社会支持的人活得更久、更健康。社会支持给予我们情感上、实质性的和信息上的帮助，对我们大有益处。规律的有氧运动有利于我们的身心健康，而且可以减少应激对健康的消极影响。同样，健康的饮食，充足的睡眠，甚至冥想都可以减少我们在面对应激所引发的疾病的易感性。

体育锻炼给我们带来许多积极的影响，比如保持一个健康的身体和正常的心智，同时有助于预防和缓解疾病。尽管美国已有全国性的锻炼推广运动，但随着时间的推移，大多数项目都失败了，这是因为许多人最初的愿望是美好的，却没有坚持每天锻炼。

主观幸福感（SWB）包括对生活感到满意、拥有较多的积极情绪和较少的消极情绪。正如前文提及的许多概念一样，一个人的主观幸福感受到遗传和环境的双重影响。年龄或财富都不能预测幸福——幸福既存在于年轻人中，也存在于老年人中；既存在于有钱人中，也存在于穷人中，甚至患有严重疾病或遭受过重大生活变故的人也可以拥有幸福。

批判性思维的应用：生活变化是否真的对健康有害

正如社会再适应评定量表所指出的，生活变化与疾病之间的关系远比人们最初认为的更复杂。尽管极端的高分数或低分数在一定程度上可以预测未来应激可能产生的影响，但它们不包括本章列出的其他所有因素。长期暴露在应激情境中可能会导致疾病，但一系列认知、情感和社会文化因素可以调节两者之间的关联性。我们如何解释应激源、如何应对它们，我们所依赖的社会支持，以及其他过程都可以改变外部应激源与个体健康之间的联系。

在承担这本书的编写工作之初，我们几个参与者都没有意识到这项任务的重要性——然而，随着人们对数字化、多媒体内容的接受度一天天增强，这本书的编写工作的难度与重要性也指数级地增加。培生的内容经理卡莉·切赫（Carly Czech）出色地主导了整个过程，她不仅合理地安排了编写工作的流程，并且仔细地关注每一章的细节以及整本书的设计。同时，她还敦促整个团队的工作尽快步入正轨，并且在每一个转折点都提供相应的支持，确保我们的工作满足我们所制定的目标。项目经理米基·曼库斯（Mickey Mankus）一直跟踪着我们的工作，在最后期限迫近时及时地提醒，并给予我们鼓励。执行编辑朱莉·凯利（Julie Kelly）敏锐的眼光确保了我们的文字严谨性且对学生来说通俗易懂，朱莉还在我们写作团队中针对每一章的内容进行了多次协调，以她特定的方式对所有的环节都做了有效的跟踪。在我们杰出的书稿结构设计者雷希达·帕特尔（Rashida Patel）和肖维塔·特里帕蒂（Shobhita Tripathi）的指导下，《津巴多普通心理学》（第 8 版）的愿景变成了现实，他们使第 8 版成了我们期待中的经典。

将手稿制作成纸质和电子出版物的双重工作落到了负责生产的项目经理梅根·巴拉德瓦吉（Megha Bhardwaj）和我们的编辑克里斯蒂·兰登（Kristin Landon）身上，我们认为他们的工作完成得非常出色。认真细致的图片负责人珍·西蒙斯（Jen Simmons）给予的图片支持提升了本书的可读性。

我们认为应该将最珍贵的感谢留给我们的配偶、最亲密的同事和朋友，他们激励了我们，给予了我们所需的关爱与支持，并为我们提供了意见。菲利普要感谢他的妻子克里斯蒂娜·马斯拉赫（Christina Maslach），感谢她无尽的灵感和对本书内容构想的建议。菲利普已跨过了教授心理学入门类课程 50 年的里程碑，他推广心理学的方式从研讨会到面向 1000 多名学生的大型讲座，可谓是多种多样，今天他仍在美国和海外的大学及高中进行着心理学科普。他一直从讲课以及把学生们带入心理学世界的乐趣和魅力中获得快乐。他被几代学生赞誉为"心理学的摇滚明星"，在这些学生中，有很多人是看着他的《探索心理学》（*Discovering Psychology*）节目长大的。

罗伯特很感激他的配偶、最好的朋友和最好的编辑米歇尔（Michelle），多年来她一直忍受着他在心理学话题上的夸夸其谈和对家务的置之不理，她的很多愿望都被延迟满足，但她几乎从不抱怨。她是理解和支持的提供者，也是最有帮助的评论家。罗伯特还要感谢他们的女儿丽贝卡（Rebecca），她让他将发展心理学应用在实践中。现在丽贝卡已获得社会学学士学位以及心理学研究生学位。此外，罗伯特还要感谢许多朋友，他们大多不是心理学家，但对于"心理学很有用"等版块总是能提出有趣的问题和建议。读者也可以在书中找到他们提出的主题，特别是在"本章思考题"和每章末尾的"批判性思维的应用"部分中。

薇薇安首先要感谢她的丈夫肖恩（Shawn），感谢他的爱和支持，以及在她面对压力时给予她顽童似的幽默感。她全职教学期间出了两本书，这是一个超乎想象的挑战（甚至是噩梦般的挑战），几个月来，肖恩和他们的儿子布莱兹（Blaze）一直在好奇薇薇安是否会从她的办公室里走出来！尽管如此，他们还是在薇薇安忙得昏天黑地时像比赛一样投入自己的工作、做家务、自娱自乐、与狗一起消磨时间和忍受吃快餐的痛苦。薇薇安也感谢多年来支持和鼓励她的学生、朋友和同事，以及执行编辑斯蒂芬·弗莱尔（Stephen Frail），是他建议薇薇安加入菲利普·津巴多和罗伯特·约翰逊的作者团队的。

许多心理学专家和普通心理学的授课教师也与我们分享了他们对《津巴多普通心理学》（第 8 版）的建设性意见，他们是欧道明大学（Old Dominion University）的克里斯·布里尔（Chris Brill）、特拉华谷学院（Delaware Valley College）的艾莉森·巴斯柯克 (Allison Buskirk) 和科恩（Cohen）、米尔斯学院（Mills College）的克里斯蒂·钟（Christie Chung）、长滩城市学院（Long Beach City College）的伊丽莎白·柯蒂斯（Elizabeth Curtis）、弗雷斯诺城市学院（Fresno City College）的琳达·德克吕夫（Linda DeKruif）、迈阿密大学（Miami University）的卡丽·E. 霍尔（Carrie E. Hall）、奥斯汀州立大学（Austin State University）的杰里米·海德（Jeremy Heider）和斯蒂芬·F.（Stephen F.）、卡拉马祖谷社区学院的布赖恩·利特尔顿（Brian Littleton）、哈德孙县社区学院（Hudson County Community College）的莉莲·麦克马斯特（Lillian McMaster）、长滩城市学院的南希·梅鲁奇（Nancy Melucci）、得克萨斯大学布朗斯维尔分校（The University of Texas at Brownsville）的贾里德·蒙托亚（Jared Montoya）、欧道明大学的苏珊娜·莫罗（Suzanne Morrow）、奎斯塔学院（Cuesta Community College）的凯蒂·奈德哈特（Katy Neidhardt）、温斯洛普大学（Winthrop University）的唐娜·纳尔逊（Donna Nelson）、加利福尼亚州多明尼加大学（Dominican University of California）的芭芭拉·诺娃（Barbara Nova）、潮水社区学院（Tidewater Community College;）的卡尔·奥斯特（Karl Oyster）、哈德孙县社区学院的西尔维娅·罗布（Sylvia Robb）、菲奇堡州立学院（Fitchburg State College）的希尔杜尔·席林（Hildur Schilling）、维吉尼亚卫斯理学院（Virginia Wesleyan College）的希拉里·斯特宾斯（Hilary Stebbins）、圣十字学院（Holy Cross College）的多丽丝·范·奥肯（Doris Van Auken）。

我们也感谢前几版《津巴多普通心理学》的审阅者，并希望他们了解他们对本书所有优秀内容所提的意见是多么宝贵。

最后，我们要感谢所有同事，他们的反馈使这本书完成得如此出色，也要感谢讲授这门课程的所有教师，感谢他们接受了教学上的挑战，并向学生传递了他们对心理学的热爱。

如果你能对下一版提出任何建议，我们都不会忽视，请联系我们！

A

Absent-mindedness　心不在焉　因注意力不集中导致的遗忘。

Absolute threshold　绝对感觉阈限　个体检测到刺激所需的最小刺激量。在实际测量中，当在大量试次中有一半的试次可以被个体正确地检测出存在或缺失刺激时，此时的刺激量即为绝对感觉阈限。

Accommodation　顺应　为了纳入（或适应）新信息而修改图式的心理过程。

Acoustic encoding　听觉编码　在工作记忆中，将信息，特别是语义信息转换为声音模式的过程。

Acquisition　习得　经典条件反射的初始学习阶段，即条件刺激引起条件反应的过程。

Action potential　动作电位　由轴突细胞膜的电荷变化而引起的神经冲动。当神经元"放电"时，电荷沿着轴突传递，并导致神经末梢释放神经递质。

Activation-synthesis theory　激活－合成理论　该理论认为梦始于来自脑干的随机电激活。因此，梦是大脑试图为这种随机活动赋予意义（整合）的过程。

Active listener　积极的倾听者　以点头、复述、保持感兴趣的表情，以及为了澄清内容而提问等方式给予说话者反馈的人。

Acute stress　急性应激　一种由应激源引发的短暂唤起状态，发病明显，且持续时间有限。

Adaptive　适应性　有助于生存或适应环境的能力。

Addiction　成瘾　一个人不顾某种药物的副作用，而且通常在屡次尝试停止使用之后，依然持续使用这种药物的情况。成瘾可能是基于生理或心理上的依赖。

Adolescence　青春期　在工业化社会中，从发育期开始，到成年期结束（界定并不十分清晰）的发展阶段。

Adoption study　收养研究　一种用于分离先天因素和后天因素作用的研究方法，研究人员通过这种方法来比较被收养儿童与其亲生家庭和收养家庭中其他成员的各项特征。

Affective disturbances　情感障碍　情绪或心境障碍。

Afterimages　后像　刺激被移除后依然留存的感觉。大部分视觉后像是负后像，其颜色与原来的颜色相反。

Agonists　兴奋剂　增强或模拟神经递质作用的药物或其他化学物质。

Agoraphobia　广场恐怖症　对公共场所或开放空间的恐惧，通常伴有惊恐障碍发作。

Alarm phase　警觉阶段　一般适应性综合征的第一阶段，在这一阶段会调动各种身体资源来应对应激源。

Algorithms　算法　解决问题的程序或公式。如果正确使用，能够保证问题得到解决。

All-or-none principle　全或无定律　是指轴突的动作电位要么完全发生，要么完全不发生。

Alzheimer's disease　阿尔茨海默病　一种退行性脑疾病，最初的病症通常表现为记忆的衰退。

Ambiguous figures　两可图形　可以用不止一种方式解释的图形。两可图形没有所谓"正确"的解释。

Amplitude　振幅　波的物理强度。在图表中由波的高度表示。

Amygdala　杏仁核　边缘系统的一个组成部分，涉及记忆和情绪，尤其是恐惧与攻击性。

Analysis of transference　移情分析　弗洛伊德学派用来分析和解释病人与治疗师之间关系的一种技术，基于的假设是，患者与治疗师之间的关系映射了患者过去未被解决的冲突。

Analytical intelligence　分析性智力　由斯滕伯格提出，指大多数智力测验所测量的能力，包括分析问题和找出正确答案的能力。

Anchoring bias　锚定偏差　基于（锚定）一个完全无关的量进行估计而引起的偏差，是一种有缺陷的启发式策略。

Anecdotal evidence　轶事证据　生动描述一个或几个人经历的第一手资料，但有可能被错误地当作科学证据。

Animistic thinking　泛灵论思维　前运算阶段的一种思维模式，此阶段的儿童会将没有生命的物体想象成具有生命和心理活动。

Anorexia nervosa　神经性厌食症　一种长期缺乏食欲以至威胁个人健康的进食障碍，主要源于情绪或心理原因而非器质性原因。

Antagonists　拮抗剂　抑制神经递质作用的药物或其他化学物质。

Anterograde amnesia　顺行性遗忘症　不能形成新的记忆（与逆行性遗忘症相反，逆行性遗忘症患者不能回忆起以前存储在记忆中的信息）。

Antianxiety drugs　抗焦虑药物　能够减轻焦虑感的一类药物，包括巴比妥类药物和苯二氮䓬类药物。

Antidepressants　抗抑郁药　治疗抑郁症的药物，通常作用于大脑中的 5- 羟色胺或去甲肾上腺素通路。

Antipsychotics　抗精神病药物　减轻精神病症状的药物，通常作用于大脑中的多巴胺通路。

Antisocial personality disorder　反社会型人格障碍　一种缺乏良知或对他人缺乏责任感的心理障碍。

Anxiety disorder　焦虑障碍　以焦虑为主要特征的心理问题，包括惊恐障碍、广泛性焦虑障碍、广场恐怖症和特定对象恐怖症。

Anxious-ambivalent　焦虑 – 矛盾型依恋　在不安全依恋的儿童中看到的两种主要反应模式之一，这种类型的儿童想要与照料者接触，当与照料者分开时，会表现出过度的痛苦，即使重聚后也很难被安抚。

Applied psychologists　应用心理学家　利用实验心理学家研究出来的知识来解决人类问题的心理学家。

Aptitudes　天份　与生俱来的潜能（与后天学习获得的能力形成对照）。

Archetype　原型　集体无意识中的一种远古记忆形象。原型反复出现在世界各地的艺术、文学作品与民间传说中。

Artificial concepts　人工概念　由规则定义的概念，如词汇的定义和数学公式。

Asch effect　阿希效应　一种从众现象，一个群体中的多数人会影响个体对清晰明确的刺激的判断，例如，对线段长度的判断。

Assimilation　同化　将新信息整合到现有图式中的心理过程。

Association cortex　联合皮层　分布在大脑各处，将来自大脑其他各个部分的信息整合起来的皮层区域。

Attachment　依恋　儿童与父母或其他固定照料者之间的持久性社会情感联系。

Attention　注意　意识集中于单个项目或工作记忆中某一组块的过程。

Attention-deficit hyperactivity disorder (ADHD)　注意缺陷 / 多动障碍　一种发展性障碍，其特征是注意力持续时间短、注意分散、难以聚精会神、冲动控制能力差和多动。

Authoritarian parent　专制型父母　四种父母教养方式之一，其特点是要求孩子服从和遵守命令，且不允许对规则进行讨论，父母常用惩罚或威胁来强迫孩子。

Authoritative parent　权威型父母　四种父母教养方式之一，其特点是对孩子有很高的期望，父母用行为结果而不是惩罚行为来教育孩子。权威型父母在以高标准要求孩子的同时也有着温暖的态度，并对孩子的观点表示尊重。

Autism spectrum disorder　孤独症谱系障碍　这是 *DSM-5* 中的一个新的诊断术语，建议将以前称为孤独症障碍、阿斯伯格障碍和广泛性发育障碍的各种形式的孤独症均视为存在于一个单一谱系中，涉及社交障碍和兴趣受限，而不是种类不同的障碍。

Autokinetic effect　游动效应　人们在完全黑暗的房间里会将一个静止的光点看作是移动的；穆扎菲尔·谢里夫（Muzafir Sherif）用该现象来研究群体规范的形成。

Autonomic nervous system　自主神经系统　外周神经系统的一部分，负责中枢神经系统与内脏器官及腺体之间的信息传递。

Autonomy　自主性　在埃里克森的理论中，自主性是儿童期第二阶段的主要发展任务。实现自主性需要培养儿童的独立意识，而不是被自我怀疑困扰。

Availability bias　易得性偏差　一种有缺陷的启发式策略，该策略基于对事件的鲜明心理表象的可得性来估计事件发生的概率。

Aversion therapy　厌恶疗法　一种使用经典条件反射过程的疗法，将一种具有吸引力的刺激与一种令人不快（厌恶）的刺激配对呈现以引发厌恶反应。

Avoidant　回避型依恋　在不安全依恋的儿童中看到的两种主要反应模型之一，即儿童对与照料者接触不感兴趣，并且在与照料者分离时不会表现出痛苦，在团聚时也不会表现出快乐。

Axon　轴突　神经细胞上延伸出的纤维，将信息从细胞体传递到神经末梢。信息在轴突上以一种称为动作电位的电荷形式传递。

B

Babbling　咿呀说话　发出重复音节，是语言习得早期阶段的特征。

Barbiturates　巴比妥类药物　对中枢神经系统起抑制作用的药物。

Base rate information　基础比率信息　一定时期内，某种特征出现在总人口中的概率。

Basic anxiety　基本焦虑　由凯伦·霍尼（Karen Horney）提出的一种情绪，指一个充满敌意的社会使人产生的不确定感和孤独感，并且该情绪可能会导致适应不良。

Basilar membrane　基底膜　对耳蜗内振动敏感的薄带状组织。基底膜含有与神经元相连的毛细胞。当声波引起毛细胞振动时，与之相连的神经元就会被激活，从而将声波转变（转化）为神经活动。

Behavior modification　行为矫正　另一种指代行为疗法的术语。

Behavior therapy　行为疗法　基于行为学习原理，特别是运用操作性条件反射和经典条件反射的所有心理疗法。

Behavioral learning　行为学习　可以用刺激和反应来描述的学习形式，如经典条件反射和操作性条件反射。

Behavioral medicine　行为医学　专门研究生活方式与疾病之间关系的医学领域。

Behavioral perspective　行为主义视角　从环境刺激而非内在心理过程探寻行为来源的一种心理学观点。

Behaviorism　行为主义　心理学历史上的一个学派（也是现代心理学的研究视角之一），该学派试图使心理学成为仅仅关注行为而不去研究心理过程的一门客观科学。

Benefit finding　益处发现　在应激情境中寻找意义的第二个阶段，包括从应激源中发现一些最终的受益。

Benzodiazepines　苯二氮䓬类药物　一种通常用于治疗焦虑症的抑制剂。

Big Five/Big Five Traits　大五 / 大五特质　见五因素理论。

Binding problem　捆绑问题　指大脑将多种感觉运行的结果结合（绑定）成单一知觉的过程。例如，当人将颜色、形状、轮廓和纹理的感觉结合在一起产生对一个人脸部的知觉时，就会发生这种情况。尚没有人确切知道大脑是如何完成这个过程的，所以绑定问题是心理学的一个未解之谜。

Binocular cues　双眼线索　双眼获取的有助于深度知觉的信息，包括双眼会聚和视网膜像差。

Biological drive　生物性驱力　主要基于生理的动机，如口渴。驱力是一种紧张状态，它促使生物体满足某种生理需求。

Biological needs　生物需要　身体生存和获得健康所需的条件。生物需要包括食物、水、温暖、氧气和睡眠。生物需要有时又被称为生理需要。

Biological perspective　生物学视角　从研究基因、大脑与神经系统，以及内分泌系统的功能角度寻找行为产生原因的心理学视角。

Biomedical therapy　生物医学疗法　专注于改变大脑的治疗，尤其指使用药物、神经外科手术或电休克的疗法。

Biopsychology　生物心理学　研究生物学基础、行为与心理过程相互作用的心理学领域。

Bipolar cells　双极细胞　从视杆细胞和视锥细胞获取信息，从而收集光线刺激视网膜的基本特性的一类细胞。它们将信息传递给视网膜神经节细胞，形成视神经。

Bipolar disorder　双相障碍　心境在躁狂与抑郁之间交替波动的一种精神异常。

Bisexuality　双性恋　指能同时被同性和异性吸引，都会产生爱情和性欲的一种性取向。

Blind spot　盲点　视神经伸出眼球的地方，这一区域没有光感细胞。所有落在这个区域的刺激都不能被看见。

Blindsight　盲视　一个人尽管因视觉系统受损而不可能有意识地看到和识别物体，但依然能定位物体的能力。盲视被认为与"在哪里"通路（where pathway）的无意识视觉加工有关。

Blocking　阻断　当个体无法通达或提取某个记忆时而发生的遗忘。阻断是由干扰引起的。

Bobo Doll Experiment　波波娃娃实验　阿尔伯特·班杜拉的研究表明，儿童在打了充气波波娃娃后会变得更有攻击性。

Bodily-kinesthetic intelligence　肢体动觉智力　精细运动技能、身体运动和身体意识方面的高级能力。

Body image　身体意象　个体对自己外表的知觉和感受。

Borderline personality disorder　边缘型人格障碍　一种具有不稳定性和冲动性的心理障碍，患者的情绪难以预测，人际关系冲突激烈，对挫折的容忍度很低。

Bottom-up processing　自下而上的加工　一种强调刺激特征而非概念和预期的知觉分析过程。"下"指的是刺激，它出现在知觉加工的最初阶段。

Brain stem　脑干　大脑三个主要进化层次中最古老的一层。它包括延髓、脑桥和网状结构。

Brightness　亮度　由光波的强度（振幅）引起的心理感觉。

Bulimia nervosa　神经性暴食症　一种进食障碍，首先暴饮暴食，随后通过呕吐或服用泻药来排出食物。通常是由控制体重的措施而引发。

Bullying　霸凌　在学校或工作场所中，一人或多人为了获得虐待他人的乐趣而折磨他人的行为，一种平常或日常的恶行。

Burnout　倦怠　一种与工作有关的综合征，表现为情感耗竭、身体疲惫和认知厌倦。

Bystander intervention problem　旁观者干预问题　模拟旁观者在真实紧急情况中所面临的困境的实验室研究和现场研究。

C

Cannon–Bard theory　坎农－巴顿理论　该理论反对情绪体验与内部生理反应同时发生的观点。该理论认为，情绪体验与生理反应并不互为因果，两者都是对情境进行认知评价的产物。

Case study　个案研究　针对单一个体（或最多几个个体）的研究。

Catastrophic event　灾难性事件　造成心理创伤的突发的、猛烈的自然灾难或人为灾难。

Catharsis　宣泄　认为情绪压力可以通过直接或间接的情感表达来缓解的一种理论。

CBD, or cannabidiol　大麻二酚　一种对精神活动影响较小的大麻化合物，越来越多地在医疗中使用。

Central nervous system (CNS)　中枢神经系统　包括脑和脊髓。

Centration　中心化　一种前运算思维模式，不能同时考虑多个因素。

Cerebellum　小脑　附着于脑干的"小大脑"，负责动作协调。

Cerebral cortex　大脑皮层　覆盖在大脑半球上的薄薄的灰质，由6.35毫米厚的神经元细胞层组成。大脑皮层承担了我们大部分的"高级"心理过程，包括思维和感知。

Cerebral dominance　大脑半球优势　大脑的左右半球分管不同功能的倾向，例如，语言功能与空间关系感知分别由不同大脑半球进行控制。

Cerebral hemispheres　大脑半球　位于脑干之上的对称的两个大脑组成部分。

Cerebrum　大脑　两个大脑半球的总和。

Chameleon effect　变色龙效应　模仿其他人的倾向，该倾向以变色龙这种动物来命名。变色龙为了融入周围变化的环境，会改变皮肤的颜色。

Change blindness　变化盲　察觉不到先后呈现的视觉场景之间的变化。不同于非注意盲，变化盲需要将当前的场景与存储在记忆中的先前场景作比较。

Childhood amnesia　童年期遗忘　无法记住生命最初两三年里发生的事情的现象。

Chromosome　染色体　紧紧盘绕成螺旋形的线状结构，基因像项链上的珠子一样依次排列在染色体上。染色体主要由DNA构成。

Chronic stressor　长期应激源　长期持续的充满应激的情景。

Chronological age (CA)　生理年龄　一个人自出生以来度过的年数。

Chunking　组块法　将大量信息碎片组织成少量有意义的单元（或组块）——这一过程可以释放工作记忆的存储空间。

Circadian rhythm　昼夜节律　大约每24小时重复一次的生理模式，如睡眠－觉醒周期。

Classical conditioning　经典条件反射　行为学习的一种形式，在这一学习过程中，先前的中性刺激获得了能够引发原先只有另一刺激才能引发的先天反射的能力。

Client-centered therapy　来访者中心疗法　卡尔·罗杰斯开创的一种人本主义治疗方法，强调个体具有通过自我实现获得心理健康成长的倾向。

Closure　封闭性　格式塔原则之一，知觉倾向于填补图形缺口，并将不完整的图形看作完整图形。

Cochlea　耳蜗　内耳中的一个螺旋管，是听觉的主要器官，声波在此处转换为神经信号。

Cognition　认知　指思维过程，包括推理、想象、判断、决策、记忆、解决问题和解释等。

Cognitive appraisal　认知评估　我们对于应激源的解释以及解决该应激源的资源的解释。

Cognitive development　认知发展　全面涵盖从儿童期到成年期的所有思维过程发展的术语。

Cognitive disinhibition　认知去抑制　一种允许看似无关的信息进入注意和意识的倾向。

Cognitive dissonance　认知失调　由于个体的认知冲突，尤其在其自发行为与其态度或价值观发生冲突时，而造成的一种高动机的状态。利昂·费斯廷格最早提出这一术语。

Cognitive map　认知地图　在托尔曼的研究中，认知地图是对迷宫或者其他物理空间的心理表征。心理学家在使用这一概念时常常将词义拓宽，纳入对于概念间联系的理解。由此，认知地图既可以表征物理空间，也可以表征心理"空间"。

Cognitive neuroscience　认知神经科学　一个交叉学科领域，涉及认知心理学、神经病学、生物学、计算机科学、语言学以及其他领域的对心理过程和大脑间联系感兴趣的专家。

Cognitive perspective　认知视角　一种重要的心理学观点，以强调诸如学习、记忆、知觉和思维等心理过程都是以信息加工的形式进行为特征。

Cognitive restructuring　认知重构　重新评估应激源，或者从一个更积极的角度看待它。

Cognitive therapy　认知疗法　强调理性思考（而非主观情绪、动机或被压抑的冲突）是治疗心理障碍的关键。

Cognitive–behavioral therapy　认知行为疗法　一种新的心理疗法，结合了认知疗法和行为疗法的技术。

Cohesiveness　凝聚力　团结、忠诚和团体意识。

Collective unconscious　集体无意识　荣格对无意识的补充，涉及本能"记忆"的储存，包含存在于全人类之中的原型。

Collectivism　集体主义　认为对集体的忠诚和集体荣誉比个人的出类拔萃更加重要的一种观点，常见于亚洲、非洲、拉丁美洲和中东地区。

Color　色彩　也被称为"色调"。色彩并不是外部世界事物的属性，而是大脑根据进入眼睛的可见光的波长产生的一种心理感觉。

Color blindness　色盲　无法辨别某些颜色的现象，通常由遗传疾病导致（有时也会由创伤导致，如乔纳森的例子）。最常见的色盲是红绿色盲。

Coma　昏迷　一种无意识状态，在这种状态下，人会缺乏正常的睡眠和清醒周期，通常这种状态只持续几天。昏迷状态不同于最小意识状态和植物人状态。

Combination therapy　联合疗法　既采用心理疗法又使用医学技术的一种治疗方法，通常是药物治疗结合行为或认知行为治疗。

Community mental health movement　社区精神卫生运动　一项促使精神病患者从精神病院回到社区，并由社区门诊提供治疗的运动。社区精神卫生运动的倡导者设想，康复的患者可以生活在自己家里，或在收养和组合家庭。

Compassion fatigue　同情倦怠　医疗和心理专业人员以及护理人员所经历的一种筋疲力尽的状态，使他们感到心力交瘁、麻木或冷漠。

Compassion satisfaction　同情满足感　照料者、医疗人员或心理学从业者认同自己的工作。

Computer metaphor　计算机隐喻　认为人脑作为信息加工的器官，其运作在某些方面与计算机类似的一种观点。

Concept hierarchies　概念层级　概念被按照从笼统到具体的顺序分为不同的层级，其中更加笼统的层级包含着更加具体的概念，例如"动物"这个概念中包含着"狗""长颈鹿"和"蝴蝶"这些概念。

Concepts　概念　人对相似事物、想法和经历所进行的心理归类。

Concrete operational stage　具体运算阶段　皮亚杰提出的认知发展的第三个阶段，在这一阶段，儿童能够理解物体守恒概念，但仍然无法进行抽象思维。

Conditioned reinforcer or secondary reinforcer　条件强化物或次级强化物　通过与初级强化物的习得性联结而获得强化作用的刺激，例如，金钱或代币。

Conditioned response (CR)　条件反应　在经典条件反射中，先前的中性刺激通过与非条件刺激建立联结而引发的反应。

Conditioned taste aversion　条件性味觉厌恶　对某些食物或味道的经典条件反射性回避。

Conditioned stimulus (CS)　条件刺激　在经典条件反射中，一种先前为中性的刺激后来可引起条件反应。在条件反射实验中，第一次与非条件刺激配对的中性刺激，通常被称为条件刺激。

Conditions of worth　价值条件化　只在某些特定的条件下才给予个人的认可、爱或积极的关注。

Cones　视锥细胞　视网膜上对色彩特别敏感而对微弱光线不敏感的感光细胞。你也许猜到了，它们是锥体形状。

Confirmation bias　证实性偏差　只关注能补充并证实我们的信念或期望的证据，而忽视与之相反的证据的倾向。

Conformity　从众　人们采纳群体中其他成员的行为、态度和观点的一种倾向。

Conscientiousness　尽责性　一种个人品质，表现为信守诺言，并以最好的方式履行自己的价值观。

Consciousness　意识　大脑为我们的经验创建心智模型的过程。尽管也存在其他状态改变的意识，但最常见和普遍的意识发生在我们的清醒阶段。

Conservation　守恒　理解即使当外观发生改变，但是只要不增加或减少任何东西，物体或物质的物理性质都不会改变。

Consolidation　巩固　短时记忆在一段时间内变成长时记忆的过程。

Contact comfort　接触安慰　从与照料者的身体接触中获得的刺激和安慰。

Contingency management　相倚性管理　一种操作性条件反射疗法，通过改变行为的结果（特别是对行为的奖惩）来改变行为。

Continuous reinforcement　连续强化　一种强化程序，其中的所有正确反应都会得到强化。

Contralateral pathways　对侧通路　大脑和躯体其他部位之间的感觉和运动通路在传递过程中交叉传导至对侧，因此来自躯体右侧的信息会在左侧大脑半球进行加工，反之亦然。

Contralateral processing　对侧加工　来自身体一侧的刺激由对侧的大脑半球处理。

Control group　控制组　用来为实验组提供对照的被试。控制组不会接受研究人员感兴趣的特定处理。

Conventional morality　习俗道德水平　科尔伯格提出的道德推理的第二阶段。

Conversion disorder　转换障碍　一种以瘫痪、虚弱或失去知觉为主要症状的躯体形式紊乱，没有明显生理原因。或者，DSM-5提供了虽然冗长但是更精确的术语，即功能性神经症状障碍（functional neurological symptom disorder），它避免了转换障碍这一术语所隐含的弗洛伊德流派的意义。

Coping　应对　通过采取行动来减少或消除造成应激的原因，而不仅是减轻或消除应激的症状。

Coping strategy　应对策略　减轻或消除应激影响的行为。

Corpus callosum　胼胝体　连接两个大脑半球并使之传递信息的神经细胞束。

Correlation-causation bias or fallacy　相关 - 因果偏差或谬误　认为因为两个因素是相关的，所以一个是导致另一个的原因。

Correlational study　相关研究　考察变量之间关系的一种研究形式，在这种研究中，没有对自变量进行实验操纵。相关研究无法确定因果关系。

Cortisol　皮质醇　由战斗或逃跑反应产生的一种类固醇类激素。

Counterconditioning　逆条件作用　使用经典条件反射，通过将恐惧对象（CS）与正性刺激配对，将不想要的联结替换为偏好的联结。

Creative intelligence　创造性智力　由斯滕伯格提出，指能够帮助人们察觉概念之间的新关系的智力形式，与顿悟和创造力有关。

Creativity　创造力　能为问题解决提供新颖思路的一种心理过程。

Critical incident stress debriefing (CISD)　危机事件应激晤谈　一种特殊的心理晤谈方法，这种方法需要遵循严格的、步骤化的流程。

Critical thinking　批判性思维　在得出结论之前，对信息进行理性的分析和评估的思维过程。

Critical thinking skills　批判性思维能力　本书基于下列问题强调六种批判性思维能力：观点的来源是什么？这种说法是合理的还是极端的？证据是什么？偏见是否会污染结论？推理过程是否避免了常见的谬误？这个问题是否需要多元化的视角？

Cross-cultural psychologists　跨文化心理学家　致力于研究不同文化的人群间如何出现心理加工过程差异的心理学家。

Crystallized intelligence　晶体智力　一个人习得的知识及其获得这些知识的能力的总称。

CT scanning or computed tomography CT　扫描或计算机断层扫描　一种计算机成像技术，利用 x 射线从不同角度穿过大脑，然后组合成一幅图像。

Culture　文化　语言、信仰、风俗、价值观和传统的复杂混合物，由一群人发展形成，并与同一环境中的其他人共享。

Cytokines　细胞因子　一种类似于激素的化学物质，有抗感染以及促进大脑与免疫系统交流信息的功能。

D

Data　数据　即信息，尤其指研究人员收集的用于检验假设的信息。

Daydreaming　白日梦　一种常见的（也是极其正常的）意识变化。做白日梦时，人们的注意脱离当前的情境，转向记忆、期待、欲望和幻想。

Debriefing　事后解释　在实验结束时进行的解释程序，研究人员与参与者分享研究的目的及最初的发现，并解释误导性信息的原因。

Declarative memory　陈述性记忆　长时记忆中用于存储外显信息的部分，又称为事实记忆。陈述性记忆分为情景记忆和语义记忆两部分。

Defending　防御　为减轻应激症状或减轻个体对症状的觉知所进行的努力。

Defense mechanisms　防御机制　在特定情境下，无意识地进行的降低焦虑水平的心理过程。

Dehumanization　非人化　将特定的其他人或群体想成比人低级的生物（如令人恐惧或憎恶的动物）的心理过程，这是大量的偏见和群体暴力中的一种基本心理过程。

Deinstitutionalization　去机构化　尽可能地让患者离开精神病院接受治疗的政策。

Delusion　妄想　极度的思维混乱，包括持续的错误信念。妄想是偏执型精神分裂症的典型特征。

Dendrite　树突　由神经元胞体延伸出去，将信息传入该神经元的分支纤维。

Dependent variable　因变量　研究中的测量结果，即被试在研究中做出的反应。

Depersonalization　去个性化　剥夺人们的身份和个性，将他们视为物体而不是一个人。贴标签会导致去个性化。

Depersonalization/derealization disorder　人格解体 / 现实解体障碍　感觉身体与精神相分离的一种心理异常，就好像经历了"灵魂出窍"。

Depressant　镇静剂　通过抑制中枢系统的神经冲动的传递，来减缓人体心理和生理活动的药物。

Depressive disorders　抑郁症　以快感减少和情绪低落或沮丧为特征的一类心理障碍。

Depressive phase　抑郁期　在双相情感障碍中，与狂躁期、兴奋期交替出现的一段抑郁、不快乐和绝望的时期。

Depth of processing　加工深度　记忆中的一种现象，即信息被加工得越深入（基于意义），就越有可能被保留。

Developmental level of analysis　发展水平分析　关注生物体发育进程中可能改变其动机优先级的变化。

Developmental perspective　发展视角　六种主要的心理学视角之一，特点是同时强调先天和教养的重要性，并强调个体在一生中会发生可预测的变化。

Developmental psychology　发展心理学　研究在生物学和环境因素的影响下生物体如何随着时间推移成长与变化的心理学专业。

Diathesis–stress hypothesis 素质－应激假设 关于精神分裂症的一种假说，该假说认为是遗传因素造成了个人患病的风险，而环境应激因素将这种可能性变成了真正的精神分裂症。

Difference threshold 差别阈限 在刺激量的大小不断发生变化的多个试次中，一半的刺激变化能够被觉察的最小变化量。

Diffusion of responsibility 责任分散 当群体成员认为责任是由群体承担或由群体的领导者承担时，淡化和减弱了每个成员所应承担的责任。

Discrimination 歧视 因为个体属于某一特定群体而对其采取的消极行为。歧视源于偏见。

Disenfranchised grief 悲伤剥夺 围绕丧失而产生的情感，无法得到其他人的支持、分担和理解。

Display rules 情绪表达原则 在特定的社会群体中被允许的情感表达方式。

Disposition 特质倾向 相对稳定的人格模式，包括气质、特质和人格类型。

Dispositional theory 特质理论 一个通用术语，包括人格的气质、特质和类型理论。

Dispositionism 特质决定论 一种心理学取向，主要关注个体的内部特征，例如，人格特质、价值观、品质和基因组成。与之相反，情境决定论关注行为的外部原因。

Dissociative amnesia 分离性遗忘症 心理因素引发的记忆丧失，使人忘记个人信息，例如，身份和住址。

Dissociative disorders 分离障碍 与人格"分裂"相关的一类疾病，患者发病时感到人格的某一部分与其他部分相脱离或分离。

Dissociative fugue 分离性漫游症 本质上与"分离性遗忘症"相同，但除失忆外，患有此种疾病的患者还会逃离自己的家庭、亲人和工作。"赋格曲"（fugue）意为逃跑。DSM-5 认为分离性漫游是一种分离性遗忘症。

Dissociative identity disorder 分离性身份障碍 个体表现出多个身份或人格的心理障碍，之前被称为"多重人格障碍"。

Distress 痛苦 由外部应激源引起的心理反应，可以表现为情感的、认知的或行为方面的反应。它是应激反应的一部分，应激反应还包括对应激源的生物和生理反应。

Distributed learning 分散学习 一种学习技巧，学习者将学习内容分散在几个时段进行学习，而不是在同一时段集中学习所有内容。

DNA (deoxyribonucleic acid) 脱氧核糖核酸 是编码遗传特征的长而复杂的分子。

Dopamine 多巴胺 一种与大脑奖赏回路有关的神经递质。

Double-blind study 双盲实验 一种实验程序，其中研究人员和被试都不知道所操纵的自变量的性质。

Downward social comparison 下行社会比较 将自己所处的应激性情境与处境类似但情况更糟糕的其他人进行比较，目的是获得对自己处境更积极的看法。

Drive 驱力 生理上激发的动机。

Drive state 驱力状态 一种由需求产生的动机状态，在这种状态下，个体会改变行为以满足这一需求，如喝水来解渴。

Drive theory 驱力理论 由本能理论发展而来的理论，将动机解释为生理需要产生驱力，驱动生物体做出满足这一需要的行为的过程。对于大多数驱力，这一过程最终使生物体达到一种平衡的状态，称为"内稳态"。

DSM-5 《精神障碍诊断与统计手册》（第五版） 由美国精神病学会颁布。该手册使用的精神障碍分类系统是在美国使用最为广泛的分类系统。

Dyslexia 阅读障碍 一种阅读方面的缺陷，一些专家认为这涉及大脑的紊乱。

E

Ecological view 生态观 一种强调社会和文化背景因素的精神障碍的视角。

Efferent 传出神经 也被称为运动神经元。

Ego defense mechanism 自我防御机制 一种用于减少冲突或焦虑体验的心理策略，这种策略在很大程度上是无意识的。

Ego 自我 人格中有意识的、理性的部分，负责协调超我和本我之间的矛盾。

Egocentrism 自我中心主义 在皮亚杰的理论中，指儿童不能意识到除了自己看待世界的观点外还存在其他观点。

Ego-integrity 自我整合 在埃里克森的理论中，自我整合是成年晚期的发展任务，包括回顾人生而感到无悔，以及享受圆满感的能力。

EI 情绪智力 情绪智力的英文缩写。

Eidetic imagery 遗觉象 一种非常罕见的特别清晰和持久的记忆形式，有时也被称为"摄影式记忆"。

Elaborative rehearsal 精细复述 一种工作记忆过程，在这种过程中，个体通过积极回顾信息并将其与长时记忆中已经存在的信息建立联系。

Electra complex 恋父情结／厄勒克特拉情结 由卡尔·荣格首先提出，着重刻画了女孩为争夺父亲的爱而针对母亲进行性心理竞争的现象。在精神分析理论看来，当女孩开始认同同性别的成年人时，这一情结得以解开。与男性的恋母情结（俄狄浦斯情结）相对应。

Electroconvulsive therapy (ECT) 电休克疗法 通过向病人头部施加电流引发全身痉挛的疗法，主要用于治疗抑郁症。有时也被称为"电击疗法"。

Electroencephalograph (EEG) 脑电图仪 一种将电极放在头皮上来记录脑电波的仪器设备。其生成的记录称为脑电图（也称为EEG）。

Electromagnetic spectrum 电磁波谱 电磁能的全部范围，其中包括无线电波、X 光、微波和可见光。

Embryo 胚胎 对于人类来说，是指在受精后前 8 周的发育中的生物体。

Emerging adulthood 成年初显期 指青春期与成年期之间的过渡阶段。

Emotion 情绪 由生理唤醒、主观感受、认知解释和行为表达四部分组成的过程。情绪能够帮助生物体应对重要事件。

Emotional bias 情感偏差 倾向于基于态度和感受来做出判断，而不是基于对证据的理性分析。

Emotional intelligence 情绪智力 理解情绪与控制情绪反应的能力。

Emotion-focused coping 聚焦情绪的应对方式 调控个体应对应

激源的情绪反应的方法。

Empathy 共情 富有同情心并善解人意。

Empirical investigation or empirical research 实证调查或实证研究 一种以感官经验和观察作为研究数据的研究方法。

Empirically supported treatment (EST) 经验支持治疗 经研究证明有效的治疗方案。

Encoding 编码 记忆的三项基本任务中的第一项，是改变信息以符合记忆系统偏好的形式的过程。

Encoding specificity principle 编码特异性原则 一种学说，认为记忆是由特定的线索编码和存储的，这些线索与记忆形成的背景有关。提取线索越接近编码信息的形式，就越容易记忆。

Endocrine system 内分泌系统 激素系统，即身体的化学信息物质传递系统，包括以下内分泌腺：脑垂体、甲状腺、副甲状腺、肾上腺、胰腺、卵巢和睾丸。

Engram 记忆痕迹 与记忆有关的大脑生理变化，也称作"记忆印迹"。

Epigenetic/epigenetics 表观遗传学 指对表观基因组的科学研究，认为新的经历会引发 DNA 的变化。

Epigenome 表观基因组 在我们的 DNA 上留下的，关于已经激活和失活的基因的永久记录，影响个体的后续发展。

Epinephrine (adrenalin) 肾上腺素 一种神经递质和激素，可作为兴奋剂作用于神经系统。它通常被称为"*adrenalin*"，但美国科学家更喜欢使用"*epinephrine*"这个术语。

Episodic memory 情景记忆 陈述性记忆的一个组成部分，存储个人生活事件或"情景"的记忆。

Esteem needs 自尊需要 在马斯洛的层次理论中，自尊需要指的是一个人对积极的自我评价、自我喜欢、自我尊重和自信的渴望。

Evaluative conditioning 评价性条件反射 经典条件反射的一种变式。

Evolution 进化 物种为适应其所处的环境而逐渐产生的生物变化的过程。

Evolutionary psychology 进化心理学 心理学中比较新的研究领域，从生存和繁衍的遗传适应角度来解释行为与心理过程。

Executive function 执行功能 进行复杂思维、制订计划和做出目标导向行为时所必不可少的认知能力，由前额皮层负责。

Exhaustion phase 衰竭阶段 一般适应性综合征（GAS）的第三阶段，在这一阶段，身体资源被耗竭。

Existential courage 存在的勇气 在寻找意义的过程中，忍受本体（正常）焦虑和寻求新体验的能力。

Existential theories 存在主义理论 试图把当前和理想化的未来联系起来，不断地寻找自己存在的意义，以及人生的目的和意义。

Expectancy bias 期望偏差 研究人员使自己的个人期望影响了研究结果的现象。

Expectancy-value theory 期望价值理论 一种社会心理学理论，阐释了人们如何权衡人际关系的潜在价值与他们对建立这一人际关系的成功期望，来决定是否发展这段关系。

Experiment 实验 由研究人员控制并直接操纵包括自变量在内的所有条件的研究方法。

Experimental group 实验组 接受研究人员感兴趣的实验处理的一组被试。

Experimental psychologists 实验心理学家 研究基础心理过程的心理学家，与应用心理学家相对。也被称为研究型心理学家。

Experts 专家 在某一领域中拥有包含有效的问题解决策略等系统知识储备的个体。

Explicit memory 外显记忆 经过注意加工并能有意识地回忆起来的记忆。

Exposure therapy 暴露疗法 患者直接面对引起焦虑的刺激（而不是想象的刺激）的一种脱敏疗法。

External locus of control 外控倾向 将行为产生的原因和我们对它们的解释集中在内部（个人之内）或外部（情境之中）因素上。

Externals 外控者 指那些具有外控倾向的个体，他们认为自己对生活中出现的结果几乎无能为力。

Extinction (in classical conditioning) 消退（存在于经典条件反射） 在经典条件反射中，当不存在非条件刺激时，条件反应减弱的现象。

Extinction (in operant conditioning) 消退（存在于操作性条件反射） 在操作性条件反射中，由于强化的缺失或取消，已经习得的反应逐渐弱化的过程（与经典条件作用中的消退相对照）。

Extraversion 外向性 荣格人格理论的一个维度，在这一维度中，个体的注意力向外转移，指向他人。

Extreme affective disturbances 极端情感障碍 情绪反应存在很大的变化，如表现出明显的激动和兴奋，或处于另一个极端，表现出抑郁和平淡的情绪反应。

Extrinsic motivation 外部动机 对进行某一活动以获得某种外部结果（诸如奖赏）的渴望。

F

False positive 假阳性 误将某人认定为具有某种特殊特征的人。在使用测谎仪（多导生理记录仪）时，假阳性是指将一个诚实的人误判成说谎者。

Family systems theory 家庭系统理论 一种以家庭而非个人为基本分析单位的人格和治疗观点。

Fast response system 快速反应系统 大脑深处的神经回路，该回路对激发情绪的刺激的响应比涉及大脑皮层的慢速反应系统更快。快速反应系统在意识之外发挥作用。

Feature detectors 特征探测器 大脑皮层中专门提取刺激的某一特征的细胞。

Fetal alcohol syndrome (FAS) 胎儿酒精综合征 由于母亲在孕期过量饮酒导致孩子产生的一系列生理和心理问题。

Fetus 胎儿 对于人类，胎儿是指介于胚胎阶段和出生之间的发育中的生物体。

Fight-or-flight response 战斗或逃跑反应 生物体为抗争或逃跑做准备时所进行的一系列内部反应。

Figure 图形 图案中吸引注意的部分。图形会在背景中凸显出来。

Five-factor theory 五因素理论 一种特质论观点，认为人格是由五种基本的人格维度构成（也被称为大五人格理论）：开放性、尽责性、外倾性、宜人性和神经质。

Fixed-action patterns 固定行为模式 某一物种中所有个体都具有的，由特定刺激引发的基于遗传的行为模式。"固定行为模式"这一概念代替了以前的"本能"的概念。

Fixed interval (FI) schedule 固定间隔强化程序 按照某一固定的时间间隔进行强化的程序。

Fixed ratio (FR) schedule 固定比率强化程序 按照某一特定的、固定次数的反应进行强化的程序。

Flashbulb memory 闪光灯记忆 对于某一具有特殊意义且伴有情绪体验的事件所形成的清晰、生动的长时记忆。

Flow 心流 在契克森米哈的理论中，指在全神贯注于某一活动时，随之产生的创造力提升，以及欣喜若狂的感受。心流与内部动机有关。

Fluid intelligence 流体智力 洞察复杂关系和解决问题的能力。

FMRI or functional magnetic resonance imaging FMRI 或功能性磁共振成像 一种记录大脑结构和大脑活动的新型磁共振成像技术。

Forgetting curve 遗忘曲线 描绘个体对特定材料（如一系列无意义音节）的记忆保持与遗忘数量随时间推移而变化的曲线图。典型的遗忘曲线会在开始阶段陡然下降，之后随着时间推移逐渐变得平缓。

Formal operational stage 形式运算阶段 皮亚杰理论的最后一个认知发展阶段，在这一阶段中儿童出现了抽象思维。

Fovea 中央凹 视网膜上视力最敏锐的一小片区域。

Frequency 频率 波在一秒钟内完成的周期数。

Frontal cortex 额叶皮层 也称作"额叶"。

Frontal lobes 额叶 大脑前部的皮质区域，尤其与运动和思维密切相关。

Fully functioning person 全面发展的人 卡尔·罗杰斯用以描述健康的、自我实现的个体的概念，这类个体具有积极且符合现实的自我概念。

Functional fixedness 功能固着 一种心理定势，指不能觉察到某个事物可以用于其他不同用途的新用法。

Functional level of analysis 功能层次分析 关注动机在生物体的生存和繁衍方面的适应性功能。

Functionalism 机能主义 心理学历史中的一个学派，该学派认为理解心理过程的最佳角度是从其适应性目的与功能入手。

Fundamental attribution error (FAE) 基本归因错误 (FAE) 过于强调内在性格倾向的原因，并过于将外在情境压力最小化的双重倾向。相较于集体主义文化，FAE 在个体主义文化中更普遍。

G

G factor G 因素 斯皮尔曼提出的一种影响所有智力活动的一般性能力。

GABA γ-氨基丁酸 中枢神经系统中主要的抑制性神经递质，对平复恐惧和焦虑情绪有重要作用。

Gate-control theory 门控论 有关疼痛控制的一种解释，认为我们具有在某些特定情况下阻断疼痛信号传导的神经"门"。

Gene 基因 编码生物体生理和心理特征遗传方向的染色体片段。基因是染色体的功能单位。

General Adaptation Syndrome (GAS) 一般适应性综合征 对长期应激源的三阶段生理反应模式。

General anesthetic 全身麻醉剂 能够抑制意识和痛觉的物质。多数麻醉剂也具有镇静和止动的作用。

Generalized anxiety disorder 广泛性焦虑障碍 以持续且无处不在的焦虑感受为特征的，无任何外部诱因的一种心理障碍。

Generativity 繁衍 个体对家庭、工作、社会或者后代做出承诺的过程。根据埃里克森的理论，繁衍是个体中年期所面临的发展挑战。

Genetic leash 遗传约束 爱德华·威尔逊提出的术语，用于描述遗传对发展的限制。

Genocide 种族灭绝 任何旨在毁灭整个国家或种族的国家计划，正如纳粹在 20 世纪 30 年代和 40 年代对犹太人所做的那样。

Genome 基因组 单个细胞所携带的一整套基因信息。

Genotype 基因型 生物体的基因组成。

Gestalt psychology 格式塔心理学 一种心理学流派，"格式塔"来源于意为"整体""形式"或"构造"的德语词汇（格式塔也意为知觉）。格式塔心理学家认为，建构在头脑中的先天因素决定了大多数知觉的形成。

Giftedness 天才 通常被认为是人群中智商最高的 2%，其智商比平均水平高 30 分（大约 130 以上）。

Gist (pronounced JIST) 主旨 有别于具体细节的意思或含义。

Glial cell 胶质细胞 为神经元提供结构支持的细胞，同时也为某些神经元轴突提供绝缘的覆盖层（髓鞘）来促进电脉冲传导。

Goal-directed behavior 目标导向行为 婴儿在感觉运动阶段出现的一种能力，该能力使婴儿在追逐一个简单目标时将该目标保持在头脑中。

Grammar 语法 一种语言的规则，规定如何使用语言的元素和词序来产生可理解的句子。

Grief 悲伤 由于某种丧失而产生的情绪反应，其中包括悲痛、愤怒、无助、内疚和绝望。

Ground 背景 图案中不能吸引注意的部分，又被称为后景。

Group therapy 团体治疗 同时有一位以上来访者或患者参与的任何形式的心理治疗。团体治疗通常是在人本主义视角下进行。

Groupthink 群体思维 该术语是指群体成员受到群体共识或领导者观点的过度影响而做出的错误判断和糟糕决定。

Gustation 味觉 对味道的感觉，与"兴致"（gusto）的词根相同。

H

H.M. 亨利·莫莱森的英文名缩写 亨利·莫莱森是记忆领域中一项个案研究中的一名被试。

Habituation 习惯化 学会对重复出现的刺激不做反应。

Hallucination 幻觉 可能意味着存在心理障碍的一种错误的感觉体验。幻觉也有可能由药物或感觉分离等其他原因导致。

Hallucinogen 致幻剂 产生幻觉或改变对外部环境和内部意识的知觉的药物。

Hardiness 坚韧性 一种对抗应激的态度，以对挑战（迎接变化）、承诺（许下诺言）和控制（保持对行为的内部引导）的认识为基础。

Hassle 小麻烦 让人感到有点儿恼怒或挫败的情况。

Health psychology 健康心理学 心理学中的一个研究领域，研究有助于提高健康和幸福的心理社会因素，以及那些影响疾病的因素，目的在于教育公众养成更加健康的生活方式。

Heritability　遗传力　相同条件下被抚养长大的群体中，不同个体之间某种特质的差异量，这可以归因为遗传差异。遗传力无法告诉我们不同群体间的差异。

Heroes　英雄　采用不同寻常的方式，帮助处于紧急情况中的他人，或者挑战不公正或腐败系统的人，他们这样做时并未考虑给自己带来回报或可能的消极后果。

Heterosexuality　异性恋　是指只觉得异性具有恋爱或性的吸引力。

Heuristics　启发式　作为解决复杂心智任务的捷径的认知策略或者"经验法则"。不同于算法，启发式不能保证正确地解决问题。

Hierarchy of needs　需要层次　在马斯洛的理论中，各种需要具有不同的优先级，其中生理需要是最基础的需要。

Hindsight bias　后见偏差　在了解了某一事件之后，个体做出"二次猜测"或者相信自己本来可以提前预测该事件的倾向。

Hippocampus　海马　边缘系统的一个组成部分，与长时记忆的建立有关。

Histones　组蛋白　为盘绕的 DNA 分子提供支撑结构的特殊蛋白质，就像线轴缠绕在它周围的一根线提供支撑结构一样。

Homeostasis　内稳态　身体所具有的一种维持生理平衡状态的倾向，尤其是维持自身的营养、水和温度的平衡。

Homosexuality　同性恋　是指只觉得同性具有恋爱或性的吸引力。

Hormones　激素　内分泌系统使用的化学信使。许多激素也在神经系统中发挥神经递质的作用。

Humanistic psychology　人本主义心理学　强调人的能力、成长、潜能与自由意志的一种临床心理学取向。

Humanistic theories　人本主义理论　关注人的成长和潜能而非心理障碍的一类人格理论。这类理论强调个体当下的机能，而非过去事件产生的影响。

Humanistic therapy　人本主义疗法　基于以下假设的心理治疗技术：人们具有积极成长和自我实现的倾向，但是不健康的环境，包括消极的自我评价和来自他人的批评，会阻碍这种倾向。

Humors　体液　根据一种古老的理论，存在四种体液：血液、黏液、黑胆汁和黄胆汁，这四种体液在人体中相对多少的比例能够决定人格。

Hypnosis　催眠　一种诱导出的意识状态，通常以高度的易受暗示、深度放松和注意力高度集中为特点。

Hypnotizability　可催眠性　个体对催眠暗示做出积极反应的程度。

Hypothalamus　下丘脑　边缘系统的一个组成部分，发挥着大脑血液检测实验室的作用，不断监控血液，以确定身体状况。

Hypothesis　假设　预测科学研究结果的陈述；以及预测研究中各变量之间关系的陈述。

I

Id　本我　人格中最原始的、无意识的部分，它包含着最基本的驱力，存储着被压抑的记忆。

Ideal self　理想自我　一个人努力奋斗想要成为的目标，这个目标

在人的一生中不断变化。

Identification　认同　个体努力变得像另一个人的心理过程，尤其是变得与自己同性别的父母一样。

Identity　同一性　在埃里克森的理论中，同一性是指个体对于"我是谁"的感受，即一致的自我。培养自我同一性是个体在青春期的主要任务。

Illness anxiety disorder　疾病焦虑障碍　与过度关注健康和疾病相关联的躯体形式障碍，也称为"疑病症"。

Illusion　错觉　当你对一个刺激模式产生了一种明显不正确的知觉，尤其是其他观察者也会对相同的刺激产生同样的错误知觉时，你就体验到了错觉（如果其他人没有看到你所看到的东西，那么你可能产生了幻觉）。

Immunosuppression　免疫抑制　免疫系统的功能受损。

Implicit memory　内隐记忆　并非有意获得的记忆或者你并没有意识到的记忆。

Implicit personality theory　内隐人格理论　个体对于人格的一系列明确的设想，用以简化其理解他人的过程。

Imprinting　印刻　一种原始的学习形式，某些动物幼崽（雏）会跟随它们一出生看到和听到的第一个移动物体，并对其形成依恋。

Inattentional blindness　非注意盲视　注意不到视野中出现的变化，明显是由于缩小了注意的焦点而引起的。

Independent variable　自变量　一种刺激条件，因实验者对其的改变独立于所有其他严格控制的实验条件而得名。

Individualism　个体主义　在欧美国家很普遍的一种观点，重视个人成就和个体的独特性。

Industry　勤奋　埃里克森用以描述儿童期第四个发展阶段的主要目标的术语，描述一种自信感。没有发展出勤奋（自信）的儿童会陷入自卑感。

Infancy　婴儿期　对于人类来说，婴儿期是指从新生儿期结束到个体语言习得的这段时间，通常在出生后大约 18 个月到两年内。

Information-processing model　信息加工模型　一种对记忆的认知理解方式，强调信息在编码、存储和提取的过程中如何发生改变。

Informational social influence　信息性社会影响　人们受他人影响的方式有两种，一种是规范性的社会影响，即人遵循关于在特定情况下什么行为是可取和被期望的社会规范；另一种是信息性的社会影响，即根据自己的判断做自认正确的事。

Informed consent　知情同意　确保研究的参与者了解研究程序和潜在的危险，这样他们如果愿意，可以选择退出研究。

In-group　内群体　个体认同的群体。

Initiative　主动性　在埃里克森的理论中，主动性是儿童期第三个阶段的主要发展任务。主动性的特点是个体具有独立发起活动的能力，而不仅仅是对他人做出响应，或者因未能达到他人的期望而感到内疚。

Innate reflex　先天反射　出生时就表现出的反射性反应。

Insanity　精神失常　一种法律术语，而非心理或精神病学术语，指的是个体由于精神障碍或缺陷而不能使自己的行为符合法律规范。

Insight learning　顿悟学习　认知学习的一种形式，最初由格式塔

心理学家提出，在这种学习过程中，个体通过知觉的瞬间重组使问题得到解决。

Insight therapy　领悟疗法　一种心理疗法，治疗师帮助病人或来访者理解（获得领悟）他 / 她的问题。

Insomnia　失眠症　最常见的睡眠障碍，包括睡眠不足、无法快速入睡、频繁或者过早醒来。

Instinct theory　本能理论　已经过时的一种观点，认为某些行为完全由先天因素决定。本能理论的缺陷在于它忽略了学习的作用，并且仅仅把本能作为标签，而不是对行为的解释。

Instinctive drift　本能漂移　生物体天生的（本能的）反应干扰习得行为的倾向。

Integration　整合　悲伤的最后一个阶段，在这个阶段，个体将失去的融入自我中。

Intellectual disability　智力障碍　通常被认为人群中智商较低的 2%，其智商比平均水平低 30 分（大约 70 以下）。更精细的定义还考虑到个人的社会功能和其他能力水平。

Intelligence　智力　个体有效地获得知识、推理和解决问题的心理能力。

Intelligence quotient (IQ)　智商　智力测验得到的分数，最初是用个体的心理年龄除以其生理年龄，再乘以 100 后得到。

Intermittent reinforcement　间歇强化　对其中一些而不是全部的正确反应进行强化的一种强化程序，也被称为部分强化。

Internals　内控者　指那些具有内控倾向的个体，他们认为自己的行为会对其生活产生重要的影响。

Interneuron　中间神经元　负责在其他神经细胞之间传递信息的一种神经细胞，尤其是在大脑和脊髓神经细胞之间。

Interpersonal intelligence　人际智力　具有高度的自我觉察水平。

Interval schedule　间隔强化程序　一种根据两次强化之间的时间间隔进行强化的程序。

Intimacy　亲密　在埃里克森的理论中，建立亲密关系是成年早期的主要发展任务，包括能够对另一个人在性关系、情绪和道德方面做出全面的承诺。

Intrinsic motivation　内部动机　个体为了某个活动本身而参与其中的意愿，而不是为了一些外部因素，如奖励。

Introspection　内省　报告自己的有意识的心理体验的过程。

Introversion　内倾　荣格理论中的一个人格维度，关注个体的内在体验，即个体自己的想法和感受，使得内倾的人不如外倾的人那样外向和善于交际。

Intuition　直觉　无须有意识的推理就能做出判断的能力。

Inverted U function　倒 U 函数　描述唤醒与行为绩效之间关系的术语。过高或过低的唤醒水平相对于中等水平的唤醒，都会降低绩效。

Irreversibility　不可逆性　处于前运算阶段的儿童，在想通一系列事件或心理操作后，无法在心里反向思考这些步骤。

J

James–Lange theory　詹姆斯 - 兰格理论　该理论认为，诱发情绪的刺激首先会引起个体的生理反应，进而再产生情绪变化。

K

Kinesthetic sense　运动觉　身体位置和身体各部分相对于其他部分运动的感觉（也称为动觉）。

L

Labeling　贴标签　指一种不受欢迎的做法，将精神障碍的诊断贴在人们身上，并以此产生刻板印象，即对待这些饱受痛苦的个体，就好像这些标签解释了他们的全部人格特征。精神病学上的标签同样会使人们污名化。

Language acquisition device (LAD)　语言习得机制　大脑中一种具备生物学组织基础的心理结构，因为它天生具备一些基本的语法规则，所以有助于语言的学习（根据乔姆斯基的观点）。

Latent content　潜性梦境　梦境中物体和事件的象征性意义。潜性梦境通常是基于弗洛伊德的精神分析理论或其变式对梦境的一种解释。例如，有关钟表的梦境对应的潜性内容可能涉及个体对月经周期的恐惧，以及个体对其性欲的恐惧。

Lateralization of emotion　情绪的偏侧化　两个大脑半球分别处理加工不同的情绪。左半球主要加工积极情绪（如快乐），而右半球主要加工消极情绪（如愤怒）。

Law of common fate　共同命运律　格式塔原则之一，我们倾向于将具有相同动作或目标的相似物体分为一组。

Law of continuity　连续律　格式塔原则之一，我们更喜欢将图形知觉为连接和连续的，而非断开和分离的。

Law of effect　效果律　指一种观点，认为产生期望中结果的行为反应会被生物体逐渐习得，或者"表现"在生物体身上。

Law of Prägnanz　完形律　最基本的格式塔原则，该原则描述了这一现象，即最简单的知觉组织模式所需的认知努力最少，而且这个组织模式会浮现为完形。"Prägnanz"一词与"怀孕的"（pregnant）拥有相同的词根，所以它带有"发展出完整的形象"的涵义。也就是说，我们的知觉系统会更加偏好看到完整的格式塔，例如，一个完整的而非一个破损的圆。

Law of proximity　接近律　格式塔原则之一，我们倾向于将彼此邻近的物体分为一组。接近意味着"距离近"。

Law of similarity　相似律　格式塔原则之一，我们的知觉倾向于将相似的物体分为一组。

Laws of perceptual grouping　知觉组织定律　格式塔原则中的相似律、接近律、连续律和共同命运律。这些"定律"表明我们的大脑偏好将刺激元素放在一起组成一个知觉整体（格式塔）。

Learned helplessness　习得性无助　在此种情况下，抑郁个体学会将负性事件归因于他们自己的人格缺陷或是无力改变的外界环境。习得性无助的个体可以被认为具有极端的外控倾向。生物体经历一系列对威胁性刺激的无效反应后，对这类刺激的不进行反应的模式。

Learning　学习　由经验引起的行为或心理过程的持久改变。

Learning-based inference　基于学习的推理理论　该理论认为知觉主要是由后天学习（或经验）而不是先天因素决定的。

Levels-of-processing theory　加工水平理论　该理论解释了为什么个体对那些与长时记忆中有意义项目联系更紧密（经过更"深层次"的加工）的信息的记忆效果更好。

Libido 力比多 弗洛伊德提出的有关心理能量的概念，它能驱动个体寻求感官愉悦。

Limbic system 边缘系统 参与情绪和记忆加工的大脑中层结构。边缘系统包括海马、杏仁核、下丘脑和其他结构。

Linguistic intelligence 言语智力 具有很高的语言表达和理解能力。

Locus of control 心理控制源 一种相对稳定的行为模式，以个体对其影响自己生活中事件结果的能力的期望为特征，个体对其生活是受到外部因素控制还是内部因素控制的感受。

Logical-mathematical intelligence 逻辑－数学智力 具有很高的数学和逻辑推理能力。

Long-term memory (LTM) 长时记忆 长时记忆存储根据意义组织起来的信息，是记忆三阶段中的第三个阶段，存储容量最大，持续时间最长。

Long-term potentiation 长时程增强 一种涉及生理变化的生物学过程，会增强神经细胞群之间的突触联结，被认为是学习的神经基础。

Loudness 响度 由声波的振幅（强度）产生的一种声音的感觉特征。

Love, attachment, and affiliation needs 爱、依恋和亲和的需要 在马斯洛的需要层次中，当生物和安全需要得到满足时，这些社会需要就变得更突显。

M

Maintenance rehearsal 保持性复述 个体仅通过在工作记忆中重复或者复习来回顾信息，以使其在工作记忆中不会消退的加工过程。保持性复述不包括主动的精细加工。

Major depression 重性抑郁 重性抑郁症的另一种说法。

Major depressive disorder 重性抑郁症 一种严重的抑郁症，抑郁程度深，而且严重损害人的功能。

Major depressive disorder with seasonal pattern 季节性抑郁障碍 被认为是由于缺乏阳光而引起的一种抑郁症。

Manic phase 躁狂期 在双相情感障碍中，与抑郁期交替出现的兴奋或亢奋期。

Manifest content 显性梦境 梦境的故事情节，可以直接看表面内容，无需解释。

Matching hypothesis 匹配假设 该假设预测大多数人们会选择那些被认为与他们具有相同吸引力水平的个体作为朋友或伴侣。

Maturation 成熟 遗传程序随时间而显现出来的过程。

Medical model 医学模型 该观点认为，精神障碍是像普通的生理疾病一样的疾病，具有客观的生理原因，并且需要特定的治疗。

Meditation 冥想 通常是由个体专注于一种重复性行为、采取特定的身体姿势，并尽量减少外部刺激，从而诱发的一种意识状态。有意地处于冥想状态，可以提高自我认识、幸福感和灵性。

Medulla 延髓 控制呼吸和心率的脑干结构。连接大脑与身体的感觉和运动通路在延髓中交叉。

Memory 记忆 无论对于人类、动物还是机器而言，记忆都是信息进行编码、存储和提取的系统。

Menarche 初潮 第一次出现月经。

Mental age (MA) 心理年龄 正常（平均水平）个体达到特定智力测验分数时的平均年龄。

Mental operation 心理运算 通过操作脑海中想象的图像来解决问题。

Mental representation 心理表征 形成对物体和事件内部表象的能力。

Mental set 心理定势 使用解决先前问题的方法应对新问题的倾向性。

Mere exposure effect 简单暴露效应 对先前接触到的刺激形成的习得性偏好。

Method of loci 位置记忆法 通过将列表上的项目与一系列熟悉的物理位置相联系，来加强记忆的一种记忆术。

Mimicry 模仿 对他人行为的模仿。

Mindset 思维模式 个体在多大程度上相信能力和才能是由先天决定，或者能力和才能可以通过训练改变和培养，相信经验有助于在那些需要付出努力的事情上取得成功，同时也是个体面对失败的反应模式。

Mirror neuron 镜像神经元 最近发现的一类神经元，在观察他人动作或情绪时会放电（镜像反射）。

Misattribution 错误归因 一种记忆错误，因个体在提取记忆时将其与错误的时间、地点或人物联系在一起而产生的。

Misinformation effect 错误信息效应 因暗示或错误信息而导致的记忆扭曲。

MMPI-2 明尼苏达多项人格量表－第二版的英文缩写 一种广泛使用的人格评估工具，对10个重要的临床特征进行评分。

Mnemonic strategy 记忆策略 提高记忆力的一种技巧，尤其是通过将新的材料与已经存储在长时记忆中的信息联系起来而实现。

Moderator 缓解因素 有助于避免应激源导致应激的因素。

Monocular cues 单眼视觉线索 仅依赖一只眼睛的信息输入来获得的深度信息，包括相对大小、光影、相互遮挡、相对运动和空气透视。

Mood-congruent memory 心境一致性记忆 一种有选择性地提取与自己心境相匹配的记忆的过程。

Mood disorders 心境障碍 情绪或心境上的异常错乱，包括双相障碍和单相障碍，也称为情感障碍。

Moral disengagement 道德推脱 由阿尔伯特·班杜拉提出的术语，用以描述好人通常可以通过暂时中止他们的道德准则来做坏事的过程。

Morpheme 语素 组成词的有意义的语言单位。有些语素是完整的词（如"词"），其他语素则包括语法成分，可以改变一个单词的意思（如英语中 -ed、-ing 和 un- 等词缀）。

Motivation 动机 指涉及引发、指导和维持生理与心理活动的所有过程。

Motor cortex 运动皮层 位于额叶中央沟前方的狭窄垂直条状皮层，负责控制随意运动。

Motor neuron 运动神经元 将信息从中枢神经系统传递到肌肉和腺体的神经细胞，也称为传出神经元。

MRI or magnetic resonance imaging 磁共振成像 一种依赖细胞在强磁场中的反应的成像技术。

Müller cell 米勒细胞 作用方式很像微小的光纤电缆的漏斗状细

胞，将光线穿过视网膜的各层传送到眼睛后部的感光细胞（视杆细胞和视锥细胞）。

Multiple intelligences　多元智力　加德纳的理论中使用的术语，该理论认为智力有 8 种（或更多）形式。

Musical intelligence　音乐智力　在音乐方面有很高的能力。

Myelin sheath　髓鞘　大脑和脊髓中覆盖在许多轴突上的脂肪绝缘层。

Myers–Briggs Type Indicator (MBTI)　迈尔斯－布里格斯类型指标　一种以荣格提出的人格类型为基础的被广泛应用的人格测验。

N

Narcissistic personality disorder　自恋型人格障碍　夸大自己重要性的一种心理障碍，需要持续地被关注或被赞赏，常常沉迷于获得成功或权利的幻想中。

Narcolepsy　发作性睡病 / 嗜睡症　一种快速眼动睡眠障碍，包括在睡眠一开始就进入快速眼动睡眠周期，以及在白天突然进入快速眼动睡眠状态，通常伴有猝倒。

Narrative　叙述　对应激事件的个人阐述，描述了我们对发生的事件及其发生原因的解释。

Natural concepts　自然概念　我们从直接经验中获得的对物体和事件的心理表征。

Natural language mediator　自然语言中介　与要记忆的新信息建立联系的词语。

Natural selection　自然选择　进化背后的驱动力，环境通过这种方式"选择"最适合的生物。

Naturalistic observation　自然观察　一种描述性研究方法，涉及对人或动物在其自然生存环境中的行为进行评估。

Nature–nurture issue　先天－后天争论　一个长期存在的争论，关于先天（遗传）与后天（环境）对行为和心理过程的影响的相对重要性。

Necker cube　内克尔立方体　一个可以从不同的视角看待的模棱两可的二维立方体图形：在这里使用内克尔立方体是为了举例说明看待心理过程的"正确方式"不止一个。

Need　需要　在驱力理论中，需要是一种未得到满足就会威胁人类生命的生理失衡（如脱水）。生理需要被认为可以产生驱力。

Need for achievement (n Ach)　成就需要　在麦克莱兰（McClelland）的理论中，是指产生心理动机，以追求卓越或者达成某一目标的心理状态。

Negative correlation　负相关　表明变量同时朝着相反的方向变化的相关系数：其中一个变量变大，另一个变量就会变小。

Negative punishment　负惩罚　在个体反应之后去除一个对该个体具有吸引力的刺激。

Negative reinforcement　负强化　根据个体的特定行为，去除令其不快或厌恶的刺激。与惩罚相对照。

Neo-Freudian　新弗洛伊德主义　顾名思义，"新弗洛伊德主义"是指那些与弗洛伊德分道扬镳的理论家，但其理论仍保留了心理动力学方面的内容，尤其是聚焦于动机，将其作为人格的能量来源。

Neo-Freudian psychodynamic therapy　新弗洛伊德主义心理动力学疗法　由心理动力学理论家开发的一种治疗心理障碍的方法。这些理论家接受了弗洛伊德的一些观点，但不赞同他的其他观点。

Neonatal period　新生儿期　对于人类来说，新生儿期是指婴儿出生后的第一个月。

Nervous system　神经系统　是指人体内部由神经元构成的整个网络，包括中枢神经系统、外周神经系统及其分支。

Neural pathways　神经通路　遵循大致相同的路径，使用相同神经递质的神经细胞束。

Neurodevelopmental disorders　神经发育障碍　DSM-5 中的一个类别，是指首次出现在儿童时期的认知问题，包括孤独症谱系障碍、注意力缺陷 / 多动障碍（ADHD）和阅读障碍。

Neuron　神经元　专门负责接收信息并将其传递给身体内其他细胞的细胞，也称为神经细胞。由许多个神经元构成的神经束被称为神经。

Neuroscience　神经科学　致力于研究大脑如何产生思想、情感、动机、意识、记忆和其他心理过程的领域。

Neurosis　神经官能症　在 DSM-4 之前，这个术语用来表示存在主观苦恼或自我挫败行为，但并未表现出大脑异常或严重的非理性思维的症状。

Neurotic needs　神经质需要　指霍妮理论中神经官能症的标志，这 10 种需要反映了极端神经质的正常欲望。

Neurotransmitter　神经递质　通过突触传递神经信息的化学信使。许多神经递质也是激素。

Neutral stimulus (NS)　中性刺激　任何在学习之前不会产生条件反应的刺激。当其被纳入条件反射实验时，研究人员称之为条件刺激（CS）。他们假设即使实验中条件刺激与非条件刺激（UCS）只进行一次关联配对，之后也会产生某种条件反射。

Night terrors　夜惊　深度睡眠阶段使个体产生恐惧的现象，不过这些可怕的心理体验（如梦）通常在醒来后就会被忘记。夜惊多见于儿童。

Nociceptors　疼痛感受器　专为感觉疼痛刺激的神经细胞。

Nonconscious process　非意识过程　任何不涉及意识加工的大脑加工过程，包括前意识记忆和无意识加工。

Non-REM (NREM) sleep　非快速眼动睡眠　睡眠中反复出现的阶段，主要与较深的睡眠阶段有关。在这个睡眠阶段不会出现眼球的快速运动。

Normal distribution (or normal curve)　正态分布（或正态曲线）　描述一个特征在某个群体中分布情况的钟形曲线。

Normal range　正常范围　处于正态分布中间位置附近的分值。

O

Object permanence　客体永久性　客体独立于个体自己的行为和意识而存在的知识。

Observational learning　观察学习　个体在观察他人的行为及其结果后习得新行为反应的一种认知学习形式。

Obsessive–compulsive disorder (OCD)　强迫障碍　以个体持续地产生自己本不愿产生的想法和行为模式为特征的一种状态。

Occipital lobes　枕叶　大脑后侧的皮层区域，包含视觉皮层。

Oedipus complex　恋母情结（俄狄浦斯情结）　根据弗洛伊德的观

点，恋母情结是指男孩将对母亲的性吸引转移到与他同龄的女性身上，并且同时认同他们父亲的过程，这一过程在很大程度上是无意识的。

Olfaction 嗅觉 个体对气味的感觉。

Ontological anxiety 本体论焦虑 伴随着冒险进入新领域或接触未知事物的一种正常的焦虑状态。

Openness 开放性 一种积极的个人品质，允许自己公开地认识到可能对其价值观或信仰构成挑战的信息。

Operant chamber 操作室 一个箱状的装置，可以根据动物的行为设置程序，施加强化物和惩罚物。操作室通常被称为"斯金纳箱"。

Operant conditioning 操作性条件反射 行为学习的一种形式，在这种学习中，某一反应发生的可能性随其后果而变化，即随反应之后的刺激而变化。

Operational definitions 操作性定义 对科学研究中所涉及概念的客观描述。操作性定义是采用行为层面的术语重新描述要研究的概念（例如，恐惧可以操作性地定义为远离某个刺激的行为）。操作性定义也会具体说明研究中产生与测量重要变量的程序（例如，"吸引力"可以通过个体注视他人的时长来测量）。

Opiate 阿片类药物 从鸦片中提取的高度成瘾性药物，能产生强烈的愉悦感并有很强的止痛作用。

Opponent-process theory 拮抗加工理论 该理论认为视觉系统中的细胞是以互补成对的方式来加工颜色信息的，例如，红色与绿色或者黄色与蓝色。拮抗加工理论解释了视觉系统中从双极细胞开始的颜色感知。

Optic nerve 视神经 将视觉信息从视网膜传送到大脑的神经元束。

Optimism 乐观主义 一种将应激源解释为来源于外部的，仅具有暂时的和特定影响的态度。

Orbito-frontal cortex (OFC) 眶额叶皮层 前额皮层中的一个区域，被认为与奖惩的期望和决策有关。

Out-group 外群体 个体所认同的群体之外的那些人。

Overjustification 过度合理化 外在的（外部的）奖励有时取代内部动机的过程，就像儿童为了玩电子游戏而收到钱一样。

Oxytocin 催产素 对应激源做出反应时产生的一种激素（女性和男性都会产生）。

P

Panic disorder 惊恐障碍 一种以惊恐发作为特征的紊乱，其惊恐发作与个体当前经历的事件没有明显的联系。与广泛性焦虑障碍不同的是，患者在两次惊恐发作之间通常不存在焦虑情绪。

Parallel processing 并行加工 我们的大脑同时处理多条信息流的能力。

Paranoid symptoms 偏执症状 指无根据的怀疑或妄想。

Paraprofessional 心理治疗辅助人员 已经接受过心理健康治疗方面的在职培训（在某些情况下接受过大学本科培训）的个体，可以作为研究生教育和完全专业资格认证人员的替代人员。

Parasympathetic division 副交感神经 自主神经系统的一部分，负责监控体内各器官的日常运作，以及在交感神经唤起人体反应之后使其恢复平静。

Parietal cortex 顶叶皮层 也被称为"顶叶"。

Parietal lobes 顶叶 位于大脑后部和顶部的皮层，涉及触觉和空间关系（空间内物体间的相对关系）知觉。

Participant modeling 参与性模仿 一种社会学习技巧，治疗师演示并鼓励来访者模仿自己期望的行为。

Past-oriented 过去取向 个体的行为可能会受到其时间取向的影响，时间取向包括关注当前情境、预期的未来情境或过去的经历。当个体决策时总是关注过去的经历时，被称为过去取向。

Peer marriage 同伴婚姻 指夫妻之间视对方为伙伴和朋友的婚姻关系，有别于旧时"丈夫"和"妻子"的刻板角色。

Percept 知觉物 有意义的知觉产物，通常是与概念、事件记忆、情绪和动机相关联的表象。

Perception 知觉 赋予感觉模式意义的过程。正是知觉让你觉得这些字是有意义的，而不仅仅是一连串的视觉模式。想要实现这一过程，知觉需要大量地利用记忆、动机、情绪和其他心理过程。

Perceptual constancy 知觉恒常性 在不同条件下（如光照、距离或位置发生变化），能够识别同一物体保持"恒定"的能力。

Perceptual set 知觉定势 在给定的背景中探测到某个特定刺激的准备倾向，例如，当一个人恐惧时会把一个不熟悉的声音当作威胁。

Peripheral nervous system (PNS) 外周神经系统 神经系统中除了中枢神经系统以外的所有其他部分。外周神经系统包括自主神经系统和躯体神经系统。

Permissive parent 宽容型父母 四种父母教养方式之一，其特点为父母很少给孩子制定规则，而是让孩子自己做决定。虽然他们会悉心照顾孩子，并与孩子沟通，但是宽容型父母会把多数做决策的责任给予他们的孩子。

Persistence 纠缠 个体不愿想起的记忆总是萦绕在脑海中的一种记忆问题。

Personal unconscious 个体无意识 荣格提出的有关无意识部分的术语，大致对应于弗洛伊德提出的本我。

Personality 人格 使得个体的行为在不同情境和不同时间中保持一致的心理品质。

Personality disorder 人格障碍 一种心理障碍，涉及对思维、情绪、社会关系或冲动控制的长期的、弥漫的、缺乏灵活性的适应不良模式。

Personality process 人格过程 人格的内在工作机制，包括动机、情绪、知觉和学习，以及无意识加工。

Personality type 人格类型 与人格特质类似，但不是维度。一个类型就是一个类别，被认为可以代表一组共同的人格特征。

Person–situation interaction 人格–情境交互（人境交互） 在理解人类行为时，关于人格过程（如特质）与社会心理过程（如环境因素的力量）在其中的相对作用的争论。

PET scanning or positron emission tomography PET 扫描或正电子发射断层扫描 一种通过检测活跃的大脑细胞消耗的放射性葡萄糖来进行成像的技术。

Phenomenal field 现象场 个体的心理现实，由其知觉和感受组成。

Phenomenological 现象学的 一种哲学理论学派，认为人类的经验是主观的，我们都会建构自己的现实。

Phenotype　表现型　生物体可被观察到的生理和行为特征。

Pheromones　信息素　生物体释放的化学信号，以此与种族中的其他成员交流沟通。信息素通常被动物用作对异性的引诱物。迄今为止尚不清楚人类是否使用信息素。

Phineas Gage　菲尼亚斯·盖奇　菲尼亚斯·盖奇是一名铁路工人，他经历了一场引起严重后果的爆炸事故，一根金属棒射穿了他的头骨。虽然他幸存下来，但他的人格和基本反应风格发生了巨大的变化，变得更加具有攻击性和情绪化。

Phobia　恐怖症　焦虑障碍中的一种，对特定的物体或情境感到病态的恐惧。

Photoreceptors　光感受器　视网膜上将光能转化为神经冲动的感光细胞（神经元）。光线进入视觉系统，最远能到达光感受器。

Physical dependence　生理依赖　身体适应并开始需要某种药物来维持日常机能的过程。

Physical exercise　体育锻炼　许多研究证明了日常体育锻炼对促进身心健康的重要性。

Physiological arousal　生理唤醒　生理反应增强的一种状态，包括神经、激素、内脏和肌肉的变化，这些变化是通过自主神经系统和内分泌系统发送的信息诱发的。

Pitch　音高　由声波的频率产生的一种声音的感觉特征。

Pituitary gland　脑垂体　通过分泌激素影响其他所有内分泌腺分泌激素的"主腺体"，也分泌影响生长的激素。脑垂体依附于下丘脑，接收来自下丘脑的指令。

Placebo (pla-SEE-bo)　安慰剂　看似是药，但不是药的物质。因为安慰剂只含有糖而不含有任何药物成分，所以经常被称为"糖丸"。

Placebo effect　安慰剂效应　因为相信安慰剂（假的药物）是真药而出现的对安慰剂的反应。

Placenta　胎盘　连接胚胎或胎儿与母体的器官。胎盘将胎儿与母体的血流分离，但却可以在两者之间交换营养物质和废弃物。

Plasticity　可塑性　神经系统因为人的经验而进行适应或改变的能力。可塑性也可以帮助神经系统适应生理上的损伤。

Polygraph　多导生理记录仪　对生理唤醒的许多（多元）测量指标进行记录和图示化呈现的设备，包括心率、呼吸、排汗和血压。多导生理记录仪通常也被称为"测谎仪"，尽管它实际上只是一种生理唤醒探测器。

Pons　脑桥　在睡眠和做梦时调节大脑活动的一个脑干结构，它的名称源于拉丁词汇"桥梁（bridge）"。

Positive correlation　正相关　表明变量同时朝着相同的方向变化的相关系数：一个变量变大或变小，另一个变量也会相应地变大或变小。

Positive lifestyle choices　选择积极的生活方式　经过深思熟虑做出的决定，选择能够增强个体对应激和疾病的抵抗力的长期行为模式。

Positive psychology　积极心理学　近期在心理学领域兴起的运动，着重关注人类机能的值得向往的方面，而不是强调精神病理学。

Positive psychotherapy (PPT)　积极心理治疗　一种形式相对较新的认知行为疗法，旨在强调成长、健康和幸福。

Positive punishment　正惩罚　在个体行为反应后施加一个令其厌恶的刺激。

Positive reinforcement　正强化　出现在一个反应之后，增加该反应再次发生可能性的刺激。

Positivity　积极性　对本人、自己的生活以及自己的未来持有积极的评价。

Postconventional (principled) morality　后习俗（规则）道德水平　科尔伯格提出的道德推理的高级阶段。

Posttraumatic stress disorder (PTSD)　创伤后应激障碍　一种延迟发生的应激反应，个体会不由自主地反复体验过去创伤的情绪、认知和行为方面的经历。

Power of the situation　情境的力量　情境（环境）对我们态度和行为的影响。人们通常低估了情境的力量。

Practical intelligence　实践智力　斯滕伯格提出的术语，指人们应对环境的能力，有时称为"街头智慧"。

Preconscious　前意识　弗洛伊德提出的概念，即心智具有一个特殊的无意识存储区域，存储着当前不处于意识中，但很容易被提取到意识中的信息。例如，你的电话号码就存储在前意识中。

Preconventional morality　前习俗道德水平　科尔伯格道德推理的最早期阶段。

Prefrontal cortex　前额皮层　额叶最前面的部分，与高级思维和人格有关。

Prejudice　偏见　仅仅基于个体是某个特定群体或类别的成员而对其产生的消极态度，通常没有任何直接证据的支持这种消极态度。

Premack principle　普雷马克原理　戴维·普雷马克提出的概念，即可以用个体喜欢的活动来强化其不太喜欢的活动。

Prenatal period　胎儿期　个体在出生前的发育阶段。

Preoperational stage　前运算阶段　皮亚杰理论提出的第二个认知发展阶段，以发展成熟的心理表征和语言的使用为标志。

Preparedness hypothesis　预先准备假设　一种观念，认为我们通过自然选择获得了一种先天的倾向，对威胁到我们祖先生存的刺激会迅速且自动地做出反应。

Present-oriented　现在取向　个体的行为可能会受到其时间取向的影响，时间取向包括关注当前情境、预期的未来情境或过去的经历。当个体决策时总是关注当前情境时，被称为现在取向。

Primary control　初级控制　个体为控制外部事件做出的努力。

Primary reinforcer　初级强化物　一种强化物，例如，食物和性，由于对生物体具有生物学价值而具备先天的基础。

Priming　启动　一种通过提供线索来提示内隐记忆的方法，在个体没有意识到线索与被提取的记忆之间存在联系的情况下激发记忆。

Principle of proximity　接近原则　一种观念，认为人们在工作中会与在自己周围的人之中交到更多的朋友。接近意为"靠近"。

Proactive interference　前摄抑制　遗忘的原因之一，指先前存储的信息会阻碍新信息的学习和记忆。

Problem-focused coping　聚焦问题的应对方式　为澄清并解决应激源而采取的行动。

Procedural memory　程序性记忆　长时记忆的一部分，用来存储有关如何做事情的记忆。

Projection　投射　通过想象或将消极因素归因于他人来控制焦虑的一种防御机制。

Projective test　投射测验　基于弗洛伊德的自我防御投射机制而设计的人格评估工具，如罗夏墨迹测验和主题统觉测验（TAT）。

Prospective memory　前瞻性记忆　使个体能够记住将来要采取某些行动的记忆，比如记得自己与医生的预约安排。

Prototype　原型　一个概念范畴理想的或最具代表性的样例。

Proximal level of analysis　近因水平分析　指生物体对当前环境中能够改变其动机优先级顺序的刺激所做的分析。（对人类而言，近因刺激也可以指个体正在思考的事情。）

Pseudo-psychology　伪心理学　标榜为科学心理学的错误论断或实践。

Psychiatrists　精神病专家　具有医学博士学位、通常将药物作为主要治疗方式的精神障碍治疗专家。

Psychiatry　精神病学　诊断和治疗精神障碍的医学专业。

Psychic determinism　精神决定论　所有人类行为都是由我们内在心理状态通过无意识的记忆、欲望和冲突而决定。

Psychoactive drug　精神药物　通过作用于大脑而影响心理过程和行为的化学物质。

Psychoanalysis　精神分析　基于弗洛伊德精神分析理论的一种精神障碍治疗方法。精神分析的目标是释放无意识中不被自己承认的冲突、强烈的欲望和记忆。（在通常的使用中，这个术语经常被广泛地用于既指称弗洛伊德的精神分析理论，又指称他提出的精神分析治疗方法。）

Psychoanalytic theory　精神分析理论　弗洛伊德提出的关于人格和精神障碍的理论。

Psychodynamic psychology　心理动力学　强调从无意识需要、欲望、记忆与冲突的角度来理解精神障碍的临床心理学取向。

Psychodynamic theory　心理动力学理论　源于弗洛伊德的一系列理论，都强调动机（通常是无意识动机）和过去经历对精神障碍发展的影响。

Psychological debriefing　心理晤谈　聚焦于宣泄情绪和讨论创伤反应的简短的、即时的策略。

Psychological dependence　心理依赖　即使不存在生理依赖，仍然渴望得到或使用药物。

Psychological needs　心理需要　对马斯洛的需要层次中高于生理和安全需要的需要的另一种称谓。

Psychological therapy　心理治疗　基于心理学（而不是生物医学取向）原理的治疗，通常称为"心理疗法"。

Psychology　心理学　有关行为与心理过程的科学。

Psychometrics　心理测量学　研究心理测量的领域。绝大部分智商测验、成就测验、人格测验、SAT（美国高中毕业生学术能力水平考试）以及其他各种评估工具都由这一心理学专业领域提供。

Psycho-neuroimmunology　心理神经免疫学　研究心理状态对免疫系统的影响的多学科研究领域。

Psychopathology　精神病理　与情境不适宜的，且引起个体忧虑或使个体无法实现重要目标的任何情绪、行为或想法模式。本质上与其具有相同意义的术语包括心理障碍、心理障碍和精神障碍。

Psychosexual stages　性心理阶段　连续的、本能的发展阶段。在生命的每个不同阶段，愉悦感与不同身体部位的刺激相联系。

Psychosis　精神病　知觉、理性思维或情感出现严重紊乱的一种障碍。

Psychosocial stage　社会心理发展阶段　在埃里克森的理论中，社会心理发展阶段是指个体一生中连续出现的 8 个主要挑战，这些挑战要求个体重新思考自己的目标，以及自己与他人之间的关系。

Psychosurgery　精神外科手术　为治疗心理障碍而对大脑进行外科手术干预方法的总称。

Puberty　青春期　性成熟开始的发育阶段。

Punishment　惩罚　在某个反应之后发生的减弱该反应强度的令人厌恶的后果（与负强化相对照）。

R

Random assignment　随机分配　随机将参与研究的个体分配到不同实验条件的过程。

Ratio schedule　比率强化程序　根据正确反应的次数进行强化的程序。

Rational–emotive behavior therapy (REBT)　理性情绪行为疗法　由阿尔伯特·艾利斯开创的认知行为疗法，该疗法的基本假设是，非理性的思想和行为是导致精神障碍的原因。

Rationalization　合理化　一种自我防御机制，在这种机制中，由看似符合事实的理由证明行为是合理的，该理由试图隐藏"真实的"（无意识的）动机。

Reaction formation　反向作用　一种自我防御机制，在这种机制中，个体的行为与"真实的"（无意识的）动机正好相反。这种行为常常被放大到极致。

Recall　回忆　个体必须再现先前呈现的信息的一种提取记忆方法。

Reciprocal determinism　交互决定论　认知、行为和环境三者交互影响的过程。

Recognition　再认　个体必须识别当前刺激是否曾经呈现过的一种提取记忆的方法。

Redemptive self　救赎的自我　由麦克亚当斯提出的在繁衍型美国人中常见的一种自我叙述。救赎的自我与一种被召唤的、努力克服困难帮助别人的感觉相关。

Reflection of feeling　情感反映　卡尔·罗杰斯提出的诠释来访者话语的技术，目的是获得来访者的情感基调。

Reflex　反射　由刺激引发的简单的非习得性反应，例如通过敲打膝盖下方的肌腱而引起的膝跳反射。

Regression　退行　一种自我防御机制，该机制使行为具有早期发展（性心理）阶段的特征。

Reinforcer　强化物　出现在某个反应后，能够增强该反应的一种条件（包括刺激的出现或消除）。

Reliability　信度　心理测验的一种属性，表明该测验多次测量结果的一致性。

REM rebound　REM 反弹（快速眼动睡眠反弹）　由 REM 睡眠被剥夺导致的 REM 睡眠增加的现象。

REM sleep　REM 睡眠（快速眼动睡眠）　大约每 90 分钟发生一次的睡眠阶段，以闭眼状态下眼球快速转动为特征。REM 睡眠阶段与做梦有关。

Replicate　重复检验　在科学研究中，该术语是指再做一次研究，来看看是否会得到相同的结果。为了控制主观偏差，重复检验常常由原始研究的研究人员以外的人完成。

Representativeness bias　代表性偏差　一种有缺陷的启发式策略。该启发式基于这样的假设：一旦某个个体或事件被归于某一类别，那么它们就具有该类别中其他成员所共有的特征。

Repression　压抑　从意识和记忆中排除不可接受的思想和情感的无意识过程。

Resilience　韧性　不管个体在成长过程中面临何种严重的威胁，都能适应、应对应激和获得幸福的能力。

Resistance phase　抵抗阶段　一般适应性综合征（GAS）的第二阶段，在该阶段，身体通过适应应激源和维持资源来应对应激源。

Resting potential　静息电位　当神经元准备"放电"时，处于不活跃状态的轴突电荷。

Reticular formation　网状结构　形成脑干核心的铅笔状结构。网状结构唤醒大脑皮层，使大脑对新刺激保持警觉和注意状态。

Retina　视网膜　眼球后部的薄薄的感光层。视网膜里包含了数以百万计的感光细胞和其他神经细胞。

Retinal ganglion cells　视网膜神经节细胞　位于视网膜中的神经元，从感光细胞收集信息，并经由视神经将信息传送到大脑。

Retrieval　提取　记忆的第三个基本任务，是指从记忆中定位和恢复信息的过程。

Retrieval cue　提取线索　用于使记忆进入意识或者提示行为的刺激。

Retroactive interference　倒摄抑制　遗忘的原因之一，新习得的信息阻碍个体提取先前存储的材料。

Retrograde amnesia　逆行性遗忘　无法回忆起先前存储在记忆中的信息（与顺行性遗忘相对照）。

Reuptake　再摄取　未使用的神经递质被回收到原神经元囊泡中的过程。

Revolution in aging　老龄化革命　现代工业化国家的人们老龄化的观念发生了改变。长寿、医疗水平的改善和更多老年人生活方式可供选择促使这种新观念的产生。它也促进了对成年发展的心理学研究。

Reward theory of attraction　吸引的回报理论　一种社会学习观点，该观点预测我们最喜欢那些让我们付出最小成本，却能给予我们最大回报的人。

Rite of passage　成人礼　标志着个体从儿童期这一发展阶段过渡到成人期的社会仪式。

Rods　视杆细胞　视网膜上的感光细胞，对微弱的光特别敏感，但对颜色不敏感。尽管这个名字看起来有些奇怪，但是它们的确是杆状的。

Rohrschach Inkblot Technique　罗夏墨迹测验　一种投射测验，该测验呈现给被试一系列的 10 张墨迹，要求他们描述自己在墨迹图中看到的东西。

Romantic love　浪漫爱情　一种基于迷恋和性欲的短暂的、充满强烈感情的状态。

Rumination　思维反刍　一种消极有害的自我反省形式，处于该状态的个体沉溺于面对应激时抑郁的思想和感受中；该状态会损害免疫系统。

S

Safety needs　安全需要　马斯洛需要层次的第二层，指生存受到威胁时个体产生的需要。

Savant syndrome　学者综合征　该综合征被发现于某些个体，他们即使在有些方面心智迟钝，但是在另一些方面却拥有非凡的天赋（如有能力确定任一给定的日期是星期几）。

Scaffolding　脚手架式教育　一种教育策略，强调来自他人的帮助会给个体的学习提供非常重要的支持。

Scapegoating　找替罪羊　将自己的麻烦归咎于无辜的人或群体，然后歧视或虐待他们。

Schedule of reinforcement　强化程序　规定强化频率和时间的程序。

Schema　图式　表征语义记忆中的观念或概念的相关信息的集合。图式提供了理解物体和事件的背景；在皮亚杰的理论中，图式是指一种心理结构或程序，引导发展中的儿童进行思考。

Schizophrenia（读作 *skits-o-FRENNY-a*）　**精神分裂症**　一种涉及思维、知觉或（和）情绪发生扭曲的精神性错乱。

Schizotypal personality　分裂型人格　一种人格障碍，其特征是与他人维持亲密的关系极度困难。

Schlesinger Report H　《施莱辛格报告》　由美国前国防部长詹姆斯·施莱辛格领导的，对阿布格莱布监狱虐囚事件的一项官方调查报告。它着重强调了造成虐待环境的社会心理因素。

Scientific method　科学方法　在计划控制偏见和主观臆断的条件下，对假设进行实证研究的四个步骤。

Script　脚本　对事件、物体和特定情境期望行为的知识。

Secondary control　次级控制　个体为控制自己对外部事件反应的做出的努力。

Secure attachment　安全型依恋　儿童的依恋类型之一。与不安全型依恋的儿童相比，这类儿童与照料者在一起时感到放松和舒适，更容易接受陌生人和新体验。

Selective exposure　选择性接触　我们的世界充满了关于任一问题的大量信息，所以有时我们会通过只关注支持我们观点的信息，而忽略相反的证据，从而简化搜索算法——这就是选择性接触。

Selective social interaction　选择性社交　个体限制自己的社会交往次数，仅选择那些最令自己满意的人交往。

Self-actualization　自我实现　马斯洛需求层次的最高层次，该需要会激励个体去寻求人类创造性潜能的最大发展。

Self-actualizing personality　自我实现的人格　一个健全的个体，当他或她的基本需要被满足时，可以自由创造，并实现他或她的潜能。

Self-concept　自我概念　个体对自我相对稳定的一套看法。

Self-consistency bias　自我一致性偏差　一种人们普遍持有的观点，认为我们在态度、观点和信念上比实际情况更加一致。

Self-control　自我控制　延迟即时的满足以追求更长远的积极结果的能力。

Self-disclosure　自我表露　作为建立信任过程的一部分，与他人分享个人的信息和感受。

Self-esteem　自尊　自我的情感成分，反映个体对于他／她自己整体价值的感受。

Self-fulfilling prophecy　自我实现预言　主要由预期引发的观察或

行为。

Self-help support groups　自助支持团体　提供社会支持和分享解决彼此之间共同问题的想法的团体，如戒酒互助会。这类团体通常由非专业人士组织和管理，而非专业治疗师。

Self-narrative　自我叙述　个体讲述自己的"故事"。自我叙述有助于人们通过体会自己的人格在一段时间内的发展变化，感受自我的连贯和一致性。

Self-serving bias　自我服务偏向　个体将成功归于自己，而不愿为失败负责的一种归因模式（与基本归因错误类似）

Semantic memory　语义记忆　陈述性记忆的一个组成部分，存储包括词语和概念的意义在内的一般性知识。

Sensation　感觉　刺激感受器所产生的神经冲动被大脑解释为声音、视觉图像、气味、味道、疼痛或其他感觉图像的过程。感觉代表在处理外部输入信息时最开始的一系列过程。

Sensation seekers　感觉寻求者　在朱克曼的理论中，指对更高水平的刺激比大多数人具有更高生理需要的个体。

Sense making　意义建构　在应激情境下发现意义的一个方面，包括以一种与我们对世界的预期相一致的方式感知应激源，认为应激源是可预测、可控的和非随机的。

Sensitive period　敏感期　生物体对某特定类型的刺激产生特定反应的一段时期。生物体对某种激素或化学物质可能存在敏感期，同样，生物体在学习语言或接受视觉正常发展所必需的视觉刺激方面也具有敏感期。

Sensorimotor intelligence　感觉运动智力　皮亚杰提出的术语，指婴儿依赖对感觉经验做出相对简单的生理（运动）反应来认识世界。

Sensorimotor stage　感觉运动阶段　皮亚杰理论的第一个认知发展阶段，在这一阶段，儿童主要依赖对刺激的先天运动反应。

Sensory adaptation　感觉适应　感受器细胞受到刺激后，其反应性丧失，并保持一段时间内不变的现象，就像游泳者在适应水温时一样。

Sensory memory　感觉记忆　记忆三阶段中的第一个阶段，存储对刺激的简短的感觉印象。

Sensory neuron　感觉神经元　将信息从感受器传递到中枢神经系统的一种神经细胞，也被称为传入神经元。

Separation anxiety　分离焦虑　幼儿与其照料者分离时普遍会表现出的痛苦反应模式。

Serial position effect　系列位置效应　与信息呈现顺序有关的一种干扰效应。一般而言，位于呈现序列中间的信息比位于首尾两端的信息的记忆效果更差。

Serotonin　5- 羟色胺　与情绪和睡眠有关的一种神经递质。

Set point　设定值　指身体将体脂和体重维持在一定水平的倾向性。

Sex chromosomes　性染色体　决定我们生理性别特征的 X 和 Y 染色体。

Sex drive 性驱力

Sexually objectified　性物化　当一个人被当作一个去个性化的性欲对象时，只强调其生理属性。

Sexual orientation　性取向　个体的性兴趣的指向（通常分为同性、异性、双性三种性取向）。

Sexual response cycle　性反应周期　男性和女性在性反应时都会经历的兴奋期、高涨期、高潮期和减退期这四个阶段。

Shaping　塑造　通过强化与期望反应相似的反应来促使新行为形成的一种操作性学习技术。

Shyness　羞怯　一种常见的气质类型，但并不是 *DSM-5* 认证的心理障碍。

Signal detection theory　信号检测论　该理论解释了我们如何探测各种作用于我们眼、耳、鼻、皮肤和其他感觉器官的刺激"信号"。该理论认为，感觉是感觉系统对输入刺激的判断。通常，这一过程发生在意识之外。与经典的心理物理学不同的是，信号检测论考虑了观察者的特征。

Similarity principle　相似原则　认为人们会被在某些重要维度与自己最相似的人所吸引的一种观点。

Situationism　情境主义　认为环境条件对人的行为的影响与对人的性格的影响一样大或更大的观点。

Skin senses　皮肤觉　处理接触、温暖、寒冷、质地和疼痛的感觉系统。

Sleep apnea　睡眠呼吸暂停　人在睡眠时间歇性地停止呼吸的一种呼吸障碍。

Sleep debt　睡眠负债　没有达到生物体最佳机能状态所需的睡眠时间而引起的睡眠缺乏。

Sleep paralysis　睡眠瘫痪　除了控制眼球的肌肉外，睡眠者无法移动其他随意肌的情况。睡眠瘫痪通常发生在 REM（快速眼动）睡眠阶段。

Slow response system　慢反应系统　大脑皮层中涉及情绪的神经回路，比快速反应系统的反应更慢。慢反应系统涉及意识。

Social-cognitive theories　社会认知理论　关注学习、知觉和社会互动对我们当前行为的综合、复杂的影响，无论该影响是好还是坏。

Social comparison　社会比较　将自己与处境相似的其他人进行比较的一种认知重构。

Social context　社会背景　以下四种情况的组合构成了社会背景：（a）人，（b）人与人之间的活动和互动，（c）行为发生的背景，（d）在该背景中支配行为的期望与社会规范。

Social distance　社会距离　个体感知到的自己与他人之间的差异或相似性。

Social learning theory　社会学习理论　最初由阿尔伯特·班杜拉提出。该理论认为，人类和动物的许多学习都发生在社会环境中，特别是通过观察他人（观察学习）来习得。社会学习是认知学习的一种形式，它在很大程度上依赖于对他人因其行为得到奖赏或惩罚的观察，而不是其对观察者的直接后果。

Social neuroscience　社会神经科学　运用脑科学的方法研究不同类型的社会行为的研究领域，例如，偏见中的刻板印象、态度、自我控制和情绪调节。

Social norms　社会规范　一个群体对其成员的态度和行为的恰当性和可接受性的期望。

Social psychology　社会心理学　心理学的一个分支，研究社会因素和认知对于个体行为和社会互动的影响。

Social Readjustment Rating Scale (SRRS)　社会再适应评定量表　通过将数值与日常生活变化联系起来以测量应激水平的心理学评定量表。

Social reality　社会现实　个体对于他人以及自己与他人之间的人

际关系的主观解释。

Social rejection　社会排斥　在社交场合中，被他人排斥、禁止、回避或欺凌的负性个人经历。

Social role　社会角色　一种由社会定义的行为模式，在特定的环境或群体中，人们被期待做出这种行为。

Social support　社会支持　由他人提供的能够帮助个体应对应激的资源。

Socialization　社会化　塑造个体的行为模式、价值观、标准、技能、态度和动机，使之与特定社会的期望相符合的毕生发展过程。

Societal stressor　社会应激源　由社会、文化或经济环境中的压力而产生的慢性应激源。

Sociocultural perspective　社会文化视角　强调社会互动、社会学习和文化在解释人类行为上的重要性的一种主要的心理学视角。

Soma　胞体　细胞（如神经元）中含有细胞核（内含染色体）的部分，也称为细胞体。

Somatic markers　躯体标记　大脑对引起情绪的情境的反应，包括身体的生理反应。躯体标记可以被认为是大脑中的生理记忆。

Somatic nervous system　躯体神经系统　外周神经系统的一个子系统，将感觉信息传递到中枢神经系统，也将随意运动信息传递到身体的骨骼肌。

Somatic symptom and related disorders　躯体症状及相关障碍　以身体症状或身体不适的形式体现的心理障碍，如衰弱或对疾病的过度担忧。躯体形式障碍包括转化障碍和疑病症。

Somatosensory cortex　躯体感觉皮层　位于顶叶中央沟后侧的狭窄皮层，该皮层与触觉有关。

Spatial intelligence　空间智力　具有很高的空间关系加工能力。

Specific phobias　特定恐怖症　焦虑症中的一种，涉及对特定物体或情境的病态恐惧。

Spirituality　精神性　一种个人品质和信仰体系，它将生活中对物质的需求最小化，从而有利于追求更高层次的善的力量。

Spontaneous recovery　自发恢复　经过一段时间的延迟后，消退的条件反应再次出现的现象。

Stage theory　阶段理论　解释发展过程的一种理论，强调独特的或很突然的变化。认知发展的阶段理论强调思维过程中的革命性变化。

Stages of moral reasoning　道德推理阶段　思考伦理道德问题的独特方式。科尔伯格认为，道德推理会经历一系列的发展阶段，这与皮亚杰的认知发展阶段类似。

Stanford Prison Experiment　斯坦福监狱实验　关于制度性权力的经典研究。在这项研究中，正常健康的大学生志愿者被随机分配扮演囚犯和狱警，制度性权力引导他们做出了与其性格倾向相反的行为，变成了残忍的狱警或病态的囚犯。

Stereotype threat　刻板印象威胁　个体预期到自己会受到消极刻板印象标准的评价，这种预期不利于个体的行为表现。同样，当个体意识到他或她所在群体中的成员被预期在某一方面表现不好时，也会对行为表现产生消极影响。

Steroid hormones　类固醇激素　在应激反应中起重要作用的一种激素。

Stimulants　兴奋剂　一种能唤起中枢神经系统，加速心理和生理反应的药物。兴奋剂通常会通过促进大脑中神经元之间的联系

来提高活动水平。但是，研究发现兴奋剂也会抑制注意缺陷/多动障碍患者的活动水平。

Stimulus discrimination　刺激辨别　学会对特定刺激做出反应，而对相似刺激不做出反应。

Stimulus generalization　刺激泛化　将习得的反应从条件刺激扩展到与之相似的刺激。

Storage　存储　记忆的三项基本任务中的第二项，将编码过的信息保持一段时间的过程。

Stress　应激　对应激源产生的生理和心理反应。

Stressor　应激源　令人紧张的事件或者情境。

Structuralism　结构主义　心理学发展历史上的一个学派，该学派致力于揭示构成心智与思想的基本结构。结构主义学家的任务是寻找意识体验的"元素"。

Subjective well-being (SWB)　主观幸福感　个体对生活的评价性反应，通常称为幸福感，包括认知和情绪的反应。

Subliminal perception　阈下知觉　在意识之外，低于意识阈限的刺激能够被感觉和解释的过程。

Sublimation　升华　一种弗洛伊德式的自我防御机制，在这种机制中，个体的无意识动机由一种社会所期望的活动满足。

Suggestibility　易受暗示性　由于受到有意或无意暗示的影响而导致记忆扭曲的过程。

Superego　超我　心智中存储价值观的部分，包括从父母身上和社会中习得的道德标准；与我们通常所说的良心大致相同。

Suprachiasmatic nucleus (SCN)　视交叉上核　下丘脑中控制我们昼夜节律的区域。

Survey　调查　一种描述性研究方法，通常请人回答一系列事先准备好的口头或书面问题。

Sympathetic division of the autonomic nervous system　自主神经系统的交感神经　自主神经系统的一部分，向内部器官和腺体发出信息以帮助我们应对应激和紧急情境。

Synapse　突触　作为神经元之间通信纽带的微小间隙。神经元与它们所服务的肌肉或腺体之间也有突触。

Synaptic pruning　突触修剪　修剪无用的大脑联结，使神经元可用于未来发展的过程。

Synaptic transmission　突触传递　通过化学神经递质在突触间进行信息传递的过程。

Synchronicity　同步性　婴儿与照料者在注视、发声、抚摸和微笑上密切协同的现象。

Synesthesia　联觉　跨感觉模态的感觉混合，例如品尝到形状，或者看到与数字相关的颜色。

System power　体制力量　这种力量通过创造和维持各种各样的社会情境，然后对处于该情境中的个体的行为产生自上而下的影响。

Systematic desensitization　系统脱敏　一种行为治疗技术，通过将病人暴露于引发焦虑的刺激中以消除焦虑。

T

Tardive dyskinesia　迟发性运动障碍　因为长期服用抗精神病药物造成的无法治愈的运动控制障碍，尤其多发于面部与头部肌肉。

Targeted rejection　针对性排斥　个体遭到他人有针对性的、主动

的、故意的社会排斥。

Teachers of psychology 心理学教师 以教学为主要工作的心理学从业者，一般在高中、学院和大学里工作。

Telegraphic speech 电报式语言 由名词和动词组成的简短序列，没有单复数与时态，不含 "the" 和 "of" 等虚词，有点儿与电报用语类似。

Telomeres 端粒 覆盖于染色体末端，保护 DNA 免受损害的 DNA 蛋白质复合物。

Temperament 气质 个体行为或反应的独特方式，被认为具有很强的遗传基础。

Temporal lobes 颞叶 处理声音（包括语音）的皮层区域，可能参与长时记忆的储存。

Tend-and-befriend 互助友好 一种应激反应模型，认为女性在生物学角度上，倾向于通过照顾和保护后代并寻求社会支持，以此来应对威胁。

Teratogen 致畸物 环境中可能损害处于胎儿期生物体发育的物质，包括病毒、药物和其他化学物质。

Terminal button 突触小体 位于轴突末端的微小球状结构，内含将神经元的信息传递到突触的神经递质。

Terrorism 恐怖主义 一种由人类恶意行为造成的灾难，目的是通过制造恐惧和危险来扰乱社会。

Thalamus 丘脑 大脑的中央 "中继站"，位于脑干的顶端。几乎所有进出大脑的信息都要经过丘脑。

Thematic Apperception Test (TAT) 主题统觉测验 一种要求被试编造故事来解释模棱两可的图片的投射测验。

Theory 理论 对一系列事实或观察数据做出的可检验的解释。在科学领域中，理论不仅仅是推测或猜想。

Theory of mind 心理理论 意识到他人的行为可能受到不同于自己的信念、意愿和情绪的影响。

Therapeutic alliance 治疗联盟 治疗师与来访者之间的关系，双方共同努力帮助来访者解决心理或行为问题。

Therapy 疗法 各种治疗过程的统称。在心理学和精神病学中，疗法是指那些旨在治疗心理障碍或应对生活问题的各种心理和生物医学技术。

Timbre 音色 由声波的复杂性（纯音的组合）产生的声音品质。音色一词出自希腊语中的 "鼓（drum）"，鼓膜（tympanic membrane）和耳膜（eardrum）也源于此。

Time perspective therapy 时间观疗法 一种新的疗法，尤其用于创伤后应激障碍的治疗，强调时间因素在引起、维持和改变行为中的作用。

Token economy 代币制 一种用于教室或精神病院病房等群体中的操纵技术，该技术依据所期望的行为分配 "代币" 或者其他强化物标志，随后这些代币可以兑换特权、食物或其他强化物。

Tolerance 耐药性 重复使用一种药物后使药效降低的现象。

Top-down processing 自上而下的加工 强调个体的期望、概念记忆和其他认知因素，而非被刺激特征驱动的知觉分析。"上" 指大脑中处于知觉加工系统 "顶端" 的心理定势。

TOT phenomenon 舌尖现象 指明明知道自己记得，但却说不出来的现象。人们经常把这种令人沮丧的经历形容为 "就在嘴边"。

Trait and temperament psychology 特质与气质心理学 一种心理

学视角，认为行为与人格是持久的心理特征的产物。

Traits 特质 被认为存在于个体内部，在不同情境中引导个体的思想与行为的多种稳定的人格特征。

Transcranial magnetic stimulation (TMS) 经颅磁刺激 对大脑特定区域进行磁刺激的一种疗法。与 ECT（电休克疗法）不同，TMS 不会引起脑疾病的发作。

Transduction 转导 将一种形式的信息转换成另一种形式的信息的过程，尤其是通过感觉器官将刺激信息转换成神经信号。经过转导，大脑将来自成熟番茄的光波知觉为红色。

Transgender 跨性别者 个体具有与自己的生理性别不同的性别认同，但现在其生理性别已改为其所期望的性别（女性或男性）。

Transience 短暂性 指长时记忆不能永久保存的现象。短暂性基于长时记忆会随着时间推移逐渐消退的观点。

Transition 转变 个体重新定义或者彻底改变生活角色。

Traumatic stressor 创伤性应激源 威胁个体人身安全，并且引发恐惧感或无助感的情境。

Triangular theory of love 爱情三元理论 由罗伯特·斯滕伯格提出的理论，认为不同类型的爱情都可以基于三种元素进行描述：激情（性吸引）、亲密（分享感受和信心）、承诺（致力于将这种关系放在生活的第一位）。

Triarchic theory 智力三元理论 斯滕伯格智力理论中的术语，之所以如此命名是因为它是由三种主要智力形式构成。

Trichromatic theory 三原色理论 该理论认为颜色是由分别对红、绿、蓝光的波长最敏感的三种不同类型视锥细胞感知的。三原色理论解释了色觉形成的最初阶段。为了纪念其提出者，有时也被称为 "杨 - 亥姆霍兹理论"。

Trust 信任 人类出生后的 18 个月内的主要发展目标。根据埃里克森的理论，儿童必须在信任或不信任他人之间做出选择。

Twin study 双生子研究 一种分离先天因素与后天因素作用的研究方法。通过这种方法，研究人员可以比较同卵双生子与异卵双生子，或者比较那些从小就被分开且在不同环境中长大的双生子。

Two-factor theory 两因素理论 该理论认为情绪由对生理唤醒（因素 1）和引发情绪的刺激（因素 2）的认知评估所引起。

Tympanic membrane 鼓膜 即耳膜。

Type A A 型人格 对于挑战性的情境，以激烈的、愤怒的、竞争性或敌对反应为特征的行为模式。

Tyranny of choice 选择的暴政 当面对过多的选择时，个体无法有效做出决策的现象。

U

Unconditioned response (UCR) 非条件反应 在经典条件反射中，无需事先学习即可由非条件刺激引发的反应。

Unconditioned stimulus (UCS) 非条件刺激 在经典条件反射中，UCS 是可以诱发无条件反应的刺激，也可称为无条件刺激。

Unconscious 无意识 / 潜意识 在经典的弗洛伊德理论中，无意识是人类心智的一个组成部分，储藏着那些一旦进入意识就具有威胁性的情绪性记忆、欲望和感受。但是，现代的许多认知心理学家认为无意识并没有那么邪恶，它包括了所有的无意识心理过程。

Uninvolved parent 忽视型父母 四种父母教养方式之一，以漠不关心和否定、拒绝孩子为特征，有时甚至到了疏于照顾和虐待的地步。

Upward social comparison 上行社会比较 将自己所处的应激情境与处境类似但能够更有效应对的其他人进行比较，目的是从这些人的范例中学习。

V

Validity 效度 心理测验的一种属性，表示心理测验实际测量的内容符合其测量目的的程度。

Variable interval (VI) schedule 变动间隔强化程序 每两次强化之间的时间间隔不断变化的一种强化程序。

Variable ratio (VR) schedule 变动比率强化程序 每次强化所需的反应次数不断变化的一种强化程序。

Ventromedial prefrontal cortex (VMPFC) 腹内侧前额皮层 位于额叶下部（腹侧）中线区域的一个脑区。

Vestibular sense 前庭感觉 与重力有关的身体方向感觉。前庭感觉与内耳密切相关。实际上，其神经信号是经由听神经的分支传入大脑。

Vicarious traumatization 替代性创伤 由于观看者接触应激性素材，导致暴露在创伤性图像或故事中，从而引起严重应激。

Visible spectrum 可见光谱 我们的眼睛能够感知到的一小部分电磁波谱。其他生物的可见光谱与我们人类的可能略有不同。

Visual cortex 视觉皮层 位于大脑枕叶和颞叶的视觉加工区域。

W

Wave metaphor 波动隐喻 概念化认知发展的一种方式，认为认知能力的发展是"在波动中"逐渐变化的过程，而并非像阶段理论所认为的那样突然发生。

Weber's law 韦伯定律 描述 JND（最小可觉差）的大小与刺激强度成正比的一个概念；当刺激强度高时，最小可觉差大，当刺激强度低时最小可觉差小。

What pathway "是什么"通路 从初级视觉皮层投射到颞叶的神经通路，与物体识别相关。

Where pathway "在哪里"通路 将视觉信息投射到顶叶的神经通路，负责在空间中对物体进行定位。

Whole method 整体记忆法 在记忆材料时，首先将材料"整体"学习一遍，形成对其整体意义的印象，然后再将细节信息与这个整体印象联系起来的一种记忆策略。

Whole-person perspectives 全人视角 从全面的角度来看待人的一类心理学视角，其中包括心理动力学、人本主义心理学和特质与气质心理学。

Wisdom 智慧 根据斯滕伯格的观点，个体将自己的智力投入公益事业，而不是用于追逐私利，即为智慧。

Withdrawal 戒断 当用药量减少或停药时，用药者感受到的不适或痛苦的身体症状以及对药物的渴望。

Work engagement 工作投入 员工所具有的一种成为一个有意义工作环境的一部分的感觉，在这个工作环境中，他的贡献得到了重视和公平的回报（与工作倦怠相反）。

Working memory 工作记忆 记忆三阶段中的第二个阶段，也是记忆容量最有限的一个阶段。工作记忆保存刚刚感知到的事件或经历，在没有复述的情况下，最多只能保持一分钟。

Z

Zero correlation 零相关 即两个变量之间不存在关联。

Zone of proximal development 最近发展区 教育心理学中的一个核心思想，指找出个体在没有得到帮助时所能达到水平与其得到一点帮助时所能达到水平之间的差异。最近发展区被认为在技能培养中起关键作用。

Zygote 合子 受精卵的别称。

参考文献

为了节省纸张、降低图书定价，本书编辑制作了电子版参考文献。用手机扫描下方二维码，即可下载。

全书图片版权说明

详细信息下载，请用手机扫描下方二维码。

关于书中图表资源

本书为教学人员提供部分图片和表格下载，请用手机扫描下方二维码。

关于教学课件

本书为教学人员提供课堂教学课件：

1. 英文教学课件——教学用 PPT、测试题（由英文原出版方设计）；

2. 中文教学课件——教学用 PPT、练习题与思考题（由中文版译者设计）。

如有需要，请发邮件 puhuabook105@126.com 申请。

版权声明

编辑联系方式： 010-81055646
puhuabook105@126.com

封面设计： **WONDERLAND** Book design
仙境 QQ:344581934

封面插画： **Illustration Design** @MIUJIII
MIUJIII vx:miulu214

内文与赠品插画： 愚公子

脑图设计支持： 圣娱文化传媒
vis995@outlook.com · 工作室

本书动态勘误表，
请用手机扫描二维码。